SCHÄFFER
POESCHEL

Reiner Bröckermann/Michael Müller-Vorbrüggen (Hrsg.)

Handbuch Personalentwicklung

Die Praxis der Personalbildung, Personalförderung und Arbeitsstrukturierung

3., überarbeitete und erweiterte Auflage

2010
Schäffer-Poeschel Verlag Stuttgart

Herausgeber

Prof. Dr. Reiner Bröckermann und Prof. Dr. Michael Müller-Vorbrüggen, Institut für Personalführung und Management, Hochschule Niederrhein Mönchengladbach. Sie gelten als ausgewiesene Experten für die Personalwirtschaft im Allgemeinen und die Personalentwicklung im Besonderen.

Bibliografische Information Der Deutschen Nationalbibliothek

Die Deutsche Nationalbibliothek verzeichnet diese Publikation in der Deutschen Nationalbibliografie; detaillierte bibliografische Daten sind im Internet über <http://dnb.d-nb.de> abrufbar.

Gedruckt auf chlorfrei gebleichtem, säurefreiem und alterungsbeständigem Papier

ISBN 978-3-7910-2929-0

Dieses Werk einschließlich aller seiner Teile ist urheberrechtlich geschützt. Jede Verwertung außerhalb der engen Grenzen des Urheberrechtsgesetzes ist ohne Zustimmung des Verlages unzulässig und strafbar. Das gilt insbesondere für Vervielfältigungen, Übersetzungen, Mikroverfilmungen und die Einspeicherung und Verarbeitung in elektronischen Systemen.

© 2010 Schäffer-Poeschel Verlag für Wirtschaft · Steuern · Recht GmbH
www.schaeffer-poeschel.de
info@schaeffer-poeschel.de

Einbandgestaltung: Willy Löffelhardt (Bild: MEV Verlag GmbH, Augsburg)
Satz: Johanna Boy, Brennberg
Druck und Bindung: Kösel, Krugzell · www.koeselbuch.de

Printed in Germany
Juni 2010

Schäffer-Poeschel Verlag Stuttgart
Ein Tochterunternehmen der Verlagsgruppe Handelsblatt

Vorwort zur dritten Auflage

Wir leben in wirtschaftlich turbulenten Zeiten. Die Folgen der Wirtschafts- und Finanzkrise lasten schwer, die Stabilität der Banken ist noch nicht gesichert und der Arbeitsmarkt schwächelt, wenn auch weniger als erwartet. Diese Situation hat für die Personalentwicklung in Theorie und Praxis dennoch kaum einen Aktualitätseinbruch bewirkt. Zu deutlich steht allen Akteuren der drohende, demographisch bedingte Fachkräftemangel vor Augen.

Für das Personalmanagement in Theorie und Praxis hat die Krise Fragen aufgeworfen und eine Neuorientierung heraufbeschworen. Mit Hochdruck ist man insbesondere bei den Entlohnungssystemen dabei, längerfristige Verantwortungsorientierungen zu entwickeln und zu implementieren. In gleicher Weise gilt dies auch für die Personalentwicklung. Hier geht es darum, analoge Maßnahmen anzubieten.

Der Personalentwicklung wird nach unserer Überzeugung in der zukünftigen Wissensgesellschaft sogar eine stetig wachsende Bedeutung zukommen. Das Wissen bzw. die Kompetenz der Mitarbeiter werden das entscheidende Kapital im Konkurrenzkampf der Unternehmen sein. Weitere Gründe für diese Einschätzung sind:
- die Probleme des schulischen Bildungssystems (PISA-Ergebnisse),
- der beschleunigte technologische und gesellschaftliche Wandel,
- die umfangreichen Umstrukturierungen,
- die Fusionen und Aufspaltungen,
- die zunehmende Globalisierung der Unternehmen,
- der große Konkurrenzdruck,
- die demographische Entwicklung, die personelle Engpässe erzeugen wird,
- die wenig gelungene Integration von Migranten und Menschen mit Migrationshintergrund sowie
- der noch immer defizitäre Umgang mit Frauen im Erwerbsleben.

Die Personalentwicklung unterliegt seit vielen Jahren gewaltigen Veränderungen. Sehr viele Instrumente, Ansätze, Benennungen und Modelle sind hinzugekommen oder modifiziert worden. Den Praktikerinnen und Praktikern, aber auch den Lehrenden und Studierenden, fällt es angesichts der Unübersichtlichkeit zunehmend schwer, eine Orientierung zu finden. Es stehen Fragen im Raum wie:
- Was gehört zur Personalentwicklung?
- Woher beziehe ich meine Fachinformationen?
- Wozu wird welches Instrument eingesetzt?
- Wann wird welches Instrument eingesetzt?
- Wie wirken die Instrumente?
- Was bewirken die Instrumente?
- Wie können die Instrumente zusammenhängen?
- Wie werden die Instrumente eingesetzt?
- Durch wen werden die Instrumente eingeführt oder umgesetzt?

Wir haben uns zum Ziel gesetzt, mit Hilfe einer klaren und innovativen Systematisierung einen ebenso zukunftsweisenden wie praxisbezogenen Beitrag zur Beantwortung der beschriebenen Fragen zu leisten. Das Werk will die einschlägigen Grundlagen zu den jeweiligen Themen darstellen und bietet eine Orientierung zu den Wirkansätzen der verschiedenen Instrumente. Ein besonderes Augenmerk wird auf die jeweilige *strategische Ausrichtung* der Personalentwicklungsinstrumente gelegt.

Das Ziel einer jeden Personalentwicklung ist es, die *Handlungskompetenz* der Mitarbeiter eines Unternehmens zu gewährleisten. Mit diesem Begriff wird eine Abkehr von der reinen Qualifikationsorientierung markiert. Entscheidend ist nicht nur, welche Qualifikationen ein Mitarbeiter erworben hat, sondern ob er auf deren Grundlage aktuell kompetent handeln kann. Im Begriff Handlungskompetenz schwingen somit zu Recht auch die aktuellen Evaluations- und Kostenaspekte mit. Das Grundparadigma der gesamten Personalarbeit in der Praxis und Lehre wird die Aufgliederung der Handlungskompetenz in operationalisierbare Teilkompetenzen sein. Ein solches Kompetenzmodell gliedert sich meist in die Grund- oder Wurzelkompetenzen: *Fach-, Methoden-, Sozial- und Personalkompetenz*.

Dieses Kompetenzmuster bietet insbesondere der Personalentwicklung eine nicht zu unterschätzende Hilfestellung, weil damit die grundsätzlich verschiedenen Ansatzpunkte der Personalentwicklung charakterisiert und in ihrer Wirkweise herausgestellt werden können.

Vor dem Hintergrund des Kompetenzmodells haben wir uns für die Gliederung der Personalentwicklungsinstrumente in drei Bereiche oder Säulen entschieden:
1. Personalbildung
2. Personalförderung
3. Arbeitsstrukturierung.

Die Form des Sammelbandes haben wir gewählt, weil der Systematisierungsprozess sich noch in Veränderung befindet und thematische Besonderheiten besser von ausgewiesenen Fachleuten dargestellt werden können als von einem oder zwei Autoren.

Zudem hebt sich das Werk aus unserer Sicht von rein akademischen Veröffentlichungen durch seine Verständlichkeit ab und von rein praxisbezogenen Publikationen durch seine Fundierung. Die einzelnen Instrumente der Personalentwicklung können nicht erschöpfend dargestellt werden. Hierzu und für eine wissenschaftliche Vertiefung wird jeweils auf die einschlägige Spezialliteratur verwiesen.

Wir haben fast 50 renommierte Praktiker/-innen und hervorragend ausgewiesene Wissenschaftler/-innen gefunden, die sich gemeinsam mit uns der Mühe unterzogen haben, Personalenwicklung unter den besagten Vorzeichen ebenso systematisch wie am Puls der Praxis neu zu erfassen. Dem anerkannten, verlässlichen Team des Schäffer-Poeschel Verlags, vor allem Herrn Frank Katzenmayer und Frau Adelheid Fleischer, danken wir für die Unterstützung.

Die zweite Auflage des vorliegenden Handbuches war nach kurzer Zeit ausverkauft. Der rasche Verkauf sowie die vielen positiven Rückmeldungen und Rezensionen haben uns Herausgeber natürlich sehr gefreut. Wir sehen damit die Konzeption des Buches bestätigt. Es wird von Praktikerinnen und Praktikern, aber auch in der Lehre benutzt. Gleichzeitig haben wir konstruktive Ergänzungs- und Verbesserungsvorschläge erhalten. Viele davon und auch einige eigene Ideen haben wir aufgegriffen und uns mit Hochdruck an eine neue Auflage gemacht.

So legen wir zusammen mit den Autorinnen und Autoren ein noch mal erweitertes, aber auch in einigen Teilbereichen verbessertes Werk vor. Diesmal sind es die Beiträge *Personalentwicklung und Ethik* sowie *Personalentwicklung und berufsbegleitende Masterstudien*, die aus aktuellem Anlass hinzugefügt wurden. Der Verlag sowie die Leserschaft mögen es uns nachsehen, wenn das Buch nochmals erweitert wurde. Wir hoffen, dass die Leserinnen und Leser unsere Einschätzung wieder teilen können. Über Rückmeldungen und etwaige Verbesserungsvorschläge oder Ergänzungen – bitte an den Verlag gerichtet – würden wir uns freuen.

Wuppertal und Eschweiler, im Sommer 2010　　　　　　　　　Reiner Bröckermann
　　　　　　　　　　　　　　　　　　　　　　　　Michael Müller-Vorbrüggen

Inhaltsübersicht

Vorwort zur dritten Auflage V

Teil A Struktur und Strategie der Personalentwicklung

A Struktur und Strategie der Personalentwicklung
   Michael Müller-Vorbrüggen 3

Teil B Grundlagen der Personalentwicklung

B.1 Pädagogisch-psychologische Motivationstheorien als Grundlage
     der Personalentwicklung
     Peter Mudra 23

B.2 Das Kompetenzmodell
     Michael Gessler 43

B.3 Rechtliche Rahmenbedingungen der Personalentwicklung
     Peter Pulte 63

B.4 IT-Unterstützung der Personalentwicklung
     Ute Schäffer-Külz 81

B.5 Diversity Management, Cross Cultural Management und Unternehmenskultur als Aufgaben der Personalentwicklung
     Katrin Hansen 97

B.6 Personalentwicklung und Ethik
     Herbert Schaaff 113

Teil C Instrumente der Personalbildung

C.1 Berufsausbildung
     Annette Klotz 141

C.2 Einarbeitung, Integration und Anlernen neuer Mitarbeiter
     Claus Verfürth 157

C.3 Training into the Job und Reintegration
     Andrea Kolleker/Dietrich Wolzendorff 177

C.4 Berufliche Neuorientierung und Outplacement
Eberhard von Rundstedt 197

C.5 Training on the Job und Training near the Job
Wolfram Schier 215

C.6 Training off the Job
Klaus-Dieter Schellschmidt 229

C.7 E-Learning, Web Based Learning, Telelearning, Fernunterricht und Blended Learning
Anke Grotlüschen 247

C.8 Selbstorganisiertes Lernen und lernende Organisation
Michael Gessler 263

C.9 Wissensmanagement als Teil der Personalentwicklung
Jutta Rump 283

C.10 Corporate University
Sabine Seufert 303

C.11 Personalentwicklung und berufsbegleitende Masterstudien
Peter Mudra 317

Teil D Instrumente der Personalförderung

D.1 Traineeprogramm
Claudia Becker 339

D.2 Mitarbeiterbefragung, Mitarbeiterzufriedenheitsanalyse
Jürgen Fischer/Achim Stams/Thomas Titzkus 351

D.3 360°-Feedback
Simone Brisach 369

D.4 Assessment Center und psychologische Testverfahren
Thomas Randhofer 383

D.5 Moderation und Fachberatung
Karen Hartmann 397

D.6 Coaching und Supervision
Stefan Stenzel 413

D.7 Mentoring und Patenschaft
Beate Reichelt 437

D.8 Outdoor Training, insbesondere Teambildung und Teamentwicklung
Jochen Strasmann 455

D.9 Verhaltenstrainings in der Personalentwicklung
Nicola Meier 465

D.10 Förderkreis, Talent- und Karrieremanagement
Joachim Nickut/Martin Sach 485

D.11 Juniorfirma
Natalie Leyhausen 507

Teil E Instrumente der Arbeitsstrukturierung

E.1 Remote Working, Telearbeit und Home Office
Simon Seebass/Burkhardt Friedrich Eduard Wallenstein 517

E.2 Job Rotation
Yvonne Fricke 531

E.3 Job Families
Jutta von der Ruhr/Niels Bosse 539

E.4 Job Enlargement und Job Enrichment
Wolfgang J. Wilms 555

E.5 Teilautonome Arbeitsgruppe und Fertigungsinsel
Conny Herbert Antoni 567

E.6 Qualitätszirkel und Lernstatt
Jochen Strasmann 581

E.7 Projektgruppe und Task Force Group
Beate Erkelenz 597

E.8 Stellvertretung
Thomas Stelzer-Rothe 611

E.9 Versetzung und Beförderung
Hans-Georg Dahl 625

E.10 Entsendung und Auslandseinsatz
Christine Wegerich 641

Teil F Planung und Ergebnissicherung der Personalentwicklung

F.1 Kollektiv- und Individualplanung der Personalentwicklung
Reiner Bröckermann 663

F.2 Zielvereinbarungen und Mitarbeitergespräche
Tobias Büser/Barbara Gülpen 683

F.3 Personalentwicklung und Qualitätssysteme
Edeltraud Vomberg/Karen Hartmann 695

F.4 Evaluation der Personalentwicklung
Erika Regnet 729

F.5 Controlling der Personal(vermögens)entwicklung
Elmar Witten 747

Teil G Management der Personalentwicklung

G Management der Personalentwicklung
Michael Müller-Vorbrüggen 761

Stichwortverzeichnis 777

Teil A
Struktur und Strategie der Personalentwicklung

A Struktur und Strategie der Personalentwicklung

*Michael Müller-Vorbrüggen**

1 Zur historischen Entwicklung der Personalentwicklung in Unternehmen

2 Zur historischen Entwicklung der wissenschaftlichen Teildisziplin Personalentwicklung

3 Die drei Säulen: Personalbildung, Personalförderung und Arbeitsstrukturierung

4 Verhältnisbestimmung von Personal- und Organisationsentwicklung

5 Das lernende Unternehmen

6 Unternehmenskultur und Unternehmensreife

7 Work-Life Balance

8 Wissensmanagement

Literatur

---

* Prof. Dr. Michael Müller-Vorbrüggen ist Diplom Theologe, studierte zusätzlich Wirtschaftspädagogik sowie Psychologie und promovierte an der RWTH Aachen. Viele Jahre war er als Personalleiter im Kirchlichen Dienst und in der Bankgesellschaft Berlin AG tätig. Er spezialisierte sich auf die Felder Personalmanagement, Personalentwicklung und Coaching, in denen er auch als freiberuflicher Berater arbeitet (www.mueller-vorbrueggen.de). Seit 2002 ist er Professor für Personalmanagement insbesondere Personalentwicklung am Fachbereich Wirtschaftswissenschaften der Hochschule Niederrhein. Er ist Autor einer Vielzahl von Veröffentlichungen und seit 2006 geschäftsführender Direktor des – IPM –, Institut für Personalführung und Management der Hochschule Niederrhein (ipm.hs-niederrhein.de).

1 Zur historischen Entwicklung der Personalentwicklung in Unternehmen

In der Bundesrepublik Deutschland haben sich die *Personalabteilungen* weitgehend aus den ursprünglichen Lohnbüros entwickelt. Mit der Einführung des Betriebsverfassungsgesetzes kamen aufgrund der Rechtssituation koordinierende und administrative Aufgaben hinzu. Juristische Überlegungen und Verfahrensweisen sowie hauptsächlich operative und verwaltende Tätigkeiten machten lange Zeit die Tätigkeit der Personalfunktionen aus. Erst seit zirka fünfundzwanzig Jahren haben sich die Anforderungen und Erwartungen der meisten Unternehmen an die Personalabteilung deutlich gewandelt. Vereinfachte Aufgaben konnten mithilfe von EDV-Systemen leichter und schneller übernommen werden. Es ging nicht mehr nur darum, Personal mit wenig Rücksichtnahme auf die vorhandene Qualifikation einzustellen, sondern mehr darum, hoch qualifiziertes Personal, das zum Unternehmen passt, auszuwählen. So wurde der Bereich der Personalauswahl immer bedeutender. Gleichzeitig wurden die Notwendigkeit Personal einzusetzen, die Möglichkeiten Personal zu beurteilen, die Differenzierung der Entgeltformen, die neuren Ansätze zur Personalführung, die rechtlichen Anforderungen beim Personalabbau sowie das Personalcontrolling als neuester Bereich immer spezialisierter und umfangreicher (Scholz 2000, S. 32 ff., Mudra 2004, 288 ff.).

Die *Personalentwicklung* hat sich im Vergleich zu den übrigen Personalwirtschaftszweigen vermutlich noch weit mehr entwickelt (Mudra 2004, S. 1 ff.). Darauf weisen auch die finanziellen Aufwendungen der Unternehmen hin: In den 1970er-Jahren 2,1 Mrd. DM, 1995 schon 33 Mrd. DM und 1998 48,5 Mrd. DM (Becker 2009, S. 2). Personalentwicklung wird notwendig beim Personalabbau, um das verbleibende Personal zu qualifizieren, damit es die notwendigen Aufgaben ausüben kann. Sie wird notwendig aufgrund der ungeheuer starken technologischen Entwicklung, damit die Mitarbeiter in den jeweiligen Fachbereichen über das aktuelle Wissen verfügen. In der Situation des Fachkräftemangels sind die Unternehmen immer mehr gezwungen, ihr eigenes Personal zu entwickeln, weil der Markt keine Neueinstellung ermöglicht. Sie ist unentbehrlich selbst dann, wenn es keine neueren Entwicklungen mehr gibt, um den ständigen Verlust von Wissen auszugleichen. Manfred Becker macht darüber hinaus deutlich, dass die Personalentwicklung eine zweifache Ausrichtung hat: »Personalentwicklung dient der Erreichung der *Unternehmensziele* (wirtschaftliche Effizienz) und der Verwirklichung individueller *Entwicklungsziele der Mitarbeiter* (soziale Effizienz).« (Becker 2002, S. 492) Personalentwicklung tangiert die überaus essentiellen Bedürfnisse der Mitarbeiter, sich in ihrer Arbeitstätigkeit selbst zu verwirklichen.

Wissen wird heute als ein entscheidender Wettbewerbsfaktor angesehen. Wir sind es gewohnt, von unserer Gesellschaft als einer *Wissensgesellschaft* zu sprechen. Natürlich hat diese Gesellschaftsbeschreibung einen entscheidenden Einfluss auf die in dieser Gesellschaft tätigen Unternehmen (Probst/Raub/Rombardt 2003 S. 3 ff.). Die Personalentwicklung ist mitverantwortlich für die Wettbewerbsfähigkeit der Unternehmen. In neueren Ansätzen wird versucht, das Wissen bzw. die Kompetenz von Mitarbeitern monetär als Kapital auszudrücken, was im Kapitel F. 5 dieses Buches behandelt wird.

Heute ist die Personalentwicklung ein sehr hoch spezialisierter Bereich im Kontext der anderen personalwirtschaftlichen Bereiche (Kapitel G dieses Buches). Sie kann nur dann ihre Wirkung entfalten, wenn sie eine enge Verflechtung mit allen anderen personalwirtschaftlichen Teilbereichen eingeht. Die Personalarbeit wird heute als eine *Serviceeinheit* für die Unternehmensleitung, für die Mitarbeiter und im gewissen Sinne auch für den Betriebsrat verstanden. Die Personalfunktionen sind keine losgelösten Funktionen, die sich in einer autonomen Sonderstellung gegenüber der Unternehmensführung verstehen dürfen. Die Personalentwicklung wird ihre Aufgabe nur dann erfüllen können, wenn sie aus den eigenen Kompetenzen heraus qualitätsvolle und innovative Angebote vorlegt, die dem Unternehmensziel dienen (Mudra 2004, S. 291).

2 Zur historischen Entwicklung der wissenschaftlichen Teildisziplin Personalentwicklung

Im Kanon der betriebswirtschaftlichen Disziplinen hat sich die Personalwirtschaft erst vor zirka fünfundzwanzig Jahren entwickelt und etabliert. In allen Fachbereichen der Wirtschaftswissenschaften an Hochschulen ist *Personalwirtschaft* (die Begriffe Personalwirtschaft, *Personalmanagement* und *Human Resource Management* werden weitgehend synonym verwendet) ein unentbehrliches Kernfach (Scholz 2000, S. 56).

Die Personalentwicklung gewinnt das relevante Wissen nur zu einem geringen Teil aus betriebswirtschaftlichen Forschungen und Entwicklungen. Sie ist angewiesen auf die Erkenntnisse und Möglichkeiten, die von Seiten der *Psychologie, Pädagogik, Rechtswissenschaften und Soziologie* angeboten werden (Becker 2009, S. 48 ff., Mudra 2004, S. 282). Damit hat diese wissenschaftliche Disziplin in der Betriebswirtschaftlehre eine gewisse Sonderstellung. Deutlich wird das auch daran, dass die Professoren für Personalwirtschaft nicht nur Kaufleute sind, sondern auch Juristen, Psychologen und Betriebspädagogen.

Ähnlich wie in der Praxis, hat sich die *Personalentwicklung als wissenschaftliche Teildisziplin des Personalmanagements* ebenfalls überaus stark entwickelt. In den Lehrbüchern zum allgemeinen Personalmanagement (Berthel/Becker 2003, Bröckermann 2009, Scholz 2000) ist die Personalentwicklung meist verkürzt dargestellt, was aber aufgrund der Tatsache, dass sie dort nur ein Teilgebiet unter vielen ist, verständlich ist. In den allgemeinen Lehrbüchern zum Personalmanagement muss die neuere Spezialliteratur zur Personalentwicklung erst noch rezipiert werden. Die Bedeutung der Personalentwicklung hingegen wird in den personalwirtschaftlichen Lehrbüchern oft besonders hervorgehoben. »Traditionsgemäß stellt die Personalentwicklung deshalb eines der zentralen Gebiete im Personalmanagement dar.« (Scholz 2000, S. 406)

Ein vergleichender Blick in die führenden wirtschaftswissenschaftlichen Lehrbücher zur Personalentwicklung verdeutlicht ihre Entwicklung in Deutschland. Das richtungsweisende Werk von Wolfgang Mentzel ist vor zirka fünfundzwanzig Jahren entstanden und wurde seither nur wenig verändert. Hier werden hauptsächlich der operative und der funktionale Bereich der Personalentwicklung thematisiert (Mentzel

2001). Erst seit zirka zehn Jahren existieren neuere Lehrbücher zur Personalentwicklung, welche die Breite und Tiefe dieses Fachs darstellen sowie dessen strategische Bedeutung hervorheben (Becker 2009, Mudra 2004). Mit den Lehrbüchern Manfred Beckers und Peter Mudras hat das betriebswirtschaftliche Hochschulfach Personalentwicklung in Deutschland erst eine sachgemäße, wissenschaftliche Kontur gefunden. Peter Mudra kommt das besondere Verdienst zu, die wesentliche, aber bislang etwas vernachlässigten *betriebspädagogischen Grundlagen der Personalentwicklung* systematisch aufgezeigt zu haben. Dieser Entwicklung folgend gewinnt vermutlich auch die Lehre des Fachs an den wirtschaftswissenschaftlichen Hochschulen an Qualität und Bedeutung.

3 Die drei Säulen: Personalbildung, Personalförderung und Arbeitsstrukturierung

Bei der Gegenüberstellung der Begriffe *Struktur und Strategie* stellt sich fast zwangsläufig die Frage, was zuerst entwickelt werden muss bzw. was wem folgt, eine Strategie der Struktur oder die Struktur der Strategie. Strategien beziehen sich auf die Ziele im Unternehmen und das zu Tuende bzw. dessen Planung. Das Bauhaus hatte die bis heute richtungsweisende Philosophie: die Form folgt der Funktion. In Analogie dazu gilt in einigen Theorieansätzen für die Strategieentwicklung in Unternehmen der Grundsatz: structure follows strategie (Bamberger/Wrona, S. 31). Die *Strategie* der Personalentwicklung ist aber eine *aus der Unternehmensstrategie abgeleitete* Strategie. Aus diesem Grund gelten die allgemeinen Ansätze zu Strategiefindungsprozessen nur mit Einschränkung und daher beginnt dieser Beitrag mit der Struktur der Personalentwicklung.

Mit Struktur ist das über Personalentwicklung zu Wissende sowie die Frage, wie dieses Wissen systematisiert und gegliedert wird, gemeint. Ohne Struktur und Fachwissen über die Personalentwicklungsinstrumente ist die Entwicklung einer Personalentwicklungsstrategie für Unternehmen unmöglich. Wenn eine Strategie entworfen wird, kann sie nur dann konkretisiert werden, wenn die Möglichkeiten der Gestaltung bekannt sind, ansonsten bleibt diese Strategie vorläufig und fragwürdig (Wegerich 2007, S. 13 ff.). In selteneren Fällen können allerdings die Strategie eines Unternehmens, die wirtschaftliche Situation und die technologische Entwicklung die Entwicklung eines neuen Personalentwicklungsinstrumentes erforderlich machen.

Was aber ist Personalentwicklung jenseits der Definitionen und Grundtheorien in der Praxis und vor allem welche *Instrumente* gehören dazu? Dieser Frage stellt sich das vorliegende Buch. Dabei werden unter den Instrumenten klar beschreibbare einzelne Maßnahmen mit eigenständiger Wirkweise verstanden, die je nach Bedarf von der Personalentwicklung eingesetzt werden können. Zuweilen fehlt es den Personalentwicklern an Fachwissen. Sie haben nicht genügend Kenntnisse darüber, wie viele Personalentwicklungsinstrumente heute existieren und insbesondere wie sie wirken, selbst wenn sie einzelne Instrumente bestens beherrschen (Kapitel G in diesem Buch).

Vor etwas mehr als fünfzehn Jahren hätte man die Frage nach dem, was zur Personalentwicklung gehört, vermutlich noch relativ einfach beantwortet, indem man Personalentwicklung mit der *Personalbildung* gleich gesetzt hätte. Bildung als der Bereich, der auf Begründung, den Erhalt und die Erweiterung des Wissens zielt, ist und bleibt ein fundamentaler Bestandteil der Personalentwicklung, aber er ist nicht mehr der Einzige (Becker 2009, Mentzel 2001, Mudra 2004).

Im vorliegenden Handbuch werden folgende *Instrumente der Personalbildung* beschrieben: Berufsausbildung, Einarbeitung, Integration und Anlernen neuer Mitarbeiter, Training into the Job und Reintegration, berufliche Neuorientierung und Outplacement, Training on the Job und Training near the Job, Training off the Job, E-Learning, Web Based Learning, Telelearning und Fernunterricht, Blended Learning, selbstorganisiertes Lernen und lernende Organisation sowie Corporate University, das Studium mit und ohne Hochschulabschluss.

Weitgehender Konsens besteht darüber, dass heute neben der Personalbildung noch ein weiterer Kernbereich der Personalentwicklung beschrieben werden kann, die *Personalförderung* (Becker 2009, Mentzel 2001, Mudra 2004). Bei der Personalförderung geht es weniger darum, Wissen zu vermitteln, was eher auf die Qualifikation zielt. Es geht im wahrsten Sinne des Wortes um fördernde, unterstützende, entwickelnde Angebote und Möglichkeiten für die Mitarbeiter eines Unternehmens, was eher auf den Bereich der Kompetenzen zielt (Müller-Vorbrüggen 2001 S. 32, Beitrag B2 in diesem Buch).

In den folgenden Beiträgen dieses Handbuchs finden sich Beschreibungen folgender *Instrumente der Personalförderung*: Traineeprogramm, Mitarbeiterzufriedenheitsanalyse, 360° Feedback, Assessment Center einschließlich der psychologischen Testverfahren, Moderation und Fachberatung, Coaching und Supervision, Mentoring und Patenschaft, Outdoor Training, Verhaltenstrainings, Teamentwicklung und Kommunikation, Förderkreis, Talent- und Karrieremanagement sowie Juniorfirma.

Der Bereich, der in der Literatur zur Personalentwicklung bislang wenig beachtet worden ist, ist der Bereich der *Arbeitsstrukturierung* (Berthel/Becker 2003, S. 312 ff.). »Unter Arbeitsstrukturierung ist die Gestaltung von Inhalt, Umfeld und Bedingungen der Arbeit auf der Ebene des Arbeitssystems zu verstehen.« (Berthel/Becker 2003, S. 312) Es dürfte Konsens darüber bestehen, dass Menschen entwickelt werden können, indem die Struktur der Arbeit und des Arbeitsplatzes verändert oder variiert wird. Es sei nur erinnert an die italienische Pädagogin Maria Montessori, die schon im 19. Jahrhundert mit der »gestalteten Umgebung« eine bis heute währenden Einfluss auf die Schulpädagogik ausübt. Der Mitarbeiter, der sich auf die neue Arbeitssituation einstellt, wird lernen, diese dem üblichen Qualitätsniveau entsprechend auszuüben. Dabei entwickelt er, meist selbst gesteuert, neue Fertigkeiten und Fähigkeiten, die nicht nur für diesen speziellen Arbeitsplatz von Bedeutung sein werden. Wenn der Personalentwickler, wie zum Beispiel bei der Job Rotation, dies bewusst und planerisch steuert, dann ist diese Arbeitsgestaltung eine Tätigkeit der Personalentwicklung. Natürlich befassen sich auch andere personalwirtschaftliche Funktionsbereiche mit der Arbeitsstrukturierung. Das geschieht aber aus einer anderen Aufgabenstellung oder Intention heraus.

Im vorliegenden Handbuch werden folgende *Instrumente der Arbeitsstrukturierung* beschrieben: Telearbeit und Home Office, Job Rotation, Job Families, Job Enlargement und Job Enrichment, teilautonome Arbeitsgruppe und Fertigungsinsel, Qualitätszirkel und Lernstatt, Projektgruppe und Task Force Group, Stellvertretung und Sonderaufgaben, Versetzung und Beförderung, Entsendung und Auslandseinsatz.

Damit lassen sich drei relativ trennscharf voneinander zu unterscheidende Gebiete der Personalentwicklung abgrenzen (Abb. 1), trennscharf insofern als ihre Funktionsweise, ihre Gestaltung und ihre pädagogische Wirkweise voneinander verschieden sind. Dennoch ist festzuhalten, dass es bei den einzelnen Instrumenten Überschneidungen gibt. Strukturierungen sind für Theorie und Praxis trotzdem unentbehrlich, weil sie notwendige und hilfreiche Ordnungen, Orientierungen und Fokussierungen bieten. In der Zukunft wird die pädagogische und psychologische Wirkweise der Personalförderung und der Arbeitsstrukturierung noch weiter erforscht werden müssen. Erst nach Abschluss derartiger Projekte lässt sich die zunächst aus funktionalen Begründungen und pädagogischen Annahmen getroffene Unterscheidung wissenschaftlich begründen.

Abb. 1: Die drei Säulen der Personalentwicklung (eigene Darstellung)

Noch vor wenigen Jahren waren Qualifikation, Schlüsselqualifikation und »Soft Skills« wichtige, in der Personalentwicklung oft benutzte Begriffe. Diese sind heute sowohl in der Literatur als auch in der betrieblichen Praxis stark in den Hintergrund getreten. Stattdessen sind das Konstrukt der *Handlungskompetenz* und die daraus folgenden Kompetenzmodelle immer aktueller geworden und haben sich durchgesetzt. Der

Qualifikationsbegriff ist zu vergangenheitsbezogen, das Konzept der Schlüsselqualifikation ist nicht kompatibel zu den Kompetenzmodellen und die Bezeichnung »Soft Skills« ist äußerst irreführend und falsch.

Kompetenzmodelle bilden vielfach schon ein *Rahmengerüst* für sehr viele personalwirtschaftliche Aufgabenstellungen, so neben der Personalentwicklung auch in der Personalauswahl, Mitarbeiterbindung und Entlohnung. Sie bieten die Möglichkeit einer gemeinsamen Orientierungs- und Bewertungssprache im Unternehmen. Eine kompetenzbasierte Lernkultur geht auf die Besonderheiten und Bedürfnisse des Lernens Erwachsener ein (Mudra 2004, S. 13 ff.). Dabei spielt die Motivation eine entscheidende Rolle (Kapitel B.1 in diesem Buch). Kompetenzmodelle sind teilweise erforscht und in vielen Unternehmen erfolgreich evaluiert, wie eine unter der Leitung des Autors im Jahr 2005 an der RWTH Aachen durchgeführte empirische Studie aufzeigt (Kromrei 2006). *Kompetenzmodelle* sind zu einem *Grundparadigma des Personalmanagement* geworden. Ganz besonders aber gilt das für die Personalentwicklung (Kapitel B.2 in diesem Buch). Moderne Personalentwicklung lässt sich als *Kompetenzentwicklung* und als *Kompetenzmanagement* verstehen (Becker/Schwertner 2002, S. 1 ff., Becker 2009, S. 484 ff., Mudra 2004, S. 362). Eine Studie des Bundesministeriums für Forschung und Bildung (1999 bis 2002) weist auf, dass dynamische und wachstumsstarke Unternehmen in die Kompetenzen ihrer Mitarbeiter investieren (Kriegesmann/Schwering 2004, S. 12 f.). Unbestreitbar ist zudem die durch Kompetenzentwicklungen erreichte Wertsteigerung eines Unternehmens, auch wenn diese sich derzeit nur schwer exakt darstellen lässt (F.5 in diesem Buch). Das Bundesministerium für Wirtschaft und Arbeit hat allerdings einen Leitfaden zur Erstellung von Wissensbilanzen herausgegeben, der wertvolle Anhaltspunkte enthält (»Wissensbilanz made in Germany«).

Was ist nun unter *strategischer Personalentwicklung* zu verstehen? Wer hier eine ausgefeilte und eigenständige Personalentwicklungsstrategie erwartet, der muss enttäuscht werden. Sie kann nur passgenau für das jeweilige Unternehmen, in Anlehnung an die Unternehmensstrategie, entwickelt werden. Hier können nur allgemeingültige Gesichtspunkte festgehalten werden. Die Personalfunktionen sollten unbedingt an der Entwicklung dieser Unternehmensstrategien beteiligt sein, damit sie sich rechtzeitig mit der eigenen spezifischen Kompetenz einbringen können. Geschähe dies öfter, so würde vermutlich manch ein Strategieentwurf realistischer und umsetzbarer sein (Welge/Al-Laham 2001, S. 539 ff.). Für die Personalverantwortlichen ist es deshalb unerlässlich, dass sie die Grundlagen des strategischen Managements beherrschen (Schlosser 2006, S. 4 ff.). Nach Welge und Al-Laham (2001, S. 4) stehen im Mittelpunkt des strategischen Managements z. B. die *Fragen*:
1. Welche langfristigen Ziele sollen verfolgt werden?
2. In welchen Geschäftsfeldern wollen wir tätig sein?
3. Mit welchen langfristigen Maßnahmen wollen wir den Wettbewerb in den Geschäftsfeldern bestreiten?
4. Was sind unsere Kernfähigkeiten mit denen wir im Wettbewerb bestehen können?
5. Was müssen wir tun, um unsere langfristigen Maßnahmen um zu setzten?

Um mit diesen Grundfragen arbeiten zu können und ein strategisches Handeln zu ermöglichen, sollten Personalmanager über folgende *Strategiekompetenzen* zu verfügen (in Anlehnung an Welge/Al-Laham 2001, S. 6):

- Verständnis von strategischen Zusammenhängen,
- Techniken zur strategischen Entscheidungsfindung und
- Verständnis der Umsetzungsproblematik des strategischen Managements.

Wenn eine Unternehmensstrategie vorhanden ist, die Grundfragen geklärt und die Strategiekompetenzen vorhanden sind, kann eine *Personalentwicklungsstrategie* entwickelt werden (Schlosser, S. 68, Abb. 2). Diese zeichnet sich durch folgende Erfolgsfaktoren aus:
- Zielorientierung,
- Zukunfts- und Zeitorientierung,
- Strukturorientierung,
- Kulturorientierung und
- Flexibilitätsorientierung.

Die notwendige Folge von strategischen Überlegungen sind *Strategiefestlegungen* und *Strategieformulierungen*. Dabei sind es nicht die mittelgroßen Ziele, die die größte Erfolgssteigerung versprechen, sondern die hohen, aber präzisen Ziele (Müller-Vorbrüggen 2001, S. 102 ff.). Wer schon einmal an Strategieformulierungen gearbeitet hat, weiß, wie schwierig und zeitraubend das ist. Deshalb ist ausreichend Zeit hierfür einzuplanen. Diejenigen, die Ziele formulieren, sollten Erfahrung im Abfassen von Texten haben und sie müssen die unternehmensspezifische Terminologie beherrschen.

Unter *Struktur- und Kulturorientierung* ist zu verstehen, dass schon bei der Zielfindung die konkrete Unternehmensstruktur und -kultur beachtet wird. Weiter ist zu beachten, dass die Umsetzungsphase besonders störungsanfällig ist. Gollwitzer und Heckhausen zeigen mit dem Rubikon-Modell der Handlungsphasen auf, wie sehr Menschen in der Umsetzungsphase die Umfeldorientierung und Informationseinholung vernachlässigen (Gollwitzer 1996). Wenn der Rubikon überschritten ist, bei Cäsar also der Krieg begonnen wurde, werden keine oder kaum mehr neue Informationen eingeholt und die Sinnhaftigkeit des ursprünglichen Ziels wird nicht mehr bedacht (Müller-Vorbrüggen 2001, S. 57 ff.). Ein Unternehmen, das die besten Staubsaugerfilter produzieren und darin Marktführer sein will, muss den Markt auch in der Umsetzungsphase weiter beobachten, damit die Staubsaugerfilter nachher noch gebraucht werden und nicht durch technische Neuerungen überflüssig geworden sind. Die *Flexibilitätsorientierung* meint deshalb z. B. die gezielte und durch spezielle Mitarbeiter weiter betriebene Marktbeobachtung sowie die gegebenenfalls notwendige Anpassung der Unternehmensziele. Allzu starre und nicht ständig überprüfte Strategien bergen die Gefahr in sich, ihre Gültigkeit schnell zu verlieren.

Darüber hinaus lässt sich die sich schnell entwickelnde Wirklichkeit eines Unternehmens nicht vollständig durch eine noch so gute Planung »einfangen«. Strategien bedürfen in der Umsetzung immer auch der *Selbstorganisation der Beteiligten*. Sich selbst organisierende Anpassungs- und Lernprozesse müssen deshalb mitbedacht und gefördert werden (Bamberger/Wrona 2004, S. 81 f., Müller-Vorbrüggen/Klotz 2005, S. 152 ff.).

Unternehmensstrategien werden auf die betreffenden Märkte hin entwickelt. Wirtschaftsmärkte sind heute überaus *komplexe Systeme* mit einer hohen Dynamik und weitgehender Intransparenz. Sie sind selbst mit besten volkswirtschaftlichen Prognosen nicht immer zutreffend zu erfassen. Um dieser Situation Rechnung zu tragen, sind die Erklärungsansätze unterschiedlicher Wissenschaftsdisziplinen, strategisches Denken in komplexen Systemen zu verstehen, wertvoll (Dörner 2003, S. 58 ff.).

Mudra weist darauf hin, dass bei 500 befragten großen deutschen Unternehmen im Jahr 1989 der Planungshorizont bei 60 Prozent der Unternehmen kürzer als ein Jahr ist und bei 500 befragten nordamerikanischen Unternehmen im Jahr 1995 nur 15 Prozent überhaupt ein System strategischer Planung besitzen (Mudra 2004, S. 246). Dabei ist aber zu bedenken, dass der kurze Planungshorizont nicht gegen eine Unternehmensstrategie spricht und strategisches Denken nach heutigen Maßstäben in Unternehmen erst seit einigen Jahren, in Folge der durch die Börsenkrise hervorgerufenen Veränderungen, stärker en vouge ist. Die strategische Ausrichtung der einzelnen Personalentwicklungsinstrumente wird in den jeweiligen Beiträgen dieses Buches beleuchtet.

Abb. 2: Zeitebenen der Personalentwicklung (eigene Darstellung)

4 Verhältnisbestimmung von Personal- und Organisationsentwicklung

Im Lehrbuch von Manfred Becker (2009) ist die Organisationsentwicklung ein Teil der Personalentwicklung neben Bildung und Förderung. Für diese Gliederung lässt Becker allerdings eine überzeugende innere Begründung vermissen. Die Auffassung, Organisationsentwicklung sei ein Teil der Personalentwicklung, wird in diesem Handbuch nicht vertreten, weil sie nicht plausibel erscheint (ebenso Mudra 2004, S. 152 ff.). Organisationsentwicklung ist ein eigenständiges, sehr weit reichendes Instrument der organisationalen Veränderung (Wimmer 2004, S. 1306 ff.). Die Einführung einer Organisationsentwicklung liegt im Verantwortungsbereich der Unternehmensführung. In eine Organisationsentwicklung wird per definitionem jeder Teil einer Unternehmung einbezogen, natürlich auch die Personalentwicklung. Sollte es in einem Unternehmen einen Organisationsentwicklungsprozess geben, muss die

Personalentwicklung ihre Aktivitäten und Strategien an den dort festgelegten Zielsetzungen und Veränderungsbemühungen ausrichten.

Im Sinne des Lernens der Mitarbeiter eines Unternehmens und der damit verbundenen personalen Veränderungsprozesse, hat die *Personalentwicklung* allerdings einen herausragenden Anteil am *Lernen der Organisation* innerhalb des Organisationsentwicklungsprozesses (Becker 2003, S. 6 ff., DGFP 2002, S. 26 ff., Müller-Vorbrüggen 2001, S. 22 ff.). Für den Fall, dass im Unternehmen keine Organisationsentwicklung im Sinne eines bewussten und aktiven Gestaltens einer Organisation existiert, entwickelt sich eine Organisation natürlicherweise als ein notwendiger Anpassungsprozess an die Wirtschaftssituation und das Umfeld.

Insofern trägt zwar alles, was in der Personalentwicklung geschieht, zu einer Veränderung bzw. Entwicklung der Organisation bei. Würde man das aber immer unter dem Begriff Organisationsentwicklung subsumieren, wäre das etwas anderes, als das, was nach den gängigen Definitionen unter Organisationsentwicklung verstanden wird (Wimmer 2004, S. 1310). Zu unterscheiden wäre vielleicht zwischen dem »Managementinstrument Organisationsentwicklung« und dem »Grundverständnis von Organisationsentwicklung«. Diese begriffliche Überschneidung ist aber in der Praxis kaum nachzuvollziehen und Ursache vielfältiger Missverständnisse. Es ist überaus fragwürdig, wenn sich die Personalentwicklung der Organisationsentwicklung »bemächtigt« und sie, zum Beispiel auch in der Strukturierung eines Lehrbuches, zu »ihrem« Teilgebiet macht.

Die Personalentwicklung steht in den meisten Unternehmen heute ohne Zweifel vor der Situation sehr tief greifender Veränderungen. Manfred Becker spricht in diesem Zusammenhang von *Unternehmenstransformationen*, wie auch der Titel des von ihm und Gabriele Rother herausgegebenen Sammelwerkes: »Personalwirtschaft in der Unternehmenstransformation« zeigt (Becker/Rother 2003). Von Christian Scholz (2003, S. 77 ff.) wird das als einen Paradigmenwechsel verstanden. In dieser Herausforderung muss die Personalentwicklung aus der Defensive herausfinden und strategische Aufgaben übernehmen, was der Bedeutung des durch sie verantworteten Bereichs entspricht (Weber/Schmelter 2003, S. 111 ff.). Diese strategische Arbeit beinhaltet auch die gezielte Mitarbeit an der Veränderung von strukturellen und organisationalen Unternehmensverhältnissen.

5 Das lernende Unternehmen

Seit einigen Jahren gibt es unter Betriebspädagogen einen gewissen Dissens darüber, ob das Paradigma des Lernens von Personen auf Organisationen bzw. Unternehmen übertragbar ist. Dies ist dann möglich, wenn man bereit ist, den Begriff des Lernens nicht nur für das Lernen von Personen zu reservieren. Seitdem 1990 das Buch von Peter Senge, »Die fünfte Disziplin, Kunst und Praxis der lernenden Organisation« (Senge 1998) zum ersten Mal in Deutschland erschienen ist und für großes Aufsehen gesorgt hat, ist die Beschäftigung mit der lernenden Organisation nicht abgerissen (Arnold/Bloh 2001, S. 5 ff., Geißler 1996, S. 79 ff., Geißler 2000, S. 62 ff., Sattelberger 1996, S. 11 ff.). Heute ist die Zielvorstellung, ein Unternehmen müsse ein Lernendes sein, nicht mehr entbehrlich. Zum lernenden Unternehmen gehören: flexible Strukturen und Offenheit für neue Ideen, Ansichten und Chancen (Edzard Reuter, zitiert in: Sattelberger 1996, S. 12). Ein lernendes Unternehmen macht immer neue Erfahrungen, fördert sie und reagiert auf diese. In den Lernprozess sind alle Elemente eines Unternehmens integriert, die Führungsebene wie die Mitarbeiter, die Strukturen und die Prozesse, die Werte und die Kultur, die Informationsweitergabe und die Innovationsprozesse, die Infrastruktur und die Architektur, die EDV-Systeme und der Intranetauftritt (Forster 2005, S. 347 ff.). All dies wird auf seine Lernfähigkeit und Lernförderung hin überprüft und gegebenenfalls zur innovativen Lernkultur verändert (Schüßler/Weiss 2001, S. 268). Nach Peter Senge ist das Lernen die Grundlage jeder erfolgreichen Organisation. Er unterscheidet fünf Bereiche bzw. *Disziplinen einer lernenden Organisation* (Mudra 2004, S. 431 ff., Senge 1998, S. 21 ff.):

1. *Mentale Modelle*: Bewusstwerdung, Philosophieveränderung und Einstellungsänderung
2. *Personal Mastery*: Zielsetzung und Erreichung
3. *Systemisches Denken*: Verständnis für Beziehungen und Zusammenhänge in Systemen
4. *Gemeinsame Vision*: Leitbilder die Zusammengehörigkeiten fördern und Aktivitäten ermöglichen
5. *Teamlernen*: Transfer vom Einzelnen zur Gruppe und dessen Potenzial

In einem solchen Veränderungsprozess verliert ein Unternehmen nicht seine Struktur, weil nicht ständig alles verändert werden muss, was auch nicht funktionieren würde. Die Vorstellung einer starren Struktur wird allerdings verändert. Die *Stabilität* liegt in der zielgerichteten, schrittweisen oder besser evolutionären *Veränderung*.

Voraussetzung dafür ist die Philosophie oder die Grundeinstellung, ob man *Menschen* und *Systemen* zugesteht, dass sie nie perfekt sind, sondern auf *Lernen* angewiesen sind. Edzard Reuter geht sogar noch weiter, wenn er feststellt, um ein lernendes Unternehmen zu sein, »braucht man eine Vorstellung, was das Gute in der Welt ist, wofür sich Mühen und Anstrengungen lohnen.« (Edzard Reuter: zitiert in Sattelberger 1996, S. 12; Nass 2003, S. 66 ff.)

Lernende Organisation und Organisationsentwicklung wachsen heute in Theorie und Praxis immer mehr zusammen. Nach Sattelberger ist Organisationsentwicklung ein Typus des organisatorischen Lernens (Sattelberger 1996, S. 14 f.). Neuere Entwürfe der Organisationsentwicklung gehen ihrerseits nicht mehr davon aus, dass diese nach einem viel versprechenden Start einmal endet (Schreyögg 2000, S. 548). Vielmehr wird Organisationsentwicklung heute, wenn sie einmal angestoßen wurde, als ein permanenter Prozess des Wandels, eine permanente Organisationsentwicklung, verstanden (Müller-Vorbrüggen 2001, S. 27, Wimmer 2004, S. 1310).

6 Unternehmenskultur und Unternehmensreife

Erst seit zirka zehn Jahren ist die *Unternehmenskultur* deutlich stärker ins Zentrum wirtschaftlicher Betrachtungen gerückt. Als Hauptursache für das Scheitern so manch einer Unternehmensfusion konnte die allzu unterschiedliche Unternehmenskultur identifiziert werden (Sackmann 2002, S. 156). Die Unternehmenskultur ist nach Doppler und Lauterburg die »Gesamtheit aller Normen und Werte, die den Geist und die Persönlichkeit eines Unternehmens ausmachen.« (Doppler/Lauterburg 2002, S. 452, Bamberger/Wrona 2004, S. 307 ff.) Mehr als die Hälfte der unternehmensspezifischen Faktoren, die nach Doppler und Lauterburg zu einer Unternehmenskultur gehören, betreffen direkt den Bereich des Personalmanagements. Danach hat auch die Personalentwicklung einen wichtigen, vermutlich sogar entscheidenden Anteil an der Gestaltung der Unternehmenskultur (Mudra 2004, S. 229). Die Personalentwicklung sollte die Gestaltung der Unternehmenskultur sogar als eine zentrale Aufgabe betrachten und sie vorantreiben.

Zu einer kraftvollen Unternehmenskultur gehört heute die bewusste Aufrechterhaltung und Gestaltung der Vielfalt unter den Mitarbeitern eines Unternehmens, was mit »*Diversity Management*« bezeichnet wird. Monokulturelle Unternehmen sind nicht in der Lage, adäquat auf die Komplexen Rahmenbedingungen zu reagieren. In Deutschland erkennt man derzeit, wie in vielen anderen Ländern, sehr schmerzlich, wie wenig die Integration von Menschen mit Migrationshintergrund bislang gelungen ist. Der demographische Wandel erfordert es einmal mehr, das zu ändern. Das Diversitymanagement in Unternehmen wird diese Situation aufgreifen müssen. Mit Vielfalt meint man z. B. die unterschiedlichen Rassen, Geschlechter, Lebensalter, sexuelle Ausrichtungen, siehe Kapitel B.5 in diesem Buch (Stuber 2004, S. 16 f., Becker 2005, S. 5 ff.).

Durch die Globalisierung wird es immer bedeutsamer, das Aufeinandertreffen völlig verschiedener Kulturen im Unternehmen zu gestalten. Die Gewaltigen Unterschiede, die z. B. zwischen einer »Europäischen« und einer »Asiatischen« Unternehmenskultur existieren, versucht man heute mit Hilfe des »*Interkulturellen Managements*« zu überbrücken. Beim Interkulturellen Management wird eine Vielzahl von Organisationsbedingungen und Handlungsfelder beschrieben, sowie deren Modifikationsmöglichkeit aufgezeigt, wie sie z. B. bei Bergmann und Sourisseaux dargestellt werden (Bergmann/Sourisseaux 2003).

In der Zukunft wird die Unternehmenskultur vermutlich zunehmend mithilfe von 360° Feedbacks oder Mitarbeiterzufriedenheitsanalysen gemessen werden (Kapitel D.2 und D.3 in diesem Buch). Auf Grundlage dieser Messergebnisse kann die passgenaue Anwendung von *Personalentwicklungsmaßnahmen* stark verbessert werden. Der *Reifegrad* einer Unternehmung hängt sehr mit der Unternehmenskultur zusammen (DGFP 2002, S. 26 ff.). Um eine strategische Personalentwicklung gewährleisten zu können, muss man zunächst eine Vorstellung davon gewinnen, in welchem Stadium der *Unternehmensreife* bzw. in welchem Stadium der *Unternehmenskultur* sich ein Unternehmen befindet. So ist es zum Beispiel kontraproduktiv, wenn ein Unternehmen das 360° Feedback implementiert, aber für dieses hoch spezialisierte und an viele Voraussetzungen anknüpfende Instrument noch nicht reif genug ist (Müller-Vorbrüggen/Brisach 2005, S. 71).

7 Work-Life Balance

Wegen der vielfachen Überlastung von Führungskräften und dem damit einhergehenden Anwachsen der Wochenarbeitszeit stellt sich für viele Betroffene die Frage nach der Balance zwischen Arbeitszeit bzw. Karriere und den Bedürfnissen im privaten Bereich. Wie ist ein erfülltes Leben neben/mit der Karriere möglich? Grade größere Unternehmen versuchen, sich dieser Herausforderung zu stellen, und entwickeln »Balanceprogramme« zur Gestaltung der Arbeitszeit (Linneweh/Hofmann 2003, S. 108, Streich 2003, S. 111 f.).

Insbesondere bei der Personalentwicklung von Frauen, die immer noch den allergrößten Teil der Kindererziehung leisten, ist die Frage der *Work-Life Balance* von besonderer Dringlichkeit (Krell 2001, S. 17 ff., Krell 2004, S. 113 ff., 117 ff.). Wie lässt sich eine Karriere aufbauen, halten und fortsetzen, wenn die Kindererziehung notwendigerweise eine Unterbrechung oder zumindest Verminderung der Arbeitsintensität verlangt? Die Entwicklung bis zum heutigen Zeitpunkt macht deutlich, dass Unternehmen die Personalentwicklung bei Eltern, die eine *Elternzeit* in Anspruch nehmen, aktiv gestalten müssen, um Benachteiligungen entgegen zu wirken. Sicherlich ist das einerseits eine gesellschaftliche Aufgabe, aber andererseits hat eine solche Elternzeit einen besonderen Wert hinsichtlich ihrer positiven Auswirkungen auf die *Persönlichkeitsentwicklung* und dadurch nicht zuletzt auch auf die betriebliche Leistungsfähigkeit. Im Rahmen eines Forschungsauftrages der Europäischen Union und des Bundesministeriums für Familien und Senioren wurde eine Kompetenz-Bilanz entwickelt, um familiär gebundene Kompetenzen für die betriebliche Personalentwicklung »nutzbar« zu machen. Dabei sollten die in der Familienarbeit erworbenen Kompetenzen gezielt erkannt und als Leistungspotenzial für das Unternehmen erschlossen werden (Gerzer-Sass 2001, S. 167 ff.).

Eine innovative Personalentwicklung sollte zur »Work-Life Balance« Förder- und Gestaltungsmodelle entwickeln. Die Leistungsfähigkeit der Mitarbeiter und Mitarbeiterinnen kann längerfristig nur dann erhalten werden, wenn eine vertretbare Balance zwischen Arbeitszeit und privat zur Verfügung stehender Zeit, auch bei den Führungskräften, verwirklicht wird. Darüber hinaus tragen ausgefeilte Balanceprogramme wesentlich zur Personalbindung bei.

8 Wissensmanagement

In den letzten Jahren hat sich in Theorie und Praxis das *Wissensmanagement* entwickelt, was nicht verwundert, denn wir sind ebenfalls seit einigen Jahren gewohnt von unserer Gesellschaft als einer *Wissensgesellschaft* zu sprechen (Schüßler/Weiss 2001, S. 254 ff.). »Das Wissen entsteht als ein Ergebnis einer strukturierten Verarbeitung (im Sinne des Auswählens, Verbindens, Transformierens und Bewertens) von Informationen durch das menschliche Bewusstsein und ist – anders als die Information – an Menschen (als Wissensträger) gebunden.« (Mudra 2004, S. 422)

Die Abbildung 3 verdeutlicht den Transformationsprozess von den einzelnen Zeichen zu den Daten mit Hilfe der Syntax, von den Daten zur Information mit der

Hilfe des Kontextes, von der Information zum Wissen mit Hilfe der Vernetzung, vom Wissen zur Kompetenz durch die Umsetzung und von der Kompetenz zur betrieblichen Wertschöpfung durch eine kreative Verwertung am Markt. Die Abbildung verdeutlicht auch die Wertigkeit der einzelnen Elemente; die Kompetenz steht deutlich über dem Wissen.

Abb. 3: Zusammenhang von Zeichen, Daten, Information, Wissen, Kompetenz bis zur Wertschöpfung (eigene Darstellung in Anlehnung an Staudt 2001, S. 3)

Die hohe Wissensintensität verschiedener Branchen und deren Produkte bzw. Dienstleistungen, erfordern heute einen gezielten Umgang mit der Entwicklung und der Verteilung des notwendigen Wissens im Unternehmen. Wissensmanagement umfasst die Bereiche: Wissensaufbereitung, -speicherung, -verteilung, -nutzung, -generierung und -erwerb (Götz/Schmid 2004, S. 179 ff.).

Die Berührungspunkte zur Personalentwicklung sind damit deutlich (siehe Abb. 4). »Wissensmanagement und Personalmanagement haben eine zentrale *Schnittmenge*:

die Mitarbeiter als Träger des organisationalen Wissens.« (Probst/Gibbert/Raub 2004, S. 2030) Entsprechend dieser Schnittmenge und aufgrund der eigenen Aufgabenstellung, hat die Personalentwicklung einen erheblichen Anteil an der Entwicklung und Gestaltung des Wissens im Unternehmen. Es muss ihr ein Anliegen sein, bei der Implementierung und Gestaltung eines Wissensmanagements aktiv mitzuwirken bzw. dieses zu steuern, auch damit Wissensmanagement nicht allein unter technischen Aspekten betrieben wird. Wertvolle Vorschläge hierzu hat Falk in seiner empirisch gestützten Untersuchung erarbeitet (Falk 2007, S. 43 ff.). Trotz der großen Beachtung die das Wissensmanagement in der Literatur und unter Experten gefunden hat, ist es in der Praxis noch nicht so weit verbreitet (Mudra 2004, S. 429).

		Personalmanagement			
		Personal- beschaffung	Personallenkung; Personaleinsatz	Personal- entwicklung	Personalbindung
Wissensmanagement	Wissens- ziele bestimmen	*Heraus- forderung:* Den »War for talent« gewin- nen *Instrumente:* Kompetenz- orientiertes Management; Skill-Manage- ment			
	Wissen identifizieren		*Heraus- forderung:* Umfeld für den produk- tiven Einsatz von Wissens- arbeitern schaffen *Instrumente:* Gelbe Seiten; Sharing- Plattformen; Wissens- basierte Anreiz- systeme		
	Wissen erweben				
	Wissen entwickeln			*Heraus- forderung:* Wissensarbei- ter zusammen bringen und kontinuierlich fördern *Instrumente:* Communities for practice	
	Wissen (ver)teilen				*Heraus- forderung:* Wissensarbei- ter langfristig binden *Instrumente:* Turnover Management; Pensionsbin- dungsindika- toren
	Wissen nutzen				
	Wissen bewahren				
	Wissen messen				

Abb. 4: Überschneidungsbereiche zwischen Personal- und Wissensmanagement (Probst/Gibbert/Raub 2004, S. 2039)

Literatur

Arnold/Bloh 2001: Arnold, R. und Bloh, E. (Herausgeber): Personalentwicklung im lernenden Unternehmen, Hohengehren 2001.
Bamberger/Wrona 2004: Bamberger, I. und Wrona, T.: Strategische Unternehmensführung, München 2004.
Becker 2009: Becker, M.: Personalentwicklung, Bildung, Förderung und Organisationsentwicklung in Theorie und Praxis, 5. Auflage, Stuttgart 2009.
Becker/Rother 2003: Becker, M. und Rother, G. (Herausgeber): Personalwirtschaft in der Unternehmenstransformation, München 2003.
Becker/Schwertner 2002: Becker, M. und Schwertner, A. (Herausgeber): Personalentwicklung als Kompetenzentwicklung, München 2002.
Bergmann/Sourisseaux 2003: Bergmann, N. und Sourisseaux, A. (Herausgeber): Interkulturelles Management, 3. Auflage, Berlin 2003.
Berthel/Becker 2003: Berthel, J. und Becker, F. G.: Personalmanagement, 7. Auflage, Stuttgart 2003.
Bröckermann 2003: Bröckermann, R.: Personalwirtschaft, 3. Auflage, Stuttgart 2003.
DGFP 2002: Deutsche Gesellschaft für Personalführung: Unternehmensentwicklung durch integrierte Personal- und Organisationsentwicklung, Düsseldorf 2002.
Doppler/Lauterburg 2002: Doppler, K. und Lauterburg, C.: Change Management, 10. Auflage, Frankfurt a. M. 2002.
Dörner 2003: Dörner, D.: Die Logik des Misslingens: Strategisches Denken in komplexen Situationen, München 2003.
Falk 2007: Falk, S.: Personalentwicklung, Wissensmanagement und Lernende Organisation in der Praxis, 2. Auflage, München 2007.
Forster 2005: Forster, N.: Maximum Performance, A practical guide to leading and managing peopel at work, Cheltenham UK 2005.
Geißler 1996: Geissler, H.: »Vom Lernen in der Organisation zum lernen der Organisation«, in: Sattelberger, T. (Herausgeber): Die Lernende Organisation, 3. Auflage, Wiesbaden 1996, S. 97–96.
Geißler 2000: Geißler, H.: Organisationspädagogik, München 2000.
Gerzer-Sass 2001: Gerzer-Sass, A.: »Familienkompetenzen als Potential einer innovativen Personalentwicklung«, in: Leipert, C. (Herausgeber): Familie als Beruf: Arbeitsfeld der Zukunft, Opladen 2001, S. 167–180.
Gollwitzer 1996: Gollwitzer, Peter: Das Rubikonmodell der Handlungsphasen, in: Kuhl, Julius /Heckhausen, Heinz (Hrsg.): Motivation, Volition und Handlung. Enzyklopädie der Psychologie, Göttingen 1996.
Götz/Schmid 2004: Götz, K. und Schmid, M.: Praxis des Wissensmanagements, München 2004.
Krell 2001: Krell, G. (Herausgeber): Chancengleichheit durch Personalpolitik, 3. Auflage, Göttingen 2001.
Krell 2004: Krell, G.: »Arbeitnehmer, weibliche«; in: Gaukler, E., Oechsler, W. und Weber, W. (Herausgeber): Handwörterbuch des Personalwesens; 3. Auflage, Stuttgart 2004, S. 112–120.
Kromrei 2006: Kromrei, S. Zur Bedeutung und Praxis von Kompetenzmodellen für Unternehmen, München 2006.
Kriegesmann/Schwering 2004: Kriegesmann, B. und Schwering, M.: »Die Kompetenz für den Erfolg«, in: Personalwirtschaft, Heft 12/2004, S. 12–15.
Linneweh/Hofmann 2003: Linneweh, K. und Hofmann, L.: »Persönlichkeitsmanagement«; in: Rosenstil, L. von, Regnet, E. und Domsch, M. (Herausgeber): Führung von Mitarbeitern, Stuttgart 2003, S. 99–109.
Mentzel 2001: Mentzel, W.: Personalentwicklung, Erfolgreich motivieren, fördern und weiterbilden, München 2001.
Mudra 2004: Mudra, P.: Personalentwicklung, integrative Gestaltung betrieblicher Lern- und Veränderungsprozesse, München 2004.
Müller-Vorbrüggen 2001: Müller-Vorbrüggen, M.: Handlungsfähigkeit durch gelungene Kompetenz-Performanz-Beziehungen als Gegenstand moderner Personal- und Organisationsentwicklung, Aachen 2001.
Müller-Vorbrüggen/Brisach 2005: Müller-Vorbrüggen, M. und Brisach, S.: Vom Einzelfeedback zum Gruppenbericht (360° Feedback als Messinstrument der Unternehmensentwicklung) in: Personalmagazin, Heft 5/2005, S. 70–72.

Müller-Vorbrüggen/Klotz 2005: Müller-Vorbrüggen, M. und Klotz, A.: »Unternehmensführung und Selbstorganisation: Gegensatz oder Ergänzung?«, in: Dekan des Fachbereichs Wirtschaftswissenschaften der Hochschule Niederrhein (Herausgeber): Mönchengladbacher Schriften zur Wirtschaftswissenschaftlichen Praxis, Jahresband 2003/2004, Aachen 2005, S. 152–157.

Nass 2003: Nass, E.: Der Mensch als Ziel der Wirtschaftsethik, Paderborn 2003.

Probst/Gibbert/Raub 2004: Probst, G., Gibbert, M. und Raub, S.: »Wissensmanagement«; in: Gaukler, E., Oechsler, W. und Weber, W. (Herausgeber): Handwörterbuch des Personalwesens, 3. Auflage, Stuttgart 2004, S. 2028–2042.

Probst/Raub/Romhardt 2003: Probst, G., Raub, K., Romhardt, K.: Wissen Managen, 4. Auflage, Wiesbaden 2003.

Sackmann 2002: Sackmann, S.: Unternehmenskultur – Erkennen – Entwickeln – Verändern, Neuwied 2002.

Sattelberger 1996: Sattelberger, T. (Herausgeber).: Die Lernende Organisation, 3. Auflage, Wiesbaden 1996.

Schlosser 2006: Schlosser, N.: Strategisches Management unter Einbezg eines strategischen Personalmanagements, München 2006.

Scholz 2000: Scholz, C.: Personalmanagement, 5. Auflage, München 2000.

Scholz 2003: Scholz, C.: »Unternehmenstransformation durch Personalmanagement: Paradigmenwechsel und Handlungsziele im Wechselspiel«, in: Becker, M. und Rother, G. (Herausgeber): Personalwirtschaft in der Unternehmenstransformation, München 2003, S. 77–90.

Schreyögg 2000: Schreyögg, G.: Organisation, Wiesbaden 2000.

Schüßler/Weiss 2001: Schüßler, I.; Weiss, W.: »Lernkulturen in der New Economy: Herausforderungen an die Personalentwicklung im Zeitalter der Wissensgesellschaft«, in: Arnold, R. und Bloh, E. (Herausgeber): Personalentwicklung im lernenden Unternehmen, Hohengehren 2001, S. 254–286.

Senge 1998: Senge, P.: Die fünfte Disziplin, 5. Auflage, Stuttgart 1998.

Staudt 2001: Staudt, E.: »Kompetenz und Innovation«, in: Berichte aus der angewandten Innovationsforschung. No. 199, Herausgeber Erich Staudt, Bochum 2001.

Streich 2003: Streich, R.: Work-Life-Balance: »Rollenprobleme von Führungskräften in der Beruf- und Privatsphäre«; in: Rosenstil, L. von Regnet, E. und Domsch, M. (Herausgeber): Führung von Mitarbeitern, Stuttgart 2003, S. 111–118.

Stuber 2003: Stuber, M.: Diversity, Das Potenzial von Vielfalt nutzen – den Erfolg durch Offenheit steigern, München 2004.

Weber/Schmelter 2003: Weber, W. und Schmelter, A.: »Die Rolle des Personalmanagements: Gestalter oder Verwalter des Wandels«, in: Becker, M. und Rother, G. (Herausgeber): Personalwirtschaft in der Unternehmenstransformation, München 2003, S. 111–126.

Wegerich 2007: Wegerich, Ch.: Strategische Personalentwicklung in der Praxis, Weinheim 2007.

Welge/Al-Laham 2001: Welge, M. K.und Al-Laham, A.: Strategisches Management, 3. Auflage, Wiesbaden 2001.

Wimmer 2004: Wimmer, R.: »Organisationsentwicklung«, in: Gaukler, E., Oechsler, W. und Weber, W. (Herausgeber): Handwörterbuch des Personalwesens; 3. Auflage, Stuttgart 2004, S. 1306–1318.

Teil B
Grundlagen der Personalentwicklung

B.1 Pädagogisch-psychologische Motivationstheorien als Grundlage der Personalentwicklung

Peter Mudra[*]

1 Interdisziplinarität der Personalentwicklung

2 Motivation – Handlungsenergie für menschliche Entwicklungsprozesse
   2.1 Vorbemerkungen
   2.2 Relevanz der Motivation für die Personalentwicklung
      2.2.1 Pädagogischer Blickwinkel
         2.2.1.1 Interessentheorie
         2.2.1.2 Zielsetzungstheorie
      2.2.2 Psychologischer Blickwinkel
         2.2.2.1 Theorie der gelernten Bedürfnisse
         2.2.2.2 Selbstbestimmungstheorie der Motivation
   2.3 Pädagogisch-psychologische Konklusionen – Motivationskerne für die Personalentwicklung

3 Strategische Relevanz motivationaler Aspekte für die Personalentwicklung

Literatur

---

[*] Prof Dr. Peter Mudra ist Professor an der Fachhochschule Ludwigshafen und leitet dort die personalwirtschaftlichen Studiengänge (Bachelor, Master, MBA) sowie das Institut für Beschäftigung und Employability (IBE). Seine Arbeitsschwerpunkte liegen neben dem breiten Themenfeld des allgemeinen Personalmanagements im Bereich der Personal- und Organisationsentwicklung, Berufspädagogik und Personalführung.

1 Interdisziplinarität der Personalentwicklung

Die Personalentwicklung stellt ein interdisziplinäres Handlungsfeld dar. Sie ist Gegenstand verschiedener wissenschaftlicher Disziplinen. Neben dem engen Bezug zur Personalwirtschaftslehre, wo sie als Teildisziplin in den letzten Jahrzehnten eine immer stärkere Bedeutung erfahren hat (Müller-Vorbrüggen 2006, S. 6), sind vor allem die pädagogischen und psychologischen Bezüge für die Aufgabenbewältigung innerhalb der betrieblichen Personalentwicklung grundlegend und gleichermaßen wertvoll. So stehen mit den Themenfeldern »Lernen« und »Motivation« zwei wesentliche Säulen der Gestaltung von Personalentwicklung im Blickpunkt, deren Wurzeln und Programmatik im wissenschaftlichen Kontext der Pädagogik und Psychologie beheimatet sind.

Betrachtet man diese beiden Wissenschaftsdisziplinen hinsichtlich ihres Zugangs zur Personalentwicklung, werden schnell Unterschiede in der jeweiligen Herangehensweise deutlich.

Aus dem *Blickwinkel der Pädagogik* wird von einer auf das Individuum ausgerichteten Entwicklung ausgegangen, was Personalentwicklung unter Berücksichtigung des »pädagogischen Prinzips« zu einer Persönlichkeitsentwicklung deklariert (Mudra 2004, S. 17 f.). Gefordert war und ist allerdings in diesem Zusammenhang ein pädagogischer Pragmatismus, der seinen Fokus auf die pädagogische Mitgestaltung des Unternehmens richtet und sich dabei jener realen Gegebenheit unterwirft, welche in der Regel beinhaltet, dass die Bildungsansprüche des Individuums im Kontext der Abhängigkeit des pädagogisch Wünschenswerten und Notwendigen von dem vorhandenen wirtschaftlich, technologisch und unternehmerisch Möglichen heraus realisiert werden (Arnold 1998, S. 10).

Aus *psychologischer Sicht* lässt sich Personalentwicklung als eine Intervention ansehen, mit der einerseits das Verhaltensrepertoire des Mitarbeiters begründet und ausgebaut werden soll sowie andererseits das Verhältnis zwischen Mitarbeiter und Organisation auf der Grundlage der personalen Veränderungsfähigkeit zu beeinflussen versucht wird (Weinert 2004, S. 710). Im Blickpunkt steht hier in besonderer Weise die Modifikation von Einstellungen und Verhalten der Mitarbeiter im Kontext von Veränderungsprozessen (Sonntag 1986, S. 308 sowie 1999, S. 17). Schuler (1989, S. 4) betont, es gebe für die »Angewandte *Psychologie* kaum ein vielfältigeres und aussichtsreicheres Gebiet, kaum eines, das so viele Grundlagenkenntnisse und ihre Übertragung belohnen darf, das Forschungs- und Gestaltungsmöglichkeiten in solcher Fülle besitzt wie die Personalentwicklung«.

2 Motivation – Handlungsenergie für menschliche Entwicklungsprozesse

2.1 Vorbemerkungen

»Heutzutage muss man seine Mitarbeiter auch noch motivieren, anbrüllen alleine reicht nicht mehr aus.« *(Aussage einer Führungskraft im Einzelhandel)*

Es ist unbestritten, dem Thema »*Motivation*« kommt in den Unternehmen in ganz verschiedenen Feldern eine große Bedeutung zu – auch wenn das Bewusstsein, wie in der vorangestellten Aussage, manchmal noch ein wenig diffus zu sein scheint. Hierzu trägt durchaus bei, dass sich das »Phänomen Motivation« im Bereich der Arbeitswelt in seiner Deutung und Bedeutung manchmal zu verselbständigen scheint, wie es in fragwürdiger Weise beispielhaft bei dem deutschen Motivationstrainer Höller (»Du schaffst es!« »Sorge dich nicht – lebe!«) zu beobachten war, was Die Zeit (Nr. 25/2001) als »Diktatur der Optimisten« kennzeichnete.

Leistung, Förderung und Bildung hängen stark von der Bereitschaft der Mitarbeiter ab, eine Erkenntnis, welche mittlerweile die Betriebswirtschaftslehre und betriebliche Praxis auf der Grundlage verhaltenstheoretischer Ansätze geprägt hat. Somit kommt der Motivation im Bereich der Personalentwicklung eine große Bedeutung zu.

Motivation kann als intra-individueller Antrieb zur Befriedigung von Bedürfnissen angesehen werden. Ein *Bedürfnis* entsteht, wenn ein *Motiv* (im Sinne einer latent vorhandenen, aber noch nicht wirkenden Verhaltensbereitschaft) mittels geeigneter *Anreize* aktiviert wird. Hierdurch können Verhaltensweisen beeinflusst und Handlungen ausgelöst werden, wobei der Antrieb für das Verhalten bzw. die Handlung sowohl von innen (aus sich selbst heraus, also intrinsisch) als auch von außen (extrinsisch) kommen kann. Eine vereinfachende Darstellung der Motivation und ihrer Zusammenhänge zeigt die Abbildung 1.

Motivationstheorien gehen der Frage nach, wie sich die Bedürfnisse sowie die Möglichkeit zur Bedürfnisbefriedigung auf den Antrieb zum Handeln (Motivation) auswirken. Als so genannte *Inhaltstheorien* begrenzen sie die außerordentlich große Anzahl menschlicher Bedürfnisse auf einige Basisbedürfnisse oder sind als so genannte *Prozesstheorien* bemüht, den Prozess der Motivation – beginnend bei der Wahrnehmung des Anreizes über die Entwicklung von Bedürfnissen und den Handlungsvollzug bis zur Wahrnehmung seiner Ergebnisse – darzulegen. Überdies wird in einer dritten Gruppe, den so genannten Gleichgewichtstheorien, auf die Balance zwischen verschiedenen Faktoren bzw. Bedingungen der Motivation abgestellt.

Die Schwierigkeit im Kontext der Motivation liegt darin, dass es sich um ein nicht unmittelbar beobachtbares Phänomen handelt, weshalb es den Status eines theoretischen Konstruktes hat. Auch die Sichtweise, Motivation im Sinne einer Handlungsenergie zu interpretieren (Müller-Vorbrüggen 2001, S. 57) verbleibt zunächst in einem eher heuristischen Feld.

Es gibt eine Vielfalt recht unterschiedlich geprägter Motivationstheorien und damit eine erstaunliche Breite von Erklärungsansätzen für die Verhaltenssteuerung von Menschen (Weinert 2004, S. 187 ff.). Neben den Klassikern wie der Maslowschen Bedürfnishierarchie, Alderfers ERG-Theorie, der Theorie der Leistungsmotivation von

Abb. 1: Einfaches Motivationsablaufmodell (Mudra 2004, S. 181)

McClelland, Herzbergs Zweifaktoren-Theorie, Vrooms VIE-Theorie und der Equitytheorie von Adams werden für den Bereich der Arbeit in den letzten Jahren auf die Selbstbestimmung und die Motivationsausprägung bezogene Ansätze (Deci/Ryan 1993 und Csikszentmihalyi 2000) stärker reflektiert. Dieses entspricht einem feststellbaren Paradigmenwechsel von einer – lange Zeit dominanten – rein kognitiv orientierten Motivationsperspektive hin zu einer sich auch auf emotionale Gegebenheiten erweiterte Betrachtung. Mit anderen Worten besteht mittlerweile ein weitgehender Konsens, dass Motivation von kognitiven und emotionalen Komponenten beeinflusst wird. Als spektakulär wurden die Motivationsthesen von Sprenger (»Mythos Motivation«, 2002) gerade von der Praxis wahrgenommen. Sein Credo »Alles Motivieren ist Demotivieren« (Sprenger 2002, S. 12) und »Motivation an sich ist völlig wertlos« (Sprenger 2006, ohne Seite) wurde allerdings bislang nicht wissenschaftlich verifiziert.

2.2 Relevanz der Motivation für die Personalentwicklung

Personalentwicklung ist nach allgemeiner Auffassung mehr als nur die Aus- und Weiterbildung von Mitarbeitern, sondern sie wird in besonderer Weise durch den

Bereich der systematischen Mitarbeiterförderung ergänzt (Mudra 2004, S. 149 f.) und schließt hierbei auch im Rahmen eines Drei-Säulen-Modells die Arbeitsstrukturierung ein (Müller-Vorbrüggen 2006, S. 9).

Innerhalb der Aufgabenfelder der Personalentwicklung sind in besonderer Weise Themenfelder der Pädagogik und Psychologie wie »Lernen« und »Motivation« angesprochen (Lewalter 2006, S. 45). Die Theorieentwicklung in diesem handlungsbezogenen Spektrum hat in den letzten Jahren durchaus interessante Facetten geliefert. Für die Personalentwicklung als praxisorientierte und -getriebene »Disziplin« stellt sich hierbei in besonderer Weise die Frage nach der Relevanz – und damit eng verbundenen – der Nützlichkeit. Nachfolgend werden unterschiedliche Zugänge und Reflexionen zum Konstrukt Motivation dargestellt, um in einem abschließenden Schritt, zentrale Aspekte für die Praxis zu transferieren.

2.2.1 Pädagogischer Blickwinkel

Tendenziell wird Motivation eher der Psychologie und weniger dem Bereich der Pädagogik zugeordnet. Dies könnte, so Schiefele (1993, S. 177), seine Ursache darin haben, dass der traditionellen Motivationsforschung ein behavioristisches Dogma anhaftet und diese auch ganz überwiegend von Psychologen vollzogen worden ist. Allerdings wird betont, dass sich die Psychologie real keinesfalls auf das verhaltentheoretische Paradigma reduzieren lässt.

Die Pädagogik sieht sich von ihrer historisch-disziplinären Entwicklung dem Mündigkeitspostulat verpflichtet und kann gerade externe, mit einer engen Zweckbestimmung versehene Handlungsanregungen nur in engen Grenzen akzeptieren. Doch Motivation in ihrer Breite schließt heute Selbstbestimmtheit im Lernen und Handeln des Individuums keinesfalls aus. Im Gegenteil: Die nachhaltigste Motivationsenergie entfaltet sich gerade aus dem Bereich der inneren Antriebe, also der intrinsisch angelegten Motivation. Nach lerntheoretischer Auffassung ist die Motivation des Lernenden abhängig vom Bedürfniszustand des Organismus in Verbindung mit entsprechenden inneren und äußeren Reizen. Im Sinne eines Transfers lassen sich ausgehend von dem obigen Motivationsmodell (Abb. 1) für die Bedürfnisse der Mitarbeiter im Kontext der Personalentwicklung folgende Feststellungen treffen (Mudra 2004, S. 185 f.): Die *Entwicklungsbedürfnisse der Mitarbeiter*, die in der Regel *als bewusstgewordener Wunsch nach neigungsgemäßer Weiterentwicklung auf der Grundlage selbsteingeschätzter Potenziale* oder bereits als Mangelwahrnehmung derselben bei den Mitarbeitern zum Tragen kommen dürften, sollten im Rahmen der Personalentwicklung ausreichende Berücksichtigung erfahren. Denn das Nicht-Einbringen-Können – und natürlich auch das Nicht-Verwirklichen-Können – von Bedürfnissen führt oftmals zu negativen Einstellungen (z.B. Unzufriedenheit, Unsicherheit, Angst, Aggression, Resignation), die sich wiederum auf die Arbeitshaltung und das Beschäftigungsverhältnis auswirken können.

Mit der *Interessentheorie* und der Zielsetzungstheorie werden nachfolgend zwei motivationale Ansätze reflektiert, denen eine besondere pädagogische Relevanz zuzusprechen ist.

2.2.1.1 Interessentheorie

Die Interessentheorie bezieht sich auf intra-individuelle Vorgänge und ist von ihrer Perspektive her individuumszentriert und somit in besonderer Weise pädagogisch ausgerichtet. Sie sieht sich damit in deutlichem Gegensatz zu simplen Reiz-Reaktions-Mustern des Behaviorismus mit seinem Fokus auf extrapersonellen Aspekten.

Im Blickpunkt steht das Interessenkonstrukt, welches aus Sicht von Krapp (1992 a, S. 5) Interesse als eine Relation zwischen der Person einerseits und einem Gegenstand – im Sinne eines subjektiv bestimmten Ausschnitts der Lebensumwelt – andererseits beschreibt. Interessen des Individuums gelten hierbei immer als gegenstandsspezifisch. Allerdings umfasst der Gegenstandsbegriff dabei nicht nur kognitiv repräsentierte Objekte im engeren Sinne, über welche ein Wissenserwerb und -austausch recht problemlos möglich ist (z.B. die Merkmale und Funktionalität einer Maschine), sondern auch solche, die über die Form eines real existierenden Objektes hinausgehend als symbolisch oder emotional repräsentierte Sachverhalte wie z.B. Werte, Einstellungen und Beziehungen gekennzeichnet werden können. Die Relation zwischen Individuum und Gegenstand wird dann als Interesse bezeichnet, wenn dessen Prägung näher bestimmt ist und dieser Gegenstand für das Individuum eine persönliche Relevanz (Wertzuweisung) hat. Aus mit einem persönlichen Wert verbundenem Interesse leiten sich emotionale Zustände ab, die in Interessenhandlung überführt werden können.

In der Literatur erfolgt eine Unterscheidung zwischen zwei Formen des Interesses:

- individuelles *Interesse* als ein mehr oder weniger dauerhaftes Personenmerkmal (Krapp 2001, S. 287 f.) und
- situationales Interesse (»Interessantheit«) als eine kurzfristig, sich aus der konkreten Situation ergebende Konstellation (Krapp 1992 b, S. 15).

Da Interesse als Ausgangspunkt zielgerichteten Handelns (Interessenhandlung) gesehen wird, ist ein möglichst anhaltender Zustand des Interesses anzustreben. Das Bemühen richtet sich dabei auf die perspektivische Umformung von situationalem Interesse in individuelles Interesse. Hierfür ist es erforderlich, dass der Interessengegenstand einerseits durch das Individuum eine positive Wertzuschreibung erhält und andererseits das Befassen mit dem Gegenstand insgesamt als positiv erlebt wird (wertbezogene und emotionale Relevanz). Die Abbildung 2 zeigt den Übergang von situationalem zu individuellem Interesse.

Für die Personalentwicklung leiten sich aus diesem Ansatz, der unter Berücksichtigung seiner finalen Ausrichtung auf die Interessenhandlung als ein wichtiger Motivationsansatz eingeordnet werden kann, folgende Aspekte ab:

Ausgangspunkt von Lern- und Entwicklungsprozessen ist eine Konstellation von Umwelt in vergegenständlichter Form und dem Individuum, die sich als Interesse bezeichnen lässt.

Die »Interessenlage« der Mitarbeiter muss von ihnen selbst, aber – soweit möglich – auch von den Führungskräften und Personalentwicklern als »Entwicklungshelfer« analysiert und hinsichtlich der Konsistenz (Ausprägungsgrad, Nachhaltigkeit, Wertbezug, Emotionalität) reflektiert werden. Hierfür lassen sich methodisch Testverfahren

Abb. 2: Interessentransfer als Motivationsdeterminante im Kontext der Interessentheorie (eigene Darstellung)

wie die »generelle Interessenskala« von Brickenkamp (1990) sowie Befragungen (z.B. analog des Fragebogens zum Studieninteresse von Schiefele u.a. 1993) einsetzen.

Für die Handlungsaktivierung bedarf es hinsichtlich des (Lern-)Gegenstands sowohl einer wertbezogenen (bedeutungsvermittelnden) als auch einer die Emotion intendierenden Ansprache. Nur durch einen klaren Wert- und Emotionsbezug kann es zu einer Überführung in eine nachhaltige Persönlichkeitsdisposition im Sinne von individuellem Interesse kommen.

2.2.1.2 Zielsetzungstheorie

Die von E. Locke und G. Latham im Jahr 1990 veröffentlichte Theorie bezieht sich auf einen einzigen – allerdings sehr zentralen – Aspekt der Motivation: die Verhaltenssteuerung durch die bewussten Absichten bzw. Ziele einer Person.

Obgleich es sich bei Locke und Latham um Arbeitspsychologen handelt und ihre Theorie deutlich vom tayloristischen Ansatz geprägt ist, kann eine immanente Anschlussfähigkeit für den Bereich der Pädagogik festgestellt werden, denn dort werden Zielsetzungen traditionell im Kontext der behavioristisch geprägten Lernzieltheorien thematisiert.

Die *Zielsetzungstheorie* von Locke und Latham (»A theory of goal setting an task performance«, 1991) geht davon aus, dass den Handlungen eines Menschen immer Werte bzw. Werturteile im Kontext der gegebenen Situation sowie Emotionen bzw. Wünsche vorangestellt sind, über welche die Intentionen bzw. Ziele des Handelns geprägt werden. Insofern erfolgt die kognitive Handlungssteuerung des Einzelnen durch die Festlegung und Umsetzung von Zielen, mit denen der Handlungsantrieb im Sinne von Motivation aktiviert wird (Weinert 2004, S. 214 f.). Hierbei wird immer auch ein Bezug zu den Konsequenzen des Verhaltens im Sinne der konkreten Bedeutung der Erreichung oder Nichterreichung eines Ziels hergestellt.

Das *Motivationspotenzial* von bewussten Zielen lässt sich der Abbildung 3 entnehmen.

Motivationspotenzial von Zielen	
Bewusste Lenkung der Aufmerksamkeit	Ziele dienen dazu, die Aufmerksamkeit und Bemühungen in eine bestimmte Richtung zu lenken. Beispiel: Eine Mitarbeiterin arbeitet intensiv an der Erstellung einer Imagebroschüre.
Konsequente (Weiter-)Verfolgung von Aufgaben	Ziele helfen, Aufgaben beharrlich und ausdauernd weiterzuverfolgen. Etwas misslingt oder man wird abgelenkt, wendet sich aber wieder der Aufgabe zu.
Vereinfachung von Strategien	Ziele vereinfachen die Entwicklung und Umsetzung von Aufgabenstrategien. Eine Person entwickelt innovative Methoden, um ein Ziel effizienter zu erreichen. Ein anderer bricht eine abstrakte Strategie auf konkrete Ziele herunter.
Orientierungsmarke (Zielfunktionalität I)	Ziele, die gemeinsam von Mitarbeitern und Vorgesetzten festgelegt werden, tragen eine größere Verbindlichkeit in sich. Auf diese Ziele wird bewusst hingearbeitet, sie stellen eine Orientierungsmarke dar.
Kontroll- und Evaluierungshilfe (Zielfunktionalität II)	Ziele und deren Erreichungsfeststellung sind eine wichtige Grundlage für eine systematische Kontrolle und in der Regel auch im Kontext der Gesamtzielsetzung einer Organisation einzuordnen. Eine zeitnahe Überprüfung der Erreichung der (Teil-)Ziele und deren Reflexion stellt im Rahmen eines Evaluierungsansatzes ein wichtiges Element im Managementzyklus dar.

Abb. 3: Motivationspotenzial von Zielen (Weinert 2004, S. 215)

Die Zielsetzungstheorie hat in der Wissenschaft und Praxis großes Interesse gefunden und wurde in seinen grundlegenden Aussagen durch Untersuchungen bestätigt.

Für den Bereich der Pädagogik und Personalentwicklung lässt sich der Zielsetzungsansatz im Kontext des Befassens mit Lernzielen partiell adaptieren. In der lernzieltheoretischen Diskussion der 70er-Jahre des letzten Jahrhunderts (z.B. Bloom 1972 und Krathwol 1973) wurde das Augenmerk auf die besondere Bedeutung der Lernziele für den *Lernprozess* und dessen Erfolg gelegt. Hierbei erfolgte die Entwicklung von Lernzielhierarchien bzw. der Taxonomie von Lernzielen, um anforderungsgerechte und schwierigkeitsadäquate Ziele identifizieren zu können.

Über die Festlegung von Lernzielen – in behavioristischer Diktion als »Operationalisierung von Lernzielen« bezeichnet – können vergleichbare Motivationsaspekte, wie sie in der Abbildung 3 angeführt sind, zum Tragen kommen. Die *Lernzielorientierung* stellt heute in der pädagogischen Praxis einen didaktisch-methodischen Standard dar.

Obgleich sich Arbeitsleistung und Lernleistung mit Blick auf die beim Lernvorgang meist gegebene Komplexität und Intransparenz des Kernprozesses nur bedingt vergleichen lassen, kann der stark motivationale Aspekt der Zielfestlegung durchaus vorteilhaft in pädagogische Bezüge eingebunden werden (Abb. 4). Die Vorteile liegen zum einen in der Sichtweise, Lernziele bewusst in anforderungsgerechter und schwierigkeitsadäquater Form zu fixieren, und zum anderen in der Intention, im Sinne eines Lernziel-Controlling durchgängig bzw. zyklisch eine Reflexion der Lernintentionen aus Sicht der Akteure vorzunehmen.

Abb. 4: Lernzielorientierung unter Berücksichtigung der Theorie von Locke und Latham (Mudra 1998, S. 3)

Im Rahmen der Personalentwicklung kommt gerade auch dem Aspekt der Erreichung von Lern- bzw. Entwicklungszielvorgaben eine immer stärkere Bedeutung zu. Die Frage nach dem *Wertschöpfungsbeitrag* der Personalentwicklung führt in der Regel zunächst zu dem Aspekt der *Effektivität* von Personalentwicklung. Und diese lässt sich nach allgemeiner Auffassung zunächst an der Erreichung von Zielen – im Bildungskontext von Lernzielen – festmachen (Mudra 2007a, S. 266). Insgesamt ist seit einiger Zeit eine Renaissance der Orientierung auf Zielsysteme sowie Effektivitäts- und Effizienzaspekte festzustellen (Mudra 2007 b, S. 45 ff.).

Aus motivationaler Sicht gilt es, bei der Verwendung von Zielen bzw. Zielsystemen folgende Aspekte zu berücksichtigen:
- Es sollten möglichst konkrete bzw. konkretisierbare Ziele festgelegt werden.
- Die Ziele sollten herausfordernd, aber erreichbar sein.
- Ziele sind wirksamer, wenn sie von den Beteiligten akzeptiert werden.
- Zwischen Zielen und Zielerreichung gilt es, prozessbezogene Fortschritte im Hinblick auf das Ziel zu identifizieren und zu reflektieren: Feedback zum (Zwischen-)Leistungsergebnis. Leistung motiviert und hält »auf Kurs«.

2.2.2 Psychologischer Blickwinkel

Es ist unbestritten, dass Motivationstheorien helfen, Verhalten im Arbeitskontext zu erklären, und hierbei in besonderer Weise auf die Grundlagen der Psychologie zurückgreifen. Insofern erscheinen derartige Theorien, für die Gestaltung von Interventionsprogrammen im Rahmen der Personalentwicklung durchaus geeignet zu sein. Einen wichtigen Beitrag leistet die Psychologie auch im Bereich der Diagnostik, d. h. im Erkennen von Kompetenzen und Potenzialen, was Thom und Zaugg (2007, S. 398) als Grundlage der Personalentwicklung charakterisieren.

Im Folgenden werden zwei bedeutende theoretische Ansätze vorgestellt und in Bezug auf ihre Relevanz für die Personalentwicklung betrachtet.

2.2.2.1 Theorie der gelernten Bedürfnisse

Der Verhaltens- und Sozialpsychologe D.C. McClelland entwickelte auf der Grundlage von Lerngesetzen und den Arbeiten seines Kollegen H. Murray seine weit beachtete *Theorie der gelernten Bedürfnisse* (McClelland 1984). Hierbei wird davon ausgegangen, dass der Mensch während des gesamten Sozialisationsprozesses eine Vielzahl von Bedürfnissen aus seiner kulturellen Umwelt lernt, indem er sich mit ihr auseinandersetzt und dabei Anforderungen bewältigen muss (Weinert 2004, S. 194). Mit den Bedürfnissen zusammenhängend wird auch das auf bestimmte Bereiche bezogene Verhalten erlernt, wobei das Lernprinzip auf dem Belohnungsansatz fußt. Verhaltensweisen, die eine *Belohnung* nach sich ziehen, werden demnach mit einer größeren Wahrscheinlichkeit gezeigt.

McClelland fand heraus, dass drei Bedürfnisbereiche (»Bedürfniskonfigurationen«) auf das kurz- und langfristige Verhalten eines Menschen großen Einfluss haben (Hentze 1992, S. 41).

Er identifiziert hierbei als so genannte »Schlüsselbedürfnisse«

- das Bedürfnis nach Leistung (need for achievment), das bewirkt, dass Menschen ihre Leistung kontinuierlich verbessern wollen,
- das Bedürfnis nach Zugehörigkeit bzw. Anschluss (need for affiliation), das das Verhalten in Gruppen und in Beziehungen zu anderen beeinflusst und sich im Wunsch nach Zusammenhalt, Zusammenarbeit und Wertschätzung ausdrückt, sowie
- das Bedürfnis nach Macht (need for power), das sich im Versuch zeigt, eine Position der Überlegenheit gegenüber anderen Personen zu realisieren und eine Wettbewerbs- und Konkurrenzorientierung. bewirkt.

Für das Leistungsbedürfnis wies McClelland eine Relevanz in Bezug auf innovatives Verhalten sowie die kontinuierliche Verbesserung der Arbeitsleistung nach. Weiterhin konnte er auf der Grundlage eines Testverfahrens zeigen, dass eine Unterscheidung zwischen Leistungsmotivierten, die tendenziell von einer Hoffnung auf Erfolg geprägt sind, und Menschen mit einer eher geringen Leistungsmotivation mit einer latenten Furcht vor Misserfolg, möglich ist. Seiner Schätzung nach sind 10 Prozent der Menschen durch eine außergewöhnlich starke Leistungsmotivation geprägt, was er vorrangig den erfolgten Sozialisationsprozessen zuschreibt (Jung 2005, S. 385).

Für die Personalentwicklung lassen sich zwei wesentliche Aspekte ableiten:
- Die angeführten Motive sollten bei den Mitarbeitern bewusst angeregt werden. Hierfür tragen die Führungskräfte eine besondere Verantwortung. Den Bedürfnissen der Mitarbeiter und deren Reflexion sollte im Rahmen von Beurteilungs- und Fördergesprächen ausdrücklich angemessener Platz eingeräumt werden. Als wichtiges Element ist hierbei der sich aus Erfolgserlebnissen ableitbare Lern- und (Leistungs-)Motivationsansatz zu sehen, aus dem sich das Erlernen bzw. Forcieren von Leistungs- und Entwicklungsbedürfnissen idealtypisch ableiten lässt. Eine Anbindung zu dem Instrument der Arbeitserweiterung (*Job Enrichment*), welches im Kontext der Zwei-Faktorentheorie von Herzberg und der Arbeitsstrukturierung als wesentliche Säule der Personalentwicklung eine wichtige Rolle spielt, ist überdies offensichtlich.
- Für die Entwicklung von Führungskräften bzw. die Auswahl von Mitarbeitern für Führungskräfteentwicklungsprogramme kann über die psychologische Motivationsdiagnostik die Messung der Ausprägung von Motiven festgestellt werden. Hierbei steht das Leistungsmotiv im Vordergrund, welches sich über die so genannten »Thematischen Auffassungs-Tests (TAT)« (Scholz 1994, S. 425, Langens/Schüler 2003, S. 89 f.) messen lässt. Für die Anwendung derartiger Verfahren ist allerdings immer auch die Passung zur Unternehmenskultur zu reflektieren.

2.2.2.2 Selbstbestimmungstheorie der Motivation

Die *Selbstbestimmungstheorie* von E.L. Deci und R.M. Ryan (1985 und 2002) ist eine Theorie der menschlichen Motivation, die Bedingungen für die Unterstützung motivationaler Entwicklungsprozesse identifiziert. Hierbei liegt das besondere Augenmerk auf der Selbstbestimmtheit als dem Ausmaß, in welchem Menschen über ihre Handlungen frei entscheiden. Deci und Ryan gehen davon aus, dass drei psychologische Grundbedürfnisse quasi als Motor für das Streben des Menschen nach persönlicher Entwicklung und Wohlbefinden – im Sinne einer angeborenen Tendenz – wirken, und zwar:
1. *Autonomie bzw. Selbstbestimmtheit* als ein Streben des Menschen, sich als eigenständig handelnd zu erleben und dabei für die Festlegung von Zielen und Vorgehensweisen eigenverantwortlich zu sein,
2. *Kompetenz bzw. Wirksamkeit* als das Streben des Menschen, sich in typischen bzw. konkreten Situationen den gestellten Anforderungen hinreichend gewachsen zu fühlen und sich über das Bewusstsein, dieses aus eigener Kraft bewältigen zu können, als handlungsfähig zu erleben,
3. *Soziale Eingebundenheit bzw. soziale Zugehörigkeit* als das Grundbestreben des Menschen nach befriedigenden Sozialkontakten und sozialer Akzeptanz in seinem Umfeld.

Bei der Entwicklung einer zunehmend selbstbestimmten Motivation setzen die Grundbedürfnisse immer an den vorausgegangenen Erfahrungen des Einzelnen an. Zentrale Aussage der Theorie ist, dass Handlungen, die dem Einzelnen eine hinreichende Befriedigung der genannten Bedürfnisse gewährleisten, die Entwicklung einer zunehmend selbstbestimmten – und damit auf Nachhaltigkeit ausgerichteten – Motivation ermöglichen oder zumindest erleichtern.

Für die Personalentwicklung lässt sich hieraus unter anderem ableiten, dass sie sich in ihrer Programmatik sehr stark auf die systematische Förderung der Kompetenz- und Autonomieerfahrungen der Mitarbeiter ausrichten sollte. Mit Ansätzen des Training on the Job oder Training near the Job sowie der lernenden Organisation kann auch dem Bedürfnis nach sozialer Eingebundenheit als weiterer Triebfeder für eigeninitiierte Motivation durch eine stärker reflektierende Personalentwicklungsarbeit Rechnung getragen werden.

2.3 Pädagogisch-psychologische Konklusionen – Motivationskerne für die Personalentwicklung

Personalentwicklung zielt auf die individuelle Kompetenzerweiterung von Mitarbeitern ab. Hierbei sind sowohl Aspekte der Qualifikation und deren Erweiterung als auch die Stabilität und Veränderbarkeit berufsrelevanten Verhaltens hervorzuheben (z.B. Schuler 1989, S. 5). Die oben vorgestellten Motivationstheorien sind durchaus ein Beleg für eine Vielfältigkeit und Differenziertheit, welche sich auch im Bereich der pädagogischen Psychologie als Forschungsrichtung der angewandten Psychologie und Pädagogik widerspiegelt.

Für die Praxis stellt sich allerdings die Frage, wie pädagogisch-psychologische Betrachtungen in ein Verständnis überführt werden können, aus dem sich zumindest teilweise ein Transferansatz für konkretes Handeln ableiten lässt. Nachfolgend sollen die wesentlichen Merkmale der vier reflektierten Motivationstheorien in ein heuristisches Handlungsmodell eingebunden werden. Im Zentrum steht hierbei der Handlungsantrieb mit seiner qualitativen Differenzierung in intrinsische und extrinsische Motivation. Die Abbildung 5 zeigt wesentliche Merkmale intrinsischer und extrinsischer Motivation.

Für die Personalentwicklung bzw. das Lernen im Allgemeinen erfolgt eine klare Präferierung der intrinsischen Motivation, welche in der pädagogischen Betrachtung für die Chance zur Forcierung von Emanzipation in der Intention des Menschen als mündige, für sich selbst zuständige und selbst verpflichtende Person steht.

Intrinsische Motivation kann als »Motivation aus dem Ich« gerade im Bereich der Personalentwicklung eine zentrale Funktion erfüllen, wenn Lernen und Entwickeln als eine Herausforderung von den Mitarbeitern erkannt wird, die ein besonderes Maß an Eigenverantwortung und Selbstmanagement beinhaltet. Hierdurch erfolgt unweigerlich eine Anlehnung an das strategisch ausgerichtete *Konzept der Employability* (z.B. Rump/Sattelberger/Fischer 2006), bei dem die Beschäftigungsfähigkeit des Mitarbeiters an dessen Selbstantrieb ansetzt, allerdings um unterstützende Aktivitäten seitens des Unternehmens grundsätzlich zu ergänzen ist. Als zentrale Voraussetzungen für ein intrinsisch getragenes Agieren sind einerseits die Kenntnis der eigenen Antriebskräfte und Kompetenzen sowie andererseits die Fähigkeit zur Überwindung von Handlungsblockaden zu sehen.

Motivationsqualitäten Intrinsische und extrinsische Motivation als Kontinuum		
	Intrinsische Motivation	**Extrinsische Motivation**
Handlung	Sie besitzt einen Eigenwert, erscheint sinnvoll und wichtig.	Sie ist in eine Austauschbeziehung eingebunden und hat eher instrumentellen Charakter.
Handlungsursache	Interner Ausgangspunkt (Selbst-Attribution)	Externer Ausgangspunkt (Fremd-Attribution)
Handlungssteuerung	Selbststeuerung; Motivation als Forcierung der Emanzipation; idealerweise handlungsbezogene Selbstbestimmung auf der Grundlage von Autonomie, Kompetenz, sozialer Eingebundenheit (Deci/ Ryan 1993) → Neugier, Spontanität, Interesse an der Umwelt	Fremdsteuerung; in der Regel Ingangsetzung durch Aufforderung; Verdrängung von authentischem Eigenantrieb
Umweltreaktion	Hat nur eine Bedeutung hinsichtlich der Informationen	Hat wichtige Bedeutung als Anreiz
Quelle der Belohnung (als Handlungskonsequenz)	Akteur selbst	Umfeld des Akteurs
(Un)Zufriedenheitsbezug (Handlungsbewertung)	Zufrieden/unzufrieden mit sich selbst	Zufrieden/unzufrieden mit der Umwelt

Abb. 5: Motivationsqualitäten (Mudra 2007 c, S. 4)

Generell lässt sich feststellen, dass die intrinsische Motivation gegenüber der extrinsischen in der breiten Wahrnehmung als die »Bessere« der beiden Prägungen angesehen wird. Ein Auszubildender, der z.B. aus eigenem Antrieb im Werkkundebuch nachliest, wie sich ein bestimmter Stoff unter Hinzugabe von Energie verändert, scheint intrinsisch motiviert zu sein. Ebenso ein Mitarbeiter, der ohne Aufforderung des Vorgesetzten Überstunden macht, um ein Projekt zeitgerecht zu erledigen.

Ohne hier tiefer in die Motivationsforschung eintauchen zu wollen, seien Zweifel angemeldet, dass sich eine genaue Differenzierung zwischen Innen- und Außenantrieb im Bereich der Motivation letztlich vornehmen lässt. Das menschliche Handeln ist in der Regel stark von der aus dem Handeln zu erwartenden Konsequenz geprägt, was auch eines der wichtigsten Erziehungsprinzipien manifestiert. Insofern erscheint es eher konstruiert, wenn man glauben würde, es gebe ein »rein intrinsisch« gesteuertes Handeln. Vielmehr muss von dem grundsätzlichen, nebeneinander gegebenen Vorhandensein intrinsischer und extrinsischer Anteile im Alltagshandeln ausgegangen werden. Fragwürdig wäre auch, wenn man eine starke, anhaltende und zielführende Motivation in intrinsischer Form als Idealvorstellung und quasi »Dauerzustand« ansehen würde. Eine Dominanz des Eigenantriebes würde die Binnenanforderung des Einzelnen und das soziale Miteinander nicht automatisch vorteilhaft prägen. Motivationsansätze wie das so genannte *Flow-Konzept* von Csikszentmihalyi (1985, 2000) gehen grundsätzlich von einem fließenden Übergang zwischen den einzelnen Motivationsausprägungen aus.

In der Abbildung 6 wird der Versuch unternommen, das Handeln von Menschen hinsichtlich der oben betrachteten motivationalen Ansätze – hier als Motivationskerne bezeichnet – im Kontext der klassischen Trias *Dürfen/Sollen, Können* und *Wollen* in einen Zusammenhang zu stellen. Für die Personalentwicklung sollen somit wichtige motivationale Anknüpfungspunkte für die Praxis aufgezeigt werden.

Abb. 6: Pädagogisch-psychologische Motivationskerne für die Personalentwicklung (eigene Darstellung)

Eine besondere Relevanz kommt dem bereits in diesem Buch von Michael Gessler aufgegriffenen Kompetenzansatz zu, da er – wie in der Abbildung 6 angedeutet – eine Schnittstelle zwischen *Kompetenz-* und Motivationsbereichen bereitstellen kann.

Über den Kompetenzatlas von Heyse/Erpenbeck lässt sich im Bereich der Aktivitäts- und Unsetzungskomponenten eine Annäherung an die persönlichen Dispositionen des Einzelnen vornehmen. Die von Erpenbeck und von Rosenstiel (2004, S. XVI) vorgeschlagene Dimension der Aktivitäts- und Handlungskompetenzen bezieht sich auf »das Vermögen, die eigenen Emotionen, Motivationen, Fähigkeiten und Erfahrungen (...) in die eigenen Willensantriebe zu integrieren«.

Willensantriebe lassen sich demnach unter anderem mit folgenden Kompetenz- bzw. eigenschaftsbezogenen Komponenten in Verbindung bringen:

- Initiative,
- Ausführungsbereitschaft,
- Tatkraft,
- Mobilität,
- Entscheidungsfähigkeit,
- Gestaltungswille,
- Innovationsfreudigkeit,
- Belastbarkeit,
- Beharrlichkeit,
- Optimismus,
- Schlagfertigkeit,
- ergebnisorientiertes Handeln,
- Konsequenz,
- Impuls geben,
- soziales Engagement und
- zielorientiertes Führen.

Für die Personalentwicklung lassen sich aus dem kompetenzbezogenen Attributionsansatz insbesondere für den Bereich der Diagnostik bzw. für die Bedarfserhebung durchaus taugliche Anforderungsmerkmale ableiten. Hierbei kommt es allerdings darauf an, im Sinne einer situativen Passung Merkmale auf die betrieblichen bzw. funktionsbezogenen Anforderungen hin auszusuchen. Eine automatische Übernahme aller im Kompetenzatlas aufgeführten Merkmale erscheint mit Blick auf die Differenziertheit des Personalmanagements in den Unternehmen nicht sinnvoll.

Zusammenfassend lässt sich feststellen, dass die Personalentwicklung von der Heranziehung pädagogisch-psychologischer Motivationstheorien zweifelsohne profitieren kann. Das Bündel an vielfältigen Theorien bietet somit eine wichtige Grundlage für Personalentwicklungsaktivitäten in den Unternehmen, wird allerdings immer auch vor dem Hintergrund ihres Anwendungsbezugs kritisch zu bewerten sein.

3 Strategische Relevanz motivationaler Aspekte für die Personalentwicklung

»Die teuerste Schraube ist immer die, die gerade fehlt!« (Döring 1991, S. V)

In Zeiten eines sich immer deutlicher abzeichnenden Mangels an geeigneten Fach- und Führungskräften wird die Frage des strategischen Handelns in den Unternehmen immer bedeutender. Dies gilt auch und gerade für die Personalentwicklung, wo das Erfordernis an mittel- und langfristig ausgerichtetem und mit der Unternehmensstrategie eng verzahntem Agieren – gerade mit Blick auf die von außen auf die

Unternehmen gerichteten dynamischen Anforderungen – als entscheidende Antwort auf die zukünftigen Marktherausforderungen gesehen werden kann.

Strategisches Handeln kann als ein grundlegender Ansatz gesehen werden, der gleichwertig das Bestands- und Entwicklungsstreben der Unternehmen ihren verfügbaren Leistungspotenzialen gegenüberstellt und die aus der Gesamtstrategie abgeleiteten Teilstrategien den Möglichkeiten und Fähigkeiten angleicht (Mudra 2004, S. 249). Es erscheint hierbei wichtig, dass es einen klaren Zusammenhang zwischen dem Entwicklungsstreben des Unternehmens und dem des Mitarbeiters gibt. Ein strategisches Vorgehen im Bereich der Personalentwicklung baut auf das Entwicklungsstreben von Mitarbeitern, welches somit als Voraussetzung für die Umsetzung – zumindest eines großen Teils – der Unternehmensstrategien angesehen werden kann.

Deutlicher ausgedrückt: Strategisches Handeln im Unternehmen – und damit auch im Bereich der Personalentwicklung – schließt motiviertes Handeln unter Berücksichtigung der einschlägigen motivationalen Ansätze ein. Strategisches Handeln macht motivierendes Handeln notwendig.

Dass Motivation eine besondere Relevanz für die Leistungserstellung hat, sei unter Verweis auf die Erkenntnisse der breiten verhaltenswissenschaftlichen Forschung seit Mitte des letzten Jahrhunderts im Allgemeinen sowie auf den bewiesenen motivationalen Zusammenhang zwischen Kenntnissen bzw. Fähigkeiten und Leistungsmotivation im Besonderen hier nur kurz erwähnt.

Vor dem Hintergrund der Lernmotivationsprobleme, die sich sowohl als »Probleme des schulischen Bildungssystems« (Bröckermann/Müller-Vorbrüggen 2006, S. V) als auch als Handicaps bei betrieblichen Bildungsprozessen darstellen, erscheint es überlegenswert, im Bereich der Personalentwicklung den Ansatz einer *Motivationspädagogik* zu entwickeln. Auf der Grundlage von reflektiertem Lernen bzw. Handeln sollten Mitarbeiter systematisch mit der Frage nach ihren (inneren) Handlungsantrieben konfrontiert werden. Ein Ziel könnte hierbei die systematische Identifikation, Reflexion und Aktivierung von Lern- und Entwicklungsmotiven (Verhaltensbereitschaften) sowohl auf individualorientierter als auch gruppenbezogener Ebene sein. Letztlich wäre hier die strategische Intention, eine Motivationssteigerung durch Lern- und Entwicklungserfolge zu erreichen.

Um auf die Motivation von Mitarbeitern ausgerichtete Strategien mit einer größeren Erfolgswahrscheinlichkeit zu versehen, sollten seitens der Führungskräfte Bestandsaufnahmen hinsichtlich der Motivationslage der Mitarbeiter vorgenommen werden. Studien zeigen immer wieder, dass es mit der Motivation in deutschen Unternehmen schlecht bestellt ist (z.B. Gallup-Studie zur emotionalen Mitarbeiterbindung im Jahr 2004). Ein aktueller Ansatz von Wunderer und Küppers (2003) beschreibt die Möglichkeit, demotivierte Mitarbeiter systematisch und mit Einfühlungsvermögen in das neutrale und ggf. positive Spektrum zurückzuholen. Der so genannte »Remotivationsansatz« greift das – auch im Kontext von Personalentwicklung bei älteren Mitarbeitern anzutreffende – Phänomen auf, dass Mitarbeiter aufgrund einer Demotivationshaltung nicht mehr auf dem »üblichen« Wege zu motivieren sind, d.h. zunächst eine Art *Motivationsbarriere* haben. Diese überwinden zu helfen, ist die Aufgabe von Remotivationsaktivitäten (z.B. mittels Modifikation der Anreize, Strukturen und Abläufe auf der Grundlage individueller Bedürfnisanalysen), womit wiederum ein direkter Bezug zum dem Handlungsfeld der Personalentwicklung gegeben ist.

»Motivationsbarrieren schränken das Entfaltungspotenzial der Mitarbeiter und damit potenzielle Effizienzen und Produktivitäten für das Unternehmen ein. Andererseits führt Remotivierung zu einer Aktualisierung des eingeschränkten Potenzials von Mitarbeitern« (Wunderer/Küppers 2003, S. 1 f.).

Literatur

Arnold 1998: Arnold, R.: »Theorie und Geschichte der beruflichen Bildung«, in: Arnold, R., Lipsmeier, A. und Ott, B. (Herausgeber): Berufspädagogik kompakt, Berlin 1998, S. 1–20.
Bloom 1972: Bloom, B. S.: Taxonomie von Lernzielen im kognitiven Bereich, Weinheim 1972.
Brickenkamp 1990: Brickenkamp, R.: Die generelle Interessenskala, Göttingen 1990.
Bröckermann/Müller-Vorbrüggen 2006: Bröckermann, R. und Müller-Vorbrüggen, M.: »Vorwort«, in: Bröckermann, R. und Müller-Vorbrüggen, M. (Herausgeber): Handbuch Personalentwicklung: Die Praxis der Personalbildung, Personalförderung und Arbeitsstrukturierung, Stuttgart 2006, S. V–VI.
Csikszentmihalyi 2000: Csikszentmihalyi, M.: Das Flow-Erlebnis: Jenseits von Angst und Langeweile im Tun aufgehen, Stuttgart 2000.
Deci/Ryan 1985: Deci, E. L. und Ryan, R. M.: Intrinsic motivation and self-determination in human behaviour, New York 1985.
Deci/Ryan 1993: Deci, E. L. und Ryan, R. M.: »Die Selbstbestimmungstheorie der Motivation und ihre Bedeutung für die Pädagogik«, in: Zeitschrift für Pädagogik, Heft 39/1993, S. 223–238.
Deci/Ryan 2002: Deci, E. L. und Ryan, R. M.: The Handbook of Self-Determination Research, Rochester 2002.
Döring 1991: Döring. K. W.: Praxis der Weiterbildung: Analysen, Reflexionen, Konzepte, Weinheim 1991.
Erpenbeck/Rosenstiel 2003: Erpenbeck, J. und von Rosenstiel, L.: »Einführung«, in: Erpenbeck, J. und von Rosenstiel, L. (Herausgeber): Handbuch Kompetenzmessung, Stuttgart 2003, S. IX–XI.
Hentze 1992: Hentze, J.: Personwirtschaftslehre, Bern, Stuttgart 1992
Heyse/Erpenbeck 2004: Heyse, V. und Erpenbeck, J.: »Vorwort«, in: Heyse, V. und Erpenbeck, J. (Herausgeber): Kompetenztraining, Stuttgart 2004, S. XI–XXX.
Holzapfel 2007: Holzapfel, N.: »Mitarbeiter-Motivation: Gallup-Studie zur Motivation deutscher Arbeitnehmer«, in: http://www.sueddeutsche.de/jobkarriere/erfolggeld/artikel/535/41494/ Abruf 18.09.2007.
Jung 2005: Jung, H.: Personalwirtschaft, München 2005.
Krapp 1992 a: Krapp, A.: »Das Interessenkonstrukt: Bestimmungsmerkmale der Interessenhandlung und des individuellen Interesses aus der Sicht einer Personen-Gegenstands-Konzeption«, in: Krapp, A. und Prenzel, M. (Herausgeber): Interesse, Lernen, Leistung, Münster 1992, S. 1–7.
Krapp 1992 b: Krapp, A.: »Konzepte und Forschungsansätze zur Analyse des Zusammenhangs von Interesse, Lernen und Leistung«, in: Krapp, A. und Prenzel, M. (Herausgeber): Interesse, Lernen, Leistung, Münster 1992, S. 9–52.
Krapp 2001: Krapp, A.: »Interesse«, in: Rost, D.: Handwörterbuch Pädagogische Psychologie, Weinheim 2001, S. 286–294.
Krathwol/Bloom 1973: Krathwol, D. R. und Bloom, B. S.: Taxonomy of Educational Objectives: The Classification of Educational Goals, New York 1973.
Lewalter 2006: Lewalter, D.: »Pädagogisch-psychologische Motivationstheorien als Grundlage der Personalentwicklung«, in: Bröckermnn, R. und Müller-Vorbrüggen, M. (Herausgeber): Handbuch Personalentwicklung: Die Praxis der Personalbildung, Personalförderung und Arbeitsstrukturierung, Stuttgart 2006, S. 43–53.
Langens/Schüler 2003: Langens, T. und Schüler, J.: »Die Messung des Leistungsmotivs mittels des Thematischen Auffassungstests«, in: Stiensmeier-Pelster, J. und Rheinberg, F. (Herausgeber): Diagnostik von Motivation und Selbstkonzept, Göttingen 2003, S. 89–104.
Locke/Latham 1990: Locke, E. A. und Latham, G. P.: A theory of goal setting and task performance, Englewood Cliffs 1990.
McClelland 1984: McClelland, D. C.: Motives, personality and society, New York 1984.
Mudra 1998: Mudra, P.: Bestimmung von Zielgruppen und Lernzielen, unveröffentlichtes Manuskript, Mannheim 1998.
Mudra 2004: Mudra, P.: Personalentwicklung: Integrative Gestaltung betrieblicher Lern- und Veränderungsprozesse, München 2004.

Mudra 2007 a: Mudra, P.: »Qualität der Personalbildung«, in: Bröckermann, R., Müller-Vorbrüggen, M. und Witten, E. (Herausgeber): Qualitätskonzepte im Personalmanagement: Grundlagen und Fallbeispiele, Stuttgart 2007, S. 255–268.

Mudra 2007 b: Mudra, P.: Effektive Führung von Mitarbeitern – Ansatzpunkte für eine strukturierte Reflexion: Update Nr. 5, Mainz 2007, S. 44–49.

Mudra 2007 c: Mudra, P.: Aspekte der intrinsischen und extrinsischen Motivation, unveröffentlichtes Skript, Ludwigshafen 2007.

Müller-Vorbrüggen 2001: Müller-Vorbrüggen, M.: Handlungsfähigkeit durch gelungene Kompetenz-Performanz-Beziehungen als Gegenstand moderner Personal- und Organisationsentwicklung, Aachen 2001.

Müller-Vorbrüggen 2006: Müller-Vorbrüggen, M.: »Struktur und Strategie der Personalentwicklung«, in: Bröckermann, R. und Müller-Vorbrüggen, M. (Herausgeber): Handbuch Personalentwicklung: Die Praxis der Personalbildung, Personalförderung und Arbeitsstrukturierung, Stuttgart 2006, S. 3–20.

Rump/Sattelberger/Fischer 2006: Rump, J., Sattelberger, T. und Fischer, H.: Employability Management: Grundlagen, Konzepte, Perspektiven, Wiesbaden 2006.

Schiefele u.a. 1993: Schiefele, U. u.a.: »Der Fragebogen zum Studieninteresse (FSI)«, in: Diagnostica, Heft 04/1993, S. 335–351.

Scholz 1994: Scholz, C.: Personalmanagement: Informationsorientierte und verhaltenstheoretische Grundlagen, München 1994.

Schuler 1989: Schuler, H.: »Fragmente psychologischer Forschung zur Personalentwicklung«, in: Zeitschrift für Arbeits- und Organisationspsychologie, Heft 01/1989, S. 3–11.

Sonntag 1986: Sonntag, K.: »Auswirkungen neuer Produktionstechniken auf die Personalentwicklung«, in: Personalwirtschaft, Heft 08/1986, S. 308–312.

Sonntag 1999: Sonntag, K.: »Personalentwicklung – ein Feld psychologischer Forschung und Gestaltung«, in: Sonntag (Herausgeber): Personalentwicklung in Organisationen: Psychologische Grundlagen und Strategien, Göttingen 1999, S. 15–29.

Sprenger 2002: Sprenger, R. K.: Mythos Motivation: Wege aus einer Sackgasse, Frankfurt am Main 2002.

Sprenger 2007: Sprenger, R. K.: »Mitarbeiter-Motivation: Warum Blackberry und Bonusgehälter böse sind« (Interview Spiegelonline vom 11.09.2006), in: http://www.spiegel.de/unispiegel/jobundberuf/ 0,1518,435875,00.html, Abruf 21.09.2007.

Thom/Zaugg 2007: Thom, N. und Zaugg, R. J.: »Thesen zur Personalentwicklung«, in: Thom, N. und Zaugg, R. J. (Herausgeber): Moderne Personalentwicklung: Mitarbeiterpotenziale erkennen, entwickeln und fördern, Wiesbaden 2007, S. 395–400.

Weinert 2004: Weinert, A. B.: Organisations- und Personalpsychologie, Weinheim 2004.

Wunderer/Küpers 2003: Wunderer, R. und Küpers, W.: Demotivation – Remotivation: Wie Leistungspotenziale blockiert und reaktiviert werden, München 2003.

B.2 Das Kompetenzmodell

*Michael Gessler**

1 Kompetenzauswahl, -evaluation, -entwicklung, -bilanz und -norm

2 Kompetenz
    2.1 Kompetenz und Qualifikation
    2.2 Kompetenz und Bildung
    2.3 Handlungskompetenz und Performanz

3 Kompetenzmodelle
    3.1 Allgemeine Kompetenzmodelle
    3.2 Unternehmensspezifische Kompetenzmodelle

4 Erweiterungen und Grenzen

Literatur

---

* Prof. Dr. Michael Gessler, Dipl.-Betriebswirt und Dipl.-Pädagoge, ist Juniorprofessor für Berufliche Bildung und Berufliche Weiterbildung an der Universität Bremen. Er forscht und lehrt am Institut Technik und Bildung (ITB) sowie am Institut für Erwachsenen-Bildungsforschung (IfEB) und hat langjährige Praxis als Seminarleiter und Trainer. Er ist Mitglied des Councils der IPMA International Project Management Association und Projektleiter verschiedener nationaler (u. a. BMBF) und internationaler (u. a. Europäische Kommission) Forschungs- und Entwicklungsprojekte.

1 Kompetenzauswahl, -evaluation, -entwicklung, -bilanz und -norm

Ein Kompetenzmodell kann eine Grundlage für ein Personalauswahlgespräch oder ein Assessment Center bilden. Es steuert die *Kompetenzauswahl* des Unternehmens: Welche Kompetenzen sind aktuell und zukünftig erforderlich? Das Modell kann zudem als Basis für ein Mitarbeiter-, Vorgesetzen- und 360°-Feedback, für Training, Coaching, Mentoring, Development-Center, Laufbahnmodell und Karriereplanung dienen. Es steuert die *Kompetenzevaluation* und sodann die *Kompetenzentwicklung* im Unternehmen: Welche Kompetenzen bestehen bereits und welche sollen entwickelt werden? Kompetenzmodelle ermöglichen des Weiteren die Bewertung der Mitarbeiterkompetenzen. Die Summe der bewerteten Kompetenzprofile bildet das Kompetenzkapital eines Unternehmens. Ein Kompetenzmodell steuert die *Kompetenzbilanz* eines Unternehmens: Welchen Wert stellen die Kompetenzen dar? Darüber hinaus leistet ein Kompetenzmodell einen wichtigen Beitrag zur Werteorientierung eines Unternehmens: Werte können explizit im Modell benannt werden, wie z. B.: »Mitarbeiter orientiert sein Handeln an ethischen Grundsätzen«. Damit »Werte« »besprechungsfähig« werden (z. B. in einem Entwicklungsgespräch), werden diese in der Regel operationalisiert. Werte verlieren jedoch an Wert durch die Definition und Festlegung von Merkmalen. Einen Ausweg aus diesem Dilemma könnte die Konstruktion polarer Merkmale bieten, z. B. Loyalität und »Zivilcourage«. Das Modell stellt somit eine *Kompetenznorm* des Unternehmens dar: Wie wird im Unternehmen gehandelt und wie soll gehandelt werden?

> Ein Kompetenzmodell initiiert den Diskurs über Kompetenzen im Unternehmen und modelliert die Auswahl, Evaluierung, Entwicklung, Bilanzierung und Normierung von Kompetenzen.

Die Umsetzung ist einfach, aber nicht leicht: Zunächst gilt es, Kompetenzen und Kompetenzmerkmale in einem Modell abzubilden. Als nächstes werden bestimmte Merkmalsausprägungen als Kompetenzanforderung definiert (Soll-Profil). Die Handlungen eines Mitarbeiters werden sodann auf Basis der Kompetenzmerkmale des Modells bewertet. Es wird ein Kompetenzprofil erstellt (Ist-Profil). Durch den Vergleich der beiden Profile (Ist- und Soll-Profil) sind Unterschiede feststellbar. Diese Unterschiede werden – z. B. in einem Mitarbeiterentwicklungsgespräch – besprochen. Das Verfahren erscheint einfach. Die Schwierigkeit steckt im Detail: Welche Kompetenz ist in einem Bereich bzw. in einer bestimmten Domäne aktuell und zukünftig erforderlich? Wie sollen die Anforderungsprofile spezifiziert werden? Wie können die Kompetenzen der Mitarbeiter bewertet werden?

Einen Großteil der Mitarbeiter hat der Kompetenzdiskurs noch nicht erreicht. Laut einer Umfrage (n = 627) des Fraunhofer IPK Berlin verfügen nur 12,1 Prozent der Befragten über ein detailliertes und regelmäßig aktualisiertes Kompetenzprofil (Mertins/Dören-Katerkamp 2004).

Zwei *Leitfragen* gliedern den nachfolgenden Text:
1. »Kompetenzen lassen sich nur schwer exakt definieren, analysieren und operationalisieren. Sie sind mit einer Offenheit oder Interpretationsfähigkeit verbunden,

die leicht in Unverbindlichkeit oder Vagheit münden kann.« (Wunderer/Bruch 2000, S. 22) Die erste Frage lautet daher: Was sind Kompetenzen?
2. Eine explorative Studie in 14 deutschen Großbetrieben ergab, dass zehn Unternehmen zwar ein Kompetenzmodell entwickelt haben, jedoch keinen Hinweis über dessen Inhalt geben. Zwei Unternehmen verfügen über kein Modell und zwei weitere wollten keine Angabe zu diesem Thema machen (Tenberg/Hess 2005). Die zweite Frage lautet: Was beinhalten Kompetenzmodelle?

2 Kompetenz

2.1 Kompetenz und Qualifikation

Der Deutsche Bildungsrat definiert die Begriffe *Qualifikation* und *Kompetenz* wie folgt: Kompetenz befähigt einen Menschen zu selbstverantwortlichem Handeln und bezeichnet den tatsächlich erreichten Lernerfolg. Qualifikation ermöglicht die Verwertung von Kenntnissen, Fertigkeiten und Fähigkeiten (Deutscher Bildungsrat 1974, S. 65), die z. B. durch Ausbildung erworben wurden und in Form von Nachweisen die Voraussetzung für eine bestimmte (berufliche) Tätigkeit bilden. Kompetenz (competentia, spätlat. = Eignung) betont 1. den Sachverstand, das Vermögen und die Fähigkeit sowie 2. die Zuständigkeit und Befugnis (Duden 2003, S. 732). »Grundsätzlich stellt Kompetenz eine Passung zwischen den spezifischen Fähigkeiten (Verhaltensoptionen) eines Menschen und den Anforderungen in einer spezifischen Situation her« (Mudra 2004, S. 363).

Mit dieser Unterscheidung wird auf einen zentralen Sachverhalt hingewiesen: Eine zertifizierte Qualifikation ist noch kein Garant für eine kompetente und erfolgreiche Handlung. Welcher Erfolg ist hier gemeint?

Zwei Ausprägungen von Kompetenz gilt es hierbei zu unterscheiden:
- *Kompetenz* als Fähigkeit, Anforderungen zu erfüllen (Kompetenz I):
  Kompetenz I stellt die Fähigkeit dar, »in einer typischen/erwartbaren Situation die Anforderungen mittels Handeln zu erfüllen.« (Mudra 2004, S. 363)
- *Kompetenz* als Fähigkeit, komplexe Probleme lösen zu können (Kompetenz II):
  Kompetenz II stellt die Fähigkeit dar, komplexe Probleme mittels Handeln lösen zu können. Ein komplexes Problem enthält meist mehrere Hindernistypen (unklare Ausgangssituation, unklares Ziel, unbekannte Mittel, ein dynamisches Problem, ein dynamisches Feld mit mehreren Akteuren, restriktive Bedingungen), Situationsbedingungen sind eher untypisch bzw. unerwartbar und Anforderungen sind schwer vorhersehbar (vgl. Seel 2000, Dörner 2005). Kompetenz als Fähigkeit, Erfahrungsgrenzen überschreiten zu können, verweist hier – im Gegensatz zu Kompetenz I – auf etwas Unbestimmtes, weshalb, in Anlehnung an Erpenbeck und von Rosenstiel, die Fähigkeit selbstorganisiert handeln zu können, als Voraussetzung von Kompetenz II angesehen werden kann (vgl. Erpenbeck/von Rosenstiel 2003).

Die bisherige Beschreibung des Qualifikationsbegriffs gilt im Allgemeinen. Im Speziellen ist der Sachverhalt komplizierter, da es den einen Qualifikationsbegriff nicht gibt. Die Blütezeit des Qualifikationsbegriffs begann in den siebziger Jahren (Stichwort »Qualifizierungsoffensive«). Das Programm »Qualifizierung« verfolgte den Zweck, das Berufspotenzial der Werktätigen und die Arbeitsmarktchancen der Berufssuchenden zu verbessern. Ziel war die Anpassung und präventive Entwicklung des fachlichen Potenzials für sich ändernde berufliche Anforderungen. Mertens führt 1974 zudem den Begriff der *Schlüsselqualifikation* in die Diskussion ein. Schlüsselqualifizierung sollte »alterungsbeständige« Qualifikationen ermöglichen, die eine hohe berufliche Mobilität in einem sich ausdifferenzierenden Arbeitsmarkt ermöglichen. Die These lautet, dass »das Obsoleszenztempo (Zerfallszeit, Veraltenstempo) von Bildungsinhalten positiv mit ihrer Praxisnähe und negativ mit ihrem Abstraktionsvermögen korreliert.« (Mertens 1974, S. 39) Als Schlüsselqualifikationen benennt Mertens u. a. die Fähigkeit zu lebenslangem Lernen und zur Zusammenarbeit (Mertens 1974, S. 40).

Es können sodann Qualifikationen mit unterschiedlichen Reichweiten unterschieden werden. Qualifikationen mit geringer Reichweite sind fachspezifisch und auf eine bestimmte berufliche Problemstellung ausgerichtet, weshalb die situativen Anforderungen eindeutig bestimmbar sind. Qualifikationen mit mittlerer Reichweite orientieren sich an einem Berufsfeld und Qualifikationen mit hoher Reichweite lösen sich von dem Berufsbezug. Sie sind berufsfeldübergreifend und werden auch als Schlüsselqualifikationen bezeichnet (Schelten 1994, S. 146). Der von Mertens geforderte Abstraktionsgrad erwies sich allerdings als nicht einlösbar. Witt formulierte deshalb auf dem Symposion »Schlüsselqualifikationen – Fachwissen in der Krise« die Rahmenthese: »Schlüsselqualifikationen sind keine Alternative zum Fachwissen, sondern *Meta-Wissen* für den Umgang mit Fachwissen.« (Witt 1990, S. 95) Für den Erwerb von Qualifikationen mit hoher Reichweite ist ebenfalls ein gegenständlicher Bezug erforderlich.

Die Hinwendung zum Kompetenzbegriff war teilweise politisch-strategischer Natur im Zuge der Qualifizierungsoffensive (Ost) in den neunziger Jahren. Der neue Begriff sollte für die Teilnehmer signalisieren, »dass es sich bei Kompetenzentwicklung nicht um klassische Weiterbildungsveranstaltungen in traditioneller Form handelt, sondern um den Versuch einer Integration von Arbeiten und Lernen in Verbindung mit den als notwendig angesehenen Veränderungen von Wertmustern und Einstellungen.« (Vonken 2001, S. 513)

Qualifizierung stellt, insofern sie die Handlungsfähigkeit verbessert, einen integralen Bestandteil der Kompetenzentwicklung dar und keine »zweite« Form. Unterscheidungen wie fremdbestimmt (Qualifizierung) und selbstbestimmt (Kompetenzentwicklung) sind wenig dienlich. *Kompetenzentwicklung* ist ein fortwährender Prozess. Qualifizierung ist ein zeitlich befristeter Teilprozess der Kompetenzentwicklung (z. B. eine Aus- oder Weiterbildung, ein Training) und auf den Erwerb einer nachweisbaren Qualifikation gerichtet. Qualifizierung ist »begleitete« Kompetenzentwicklung und oftmals formalisiert. Qualifikation (in diesem Sinne) bescheinigt eine Kompetenz in einem bestimmten Bereich (Straka 2003, zur Diskussion um die Zertifizierung nonformell und informell erworbener Kompetenzen).

Qualifikationen und Kompetenzen können nicht »verordnet« werden, gleichwohl entwickeln sie sich nicht »von allein«. Kompetenzentwicklung erfordert bestimmte Rahmenbedingungen. Erforderlich sind insbesondere ein Anlass (z. B. eine neue vielleicht auch herausfordernde Aufgabe), eine Erlaubnis (z. B. Zeit), persönliche

Voraussetzungen (z. B. Vorwissen, Interesse, Wille) und gegebenenfalls eine Unterstützung (z. B. Trainer, Mentor, Coach). Die Rahmenbedingungen ermöglichen Kompetenzentwicklung, garantieren können sie diese nicht.

In einer repräsentativen Studie gaben 73 Prozent der Meister und Personen mit anderen Fachabschlüssen an, dass sie sich informell weitergebildet haben, während es bei den un- oder angelernten Arbeitern nur 44 Prozent waren (Berichtssystem Weiterbildung IX, S. 55).

51 Prozent der Selbstlerner gaben als Schwierigkeitsaspekt an, dass ihnen manchmal die professionelle Unterstützung (z. B. durch einen Trainer oder Lehrer) fehlte. 32 Prozent ließen sich nach eigener Auskunft zu leicht ablenken und verzettelten sich und 24 Prozent fehlte die Unterstützung durch eine Lerngruppe (Berichtssystem Weiterbildung IX, S. 65, Mehrfachnennungen möglich).

Das Fazit lautet: Qualifikation fördert das Weiterlernen und die Kompetenzentwicklung sollte begleitet werden. Manche Mitarbeiter wären mit dem erforderlichen Maß an Eigenständigkeit zunächst überfordert, und das Ziel, Kompetenzen zu entwickeln, würde verfehlt. Kompetenzentwicklung erfordert je nach Fähigkeit des Mitarbeiters eine Entwicklungsberatung.

Ein gedanklicher »Kurzschluss« wäre es, von dem Ziel, »Selbstorganisiert erfolgreich Aufgaben bearbeiten und Probleme lösen zu können« (Kompetenz), auf die Form zu schließen und die Kompetenzentwicklung allein dem selbst organisierten Lernen der Mitarbeiter zu überlassen (Müller-Vorbrüggen 2001 S. 35).

Ein weiterer Gedankenfehler wäre es, Kompetenzentwicklung als lineare Input-Output-Relation zu verstehen. Der Mensch ist keine triviale Maschine. Die gleiche Qualifizierungsmaßnahme führt bei verschiedenen Menschen zu unterschiedlichen Kompetenzen und: Wenn eine Qualifizierung auf das Training spezifischer Handlungen ausgerichtet wird, werden gegebenenfalls notwendige Skills (Fertigkeiten) zur erfolgreichen Bewältigung dieser Situation ausgebildet. Eine Problemlösefähigkeit zum Umgang mit komplexen, intransparenten und dynamischen Situationen wird vermutlicht nicht entwickelt (Dörner 2005).

2.2 Kompetenz und Bildung

Kompetenzentwicklung im Rahmen eines Kompetenzmodells reproduziert betriebliche Zwecke. Leitlinie der Kompetenzentwicklung ist die erfolgreiche Handlung, die betriebsspezifisch konotiert ist. Eine solche Kompetenzentwicklung vermag die Veränderung der Zwecke nicht zu leisten. Hierfür ist eine übergreifende Sichtweise – *Bildung* – erforderlich. Kompetenzen bestätigen und reproduzieren die betriebliche Logik, Bildung vermag diese zu hinterfragen. Da Unternehmen fortlaufend im Austausch mit ihrer Umwelt stehen, sind auch Zwecke bedeutsam, die über die Grenzen des Systems hinaus verweisen (z. B. Gesellschaft und Umwelt). Dennoch: Der Unternehmenszweck zwingt die Begriffe und Merkmale des Kompetenzmodells zur Anpassung (Luhmann 1996).

In Abb. 1 werden zwei Definitionen von *Kompetenz* und Bildung verglichen, um einerseits die Ähnlichkeit der Begriffe zu verdeutlichen. Anderseits deutet die Gegenüberstellung die Differenz der zwei Begriffsverständnisse an.

Zielpunkte der Kompetenzentwicklung sind in der Definition von Erpenbeck die »Handlungsorientierung und Handlungsfähigkeit«. Die Einbindung in umfassendere Wertebezüge stellt hier ein Mittel dar zum Erreichen des Ziels (Abb. 1).

Das Bildungsverständnis, an dessen Gehalt die Definition in Abb. 1 anknüpft, entstand zwischen 1770 und 1830: »Gebildet im Sinne der *Erwachsenenbildung* wird

Kompetenz	Bildung
»Komponenten jeder Kompetenz sind: ■ die *Verfügbarkeit* von Wissen, ■ die selektive *Bewertung* von Wissen und seine Einordnung in umfassendere *Wertbezüge*, ■ die wertgesteuerte *Interpolationsfähigkeit*, um über Wissenslücken und Nichtwissen hinweg zu Handlungsentscheidungen zu gelangen, ■ die *Handlungsorientierung* und *Handlungsfähigkeit* als Zielpunkt von Kompetenzentwicklung, ■ die *Integration* all dessen zur kompetenten Persönlichkeit, ■ die soziale *Bestätigung* personaler Kompetenz im Rahmen von Kommunikationsprozessen als sozialfunktional sinnvolle, aktualisierbare Handlungsdispositionen und schließlich ■ die *Abschätzung* der entwickelbaren und sich entwickelnden Dispositionen im Sinne von Leistungsstufen der Kompetenzentwicklung.« (Erpenbeck 1997, S. 311, Hervorhebung im Original)	»Gebildet ist nicht der Kopf, sondern der Mensch. Obwohl Bildung der Bücher bedarf und nicht ohne Anstrengung des Denkens entsteht, beruht sie doch wesentlich auf den unvertauschbaren eigenen Erfahrungen, die der einzelne auf allen Stufen seines Lebens macht, im Beruf und in der Gesellschaft, in Liebe und Familie, in der Begegnung mit dem Mitmenschen, mit sich selbst und nicht zuletzt mit Gott oder der letzten Instanz, von der er sich unausweichlich angefordert weiß. Er vermag nur durch solche Erfahrungen zusammen mit dem, was er erlernt hat und von anderen übernimmt, Gestalt zu gewinnen. Andererseits ist Bildung die Fähigkeit, zu hören und die Fähigkeit, mitzusprechen: Teilnahme an einem gemeinsamen Bewusstsein. Gebildet ist man nicht für sich allein, sondern nur in der »Republik der Geister«, als Mitmensch, der an der gemeinsamen Existenz und ihrem Bewusstsein teilhat. Die Erkenntnis der Lückenhaftigkeit der eigenen Bildung gehört zu ihrem Wesen. Wo der Gebildete für seine eigene Person nicht wissen und handeln kann, wird er auf andere vertrauen müssen, die stellvertretend für ihn wissen und handeln. Ohne die Bereitschaft, solche Stellvertretung gelten zu lassen und anzunehmen, und ohne Vertrauen zu denen, die ersetzen und ergänzen, was er nicht selber in sich lebendig machen kann, bliebe der Mensch ein heilloses Fragment. (...) Die Kriterien selbständiger Kritik und kritischen Vertrauens gewinnt der Mensch zunächst aus dem Bereich seiner Überlieferungen und seiner eigenen ursprünglichen Erfahrungen und sodann aus seiner wachsenden und erarbeiteten Bildung selbst. Ohne solche Kritik und ohne solches Vertrauen zu anderen, ohne ständiges Gespräch mit den Trägern anderer Überlieferungen und Erfahrungen, ohne Vermittler und Vermittlungen kann heute keiner ein gebildeter Mensch werden.« (Deutscher Ausschuss für das Erziehungs- und Bildungswesen 1960, in: Bohnenkamp et al. 1966, S. 872–873)

Abb. 1: Kompetenz und Bildung (eigene Darstellung)

jeder, der in der ständigen Bemühung lebt, sich selbst, die Gesellschaft und die Welt zu verstehen und diesem Verständnis gemäß zu handeln.« (Deutscher Ausschuss 1960, in: Bohnenkamp et al. 1966, S. 870) Bildung zielt auf Handlungsorientierung und Handlungsfähigkeit (Kompetenz im engeren Sinne) und auf Werteorientierung und Gestaltungsfähigkeit (Kompetenz im weiteren Sinne). Das pädagogische Paradigma »Befähigung zur Mitgestaltung« hat in der beruflichen Ausbildung bereits eine lange Tradition (Rauner 1988). Der Bildungsbegriff des Deutschen Ausschusses für das Erziehungs- und Bildungswesens benennt als Zielpunkte drei Werte- und Gestaltungsbezüge: »Selbst«, »Gesellschaft« und »Welt«. Heinrich Roth hat verantwortliches und mündiges Handeln bereits in den siebziger Jahren in den drei Formen Selbst-, Sozial- und Sachkompetenz gefasst (Roth 1971). Mudra verwendet die Begriffe Persönlichkeitskompetenz, Sozialkompetenz sowie Fach- und Methodenkompetenz (Mudra 2004, S. 364). Heyse und Erpenbeck (2004) unterscheiden wiederum die Kompetenzformen Personale Kompetenz, sozial-kommunikative Kompetenz, Fach- und Methodenkompetenz sowie (als weitere Kompetenzform) Aktivitäts- und Handlungskompetenz. Der Aspekt der Aktivitäts- und Handlungskompetenz wird im folgenden Kapitel genauer betrachtet und wird an dieser Stelle zunächst ausgeklammert. Abb. 2 gibt die Gesamtschau wieder.

Deutscher Ausschuss 1960	Roth (1971)	Mudra (2004)	Heyse & Erpenbeck (2004)
Selbst	Selbstkompetenz	Persönlichkeitskompetenz	Personale Kompetenz
Gesellschaft	Sozialkompetenz	Sozialkompetenz	Sozial-kommunikative Kompetenz
Welt	Sachkompetenz	Fach- und Methodenkompetenz	Fach- und Methodenkompetenz

Abb. 2: Kompetenzbegriffe (eigene Darstellung)

Mudra, Heyse und Erpenbeck binden die Methodenkompetenz an die Fachkompetenz. Methodenkompetenz ist allerdings gleichermaßen im Bereich der Sozialkompetenz (z.B. Konfliktlösung, Gesprächstechniken) und im Bereich der Personalen Kompetenz (z.B. Zeit- und Selbstmanagement, Entspannungstechniken) von Bedeutung, weshalb diese quer zu den anderen Dimensionen liegt (Abb. 3, vgl. Sloane 2004, S. 579).

Diese Kompetenzformen können wie folgt definiert werden:
Persönlichkeitskompetenz (human-ethische Kompetenz) umfasst »Einstellungen, Werthaltungen und Motive, die das Handeln von einer übergeordneten Ebene aus beeinflussen.« (Hyse/Erpenbeck 1997, S. 51) »Es geht um die Selbstwahrnehmung, das bewusste Reflektieren der eigenen Fähigkeiten sowie die Bewertung der eigenen Handlungen und zugleich die Offenheit für Veränderungen, das Interesse aktiv zu gestalten und mitzuwirken und die Eigeninitiative, um sich Situationen und Möglichkeiten zu schaffen.« (Frieling et al. 2000, S. 36)

```
                    ┌──────────────┐
                    │ Kompetenzen  │
                    └──────┬───────┘
              ┌────────────┴────────────┐
       ┌──────┴──────┐           ┌──────┴──────┐
       │ Überfachliche│           │  Fachliche  │
       │ Kompetenzen  │           │ Kompetenzen │
       └──┬────────┬──┘           └──────┬──────┘
    ┌─────┴──┐  ┌──┴──────┐       ┌──────┴──────┐
    │Personale│  │ Sozial- │       │    Fach-    │
    │Kompetenz│  │kompetenz│       │  kompetenz  │
    └─────────┘  └─────────┘       └─────────────┘
    ┌─────────────────────────────────────────────┐
    │            Methodenkompetenz                │
    └─────────────────────────────────────────────┘
```

Abb. 3: Kompetenzformen (eigene Darstellung)

Sozialkompetenz (sozial-kommunikative Kompetenz) erweist sich in kommunikativen und kooperativen Verhaltensweisen. Sie ist die »Fähigkeit und Bereitschaft, sich mit anderen rational und verantwortungsbewusst auseinander zu setzen und zu verständigen sowie im Interesse der eigenen Person und der Gruppe gestaltend zu wirken.« (Michelsen 1997, S. 78)

Fachkompetenz »besitzt diejenige Person, die zuständig und sachverständig über Aufgaben und Inhalte ihres Arbeitsbereichs verfügt und die dafür notwendigen Kenntnisse und Fertigkeiten beherrscht.« (Mudra 2004, S. 364)

Methodenkompetenz bezeichnet sodann »die Fähigkeit und Bereitschaft zu zielgerichtetem planmäßigem Vorgehen bei der Bearbeitung von Aufgaben und Problemen. Darüber hinaus beinhaltet der Begriff auch die Fähigkeit und Bereitschaft, sich Methoden zur Bewältigung beruflicher und außerberuflicher Herausforderungen zu vergegenwärtigen und zu reflektieren, ferner den jeweiligen Situationen angemessene Verfahren auszuwählen sowie flexibel einzusetzen.« (Michelsen 1997, S. 78)

Diese Definitionen greifen Gehalte des Bildungsbegriffs auf. Zielpunkte der Kompetenzentwicklung wäre sodann nicht nur die Handlungsorientierung und Handlungsfähigkeit, sondern zudem die Entwicklung der Werteorientierung und Gestaltungsfähigkeit. Die bloße Kenntnis der domänenspezifischen Handlungsalternativen (Fach- und Methodenkompetenz) ermöglicht keine Entscheidungsfähigkeit (Damasio 2000). Die Entwicklung von Handlungskompetenz erfordert vielmehr die Entwicklung von Wertebezügen (Umgang mit sich selbst, Umgang mit anderen und Umgang mit fachlichen Problemstellungen) und eine »Bewertungs- und Entscheidungsinstanz« (Persönlichkeit).

Die Handlungskompetenz ist zu weiten Teilen implizit: »Die Abhängigkeit einer Erkenntnis von persönlichen Bedingungen lässt sich nicht formalisieren, weil man seine eigene Abhängigkeit nicht unabhängig ausdrücken kann.« (Polanyi 1985, S. 31) Polanyi hat hierfür den Begriff des impliziten oder stillen Wissens geprägt. Die Untergliederung der Handlungskompetenz in Kompetenzformen ist insofern analytischer Natur. Der Aspekt »Handlungskompetenz« wird im folgenden Kapitel genauer betrachtet.

2.3 Handlungskompetenz und Performanz

Zum weitergehenden Verständnis des Kompetenzbegriffs wird ein Gedanke von Noam Chomsky (1971, 1981) aufgegriffen. Chomsky unterscheidet in seinem linguistischen Kompetenzbegriff zwei Kompetenzen: eine grammatische Kompetenz sowie eine pragmatische Kompetenz. Sichtbar werden diese in der *Performanz* (Chomsky 1981, S. 65, Müller-Vorbrüggen 2001 S. 49 ff.). Die grammatische Kompetenz bezieht sich auf die grundsätzliche Beherrschung der sprachlichen Konstruktionsmittel. Die pragmatische Kompetenz bezeichnet die Fähigkeit, auf Basis der grammatischen Kompetenz korrekt gebildete Sätze in spezifischen Kontexten situativ angemessen und zweckentsprechend verwenden zu können. Die Performanz als konkreter Sprechakt ermöglicht Rückschlüsse auf die pragmatische und die grammatische Kompetenz. Sie entspricht nicht der idealen Fähigkeit einer Person, da sie Einflüssen wie Ermüdung, Krankheit, Zerstreutheit oder anderen die Aufmerksamkeit beeinflussenden Faktoren unterliegt. In Analogie zu diesem Modell bilden die vorgestellten Kompetenzformen (personale Kompetenz, Sozialkompetenz, Fachkompetenz und Methodenkompetenz) die grundlegende Basis.

Die Fähigkeit auf Basis dieser Kompetenzen in spezifischen Kontexten situativ angemessen und zweckentsprechend handeln zu können, wird sodann als Handlungskompetenz bezeichnet. Weinert betont diesen Aspekt, wenn er Kompetenz definiert als »die bei Individuen verfügbaren oder durch sie erlernbaren kognitiven Fähigkeiten und Fertigkeiten, um bestimme Probleme zu lösen sowie die damit verbundenen motivationalen, volitionalen und sozialen Bereitschaften und Fähigkeiten, um die Problemlösungen in variablen Situationen erfolgreich und verantwortungsvoll nutzen zu können.« (Weinert 2001 b, S. 27 f.) Ähnlich beschreiben Erpenbeck und von Rosenstiel die bereits genannte Aktivitäts- und Handlungskompetenz als »das Vermögen, die eigenen Emotionen, Motivationen, Fähigkeiten und Erfahrungen (…) in die eigenen Willensantriebe zu integrieren« Erpenbeck/v. Rosenstiel (2004, S. XVI).

Handlungskompetenz ist somit das Produkt grundlegender Kompetenzen einerseits (Personale Kompetenz, Soziale Kompetenz, Fachkompetenz, Methodenkompetenz) und situationsspezifischer Aktivierung (Emotion, Motivation und Volition) andererseits. Das Ergebnis der Handlungskompetenz ist schließlich als Performanz sichtbar und messbar. In der Praxis findet sich ein ähnlicher Unterschied: »Können« und »Wollen«. Das »Können« steht hierbei für die grundlegenden Kompetenzen (personale Kompetenz, soziale Kompetenz, Fachkompetenz, Methodenkompetenz) und das Wollen für die situationsspezifische Aktivierung (Emotion, Motivation und Volition). Als dritte Dimension ist das »Dürfen« zu ergänzen als Platzhalter für Schranken und Begrenzungen, die aus der Situation resultieren. In Abb. 4 ist die Systematik der Begriffe dargestellt.

Abb. 4: Handlungskompetenz und Performanz (eigene Darstellung)

Hierzu ein Beispiel:
- Eine Teilnehmerin A eines Projektmanagement-Lehrgangs hat die Methoden und Techniken des Projektmanagements gelernt. Sie kann das Gelernte allerdings nicht in anderen Kontexten anwenden. Die Teilnehmerin hat »träges Wissen« (Renkl 2001, S. 717 ff.) und keine Kompetenz erworben. Die Bescheinigung der erfolgreichen Teilnahme (z. B. aufgrund einer bestandenen Prüfung) stellt eine Qualifikation, jedoch keine Kompetenz dar (Kompetenz 0).
- Teilnehmer B hat die gleiche formale Qualifikation erworben. Er könnte, im Gegensatz zu Teilnehmerin A, die erworbenen Fähigkeiten bei typischen und erwartbaren Situationen im Arbeitsprozess erfolgreich einbringen. Die Qualifikation wäre nun zudem eine Kompetenz (Kompetenz I). Gleichwohl bringt Teilnehmer B seine Kompetenz nicht ein, da er sich beispielsweise an den tradierten Anweisungen, Vorgaben und Prozessen orientiert. In diesem Fall bestünde zwar eine Kompetenzentwicklung, ohne dass diese in Form einer Verbesserung der Performanz sichtbar würde.
- Teilnehmerin C kann wie Teilnehmer B das Gelernte in typischen Situationen anwenden und zudem Probleme lösen, die eher unerwartbar und untypisch sind (Kompetenz II). Teilnehmerin C ist zudem motiviert, das erworbene Wissen anzuwenden. Erst in dieser Kombination entsteht Handlungskompetenz mit der Möglichkeit, die Performanz zu verbessern.
- Möglich ist, dass die Performanz der Teilnehmerin C nicht kontinuierlich gleich bleibt bzw. schwankt. Gründe hierfür können im Umfeld (z. B. Erlaubnis) oder in der Person liegen (z. B. Ermüdung, Motivation).

Fehlende Performanz wiederum drückt nicht immer einen Mangel aus. Handlungen können auch bewusst unterlassen werden und genau dies kann ein Ausdruck von Kompetenz sein.

Die Unterscheidung der Ebenen (Kompetenz und Performanz) hat Konsequenzen: Kompetenz ist nicht immer beobachtbar. Zur Bewertung von Kompetenzen ist es deshalb erforderlich, die Performanz über einen Zeitraum hinweg zu beobachten, diese Beobachtungen aufeinander zu beziehen und auf Basis dieser Bewertungen Annahmen über die Kompetenz zu treffen. Offensichtlich ist hierbei, dass die Ungewissheit bleibt, eine Bewertung niemals absolut erfolgt, die Fähigkeiten des Beobachters, das Bewertungsinstrument und die Umweltbedingungen das Ergebnis maßgeblich entscheiden und eine Kompetenzbewertung subjektiv ist; eine kritische Reflexion ist erforderlich, um mit dieser Subjektivität umgehen zu können. Das Kompetenzmodell stellt ein Instrument zur Unterstützung der Bewertung dar. Es liefert Kriterien, um die Bewertung objektiver zu gestalten.

3 Kompetenzmodelle

Richard Mansfield unterscheidet drei Modellansätze: »One-Size-fits-all«, »Multiple-Job-Approach« und »Single-Job« (Mansfield 1996, S. 7 ff.).

Das *allgemeine Kompetenzmodell* (One-Size-fits-all) ist unternehmensunspezifisch konstruiert. Der »Kompetenzatlas« von Heyse und Erpenbeck stellt ein solches Modell dar (Heyse/Erpenbeck 2004). Ein weiteres allgemeines Modell hat u. a. Gerhard Hänggi entwickelt (Hänggi 2001, S. 158 ff.).

Das *unternehmensspezifische Kompetenzmodell* (Multiple Job Apporach) ist auf mittlerer Abstraktionsebene anzusiedeln. Es handelt sich hierbei um ein berufsunspezifisches, eher allgemein formuliertes allerdings unternehmensspezifisches Modell. Zwei Modellvarianten werden vorgestellt.

Die Modelle können in Richtung *domänenspezifischer Kompetenzmodelle* (Single-Job) spezifiziert werden. Mittels berufswissenschaftlicher Studien werden Arbeitsprozesse analysiert und Kompetenzanforderungen detailliert beschrieben. Im Gegensatz zu den klassischen arbeitswissenschaftlichen Analysen (z. B. Zeitstudien, Multimomentstudien) erfassen berufswissenschaftliche Studien die notwendigen Kompetenzen im Arbeitsprozess.

3.1 Allgemeine Kompetenzmodelle

Heyse und Erpenbeck schlagen ein Kompetenzmodell mit vier Dimensionen vor:
- Personale Kompetenz,
- sozial-kommunikative Kompetenz,
- Fach- und Methodenkompetenz sowie
- Aktivitäts- und Handlungskompetenz.

Sie untergliedern diese Dimensionen in 64 Einzelkompetenzen (Heyse/Erpenbeck 2004, S. XXI).

Die Kritik an diesem Modell bezieht sich insbesondere auf zwei Gesichtspunkte:
- Der Hinweis der Autoren, dass 150 Personen die 64 Kompetenzen aus einen Katalog von 300 kompetenzerfassenden Begriffen auswählten, (Heyse/Erpenbeck 2004, S. XVIII) verweist auf das grundlegende Problem des Modells: Die 64 Einzelkompetenzen bilden keinen systemischen Zusammenhang (Abb. 5).
- Einen weiteren möglichen Kritikpunkt benennen die Autoren: »Die Zuordnung der Begriffe im Kompetenzatlas heißt also nicht, dass sie vollkommen eindeutig einem und nur einem Feld zuzuordnen wären. Es heißt vielmehr, das *Kompetenzgewicht* des Begriffs liegt auf dieser und auf keiner anderen Basiskompetenz-Kombination.« (Heyse/Erpenbeck 2004, S. XX, Hervorhebung im Original) Fleiß wird beispielsweise der Fach- und Methodenkompetenz, Gewissenhaftigkeit der sozial-kommunikativen Kompetenz und Optimismus der Aktivitäts- und Handlungskompetenz zugeordnet.

Abb. 5: Kompetenzatlas (Heyse/Erpenbeck 2004, S. XXI)

Die 64 Einzelkompetenzen bieten – trotz der Kritik – einen guten Überblick über mögliche Einzelkompetenzen und können die Entwicklung eines unternehmensspezifischen Kompetenzmodells unterstützen. Die beiden nachfolgenden Modelle stellen unternehmensspezifische Kompetenzmodelle dar.

3.2 Unternehmensspezifische Kompetenzmodelle

Ausgehend von den Kompetenzformen personale Kompetenz, Sozial- und Fachkompetenz wird durch den betriebinternen Dialog geklärt, auf welche spezifischen Einzelkompetenzen das Unternehmen seinen Fokus richten möchte. Die Ausgangsfrage lautet: Welche Kompetenzen sind im Unternehmen aufgrund aktueller und zukünftiger Anforderungen erforderlich?

Die Auswahl der Kompetenzen erfolgt diskursiv. Eine stringent-logische Ableitung ist nicht das leitende Interesse, sondern die bewusste Selektion notwendiger und erwünschter Kompetenzen.

Abb. 6 stellt das Kompetenzmodell eines Unternehmens aus dem IT-Sektor dar. Die vier Kompetenzen sind entlang der Unternehmensleitlinien (Lead, Drive, Balance, Change und Results) in jeweils fünf Einzelkompetenzen untergliedert. Am Beispiel der Teilkompetenz »Kommunikation und Konfliktlösung« wird verdeutlicht, wie diese mit Merkmalen (so genannte »Verhaltensanalyse«) unterlegt wird. Diese Merkmale

	Personale Kompetenz	Sozialkompetenz	Fachkompetenz
Lead	Strategisch-konzeptionelles Denken	Führung	Fach- und Marktwissen
Drive	Engagement	Kooperation	Kunden und Qualität
Balance	Zuverlässigkeit	Kommunikation und Konfliktlösung	Interdisziplinarität und Systemdenken
Change	Initiative	Wissensweitergabe	Innovation
Results	Lernen und Entwicklung	Integration	Ziele und Ergebnisse

Kriterium	Beschreibung	Kompetenzmerkmale
Kommunikation	Mitarbeiter fördert die Kommunikation innerhalb des Bereichs und darüber hinaus.	A) Ideen und Sachverhalte werden in schriftlicher und mündlicher Form präzise, strukturiert und verständlich kommuniziert. B) Geht auf Belange des Kommunikationspartners ein. C) Fördert eine offene Kommunikationsatmosphäre.
Konfliktlösung	Mitarbeiter erkennt und löst Konflikte.	A) Thematisiert auch kritische Aspekte. B) Gesteht eigene Fehler ein. C) Reflektiert eigene Rolle, Anlass und Dynamik. D) Strebt Kompromisse und Ausgleich an.

Abb. 6: Unternehmensspezifisches Kompetenzmodell (eigene Darstellung)

können u. a. die Kompetenzauswahl (z. B. Einstellungsgespräch, Assessment Center), die Kompetenzevaluation (z. B. Mitarbeiter-, Vorgesetzten- und 360° Feedback) und die Kompetenzentwicklung (z. B. Zielvereinbarungsgespräch, Training) steuern.

Die zweite Variante, das handlungsbasierte Kompetenzmodell, fokussiert die Handlungskompetenz als Einheit der Kompetenzformen. Das Konzept orientiert sich zunächst am Konstrukt »vollständige Handlung«, das mit der Maßgabe erweitert wird, Parameter einer »erfolgreichen Handlung« zu erfassen.

Eine Handlung ist 1. zeitlich in sich geschlossen und 2. auf ein Ziel gerichtet. Sie bildet 3. eine zeitlich und inhaltlich gegliederte Tätigkeitseinheit, die 4. willentlich gesteuert wird (Hacker 1999, S. 386 f.). Eine vollständige Handlung besteht aus Ziel-, Planungs-, Ausführungs- und Kontrollprozessen (Hacker 1999, S. 386 f.). Die Leittextmethode orientiert sich ebenfalls an einem vollständige Handlungszyklus (informieren, planen, entscheiden, ausführen, kontrollieren und bewerten) (Straka/Macke 2002, S. 53). Deming nennt drei vergleichbare Aktivitäten (plan, do, check) und erweitert diese um die Aktivität »act« (Kamiske/Brauer 1995, S. 218). Die Reflexion der Erfahrung kann zur Entwicklung (act) eines neuen Handlungsstandards (plan, do, check) führen. Die Aktivitäten bilden einen Zirkel.

Es können sodann folgende *Teilhandlungen* benannt werden: 1. Zielhandlung, 2. Planungs- und Organisationshandlung, 3. Durchführungshandlung, 4. Überprüfungs- und Bewertungshandlung sowie 5. Lern- und Entwicklungshandlung.

In einer arbeitsteiligen Organisation besteht die Notwendigkeit der kooperativen Abstimmung zwischen den verschiedenen Mitarbeitern, zwischen den Mitarbeitern und den Kunden sowie zwischen den Mitarbeitern und Personen aus der Umwelt der Organisation. Eine *erfolgreiche Handlung* bedarf daher der 6. Kooperationsorientierung.

Kooperationen werden teilweise durch Verträge abgesichert (z. B. Arbeitsvertrag, Kaufvertrag). Verträge sind jedoch selten eine hinreichende Bedingung für eine erfolgreiche Handlung. Luhmann spricht in diesem Zusammenhang von notwendigen »Innengarantien« bzw. dem personalen Vertrauen der Akteure (Luhmann 2000). 7. Kriterium wäre sodann die Vertrauensorientierung.

Handlungen sind betrieblich u. a. in Strukturen, Prozessen, Mythen und Gewohnheiten eingebunden, die den Erfolg einer Handlung maßgeblich mitbestimmen. Erfolgreiche Handlungen in einem betrieblichen Kontext erfordern 8. eine Systemorientierung.

Eine Handlung kann auf Basis der bislang genannten Kriterien erfolgreich sein. Ein Unternehmen befindet sich jedoch in Austauschbeziehungen mit seiner Umwelt. Eine erfolgreiche Handlung muss insofern auf diese System-Umwelt-Relation abgestimmt sein und hierbei das Spannungsverhältnis zwischen Vergangenheit, Gegenwart und Zukunft berücksichtigen. Ein weiteres Kriterium ist sodann 9. die Werteorientierung.

Für den Personkreis, der mit Leitungsaufgaben beauftragt ist, kann abschließend 10. die Führungsorientierung ergänzt werden.

In Abb. 7 sind die fünf Teilhandlungen einer vollständigen Handlung sowie die fünf ergänzenden Normierungen für eine erfolgreiche Handlung aufgeführt und mit Merkmalen spezifiziert. Die Unternehmensleitlinien werden auf Ebene der Merkmalsbeschreibungen berücksichtigt. Das Beispiel orientiert sich an einem unternehmensspezifischen Kompetenzmodell aus dem Banken-Sektor.

1. Zielhandlung Zieldefinition, Ziele erreichen	**2. Planungs- und Organisationshandlung** Prozessgestaltung, Ressourceneinsatz, Anpassung der Planung und Organisation
z. B. Zieldefinition: A) setzt klare Ziele B) kommuniziert die Ziele verständlich C) trifft sicher Entscheidungen	z. B. Prozessgestaltung: A) berücksichtigt bei der Prozessgestaltung die Kundensicht B) erstellt realistische Pläne C) kann Prozesse situativ anpassen
3. Durchführungshandlung Effizienz, Effektivität	**4. Überprüfungs- und Bewertungshandlung** Überprüft das Vorgehen, überprüft das Ergebnis
z. B. Effizienz: A) arbeitet strukturiert und systematisch B) setzt Prioritäten und arbeitet zielorientiert C) arbeitet kosten- und ressourcenbewusst	z. B. überprüft das Vorgehen: A) setzt Kontrollinstrument sinnvoll ein B) kontrolliert das Einhalten von Prozessen C) reagiert frühzeitig bei Abweichungen
5. Lern- und Entwicklungshandlung Lernen, Verbesserung, Innovation	**6. Kooperationsorientierung** Kooperation, Kommunikation, Umgang mit Konflikten
z. B. Lernen: A) lernt aus Fehlern B) entwickelt aktiv Schwächen C) sucht das Feedback D) stellt sich herausfordernde Aufgaben	z. B. Kooperation: A) ist integriert und integriert andere B) gibt Wissen und Erfahrungen weiter C) bietet Unterstützung an
7. Vertrauensorientierung Zuverlässigkeit, Glaubwürdigkeit	**8. Systemorientierung** Kenntnis der Geschäftsprozesse (GP), Umgang mit GP, Innovation der Geschäftsprozesse
z. B. Zuverlässigkeit: A) Verhalten ist konsistent und vorhersehbar B) erfüllt gegebene Versprechungen C) geht diskret mit Informationen um D) ist da, wenn »Not am Mann« ist	z. B. Kenntnis der Geschäftsprozesse: A) kennt die wichtigsten Geschäftsprozesse B) kennt den eigenen Beitrag und dessen Bedeutung C) kennt die zentralen Ansprechpartner
9. Werteorientierung Loyalität gegenüber dem Unternehmen, engagiert sich für die Werteorientierung des Unternehmens	**10. Führungsorientierung** Mitarbeiter fördern, Mitarbeiter führen, Arbeit strukturieren
z. B. Loyalität gegenüber dem Unternehmen: A) vertritt das Unternehmen aktiv nach außen B) identifiziert sich mit den Unternehmenszielen C) handelt im Sinne des Unternehmens D) hält Unternehmensrichtlinien ein	z. B. Mitarbeiter fördern: A) gibt faires und zeitnahes Feedback B) hilft Mitarbeitern bei Neuerungen C) stärkt die Eigenverantwortung der Mitarbeiter D) erkennt Potenziale

Abb. 7: Handlungsbasiertes Kompetenzmodell (eigene Darstellung)

Während im ersten Kompetenzmodell die Kompetenzformen personale Kompetenz, Sozial- und Fachkompetenz den Ausgangspunkt bilden, verwendet dieses Modell die Handlungskompetenz und das Konstrukt »erfolgreiche Handlung« als Bezugspunkt.

Die *Einführung und Entwicklung* eines unternehmensspezifischen Kompetenzmodells untergliedert sich in mindestens fünf Phasen.

- *Phase 1: Modellentwicklung und -überprüfung*
  In einem diskursiven Verfahren werden die Kompetenzen und Kompetenzmerkmale spezifiziert. Mit jeder Spezifikation wird das Modell konkreter und unternehmensspezifischer. Die eingangs bestehende Unschärfe (Welche Kompetenzen sind für uns von Bedeutung? Was verstehen wir unter den Begriffen?) wird durch den Dialog geklärt. Unternehmensleitlinien kommen zur Sprache und finden Eingang in das Modell. Es können Einzelkompetenzen zur Profilbildung des Unternehmens besonderes hervorgehoben werden. Eine projektorientierte Organisation würde beispielsweise die Kompetenz »Projektmanagement« (Projekte planen, organisieren, steuern/durchführen und beenden) in ihr unternehmensspezifisches Kompetenzmodell aufnehmen, während eine Unternehmung, deren Betriebsgeschehen nicht von Projektarbeit geprägt ist, diese Kompetenz vermutlich nicht in ihr Modell integriert. Das Modell wird zunächst in einem abgrenzbaren Bereich (z. B. eine Abteilung) als Pilot getestet und ggf. korrigiert.
- *Phase 2: Modelldistribution*
  Damit das Kompetenzmodell angewendet werden kann, ist eine Schulung aller Führungskräfte erforderlich. Hierfür eignen sich auf Dialog und Diskussion angelegte Workshops in kleinen Gruppen.
- *Phase 3: Modellanwendung und -überprüfung*
  Das Kompetenzmodell wird zunächst zur Unterstützung des Kompetenzdialogs zwischen Führungskraft und Mitarbeiter eingesetzt. Dabei ist sicherzustellen, dass das Modell auch tatsächlich in der gewünschten Weise verwendet wird und die Gespräche mit den Mitarbeitern stattfinden.
- *Phase 4: Modelldiversifikation*
  Das Eindringen des Modells in die betrieblichen Strukturen führt automatisch zu der Frage, wie das Modell mit anderen Instrumenten der Personalentwicklung verbunden werden kann. Das Modell diversifiziert, gewinnt an Bedeutung und veraltet mit der Zeit.
- *Phase 5: Modellrevision*
  Die Diversifikation und die Alterung des Modells führen sodann zur notwendigen Revision. Eine Diskussion und Anpassung des Grundmodells sowie der mit diesem Modell verbundenen Instrumente wird erforderlich.

4 Erweiterungen und Grenzen

Domänenspezifische Kompetenzmodelle

In einer Domäne ist spezifisches Arbeitsprozesswissen erforderlich (Fischer 2000). Hinzu kommt, dass in verschiedenen Domänen oftmals unterschiedliche Ausprägungen der Humankompetenz (Persönlichkeits- und Sozialkompetenz) erforderlich sind.

Domänenspezifische Kompetenzmodelle werden in Forschung und Praxis bereits intensiv diskutiert.

1. Auf Basis berufswissenschaftlicher Studien wurden insbesondere für den Kfz-Bereich arbeitsprozessbezogene Kompetenzprofile erarbeitet (Becker 2003, Spoettl/Becker 2004).
2. Das Fraunhofer Institut Software- und Systemtechnik hat wiederum für die Zertifizierung informell erworbener Kompetenzen 29 IT-Spezialistenprofile und 6 IT-Professionalprofile definiert (http://www.apo-it.de).
3. Die Einführung des Entgelt-Rahmen-Abkommens (ERA) in der Metall- und Elektroindustrie macht die Erarbeitung sog. Niveaubeispiele erforderlich. In diesen Niveaubeispielen werden auf Basis von Anforderungsmerkmalen (Können, Handlungs- und Entscheidungsspielraum, Kooperation und Mitarbeiterführung) Tätigkeitsanforderungen beschrieben. Für die Metallindustrie in Nordrhein-Westfalen wurden allein 121 Niveaubeispiele erarbeitet (http://www.metallnrw.de).

Es geht insofern nur in einem ersten Schritt darum, ein unternehmensspezifisches Kompetenzmodell zu definieren, das für alle Mitarbeiter einer Organisation und unabhängig von der jeweiligen Domäne gelten soll. Kompetenzentwicklung, die die Entwicklung einer domänenspezifischen Handlungsfähigkeit zum Ziel hat, kann bei der Konstruktion eines Kompetenzmodells in der beschriebenen Weise nicht stehen bleiben. Zur Entwicklung der Fachkompetenz ist eine Orientierung am spezifischen Arbeitsprozess erforderlich. Dies können unternehmensspezifische Kompetenzmodelle nicht leisten.

Kompetenzmessung
Das Handbuch Kompetenzmessung listet unterschiedliche quantitativ messende (z. B. Tests) sowie qualitativ beschreibende (z. B. Begriffsanalyse, Kompetenzbiographie) Verfahren auf (Erpenbeck/Rosenstiel 2003). Die quantitativen Verfahren sind aufgrund der möglichen IT-Unterstützung hoch effizient. Kompetenzen werden taxiert und quantifiziert (z. B. Kenner = 1, Könner = 2, Experte = 3), sie können sodann berechnet werden und sind in Zahlen fassbar (z. B. 42). Da Kompetenzen nicht beobachtbar, sondern nur über die Performanz erschließbar sind, wird mit diesen quantitativen Verfahren eine Beherrschbarkeit und Sicherheit suggeriert, die nicht gegeben ist.

Die Messung der Kompetenzen bildet in Hinsicht auf die Ermittlung des »Kompetenzkapitals« eines Unternehmens einen weiteren Themenstrang. Die Bilanzierung und ökonomische Bewertung von Kompetenzen steckt noch in den »Kinderschuhen«. Einen guten Einblick in den Diskussionsstand ermöglichen die Bücher »Kompetenzkapital« von Hasebroock/Zawacki-Richter/Erpenbeck (2004) sowie »Human Capital Management« von Scholz/Stein/Bechtel (2004).

Literatur

Becker 2002: Becker, M.: Personalentwicklung: Bildung, Förderung und Organisationsentwicklung in Theorie und Praxis, 3. Auflage, Stuttgart 2002.

Becker 2003: Becker, M.: Diagnosearbeit im Kfz-Handwerk als Mensch-Maschine-Problem, Konsequenzen des Einsatzes rechnergestützter Diagnosesysteme für die Facharbeit, Bielefeld 2003.

Berichtssystem Weiterbildung IX 2005: BMBF (Herausgeber): Berichtssystem Weiterbildung IX, Ergebnisse der Repräsentativbefragung zur Weiterbildungssituation in Deutschland, Berlin 2005.

Bohnenkamp et al. 1966: Bohnenkamp, H., Dirks, W. und Knab, D. (Herausgeber): Empfehlungen und Gutachten des Deutschen Ausschusses für das Erziehungs- und Bildungswesen 1953–1965, Gesamtausgabe, Stuttgart 1966, S. 857–928.

Chomsky 1971: Chomsky, N.: Aspekte der Syntaxtheorie, Frankfurt am Main 1971.

Chomsky 1981: Chomsky, N.: Regeln und Repräsentationen, Frankfurt am Main 1981.

Deutscher Bildungsrat 1974: Deutscher Bildungsrat: Empfehlungen der Bildungskommission zur Neuordnung der Sekundarstufe II, Konzept für eine Verbindung von allgemeinem und beruflichem Lernen, Bonn 1974.

Damasio 2000: Damasio, A. R.: Descartes Irrtum: Fühlen, Denken und das menschliche Gehirn, 5. Auflage, München 2000.

Dörner 2005: Dörner, D.: Die Logik des Misslingens: Strategisches Denken in komplexen Situationen. 4. Auflage, Reinbek bei Hamburg 2005.

Duden 2003: Dudenredaktion: Das große Fremdwörterbuch, Herkunft und Bedeutung der Fremdwörter, 3. Auflage. Mannheim; Leipzig; Wien; Zürich 2003.

Erpenbeck 1997: Erpenbeck, J.: »Selbstgesteuertes, selbstorganisiertes Lernen«, in: Arbeitsgemeinschaft QUEM (Herausgeber): Kompetenzentwicklung '97: Berufliche Weiterbildung in der Transformation – Fakten und Visionen, Münster; New York; München 1997, S. 309–362.

Erpenbeck/Rosenstiel 2003: Erpenbeck, J. und Rosenstiel, L. von: »Einführung«, in: Erpenbeck, J. und Rosenstiel, L. von (Herausgeber): Handbuch Kompetenzmessung, Stuttgart 2003, S. IX-XL.

Fischer 2000: Fischer: Von der Arbeitserfahrung zum Arbeitsprozesswissen: rechnergestützte Facharbeit im Kontext beruflichen Lernens, Opladen 2000.

Frieling et al. 2000: Frieling, E., Kauffeld, S., Grote, S. und Bernard, H.: Flexibilität und Kompetenz: Schaffen flexible Unternehmen kompetente und flexible Mitarbeiter? Edition QUEM, Band 12, Münster u. a. 2000.

Hacker 1999: Hacker, W.: »Regulation und Struktur von Arbeitstätigkeiten«, in: Hoyos, C. Graf und Frey, D. (Herausgeber): Arbeits- und Organisationspsychologie: Ein Lehrbuch, Weinheim 1999, S. 385–397.

Hänggi 2001: Hänggi, G.: Macht der Kompetenz: Ausschöpfung der Leistungspotentiale durch zukunftsgerichtete Kompetenzentwicklung, 3. Auflage, Frechen-Königsdorf 2001.

Heyse/Erpenbeck 2004: Heyse, V. und Erpenbeck, J.: »Vorwort«, in: Heyse, V. und Erpenbeck, J (Herausgeber): Kompetenztraining, Stuttgart 2004, S. XI–XXX.

Luhmann 1996: Luhmann, N.: »Man zwingt andere Begriffe zur Anpassung«, Andreas Geyer im Gespräch mit Niklas Luhmann, in: Universitas, 51. Jg., Nr. 604, S. 1017–1027.

Luhmann 2000: Luhmann, N.: Vertrauen: Ein Mechanismus der Reduktion sozialer Komplexität, 4. Auflage, Stuttgart 2000.

Mansfield 1996: Mansfield, R. S.: »Building Competency models: Approaches for HR Professionals«, in: Human Resource Management, Vol. 35, Number 1, 1996.

Mertens 1974: Mertens, D.: »Schlüsselqualifikationen: Thesen zur Schulung für eine moderne Gesellschaft«, in: Mitteilungen zur Arbeitsmarkt- und Berufsforschung, Heft 01/1974, S. 36–43.

Mertins/Dören-Katerkamp 2004: Mertins, K. und Döring-Katerkamp, U. (Heraudsgeber): Kompetenzmanagement: Der Faktor Mensch entscheidet! Fraunhofer Institut Produktionsanlagen und Konstruktionstechnik, Institut für Angewandtes Wissen e. V., Stuttgart 2004.

Michelsen 1997: Michelsen, U. A.: »Lernen im Bereich der nichtfachlichen Kompetenzen«, in: Michelsen, U. A. (Herausgeber): Handlungsorientiertes Lernen, Düsseldorf 1997, S. 76.

Müller-Vorbrüggen 2001: Müller-Vorbrüggen, M.: Handlungsfähigkeit durch gelungene Kompetenz-Performanz-Beziehungen als Gegenstand moderner Personal- und Organisationsentwicklung, Aachen 2001.

Mudra 2004: Mudra, P.: Personalentwicklung: Integrative Gestaltung betrieblicher Lern- und Veränderungsprozesse, München 2004.

Polanyi 1985: Polanyi, M.: Implizites Wissen, Frankfurt am Main 1985.

Renkl 1996: Renkl, A.: »Träges Wissen – Wenn Erlerntes nicht genutzt wird«, in: Psychologische Rundschau, 47, S. 78–92.

Rauner 1988: Rauner, F.: »Die Befähigung zur (Mit)Gestaltung von Arbeit und Technik als Leitidee beruflicher Bildung«, in: Heidegger, G., Gerds, P. und Weisenbach, K. (Herausgeber): Gestaltung von Arbeit und Technik: Ein Ziel beruflicher Bildung, Frankfurt; New York 1988, S. 32–50.

Roth 1971: Roth, H.: Pädagogische Anthropologie: Entwicklung und Erziehung – Grundlagen einer Entwicklungspädagogik, Band 2, Hannover 1971.

Seel 2000: Seel, N. M.: Psychologie des Lernens: Lehrbuch für Pädagogen und Psychologen, München 2000.

Schelten 1994: Schelten, A.: Einführung in die Berufspädagogik, 2. Auflage, Stuttgart 1994.

Scholz/Stein/Bechtel 2004: Scholz, C., Stein, V. und Bechtel, Roman: Human Capital Management: Wege aus der Unverbindlichkeit, München; Unterschleißheim 2004.

Sloane 2004: Sloane, P. F. E.: »Betriebspädogogik«; in: Gaugler, E. und Weber, W. (Herausgeber): Handwörterbuch des Personalwesens, 3. Auflage, Stuttgart 2004, S. 574–585.

Spoettl/Becker 2004: Spoettl, G. und Becker, M.: ICT practitioner skills and training, automotive industry, Luxemburg 2004.

Straka 2003: Straka, G. A.: Zertifizierung non-formell und informell erworbener beruflicher Kompetenzen, Münster; New York; München; Berlin 2003.

Straka/Macke 2002: Straka, G. A. und Macke, G.: Lern-Lehr-Theoretische Didaktik, Münster; New York; München; Berlin 2002.

Tenberg/Hess 2005: Tenberg, R. und Hess, B.: »Auseinandersetzung mit Kompetenzen in der Wirtschaft: Explorative Untersuchung über ›Kompetenzmanagement‹ an 14 deutschen Großbetrieben«, in: bwp@ Berufs- und Wirtschaftspädagogik online, Ausgabe Nr. 8, Juli, http://www.bwpat.de.

Vonken 2001: Vonken, M.: »Von Bildung zur Kompetenz: Die Entwicklung erwachsenenpädagogischer Begriffe oder die Rückkehr zur Bildung«, in: Zeitschrift für Berufs- und Wirtschaftspädagogik, Heft 04/2001, S. 503–522.

Weinert 2001: Weinert, F. E. (Hrsg.): Leistungsmessung in Schulen. Weinheim u.a. 2001.

Witt 1990: Witt, R.: »Schlüsselqualifikationen als Inhaltsproblem«, in: Reetz, L. und Reitmann, T. (Herausgeber): Schlüsselqualifikationen: Dokumentation des Symposions in Hamburg »Schlüsselqualifikationen – Fachwissen in der Krise?«, Hamburg 1990, S. 93–100.

Wunderer/Bruch 2000: Wunderer, R. und Bruch, H.: Umsetzungskompetenz: Diagnose und Förderung in Theorie und Unternehmenspraxis, München 2000.

B.3 Rechtliche Rahmenbedingungen der Personalentwicklung

*Peter Pulte**

1 Individualrechtliche Verpflichtung zur Personalentwicklung
  1.1 Arbeitgeberseite
  1.2 Arbeitnehmerseite
  1.3 Befristungen
  1.4 Fortbildungskosten

2 Kollektivrechtliche Aspekte
  2.1 Mitbestimmung nach dem Betriebsverfassungsgesetz
       2.1.1 Personalplanung
       2.1.2 Berufsbildung
       2.1.3 Personalauswahl
       2.1.4 Mitarbeiterbeurteilung
       2.1.5 Qualifizierung
       2.1.6 Beschäftigungsförderung
  2.2 Mitwirkungsrecht des Sprecherausschusses
  2.3 Mitbestimmung nach dem Bundespersonalvertretungsgesetz

Literatur

---

* Prof. Dr. Peter Pulte studierte nach einer kaufmännischer Berufsausbildung Rechtswissenschaften und Arbeitswissenschaft. Danach arbeitete er über 20 Jahre als Jurist in der Industrie und spezialisierte sich auf die Bereiche Arbeitsrecht und Personalwirtschaft. Seit 1996 lehrt er Arbeits- und Sozialrecht an der FH Gelsenkirchen, Abteilung Recklinghausen. Er ist Autor zahlreicher Veröffentlichungen zum Arbeitsrecht und zur Personalwirtschaft sowie Mitherausgeber von einschlägigen Fachzeitschriften und Loseblattwerken.

Aufgabe der betrieblichen Personalentwicklung ist es, die bestmögliche Abstimmung zwischen den Fähigkeiten der Arbeitnehmer und den Anforderungen des Unternehmens zu gewährleisten, und zwar unter Berücksichtigung individueller Vorstellungen und der Interessen der anderen Mitarbeiter. Somit hat die Personalentwicklung eine individuelle und eine kollektive Seite, die sich auch in den unterschiedlichen rechtlichen Fragen wiederspiegelt.

1 Individualrechtliche Verpflichtung zur Personalentwicklung

Hauptvertragsbestandteil des Arbeitsvertrages ist die Erbringung einer vertraglich bestimmten Leistung durch den Arbeitnehmer, für die er ein bestimmtes Entgelt erhält (§ 611 BGB). Sollte die Leistung des Arbeitnehmers durch Veränderung der Anforderungen des Arbeitsplatzes nicht mehr adäquat sein oder zeichnet sich dieses für die Zukunft ab, muss unter Abwägung beiderseitiger Interessen ein möglicher Ausgleich dieses Defizits ins Auge gefasst werden. Maßgebend ist einerseits der Grad der Veränderung des Arbeitsplatzes, andererseits die Kostenbelastung, die mit entsprechenden Maßnahmen verbunden ist.

1.1 Arbeitgeberseite

Arbeitgeber sind grundsätzlich nicht zu umfangreichen Maßnahmen der Personalentwicklung verpflichtet. Dem Arbeitgeber steht auch das Mittel der Kündigung nach § 622 Abs. 2 BGB aufgrund des Wegfalls des Arbeitsplatzes zu, wenn der Arbeitnehmer eine Leistung erbringt, die im Unternehmen nicht mehr zu nutzen und eine Fortbildungsmaßnahme für den Arbeitgeber unter den Aspekten der Kosten, Erfolgsaussichten und der Betriebszugehörigkeit des Arbeitnehmers nicht zumutbar ist (§ 1 KSchG). Plant der Arbeitgeber Änderungen, die Auswirkungen auf den Arbeitsplatz, die Arbeitsumgebung und die zu erbringende Tätigkeit des Arbeitnehmers haben, ist er nach § 81 BetrVG verpflichtet den Arbeitnehmer hierüber umfassend zu unterrichten und eine mögliche Anpassung zu erörtern. Dieses Recht ist ein absolutes Recht des Arbeitnehmers, welches nicht von der Existenz eines Betriebsrates abhängig ist. Ein absoluter Rechtsanspruch auf *Umschulung* besteht laut herrschender Meinung nach § 81 BetrVG aber nicht (Fitting u. a. 2004, § 81, Rn. 14).

§ 12 ArbSchG konkretisiert die *Unterweisungspflicht* des Arbeitgebers bei Veränderungen im Aufgabenbereich aufgrund neuer Arbeitsmittel oder neuer Technologien. Aufgrund dieser Unterweisungspflicht und seiner *Fürsorgepflicht* kann der Arbeitgeber auch verpflichtet sein, Schulungen anzubieten, da eine Kündigung des Arbeitnehmers und die daraus für ihn resultierenden Einbußen in keinem Verhältnis zu dem Grad der Änderung des Arbeitsplatzes bzw. den Kosten für eine Trainingsmaßnahme stehen. Diese Verpflichtung kann aus § 242 BGB hergeleitet werden (Kollmer/Vogl 1997, Rn. 139–145).

Werden durch den Arbeitgeber grundsätzlich Personalentwicklungsmaßnahmen im Unternehmen angeboten, muss die Auswahl der Teilnehmer unter dem *Gleichbehand-*

lungsgrundsatz erfolgen. Der Gleichbehandlungsgrundsatz nach Art. 3 GG beinhaltet nicht nur die mittelbare gleichgeschlechtliche Behandlung der Arbeitnehmer, sondern auch die unmittelbare Gleichbehandlung aller Arbeitnehmer mit gleicher Qualifikation (Putzo 2005, § 611, Rn. 105 – 117). Sind also Änderungen in einer bestimmten Abteilung geplant, muss die Teilnahme allen betroffenen Mitarbeitern offen stehen, es sei denn, es kommt zum Wegfall von Arbeitsplätzen. Sollten nur einige Arbeitnehmer bestimmt werden, muss diese Auswahl sachlich, nach Qualifikation oder persönlich bedingt sein – eine Diskriminierung einzelner Arbeitnehmer darf nicht stattfinden.

1.2 Arbeitnehmerseite

Analog zu der fehlenden Pflicht des Arbeitgebers umfangreiche Personalentwicklungsmaßnahmen anzubieten, kann der Arbeitnehmer auch nicht Maßnahmen von diesem verlangen, es sei denn der Grad der Änderung der Arbeitsplatzanforderungen ist gering. Bietet der Arbeitgeber keinerlei Maßnahmen der Personalentwicklung an, weil es betriebsbedingt auch nicht notwendig ist, kann der Arbeitnehmer sein Bedürfnis nach Weiterbildung nur in Eigeninitiative regulieren. Hierfür steht ihm in den meisten Bundesländern ein Anspruch auf *Bildungsurlaub* zu. Der Arbeitnehmer erhält hiernach eine Freistellung unter Fortzahlung der Bezüge, wenn er an einer Schulung teilnimmt, die der beruflichen Weiterbildung dient. Auch eine Vielzahl von Tarifverträgen sehen Bildungsurlaub in bezahlter oder unbezahlter Form vor.

Arbeitnehmer sind grundsätzlich auch nicht gezwungen, an Bildungsmaßnahmen teilzunehmen. Insbesondere nach Art. 12 Abs. 2 GG darf niemand zu einer bestimmten Arbeit gezwungen werden. Je nach den Festlegungen im Arbeitsvertrag hat der Arbeitgeber jedoch unter Beachtung der Grenzen des billigen Ermessens nach § 315 BGB das Recht, den Arbeitnehmer zu Weiterbildungsmaßnahmen zu verpflichten. Der Schutzgedanke des § 315 BGB gegen den Missbrauch privatautonomer Gestaltungsmacht ist dann erfüllt, wenn der Arbeitnehmer als sozial Schwächerer für die Weiterbildungsmaßnahme keinen Mehraufwand in Kauf nehmen muss (Heinrichs 2005, § 315, Rn. 1–3). Dieses ist zum Beispiel bei Maßnahmen während der regelmäßigen Arbeitszeit der Fall oder außerhalb dieser, wenn er durch angemessene Freizeit entschädigt wird, und insbesondere, wenn der Arbeitgeber für alle entstehenden Kosten der Maßnahme aufkommt.

1.3 Befristungen

Kurzfristige Personalentwicklungsmaßnahmen finden meist im Rahmen des regulären Betriebsablaufs statt. Es gibt hierzu meist keine vertragliche Vereinbarung, der Arbeitnehmer wird aufgrund dieser Anpassungsqualifikation vom Arbeitgeber zu Seminaren geschickt oder kann sich frei zur Teilnahme an solchen entscheiden. Personalentwicklungsmaßnahmen im operativen oder strategischen Bereich hingegen beinhalten oft besondere Vertragsbestandteile. Trainee- oder ähnliche Fortbildungsprogramme sind gekennzeichnet durch eine zeitliche Dauer von zwei bis drei Jahren, Job Rotation und umfangreiche Schulungsmaßnahmen finden außerhalb des regelmäßigen Betriebsablaufes statt. Diesen Programmen liegt oft ein befristeter Arbeitsvertrag zugrunde.

Eine *Befristung* ist gesetzlich im Rahmen des Teilzeit- und Befristungsgesetzes zulässig. Dies ist vor allem der Fall, wenn ein sachlicher Grund vorliegt (§ 14 Abs. 1 TzBfG). Die Befristung von Fortbildungsprogrammen basiert in der Regel auf einem sachlichen Grund, nämlich dem Ziel, eine bestimmte Ausbildung zu durchlaufen und abzuschließen. Bei dem Abschluss eines solchen Arbeitsvertrages mit neuen Mitarbeitern besteht mithin keine Problematik.

Bei bestehenden Arbeitsverhältnissen besteht die rechtliche Möglichkeit, den alten unbefristeten Vertrag im gegenseitigen Einvernehmen mit dem Arbeitnehmer in einen befristeten Arbeitsvertrag umzuwandeln. Diese Möglichkeit beinhaltet auch keine unangemessene Benachteiligung des Arbeitnehmers. Es unterliegt oft seinem eigenen Entscheidungsspielraum, an einer Fortbildungsmaßnahme teilzunehmen, und ihm stehen die Qualitäten einer Fortbildung offen, die dem Nachteil eines befristeten Vertrages überwiegen. Häufig sind die Verträge mit einer *Wiedereinstellungsklausel* nach erfolgreichem Abschluss der Bildungsmaßnahme verbunden (z. B. Meisterschulung).

1.4 Fortbildungskosten

Arbeitgeber, die für ihre Mitarbeiter die Kosten für Fortbildungsmaßnahmen tragen, haben ein Interesse daran, diese Arbeitnehmer an den Betrieb zu binden (Richar 2005, Stichwort 185). *Fortbildungsverträge* beinhalten daher häufig Vereinbarungen, dass der Arbeitnehmer nach Beendigung der Personalentwicklungsmaßnahme weiterhin für eine bestimmte Zeitdauer bei dem Arbeitgeber beschäftigt bleiben muss. Hält der Arbeitnehmer diese Frist nicht ein und kündigt vor Ablauf, hat er die Kosten der beruflichen Fortbildung insgesamt oder teilweise an den Arbeitgeber zu erstatten. Vereinbarungen dieser Art werden als Bindungsklauseln bezeichnet und sind nach der ständigen Rechtsprechung des BAG zulässig (BAG, NZA 1995, S. 728). Auch Vereinbarungen, die eine *Rückzahlung* der Förderkosten bei Abbruch, soweit der Arbeitnehmer eine hinreichende Einarbeitungszeit hatte, (Schaub 2005, § 176 Rn. 18) oder nicht erfolgreichem Bestehen einer Ausbildung bestimmen, sind rechtlich gültig (Putzo 2005, § 611, Rn. 94). Stammt der Kündigungsgrund aber ausschließlich aus der Sphäre des Arbeitgebers, sind diese Vertragsbestimmungen unwirksam (Putzo 2005, § 611, Rn. 94 und Urteil BAG 6 AZR 320 vom 24.6.2004). Soll eine *Bindungsklausel* auch den Fall der Kündigung durch den Arbeitgeber bei schuldhaften Verhalten des Arbeitnehmers beinhalten, muss dieses ebenfalls explizit vereinbart werden. An die Zulässigkeit derartiger Vertragsbestandteile werden aber bestimmte Anforderungen im Rahmen der Inhaltskontrolle nach § 242 BGB geknüpft.

Aus der Sicht eines objektiven Beobachters muss sowohl für den Arbeitgeber ein berechtigtes und begründetes Interesse bestehen, die verauslagten Kosten zurückzufordern, wie auch der Arbeitnehmer mit der Ausbildungsmaßnahme eine angemessene Gegenleistung für die Rückzahlungsverpflichtung erhalten haben (BAG, NZA 1996, S. 314). Die vertragliche Bindung und die *Erstattungspflicht* müssen unter einer Güter- und Interessenabwägung auf der Seite des Arbeitnehmers im

Rahmen der Verhältnismäßigkeit unter Berücksichtigung aller Umstände betrachtet werden. Insgesamt muss die Rückzahlung für ihn zumutbar sein. Die Maßnahme darf nicht zum alleinigen Vorteil für den Arbeitgeber durchgeführt worden sein, begründet durch bestimmte betriebsspezifische Anforderungen, sondern es muss für den Arbeitnehmer ein persönlicher Vorteil durch die Qualifizierung entstanden sein. Dieses ist auch der Fall, wenn vorher vorhandene Grundkenntnisse verbessert, vertieft oder erweitert wurden.

Im Rahmen der Rechtmäßigkeit der Bindungsklausel ist nicht nur die Qualität der Personalentwicklungsmaßnahme von Bedeutung, sondern auch die Dauer der anschließenden Bindung des Arbeitnehmers an den Arbeitgeber. Die Rechtsprechung ist bislang von einer Höchstdauer von drei Jahren ausgegangen und sah eine längere Bindungsdauer nur bei einer Teilnahme an Lehrgängen mit besonders hoher Qualifikation mit überdurchschnittlichen Vorteilen als rechtmäßig an (BAG, NZA 1996, S. 314). Zu lange Bindungszeiten würden aber das grundsätzliche Recht des Arbeitnehmers auf freie Wahl des Arbeitsplatzes nach Art. 12 GG unzulässig einschränken.

Die Staffelung der Höhe der Rückzahlungspflicht ist im Rahmen der Bindungsdauer vorzunehmen. Beträgt die Bindungsdauer beispielsweise ein Jahr, muss der Arbeitnehmer pro Monat, den er vorher ausscheidet, 1/12 der Kosten tragen (Senne 2004, S. 205–207, BAG NZA 2003, 559).

Für die Rückzahlungsverpflichtung ist es unerheblich, ob der Arbeitnehmer die erhöhte Qualifikation nach einem Stellenwechsel tatsächlich nutzt oder nicht.

2 Kollektivrechtliche Aspekte

2.1 Mitbestimmung nach dem Betriebsverfassungsgesetz

Der *Betriebsrat* hat bei der Gestaltung der personalpolitischen Grundsätze und Richtlinien des Betriebs Mitwirkungs- und Mitbestimmungsrechte (Abb. 1). Zwar ist der Begriff der Personalentwicklung nicht explizit im Betriebsverfassungsgesetz genannt, der Betriebsrat besitzt doch verschiedenste Beratungs- und Mitwirkungsrechte. Insbesondere sind die Regelungen nach §§ 96–99 BetrVG zu nennen. Der dort genannte Begriff der *Berufsbildung* umfasst jede Form der Weiterbildung, sei es die betriebliche, überbetriebliche oder außerbetriebliche Aus- oder Fortbildung, Umschulung oder eine sonstige Bildungsmaßnahme nach § 98 Abs. 6 BetrVG. Der betriebsverfassungsrechtliche Begriff der Berufsbildung ist also weiter gefasst als derjenige in § 1 BBiG, da er alle Teilfelder der Personalentwicklung beinhaltet (Schaub 2005, § 173 Rn. 7 ff.).

Regelungstatbestand	Mitwirkungsrecht
§ 92 BetrVG Personalplanung 1. Personalplanung, insb. gegenwärtiger und zukünftiger Personalbedarf und die sich daraus ergebenden Maßnahmen 2. Einführung und Durchführung einer Personalplanung	1. Unterrichtungsrecht, Beratungsrecht 2. Vorschlagsrecht
§ 92a BetrVG Beschäftigungssicherung Sicherung und Förderung der Beschäftigung	Vorschlagsrecht, Beratungsrecht
§ 93 BetrVG Ausschreibung von Arbeitsplätzen Ausschreibung von Stellen innerhalb des Betriebes	Zustimmungsverweigerungsrecht gem. § 99II Nr. 5 BetrVG
§ 94 BetrVG Personalfragebogen, Beurteilungsgrundsätze Einführung von Personalfragebögen und allg. Beurteilungsgrundsätzen	Mitbestimmungsrecht im Sinne eines Vetorechts, kein Initiativrecht
§ 95 BetrVG Auswahlrichtlinien Aufstellung von Richtlinien für personelle Einzelmaßnahmen und Kündigungen ▪ Betriebe mit unter 500 AN ▪ Betriebe mit über 500 AN	 ▪ Mitbestimmungsrecht im Sinne eines Vetorechts, kein Initiativrecht ▪ Initiativrecht
§ 96 BetrVG Förderung der Berufsbildung Förderung der Berufsbildung der Arbeitnehmer	Beratungsrecht, Vorschlagsrecht
§ 97 BetrVG Einrichtung und Maßnahmen der Berufsbildung Errichtung und Ausstattung betrieblicher Einrichtungen zur Berufsbildung, Einführung betrieblicher Bildungsmaßnahmen und Teilnahme an außerbetrieblichen Bildungsmaßnahmen	Zwingendes Beratungsrecht
§ 98 BetrVG Durchführung betr. Bildungsmaßnahmen ▪ Durchführung von Maßnahmen der betrieblichen Berufsbildung ▪ Bestellung und Abberufung einer mit der Durchführung der betrieblichen Berufsbildung beauftragten Person ▪ Teilnahme der AN an Berufsbildungsmaßnahmen	 ▪ Erzwingbares Mitbestimmungsrecht ▪ Erzwingbares Mitbestimmungsrecht ▪ Erzwingbares Mitbestimmungsrecht
§ 99 BetrVG Mitbestimmung bei personellen Einzelmaßnahmen Einstellung, Umgruppierung, Versetzung bei mehr als 20 Wahlberechtigten AN	Unterrichtungsrecht, Zustimmungsverweigerungsrecht
§ 102 BetrVG Mitbestimmung bei Kündigung	Anhörungsrecht (Zustimmungsrecht bei Kündigung nach § 103 BetrVG)

Abb. 1: Beteiligung des Betriebsrats in personellen Angelegenheiten im Überblick (eigene Darstellung)

2.1.1 Personalplanung

Personalentwicklung ist ohne eine entsprechende Planung nicht möglich, bzw. sie ist ein Teil der *Personalplanung* – mithin erstrecken sich die arbeitsrechtlichen Fragen der Personalentwicklung auf die Personalplanung und umfassen neben dem Arbeitsvertragsrecht auch das Betriebsverfassungsrecht.

Nach § 92 BetrVG muss der Arbeitgeber den Betriebsrat über alle Maßnahmen der gegenwärtigen und zukünftigen Personalplanung unterrichten. Der Begriff der Personalplanung umfasst die Gesamtheit der Maßnahmen zur Ermittlung des zukünftigen quantitativen und qualitativen Personalbedarfs sowie die Bereitstellung der benötigten Arbeitskräfte in der erforderlichen Anzahl und Qualifikation. Unter Personalplanung ist mithin zu subsumieren: Personalbedarf, Personalbeschaffung, Personaleinsatz, Personalabbau, Personalentwicklung und Personalkosten (Küttner 2004, S. 1839, Dachrodt/Engelbert 2002, S. 1096). Insbesondere bedarf es auch der Unterrichtung des Betriebsrates über den qualitativen Personalbedarf sowie die sich daraus ergebende Planung der Maßnahmen zur Deckung dieses Bildungsbedarfs. Dieses Beratungsrecht bei der Ausgestaltung von Maßnahmen und der Nutzung von Einrichtungen der Berufsbildung ist explizit auch in § 97 BetrVG dargelegt.

Der Betriebsrat hat nicht nur ein allgemeines Unterrichtungs-, Vorschlags- und Beratungsrecht. Durch die Ergänzung der Vorschrift des § 80 BetrVG um die Absätze 2a und 2b gelten diese Rechte auch im Hinblick auf die Vereinbarkeit von Familie und Erwerbstätigkeit sowie die Aufstellung und Durchführung von Maßnahmen zur Förderung der *Gleichstellung* von Frauen und Männern. Der Betriebsrat hat also den gesetzlichen Auftrag, die tatsächliche Gleichberechtigung, also die Gleichstellung von Frauen und Männern zu fördern. Das kann z. B. geschehen durch Frauenförderpläne oder Gleichstellungspläne. Ebenfalls Gegenstand der Planung können Maßnahmen im Rahmen der Vereinbarkeit von Familie und Erwerbstätigkeit sein, die z. B. auf die Aus-, Fort- und Weiterbildung oder auf den beruflichen Aufstieg gerichtet sind (siehe Muster einer solchen Vereinbarung bei Frey/Pulte 2005, S. 568 ff.).

Der Anspruch auf Unterrichtung und Beratung besteht auch dann, wenn im Betrieb bzw. Unternehmen keine oder nur eine lückenhafte Personalplanung praktiziert wird.

2.1.2 Berufsbildung

Arbeitgeber und Betriebsrat haben nach dem Betriebsverfassungsgesetz die gemeinsame Aufgabe, die Berufsbildung zu fördern und mit den für die Berufsbildung zuständigen Stellen zusammen zu arbeiten. Der Begriff der *Berufsbildung* nach §§ 96–98 BetrVG geht über den des Berufsbildungsgesetzes (§ 1 BBiG) hinaus. Er umfasst alle Maßnahmen der Berufsbildung, nicht nur die geordneten Ausbildungsgänge.

Unter Beachtung der betrieblichen Gegebenheiten muss den Arbeitnehmern eine Teilnahme an Maßnahmen der Berufsbildung ermöglicht werden. Bei der Planung und Durchführung bestehen aber unterschiedliche Rechte des Betriebsrates. Der Betriebsrat kann Personalentwicklung im Rahmen der Personalplanung nach §§ 92 Abs. 2, 96, 97 BetrVG initiieren und mit dem Arbeitgeber hierüber beraten, besitzt aber nur ein Mitwirkungsrecht und kann den Arbeitgeber nicht zu Bildungsmaßnahmen zwingen. Die Entscheidungskompetenz des Arbeitgebers bleibt unberührt. Weigert er sich jedoch zur Beratung über Fragen der Berufsbildung mit dem Betriebsrat, kann ein Verfahren nach § 23 Abs. 3 BetrVG eingeleitet werden (Fitting u. a. 2004, § 96 Rn. 42). Entscheidet der Arbeitgeber sich zur Durchführung von Personalentwicklung, unterliegt die Gestaltung derselben der erzwingbaren Mitbestimmung nach § 98 BetrVG (Schaub 2005, § 239 Rn. 3 ff.).

Der Mitbestimmung durch den Betriebsrat unterliegen dann die Durchführung von Berufsbildungsmaßnahmen jeglicher Art, die Bestellung und Abberufung der *Ausbilder* und die Auswahl der Teilnehmer, wenn der Arbeitgeber die entstehenden Kosten ganz oder teilweise trägt und die Arbeitnehmer freistellt. Er hat mit zu entscheiden über den Umfang der zu vermittelnden Kenntnisse, den Inhalten, den Ort der Durchführung, der Dauer und der Lage einer Veranstaltung. Im gleichen Sinne kann er auch bei der Bestellung bzw. Abberufung der mit Fortbildung betrauten Personen, egal ob betriebsinterne oder betriebsexterne Personen, eingreifen. Diese Regelung nach § 98 Abs. 2 BetrVG ist ein Sondertatbestand im Verhältnis zu § 99 BetrVG, der Mitbestimmung bei personellen Einzelmaßnahmen (Bosch/Kohl/Schneider 1995, S. 446). Kommt hierbei keine Einigung zwischen Arbeitgeber und Betriebsrat zustande, kann der Betriebsrat das *Arbeitsgericht* anrufen. Sein Mitbestimmungsrecht betrifft auch die Auswahl der Teilnehmer und entsprechend den Einsatz von Mitteln zur Auswahl derselben, wie Assessment Center und andere Testverfahren. Weiterhin kann er auch über die Zusammensetzung der Teilnehmer bei Programmen, die auch externen Bewerbern zur Verfügung stehen sollen, mitbestimmen.

Im Sinne dieser Kollision von Rechtsnormen sollte der Arbeitgeber den Betriebsrat schon bei beabsichtigter Planung involvieren (RKW 1996, S. 671). Die Mitsprache des Betriebsrats bei der Planung von Personalentwicklungsmaßnahmen vermeidet Interessenkonflikte bei der Durchführung, da alleinige Initiierung des Arbeitgebers anderenfalls nicht die Zustimmung des Betriebsrats fände und fehlende Übereinstimmungen nach § 98 Abs. 4 BetrVG eines *Einigungsstellenverfahrens* bedürfen.

Zur Lösung von Interessenkonflikten steht den Beteiligten auch das Mittel der freiwilligen Betriebsvereinbarung nach § 88 BetrVG zur Verfügung. Die dort gemachte Aufzählung ist nur exemplarisch, Betriebsrat und Arbeitgeber können in einer Betriebsvereinbarung die Grundsätze der Personalentwicklung niederlegen (siehe Muster einer solchen Vereinbarung bei Frey/Pulte 2005, S. 75 ff.).

Neben dem dargestellten Mitwirkungsrecht des Betriebsrats bei der Planung der Berufsbildung, kann aber eine Pflicht des Arbeitgebers zur Einführung bestimmter Maßnahmen zur Qualifizierung der Arbeitnehmer aus den §§ 90, 91 BetrVG erwachsen. Ändert der Arbeitgeber Einrichtungen von Arbeitsplätzen, insbesondere im Sinne von § 90 Nr. 3 BetrVG Arbeitsverfahren und -abläufe, dahingehend ab, dass sich die Anforderungen an die Arbeitnehmer ändern, kann der Betriebsrat nach § 91 BetrVG Aktionen zum Ausgleich dieser Veränderungen fordern. Weiterhin gelten auch die Verpflichtungen des Arbeitgebers nach § 81 Abs. 3 BetrVG mit dem Arbeitnehmer Änderungen des Arbeitsplatzes zu erörtern und nach § 12 ArbSchG ihn regelmäßig im Rahmen der Sicherheit und des Gesundheitsschutzes zu unterweisen. Diese individualrechtlichen Pflichten sind aber zwingend von der Berufsbildung abzugrenzen. Maßnahmen der Bildung sind nicht als Unterrichtung zu werten (Fitting u. a. 2004, § 96 Rn. 27) § 91 BetrVG bestimmt ein absolutes Mitbestimmungsrecht des Betriebsrates. Bedarf es zum Ausgleich der betrieblichen Änderungen verschiedener Bildungsmaßnahmen, kann der Betriebsrat diese vom Arbeitgeber fordern. Beispielsweise die Einführung und Ausgestaltung von Gruppenarbeit löst neben den §§ 90, 91 BetrVG weitergehende Beteiligungsrechte nach den §§ 87, 92, 96 ff., 99, 102, 111 BetrVG aus (Fitting u. a. 2004, § 90, Rn. 13). Kommt es zu keiner Einigung entscheidet die Einigungsstelle.

Dieses Mitbestimmungsrecht ist eine Konkretisierung der allgemeinen Aufgaben des Betriebsrats nach § 80 Abs. 1 Nr. 1 und 2 BetrVG, wonach dieser die Einhaltung der gesetzlichen Vorschriften durch den Arbeitgeber zu überwachen hat und Maßnahmen zu beantragen hat, die dem Betrieb und der Belegschaft dienen. Weitergehend kann diese Pflicht zur Personalentwicklung auch nach den §§ 111–112 BetrVG im Rahmen einer Betriebsänderung erwachsen.

2.1.3 Personalauswahl

Neben dem in § 98 Abs. 3 BetrVG geregeltem Mitbestimmungsrecht des Betriebsrats bei der Auswahl von Teilnehmern für Personalentwicklungsmaßnahmen hat dieser nach §§ 95, 99 BetrVG auch ein Mitbestimmungsrecht bei der Personalauswahl. In Bezug auf Personalentwicklungsmaßnahmen kommt dieses Recht zum tragen, wenn ein durch den Arbeitgeber geplantes Fortbildungsprogramm sowohl internen Mitarbeitern als auch externen Bewerbern offen stehen soll oder Versetzungen Folgen bestimmter betrieblicher Veränderungen bzw. Fortbildungsmaßnahmen sind. Der Begriff der *Versetzung* bezeichnet nach § 95 Abs. 3 Satz 1 BetrVG die Zuweisung eines anderen Arbeitsbereiches für eine längere Dauer als einen Monat oder bei kürzerer Dauer eine erhebliche Änderung der Umstände, unter denen die Arbeit zu leisten ist. Einstellung ist nach § 95 BetrVG die tatsächliche Arbeitsaufnahme im Betrieb. Der Arbeitsbereich umfasst den Arbeitsplatz und die Einordnung des Arbeitnehmers in die betriebliche Organisation in räumlicher, technischer und organisatorischer Hinsicht. Änderungen der materiellen Arbeitsbedingungen werden als Umgruppierung und nicht als Versetzung klassifiziert (Fitting u. a. 2004, § 99 Rn. 23). Eine Versetzung ist ebenfalls nicht gegeben, wenn die ständige Beschäftigung an einem Arbeitsplatz keine Eigenart des Arbeitsverhältnisses ist, wie beispielsweise bei einem Fortbildungsprogramm mit Job Rotation. Eine erhebliche Änderung der Umstände unter denen die Arbeit zu leisten ist, kann eine längere Fahrtzeit zum Arbeitsort sein, aber keine Auslandsdienstreise.

Nach § 99 BetrVG hat der Betriebsrat in Betrieben mit in der Regel mehr als 20 wahlberechtigten Arbeitnehmern bei allen Maßnahmen der Einstellung und Versetzung ein Mitbestimmungsrecht. Seine Zustimmungsverweigerungsrechte sind abschließend in § 99 Abs. 2 BetrVG aufgezählt. Insbesondere ist auch sein Recht nach § 93 BetrVG zu nennen, wonach er die interne Stellenausschreibung zu besetzender Stellen verlangen kann. Unterlässt der Arbeitgeber dieses, kann der Betriebsrat seine Zustimmung bei der Einstellung nach § 99 Abs. 2 Nr. 5 BetrVG verweigern. Der Arbeitgeber darf also Maßnahmen der Personalentwicklung nicht allein externen Bewerbern offerieren, so wie aber auch ein Forderungsrecht des Betriebsrats besteht, Maßnahmen und Positionen nur intern auszuschreiben. Im Rahmen des § 99 BetrVG entscheidet der Betriebsrat ebenfalls mit, wie sich die Zahl der Teilnehmer an Fortbildungsmaßnahmen im Verhältnis intern zu extern zusammensetzt, da er eine zu hohe Zahl an externen Bewerbern aus Gründen der *Benachteiligung* der Mitarbeiter nach Abs. 2 Nr. 4 ablehnen kann. Der Arbeitgeber hat auch Auskunft über die Auswirkung der geplanten Maßnahme einzuholen. Binnen einer Woche hat der Betriebsrat seine Zustimmung zu erteilen, § 99 Abs. 3 BetrVG, Schweigen gilt als Zustimmung. Verweigert der Betriebsrat seine Zustimmung kann diese durch das Arbeitsgericht ersetzt werden (Abs. 4).

Im gleichen Maße unterliegt die Aufstellung bestimmter *Auswahlrichtlinien* bei Einstellung und Versetzung nach § 95 BetrVG der Mitbestimmung. Der Begriff der Auswahlrichtlinie umfasst allgemeine Grundsätze, die der Arbeitgeber bei personellen Maßnahmen zu berücksichtigen hat. Sie bauen auf den Beurteilungsgrundsätzen auf und legen für bestimmte Tätigkeiten und Arbeitsplätze fest, welche Voraussetzungen erforderlich sind oder nicht vorliegen dürfen (Jedzig 1996, S. 1341). § 95 BetrVG bestimmt weiterhin, dass in Betrieben mit mehr als 500 Arbeitnehmern der Betriebsrat die Aufstellung bestimmter Richtlinien verlangen kann. Kommt keine Einigung zustande, entscheidet die Einigungsstelle. Missachtet der Arbeitgeber Auswahlrichtlinien, besteht auch hier ein Zustimmungsverweigerungsrecht des Betriebsrates nach § 99 Abs. 2 Nr. 2 BetrVG, oder der Betriebsrat kann einer Kündigung nach § 102 Abs. 3 Nr. 2 BetrVG widersprechen.

2.1.4 Mitarbeiterbeurteilung

Der Arbeitgeber ist grundsätzlich in seiner Entscheidung hinsichtlich der Einführung eines Beurteilungsverfahrens frei, sofern das Beurteilungsverfahren nicht bereits tarifvertraglich vereinbart wurde. Auch der Betriebsrat kann die Einführung allgemeiner Beurteilungsgrundsätze nicht vom Arbeitgeber verlangen. Wenn sich der Arbeitgeber jedoch für die Einführung entscheidet, hat der Betriebsrat gemäß § 94 Abs. 2 BetrVG ein Mitbestimmungsrecht bei der Aufstellung allgemeiner Beurteilungsgrundsätze. Er kann diese auch verhindern, wenn keine Einigung hinsichtlich ihrer inhaltlichen Ausgestaltung zustande kommt. Daher empfiehlt sich die frühzeitige Beteiligung des Betriebsrates bei der Einführung eines Beurteilungsverfahrens.

Die *Personalbeurteilung* unterliegt nach § 94 BetrVG dem Mitbestimmungsrecht des Betriebsrats. Unter Beurteilungsgrundsätzen versteht man Regelungen, die zur Beurteilung von Leistung und Verhalten der Arbeitnehmer getroffen werden, also Bewertungen in fachlicher und persönlicher Hinsicht, z. B. Sorgfalt der Arbeitsausführung, Selbstständigkeit, Einsatzfähigkeit, Leistungseigenschaften (Jedzig 1996, S. 1338). Es muss ein Werturteil über den Arbeitnehmer bzw. einem Bewerber getroffen werden. Die bloße Feststellung von Merkmalen, Fähigkeit oder Eigenschaften einer Person wie auch die Aufstellung von rein arbeitsplatzbezogenen Merkmalen unterliegen nicht der Mitbestimmung (Jedzig 1996, S. 1442).

Zum Schutz des Persönlichkeitsrechts des Arbeitnehmers umfasst diese Mitbestimmung sowohl Personalfragebögen, die bei der Einstellung neuer Mitarbeiter benutzt werden, wie auch allgemeine *Beurteilungsgrundsätze*, wie sie bei gebundenen Beurteilungstechniken in entsprechenden Formularen zu finden sind. § 94 BetrVG ist auch dann anwendbar, wenn es sich um einen standardisierten Fragenkatalog handelt und die Ergebnisse in individueller Form vom Fragenden festgehalten werden

(Halbach u. a. 2000, S. 454). Diese Vorschrift dient dazu, dass der Arbeitgeber allein solche Fragen stellen darf, für die ein berechtigtes Auskunftsinteresse besteht.

Die grundsätzliche Entscheidung über die Einführung solcher Hilfsmittel unterliegt aber dem Machtbereich des Arbeitgebers, die erzwingbare Mitbestimmung greift allein hinsichtlich der inhaltlichen Ausgestaltung oder Änderung dieser Hilfsmittel der Personalarbeit. Kommt hierbei keine Einigung zustande entscheidet die Einigungsstelle (§ 94 Abs. 2 BetrVG).

2.1.5 Qualifizierung

Für viele Unternehmen ist die Qualifikation der Mitarbeiter eine wesentliche Voraussetzung für die Wettbewerbsfähigkeit; für den einzelnen Arbeitnehmer ist die Berufsbildung (*Qualifikation*) zunehmend Bedingung für den Erhalt des Arbeitsplatzes und für den beruflichen Aufstieg. Der Betriebsrat kann die Interessen des Unternehmens und seiner Arbeitnehmer nur dann wirksam wahrnehmen, wenn er Kenntnis über den *Qualifizierungsbedarf* (Berufsbildungsbedarf) hat. § 96 räumt dem Betriebsrat einen Auskunftsanspruch ein, den er gegenüber dem Arbeitgeber geltend machen muss; ergänzend hat der Betriebsrat ein Beratungsrecht und ein Vorschlagsrecht hinsichtlich aller Fragen zur Berufsbildung der Arbeitnehmer des Betriebes. Der Begriff Berufsbildung im Sinne dieser Vorschrift ist umfassend; er beinhaltet sowohl die berufliche Ausbildung als auch die Fortbildung und die Umschulung.

Nach dem neu eingeführten § 97 Abs. 2 erhält der Betriebsrat ein erzwingbares Mitbestimmungsrecht bei der Einführung von betrieblichen *Berufsbildungsmaßnahmen*, wenn der Arbeitgeber Maßnahmen plant oder durchgeführt hat, durch die die beruflichen Qualifikationen nicht mehr ausreichen (Initiativrecht hinsichtlich Qualifizierungsmaßnahmen bei Änderung der Arbeitsbedingungen bzw. Arbeitsanforderungen und daraus folgendem Qualifikationsdefizit).

In Erweiterung der Beteiligung (Mitbestimmung) des Betriebsrates bei der Durchführung von betrieblichen Berufsbildungsmaßnahmen soll der Betriebsrat nach der Neuregelung schon im Stadium der Einführung von betrieblichen Berufsbildungsmaßnahmen mitbestimmen. Hierfür gelten als Voraussetzungen:

- Der Arbeitgeber hat technische Anlagen, Arbeitsverfahren und Arbeitsabläufe oder Arbeitsplätze geplant;
- hierdurch wird sich die Tätigkeit der betroffenen Arbeitnehmer ändern;
- hierdurch werden die (vorhandenen) beruflichen Kenntnisse und Fähigkeiten nicht mehr ausreichen, um die Aufgaben nach Änderung des Arbeitsplatzes erfüllen zu können.

Dem Betriebsrat erwächst aus der Ausweitung der Vorschrift des § 97 Abs. 2 BetrVG ein weites Betätigungsfeld. Im Falle eines drohenden Qualifikationsverlustes soll er frühzeitig vorbeugende betriebliche Berufsbildungsmaßnahmen zugunsten der betroffenen Arbeitnehmer durchsetzen können, damit beim Arbeitnehmer im Zeitpunkt des Einsatzes unter geänderten (neuen) Bedingungen das *Qualifikationsdefizit* möglichst bereits beseitigt ist. Die Vorschrift korrespondiert mit § 90 BetrVG, nach der der Arbeitgeber den Betriebsrat über die Planung von Änderungen im Betrieb und Betriebsablauf rechtzeitig zu unterrichten hat. Andererseits soll der Betriebsrat im Fall von Kündigungen wegen mangelnder Qualifikation (z. B. weil eine Schulung nicht oder nicht rechtzeitig durchgeführt wurde) berechtigt sein, von seinem Widerspruchsrecht nach § 102 Abs. 3 Nr. 4 BetrVG (*Weiterbeschäftigung* nach zumutbaren Umschulungs- oder Fortbildungsmaßnahmen) Gebrauch zu machen. Bei Nichteinigung über die Einführung von Berufsbildungsmaßnahmen mit dem Arbeitgeber kann vom Betriebsrat die Einigungsstelle angerufen werden, deren Spruch die (fehlende) Einigung der Betriebspartner ersetzt (Küttner 2004, S. 765).

Von Bedeutung ist ebenfalls die Berücksichtigung von Qualifizierungsmöglichkeiten bei Sozialplänen (§ 112 Abs. 5 Nr. 2a). Nach § 112 Abs. 4 und 5 entscheidet die Einigungsstelle, wenn bei einer Betriebsänderung ein *Sozialplan* nicht zustande kommt. Dabei hat die Einigungsstelle die im SGB III vorgesehenen Förderungsmöglichkeiten zur Vermeidung von Arbeitslosigkeit zu berücksichtigen. Der Gesetzgeber hat mit dieser Bestimmung die Erwartung verknüpft, dass der Sozialplan vorrangig den betroffenen Arbeitnehmer neue Beschäftigungsperspektiven schaffen soll (Gesetzesbegründung, BT-Drs. 14/5741).

Die Vorschrift der §§ 254 ff. SGB III sieht insoweit vor, dass so genannte *Transfersozialpläne*, durch die den Arbeitnehmer der Übergang in eine neue Beschäftigung erleichtert wird, mit öffentlichen Mitteln gefördert werden können. Ergeben die Beratungen mit den Stellen der Bundesagentur für Arbeit, dass eine Förderungsleistung in Betracht kommt, so entspricht es regelmäßig billigem Ermessen, wenn der Sozialplan nur Transferleistungen und keine Abfindungen vorsieht.

2.1.6 Beschäftigungsförderung

Die *Beschäftigungsförderung* und -sicherung, eine von jeher zu den originären Aufgaben des Betriebsrat gehörende Teilaufgabe, ist in den Katalog der allgemeinen Aufgaben aufgenommen. Sie beinhaltet für den Betriebsrat, sich für den Erhalt des Arbeitsplatzes jedes einzelnen Arbeitnehmer einzusetzen, für den einzelnen Arbeitnehmer eine Frage von existenzieller Bedeutung. Angesichts der heutzutage üblichen Kostenminimierung über Personalreduzierung bzw. Personalabbau ist die Beschäftigungssicherung – auch noch auf lange Zeit – eine Schwerpunktaufgabe für den Betriebsrat. Die Vorschrift des § 92a BetrVG korrespondiert mit den §§ 90, 92a, 96 und 97 BetrVG (Personalplanung, Beschäftigungssicherung, Berufsbildung).

Die Rechte zur *Beschäftigungssicherung* sind den Beteiligungsrechten des Betriebsrates bei *Betriebsänderungen* (§ 111) vorgelagert. § 80 Abs. 1 Nr. 8 BetrVG weist dem Betriebsrat die Aufgabe zu, die Beschäftigung im Betrieb zu fördern und zu sichern. Konkretisiert wird diese Vorschrift durch § 92a BetrVG. Beide Vorschriften sind vor dem Hintergrund der heute üblichen bzw. vermehrt auftretenden Umstrukturierungen und Betriebsänderungen zu sehen, die regelmäßig mit einer Reduzierung des Personals, gemeinhin als Personalabbau bekannt, verknüpft sind (Dachrodt/Engelbert 2002, S. 621).

§ 92a gibt dem Betriebsrat ein umfangreiches Instrumentarium an die Hand: zunächst ein umfassendes Vorschlagsrecht (Initiativrecht), dann ein damit korrespondierendes, umfassendes Beratungsrecht, schließlich ein Recht auf Begründung einer Ablehnung durch den Arbeitgeber. Obwohl kein Mitbestimmungsrecht gegeben ist, handelt es sich dennoch um ein ausgeprägtes Beteiligungsrecht (Küttner 2004, S. 765).

Der Betriebsrat kann dem Arbeitgeber konkrete Vorschläge unterbreiten. Dieses *Vorschlagsrecht* ist von seinem Gegenstand her nicht begrenzt, es betrifft auch Bereiche, die zur Unternehmensführung gehören. Beispielhaft führt § 92a Abs. 1 Satz 2 BetrVG folgende Tatbestände auf:

- flexible Gestaltung der Arbeitszeit (mit Hilfe der Flexibilisierung können betriebliche Kapazitäten im Interesse der Beschäftigungssicherung besser genutzt werden),
- Förderung von Teilzeitarbeit und Altersteilzeit (durch Teilzeitarbeit können u. a. die Vereinbarkeit von Familienpflichten und Erwerbstätigkeit erreicht und damit vermehrt Arbeitnehmer im Beruf gehalten werden),
- neue Formen der Arbeitsorganisation (z. B. durch Maßnahmen wie Gruppenarbeit, Qualitätssicherung und Produktionssteigerung kann die Wettbewerbsfähigkeit erhöht und damit Arbeitsplätze gesichert werden),
- Änderung der Arbeitsverfahren und Arbeitsabläufe,
- Qualifizierung der Arbeitnehmer (von entscheidender Bedeutung für die Beschäftigungssicherung sind in diesem Zusammenhang rechtzeitige und präventiv eingeleitete betriebliche Berufsbildungsmaßnahmen),
- Alternativen zur Ausgliederung von Arbeit oder ihrer Vergabe an andere Unternehmen (entsprechende Überlegungen werden relevant, wenn z. B. die Eigenfertigung von Vorprodukten oder Teilprodukten aufgegeben werden soll; hier sind Kosten- und Qualitätsvergleiche von Nutzen, wenn sie keinen – was häufig der Fall ist – Vorteil für die Fremdfertigung ausweisen),
- Alternativen zum Produktions- und Investitionsprogramm (beispielsweise können Absatzprobleme, die auf längere Sicht die Arbeitsplätze bedrohen, in vielen Fällen durch die Erschließung neuer Absatzmärkte, die Erschließung neuer Geschäftsfelder mittels neuer Produkte sowie durch Kapazitätsausdehnung gelöst werden).

Die hier genannten und im Gesetz aufgeführten Vorschlagsrechte des Betriebsrats sind nicht abschließend. Dies ergibt sich eindeutig aus dem Wort »insbesondere« in § 92a Abs. 1 BetrVG (Malter 2005, Stichwort 114a).

Das *Beratungsrecht* ist zwingend: Der Arbeitgeber muss mit dem Betriebsrat dessen Vorschläge beraten. Hierzu kann der Betriebsrat, aber auch der Arbeitgeber, einen Vertreter der Arbeitsagentur hinzuziehen. Hierdurch soll die Einbringung »überbetrieblichen Wissens«, z. B. über die Handlungsalternativen und Fördermöglichkeiten des SGB III und über mögliche Fortbildungs-, Umschulungs- und sonstige Bildungsmaßnahmen ermöglicht werden. Die Ablehnung eines Vorschlags wegen Ungeeignetheit muss der Arbeitgeber gegenüber dem Betriebsrat begründen (§ 92a Abs. 2 BetrVG); in Betrieben mit mehr als 100 Arbeitnehmer muss die Begründung schriftlich erfolgen. Das Gesetz stellt den Arbeitgeber damit unter einen Rechtfertigungszwang; das bedeutet, dass sich der Arbeitgeber mit jedem einzelnen Vorschlag ernsthaft auseinander setzen muss.

Die Vorschriften zur Beschäftigungssicherung und Beschäftigungsförderung haben im Arbeitgeberlager allerdings keine Zustimmung gefunden: Die Neuregelung werde in der Praxis keine Vorteile bringen, und zwar weder für den Arbeitgeber noch für die Arbeitnehmer. Im Gegenteil, das Initiativrecht werde sich als bürokratisch, zeitaufwendig, kostentreibend und kontraproduktiv erweisen (Bauer 2001, S. 375). Die neue Vorschrift beinhalte eine erhebliche Ausweitung der Bürokratie in den betriebsverfassungsrechtlichen Verfahrensabläufen. Fristen seien weder hinsichtlich der Einreichung von Vorschlägen noch hinsichtlich des Beratungsverfahrens gesetzt. Das könne »endlose« Beratungen bedeuten mit der Folge, dass Entscheidungen nicht getroffen werden könnten, weil die Entscheidungsprozesse durch den Betriebsrat in Form von immer neuen (nachgeschobenen) Vorschlägen und immer neuen Beratungsverlangen erheblich verzögert werden könnten. Eine weitere Erschwerung und zusätzliche Bürokratisierung werde in dem gesetzlich vorgeschriebenen Begründungszwang bei Ablehnung von Vorschlägen des Betriebsrats gesehen. Allerdings sei einzuräumen, dass sich der Arbeitgeber gerade unter Hinweis auf schriftlich abgelehnte Vorschläge des Betriebsrates gegen wiederholt vorgetragene Vorschläge wehren könne.

Vorschläge, die über den einzelnen Betrieb hinausgehen, also standortübergreifend sind, können gegebenenfalls vom Gesamtbetriebsrat oder vom Konzernbetriebsrat unterbreitet werden (Malter 2005, Stichwort 114a).

2.2 Mitwirkungsrecht des Sprecherausschusses

Begriffe wie Personalentwicklung und Berufsbildung sind im Gesetz über Sprecherausschüsse der leitenden Angestellten (Sprecherausschussgesetz) nicht zu finden, aber in § 31 SprAuG wird der Begriff der personellen Veränderung genannt. Personelle Veränderung bezeichnet jede Änderung der Arbeitsaufgabe und/oder der Stellung im Unternehmen, die die Position des betroffenen leitenden Angestellten und/oder der anderen leitenden Angestellten berührt (Schaub 2005, § 253 Rn. 3). Hierzu gehören entsprechend Versetzungen, Beförderungen, die Verleihung bestimmter Rechte, Teilnahme an Fortbildungsmaßnahmen und entsprechende Auswirkungen etc (Hromadka 1994, S. 159). Die Rechte der Vertretung der leitenden Angestellten beschränken sich im Gegensatz zum Betriebsverfassungsgesetz aber auf reine Mitwirkungsrecht, die durch Information und Beratung mit dem Arbeitgeber vollzogen werden (Schaub 2005, § 253 Rn. 249). Der Sprecherausschuss hat kein Initiativrecht, er kann keinerlei Maßnahmen hinsichtlich personeller Veränderungen, also Personalentwicklung, verlangen. Er muss nur rechtzeitig vom Arbeitgeber über geplante Maßnahmen unterrichtet werden. Auch wenn der Arbeitgeber diese Pflicht verletzt, erwachsen dem Sprecherausschuss keine weitergehenden Rechte als die Mitwirkung.

Über geplante Betriebsänderungen im Sinne von § 111 BetrVG, die auch wesentliche Nachteile für leitende Angestellte zur Folge haben, hat der Arbeitgeber den Sprecherausschuss rechtzeitig und umfassend zu unterrichten und mit dem Sprecherausschuss Maßnahmen zum Ausgleich oder zur Milderung der Nachteile zu beraten (§ 32 Abs. 2 SprAuG).

Verletzt der Arbeitgeber seine Informationspflicht, handelt es sich nach § 36 SprAuG um eine Ordnungswidrigkeit, die mit einer Geldbuße mit bis zu 10.000 Euro geahndet werden kann. Mitwirkungsrechte hat der Sprecherausschuss nach §§ 30, 31 SprAuG auch bei der Gehaltsgestaltung, bei den Arbeitbedingungen, bei der Aufstellung und Änderung von Beurteilungsgrundsätzen und bei der Einstellung von leitenden Angestellten. Die Begriffe sind analog derer im Betriebsverfassungsgesetz, (Schaub 2005, § 253) aber auch hierbei gibt es kein Initiativrecht des Sprecherausschusses.

Zwingende und unmittelbare Rechte für ihn können grundsätzlich nur dann bestehen, wenn er es mit dem Arbeitgeber vereinbart hat. Nach § 28 SprAuG haben die Parteien die Möglichkeit Richtlinien und Vereinbarungen schriftlich niederzulegen, die die Arbeitsverhältnisse der leitenden Angestellten betreffen. Diese können nach Abs. 2 als zwingend und unmittelbar getroffen werden, so dass dem Sprecherausschuss potenziell Mitbestimmungsrechte hinsichtlich der Personalentwicklung von leitenden Angestellten erwachsen können.

2.3 Mitbestimmung nach dem Bundespersonalvertretungsgesetz

Das Bundespersonalvertretungsgesetz (BPersVG) sieht vor, dass der Personalrat grundsätzlich nach § 78 Abs. 3 Satz 3 bei der Personalplanung anzuhören ist. Im Rahmen dieses Anhörungsrechts hat der Personalrat gemäß § 68 Absatz 2 BPersVG Anspruch auf umfassende Unterrichtung über Planungsgrundlagen und -methoden der Personalplanung. In den einzelnen Personalvertretungsgesetzen der Länder finden sich ähnliche Vorschriften.

Einen besonderen Teilaspekt der Personalplanung betrifft die Anhörung bei Personalanforderungen zum Haushaltsvoranschlag laut § 78 Abs. 3 Satz 1und 2 BPersVG (Schaub 2005 § 269 Rn. 1b).

Beteiligungspflichtig nach BPersVG sind folgende Einzelaspekte:

- Stellenausschreibungen, § 75 Abs. 3 Nr. 14 BPersVG
  Der Personalrat hat ein Mitbestimmungsrecht, wenn die Dienststelle von der Ausschreibung von Dienstposten absehen will, die besetzt werden sollen (Schaub 2005 § 269 Rn. 2 und 2a).
- Personalfragebögen, §§ 75 Abs. 3 Nr. 8 und 76 Abs. 2 Nr. 2 BPersVG
  Der Inhalt von Personalfragebögen bei Angestellten und Arbeitern unterliegt der Mitbestimmung. Bei Beamten kann die Einigungsstelle laut § 70 Abs. 2 BPersVG nur eine Empfehlung aussprechen. Wie im BetrVG dient das Beteiligungsrecht dem Persönlichkeitsschutz der Beschäftigten und Bewerber. Anders als in § 94 BetrVG erstreckt sich das Beteiligungsrecht nicht nur auf die Einführung von Personalbögen, sondern auch auf jede spätere Änderung (Schaub 2005 § 269 Rn. 3).
- Beurteilungsgrundsätze, §§ 75 Abs. 3 Nr. 9, 76 Abs 2 Nr. 3 BPersVG
  Auch der Inhalt von Beurteilungsrichtlinien bei Arbeitnehmern unterliegt der Mitbestimmung. Sind Beamte betroffen, ist die Einigungsstelle auf den Ausspruch einer Empfehlung beschränkt. Das Beteiligungsrecht dient im Bereich der Personalvertretung sowohl der Verwirklichung des Gleichheitsgrundsatzes bei der Beurteilung sowie auch dem durch Art. 33 Abs. 2 GG garantierten Zugang zu den öffentlichen Ämtern(Schaub 2005 § 269 Rn. 7).
- Auswahlrichtlinien, § 76 Abs. 2 Nr. 8 BPersVG
  Der Personalrat hat über die personelle Auswahl bei Einstellungen, Versetzungen, Umgruppierungen und Kündigungen mitzubestimmen (ähnlich § 95 BetrVG).
- Fortbildung, § 75 Abs. 2 Nr. 7, 76 Abs. 2 Nr. 1 BPersVG
  Bei allgemeinen Fragen der Fortbildung (etwa Planung der Fortbildungsangebote) und über die Auswahl der Teilnehmer an Fortbildungsveranstaltungen für An-

gestellte, Arbeiter und Beamte hat der Personalrat mitzubestimmen. Nicht zur Fortbildung zählt die Erstausbildung, die nach § 104 BPersVG der Beteiligung des Personalrats entzogen ist, sowie die Umschulung (Schaub 2005 § 269 Rn. 11).

- Berufsaubildung, § 75 Abs. 3 Nr. 6 BPersVG
  Der Personalrat hat bei der Durchführung der Berufsausbildung bei Arbeitern und Angestellten zum Schutz der Auszubildenden mitzubestimmen. Grundsätzlich soll der Personalrat aber auch die Interessen der Ausbilder und der anderen mit der Durchführung der Ausbildung beauftragten Personen wahrnehmen. Im personalvertretungsrechtlichen Sinn zählt auch die Umschulung zur Berufsausbildung (Schaub 2005 § 269 Rn. 18).

- Personelle Einzelmaßnahmen
  Die Einstellung eines Arbeiters oder Angestellten unterliegt nach § 75 Abs. 1 Satz 1 Nr. 1 BPersVG der Mitbestimmung. Wie im BetrVG umfasst der Begriff der Einstellung weitere ähnlich wirkende Maßnahmen wie die Verlängerung eines befristeten Arbeitsverhältnisses oder die Übernahme eines Auszubildenden nach erfolgter Abschlussprüfung (Schaub 2005 § 269 Rn. 19 ff).
  Auch bei der Versetzung von Arbeitnehmern bzw. Beamten hat der Personalrat mitzubestimmen (§§ 75 Abs 1 Nr. 3, 76 Abs. 1 Nr. 4 BPersVG) sowie bei der Übertragung einer höher oder niedriger zu bewertenden Tätigkeit, einer Eingruppierung und Umgruppierung (§ 75 Abs. 1 Nr. 1 BPersVG). Bei einer ordentlichen Kündigung ist ein Mitwirkungsrecht, bei außerordentlicher Kündigung ist ein Anhörungsrecht des Personalrats vorgesehen (§ 79 BPersVG).
  Darüber hinaus bestehen Mitbestimmungsrechte etwa bei Versagungen von Nebentätigkeitsgenehmigungen (§§ 75 Abs. 1 Nr. 7, 76 Abs. 1 Nr. 7 BPersVG), Wohnungswahl (§§ 75 Abs 1 S. 1 Nr. 6; 76 Abs. 1 Nr. 6 BPersVG), Ablehnung von Teilzeitbeschäftigungen (§ 76 Abs. 1 Nr. 8 BPersVG) o.Ä.

Literatur

Bauer 2001: Bauer, J.-H.: »Neues Spiel bei der Betriebsänderung und der Beschäftigungssicherung?«, in: NZA 2001, S. 375 ff.

Bosch/Kohl/Schneider 1995: Bosch, G., Kohl, H. und Schneider, W. (Hrsg.): Handbuch Personalplanung, Frankfurt 1995.

Dachrodt/Engelbert 2002: Dachrodt H.-G. und Engelbert: Praktiker-Kommentar zum Betriebsverfassungsrecht, Herne 2002.

Fitting u. a. 2004: Fitting, K., Engels, G., Schmidt, Trebinger, Linsenmaier: Betriebsverfassungsgesetz Handkommentar, 22. Auflage, München 2004.

Frey/Pulte 2005: Frey, H. und Pulte, P.: Betriebsvereinbarungen in der Praxis, 3. Auflage, München 2005.

Halbach u. a. 2000: Halbach, G., Paland, Schwedes und Vlotzke: Übersicht über das Arbeitsrecht, herausgegeben vom Bundesministerium für Arbeit und Sozialordnung, 8. Auflage, Bonn 2000.

Heinrichs 2005: Heinrichs, H.: »§ 315«, in: Palandt, O. (Hrsg.): Bürgerliches Gesetzbuch, 64. Auflage, München 2005.

Hromadka 1994: Hromadka, W.: Die Betriebsverfassung, München 1994.

Jedzig 1996: Jedzig: »Mitbestimmung bei Einführung von Verfahren zur Potentialanalyse von Arbeitnehmern«, in: DB 1996, S. 1338 ff.

Kollmer/Vogl 1997: Kollmer, N. und Vogl, M.: Das neue Arbeitsschutzgesetz, München 1997.

Küttner 2004: Küttner, W. (Hrsg.): Personalbuch 2004, München 2004.

Malter 2005: Malter, »Stichwort 114a«, in: Spiegelhalter, H. J. (Hrsg.): Arbeitsrechtslexikon, Loseblattsammlung, München, Stand März 2005.
Palandt 2005: Palandt, O. (Hrsg.): Bürgerliches Gesetzbuch, 64. Auflage, München 2005.
Putzo 2005: Putzo, H.: »§ 611«, in: Palandt, O. (Hrsg.): Bürgerliches Gesetzbuch, 64. Auflage, München 2005.
Richar 2005: Richar: »Stichwort 185«, in: Spiegelhalter, H. J. (Hrsg.): Arbeitsrechtslexikon, Loseblattsammlung, München, Stand März 2005.
RKW 1996: Rationalisierungskuratorium der Deutschen Wirtschaft (Herausgeber/Autorenkollektiv), RKW-Handbuch Personalplanung, 3. Auflage, Neuwied; Kriftel; Berlin 1996.
Schaub 2005: Schaub, G.: Arbeitsrechts-Handbuch, 11. Auflage, München 2005.
Senne 2004: Senne, P.: Arbeitsrecht, 3. Auflage, Neuwied 2004.
Spiegelhalter 2005: Spiegelhalter, H. J. (Hrsg.): Arbeitsrechtslexikon, Loseblattsammlung, München, Stand März 2005.

B.4 IT-Unterstützung der Personalentwicklung

*Ute Schäffer-Külz**

1 Möglichkeiten der IT-Unterstützung des Personalentwicklungsprozesses

2 Dokumentation der Kompetenzen als Informationsgrundlage für Personalentwicklungsprozesse

3 IT-Unterstützung der Personalbildung

4 IT-Unterstützung der Personalförderung

5 E-Learning 2.0

6 IT-Systeme und Personalentwicklung: gegenseitige Beeinflussung

Literatur

---

* Dr. Ute Schäffer-Külz studierte Wirtschaftspsychologie und Betriebswirtschaftslehre an der Universität Mannheim. In den Jahren 1992 bis 2002 arbeitete sie für die SAP AG in Walldorf, wo sie sich insbesondere mit den Themen SAP HR, computergestütztes Personalmanagement und E-Learning beschäftigte. Nach ihrer Promotion zum Thema »Employee-Self Service und Mitarbeiterportale« im Jahre 2004 arbeitete sie als freiberufliche Beraterin. Gleichzeitig übernahm sie Lehraufträge an verschiedenen Hochschulen, war Gastrednerin bei Kongressen und veröffentlichte Artikel in den Fachgebieten strategisches Personalmanagement und computergestütztes Personalmanagement. Ab dem WS 07/08 übernahm Frau Dr. Schäffer-Külz eine Professur an der SRH Hochschule Heidelberg, seit 2009 an der FH des Bundes für öffentliche Verwaltung.

1 Möglichkeiten der IT-Unterstützung des Personalentwicklungsprozesses

Die Personalabteilung war schon früh Vorreiter beim Einsatz von *Informationstechnologie* (IT). So war die Durchführung der Lohn- und Gehaltsabrechnung einer der ersten Geschäftsprozesse, der IT-gestützt durchgeführt wurde (Lengnick-Hall/Moritz 2003, S. 365). Allerdings setzen viele Unternehmen IT-Systeme nach wie vor hauptsächlich zur Automatisierung von administrativen Tätigkeiten des Personalmanagements ein. Die Personalentwicklung dagegen wird immer noch kaum oder zumindest nicht durchgängig mit modernen *Informations- und Kommunikationssystemen* (IuK-Systemen) unterstützt. So haben laut einer aktuellen Studie, in der weltweit 324 Unternehmen mit mehr als 500 Mitarbeitern befragt wurden, deutlich über 90 Prozent der befragten Firmen ein Personalverwaltungs- bzw. ein Personalabrechnungssystem im Einsatz, während lediglich ca. 20 Prozent der Unternehmen für ihre Karriere- und ihre Nachfolgeplanung IT-Anwendungen nutzen (CedarCrestone 2006). Eine erfolgreiche Durchführung der Personalentwicklungsprozesse erfordert allerdings die Verfügbarkeit großer Mengen an mitarbeiter- und stellenbezogenen Daten (Anforderungsprofile, Mitarbeiterprofile, Leistungs- und Potenzialbeurteilungen, Weiterbildungshistorie, Laufbahn- und Nachfolgepläne, Entwicklungspläne etc.). Werden diese Informationen in isolierten Datenbanken und Programmen (z.B. Tabellenkalkulationsprogramme oder Textverarbeitungssysteme) oder sogar in Papierlisten und -formularen geführt, stehen sie nicht integriert zur Verfügung und müssen für verschiedene Teilprozesse der Personalentwicklung manuell aus den unterschiedlichen Quellen zusammengetragen und abgeglichen werden. Die Beschaffung und Verarbeitung dieser umfangreichen Datenmengen führt somit ohne integrierte IT-Systeme zu einem hohen administrativen Zeitaufwand für die Personalentwickler. Auch die vielen notwendigen Auswertungen, wie z.B. die Ermittlung von Kennzahlen zur Erfolgsmessung der Personalentwicklung, sind ohne Unterstützung durch moderne IuK-Systeme kaum noch zu bewerkstelligen.

Softwareanbieter wie SAP, Oracle, ADP, P&I oder ExecuTRACK (2007 von StepStone übernommen) bieten seit geraumer Zeit IT- Lösungen an, die die Arbeit der Personalentwickler unterstützen. Dabei werden nicht nur einzelne Teilschritte wie z.B. die Seminarverwaltung oder die Dokumentation der Kompetenzen und Potenziale isoliert unterstützt, sondern alle Teilprozesse werden so miteinander vernetzt, dass es möglich ist, die Personalentwicklung als durchgängigen Prozess zu betrachten. Personalentwickler können somit z.B. beim Talent- und Karrieremanagement per Knopfdruck Übersichten über die aktuellen Qualifikationen und Kompetenzen der Mitarbeiter, deren ermittelte Potenziale, Weiterbildungshistorien, Stationen im Unternehmen, Beurteilungsergebnisse etc. erstellen. Darüber hinaus wurden in den letzten Jahren Lösungen entwickelt, die nicht nur die Personalentwickler unterstützen, sondern die gesamte Belegschaft, d.h. alle Mitarbeiter und Führungskräfte, mittels »Self-Service-Lösungen« aktiv in die Personalentwicklungsarbeit einbinden. Dies entspricht dem Trend zur zunehmenden Übertragung der Verantwortung von Entwicklungs- und Weiterbildungsaspekten auf die Mitarbeiter selbst. Der Zugriff auf diese Self-Services geschieht entweder per Intranet oder mittels so genannter

Mitarbeiterportale, die in den letzten Jahren enorm an Bedeutung gewonnen haben. Technisch gesehen, handelt es sich bei diesen neuen Technologien um webbasierte Anwendungen, die mittels eines Internet-Browsers verschiedene Informationen, Prozesse und Applikationen auf einer einheitlichen Oberfläche bündeln und allen Mitarbeitern zur Verfügung stellen (Schäffer-Külz 2004). Im Folgenden werden die Möglichkeiten einer IT-Unterstützung des Personalentwicklungsprozesses entlang einer Systematik von grundlegenden Aufgaben der Personalentwicklung dargestellt.

2 Dokumentation der Kompetenzen als Informationsgrundlage für Personalentwicklungsprozesse

Ziel der Personalentwicklung im Unternehmen ist die Erhaltung und Förderung von *Qualifikationen* und *Kompetenzen* der Mitarbeiter, damit diese die Anforderungen des Unternehmens möglichst optimal bewältigen können. Voraussetzung für eine bewusste und zielführende Kompetenzentwicklung der Mitarbeiter ist eine Kompetenzdokumentation, d.h. das Vorhalten aktueller Informationen über die bei den Mitarbeitern vorhandenen Kompetenzen, sowie darüber, welche Kompetenzen für das Unternehmen im Allgemeinen und für die verschiedenen Positionen im Speziellen erforderlich sind. Neben den aktuell relevanten sollten auch diejenigen Kompetenzen erfasst werden, die in Zukunft zur Erreichung der strategischen Unternehmensziele von Interesse sind. Eine aktuelle Studie der Universität Potsdam zeigt, dass 56 Prozent der befragten Unternehmen keine Kompetenzprofile ihrer Mitarbeiter vorhalten. Die verbleibenden 44 Prozent geben zwar an, entsprechende Profile zu erstellen. Diese werden jedoch in vielen Fällen nicht ausreichend oft aktualisiert und enthalten entsprechend fehlerhafte Angaben (Gronau/Schmid/Bahrs 2007).

Der erste Schritt bei der Kompetenzdokumentation ist die Entwicklung eines personen- und planstellenunabhängigen Pools an Qualifikationen und Kompetenzen und das Hinterlegen dieses Kataloges im IT-System. Obwohl die Begriffe Qualifikation und Kompetenz Unterschiedliches ausdrücken (was der Beitrag B.2 in diesem Buch verdeutlicht), werden Qualifikationen und Kompetenzen in einen einheitlichen Katalog aufgenommen, der im Folgenden Kompetenzkatalog genannt wird. Dieser *Kompetenzkatalog* enthält alle Qualifikationen und Kompetenzen, die für das Unternehmen gegenwärtig und zukünftig relevant sind. Die Entwicklung eines strukturierten und einheitlichen Kompetenzkataloges stellt eine nicht zu unterschätzende komplexe Modellierungsaufgabe dar, während das Hinterlegen des Kataloges im IT-System in der Regel recht schnell und einfach erfolgen kann. So müssen Kompetenzen zwar einerseits nah am täglichen Geschäft beschrieben werden, andererseits aber – um Missverständnisse und Fehler bei der Suche und bei der Zuordnung von Kompetenzen zu vermeiden – unternehmensweit, also unabhängig von Hierarchien und Abteilungen, aufeinander abgestimmt und miteinander vergleichbar sein (North/Reinhardt 2005).

Damit auch bei einem sehr umfassenden Katalog die spätere Handhabung einfach und übersichtlich erfolgen kann, ist es sinnvoll, beim Katalogaufbau die Kompetenzen nach inhaltlich zusammengehörenden Themenfeldern beliebig tief (z.B. als Baumstruktur) zu strukturieren (Abb. 1). Darüber hinaus empfiehlt es sich, detaillierte Beschreibungen der Kompetenzen zu hinterlegen, um die Aussagekraft des Katalogs für die Anwender, d.h. die Personalentwickler, aber auch die Führungskräfte und Mitarbeiter selbst, zu erhöhen. Weiterhin müssen verschiedene qualitative und quantitative Bewertungsskalen definiert und den einzelnen Themenbereichen im Katalog zugeordnet werden, damit die jeweilige Merkmalsausprägung auf Mitarbeiterseite (Ist-Profil) bzw. die gewünschte Ausprägung der Anforderungen auf der Stellenseite (Soll-Profil) bewertet werden kann. Zusätzlich ist es sinnvoll, die Eingabe von erklärenden Texten zuzulassen, damit die Selbsteinschätzung oder die Einschätzung der Führungskraft transparenter und vergleichbarer wird. Bei zeitlich befristeten Qualifikationen (z.B. Lizenzen oder gesetzlich vorgeschriebenen Fort- und Weiterbildungen) ist häufig eine Überwachung und Steuerung durch die Personalentwicklung gewünscht. Dafür können in manchen IT-Systemen direkt im Katalog Gültigkeitsdauern definiert werden, sodass kurz vor Ablauf der entsprechenden Frist per *Workflow* eine automatische Erinnerung zur Erneuerung der Qualifikation erfolgen kann. Bei einem globalen Konzern muss ein unternehmensweiter zentraler Katalog angelegt werden, der in allen Niederlassungen genutzt wird. Dies ist Voraussetzung dafür, dass länderübergreifende Personalentwicklungsprozesse, z.B. Laufbahn- und Nachfolgeplanungen, auf internationaler Ebene durchgeführt werden können, da nur dann Kompetenzen über Länder- und Sprachgrenzen hinweg vergleichbar sind. Voraussetzung für den Aufbau eines internationalen Kompetenzkataloges ist, dass das IT-System mehrsprachenfähig ist, sodass die einzelnen Kompetenzen in die jeweiligen Landessprachen übersetzt und den Endanwendern in ihrer Muttersprache zur Verfügung gestellt werden können.

Abb. 1: Beispiel eines Kompetenzkataloges (in Anlehnung an North/Reinhardt 2005, S. 163)

Sobald der Kompetenzkatalog im IT-System hinterlegt ist, können im zweiten Schritt auf der Basis des Katalogs planstellen- bzw. mitarbeiterbezogene Soll- und Ist-Profile definiert werden. Der Kompetenzkatalog legt somit ein kontrolliertes »Vokabular« fest, das zur Beschreibung von Ist- und Soll-Profilen verwendet wird. Diese ausschließliche Referenz auf den Kompetenzkatalog stellt eine umfassende Durchgängigkeit aller Personalentwicklungsprozesse sowie weiterer Personalmanagementprozesse, die auf dem Kompetenzmodell basieren, z.B. Personalauswahl oder Beurteilungen, sicher. Zur Erstellung der Soll-Profile (*Anforderungsprofile*) werden aus dem Katalog die für die jeweilige Position notwendigen Anforderungen mitsamt den gewünschten Ausprägungen ausgewählt. Sind im Katalog entsprechende Bewertungsskalen hinterlegt, führt dies dazu, dass bei der Profilpflege automatisch die relevanten Skalen angeboten werden, mit denen der jeweilig geforderte Ausprägungsgrad bestimmt wird. Beim Anforderungsprofil sollte zusätzlich vermerkt werden, ob es sich um eine notwendige Anforderung (Mindestvoraussetzung) handelt, die in jedem Fall vom Stelleninhaber erfüllt werden muss oder um eine wünschenswerte Anforderung, die evtl. erst später erworben werden kann, wenn der Mitarbeitende die Position bereits innehat. Die Pflege der Soll-Profile der einzelnen Positionen erfolgt durch die Mitarbeiter der Personalentwicklung.

Das Gegenstück zu den Anforderungsprofilen stellen die Mitarbeiterprofile (Ist-Profile) dar, die die Kompetenzen und Qualifikationen der Mitarbeiter enthalten. Diese Profile können ebenfalls von den Personalentwicklern gepflegt werden. Darüber hinaus besteht die Möglichkeit, dass die Mitarbeiter eine *Selbstbewertung* vornehmen, d.h. ihre individuellen Profile per Self-Service im Intranet oder Mitarbeiterportal selbst eintragen und aktualisieren. Jeder Mitarbeiter wählt dazu aus dem unternehmensindividuellen Katalog die eigenen Qualifikationen und Kompetenzen aus und ordnet diesen die vorhandenen Ausprägungen zu. Dies stellt die Aktualität der Profile sicher und schafft *Transparenz* für die Mitarbeiter, da diese sich jederzeit ihr aktuelles Profil und das Anforderungsprofil ihrer derzeitigen Position sowie weiterer Positionen ihrer Laufbahn anzeigen lassen können. Zur Überwachung der Mitarbeiterprofile kann ein Workflow-System angeschlossen werden, sodass Änderungen an den Profilen automatisch an festgelegte Mitarbeiter aus der Personalentwicklung bzw. an die Linienvorgesetzten weitergeleitet werden. Über die Dokumentation der vorhandenen Qualifikationen und Kompetenzen hinaus bieten IT-Systeme auch die Möglichkeit, in den Mitarbeiterprofilen weitere Aspekte wie z.B. Potenziale (d.h. Entwicklungsmöglichkeiten), Interessen und Wünsche, Leistungsbeurteilungen usw. zu hinterlegen (Abb. 2). Damit beinhalten die Mitarbeiterprofile wesentliche Informationen, die für die Prozesse der Personalentwicklung genutzt werden können. Sie dienen als Grundlage für Mitarbeitergespräche, für die Ableitung des notwendigen Personalentwicklungsbedarfes, für Laufbahn- und Nachfolgeplanungen, für die kompetenzbasierte Zusammenstellung von Projektteams etc. (Abb. 3). Darüber hinaus können mittels zusammenfassender Auswertungen Mitarbeiterprofile aggregiert werden, um ein detailliertes Abbild der im Unternehmen oder auch in einzelnen Abteilungen aktuell vorhandenen Qualifikationen und Kompetenzen zu erzeugen.

B.4 IT-Unterstützung der Personalentwicklung 87

Abb. 2: Mitarbeiterprofil im SAP-System

Abb. 3: Systematik des Kompetenzmanagements (eigene Darstellung)

3 IT-Unterstützung der Personalbildung

Sind die stellen- und mitarbeiterbezogenen Soll- und Ist-Profile im IT-System hinterlegt, kann ein automatischer Profilvergleich erfolgen. Der Vergleich zeigt den Grad der Übereinstimmung zwischen Ist- und Soll-Profil und deckt somit Abweichungen, d.h. einerseits Lücken und Defizite sowie andererseits Übererfüllungen der Anforderungen auf. Damit können *Profilvergleiche* als Grundlage genutzt werden, um daraus Entscheidungen über notwendige Weiterbildungsmaßnahmen abzuleiten (Abb.4).

Abb. 4: Graphischer Vergleich von Mitarbeiter- und Anforderungsprofil im SAP-System

Die computergestützte Verwaltung des internen Weiterbildungsangebots ist in Form einer elektronischen *Seminarverwaltung* schon seit langem Standard in großen Unternehmen, um den administrativen Aufwand für Buchungen, Stornierungen, Korrespondenz etc. zu reduzieren. Heute wird das eigene Weiterbildungsangebot den Mitarbeitern oftmals online im Intranet bzw. im *Mitarbeiterportal* zur Verfügung gestellt und teilweise um zusätzliche elektronische Kataloge von externen Anbietern erweitert. Dies hat zum einen den Vorteil, dass *Trainingskataloge* nicht mehr ausgedruckt werden müssen und ermöglicht zum anderen eine schnelle und flexible Aktualisierung des Katalogs. Darüber hinaus können die Mitarbeiter direkt erkennen, ob bei den von ihnen ausgewählten Seminaren und Terminen noch freie

Plätze vorhanden sind, und online gezielt Buchungen selbst vornehmen. Stehen keine freien Plätze für die gewünschte Bildungsmaßnahme zur Verfügung, können die Mitarbeiter Vormerkungen eintragen, so dass die Personalentwickler bei einer bestimmten Anzahl an Vormerkungen einen weiteren Kurs anbieten können. Da Seminarbuchungen der Mitarbeiter in der Regel genehmigungspflichtig sind, muss die Buchung per Workflow in den »elektronischen Eingangskorb« der Führungskraft weitergeleitet werden, woraufhin diese den Antrag online genehmigen, ablehnen oder zur Änderung zurückschicken kann. Umfassende Programme für die Seminarverwaltung unterstützen über die Buchungs- und Teilnehmerverwaltung hinaus auch den gesamten Prozess der Planung und Durchführung von Veranstaltungen sowie die Ressourcenverwaltung (Materialien, Räume und Raumausstattungen, Referenten etc.) und die Fakturierung und Verrechnung von Gebühren. Darüber hinaus kann bei jeder Buchung automatisch eine Überprüfung und Aktualisierung des elektronisch hinterlegten Weiterbildungsbudgets erfolgen.

Bei einer bestehenden Integration zwischen der elektronischen Seminarverwaltung und den erfassten Profilen kann das IT-System beim beschriebenen Vergleich zwischen Soll- und Ist-Profil automatisch Vorschläge zur Teilnahme an bestimmten Weiterbildungsveranstaltungen generieren, um Qualifikationsdefizite zu beheben. Aus dem Profilvergleich heraus kann eine direkte Buchung auf eine Weiterbildungsmaßnahme erfolgen. Voraussetzung dafür ist, dass im Weiterbildungskatalog hinterlegt ist, welche Qualifikationen und Kompetenzen (aus dem Kompetenzkatalog) durch die jeweiligen Seminare vermittelt werden. Nach der erfolgreichen Teilnahme an einer Weiterbildungsmaßnahme kann das individuelle Mitarbeiterprofil automatisch aktualisiert werden, so dass die erworbene Qualifikation nicht manuell in das Profil eingetragen werden muss (sofern dies gewünscht ist und sinnvoll erscheint). Zudem werden im Mitarbeiterprofil alle besuchten Kurse, d.h. die komplette Weiterbildungshistorie dokumentiert.

Eine umfassende Seminarverwaltung erleichtert auch wesentlich die *Evaluation* und das *Controlling* der Bildungsmaßnahmen. Werden bei den einzelnen Weiterbildungsmaßnahmen alle Kosten (z.B. Referentenhonorare, Kosten für Räume und Materialien oder kalkulatorische Abschreibungen für Einrichtungen des Bildungswesens hinterlegt), können auf Knopfdruck *Kostenvergleiche* zwischen den verschiedenen Bildungsmaßnahmen durchgeführt werden. Mittels dieser quantitativen Kostenkontrolle kann eine entsprechende Steuerung des zur Verfügung stehenden Weiterbildungsbudgets erfolgen. Darüber hinaus lassen sich verschiedene klassische *Bildungskennzahlen*, wie z.B. Mitteleinsatz für bestimmte Weiterbildungsthemen, Pro-Kopf-Aufwand für Bildungsmaßnahmen, Aus- und Weiterbildungskosten in Prozent der Gesamtkosten, Anteil der Teilnehmer nach Standort/Funktion, Auslastungsgrade etc. leicht errechnen. Außerdem bilden die im System hinterlegten Kosten und Preise der Weiterbildungsmaßnahmen die Grundlage für eine interne Fakturierung, d.h. für eine Belastung der Teilnehmerkostenstellen.

Auch die Ermittlung der Teilnehmerzufriedenheit sowie die Überprüfung ob der gewünschte *Lernerfolg* nach der Teilnahme an einer Bildungsmaßnahme eingetreten ist, kann durch IT unterstützt werden. Dafür bereitet die Personalentwicklung Fragebögen bzw. Formulare vor, in denen die Teilnehmer online Bewertungen abgeben, d.h. ihre persönlichen Eindrücke und ihre Zufriedenheit bezüglich verschiedener Aspekte der

Weiterbildungsmaßnahme wiedergeben. Zur Überprüfung des Lernerfolgs, d.h. der Rezeption von Lerninhalten, können Lerntests und Prüfungen ebenfalls elektronisch durchgeführt und ausgewertet werden. Die Fragebögen und *Lerntests* werden zentral gespeichert, sodass die Personalentwickler Gesamtauswertungen zur Zufriedenheit bzw. zum Lernerfolg vornehmen können.

4 IT-Unterstützung der Personalförderung

Auch Maßnahmen der *Personalförderung* können durch einen Computereinsatz gezielt unterstützt werden. Ein Beispiel dafür sind *Nachfolgeplanungen*, mit denen für Schlüsselpositionen im Unternehmen frühzeitig potenzielle Nachfolgekandidaten identifiziert und auf die Übernahme bestimmter Positionen vorbereitet werden sollen. Für den Prozess der Nachfolgeplanung wird eine Reihe von Informationen benötigt, die in den bereits beschriebenen Mitarbeiterprofilen hinterlegt ist. Dazu gehören z.B. die Kompetenzprofile der Mitarbeiter, aber auch Informationen über Potenziale und Interessen oder Ergebnisse von Leistungsbeurteilungen. Auf der Basis dieser Informationen lassen sich auf weltweiter Basis potenziell geeignete Kandidaten anhand von festgelegten Kriterien identifizieren. Neben Informationen über die Eignung der Kandidaten kann das IT-System bei einer entsprechenden Integration in das Management der Weiterbildungsmaßnahmen auch konkrete Vorschläge zu individuell notwendigen Entwicklungsmaßnahmen treffen, die zur Vorbereitung auf die Übernahme der entsprechenden Position notwendig sind. Ein analoges Vorgehen ist bei der Laufbahn- bzw. Karriereplanung möglich. Sind im IT-System typische Laufbahnen hinterlegt, lassen sich aufgrund der vorhandenen Qualifikationen und Potenziale mögliche Karriereziele für bestimmte Mitarbeiter identifizieren, um die weitere Entwicklung der Mitarbeiter innerhalb des Unternehmens aufzuzeigen.

Desgleichen kann die Planung, Durchführung und Auswertung von *Mitarbeiterbeurteilungen* durch IT erleichtert werden. Dafür entwickelt die Personalabteilung Beurteilungsbögen und stellt diese den Führungskräften online zur Verfügung. Das Beurteilungsformular durchläuft dabei verschiedene Stadien. Nachdem es von der Personalabteilung vorbereitet und frei-geschaltet wurde, können die jeweiligen Führungskräfte die Bögen online ausfüllen. Nach Abschluss des Beurteilungsprozesses durch die Führungskraft werden die Beurteilungen per *Workflow* an die jeweiligen Mitarbeiter weitergeleitet, die sie entweder genehmigen oder ablehnen. Nach der Genehmigung der Beurteilung wird diese automatisch dem Mitarbeiterprofil hinzugefügt, so dass sie dort für weitere Personalentwicklungsprozesse zur Verfügung steht. Wird im Rahmen des Beurteilungsprozesses das Erreichen individueller Ziele erfasst, lassen sich per Knopfdruck jederzeit Auswertungen erstellen, um z.B. über die Verteilung der Zielerreichungen in einem Team auf dem Laufenden zu sein.

Auch die multiperspektivisch angelegte *360°-Beurteilung*, bei der zusätzlich zur Selbsteinschätzung verschiedene Beurteilergruppen einbezogen werden (z.B. Vorgesetzte, Kollegen und Mitarbeiter), kann computergestützt durchgeführt werden. Dabei werden verschiedene, auf die jeweilige Beurteilungsgruppe zugeschnittene Fragebögen über das Intranet oder ein Mitarbeiterportal zur Bearbeitung angeboten.

Integrierte Steuerungsroutinen können den Durchführungsprozess unterstützen, indem z.B. angezeigt wird, welche Feedbacks noch nicht eingegangen sind, um diese Beurteiler gegebenenfalls nochmals per E-Mail anzusprechen. Dieses zeitnahe Monitoring der Rückläufe sichert fortlaufend eine hohe Prozessqualität. Nach Abschluss aller Beurteilungen können die Ergebnisse automatisch in einem Bericht für die Fokusperson zusammengefasst werden (Geister/Scherm 2004). Im Vergleich zum Einsatz von papiergestützten Fragebogenvarianten reduziert die elektronische Variante die administrative Belastung der Personalentwickler deutlich. Die Vorteile einer computergestützten Anwendung von 360°-Beurteilungen liegen also »einerseits in der rationellen Erhebung und Zusammenführung der unterschiedlichen Beurteilungen und andererseits in der ökonomischeren und flexibleren Berichterstellung bei der Auswertung der verschiedenen Vergleiche« (Schaper/Sonntag/Baumgart 2003, S. 60 f.).

Ferner können *Potenzialanalysen*, d.h. die Diagnose des Förder- und Entwicklungspotenzials der Mitarbeiter mittels Online-Bewertungs-Verfahren (*Online-Assessments*) durchgeführt werden (Konradt/Sarges 2003, S. 7). Zu diesen computergestützten Verfahren zur Beurteilung und Vorhersage beruflich relevanter psychologischer Variablen zur Abschätzung des Potenzials zählen z.B. fragebogenorientierte Verfahren. Dabei werden standardisierte Tests (Persönlichkeits-, Einstellungs-, Motivations- und Interessentest) sowie interaktive Leistungstests (Durchführung einzelner Testaufgaben in einer vorgegebenen Zeit) angeboten. In arbeitsprobenorientierten Verfahren werden Arbeitsszenarien simuliert, die von den Mitarbeitern bearbeitet werden müssen. Dazu gehören z.B. computerbasierte Postkorbaufgaben oder PC-gestützte Simulationen von komplexen Arbeitsprozessen bzw. Firmenvorgängen. Durch die IT-Unterstützung ergibt sich eine Reihe von Vorteilen wie die unmittelbare Verfügbarkeit der Auswertung, der zeit- und ortsunabhängige Einsatz der Instrumente sowie eine hohe Auswertungsobjektivität (Konradt/Hertel 2004).

5 E-Learning 2.0

Der Einsatz neuer computerbasierter Technologien hat entscheidend dazu beigetragen, dass sich die Formen des Lernens im Unternehmen erheblich verändert haben. Computer- oder netzbasierte Lernformen (*E-Learning*) ermöglichen es den Lernenden, eigenverantwortlich und in selbst bestimmtem Lerntempo, Fähigkeiten und Wissen am Computer im Unternehmen oder zu Hause zu erwerben (wie der Beitrag C.7 in diesem Buch zeigt). Netzbasierte Lernformen (Online-Learning) erlauben darüber hinaus auch die synchrone Wissensweitergabe durch Referenten sowie Kooperation und Erfahrungsaustausch mit anderen Fortbildungsteilnehmern über das Internet. Teilweise werden E-Learning-Angebote mit traditionellen Seminaren oder Workshops zum so genannten *Blended Learning* verknüpft. E-Learning baut häufig auf einem zentralen Learning-Management-System auf, das verschiedene Online-Kurse bzw. Lernprogramme enthält. Dabei wird der jeweilige Stoff in einzelne Kapitel oder Lernobjekte unterteilt und wahlweise mit Interaktionen, Diskussionsforen sowie Pre- und Posttests angereichert.

Diese traditionelle Sicht auf E-Learning, bei der Autoren eine zentrale Plattform mit Inhalten beliefern, die von den Mitarbeitern (den Lernern) abgerufen werden, geht inzwischen allerdings an den heutigen Möglichkeiten, die das Internet und moderne IuK-Technologien bieten, sowie an den Bedürfnissen vieler Lerner vorbei. Informelles Lernen in sozialen Netzwerken, in denen Mitarbeiter ihr Wissen teilen, um voneinander zu lernen, gewinnt zunehmend an Bedeutung. Über das reine Abrufen von Informationen hinaus sind viele Internet-Anwendungen heute in der Lage eine dialogische Kommunikation und Interaktion zwischen Teilnehmern zu unterstützen. Diese Anwendungen werden unter dem neuen Schlagwort *Web 2.0* zusammengefasst. Werden Web 2.0-Anwendungen im pädagogischen Kontext eingesetzt, spricht man inzwischen von *E-Learning 2.0*. Allen diesen Anwendungen ist gemeinsam, dass Lernen im Dialog stattfindet und vor allem informelle Lernprozesse unterstützt werden.

Populäre Web 2.0-Anwendungen sind z.B. so genannte *Weblogs* oder kurz *Blogs*. Dabei handelt es sich um eine Art »Online-Tagebücher« im Internet, die neben privaten auch themen- und unternehmensspezifische Inhalte aufweisen können. Firmen nutzen unternehmensspezifische Weblogs für die betriebsinterne (oder -externe) Informationsweitergabe, etwa um schnell auf aktuelle Trends und Themen reagieren zu können. Dabei äußern sich einzelne oder mehrere Personen zu fachlichen bzw. unternehmensspezifischen Themen, wobei andere Nutzer die Einträge kommentieren können. Darüber hinaus entstehen immer mehr so genannter *Wikis*. Darunter versteht man eine Ansammlung von miteinander verknüpften Webseiten, die Informationen enthalten, welche von jedem Leser frei erweiter- bzw. änderbar sind. Das bekannteste Beispiel ist die Online-Enyklopädie Wikipedia (www.wikipedia.com), die mittlerweile über zwei Millionen englischsprachiger Einträge umfasst. Unternehmensintern können Wikis eingesetzt werden, um kollaborativ Dokumentationen oder Handbücher dezentral zu erstellen und fortlaufend zu aktualisieren und daraus gemeinsam zu lernen. In letzter Zeit etablieren sich auch *Podcasts* (der Begriff setzt sich aus IPod und Broadcasting zusammen), d.h. selbst produzierte Audioaufnahmen, die sich über einen PC oder andere internetfähige Geräte herunterladen und anhören lassen. Verschiedene Firmen nutzen Podcasts bereits zur Informationsweitergabe von aktuellen Themen.

Gerade in größeren Unternehmen und insbesondere für neue Mitarbeiter ist es oft schwierig, Kollegen zu identifizieren, die über spezielle Kompetenzen, Arbeitsschwerpunkte oder Interessen verfügen. Mittels Programmen zum Aufbau unternehmensinterner Netzwerke (»*Social Software*«) können Mitarbeiter diese Art von Information online verwalten und für ihre Kollegen freischalten, so dass diese mit Hilfe von kompetenzorientierten Suchmöglichkeiten (analog zu »Gelbe-Seiten«-Diensten) Mitarbeiter identifizieren und Kontakt aufnehmen können. Damit wird ein soziales Netzwerk aufgebaut, um mit interessierten Kollegen bestimmte Themen zu diskutieren, Fragen zu beantworten oder themenspezifische Communities aufzubauen. Unternehmens- und länderübergreifende Anbieter zum Aufbau solcher sozialer Netzwerke sind z.B. xing.com (früher OpenBC), myspace.com oder linkedin.com. Manche Großkonzerne gehen inzwischen sogar noch einen Schritt weiter: So hat das Unternehmen IBM bereits eine Reihe von innerbetrieblichen Kommunikationsprozessen in die virtuelle 3D-Welt *SecondLife* verlagert. Hier finden Community-Meetings,

Weiterbildungen, Brainstormings oder Produktvorstellungen statt. IBM verknüpft mit diesen Maßnahmen das Ziel, dass die »neuen IBM-Mitarbeiter, die tausend Kilometer von einander entfernt leben, [.] schon von ihrem ersten Arbeitstag an in der Lage [sind] gemeinsam zu lernen, zu interagieren und Ideen auszutauschen« (Jánszky 2007, S. 7).

Was bedeutet die Verfügbarkeit der Web 2.0-Anwendungen nun konkret für die Zukunft des E-Learning? Laut Kerres (2006) liegt die wichtigste Implikation darin, dass die Trennung zwischen Autor und Konsument verschwimmt. Mitarbeiter in den Unternehmen werden nicht mehr ausschließlich als Lerner und (passive) Konsumenten betrachtet, denen vorgegeben werden muss, was sie wie zu lernen haben. Vielmehr beteiligen sie sich aktiv am Lernprozess, indem sie eigene Inhalte produzieren, d.h. sie sind gleichzeitig Herausgeber, Schreiber und Lerner in einer Person. Daher können wir von einer dezentralen Wissensgenerierung sprechen, bei der der Kollaborationsgedanke im Vordergrund steht. Zentrale E-Learning-Architekturen müssen also in Zukunft um dezentrale Anwendungen der Web 2.0 Technologien ergänzt werden, um das im Unternehmen bei den einzelnen Mitarbeitern vorhandene Wissen zu strukturieren und anderen zugänglich zu machen.

6 IT-Systeme und Personalentwicklung: gegenseitige Beeinflussung

Die vorangegangene Darstellung der Möglichkeiten einer IT-Unterstützung der Personalentwicklung weist darauf hin, dass hier ein hohes Effektivitäts- und Effizienzsteigerungspotenzial vorhanden ist. Doch trotz aller Euphorie, die in der Fachwelt und insbesondere bei Anbietern entsprechender Software herrscht, hat sich inzwischen gezeigt, dass die *Computerunterstützung* nicht automatisch, sondern nur unter bestimmten Voraussetzungen zu einer Optimierung der Personalentwicklungsarbeit führt. Im Folgenden werden daher zunächst die Chancen und Vorteile der IT-Unterstützung aufgezeigt, bevor auf die Nachteile und Risiken eingegangen wird. Danach werden wichtige Voraussetzungen und Aspekte der IT-Einführung in der Personalentwicklung beschrieben.

Der durchgängige Einsatz von IT für die Personalentwicklung bedeutet zunächst, dass Personalentwickler von eher anspruchslosen administrativen Aufgaben entlastet werden. Die zeitaufwändige und fehlerträchtige manuelle Übertragung von Daten aus Papierformularen in ein IT-System bzw. von einem lokalen Programm in ein anderes entfällt weitestgehend. Personalentwickler gewinnen dadurch Zeit für anspruchsvollere strategische Aufgaben wie Karriereberatung, Coaching, etc. Zudem können Prozesse der Personalentwicklung deutlich beschleunigt werden, indem Abläufe automatisiert, standardisiert und integriert, unnötige Prozessschritte eliminiert sowie »Transport- und Liegezeiten« von Unterlagen durch deren elektronische Übermittlung reduziert werden. Der IT-Einsatz führt in der Regel auch zu einer höheren *Datenqualität*, da manuelle Datenübernahmen im Gegensatz zur elektronischen Übertragung fehleranfällig sind. Zudem ist davon auszugehen, dass der Einsatz von *Self-Service-Lösungen*, bei denen Mitarbeiter ihre Daten selbst pflegen und einsehen können, zu einer größeren Aktualität der jeweiligen Mitarbeiterprofile, sowie zu einer größeren Transparenz von Daten und Abläufen für die Mitarbeiter führt. Darüber hinaus unterstützen Self-Service-Lösungen auch die Tendenz zur Eigenverantwortung bei der Mitarbeiterentwicklung. Nicht zuletzt resultieren aus der Reduzierung manueller Tätigkeiten, der Verringerung redundanter Arbeiten und der Systematisierung der Prozesse Kostenvorteile für das Unternehmen. Auch E-Learning kann zu Kostenreduzierungen führen, insbesondere wenn große Teilnehmergruppen geschult werden sollen.

Mit den skizzierten Vorteilen soll nicht der Eindruck einer kritiklosen Befürwortung entsprechender IT-Systeme vermittelt werden. Vielmehr gilt es, auch potenzielle Nachteile und Risiken zu bedenken. Hierzu gehört die durch Self-Service-Systeme verbundene Konsequenz, persönliche Kontakte durch technisch unterstützte Kommunikation zu ersetzen, was dazu führen kann, dass Mitarbeiter das Betreuungsverhältnis durch die Personalentwickler als unpersönlich empfinden. Es besteht auch ein gewisses Risiko, dass Mitarbeitergespräche nur noch dafür genutzt werden, Formulare gemeinsam am PC auszufüllen. Ein wichtiger Aspekt ist zudem die Sorge um die Sicherheit und den Schutz sensibler Mitarbeiterdaten. Der Schutz vor unbefugtem Zugriff auf die personenbezogenen Daten sowie die sichere Übermittlung und Speicherung (*Verschlüsselungskonzepte*) der Daten müssen gewährleistet sein. Nicht zuletzt sind mit der Einführung entsprechender Systeme auch hohe Einstiegskosten sowie ein hoher Zeiteinsatz verbunden. Die Personalentwickler müssen am Einführungsprojekt beteiligt sein, damit die jeweiligen Prozesse nach ihren Anforderungen abgebildet werden, was allerdings zunächst zu einer zusätzlichen zeitlichen Belastung führt und erst einmal dem Ziel widerspricht, Freiräume für strategische Beratungstätigkeiten zu schaffen. Empirische Studien zeigen zudem, dass die Personalentwickler zwar weniger Zeit für Routinetätigkeiten aufwenden, dafür allerdings mehr Zeit mit IT-Aktivitäten verbringen und auch Zeit für die Aneignung von IT-Kenntnissen benötigen (Gardner/Lepak/Bartol 2003).

Entscheidend für die Ausschöpfung der angestrebten Effizienz- und Effektivitätsvorteile ist insbesondere, dass die Systeme durch die vorgesehenen Anwender, nämlich Personalentwickler, Führungskräfte und Mitarbeiter akzeptiert, und flächendeckend und aufgabengerecht genutzt werden. Ausschlaggebend für die *Akzeptanz* der Systeme sind insbesondere der von den Anwendern wahrgenommene persönliche Nutzen sowie deren einfache Bedienung (Schäffer-Külz 2004). Die Anwender müssen also einen persönlichen Mehrwert wie z.B. Arbeitserleichterungen oder eine bessere Informationsversorgung, erkennen können. Bei der System-Einführung empfiehlt es sich daher, im Rahmen von Informationsveranstaltungen, Schulungen oder Broschüren zu betonen, welcher Nutzen für die Anwender resultiert, und herauszustellen, wie ein entsprechendes System die Effizienz und Effektivität bei der Durchführung bestimmter Prozesse erhöhen kann. Neben der Wahrnehmung eines persönlichen Nutzens für die Anwender ist die leichte Bedienbarkeit und Erlernbarkeit der Systeme ein weiteres Erfolgskriterium. Führungskräfte und Mitarbeiter stellen den Großteil der Anwender solcher Systeme dar, nutzen die Software aber nur anlassbezogen wenige Male im Jahr, sodass die Anwendung nicht zur Gewohnheit wird. Eine einfache Bedienung lässt sich insbesondere durch eine möglichst intuitive, selbsterklärende Benutzerführung, sowie eine klare und nutzergerechte Struktur erreichen. Benutzerfreundliche Hilfefunktionalitäten, einfache Formulare, ein schneller Seitenaufbau sowie eine gewisse Fehlertoleranz des Systems sollten selbstverständlich sein.

Ob die Einführung eines IT-Systems die gewünschten Vorteile mit sich bringt, entscheidet sich oftmals bereits in der Projektvorbereitungsphase. Naturgemäß spielen hier zwei Gruppen eine entscheidende Rolle, nämlich die Personalentwicklung und die IT. Erfahrungsgemäß gestaltet sich die Zusammenarbeit dieser beiden Gruppen aber nicht ganz einfach, da sich Personalentwickler nur selten intensiv mit der technischen Seite der Systeme auseinandersetzen, während sich umgekehrt die IT-Fachleute selten mit Personalentwicklungsthemen beschäftigen. Um nicht Gefahr zu laufen, im Rahmen des Einführungsprozesses entweder die technische oder die fachliche Seite zu vernachlässigen, empfiehlt sich eine enge und gleichberechtigte Zusammenarbeit zwischen IT-Experten und Personalentwicklern. Die Einführung von IT-gestützten Personalentwicklungsprozessen kann zu gravierenden Veränderungen der Arbeit der Beteiligten führen. Eine erfolgreiche Umsetzung dieses Veränderungsprozesses hängt vom Verhalten und der Einstellung der Beteiligten ab. Die professionelle Gestaltung des IT-Einführungsprojektes erfordert daher immer auch eine sorgfältige Vorbereitung und Begleitung durch Change-Management-Maßnahmen.

Neben technischen und projektspezifischen Voraussetzungen erfordert der erfolgreiche Einsatz von E-Learning und insbesondere der beschriebenen Möglichkeiten des neuen, informellen E-Learning 2.0 auch gewisse individuelle Voraussetzungen sowie organisationale Rahmenbedingungen. Die Mitarbeiter müssen über Medienkompetenz (*Media Literacy*) verfügen, d.h. über die Fähigkeit, selbstbewusst und reflektiert mit den neuen Anwendungen umgehen zu können. Dazu gehören Selbstorganisationskompetenzen und Recherchestrategien, die es erst ermöglichen, notwendige Informationen zu finden, den Informationsfluss zu kanalisieren, und mit dem (häufig genug entstehenden) Informationsüberfluss umzugehen. Die Mitarbeiter müssen für Neues offen und bereit sein, sich weiterzuentwickeln. Auf Seiten des Unternehmens müssen diese Kompetenzen gefördert werden, indem die Personalentwickler Lernberatungen oder Lerncoaching anbieten. Die Mitarbeiter müssen z.B. Anleitungen und Unterstützung für selbstorganisierte und kooperative Lernformen erhalten und in einem sinnvollen und effektiven Umgang mit den neuen Kommunikationstechnologien und Lernmedien gefördert werden. Darüber hinaus sind die Unternehmenskultur, sowie der Stellenwert, den Bildung und Lernen im Unternehmen einnehmen wichtig. Wenn Web 2.0-Anwendungen im Unternehmen als nutzlose Zeitfresser angesehen werden, werden wichtige Möglichkeiten des informellen Lernens verschenkt.

Zusammenfassend kann festgestellt werden, dass die computergestützte Personalentwicklung einen nicht zu unterschätzenden Erfolgsfaktor für Unternehmen darstellt. So zeigt eine internationale Studie, dass der fachgerechte Einsatz bestimmter IT-Applikationen für die Personalentwicklung, wie z.B. die IT-gestützte Durchführung der Karriereplanung einen deutlichen Beitrag zur Steigerung des Betriebsergebnisses leisten kann (CedarCrestone 2006). Dabei darf die computergestützte Personalentwicklung nicht als Alternative zur herkömmlichen Personalentwicklungsarbeit verstanden werden, sondern als deren Ergänzung.

Literatur

CedarCrestone 2006: CedarCrestone: 2006 HCM Survey – Workforce Technologies and service delivery approaches, 9th annual edition. [WWW document], verfügbar unter: http://www.cedarcrestone.com/whitepapers.php#2006 [10.10.07].

Gardner/Lepak/Bartol 2003: Gardner, S. D., Lepak, D. P. und Bartol, K.M: »Virtual HR: The impact of information technology on the human resource professional«, in: Journal of Vocational Behavior, Heft 02/203, S. 159–179.

Geister/Scherm 2004: Geister, S. und Scherm, M.: »Online-Feedback-Systeme: Die Einsatzfelder ›virtuelle Teamarbeit‹ und ›360-Grad-Feedback‹«, in: Konradt, U. und Hertel, G. (Herausgeber): Humen Resource Management im Inter- und Intranet, Göttingen 2004, S. 148–168.

Gronau/Schmid/Bahrs 2007: Gronau, N., Schmid, S. und Bahrs, J.: »Wissen erfolgreich managen«, in: Personal, Heft 02/2007, S. 22–24.

Jánszky 2007: Jánszky, S. G.: »Personal in virtuellen Welten«, in: Personal, Heft 07-08/2007, S. 6–7.

Kerres 2006: Kerres, M.: »Web 2.0 und seine Implikationen für E-Learning«, deutsche Fassung von: »Web 2.0 and its implications to E-Learning, presented at Microlearning Conference«, Innsbruck, 9 June 2006. [WWW document], verfügbar unter: http://mediendidaktik.de. [10.10.07].

Konradt/Hertel 2004: Konradt, U. und Hertel, G.: »Personalauswahl, Platzierung und Potenzialanalyse mit internetbasierten Verfahren«, in: Konradt, U. und Hertel, G. (Herausgeber): Human Resource Management im Inter- und Intranet, Göttingen 2004, S. 55–71.

Konradt/Sarges 2003: Konradt, U. und Sarges, W.: »Suche, Auswahl und Förderung von Personal mit dem Intra- und Internet: Strategien, Zielrichtungen und Entwicklungspfade«, in: Konradt, U. und Sarges, W. (Herausgeber): E-Recruitment und E-Assessment, Göttingen 2003, S. 3–16.

Lengnick-Hall/Moritz 2003: Lengnick-Hall, M. L. und Moritz, S.: »The Impact of e-HR on the Human Resource Management Function«, in: Journal of Labor Research, Heft 03/2003, S. 365–379.

North/Reinhardt 2005: North, K. und Reinhardt, K.: Kompetenzmanagement in der Praxis: Mitarbeiterkompetenzen systematisch identifizieren, nutzen und entwickeln, Wiesbaden 2005.

Schäffer-Külz 2004: Schäffer-Külz, U. G.: Mitarbeiterportale und Self-Service-Systeme, Frechen 2004.

Schaper/Sonntag/Baumgart 2003: Schaper, N., Sonntag, K. & Baumgart, C.: »Ziele und Strategien von Personalentwicklung mit computer- und netzbasierten Medien«, in: Konradt, U. und Sarges, W. (Herausgeber): E-Recruitment und E-Assessment, Göttingen 2003, S. 55–82.

B.5 Diversity Management, Cross Cultural Management und Unternehmenskultur als Aufgaben der Personalentwicklung

*Katrin Hansen**

1 Begründung eines systematischen Diversity Managements
  1.1 Workforce Diversity
  1.2 Interpretation von Diversity
  1.3 »Faultlines« als Gefahr
  1.4 Vielfalt als Potenzial

2 Ansätze zum Umgang mit kultureller Vielfalt
  2.1 Paradigmen nach Thomas & Ely
  2.2 Das MBI-Modell
  2.3 Die »Charta der Vielfalt«

3 Personalentwicklung im systemischen Diversity Management
  3.1 Ressourcen bereitstellen
  3.2 Ziele managen
  3.3 Integration sicherstellen
  3.4 Kulturellen Wandel realisieren

4 Ein facettenreiches Phänomen

Literatur

---

* Katrin Hansen, Professorin an der FH Gelsenkirchen, Abt. Bocholt, hat seit 2001 (vor allem im Rahmen von EU-Projekten) an verschiedenen Hochschulen in Europa, Asien, Amerika und Australien Erfahrungen in Forschung und Lehre gemacht. Sie ist (Mit-) Autorin zahlreicher Veröffentlichungen im Themenbereich Diversity Management und Cross-Cultural Communication. Katrin Hansen ist Mitglied in der Academy of Management und in der Internationalen Gesellschaft für Diversity Management. Sie ist im Herausgeberkreis der Zeitschrift »ARBEIT« tätig und arbeitet im Netzwerk »Promotion of Work-Life-Ability« mit.

1 Begründung eines systematischen Diversity Managements

1.1 Workforce Diversity

In den letzten 20 Jahren hat sich zum Thema »Workforce Diversity« (Vielfalt in der Mitarbeiterschaft) ein inzwischen weltweiter Diskurs in Wissenschaft und Praxis entfaltet. »*Diversity* refers to any mixture of items characterized by differences and similarities« (Thomas 1996, S. 5), lautet der Versuch einer Definition, die sich in den USA immer mehr durchgesetzt hat und z.B. von der 1993 gegründeten SHRM (Society of Human Resources Management) in ihren Diversity-Programmen übernommen wurde. Im Zuge der Globalisierung von Geschäftaktivitäten, auch im virtuellen Raum, zunehmender Migrationsbewegungen und der Mobilität gut ausgebildeter Arbeitskräfte rückt die kulturelle Dimension der Vielfalt immer stärker in den Vordergrund.

In der Praxis findet sich noch immer das Missverständnis, Diversity an sich sei bereits ein Gewinn für Unternehmen. Wie die Erfahrungen aus Merging-Prozessen, aus multikulturellen Teams und der inter-kulturellen Zusammenarbeit generell zeigen, führt Vielfalt insbesondere in der Öffnungsphase von Organisationen zu Turbulenzen und Konflikten. Es bedarf daher eines systematischen »Diversity Managements«, um die Potenziale von Diversity tatsächlich zu realisieren. Hierzu bedarf es eines tieferen Verständnisses der zugrunde liegenden Konzepte, einer Sensibilität für die Gefahren und die Chancen, die mit Diversity für die Aufgabenerfüllung im Unternehmen, aber auch aus Sicht der Mitarbeitenden-Interessen verbunden sind.

1.2 Interpretation von Diversity

In der Literatur finden sich vielfältige Versuche, Diversity zu strukturieren (Aretz/Hansen 2003). In der betrieblichen Praxis sind die primären Dimensionen (Loden/Rosener 1991) von besonderer Bedeutung. Diese Kerndimensionen umfassen Geschlecht, Alter, Behinderung bzw. Leistungsfähigkeit, Rasse/Ethnizität, Religion/Weltanschauung und sexuelle Orientierung. Diese Dimensionen sind den Menschen mitgegeben und können nicht willentlich verändert werden. Sie stellen darüber hinaus Bezüge zu gesellschaftlichen *Identitätsgruppen* her. Daher sind Mitarbeitende vor *Diskriminierung* im Hinblick auf diese Dimensionen zu schützen. Gleichzeitig verweisen diese Dimensionen auf die Zugehörigkeit zu bestimmten Kulturen, die die angesprochenen Identitätsgruppen kennzeichnen. Speziell hingewiesen sei hier auf Landeskulturen bzw. ethnische Zugehörigkeit, die im Fokus dieses Beitrages stehen. Mit ihnen werden spezifische Kulturstandards (Thomas 2003, Schroll-Machl 2003), Werte und Praktiken (House et al. 2004) verbunden.

Darüber hinaus geht es bei betriebswirtschaftlichen Konzepten von Diversity um die *Vielfalt* der Einstellungen, Kompetenzen und Handlungsweisen, die Menschen im Unternehmen realisieren können bzw. dürfen oder sogar sollen. Hintergrundhypothese ist, dass aus der Zugehörigkeit zu einer bestimmten sozialen Gruppe spezifische Einstellungen und Verhaltensweisen mit Relevanz im Beruf resultieren und diese Zugehörigkeit damit für Unternehmen Chancen und Gefahren hervorrufen kann.

In Abhängigkeit davon, ob eher Chancen oder Gefahren vermutet werden, nehmen Individuen und ganze Organisationen spezifische Haltungen zu Diversity ein.

Eine positive Haltung zu Diversity versteht diese als Facettenreichtum. Unterschiedlichkeit wird in dieser Sichtweise als Potenzial zu einer synergetischen Nutzung vielfältiger Alternativen begriffen. Eher negativ mutet ein Diversity-Verständnis an, in dem Vielfalt hierarchisch gegliedert wird und, aus Sicht der dominanten Gruppe, das »Anders-Sein« im defizitären Sinne als Außenseitertum empfunden wird. In diesen Bereich fällt auch ein Verständnis von Diversity als Nichtangepasstheit oder auch einer Nichtanpassbarkeit des »Anderen« (an eigene Werte und Standards). Hier werden Stereotype und Vorurteile wirksam.

1.3 »Faultlines« als Gefahr

In jüngster Zeit wird, vor allem in den USA und den Niederlanden, das Auftreten von »*Faultlines*« (Bruchstellen in Teams oder sogar ganzen Organisationen) intensiv diskutiert (AOM 2006, 2007). Diese Bruchstellen basieren auf sichtbaren Unterschieden zwischen den Mitarbeitenden, die ihre Zugehörigkeit zu bestimmten sozialen Gruppen markieren. Gerade bei der Neubildung von Gruppen werden diese Merkmale zur Kategorisierung herangezogen, mit der Folge, dass Subgruppen entstehen, die Kommunikationsfluss und *Kohäsion* in der Gruppe beeinträchtigen, zu Konflikten führen und damit die Leistung der Gruppe reduzieren (Lau/Murnighan 1998/2005, Joshi 2006, Li/Hambrick 2005).

Negative Effekte können noch durch das Phänomen des »*Stereotype Threat*« (Roberson/Kulik 2007) verstärkt werden. In diesem Fall führt bereits die Erwartung, mit Stereotypen konfrontiert zu werden und Vorurteilen ausgesetzt zu sein, zu einer Leistungsminderung, insbesondere bei leistungsmotivierten Mitarbeitenden aus nicht-dominanten Gruppen, die schwierige Aufgaben erfüllen. Dies weist den Blick auf die Tatsache, dass Unternehmen nicht als losgelöste Einheiten fungieren, sondern in den gesellschaftlichen Kontext mit seinen Strukturen und Machtverhältnissen als Subsystem eingebettet sind (Roberson/Kulik 2007, Joshi 2006, Prasad/Pringle/Konrad 2006, Litvin 2006, Benshop 2006).

Deutlich wird, dass Unternehmen auf Diversity basierte Störungen insbesondere in der Öffnungsbewegung achten und ein Diversity Management aufbauen müssen, das Störungen vorbeugt oder sie zumindest reduziert und die positiven Effekte der Vielfalt ermöglicht.

1.4 Vielfalt als Potenzial

Eine divers zusammengesetzte Mitarbeiterschaft bietet Unternehmen, die in der Lage sind, diese proaktiv zu managen, wertvolle Potenziale, die in den USA bereits seit langem gesehen und genutzt werden (Cox/Blake 1991). So bilden die Kenntnisse und Verbindungen von Mitarbeitenden aus Zielländern international agierenden Unternehmen Chancen eines schnelleren und vielfach erfolgreicheren Marktzugangs. Dieser Gedanke lässt sich auch auf nationale Marktsegmente übertragen, wenn diese ethnisch geprägt oder andere Merkmale der Zielgruppe in Produktentwicklung und Ansprache erfolgskritisch sind. Hier hat sich der Gedanke, die Mitarbeiterschaft solle ein »Spiegel der Welt« (Balser 1999) sein, durchgesetzt, wobei, wie unten noch argumentiert werden wird, dies häufig über einen »Spiegel der Märkte« nicht hinauskommt. Die anvisierte *Imageverbesserung* des Unternehmens wird sich aber nur dann, wenn Diversity wirklich ernst genommen wird, auch auf das Image auf den Arbeitsmärkten ausdehnen. Dieser Vorteil im »War for Talents« ist für viele Unternehmen heute ein ganz entscheidendes Argument dafür, in Diversity Management zu investieren (Aretz/Hansen 2002, Stuber 2002).

Ein weiteres Effekte-Bündel basiert auf dem Gedanken, dass eine divers zusammengesetzte Belegschaft unterschiedliche Erfahrungen, Perspektiven, Fähigkeiten repräsentiert. Auf der Teamebene kann und soll das zu erhöhter *Kreativität* und verbesserten Problemlösungen führen. Dies setzt allerdings voraus, dass das Team in der Lage ist, seine Diversity produktiv zu nutzen. Voraussetzungen hierfür sind ein Klima kompetenzbasierten Vertrauens im Team und ein gutes Konfliktmanagement (Olson/Parayitam/Bao 2007). Letzteres ist besonders wichtig, denn die erwünschte Steigerung der Problemlösungsqualität lässt sich nur dann realisieren, wenn divergierende Ansichten und Perspektiven auch eingebracht werden können. »Representational Gaps« (Cronin/Weingart 2007) in Teams, also ein unterschiedliches Verständnis davon, was in der jeweiligen Situation eine gute Lösung ist, führen notwendig zu Konflikten auf der Sachebene, die aber produktiv und für die Verbesserung bestehender Standards und innovative Lösungen sind und daher nicht unterdrückt sondern vielmehr genutzt werden müssen.

Erfahrungen mit diesen Prozessen steigern die »*System-Flexibilität*«. Das Unternehmen lernt, mit neuen Herausforderungen, Perspektivwechsel und Konflikten effektiv und effizient umzugehen und kann durch diese Fähigkeit insbesondere auf turbulenten Märkten nachhaltige Wettbewerbsvorteile aufbauen. Kossek, Lobel und Brown kommen in Auswertung der Forschung im Themenfeld zu dem Schluss, dass die Vorteile von Diversity durch die Unternehmensstrategie moderiert werden und insbesondere wachstumsorientierte und innovative Unternehmen von Diversity profitieren (2006).

2 Ansätze zum Umgang mit kultureller Vielfalt

Die Haltung des Unternehmens zu Diversity und das darauf basierte Diversity Management sind erfolgskritische Einflussfaktoren. Auf ihrer Basis entstehen sehr unterschiedliche Unternehmenskulturen, die ihrerseits das Befinden der Mitarbeitenden im Unternehmen mitbestimmen und das Auftreten der oben skizzierten Effekte fördern oder hindern. Die Personalentwicklung erfolgt eingebettet in diese Kultur und wird durch sie geprägt. Daher werden im Folgenden unterschiedlich gut geeignete Ansätze kurz skizziert.

2.1 Paradigmen nach Thomas & Ely

Die unterschiedliche Haltung von Organisationen zu Diversity lässt sich nach David A. Thomas und Robin Ely in drei Paradigmen des Diversity Managements strukturieren (Thomas/Ely 1996, Ely/Thomas 2001).

Fairness and Discrimination Approach
Motivierend wirken in diesem Ansatz gesetzliche Rahmenbedingungen und gesellschaftliche Forderungen, denen die Organisationen aus ethischen oder strategischen Gründen folgen. Minoritäten sind im Unternehmen z.B. in Höhe einer politisch korrekten Quote repräsentiert, oder in bestimmten Bereichen zugelassen. Doch sind sie nicht wirklich integriert. Die bekannte »Gläserne Decke« ist ein ebenso bekannter Effekt wie der starke *Assimilationsdruck*, der auf Personen in Minderheitspositionen ausgeübt wird, solange das Unternehmen im Rahmen des »Fairness and Discrimination Approach« agiert. Das Unternehmen öffnet sich neuen Denk- und Handlungsweisen nicht wirklich, verliert Potenzialträgerinnen bzw. -träger und vergibt damit wertvolle Lernchancen. Dennoch ist als positiver Effekt festzuhalten, dass Minoritäten auf interne Positionen zugelassen werden, vorzeigbare Programme etabliert werden und ein »politisch korrekter« Ton herrscht. Dies kann ein erster Schritt sein, kann insgesamt aber nicht befriedigen; denn diese AkteurInnen haben nicht die Chance, im beruflichen Alltag wirklich authentisch zu handeln und sind daher in ihrer persönlichen und beruflichen Weiterentwicklung behindert (Roberts 2005). Diversity wird nicht wirklich als wertschätzende Grundhaltung in den Organisationszielen verankert und kann auch kein Bestandteil der Organisationskultur werden. Daher ist immer wieder mit aufbrechenden Widerständen aus den dominanten Gruppen zu rechnen. Die Verschleierung von Machtverhältnissen im Fairness & Discrimination-Paradigma und die dort häufig anzutreffende »colour-blind ideology« (Ely/Thomas 2001, S. 256) führen dazu, dass den Mitgliedern der Minoritäten-Gruppe zweideutige Signale übermittelt werden, in denen diese Zugehörigkeit einerseits als unproblematisch dargestellt wird, andererseits aber mehr oder weniger subtil Anpassungsleistungen gefordert werden (Roberts 2005).

Access and Legitimacy Approach
Die Leitidee ist, in Entwicklung, Produktion und Marketing über die Nähe von Mitarbeitenden und Kunden oder sogar die Gleichartigkeit beider hinsichtlich einzelner Dimensionen Kernkompetenzen zu entwickeln und Marktanteile zu sichern. Der Kundenkreis soll seine Spiegelung im Mitarbeiterkreis finden. Es wird erwartet, dass dieser Mitarbeiterkreis auf Basis des »Fits« geeignete Ideen entwickeln wird, um den Markt zu öffnen und erfolgreich zu bearbeiten bzw. soziale Nähe im Kundenkontakt ein Erfolgsfaktor ist. Problematisch an diesem Ansatz ist, dass er zur *Stereotypisierung* einlädt, da Mitarbeitende auf ihre Zugehörigkeit zu einer bestimmten sozialen Gruppe reduziert und »gruppentypische« Einstellungen und Verhaltensweisen erwartet bzw. gefordert werden. Mitarbeitende aus Minoritäten sind nicht wirklich akzeptiert, sondern werden in diesem Ansatz lediglich funktionalisiert. Gleichzeitig wird ihnen die Verantwortung für die Bedürfnisbefriedigung der Kunden, deren Gruppe sie zugeordnet werden, einseitig zugeschoben oder sie werden für bestimmte

wünschenswerte Effekte innerhalb der Organisation verantwortlich gemacht. Wie sie damit umgehen, bleibt ihnen selbst überlassen. Die Organisation kann sich ihrer Verantwortung entziehen und lernt auch nur bedingt. Die nachhaltige Tragfähigkeit dieses Konzeptes ist somit in Zweifel zu stellen. Dennoch ist auch hier als Positivum festzuhalten, dass Minoritäten in einem größeren Umfang zu attraktiven Positionen vor allem im Marketing, aber auch in der Produktentwicklung zugelassen sind, als es in Unternehmen der Fall ist, die Diversity gar nicht zu ihrem Thema gemacht haben. Auf der anderen Seite entgehen diese Positionen der dominanten Gruppe, woraus sich Widerstände ergeben können, die vor allem dann das Konzept des Diversity Managements gefährden können, wenn die zuvor erwarteten, positiven Effekte nicht oder in geringerem Maße realisiert werden.

Learning and Effectiveness Approach
In diesem Ansatz soll erreicht werden, dass Mitarbeitende ihre Eigenart und Eigenständigkeit nicht Homogenisierungs-Strategien unterwerfen, sondern vielmehr Diversity in ihrem Verhalten und in ihren Entscheidungen auch am Arbeitsplatz gewinnbringend einsetzen. Jede Person erhält die Chance, »sich selbst auszudrücken, also zu *zeigen*, in welcher Weise sie von dem kategorialen Mittelwert des Stereotyps (»typisch Mann, typisch Amerikaner, typisch Schwarzer« usw.) abweicht« (Gebert 2004, S. 424). »Decategorization« nennt Roberts diese »Bottom-up«-Strategie, welche »personal uniqueness« hervorhebt und die Bedrohung durch negative Stereotype reduziert (2005, S. 696 f.) Als alternative Strategie identifiziert sie »*Integration*«, welche die positiven Charakteristika der Identitätsgruppe betont, »...challenging others' simplistic or negative stereotypes of that group« (Roberts 2005, S. 696). In diesem Ansatz sind alle Mitarbeitenden gefordert, sich umfassend zu äußern, die Rahmenbedingungen kritisch zu reflektieren und zu gestalten, denn nur dann lernt die Organisation ihre Effektivität in einer komplexen Umwelt zu verbessern. »Der Hebel zum Unterlaufen negativer Stereotypisierungen auf der Basis von diversity liegt damit letztlich in der Entwicklung der Norm ›diversity ist erwünscht‹. Kann man in einem Team diese Norm freisetzen, so erweist sich demographische Diversity im Prinzip als ein Gewinn.« (Gebert 2004, S. 424). Eine solche Haltung aufrechtzuerhalten, verlangt einen fruchtbaren Umgang mit Spannungen, die aus der Vielfalt und Widersprüchlichkeit von Einstellungen, Erfahrungen und Handlungen entspringen. Neue Sicht- und Vorgehensweisen nicht nur zuzulassen, sondern zu fordern und zu schätzen, Fähigkeit und Bereitschaft zum Perspektivenwechsel zu realisieren, wird vielen Menschen schwer fallen. In Unternehmen, in denen ein Ausweichen nicht oder nur schwer möglich ist, können Spannungen, Konflikte und eine zumindest zeitweise reduzierte Produktivität mit ansteigender Diversity verbunden sein (Aretz/ Hansen 2003, Gebert 2004, Lau/Murnigham 2005, Bacharach/Bamberger/Vashdi 2005). Daher bedarf es eines grundsätzlichen Bekenntnisses der Unternehmensleitung zu Diversity und eines, unten skizzierten Diversity Managements, das über die Personalentwicklung selbst hinausreicht.

2.2 Das MBI-Modell

Joseph Distefano und Martha Maznevski kamen in Auswertung ihrer Forschung zu dem Ergebnis, dass kulturell divers zusammengesetzte Teams homogene Teams durchaus an Leistung übertreffen können, dies aber nur tun, wenn sie auch kompetent gemanagt werden (2000). Sie unterscheiden drei Typen multikultureller Teams:

- In den »*Destroyers*« herrschen Misstrauen und Vorurteile. Die Teamenergie richtet sich auf Konflikte in Verbindung mit Prozessen der negativen Stereotypisierung. Entscheidungen werden vom Teamleiter ohne weitergehende Diskussion mit den Teammitgliedern getroffen. Die Ergebnisse bleiben hinter denen homogener Teams zurück.
- Die »*Equalizers*« versuchen, die kulturellen Unterschiede zu ignorieren, sie zu unterdrücken oder überspielen. Das Ergebnis besteht in Kompromissen und Mittelmäßigkeit, da das Potenzial der unterschiedlichen Ideen, Perspektiven und Beurteilungen nicht zum Tragen kommt.
- Die »*Creators*« akzeptieren die kulturellen Unterschiede, ja sie fördern sie sogar und nutzen sie gezielt im Sinne der Aufgabenerfüllung. DiStefano und Maznevski vergleichen diese Teams mit einem »top-performing jazz ensemble« (2000, S. 48) und studierten die dort verlaufenden Prozesse näher. Das Ergebnis ist ihr MBI-Ansatz mit den Phasen
  - Mapping,
  - Bridging sowie
  - Integrating.

Diesen Prozess kann und sollte die Personalentwicklung kompetent begleiten, um divers zusammengesetzte Teams zu erfolgreichen »Creators« zu machen. Die wichtigsten Schritte und Hilfsmittel werden im Folgenden kurz dargestellt.

Mapping
Die Funktion dieser Phase besteht darin, dem Team die relevanten Unterschiede bewusst zu machen. Dabei sind bestimmte Aspekte der Herkunfts-Kultur, aber auch Ausbildung, Geschlecht, Arbeitserfahrungen zu berücksichtigen, die einerseits Potenziale einer synergetischen Nutzung beinhalten, anderseits aber auch Quelle von Konflikten sein können. Das Team erarbeitet in dieser Phase neue Einsichten darüber, inwieweit die Unterschiede die Teamleistung beeinflussen können und versteht dann die dynamischen Prozesse, die in ihrem multikulturellen Team abgelaufen sind bzw. zukünftig auftreten können. Die Ergebnisse sollen dokumentiert und im Arbeitsprozess hervorgeholt und genutzt werden. Als hilfreich sehen die AutorInnen Videoaufzeichnungen von Meetings an, die von den Teammitgliedern hinsichtlich Authentizität ihres Verhaltens und (kultureller) Spezifika untersucht werden. Das Team wird so in die Lage versetzt, sein Verhalten zu reflektieren, Probleme frühzeitig zu erkennen und sie richtig einzuordnen.

Bridging
In dieser Phase geht es um die effektive Kommunikation über Unterschiedlichkeiten hinweg. Der erste Schritt besteht darin, eine tragfähige Motivation zur interkulturellen

Zusammenarbeit zu schaffen und das Vertrauen darin, aufkommende Schwierigkeiten überwinden zu können. Beides sollte in engem Zusammenhang mit der Arbeitsaufgabe entwickelt werden. Eine Schlüsselrolle spielen dabei externe Vorgesetzte, die dem Team Ziele setzen und Vertrauen in dessen Leistungsfähigkeit formulieren. Hierauf muss die Personalentwicklung achten und ggf. diese Vorgesetzten auf ihre Rolle vorbereiten. Im Team selbst müssen Fähigkeiten zum »Decentering« entwickelt werden: Jedes Teammitglied steht vor der Aufgabe, die in der ersten Phase erkannten kulturellen Unterschiede in seinem eigenen praktischen Handeln zu berücksichtigen, um so ein Klima der Inklusivität zu schaffen und einen Kommunikationsstil zu pflegen, der die Beteiligung aller ermöglicht. Kritisch ist es, sich vor der Be- und Verurteilung des »Anderen« und seines Verhaltens zu hüten, Unterschiedlichkeit in ihrer Funktionalität zu erkennen und zu würdigen. Die Grundlagen hierfür können durch interkulturelles Training gelegt werden. Diese sollten aber durch Begleitprozesse und Coachings ergänzt werden. Im dritten Schritt des Brückenbaus definiert das Team seine Situation mit ihren speziellen Herausforderungen und Notwendigkeiten und verständigt sich über Spielregeln, die es in die Lage versetzen, in der Situation erfolgreich zu handeln. An dieser Stelle liegt ein kritischer Punkt der Teamentwicklung: »Equalizers« tendieren dazu, in diesen Spielregeln die der dominanten Gruppe zu übernehmen. »Destroyers« werten Normen der »Anderen« sogar ab. »Creators« hingegen erarbeiten Spielregeln, die in sich Charakteristika, Standards und Werte unterschiedlicher Kulturen vereinigen und ermöglichen, dass verschiedene Teammitglieder jeweils nach Normen handeln, die ihnen die optimale Leistung ermöglichen. Hier wird also nicht Gemeinsamkeit erzwungen, sondern eine Binnendifferenzierung ertragen oder sogar gewürdigt. Kultur wird dann nicht mehr als Schablone verstanden sondern eher als »Kitt«, der Unterschiedlichkeit zusammenhält (Juch/Rathje/Koeppel 2007).

Integrating
In der so gestalteten, einbeziehenden Team-Kultur setzt das Team die in den ersten beiden Schritten erworbenen Fähigkeiten in produktives Handeln um. Die Beteiligung aller Teammitglieder wird kontinuierlich gewährleistet, wobei jedes Team geeignete Techniken entwickeln muss. Hierbei kann die Personalentwicklung und insbesondere ein interkulturell erfahrener Coach helfen. Bestehen z.B. Sprachbarrieren, so können Teammitglieder, die eine Muttersprache teilen, die Teamsprache aber sehr unterschiedlich gut beherrschen, zusammenarbeiten, wobei eine bzw. einer als Übersetzer fungiert. Wichtig ist, dass Ideen dem Team insgesamt erschlossen werden und eine gleichgewichtige Informationsversorgung herrscht. In der integrativen Arbeitsphase können und werden Konflikte hinsichtlich der Bewertung von Ideen und Problemlösungen immer wieder auftreten. Dies ist gewollt und muss vom Team produktiv umgesetzt werden. Kulturell orientierte Methoden des Konfliktmanagements müssen beherrscht werden, damit die Konflikte auf der Sachebene ausgetragen und nicht auf die persönliche Ebene oder die der Stereotype abgleiten. Dies ist eine Daueraufgabe, die auch bei bestehenden Teams den zeitweisen Einsatzes von Coaches notwendig machen kann. In jedem Meeting sollte ein kurzes »Debriefing« vorgesehen werden, das Arbeitsergebnis und Arbeitsprozesse reflektiert.

2.3 Die »Charta der Vielfalt«

Die »*Charta der Vielfalt*« ist ein relativ neues Konzept in der deutschen Diversity-Politik. Die Idee kommt aus Frankreich und wurde bereits von über 3000 Unternehmen bzw. Organisationen unterzeichnet. Dort wendet sich die »Charte Diversité« vor allem gegen die ethnische Diskriminierung und soll die Lage von Migranten und Migrantinnen aus dem Nord-Afrikanischen Raum verbessern.

In Deutschland wurde die Initiative am 13. Dezember 2006 unter der Schutzherrschaft von Staatsministerin Maria Böhmer und vier Großunternehmen (Daimler Chrysler, Deutsche Bank, Deutsche BP und Deutsche Telecom) als Erstunterzeichnern übernommen. Im Juli 2007 hatten bereits 87 Unternehmen und öffentliche Einrichtungen die Charta unterschrieben und entwickeln individuelle Programme zur Umsetzung.

Der Grundgedanke wird wie folgt formuliert: »Wir können wirtschaftlich nur erfolgreich sein, wenn wir die vorhandene Vielfalt erkennen und nutzen. Das betrifft die Vielfalt in unserer Belegschaft und die vielfältigen Bedürfnisse unserer Kundinnen und Kunden sowie unserer Geschäftspartner.« (http://www.charta-der-vielfalt.de/ 27.08.2007)

Das zugrunde liegende Verständnis von Vielfalt beinhaltet neben den Merkmalen Geschlecht, Rasse, Nationalität, ethnischer Herkunft, Religion oder Weltanschauung auch Behinderung, Alter und sexuelle Orientierung. Die unterzeichnenden Unternehmen verpflichten sich im Rahmen der Charta, eine *Unternehmenskultur* zu schaffen, in der Vielfalt anerkannt und wertgeschätzt wird. Dabei kommt den Führungskräften eine besondere Verantwortung zu. Sie schaffen ein Arbeitsumfeld, das frei von Vorurteilen ist. Dabei werden die Personalprozesse überprüft und sichergestellt, dass sie den vielfältigen Fähigkeiten der Mitarbeitenden und den Leistungszielen des Unternehmens entsprechen. Die inhaltlichen Schwerpunkte und Umsetzungsstrategien werden von den jeweiligen Unternehmen beziehungsweise öffentlichen Dienststellen individuell bestimmt. Den Rahmen bilden die folgenden sechs Aktionsbereiche:
1. Unternehmenskultur – im Hinblick auf Richtlinien und die Verantwortlichkeit der Führung,
2. Personalprozesse – Überprüfung der Prozesse auf Chancengleichheit,
3. Vielfalt und Repräsentation – Erkennen von Vielfalt und Repräsentation,
4. Kommunikation – Vielfalt als Teil der Unternehmenskommunikation,
5. Nachhaltigkeit – im Sinne von Erfolgsmessung und Fortschritt,
6. Einbeziehung der Belegschaft – Einbeziehung aller Betroffenen und Partner.

Zu den 87 unterzeichnenden Unternehmen gehören neben Großunternehmen, öffentliche und private Medien, Hochschulen, öffentliche Dienstellen auch McDonalds. Wie manche anderen der Unterzeichner fokussiert McDonalds auf die interkulturelle Dimension von Diversity. Als ein Beispiel sei hier auf »McPassport« verwiesen. Dort werden Sprachkenntnisse, Arbeitserfahrungen und Softskills der Mitarbeitenden dokumentiert, um ihnen einen Jobwechsel auch unabhängig von formalen Qualifikationen zu erleichtern. In diesem Programm ist darüber hinaus ein interkultureller Austausch vorgesehen, der in 2007 Job Rotation für zwölf Mitarbeitende aus Berlin und London für einen Monat realisiert.

PersonalentwicklerInnen sei empfohlen, sich mit der »Charta der Vielfalt« und ihrer Umsetzung vertraut zu machen. Die beteiligten Unternehmen dokumentieren ihre Arbeit vielfach im Internet und sind zu einer weitergehenden Information und einem Erfahrungstausch in aller Regel bereit, da der Dialog integraler Konzeptbestandteil der Charta ist. Eine kritische Auseinandersetzung mit den Praktiken anderer Unternehmen sei indessen empfohlen, da die Diversity-Politik des Unternehmens seiner Kultur und seiner Strategie sowie den spezifischen Bedürfnissen seiner StakeholderInnen entsprechen und daher unternehmensindividuell entwickelt werden muss.

3 Personalentwicklung im systemischen Diversity Management

Die oben dargestellten Ansätze fokussieren jeweils Teilgebiete des Diversity Managements. Unseres Erachtens (Hansen/Aretz 2006, Aretz/Hansen 2003) ist aber ein umfassendes, systemisch angelegtes Konzept notwendig, um die in Diversity enthaltenen Potenziale voll auszuschöpfen. Dessen Rahmen wird im Folgenden kurz umrissen.

3.1 Ressourcen bereitstellen

Diversity Management ist mit Aufwand verbunden. Vielfach erfolgt das Engagement motivierter Mitarbeitenden, z.B. in Netzwerkaktivitäten, ehrenamtlich. Dennoch muss zumindest ein kleines Diversity Team, welches Analysen und Maßnahmen initiiert, koordiniert, die Erfolge beobachtet und darüber berichtet, eingerichtet und dauerhaft finanziert werden. Dieses Team wird sich mit Informationen versorgen und muss seine Diversity-Kompetenz aufbauen und pflegen, z.B. durch Kontakte zu »Best« oder »Good Practice«-Betrieben, durch Seminare und Besuche von Tagungen. Hier sind seitens der Personalentwicklung Ressourcen bereitzustellen, die noch höheren Umfang annehmen werden, da auch Führungskräfte und Mitarbeitende *Diversity-Kompetenz* aufbauen müssen. Wie im Zusammenhang mit dem MBI-Ansatz gezeigt, darf dies nicht etwa auf vereinzelte »Awareness«- und »Skill-Building«-Seminare reduziert werden, die bei isolierter Anwendung wenig effektvoll oder sogar kontraproduktiv sein können (Kravitz 2007). Weitere Maßnahmen wir *Coaching* und Prozessbegleitung sind vorzusehen (Breuer/Barmeyer 1998). Hier hat die Personalentwicklung auf Grund ihrer Kompetenz eine wichtige Funktion.

3.2 Ziele managen

Um das dauerhafte Engagement des Unternehmens und die Effektivität des Diversity-Managements sicherzustellen, muss der Nutzen von Diversity für das Unternehmen herausgearbeitet und ein Zielsystem aufgebaut werden. Es bietet sich eine Nutzung des *Balanced-Scorecard*-Gedankens an (Hansen/Aretz 2006). Diversity ist auf der Ebene des Lernens und des Wachstums anzusiedeln und kann als Asset dem Human-Kapital zugeordnet werden während das Diversity Management selbst ebenfalls Asset-Charakter erhält und zum »Organizational Capital« mit den Dimensionen Kultur, Teamwork, Führung, »Alignment« (Kaplan/Norton 2004) gehört. Sofern eine BSC mit der zugehörigen Strategischen Landkarte im Unternehmen Anwendung findet, kann Diversity hierin relativ einfach integriert werden. Dies impliziert dann auch eine Integration in das Controlling-System des Unternehmens und eine Einbindung von Diversity in das Anreizsystem. Ist das nicht der Fall, sollte eine entsprechende Diversity-BSC entwickelt werden, die den direkten Zusammenhang mit den Unternehmenszielen herstellt und damit die Grundlagen für eine Integration in Anreiz- und Controllingsysteme legt. Dies sollte nicht dem Diversity-Team überlassen werden sondern einer interfunktional zusammengesetzten Arbeitsgruppe mit direkter Berichterstattung an die Unternehmensleitung übertragen werden. Die Personalentwicklung sollte hieran mitarbeiten.

3.3 Integration sicherstellen

So wichtig wie die Integration des Diversity-Managements auf der Sachebene sind dessen kontext-sensible Einbettung und die Schaffung von *Vertrauen*. Wie im MBI-Ansatz herausgestellt, sind viele Dimensionen von Diversity im Unternehmen anzutreffen. Das Unternehmen steht nun vor der Aufgabe, die situativ relevanten Dimensionen zu identifizieren und Zusammenhänge zwischen diesen Dimensionen und von Diversity zu konkreten Unternehmenszielen immer wieder transparent zu machen. Dabei sollten Initiativen in der Mitarbeiterschaft und relevante Mitarbeitenden-Netzwerke genutzt bzw. initiiert werden. Dies kann durch das Diversity-Team geschehen. Die Personalentwicklung kann und soll dabei unterstützen. In ihrem eigenen Feld sollte die Personalentwicklung dafür Sorge tragen, dass generell Diversity-kompetente TrainerInnen eingesetzt werden, die dieses Themenfeld in ihre Schwerpunkte, wo sinnvoll, integrieren.

Zur Schaffung von Vertrauen ist es erfolgskritisch, Win-Win-Situationen zu schaffen und zu kommunizieren. Hier muss das Diversity-Team mit Entscheidungsträgern in der Linie und mit den PR-Verantwortlichen zusammenarbeiten, damit Diversity sich durch die *Kommunikation* des Unternehmens nach innen und außen zieht. Schwierigkeiten und Reibungsverluste dürfen dabei allerdings nicht verdeckt werden: Integration umfasst auch Skeptiker und ggf. Gegner. Hier kann die Personalentwicklung helfen, indem sie Kommunikationsforen schafft, in denen ungefiltert Erfahrungen mit Diversity erhoben bzw. ausgetauscht und Problemlösungen entwickelt werden, die dann ihrerseits in die Weiterbildung von Mitarbeitenden und Führungskräften einfließen. Hierfür können Mitarbeiterbefragungen, Qualitätszirkel, Foren im Intranet genutzt werden.

3.4 Kulturellen Wandel realisieren

Deutsche Unternehmen sind heute meist durch pluralistische Kulturen gekennzeichnet, in denen externe Filter (Diskriminierung in der Rekrutierungsphase) zunehmend abgebaut wurden. Allerdings bedeutet dies noch keine wirkliche Öffnung gegenüber Diversity, wie Phänomene wie die Glasdecke zeigen, die einer subtilen Aufstiegsdiskriminierung entspricht, oder das »*Glass Cliff*« (Ryan/Haslam 2007), das Minderheiten nur auf riskante, nicht wirklich attraktive Positionen zulässt oder sie sogar dorthin »fördert«.

Ein grundlegender kultureller Wandel erfordert einen längeren Zeitraum und das Engagement der Unternehmensspitze über diesen Zeitraum hinweg. Kommunikation und symbolische Führung sind dabei nur ein Aspekt. Kultur entwickelt sich in den Köpfen der Organisationsmitglieder im gemeinsamen Tun und dessen Reflexion. Insofern kann das Zusammenspiel der Aktivitäten in den zuvor dargestellten Bereichen als ein Beitrag zum kulturellen Wandel angesehen werden.

Die Personalentwicklung kann dies, wie gezeigt, begleiten. Sie kann aber nicht die Verantwortung für den Gesamtprozess übernehmen. Diese verbleibt bei der Unternehmensleitung, die auch kritische Phasen und schwierige Entscheidungen fällen und vertreten muss, wenn erkennbar wird, dass im Unternehmen Systeme existieren, die nicht Diversity-kompatibel sind. So erscheint es unabdingbar, nicht nur Rekrutierungsprozesse sondern das *Beurteilungssystem* insgesamt auf subtile Diskriminierung hin zu überprüfen und Diversity-Kompetenz dort relevant zu machen. Hierzu kann die Personalentwicklung aus ihrer fachlichen Position heraus geeignete Konzepte entwickeln, um eine wirkliche interkulturelle Angemessenheit zu erreichen. Die Umsetzung im Tagesgeschäft muss aber in der Linie mit aller Konsequenz erfolgen.

4 Ein facettenreiches Phänomen

Diversity ist in sich ein facettenreiches Phänomen. Die Zugehörigkeit zu einer bestimmten Landes- oder ethnischen Kultur sind Diversity-Dimensionen, die zu Bruchstellen in Teams und damit zu verminderter Leistung führen können. Stereotypisierungsprozesse beeinträchtigen nicht nur die Leistungsfähigkeit sondern auch das Wohlbefinden von Mitarbeitenden.

Unternehmen können durch ein kompetentes Diversity Management diesen Problemen vorbeugen oder sie reduzieren. Allerdings ist dafür ein langer Atem, das engagierte Zusammenspiel der relevanten AkteurInnen im Unternehmen und letztlich ein grundlegender Wandel der Unternehmenskultur erforderlich. Ansatzpunkte hierfür sind in diesem Aufsatz dargestellt worden.

Literatur

Aretz/Hansen 2003: Aretz, J. und Hansen, K.: »Erfolgreiches Management von Diversity. Die multikulturelle Organisation als Strategie zur Verbesserung einer nachhaltigen Wettbewerbsfähigkeit«, in: Zeitschrift für Personalforschung, Heft 01/2003, S. 9–36.

Aretz/Hansen 2002: Aretz, H. J. und Hansen, K.: Diversity und Diversity Management im Unternehmen. Eine Analyse aus systemtheoretischer Sicht, Münster 2002.

Bacharach/Bamber/Vashdi 2005: Bacharach, S. B., Bamberger, P.A. und Vashdi, D.: »Diversity and Homophily at Work : Supportive Relations among White and African-American Peers«, in: AOM Journal Heft 04/2005, S. 619–644.

Balser 1999: Balser, S.: »Abschied von der Monokultur: Diversity als Spiegel der Welt«, in: Personalführung, Heft 05/1999, S. 14–16.

Benshop 2006: Benshop, Y.: »Of Small Steps and the Longing for Giant Leaps: Research on the Intersection of Sex and Gender withon Work and Organizations«, in: Konrad, A. M., Prasad, P.und Pringle, J. K.(Herausgeber): Handbook of Workplace Diversity, London, Thousand Oaks, New Delhi 2006, S. 273–298.

Breuer/Barmeyer 1998: Breuer, J. P. und Barmneyer, C. I.: »Von der Interkulturellen Kompetenz zur Kooperationskompetenz. Beratung und Mediation im deutsch-französischen Management«, in: Barmeyer, C. I. und Bolten, J. (Herausgeber): Interkulturelle Personalorganisation, Sternefels 1998, S. 179–202.

Cox/Blake 1991: Cox, T. H. und Blake, S.: »Managing Cultural Diversity«, in: Academy of Management Executive, Heft 03/1991, S. 45–55.

Cronin/Weingart 2007: Cronin, A. A. und Weingart, L. R.: »Representational Gaps, Information Processing, and Conflict in Functionally Diverse Teams«, in: AOM Review, Heft 03/2007, S. 761–773.

DiStefano/Maznevski 2000: DiStefano, J. J. und Maznevski, M. L.: »Creating Value with Diverse Teams in Global Management«, in: Organizational Dynamics, Heft 01/2000, S. 45–63.

Ely/Thomas 2001: Ely, R. J. und Thomas, D. A.: »Cultural Diversity at Work The Effects of Diversity Perspectives on Work Group Processes and Outcomes«, in: Administrative Science Quarterly Vol. 46/2001, S. 229–273.

Gebert 2004: Gebert, D.: »Durch diversity zu mehr Teaminnovativität?«, in: DBW 2004, Heft 04/2004, S. 412–430.

Hansen/Aretz 2006: Hansen, K. und Aretz, H. J.: »Diversity Management«, in: Wollert, A. und Knauth, P. (Herausgeber): Human resource Management (Digitale Fachbibliothek) Düsseldorf 2006.

House et al. 2004: House, R.J., Hanges, P. J., Javidan, M., Dorfman, P. W. und Gupta, V.: Culture, Leadership, and Organizations. The GLOBE Study of 62 Societies. Thousand Oaks, London, New Delhi 2004.

Joshi 2006: Joshi, A.: »The Influence of Organizational Demography on the External Networking Behavior of teams«, in: The AOM Review, Heft 03/2006, S. 583–595.

Juch/Rathje/Köppel 2007: Juch, S., Rathje, S. und Köppel, P.: »Cultural fit oder fit for culture?- Ansätze zur kulturellen Gestaltung der Zusammenarbeit in internationalen Unternehmenskooperationen«, in: ARBEIT, Heft 02/2007, S. 89–103.

Kaplan/Norton 2004: Kaplan, R. S. und Norton, D. P.: Strategy Maps, Boston, Mass. 2004.

Kossek/Lobel/Brown 2006: Kossek, E. E., Lobel, S. A. und Brown, J.: »Human Resource Strategies to Manage Workforce Diversity: Examining »The Business Case«, in: Konrad, A. M., Prasad, P.und Pringle, J. K.(Herausgeber): Handbook of Workplace Diversity, London, Thousand Oaks, New Delhi 2006, S. 53–74.

Kravitz (007: Kravitz, D. A.: »Can We Take the Guesswork Out of Diversity Practice Selection?«, in: AOM Perspectives, Heft 02/2007, S. 80–81.

Lau/Murnighan 1998: Lau, D. C. und Murnighan, J. K.: »Demograhic Diversity and Faultlines: The Compositional Dynamics of Organizational Groups«, in: The AOM Review, Heft 02/1998, S. 325–340.

Lau/Murnighan 2005: Lau, D. C. und Murnighan, J. K.: »Interactions within Groups and Subgroups: The Effects of Demographgic Faultlines« in: The AOM Journal, Heft 04/1005, S. 645–660.

Li/Hambrick 2005: Li, J. und Hambrick, D. C.: »Factional Groups: A New Vantage on Demographic Faultlines, Conflict, and Disintegration in Work Teams«, in: The AOM Journal, Heft 05/2005, S. 794–813.

Litvin 2006: Litvin, D. R.: »Diversity: Make Space for a Better Case«, in: Konrad, A. M., Prasad, P.und Pringle, J. K.(Herausgeber): Handbook of Workplace Diversity, London, Thousand Oaks, New Delhi 2006, S. 75–94.

Loden/Rosener 1991: Loden, M. und Rosener, J. B.: Workforce America! Managing Diversity« as A Viral Resource. Homewood, Ill. 1991.

Olson/Parayitam/Bao 2007: Olson, B. J., Parayitam, A. und Bao, Y.: »Strategic Decision Making: The Effects of Cognitive Diversity, Conflict, and Trust on Decision Outcomes«, in: JOM, Heft 02/2007, S. 196–222.

Prasad/Pringel/Konrad 2006: Prasad, P., Pringle, J. K. und Konrad, A. M..: »Examining the Contours of Workplace Diversity: Concepts, Contexts and Challenges«, in: Konrad, A. M., Prasad, P. und Pringle, J. K. (Herausgeber): Handbook of Workplace Diversity, London, Thousand Oaks, New Delhi 2006, S. 11–22.

Roberson/Kulik 2007: Roberson, L. und Kulik, C. T. »Stereotype Threat at Work«, in: The AOM Perspectives 21 (2): 24–40

Roberts 2005: Roberts, L. M.: »Changing Faces: Professional Image Construction in Diverse Organizational Settings«, in: AOM Review, Heft 04/2005, S. 677–684.

Ryan/Haslam 2007: Ryan, M. K. und Haslam, S. A.: »The Glass Cliff: Exploring the Dynamics Surrounding the Appointment of Women to Precarious Leadership Positions«, in: AOM Review, Heft 02/2007, S. 549–572.

Stuber 2002: Stuber, M., »Corporate Best Practice: What Some European Organizations Are Doing Well to Manage Culture and Diversity«, in: Simons Simons. G. F. (Herausgeber) EuroDiversity. A Business Guide to Managing Difference, Amsterdam et al. 2002, S. 134–170.

Thomas 2006: Thomas, A.: »Interkulturelle Handlungskompetenz«, in: ARBEIT, Heft 02/2006, S. 114–125.

Thomas 2003: Thomas, A.: »Kultur und Kulturstandards«, in: Thomas, A., Kinast, E. U. und Schroll-Machl, S. (Herausgeber): Handbuch Interkulturelle Kommunikation und Kooperation. Band 1: Grundlagen und Praxisfelder, Göttingen 2003, S. 19–31.

Thomas/Ely 1996: Thomas, D. A. und Ely, R.J.: »Making Differences Matter«, in: Harvard Business Review, Heft 09/1996, S. 79–91.

Thomas 1996: Thomas, R. R.: Redefining Diversity, New York 1996.

B.6 Personalentwicklung und Ethik

*Herbert Schaaff**

1 Wirtschaft und Ethik – ein Thema in der Hochkonjunktur

2 Einige theoretische Gedanken zur Wirtschafts- und Unternehmensethik

3 Personalmanagement und Ethik

4 Praktische Handlungsempfehlungen für die Personalentwicklung
   4.1 Aufgaben der Personalentwicklung
   4.2 Strategische Personalentwicklung
   4.3 Rekrutierung, Personalauswahl und Talentmanagement
   4.4 Aus- und Weiterbildung – zur Vermittlung von Ethik- und Sinnkompetenz
   4.5 Führungs- und Mitarbeiterethik
   4.6 Change Management
   4.7 Gute Arbeit – Motivationspotenziale der Arbeit und Arbeitszufriedenheit

5 Ethik rechnet sich in mehrfacher Hinsicht

Literatur

---

* Dr. Herbert Schaaff ist Dipl.-Kaufmann. Er studierte Wirtschaftswissenschaft an der RWTH Aachen. Nach einer sechsjährigen Assistententätigkeit und Promotion am Lehrstuhl für Volkswirtschaftslehre an der RWTH Aachen begann er seine berufliche Laufbahn 1991 im Personalbereich des Mannesmann-Konzerns in Düsseldorf und Mülheim an der Ruhr, bevor er 1997 zur Deutschen Telekom AG nach Bonn wechselte. Dort war er zunächst Stabsleiter des Personalvorstandes in der Konzernzentrale. 2001 übernahm er den Bereich Human Resources im Geschäftsbereich Systemintegration von T-Systems. Dabei hatte er die Position des Geschäftsführers Human Resources und Arbeitsdirektors für die T-Systems Nova GmbH in Bonn und die T-Systems GEI GmbH in Aachen inne. Von 2004 bis 2008 war er Geschäftsführer Personal und Arbeitsdirektor bei T-Systems Enterprise Services GmbH in Frankfurt/M. Er ist seit 2009 Lehrbeauftragter am Fachbereich Wirtschaftswissenschaften der Hochschule Niederrhein in Mönchengladbach.

1 Wirtschaft und Ethik – ein Thema in der Hochkonjunktur

Im Kontext der aktuellen Finanz- und Wirtschaftskrise lassen sich Felder grundsätzlicher öffentlicher Debatten ausmachen, die in Zeiten einer normalen, d. h. positiven wirtschaftlichen Entwicklung eher selten zu beobachten waren. Dazu zählen die zunehmende und umfassende Kritik am marktwirtschaftlichen Wirtschaftssystem sowie Einzelthemen wie die Umwelt- und Klimakrise, Korruptionsfälle in der Wirtschaft, Bilanzbetrug, verschiedene Abhör- und Datenschutzskandale, überzogene Managergehälter, wenig leistungsorientierte, teilweise horrende Bonuszahlungen und ungewöhnliche Bestechungsversuche von Betriebsräten. Wenn man dies ins Verhältnis setzt zu empirisch hinterlegten Tatsachen, dass nur weniger als 20 Prozent der deutschen Beschäftigten hoch motiviert und entsprechend stark engagiert bei ihrer Berufsarbeit sind und ebenso wenige Bürger die Sozialstaat genannte Bundesrepublik Deutschland für ein wirklich gerechtes Land halten, dann stellt sich dem Betrachter recht automatisch die Frage, ob die genannten Themen auch etwas miteinander zu tun haben könnten. Die Vermutung wird in diesem Beitrag erhärtet. Es werden Ideen entwickelt, wie ethisch begründbare Maßnahmen der Personalentwicklung in Unternehmen dazu beitragen können, wieder zu engagierten, motivierten und zufriedenen und damit leistungsstärkeren Mitarbeitern zu kommen. Dass das Commitment der Mitarbeiter und die Kundenzufriedenheit mit dem langfristigem Unternehmenserfolg eng zusammenhängen, ist zweifellos evident (Kobi 2008, S. 35 ff., Fischer/Stams/Titzkus 2008, S. 307 ff., Stotz 2007, S. 25 ff.). »... der Gesamterfolg eines Unternehmens wächst, wenn es gelingt, einen Raum für Wertschätzung und Achtsamkeit zwischen den Menschen im Unternehmen herzustellen« (Steinweg 2009, S.203). Dazu müssen sich Ethik und Ökonomie wieder verstärkt aneinander annähern. Eine ethikfreie Marktwirtschaft führt entgegen den neoliberalen Grundannahmen einer sich selbst steuernden Ökonomie zu gesamtgesellschaftlich suboptimalen Ergebnissen. Dies bedeutet, dass die Gesellschaft und die gesamte Ökonomie und die darin handelnden Unternehmen und Individuen ein lenkendes und begrenzendes Werte- und Normenraster benötigen.

Schon seit einigen Jahren wird in der Literatur und auch in der Politik eine Remoralisierung und Resozialisierung von Ökonomie und Gesellschaft eingefordert. Dies hieße, die reale Wirkmächtigkeit von theoretischen Wirtschaftsethiken und praktisch implementierten Unternehmensethiken genauso zu hinterfragen, wie den Inhalt neumodischer Begriffe und Methoden wie Corporate Governance, Corporate-Social-Responsibility und Compliance-Management auf ihren realen Gehalt zu überprüfen (Wunderer 2008, S. 5 ff.). Denn oftmals tut sich zwischen der inzwischen recht umfänglichen öffentlichen Diskussion zum Stellenwert von Ethik in Unternehmen und den realen, spürbaren Auswirkungen in den Unternehmen eine recht deutliche Lücke auf. Dies gilt ebenso für die immer wieder zu findende Aussage, dass die Mitarbeiter »das größte und wichtigste Kapital im Unternehmen« seien. Denn noch zu wenige Unternehmen praktizieren tatsächlich und nachhaltig, was sie propagieren bzw. glauben wirklich an den Inhalt dieser plakativen Aussage. Damit ethisches Denken und daraus abgeleitete Maßnahmen auf der Unternehmensebene tatsächlich wirken, muss offensichtlich mehr getan werden, als diese »per Anweisung« zu implementieren sowie Unternehmenswerte und Handlungs- und Führungsgrundsätze in Hochglanzbroschüren zu veröffentlichen. Werte und Prinzipien müssen verstanden, gewollt, gelebt und gepflegt, d. h. Fehlverhalten muss auch jeweils strikt und sichtbar sanktioniert werden. Es bedarf deshalb einer Integritätskultur (Maak/Ulrich 2007, S. 4, Hemel 2007, S. 55 f., Meifert 2008, S. 9). Diese lässt eine längerfristigere Grundorientierung unternehmerischer Entscheidungen im Sinne von Nachhaltigkeit als wünschenswert erscheinen, die im recht fundamentalen Kontrast zum bis vor einiger Zeit noch dominierenden Quartalsdenken im Rahmen der Shareholder-Value-Philosophie steht (Kobi 2008, S. 25 ff., Clausen 2009, S. 75 ff.).

Im Zuge der historischen Entwicklung des marktwirtschaftlichen Wirtschaftssystems mit vergleichsweise hohen Wachstumsraten besonders nach dem 2. Weltkrieg gab es stets theoretische und praktische Hinweise auf die Notwendigkeit einer Einbettung der Ökonomie in einen ethischen Rahmen. Dies erscheint deshalb vernünftig und nachvollziehbar, weil die Dominanz der Ökonomie über die Gesellschaft ein erst mit der beginnenden Industriellen Revolution im 18. Jahrhundert einsetzendes und damit völlig neuartiges geschichtliches und zu hinterfragendes Phänomen darstellte. Nachdem die reine Lehre vom homo oeconomicus und der sich selbst steuernden und optimierenden Ökonomie phasenweise die Oberhand gewonnen hatte, ist wegen der massiven Zielverfehlungen der Marktwirtschaft (z. B. zyklische Krisen, Massenarbeitslosigkeit, Umweltprobleme, Verteilungsschieflagen) wieder verstärkt das Thema Ethik und damit auch das Thema der Unternehmensethik gefragt. Das Nachdenken über »Wirtschaft und Ethik« hat auch deshalb Hochkonjunktur, weil durch den Wegfall der Systemkonkurrenz zwischen Kapitalismus und Sozialismus vor 20 Jahren ein bestimmendes Regulativ für die Entwicklung des Wirtschafts- und Gesellschaftssystems entfallen war, ohne dass ein vergleichbar hilfreiches Korrektiv an dessen Stelle getreten wäre. Der entfesselte Kapitalismus führte danach in eine der bisher größten Krise des Systems, die Ökonomie und viele Unternehmen haben sozusagen die notwendige Balance im Denken und Handeln verloren (Kobi 2008, S. 11 ff., Dietzfelbinger 2008, S. 34 f.). Eine grundlegendere, ethische Orientierung der Unternehmen und der Ökonomie am Leitbild einer nachhaltigen, vernünftigen, lebensdienlichen und menschenfreundlichen Wirtschaft wird zunehmend überlebenswichtig.

Wirtschaften heißt also Werte schaffen, aber es stellt sich die Frage, welche Werte für wen geschaffen werden? »Vernünftiges Wirtschaften aus ganzheitlicher, lebenspraktischer Sicht orientiert sich ... an ihrer Lebensdienlichkeit. Was aber ist lebensdienlich? ... jede mögliche Antwort auf diese elementare Frage impliziert ... zwei ethische Orientierungsideen: eine Idee vom guten Leben und eine Idee vom gerechten Zusammenleben der Menschen ... Dieses Postulat wendet sich ... keineswegs gegen den ökonomischen Effizienzgesichtspunkt, vielmehr zielt es auf die Klärung der unausweichlichen Frage, wofür und für wen eine lebensdienliche Marktwirtschaft denn effizient funktionieren soll. Der Markt ist gleichsam ethisch blind – er kann es von sich aus nicht wissen, wir müssen es ihm schon sagen« (Ulrich 2002, S.2 6 ff., Kobi 2008, S. 68 f.). Zusammengefasst: »Ziel der Unternehmensethik sind ... vernünftige, ökonomisch effiziente und menschendienliche Unternehmenshandlungen (Göbel 2006, S. 287).« Es geht also nicht um die Ablösung des klassischen Gewinnziels von Unternehmen durch begründete ethische Vorgaben, sondern um die sinnvolle Erweiterung und Neugewichtung der bisherigen Ziel- und Verantwortungskataloge.

Im Mittelpunkt des Themas »Personalentwicklung und Ethik« stehen somit folgende Fragestellungen:
- Welche handlungsleitenden Empfehlungen lassen sich aus den zunehmenden theoretischen Diskussionen zur Wirtschafts- und Unternehmensethik für die praktische Umsetzung in Unternehmen ableiten? (Abschnitt 2)
- In welchen Prozessschritten der personalwirtschaftlichen Wertschöpfungskette macht eine Einbeziehung ethischer Aspekte Sinn? (Abschnitt 3)
- Wie könnte sich vor allem eine stärker nach ethischen Gesichtspunkten orientierte Personalentwicklung ausrichten und in welchen Phasen der (betrieblichen) Aus- und Weiterbildung sollten ethische Themenstellungen in Bezug zur Ökonomie überhaupt bzw. intensiver behandelt werden? (Abschnitt 4)
- Zeigt eine derart angepasste Personalentwicklung messbare Erfolge im Hinblick auf das Engagement und die Motivation von Mitarbeitern oder bezüglich erfolgskritischer Messziffern wie z.B. Fluktuation und Absentismus? (Abschnitt 5)

2 Einige theoretische Gedanken zur Wirtschafts- und Unternehmensethik

Ethik legt Normen für gutes, richtiges Handeln und Leben im Umgang mit anderen Menschen und der Natur fest. Sie baut auf der grundlegenden Annahme auf, dass egoistisches und opportunistisches Handeln von Menschen allgegenwärtig ist und trotzdem im Interesse aller Menschen und der Natur begrenzt und möglichst vermieden werden soll. »Offensichtlich bewegt die Menschen seit langem die Frage, welches Handeln als gut und welches als böse zu werten ist. Die Ethik versucht, auf rationale Weise und durch wissenschaftliche Reflexion Orientierungshilfe für die einzelnen Handlungen und den Lebensvollzug im Ganzen zu bieten (Küpper 2006, S. 11)«. Zielgerichtetes Handeln nach ökonomischen Prinzipien ist die selbstverständliche Aufgabe der Unternehmen im marktwirtschaftlichen System. Dieses kann unter Beachtung oder Missachtung ethischer Normen erfolgen. Unternehmen werden konform zu den Regeln marktwirtschaftlicher Systeme das erwerbswirtschaftliche, ökonomische Prinzip als Ziel verfolgen. Dabei werden sie gleichzeitig ethische Normen als wichtige Nebenbedingungen beachten, um die für die Realisierung des Erfolgs notwendige Akzeptanz bei den eigenen Mitarbeitern, ihren Marktpartnern und auch bei den sonstigen gesellschaftlichen Gruppen zu finden (Drumm 2004, Sp. 724, Küpper 2006, S. 54 f.).

Unter *Wirtschaftsethik* versteht man die Anwendung der Ethik auf den Sachbereich Wirtschaft. »Wirtschaftsethik hat es zu tun mit den ethischen Fragen von guten und richtigen Handlungen und Haltungen sowie sittlich erwünschten Zuständen im Subsystem Wirtschaft (Göbel 2006, S. 79). « Wirtschaftsethik dient also »... dem grundsätzlichen Nachdenken über moralische Sachverhalte und Herausforderungen im Wirtschaftsleben ... sie begründet sozusagen das know-what legitimen und sinnvollen Handelns« (Maak/Ulrich 2007, S. 22). Auf der darunter liegenden Ebene der Unternehmensethik geht es um die ethische Forderung, dass Unternehmen sowie ihre Mitarbeiter und Führungskräfte Verantwortung zu übernehmen haben. Mit Hilfe einer praktischen Unternehmensethik will man in die regelmäßigen wirtschaftlichen Entscheidungsprozesse mehr Verantwortungsbewusstsein hineinbringen. Unternehmensethik beschäftigt sich mit Fragen, die gleichzeitig ökonomisch relevant und moralisch legitim oder illegitim sind. Kernfrage der Unternehmensethik ist damit: »Wie sollen ... wir im Wirtschaftsleben miteinander umgehen und warum?« (Clausen 2009, S. 26,; Göbel 2006, S. 99 und 108) Letztlich drängt sich natürlich unmittelbar die Frage auf, warum Unternehmen ethischen Richtlinien folgen sollten? Ethisch wünschenswertes Verhalten macht nur Sinn, wenn es Teil der Geschäftsstrategie wird, wenn Werte als Teil der Unternehmenskultur eine Art von Charakter eines Unternehmens ausmachen. Dann gibt es Gründe dafür, dass sich aus einem solchen Verhalten letztendlich ökonomischer, sozialer und ethischer Gewinn ziehen lässt. Unternehmen verfolgen also nicht nur Leistungsziele im engeren Sinne, sondern mehr oder weniger gleichrangig auch Kommunikations-, Kooperations- und ethische Ziele und Werte (Dietzfelbinger 2008. S. 14 ff., Clausen 2009, S. 30 f.). »Ethik ist die Hereinnahme des Handelns in die Welt des Nachdenkens. Vom Nachdenken erwartet das Handeln Vorgaben. Diese aber müssen sich in der Praxis bewähren ... Sowohl das ökonomische als auch das ethische Interesse des Menschen ist auf Zukunft gerichtet. Ethik arbeitet auf einen Zustand hin, der dem Ist ... nicht entspricht. ... Wirtschaft und Ethik arbeiten ... beide in gewisser Form auf dasselbe Ziel hin: Die Steigerung von Werten ... in der Zukunft (Dietzfelbinger 2008, S. 22 und 25 f.).« In praktischer Wendung heißt dies, dass Unternehmen ein integratives Ethikprogramm mit konkreten Ethik-Maßnahmen konzipieren und umsetzen sollten, in dem folgende Aspekte einfließen müssten (Ulrich 2008, S. 493 ff., Kobi 2008, S. 55 ff., Dietzfelbinger 2008, S. 224 ff., Göbel 2006, S.175 f.):

- Eine geklärte und begründete unternehmerische Wertschöpfungsaufgabe definiert die individuellen und gesellschaftlichen Bedürfnisse, nach deren Erfüllung das Unternehmen strebt (Mission des Unternehmens).
- Verbindliche Geschäftsgrundsätze beschreiben die Selbstverpflichtung des Unternehmens an legitime Strategien und Methoden der Erfolgserzielung (Verhaltens- und Führungsgrundsätze); in der Unternehmenskultur sollte verantwortungsvolles Handeln auf allen Ebenen unterstützt werden.
- In die mittel- und langfristigen Unternehmensziele sollten ethische Dimensionen ausdrücklich aufgenommen werden.
- Klar definierte und gewährleistete moralische Rechte sämtlicher Stakeholder, besonders der Mitarbeiter, sind erforderlich. Eine diskursive Infrastruktur, d.h. eine die wechselseitige Kommunikation im Unternehmen fördernde Struktur muss sichergestellt sein.
- Bei der Auswahl, Beurteilung und Entlohnung von Führungskräften und Mitarbeitern sollte die Moralität als wichtiger Aspekt integriert werden.
- Die Überprüfung und gegebenenfalls Modifikation der bestehenden Führungssysteme sollte zur Regelaufgabe gemacht werden.
- Unverzichtbar sind Maßnahmen der ethischen Kompetenzbildung, d.h. bei der Personalentwicklung sollte die ethische Sensibilisierung als Bildungs- und Qualifikationsziel ihren Platz finden.

Zur Erstellung eines *Unternehmensleitbildes* mit den Teilen Mission, Vision, Code of Conduct sowie Unternehmens- und Führungsgrundsätze gehören häufig empfohlene und praktizierte Maßnahmen zur Materialisierung der *Unternehmensethik*. Die formulierten Grundsätze sollten realistisch, in sich stimmig und nach innen und außen konsensfähig sein. In einem Leitbild »...verpflichtet sich das Unternehmen freiwillig auf bestimmte moralische Werte und Verhaltensweisen, die zum einen die strikte Einhaltung von Gesetzen betreffen, zugleich aber über die bloße Einhaltung der Gesetze hinausgehen. Das Leitbild macht Aussagen über das Verhalten des Unternehmens gegenüber den Stakeholdern« (Göbel 2006, S. 188, Dietzfelbinger 2008, S. 238 ff.). Auch Unternehmensziele sind als Grundlage der Planung, Steuerung und Koordination von herausragender Bedeutung. Sie motivieren die Mitarbeiter, leiten ihr Verhalten, geben ihnen Richtung und Sicherheit, verleihen dem Unternehmen erkennbare Identität nach innen und außen und Kontinuität im Verhalten. Sind allerdings – was in der Praxis offenbar zu beobachten ist – die ökonomischen (Jahres-) Ziele zu ambitioniert formuliert und damit unrealistisch in der Erreichung, fördert dies wegen der oftmals engen Verknüpfung von Zielerreichung und individuellem variablen Entgelt insbesondere bei Führungskräften zweifellos Verhaltensweisen, die ethischen Standards nicht gemäß sind (z.B. Korruption, Geschäfte außerhalb des eigentlichen Geschäftszwecks oder gar Scheingeschäfte). Daher sollte es bei Zielkonflikten zwischen ökonomischen Zielen und ethischen Werten klar und selbstverständlich sein, dass die Priorität beim moralischen Handeln liegt. Die Diskrepanz zwischen den informellen Werten und Normen in einem Unternehmen zu den formalen und niedergeschriebenen oder auch der Unterschied von Reden und Handeln darf in keinem Fall zu groß werden, denn dann wird das Leitbild zur Makulatur.

Wichtig ist die Frage, wie ethisches Verhalten in Unternehmen kontrolliert und Fehlverhalten sanktioniert werden sollte? Neben der Entwicklung einer Corporate Governance, d.h. der Sicherstellung von transparenten Regeln, wie das Unternehmen geführt werden soll, benötigen Unternehmen ebenso ein gutes Compliance-System, das über die Einhaltung der gesetzlichen und unternehmensinternen Regeln wacht. Interne Kanäle sind einzurichten, über die sich Mitarbeiter und Führungskräfte bei der Beobachtung von Missständen und Verstößen gegen bestehende Gesetze und unternehmensinterne Regeln beschweren können. Das so genannte Whistleblowing (deutsch: Alarm schlagen) bedeutet, dass Mitarbeiter außerhalb des normalen Dienstwegs (der über den direkten Vorgesetzen geht) über unzulässige Vorgänge im Unternehmen direkt berichten können: Dabei sind unterschiedliche Adressaten denkbar: von der Unternehmensleitung selbst, über Ethics Officer, Ombudsmänner oder Compliance-Officer bis hin zu Ethik-Kommissionen, die an dieser Stelle nicht im Detail beschrieben werden können (Clausen 2009, S. 116 ff., Maak/Ulrich 2007, S. 500 ff., Göbel 2006, S. 237 ff.).

3 Personalmanagement und Ethik

Personalwirtschaft und ethisches Handeln folgen also auf den ersten Blick widersprüchlichen Zielen und Normen. Gegenüber ihrem Personal ethisch handelnde Unternehmen gewinnen allerdings nach innen Reputation, die auch positiv nach außen wirkt. Sie vermeiden ökonomische und sonstige Risiken und sichern – so die hier aufgestellte These – mittel- bis langfristig den ökonomischen Erfolg und das Überleben des Unternehmens (Clausen 2009, S. 33 ff., Dietzfelbinger 2008, S. 85 ff., Waibl 2005, S. 31 ff.). An welchen grundsätzlichen Prozessschritten der Wertschöpfungskette des Human Ressource Management ethische Gesichtspunkte relevant sind und wie die erwähnte positive Außenwirkung aussehen und möglicherweise sogar gemessen werden kann, wird im weiteren Verlauf beschrieben.

Die Unternehmensethik ist die normative Grundlage für personalwirtschaftliches Handeln der Unternehmensleitung und der Führungskräfte gegenüber allen Mitarbeitern des Unternehmens. Während in der unternehmerischen Praxis nicht selten davon ausgegangen wird, dass nicht alle Mitarbeiter qualifizierbar seien und es deswegen sinnvoller sei, sich in der Personalentwicklung nur auf ausgewählte Experten und Talente zu konzentrieren, wird hier der Ansatz vertreten, dass es entscheidend – und im Übrigen auch ethisch begründbar – ist, alle Mitarbeiter einzubeziehen. »Lernfähigkeit ist in der Organisationswelt die beste Strategie, um erfolgreich zu bleiben, sich Veränderungen optimal anzupassen und sich trotz widriger Bedingungen weiterzuentwickeln ... Dafür müssen Unternehmen durch entsprechende Mitarbeiter fähig sein, Veränderungen vorherzusehen und darauf zu reagieren. Die Mitarbeiter sind ... vom ehemaligen Produktionsfaktor zum strategischen Erfolgsfaktor avanciert. ... Unternehmen, die ... ein integriertes Talent Management System anwenden, berücksichtigen jeden Mitarbeiter. Talent bezeichnet hier die Begabungen, die in künftigen ... geistigen und physischen Handlungen zum Tragen kommen können (Steinweg 2009, S. 11 und 5)«. Der Mitarbeiter ist zweifellos Produktionsfaktor, d.h. Mittel zum Zweck der Erreichung von Unternehmenszielen, als »... Person hingegen ist und bleibt der Mitarbeiter Selbstzweck mit unbedingt gültigem Eigenwert« (Ulrich 1995, Sp. 564). Dies bedeutet, dass sich ethisch begründbare, personalwirtschaftliche Aktivitäten auf alle Mitarbeiter eines Unternehmens beziehen sollten. Dies ist jedoch nicht mit gedankenloser Gleichmacherei oder Ressourcenverschwendung gleichzusetzen, sondern besagt, dass alle Mitarbeiter ihren Anteil an der Wertschöpfung des Unternehmens haben. Verschiedene Mitarbeitergruppen (vom falsch eingesetzten und gegebenenfalls als Schlechtleister eingestuften Mitarbeiter bis hin zum herausragenden Mitglied eines Talentepools) sollten mit differenzierten Entwicklungs- und Weiterbildungsmaßnahmen bedacht werden. Dies kann umgekehrt durchaus auch bedeuten, dass man sich zielgerichtet von Mitarbeitern trennt (Steinweg 2009, S. 174 ff.).

Hingewiesen werden sollte noch auf die Überlegungen von Maak und Ulrich zu einem *Human Relations Management* als zielgerichteter Weiterentwicklung des heutigen Personalmanagements (Maak/Ulrich S. 405 ff.). In einem human orientierten Personalwesen wird die Personalarbeit als ein Auftrag verstanden, die »...Humanbeziehungen im Unternehmen zu pflegen, zu managen, zu fördern und zu unterstützen. Damit stehen zum einen die Menschen als Menschen im Mittelpunkt des Interesses, zum anderen besitzen auch die Beziehungen zwischen den Menschen ... einen humanen Eigenwert. ... ein human zentriertes Personalwesen basiert ... zum einen auf ... Prinzipien der Anerkennung, Anteilnahme, Respekt und Fürsorglichkeit – ist mithin prinzipiengeleitet; zum anderen gilt der Fokus den explizierten menschlichen Grundbedürfnissen« (Maak/Ulrich 2007, S. 414 ff.). Reflektierte ethische Grundsätze leiten sich aus humanen Grundwerten wie dem Respekt vor der Würde des Menschen, der Anerkennung der Gleichwertigkeit und der fairen und humanen Behandlung von Menschen ab und »... sind Ausdruck eines auf der Anerkennung von unantastbaren Mitarbeiterrechten sowie auf der Anteilnahme und Fürsorglichkeit basierenden Beziehungsverständnisses« (Maak/Ulrich 2007, S. 417). Solche Leitprinzipien sind z.B. die Einhaltung von gesetzlichen Standards und von Gesundheits- und Sicherheitsstandards, die Gewährleistung fairer und menschenwürdiger Arbeitspraktiken sowie gleicher Rechte und Möglichkeiten für alle Mitarbeiter, die Sorge um Lohngerechtigkeit und um das Wohlergehen der Mitarbeiter. Das Personalmanagement müsste dann bei allen personalwirtschaftlichen Aktivitäten entsprechend modifiziert werden.

Die bisherige Diskussion lässt Ansatzpunkte für ethisches Handeln auf bestimmten Feldern der personalwirtschaftlichen Wertschöpfungskette ableiten Die hier ebenfalls relevanten Handlungsfelder Personalstrategie, Personalplanung, Vergütung, Kommunikation und Mitbestimmung werden in diesem Beitrag nur insoweit behandelt, wie sie im Zusammenhang zur Personalentwicklung von Bedeutung sind (Drumm 2004, Sp. 723 ff., Göbel 2006, S. 202 ff., Küpper 2006, S. 226 ff., Maak/Ulrich 2007, S. 311 ff.).

4 Praktische Handlungsempfehlungen für die Personalentwicklung

4.1 Aufgaben der Personalentwicklung

Aufgabe der Personalentwicklung ist es, »... zielgerichtete Maßnahmen zu entwickeln, durchzuführen und zu begleiten, die geeignet sind, die Handlungskompetenz durch Wissensvermittlung, Verhaltensmodifikation und Persönlichkeitsentwicklung der Beschäftigten zu fördern, zu erhalten oder zu erneuern« (Treier 2009, S. 149, Stock-Homburg 2008, S. 152 ff.). Die Zielfelder von Personalentwicklung sind die Erhöhung der Wettbewerbsfähigkeit, die Erhöhung der Flexibilität, die Erhöhung von Motivation und Integration, die Sicherung eines qualifizierten Mitarbeiterstammes und die Berücksichtigung individueller und bildungspolitischer Ansprüche. Das Ziel ist »... die Steigerung der Effizienz des Potenzialfaktors Mensch durch einen besseren Abgleich zwischen dem Bedarf des Unternehmens an bestimmten Qualifikationen ... und dem Bestand an entsprechenden Qualifikationen beim Personal« (Göbel 2006, S. 219). Maßnahmen der Personalentwicklung zielen auf die Erweiterung bzw. Vertiefung bereits bestehender und die Vermittlung neuer Qualifikationen. Die Inhalte beziehen sich auf die Vermittlung von fachlichem Wissen, berufsbezogenen Fertigkeiten und generellen Fähigkeiten. Hierzu zählen Lern-, Team-, Kommunikations-, Führungs-, Konflikt-, Konsens-, Entscheidungs- und Innovationsfähigkeit. Neben der Fach- und Methodenkompetenz sind die soziale Kompetenz, die interkulturelle

Kompetenz und schließlich die ethische Kompetenz als weitere wichtige Qualifikationserfordernisse zu nennen. Die Inhalte beziehen sich also auf die Qualifikation, die Kompetenzen, die Performance, die Werte und Einstellungen sowie die Person (Treier 2009, S. 157, Meifert 2008, S. 19). Nicht nur Unternehmen haben aber ein Interesse an der Weiterentwicklung, sondern auch die Mitarbeiter selbst haben ein eigenes Interesse. »Personalentwicklung kann also ... gleichermaßen die Zielverwirklichung der Mitarbeiter, der Gesellschaft und des Unternehmens fördern. Dennoch besteht zwischen dem menschlichen Sinn der Entwicklung des Humanpotenzials und ihrer ökonomischen Verwertbarkeit keine prästabilisierte Harmonie. Spannungsfelder ergeben sich beim Umfang, beim Inhalt, bei der Finanzierung und den Adressaten der Entwicklungsmaßnahmen (Göbel 2006, S. 223)«.

Die sich in der *Unternehmenskultur* manifestierende Ausprägung, wie ein Unternehmen wirklich ist, wirkt sich in entscheidenden Bereichen aus, so bei der Verbesserung der Reputation des Unternehmens (sehr bedeutsam im Hinblick auf die externe Wahrnehmung von Unternehmen z.B. im Rahmen von Arbeitgeberrankings), bei der Sicherstellung einer hohen Retentionrate, d.h. dem Verbleib des besten Mitarbeiter im Unternehmen, sowie bei der immer wieder notwendigen Revitalisierung des Unternehmens. Mitarbeiter und Führungskräfte, die wissen, dass sie für ein Unternehmen mit eigenem Charakter arbeiten, finden Sinn in ihrer Tätigkeit und sind eindeutig motivierter. Unternehmen mit diesen Eigenschaften – zu denen zweifellos eine hinreichend gute Personalentwicklung in Theorie und Praxis gehört – sind mittel- und langfristig erfolgreicher. »Der Charakter eines Unternehmens, seine soziomoralische Identität, ist eine zentrale Ressource in einer globalen Stakeholder-Gesellschaft. Er bildet den Kern der Kultur und signalisiert dem Betrachter, was – oder wer – das Unternehmen wirklich ist. Es ist der Charakter, der darüber entscheidet, ob einem Unternehmen Glaubwürdigkeit und Authentizität bescheinigt wird (Maak/Ulrich 2007, S. 362)«. Bezogen auf die Notwendigkeit der Einbeziehung ethischer Fragestellungen in der Personal- und Organisationsentwicklung werden im Folgenden ausgewählte, ethisch besonders relevante Themenfelder angesprochen, ohne dabei jeweils ins inhaltliche Detail der hier zu besprechenden Maßnahmen gehen zu können (Bröckermann/ Müller-Vorbrüggen 2008).

4.2 Strategische Personalentwicklung

Strategische Personalentwicklung ist ein Teilbaustein einer konkreten, jährlich revolvierenden Ableitung einer unternehmensspezifischen Personalstrategie. Diese leitet sich ab aus den Erfordernissen der Unternehmenspolitik und -strategie und berücksichtigt weitere interne und externe Rahmenbedingungen. Gut funktionierendes, in die Unternehmensprozesse integriertes Personalmanagement ist ein wichtiger – allerdings in vielen Unternehmen unterschätzter – Baustein zur langfristigen Zukunftssicherung von Unternehmens, weil damit an einer der zentralen Stellschraube zur Schaffung von nachhaltigen Wettbewerbsvorteilen beigetragen wird (Ringlstetter/Kaiser 2008, S. 5 ff., Oechsler 2006, S. 40 ff., Stock-Homburg 2008, S. 4 ff.). In einer solchen Personalstrategie konzentriert sich das Unternehmen und der Personalbereich auf die Herausforderungen für einen mittelfristigen Zeitraum, d.h. die beispielsweise drei bis fünf wichtigsten Themen werden im Detail beschrieben und mit konkreten Maßnahmenplänen und regelmäßigen Kontrollschleifen hinterlegt. Elementar ist hier eine adäquate Ist-Analyse der Leistungsfähigkeit (Skill) und der Leistungsbereitschaft der Mitarbeiter (Will) im Unternehmen – aus unternehmensethischer Sicht ließe sich von der Könnens- und Wollensdimension sprechen. Diese beiden Komponenten ergeben sozusagen multiplikativ verknüpft das aktuelle Leistungsniveau der vorhandenen Humanressourcen. Das Ziel ist eine sinnvolle, d.h. angemessene Optimierung des jeweiligen Status-quo im Zeitablauf. Es geht darum – hier wird es in der praktischen Umsetzung zumeist schwierig –, für die mittel- und langfristige Perspektive der Unternehmensentwicklung sicherzustellen, dass die künftigen Verknüpfungen der Skill- und Will-Dimensionen nach Art und Umfang mit den künftigen Humanressourcen in Übereinklang zu bringen sind. Zu diesem Zweck bedarf es einer angemessenen Business- und Personalplanung und einer zeitgerechten Anpassung der Humanressourcen nach Menge und Qualität (Personalaufbau durch Rekrutierung am externen Markt, Personalfreisetzung, Qualifizierung und Entwicklung) (Ringlstetter/Kaiser 2008, S. 16 ff., Göbel 2006, S. 202 ff., Oechsler 2006, S. 160 ff.).

Aus der *Personalstrategie* ergeben sich mittel- bis langfristig erforderliche Kernkompetenzen der Mitarbeiter. Auf der Basis dieser bereits vorhandenen oder aber noch zu entwickelnden Kernkompetenzen können sich Unternehmen die im Wettbewerb erforderlichen Vorteile erarbeiten. »Kernkompetenzen sind kein statisches Gut, das ... dem Unternehmen automatisch auf Dauer zur Verfügung steht. Vielmehr bedürfen auch Kernkompetenzen einer kontinuierlichen Pflege, damit sie fortbestehen (Bühner 2004, S. 21).« Personalentwicklung mit strategischem Anspruch muss die Inhalte aus der Personalstrategie und der quantitativen und qualitativen Personalplanung ableiten. Sie besteht aus der langfristigen, grundlegenden Strategie und aktionsbezogenen Maßnahmen. Die Aktivitäten der Personalentwicklung zielen dabei »... besonders auf die weichen Faktoren ... Es geht darum, Spezialkenntnisse zu fördern, einen gemeinsamen Führungsstil zu hinterlegen, Werte und Normen allen Mitarbeitern zu vermitteln, Karriere- und Sozialisationswege zu definieren« (Meifert 2008, S. 19). »Die people strategy beantwortet die Frage, wo die Belegschaft ... in drei bis fünf Jahren steht und welche längerfristigen Ziele ... verfolgt werden müssen. Neben den quantitativen und qualitativen Anforderungen (wie viele Beschäftigte in welchen Jobklassen mit welchen Skill- und Kompetenzprofilen) geht es dabei ... auch um die Frage, wie ... Rahmenbedingungen gestaltet werden müssen, damit diese Ziele erreicht werden können (Hölzle 2008, S. 85).« In neueren Ansätzen geht man in der Ist-Analyse noch einen bedeutsamen Schritt weiter. Hier werden alle existierenden Funktionen bzw. Positionen eines Unternehmens nach dem Kriterium geclustert, inwieweit diese von strategischer, d.h. geschäftskritischer Qualität sind. Im nächsten Schritt wird geprüft, ob die heutigen Besetzungen dieser A-, B- oder C-Positionen auch mit den entsprechenden A-, B- und C-Kandidaten erfolgt sind (Huselid 2009, S. 51 ff., Bühner 2004, S. 21 ff.). Anschließend lassen sich konkrete zeitnahe Veränderungen umsetzen, und man verfügt somit über eine ausgezeichnete Planungsbasis für künftig notwendige Anpassungen im Personalbestand. Eine so ausgestaltete, von der Unternehmensleitung mitgetragene Personalstrategie und in die Unternehmensplanung integrierte Personalplanung mit zeitgerechten Maßnahmen könnte man als einen wirklich ethischen Beitrag zur positiven Unternehmensentwicklung ansehen.

Denn das Management des Personals ist dann nicht mehr gezwungen, auf immer wiederkehrende Veränderungen zu reagieren, sondern ist signifikanter Teil eines agierenden Unternehmens und kann somit den Interessen vor allem der Mitarbeiter nach Arbeitsplatz- und Einkommenssicherheit, angemessenen Arbeitsbedingungen und herausfordernden Arbeitsinhalten gerecht werden. Die derzeit von der Politik unterstützte Vorgehensweise der deutschen Unternehmen in der aktuellen Wirtschaftskrise (massive Ausweitung der Kurzarbeit anstelle von Massenentlassungen) stellt insofern einen auch moralischen Fortschritt dar.

Zu einem vollständigen, modernen Ansatz einer strategischen Personalentwicklung gehören neben dem Herausarbeiten einer Personalentwicklungsstrategie und einem aus dem Geschäft abgeleiteten Kompetenzmanagement ein Performancemanagement, ein Talentmanagement, das Management der Weiterbildung, ein Retention- und Kulturmanagement sowie ein alle umgesetzten Maßnahmen umfassendes Controlling. Auf einzelne Aspekte wird noch beispielhaft eingegangen (Abschnitte 4.3 bis 4.7). Maßgeblich für den Erfolg ist es, dass das Unternehmen in einen strategisch orientierten, regelmäßigen, d.h. zumeist im Jahresrhythmus wiederkehrenden Standardprozess gelangt. In diesem stehen die systematische Identifikation von Schlüsselfunktionen und Schlüsselpersonen (Keyplayer und Toptalente) und die Anstrengung zur zeitnahen, möglichst internen Besetzung im Mittelpunkt. Aus Sicht der zu entwickelnden Mitarbeiter und Führungskräfte ist es besonders bedeutsam, dass die jeweils persönlichen Bedürfnisse nach Weiterbildung und -entwicklung (Abschnitt 4.4), guter Führung (Abschnitt 4.5), gerechter Vergütung (Abschnitt 4.5) und informationeller Einbindung (Abschnitt 4.6.), Einbeziehung in die kontinuierliche Weiterentwicklung des Unternehmens (Abschnitt 4.6) und letztlich guter Arbeit (Abschnitt 4.7) bedacht und nachhaltig befriedigt werden. In der praktischen Umsetzung zeigen sich allerdings häufig zwei grundsätzliche Probleme: Bei aller vordergründigen Akzeptanz des Konzeptes mangelt es vor allem an einem sorgfältigen Bedarfsmanagement. Es ist offensichtlich aus Geschäftssicht schwierig, für einen auch nur mittelfristigen Zeitraum vorherzusagen, welche Qualifikationen und Fähigkeiten in welchen Mengen benötigt werden. Ein mehr oder weniger professioneller Ansatz scheitert zudem nicht selten an den zur Verfügung gestellten finanziellen Mitteln (im Zuge von immer wiederkehrenden Sparprogrammen schaut man in der Regel auch direkt auf das Weiterbildungsbudget) und auch am Unwillen und an der Unfähigkeit des Managements, die benötigten eigenen Zeitbudgets bei der Umsetzung und Weiterentwicklung von Maßnahmen der Personalentwicklung zur Verfügung zu stellen (Hölzle 2008, S. 107 f.).

Fazit: Eine Personalentwicklung hat die Bezeichnung strategisch und ethisch verantwortlich dann verdient, wenn sie fester und integrativer Bestandteil der Unternehmens- und Personalstrategie ist und in einem jährlichen Zyklus allgemein akzeptierter Personalentwicklungsprozesse mündet sowie wenn sie den legitimen Bedürfnissen der Mitarbeiter nach einer individuell ansprechenden Bildung und Entwicklung im Unternehmen gerecht wird. Damit wächst die Chance einer erfolgsförderlichen Kultur und damit sinkt eben auch die latente Fluktuationsgefahr im Unternehmen, geschäftskritisches Know-how bleibt erhalten, unnötige Rekrutierungs- und Einarbeitungskosten werden vermieden.

4.3 Rekrutierung, Personalauswahl und Talentmanagement

Mit der Unternehmensethik können die vorstehend genannten Themenbereiche auf zwei Arten in Verbindung gebracht werden: Das Auswahlverfahren muss selbst bestimmten moralischen Ansprüchen genügen, und bei der Rekrutierung von Mitarbeitern bzw. bei der Stellenbesetzung mit internen Mitarbeitern und im Rahmen eines Talentmanagements sollten moralische Mitarbeiter sozusagen bevorzugt werden. »Die Bemühungen, die ethische Qualität unternehmerischen Handelns mit Hilfe von Leitlinien und Kulturmanagement zu erhöhen, scheitern in der Praxis, wenn die Mitarbeiter, besonders in Führungspositionen, große individualethische Defizite aufweisen. Die Moralität der Mitarbeiter muss daher schon bei der Personalauswahl beachtet werden (Göbel 2006, S. 204).« Die Besetzung von Führungspositionen ist nicht nur im Hinblick auf den Erfolg eines Unternehmens eine zentrale Einflussgröße, sondern auch im Hinblick auf die in einem Unternehmen wirksame Sozialkompetenz. Über die Auswahl ihrer Führungskräfte und die Besetzung von Leitungspositionen kann man eine Übereinstimmung in den innerhalb eines Unternehmens anerkannten Wertvorstellungen und damit in ihrer Unternehmenskultur erreichen. Wegen des starken Einflusses der Persönlichkeitsmerkmale mit den enthaltenen Wertvorstellungen des Einzelnen und deren begrenzter Veränderbarkeit wird die Personalauswahl zu einer zentralen Bestimmungsgröße für die Art und das Ausmaß der in einem Unternehmen auftretenden Wertkonflikte bzw. deren Beherrschbarkeit (Küpper 2006, S. 239). Bei Stellenanzeigen, in Auswahlgesprächen oder -verfahren und auch im Zusammenhang mit Performance- und Potenzial-Reviews sollte neben den fachlichen Kompetenzen auch immer auf die Ausprägung von Sozialkompetenz Bezug genommen. Zu den Dimensionen sozialer Kompetenz gehören: »... die eigene Verantwortung gegenüber den gesellschaftlichen Gemeinschaften und der Natur erkennen und berücksichtigen können, Moral und Ethik respektieren, die eigene Moralität aktiv entwickeln, sich achtungsvoll, aufrichtig, fair, solidarisch, tolerant, kompromissbereit und einfühlend gegenüber anderen verhalten (Göbel 2006, S. 206)«.

In Auswahlverfahren und bei den Kriterien zur abschließenden Personalauswahl sollte das Thema Ethik in jedem Fall angemessen Berücksichtigung finden. Nach dem in diesem Beitrag gewählten weiten Ansatz bezieht sich das Talentmanagement im ersten Schritt nicht ausschließlich auf die eher wenigen Toptalente eines Unternehmens, sondern grundsätzlich auf alle Mitarbeiter. Fraglich ist auch, ob bei diesem Thema wirklich eine kriegsähnliche Situation im Kampf um die besten Mitarbeiter zwischen den Unternehmen besteht, wie so manche Veröffentlichung vermuten lässt. »Der Talente-Krieg ist eine Investitionsentscheidung in die Zukunft des Unternehmens. Sie erfordert, dass das Unternehmen viel Geld im Bereich des Personalmanagements ausgeben und dort bewusst einsetzen muss, wenn es sich mehr und besseres Personalvermögen aufbauen will. Der War for Talents ist für Unternehmer nicht gratis, dafür aber in der Regel auch nicht umsonst (von der Oelsnitz/Stein/Hahmann 2007, S. 189 ff.).« Die Auseinandersetzung um die Talente läuft sozusagen fortlaufend auch zwischen den jeweiligen Unternehmen und seinen Arbeitnehmern. In diesem »Kampf um die Besten« geht es vornehmlich »... um die vom Unternehmen zu zahlenden Anreize für die zu erbringende Arbeit und Loyalität der Mitarbeiter, also um Leistung und Gegenleistung« (von der Oelsnitz/Stein/Hahmann

2007, S. 191). Dies ist nach allem, was zum Thema Mitarbeiterbindung bekannt ist, zweifellos zu kurz gesprungen oder zumindest unscharf formuliert, denn neben der Vergütungsfrage stehen andere Beurteilungsgesichtspunkte eher im Mittelpunkt, so die zu beurteilende Qualität möglicher Alternativen auf dem Arbeitsmarkt, die vom Unternehmen entgegengebrachte Wertschätzung, die Art und Qualität der Führung, die Beziehungen zu Kollegen und individuelle Persönlichkeitsmerkmale (Steinweg 2009, S. 184 ff., Felfe 2008, S. 131 ff.). Die hier dargelegten besonderen Qualitäten von »ethischen Unternehmen« belegen, dass diese Unternehmen in dem Wettstreit um die besten Mitarbeiter einen massiven Startvorteil und eine Werteposition haben, die sich diese Unternehmen mittel- bis langfristig nicht nehmen lassen werden und die sich schon heute zumeist sehr deutlich in Arbeitgeberrankings oder ähnlichen Unternehmensvergleichen widerspiegeln.

Fazit: Gut geführte, d.h. auch ethische Grundsätze tatsächlich beachtende Unternehmen werden auch im Bereich der Auswahl, Rekrutierung und beim Talentmanagement massive Vorteile haben, denn gerade die gut ausgebildeten jungen Mitarbeiter und viel gefragte, schon ältere Experten lassen sich nicht von vorgeblich guten alternativen Angeboten anderer Unternehmen blenden, sondern prüfen sowohl den Eintritt in bzw. den Verbleib in einem Unternehmen nach einer Vielzahl, oftmals auch ethisch begründeten Kriterien.

4.4 Aus- und Weiterbildung – zur Vermittlung von Ethik- und Sinnkompetenz

Um im Wettbewerb erfolgreich zu sein, müssen Unternehmen zielgerichtet und systematisch in die Kompetenzen und Fertigkeiten ihrer Mitarbeiter investieren. In Unternehmen – und dies gilt natürlich auch für neu eintretende Mitarbeiter – befinden sich »erwachsene« Mitarbeiter, die »... in der Familie, der Schule und der Universität bereits eine langjährige Bildung erfahren haben. Dennoch wird die Notwendigkeit und Sinnhaftigkeit von betrieblichen Entwicklungsmaßnahmen bejaht« (Göbel 2006, S. 227, Küpper 2006, S. 239 f.). Neben technischen, kaufmännischen, führungstechnischen und unternehmensspezifischen Aus- und Weiterbildungsinhalten gehört die ethische Bildung zu den zumeist genannten Maßnahmen für die praktische Umsetzung der Unternehmensethik. Eine möglichst hierarchieübergreifende Weiterbildung dient der informellen Kommunikation jenseits des Tagesgeschäftes und auch der Schaffung und systematischen Verbreitung von gemeinsamen Wertvorstellungen innerhalb einer integren Unternehmensführung sowie der Vermittlung von Ethikkompetenz. Diese »... umfasst ein fortschrittliches Moralbewusstsein, d.h. die Einnahme des Moral Point of View, der sowohl vom Moralbewusstsein (Vernunftaspekt) als auch Empathie und Fürsorglichkeit (Einfühlungsvermögen) geprägt ist, sowie Reflexionskompetenz, moralische Vorstellungskraft und moralischen Mut (Maak/Ulrich 2007, S. 471).«

Bei der moralischen Kompetenz lassen sich die moralische Sensibilität, die moralische Urteilskraft, die Verständigungskompetenz und die moralische Motivation unterscheiden (Göbel 2006, S. 224 ff.). Moralische Sensibilität bedeutet, dass bei eigenen Handlungen und Entscheidungen neben der ökonomischen Effektivität immer auch die moralische Zulässigkeit in Frage gestellt werden muss. Mitarbeitern muss dabei verdeutlicht werden, dass man sich im Wirtschaftsleben nicht im einem »...moralfreien (möglicherweise sogar gesetzesfreien) Raum (befindet), in dem die Kategorien von gut und böse, sittlich richtig und falsch nicht angewendet werden« (Göbel 2006, S. 225). Moralische Urteilskraft meint, dass Personen in der Lage sind, beim Handeln einen moralischen Standpunkt einzunehmen und in der Lage sind zu beurteilen, welche der gegebenen Handlungsalternativen die sittlich richtige ist. Urteilsfähigkeit bedeutet also, »Meinungen, Handlungsempfehlungen und Informationen als richtig oder falsch, gut oder schlecht, wichtig oder unwichtig bewerten zu können« (Clausen 2009, S. 8). Zunächst ist die Kenntnis derjenigen Gesetze und anderen Vorschriften sicherzustellen, die für den jeweiligen Arbeitsbereich der Mitarbeiter gelten. Darüber hinaus geht es um die Vermittlung ethischen Wissens, d.h. in Unternehmen vor allem um die systematische und wiederholende Unterweisung in die Grundelemente des Wertesystems. Darauf aufbauend muss die Fähigkeit zu wertgerechtem Handeln entwickelt werden und sodann die Bereitschaft, tatsächlich wertgerecht zu handeln, gefördert werden. Bei der moralischen Verständigungskompetenz kommt es »...nicht darauf an, den anderen zu überreden, zu manipulieren, sich durchzusetzen, zu lügen und zu tricksen ... Vielmehr kommt es auf einen wirklichen Konsenswillen, Ehrlichkeit, Offenheit und wechselseitige Anerkennung an. Gefördert werden soll die Argumentationsintegrität (Göbel 2006, S. 229).« Zuletzt ist noch der so genannte »moralische Mut« zu nennen. In jeder Organisation existiert ein bestimmter Konformitätsdruck auf alle Mitglieder, ein mehr oder weniger spürbarer Druck in Richtung einer gleichgerichteten Denk- und schließlich auch Handlungsweise. »Zu Merkmalen des postkonventionellen Moralbewusstseins gehört ... die Fähigkeit und Notwendigkeit, in bestimmten Fällen kritische Distanz einnehmen zu können und herrschende Konventionen und Moralvorstellungen auf ihren ethischen Gehalt hin zu prüfen. ... Es ist deshalb wichtig, dass in Unternehmen ein entsprechend kritisches Moralbewusstsein gefördert und nicht negativ sanktioniert wird; dass kritische, nicht blinde Loyalität erwünscht ist; und dass ein entsprechendes Handeln belohnt und nicht bestraft wird (Maak/Ulrich 2007, S. 482 f.).« Zuzustimmen ist allerdings der diesbezüglichen Wertung, dass »... die Entwicklung von Ethikkompetenz im Unternehmen ein anspruchsvolles und ebenso zentrales Unterfangen ist, dem bislang nur wenig Aufmerksamkeit zuteil wurde« (Maak/Ulrich 2007, S. 484).

Schließlich sollte man sich über den Adressatenkreis und mögliche Maßnahmen zur Förderung von *Ethikkompetenz* klar werden. Zu den ersten Abnehmern einer entsprechenden Aus- und Weiterbildung gehören die Auszubildenden im Unternehmen, die Führungskräfte und neu ins Unternehmen eintretende Mitarbeiter, je nach Intensität des Vorhabens sogar alle Mitarbeiter (siehe Abschnitt 4.5). Führungskräfte natürlich vor allem deshalb, weil sie die Verantwortung für die Führung einer mehr oder weniger großen Zahl von Mitarbeitern tragen und weil sie in dieser Rolle eine große Vorbildfunktion wahrnehmen. Bei der Art der Umsetzung in Maßnahmen reicht die Spanne vom Training off the Job, near the Job und on the Job über unternehmensweite Ethik-Tage, Coaching und Mentoring, moralischem Erfolgslernen bis hin zum klassischen Workshop und Seminar. Entscheidend ist dabei die Ernsthaftigkeit und Nachhaltigkeit des Vorgehens, denn die isolierte Durchführung von Seminaren oder das Auslegen von Ethik-Broschüren ohne Einbettung in ein schlüssiges Gesamtkonzept, welches zudem von der Unternehmensspitze real vorgelebt wird, wird nicht zu den gewünschten Resultaten führen (Göbel 2006, S. 229 ff., Maak/ Ulrich 2007, S. 480 f.).

Fazit: Nicht nur, weil die ethische Grundausbildung im Alltag, in Schule und Universität derzeit im Allgemeinen noch zu wünschen übrig lässt, sondern auch, weil es in Unternehmen eine ständige, geschäftsbezogene Notwendigkeit gibt, Mitarbeitern und vor allem Führungskräften eine moralisch-ethische Kompetenz zu vermitteln, sind die hier angeregten Elemente einer Aus- und Weiterbildung in Ethik-Themen ein zentraler Baustein in der Weiterentwicklung der Kultur und Leistungsfähigkeit von Unternehmen.

4.5 Führungs- und Mitarbeiterethik

Es wurde bereits deutlich, dass eine wesentliche Teilaufgabe der Unternehmensführung in der Personalführung liegt, d.h. in der zielgerichteten Beeinflussung, Begleitung und Kontrolle des Personals. Bei der Personalführung geht es um die direkte und persönliche Interaktion zwischen Vorgesetztem und Mitarbeiter, um einen Kommunikationszusammenhang. Wichtig ist die Unterscheidung zwischen Führungs- und Mitarbeiterethik. Bei der Führungsethik geht es »... um die Frage der menschenwürdigen und fairen Gestaltung der Beziehung zwischen Vorgesetzen und Mitarbeitern« (Göbel 2006, S. 171). Eine Führungskraft sollte – in einer zweifellos idealtypischen Auflistung – kritisches Urteilsvermögen besitzen, kreativ sein, ein hohes Commitment für die jeweilige Aufgabenstellung haben, engagiert, loyal und charakterlich integer sein, Ausstrahlung besitzen, verantwortlich und überzeugend sein, sozial-kompetent und charakterfest auftreten, konfliktfähig sein und offen für den Blick über den Tellerrand hinaus sein (Dietzfelbinger 2008, S. 108 f., Stotz 2007, S. 35 ff.). Bei der Auswahl, Positionierung, Beurteilung und entsprechenden Weiterentwicklung von Führungskräften ist insofern besonders auf die diesbezüglichen Qualitäten und (Entwicklungs-)Potenziale zu achten. Fundamental für die führungsethische Perspektive »... ist die Anerkennung des Mitarbeiters als Person und Zweck an sich. Als oberste Norm der Führungsethik kann daher gelten, die Würde des Mitarbeiters zu achten und seine Bedürfnisse ernst zu nehmen« (Göbel 2006, S. 173). In den hier relevanten Normen geht es um den achtungsvollen Umgang miteinander, die Sicherung gegen willkürliche und diskriminierende Behandlung, die Beschreibung von sinnvollen Führungsstilen, den Schutz der Privatsphäre sowie die Gewährung humaner Arbeitsbedingungen. Die wesentlichen Herausforderungen, mit denen Führungskräfte heute konfrontiert werden, sind also allgemein ethischer Natur.

»Verantwortliche Führung besteht im Aufbau und in der Pflege tragfähiger und ... nachhaltiger Beziehungen zu allen Stakeholdern eines Unternehmens, Mit folgenden Reflexionsfragen lässt sich Führung analysieren: Wer führt wen (oder was)? ... auf welcher Grundlage? ... mit welchen Mitteln? ... zu welchem Zweck? Als Werteboden schlagen wir eine Ethik der wechselseitigen Anerkennung vor, bestehend aus emotionaler, rechtlich-politischer und sozialer Anerkennung. ... Der moralische Kompass ... umfasst ... vier Kernelemente: ein moralisches Bewusstsein, Reflexionsvermögen und (selbst-)kritisches Denken, moralische Vorstellungskraft ... sowie bestimmte praktische Tugenden. ...Tugenden sind notwendige moralische Wegweiser, die uns in unserem praktischen moralischen Handeln den Weg weisen. Sie sind gefestigte, die Persönlichkeit prägende Haltungen, die unsere Werte lebbar machen, aber der Reflexion und Pflege bedürfen (Maak/Ulrich 2007, S. 383 ff., Küpper 2006, S. 235 ff.)«. Eine Führungskraft sollte im Zusammenhang mit dem Reflektieren ihrer Handlungen und Entscheidungen in der Lage sein, »... vor den Spiegel treten (zu) können, ohne ein schlechtes Gewissen zu haben (ethische Selbstkontrolle), die Entscheidung jederzeit publik zu machen, ohne dabei in ein moralisches und ethisches Dilemma zu geraten (ethischer Öffentlichkeitstest) und die Möglichkeit haben, im ethischen Zweifelsfall die Entscheidung revidieren zu können (ethische Revidierbarkeit)« (Dietzfelbinger 2008, S. 185). Tugenden wie z.B. Anerkennung, Ehrlichkeit, Freundlichkeit, Gerechtigkeit, Integrität und Respekt sind wichtige moralische Wegweiser, die im praktischen moralischen Handeln den Weg weisen. »Sie sind geistige, die Persönlichkeit prägende Haltungen, die unsere Werte lebbar machen, aber der Reflexion und Pflege bedürfen. ... Tugenden helfen uns nicht nur, ein gutes, sinnvolles Leben zu führen, sondern auch verantwortliche Führung zu leben (Maak/Ulrich 2007, S. 387, Göbel 2006, S. 183 ff.).«

Mitarbeiter sind zur Loyalität gegenüber ihrem Arbeitgeber verpflichtet. Zur Loyalität gegenüber dem Unternehmen gehört ein gewisses Arbeitsethos, d.h. die Bereitschaft, sich im Rahmen des Arbeitsverhältnisses angemessen für die Erreichung der Unternehmensziele einzusetzen und nicht etwa durch mehr oder weniger bewusste Minderleistung das genaue Gegenteil anzustreben. Neben der Loyalität sind Aspekte von Kollegialität (z.B. kein Mobbing, kein Intrigieren und Lügen, vielmehr Kooperationswilligkeit und gegenüber Kollegen unterstützendes Verhalten) und Integrität (z.B. kein Diebstahl, keine Veruntreuung, keine Bestechung) relevant. »Dem Mitarbeiter verbleibt ein erhebliches Goodwill-Potenzial, ein verantwortungsrelevanter Handlungsspielraum. Dieses Potenzial zu aktivieren gilt als eine sehr wichtige Aufgabe im Rahmen der Personal- und Unternehmensführung« (Göbel S. 177 ff.) sowie auch der ethischen Aus- und Weiterbildung im Unternehmen (siehe Abschnitt 4.4), denn in der unternehmerischen Praxis wird sicherlich oft genug zu mehr oder weniger unethischem Verhalten aufgefordert. Hier mag dann auch »... gedankenloser Gehorsam und karriereorientiertes, opportunistisches Mitläufertum« (Göbel 2006, S. 180) vorkommen. Verhaltensweisen, die zweifellos ethisch nicht wünschenswert sind.

Die Motivation der Mitarbeiter in einem Unternehmen hängt auch von der Ausgestaltung der innerbetrieblichen Anreizsysteme ab. Die Frage der Honorierung von bestimmten Verhaltensweisen und von positiven Leistungsergebnissen ist also auch ein zentraler Bestandteil auch eines ethischen Personalmanagements (Treier 2009, S. 206 ff., Ringlstetter/Kaiser 2008, S. 156 ff.). Hier geht es um das Entgelt (Lohn, Prämien, Gewinnbeteiligungen), aber auch um immaterielle Bestandteile wie Lob, Anerkennung, Status und Macht. Aus ethischer Sicht und für eine gesunde Unternehmenskultur bedeutsam ist, dass die Anreizsysteme möglichst gerecht sein sollten. Ohne die philosophische und betriebswirtschaftliche Diskussion zu einem »gerechten Lohn« referieren zu können (Kößler 2001, S. 132 ff.), lassen sich diejenigen Gesichtspunkte benennen, die bei der Findung eines gerechten Lohnes von besonderer Relevanz sind: Geistige und körperliche Anforderungen an die Arbeit, erbrachte Leistungen, Marktnachfrage nach der entsprechenden Arbeitsleistung, persönlicher Bedarf und soziale Positionierung des Arbeitnehmers, Erfolg des Unternehmens, relative Verteilung von Lohnsumme und Gewinn sowie die für den Arbeitsplatz erforderlichen Qualifikationen und Erfahrungen. »Angesichts der Vielzahl der teilweise auch noch widersprüchlichen Prinzipien scheint es illusionär, einen allgemein als absolut gerecht akzeptierten Maßstab der Lohndifferenzierung zu finden. Demnach sollten Unternehmen versuchen, ein relativ gerechtes Vergütungssystem zu etablieren (Göbel 2006, S. 211, Waibl 2005, S. 89 ff., Kößler 2001, S. 270 f.).« Im deutschen Tarifvertragswesen (welches jedoch nur für ca. 60 Prozent der Arbeitsverhältnisse prägend ist) hat man zu einer Systematik und einem Verhandlungslösungsverfahren gefunden, die einer Großzahl der genannten Kriterien gerecht werden kann (Keller 2008, S. 240 f., Oechsler 2006, S. 380 ff.).

Wegen der teilweise exorbitanten Bonuszahlungen vor allem im Finanzsektor (im unmittelbaren Kontext mit den Ursachen der Finanz- und Wirtschaftskrise) hat sich eine intensive öffentliche, ethisch aufgeladene Debatte zu Entgeltfragen ergeben, zum einen zu den Entgelten von Managern, wobei es sich im Kern um eine Diskussion über das *Vergütungssystem* (mit hohen Anteilen variabler Vergütung) und die tatsächlich realisierten Vergütungshöhen handelt (in aller Regel einzelner, besonders exponierter Personen des Topmanagements von Großkonzernen), zum anderen eine politische Diskussion zum unteren Ende der Entgeltskala unter dem Stichwort »Mindestlöhne«. Deutlich wird dabei, dass in der Gesellschaft eine offensichtlich wachsende Sensibilität und Handlungsbereitschaft besteht, als ungerecht empfundene Entgelthöhen und sich im Wettbewerb ergebende Minimallöhne, die bei einer Vollzeitbeschäftigung nicht einmal den normalen Lebensunterhalt sicherstellen, nicht mehr länger zu akzeptieren. Aus ethischer Perspektive wurde schon oft über eine nachvollziehbare Relation zwischen Durchschnitts- und Spitzeneinkommen diskutiert. Während beispielsweise der griechische Philosoph Platon ein Verhältnis von 1:5 für gerecht hielt, nannte der Managementberater Peter Drucker ein Verhältnis von 1:20 realistisch und vertretbar (Waibl 2005, S. 98). Bei allem ethischen Sinn dieser Debatten darf allerdings nicht vorschnell argumentiert werden, denn bei den in der breiten Öffentlichkeit diskutierten Einzelfällen handelt es sich zumeist um die Entgelte von Vorstandsvorsitzenden aus Großunternehmen und Konzernen und damit um eine zweifellos überschaubare Zahl von Managern. Eine schematische und »gerundete« Betrachtung mag hier genügen: Bei einem angenommenen durchschnittlichen Bruttoeinkommen eines Arbeitnehmers von 40.000 Euro pro Jahr liegen die aktuellen Durchschnittsbezüge eines Dax-Vorstandes mit ca. 2,7 Mio. Euro (2009) um 68-mal höher; gegenüber den höchsten regulären Vorstandsbezügen z.B. bei Siemens und bei der Deutschen Bank mit ca. 9 Mio. Euro aus dem Jahr 2008 lautet das Verhältnis 1:225! Unterstellt man aber realistischerweise für die zweite Führungsebene deutscher Konzerne oder die Geschäftsführungsebene mittelständischer Unternehmen ein durchschnittliches Gehalt von beispielsweise 300.000 Euro, so liegt dieses um »nur noch« 7,5-mal höher als das Durchschnittsverdienst.

Fazit: Gelingt es, ethische Gesichtspunkte in sämtliche Führungssysteme (Beurteilungs-, Beförderungs-, Vergütungssysteme) zu integrieren sowie Unklarheiten über die Rangordnung der Wertmaßstäbe des Handelns zu vermeiden (für den Fall, dass ökonomische und ethische Ziel konfliktär sind) und schließlich die ethische Sensibilisierung auf allen Ebenen des Unternehmens als gleichrangiges Bildungs- und Qualifikationsziel auszubringen, dann sind die Grundlagen für eine ethisch und ökonomisch gelingende, die Wettbewerbsfähigkeit steigernde Unternehmensführung gelegt (Ulrich 1995, Sp. 571, siehe Abschnitt 3 und 4.4).

4.6 Change Management

Unternehmen befinden sich in einem permanenten Prozess des Wandels. Die entsprechenden Stichworte sind veränderte Unternehmensstrategien sowie Unternehmenszusammenschlüsse, Restrukturierungs- und Kostensenkungsprogramme, Reorganisationen, Standortschließungen oder -verlagerungen. Hinzu treten in den nächsten Jahren und Jahrzehnten so genannte Megatrends wie die demografische Entwicklung, die weitere Globalisierung, technische Neuerungen und Umweltthemen. Diese Veränderungen in den Unternehmen ergeben sich aufgrund der ökonomischen Lage des jeweiligen Unternehmens und als Ergebnis der strategischen Entscheidungen in der Vergangenheit. Insgesamt besteht beim Anlass, Umfang und der Art der Veränderung die Notwendigkeit der kritischen Reflexion und der intelligenten Analyse aller denkbaren Handlungsalternativen. »Change Management ist kein Selbstzweck, sondern die Antwort auf einen fundamentalen Veränderungsbedarf im Unternehmen ... Um bis auf den jeweiligen Kern vorzudringen und mit einem passenden Change Management darauf antworten zu können, muss erst die Frage immer nach der Ursache, dem Anlass der Veränderung gestellt werden (Claßen 2008, S. 25).« Aus einer ethischen Perspektive wird man nicht mit Sachzwangargumenten zufrieden sein, sondern man wird nach den wirklichen Gründen für nötige Veränderungen fragen und zudem darauf achten, dass der Veränderungsprozess verantwortlich ausgestaltet wird. Aus der unternehmerischen Praxis bestens bekannt sind folgende Phänomene, die in einem großen Kontrast zu den aufgestellten Forderungen stehen: »Frühere Veränderungen werden nicht finalisiert und gleichzeitige nicht synchronisiert. Im permanenten Wechsel zwischen ... Zentralisierung/Dezentralisierung, Fokussierung/Diversifikation, Insourcing/Outsourcing weiß der Einzelne zudem häufig gar nicht mehr, was gerade en vogue ist und was dies für ihn konkret bedeutet. Diese Verwirrung wird verstärkt durch den fehlenden Abschluss von Veränderungsprozessen. Wen kümmert noch die Veränderung von gestern, wo doch heute eine viel wichtigere Veränderung alle Kräfte bindet und die Veränderung von morgen sich bereits am Horizont abzeichnet? (Claßen 2008, S. 113).« Die Notwendigkeit eines gut überlegten, strukturierten und alle Beteiligten einbeziehenden Prozesses ist besonders wichtig, weil in vielen Fällen der Wandel doppelt unschön wahrgenommen wird. »Erstens ist Veränderung für viele Manager und Mitarbeiter ... mit einem grundsätzlichen Makel behaftet, dass das unbekannte Morgen ... anders ist als das vertraute Heute ... Zweitens lösen die Ursachen für Veränderung schon deshalb keine Freude aus, weil die Ausgangssituation meist als fundamentale Krise verstanden wird ..., die nach persönlicher Veränderung verlangt (Claßen 2008, S. 32).« Es ist deshalb darauf zu achten, dass die im Zusammenhang mit der Veränderung anstehenden normativen Entscheidungen für alle Betroffenen nachvollziehbar sind und diese Mitarbeiter in fairer Weise in die entsprechenden Maßnahmen einbezogen werden. »Change ist kein Selbstzweck (Maak/Ulrich 2007, S. 321).«

Betrachtet man die vielfältigen theoretischen Ansätze, man könnte auch sagen Change-Philosophien, dann kommt man zum Ergebnis, dass es »... keinen grundlegend überlegenen Change-Management-Ansatz und deswegen auch keine immer auszuschließende Wege zum Ziel (gibt) ... Unterschiedliche Problemlagen und Zielsetzungen erfordern unterschiedliche Ansätze« (Claßen 2008, S. 52). Allerdings gibt es zweifellos häufig gemachte Fehler am Beginn der Aktivitäten und schlecht bzw. inkonsequent umgesetzte Prozesse. An der Spitze der Erfolgsfaktoren stehen dabei eigentlich selbstverständliche Aspekte wie eine realistische, klare Zielvorstellung und deren Kommunikation sowie vor allem das Commitment und die Glaubwürdigkeit insbesondere des oberen Managements. Neben einem professionellem Projekt- und damit Zeitmanagement und der notwendigen, immer wieder neu aufzubauenden Motivation bei den Handelnden sollten auch ein konsequentes Monitoring des Prozesses und ein abschließendes Erfolgsmonitoring nicht fehlen. Aus der Praxis hervorzuheben ist besondere das Thema Kommunikation. »Neben der Glaubwürdigkeit spielen auch Frequenz und Intensität der Kommunikation eine wichtige Rolle. ... Eine Vision kommunizieren bedeutet, ... dass jeder Mitarbeiter jederzeit weiß, warum der Veränderungsprozess geschieht und in welche Richtung er das Unternehmen bringen soll (Maak/Ulrich 2007, S. 322).«

Es ist bedeutsam, dass es innerhalb von Unternehmen eine diskursive Infrastruktur gibt. Dies bedeutet, dass sicherzustellen ist, dass alle Mitarbeiter über die jeweils notwendigen unternehmensbezogenen Informationen verfügen und dass unternehmensstrategische Weichenstellungen im Vorfeld der Entscheidung im Kreis der Führungskräfte und gegebenenfalls auch darüber hinaus zur Diskussion gestellt werden. Damit dürfte die Wahrscheinlichkeit steigen, dass wichtige Entscheidungen in der Unternehmensentwicklung von allen Beteiligten verstanden und damit auch mitgetragen werden. Kommunikation sollte keine Einbahnstrasse sein, d.h. auch der Kommunikationsweg vom »einfachen« Mitarbeiter zur Führungskraft und möglicherweise auch zur Unternehmensleitung muss offen sein. Hierzu existiert eine Vielzahl von Instrumenten, die ziel- und adressatengerecht einzusetzen sind (Betriebszeitung, Blog des CEOs des Unternehmens, Direct-Mails der Unternehmensleitung an alle Mitarbeiter, Betriebs- und Abteilungsversammlungen, Mitarbeiterjahresgespräche, Mitarbeiterbefragung usw.). Häufig vernachlässigt bleibt dabei die Möglichkeit, die Mitbestimmung im Unternehmen für die Vermittlung von wichtigen Entscheidungen und Strategien zu nutzen. Gerade in dem viele deutsche Unternehmen prägenden System der betrieblichen und unternehmerischen Mitbestimmung bieten sich auf der Basis der vertrauensvollen Zusammenarbeit zwischen Unternehmensleitung und Betriebsrat zum Wohl der Arbeitnehmer und des Betriebes und der Tatsache, dass auf der Betriebsratsseite eine oftmals große Kontinuität und ausgeprägte Unternehmenskenntnis und -verbundenheit existiert, eine hervorragende Chance zur kooperativen Konfliktverarbeitung (Keller 2008, S. 99 ff., Oechsler 2006, S. 58 ff., Stotz 2007, S. 52 ff.). Bei allen existierenden Unterschieden in den Beziehungs- und Partizipationsformen zwischen Unternehmensleitung und Betriebsrat ist es die Aufgabe beider Seiten, auch bei einer von ethischen Gesichtspunkten geleiteten Personalentwicklung gemeinsame Konzepte zu entwickeln und diese zielführend und nachhaltig umzusetzen.

Fazit: Die besondere Rolle von Führungskräften und besonders das umfassende Engagement der Unternehmensspitze sowie die Einbeziehung der »betroffenen« Mitarbeiterinnen und Mitarbeiter, auf neudeutsch Leadership und ernst gemeinte, nachhaltige und damit glaubwürdige Kommunikation, sind die Basis für erfolgreiches Veränderungsmanagement. Gleichzeitig ist wegen der Dauerhaftigkeit und Intensität der Veränderungsprozesse eine auch von ethischen Argumenten und Überzeugungen geleitete Vorgehensweise außerordentlich bedeutsam. Noch mehr als in anderen Subthemen offenbart sich an dieser Stelle die Ernsthaftigkeit der jeweiligen Maßnahme und vor allem die der Führungsmannschaft, und an kaum einer anderen Stelle ergibt sich die final Gewinn bringende Möglichkeit, sich von Wettbewerbern im wahrsten Sinne des Wortes zu distanzieren.

4.7 Gute Arbeit – Motivationspotenziale der Arbeit und Arbeitszufriedenheit

Während vor 40 Jahren über Themen wie »Lebensqualität« und »Humanisierung der Arbeitswelt« diskutiert wurde, lauten die aktuellen Stichworte einer intensiven öffentlichen Diskussion für kaum veränderte Inhalte nunmehr »gutes Leben« und »gute Arbeit«. Dass eigentlich alle Menschen ein gutes oder gar glückliches Leben wünschen und anstreben, dürfte recht schnell zu einer allgemein akzeptierten These werden. Dass dazu auch eine gute Arbeit gehört, wird erst jetzt wieder vertiefend diskutiert. »Für viele Berufstätige ist die Lebenswelt des Unternehmens sogar die am stärksten prägende Wertegemeinschaft; schließlich verbringt man in dieser einen guten Teil seines Lebens, erprobt und entwickelt dort seine Fähigkeiten und erlebt sich selbst als nützliches Glied der Gesellschaft. Und es ist eben diese bestärkende Kultur bzw. Wertegemeinschaft, die letztlich auch über die Qualität und die Effizienz aller Zusammenarbeit entscheidet (Maak/Ulrich 2007, S. 359 f.).«

Bei aller Unterschiedlichkeit der Betrachtung von Theorien zur Motivation ist davon auszugehen, dass Mitarbeiter stets ein hohes Maß an Arbeitszufriedenheit anstreben. Grundlage ist dabei zunächst eine längerfristige Arbeitsplatzsicherheit. »Die organisatorische Gestaltung der Aufgaben- und Arbeitskomplexe, die Arbeitsbedingungen und die Art der Führung sind Determinanten der Arbeitszufriedenheit ... Zugleich besteht ein Zusammenhang zur Leistung von Mitarbeitern. Eine höhere Befriedigung durch die Arbeit ... erhöht die Leistungsbereitschaft (Küpper 2006, S. 233).« Neben der Anforderungsvielfalt der Arbeit und der Ganzheitlichkeit der Aufgabe, der Bedeutsamkeit der Aufgabe und der Autonomie bei der Arbeitserfüllung führt ein systematisches Feedback über die Qualität der Aufgabenerfüllung zu unterschiedlichen psychologischen Effekten: Zum einen wird die tatsächliche Bedeutsamkeit des Tuns erlebt, zum anderen erlebt der Mitarbeiter die tatsächliche Verantwortung für die Qualität der eigenen Arbeitsergebnisse und schließlich ergibt sich daraus eine hohe intrinsische Arbeitsmotivation, eine hohe Qualität der Arbeitsleistung, eine hohe Arbeitszufriedenheit. Diese erzeugt letztlich niedrigere Absentismus- und Fluktuationsraten, eine höhere Produktivität und eine höhere Lebenszufriedenheit bei den Mitarbeitern (Treier 2009, S. 213 ff., Steinweg 2009, S. 183 ff., Kobi 2008, S. 39 ff., Stotz 2007, S. 22 ff.). Für ein wirkliches Gelingen ist dabei zweifellos entscheidend, dass ein gutes Matching zwischen den jeweiligen Aufgabenanforderungen und den individuellen Kompetenzen und Ressourcen der Mitarbeiter besteht, d.h. es sollte im Arbeitsablauf weder zu einer systematischen Unter- noch zu einer Überforderung kommen (Ringlstetter/Kaiser 2008, S. 214 f.).

Vergleichbar finden sich Bedingungen »guter Arbeit« auch bei einer Analyse des Deutschen Gewerkschaftsbundes zu den Faktoren zur Bestimmung der Qualität von Berufsarbeit wieder: Qualifizierungs- und Entwicklungsmöglichkeiten, Möglichkeiten für Kreativität, Aufstiegsmöglichkeiten, Einfluss- und Gestaltungsmöglichkeiten, Informationsfluss, Betriebskultur, Kollegialität, Sinngehalt der Arbeit, Arbeitszeitgestaltung, Arbeitsintensität, körperliche und emotionale Anforderungen, Arbeitsplatzsicherheit und Einkommen. Wenn nach einer aktuellen Befragung nur 13 Prozent der Befragten ihre Arbeitssituation als »gut« bezeichnen, dann zeigt sich der unmittelbare Handlungsbedarf in deutschen Unternehmen. Gute Arbeit ist – so die These der Gewerkschaftsvertreter – »... eine Quelle des Wohlbefindens, der Persönlichkeitsentwicklung und der Teilhabe an der Gesellschaft, ... ist ein Konzept zur Gestaltung der sozialen Beziehungen im Dienste des Gemeinwohls und der Sozialen Gerechtigkeit, ... ist eine betriebswirtschaftlich sinnvolle Orientierung zur Verwirklichung einer Arbeitsqualität, die Arbeitsmotivation, Arbeitsfreude und die Arbeitsproduktivität fördert« (Scholz/Stuth 2009, S. 157).

Fazit: Neben gut konzipierten und auch im unternehmerischen Alltag spürbaren und vermittelbaren Maßnahmen der Personalentwicklung ist die Sicherstellung entsprechend moderner und interessanter Arbeitsbedingungen im Sinne von Organisationsentwicklung ein aus ethischer Perspektive heraus betrachtet sehr sinnvoller Beitrag zur Verbesserung der Loyalität der Mitarbeiter zum Unternehmen und darüber ein signifikanter Teilbeitrag zur dauerhaften Wertsteigerung des Unternehmens.

5 Ethik rechnet sich in mehrfacher Hinsicht

Für die zukünftige Personalarbeit sind neben der Personalstrategie und Personalplanung vor allem eher »weiche« Themen (Mitarbeiterengagement, Führungsfähigkeiten, Kommunikation, Change Management) erfolgskritisch, also auch »Personalentwicklung und Ethik«. Hier ist in den Unternehmen die Differenz zwischen strategischer Bedeutung und vorhandenen Fähigkeiten besonders groß (Strack/Frick/von der Linden 2009, S. 10 ff., Stock-Homburg 2008, S. 5). Insofern stellen die beschriebenen Handlungsansätze in der Personalentwicklung wichtige Bausteine für eine verbesserte Zukunftsfähigkeit von Unternehmen dar. Auch wenn sich die Empirie schwer tut, eindeutige Zusammenhänge zu erkennen, so dürfte dem Praktiker einleuchten, dass zufriedene, engagierte und motivierte Mitarbeiter für jedes Unternehmen im schärfer werdenden Wettbewerb einen strategischen Vorteil darstellen. »Gute Arbeit« und »gute Unternehmensergebnisse« sind eng miteinander korreliert. »Fühlen sich Mitarbeiter mit dem Unternehmen und ihren Aufgaben verbunden, erzielen sie bessere Ergebnisse. ... Verbundene Mitarbeiter arbeiten engagierter und zeigen ... ungewöhnliche Leistungsbereitschaft über vertragliche Verpflichtungen hinaus (Steinweg 2009, S. 183).«

Strategien zur optimierten Personalentwicklung sind also ethisch einzubetten in ein größeres Ganzes. Es gehört zu »... den vornehmsten Aufgaben der Unternehmensleitung, sich der Frage nach dem kulturprägenden Selbstverständnis des eigenen unternehmerischen Handelns zu stellen ... Dass bei solchen Übungen häufig wunderbare Unternehmensphilosophien, Leitsätze der Unternehmenskultur ... als greifbares Resultat herauskommen, spricht noch nicht für deren gelebte Umsetzung. Wesentlich ist nämlich immer, was tatsächlich gelebt wird« (Hemel 2007, S. 55 f.).

Damit wirklicher Mehrwert für das Unternehmen entsteht, müssen ethische Systeme durch Umsetzungshilfen und Regeln realisier- und lebbar und für jeden Beteiligten spürbar gemacht werden. Mitarbeiter wollen wissen, warum sie etwas tun sollen. Sie benötigen Richtungsvorgaben, Zielsetzungen und übergreifende Sinnorientierung. »Wer Ziele und Gründe nachvollziehen kann, für den wird Alltagshandeln zum sinnvollen Handeln im Kontext eines größeren Ganzen. Ethik leistet daher – wirtschaftlich gesehen – einen wesentlichen Beitrag zur Produktivitätssteigerung (Hemel 2007, S. 57).«

Unternehmen sind keine »Weltverbesserungsvereine«, sondern dienen der Gewinnerzielung für die Shareholder, darüber hinaus aber auch der langfristigen Überlebenssicherung der Unternehmen, aus Sicht der Mitarbeiter auch der Arbeitsplatzsicherheit. Ethik rechnet sich in mehrfacher Hinsicht. Ein ethisch gut geführtes Unternehmen ist für »...Kunden und Mitarbeiter attraktiver ... Diese Attraktivität ... ist ... ihrerseits eine wichtige Voraussetzung für wirtschaftlichen Erfolg« (Hemel 2006, S. 236). Für Unternehmen wird es künftig klarer, »... dass die Anerkennung von Bedürfnissen der Mitarbeitenden ... sowohl ethisch geboten als auch von wechselseitigem Interesse ist. Schließlich dient dies sowohl dem Wohlbefinden der Mitarbeitenden als auch dem Unternehmen – durch die Entfaltung vielfältiger menschlicher Potenziale, z.B. in Form von Kreativitätsgewinnen, Leistungssteigerungen sowie der Senkung von Fluktuations- und Absenzraten« (Maak/Ulrich 2007, S. 406, Steinweg 2009, S. 203). Auch wenn es heute eine größere Zahl von beispielgebenden Unternehmen gibt – familiengeführte oder im Familienbesitz befindliche Unternehmen sind hier in der Mehrzahl –, so werden erst die nächsten Jahre nach der Überwindung der großen Wirtschaftskrise zeigen, ob die praktische Umsetzung von Unternehmensethiken und eine Wiedereinbettung der Ökonomie in die Gesellschaft Realität werden konnten, oder ob es sich im schlimmsten Fall nur um ein intellektuelles, kurzlebiges Strohfeuer gehandelt hat. Eine zielgerichtete Weiterentwicklung des Personalmanagements in den Unternehmen und eine Nutzbarmachung von unterschiedlichen Ansatzpunkten der Personalentwicklung können dazu durchaus signifikante Ergebnisbeiträge leisten. Und diese – wie auch andere ethisch begründete Maßnahmen – führen auch zu besseren Erfolgskennzahlen. Dabei sollte man sich allerdings nicht den Kriterien des reinen ökonomischen Erfolges unterwerfen, sondern in den Ethikmaßnahmen auch ein sinnvolles Korrektiv gegenüber einem einseitig verstandenen Ökonomismus sehen (Dietzfelbinger 2008, S. 86 ff.).

»Unternehmensethik, ethisch wünschbares Verhalten im Betrieb und Unternehmen ist nicht kostenlos zu haben. Durch praktizierte Ethik und Verantwortung in der inneren wie äußeren Unternehmenspolitik und -führung entstehen zunächst Kosten. ... In der Summe aber ist die Orientierung des Verhaltens am ethisch Wünschenswerten ein längerfristiges Engagement, dessen Erfolg demzufolge erst mittelfristig gemessen werden kann. ... Die Investition in ethisch wünschenswertes Verhalten amortisiert sich mittelfristig – und zwar messbar (Dietzfelbinger 2008, S. 88 ff.).« Als Messkriterien bieten sich fast durchgängig bereits ohnehin im Unternehmensreporting vorhandene Kennziffern und Daten an: Hierzu zählen in der Krankenstand, die Höhe der Fluktuation, die Bewerberzahlen (vor allem für Spitzen- und Expertenpositionen sowie bei Auszubildenden), das durch Befragungen gemessene Commitment der Mitarbeiter und sicherlich die Qualität der hergestellten Produkte. Weiterhin sind das gesamte Unternehmensergebnis, die Kundenbindung und -zufriedenheit ebenso zu nennen wie die Berichterstattung in den Medien, das Management der Reputation in der Öffentlichkeit und das Krisenmanagement, zuletzt natürlich auch der Börsenkurs und die Stabilität der Aktionärsstruktur. Natürlich wird bei den hier genannten Messkriterien nicht immer ein monokausaler, konkret quantifizierbarer Zusammenhang zwischen den Ethikmaßnahmen und Erfolgskennziffern herstellbar sein. Aber dieser nicht ganz sicher nachweisbare Wertbeitrag sollte keine zu einfache Entschuldigung dafür sein, wieder zu einem weniger oder nicht-ethischen unternehmerischen Handeln zurückzukehren.

Literatur

Bröckermann/Müller-Vorbrüggen 2008: Bröckermann, R. und Müller-Vorbrüggen, M. (Hrsg.): Handbuch Personalentwicklung: Die Praxis der Personalbildung, Personalförderung und Arbeitsstrukturierung, 2. Auflage, Stuttgart 2008.
Bühner 2004: Bühner, R.: Mitarbeiterkompetenzen als Qualitätsfaktor: Strategieorientierte Personalentwicklung mit dem House of Competence, München, Wien 2004.
Claßen 2008: Claßen, M.: Change Management aktiv gestalten: Personalmanager als Architekten des Wandels, Köln 2008.
Claussen 2009: Clausen, A.: Grundwissen Unternehmensethik: Ein Arbeitsbuch, Tübingen 2009.
Dietzfelbinger 2008: Dietzfelbinger, D.: Praxisleitfaden Unternehmensethik: Kennzahlen, Instrumente, Handlungsempfehlungen, Wiesbaden 2008.
Drumm 2004: Drumm, H.-J.: »Ethik in der Personalwirtschaft«, in: Gaugler, E., Oechsler, W. A. und Weber, W. (Hrsg.), Handwörterbuch des Personalwesens, 3. Auflage, Stuttgart 2004, Sp. 723–733.
Felfe 2008: Felfe, J., Mitarbeiterbindung, Göttingen u. a. 2008.
Fischer/Stams/Titzkus 2008: Fischer, J., Stams, A. und Titzkus, T., »Mitarbeiterzufriedenheitsanalyse«, in: Bröckermann, R. und Müller-Vorbrüggen, M. (Hrsg.), Handbuch Personalentwicklung: Die Praxis der Personalbildung, Personalförderung und Arbeitsstrukturierung, 2. Auflage, Stuttgart 2008, S. 305–321.
Göbel 2006: Göbel, E.: Unternehmensethik: Grundlagen und praktische Umsetzung, Stuttgart 2006.
Hemel 2007: Hemel, U.: Wert und Werte: Ethik für Manager – ein Leitfaden für die Praxis, 2. Auflage, München 2007.
Hölzle 2008: Hölzle, P.: »Strategien der Personalentwicklung«, in: Meifert, M. T. (Hrsg.): Strategische Personalentwicklung: Ein Programm in acht Etappen, Berlin, Heidelberg 2008, S. 83–110.
Keller 2008: Keller, B.: Einführung in die Arbeitspolitik: Arbeitsbeziehungen und Arbeitsmarkt aus sozialwissenschaftlicher Perspektive, 7. Auflage, München 2008.
Kobi 2008: Kobi, J.-M.: Die Balance im Management: Werte, Sinn und Effizienz in ein Gleichgewicht bringen, Wiesbaden 2008.
Kößler 2001: Kößler, M.: Der gerechte Lohn aus betriebswirtschaftlicher und philosophischer Sicht, Linz 2001.
Küpper 2006: Küpper, H.-U.: Unternehmensethik: Hintergründe, Konzepte und Anwendungsbereiche, Stuttgart 2006.
Maak/Ulrich 2007: Maak, T. und Ulrich, P.: Integre Unternehmensführung: Ethisches Orientierungswissen für die Wirtschaftspraxis, Stuttgart 2007.
Meifert 2008: Meifert, M. T. (Hrsg.): Strategische Personalentwicklung: Ein Programm in acht Etappen, Berlin, Heidelberg 2008.
Oechsler 2006: Oechsler, W. A.: Personal und Arbeit: Grundlagen des Human Resource Management und der Arbeitgeber-Arbeitnehmer-Beziehungen, 8.Auflage, München 2006.
Von der Oelsnitz/Stein/Hahmann 2007: Von der Oelsnitz, D., Stein, V. und Hahmann, M.: Der Talente-Krieg: Personalstrategie und Bildung im Kampf um Hochqualifizierte, Bern, Stuttgart, Wien 2007.
Ringlstetter/Kaiser 2008: Ringlstetter, M. und Kaiser, S., Humanressourcen-Management, München 2008.
Scholz/Stuth 2009: Scholz, A. und Stuth, R., »Das Maß der Guten Arbeit«, in: Schröder, L. und Urban, H.-J. (Hrsg.): Gute Arbeit: Handlungsfelder für Betriebe, Politik und Gewerkschaften, Ausgabe 2009, Frankfurt am Main 2009, S. 146–157.

Steinweg 2009: Steinweg, S.: Systematisches Talent Management: Kompetenzen strategisch einsetzen, Stuttgart 2009.
Stock-Homburg 2008: Stock-Homburg, R.: Personalmanagement: Theorien – Konzepte – Instrumente, Wiesbaden 2008.
Stotz 2007: Stotz, W.: Employee Relationship Management: Der Weg zu engagierten und effizienten Mitarbeitern, München, Wien 2007.
Strack 2009: Strack, R., Frick, G. und von der Linden, C., »Creating People Advantage«, in: Personalwirtschaft, Heft 09/2009, extra, S. 10–13.
Treier 2009: Treier, M.: Personalpsychologie im Unternehmen, München 2009.
Ulrich 1995: Ulrich, P.: »Führungsethik«, in: Kieser, A., Reber, G. und Wunderer, R. (Hrsg.), Handwörterbuch der Führung, 2. Auflage, Stuttgart 1995, Sp. 562–573.
Ulrich 2008: Ulrich, P., Integrative Wirtschaftsethik: Grundlagen einer lebensdienlichen Ökonomie, 4. Auflage, Bern, Stuttgart, Wien 2008.
Waibl 2005: Waibl, E.: Angewandte Wirtschaftsethik, Wien 2005.
Wunderer 2008: Wunderer, R. (Hrsg.): Corporate Governance – zur personalen und sozialen Dimension. 44 Statements aus Wissenschaft und Praxis, Köln 2008.

Teil C
Instrumente der Personalbildung

C.1 Berufsausbildung

*Annette Klotz**

1 Gründe für die Ausbildung von Fachkräften
   1.1 Der Fachkräftemangel der Zukunft
   1.2 Unternehmenseigene Ausbildungsqualität
   1.3 PISA und der Umgang mit der schlechten Berufsqualifizierung Jugendlicher

2 Die Struktur der Berufsausbildung
   2.1 Die duale Ausbildung
   2.2 Das Berufsbildungsgesetz (BBiG)
   2.3 Die Ausbildungsordnungen
   2.4 Ausbildungsberechtigung und Eignung der Ausbildungsstätte

3 Die Auswahl des Auszubildenden
   3.1 Erstellen von Anforderungsprofilen
   3.2 Wege zu qualifizierten Jugendlichen
   3.3 Sichtung der Bewerbungsunterlagen: Besonderheiten bei der Berufsausbildung
   3.4 Der Einsatz von Einstellungstests
   3.5 Das Einstellungsgespräch

4 Ausbildungsbegleitung
   4.1 Der erste Tag der Ausbildung
   4.2 Ausbildungsgespräche
   4.3 Vermeidung von vorzeitigen Ausbildungsvertragslösungen

5 Ausbildungsintegrierende Studiengänge

6 Zusatzqualifikationen während der Berufsausbildung

Literatur

---

* Dr. Annette Klotz erlernte den Beruf der Industriekauffrau und studierte an der RWTH Aachen Pädagogik, Psychologie und Betriebswirtschaftslehre. 2003 promovierte sie zum Thema »Selbstorganisation des Lernens« an der Philosophischen Fakultät der RWTH Aachen. Sie ist wissenschaftliche Mitarbeiterin beim Westdeutschen Handwerkskammertag (Dachverband der Handwerkskammern Nordrhein Westfalens in Düsseldorf) im Bereich Berufsausbildung und Nachwuchssicherung.

1 Gründe für die Ausbildung von Fachkräften

1.1 Der Fachkräftemangel der Zukunft

Die tief greifenden Verschiebungen im Altersaufbau der Bevölkerung sind seit langem bekannt. Eine Konsequenz, die für Unternehmen daraus resultiert, ist ein zu erwartender Fachkräftemangel. In Zeiten hoher Arbeitslosigkeit und eines großen Potenzials an gut ausgebildetem Personal auf dem Arbeitsmarkt erscheint es widersinnig, darüber nachzudenken, warum gerade in der heutigen Zeit junge Menschen im eigenen Unternehmen ausgebildet werden sollten.

Aber die Situation wird so nicht bleiben. Für Unternehmen, die nicht durch Ausbildung heute schon ihre Fachkräfte für die Zukunft heranziehen, wird es schwierig werden, geeignetes Personal zu finden. Die Lage auf dem Arbeitsmarkt wird sich drastisch ändern, denn der Anteil an jungen Menschen sinkt (http://www.bibb.de). Die Schuleinsteiger- und -abgängerzahlen gehen in Deutschland statistisch dauerhaft zurück. Der derzeitige Trend der Unternehmen, aufgrund der angespannten wirtschaftlichen Situation von einer beruflichen Erstausbildung Abstand zu nehmen oder die Zahl der Ausbildungsplätze zu reduzieren, trägt seinen Teil zum *Fachkräftemangel* bei. Hinzu kommt, dass die Kosten für Studiengänge durch Einführung von Studiengebühren ansteigen werden und ein Studium für viele Jugendliche nicht mehr attraktiv erscheinen wird. Somit ist auch mit einem Rückgang von Studienabsolventen zu rechnen.

1.2 Unternehmenseigene Ausbildungsqualität

Der rasche Wandel der Anforderungen in den einzelnen Branchen und Berufen wurde in die verschiedenen Ausbildungsordnungen integriert und somit den Anforderungen eines modernen Arbeitslebens angepasst. Dies zeigt sich in den umfangreichen Neuordnungen von Ausbildungsberufen, die in den letzten Jahren umgesetzt wurden.

Aber nicht nur die modifizierten gesetzlichen Bestimmungen einer beruflichen *Erstausbildung* sprechen für eine Ausbildung. Jedes Unternehmen hat durch das Instrument Ausbildung die Möglichkeit, gute Mitarbeiter durch gezielten Einsatz und Förderung in den Bereichen, die in naher Zukunft personell unterversorgt sein werden, heranzuziehen. Der erfolgreiche Abschluss einer *Berufsausbildung* befähigt u. a. dazu, sich auf neue Arbeitsstrukturen, Produktionsmethoden und Technologien flexibel einzustellen – für das eigene Unternehmen hieße das, die neuen Entwicklungen schon während der Ausbildung kennen zu lernen.

Die Berufsausbildung wird jedoch in vielen Unternehmen nicht in die Personalentwicklung einbezogen, (Mentzel 2001, S. 7) wodurch ein großes Zukunftspotenzial, das die Ausbildungstätigkeit bietet, verloren geht. Ein möglicher Weg, dem zu entgehen, ist, die Berufsausbildung in die Personalentwicklung strategisch einzubinden. Um den quantitativen Bedarf an Fachkräften bei mittleren und großen Unternehmen festzustellen, ist eine enge Zusammenarbeit des Ausbildungsmanagements mit der Personalplanung und -entwicklung notwendig.

Laut Bergmann und Wohlgemuth-Spitz (2004, S. 30) liegen die Vorteile einer strategischen Einbindung der Ausbildung in die Personalentwicklung und -planung darin, dass
- die Produktivität der Auszubildenden besser genutzt und
- ein Zugriff auf qualifizierte Fachkräfte sichergestellt werden kann,
- weniger Kosten für die Integration von Fachkräften und
- Kostenvorteile durch höhere Mitarbeiterbindung entstehen und darüber hinaus
- Imagevorteile für den Ausbildungsbetrieb zu verbuchen sind.

1.3 PISA und der Umgang mit der schlechten Berufsqualifizierung Jugendlicher

Viele Betriebe klagen seit langem über die mangelnde Berufsausbildungseignung von Schulabgänger/innen. Mit der *PISA-Studie* wurde diese Feststellung bestätigt, denn die Leistungen vieler deutscher Jugendlicher liegen unter dem europäischen Durchschnitt. Aus diesem Grund ist eine qualitativ hochwertige Berufsausbildung besonders wichtig, denn sie »zieht« die motivierten und qualifizierten Bewerber/innen an, die ein Unternehmen benötigt. Das Image einer guten Ausbildung ist somit innerhalb einer gezielten Personalentwicklung von besonderer Bedeutung.

PISA zeigt aber auch, dass ein adäquates Auswahlverfahren, um qualifizierte Jugendliche für eine Ausbildung zu gewinnen, notwendig ist. Schulnoten alleine sagen nicht genug über die Leistungsfähigkeit und -bereitschaft eines Jugendlichen aus.

2 Die Struktur der Berufsausbildung

2.1 Die duale Ausbildung

Die Berufsausbildung in Deutschland wird in der Regel innerhalb eines dualen Systems durchgeführt. Dual bezieht sich dabei auf die an der Ausbildung beteiligten zwei Träger: den *Ausbildungsbetrieb* und die begleitende öffentliche *Pflichtberufsschule*. Die Rechtsbasis des dualen Systems ist in verschiedenen Gesetzen und Verordnungen verankert:
1. im Berufsbildungsgesetz (BBiG),
2. im Gesetz zur Ordnung des Handwerks (HwO),
3. im Gesetz zur Förderung der Berufsbildung durch Planung und Forschung (Berufsbildungsförderungsgesetz –BerBiFG) und
4. in den Landesschulgesetzen.

Zu den genannten Gesetzen müssen folgende ergänzt werden:
5. das Sozialgesetzbuch III,
6. das Gesetz zum Schutze der arbeitenden Jugend (Jugendarbeitsschutzgesetz – JArbSchG) und

7. das Bundesgesetz über die individuelle Förderung der Ausbildung (Bundesausbildungsförderungsgesetz – BAföG).

Zu den Verordnungen gehören u. a. die Ausbilder-Eignungsverordnungen (Verordnungen über die berufs- und arbeitspädagogische Eignung für die Berufsausbildung in der gewerblichen Wirtschaft und im öffentlichen Dienst) sowie die Verordnung über die Anrechnung des Besuchs eines Berufsgrundbildungsjahres, einer ein- bis dreijährigen Berufsfachschule (Huisinga/Lisop 1999, S. 36). Die Ausbilder-Eignungsverordnungen wurden jedoch seit 2004 vom Gesetzgeber für fünf Jahre ausgesetzt.

2.2 Das Berufsbildungsgesetz (BBiG)

Das Berufsbildungsgesetz (BBiG) regelt die Berufsausbildung außerhalb der öffentlichen berufsbildenden Schulen, des öffentlichen Dienstes und bestimmter Ausbildungsverhältnisse in der Schifffahrt. Vertragliche, zeitliche und inhaltliche Gestaltung des Ausbildungsverhältnisses einschließlich der Rechte und Pflichten der Auszubildenden und Ausbildenden sind durch das BBiG bundeseinheitlich geregelt.

Das BBiG wurde zum 01.04.2005 vom Gesetzgeber grundlegend überarbeitet. Betriebliche und schulische Ausbildungsteile prägen nach wie vor die Ausbildung und können weiterhin von sonstigen außerbetrieblichen Bildungsmaßnahmen ergänzt werden.

Geändert haben sich im Wesentlichen die in Abb. 1 aufgezeigten Faktoren.

Probezeit	Künftig kann die Probezeit in der Ausbildung zwischen einem und vier Monaten betragen (§ 20 BBiG).
Auslandsaufenthalte:	Jeder Auszubildende kann bis zu einem Viertel der Ausbildungszeit in einem ausländischen Betrieb verbringen – vorausgesetzt der Ausbildungsbetrieb unterstützt dies. Betriebe können dadurch ihre Ausbildung international ausrichten (§ 2 Abs. 3 BBiG).
Gestreckte Abschlussprüfung:	Sie ist als Alternative zur klassischen Abschlussprüfung im Gesetz verankert. Bei Erlass einer neuen Ausbildungsverordnung kann festgelegt werden, ob die Prüfung wie bisher in einem Teil zu absolvieren ist, oder gestreckt. Bei der gestreckten Abschlussprüfung wird ein Prüfungsteil – die Grundqualifikationen – nach ca. zwei Jahren anstatt der Zwischenprüfung durchgeführt und bewertet. Diese Bewertung fließt in die Abschlussprüfung mit ein. Der zweite Prüfungsteil wird in der Abschlussprüfung durchgeführt und bewertet (§ 5 Abs. 2 Nr. 2 BBiG).
Die Ausbildungszeit kann stufenweise organisiert werden:	Das neue BBiG stärkt die Möglichkeit der Stufenausbildung (für neue Ausbildungsordnungen). In Anschluss an die einzelnen Stufen ist jeweils ein Ausbildungsabschluss vorgesehen, der sowohl zur qualifizierten beruflichen Tätigkeit als auch zur Fortsetzung der Berufsausbildung in weiteren Stufen befähigt. Ein Ausbildungsvertrag muss sich auch bei einer Stufenausbildung über die gesamte Ausbildungsdauer erstrecken und endet erst mit Ablauf der letzten Stufe. Die Auszubildenden können jedoch von sich aus nach dem so genannten Ausstiegsmodell wegen Aufgabe der Berufsausbildung nach jeder Stufe kündigen (§ 5 Abs. 2 Nr. 1 BBiG).

Für leistungsstarke Azubis:	Neue Ausbildungsordnungen können gezielte Zusatzqualifikationen vorsehen, die auf freiwilliger Basis im Einzelfall vertraglich vereinbart werden können (§ 5 Abs. 2 Nr. 5 BBiG).
Verkürzung der Ausbildungszeiten: Ländersache	Ab Sommer 2006 kann die Verkürzung der Ausbildungszeiten, z. B. durch berufsbildende Vorschulen, länderspezifisch geregelt werden. So können überregional tätige Unternehmen in verschiedenen Bundesländern mit unterschiedlichen Anrechnungsregeln konfrontiert werden (§ 7 BBiG).
Nachholen des Abschlusses (sog. Externenprüfung) früher möglich:	Mitarbeiter/innen, die als Berufstätige ohne eine Ausbildung eine Kammerprüfung nachholen möchten, können bereits nach der eineinhalbfachen Zeit der Berufsausbildungsdauer zur Prüfung zugelassen werden, z. B.: reguläre Ausbildungsdauer drei Jahre; Berufstätigkeit 4,5 Jahre (vormals 6 Jahre) (§ 45 Abs. 2 BBiG).

Abb.1: Änderungen im BBiG seit dem 01.04.2005

Den Text zum Berufsbildungsgesetz stellt das Bundesministerium für Bildung und Forschung unter http://bundesrecht.juris.de/bundesrecht/bbig/bereit (Urbanek, 2005, S.166 ff.).

2.3 Die Ausbildungsordnungen

Ausgangspunkt von Planung und Durchführung der Berufsausbildung nach BBiG sind die berufsspezifischen *Ausbildungsordnungen*. Sie enthalten gemäß § 25 BBiG
- die Dauer der Ausbildung,
- Fertigkeiten und Kenntnisse, die Gegenstand der Berufsbildung sind (Ausbildungsberufsbild),
- den Ausbildungsrahmenplan (eine Anleitung zur sachlichen und zeitlichen Gliederung für die Vermittlung der Kenntnisse und Fertigkeiten) und
- die Prüfungsanforderungen (Urbanek, 2005, S. 45, Becker 2002, S. 127).

Die Ausbildungsordnungen sind bei der zuständigen Kammer, der Innung oder im Internet unter http://www.berufe.net erhältlich. Informationen stellt das Bundesinstitut für Berufsbildung (http://www.bibb.de) bereit.

2.4 Ausbildungsberechtigung und Eignung der Ausbildungsstätte

Ausbildungsberechtigt ist nur, wer persönlich geeignet ist. Gesetzlich ist dazu in § 29 BBiG bzw. § 22a HwO nur geregelt, wann die persönliche Eignung entfällt. Die fachliche Eignung hingegen hängt von der Einordnung des jeweiligen Ausbildungsberufes ab. Für das Handwerk sind die Voraussetzungen in der Handwerksordnung (HwO) gesetzlich geregelt (Urbanek, 2005, S. 4 ff.).

Wenn ein Betrieb zum ersten Mal ausbilden möchte, ist die zuständige Kammer mit ihren Ausbildungsberatern erster Ansprechpartner. Sie überprüft die fachliche

Eignung und die Eignung der Ausbildungsstätte. Nach § 22 BBiG bzw. § 22 HwO dürfen nur Auszubildende eingestellt werden, wenn die Ausbildungsstätte nach Art und Einrichtung so beschaffen ist, dass die in der jeweiligen Ausbildungsordnung festgelegten Fertigkeiten und Kenntnisse vermittelt werden können.

Nicht alle Betriebe können die in den Ausbildungsordnungen geforderten Kenntnisse und Fertigkeiten vollständig selbst vermitteln. Für diese Unternehmen gibt es die Möglichkeit, die Ausbildung im Verbund durchzuführen. Hierbei schließen sich mindestens zwei Betriebe zusammen und bilden gemeinsam aus. Der oder die Auszubildende wechselt phasenweise in einen Partnerbetrieb, um dort die Arbeiten zu erlernen, die der oder die anderen Verbundpartner nicht vermitteln können. Dieses Ausbildungsmodell ist besonders interessant für hoch spezialisierte Unternehmen, aber auch für Betriebe, die erst neu gegründet wurden, die zu klein sind oder denen es an den fachlichen oder organisatorischen Voraussetzungen für die Durchführung der beruflichen Erstausbildung fehlt. Informationen über die Ausbildung im Verbund erteilt die zuständige Kammer.

3 Die Auswahl des Auszubildenden

3.1 Erstellen von Anforderungsprofilen

Zu einer gezielten Integration der Ausbildung in die Personalentwicklung gehört das Erstellen eines passgenauen *Anforderungsprofils* (auch Kompetenzprofil genannt) an die künftigen Auszubildenden. Auf der Grundlage der Gegebenheiten des Unternehmens und des Ausbildungsberufs wird festgelegt, welche Kompetenzen ein/e Bewerber/in mitbringen sollte. Da sich die Methoden der Ausbildung und auch die Arbeitsformen in den letzten Jahren in Richtung auf *Handlungskompetenz* (Becker 2002, S. 138 ff.) und Gruppenarbeit entwickelt haben, erhalten Sozialkompetenzen eine besondere Gewichtung. Für eine Ausbildung sind beispielsweise soziale und persönliche Kompetenzen wie Zuverlässigkeit, Ehrlichkeit, Selbstständigkeit, Pflichtbewusstsein, Konfliktfähigkeit, Konzentrationsfähigkeit, Leistungsbereitschaft, Pünktlichkeit, Ausdauer und Durchhaltevermögen, aber auch Zielstrebigkeit notwendig. Die Fachkompetenzen beziehen sich auf den Ausbildungsberuf und das Unternehmen. Die Erfordernisse können hier sehr unterschiedlich sein. Die Checkliste in Abb. 2 unterstützt die Erstellung eines Anforderungsprofils.

Kenntnisse – Fähigkeiten – Fertigkeiten	besonders wichtig	erforderlich	nicht erforderlich
Folgende Schulform sollte der künftige Azubi besucht haben:			
Folgender Schulabschluss ist mindestens erforderlich:			
Grundkenntnisse im mathematisch-naturwissenschaftlichen Bereich:			
Technisches Verständnis:			

Kenntnisse – Fähigkeiten – Fertigkeiten	besonders wichtig	erforderlich	nicht erforderlich
Kaufmännisches Verständnis:			
Fremdsprachenkenntnisse der folgenden Sprache:			
Kenntnisse im IT-Bereich:			
Notwendige physische Voraussetzungen (z. B. besondere Sehkraft, Hörfähigkeit, Schwindelfreiheit):			
Besondere Fähigkeiten (z. B. Farb- und Formensinn, räumliches Vorstellungsvermögen, Augenmaß, zeichnerisches bzw. künstlerisches Talent):			
Besondere Eigenschaften (z. B. Geschicklichkeit, Geduld, Arbeitsgenauigkeit, Sinn für Ordnung, Hygiene):			
Führerschein erforderlich? Welche Klasse?			
Sonstiges:			

Abb. 2: Checkliste: Anforderungsprofil an den/die Auszubildende(n)

3.2 Wege zu qualifizierten Jugendlichen

Strategisch sind bei der Berufsausbildung vier Jahre zu berücksichtigen: in der Regel drei Jahre *Ausbildungszeit* und ein Jahr vorab für das Bewerbungsverfahren. Mit dem entsprechenden zeitlichen Vorlauf ist bei der Suche nach qualifizierten Bewerber/innen zu kalkulieren.

Viele große Unternehmen betreiben heute ein gezieltes *Ausbildungsmarketing*, um qualifizierte Jugendliche zu interessieren und ihr Unternehmen in die Öffentlichkeit zu rücken. Neben den üblichen Schritten einer Ausbildungsstellenanzeige integrieren sie verschiedene Maßnahmen wie gezielten Kontakt zur Presse oder die Herausgabe von Foldern und Flyern, die über das Ausbildungsunternehmen informieren.

Weniger aufwendig und einfacher umzusetzen sind die in Abb. 3 aufgezeigten Maßnahmen, um mit guten Bewerber/inne/n in Kontakt zu treten.

Ausbildungsstellenanzeige	Wird eine Stellenausschreibung in die Zeitung gesetzt, ist der Oktober ein guter Zeitpunkt, wenn die Ausbildung im darauf folgenden August starten soll. Motivierte Schüler/innen informieren sich schon ab diesem Zeitraum über Lehrstellenangebote.
Direkter Kontakt zu Schulen	In jeder Schule ist Berufsorientierung Thema. Lehrer zeigen sich in der Regel dankbar, wenn Vertreter aus der Wirtschaft den Weg in die Schule finden und Ausbildungsberuf und Betrieb vorstellen. Für den Betrieb hat der persönliche Kontakt den Vorteil, dass das Interesse bei Schüler/innen geweckt wird, die persönliche Ansprache viel verbindlicher ist und die Schüler/innen Sie als Ausbilder/in kennen lernen. Der beste Zeitpunkt für einen solchen Kontakt ist im Einzelfall mit der Schule zu klären.

Aushang an Schulen	Nach Rücksprache mit der Schulleitung ist es möglich, einen Stellenaushang in Schulen der Wahl zu platzieren.
Betriebsbesichtigungen	Eine Betriebsbesichtigung für interessierte Schüler/innen kann z. B. innerhalb einer schulischen Veranstaltung stattfinden oder zusätzlich am Nachmittag angeboten werden. Kleingruppen von 6 bis 8 Schüler/innen bieten den größten Nutzen, da die Aufmerksamkeit größer ist und jede/r alles genau verfolgen kann.
Betriebs-/Schülerpraktikum	Jede regional ansässige allgemeinbildende Schule führt in der 9., 10. und 11. Klasse ein Schülerbetriebspraktikum als Pflichtpraktikum durch. Es wird versicherungsrechtlich als Schulveranstaltung behandelt und erstreckt sich in der Regel über einen Zeitraum von zwei bis drei Wochen. Jeder Betrieb kann einen Praktikumsplatz anbieten. Innerhalb des Praktikums kann der Betrieb schon Persönlichkeit, Einsatzbereitschaft, Teamfähigkeit und Fähigkeiten und Fertigkeiten der Bewerber/innen unverbindlich testen (Auskunft erteilen die Kammern).
Girls' Day	Der bundesweite Girls' Day findet in der Regel im April statt. Intention ist es, Schülerinnen frauenuntypische Berufe vorzustellen. Jeder Betrieb kann sich unter http://www.girls-day.de für Aktionen anmelden. Alle Betriebe und Aktionen erscheinen auf dieser Internetplattform in einem Veranstaltungsplan. Die Schülerinnen sind an diesem Tag vom Schulunterricht befreit, so dass sie in die Betriebe gehen können.
Ausbildungsstelle auf der eigenen Homepage	In Zeiten des World Wide Web haben die meisten Betriebe eine Homepage. Hier können natürlich alle offenen Ausbildungsstellen aufgenommen werden.
Lehrstellenbörse	Jede Kammer betreibt mittlerweile eine Lehrstellenbörse, in die Betriebe ihre offene(n) Ausbildungsstelle(n) setzen können. Interessierte Jugendliche haben darauf direkten Zugriff.

Abb. 3: Möglichkeiten der Kontaktaufnahme mit Bewerber/inne/n

3.3 Sichtung der Bewerbungsunterlagen: Besonderheiten bei der Berufsausbildung

Bewerber/innen auf Ausbildungsstellen haben in der Regel noch keinen langen Lebenslauf, dem Motivation und Interessen entnommen werden können. Praktika als erster Einstieg in das Berufsleben können jedoch von den meisten angegeben werden. Umso wichtiger sind hier die schulischen Voraussetzungen und die gezielte Vorbereitung und Durchführung von Einstellungsgesprächen auf der Grundlage des erstellten Anforderungsprofils. Die Noten auf den Zeugnissen sind im Zusammenhang mit dem besuchten Schultyp zu sehen. Jedoch sind auch Schulnoten als alleinige Grundlage für die Auswahl nicht ausreichend, denn sie sagen wenig über Sozial- und die Persönlichkeitskompetenzen aus.

3.4 Der Einsatz von Einstellungstests

Einstellungstests sind eine Möglichkeit, eine objektivere Vergleichbarkeit der Bewerber/innen zu erhalten. Mittlerweile werden im Internet – aber auch bei Fachverbänden – verschiedene Tests angeboten. Spezielle Kenntnistests untersuchen, inwieweit ein/e Bewerber/in das Wissen aus verschiedenen Schulfächern beherrscht. Neben Deutsch und Mathematik wird auch Allgemeinwissen überprüft. Intelligenztests ermitteln die intellektuelle Leistungsfähigkeit. Intelligenz ist nicht eindeutig definierbar. Sie setzte sich aus mehreren relativ unabhängigen geistigen Fähigkeiten zusammen.

Der Intelligenztest testet meist Auffassungsgabe, Kombinationsfähigkeit, Abstraktionsvermögen, Sprachgefühl, logisches Denken, Merkfähigkeit, Rechengewandtheit und räumliches Vorstellungsvermögen (Reichel 1999, S. 16).

Leistungstests unterscheiden sich in Konzentrationstests und Tests zur Messung spezieller Eignungsmerkmale.

Persönlichkeitstests sollen das Persönlichkeitsprofil der Bewerber/innen ermitteln. Hierzu zählen u. a. Kontaktfähigkeit, Einstellungen, Eigenschaften und Interessen (Reichel 1999, S. 17).

Achtung: Psychologische Eignungstests dürfen nur von Diplompsychologen durchgeführt werden. Der/die Testleiter/in muss ein staatlich anerkanntes Hochschulstudium der Psychologie ordnungsgemäß abgeschlossen haben (Reichel 1999, S. 19 f.).

Auch Einstellungstests, die nur einen geringen zeitlichen Umfang benötigen, sagen einiges über Bewerber/innen aus, das über die eigentlichen Testergebnisse hinausgeht. Z. B. kann beobachtet werden, ob die Bewerber/innen pünktlich erscheinen, das erforderliche Arbeitsmaterial mitbringen und den Test vollständig bearbeiten, das heißt sich gut vorbereitet haben. Pünktlichkeit, Motivation, Zuverlässigkeit und der Wille, sich der Herausforderung zu stellen, können an der Art des Umgangs mit dem Test abgelesen werden.

Auf dem Buchmarkt gibt es eine Fülle an Literatur mit vielfältigen Beispielaufgaben zu Einstellungstests (Reichel 1999, Hesse/Schrader 2003 und 2005, Hertwig/Weinem 2004).

3.5 Das Einstellungsgespräch

Eine gute Vorbereitung des Einstellungsgesprächs ist ein wichtiger Schritt, Ausbildungsabbrüchen und unliebsamen Überraschungen vorzubeugen. Auf der Grundlage des Anforderungsprofils werden die Fragen an die Bewerber/innen formuliert. Auch das Einstellungsgespräch mit Auszubildenden folgt den Phasen aller Einstellungsgespräche. Jugendliche, die sich auf eine Ausbildungsstelle bewerben, haben in der Regel noch nicht viele Erfahrungen mit Auswahlverfahren gemacht. Sie sind aufgeregter und brauchen eine etwas längere »Aufwärmphase«. Ein Zeitrahmen von ca. 45 Minuten wird für jedes Gespräch eingeräumt. Folgende wichtige Informationen sollten den Bewerber/innen mitgeteilt werden: Beginn und Dauer der Berufsausbildung, Dauer der regelmäßigen täglichen Arbeitszeit, Dauer der Probezeit, Zahlung und Höhe der Ausbildungsvergütung und Anzahl der Urlaubstage. Viele Betriebe führen im Zusammenhang mit dem Einstellungsgespräch eine Betriebsbesichtigung durch.

Ferner ist es für den Jugendlichen wichtig zu erfahren, wann eine konkrete Entscheidung zu erwarten ist. Alle Bewerber/innen haben ein Recht darauf zu erfahren, wie sich der Betrieb entscheidet, das heißt dass jede/r Bewerber/in auch im Falle einer Absage dies schriftlich mitgeteilt bekommt und die eingesandten Unterlagen zurückerhält.

4 Ausbildungsbegleitung

4.1 Der erste Tag in der Ausbildung

Ein persönlicher Empfang des/der neuen Auszubildenden durch den/die Ausbilder/in erleichtert den Einstieg in den neuen Lebensabschnitt des Jugendlichen. Viele haben bis zu diesem Zeitpunkt nur den Schulalltag kennen gelernt und der Alltag in einem Unternehmen ist ihnen noch fremd. Ein Rundgang durch den Betrieb, bei dem die neuen Kolleg/inn/en vorgestellt werden, erleichtert den Einstieg und schafft Vertrauen.

Manche Betriebe übernehmen ein Patensystem und benennen eine Person – oft eine/n Auszubildende/n eines höheren Lehrjahres – die dem Neuen in den ersten Wochen alles im Betrieb zeigt und Ansprechpartner/in für Fragen des Ausbildungsalltags ist. Ferner ist für den Auszubildenden ein fester Arbeitsplatz einzurichten, damit er/sie weiß, wo er/sie in den nächsten Wochen hingehört.

4.2 Ausbildungsgespräche

Eine sehr gute Voraussetzung für eine erfolgreiche Ausbildung sind *Ausbildungsgespräche*, die in regelmäßigen Abständen als fester Bestandteil der Ausbildung eingeplant werden. Zu Beginn der Ausbildung, in der Mitte und am Ende der Probezeit sollten Gespräche geführt werden, danach in einem Rhythmus von drei Monaten. Thema dieser Gespräche sind die Arbeitsweise, Interesse und Motivation der/des Auszubildenden, Verhalten gegenüber Vorgesetzten, Mitarbeiter/innen und Kunden, eventuelle Konflikte, Leistungen und Lernfortschritte im Betrieb und in der Berufsschule. Ferner sollte ein Abgleich zwischen erworbenen Fertigkeiten und Kenntnissen mit dem betrieblichen Ausbildungsrahmenplan stattfinden und Wissenslücken und Lernschwierigkeiten im Betrieb und in der Berufsschule thematisiert werden.

Eine ungestörte Unterhaltung in einer freundlichen Atmosphäre schafft Vertrauen. Jetzt hat der Jugendliche auch die Möglichkeit, von Eindrücken und Schwierigkeiten zu berichten und gemeinsam mit dem/der Ausbilder/in Ziele und Maßnahmen zu vereinbaren, um eventuelle Defizite auszugleichen. Im nächsten Ausbildungsgespräch werden diese Ziele wieder aufgegriffen – daher sind Gesprächsnotizen sinnvoll und auch notwendig.

Jugendliche möchten in ihrer Ausbildung laut einer Umfrage des Jugendring Dortmund (»Was erwarten die Schulabgänger von der Wirtschaft?« in: http://www.jugendring-do.de) auf ein gutes Arbeitsklima stoßen, Aufgaben erhalten, die zu ihrer

Berufsausbildung passen, freundlich behandelt werden, Freude an der Arbeit haben, Fragen stellen dürfen, Antworten erhalten, Grenzen und Regeln kennen lernen, Informationen zum Betrieb erhalten, ernst genommen werden, Fachgespräche führen, pünktlich ihre Ausbildungsvergütung bekommen und Hilfe erhalten, wenn sie nicht zurecht kommen.

4.3 Vermeidung von vorzeitigen Ausbildungsvertragslösungen

Regelmäßig veröffentlichte Statistiken in den Berufsbildungsberichten des Bundes lassen erkennen, dass alle Wirtschaftszweige von Ausbildungsabbrüchen betroffen sind. Zum Teil brechen Jugendliche die betriebliche Ausbildung ab und beschreiten einen ganz anderen beruflichen Weg. Einige Jugendliche wechseln den Ausbildungsbetrieb und setzten dort ihre Ausbildung fort (Betriebswechsler). In beiden Fällen kann der Schaden, der dem Unternehmen entsteht, erheblich sein.

Es gibt einige wirkungsvolle Instrumente, die einer vorzeitigen Lösung des Ausbildungsvertrages entgegen wirken. Die beste »Vorsorge« ist, dem Jugendlichen vor der Ausbildung ein Betriebspraktikum anzubieten (Punkt 3.2 dieses Beitrags).

Ein anderes Instrument zur Vermeidung von *Ausbildungsabbrüchen* sind regelmäßig durchgeführte Ausbildungsgespräche, (Punkt 4.2 dieses Beitrags) denn vielen Abbrüchen gehen ungelöste Konflikte voraus. Nach Huge-Becker/Becker (2003, S. 81 f.) liegen bei Konflikten immer Kommunikationsstörungen vor. In einer TNS EMNID – Studie (2001, S. 68 f.) zum Thema Ausbildungsabbruch findet diese Aussage Bestätigung. Der Studie zufolge liegen die Gründe für Ausbildungsabbrüche hauptsächlich in mangelnder Kommunikations- und Konfliktfähigkeit. Probleme werden entweder nicht erkannt oder nicht besprochen. Konflikte werden vermieden, was in den meisten Fällen zu Lähmung oder zu schleichender Eskalation führt (Funk/Malarski 2003, S. 25). Durch das Ausbildungsgespräch bleiben Ausbildungsbetrieb und Auszubildende im Gespräch und können frühzeitig Konflikte erkennen und die Situation besprechen und lösen.

Ist die Situation schwieriger geworden und droht die Kommunikation abzubrechen, ist es ratsam, ein Coaching in Anspruch zu nehmen. Einige Kammern bieten ein *Ausbildungscoaching* an. Coaching ist nach Rauen (2003, S. 2 f.) eine absichtsvoll herbeigeführte *Beratungsbeziehung*, deren Qualität durch Freiwilligkeit, gegenseitige Akzeptanz, Vertrauen und Diskretion bestimmt wird. Coaching ermöglicht es, Fragen zu klären, die ansonsten unausgesprochen bleiben. Die Kommunikation zwischen Auszubildenden und Ausbilder wird wieder hergestellt und ein Abbruch erfahrungsgemäß in den meisten Fällen verhindert.

5 Ausbildungsintegrierende Studiengänge

Eine Möglichkeit, qualifizierte Jugendliche für das Unternehmen zu interessieren, ist der Einstieg in einen ausbildungsintegrierenden dualen Studiengang. *Duale Studiengänge* verbinden die Vorteile der Ausbildung durch eine klare berufliche Praxis im Unternehmen mit den Vorteilen eines vertiefenden Studiums. Junge Leute, die diesen Weg wählen – und auch alle vorgesehenen Abschlüsse absolvieren – sind hoch motiviert und von Anfang an ein Gewinn für das Unternehmen.

Mitte der 1990er-Jahre wurden duale Studiengänge an Fachhochschulen verstärkt entwickelt. Dabei unterscheiden sich duale Studiengänge von klassischen Studienangeboten durch die Einbindung der beruflichen Praxis in den Studienverlauf: Ausbildung und Studium werden zeitgleich kombiniert.

Voraussetzungen für den Start sind:
- eine Hochschulzugangsberechtigung und
- ein Ausbildungsvertrag mit einem Unternehmen.

Grundstudium

Der ausbildungsintegrierende duale Studiengang sieht vor, dass der Jugendliche während des Grundstudiums eine verkürzte betriebliche Ausbildung in einem anerkannten Ausbildungsberuf absolviert. Meist wird das Grundstudium zeitlich gestreckt. Der zu absolvierende Berufsschulunterricht während der Ausbildung wird entweder durch die Fachhochschule abgedeckt oder in Abstimmung mit der Berufsschule gestrafft. Während der vorlesungsfreien Zeit sind Ausbildungsabschnitte im Unternehmen eingeplant.

Die betriebliche Ausbildung beendet der Jugendliche mit einem IHK- bzw. HWK-Abschluss.

Hauptstudium

Im Hauptstudium übt der »Azudent« – der seine betriebliche Ausbildung jetzt bereits abgeschlossen hat – meist eine berufliche Teilzeittätigkeit im Unternehmen aus, die einen ausgeprägteren Bezug zu den Studieninhalten aufweist. Das Studium endet entweder mit dem Abschluss »Diplom«, »Bachelor« oder »Master«.

Viele ausbildungsintegrierende duale Studiengänge werden bei den Ingenieurwissenschaften, insbesondere im Maschinenbau und der Elektrotechnik angeboten. Ebenfalls werden rechts- und wirtschaftswissenschaftliche Studiengänge angeboten, wobei betriebswirtschaftliche Fachrichtungen überwiegen. Eine Übersicht über duale Studiengänge mit Anschriftenverzeichnis der Fachhochschulen bietet z. B. Mucke (2003). Auf den Internetseiten für das duale Studium (http://www.duales-studium.de) und beim Bundesinstitut für Berufsbildung (http://www.bibb.de) werden ebenfalls Informationen bereitgestellt.

6 Zusatzqualifikationen während der Berufsausbildung

Zusatzqualifikationen für Auszubildende vermitteln Wissen oder Fertigkeiten, die über die jeweilige Ausbildungsordnung hinausgehen. Angeboten werden sie vom Ausbildungsbetrieb selbst, von der Berufsschule, der Kammer oder sonstigen Bildungsträgern. Ebenso wie durch duale Studiengänge werden die Auszubildenden durch Zusatzqualifikationen besonders gefördert und bereits während der Ausbildung für ihre spätere berufliche Tätigkeit zielgenau qualifiziert (Abb. 4).

Erwerb eines Schulabschlusses	Haupt-, Realschulabschluss, Fachoberschulreife; Fach-, Hochschulreife: die Berufsschule muss zusätzlich Unterricht in allgemeinbildenden Fächern anbieten (die Bedingungen sind in den einzelnen Bundesländern unterschiedlich).
Mit IHK oder HWK	Beide Kammern bieten zahlreiche Lehrgänge an, die i. d. R. mit einer anerkannten Kammerprüfung abschließen, z. B. werden betriebswirtschaftliche und technische Inhalte, vertiefende Bearbeitungs- und Fertigungsmethoden, IT-Kenntnisse, Fremdsprachen und Schlüsselqualifikationen angeboten.
An der Berufsschule	Häufig werden Unterrichtsdifferenzierungen oder Leistungsklassen angeboten.
Im Betrieb/Unternehmen	Vom Ausbildungsbetrieb in Eigenregie angeboten oder in Kooperation mit einem Partner. Konzeption, Durchführung und Finanzierung liegen in betrieblicher Verantwortung.

Abb. 4: Mögliche Zusatzqualifikationen

Weitere Informationen zu Zusatzqualifikationen bietet die bundesweite Erhebung aller Zusatzqualifikationen unter http://www.ausbildungplus.de.

Auslandsaufenthalte
Durch die Reform des Berufsbildungsgesetztes (BBiG) sind Auslandsaufenthalte von Auszubildenden während der Lehrzeit rechtlich abgesichert (Abb. 1). Die zuständige Kammer ist über den Auslandsaufenthalt zu informieren. Wenn der *Auslandsaufenthalt* länger als vier Wochen dauern soll, ist ein mit der Kammer abgestimmter Plan erforderlich.

Die Kammer ist ebenfalls über Förderprogramme informiert, durch die Auszubildenden und Betrieben zum Teil die Kosten von Auslandsaufenthalten erstattet werden können. Informationen über mögliche Wege ins Ausland finden sich unter http://www.wege-ins-ausland.de und http://www.raus-von-zuhaus.de. Informationen zu Mobilitätsprogrammen finden sich u. a. unter http://www.na-bibb.de/leonardo.

Literatur

Akademie für Arbeit und Politik 2000: Akademie für Arbeit und Politik: »Fachtagung Konflikte Lösen – Ausbildungsabbrüche vermeiden – Qualität der beruflichen Bildung steigern« in: ITB Institut Technik und Bildung an der Universität Bremen, Friedrich-Ebert-Stifung: Ausbildung – bleib dran. Vermittlung bei Ausbildungskonflikten; Dokumentation; Reihe Arbeitsmaterialien Nr. 7/2000.
Becker 2002: Becker, M.: Personalentwicklung. Bildung, Förderung und Organisationsentwicklung in Theorie und Praxis, 3. Auflage, Stuttgart 2002.
Bergmann/Wohlgemuth-Spitz 2005: Bergmann, M. und Wohlgemuth-Spitz, I.: Strategische Einbindung der Ausbildung in die Personalentwicklung, Meckenheim 2005.
Funk/Malarski 2003: Funk, T. und Malarski, R.: Mediation im Ausbildungsalltag: Konstruktiv streiten lernen, 2. Auflage, Heidelberg 2003.
Hertwig/Weinem 2004: Hertwig, S. und Weinem, A.: Einstellungstests für Auszubildende, 2. Auflage, München 2004.

Hesse/Schrader 2005: Hesse, J. und Schrader, H. C.: Das Hesse/Schrader Bewerbungshandbuch: Alles, was Sie für ein erfolgreiches Berufsleben wissen müssen, Frankfurt a. M. 2005.

Hugo-Becker/Becker 2000: Hugo-Becker, A. und Becker, H.: Psychologisches Konfliktmanagement: Menschenkenntnis, Konfliktfähigkeit, Kooperation, 3. Auflage, München 2000.

Huisinga/Lisop 1999: Huisinga, R. und Lisop, I.: Wirtschaftspädagogik, München 1999.

Mentzel 2001: Mentzel, W.: Personalentwicklung: Erfolgreich motivieren, fördern und weiterbilden, München 2001.

Mucke 2003: Mucke, K.: Duale Studiengänge an Fachhochschulen: Eine Übersicht, Bielefeld 2003.

Rauen 2003: Rauen, C.: Coaching. Praxis der Personalpsychologie, Göttingen u. a. 2003.

Reichel 1999: Reichel, W.: Testtrainer Einstellungstests, München 1999.

TNS EMNID – Report 2001: TNS EMNID – Report: »Ausbildungsabbruch«, in: http://www.handwerk-nrw.de, Veröffentlichungen), Bielefeld 2001.

Urbanek 2005: Urbanek, C.: Handbuch Ausbildung, 2. Auflage, Christiani 2005.

C.2 Einarbeitung, Integration und Anlernen neuer Mitarbeiter

*Claus Verfürth**

1 Die Bedeutung der Einarbeitung, der Integration und des Anlernens

2 Begriffsdefinitionen

3 Einarbeitung beginnt vor dem Vorstellungsgespräch
   3.1 Anforderungsprofil
   3.2 Information der Kollegen
   3.3 Notwendige Vorarbeiten

4 Der 1. Arbeitstag
   4.1 Einführungsgespräch
   4.2 Vorstellung der Kollegen

5 Patenschaften

6 Einführungsveranstaltung
   6.1 Organisation
   6.2 Ablauf
   6.3 Resonanz

7 Die ersten Wochen und Monate

8 Probezeit

9 Kritische Erfolgsfaktoren

Anhang: Checklisten

Literatur

---

* Claus Verfürth studierte nach der Ausbildung und Tätigkeit als Bankkaufmann Betriebswirtschaftslehre an der Hochschule Niederrhein mit der Spezialisierung auf Personal- und Steuerlehre. Nach Beendigung des Studiums begann er als Sachbearbeiter Personalcontrolling bei der Deutschen Apotheker- und Ärztebank. Im Jahr 2001 wurde er zum Bereichsleiter Personal ernannt. Seit 2005 ist er Dezernatsleiter Personal. Seine Verantwortung erstreckt sich auf das gesamte strategische und operative Personalmanagement bei der Deutschen Apotheker- und Ärztebank für insgesamt über 2.300 Mitarbeiter inkl. der Tochtergesellschaften.

1 Die Bedeutung der Einarbeitung, der Integration und des Anlernens

> »Mitarbeitereinführung am Arbeitsplatz ist Führungsaufgabe.
> Sie ist nicht delegierbar«
> (Universität Bremen 2001, S. 5).

Die Einarbeitung, die Integration und das Anlernen neuer Mitarbeiter werden immer wichtiger. Die Auswahl von geeigneten Mitarbeitern für vakante Positionen wird in Unternehmen mit großem Aufwand betrieben. Die Einarbeitung der neuen Mitarbeiter in ihr Aufgabengebiet und die Integration in das soziale Gefüge des Unternehmens und des Bereichs wird meistens nicht mit dem gleichen Aufwand betrieben. So ist es nicht verwunderlich, dass etwa ein Drittel aller neuen Mitarbeiter die angetretene Stelle noch in der Probezeit wieder aufgibt. Gründe dafür liegen meist in fehlender oder nicht ausreichender Einarbeitung und Integration. Hieraus folgen grundsätzliche Enttäuschungen über die gewählte Entscheidung, den Arbeitsplatz anzutreten. Die Folgen sind beträchtlich: Einerseits entstehen wiederum Kosten für die Auswahl von neuen geeigneten Mitarbeitern im Rahmen der Bewerbersuche, andererseits entsteht aber auch eine massive Verunsicherung der vorhandenen Mitarbeiter im betreffenden Bereich. Zudem leidet auch das Image des Unternehmens in der Außenwirkung auf dem Bewerbermarkt. Eine intensive Auseinandersetzung mit dieser Problematik kann helfen, neue Mitarbeiter erfolgreich auf die für sie vorgesehene Aufgabe vorzubereiten und sie insbesondere in das soziale Umfeld des Unternehmens zu integrieren.

2 Begriffsdefinitionen

Einarbeitung
Die Einarbeitung bezieht sich auf die berufliche Qualifizierung des neuen Mitarbeiters und die Fragestellung, was der neue Mitarbeiter zusätzlich zu den bestehenden beruflichen Kompetenzen erlernen und wissen muss, um seine Aufgaben anforderungsgerecht zu erledigen.

Integration
Bei der Integration handelt es sich um die Einführung des neuen Mitarbeiters in das soziale Gefüge des betreffenden Unternehmens.

Anlernen
Mit Anlernen ist die Übertragung von zusätzlichen Aufgaben für bereits im Unternehmen befindliche Mitarbeiter gemeint, die zum Zeitpunkt der Übertragung bereits ähnliche Aufgaben erfüllen.

Nachfolgend wird auf die differenzierte Darstellung der Einarbeitung, der Integration und des Anlernens im Einzelnen verzichtet. Es ist vielmehr seitens des Unternehmens notwendig, den Mitarbeitern alle erdenkliche Unterstützung zuteil werden zu lassen, um eine optimale Erfüllung der Aufgaben zu gewährleisten. Je weniger Engagement ein Unternehmen hier investiert, desto mehr schadet es nicht nur den betroffenen Mitarbeitern, sondern insbesondere dem Unternehmen selbst.

Letztendlich werden mit der Einarbeitung, Integration und dem Anlernen von Mitarbeitern folgende Ziele verfolgt:
- effektive Informationsvermittlung,
- strukturierte und geplante Einführung neuer Mitarbeiter,
- schnelleres, praktisches Zurechtfinden in der Komplexität und den Verknüpfungen des neuen Unternehmens,
- Förderung des abteilungs- und projektübergreifenden Teambuildings,
- Kennenlernen von Führungskräften und Kollegen,
- Erleben der Unternehmenskultur,
- schnelle Bindung an das Unternehmen,
- Vermeidung hoher Kosten durch missglückte Eingliederung oder frühzeitige Kündigung (Bernhard-Zehder 2002, S. 1).

Nicht zuletzt soll die Einarbeitung aber auch dafür sorgen, dass sich der neue Mitarbeiter möglichst schnell mit seiner neuen Aufgabe und insbesondere mit dem Unternehmen identifiziert und es als sein Unternehmen wahrnimmt.

3 Einarbeitung beginnt vor dem Vorstellungsgespräch

Die *Einarbeitung* und *Integration* von neuen Mitarbeitern beginnt schon vor dem ersten Vorstellungsgespräch. Bereits in der Phase, in dem das Anforderungsprofil für die Stelle festgelegt und die Fertigkeiten und Fähigkeiten des potenziellen Kandidaten definiert werden, manifestieren sich die Grundsteine für eine perspektivisch erfolgreiche Einarbeitung und Integration des neuen Mitarbeiters in das Unternehmen (Becker 2002, S. 290 ff.).

3.1 Anforderungsprofil

In der Phase der Bewerberauswahl muss ein möglichst genauer Abgleich zwischen definiertem *Anforderungsprofil* und vorhandenem Kompetenzgerüst des neuen Mitarbeiters erfolgen. Hier gemachte Zugeständnisse werden sich negativ auf eine Einarbeitung und die Tätigkeit im Haus auswirken, es sei denn, die vorhandenen Defizite betreffen nicht die notwendigen Kernkompetenzen.

Neben allgemeinen Anforderungen an den Kandidaten, wie Alter und Geschlecht, sollte ein Anforderungsprofil Antworten auf die Fragen der gewünschten Ausbildung, der bisherigen Fertig- und Fähigkeiten bezogen auf die Aufgabe, notwendige Branchen- und/oder Unternehmenskenntnisse und diverse Persönlichkeitsmerkmale beinhalten. Details dazu finden sich in der Checkliste am Ende dieses Beitrags.

Wichtigste Voraussetzung für die Auswahl des geeigneten Mitarbeiters und damit ein gutes Fundament für eine erfolgreiche Einarbeitung und Integration des neuen

Mitarbeiters, ist die Ehrlichkeit und Offenheit der beteiligten Personen im Auswahlprozess. Ein oberflächliches Auswahlverfahren oder die bewusste Inkaufnahme von Anforderungsdefiziten werden negative Konsequenzen auf den Einarbeitungs- und Integrationsprozess des neuen Mitarbeiters haben.

3.2 Information der Kollegen

Im Anschluss an die Entscheidung, einen bestimmten neuen Mitarbeiter in das Unternehmen einzustellen, sollten die zukünftigen Kollegen – sofern sie nicht schon teilweise in den Auswahlprozess eingebunden waren – über die *Neueinstellung* informiert werden. Inhalt der Information sollte sein:
- Eintrittsdatum,
- Werdegang des neuen Mitarbeiters,
- Einsatzgebiet,
- Anforderungs- bzw. Kompetenzprofil,
- die genaue Definition der Aufgaben.

Hier können schon im Vorfeld Hemmnisse und gegebenenfalls vorliegende Vorbehalte gegenüber einem neuen Mitarbeiter (wie sie grundsätzlich gegenüber allem Neuen vorhanden sind) gedämpft, wenn nicht gar ausgeräumt werden. Durch eine klare Kommunikation wird somit einer fiktiven Konkurrenzsituation keinerlei Raum gegeben. Gleichzeitig sollte hier die Chance genutzt werden, die Mitarbeiter soweit an der Einarbeitung des neuen Kollegen zu beteiligen, dass sie Tipps und Vorschläge für den anzufertigenden Einarbeitungsplan geben können, um sie damit zusätzlich in die Verantwortung zum Gelingen des Einarbeitungsprozesses zu nehmen.

3.3 Notwendige Vorarbeiten

Nach der getroffenen Personalentscheidung und der Information der Kollegen sowie weiterer Führungskräfte, müssen vor dem ersten Arbeitstag des neuen Mitarbeiters eine Reihe von Vorarbeiten erledigt werden. Neben der dezidierten Erstellung eines Einarbeitungsplans und der Unterrichtung aller relevanten Personen im Unternehmen über den *Neueintritt*, sollte der neue Mitarbeiter ein Benachrichtigungsschreiben erhalten, aus dem deutlich wird, wo und zu welcher Uhrzeit er sich am ersten Arbeitstag melden, welche Unterlagen er am ersten Arbeitstag mitbringen soll (insbesondere wichtig für nachfolgende administrative Tätigkeiten im Personalbereich) oder auch die Benachrichtigung darüber, ob vor Dienstantritt eine Gesundheitsuntersuchung zu erfolgen hat.

Dem neuen Mitarbeiter sollte ein Ansprechpartner sowohl im Personalbereich als auch an seinem neuen Arbeitsplatz genannt werden, an den er vor *Arbeitsantritt* gegebenenfalls auftretende Fragen richten kann.

Zusätzlich zur Benachrichtigung des neuen Mitarbeiters muss selbstverständlich vor Dienstantritt der Arbeitsplatz des neuen Kollegen eingerichtet werden. Neben

Schreibtisch, Stuhl und PC gehört dazu auch die Bestellung von Namensschildern, Visitenkarten, die Bereitstellung eines Telefonanschlusses, Zutrittsberechtigungen, Essensberechtigungen und die gegebenenfalls zu erfolgende Anmeldung zu grundsätzlichen Seminaren, die als Voraussetzung für die Arbeitsaufnahme gelten. Details dazu finden sich in der Checkliste im Anhang.

4 Der 1. Arbeitstag

Jeder Mitarbeiter, der am ersten Arbeitstag in das Unternehmen eintritt, unterliegt einer nicht zu unterschätzenden inneren Anspannung. Sie umfasst die Freude auf die neue Aufgabe, die eventuell aber nur schemenhaft transparent ist, aber auch die Freude auf das Kennenlernen neuer interessanter Kollegen, die allerdings in einem festen sozialen Gefüge stehen, zu dem man selber noch nicht gehört. Letztendlich beschleicht den neuen Mitarbeiter unter Umständen auch die Frage, ob es wirklich richtig war, die alte bekannte Umgebung – mit ihren Schwächen, aber auch positiven Seiten – zu verlassen, und sich in ein neues, völlig unbekanntes, Umfeld zu begeben. Die Aufgabe der Führungskraft ist es, dem neuen Mitarbeiter möglichst schnell diese Unsicherheit zu nehmen.

4.1 Einführungsgespräch

Erste Pflicht der Führungskraft ist, sich am ersten Tag für den neuen Mitarbeiter besonders viel Zeit zu nehmen. Dazu gehört auch die Vermittlung des Gefühls, dass er ausdrücklich willkommen ist und dass die Führungskraft sich freut, ihn endlich bei sich begrüßen zu können. Ein äußeres Zeichen dieser Wertschätzung kann ein Blumenstrauß sein, der im *Einführungsgespräch* übergeben wird.

Wie im alltäglichen Leben, entscheiden oft die ersten Augenblicke über den Erfolg oder Misserfolg der darauffolgenden Zeit. Einen negativen ersten Eindruck, den der neue Mitarbeiter vom Unternehmen oder seinem Repräsentanten bekommt, wird sich in der Zeit der Einarbeitung nur mit erheblichem Aufwand revidieren lassen.

Nach der Begrüßungs- und Aufwärmphase ist es Aufgabe der Führungskraft, den neuen Mitarbeiter im Detail auf seine Aufgabe vorzubereiten, klar die Erwartungen an ihn zu verdeutlichen und die Bedeutung für den Bereich und das Unternehmen herauszustellen. Gleichzeitig erläutert die Führungskraft die organisatorische Zusammensetzung des Bereichs, des Ressorts und die organisatorische Einbindung in das Gesamtgebilde des Unternehmens. Hinzu kommen Erläuterungen zur allgemeinen Arbeitssystematik und zu gegebenenfalls bestehenden grundsätzlichen Vereinbarungen oder Regeln des täglichen Zusammenseins.

Nach Erläuterung dieser übergeordneten Zusammenhänge sollte der vorbereitete *Einarbeitungsplan* mit dem neuen Kollegen besprochen werden. Insbesondere sind die einzelnen Stationen zu erläutern, die Bedeutung dieser Stationen für die Aufgabenwahrnehmung des neuen Mitarbeiters zu charakterisieren und Lernziele für die einzelnen Stationen zu formulieren. Auch an dieser Stelle ist es unbedingt notwendig, die Erwartungen an den neuen Mitarbeiter klar zu formulieren und gegebenenfalls auch in zeitliche Meilensteine zu unterteilen. Selbstverständlich wird der neue Mitarbeiter in der Anfangszeit Fehler machen oder nicht alle Aufgaben in der Art erledigen wie dies erwartet wird. Die Führungskraft sollte in jedem Fall verdeutlichen, dass dies dem Unternehmen bewusst ist und eventuell unterlaufene Fehler in der Einarbeitungszeit vom Unternehmen als Chance gesehen werden, die Aufgabenwahrnehmung zukünftig zu optimieren.

Die Führungskraft vereinbart mit dem neuen Mitarbeiter regelmäßige *Feedback-Gespräche* zur Einarbeitung, die in einem Rhythmus von vier bis sechs Wochen stattfinden sollten.

4.2 Vorstellung der Kollegen

Nach dem Einführungsgespräch stellt die Führungskraft den neuen Mitarbeiter seinen Kollegen und gegebenenfalls weiteren Führungskräften im Bereich vor. Hierzu ist es ratsam, dass die Führungskraft sowohl den neuen Mitarbeiter vorstellt, aber auch die bereits im Unternehmen befindlichen Kollegen sich und ihr Aufgabengebiet kurz vorstellen. Somit hat der neue Mitarbeiter die Möglichkeit, die im Einführungsgespräch theoretisch dargestellte Organisation des Bereiches nun konkret mit handelnden Personen in Verbindung zu bringen und erste Eindrücke über bestehende Schnittstellen zu erlangen.

Im Anschluss an die *Vorstellungsrunde* im Bereich geleitet die Führungskraft den neuen Mitarbeiter an seinen Arbeitsplatz. Der direkte Kollege des neuen Mitarbeiters wird seinen neuen Kollegen nun mit den alltäglichen Gegebenheiten des Unternehmens vertraut machen. Hierzu gehören sämtliche räumliche Gegebenheiten des Gebäudes, angefangen von der Kantine, Toilette, Fluchtwege bis hin zur Einführung in die direkten Arbeitsmittel, wie Telefon, Fax, Kopierer etc. und die Begleitung durch die ersten Stunden des ersten Arbeitstages.

5 Patenschaften

Für den neu in ein Unternehmen eintretenden Mitarbeiter kann insbesondere die Bereitstellung eines geeigneten Paten eine große Hilfestellung beim Neueinstieg sein. Der *Pate* sollte für solche Fragen zur Verfügung stehen, die der neue Mitarbeiter nicht unbedingt mit der direkten Führungskraft besprechen möchte. Vor allen Dingen sollte aber der Pate dazu da sein, die für den neuen Mitarbeiter nicht unbedingt sofort ersichtlichen Klippen und Fallstricke im Unternehmen zu erkennen und sie möglichst ohne Schaden zu meistern. Dazu gehört z. B. auch die Fragestellung, wem der neue Mitarbeiter unter Umständen den von ihm besetzten Arbeitsplatz »weggenommen« hat, weil ein anderer Mitarbeiter im Unternehmen sich ebenfalls für diese Stelle beworben hatte. Aber auch Fragestellungen hinsichtlich bestehender Netzwerke und politischer Befindlichkeiten gehören zu den Problemstellungen, die ein Pate mit dem neuen Mitarbeiter lösen sollte. Bei dem Paten selbst sollte es sich um einen Mitarbeiter handeln, der aus dem näheren Arbeitsumkreis stammt und der für den neuen Mitarbeiter jederzeit ansprechbar ist.

Vor allen Dingen muss sichergestellt sein, dass der Pate gerne bereit ist, diese Aufgabe zu übernehmen und sich durch den neuen Mitarbeiter nicht bei jeder neuen Fragestellung in seiner Arbeit gestört fühlt.

Ausführliche Informationen zu Patenmodellen finden sich im Kapitel Mentoring und Patenschaft (D. 7).

6 Einführungsveranstaltung

In der Praxis hat sich die Durchführung von Einführungsveranstaltungen für neue Mitarbeiter sehr bewährt. Ziel ist es, den neuen Mitarbeitern die Philosophie, die Strategie und insbesondere die wichtigsten Ansprechpartner vorzustellen. Beispielhaft wird nachfolgend die *Einführungsveranstaltung* der Deutschen Apotheker- und Ärztebank beschrieben (Abb. 1).

Neue Mitarbeiter treten in Banken klassischerweise zu den Quartalsanfängen ein. Aus diesem Grund führt die Bank ca. vier Wochen nach diesen Quartalsterminen 3-tägige Einführungsveranstaltungen für alle Mitarbeiterfunktionen durch. In den ersten vier Wochen sollen die Mitarbeiter an ihrem jeweiligen Einsatzort ihren individuellen Arbeitsplatz kennen lernen, um dann in der übergeordneten Einführungsveranstaltung die größeren Zusammenhänge und Hintergründe zu erfahren. Wichtig aus Sicht der Bank ist insbesondere die Tatsache, dass alle Funktionalitäten vom hochausgebildeten Spezialisten bis zum Datenerfasser an dieser Einführungsveranstaltung teilnehmen. So ist gewährleistet, dass die Philosophie der Bank auf allen Mitarbeiterebenen bekannt gemacht und auch gelebt werden kann.

6.1 Organisation

Die Organisation der Einführungsveranstaltung obliegt dem Personaldezernat der Bank. Eine speziell dafür zusammengestellte und ausgebildete Gruppe von Personalreferenten organisiert in einem Zweierteam jede einzelne Veranstaltung. Während der gesamten Veranstaltung ist immer ein Mitarbeiter aus dem Personaldezernat bei der Einführungsveranstaltung anwesend, um sich ergebende Fragen zu beantworten, aber auch die Übergänge der Referenten in der Einführungsveranstaltung zu moderieren.

6.2 Ablauf

Nachdem die neuen Mitarbeiter eingetroffen und durch einen Vertreter des Dezernats Personal begrüßt wurden, erfolgt die offizielle Begrüßung durch ein Vorstandsmitglied. Dies verdeutlicht in erster Linie die Wertschätzung, die der Vorstand den neuen Mitarbeitern entgegen bringen möchte und spiegelt andererseits die Wichtigkeit wider,

Programm

Einführungsveranstaltung für neue Mitarbeiter

vom 21.06. bis 23.06.2005

Hauptverwaltung Düsseldorf, Raum D 03 / D 04

1. Tag: Dienstag, 21.06.2005

08:50 – 09:00 Uhr	Begrüßung durch das Dezernat Personal
09:00 – 10:00 Uhr	Begrüßung durch den Vorstand
10:15 – 12:00 Uhr	Organisatorisches/Vorstellungsrunde/ Das Dezernat Personal stellt sich vor
12:15 – 13:00 Uhr	Vortrag Dezernat Personal – Altersvorsorge
13:00 – 14:00 Uhr	**Gemeinsames Mittagessen**
14:00 – 15:00 Uhr	Vortrag Vertrieb Organisationen und Großkunden
15:15 – 16:00 Uhr	Der Gesamtbetriebsrat stellt sich vor
16:15 – 16:45 Uhr	Vortrag Vertrieb Privatkunden/Kundenkommunikation
17:00 – 18:00 Uhr	Vortrag Überblick über den Vertrieb Privatkunden
ab ca. 18:30 Uhr	**Gemeinsames Abendessen im Brauhaus Johannes Albrecht, Niederkassel**

2. Tag: Mittwoch, 22.06.2005

08:30 – 10:00 Uhr	Vortrag Gesundheitsökonomie
10:15 – 11:15 Uhr	Vortrag Vertrieb Privatkunden/Produktmanagement
11:30 – 12:30 Uhr	Vortrag Vertrieb/Privatkunden/Wertpapiere
12:45 – 13:15 Uhr	Vortrag Revision
13:15 – 14:00 Uhr	**Gemeinsames Mittagessen**
14:00 – 14.45 Uhr	Besuch des Wertpapierbereichs in der Hauptverwaltung
14:45 – 15:45 Uhr	Vortrag Wertpapiere Privates Assetmanagement
16:00 – 16:45 Uhr	Vortrag Vertriebspartner
17:00 – 18:00 Uhr	Vortrag Unternehmenssicherheit

Abend zur freien Verfügung

3. Tag: Donnerstag, 23.06.2005

08:45 – 09:30 Uhr	Vortrag Controlling
09:45 – 10:15 Uhr	Vortrag Unternehmensplanung/Treasury
10:30 – 11:15 Uhr	Vortrag Handelsabwicklung
11:30 – 12:30 Uhr	Vortrag Informatik und Organisation
12:30 – 13:30 Uhr	**Gemeinsames Mittagessen**
13:30 – 14:30 Uhr	Vortrag Zentrales Kreditsekretariat
14:30 – 15:00 Uhr	Besuch des ZKS und des Dezernates Personal
15:15 – 16:00 Uhr	Feedback-Runde und Verabschiedung

Abb. 1: Muster-Programm zur Mitarbeitereinführung

die die Bank mit der Durchführung dieser Einführungsveranstaltung verbindet. Das Mitglied des Vorstandes (in der Regel handelt es sich um das für Vertrieb zuständige Vorstandsmitglied) gibt in seinem ca. einstündigen Vortrag einen Überblick über die Geschichte der Bank, das für die APO-Bank spezielle Kundenklientel und über das in der Bankenwelt einzigartige Geschäftsmodell. Gleichzeitig haben die Mitarbeiter die Möglichkeit, die sich aus den ersten Tagen ihrer Tätigkeit ergebenden Fragen direkt einem Vorstandsmitglied zu stellen. Die hier von Seiten der Bank aufnehmbaren »noch unbeeinflussten Eindrücke« waren in der Vergangenheit immer eine gute Quelle für neue Ideen.

Nach dem Vortrag des Vorstandes erfolgt durch die beiden Vertreter des Personaldezernats eine Vorstellungsrunde, in der die Mitarbeiter sich und ihren bisherigen Erfahrungshorizont darstellen. Daran anschließend erläutern die Vertreter des Personaldezernats die Aufbauorganisation der Bank, angefangen bei den Vorständen über die Dezernate, Bereiche bis in die einzelnen Filialen und das Zusammenspiel mit den Unternehmenstöchtern. Im Anschluss daran wird das breite Serviceangebot des Personaldezernats für die Mitarbeiter beschrieben und die einzelnen Ansprechpartner für die unterschiedlichsten Fragestellungen werden mit Bild vorgestellt.

Ab Mittag des ersten bis zum Ende des dritten Tages stellen sich nun alle Dezernate und Bereiche der Hauptverwaltung den neuen Mitarbeitern vor. Die Vertreter der einzelnen Bereiche haben zu diesem Zweck eine Präsentation der eigenen Aufgabengebiete vorbereitet, die den neuen Mitarbeitern zu Anfang der Einführungsveranstaltung in einem Ordner zur Verfügung gestellt wurden. So haben sie die Möglichkeit, auch nach Beendigung der Einführungsveranstaltung alle wichtigen Informationen und Ansprechpartner nachzuschlagen und Fragen zu adressieren. Am Ende des ersten Seminartages lädt die Bank die neuen Mitarbeiter in ein Restaurant zu einem gemeinsamen Abendessen ein, woran neben den Vertretern des Personaldezernats auch die Referenten aus den einzelnen Stabsbereichen teilnehmen.

Eine willkommene Unterbrechung der Fachvorträge bildet ein *Besichtigungsrundgang* durch die Hauptverwaltung und deren einzelne Abteilungen. Hierbei haben die neuen Mitarbeiter die Möglichkeit, zu den Referenten der einzelnen Bereiche nun auch die speziellen Ansprechpartner kennen zu lernen.

Während dieses Rundgangs versammeln sich die Mitarbeiter der Bereiche in lockerer Atmosphäre und stellen sich und ihr Aufgabengebiet kurz den neuen Mitarbeitern vor. Diese Vorstellungsrunde ist für die Mitarbeiter in der Hauptverwaltung aber auch eine Gelegenheit, ihr Aufgabengebiet und sich selbst zu positionieren.

Den Abschluss der dreitägigen Einführungsveranstaltung bildet eine *Feedback*-Runde, in der die Zufriedenheit mit der Veranstaltung grundsätzlich abgefragt wird und wo insbesondere auch Verbesserungsvorschläge für die Zukunft geäußert werden sollen. Diese Eindrücke sollen durch die Mitarbeiter noch durch einen – ca. drei Tage nach der Veranstaltung abgegebenen – Feedback-Bogen ergänzt werden. Dabei legt die Bank besonderen Wert darauf, dass die Beurteilungen der Einführungsveranstaltung durch die Mitarbeiter erst nach einer Zeit der »Objektivierung« der Eindrücke erfolgt und nicht noch während der Veranstaltung im Rahmen des allgemeinen Aufbruchs oberflächliche Bewertungen abgegeben werden.

6.3 Resonanz

Die Bewertung der Einführungsveranstaltung als solche durch die neuen Mitarbeiter ist von überwältigend positiver Natur. Sicherlich ist zu bedenken, dass bei Unternehmen anderer Größenordnungen der betriebene Aufwand durchaus erhöht ist. Dennoch ist es möglich, beispielsweise in regionalen Veranstaltungen, solche Einführungsseminare durchzuführen. Nicht zuletzt sollen die neuen Mitarbeiter durch die Einführungsveranstaltung einen Grundstein für ihr eigenes bankinternes Netzwerk legen. Die Jahre seit Einführung dieser Veranstaltung haben gezeigt, dass die Kontakte, die sich anlässlich dieser Tage ergeben haben, die Nachhaltigsten waren, die jemals geknüpft werden konnten.

Bei der Durchführung einer Einführungsveranstaltung ist die Einplanung eines genügenden Zeitbudgets unerlässlich. Die verkürzte Darstellung von Einsatzgebieten oder deren völlig überladene Präsentation wirkt eher kontraproduktiv zur guten Absicht der Durchführung einer solchen Veranstaltung.

7 Die ersten Wochen und Monate

Aus den vorangegangenen Ausführungen wird deutlich, dass die ersten Wochen und Monate entscheidend dafür sind, ob und wie sich der neue Mitarbeiter im Unternehmen etablieren wird.

Im Rahmen des Einarbeitungsplans wurden mit dem neuen Mitarbeiter – neben den einzelnen Stationen der Einarbeitung – auch Zielvereinbarungen hinsichtlich der Themen und Problemstellungen getroffen und bis zu welchem Zeitpunkt diese abzuarbeiten sind.

Konkret ist die Frage zu klären, bis zu welchem Zeitpunkt der neue Mitarbeiter welche Aufgabenstellungen in welchem Selbstständigkeitsgrad lösen, bzw. welcher Wissensstand bei ihm als gegeben vorausgesetzt werden kann.

Zum Abgleich der beschriebenen *Zielvereinbarungen* mit der Ist-Erfüllung sollten monatlich Feedback-Gespräche geführt werden. Zur Vorbereitung dieser Gespräche holt die Führungskraft, neben der eigenen Einschätzung des Zielerreichungsgrads, auch die Einschätzungen der Führungskräfte ein, bei denen der neue Mitarbeiter im Rahmen seiner Einarbeitung eine Zeit verbracht hat.

Obligatorisch bei den Feedback-Gesprächen ist – neben der Abfrage von Erwartungen des neuen Mitarbeiters – auch die gegebenenfalls stattzufindende Anpassung des Einarbeitungsplans mit dem Mitarbeiter zu erörtern. Zusätzlich sollte die Führungskraft die Bewertungen der Verantwortlichen aus den einzelnen Einarbeitungsstationen dem Mitarbeiter mitteilen und seine Einschätzung diesbezüglich erfragen.

Auch kann die Führungskraft hier eigene Tipps für die weitere Zeit der Einarbeitung geben und den Mitarbeiter bitten, seine Einschätzung oder auch Verbesserungsvorschläge im Rahmen dieser Feedback-Gespräche zu äußern.

Endpunkt der Feedback-Gespräche sollte die Einigkeit darüber sein, in welcher Form der Einarbeitungsplan weiter abgearbeitet wird, ob es eventuell Anpassungen geben sollte, welche Punkte in der Einarbeitung besonders gut oder weniger gut gelungen und welche Punkte noch offen sind.

8 Probezeit

Eine Faustregel aus der Vergangenheit hieß, dass der neue Mitarbeiter 100 Tage Zeit hat, um sich in sein neues Arbeitsgebiet einzufinden. In den allermeisten Fällen ist heute den neuen Mitarbeitern diese »Schonzeit« nicht mehr vergönnt. Schon nach relativ kurzer Zeit soll er in der Lage sein, sein neues Aufgabengebiet umfänglich bearbeiten zu können.

Realistische Schätzungen gehen davon aus, dass ein neuer Mitarbeiter – wenn er nicht einen 1:1-Aufgabenwechsel vom alten zum neuen Arbeitgeber durchführt – eine Zeit von mindestens einem Jahr benötigt, um seine neue Aufgabe im vollen Umfang ausführen zu können. Die Entscheidung, ob ein neuer Mitarbeiter aus Sicht des Arbeitgebers für die Aufgabe geeignet ist oder nicht, muss aber im ersten Halbjahr des Arbeitsvertrages erfolgen.

In nahezu allen Arbeitsverträgen wird die Phase zu Beginn des Arbeitsverhältnisses als *Probezeit* vereinbart. In der Regel handelt es sich um eine Zeit von drei bis sechs Monaten. Arbeitsrechtlich ist diese Zeit insofern interessant, als dass innerhalb der ersten sechs Monate das Arbeitsverhältnis seitens des Arbeitgebers gekündigt werden kann, ohne Nachweis darüber, dass die Kündigung sozial gerechtfertigt ist. Das Kündigungsschutzgesetz gilt für Betriebe ab einer bestimmten Anzahl von Mitarbeitern (§ 23 KSchG).

Eine Verlängerung der Probezeit über 6 Monate hinaus – wie sie in der Praxis des öfteren praktiziert wird – hat keinerlei Auswirkungen auf die Regelungen des Kündigungsschutzgesetzes. Somit wäre eine solche Verlängerung über die sechsmonatige Frist des Kündigungsschutzgesetzes hinaus arbeitsrechtlich bzw. kündigungsschutzrechtlich irrelevant.

Im Normalfall binden sich Arbeitgeber und Arbeitnehmer durch das Arbeitsverhältnis über eine Reihe von Jahren. Deshalb ist es unbedingt anzuraten, von Seiten des Arbeitgebers die Probezeit insbesondere dafür zu nutzen, den neuen Mitarbeiter in der Praxis zu beobachten, mit ihm Meilensteine der Einarbeitung und der Integration zu besprechen und diese Meilensteine auf Erfüllung zu überprüfen. In Abhängigkeit von der Komplexität der Aufgabe sollte es dem neuen Mitarbeiter möglich sein, innerhalb der sechsmonatigen Probezeit zu beweisen, dass er seine Aufgabe gut erledigen wird.

Die Erfahrung hat gezeigt, dass die Zweifel, die sich innerhalb der Probezeit an den Fähigkeiten und Fertigkeiten des neuen Mitarbeiters ergeben, auch nach Ende der Probezeit meist nicht mehr vollständig abgebaut werden können. Erfahrene Vorgesetzte erkennen in der Regel sehr schnell, ob sich der neue Mitarbeiter in der Aufgabe perspektivisch gut oder weniger gut entwickeln wird. Die Probezeit verstreichen zu lassen mit der Beruhigung, der Mitarbeiter müsse sich erst an seine neue Aufgabe und die neue Umgebung gewöhnen und »dass schon alles besser würde«, kann in der Praxis in den allermeisten Fällen leider nicht bestätigt werden. Vor diesem

Hintergrund sollte die Probezeit in der Tat dafür genutzt werden, die Aufgabenerfüllung des neuen Mitarbeiters dezidiert zu erproben, aus Verbesserungspotenzialen Maßnahmen abzuleiten und die Erfüllung dieser Maßnahmen nachhaltig zu kontrollieren.

Vielfach scheuen sich Vorgesetzte, ein Arbeitsverhältnis während der Probezeit zu kündigen, insbesondere, wenn der neue Mitarbeiter aus einem ungekündigten Arbeitsverhältnis in die neue Firma gewechselt hat.

Oft glaubt die Führungskraft, dass eine Kündigung in der Probezeit auch ein Indiz für seine eigene Unfähigkeit zur Auswahl des richtigen Personals sein könnte und handelt deshalb nicht.

Die Probezeit ist für beide Seiten dazu da, die Aufgaben und die Aufgabenwahrnehmung kennen zu lernen und aus diesen Erkenntnissen die sachlich richtige Entscheidung zu treffen. Die Kosten, die dadurch entstehen, dass die Untauglichkeit eines neuen Mitarbeiters erst nach der Probezeit erkannt oder erst nach der Probezeit Konsequenzen gezogen werden, übersteigen die Kosten einer Kündigung in der Probezeit um ein Vielfaches, da sie meistens einhergehen mit einer zeitaufwändigen Vorbereitung einer oftmals verhaltensbedingten Kündigung inkl. der dafür notwendigen Beweisführung und Abmahnungen durch den Arbeitgeber. Im Anschluss an eine mögliche Kündigung erfolgt in der Regel die arbeitsrechtliche Auseinandersetzung, die zusätzliche Aufwendungen mit sich bringt.

9 Kritische Erfolgsfaktoren

Die vorangegangenen Ausführungen haben gezeigt, wie wichtig eine engagierte Einarbeitung und Integration von neuen Mitarbeitern in das Unternehmen ist. Nachfolgend werden einige kritische Situationen in der Einarbeitungszeit geschildert, die von Seiten des Unternehmens unbedingt zu vermeiden sind und die durch eine gute Vorbereitung, ständige Begleitung und kontinuierliche Feedback-Gespräche mit dem Mitarbeiter systematisch ausgeräumt werden können.

Quantitative Unter- bzw. Überforderung
Der definierte Aufgabenumfang passt nicht zu der zur Verfügung stehenden Zeit. Dadurch entsteht für den neuen Mitarbeiter eine permanente *Unterforderung* oder eine *Überlastung*, die dadurch verstärkt werden kann, dass der Vorgänger durch jahrelange Übung in der Aufgabenwahrnehmung den Aufgabenumfang in der üblichen Arbeitszeit erledigen konnte, ein neuer Mitarbeiter dafür jedoch wesentlich mehr Zeit benötigt.

Qualitative Unter- bzw. Überforderung
Die qualitativen Anforderungen an die Erledigung der Aufgabe entsprechen nicht dem Leistungsniveau des neuen Mitarbeiters. Dabei wirken sich leichte qualitative Überforderungen zu Anfang der Übernahme einer neuen Tätigkeit erfahrungsgemäß weniger stark demotivierend aus, als eine wahrgenommene Unterforderung schon zu Beginn der Einarbeitung. Diese kann in den Augen des Mitarbeiters zuerst als

schneller Erfolg angesehen werden, entpuppt sich später jedoch bei nicht qualitativ steigenden Anforderungen als Demotivationsfaktor.

Unklare Aufgaben- bzw. Stellenbeschreibung

Im Rahmen der Einarbeitung wird der neue Mitarbeiter – durch die natürlicherweise nicht vorhandene Erfahrung – die Aufgabenwahrnehmung anhand der Aufgabenbeschreibung und der *Stellenbeschreibung* ausführen. In den Fällen, in denen die Aufgaben- und Stellenbeschreibung inkl. der notwendigen hierarchischen Einordnung und Vertretungsregelung unvollständig oder lückenhaft sind, werden für den neuen Mitarbeiter sehr schnell Probleme bei der Wahrnehmung der Aufgabe entstehen.

Fehlendes Feedback durch den Vorgesetzten

Dem *Feedback* des Vorgesetzten kommt in der Einarbeitung des neuen Mitarbeiters eine zentrale Rolle zu. Der neue Mitarbeiter ist in dem neuen Umfeld, in dem er sich bewegt, darauf angewiesen, dass eine ständige Rückkopplung seiner Handlungen durch den Vorgesetzten erfolgt. Ohne diese Rückkopplung und Anpassung seiner Handlungen an die »Regeln« des Unternehmens, wird das Verhalten des neuen Mitarbeiters in Bezug auf die Aufgabenwahrnehmung und die Integration in das soziale Umfeld des Unternehmens peu à peu mehr von der Norm abweichen. Die Führungskraft bietet durch das Feedback ein Regulativ, an dem sich der neue Mitarbeiter – ähnlich einer Leitplanke – orientieren kann und welches zusätzlich Sicherheit für die bevorstehende Zeit der Einarbeitung bietet.

Unklares Feedback und unklare Aufgabenerteilung

Der Klarheit in der Kommunikation der Führungskraft mit dem neuen Mitarbeiter hinsichtlich des Feedbacks und hinsichtlich der Beauftragung mit neuen Aufgaben, kommt in der Einarbeitung von neuen Mitarbeitern eine besondere Rolle zu. Widersprüchliche Anweisungen oder verharmlosende Kritiken wirken für den neuen Mitarbeiter zusätzlich verunsichernd und werden deshalb eine Verbesserung der Aufgabenwahrnehmung und der Integration in das Unternehmen nicht positiv unterstützen.

Gleichzeitig hat die direkte Führungskraft dafür zu sorgen, dass die dem neuen Mitarbeiter zugeteilten Kompetenzen auch eigenständig ausgeübt werden können oder eine Absprache getroffen wird, in welchem Zeitraum welche Kompetenzen durch den neuen Mitarbeiter ausgeübt werden können. Eine fallweise Rücknahme oder Einschränkung von Kompetenzen während der Einarbeitungszeit wird sich nachhaltig demotivierend auf den Mitarbeiter auswirken (Schneider 1998).

Anhang: Checklisten

(1) Im Auswahlverfahren

	wer	bis wann	✓

Erstellen eines dezidierten Anforderungsprofils u.a. mit folgenden Detailinformationen:
▪ **Allgemein**
  – Geschlecht
  – Mobilität
  – Berufserfahrung
▪ **Notwendiger Schulabschluss oder notwendige Ausbildung**
  – notwendiger Schulabschluss
  – notwendige Erstausbildung
  – notwendige weiterführende Ausbildung
▪ **Gewünschter Erfahrungsumfang**
  – notwendige Dauer der Erfahrung in vergleichbarem Aufgabengebiet/in anderen Aufgabengebieten
  – Erfahrungen in gleicher Branche in ähnlichen Unternehmen mit ähnlichen Produkten
▪ **Persönliche Anforderungen**
  – Auffassungsvermögen, geistige Flexibilität, Stressresistenz, Motivation, Ausdauer, Fleiß, Organisationsgeschick, Sozialverhalten, Integrationserfordernisse etc.			

(2) Vor dem ersten Arbeitstag

	wer	bis wann	✔
▪ Erstellen eines Einarbeitungsplans			
▪ Abstimmung von Terminen des Einarbeitungsplans mit anderen Abteilungen			
▪ Absprache des Inhalts von Einarbeitungsstationen im Unternehmen mit den betroffenen Abteilungen			
▪ Unterrichtung aller relevanten Personen über den Neueintritt			
▪ Benachrichtigungsschreiben an den neuen Mitarbeiter mit folgenden Inhalten: – Zu welcher Uhrzeit beginnt der erste Arbeitstag? – Wo ist sein erster Anlaufpunkt? – Bei wem soll er sich melden? – Benötigt der neue Mitarbeiter einen Wegeplan? – Welche Unterlagen hat er am ersten Arbeitstag mitzubringen? – Muss er vor Dienstantritt eine Gesundheitsuntersuchung durchführen lassen?			
▪ Einrichtung des Arbeitsplatzes – Festlegung von Büro bzw. Arbeitsplatz, ggfs. Bestellung von Stuhl, Tisch, PC etc. – Bereitstellung von Material und anderen Utensilien – Bestellung eines Namensschilds für die Tür – Bestellung von Visitenkarten – Anforderung eines Telefonanschlusses – Bereitstellung einer Email-Adresse – Bereitstellung von Zutrittsberechtigungen – Bereitstellung von Essensmarken/ Essensberechtigung – Aufnahme des Namens in das Telefonverzeichnis und den Email-Verteiler			

▪ Information der Kollegen bzw. Mitarbeiter
– Vorstellung des neuen Mitarbeiters im Rahmen einer Abteilungsbesprechung mit
  – Namen
  – Eintrittstermin
  – Ausbildung/Werdegang
  – vorgesehenen Aufgaben
  – Kompetenzen ggf. Einordnung in die Hierarchie			

▪ Festlegung eines Paten			
▪ Bestellung von Blumen für den ersten Arbeitstag			
▪ Anmeldung zur Einführungsveranstaltung, ggf. Anmeldung zu grundsätzlichen Seminaren			

(3) Am ersten Arbeitstag

	wer	bis wann	✔

■ **Begrüßung und erstes Gespräch**
− Übergabe des Blumenstraußes zur Begrüßung
− Information über die Abteilung und Einbindung ins Gesamtunternehmen
− Übergabe und Erläuterung des Ressorts- und Bereichsorganigramms
− Informationen über die grundlegenden Arbeitsaufgaben (abgeleitet aus der Erläuterung im Rahmen des Vorstellungsgesprächs)
− Stellenwert der Aufgabe
− Erläuterung zur grundsätzlichen Arbeitssystematik, Erläuterung der geforderten Arbeitsqualität
− Information über die Kompetenzen
− Unterschriftenregelungen
− Information über Stellvertretungen
− aktuelle Jahresziele
− Aufgabenverteilung im Team
− Erklärungen zum Datenschutz
− Erläuterungen zu grundsätzlichen Vereinbarungen und Regeln in der täglichen Zusammenarbeit
    − unter Kollegen
    − zwischen Führungskraft und Mitarbeiter
− Übergabe und Erläuterung des Einarbeitungsplans
− Aushändigung der Zutrittskarten
− Aushändigung der Essensberechtigung/Essensmarken
− Vorstellung von Kollegen, Führungskräften und Hauptansprechpartnern
− Hinweise zum Verhalten bei Notfällen
− Arbeitssicherheitsunterweisung
− Vorstellungsrunde im Bereich
− Vorstellung des Paten
− Rundgang durch andere Bereiche/Abteilungen, Einrichtungen
    − Zeiterfassungsgeräte
    − Kantine
    − Toiletten
    − Besprechungsräume
    − Fluchtwege
    − Ruheräume
    − Betriebsratsbüro
    − Feuerlöscher
    − Parkplatz
    − Schwarzes Brett
    − Betriebsarzt			

	wer	bis wann	✔

■ **Hinführung zum eigenen Arbeitsplatz**
 ■ **Erläuterung der direkten Arbeitsmittel**
    – Telefon
    – Fax
    – Kopierer
    – grundsätzliche bzw. individuelle PC-Anwendungen
    – Kennwort
    – Ansprechpartner bei Störungen
    – Aushändigung Büro- und Schrankschlüssel
    – Erläuterung zur Mülltrennung ggfs. Umkleide-/ Duschmöglichkeiten
    – Erläuterung E-Mail-Funktionalität			

(4) Während der Probezeit

	wer	bis wann	✔

■ **Führung von monatlichen Feedback-Gesprächen**
  – Rückmeldung über Arbeitsquantität, -qualität
  – Zielabgleich zum vorherigen Gespräch
    – über den Stand der Einarbeitung
    – über Probleme bei der Einarbeitung
  – Vereinbarung von Zielen für den Rest der Probezeit
  – Tipps für die weitere Einarbeitung
  – Abfrage von Erwartungen des neuen Mitarbeiters
  – Anbieten von zusätzlichen Hilfen, ggfs. Anpassung des Einarbeitungsplans
  – Ggfs. Vertiefungsphasen für Interessenschwerpunkte einplanen
  – Spiegelung der Bewertungen durch die Verantwortlichen der Einarbeitungsstation
  – Abfrage der Hilfestellung durch den Paten
  – Abfrage der Kontaktintensität mit Mitarbeitern und Kollegen
  – Abfrage hinsichtlich des Informationsniveaus
  – Ermunterung zur Abgabe von Verbesserungsvorschlägen seitens des neuen Mitarbeiters
  – Klärung der Fragestellung, in wieweit Tätigkeiten zukünftig noch selbstständiger erledigt werden können
  – Gibt es Luft für weitere Aufgaben?
  – Was ist gut gelungen, was ist weniger gut gelungen?
  – Welche Punkte des Einarbeitungsplans sind noch offen?
  – Vereinbarung von neuen Zielen bis zum nächsten Feedback-Gespräch im Rahmen der Probezeit			

(5) Bis zum Ende der Probezeit

	wer	bis wann	✔
Durchführung der monatlichen Feedback-Gespräche			
Abfrage der Beurteilung durch die direkte Führungskraft			
Stetiger Abgleich von Anforderungsprofil und Aufgabenwahrnehmung			
Eignung oder Nichteignung in der Probezeit feststellen			
Entscheidungen über weiteres Vorgehen			

Literatur

Bernhard-Zehder 2002: Bernhard-Zehder, P.: Vorstellung eines Programms zur Einführung neuer Mitarbeiter, München 2002.
Becker 2002: Becker, M.: Personalentwicklung, Stuttgart 2002.
Schneider 1998: Schneider, S.: Die betriebliche Einarbeitung neuer Mitarbeiter – Ein Phasenmodell, ohne Erscheinungsort 1998.
Universität Bremen 2001: Universität Bremen, Startbegleitung und Einführung neuer Mitarbeiterinnen und Mitarbeiter des Dienstleistungsbereichs der Universität Bremen, Bremen 2001.

C.3 Training into the Job und Reintegration

Andrea Kolleker*/Dietrich Wolzendorff**

1 Vor dem Hintergrund der wirtschaftlichen Situation

2 Definition und Abgrenzung

3 Zielgruppen und Anlässe

4 Wissenschaftliche Grundlagen
    4.1 Kompetenzmodelle
    4.2 Anforderungsprofil der Position
    4.3 Methoden und Instrumente zur Leistungsbeurteilung und Potenzialeinschätzung
    4.4 Personalentwicklungsmaßnahmen into the Job

5 Maßnahmen zur Reintegration
    5.1 Vor dem Start der Abwesenheit
    5.2 Während der Abwesenheit
    5.3 Vor der Rückkehr des Mitarbeiters
    5.4 Nach der Rückkehr
    5.5 Reintegration nach der Elternzeit
    5.6 Reintegration nach einer Krankheit
    5.7 Reintegration nach einem Auslandseinsatz

6 Praxisbeispiel der Sparkasse Krefeld
    6.1 Vertriebssparkasse 2010
    6.2 Ziele und Anforderungen an den Mitarbeiter einer Finanzdienstleistungsfiliale

---

* Andrea Kolleker, Diplom-Psychologin, ist Referentin für Personalauswahl und -entwicklung bei der Sparkasse Krefeld.
** Dietrich Wolzendorff, Diplom-Sozialwirt, ist Leiter der Personalabteilung der Sparkasse Krefeld.

Um Missverständnisse zu vermeiden, erklären die Autoren ausdrücklich, dass die dargestellten Interpretationen und Meinungen ausschließlich ihre persönlichen Auffassungen wiedergeben. Zudem sind unabhängig von der Sprachform stets beide Geschlechter gemeint.

6.3 Qualifizierung – Training into the Job
6.4 Nachklang

7 Quintessenz

Literatur

1 Vor dem Hintergrund der wirtschaftlichen Situation

Gerade vor dem Hintergrund der derzeitigen wirtschaftlichen Situation kommt der Personalentwicklung im Sinne der systematischen und zielgerichteten Aus- und Weiterbildung von Mitarbeitern besondere Bedeutung zu. Märkte verändern sich, die Produktlebenszyklen werden kürzer, neue Technologien werden entwickelt, ein demographischer Wandel vollzieht sich. Unternehmen unterliegen einem hohen Veränderungsdruck. Sie müssen ihre innerbetrieblichen Strukturen den Veränderungen anpassen. Um veränderten Rahmenbedingungen Rechnung zu tragen, kann das Unternehmen entweder Personal freisetzen und neues Personal einstellen, das zur Bewältigung der veränderten Anforderungen geeignet erscheint, oder es entwickelt die vorhandenen Mitarbeiter in die neuen Zielpositionen.

Besonderes Augenmerk liegt immer wieder auch auf den Personalkosten. Viele Unternehmen gleichen Fluktuation derzeit nicht durch die Einstellung neuer Mitarbeiter aus. Gleichzeitig ist aber durch die Komplexität der Anforderungen nach wie vor der Bedarf an qualifizierten Fach- und Führungskräften gegeben. So gewinnen interne Personalauswahl und anschließende systematische und zielgerichtete Personalentwicklung in die Zielposition an Bedeutung. Auch Rückkehrer aus dem Ausland, nach Elternzeit oder Krankheit – müssen systematisch reintegriert und für ihre Zielposition qualifiziert werden.

Bei der Nachwuchsförderung leisten die Potenzialdiagnose und das anschließende Training into the Job in eine Zielposition ebenfalls einen wichtigen Beitrag. Viele Unternehmen haben für ihre Schlüsselpositionen Personalentwicklungswege mit Zwischen- und Zielpositionen ausgearbeitet. Gerade bei Sparkassen – wie wahrscheinlich auch bei anderen Unternehmen mit einer hohen Ausbildungs- und derzeit noch hoher Übernahmequote – schließt sich an die Ausbildung zum Bankkaufmann eine Vielzahl von Spezialisierungsmöglichkeiten an, beispielsweise in Richtung gehobenes Privatkundengeschäft, Kreditsachbearbeitung und/oder Führung von Mitarbeitern. In Zusammenarbeit mit den regionalen Sparkassen-Akademien und dem Deutschen Sparkassen- und Giroverband werden Maßnahmen zum Erwerb der notwendigen Qualifizierungen und Kompetenzen angeboten und durchgeführt.

Training into the Job und systematische Reintegration werden so zu einem wesentlichen Bestandteil für die Erhaltung und Entwicklung der fachlichen, überfachlichen, physischen und psychischen Arbeitskraft des Mitarbeiters.

2 Definition und Abgrenzung

Wer *Training into the Job* liest, denkt sofort an die Einteilung von Lernsettings nach Ort und Zeit der Durchführung in Training on the Job (Lernen am Arbeitsplatz), Training near the Job (in der Nähe des Arbeitsplatzes) und Training off the Job (außerhalb des Arbeitsplatzes) (Becker, 2005, S. 116 ff., Beitrag C.5 und C.6 dieses Buches).

Eine detailliertere Aufstellung bezüglich der Einordnung von Personalentwicklungsmaßnahmen findet sich bei Conradi (1983, S. 22), Neuberger (1994, S. 61) und

Staehle (1999, S. 880). Conradi ordnet Personalentwicklungsmaßnahmen nach der zeitlichen, räumlichen und inhaltlichen Nähe zum Arbeitsplatz ein:
- *Personalentwicklung into the Job* beinhaltet Maßnahmen, die in zeitlicher, z. T. auch räumlicher, aber weitgehend inhaltlicher Nähe auf die Übernahme einer Position vorbereiten (z. B. berufliche Erstausbildung, Einführung neuer Mitarbeiter, Einweisung auf dem neuen Arbeitsplatz, Traineeprogramme).
- *Personalentwicklung on the Job* umfasst Maßnahmen, die unmittelbar am Arbeitsplatz im Vollzug der Arbeit stattfinden. Durch die schrittweise Veränderung der Arbeitsaufgaben werden Qualifikationen und Kompetenzen verbessert (z. B. Arbeitsunterweisung, Erfahrungslernen am Arbeitsplatz, Arbeitsplatzwechsel, qualifikationsfördernde Arbeitsstrukturierung).
- *Personalentwicklung near the Job* meint Maßnahmen, die in enger räumlicher, zeitlicher und inhaltlicher Nähe zur Position stattfinden (z. B. Lernstatt, Entwicklungsarbeitsplätze, Qualitätszirkel).
- Unter *Personalentwicklung off the Job* ist die traditionelle Weiterbildung zu verstehen, die meist in räumlicher, zeitlicher und inhaltlicher Distanz zur Position stattfindet (z. B. betriebliche und überbetriebliche Weiterbildung, Selbststudium).
- *Laufbahnbezogene Personalentwicklung* befasst sich mit dem systematischen Wechsel von Arbeitsplätzen im Laufe der Zugehörigkeit eines Mitarbeiters zum Unternehmen und beinhaltet oft eine Verknüpfung der vorher genannten PE-Maßnahmen (z. B. Karriereplanung, Mitarbeiterförderung).
- *Personalentwicklung out of the Job* beinhaltet Maßnahmen, die den Übergang vom Erwerbsleben in den beruflichen Ruhestand erleichtern sollen (z. B. Outplacement, Ruhestandsvorbereitung).

Dieser Ansatz lässt sich einordnen in das Konzept der Personalentwicklung als rationales Problemlösen. Aus Stellenbeschreibungen bzw. Anforderungsprofilen werden Soll-Anforderungen abgeleitet, die mit den Qualifikationen und Kompetenzen des Mitarbeiters (im Sinne der Definition von Erpenbeck und von Rosenstiel 2003, S. XI, vgl. auch Kapitel B.2 dieses Buches) in Bezug gesetzt werden. Der Weg vom Ist zum Soll wird mittels Personalentwicklung überbrückt. Dieser Ansatz wird als *Job-Man-Fit-Konzeption* bezeichnet (Neuberger 1994, S. 58).

Geht man davon aus, dass Training into the Job stets bezogen auf eine festgelegte Zielposition erfolgt, so lässt es sich folgendermaßen definieren:

> Training into the Job umfasst alle Personalentwicklungsmaßnahmen, die einen Mitarbeiter dazu befähigen, Aufgaben auf einer bisher noch nicht ausgeübten oder über einen längeren Zeitraum nicht mehr ausgeübten Position erfolgreich zu bewältigen.

Die Bestandteile des Trainings into the Job werden dementsprechend aus einem Vergleich der Anforderungen der Position mit den Qualifikationen und Kompetenzen des Mitarbeiters abgeleitet. Dabei hat der Mitarbeiter die *Zielposition* in der Regel noch nicht inne, sondern soll mittels Training into the Job fachlich, überfachlich, physisch und psychisch auf die Übernahme der Aufgaben vorbereitet werden. Die

Entwicklungsmaßnahmen können on (z. B. durch Aufgabenerweiterung), near (z. B. auf einem Entwicklungsarbeitsplatz oder Projektarbeit) oder off the Job (z. B. durch Selbststudium, Fach- oder Verhaltenstrainings) erfolgen.

Unter dieser eher allgemeinen Definition von Training into the Job ließen sich auch die berufliche *Erstausbildung* und *Traineeprogramme* für Hochschulabsolventen im Sinne der Vorbereitung auf die Übernahme einer ersten beruflichen Position fassen, sofern schon zu Beginn dieser Personalentwicklungsprogramme eine mögliche Zielposition vorliegt. Die Zielposition der Ausbildung zum Bankkaufmann liegt meist in der Kundenberatung in einer Geschäftsstelle. Ein Traineeprogramm für einen Hochschulabsolventen mit einer vorher festgelegten Zielposition, in dem der Hochschulabsolvent das Kerngeschäft der Sparkasse und Schnittstellenbereiche kennen lernt, um ihn für die Übernahme seiner Zielposition, z. B. im Controlling, vorzubereiten, könnte man auch als Personalentwicklung bzw. Training into the Job bezeichnen. Abzugrenzen hiervon sind jedoch Traineeprogramme, die den Besuch aller zentralen Bereiche des Unternehmens beinhalten und bei denen keine eindeutige Zielposition festliegt (Kapitel C.1 und D.1 dieses Buches).

Reintegration lässt sich ergänzend folgendermaßen definieren:

> Reintegration bedeutet die systematische berufliche Wiedereingliederung eines Beschäftigten nach einem längeren Zeitraum der Abwesenheit.

Reintegrationsmaßnahmen finden beispielsweise nach einem *Auslandsaufenthalt*, nach *Elternzeit*, einem *Sabbatical* oder nach längerer *Krankheit* statt. Bei der Reintegration eines Mitarbeiters ist jedoch die Zielposition daraufhin zu prüfen, ob es sich um eine Rückkehr an einen bereits vor der Abwesenheit ausgeübten Arbeitsplatz handelt oder ob eine Veränderung in der Zielposition vorzunehmen ist.

Rückkehrer nach einem Auslandsaufenthalt streben meist eine höherwertige Position an. Unternehmen werten Auslandserfahrung häufig als zusätzliche Qualifikation und berücksichtigen dies bei der Zielposition.

Rückkehrer nach Elternzeit möchten in der Regel einen gleichwertigen Arbeitsplatz wie vor ihrer Abwesenheit ausüben, jedoch oft als Teilzeitarbeitsplatz.

Nach krankheitsbedingter Abwesenheit (länger als sechs Wochen arbeitsunfähig oder wiederholt arbeitsunfähig) muss geprüft werden, inwieweit der Rückkehrer in der Lage ist, seine bisherigen Aufgaben physisch und psychisch zu bewältigen. Danach entscheidet sich, ob der Mitarbeiter an einen gleichwertigen Arbeitsplatz zurückkehrt oder eine neue Zielposition gefunden werden muss.

Alle Mitarbeiter, die für eine Reintegrationsmaßnahme in Frage kommen, waren zuvor bereits im Unternehmen beschäftigt und dann über eine längere Phase abwesend. Nach Festlegung der erneut oder zukünftig auszuübenden Aufgaben bietet sich zur Umsetzung der Reintegrationsmaßnahmen ein Trainingskonzept into the Job an.

3 Zielgruppen und Anlässe

Nach der besagten Definition sind Zielgruppen für Personalentwicklungsmaßnahmen im Rahmen eines Training into the Job- oder Reintegrations-Programms alle Mitarbeiter, deren Qualifikations- und Kompetenzprofil noch nicht vollständig dem *Anforderungsprofil* ihrer zu besetzenden Zielposition entspricht. Anlässe für ein solches PE-Programm können sich beispielsweise aus folgenden Situationen ergeben:
- Umstrukturierung bzw. strategische Neuausrichtung,
- Fusionen,
- interne Personalauswahl,
- Nachwuchsförderung,
- externe Personalauswahl,
- Auslandsaufenthalt,
- Elternzeit und
- Krankheit.

Durch die *Umstrukturierung* eines Unternehmens können Aufgaben bzw. Stellen entfallen, beispielsweise, wenn sachbearbeitende Tätigkeiten durch die Einführung einer neuen Software ersetzt werden, oder wenn sich das Unternehmen durch eine strategische Neuausrichtung auf einen Bereich in einem stärkeren Ausmaß als bisher konzentriert und Mitarbeiter, die bisher andere Aufgaben wahrgenommen haben, für die neuen Aufgaben qualifiziert und ausgebildet werden müssen.

Nach *Fusionen* mit anderen Unternehmen ergeben sich durch die Zusammenführung oft »mehrfach« besetzte Positionen, die trotz der Zunahme der Mitarbeiteranzahl eigentlich weiterhin von einer Person ausgeübt werden können. Bei Fusionen von Sparkassen sind davon eher die Fachbereiche wie Personal, Controlling oder Marketing betroffen, während die Geschäftsstellen in der Region meist mit den gleichen Mitarbeitern erhalten bleiben.

Wenn eine Stelle intern ausgeschrieben und besetzt wird, hat der ausgewählte Mitarbeiter aufgrund seiner bisherigen Position oft noch nicht die notwendigen Kenntnisse und Erfahrungen, Qualifikationen und Kompetenzen im geforderten Ausmaß. Bereits im Vorfeld werden daher Mindestanforderungen definiert, die nicht zwangsläufig dem Optimum aus dem Anforderungsprofil entsprechen, und weitere Personalentwicklungsmaßnahmen zur Qualifizierung vereinbart. Hier wird jedoch die Grenze zu Training on the Job fließend, denn sobald der Mitarbeiter die Stelle inne hat, nehmen die Trainingsmaßnahmen on the Job zu.

Zur *Nachwuchsförderung* findet in vielen Unternehmen zunächst eine Potenzialdiagnose des betreffenden Mitarbeiters statt, beispielsweise ein Assessment Center oder Personalentwicklungsseminar. Sofern nach dieser Potenzialdiagnose eine Zielposition festgelegt und Personalentwicklungsmaßnahmen abgeleitet werden, z. B. zur Vorbereitung auf die Übernahme von Führungsverantwortung, handelt es sich um Training into the Job. Allerdings sind hier die Grenzen zur Laufbahn- bzw. Karriereplanung sicherlich fließend.

Bei externer Personalauswahl bemüht man sich grundsätzlich, einen Mitarbeiter für das Unternehmen zu gewinnen, der das Anforderungsprofil vollständig erfüllt. Stellt man jedoch beispielsweise Hochschulabsolventen ein und entwickelt ein individuelles

Einarbeitungsprogramm – wie die Sparkasse Krefeld –, damit der neue Mitarbeiter das Kerngeschäft des Unternehmens und die Bereiche kennen lernt, mit denen er im Rahmen seiner zukünftigen Tätigkeit zusammen arbeiten wird, so könnte man auch diese Entwicklung Training into the Job nennen.

Training into the Job findet auch nach einem Auslandsaufenthalt statt, um den Mitarbeiter sowohl beruflich als auch kulturell wieder in das Unternehmen zu integrieren und auf die Übernahme der neuen Position vorzubereiten.

Auch bei Rückkehrerinnen aus der Elternzeit – nach wie vor meist Frauen – sind je nach Dauer der Abwesenheit erhebliche fachliche, technische, organisatorische und/oder verhaltensmäßige Veränderungen in den Anforderungen aufzuarbeiten, die während der Abwesenheit eingeführt worden sind.

Auch nach längerer Krankheit gilt es den Mitarbeiter zu reintegrieren. Hier muss überprüft werden, in welcher Form der Arbeitgeber seinen Beitrag zur Wiederherstellung insbesondere der physischen und psychischen, aber auch, je nach Dauer der Abwesenheit, fachlichen und überfachlichen Leistungsfähigkeit des Arbeitnehmers beitragen kann.

4 Wissenschaftliche Grundlagen

In jeder der aufgezeigten Situationen und Anlässe gelten die gleichen Prinzipien: Ausgehend von dem *Kompetenzmodell* des Unternehmens, gilt es Stellenbeschreibungen und Anforderungsprofile für die einzelnen Positionen zu erarbeiten. Nach einem Soll-Ist-Vergleich zwischen dem Anforderungsprofil der Stelle und den Qualifikationen und Kompetenzen des Mitarbeiters können Trainings-Maßnahmen into the Job – zur Erreichung der Zielposition – abgeleitet werden (Abb. 1).

Abb. 1: Die Prinzipien des Trainings into the Job

4.1 Kompetenzmodelle

Kompetenzmodelle beschreiben das Konstrukt berufliche Handlungskompetenz. Häufig wird es pragmatisch in drei Kompetenzbereiche aufgeteilt:
- Fach-/Methodenkompetenz,
- Sozialkompetenz und
- personale Kompetenz (Sonntag/Schaper 1999, S. 212).

Diese berufliche *Handlungskompetenz* soll den Mitarbeiter dazu befähigen, die zunehmende Komplexität seiner beruflichen Umwelt zu begreifen und durch ziel- und selbstbewusstes, reflektiertes und verantwortliches Handeln zu gestalten (Sonntag/Schaper 1999, S. 211).

Erpenbeck und von Rosenstiel (2003, Kapitel B.2 dieses Buches) erweitern dieses Modell um die Komponente Aktivitäts- und Umsetzungskompetenzen, die ihrer Meinung nach steuernd die anderen Kompetenzen beeinflussen. Somit ergeben sich die folgenden, jedoch nicht trennscharfen vier Kompetenzbereiche:
- Fachlich-methodische Kompetenzen: Dispositionen einer Person, selbstorganisiert mit fachlichen und instrumentellen Kenntnissen, Fertigkeiten und Fähigkeiten kreativ Probleme zu strukturieren und zu lösen,
- Sozial-kommunikative Kompetenzen: Dispositionen einer Person, kommunikativ und kooperativ selbstorganisiert zu handeln, d. h. sich mit anderen kreativ auseinander und zusammenzusetzen, sich gruppen- und beziehungsorientiert zu verhalten sowie Ziele und Aufgaben zu entwickeln,
- Personale Kompetenzen: Dispositionen einer Person, reflexiv selbstorganisiert zu handeln, d. h. sich selbst einzuschätzen, produktive Einstellungen, Werthaltungen, Motive und Selbstbilder zu entwickeln, eigene Begabungen, Motivationen, Leistungsvorsätze zu entfalten und sich im Rahmen der Arbeit und außerhalb kreativ zu entwickeln und zu lernen,
- Aktivitäts- und Umsetzungskompetenzen: Dispositionen einer Person, aktiv und gesamtheitlich selbstorganisiert zu handeln und dieses Handeln auf die Umsetzung von Absichten, Vorhaben und Plänen zu richten – entweder für sich selbst oder auch für andere und mit anderen (Erpenbeck/Rosensiel 2003, S. XVI).

Typische, in der betrieblichen Praxis postulierte Anforderungen wie Kommunikation oder Teamfähigkeit lassen sich in dieses Kompetenzmodell einordnen. Durch eine Gewichtung der Kompetenzen lassen sich Anforderungsprofile als Grundlage der Personalauswahl und Personalentwicklung erarbeiten. Unerlässlich ist jedoch, die Kompetenzbereiche zu operationalisieren und so beobachtbar und messbar zu machen, damit sie als Basis für die Leistungs- und Potenzialeinschätzung von Mitarbeitern dienen können (Kapitel B.2 dieses Buches).

4.2 Anforderungsprofil der Position

Die Anforderungen der Position finden sich im *Anforderungsprofil*. Es fußt auf der *Stellenbeschreibung*, die neben Hinweisen auf die Einordnung der Stelle in die Organisationsstruktur auch umfassende Angaben über die Stellenziele sowie die Aufgaben, Rechte und Pflichten des Stelleninhabers Auskunft gibt (Bröckermann 2003, S. 44). In der Stellenbeschreibung sind jedoch noch nicht die erforderlichen Qualifikationen und Kompetenzen enthalten, die zur erfolgreichen Ausübung der Aufgaben der Position erforderlich sind. Diese stehen im Anforderungsprofil. Die geforderten Kompetenzen lassen sich beispielsweise nach Eigenschaftsanforderungen (z. B. Fähigkeiten und Interessen), Verhaltensanforderungen (z. B. Fertigkeiten und Gewohnheiten), Qualifikationsanforderungen (z. B. Kenntnisse und Fertigkeiten) sowie Ergebnisanforderungen (z. B. Problemlösungen und Qualitätsstandards) unterteilen – jedoch nicht immer trennscharf (Schuler 1996, S. 59 ff.). Alle Anforderungen sollten jedoch in beobachtbare Verhaltensweisen operationalisiert werden, damit die Kenntnisse, Fähigkeiten und Fertigkeiten des Mitarbeiters beobachtet und bewertet werden können. Auch die Gewichtung der Kompetenzen für die Position ist hilfreich. Erst dann wird ein Anforderungsprofil zu einer wertvollen Unterstützung zur Personalauswahl und -entwicklung. Nähere Hinweise zur Aufgabenanalyse, Stellenbeschreibung und Erarbeitung des Anforderungsprofils finden sich beispielsweise bei Schuler (1996).

4.3 Methoden und Instrumente zur Leistungsbeurteilung und Potenzialeinschätzung

Leistungs- und Potenzialeinschätzung beziehen sich »zum einen auf konkretes berufliches Verhalten und Handeln und die auf im beruflichen Kontext erzielten Leistungsergebnisse. Zum anderen werden darunter auch berufsbezogene Qualifikationen wie Kenntnisse und Fertigkeiten, aber auch Interessen, Bereitschaften, Motive und Fähigkeiten sowie andere tätigkeitsrelevante Eigenschaften und Verhaltensweisen von Mitarbeitern verstanden.« (Schuler/Prochaska 1999, S. 182 ff.) Die Leistungs- und Potenzialeinschätzung dient der Auswahl, Beurteilung und Förderung.

Um das Profil des Mitarbeiters hinsichtlich seiner Qualifikationen und Kompetenzen zu erstellen und den Personalentwicklungsbedarf für eine Zielposition abzuleiten, bieten sich beispielsweise nach einer Einteilung von Schuler und Prochaska (1999, S. 186 ff.) jene Methoden und Instrumente an, die in Abb. 2 aufgezeigt werden.

Leistungsbeurteilungsverfahren	Potenzialeinschätzungsverfahren
Freie Eindrucksschilderung	Mitarbeitergespräch
Einstufungsverfahren	Psychologische Testverfahren
Kennzeichnungs- und Auswahlverfahren	Biographische Fragebogen
Rangordnungsverfahren	Arbeitsproben
	Assessment Center

Abb. 2: Verfahren der Leistungsbeurteilung und Potenzialeinschätzung (Schuler/Prochaska 1999, S. 186 ff.)

4.4 Personalentwicklungsmaßnahmen into the Job

Der Vergleich zwischen dem Soll-Profil der Stelle – dem Anforderungsprofil – und dem Ist-Profil des Mitarbeiters – seinen Qualifikationen und Kompetenzen – erlaubt die Ableitung von Trainingsmaßnahmen into the Job. Die Maßnahmen können sowohl off the Job (z. B. Selbststudium, Fachtrainings, Verhaltensseminare) oder near the Job (z. B. Entwicklungsarbeitsplätze, Nachwuchskreise) stattfinden. Training on the Job ist ebenfalls möglich, wenn die Maßnahmen auf dem derzeitigen Arbeitsplatz zur Vorbereitung auf den neuen stattfinden.

Folgt man dem Kompetenzmodell von Erpenbeck und von Rosenstiel, so können sich Trainingsmaßnahmen inhaltlich an einzelnen oder Kombinationen von Kompetenzbereichen orientieren (Heyse/Erpenbeck 2004, S. XXI, vgl. Beitrag B2, Abb. 5, in diesem Buch).

5 Maßnahmen zur Reintegration

Schaut man sich die Zielgruppen und Anlässe für Reintegrationsmaßnahmen into the Job an, so lassen sich verschiedene Bausteine unterscheiden, die jedoch zu unterschiedlichen Zeitpunkten ansetzen (Abb. 3)

Maßnahmen der Reintegration			
vor dem Start der Abwesenheit	während der Abwesenheit	vor der Rückkehr des Mitarbeiters	nach der Rückkehr
Information über absehbare Veränderungen während der Abwesenheit	Regelmäßige Information über organisatorische und fachliche Veränderungen	frühzeitige Gespräche über Zeitpunkt der Rückkehr und Einsatzmöglichkeiten	Benennung eines gleichrangigen Ansprechpartners bei fachlichen und persönlichen Schwierigkeiten als »Trainer on the Job«
	regelmäßige Gespräche zur zeitlichen Planung der Rückkehr	Training der fachlichen Kompetenz per Selbststudium, E-Learning oder Fachtraining	Schrittweises Erhöhen der Anforderungen nach Einnahme der Position
	Teilnahme an Weiterbildungsveranstaltungen	Training überfachlicher Kompetenzen, bspw. durch Teilnahme an entsprechenden Seminaren	Training der fachlichen Kompetenz per Selbststudium, E-Learning oder Fachtraining
	stundenweise Tätigkeit im Unternehmen	Potenzialanalyse, um mögliche Zielpositionen zu finden	Training überfachlicher Kompetenzen, bspw. durch Teilnahme an entsprechenden Seminaren
			Wiedereingliederungsseminare

Abb. 3: Maßnahmen der Reintegration zu verschiedenen Zeitpunkten

Zur Vorbereitung, Begleitung und Nachbereitung der Abwesenheit sollten, sofern möglich, die betroffenen Personen eingebunden werden. Dazu gehören beispielsweise je nach Anlass der *Abwesenheit* der Mitarbeiter, die Führungskraft, der Vertreter der Personalabteilung, der Vertreter des Betriebs- bzw. Personalrats, die Schwerbehindertenvertretung und der begleitende Arzt.

5.1 Vor dem Start der Abwesenheit

Ist der Beginn der Abwesenheit planbar – wie beispielsweise bei einem Auslandsaufenthalt oder dem Beginn des Mutterschutzes und der Elternzeit – so lassen sich in einem Gespräch schon mögliche oder konkret anstehende Veränderungen im Unternehmen besprechen, um gegenseitige realistische Erwartungen für den Zeitpunkt der Rückkehr sowohl auf Unternehmens- als auch auf Mitarbeiterseite zu fördern. Umstrukturierung, anstehende Fusionen sowie technische Veränderungen sind oft absehbar und können daher in ein solches Gespräch einbezogen werden.

5.2 Während der Abwesenheit

Während der Phase der Abwesenheit sollte der Mitarbeiter über die Vorgänge im Unternehmen regelmäßig informiert werden. Dazu dienen beispielsweise die Homepage des Unternehmens, Mitarbeiterzeitungen oder Rundschreiben, eventuell auch ein Zugang zum Intranet. Werden bei organisatorischen, technischen oder sonstigen Veränderungen Informationsveranstaltungen durchgeführt, so können auch die abwesenden Mitarbeiter eingeladen werden.

In regelmäßigen Gesprächen zwischen dem Mitarbeiter und der Personalabteilung lässt sich die persönliche Planung des Mitarbeiters hinsichtlich des Zeitpunkts der Rückkehr und der angestrebten Position überprüfen und aktualisieren und somit in der Personalplanung berücksichtigen.

Auch könnte den Abwesenden weiterhin die Teilnahme an Weiterbildungsveranstaltungen ermöglicht werden, um fachliche, technische und Verhaltensfertigkeiten auf dem aktuellen Stand zu halten. Allerdings ist dies nur sinnvoll, wenn sich die geplante Dauer der Abwesenheit auf einen relativ geringen Zeitraum – maximal ein Jahr – bezieht. Ansonsten erscheint es eher sinnvoll, den Mitarbeiter erst dann konkret auf die Übernahme neuer oder bereits ausgeübter Aufgaben vorzubereiten, wenn der Zeitpunkt der Rückkehr feststeht.

Eine weitere geeignete Möglichkeit, um den Kontakt zu der Tätigkeit und zum Unternehmen aufrecht zu erhalten, ist eine stundenweise Tätigkeit während der Abwesenheit. Aus Unternehmenssicht erscheint dies nicht nur unter dem Aspekt der späteren Reintegration sinnvoll, sondern bietet auch die Möglichkeit, kurzfristige Engpässe oder Vertretungen auszugleichen. Diese Möglichkeit bietet sich insbesondere während der Elternzeit an.

5.3 Vor der Rückkehr des Mitarbeiters

Spätestens drei bis sechs Monate vor dem geplanten Zeitpunkt der *Rückkehr* sollte der Kontakt zum Mitarbeiter aufgenommen bzw. intensiviert werden, um zu überprüfen, ob die persönliche Planung des Mitarbeiters weiterhin Bestand hat und welche Einsatzmöglichkeiten in Frage kommen. Stehen der Zeitpunkt der Rückkehr und die Zielposition fest, sollte der Mitarbeiter konkret auf den Arbeitsplatz vorbereitet werden. Es bietet sich die Ausarbeitung eines individuellen Trainingskonzepts into the Job an, um den individuellen Qualifikationen und Kompetenzen des Rückkehrers Rechnung zu tragen.

Um fachliche Veränderungen und Defizite aufzuarbeiten, bieten sich verschiedene Methoden an, die vom Selbststudium geeigneter Literatur über die Bearbeitung von E-Learning-Programmen bis hin zu Fachtrainings im Unternehmen reichen. Die Sparkasse Krefeld stellt beispielsweise allen Mitarbeitern ein Laptop zur Verfügung, mit dem die Mitarbeiter in ihrer Freizeit technische Änderungen, beispielsweise durch Einführung einer neuen Software, kennen lernen. Auch bei gesetzlichen Änderungen, die Auswirkungen auf den Arbeitsplatz haben, kann man über den Einsatz eines elektronischen Lernprogramms nachdenken.

Der Besuch von Seminaren zum Training bestimmter Verhaltensfertigkeiten kann ebenfalls in die Phase vor der Rückkehr integriert werden, sofern sich der Mitarbeiter nicht im Ausland befindet.

Lässt sich allerdings aufgrund organisatorischer Veränderungen oder einem reduzierten Personalbedarf heraus zunächst keine Zielposition finden, kann der betreffende Mitarbeiter auch an den diagnostischen Verfahren des Unternehmens zur Potenzialanalyse teilnehmen, um weitere Karrieremöglichkeiten zu prüfen und angemessene Zielpositionen zu finden.

5.4 Nach der Rückkehr

Nach der Rückkehr des Mitarbeiters in das Unternehmen und der Einnahme der Position gewinnen die Trainingsmaßnahmen on the Job an Bedeutung. Ein gleichrangiger Ansprechpartner bei fachlichen oder persönlichen Schwierigkeiten erleichtert die Reintegration.

Ebenfalls hilfreich ist eine schrittweise Erhöhung der Anforderungen, bis der Mitarbeiter die Aufgaben vollständig übernimmt.

Sicherlich können Kenntnisse und Fertigkeiten durch weitere fach- und verhaltensbezogene Maßnahmen off the Job vertieft werden.

Insbesondere bei Rückkehrern von einem Auslandseinsatz sind Wiedereingliederungsseminare sinnvoll, in denen etwaige persönliche, organisatorische und kulturelle Veränderungen in der Phase der Abwesenheit reflektiert und aufgearbeitet werden.

5.5 Reintegration nach der Elternzeit

Die Bestimmungen nach dem Gesetz über Teilzeitarbeit und befristete Arbeitsverträge (TzBfG), dem Bundeserziehungsgeldgesetz (BErzGG) und dem Landesgleichstellungsgesetz NRW (LGG NRW) spielen eine besondere Rolle bei der *Reintegration* von Mitarbeitern nach Elternzeit. Sie müssen beim Trainingskonzept into the Job individuell berücksichtigt werden.

Nach dem Gesetz über Teilzeitarbeit und befristete Arbeitsverträge hat der Mitarbeiter Anspruch auf einen Teilzeitarbeitsplatz. Für den Arbeitgeber bedeutet dies zu prüfen, welche Arbeitsplätze in welchem Prozentsatz in Teilzeitarbeit ausgeübt werden können.

Nach dem Bundeserziehungsgeldgesetz kann ein Elternteil bis zu drei Jahren Elternzeit zur Betreuung und Erziehung in Anspruch nehmen. Auch Pflegeeltern sind dazu berechtigt. Diesen Anspruch gilt es für den Arbeitgeber in seiner Personalplanung zu berücksichtigen. Während der Elternzeit kann auch eine Teilzeittätigkeit bei demselben Arbeitgeber ausgeübt werden, und zwar maximal 30 Stunden pro Woche. Unter dem Aspekt der Aufrechterhaltung der fachlichen und überfachlichen Kompetenzen gewinnt diese Möglichkeit eine besondere Bedeutung für die Reintegration.

Nach dem Langesgleichstellungsgesetz NRW leitet sich ein Anspruch auf eine Teilzeittätigkeit oder Beurlaubung ab, wenn ein minderjähriges Kindes oder ein pflegebedürftiger Angehöriger betreut und gepflegt werden muss. Da die Abwesenheitszeiten in solchen Fällen sehr stark variieren können, besteht hier eine besondere Herausforderung für die langfristige Personalplanung und Reintegration.

5.6 Reintegration nach einer Krankheit

Bei der Wiedereingliederung nach einer krankheitsbedingten Abwesenheit von mehr als sechs Wochen spielt das Gesetz zur Förderung der Ausbildung und Beschäftigung schwerbehinderter Menschen (SGB IX) eine besondere Rolle für die Reintegration. Sind Beschäftigte innerhalb eines Jahres länger als sechs Wochen ununterbrochen oder wiederholt arbeitsunfähig, klärt der Arbeitgeber mit der zuständigen Interessenvertretung, bei schwerbehinderten Menschen außerdem mit der Schwerbehindertenvertretung, mit Zustimmung und Beteiligung der betroffenen Person die Möglichkeiten, wie die Arbeitsunfähigkeit möglichst überwunden werden und mit welchen Leistungen oder Hilfen erneuter Arbeitsunfähigkeit vorgebeugt und der Arbeitsplatz erhalten werden kann. Auch diese besondere Situation belegt noch einmal die Wichtigkeit der individuellen Ausrichtung des Trainingskonzepts into the Job.

5.7 Reintegration nach einem Auslandseinsatz

Nach einem Fazit von Kühlmann (2004, S. 91) dominiert in der Personalpraxis als Instrument zur Förderung der Wiedereingliederung die Garantie einer Weiterbeschäftigung im entsendenden Unternehmen nach der Rückkehr (Kapitel E.10 dieses Buches). In Deutschland beträgt der Anteil von Unternehmen, die diese Zusage geben,

knapp 90 Prozent. Trotz bestehender *Weiterbeschäftigungsgarantie* kann häufig jedoch den Rückkehrern keine ihren Qualifikationen und Kompetenzen angemessene Stelle bereitgestellt werden. Nichtsdestotrotz lassen sich laut Kühlmann (2004, S. 93 ff.) zusätzlich zu den allgemeinen Bausteinen aufgrund der besonderen Situation des Rückkehrers aus dem Ausland weitere Maßnahmen zu einer erfolgreichen Wiedereingliederung ergreifen:
1. Bereitstellung einer Person, die der Qualifikation und Erfahrung des Rückkehrers entspricht,
2. Unterstützung des Umzugs nach Deutschland,
3. fachliche Vorbereitung auf die Anforderungen der neuen Position,
4. Förderung des Wiedereinlebens von Entsandtem und Familie,
5. Erfassung und Nutzung der Auslandserfahrung des Auslandrückkehrers (Kühlmann 2004, S. 94).

Neben der Anwendung der allgemeinen Reintegrations-Bausteine kann der Umzug nach Deutschland unterstützt werden, eventuell über den Einbezug von *Relocation-Services*. Auch über zeitlich befristete Sonderzahlungen an den Rückkehrer ist nachzudenken, um Diskrepanzen zwischen den Gehältern anzugleichen.

Um das Wiedereinleben von Entsandtem und Familie zu fördern, reichen die Möglichkeiten von Heimataufenthalten der Familie während der Entsendung über Erfahrungsaustausch zwischen Rückkehrern und Teilnahme an einem Wiedereingliederungsseminar bis hin zur Unterstützung des (Ehe-)Partners bei der Stellensuche.

Maßnahmen, die dem Entsandten die Rückkehr in das Heimatunternehmen erleichtern, sind bereits im Vorfeld einer Entsendung möglich, begleiten den Auslandseinsatz und enden nach der Rückkehr erst, wenn der Mitarbeiter in einer anderen Position die dort anfallenden Aufgaben meistert, mit seiner Tätigkeit zufrieden ist und auch im Privatbereich sich wieder eingelebt hat. Demzufolge müssen sich die Maßnahmen sowohl auf die betriebliche als auch auf die private Eingliederung richten (Abb. 4).

Wiedereingliederungs-maßnahmen	Im beruflichen Umfeld	Im privaten Umfeld
vor der Rückkehr	Betreuung durch einen Mentor	Gewährung von Heimflügen
bei der Rückkehr	Fachliche Weiterbildung zur Beseitigung von Qualifikationsdefiziten	Vermittlung von Kontakten zu anderen Auslandsrückkehrern
nach der Rückkehr	Durchführung eines Workshops zum Transfer der Auslandserfahrungen	Unterstützung bei der Stellensuche des Partners

Abb. 4: Beispiele für Wiedereingliederungsmaßnahmen (Kühlmann und Stahl 1995, S. 195, zitiert nach Kühlmann 2004, S. 94).

6 Praxisbeispiel der Sparkasse Krefeld

6.1 Vertriebssparkasse 2010

In 2001 startete die *Sparkasse Krefeld* das Projekt »Vertriebssparkasse 2010«. Das Ziel war, die Sparkasse Krefeld stärker auf den Vertrieb auszurichten und so die Leistungsfähigkeit für die Zukunft zu sichern. Entsprechend wurden alle Backoffice-Prozesse auf den Prüfstand gestellt, ob und in welcher Qualität sie weiterhin notwendig sein würden, automatisiert oder auch in andere Bereiche ausgelagert werden könnten. Aus dieser Untersuchung der Prozesse ergab sich eine klare Trennung in
- Kundenbereiche,
- Unterstützungsbereiche und
- Fachbereiche.

Der Kundenbereich wurde weiter differenziert in Geschäftsstellen mit Standardgeschäft und Kompetenzzentren mit Spezialgeschäft (ImmobilienCenter, GewerbekundenCenter und VermögensanlageCenter). So sollte auch im Standardgeschäft der Fokus auf die Kundenbetreuung und den Vertrieb gelegt werden. Dazu wurden die Prozesse end-to-end-fähig gemacht, sodass die Backoffice-Tätigkeiten weitgehend entfielen. Von diesen organisatorischen Veränderungen waren vor allem Mitarbeiter betroffen, die bisher schwerpunktmäßig im Service und im Backoffice tätig waren.

Jedoch wurde die Entscheidung getroffen, keine betriebsbedingten Kündigungen auszusprechen, sondern stattdessen eine Qualifizierungs-Offensive zu starten und alle Mitarbeiter fachlich und überfachlich auf die Übernahme ihrer neuen Aufgaben vorzubereiten. Besondere Berücksichtigung sollten dabei die Mitarbeiter finden, die bisher hauptsächlich Service- und Backoffice-Tätigkeiten durchgeführt hatten. Alle Mitarbeiter mussten jedoch auf die baulichen Veränderungen (z. B. Steh-Point statt Service-Theke), den Ausbau der Selbstbedienungs-Terminals und der Einführung neuer Software eingestimmt werden, um den Kunden der Finanzdienstleistungsfiliale (FDL) eine qualifizierte und effiziente Beratung anbieten zu können.

6.2 Ziele und Anforderungen an den Mitarbeiter einer Finanzdienstleistungsfiliale

Um ein geeignetes Qualifizierungskonzept für die zukünftigen FDL-Mitarbeiter entwickeln zu können, wurden zunächst Ziele des Geschäftsbereichs Finanzdienstleistungen formuliert hinsichtlich
- der Erfüllung der Kundenwünsche und -bedürfnisse,
- der strategischen Ziele des Gesamthauses,
- der regionalen Verantwortung,
- der innerbetrieblichen Effizienz und
- der Produktpalette.

Jeder FDL-Mitarbeiter sollte alle anfallenden Aufgaben in der Geschäftsstelle – Beratung, Kasse, anfallende Sachbearbeitung – qualitativ hochwertig ausführen können.

Dadurch sollte eine höhere Standardisierung und Flexibilität bei der Einsatzplanung erreicht werden.

Vor dem Hintergrund dieser Ziele wurde eine Stellenbeschreibung erstellt und das Anforderungsprofil definiert. Das Anforderungsprofil orientiert sich dabei an dem Kompetenzmodell der Sparkasse Krefeld (Abb. 5).

Abb. 5: Das Kompetenzmodell der Sparkasse Krefeld

Das Anforderungsprofil des FDL-Mitarbeiters beinhaltet eine Auswahl bzw. Gewichtung der Kompetenzbereiche des Mitarbeiters:
1. verkäuferische Kompetenz,
2. kommunikative Kompetenz,
3. Fachkompetenz,
4. soziale Kompetenz,
5. persönliche Kompetenz und
6. analytische Kompetenz.

Aus dem Vergleich dieser Anforderungen mit dem Profil der Mitarbeiter der Geschäftsstellen ergab sich das Maßnahmenpaket »Training into the Job« zur Qualifizierung der Mitarbeiter für ihre neuen Aufgaben. Als besondere Schwierigkeit zeigte sich hier eine enorme Anzahl von über 120 Mitarbeitern, die vor Jahren als Seiteneinsteiger ohne Bankausbildung für Service- und Backoffice-Tätigkeiten eingestellt worden waren.

Da die bisherige Tätigkeit eines Mitarbeiters in der Geschäftsstelle Schwerpunkte im Service, der Beratung und der Sachbearbeitung enthielt, wurde nun jede Führungskraft einer Geschäftsstelle gebeten, ihre Mitarbeiter einzuteilen in derzeit
- FDL-fähig,
- bedingt FDL-fähig und
- nicht FDL-fähig.

FDL-fähige Mitarbeiter brauchten keine weitere Unterstützung zur Vorbereitung auf die veränderten Rahmenbedingungen. Bei nicht FDL-fähigen Mitarbeitern wurde geprüft, welche anderen Tätigkeiten – beispielsweise in der Kasse oder im Backoffice – innerhalb der Sparkasse Krefeld für sie in Frage kamen. Die Zielgruppe für das »Qualifizierungskonzept into FDL-Mitarbeiter« bestand somit in den bedingt FDL-fähigen Mitarbeitern.

6.3 Qualifizierung – Training into the Job

Ein umfangreiches Maßnahmenpaket wurde konzipiert, um die Mitarbeiter auf ihre neuen Aufgaben bzw. bisherigen Aufgaben mit neuen Rahmenbedingungen umfassend vorzubereiten (Abb. 6).

Zeitpunkt vor Start FDL						Start FDL	Zeitpunkt nach Start FDL		
14 Wochen	6 Wochen	5 Wochen	4 Wochen	1 Woche	Wochen-ende		3 Wochen	5 Wochen	12 Wochen
		Verkaufstraining 1 Tag – intern –	Fachtrainings 10 Tage modular – intern –						
Selbststudium Bearbeitungszeit: 8 Wochen	Wissensnachweis aufgrund Selbststudium 2 Stunden – intern –	Coaching der Führungskraft 0,5 Tage – vor Ort –	Team-Workshop 1,5 Tage Fr. nach Geschäftsschluss u. Sa. – vor Ort –	Schulung Selbstbedienungs-Geräte – intern –	Generalprobe für das Team in der FDL 0,5 Tage Fr. nach Geschäftsschluss oder Sa. – vor Ort –		Transfer-Workshop für das Team 0,5 Tage nach Geschäftsschluss – vor Ort –	Situativ: Coaching der Führungskraft/ Training am Arbeitsplatz FDL-MA – vor Ort –	Verkaufstrainings 4 Tage – intern –

Abb. 6: Qualizierungskonzept für die FDL-Mitarbeiter

In diesem Qualifizierungskonzept sind folgende Personalentwicklungsbausteine enthalten und in eine aufeinander aufbauende und sich ergänzende Reihenfolge gebracht:
- Selbststudium,
- Fachtrainings und -schulungen,
- Verkaufstrainings,
- Coaching und
- Teamentwicklungs-Workshops.

Das *Selbststudium* diverser Lehrbriefe aus einem Regellehrgang des Rheinischen Saprkassen- und Giroverbands (RSGV) und der Wissensnachweis im Sinne einer Klausur dienten dazu, die fachlichen Voraussetzungen zu schaffen.

Im *Verkaufstraining* wurde die Grundstruktur eines Beratungsgesprächs vermittelt. Gleichzeitig wurde in einem Coaching mit der Führungskraft erarbeitet, welche

Veränderungen durch die Umstellung auf die Geschäftsstelle zukommen und wie sie diese steuern würde.

In *Fachtrainings* wurden die fachlichen Themen zu den wesentlichen Produktfeldern eines Kreditinstitutes – Kontoführung, Sparen und Anlagen, Fonds, Finanzierung und Vorsorge – noch einmal vertieft und in die Struktur des Beratungsgesprächs integriert.

Der *Teamentwicklungs-Workshop* wurde in einer Schulungs-Geschäftsstelle abgehalten, um Arbeitsabläufe und die Zusammenarbeit im Team nach den baulichen und inhaltlichen Veränderungen zu simulieren.

Die Schulung der neuen Selbstbedienungsgeräte fand erst eine Woche vor der Umstellung statt – ebenfalls in der Schulungs-Geschäftsstelle, um das Wissen rechtzeitig, aber nicht zu früh vor der Anwendung zu vermitteln –, denn die neuen Selbstbedienungsgeräte wurden erst an dem Freitag nach Geschäftsschluss vor der Umstellung installiert. Sobald diese Selbstbedienungsgeräte installiert waren, fand eine Generalprobe vor Ort statt – und am Montag eröffnete die umgebaute und umstrukturierte Geschäftsstelle nach dem neuen Konzept.

Drei Wochen nach Eröffnung fand ein *Transfer-Workshop* statt, um ein Resümee zu ziehen und Stärken und Verbesserungsbereiche herauszuarbeiten. Situativ konnte die Führungskraft ein weiteres Coaching in Anspruch nehmen oder ein FDL-Mitarbeiter ein Einzel-Training, um gezielt an individuellen Fragestellungen zu arbeiten.

Zwölf Wochen nach Eröffnung fand noch einmal ein Verkaufstraining statt, um auf der Basis der Anwendungserfahrung gezielt einzelne Themen zu vertiefen. Bei allen Maßnahmen waren die Trainer persönlich vor Ort, um steuernd einzugreifen und auch die Wirksamkeit des Konzepts zu überprüfen.

Nimmt man Bezug auf die akademischen Einteilung von Personalentwicklungs- bzw. Trainingsmaßnahmen, (Punkt 2 dieses Beitrags) so handelt es sich bei diesem Qualifizierungskonzept um eine Kombination von Training off the Job, near the Job und on the Job, um den Mitarbeiter into the Job zu entwickeln.

6.4 Nachklang

Das Qualifizierungskonzept erhält durchweg positive Rückmeldungen von Führungskräften und Mitarbeitern. Es wird weiterhin in der beschriebenen Form durchgeführt, da noch nicht alle Geschäftsstellen der neuen Struktur angepasst sind. Mittlerweile sind einzelne Bestandteile des Personalentwicklungsprogramms in das allgemeine Fortbildungsprogramm integriert, um beispielsweise Rückkehrerinnen die Teilnahme zu ermöglichen, die sich in der Phase der Umstellung noch in der Elternzeit befanden. Insofern dient das Qualifizierungskonzept auch der Reintegration.

Die Leistungen der qualifizierten Mitarbeiter in bereits umgestellten Geschäftsstellen werden zu einem großen Teil von den Führungskräften als gut beurteilt, wenn auch noch nicht alle Mitarbeiter das Anforderungsprofil zur vollständigen Zufriedenheit erfüllen. Solche Mitarbeiter sind weiterhin zu beobachten und on the Job zu trainieren. Die Erfahrung zeigt, dass nicht alle Mitarbeiter das Potenzial haben, die neuen Tätigkeiten erfolgreich auszuführen. Hier kommt der Führungskraft vor Ort eine besondere Verantwortung zu. Sollten Mitarbeiter dauerhaft das Anforderungsprofil nicht erfüllen, müssen sie in anderen Bereichen eingesetzt werden.

7 Quintessenz

Ausgehend von der derzeitigen wirtschaftlichen Situation wurde die Bedeutung einer systematischen Personalentwicklung dargestellt und der Beitrag definiert, der durch zielgerichtetes Training into the Job – auch zur Reintegration von Mitarbeitern – erfolgen kann. Anlässe für Training into the Job ergeben sich aus verschiedenen Situationen, von Umstrukturierungen über interne Personalauswahl bis hin zur Reintegration nach einem Auslandsaufenthalt, Elternzeit und Krankheit. Prinzipien zur Konzeption eines Trainings into the Job folgen den wissenschaftlichen Grundlagen zu Kompetenzmodellen, Anforderungsprofilen, Leistungsbeurteilung und Personaleinschätzung sowie der zielgerichteten Auswahl entsprechender Personalentwicklungsmaßnahmen. Maßnahmen der Reintegration erfolgen schon vor und während der Abwesenheit, jedoch insbesondere drei bis sechs Monate vor der Rückkehr und nach der Rückkehr zur Einarbeitung auf dem Arbeitsplatz. In einem Praxisbeispiel der Sparkasse Krefeld wurde ein Qualifizierungskonzept into the Job im Rahmen einer Umstrukturierung bzw. strategischen Neuausrichtung dargestellt.

Literatur

Becker 2005: Becker, M.: Systematische Personalentwicklung: Planung, Steuerung und Kontrolle im Funktionszyklus, Stuttgart 2005.
Bröckermann 2003: Bröckermann, R.: Personalwirtschaft, Stuttgart 2003.
Conradi 1983: Conradi, W.: Personalentwicklung, Stuttgart 1983.
Erpenbeck/Rosenstiel 2003: Erpenbeck, J. und Rosenstiel, L. von: Handbuch Kompetenzmessung: Erkennen, verstehen und bewerten von Kompetenzen in der betrieblichen, pädagogischen und psychologischen Praxis, Stuttgart 2003.
Heyse/Erpenbeck 2004: Heyse, V. und Erpenbeck, J.: Kompetenzmessung: 64 Informations- und Trainingsprogramme, Stuttgart 2004.
Kühlmann 2004: Kühlmann, T. M.: Auslandseinsatz von Mitarbeitern, Göttingen 2004.
Neuberger 1994: Neuberger, O.: Personalentwicklung, Stuttgart 1994.
Schuler 1996: Schuler, H.: Psychologische Personalauswahl: Einführung in die Berufseignungsdiagnostik, Göttingen 1996.
Schuler/Prochaska 1999: Schuler, H. und Prochaska, M.: »Ermittlung personaler Merkmale: Leistungs- und Potentialbeurteilung von Mitarbeitern«, in: Sonntag, K. (Herausgeber): Personalentwicklung in Organisationen, Göttingen 1999, S. 181–210.
Sonntag/Schaper 1999: Sonntag, K. und Schaper, N.: Förderung beruflicher Handlungskompetenz, in: Sonntag, K. (Herausgeber): Personalentwicklung in Organisationen, Göttingen 1999, S. 211–244.
Staehle 1999: Staehle, W. H.: Management. München 1999.

C.4 Berufliche Neuorientierung und Outplacement
Trennung ohne Konflikte – ein Gewinn für Arbeitgeber und Mitarbeiter

*Eberhard von Rundstedt**

1 Outplacement und Personalentwicklung

2 Definition und Abgrenzung

3 Ursprung und Verbreitung

4 Methoden und Instrumente
    4.1 Gängige Freisetzungspraktiken
    4.2 Die am Outplacement-Prozess Beteiligten
    4.3 Die eigentliche Durchführung der Beratung
        4.3.1 Die unternehmensspezifische Vorbereitungs- und Beratungsphase
        4.3.2 Das Trennungsgespräch
        4.3.3 Die auf den Klienten ausgerichtete Outplacement-Beratung
        4.3.4 Ein Beispiel aus der Beratungspraxis mit einem »typischen« Verlauf einer Einzelberatung

5 Der Nutzen für den alten Arbeitgeber

6 Der Nutzen für den betroffenen Mitarbeiter
    6.1 Berufliche, laufbahnbezogene Aspekte
    6.2 Finanzielle Aspekte
    6.3 Psychosoziale Aspekte

---

* Eberhard von Rundstedt absolvierte sein Jura-Studium in Berlin und Freiburg und ist seit 1984 zugelassener Rechtsanwalt. Nach dem Examen war er in leitender Funktion für namhafte nationale und internationale Unternehmen tätig, u. a. für Arthur Young, MAN AG, Feldmühle AG und Ruhrgas AG. 1985 gründete er die v. Rundstedt & Partner GmbH, Düsseldorf. Er zählt zu den Mitbegründern des Outplacements in Deutschland. Heute gehört v. Rundstedt & Partner mit über 320 Mitarbeitern in zehn Niederlassungen in Deutschland und Österreich zu den führenden Personalberatungen. Neben Outplacement hat sich das Unternehmen auch in den Bereichen Personaldirektsuche und Personalentwicklung einen Namen gemacht.

7   Die Grenzen von Outplacement

8   Die Zukunftsperspektiven

Literatur

1 Outplacement und Personalentwicklung

In der Literatur gehen die Meinungen auseinander ob Outplacement zur Personalentwicklung oder zum Personalabbau gehört (Bröckermann 2003, S. 481 ff., Mentzel 2001, S.166 ff.). Es stellt sicherlich eine Sonderform dar. In diesem Buch wurde es wegen seiner Möglichkeit aufgenommen, das Individuum zu fördern.

Den Mitarbeiter am richtigen Platz zu wissen – das ist eine zentrale Aufgabe der Personalentwicklung, deren Bedeutung vor dem Hintergrund der verstärkten Globalisierung zugenommen hat. Denn Unternehmen und damit die gesamte Belegschaft sind infolge der rasanten Veränderungen immer wieder vor neue Aufgaben gestellt. Die Verantwortlichen müssen genau hinschauen, welche Mitarbeiter aus den bestehenden Teams den veränderten Anforderungen noch gerecht werden, von wem man sich trennen muss oder wer gefördert werden kann oder welche Stelle mit neuem Personal besetzt werden muss. In diesem Zusammenhang kann Outplacement zur Personalentwicklung in zweifacher Hinsicht eingesetzt werden. Denn gerade durch das Angebot einer professionellen Beratung zur beruflichen Neuorientierung ermöglichen Unternehmen den scheidenden Mitarbeitern eine Maßnahme zu ihrer Karriereentwicklung, die viele unserer Klienten im Nachhinein als wichtigen Karriereschritt werten. Andererseits dient Outplacement der Personalentwicklung innerhalb des Unternehmens. Indem ein »Stuhl freigemacht wird«, entsteht für das Unternehmen die Möglichkeit, andere, besser geeignete Mitarbeiter aus der Belegschaft zu rekrutieren und weiterzuentwickeln.

2 Definition und Abgrenzung

Der Begriff *Outplacement* ist bei weitem kein schöner Begriff. Aus genau diesem Grund versuchte man durch Wörter wie *Inplacement, Placement* und *Newplacement* bessere Bezeichnungen zu finden. Auch diese Begriffe sind lediglich »Unwörter«. Sie bezeichnen nicht das, was Outplacement in Wirklichkeit ist. Hier soll weiterhin der Begriff Outplacement verwendet werden, denn wie kein anderer beschreibt dieses Wort einerseits die Trennung aus dem Unternehmen (Out); zum anderen zielt es besonders auf die Platzierung im neuen Job (Placement).

Outplacement versteht sich als eine Beratung zur *beruflichen Neuorientierung*, die vom Arbeitgeber für den scheidenden Mitarbeiter finanziert wird und die immer eine neue Platzierung am Arbeitsmarkt zum Ziel haben sollte. Das heißt für den Fall, dass der Klient nach Ablauf der Probezeit nicht in ein festes Anstellungsverhältnis übernommen werden sollte, wird die Beratung fortgesetzt. Aus diesem Grund bezeichnet man diese »Reinform« des Outplacements als »Garantieprogramm«. Dieses Beratungsprogramm ist in der Regel Führungskräften und Spezialisten vorbehalten.

Das in diesem Sinne verstandene Outplacement ist ein personalpolitisches Instrument und ermöglicht sowohl dem Unternehmen wie auch dem betroffenen Manager durch Einschaltung eines erfahrenen Personalberaters ein einvernehmliches »Trennen ohne Scherben« (Schulz/Schuppert 1987, S. 760).

Outplacement hilft dem ausscheidenden Mitarbeiter, durch eine gezielte Strategie des *Self-Marketings* aus einem ungekündigten Arbeitsverhältnis heraus und finanziell abgesichert eine seinen Eignungen und Neigungen entsprechende Aufgabe in einem anderen Unternehmen zu finden. Darüber hinaus kann das Unternehmen eine dem Betroffenen einsichtige Trennung unter sozialverantwortlichen Aspekten zur Durchführung notwendiger Positionsneubesetzungen vornehmen.

In voller Verkennung der Realitäten auf dem Arbeitsmarkt benutzen die Politik und der Gesetzgeber ständig die irreführenden Begriffe »vermitteln« und »Agentur«. Der Lösungsansatz der Outplacement-Dienstleistung ist nicht das Vermitteln der Klienten in offene Positionen, die der Outplacement-Beratung bekannt sind. Vielmehr ergibt sich der Erfolg daraus, dass es in der Beratung gelingen muss, die Menschen zu motivieren und zu aktivieren, ihr berufliches Schicksal in die eigenen Hände zu nehmen.

Elemente des Outplacements, entsprechende Techniken und Vorgehensweisen werden auch in der Beratungswelt durch die Bundesagentur für Arbeit und die verschiedenen Formen der Transfergesellschaften eingesetzt. Aber es fehlt das Placement. Ziel der Outplacement-Beratung ist nicht eine »Beschäftigungstherapie«, sondern die Neuplatzierung auf dem Arbeitsmarkt.

3 Ursprung und Verbreitung

Die Dienstleistung Outplacement kommt ursprünglich aus den Vereinigten Staaten. Die Anfänge reichen bis in die 1960er-Jahre zurück, als weitgehend parallel bei Standard Oil of New Jersey (heute Exxon) und in der Luftfahrtindustrie als Reaktion auf die mit der damaligen Wirtschaftslage verbundenen Entlassungen Konzepte zur Betreuung ausscheidender Arbeitnehmer entwickelt wurden (Rundstedt/Mayrhofer 1991, S. 4). Sie bauten auf den Erfahrungen der amerikanischen Regierung auf, die ehemaligen Soldaten des 2. Weltkrieges wieder in die zivile Wirtschaft einzugliedern (Mayrhofer 1988, S. 23). In den 1970er-Jahren konnte sich Outplacement dann als eigenständige Beratungsleistung und integraler Bestandteil betrieblicher Personalarbeit in den USA etablieren.

Im deutschsprachigen Raum fand dieses Personalinstrument erstmals zu Beginn der 1980er-Jahre Beachtung. Die Entwicklung der Dienstleistung Outplacement war zunächst nur sehr verhalten. Dies war auf arbeitsrechtliche Schutzvorschriften für die Mitarbeiter zurückzuführen. Ihnen boten sich recht großzügige finanzielle Absicherungen, sodass die Firmen in der Regel nicht bereit gewesen sind, noch zusätzliche Outplacement-Kosten aufzuwenden. Ein weiterer Grund für die zunächst geringe Akzeptanz war das Vorurteil bei den betroffenen Mitarbeitern wie auch den Unternehmen, dass es sich bei der Dienstleistung Outplacement um eine Beratung handelt, die besonders schwachen und wenig leistungsfähigen Mitarbeitern als quasi »letzte Hilfe« zur Verfügung gestellt wird.

Der Durchbruch der Dienstleistung kam erst in den 1990er-Jahren, als es gelang, die Unternehmen davon zu überzeugen, dass mit Hilfe der Dienstleistung Outplacement die langen Restlaufzeiten der alten Arbeitsverträge dadurch verkürzt werden konnten, dass die beratenen Mitarbeiter schneller wieder eine neue Aufgabe fanden, sodass sie früher das alte Unternehmen verlassen konnten.

Die Akzeptanz von Outplacement nahm ebenfalls in Folge vieler Fusionen, *Betriebstilllegungen* und Aufgaben von Geschäftsbereichen in den letzten Jahren deutlich zu. Wurde das Personalinstrument früher eher bei der Trennung von einzelnen langjährigen Mitarbeitern eingesetzt, werden heute zunehmend auch Beratungen ganzer Gruppen von Mitarbeitern durchgeführt. Hinzu kommt, dass der Gesetzgeber Outplacement durch die Hartz-Gesetze finanziell fördert.

Die Outplacement-Beratung hat in Deutschland mit oberen Führungskräften in einem Alter oberhalb 45 bis 50 Jahre begonnen. Die positive Erfahrung, dass sich Trennungen mit Hilfe von Outplacement reibungs- und geräuschlos gestalten lassen, hat die Unternehmen dazu veranlasst, dies auch zunehmend jüngeren Mitarbeitern anzubieten. Auch wurden weitere Hierarchieebenen einbezogen. Heute erhalten zum Beispiel selbst langjährige und verdiente Sekretärinnen und Sachbearbeiter eine Outplacement-Beratung.

4 Methoden und Instrumente

4.1 Gängige Freisetzungspraktiken

Outplacement ist die ultima Ratio, wenn eine *Versetzung* innerhalb des Hauses nicht mehr möglich ist. Dann ist Outplacement gelebte Trennungskultur, die bisherige fragwürdige Trennungspraktiken sinnvoll ersetzt.

Gängige Freisetzungspraktiken sind die *Verlagerung von Entscheidungskompetenzen*, um den Mitarbeiter durch »Kaltstellen« zu umgehen. Hierbei werden Aufgaben, die in der Regel in den Bereich der betreffenden Position gehören, schrittweise auf benachbarte Stellen verlagert (Walz/Lingenfelder 1987, S. 43).

Ebenso gängig ist das *Provozieren einer Selbstkündigung* des betreffenden Mitarbeiters. Hier wird ihm entweder die Kündigung innerhalb einer bestimmten Karenzzeit angetragen, oder es werden Anforderungen gestellt und Schritte unternommen, die ihn entmutigen werden. Gelegentlich geschieht es auch, dass ein leitender Mitarbeiter seine Position unter den Stellenausschreibungen der Tagespresse findet, ohne in irgendeiner Weise auf eine anstehende Trennung hin angesprochen worden zu sein.

Outplacement würde in den genannten Fällen eine im Sinne der Trennungskultur positive Alternative darstellen.

4.2 Die am Outplacement-Prozess Beteiligten

Hat sich ein Unternehmen entschlossen, bei einer unumgänglichen Trennung von einem Mitarbeiter einen *Outplacement-Berater* hinzuzuziehen, so sind an dem Prozess der Freisetzung in der Regel drei Parteien beteiligt.

Die Entscheidung des *auftraggebenden Unternehmens* zum Einsatz von Outplacement wird davon abhängen, welche Leistungen der Betroffene im Unternehmen erbracht hat sowie von der Dauer der Betriebszugehörigkeit. Auch die spezifischen Umstände, die sein Ausscheiden notwendig machen, sind zu berücksichtigen.

Der *betroffene Mitarbeiter (Klient)* muss die Kündigung akzeptieren und sich dazu entschieden haben, die ihm von seinem Arbeitgeber offerierte Outplacement-Beratung anzunehmen, denn eine Outplacement-Beratung kann nur erfolgreich verlaufen, wenn der Berater das Vertrauen seines Klienten genießt. Es gilt also, die Gründe für eine mögliche Ablehnung der Outplacement-Beratung seitens des Mitarbeiters auszumachen und zu erwägen, wie man ihnen begegnen kann.

- Nicht selten erlebt man Vorbehalte bei der Einschaltung eines externen Outplacement-Beraters. Dies hängt damit zusammen, dass der betroffene Mitarbeiter zuerst auf eine Abfindung schielt, statt den neuen Job im Auge zu haben. Mitunter weigern sich Mitarbeiter, die Kündigung zu akzeptieren, obwohl klar ist, dass ein Mitarbeiter seinen Arbeitsplatz verliert, wenn sich der Arbeitgeber einmal gegen ihn entschieden hat. Denn nur in zwei Prozent der Fälle, in denen Mitarbeiter Schutz vor der Kündigung bei Arbeitsgerichten suchen, obsiegen sie und behalten ihren Arbeitsplatz. Da die Wahrscheinlichkeit im Unternehmen zu bleiben so gering ist, macht es wenig Sinn, sich mit dem Unternehmen in Streit zu begeben. Der Mitarbeiter hat also in gewissem Sinne keine andere Wahl, als der Beratung zuzustimmen.
- Weitere Gründe können darin liegen, dass Mitarbeiter befürchten, dass sie letztlich selbst die Beratung finanzieren, weil die Kosten von ihrer *Abfindung* abgezogen werden. Oder sie sehen im Outplacement-Berater einen verlängerten Arm des alten Arbeitgebers. Nicht zu unterschätzen ist auch der Faktor »verletzte Eitelkeit«. Der Mitarbeiter fühlt sich in seiner Fähigkeit, sich selbst einen neuen Arbeitsplatz zu suchen, unterschätzt. Ein Teil unserer Klienten kommt erst auf Wunsch und Drängen des Lebenspartners in die Beratung.

Es gibt viele Gründe, weswegen sich Mitarbeiter für eine Outplacement-Beratung entscheiden.

- Das Annehmen der angebotenen Hilfe in Form der Outplacement-Beratung sorgt für eine Entspannung gegenüber dem Unternehmen und eröffnet dem Mitarbeiter bei der Neuorientierung die Unterstützung des Arbeitgebers durch Herstellung von Kontakten und einer positiven Referenz. Durch Outplacement wird die Chance erheblich verbessert, schnell einen neuen Job zu finden.
- Der Klient erhält durch den Berater sofort eine realistische Einschätzung des Arbeitsmarktes und gewinnt durch ihn professionelle Unterstützung, Know-how und kann dessen Kontaktnetzwerk nutzen.
- Hat sich der Betroffene einmal für die Beratung entschieden, wird ihm schnell bewusst, dass er von dieser Dienstleistung mehrfach profitiert: Er kann eine Lücke in seinem Lebenslauf vermeiden, da die Beratung bereits während der Kündigungsfrist einsetzt. Er nutzt somit das »Schutzdach« der Restlaufzeit seines alten Arbeitsvertrags und gerät im Idealfall gar nicht in die Arbeitslosigkeit.
- Der Arbeitnehmer muss sich dem Prozess der Kündigung und der Suche nach Alternativen durch die strategische Beratung stellen und wird somit früher aktiv, erfährt kleine Erfolgserlebnisse und wird zur Aktivierung seiner eigenen Kontakte motiviert.

Das Ziel der Beratung besteht darin, den Klienten dabei zu unterstützen, durch eigene Kraft eine neue Aufgabe zu finden, die Entfaltungsmöglichkeiten bietet, seinen Fähigkeiten und Eignungen entspricht und innere Zufriedenheit schafft. Der Berater sorgt dafür, dass sich der Klient nicht in die Isolierung begibt. Der Teufelskreis der Abkapselung von Familie und Freunden wird erst gar nicht in Gang gesetzt.

Den Gefühlsverlauf im *Trennungsprozess* verdeutlich Abb. 1.

Abb. 1: Gefühlsverlauf im Trennungsprozess (v. Rundstedt & Partner GmbH)

Der dritte Beteiligte ist der *Outplacement-Berater* bzw. das Beratungsunternehmen, das dem Unternehmen als Kunden seine Dienstleistung in Form eines Vertrags zugunsten Dritter anbietet.

Bei allem Engagement und dem Bestreben, sich mit der Problem- und Krisensituation auseinander zu setzen, muss die Rolle des Beraters neutral sein. Beiden Parteien muss geholfen werden, die Trennung sowohl rational als auch emotional in den Griff zu bekommen. Die Beratung kann nur erfolgreich sein, wenn die Menschen den Beratern vertrauen. Dies bedeutet, dass sich der Berater nicht »missbrauchen« lässt. Der Berater darf sich nicht zum Handlanger des Klienten machen und sich »vorschieben« lassen. Ansonsten würde er sich in eine Abhängigkeit begeben, die letztlich dazu führen könnte, dass der Klient den Berater für ein etwaiges Scheitern verantwortlich macht.

4.3 Die eigentliche Durchführung der Beratung

4.3.1 Die unternehmensspezifische Vorbereitungs- und Beratungsphase

Das Hinzuziehen einer *Outplacement-Beratung* seitens des Unternehmens sollte idealerweise bereits geschehen, bevor der Mitarbeiter von der Trennungsabsicht erfährt oder im Unternehmen bereits Gerüchte kursieren (Morin/Yorks 1982, 1990, S. 162 f.).

Das Unternehmen kann mit dem Berater in dieser Vorbereitungs- und Beratungsphase grundsätzliche Überlegungen zur Gestaltung der Trennung diskutieren, soweit es sich nicht um arbeitsrechtliche Fragen handelt. Um die Neutralität des Beraters zu gewährleisten, sollte die arbeitsrechtliche Beratung immer durch einen Arbeitsrechtler vorgenommen werden.

Auch muss in dieser Vorbereitungsphase der Outplacement-Experte über die persönlichen und wirtschaftlichen Hintergründe seines zukünftigen Klienten unterrichtet werden können (Morin/Yorks 1982, 1990, S. 115 ff.). Für das Unternehmen empfiehlt es sich, gerade dann nicht von einer Vertragsauflösung zu sprechen, wenn der Betroffene ohnehin schon in einer persönlichen Krise steckt. Der Berater schlägt dem Unternehmen die psychologisch günstigste Vorgehensweise beim eigentlichen Trennungsgespräch vor und macht vor allem deutlich, welche Erwartungshaltungen und Empfindungen ins Spiel kommen könnten (Rundstedt 1991, S. 45).

Von der zuständigen Führungskraft oder dem Personalleiter wird die Übermittlung der Trennungsabsicht meist als derart unerfreulicher und peinlicher Akt angesehen, dass er häufig mehr schlecht als recht über die Bühne gebracht wird und gravierende Fehler passieren. Vorgesetzte, die üblicherweise großen Wert auf Kommunikation und Kooperation legen, zeigen sich in solchen Situationen aus einer gewissen Nervosität heraus unsicher, harsch, ungeschickt oder distanziert. Gerade deshalb ist es wichtig, dass eine vorherige professionelle Beratung erfolgt, um für alle Beteiligten den unnötigen Schaden zu vermeiden, der durch ein schlecht geführtes Trennungsgespräch entstehen kann.

Eine Untersuchung der Beraterin Dr. Carolin Fischer (»Outplacement – Abschied und Neubeginn«, 2001) zeigt, dass gerade die Qualität der *Trennungsgespräche* entscheidend dazu beiträgt, ob und wie zielgerichtet der ausscheidende Mitarbeiter seine berufliche Neuorientierung angehen kann.

Wie schwer es Führungskräften im Allgemeinen fällt, sich dieser Situation zu stellen und diese »auszuhalten«, zeigt indirekt auch eine Untersuchung von Dr. Murray Mittleman. Der Herzspezialist am »Beth Israel Deaconess Medical Center« fand 1998 im Rahmen einer Befragung heraus, dass 791 von ihm interviewte Überlebende als Auslöser ihres Herzinfarktes angaben:

- hoher Zeitdruck oder
- das Aussprechen einer Trennung.

Diese Ergebnisse machen deutlich, dass nicht nur der von der Trennung Betroffene, sondern auch die sich trennende Führungskraft die Situation als extrem starke Belastung empfindet.

Um ein problemloses Anlaufen des *Outplacement-Prozess* zu gewährleisten, sollte eine gezielte Schulung der Führungskräfte, die die Trennung aussprechen, folgende

Aspekte berücksichtigen: die Gefühle und Reaktionen bei dem Betroffenen, eine klare Erläuterung der Trennungsvereinbarungen und -bedingungen, die rechtlichen Aspekte der Trennung sowie Informationen über den Outplacement-Prozess.

4.3.2 Das Trennungsgespräch

Das eigentliche Trennungsgespräch sollte nicht mehr als zehn bis fünfzehn Minuten in Anspruch nehmen, eine schriftliche Unterlage die wichtigsten Punkte kurz und klar zusammenfassen und dem Betroffenen gegen Ende der Unterredung ausgehändigt werden. Ein Linien-Manager sollte das Gespräch in Anwesenheit eines Mitarbeiters aus der Personalabteilung führen. Der Personalverantwortliche sollte darauf achten, dass der Linien-Manager in dieser für ihn unangenehmen Situation keine Zugeständnisse macht, die gegen die Modalitäten der bereits im Vorfeld festgelegten Trennungsvereinbarungen verstoßen. In aller Regel wird dieses Gespräch ohne Berater geführt (Stüwe 1988, S. 31). Reagiert der Betroffene in dem Gespräch positiv auf das Outplacement-Angebot, so steht ihm der Berater ad hoc zur Verfügung. Dieser kann sich zum Beispiel im Haus befinden und dann direkt angesprochen werden.

Entscheiden sich der freigesetzte Mitarbeiter und der Berater für eine Zusammenarbeit, kommt es zum Abschluss des eigentlichen Beratungsvertrages zwischen dem Unternehmen und dem Outplacement-Berater. Die Honorarregelung für Garantieprogramme hat sich dahingehend durchgesetzt, dass zurzeit etwa 22 Prozent des letzten Bruttojahresgehalts des Betroffenen, in der Regel ein Mindestbetrag von ca. 15.000 Euro, vereinbart wird.

Der Freigesetzte verbleibt dafür so lange unter der Obhut des Beraters, bis er eine neue, adäquate Position (Placement) gefunden hat. Auch während der Probezeit laufen Beratung und Kontakt weiter und können auf Wunsch durch ein Coaching ergänzt werden. Sollte die Führungskraft nicht in ein festes Angestelltenverhältnis übernommen werden, hat sie Anspruch auf die sofortige Wiederaufnahme der Outplacement-Beratung, ohne dass erneut Beratungskosten anfallen.

Der Kontakt zwischen dem Unternehmen und dem Berater beschränkt sich auf die mündliche oder schriftliche Berichterstattung über den Erfolg der Bemühungen des Kandidaten, ohne dass die Vertraulichkeit verletzt wird oder Einzelinformationen an den Arbeitgeber übermittelt werden.

4.3.3 Die auf den Klienten ausgerichtete Outplacement-Beratung

Hat der Betroffene eine Outplacement-Beratung akzeptiert, wird diese so rasch wie möglich aufgenommen. Um die notwendige Vertrauensbasis zwischen Klient und Berater aufbauen zu können, erhält jeder Klient einen persönlichen Berater, der nicht wechselt.

Der zielgerichtete Prozess läuft idealtypisch in vier Phasen ab. Er erstreckt sich im Schnitt über einen Zeitraum von sechs bis acht Monaten.

Die 1. Beratungsphase »Erkennen neuer Chancen«

In der ersten Phase wird dem Betroffenen beim Aufarbeiten der Ursachen und der emotionalen Folgen der Trennung geholfen. Ziel ist es, den Klienten dazu zu bringen, die Situation als solche zu akzeptieren und den Glauben an sich selbst und das damit verbundene positive Selbstwertgefühl – falls nötig – wieder herzustellen. Denn nur unter dieser Prämisse ist es möglich, das frustrierende Erlebnis Kündigung konstruktiv zu bewältigen. Die Chance zur persönlichen Weiterentwicklung liegt gerade im Durchleben und Überwinden einer solchen Krise, die von vielen als Schock empfunden wird.

In dieser ersten Phase geht es um das Erkennen der eigenen Potenziale und der persönlichen Wünsche.

- Was kann ich? Was will ich wirklich? Was sind meine Bedürfnisse?
- Welche persönlichen Kompetenzen zeichnen den Klienten aus?
- Welche Erfolge wurden erzielt?
- Welche Art von Arbeit macht mir am meisten Spaß?
- In welcher Art von Unternehmenskultur arbeite ich am besten?

Die Antworten sind entscheidend, um das persönliche Berufsziel zu definieren. Hierbei unterstützen die Berater mit umfassenden Potenzialanalyse-Tools.

Die 2. Beratungsphase »Ermitteln neuer Ziele«

In der zweiten Beratungsphase steht das Ermitteln neuer Ziele im Vordergrund.

- Wie ist der für den Klienten relevante Arbeitsmarkt aktuell strukturiert?
- Welche Zielbranchen und – firmen können ermittelt werden?

Die Antworten auf diese Fragen helfen dem Klienten, die eigenen beruflichen Zielvorstellungen zu definieren. Hinzu kommen Überlegungen, ob für den Klienten beispielsweise ein Auslandseinsatz in Frage kommt.

- Kann er sich vorstellen in eine neue Branche zu wechseln oder eine andere Funktion zu bekleiden?
- Wäre der Schritt in die Selbständigkeit eine denkbare Alternative?
- Welche Gehaltswünsche hat der Klient?

Gemeinsam mit dem Berater filtern die Klienten die Branchen, Unternehmen und bestimmte Positionen heraus, die zu dem zuvor definierten Arbeitsumfeld passen könnten. In gezieltem Video-Training werden Schwächen in der *Selbstdarstellung* diagnostiziert sowie Gesprächs- und *Recherche-Techniken* geübt. Dabei steht das Aktivieren persönlicher Kontakte (Networking) im Mittelpunkt. Jedes Gespräch im Markt muss vor- und nachbereitet werden. So lernt der Klient aus jedem Vorstellungsgespräch und wird von Bewerbung zu Bewerbung besser. Bereits in dieser Phase wird der Lebenslauf fertig gestellt, das wichtigste Werkzeug für die erfolgreiche Bewerbung (Rundstedt/Mayrhofer 1991, S. 43).

Die 3. Beratungsphase »Erarbeiten der optimalen Bewerbung und praktische Umsetzung im Markt«

Gemeinsam mit dem Berater legen die Klienten einen zeitlichen und inhaltlichen Plan für die Bewerbung fest und erarbeiten eine wirkungsvolle Präsentation in Wort und Schrift.

- Wie muss das zum Lebenslauf passende Bewerbungsanschreiben aussehen?
- Welche Zeugnisse oder Referenzen gehören in die Bewerbung?

Ergänzend werden Bewerbungsgespräche durch Rollenspiele trainiert und in die Bewerbungskampagne praktisch umgesetzt. In den letzten Jahren sind die Anforderungen an die Outplacementberatung ständig gestiegen. Die Klienten erwarten von einer guten Outplacementberatungsgesellschaft, dass ihnen Kontakte zu interessanten Arbeitgebern und möglichst auch Stellenangebote angetragen werden. Hierbei unterstützt auf Wunsch auch der Klientenservice mit einem JobMarketing. Das Ziel besteht darin, Positionen bereits auszumachen, bevor sie auf dem freien Markt angeboten werden (veredeckter Arbeitsmarkt, Rundstedt/Mayrhofer 1991, S. 44). Denn sobald Stellen offen ausgeschrieben werden, steigt die Konkurrenz um ein Vielfaches. Befindet sich die Vakanz noch auf dem verdeckten Stellenmarkt, lassen sich die Mitbewerber oft an nur einer Hand abzählen.

Wege zur neuen Position in der Einzelberatung

Das Kontaktnetz ist und bleibt der wichtigste Baustein für die erfolgreiche Suche.

Nahezu jeder zweite Klient findet seine neue berufliche Aufgabe durch die Aktivierung eigener Kontakte oder durch die umfangreichen Kontakte unseres Unternehmens.

- A Kontaktnetz — 43%
- B Stellenangebote aus Jobbörsen / Printmedien* — 24%
- C Personalberater — 12%
- D Initiativbewerbung / Direktansprache* — 9%
- E Stellengesuche Printmedien / Internet* — 6%
- F v. Rundstedt Stellenbörse* — 4%
- G Sonstige, z.B. Selbständigkeit, Franchise etc. — 2%
- H Zentrale Arbeitsvermittlung (AfA) — 0%

* mit Unterstützung unseres JobMarketings

Abb. 2: Wege zur neuen Position (v. Rundstedt & Partner GmbH, Ergebnisse einer aktuellen Klientenumfrage)

Auch in diesem Stadium kommen der Analyse und systematischen Erfolgskontrolle bereits durchgeführter Aktivitäten besondere Bedeutung zu.

Die 4. Beratungsphase »Entscheiden für das beste Angebot«
In der Abschlussphase werden dann die erhaltenen Angebote und die neuen Tätigkeitsbereiche in einer *Pro-Contra-Sitzung* gegeneinander abgewogen. Es erfolgt die Entscheidung für eine der Positionen und schließlich der konkrete Vertragsabschluss mit dem neuen Arbeitgeber. Diese Beratungsphase darf nicht mit einer Rechtsberatung verwechselt werden, welche a priori unzulässig wäre. Es geht aber um den fachkundigen Beistand, dem beim Abschluss eines neuen Arbeitsvertrages in der Outplacement-Beratung eine erhebliche Bedeutung zukommt. Speziell den Führungskräften, die über viele Jahre hinweg in einem Unternehmen tätig waren, fehlt es häufig an relevanten Informationen sowie an Transparenz bezüglich der marktüblichen Konditionen. Hier trägt die Outplacement-Beratung zum Beispiel durch Tipps für den Verhandlungspoker und das Durchspielen häufig gestellter Fragen sowie die Marktrecherche wesentlich dazu bei, dass der Stellensuchende seine Interessen im Rahmen der gegebenen Möglichkeiten wahren kann.

4.3.4 Ein Beispiel aus der Beratungspraxis mit einem »typischen« Verlauf einer Einzelberatung

Durch den Zusammenschluss mit einem anderen Unternehmen ist die Position des Leiters der Forschungsabteilung, die es bis dahin in beiden Firmen gegeben hatte, doppelt besetzt. Dem Leiter des aufgekauften Unternehmens, 51 Jahre alt, wird das Ausscheiden aus der Firma nahe gelegt. Er hat dem Unternehmen 23 Jahre angehört. Innerhalb der Organisation gibt es für ihn keine adäquate Position mehr.

Nach zahlreichen vergeblichen Bewerbungen, über die er sein Unternehmen informiert hat, nimmt sein Arbeitgeber Kontakt zu einer Outplacement-Beratung auf. Diese empfiehlt die Durchführung eines Programms in ungekündigter Form, das heißt, dem Forschungsleiter wird die Beratung angeboten, ohne dass zuvor ein Aufhebungsvertrag unterzeichnet wird. Eine erste Kontaktaufnahme erfolgt. Der Berater erläutert in einem ausführlichen Gespräch die gebotenen Leistungen und zeigt die Möglichkeiten, Ziele und Grenzen von Outplacement auf. Danach signalisiert der 51-Jährige den Wunsch nach einer Outplacement-Beratung. Das Unternehmen hat ihn bei laufenden Bezügen freigestellt, und so kann er bereits am folgenden Arbeitstag in den Büroräumen der Beratungsfirma die Aufgabe der beruflichen Neuorientierung in Angriff nehmen.

Dem Chemiker wird ein persönlicher Berater zur Seite gestellt, der psychologisch geschult, den Klienten bei dessen eigenständiger Suche nach einer anderen, adäquaten Position mit seinem Know-how und seinen Marktkenntnissen unterstützt. Die Annahme, der Outplacement-Berater verschaffe ihm eine neue Stellung und stünde somit vermittelnd zwischen ihm und seinem möglichen künftigen Arbeitgeber, würde der Grundidee des Outplacement zuwiderlaufen. Es geht hier vielmehr darum, dass sich der Betroffene eine vom Berater systematisch geplante und strukturierte Vorgehensweise selbst erarbeitet. Dessen Rolle beschränkt sich auf die eines – jederzeit zur Verfügung stehenden – kompetenten Gesprächs- und Reflektionspartners. In der Regel dürfte die Beratung zu Beginn am intensivsten sein, doch hängt die Gesamtdauer stark von dem jeweiligen Betroffenen und seiner spezifischen Situation ab.

Innerhalb der Beratung erbringt der Berater sehr unterschiedliche Leistungen. Neben der psychologischen Betreuung, die sich auf den ganzen Beratungsprozess erstreckt, unterstützt er bei der Ermittlung von Stärken, der Auswertung von Arbeitsmarktinformationen, bei der Vermittlung fachlicher Entwicklungsmaßnahmen und der Schulung erforderlicher Präsentationsfähigkeiten. Er unterstützt beim Einsatz der gewohnten »Logistik« (Sekretariat, Medien usw.) und leistet Beistand beim Abschluss des neuen Arbeitsvertrages sowie bei der Einarbeitung.

5 Der Nutzen für den alten Arbeitgeber

Mit Outplacement können unterschiedliche Zielsetzungen verfolgt werden: Neben den eingangs erwähnten Gründen sind es vor allem Kosteneinsparungen und Kommunikations- sowie Motivationsaspekte.

Die frühzeitige Aufnahme der Beratung bedeutet eine *Kostenersparnis*. Denn je eher die Klienten mit der Suche beginnen, desto früher finden sie in der Regel einen neuen Arbeitsplatz. So können Restlaufzeiten der Arbeitsverträge verkürzt und langwierige Rechtsstreitigkeiten vermieden werden. Der Veränderungsprozess des Unternehmens wird beschleunigt und erleichtert.

Ein Unternehmen, das Outplacement in seine Personalpolitik einbezieht, investiert in aller Regel in das *Betriebsklima*. Die im Unternehmen verbleibenden Mitarbeiter sehen, dass versucht wird, den Betroffenen fair zu behandeln und ihm bei seinem beruflichen Fortkommen zu helfen. Er erhält eine Hilfestellung, die ihm eine berufliche wie auch eine Lebensalternative eröffnet. Daher sind negative Meinungsäußerungen eher selten. Die ehemaligen Kollegen beobachten die Abwicklung des Trennungsprozesses, das Verhalten der Unternehmensleitung und vergleichen die Handlungen mit den offiziell verlautbarten Richtlinien. Der gesamte Trennungsprozess beeinflusst die Motivation der im Unternehmen verbleibenden Arbeitnehmer positiv und kann sogar eine verstärkte Bindung auslösen (Rundstedt 1991, S. 46).

Das Unternehmen stärkt das positive *Image* nach außen, z. B. gegenüber Lieferanten, Kunden und Gewerkschaften und bleibt ein attraktiver Arbeitgeber. Nicht selten geht es auch darum, den Unternehmensruf in einer Stadt oder Region zu erhalten.

Ein weiterer Aspekt: Teilnehmer am Wirtschaftsleben sind heute mehr denn je vernetzt. Mit anderen Worten: Ein professionelles Trennungsmanagement hilft auch dann, wenn sich die beruflichen Wege erneut kreuzen, z. B. bei einem Wechsel des Mitarbeiters auf die Kundenseite.

6 Der Nutzen für den betroffenen Mitarbeiter

Auch die von einer anstehenden Trennung betroffene Führungskraft verbindet mit Outplacement bestimmte Vorstellungen im Hinblick auf die Bewältigung der beruflich-laufbahnbezogenen, finanziellen und psychosozialen Konsequenzen des Arbeitsplatzverlustes (Mayrhofer 1989, S. 57).

6.1 Berufliche, laufbahnbezogene Aspekte

Gerade durch die Stärken-Schwächenanalyse im Beratungsprozess kann sich herausstellen, dass das bisherige Tätigkeitsfeld gar nicht den eigentlichen Stärken entsprochen hat. In diesen Fällen kann Outplacement durchaus als Chance zu einer beruflichen Re- und Neuorientierung sowie persönlichen Weiterentwicklung angesehen werden. Weiterhin kommen dem Outplacement-Klienten die aktuellen Marktkenntnisse seines Beraters sowie dessen Bewerbungs-Know-how zugute. Nicht selten wird er durch ihn zum »Querdenken« veranlasst, d. h. berufliche Alternativen kommen ins Gespräch, die ansonsten unberücksichtigt geblieben wären. Er profitiert ebenso von den Kontaktmöglichkeiten des Outplacement-Unternehmens. Darüber hinaus wirken sich die im Outplacement-Prozess gewonnenen Selbsterkenntnisse sowie die erlernten Präsentationstechniken generell positiv auf die berufliche Zukunft des Managers aus.

Ein oft angeführtes Argument besagt, dass Outplacement den Positionswechsel dadurch erheblich erleichtert, dass der Betroffene sich noch aus einem Arbeitsverhältnis heraus bewirbt, solange sein Arbeitsvertrag beim alten Arbeitgeber noch läuft.

Eine Freisetzung muss nicht zu dem befürchteten »Karriereknick« oder gar zur Beendigung des Berufslebens führen. Falsch ist die Entscheidung vieler Mitarbeiter, am alten Arbeitsplatz zu verbleiben, und die Angst vor den mit einem Wechsel verbundenen Unannehmlichkeiten. Outplacement bewirkt eine gesteigerte Mobilität und somit auch eine verbesserte Marktorientierung, die die Mitarbeiter besonders auszeichnet (Lingenfelder/Walz 1988, S. 102).

6.2 Finanzielle Aspekte

Das Ausscheiden aus einem Unternehmen stellt einen sehr gravierenden Einschnitt – nicht nur in die berufliche Laufbahn – dar, denn die geänderte Situation könnte eine Fortsetzung des gewohnten Lebensstils erschweren und demzufolge zu einer teilweise umfassenden Neustrukturierung sowohl des beruflichen als auch privaten Bereichs zwingen.

Für den Fall, dass die finanziellen Verpflichtungen dem bisherigen Lebensstandard entsprechend weiterlaufen, jedoch mit einer Einkommenslücke zu rechnen ist, kann die materielle Existenz je nach Situation jedoch erheblich bedroht sein. In dieser Situation unterstützt das Outplacement-Konzept in idealer Weise auch dann, wenn der Klient in die Arbeitslosigkeit geraten sollte.

Stimmt das Vertrauensverhältnis zwischen Berater und Klient, kann der Berater auch zur Vorsicht bezüglich nicht unbedingt notwendiger Investitionen mahnen. In diesem Zusammenhang wird deutlich, dass durch das enge Vertrauensverhältnis zwischen Berater und Klient eine sehr viel intensivere Beratung für den Stellensuchenden stattfindet als dies durch die Agentur für Arbeit möglich ist.

6.3 Psychosoziale Aspekte

Identitätskrisen, soziale Isolation, eheliche bzw. familiäre Krisenerscheinungen, emotionale Labilität o. Ä. gehen häufig mit einem Arbeitsplatzverlust einher.

Alle genannten Folgeerscheinungen können in Verbindung mit Outplacement abgefedert werden. Entscheidend ist, dass es dem Berater gelingt, zu dem Kandidaten ein Vertrauensverhältnis aufzubauen und von ihm als kompetenter Gesprächspartner akzeptiert zu werden. Dies wird besonders dann dankbar angenommen, wenn dem Klienten lange Zeit eine Person im Berufsleben gefehlt hat, mit der er – losgelöst von taktischen Winkelzügen oder Karriereüberlegungen – offen sprechen konnte. Gemeinsam können dann Emotionen wie Enttäuschung, Verbitterung, Resignation – sogar unter Einbeziehung der Ehefrau und/oder Familie – in intensiven Beratungs- und Förderungsgesprächen aufgearbeitet und mögliche Vorgehensweisen zu ihrer Überwindung entwickelt werden.

Für das psychische Gleichgewicht ist der familiäre Rückhalt, der bei weitem nicht als selbstverständlich angenommen werden kann, von großer Bedeutung (Gergely 1988, o. S.).

Die Familie ist vom Verlust des Arbeitsplatzes immer mit betroffen, auch sie leidet unter den Kündigungsfolgen. Oftmals treten gerade in Zeiten der beruflichen Krise auch latent vorhandene private Konflikte zutage. Schon aus diesem Grund ist anzuraten, den Partner oder die näheren Angehörigen in die Beratung einzuschließen, um sicherzustellen, dass der Klient von dieser Seite jegliche erforderliche Unterstützung und Verständnis erfährt und seine gesamte Energie auf die Suche nach einer neuen Position konzentrieren kann.

7 Die Grenzen von Outplacement

Wenn auch die Erfolgsquote von Outplacement immer noch erstaunlich hoch ist – hier wird von einer Größenordnung von um die 90 Prozent gesprochen –, gibt es doch Situationen, in denen dieses Instrument an bestimmte Grenzen stößt. Diese liegen hauptsächlich in der Person des Kandidaten selbst begründet. Eine wichtige Rolle spielen die Aspekte Qualifikation, Flexibilität, Mobilität und Alter.

Beim Alter gibt es keine festgesetzte Grenze für den Erfolg einer Beratung. Sicherlich ist die Erfolgschance immer auch eine Frage der wirtschaftlichen Umstände. Für nahezu jeden Manager über 50, der leistungsfähig und leistungswillig ist, gibt es vielfältige Chancen. Es ist indessen nicht einfach, sie herauszuarbeiten. Hier bedarf es gezielten methodischen Vorgehens und des Entwickelns von Strategien, um Firmen mit Problemen am Markt aufzuspüren, für die der Bewerber die richtigen Lösungen anzubieten hat (Stoebe 1993, S. 240). So eröffnet sich zum Beispiel für einen reiferen Jahrgang die Gelegenheit zur Reintegration in das Berufsleben, wenn der Firmenerbe noch in der Ausbildung steht und sich absehen lässt, dass er dann in das Unternehmen eintreten wird, wenn der neue Mann das Pensionsalter erreicht hat, oder wenn sich ein industrieerfahrener Manager bei einem mittelständischen

Unternehmen bewirbt, das gerade auf dem Sprung vom Handwerksbetrieb zum Industrieunternehmen ist und dabei Hilfe braucht.

Zwar nimmt die Zahl jüngerer Arbeitskräfte, die sich für Positionen im Markt interessieren, ständig ab, dennoch begegnen ältere Klienten auch heute erheblichen Vorurteilen im Arbeitsmarkt. Wer sich auf Anzeigen bewirbt und in seinem Lebenslauf ein Alter von 52 oder mehr Jahren ausweist, hat nur geringe Chancen zu einem Bewerbungsgespräch eingeladen zu werden, vor allem dann, wenn die Position von einem attraktiven Arbeitgeber in einer attraktiven Region angeboten wird. Diese Klientengruppe muss verstärkt den mühevollen und arbeitsaufwendigen Weg über das Kontaktnetz gehen, um nicht offen ausgeschriebene Positionen bei weniger bekannten Arbeitgebern zu entdecken.

Nur im persönlichen Gespräch lässt sich Flexibilität signalisieren, beispielsweise bei der Vertragsgestaltung (zeitlich befristeter Vertrag, freiberufliche Tätigkeit etc.) sowie bei der Form und Höhe der Entlohnung. Die Problematik hat der Gesetzgeber inzwischen auch erkannt, indem er im Zuge der »Hartz-Reformen« die zeitliche Beschränkung befristeter Arbeitsverträge auf maximal zwei Jahre für diese Arbeitnehmergruppe aufgehoben hat.

Einer geringeren Flexibilität lässt sich in der Regel beikommen. Zunächst dürfte der Klient zwar – blockiert durch den Trennungsschock – weniger geneigt sein, mögliche Alternativen, die der Berater ins Gespräch bringt, in Betracht zu ziehen. Doch bedeutet die Annahme einer Outplacement-Beratung auch, Lösungen zu akzeptieren, die sich u. U. nicht mit den ursprünglichen Vorstellungen decken.

8   Die Zukunftsperspektiven

Im vergangenen Jahrzehnt ist Outplacement von einem relativ unbekannten zu einem immer stärker in der Personalarbeit eingesetzten Instrument geworden. Doch noch ist die Entwicklung nicht so weit fortgeschritten, dass Outplacement zu einem integralen Bestandteil einer aktiven Personalpolitik gehört. Beschaffung, Auswahl und Einstellung qualifizierter Fach- und Führungskräfte gehören zu den angenehmeren Aufgaben der betrieblichen Personalarbeit – verglichen mit dem komplementären Vorgang der Entlassung oder Trennung (Stoebe 1987, S. 1). Während man in den USA die »*Penetration Rate*« der Dienstleistung Outplacement auf gut 80 Prozent schätzt, spricht man z. B. in Japan von einer Marktdurchdringungsrate von 50 Prozent. In Deutschland dürften es rund 10 bis 15 Prozent sein.

Doch dient Outplacement nicht nur der Lösung von unternehmensinternen Positionsproblemen, sondern liefert darüber hinaus die Möglichkeit, seine Personalplanung auf die strukturellen Notwendigkeiten des Marktes und seine Herausforderungen hin auszurichten und unvermeidbare Freisetzungen von Mitarbeitern mit möglichst geringen Folgeschäden umzusetzen. Sowohl Unternehmen wie auch die Mitarbeiter sollten im Outplacement nicht nur eine Krise, sondern auch eine Chance zu einer beruflichen Weiterentwicklung sehen. Ein von allen Seiten unterstütztes, erfolgreiches Outplacement kann sogar mit einem Wechsel in eine möglicherweise bessere Position verbunden sein.

Der Outplacement-Markt kommt in letzter Zeit mehr und mehr in Bewegung. Dabei ist eine bemerkenswerte Ausweitung des Gedankens der sozialen Verantwortung festzustellen, zu der sich ein Unternehmen gegenüber einem Mitarbeiter auch über die Trennung hinaus verpflichtet fühlt. Der typische Outplacement-Klient war in den Anfangsjahren der langjährige, verdiente Mitarbeiter, der persönlichen oder wirtschaftlichen Sachzwängen gehorchend freigesetzt werden musste. Doch mittlerweile zeigt sich ein Trend zu sinkendem Durchschnittsalter. Und so ist der hochqualifizierte, auf Karriere ausgerichtete Enddreißiger zwar noch kein Normalfall, doch es gibt ihn bereits. Immer mehr Vorstände und Geschäftsführer, die früher aus einem falschverstandenen Selbstbewusstsein und verletzter Eitelkeit ein Beratungsangebot durch ein Outplacement-Unternehmen abgelehnt haben, öffnen sich diesem jetzt immer mehr.

Weiterhin ist zu beobachten, dass sich zunehmend auch mittelständische Unternehmen der Outplacement-Dienstleistung bedienen. Gerade hier scheint das Argument »Erhalt der internen Moral« an Wichtigkeit zu gewinnen – wenn man bedenkt, welche Belastung jede abrupte Trennung für das Betriebsklima darstellt.

Immer mehr mittelständische Unternehmen, die von jeher auf die Kosten achten und sich eher gegen externe Beratung sträuben, nutzen Outplacement, weil sie erkennen, dass sie ihren freigesetzten Mitarbeitern nicht allein mit ihren eigenen Kontakten zu neuen Arbeitsverhältnissen verhelfen können. Die Entscheidung des »make or buy« fällt zugunsten des Einkaufs der Dienstleistung Outplacement und einer Konzentration der eigenen Kräfte und Ressourcen auf das eigentliche Kerngeschäft.

Betrachtet man die Outplacement-Entwicklung in den verschiedenen Ländern der Europäischen Union, sieht man, dass selbst in Ländern mit einem sehr viel geringeren Kündigungsschutz als in Deutschland die Akzeptanz der Dienstleistung Outplacement deutlich höher ist als bei uns. Dies gilt insbesondere für Länder wie Großbritannien, die Niederlande und Frankreich.

Es hieße deutlich zu übertreiben, wenn man die Dienstleistung Outplacement heute schon in Deutschland als ein Standardinstrument der Personalentwicklung in den Unternehmen bezeichnen würde. So haben immer noch viele Rechtsanwälte, die sich im Arbeitsrecht spezialisiert haben und die in der Regel von den Unternehmen oder Mitarbeitern in den Trennungsprozess einbezogen werden, nur eine vage Vorstellung von den Inhalten und Abläufen der Outplacement-Beratung.

Auf der anderen Seite ist es interessant zu beobachten, dass vereinzelt Unternehmen schon in die Anstellungsverträge von einzelnen Mitarbeitern die Option einer Outplacement-Beratung hineinschreiben bzw. mit in die Trennungsrichtlinien des Unternehmens aufnehmen.

Ausgehend von der Globalisierung, der unsere Volkswirtschaft sowohl in Europa als auch in den übrigen Ländern der Welt ausgesetzt ist, geht man wohl nicht fehl in der Annahme, dass sich der Ansatz der Outplacement-Beratung und deren weitere Akzeptanz im deutschen Arbeitsmarkt weiter durchsetzen werden. Dies wird vor allem dann geschehen, wenn seriöse Anbieter die Dienstleistung in professioneller Form im Markt anbieten und weiterentwickeln.

Literatur

Bröckermann 2003: Bröckermann, R.: Personalwirtschaft, Stuttgart 2003.
Gergely 1988: Gergely, G.: »Der arbeitslose Manager – ein Familiendrama?«, in: Blick durch die Wirtschaft vom 6. Oktober 1988, o. S.
Fischer 2001: Fischer, C.: Outplacement: Abschied und Neubeginn – eine Untersuchung zur Qualität der Outplacement-Beratung, Dissertation, Berlin 2001.
Lingenfelder/Walz 1988: Lingenfelder, M. und Walz, H.: 2Outplacement statt Rausschmiss«, in: Harvard Manager, Heft 02/1988, S. 96–102.
Mayrhofer 1988: Mayrhofer, W.: Trennung von der Organisation, Dissertation, Wien 1988.
Mayrhofer 1989: Mayrhofer, W.: »Outplacement – Stand der Diskussion«, in: Die Betriebswirtschaft, Heft 01/1989, S. 22–68.
Mentzel 2001: Mentzel, W.: Personalentwicklung, München 2001.
Morin/Yorks 1982: Morin, W. J. and Yorks, L.: Outplacement Techniques: A Positive Approach to Terminating Employees, New York; Amacon 1982.
Morin/Yorks 1990: Morin, W. J. and Yorks L.: Dismissal, New York 1990.
Rundstedt 1991: Rundstedt, E. von: »Wie Kündigung zur Chance für berufliche Neuorientierung wird«, in. management & seminar, Heft 01/1991, S. 44–46.
Rundstedt/Mayrhofer 1991: Rundstedt, E von und Mayrhofer, W.: »Trennung ohne Kündigung«, in: Zeitschrift Führung + Organisation, Heft 01/1991, S. 42–48.
Schulz/Schuppert 1987: Schulz, D. und Schuppert, D.: »Trennen ohne Scherben«, in: Der Arbeitgeber, Heft 20/1987, S 760–761.
Stüwe 1988: Stüwe, H.: »Wenn ein Manager fliegt, stürzt er nicht gleich ab«, in: Die Welt vom 20. Februar 1988, S. 31.
Stoebe 1987: Stoebe F.: »Outplacement Teil I-III«, in: Blick durch die Wirtschaft, Heft 121–123/1987, S. 1.
Stoebe 1993: Stoebe, F.: Outplacement: Manager zwischen Trennung und Neuanfang, Frankfurt/Main 1993.
Walz/Lingenfelder 1987: Walz, H. und Lingenfelder, M.: »Outplacement – Problemlöser für Problemfälle«, in: Gablers Magazin, Heft 07/1987, S. 42–44.

C.5 Training on the Job und Training near the Job
Arbeitsplatznahe und anwendungsorientierte
Trainingsformen

*Wolfram Schier**

1 Lebenslanges Lernen und Eigenverantwortlichkeit

2 Systematisierung von Trainingsformen und -methoden

3 Begriffsbestimmung und Beispiele
   3.1 Training on the Job
   3.2 Training near the Job

4 Ausgewählte Zielbereiche von Personalentwicklungsmaßnahmen
   4.1 Transferorientierung
   4.2 Eigenverantwortlichkeit

5 Training on the Project

6 Praxisbeispiel Training on the Project
   6.1 Situationsbeschreibung und Projektziele
   6.2 Projektablauf
      6.2.1 Entwicklung kundenorientierter Marketing-Strategien
      6.2.2 Umsetzen der Marketing-Strategien
      6.2.3 Entwicklung Customer Concepts
      6.2.4 Nutzenorientiertes Pricing: Entwicklung von Value Cards
   6.3 Lessons learned

Literatur

---

[*] Diplom-Kaufmann Wolfram Schier absolvierte sein Studium mit den Schwerpunkten Personal und Organisation an der Universität Paderborn. Von 1997 bis 2000 war er im Personal- und Qualitätsmanagement der Mettenmeier Holding, Paderborn, tätig, von 2000 bis 2003 als Berater für Projekte und Change Management bei der BASF AG, Ludwigshafen. Seit 2003 ist er Leiter der Personalentwicklung der BASF Coatings AG, Münster. Er verfügt über eine systemische Beratungsausbildung. Zu seinen Veröffentlichungen zählen »Kundenorientierung als Marketingstrategie« (mit Thomas Behrends) und »E-Commerce-Auswirkungen auf die Arbeitswelt«.

1 Lebenslanges Lernen und Eigenverantwortlichkeit

Trotz der aktuellen Diskussion über unser Bildungssystem konzentrieren sich der Erwerb und die Vermittlung berufsspezifischer Kenntnisse schon längst nicht mehr allein auf die Phase vor dem Eintritt in das eigentliche Berufsleben. Die sich dynamisch verändernden Wirtschafts-, Arbeits- und Technologiestrukturen und die daraus resultierenden Anforderungsveränderungen verlangen vielmehr ein permanentes, d.h. das gesamte Erwerbsleben andauerndes Um- und Neulernen (Sonntag/Schaper 2001, S. 242, Mudra 2003, S. 356). Der Begriff vom »lebenslangen Lernen« ist darum mittlerweile zu Recht in aller Munde.

Damit einher geht ein klarer Trend in Richtung *Eigenverantwortlichkeit* im Lernprozess. Der Mitarbeiter agiert zunehmend selbstbestimmter im Lernprozess, übernimmt aber auch mehr Verantwortung für den Erhalt und Ausbau seiner Beschäftigungsfähigkeit. Diese Veränderungen spiegeln sich ebenfalls im Bereich der Psychologie und der Pädagogik wieder. Kognitive, konstruktivistische Modelle betonen ebenfalls hier die aktive Rolle des Lernenden sowie dessen Autonomie und Mündigkeit (Schmitz 2003, S. 222). An diesem Trend orientieren sich ebenfalls die verwendeten Trainingsmethoden. In immer größerem Maße werden arbeitsplatznahe und anwendungsorientierte Methoden eingesetzt, die den *Transfer* des Gelernten für die Teilnehmer schneller und wirkungsvoller ermöglichen sollen. In diesem Beitrag sollen diese Trainingsmethoden näher vorgestellt werden. Neben den Formen Training on the Job und Training near the Job wird im Rahmen eines Praxisbeispiels noch das Training near the Job als eine weitere, arbeitsplatznahe Methode beschrieben.

2 Systematisierung von Trainingsformen und -methoden

Um einen strukturierten Einstieg in das Themengebiet zu ermöglichen, wird zunächst an dieser Stelle eine grundlegende Systematisierung von Trainingsformen und -methoden vorgestellt. Dies scheint umso mehr geboten, da in der einschlägigen Literatur überwiegend reine Aufzählungen unterschiedlicher Formen und Methoden vorliegen, oder diese mit Kategorien wie »aktiv/passiv« oder »individuell/gruppenorientiert« einen reduzierten Erklärungswert haben (Groening 2004, S. 1921). Sehr zahlreich sind die expliziten und impliziten Rückgriffe auf die Systematisierung von Conradi (1983, S. 22 ff.). Darauf wird in diesem und weiteren Beiträgen dieses Buchs ebenfalls zurückgegriffen (Kapitel C.3 bis C.6). Conradi nutzt die zeitliche, inhaltliche und räumliche Nähe bzw. Entfernung zum Arbeitsplatz als Hauptunterscheidungskriterium von Trainingsmethoden. Abb. 1 fasst die unterschiedlichen Formen zusammen.

Maßnahmenart	Charakteristikum	Beschreibung	Beispiel
Personalentwicklung (PE) into the Job	erfolgt in zeitl., z.T. auch räuml. Entfernung, aber meist inhaltl. Nähe zum »Job«	Vorbereitung auf neuen »Job«; erster systematischer Erwerb beruflicher Kenntnisse und Fertigkeiten	Berufsausbildung; Trainee-Programm
PE on the Job	erfolgt unmittelbar am Arbeitsplatz während des »Jobs«	Anpassung an neue Aufgaben; Erwerb neuer Kompetenzen	Job Rotation; Job Enlargement;
PE near the Job	erfolgt meist in zeitl., räuml. & inhaltl. Nähe zum »Job«	neben dem »Job« stattfindender Lernprozess bzgl. konkreter Probleme	Qualitätszirkel; Lernstatt
PE off the Job	erfolgt meist in zeitl., räuml. & inhaltl. Entfernung zum »Job«	Fortsetzung organisierten Lernens nach Abschluss einer ersten Bildungsphase	Seminare; Konferenzen; Vortrag
PE along the Job	erfolgt im Laufe der Zugehörigkeit zum Unternehmen in unterschiedlicher zeitl., räuml. & inhaltl. Nähe zum Job	Maßnahmen zur individuellen Karriereplanung sowie der Laufbahn- und Nachfolgeplanung	Förderkandidatenprogramm
PE out of the Job	erfolgt gegen Ende des Erwerbslebens	gleitender Ruhestand	Outplacement

Abb. 1: Trainingsmethoden (Conradi 1983, S. 22 ff.)

3 Begriffsbestimmung und Beispiele

In Anlehnung an die zuvor eingeführte Systematik beschäftigt sich dieser Beitrag mit Trainingsformen, die mittelbar und unmittelbar in zeitlicher, räumlicher und inhaltliche Nähe zur Arbeitstätigkeit stattfinden.

3.1 Training on the Job

Eine der wirkungsvollsten Lernsituationen ist zweifelsohne immer noch die alltägliche Arbeit, das *»Learning by Doing«* sowie das »ins kalte Wasser werfen«. In der unmittelbaren Auseinandersetzung mit den anstehenden Aufgaben, den Rahmenbedingungen und mit Kollegen, Vorgesetzten, Kunden sowie der sich ständig verändernden Technik wird neues Wissen erworben, wie auch altes verlernt, werden Einstellungen modifiziert und neue Arbeitshaltungen angenommen. Dieses Lernen ist aber vielfach nicht intendiert und systematisch. Es findet nicht in den klassischen Lernsettings – Lehrer/Lernender statt (Baitsch 1998, S. 276). Conradi spricht sogar von »einem blinden Lernen durch Versuch-und-Irrtum.« (Conradi 1983, S. 66) Verschiedene Untersuchungen bestätigen dies. Demzufolge werden 70 bis 90 Prozent des Wissens informell, d. h. an Problemstellungen des betrieblichen Alltags ohne direkte *Lernintention* erworben (Rohs 2002, S. 2). Insbesondere das Defizit der fehlenden Systematisierung wird bei der Thematisierung des Training near the Job nochmals aufgegriffen.

Im Gegensatz zu den organisierten und institutionalisierten Formen der Personalentwicklung sollen beim »arbeitsimmanenten Lernen« arbeitsplatzbezogene Faktoren wie Tätigkeitsspielraum, Problemhaltigkeit sowie der Entscheidungs- und Kontrollspielraum den Lern- und Förderprozess positiv beeinflussen (Ulrich 1999, S. 127). In der Praxis haben sich die in Abb. 2 aufgeführten Instrumente der Arbeitsplatzgestaltung etabliert, die eingesetzt werden, um systematisch neue Erfahrungsbereiche und Lernfelder für die Mitarbeiter zu eröffnen (Kapitel E.1 bis E.3 dieses Buchs).

Instrument	Beschreibung
Job Rotation	Systematischer Arbeitsplatzwechsel zwischen Mitarbeiter einer Organisationseinheit
Job Enlargement	Quantitative Erweiterung der Arbeitsaufgaben durch Einbeziehung vor- und nachgelagerter Aufgabenbereiche
Job Enrichment	Qualitative Erweiterung der Entscheidungs- und Kontrollspielräume (Planung, Vorbereitung, Ausführung, Kontrolle)

Abb. 2: Formen des Trainings on the Job (Rosenstiel 2003, S. 106)

Die Notwendigkeit, Lernerfahrungen in der Praxis selbst zu machen, da sie sich einer Weitergabe entziehen, wird durch die Existenz des »*Tacit Knowledge*« beschrieben (Polanyi 1976, S. 4). Ins Deutsche kann dies mit verborgenem, impliziten oder potenziellen Wissen übersetzt werden. Es beschreibt Wissen, das mehr dem Können nahe liegt und nur schwer in Worte zu fassen ist oder aufgeschrieben (explizit gemacht) werden kann. Ein oft genutztes Beispiel ist das Radfahren. Es ist zwar möglich, den gesamten Vorgang des Radfahrens physikalisch zu erklären und mechanisch zu beschreiben, es ist aber unmöglich, das Radfahren-Können in Worte zu fassen oder allein durch die Lektüre eines Buches zu lernen.

3.2 Training near the Job

Nach dem abflauenden Interesse bzgl. teilautonomer Gruppenarbeit Ende der 1980er-Jahre stieg die Bereitschaft der Unternehmen, Kleingruppenarbeit ohne Eingriff in die hierarchischen Strukturen zu fördern. Mitarbeiter aus einem oder mehreren Arbeitsbereichen treffen sich, um primär funktionsbezogene Fragestellungen zu diskutieren. Als einschlägige Formen haben sich hierfür der »Qualitätszirkel« und die »Lernstatt« etabliert (Gebert 2002, S. 341, Kapitel E.6 dieses Buchs).

Die Lernstatt hat ihren Ursprung in der Sprachschulung ausländischer Arbeitnehmer. In Kleingruppen wurden neben der Sprache zusätzlich deutsche Verhaltensnormen und andere für die Integration wesentliche Fragestellungen thematisiert. Hieraus leitet sich der Name, zusammengesetzt aus Lernen und Werkstatt, ab. Sukzessive wurde die Lernstatt dann unter Beteiligung aller Mitarbeiter überdies zur Diskussion konkreter Probleme und Verbesserungsmöglichkeiten im Arbeitsablauf genutzt und erweitert (Antoni/Bungard 2004, S. 136).

Qualitätszirkel haben ihren Ursprung in japanischen Produktionsunternehmen und konzentrierten sich zunächst darauf, dem schlechten Qualitätsimage japanischer Produkte am Weltmarkt entgegenzuwirken (Gebert 2002, S. 341). Im Rahmen eines Qualitätszirkels treffen sich Mitarbeiter, meistens aus einer Organisationseinheit, und bearbeiten selbst identifizierte oder vorgegebene betriebliche Probleme. Meist werden sie hierbei durch eine in Problem- und Moderationstechniken (vgl. hier z. B. Ishikawa-Diagramm) geschulte Person angeleitet (Baitsch 1998, S. 312).

Diese arbeitsplatznahen (near the Job) Trainingsformen soll es den Beteiligten ermöglichen, sich der eigenen Arbeitssituation angstfrei und kollektiv anzunähern und diese systematisch zu durchdringen. Darüber hinaus können sie ebenfalls als strategisches Instrument zur Implementierung technischer und struktureller Innovationen genutzt werden. Studien beweisen die Förderung von Eigenverantwortlichkeit, Kreativität und Kontrollbewusstsein (Baitsch 1998, S. 312).

4 Ausgewählte Zielbereiche von Personalentwicklungsmaßnahmen

Grundsätzlich lassen sich die Ziele von Maßnahmen personaler Förderung drei übergeordneten Bereichen zuordnen:
- Vermittlung von Wissen,
- Modifikation von Verhalten,
- Entwicklung der Persönlichkeit (Sonntag 2002, S. 60).

Im Folgenden sollen mit der *Transferorientierung* und der Eigenverantwortlichkeit zwei weitere Zielbereiche beschrieben werden, die sich auf einer niedrigeren Aggregationsebene befinden, aber seit langem immer wieder Gegenstand wissenschaftlicher und innerbetrieblicher Diskussionen sind. Sie eignen sich darüber hinaus, die Charakteristika des Trainings on the Project in einem nächsten Schritt zu beschreiben.

4.1 Transferorientierung

Die Betrachtung aller personalwirtschaftlichen Maßnahmen geschieht logischer Weise immer auch aus dem Blickwinkel der Wirksamkeit. Bei der Betrachtung von Trainingsformen fokussiert sich dies auf den Transfer des Gelernten in einen spezifischen Kontext – in den meisten Fällen auf den Arbeitsplatz. Es geht somit nicht um eine möglichst hohe Zuwachsrate an Wissen während des Trainings, sondern vielmehr um eine Übertragung des erworbenen Wissens auf das Arbeitsgebiet, wobei neben Wissen auch Verhaltens- und Einstellungsdimensionen gemeint sind (Bergmann/Sonntag 1999, S. 287).

Gefordert werden in diesem Zusammenhang Methoden, die den Transfer schnell und nachhaltig ermöglichen. Ohne an dieser Stelle erschöpfend auf Lerntheorien, Transfermodelle und Ansätze zur Förderung des Lerntransfers eingehen zu können, lässt sich festhalten, dass insbesondere die konstruktivistischen Lerntheorien, die zu Beginn der 1990er-Jahre aufkamen, die Diskussion maßgeblich beeinflussten. Zusammenfassend formulieren Bergmann und Sonntag (1999, S. 297) den Gestaltungshinweis wie folgt: »Je vielfältiger, problemorientierter und realistischer Lernumgebungen bzw. die Anwendungsbedingungen gestaltet sind, desto besser der Transfer.« Abb. 3 zeigt die Gestaltungsempfehlungen in Detail.

	Sozialer Kontext: ■ Kooperative Zusammenarbeit zwischen den Lernenden ■ Einbindung von Experten	
Authentizität: ■ Auswahl realer, komplexer Anwendungssituationen	**Transferförderliche Lernumgebung**	**Situiertheit:** ■ Veranschaulichung, Simulation realer Situationen
	Multiple Kontexte/ Multiple Perspektiven: ■ Vielfalt der Anwendungsmöglichkeiten ■ Übertragbarkeit ■ Reflektion der unterschiedlichen Sichtweisen der Lernenden	

Abb. 3: Prinzipien konstruktivistisch gestalteter Lernumgebungen (Bergmann/Sonntag 1999, S. 298)

4.2 Eigenverantwortlichkeit

Neben den gesamtgesellschaftlich festzustellenden Individualisierungstendenzen sind es vor allem die zunehmende Veränderungsgeschwindigkeit, sowie der gestiegene Kostendruck, die die Eigenverantwortlichkeit des Mitarbeiters für seine berufliche und persönliche Weiterentwicklung ansteigen lassen. Die Eigeninitiative erfordert in zunehmenden Maße eine zeitliche und finanzielle Beteiligung seitens des Mitarbeiters (Regnet 2003, S. 48). Neben der strategischen Rolle hat die Betonung der Eigenverantwortlichkeit des Mitarbeiters zudem einen sehr simplen und praktischen Hintergrund.

Es ist schlicht gar nicht möglich, einen Mitarbeiter auf jede neue Arbeitssituation rechtzeitig und systematisch mit Qualifizierungsmaßnahmen vorzubereiten. Es wird erwartet, dass sich Mitarbeiter eigenständig in neue Aufgaben einarbeiten. Die Befähigung zum Transfer wird schlicht vorausgesetzt (Bergmann/Sonntag 1999, S. 307).

Bei der Betrachtung unterschiedlicher Lern- bzw. Trainingsformen stellt sich die Frage, wie sich *Eigenverantwortlichkeit* in der Praxis dokumentiert. Abb. 4 zeigt die gebräuchlichsten Formen des eigenverantwortlichen Lernens (Kapitel C.7 dieses Buchs).

Form	Vorteile	Nachteile
Fernstudiengänge/ Fernakademien	Berufsbegleitend; häufig anerkannter Abschluss	Hohe Selbstdisziplin; wenig Präsenzphasen/wenig Austausch mit den anderen Teilnehmern; hohe Abbrecherquoten
MBA; Aufbaustudium	Immer häufiger auch berufsbegleitend möglich; anerkannter Abschluss; z. T. internationales Umfeld	Hohe Kosten; hoher Zeitaufwand; hohe Selbstdisziplin
Klassische Selbstlernmaterialien (Bücher, Studienhefte); E-Learning; neue Lernmedien	Hohe Flexibilität; umfassendes Angebot; kostengünstig	Hohe Selbstdisziplin; Angebot muss zum Lernstil passen; Interaktion mit anderen Teilnehmern fehlt oder ist eingeschränkt; Transfer eingeschränkt
Besuch von Seminaren in Eigenverantwortung	Kosteneinsparungen für das Unternehmen; freie Anbieter- und Themenwahl durch den Mitarbeiter	Hohe individuelle Kosten; fehlende Ankoppelung an systematische Personalentwicklung

Abb. 4: Verbreitete Formen des eigenverantwortlichen Lernens (Regnet 2003, S. 48 f.)

Auffällig ist, dass fast durchgängig eine hohe Selbstdisziplin bzw. Selbstmotivation seitens des Teilnehmers aufgebracht werden muss, um die beschriebenen Instrumente erfolgreich anwenden zu können. An dieser Stelle wird noch eine Erweiterung vorgenommen. Eigenverantwortlichkeit dokumentiert sich auch in der inneren Bereitschaft, Qualifizierung nicht allein aus der Konsumentenperspektive zu betrachten. Eine aktive und veränderungsbereite Grundeinstellung erhöht die Chancen, in einem zunehmend wettbewerbsorientierten Umfeld bestehen zu können.

5 Training on the Project

Gemäß der eingeführten Strukturierung kann das *Training on the Project* als eine Mischform zwischen on the Job und near the Job eingestuft werden. Das Projektlernen versucht, die Grenze zwischen theoretischem Wissenserwerb und praktischer Anwendung zu überwinden. Nach vorgeschalteter Wissensvermittlung (off the Job) erfolgt der Transfer an einem Projekt aus der betrieblichen Praxis. Dabei ist das Projektteam für die Ausarbeitung aller Projektphasen und für Umsetzung der Ergebnisse selbst verantwortlich. Durch diesen Ansatz werden sowohl fachliche als auch persönliche Kompetenzen adressiert und gefördert. Die Kombination unterschiedlicher Methoden erhöht so die Wahrscheinlichkeit der Verhaltensänderung (Fisch/Fiala 1984, S. 198). Begleitet wird dieser Prozess von einem externen Berater, der neben fachlicher Expertise auch ein hohes Maß an Prozesssteuerungskompetenz besitzen sollte. Im Gegensatz zum Training on the Job, bei dem häufig keine strukturierte Reflektion des neu erlangten Wissens bzw. der gemachten Erfahrung erfolgt, wird dies durch den externen Berater in Feedbackschleifen thematisiert und so bewusst gemacht. Der höhere Grad an Systematisierung drückt sich zudem in einer Festlegung von Lernzielen und Lerninhalten aus. Sonntag nennt diese Verfahren »situativ-erfahrungsbezogene Ansätze«. Er betont darüber hinaus die Wichtigkeit der Vorgesetzten der beteiligten Mitarbeiter, denen eine »herausragende Rolle« zukommt (Sonntag 2002, S. 63).

Immer häufiger wird in diesem Zusammenhang – teilweise als Synonym – der Begriff »*Action Learning*« oder »*Business Driven Action Learning* (BDAL)« verwandt. Betont wird die Exklusivität der Methode, die speziell zur Förderung von Führungsnachwuchskräften eingesetzt wird (Keys 1994, S. 51). Diese beschäftigen sich zeitlich begrenzt und parallel zur ihren eigentlichen Arbeitsaufgaben mit einem herausfordernden Projekt, dass aus der Hierarchie gesponsert wird (Hanisch 2001, S. 282). Der Fall ist somit real, aber die Umsetzung liegt dann aber vielfach in der Verantwortung der Linie. Damit wird ein entscheidender Schritt, der häufig mit den größten Schwierigkeiten verbunden ist, nicht als Projektteam gemeinsam »durchlitten«. Der Schritt in die betriebliche Praxis soll nun durch die Darstellung eines Praxisbeispieles erfolgen.

6 Praxisbeispiel Training on the Project

Das Vorgehen sowie die zentralen Vorteile und der Nutzen des zuvor erläuterten Ansatzes des Training on the Project werden im Folgenden am Beispiel einer Europaeinheit der BASF AG aus dem Bereich der Feinchemie verdeutlicht. Der Unternehmensbereich setzt sich aus insgesamt fünf Arbeitsgebieten – Pharma, Tierernährung, Humanernährung, Kosmetik sowie Aromachemikalien – zusammen. Das Gesamtprogramm wurde in Kooperation zwischen der Weiterbildung der BASF AG und dem team steffenhagen GmbH (Aachen) entwickelt und durchgeführt.

6.1 Situationsbeschreibung und Projektziele

Unter dem Titel »Top LineGrowth« wurde in der Geschäftseinheit eine Initiative zur signifikanten Steigerung der Ergebnisses aufgesetzt, die folgende Aktionsschwerpunkte auswies:
- Steigerung der Kundenorientierung,
- optimierte Ausschöpfung der Preisbereitschaft der Kunden,
- Förderung der Zusammenarbeit bzw. Vernetzung mit profitablen Kunden,
- Aufnahme sowie Optimierung interner Prozesse.

Die Aktionsschwerpunkte deuten schon darauf hin, welche Mitarbeitergruppen maßgeblich den Erfolg dieser strategischen Initiative beeinflussen würden. Die Mitarbeiter aus den Bereichen Marketing und Vertrieb trugen die Hauptlast der Veränderung. Sie mussten vieles neu und vor allem vieles anders machen. Überdies drängte die Zeit. Der turnusmäßige Zeitpunkt zur Anpassung der Strategien rückte näher. Darüber hinaus hatte der Geschäftsbereich gerade eine Reorganisation abgeschlossen, die insbesondere die Schnittstelle zwischen Marketing und Vertrieb neu definierte.

6.2 Projektablauf

Zu Beginn jedes einzelnen Projektbausteines erfolgten auf Basis der Projektziele die Ableitung der notwendigen Veränderungsschritte sowie eine Analyse des hieraus resultierenden Qualifizierungsbedarfs. Hierzu wurden jeweils einstündige Interviews mit allen betroffenen Führungskräften und Mitarbeitern geführt. Neben dem Sammeln »harter« Informationen zum Bedarf dienten diese Interviews ebenfalls dazu, von Beginn an den »weichen«, partizipativen Charakter der Initiative zu unterstreichen. Alle Bausteine bestanden jeweils aus einem Trainings- sowie aus Transfer- und Reviewmodulen. Die einheitsspezifischen Trainings dienten der Vermittlung des Grundlagenwissens. Zur Erhöhung der Akzeptanz und um dem häufig anzutreffendem Vorwurf »bei uns ist sowieso alles anders« zu begegnen, wurden alle Trainings (off the Job) mit zuvor erhobenen einheitsspezifischen Fallbeispielen angereichert. Der Übergang in die veränderungswirksame Projektarbeit wurde durch Transferworkshops hergestellt. Diese dienten dazu, die Arbeitsfähigkeit der Projektteams sicherzustellen (Projektauftrag, Projektdauer etc.). Dann begann die eigenverantwortliche Umsetzung der Projekte durch die Projektteams. Durch eine parallele Anbindung der verschiedenen Maßnahmen an die individuellen Zielvereinbarungen der Mitarbeiter wurden die Verbindlichkeit sowie das erforderliche Commitment gefördert.

Im Detail bestand das Gesamtprogramm aus den in Abb. 5 ersichtlichen Bausteinen.

Die zu bearbeitenden Projekte waren *keine konstruierten Lernprojekte*. Die Themenstellungen ergaben sich unmittelbar aus den Aufgabenbereichen der beteiligten Mitarbeiter und besaßen eine hohe strategische Wichtigkeit. Die Lernergebnisse schlugen sich somit unmittelbar in realen Arbeitsergebnissen nieder.

Entwicklung kundenorientierter Marketing-Strategien	Umsetzen der Marketing-Strategien
Zielgruppe Marketing 1. 2-tägige Trainings (Vermittlung von Grundlagenwissen) 2. Transfer-Workshop (Sicherstellung der Arbeitsfähigkeit der Projektteams) 3. Review-Workshops (Status Quo)	Zielgruppe Marketing 1. 2-tägige Trainings (Vermittlung von Grundlagenwissen) 2. Transfer-Workshop (Sicherstellung der Arbeitsfähigkeit der Projektteams) 3. Review-Workshops (Status Quo) 4. Controlling der Strategieumsetzung
Entwicklung von Customer Concepts/ Key Account-Strategien	**Nutzenorientiertes Pricing: Entwicklung von Value Cards**
Zielgruppe Vertrieb 1. 1-tägiges Training (Vermittlung von Grundlagenwissen) 2. Transfer-Workshop (Sicherstellung der Arbeitsfähigkeit der Projektteams) 3. Individuelle Einzelcoachings 4. Review-Workshops (Status Quo)	Zielgruppe Marketing 1. 2-tägige Trainings (Vermittlung von Grundlagenwissen) 2. Transfer-Workshop (Sicherstellung der Arbeitsfähigkeit der Projektteams) 3. Review-Workshops (Status Quo)

Abb. 5: Übersicht Projektbausteine (eigene Darstellung)

6.2.1 Entwicklung kundenorientierter Marketing-Strategien

Im Mittelpunkt des ersten Bausteins stand die Vermittlung eines grundlegend neuen Verständnisses der *Strategieentwicklung*. Von einer bis dato stark produktfokussierten Sichtweise sollte ein Wandel in Richtung einer kundenzentrierten Strategie angestoßen werden. In einem zweiten Projektschritt wurden die Marketing-Mitarbeiter in Workshops bei der Strategieentwicklung angeleitet und begleitet. Abschließend erfolgte ein Review der entwickelten Strategien mit dem Management. Neben der Neuausrichtung der Strategien wurde überdies ein grundlegender Strategieleitfaden erarbeitet, der die Marketingmitarbeiter zukünftig in die Lage versetzte, die regelmäßige Überarbeitung der Strategie selbstständig durchzuführen.

6.2.2 Umsetzen der Marketing-Strategien

Aufgrund des hohen Abstraktionsniveaus sind die in den Strategiepapieren formulierten Ziele und Maßnahmen häufig wenig verhaltenssteuernd. Vor diesem Hintergrund diente dieser Baustein der Detaillierung der Ziele sowie der Konkretisierung der Maßnahmenplanung.

6.2.3 Entwicklung Customer Concepts

Der Roll-out der Marketing-Strategie in Richtung Kunde wurde durch die Erstellung so genannter Customer Concepts gesteuert. Customer Concepts können als kundenbezogene Strategiepapiere des Vertriebs verstanden werden. Im Unterschied zu den zum Teil sehr hoch aggregierten Strategien des Marketings werden in den Customer Concepts auf Einzelkunden bezogene Ziele und Maßnahmen festgelegt. Zielgruppe dieses Bausteins waren die Mitarbeiter des Vertriebs. Die detaillierte Ausformulierung der Customer Concepts erfolgte im Anschluss eigenverantwortlich durch die Vertriebsmitarbeiter.

6.2.4 Nutzenorientiertes Pricing: Entwicklung von Value Cards

Im Kontext des Pricing stand als Ziel die bessere Abschöpfung der Preisbereitschaft des Kunden im Mittelpunkt. Das Marketing wurde in die Verpflichtung genommen, in der Strategie eine eindeutige Preispositionierung vorzugeben und darüber hinaus den Vertrieb mit einer nutzenbezogenen Verkaufsargumentation zu unterstützen. Kernbaustein dieses nutzen- und wettbewerbsorientierten Pricing-Ansatzes waren die so genannten Value Cards. Value Cards veranschaulichen den Zusammenhang zwischen objektiven, d.h. beispielsweise chemischen oder physikalischen Produkteigenschaften sowie den daraus resultierenden Konsequenzen für den Kunden und dem im Konkurrenzumfeld gestifteten Kundennutzen. Der Roll Out des nutzenorientierten Pricing wurde darüber hinaus durch Verkaufstrainings für Vertriebsmitarbeiter gefördert. Aufgabe der Vertriebsmitarbeiter war es dann, die durch das Marketing entwickelten produktbezogenen Value Cards, in denen die Nutzenargumentation allgemein verdeutlicht wurde, jeweils an den spezifischen Einzelkunden anzupassen.

6.3 Lessons learned

Trotz des hohen Zeitdrucks wurde das Gesamtprogramm in der vereinbarten Zeitspanne von neun Monaten erfolgreich bewältigt. Im Ergebnis zeigte sich, dass die am Programm beteiligten Mitarbeiter zielgerichtet auf den eigenständigen Umgang mit den sich stellenden neuen Aufgaben vorbereitet wurden. Da die Projektergebnisse selbst erarbeitet wurden, gab es nicht die üblichen Akzeptanzprobleme, die häufig bei extern vorgegebenen Beraterempfehlungen ohne Mitarbeiterbeteiligung auftreten. In diesem Zusammenhang dokumentierte sich das Rollenverständnis bzw. die Rollenflexibilität der Berater. Sie mussten immer wieder zwischen der Expertenrolle und der neutraleren Prozessbegleiterrolle hin und herwechseln. Ihre *Expertenrolle* übten sie dabei in der Vermittlung des relevanten Wissens sowie bei der Rückmeldung zur eigenverantwortlichen Umsetzung aus. Als *Prozessbegleiter* traten sie vor allem bei der Sicherstellung der Arbeitsfähigkeit der Teams auf.

Bei der Entwicklung der ersten Value Cards sowie insbesondere bei der Quantifizierung des Kundennutzens zeigte sich, dass zum Teil erhebliche unausgeschöpfte Ergebnispotenziale existierten. Beide Aspekte unterstützten folglich das Ziel, Hinweise zur Verbesserung der Ergebnissituation des Unternehmensbereichs zu geben. Zweifelsohne eines der besten Argumente, die Wirksamkeit des Projektes nachzuweisen.

Das klassische Seminar und der Powerpoint-Vortrag auf einer Konferenz haben zwar noch nicht völlig ausgedient; sie werden aber immer mehr an Bedeutung verlieren. Komplexere und damit anspruchsvollere Lernarchitekturen treten zunehmend an ihre Stelle. Das Lernen wird immer mehr im und am Arbeitsprozess erfolgen. All dies stellt höhere Anforderungen an sämtliche Beteiligte. Dies bezieht sich zum einen auf die Lernenden, da die Akzeptanz von mehr Eigenverantwortlichkeit und Veränderungsbereitschaft im wahrsten Sinne des Wortes häufig erst noch erarbeitet werden muss. Verunsicherung und Widerstände sind in diesem Zusammenhang einzukalkulieren. Zum anderen gelten die höheren Anforderungen ebenfalls für die Mitarbeiter der Personalentwicklung sowie für die eingebundenen externen Berater. Dies umfasst die schon erwähnte Methodenkompetenz, die Projektmanagement-Kompetenz und die Fähigkeit, an der Schnittstelle zwischen Mitarbeiter und Management zu vermitteln (Becker 2002, S. 486).

In jedem Fall bietet die Mitarbeit in strategischen Projekten von Geschäftsbereichen eine gute Möglichkeit, die Personalentwicklung als akzeptierter Business Partner zu positionieren und so dafür zu sorgen, die Personalentwicklung weiter zu professionalisieren.

Literatur

Antoni/Bungard 2004: Antoni, C. H. und Bungard, W.: »Arbeitsgruppen«, in: Schuler, H. (Herausgeber): Organisationspsychologie – Gruppe und Organisation, Göttingen, Bern, Toronto, Seattle 2004, S. 130–191.
Baitsch 1998: Baitsch, C.: »Lernen im Prozeß der Arbeit – zum Stand der internationalen Forschung«, in: Arbeitsgemeinschaft QUEM (Herausgeber): Kompetenzentwicklung 98, Münster 1998, S. 269–337.
Becker 2002: Becker, M.: Personalentwicklung – Bildung, Förderung und Organisationsentwicklung in Theorie und Praxis, 3. Auflage, Stuttgart 2002.
Bergmann/Sonntag 1999: Bergmann, B. und Sonntag, K.: »Transfer: Die Umsetzung und Generalisierung erworbener Kompetenzen in den Arbeitsalltag«, in: Sonntag, K. (Herausgeber): Personalentwicklung in Unternehmen, Bern 1999, S. 287–312.
Conradi 1983: Conradi, W.: Personalentwicklung, Stuttgart 1983.
Fisch/Fiala 1984: Fisch, R. und Fiala, S.: »Wie erfolgreich ist Führungstraining: Eine Bilanz neuester Literatur«, in: Die Betriebswirtschaft, 44 Jahrgang, S. 193–203.
Gebert/von Rosenstiel 2002: Gebert, D. und Rosenstiel, L. von (Herausgeber): Organisationspsychologie: Person und Organisation, 5. Auflage, Stuttgart, Berlin; Köln 2002.
Groening 2003: Groening, Y.: »Trainingsmethoden«, in: Gaugler, E., Oechsler, W. A. und Weber, W.: Handwörterbuch des Personalwesens, Stuttgart 2004, S. 1920–1930.
Hanisch 2001: Hanisch, D.: »Action Learning in China Teil 1: Theoretische und konzeptionelle Grundlagen«, in: Personal, Heft 05/2001, S. 282–287.
Keys 1994: Keys, L.: »Action learning: Executive Development of Choice for the 1990s«, in: Journal of Management Development, Vol. 08/1994, pp. 50–56.
Polanyi 1967: Polanyi, M.: The Tacit Dimension, New York 1967.
Mudra 2003: Mudra, P.: Personalentwicklung, München 2003.
Regnet 2003: Regnet, E.: »Eigenverantwortliches Lernen«, in: Hofmann, L. M. und Regnet, E. (Herausgeber): Innovative Weiterbildungskonzepte – Trends, Inhalte und Methoden der Personalentwicklung in Unternehmen, 3. Auflage, Göttingen et al. 2003, S. 47–54.
Rohs 2002: Rohs, M.: Arbeitsprozessintegriertes Lernen: Neue Ansätze für die berufliche Bildung, Münster 2002.
Rosenstiel 2003: Rosenstiel, L. von: Grundlagen der Organisationspsychologie, 5. Auflage, Stuttgart 2003.
Schmitz 2003: Schmitz, B.: »Selbstregulation – Sackgasse oder Weg mit Forschungsperspektive?«, in: Zeitschrift für Pädagogische Psychologie, Heft 03,04/2003, S. 221–232.

Sonntag/Schaper 2001: Sonntag, K. und Schaper, N.: »Wissensorientierte Verfahren der Personalentwicklung«, in: Schuler, H. (Herausgeber): Lehrbuch der Personalpsychologie, Göttingen 2001, S. 241–263.

Ulrich 1999: Ulrich, E.: »Lern- und Entwicklungspotentiale in der Arbeit«, in: Sonntag, K. (Herausgeber): Personalentwicklung in Organisationen, Göttingen 1999, S. 123–153.

C.6 Training off the Job

*Klaus-Dieter Schellschmidt**

1   Begriffliche Annäherung

2   Stellenwert im Rahmen der Personalentwicklung

3   Möglichkeiten und Grenzen
    3.1 Trainings zur Vermittlung von Fachwissen, Methoden und Instrumenten
    3.2 Persönlichkeitstrainings

4   Didaktische und methodische Irrtümer

5   Die Möglichkeiten des Trainings off the Job werden unterschätzt

Literatur

---

* Klaus-Dieter Schellschmidt ist Leiter Qualifizierung und Training in der Organisationseinheit Berufsbildung/Personalentwicklung der RWE Rhein-Ruhr AG, Essen. Um Missverständnisse zu vermeiden, erklärt der Autor ausdrücklich, dass die dargestellten Interpretationen und Meinungen ausschließlich seine persönlichen Auffassungen wiedergeben.

1 Begriffliche Annäherung

Üblicherweise beginnt man einen Beitrag über einen eng abgesteckten thematischen Bereich wie Training off the Job mit Reflektionen zu begrifflichen Bestimmungen, wie sie sich in der Literatur finden oder in der Praxis diskutiert werden. Das geschieht auch hier, um den Einfluss zu kurz greifender und nicht selten präskriptiver Definitionen in der Praxis aufzeigen. Die Hauptziele dieses Beitrags sind die Klärung der Möglichkeiten und Grenzen von off the Job-Maßnahmen sowie die damit verbundenen didaktischen Fragestellungen. Deshalb wird dieser Abschnitt mit einer recht pragmatischen Definition als Diskussionsgrundlage schließen.

Doch zunächst zur Behandlung des Themas in der Literatur zur Personalentwicklung. Training off the Job wird zwar häufig erwähnt, führt aber eine »Randexistenz«, d. h. geht über Definitionen kaum hinaus. Dabei versuchen die Autoren, begriffliche Ordnung in einen Gegenstandsbereich zu bringen, der sich einer fundierten Begriffsbildung entzieht. Dies basiert auf dem *Fehlen durchgängiger gemeinsamer Merkmale*, die allen Erscheinungsformen, auf die der Begriff in der Praxis Anwendung findet, gemeinsam sind. Dies macht die Aufzählung von Sarges (2000) deutlich, der als Beispiele für off the Job-Maßnahmen Vorträge, Diskussionen, Gruppenübungen, Planspiele, computergestützte Lernsysteme, Teamtraining, gruppendynamische Programme, Rollenspiele und Verhaltensmodellierung nennt. Gleichzeitig weist er darauf hin, dass »sämtliche dieser Verfahren ... natürlich nur Bausteine (sind), die in allen möglichen, thematisch unterschiedlichen Trainings in einer Sequenz mit anderen eingesetzt werden können.«

Natürlich ist der uneinheitliche Gebrauch von Begriffen stete Begleiterscheinung einer wissenschaftlichen Diskussion. Allerdings machen viele Autoren von Publikationen zum Thema Personalentwicklung hiervon besonders regen Gebrauch. Sehr deutlich lässt sich dieses Prinzip durch die Versuche, den Begriff Personalentwicklung selbst zu definieren, veranschaulichen. Das zeigen allein die 52 fast durchgehend präskriptiven Definitionen, die Mudra (2005) zusammengestellt hat.

Diese Tendenz zeigt sich auch bei der Begriffsbestimmung des Trainings off the Job. Becker (2005) betont die Möglichkeit, Personalentwicklungsmaßnahmen »durch die räumliche, zeitliche und sachliche Distanz zum Arbeitsplatz« zu kategorisieren, auf der auch seine Definition des Trainings off the Job basiert. Mudra (2004, S. 213) definiert über das Kriterium »Nähe/Distanz zum Arbeitsplatz« Training off the Job als »außerhalb des Arbeitsplatzes stattfindende Maßnahme« und spezifiziert in Aufstiegsweiterbildung, Anpassungsweiterbildung, Workshops, Förderkreise und Erfahrungsaustauschgruppen.

Der *Nutzen* solcher und ähnlicher *Begriffsbestimmungen* für die Praxis ist begrenzt und wenig handlungsleitend, denn die Autoren gehen hinsichtlich des Themas Training off the Job kaum über solche Klassifizierungsfragen hinaus. Die Klassifizierungen selbst aber tragen – fast unmerklich – präskriptive Elemente in die Diskussion mit durchaus negativen Folgen für die Praxis. So hat sich durch die Dichotomie »on the Job«/»off the Job« schon längst das pauschale Urteil verfestigt, Off the Job-Trainings seien aufgrund der Distanz zum Arbeitsplatz praxisfern und hätten erhebliche Transferprobleme zur Folge. Doch dazu Näheres im folgenden Abschnitt.

Wie eingangs betont, ist das Ziel, das mit diesem Beitrag verfolgt wird, keine Fortsetzung begrifflicher Arbeiten. Die Zielsetzung ist die *Erörterung der Möglichkeiten und Grenzen* von Off-the-Job-Maßnahmen sowie damit verbundener didaktischer Fragestellungen. Dazu wird die dem Leser eingangs angekündigte pragmatische Erläuterung des Begriffes »*Training off the Job*« geschuldet.

Der Autor dieses Beitrags hat den Gebrauch des Begriffes in der Praxis gelernt. So versteht er darunter etwa Führungstrainings, Kommunikationsseminare, Verhandlungs- und Konflikttrainings, Produktschulungen, SAP- und Office-Seminare, Sprachentrainings usw., kurz zielgerichtete Trainings, in denen Kompetenzen gefördert, Know-how vermittelt und/oder Verhalten modifiziert wird. Natürlich findet dies mehr oder minder distant zum Arbeitskontext statt. Eine größere Genauigkeit erfordert die Bestimmung des Begriffes nicht, um Sachprobleme zu erörtern.

2 Stellenwert im Rahmen der Personalentwicklung

Trainings off the Job sind in der Praxis sicherlich die dominierenden Personalentwicklungsmaßnahmen. Becker (2005, S. 16) ermittelte in einer Studie, dass 74 Prozent der von ihm befragten Unternehmen Seminare durchführen, aber nur knapp 12 Prozent Organisationsentwicklungsprojekte. Diese Gegenüberstellung ist fragwürdig bis unverständlich. Sie suggeriert, dass Organisationsentwicklungsprojekte Seminare substituieren können und zudem die Probleme, die durch Trainings gelöst werden sollen, weitaus besser durch *Organisationsentwicklung* gelöst werden können. Dies ist gelinde gesagt unsinnig. Organisationsentwicklungsprojekte haben zwar in der Regel Unterstützungsbedarf durch Personalentwicklungsmaßnahmen, sind allerdings immer durch die Strategie des Unternehmens und Veränderungen des unternehmensrelevanten Umfelds induziert: »Structure follows strategy«. (Kapitel A dieses Buches)

Trotz des erheblichen Einsatzes in der Praxis stellt sich die Diskussion in Theorie und Praxis tendenziell gegen Trainings off the Job und plädiert für On the Job-Maßnahmen. Beispielsweise knüpft Becker (2005, S. 164) seine Kritik an ein von ihm konzipiertes dreistufiges *Generationenschema* der Unternehmensführung und Personalentwicklung. Nur in der ersten Generation, die er die der reaktiven Unternehmensführung nennt, erfolge die Personalentwicklung außerhalb des Tätigkeitsbereiches »trainerzentriert und lehrplanorientiert. Der Trainer bietet fallweise und in Reaktion auf nachhaltige Qualifikations- und/oder Motivationsmängel Reparaturmaßnahmen an.« Wesentliches Merkmal der Personalentwicklung in der zweiten Generation sei der Paradigmenwechsel von der *Angebotsorientierung* zur *Nachfrageorientierung* der Personalentwicklung. Die Durchführung erfolge in der zweiten Generation entweder als Off the Job-Training oder als Near the Job-Training. In der dritten Phase wachsen für Becker (2005, S. 15) Arbeitsfeld und Lernfeld zusammen: »Kennzeichen der dritten Generationen ist die integrierte *Prozessberatung* vor Ort«.

Während Becker (2005) seine Kritik auf eine *Komplexitätsevolution* der Unternehmen zurückführt, zeigen andere Autoren die bereits eingangs vermerkte Tendenz zur Präskription deutlich und unverhohlen. So behauptet Stiefel (2003, S. 25) dass die Weiterbildungs- und Personalentwicklungsarbeit eine »Mehrzahl von Veränderungsmechanismen« enthalte, von denen dem traditionellen Seminar eine »eher untergeordnete Bedeutung« zukomme. Stiefel weiter: »Weiterbildung und Personalentwicklung müssen verstärkt arbeitsnah durchgeführt werden. Strategie umsetzende Weiterbildung und Personalentwicklung findet nicht in erster Linie in organisierten Lernprozessen statt, sondern in der konkreten Auseinandersetzung mit der Alltagsrealität und mit realen Projekten des Unternehmens sowie mit der konkreten Bearbeitung von realen Aufgaben eines Unternehmens.« (Stiefel 2003, S. 72) Dieses Zitat gibt sicherlich einen der verblüffendsten Standpunkte in der Literatur wieder: Stiefel fordert nämlich mit dem Ruf nach »realen Projekten, konkreter Bearbeitung von realen Aufgaben und Auseinandersetzung mit der Alltagsrealität« als Personalentwicklungsmaßnahme etwas ein, wozu jede Führungskraft und jeder Mitarbeiter sich arbeitsvertraglich verpflichtet haben, nämlich zu arbeiten.

Die Argumentation zu Lasten des Trainings off the Job wird in der Regel über die positiven Aspekte des Trainings on the Job geführt. So weist Bröckermann (2003) darauf hin, dass Training on the Job in der Regel für Unternehmen attraktiver ist, »da es kurzfristig angesetzt werden kann und die Beschäftigten neben der Lernleistung auch noch eine Arbeitsleistung aufbringen«. Auch Oechsler (2000) hebt die »Beliebtheit« des Training on the Job hervor und führt dies auf die »realitätsnahe Vermittlung notwendiger Qualifikationen« zurück.

Was sich zunächst überzeugend anhören mag, hat seine deutlichen Grenzen. Was heißt eigentlich »Training on the Job«? Oechsler spricht von der »realitätsnahen Vermittlung«. »On the Job« ist nicht realitätsnah, es ist real, nicht trivial, und ernst. Man könnte es sinngemäß mit »Übung bei der Arbeit« übersetzen.

Wenn ein Mitarbeiter wichtige, nicht triviale Aufgaben wahrnimmt, ist Training on the Job nicht ganz ohne Risiko. Wer möchte beispielsweise, dass seinem zukünftigen Key-Account-Manager Gesprächsführung und Präsentieren »on the Job« bei einem Kunden beigebracht werden? Darüber hinaus stellt sich die Frage, wer es dem Mitarbeiter on the Job beibringen will und kann. Neben dem Risiko, die Arbeitssituation zum Übungsplatz zu erklären und dem Unternehmen oder gar Menschen Schaden zuzufügen, gibt es weitere »natürliche« Grenzen. Damit noch einmal zurück zu der Frage, wer der »Trainer on the Job« sein soll. Die Anforderungen sind on the Job nicht weniger kritisch und anspruchsvoll als off the Job. Für unser Beispiel bedeutet dies, dass selbst wenn ein erfahrener Vertriebsexperte einen neuen Kollegen zum Kunden begleitet, ersterer über die notwendigen didaktischen Kompetenzen verfügen muss, um seine Expertise und Erfahrung vermitteln zu können. Den Eindruck, der durch eine solche Situation beim Kunden entsteht, lassen wir hier außen vor. Aber übertragen wir diesen Ansatz auf das Thema Führung. Das »Training on the Job« zur Führungsaufgabe zu erklären, überfrachtet nicht nur die Führungsfunktion. Dieser Ansatz nimmt den ursprünglich karikierend gemeinten Satz »Wem Gott gab ein Amt ...« tatsächlich ernst. Zudem: Welchem zusätzlichen Druck und welcher Belastung setzt man einen Mitarbeiter beim Training on the Job aus? Wie grenzt man »on the job« vom »Training on the Job« ab? Diese häufig ungelöste Frage führt in der Regel dazu, dass Training on the Job »zwischen Tür und Angel« stattfindet.

Sicherlich gibt es Situationen, in denen spezielle Formen des Trainings on the Job eine gute Lösung sind. In vielen Unternehmen ist ein Beispiel die unternehmensweite Einführung von customized IT-Lösungen. In diesen Fällen hat es sich bewährt, dass ausgewählte und auch didaktisch speziell geschulte Leitbediener/Fachmentoren Schulungen on the Job durchführen. Dies ist allerdings nur ein Beispiel aus einer Kategorie möglicher Personalentwicklungsmaßnahmen. Nicht nur im Sinne betroffener Mitarbeiter, sondern auch im Sinne des Unternehmens ist zu hoffen, dass Vorgesetzte sich nicht erst »on the Job« mit den Themen Führung und Management beschäftigen.

3 Möglichkeiten und Grenzen

Trainings off the Job lassen sich nach den unterschiedlichen Kriterien kategorisieren.

In diesem Beitrag werden die Maßnahmen in zwei Kategorien aufgeteilt. In die erste Kategorie fallen Trainings zur *Vermittlung von Fachwissen*, Methoden und Instrumenten. Die zweite Kategorie umfasst die so genannten *Persönlichkeitstrainings*, in die z. B. Führungs-, Motivations-, Konflikttrainings, allgemeine Persönlichkeitsentwicklung etc. fallen. Diese beiden Kategorien unterscheiden sich durch ihre Zielsetzungen, Möglichkeiten und Grenzen.

3.1 Trainings zur Vermittlung von Fachwissen, Methoden und Instrumenten

Bei diesen Trainings handelt es sich z. B. um Sprachen, IT-, Präsentations-, Moderations-, Zeitmanagementtrainings und technische Qualifizierungen, etwa zum Einbau und zur Wartung technischer Komponenten nach einem Technologiewechsel. Sie zielen also nicht nur auf »*Wissen*« oder »Know-how« sondern insbesondere auf ein »How to«. Dementsprechend muss in einer solchen Maßnahme Wissen vermittelt und durch Übungen eine Steigerung der Leistungsfähigkeit erzielt werden. Wenden wir uns zunächst der Vermittlung des Know-hows zu. Da für Trainings off the Job in der Regel maximal drei Tage zur Verfügung stehen, muss die Know-how-Vermittlung sehr effizient erfolgen.

Lernen und Training sind langwierige Prozesse. An diese Erfahrung kann sich jeder aus der eigenen Schulzeit oder aus dem Studium erinnern. In Bezug auf komplexe manuelle und kognitive Fertigkeiten gibt es erstaunliche Untersuchungen hinsichtlich des Erlernens eines Instrumentes. So muss ein Musiker bis zum etwa 20. Lebensjahr (Spitzer 2002, S. 65) 10.000 Stunden üben, um einen internationalen Standard zu erreichen. »Auch bei Fließbandarbeitern wurde nachgewiesen, dass die Leistung langsam zunimmt, d. h. dass die Zeit, die für eine bestimmte Abfolge von Handgriffen benötigt wird, kontinuierlich mit der Anzahl der gemachten Handgriffe abnimmt und das eine optimale Leistung erst nach 1 bis 2 Millionen solcher Handgriffe erreicht wird. Der Schluss liegt nahe, dass es offensichtlich sehr lange dauert, bis wir bestimmte Fähigkeiten können.« (Spitzer 2002)

Diese Beispiele und die Erinnerungen an die eigene Schulzeit relativieren schnell die Erwartungen hinsichtlich der Ziele, die man mit einem Training off the Job erreichen kann.

So ist z. B. die *Erinnerung* an die Inhalte einer Vorlesung von Aufmerksamkeitsprozessen abhängig. Je aufmerksamer ein Mensch ist, desto besser wird er bestimmte Inhalte behalten. Aus neurowissenschaftlicher Sicht sind mit *Aufmerksamkeit* zwei Prozesse gemeint: erstens die allgemeine Wachheit oder *Vigilanz* und zweitens die *Zuwendung* zu einem bestimmten Sachverhalt und die Ausblendung anderer Sachverhalte. Vigilanz betrifft die generelle Aktivierung des Gehirns. Der zweite Prozess ist die selektive Aufmerksamkeit, mit der die Konzentration auf einen bestimmten Sachverhalt bezeichnet wird. Dabei werden genau diejenigen Gehirnareale aktiviert, welche die jeweils aufmerksam und damit bevorzugt behandelten Informationen verarbeiten (Spitzer 2002, S. 155). Diese Vorgänge sind solide beforscht und gelten als gesicherte Erkenntnisse.

Das Umsetzen dieser Erkenntnisse zum Einfluss von Aufmerksamkeit auf den *Lernerfolg* kann beim »Training on the Job« aufgrund der vielen Störfaktoren am Arbeitsplatz kaum gelingen. Hier liegen eindeutig die Chancen des Trainings off the Job. Ebenso bietet das Training off the Job weitaus größere Möglichkeiten des »entspannten Lernens«.

Dies ist längst keine Binsenweisheit mehr, da neuere neurowissenschaftliche Forschungen zeigen konnten, dass Stresshormone sich ungünstig auf Neuronen auswirken, insbesondere auf die Neuronen des Hippocampus. Dessen Bedeutung für das Lernen ist sehr groß, da jeder neue Sachverhalt zunächst vom Hippocampus aufgenommen wird. Deshalb ist Stress äußerst ungünstig für das Lernen und Erinnern. Auch diese Erkenntnis ist ein Argument zugunsten des Trainings »off the Job« aus, da beim Training »on the Job« grundsätzlich Stress auslösende Faktoren vorhanden sind.

3.2 Persönlichkeitstrainings

Persönlichkeitstrainings sind die wohl schillerndsten »Off the job«-Maßnahmen. Je nach inhaltlicher Ausprägung sind sie stark umstritten: Entweder hart kritisiert oder aber gepriesen als die Lösung zum Überleben im allgemeinen Veränderungsstrudel.

Der Markt für Persönlichkeitstrainings ist groß. In Deutschland finden sich ca. 1.300 Anbieter (Leidenfrost/Götz/Hellmeister 2000, S. 48). Laut »Fokus« (23/1997, S. 138 f.) investieren Unternehmen ca. 15 Milliarden Euro für persönlichkeitsorientierte Maßnahmen. Man kann sich aufgrund der Quelle und der Tatsache, dass diese Zahl acht Jahre alt ist, nicht für die Angabe verbürgen, aber nach den Marktbeobachtungen des Autors dieses Beitrags scheint sie auch im Jahr 2005 der Wahrheit recht nahe zu kommen. Allerdings ist es fast nicht möglich, wie auch Leidenfrost, Götz und Hellmeister (2000) bei den Recherchen zu ihrer Studie feststellen mussten, einen Überblick über den Markt zu gewinnen. Dies liegt an der großen Anzahl der Anbieter, von denen über die Hälfte Kleinanbieter mit wenig Mitarbeitern oder Einzelkämpfer sind. Die Intransparenz der Angebote – z. B. sind die Titel der Angebote und die Beschreibungen in den Werbematerialien sind kaum aussagekräftig – und die hohe

Dynamik des Marktes tun ein Übriges. Um einen Überblick zu Analysezwecken zu gewinnen, führt ein Weg der Systematisierung persönlichkeitsorientierter Maßnahmen über das Themen- und Methodenspektrum. Thematische Schwerpunkte sind grundsätzliche Fragen, die eigene Person betreffend, Fragen zur Lebensstilintegration und berufsbezogene Themen wie Führungskompetenz, soziale Kompetenz oder persönliche Arbeitstechniken. Das Methodenspektrum reicht von kognitiv orientierter Wissensvermittlung über gruppendynamische Trainingsmethoden und diverse psychotherapeutische Ansätze bis hin zu künstlerisch-kreativen und sogar esoterisch-spirituellen Verfahren.

Leidenfrost, Götz und Hellmeister (2000) haben eine empirische Studie vorgelegt, in deren Mittelpunkt Wert und Wirkung so genannter Persönlichkeitstrainings steht. Ihr grundlegendes Ziel war es, die Sichtweise von Anbietern, Unternehmen und Teilnehmern zu Motiven, Zielen und Auswirkungen persönlichkeitsorientierter Trainings zu eruieren. An dieser Studie führt keine differenzierte Betrachtung zu Möglichkeiten und Grenzen von Persönlichkeitstrainings vorbei. Voraussetzung ist allerdings ein kurzer Blick auf die Erkenntnisse der *Persönlichkeitspsychologie*, wobei sich der Autor auf die Definitionsproblematik kaprizieren wird.

»Bei dem Konstrukt »*Persönlichkeit*«, das verschiedene Autoren in Abhängigkeit vom Zeitalter und Sprachkreis außerordentlich verschieden definieren, ... handelt es sich um ein extrem allgemeines Konstrukt (Herrmann 1976, S. 34). Es stellt gleichsam die Summe der auf menschliches Erleben und Verhalten bezogenen Konstrukte, deren Wechselbeziehungen untereinander und Interaktionen mit organismischen, situativen Außenvariablen dar.« (Amelang/Bartussek 2001, S. 40)

Innerhalb der Persönlichkeitsforschung gibt es auch sehr unterschiedliche Standpunkte zur Stabilität bzw. Veränderbarkeit der Persönlichkeit. So liefert z. B. das Eigenschaftsprädikat ein statisches Bild von Eigenschaften, die zumindest mittelfristig stabil sind (Brandstätter 1999). Dieses Paradigma dominierte, bis Mischel bereits 1968 den Nachweis antrat, dass die angenommene Stabilität wohl relativ konstant über die Zeit, aber nicht konstant über verschiedene Situationen gilt. Das dynamisch interaktionistische Paradigma geht von einer wechselseitigen Beeinflussung (dynamische Interaktion) der Umwelt auf die Person und umgekehrt aus (Magnussen 1990).

Wissenschaft und Praxis
Leidenfrost, Götz und Hellmeister (2000) weisen zurecht darauf hin, dass der Unterschied dessen, was in der Literatur aus theoretischer Sicht über Persönlichkeitstrainings geschrieben wird, und dem, »was einem in Seminarangeboten und Gesprächen mit Anbietern begegnet, sehr groß ist«. Ein Zitat aus einem »Stern«-Artikel, bringt die Situation, die sich seit dem Erscheinen des Artikels kaum verändert hat, auf den Punkt:

»Schaut man durch die Brille wohlstrukturierter Ablaufschemata und Kästchen-Diagramme betriebswirtschaftlicher Personalentwicklungs-Lehrbücher auf das, was auf dem Weiterbildungsmarkt tatsächlich vor sich geht, muss einem angesichts der Blüten, die hier treiben, geradezu schwindlig werden. Bioenergetik, afrikanisches Trommeln, Derwischtanz ... und Schamanismus sind nur einige Veranstaltungsthemen, die der

Personalentwicklung bisweilen den Flair eines Kuriositätenkabinetts verleihen und die berechtigte Frage aufwerfen, welches Bildungskonzept (...) eigentlich hinter dem vielfältigen Angebot steht.« (Stern 52/1992, S. 80–88)

Die wissenschaftliche Diskussion um Persönlichkeit und auch die Forschungsergebnisse haben kaum Einfluss auf Praxis der Persönlichkeitstrainings. Vielmehr bevorzugen viele Anbieter eine eklektische Vorgehensweise. Bei der haben sie sowohl terminologische als auch methodische Anleihen aus den verschiedenen psychologischen Richtungen gemacht (Leidenfrost/Götz/Hellmeister 2000, S. 29 f.). Für den Personalentwickler ist dies ein nicht zu unterschätzendes Problem bei der *Auswahl der Anbieter*. Um hier urteilen zu können, muss er einen umfangreichen und dezidierten Überblick über die verschiedenen Richtungen haben und wissen, was sich dahinter verbirgt. Beispielsweise sollte er wissen, dass die Wirkungen der Gestalttherapie auf einer sehr geringen, empirisch begründeten Basis von sieben Untersuchungen an insgesamt 244 Probanden überprüft wurden. Dagegen liegen für jede Interventionsform der kognitiv-behavioralen Therapie ein Vielfaches an Studien vor. So liegen allein für das Training sozialer Kompetenzen 74 Studien mit etwa 3.400 Probanden vor (Grawe/Donati/Bernauer 2001).

Grawe, Donati und Bernauer (2001) weisen darauf hin, dass für eine ganze Reihe von Therapieformen »bisher jede stichhaltige Wirksamkeitsuntersuchung und damit das Minimalkriterium dafür, dass man von einer wissenschaftlich fundierten Therapieform sprechen kann«, fehlt. Dazu zählen beispielsweise Aktualisierungstherapie, Aqua-Energetik, Eidetische Psychotherapie, Ermutigungstherapie, Neurolinguistisches Programmieren(!), Orgontherapie, Rebirthing, Recall-Therapie, Transzendenztherapie, Z-Prozess-Beziehungstherapie.

Angebot und Nachfrage
Trotz der Schwierigkeiten bei der Auswahl von Trainern und Methoden, müssen Personalentwickler handeln. Heute vielleicht mehr als vor dem Anbruch des IT-Zeitalters entstehen für Führungskräfte und Mitarbeiter berufliche Anforderungen mit neuen Schwerpunkten hinsichtlich Kommunikation, Kooperation oder selbstständigem, entscheidungssicherem Handeln.

Die Angebote von Persönlichkeitstrainings gehen weit über die klassischen Themen wie Kommunikation, Teamarbeit und Führung hinaus. Selbsterfolg und Lebenserfüllung oder Ayurveda für den Unternehmenserfolg verkünden Werbeprospekte. Daraus ergeben sich zumindest zwei Fragen: Arbeiten die Anbieter an den Erwartungen und Bedürfnissen der Teilnehmer vorbei? Oder liegt der eigentliche Bedarf vielleicht doch ganz woanders? Zumindest der *Verdacht* liegt nahe, dass sowohl für die Anforderungen aus dem Beruf als auch für die Probleme innerhalb privater Beziehungen Bedarf an Orientierung und einfachen Erklärungsmustern vorhanden ist. Keine psychologisch fundierten Systeme sind gefragt, sondern ein wenig Lebensweisheit und Handlungszuversicht auf dem Weg zum Erfolg (Hemminger 1996). Dies deckt sich mit den Interviewergebnissen von Leidenfrost, Götz und Hellmeister (2000), die fragten, was der Einzelne aus den Seminaren als bedeutsam für sich mitgenommen habe. Die Ergebnisse sind erstaunlich: Kleine Lebensweisheiten und Handlungsempfehlungen erwiesen sich für viele Teilnehmer als bedeutende Botschaften. Beispiele dafür sind:

»Sei einhundert Prozent selbst verantwortlich!« oder »Ich liebe meine Bedürfnisse und tue es für mich!«

Leidenfrost, Götz und Hellmeister (2000, S. 57) bringen die in ihrer Studie gewonnen Einblicke bezüglich der Anbieterseite von Persönlichkeitstrainings wie folgt auf den Punkt:

a) »Der Markt ist sehr intransparent. Es besteht eine große Streuung, was die Methoden, aber auch die dahinter stehenden theoretischen Konstrukte betrifft.
b) Die Grenzen zwischen beruflicher Fortbildung und Therapie verschwimmen häufig, da Schwerpunkte auf Selbsterfahrung und Reflexion von Einstellungen, Werten und Lebenssinn gelegt werden.
c) Die Personalentwicklungsliteratur spiegelt mit ihren jetzigen wissenschaftlich-theoretischen Modellen wenig den aktuellen Trend auf dem Anbietermarkt wider.«

Grenzen, Risiken und Möglichkeiten

Einen Eindruck der Grenzen aus Teilnehmersicht vermitteln Teilnehmerzitate aus der Untersuchung von Leidenfrost, Götz und Hellmeister (2000, S. 66): »Der Selbsterfahrungskokolores brachte für unsere Projektarbeit nicht viel«, »Das war reine Selbstdarstellung seiner Person« (bezieht sich auf den Trainer), »Das war ein ganz egozentrisches Weltbild, nur auf Geld und Erfolg bedacht, mit einer ganz schwachen sozialen Komponente« und »Es ist unheimlich schwer, sich diese tollen Erfahrungen einfach langfristig zu erhalten.«

Innerhalb der Persönlichkeitstrainings gibt es eine Gruppe von Maßnahmen, die ausdrücklich *Persönlichkeitsveränderungen* versprechen und häufig als Erfolgs- bzw. Psychokurse betitelt werden. Besonders scharfe Kritiker sind Schwertfeger (1998, 2002), Goldner (2000) und Hemminger (1996). Die in solchen Kursen u. a. angewandten Methoden bergen nach Hemminger (1996) erhebliche Risiken. Dazu gehören Realitätsverlust, Erfolgsillusionen, Hinführen zu Egozentrik, Labilität durch Auslösung innerseelischer Konflikte und weitere drastische Folgen. Verursacht werden diese u. a. durch fachlich abwegige oder einseitige Methoden, die Vermittlung eines unrealistischen Welt- und *Menschenbildes* und bedrängende Methoden, welche die Teilnehmer bis zur Abhängigkeit führen.

Wenn es darum geht, an der Persönlichkeit eines Menschen zu arbeiten, ist damit immer auch *ethische Verantwortung* verbunden. Grundsätzlich sollte ein verantwortungsvoller Personalentwickler auch bei vermeintlich harmlosen persönlichkeitsorientierten Maßnahmen bestimmte Aspekte immer kritisch hinterfragen. Dazu gehören beispielsweise die Quellen für implizit oder explizit vermittelte Ideologien, Werte und Haltungen. Dazu gehört auch, darauf zu achten, mit welcher Vehemenz sie an »an den Mann gebracht« und in welchem Geist sie vermittelt werden.

Eine ebenfalls große Bedeutung kommt kognitiven Prozessen bei der Einstellungsänderung durch überzeugende Argumente zu. Entscheidend dabei ist, ob der Teilnehmer fähig und bereit ist, sich mit dem Inhalt der Argumente auseinander zu setzen, oder ob er sich mehr von anderen, eher peripheren Momenten (z. B. vom Eindruck, den er hinsichtlich der Freundlichkeit, Sachkompetenz und Autorität des Sprechers gewinnt) leiten lässt. Auch dieser Aspekt ist bei der Trainerauswahl wichtig: Arbeitet er auch mit Argumenten oder vertraut er nur auf das Nachwirken einer Übung.

Dennoch bieten seriöse Persönlichkeitstrainings große Chancen. »Wenn grundlegende Ziele vorhanden sind und die Person durch geeignete Methoden und Bedingungen in einem Mindestmaß kognitiv sowie emotional involviert ist, sind Veränderungen der Person erreichbar und unter entsprechender Transfergestaltung auch stabilisierbar.« (Fischer und Gehm 1990, zitiert nach Leidenfrost/Götz/Hellmeister 2000)

4 Didaktische und methodische Irrtümer

Die Auffassung, Lehren und Lernen durch Methoden zu verbessern und zu beschleunigen, scheint auf einer tief verwurzelten Intuition zu gründen. Anders – so Terhart (2000) – sei die Tatsache nicht zu erklären, dass in der Geschichte des Lehrens und Lernens immer wieder auf Methodenwechsel oder -entwicklungen gesetzt wurde, wenn es darum ging, die Praxis des Unterrichtens zu verbessern. So ist die Geschichte der Didaktik eine Geschichte wechselnder »Methoden-Bestseller«. Natürlich gilt dies auch für die Methodendiskussion innerhalb der Personalentwicklung. Diese hält mit der Forschung von Profi-Didaktikern kaum Schritt.

In Bezug auf die Professionalität vieler Trainer kommentiert Warhanek (1998): »Die Trainerlandschaft wimmelt heute nur so von ehemaligen Sozialarbeitern, Psychotherapeuten, Schauspielern, Lehrern, Managern, Sportlern, Aussteigern, Weltverbesserern und sogar Mitgliedern von Sekten wie Scientology *ohne spezielle Ausbildung und Qualifikation*. Möglich ist dies, weil es im Unterschied zu anderen Dienstleistern wie etwa Rechtsanwälten oder Steuerberatern *keinerlei verbindliches Berufsbild* gibt (was übrigens auch große Vorteile mit sich bringt). Das alles erhitzt jedenfalls die Branche, und offenbar löst irgendetwas in dieser goldfieberanfälligen Trainerlandschaft den Impuls aus, sich gegenseitig immer hektischer mit neuen Modebegriffen zu überbieten.«

Trends in der Praxis
Neben dem von Warhanek genannten Wettstreit bezüglich der Modebegriffe, sind natürlich auch fachliches Know-how in Bezug auf die Inhalte der Trainings und fehlende didaktische Kenntnisse in Bezug auf die Gestaltung augenfällig. Das erklärt auch den Trend, dass sich Trainer stolz als *Prozessbegleiter* bezeichnen, der bezüglich inhaltlicher Fragen auf das Know-how der jeweiligen Gruppe vertraut.

Bei Auswahlgesprächen mit potenziellen Kooperationspartnern fragt der Autor dieses Beitrags immer auch nach der *didaktischen Qualifizierung*, deren Umfang und nach der autodidaktischen Lektüre.

Bislang hat er die Erfahrung gemacht, dass sich viele Trainer eher methodisch »spezialisieren«: Die gängigsten Antworten auf die Fragen sind Hinweise auf einen Trainerschein, auf eine Ausbildung als Moderator, eine Qualifizierung zum systemischen Berater oder Prozessbegleiter usw. Viele Trainer vertreten zu didaktischmethodischen Fragestellungen dennoch eine dezidierte Meinung. Allerdings sind viele dieser Standpunkte in großen Teilen nicht haltbar und weichen z.T. erheblich von den Erkenntnissen der Lehr-Lern-Forschung ab. Dies gilt auch für viele methodische Hinweise in der Literatur, die sich als praktische Hilfestellung für Trainer versteht.

Im Folgenden werden einige dieser Irrtümer aufgegriffen. Natürlich kann dies nur ansatzweise und beispielhaft erfolgen. Es ist dennoch notwendig, weil eben die Trainingspraxis und das Trainerverhalten, die auf diesen didaktisch-methodischen Irrtümern aufbauen, sehr viel zum negativen Image der Trainings off the Job beigetragen haben.

An erster Stelle begegnet man in der Literatur und in der Diskussion mit Trainern der Position, dass nur der Einsatz einer *Methodenvielfalt* ein erfolgreiches Training garantieren kann. Entwickelnd-erarbeitende Methoden, Verfahren zur Aktivierung möglichst vieler Teilnehmer, Entrainment, um nur einige zu nennen, seien die Mittel der Wahl. Nachgerade geächtet werden darbietend vortragende Lehrverfahren.

Wissenschaftliche Grundlagen
In diesem Sinne schreibt Becker (2005, S. 173): »Sorgfältig ausgewählte Methoden optimieren als ‚Transmissionsriemen' die gewünschten Ergebnisse. Überkommene Methoden hingegen, z. B. Lehrgangsausbildung und Frontalunterricht, entsprechen nicht mehr der in Zukunft geforderten Integration von praktischem und theoretischem Wissen zur ganzheitlichen Qualifikation im Sinne ganzheitlicher Handlungsfähigkeit.« Die so genannten »neuen« Methoden sind Lernarrangements »in denen der fruchtbare Gedanke der Verbindung von Arbeiten und Lernen und das Prinzip des Methoden-Mixes zur Geltung gebracht werden, und zwar in mannigfaltigen Variationen.« (Münch 1995, S. 105) Diese Behauptungen entziehen sich jeder Beurteilung, denn bis heute ist es nicht gelungen, die Überlegenheit einer einzelnen Sozialform (z. B. des Gruppenunterrichts) vor anderen Sozialformen (z. B. vor dem Frontalunterricht oder der Einzelarbeit) empirisch nachzuweisen.

Meyer (2004), ein ausgewiesener Didaktikexperte schreibt dazu: »In den letzten vierzig, fünfzig Jahren sind mit viel Fleiß, Energie und noch mehr Geld zahllose empirische Untersuchungen zur Wirkung bestimmter Methoden-Arrangements durchgeführt worden. Aber die ‚ideale Methode' konnte aufgrund solcher Studien nicht ermittelt werden.« Trainingserfolg kann nicht vorhergesagt werden, weil er nur zu einem geringen Teil davon abhängt, welche Sozialform gewählt wurde, und weil das Zusammenspiel der vielen Variablen, die den Trainererfolg beeinflussen, noch weithin unbekannt ist.

Inhalt vs. Prozess!?
Trotz dieser eindeutigen Untersuchungsergebnisse gibt es in der Trainerszene und unter vielen Personalentwicklern eindeutige Urteile und Wertungen. Als Optimum der Sozialform gilt für viele das kooperative Lernen in der kleinen Gruppe. Als didaktischer Anachronismus – wie auch in dem oben angeführten Zitat von Becker klar herausgestellt wird – gelten darbietend vortragende Verfahren. Damit gemeint sind längere, ununterbrochene Darstellungen eines Sach-, Sinn- oder Problemzusammenhangs durch den Trainer. Der Vortrag verdamme das Plenum zur Passivität, sei in der Regel langweilig, fördere nicht die Selbstständigkeit des Denkens, Fühlens und Handelns der Zuhörer und berücksichtige nicht ihre unterschiedlichen Voraussetzungen und Interessen.

Gage und Berliner (1996) fragen zu Recht, ob diese Kritik berechtigt ist: »Ist es nicht die Schuld des Redners selbst (und nicht Schuld der Methode), wenn ein Vortrag langweilig, schlecht organisiert oder irrelevant ist? Und sind nicht auch Informationsaufnahme und Zuhören wichtige Lernverfahren?« Auch das Argument zur Passivität halten Gage und Berliner für anfechtbar: »Einem Vortrag folgen kann alles andere als passiv sein. Die Tatsache, dass die Zuhörer sich still verhalten, bedeutet nicht, dass sie unbeteiligt sind. Es ist durchaus möglich, dass sie das Vorgetragene angestrengt verfolgen, die innere Logik nachvollziehen, die Validität des Gesagten im Geiste überprüfen, die Fakten und Ergebnisse beurteilen, das Wesentliche vom Unwesentlichen zu trennen, und auf andere Art und Weise den Vortrag begleiten. Die Tatsache, dass jemand in einem Vortrag etwas gerlernt hat, sei es auch noch so wenig, ist ein Beweis dafür, dass er nicht passiv gewesen ist.« Die Befürworter des Vortrages lassen sich von der vielfältigen Kritik nicht beeinflussen. Der Vortragende kann den Zuhörern einen Strukturrahmen geben, eine Übersicht, eine kritische Analyse, und das in einer Weise, wie sie eine Arbeitsgruppe sich selbst kaum erarbeiten kann.

Dennoch bleibt der Vorwurf, die Teilnehmer in eine passive Rolle zu drängen und nicht flexibel genug zu sein, um auf ihre individuellen Bedürfnisse einzugehen. Jene, die den Vortrag als eine Bereicherung empfinden, verweisen auf seine Flexibilität und auf die Verstärkungsmöglichkeiten, (Gage/Berliner 1996) die er Teilnehmern und Trainern eröffnet. Und die Forschung bestätigt, dass der Unterrichtsvortrag unter bestimmten Voraussetzungen eine sehr effektive Methode darstellt (Gage/Berliner 1996, S. 402).

Nicht selten schätzen Teilnehmer von Trainings darbietend-vortragende Verfahren und lehnen viele andere Sozialformen wie z. B. Gruppendiskussionen ab. Sie beschweren sich, dass sie ihre Zeit nicht damit vergeuden wollen, anderen zuhören zu müssen, die genauso unwissend sind wie sie oder die nur zu offensichtlich das Plenum als Publikum für eine Selbstinszenierung nutzen. Teilnehmer argumentieren häufig auch, sie würden lieber einem schlecht präsentierten Vortrag eines bekannten Experten zuhören, als eine Diskussion mit anderen Teilnehmern zu führen (Gage/Berliner, 1996).

Teilnehmer von Off the Job-Maßnahmen sind *Erwachsene*, die aufgrund bestimmter Anlässe, Interessen und Bedürfnisse an der Maßnahme teilnehmen. Konkret heißt dies, dass Trainer und Personalentwickler es mit Lernenden zu tun haben, die über eine reife Persönlichkeit verfügen, die bereits eine lange Lerngeschichte hinter sich haben, die über Lebenserfahrung verfügen und die als Teilnehmer ein spezifisches Interesse an dem von ihnen gewählten Seminar haben. Darüber hinaus besteht in der Regel eine starke Verknüpfung des Lernens im Rahmen der Personalentwicklung mit Problemen und nicht selten sogar existentiellen Notwendigkeiten aus der Arbeitswelt der Teilnehmer. Außerdem ist, wie die empirische Lehr-Lern-Forschung gezeigt hat, (Siebert/Gerl 1975, Siebert u. a. 1982) bei vielen Teilnehmern ein Bedürfnis nach Anleitung und Führung festzustellen; dies entspricht dem bereits oben angedeuteten dominierenden Interesse an einem ergebnisorientierten, instrumentellen Lernen, bei dem »auch etwas herauskommt« (Terhart 2000, S. 127). Das zeigen auch die Auswertungen und Feedbacks, die der Autor dieses Beitrags zu einigen hundert von ihm verantworteten Seminaren analysiert hat.

Ebenso hat sich gezeigt, dass die subjektive Zufriedenheit mit einem Seminar in dem Maße steigt, wie sich der Trainer als fachlich kompetent und zugleich als menschlich überzeugender Interaktionspartner erweist, der zu »fesseln« versteht (Terhart 2000). Der Wunsch nach ergebnisorientiertem Training und nach dem fachlich kompetenten Trainer deutet eindeutig auf das, was Teilnehmer einfordern: Den *Primat des Inhalts*. Dagegen interpretiert die Trainerbranche die Ablehnung neuerer Methoden durch die Teilnehmer dahingehend, dass diese Opfer einer einseitigen schulischen Sozialisation seien. Folgt man aber der These vom Primat des Inhalts, so hat dies Folgen für die Arbeit des Trainers: Er muss sich tief in die Inhalte, die er vermitteln will, einarbeiten und sich von der beliebten und bequemen Rolle als »Prozessbegleiter« verabschieden.

Das Bild vom Teilnehmer
In diesem Zusammenhang stellt sich die Frage, wie ernst der Trainer seine Teilnehmer als Erwachsene nimmt. Selbstverständlich sollte sein, dass ein Trainer Teilnehmer als mündige Erwachsene ernst nimmt, deren Würde unantastbar ist. Doch ein völlig anderes Bild wird in der Literatur von Teilnehmern gezeichnet. Es erinnert wenig an *Mündigkeit*. Man mag auf Basis der Aussagen kaum vermuten, dass Menschen, die an Trainings teilnehmen, in der Lage sind, ihren Lebensunterhalt zu bestreiten, zu kommunizieren und eine Familie zu managen.

Birkenbihl (2001), dessen »Train the Trainer« bereits in 16. Auflage erschienen ist, empfiehlt folgende Zusammenfassung vor der Mittagspause: »In dieser Gruppe sitzt nicht ein Teilnehmer, dessen Verhalten in der Diskussion störend wirkte! Wir haben mit der Zusammensetzung dieser Gruppe ausgesprochenes Glück gehabt! Sie alle, meine Damen und Herren, können mit sich zufrieden sein!« (Birkenbihl 2001, S. 215). Dadurch erhalten die Teilnehmer kein aufrichtiges Feedback. Vor allem aber scheinen sie aus Trainersicht eine undifferenzierte Masse zu sein, die von Training zu Training einem plumpen Manipulationsversuch ausgesetzt wird. Noch deutlicher wird das Bild des erwachsenen Lerners durch die von sehr vielen Trainern präferierte Erarbeitung von Inhalten, Lösungen etc. in Kleingruppen.

Die Fragwürdigkeit und darüber hinaus die Zumutbarkeit für einen mündigen Menschen veranschaulicht Aebli (1997, S. 373) sehr deutlich: »Wenn man die Art und Weise betrachtet, wie erwachsene Menschen im Beruf und außerberuflichen Alltag ihre Tätigkeiten ausführen, so stellen wir fest, dass dies fast ausnahmslos in Gruppen geschieht: Wer nicht gerade Schafhirte oder Leuchtturmwärter ist, gehört einer Arbeitsgruppe an. Die Familie ist nach Definition eine Gruppe, und auch die große Zahl der Freizeitbetätigungen geschehen in der Gruppe.« Ein Mitarbeiter, für den die Fragen »Kann und will ich mit anderen Kollegen zusammenarbeiten?«, »Kommt er mit ihnen aus?«, »Können sie auf ihn zählen?« usw. mit »Nein« beantwortet werden müssen, hat ein so gravierendes Problem, das keinesfalls durch Gruppenarbeit innerhalb eines Trainings wegtrainiert werden kann.

Ergebnisqualität von Gruppenarbeit
Unter inhaltlichen Gesichtspunkten werfen neuere Arbeiten (etwa Strohschneider 2003) zu Entscheidungen in Gruppen ein durchaus kritisches Licht auf die Qualität von in Gruppen erarbeiteten Ergebnissen. Das Bild, das das vermeintliche Plus an

Wissen, über das eine Gruppe im Gegensatz zu einer Einzelperson auch zu besseren Entscheidungen führt, gerät dadurch ins Wanken. Dies ist nach neueren Erkenntnissen (Schulz-Hardt 2003) nicht Folge besonderer Unfähigkeiten ihrer Mitglieder, sondern die Folge ganz normaler Gesetzmäßigkeiten menschlichen Diskussionsverhaltens und menschlicher Informationsverarbeitung. Und diese Gesetzmäßigkeiten werden interessanterweise in solchen Situationen wirksam, in denen die Möglichkeit besteht, ein optimales Ergebnis oder eine optimale Entscheidung zu treffen. Diese Situationen werden »Hidden-Profiles-Situationen« (es hat sich hierfür kein deutschsprachiger Ausdruck etabliert) genannt, die dadurch charakterisiert sind, dass die richtige Lösung vorab von keinem der Gruppenmitglieder erkannt werden kann und nur durch Austausch des Spezialwissens der Gruppenmitglieder erkennbar ist.

Für das Scheitern von Gruppen in solchen Situationen gibt es in der Forschung drei Haupterklärungsansätze: Der erste ist der so genannte »vorschnelle Konsens«. Gruppendiskussionen beginnen typischerweise damit, dass die Mitglieder ihre eigene Meinung zur Entscheidung offen legen. In einer Untersuchung von Gigone und Hastie (1993) starten 98 Prozent aller Diskussionen auf diese Weise. Die Gruppenmitglieder stellen fest, dass sie alle derselben Meinung sind und treffen auf dieser Grundlage eine vorschnelle Entscheidung. Und auch dort, wo der Austausch der individuellen Meinungen nicht zu einer sofortigen Entscheidung führt, dient die Diskussion oft mehr dem »Aushandeln« der Gruppenentscheidung, als dass es um einen unvoreingenommenen Austausch der relevanten Informationen ginge. Da die Mitglieder die richtige Entscheidung im »Hidden-Profile« nicht erkennen können, gibt es auch kaum jemanden, der anfangs für diese Alternative votiert – und die Gefahr ist dann groß, dass sie dann nicht weiter diskutiert wird.

Der zweite Erklärungsansatz ist die so genannte *asymmetrische Diskussion*. Sie tritt häufig ein, wenn die Gruppe sich nicht vorschnell auf eine Alternative festlegt, sondern tatsächlich entscheidungsrelevantes Wissen austauscht. Die Forschung zum Informationsaustausch in Gruppen zeigt, dass solche Diskussionen in der Regel nicht ausgewogen erfolgen: Zum einen werden mehr geteilte als ungeteilte Informationen ausgetauscht. Zum anderen bringen Gruppenmitglieder in Diskussionen mehr Informationen ein, die ihre individuelle Meinung vor Beginn der Diskussion unterstützen, im Vergleich zu Informationen, die dieser widersprechen.

Der dritte Ansatz ist die so genannte *asymmetrische Informationsbewertung*. Selbst in Fällen, in denen kein vorschneller Konsens erfolgt und in denen hinreichendes Wissen zur Lösung des »Hidden-Profiles« ausgetauscht wird, fällt die Entscheidung zumeist für die nicht optimale Alternative, die den Gruppenmitgliedern anfangs am besten erschien. Die Ursache hierfür liegt darin, dass in der Regel geteilte Informationen für glaubwürdiger und entscheidungsrelevanter gehalten werden als ungeteilte Informationen. Die vermeintliche Richtigkeit geteilter Informationen kann nämlich von allen Gruppenmitgliedern bestätigt werden. Dies gilt nicht für ungeteilte Informationen. Dies lässt in der Regel Zweifel an ihrer Glaubwürdigkeit aufkommen. Menschen neigen zudem dazu anzunehmen, dass wichtige Informationen auch weit verbreitet sind. Außerdem werden Informationen, die der eigenen Meinung widersprechen, für unglaubwürdiger und weniger relevant gehalten als Informationen, die die eigene Meinung bestätigen (Schulz-Hardt 2003).

Diese Mechanismen können zu einer erheblichen Frustration der Teilnehmer führen, da diese Gesetzmäßigkeiten auch für Gruppenarbeiten in Trainingssituationen gelten. Oder aber die Teilnehmer lernen etwas sehr Destruktives. Dies hat einmal ein Teilnehmer auf die Frage, was für ihn persönlich die größte Lernerfahrung war, auf den Punkt gebracht: »Wir mussten viel in Kleingruppen arbeiten. Dabei wurde mir klar, dass Arbeitsgruppen das beste Mittel sind, Spitzenleistungen auf Mittelmäßigkeit zu reduzieren!«

Diese *Plädoyers für den Vortrag* und gegen die Gruppenarbeit sind nicht nur provokative Beispiele für eine genaue Untersuchung und Hinterfragung von Lehrmethoden und Sozialformen. Der Einsatz von darbietend vortragenden Verfahren ist durchaus ernst gemeint, denn oft ist in einem Training off the Job die Zeit für das Wesentliche, nämlich das Training, zu knapp. Zeitfresser sind zu aufwendige Gruppenarbeiten und deren Präsentation vor dem Plenum, Meinungsabfragen via Metaplan und Entertainmenteinlagen. Das Plädoyer für einen professionellen, darbietenden Input ist auch eine nochmalige Erinnerung an die Kernthese dieses Beitrags: Das *Primat des Inhalts*! Ein guter Trainer muss tief mit der Materie, die er zu trainieren beansprucht, vertraut sein. Er muss so tief »im Stoff sein«, dass er sich im thematischen Kontext ungezwungen bewegen kann: Er kann einzelne Elemente über Metaphern, Analogien, Beispiele verdeutlichen und flexibel schwierige Zusammenhänge erklären.

5 Die Möglichkeiten des Trainings off the Job werden unterschätzt

Der Stellenwert des Trainings off the Job ist in der Diskussion unter Praktikern sehr gering, und in der Literatur wird das Training off the Job nur als Randphänomen beachtet. Eine der Ursachen ist sicherlich die in der Literatur geprägte Dichotomie »on the Job«/»off the Job«, die scheinbare Vorteile in der Arbeitsplatznähe des Trainings on the Job sieht. Die Diskussion geht allerdings über allgemeine Gestaltungsmerkmale nicht hinaus. Die Grenzen der Maßnahmen on the Job werden übersehen und die Möglichkeiten des Trainings off the Job werden unterschätzt.

Die Risiken des Trainings off the Job liegen vor allem im Bereich der Persönlichkeitstrainings. Durch einen unübersichtlichen Markt, auf dem auch zahlreiche dubiose Anbieter agieren, ist der Personalentwickler stark gefordert. Er benötigt einen Überblick über die verschiedenen Richtungen persönlichkeitsorientierter Maßnahmen und deren Grundlagen, Anwendungen und Auswirkungen.

Es gilt aber auch, bei vermeintlich seriösen Trainern das methodische und fachliche Know-how zu hinterfragen, denn Maßnahmen, die auf didaktischen und methodischen Irrtümern beruhen, tragen zu Recht zum schlechten Image von Trainings off the Job bei.

Literatur

Aebli 1997: Aebli, H.: Grundlagen des Lehrens: Eine Allgemeine Didaktik auf psychologischer Grundlage, 4. Auflage, Stuttgart 1997.
Amelang/Bartussek 2001: Amelang, M. und Bartussek, D.: Differentielle Psychologie und Persönlichkeitsforschung, 5. Auflage, Stuttgart 2001.
Asendorpf 2004: Asendorpf, J. B.: Psychologie der Persönlichkeit, 3. Auflage, Heidelberg 2004.
Becker 2005: Becker, M.: Systematische Personalentwicklung: Planung, Steuerung und Kontrolle im Funktionszyklus, Stuttgart 2005.
Birkenbihl 2001: Birkenbihl, M.: »Train the Trainer«: Arbeitshandbuch für Ausbilder und Dozenten, 16. Auflage, Landsberg/Lech 2001.
Brandstätter 1999: Brandstätter, H.: »Veränderbarkeit von Persönlichkeitsmerkmalen, Beiträge der Differentiellen Psychologie«, in: Sonntag, K.-H. (Herausgeber): Personalentwicklung in Organisationen, 2. Auflage, Göttingen 1999, S. 51–76.
Bröckermann 2003: Bröckermann, R.: Personalwirtschaft: Lehr- und Übungsbuch für Human Resource Management, 3. Auflage, Stuttgart 2003.
Döring/Ritter-Mamczek 2001: Döring, K. W. und Ritter-Mamczek, B.: Lehren und Trainieren in der Weiterbildung: Ein praxisorientierter Leitfaden, Weinheim 2001.
Fischer/Gehm 1990: Fischer, R. und Gehm, T.: »Persönlichkeitsänderung durch Training von Psychotechniken?«, in: Report Psychologie, Heft 10/1990, S. 24–32.
Gage/Berliner 1996: Gage, N. L. und Berliner, D. C.: Pädagogische Psychologie, 5. Auflage, Weinheim 1996.
Gigone/Hastie 1993: Gigone, D. and Hastie, R.: »The common knowledge effect, Information sharing and group judgement«, in: Journal of Personality and Social Psychology, 65, S. 959–974.
Goldner 2000: Goldner, C.: Die Psycho-Szene, München 2000.
Grawe/Donati/Bernauer 2001: Grawe, K., Donati, R. und Bernauer, F.: Psychotherapie im Wandel: Von der Konfession zur Profession, 5. Auflage, Göttingen 2001.
Hemminger 1996: Hemminger, H.: Eine Erfolgspersönlichkeit entwickeln?, Psychokurse und Erfolgstechniken in der Wirtschaft, EZW-Texte, Nr. 132.
Herrmann 1976: Herrmann, T.: Lehrbuch der empirischen Persönlichkeitsforschung, Göttingen 1976.
Leidenfrost/Götz/Hellmeister 2000: Leidenfrost, J., Götz, K. und Hellmeister, G.: Persönlichkeitstrainings im Management: Methoden, subjektive Erfolgskriterien und Wirkungen, 2. Auflage, München 2000.
Magnussen 1990: Magnussen, D.: Personality development from an interactional perspective, in: Pervin, L. A. (Editor): Handbook of personality: Theory and Research, New York 1990, pp. 193–222.
Mentzel 2005: Mentzel, W.: Personalentwicklung: Erfolgreich motivieren, fördern und weiterbilden, 2. Auflage, München 2005.
Meyer 1987 a: Meyer, H.: Unterrichts-Methoden I: Theorieband, 12. Auflage, Berlin 1987.
Meyer 1987 b: Meyer, H.: Unterrichtsmethoden II: Praxisband, Berlin 1987.
Meyer 2004: Meyer, H.: Was ist guter Unterricht?, Berlin 2004.
Meyer/Jank 1991: Meyer, H. und Jank, W.: Didaktische Modelle, Berlin 1991.
Mischel 1968: Mischel, W.: Personality and assessment, New York 1968.
Mudra 2004: Mudra, P.: Personalentwicklung: Integrative Gestaltung betrieblicher Lern- und Veränderungsprozesse, München 2004.
Münch 1995: Münch, J.: Personalentwicklung als Mittel und Aufgabe moderner Unternehmensführung, Bielefeld 1995.
Oechsler 2000: Oechsler, W. A.: Personal und Arbeit: Grundlagen des Human Resource Management und der Arbeitgeber-Arbeitnehmer-Beziehungen, 7. Auflage, München 2000.
Sarges 2000: Sarges, W.: »Personal, Auswahl, Beurteilung und Entwicklung«, in: Straub, J., Kochunka, A. und Werbik, H. (Herausgeber): Psychologie in der Praxis: Anwendungs- und Berufsfelder einer modernen Wissenschaft, München 2000, S. 487–522.
Schulz-Hardt 2003: Schulz-Hardt, S.: »Gruppen als Entscheidungsträger in kritischen Situationen, Mehr wissen = besser entscheiden?«, in: Strohschneider, S. (Herausgeber): Entscheiden in kritischen Situationen, Frankfurt 2003, S. 137–151.
Schwertfeger 1998: Schwertfeger, B.: Der Griff nach der Psyche: Was umstrittene Persönlichkeitstrainer in Unternehmen anrichten, Frankfurt 1998.
Schwertfeger 2002: Schwertfeger, B.: Die Bluff-Gesellschaft: Ein Streifzug durch die Welt der Karriere, Ulm 2002.

Siebert 2003: Siebert, H.: Didaktisches Handeln in der Erwachsenenbildung: Didaktik aus konstruktivistischer Sicht, 4. Auflage, München 2003.

Siebert/Gerl 1975: Siebert, H. und Gerl, H.: Lehr- und Lernverhalten bei Erwachsenen, Braunschweig 1975.

Siebert u. a. 1982: Siebert, H. u. a.: Lernen und Lernprobleme in der Erwachsenenbildung, Paderborn 1982.

Spitzer 2002: Spitzer, M.: Lernen: Gehirnforschung und die Schule des Lebens, Heidelberg 2002.

Stiefel 2003: Stiefel, R. T.: Förderungsprogramme: Handbuch der personellen Zukunftssicherung im Management, Leonberg 2003.

Strohschneider 2003: Strohschneider, S. (Herausgeber): Entscheiden in kritischen Situationen, Frankfurt 2003.

Terhart 2000: Terhart, E.: Lehr-Lern-Methoden: Eine Einführung in Probleme der methodischen Organisation von Lehren und Lernen, 3. Auflage, Weinheim 2000.

Warhanek 1998: Warhanek, C.: »Qualität von Trainings, Was Auftraggeber wirklich beeinflussen können«, in: Bohlender, S. (Herausgeber): Managementtrainer, Frankfurt 1998, S. 47–60.

C.7 E-Learning, Web Based Learning, Telelearning, Fernunterricht und Blended Learning

*Anke Grotlüschen**

1 Wandel der Begrifflichkeit zu E-Learning
   1.1 Blended Learning
   1.2 Szenario: Integration und Verkettung

2 Marktdaten und Akzeptanz

3 Wertschöpfungskette

4 Rechtsgebiete

5 Multimedialer Lerninhalt (Content)
   5.1 Reusable Learning Objects (RLO) und Shared Content
   5.2 Standardisierung (Metadaten)
   5.3 Beschleunigte Produktion: Rapid Learning
   5.4 Ein Kultobjekt: Podcasting – Sendungen für den iPod

6 Online-Kommunikation und Kooperation

7 Assessment (Prüfungen, Tests, Feedback)
   7.1 Self-Assessment, Peer Reviews und tutorielle Kontrolle
   7.2 Tracking und Lerntagebuch

8 Plattformen und Autorensysteme
   8.1 Open Source oder kommerziell?
   8.2 Kriteriengeleitete Auswahl

---

[*] Prof. Dr. Anke Grotlüschen hat eine Juniorprofessur für Lebenslanges Lernen am Fachbereich Erziehungswissenschaften der Universität Bremen. Ihre Arbeitsschwerpunkte sind Adressatenforschung, Selbstbestimmtes Lernen, Motivations- und Lerntheorien, Pragmatismus, E-Learning und Blended Learning, Erwachsenen- und Hochschuldidaktik sowie europäische Kooperation.

9   Zusammenspiel von Medium, Methode und Inhalt

10 Über die Qualität entscheidet der Lerner

11 Service: Newsletter, Supportwebsites, Datenbanken

Literatur

Nach einer anfänglichen Euphorie ist in der Praxis der Betriebe eine gewisse Ernüchterung in Bezug auf das E-Learning eingetreten (Mudra 2004, S. 409). In der Zukunft wird E-Learning ein wichtiger Teil der Personalentwicklung sein, diese aber nicht dominieren. Die Vorteile des E-Learnings sind nach Mudra (2004, S. 411 f.) Ortsunabhängigkeit, zeitliche Unabhängigkeit, individuelle Handhabbarkeit, simulierte Interaktivität und Multimedialität. Im Medienzeitalter kommt dies dem medienverwöhnten Nutzer sehr entgegen. Die wichtigsten Gegenargumente sind die Isolierung des Lernenden, der kaum direkte Rückfragen stellen kann, seine Überforderung und die schleichende Verlagerung der Weiterbildungsverantwortung vom Unternehmen zum Mitarbeiter.

Moderne Personalentwicklung greift auf die strategischen Möglichkeiten der digitalen Welt zurück, die sich hinter den Begriffen »E-Learning« und »Blended Learning« versteckt. Deshalb konzentriert sich dieser Beitrag auf einige Fragen, die zu klären sind:
- Was ist mit E-Learning gemeint?
- Wie viel E-Learning findet statt, wer stellt es her und was ist beim Einsatz zu bedenken?
- Wie spielen Inhalt, Moderation im virtuellen Raum und Prüfung zusammen?
- An welche Rechtsgebiete ist zu denken?
- Wie trifft man Softwareentscheidungen?
- Wie sichert man die Qualität?
- Für welche Szenarien ist E-Learning didaktisch geeignet?

1 Wandel der Begrifflichkeit zu E-Learning

Sprach man vor zehn Jahren noch von *Computer Based Training* und *Web Based Training*, *Teleteaching* und *Teletutoring* (Schulmeister 1997, Kerres 1998/2001, Ehlers 2004, Mudra 2004, S. 410 f.), so hat sich heute der Begriff *E-Learning* durchgesetzt (kritisch: Redecker 2005, S. 4 ff). Verzahnt und verknüpft verlaufen die Diskussionsstränge um Multimedia, Interaktivität, Virtualität, Lernsoftware, Lernplattformen und Management-Systeme.

1.1 Blended Learning

Entscheidend ist also nicht der Begriff, sondern das dahinter verborgene Lernszenario. Im deutschen Sprachraum ist es Konsens, elektronische Vermittlung, Kommunikation und Tests als einen Teil des Geschehens zu betrachten, der nicht notwendig besser oder schlechter als andere Unterrichtsmethoden ist. Je nach Einsatzgebiet hat E-Learning Vor- und Nachteile. Daher wird E-Learning eingebettet in Präsenztage oder -phasen, gekoppelt mit Hand-outs in Papierform (da niemand gern am Bildschirm liest), Videos auf DVD (weil die Videolieferung per Internet viel zu langsam wäre) und Büchern (weil CDs im Regal schlicht kein Statussymbol sind). Für die Abwicklung werden in der Regel Softwaresysteme eingesetzt, die mit unterschiedlicher Mächtigkeit und Preisklasse vorhanden sind (so genannte Plattformen).

Diese Mischung verschiedener Bestandteile wird als *Blended Learning* bezeichnet. Der Begriff ist seit 2001 im Umlauf, wird Sauter (2002) bzw. Seufert und Mayr (2002) zugeschrieben und konkurriert mit dem verwandten Konzept der »Hybriden Lernarrangements« von Kerres (1999). Zentral ist die angemessene Methodenwahl mit Rücksicht auf Inhalte und Adressaten, die elektronische (Fern-) Lehranteile und klassische Präsenzanteile zusammenstellt. Eine generelle Überlegenheit von E-Learning gegenüber anderen Formen ist zurzeit nicht belegt. Es ist insofern zu fragen, wie E-Learning sinnvoll eingesetzt werden kann. Ein optimales Szenario aus der Praxis ist selten und zumeist nicht den antizipierbaren Zukunftstechnologien angemessen. Daher soll hier ein fiktives Szenario eine ideale Verbindung von Technologie und Menschlichkeit aufzeigen. Der *didaktische Vorteil* liegt meines Erachtens in der Integration und Verkettung verschiedener Lernbestandteile zu einem maßgeschneiderten Set für den Nutzer. Der *Management-Vorteil* liegt in der Integrierbarkeit in andere Elemente der Personalentwicklung (Wissensmanagement, Seminar- und Dozentenmanagement u. a.). Strategisch ist von einer steigenden Integration der Systeme, einer höheren Mobilität der Geräte und einer besseren Nutzerkompetenz auszugehen.

1.2 Szenario: Integration und Verkettung

Versucht man sich *integrierte Lern-Technologien* und Systeme vorzustellen, müsste etwa folgende Vision eines ambitionierten Mitarbeiters entstehen:

> Vigo ist Absolvent eines internationalen BA-Studiengangs und arbeitet seit zwei Jahren in einem Großunternehmen. Das Personalmanagement beliefert ihn regelmäßig mit Firmen- und Produktnews, die als akustische Berichte automatisch auf seinen MP3 Stick gespeichert werden. Andere Kollegen hören die News via iPod, über ihre Mobiltelefone oder am Notebook. Die kleinen Nachrichtensendungen enden mit dem Hinweis auf Mobile Learning Elements. Das sind meistens kleine Präsentationen mit gesprochenen Erläuterungen, die Vigo auf seinen PDA synchronisieren kann (PDAs sind mobile Mini-Computer, oft als »Organizer« oder »Palm«, nach dem Marktführer, bezeichnet; sie werden derzeit von multifunktionalen Mobiltelefonen vom Markt gedrängt, mit denen ebenfalls Kalender, Mails, Adressen, Musik, Diktat, Fotografie und Video realisiert werden kann). Für seine Außenkontakte kann er die Produktnews weiterverarbeiten. Am Ende eines Mobile Learning Elements gibt es einen kleinen Multiple Choice Test, mit denen Vigo entscheidet, ob er das Thema beherrscht, oder ob er sich mit Hilfe des hauseigenen Wissensmanagements und des Mentoringsystems noch einmal damit beschäftigen will. Dazu nimmt er jedoch nicht nur die Elektronik, sondern auch seinen Mentor in Anspruch.
>
> Vigo hat zu seinem Mentor ein gutes Verhältnis und bekommt passgenaue Beratung über die geeigneten Lernwege und Themen. Der Mentor empfiehlt ihm einige Module aus dem E-Learning Fundus des Betriebs, den er über die E-Learning Plattform von jedem internetfähigen Computer ansteuern kann. Vigo lernt gern am frühen Abend die Fachinhalte, die als Filmvorträge

und als multimediale Module zur Auswahl bereitstehen. Wie bei Ebay oder Amazon werden die Module von den Nutzern mit Sternchen kommentiert. Anhand der Bewertungssternchen sieht Vigo schnell, welche Module seinen Kollegen gefallen haben. Meistens fragt sich Vigo nach einer multimedialen Lerneinheit, wie er das Gelernte sinnvoll in seinen Alltag einbinden kann. Dafür loggt er sich in den Bereich der Fallstudien ein, die gemeinsam mit anderen Nutzern bearbeitet werden. Natürlich ist ein bisschen sportlicher Ehrgeiz dabei, schließlich will man die Kollegen mit dem neuesten Wissen auch beeindrucken. Manche Fallstudien werden in Wettbewerbsteams gelöst, sodass eine richtige Rennplatz-Stimmung entsteht.

Für die handlungsorientierte Bearbeitung seiner Case Studies bevorzugt Vigo normalerweise den Freitagnachmittag, wenn auch die Kollegen sich zum Cooperative Learning einloggen. Er genießt das internationale Flair bei gleichzeitiger Vertrautheit seines sechsköpfigen Case Study Teams. Die Teams kontrollieren die Fall-Lösungen gegenseitig, also im Peer Review Verfahren, bevor die Trainer ihre Feedbacks liefern. Die kritische Diskussion anderer Lösungen bringt Vigo oft auf gute Ideen, allerdings verschiebt er die Abgabe seines Reviews gern bis zum Sonntag Abend ...

Einige Elemente, die diese Szene aufzeigt, sind keineswegs Zukunftsmusik. Die Integration verschiedener Endgeräte ist bereits im Gange, zum Beispiel gibt es bereits *Mobile Learning* – Elemente für PDAs. Auch kleine, abonnierbare Audiosendungen mit Lerninhalten für MP3-fähige Geräte gibt es bereits, zum Beispiel englische Vokabeln. Die Aufzeichnung von Vorlesungen einschließlich Powerpoint-Präsentationen heißt heute »*Rapid Learning*« bzw. »*Autoring on the Fly*« und ist in einigen Universitäten und Unternehmen im Einsatz. Elektronische Kiosksysteme mit Bewertungssternchen und Peer Review der Lernmodule sind ebenfalls im Aufbau. *Kollaborative Lernsysteme* mit und ohne Voice- und Video-Anteile sind seit langem im Einsatz (Haake/Schwabe/Wessner 2004). Für den Bereich *Computer Aided Assessment* liegen verzahnte Modelle von Self-, Peer- und Tutorial Assessment vor (Wolf 2005).

Zudem macht die Szene deutlich, dass bei aller Elektronik die passgenaue Auswahl relevanter Lerninhalte und die soziale Zusammenarbeit spezifische Vorzüge aufweisen. Kooperation in interdisziplinären Teams ist zur Bewältigung komplexer, schlecht definierter Aufgaben bewährt. Tutorielle Hilfe ist besonders zur Orientierung im Fachgebiet und zur Lernberatung sinnvoll. Anschlüsse an *Mentoringsysteme* und *Wissensmanagement* sind nahe liegend. Insofern sind alle aufgezeigten Elemente bereits existent, doch noch lange nicht zum Alltag geworden.

2 Marktdaten und Akzeptanz

So stellt sich die Frage, wie verbreitet E-Learning eigentlich ist und ob die Tendenzen positiv sind. Hier versuchen Marktanalysen die Verbreitung und das Potenzial von E-Learning zu erfassen. Eines der Hauptprobleme beim E-Learning bleibt weiterhin die Akzeptanz der Betriebe und der Nutzer, wie die bange Frage zeigt: »If we build it, will they come?« (ASTD 2001)

Nimmt man neuere Erhebungen zum Ausgangspunkt, so ergibt sich pro Prozentpunkt ein Volumen von ca. 190 Mio. Euro auf dem betrieblichen Weiterbildungsmarkt. Die Auseinandersetzung um das Volumen des E-Learning ist insofern durchaus von Bedeutung, zugleich jedoch schwierig zu erfassen. Ein kurzer Einblick in die Breite der Analysen soll deutlich machen, wie vielfältig die neueren Erhebungen sind (Abb.1).

Autor/Jahr	Bereich	Repräsentativität	Ergebnis
CEDEFOP 2002	EU, Nutzerbefragung	nein	Für 2002 gaben innerhalb der EU 42% der Befragten einer CEDEFOP-Umfrage an, dass höchstens 25 % ihrer Ausbildung auf technologiegestützten Lehr- und Lernangeboten beruhten.
CEDEFOP 2002	EU, Anbieterbefragung	nein	Der Anteil der befragten Bildungs- und Ausbildungsbetriebe, die in keiner Weise an E-Learning beteiligt waren, lag bei 20% (S.52). Da die Studie als nicht-repräsentative Online-Befragung durchgeführt wurde, ist möglicherweise ein aktiver Anteil von 80% E-Learning-Beteiligten Bildungsinstitutionen noch zu hoch gegriffen, da evtl. nur technikaffine und international ausgerichtete Akteure teilgenommen haben (S.9).
HISBUS (Kleinmann u.a. 2005)	national, Nutzerbefragung, Teilmarkt: Studierende	ja	Hochschulen bewegen sich im unteren Viertel, Nutzerquoten bei ca. 25%.
DG Education and Culture 2005	EU, Nutzerbefragung, Teilmarkt: KMU	nein	Kleine und Mittelständische Unternehmen (KMU) haben in Europa noch große Nachholbedarfe hinsichtlich E-Learning.
BSW IX (Kuwan/ Thebis 2004)	national, Nutzerbefragung	ja	Das Berichtssystem Weiterbildung IX zeigt, dass 2003 nur etwa 10% der Befragten mit Hilfe von Neuen Medien am Arbeitsplatz lernen, bei Internetgestützten Angeboten waren es nur 7% (S.54). Die Werte sind gegenüber den vergangenen Erhebungen von 2000 und 1997 praktisch unverändert.

Abb. 1: Volumen des E-Learning

Weitere Studien bis 2002 veröffentlichen im Überblick z.T. CEDEFOP 2002 und Redecker 2005.

Grob geschätzt kann man im Jahr 2005 für den nationalen Bildungsmarkt von etwa ein Viertel des Angebots und ein Achtel der Nachfrage ausgehen. Alle höheren Werte lassen sich durch den Zugriff auf besonders technikaffine, hochqualifizierte und junge Nutzer (z.B. Studierende) bzw. auf besonders bildungsorientierte oder große bzw. stark geförderte Anbieter (z.B. Bildungseinrichtungen, Großunternehmen) zurückführen, sprich sie beziehen sich auf *Pioniersegmente*. Doch auch wenn die Angaben variieren, sind sich doch alle Beteiligten darin einig, dass es sich bei E-Learning und Blended Learning um einen Wachstumsmarkt handelt.

3 Wertschöpfungskette

Durch E-Learning wurde eine beispiellose Professionalisierung der Inhalts-Kommunikations-, Prüfungs- und Marketing-Elemente im Weiterbildungsbereich angestoßen. Nahezu unbemerkt haben sich Teilsegmente der Bildungsbetriebe entwickelt, die von Nischenanbietern besiedelt werden. Heute ist die Herstellung von *Bildungsgütern* und Dienstleistungen heute hochgradig ausdifferenziert (Abb. 2). Anbieter platzieren sich in verschiedener Breite entlang der Kette von Konzeption, Content Development, Packaging, Delivery, Testing/Certification und anderen. Dabei umfasst das Element »*Content Delivery*« auch sämtliche Formen synchroner und asynchroner Kommunikation. Zentral sind die Elemente »*Content/Inhalt*«, »*Online-Kommunikation*« und »*Assessment/Prüfung*«.

Abb. 2: Wertschöpfungskette (nach Keating 2002, S. 63)

4 Rechtsgebiete

E-Learning Inhalte sind oft urheberrechtlich geschützt. Das Urheberrecht unterbindet die freie Weiterverbreitung geschützter Inhalte und schränkt auch die Verwendung zu Lehrzwecken empfindlich ein (siehe auch den 2003 geänderten § 52a UrhG). Datenschutzbestimmungen, *Fernunterrichts*-Verbraucherschutz (FernUSG) und Betriebliche Mitbestimmung (u. a. bei mitprotokollierten Lernerbewegungen, dem so genannten »Tracking«) sind durch E-Learning berührt. Hilfreich ist hier das Portal »E-Learning and Law« (http://ella.offis.de).

5 Multimedialer Lerninhalt (Content)

Die Bezeichnung »*Multimedialer Lerninhalt*« verweist darauf, dass das Material aus verschiedenen »Modi« (auditiv, visuell) oder aus verschiedenen »Codes« (Bildsymbolen, Ziffern, Noten, Schrift) besteht. Es kann jedoch keineswegs von einer additiven Verbesserung des Lernens durch mehrere Sinneskanäle ausgegangen werden (Weidenmann 1997, S. 68). Jedoch ist der Einsatz von Abbildungen in drei Funktionen sinnvoll:

- »Zeigefunktion: Abbilder können einen Gegenstand oder etwas an einem Gegenstand zeigen,
- Situierungsfunktion: Abbilder können ein Szenarium oder einen anderen ›kognitiven Rahmen‹ herstellen,
- Konstruktionsfunktion: Abbilder können den Betrachtern helfen, ein mentales Modell zu einem Sachverhalt zu konstruieren.« (Weidenmann 1997, S. 108)

Es gibt insofern didaktische Gründe, Bilder und Videos bei der Herstellung von Lehrmaterialien einzusetzen. Hinsichtlich der Lernrelevanz multimedialer Darstellungen durchwandern wir noch immer das »Land der Nullhypothesen« (Schulmeister 1997). Die unterschiedliche Darbietung des Inhalts lässt keine signifikanten Unterschiede im Lernresultat erkennen. Eine Ausnahme ist die Darbietung von Bewegtbildern (Strittmatter/Niegemann 2000).

5.1 Reusable Learning Objects (RLO) und Shared Content

Contentherstellung ist mindestens ebenso aufwändig die klassische Lehrbuchentwicklung. Hier fallen erhebliche Kosten an, die erst durch hohe Stückzahlen rentabel werden. Daher setzt sich der Ansatz der *Reusable Learning Objects* durch: Kerngedanke ist die Modularisierung und Wiederverwendung von Lernelementen. Das können Schaubilder in Grafikformaten, Simulationen oder Animationen, Lehrtexte, Übungen und Case Studies o. Ä. sein.

Neu ist der Versuch, über die trainerbezogene Wiederverwendung auch Tauschsysteme für so genannten »*Shared Content*« anzubieten, sprich den Austausch zwischen Dozenten zu intensivieren. Bei Einbindung der angesprochenen Trainergruppen erhöht sich die Nutzerakzeptanz. Es entstehen zunehmend Kompetenzzentren und

Netzwerke, in denen Multimediale Lernmodule gesammelt und weiterverteilt werden. Die Geschäftsmodelle reichen vom Ringtausch bis zum kommerziellen Online-Vertrieb mit Bewertungssternchen in Analogie zu Amazon oder Ebay. Es empfiehlt sich daher für die Personalwirtschaft, nach brancheninternen Zentren Ausschau zu halten. Häufig sind Kammern, Verbände und Gewerkschaften am Aufbau solcher Netze beteiligt und können sektorspezifische Hinweise geben.

5.2 Standardisierung (Metadaten)

Content wird selten unbegleitet eingesetzt, sondern soll zumeist innerhalb von Lernmanagementsystemen oder Content-Management-Systemen (LMS oder CMS) lauffähig sein. Hier liegt eines der größten Probleme des E-Learning: Auf einem umkämpften Plattform-Markt liegt es im Interesse der Hersteller, den plattformintern entwickelten Inhalt proprietär vorzuhalten und somit den Kunden an die eigene Plattform zu binden. Dies liegt konträr zum Content-Sharing. Ergo steigen die Bestrebungen, den Content so zu packen, dass er »interoperabel« wird, sprich von Kurs zu Kurs, Institution zu Institution, Plattform zu Plattform wandern kann. Die Entwicklung zielt auf übergeordnete Inhaltsdatenbanken (Content-Repositories) für Lernobjekte. Solche Datenbanken dienen der Suche nach geeigneten Inhalten. Hierzu werden dem Content in standardisierter Form »Metadaten« beigefügt. Metadaten beschreiben das Objekt teils in technischer, teils in didaktischer Hinsicht. Angegeben werden z. B. Dateiart, Autor, Entwicklungszeitpunkt und Copyright, jedoch auch Zugehörigkeit zu Fächern, Niveau und Voraussetzungen, geschätzte Bearbeitungszeit (Arnold/Kilian/Thillosen/Zimmer 2004, S. 246f). Die Standardisierung von Metadaten in europaweiten oder weltweiten Initiativen wie IEEE, IMS, AICC und SCORM wird vorangetrieben, wobei IMS und SCORM eine relativ hohe Verbreitung finden (Schulmeister 2003, S. 93 ff.). Zurzeit ist das Interoperabilitätsproblem jedoch alles andere als gelöst.

5.3 Beschleunigte Produktion: Rapid Learning

Ein anderer Versuch, den Produktionskosten beizukommen, wird auf der Produktionsseite vorgenommen. Vom Anbieter IMS wurde das Prinzip des *Rapid Learning* begonnen, bei dem vorhandene digitale Materialen zügig in Lernobjekte umgesetzt wird. Kombiniert mit digitaler Vorlesungsaufzeichnung und Autoring on the Fly wird hier eine schnelle, günstige Entwicklung von Inhalten erreicht. Dabei sind jedoch erhebliche Investitionen in die Aufnahmetechnik vorausgesetzt.

5.4 Ein Kultobjekt: Podcasting – Sendungen für den iPod

Das Web ist ermüdend visuell, das gesprochene Wort hat vielerlei geschriebene Form angenommen, jede Frage landet in einer FAQ-Liste, jede Idee in einer Projektbeschreibung. Hier setzt das »*Podcasting*« (iPod und Broadcasting) an, eine eher bottom-up orientierte Strategie engagierter Radiomacher, die zunehmend kleine

Sendungen bereitstellen. Entscheidend ist die Automatisierung des Distributionsprozesses: Podcasts werden abonniert, in regelmäßigen Abständen auf den Rechner geladen und mit dem MP3-fähigen Gerät synchronisiert. Dieser triviale Vorgang erlaubt eine ungeahnte *Regelmäßigkeit* des Lernens: kleine Sprachsequenzen von wenigen Minuten Dauer werden Woche um Woche auf dem Stick oder Pod ausgetauscht und gelangen ohne weiteres Zutun an das Ohr des Lerners – bis er den Service abbestellt.

6 Online-Kommunikation und Kooperation

Einst hieß es, Telefone könnten sich wegen der Kommunikationsverarmung nie durchsetzen. So auch online: Die anfängliche Sorge, sämtliche sozialen Anteile würden in der computervermittelten Kommunikation untergehen, hat sich nicht bewahrheitet. Vielmehr haben die Beteiligten gelernt, komplexe Informationen einschließlich Zwischen- und Untertönen in ihre Beiträge einfließen zu lassen. Die Behauptung, *Online-Kommunikation* sei sozial verarmt, ist also an die Nutzerkompetenz gebunden: Wer im geschriebenen Wort sein ironisches Lächeln zum Ausdruck bringen kann, braucht weder Smileys noch Stimmlage oder Mimik.

Online-Kommunikation ist mehr als Chat und Bulletin Board. Heute zählen tagebuchähnliche *Weblogs* (kurz: *Blog*) ebenso zum Angebot wie Direktnachrichten (*Instant Messaging*, ICQ) an Mitglieder der lernenden Community oder Expertenchats nach TV-Sendungen. Auch *Videokonferenzen* zwischen Teilprojektpartnern erleichtern das Geschäft ebenso wie Foren, in denen Notizen zu Diskussionspapieren oder Case Studies möglich sind.

Beim *Computer Supported Cooperative Learning* (CSCL) überwiegt der Ansatz kooperativer Arbeit am Themengebiet (Haake/Schwabe/Wessner 2004). Ein weiterer Ansatz zielt darauf, gemeinsam Wissensgebiete aufzubauen, also Knowledge Building zu betreiben (Scardamalia/Bereiter 1994). Die Kooperation in virtuellen Umgebungen ist in mehreren Untersuchungen bearbeitet worden (Gaiser 2002, Arnold 2003, Merkt 2005). Insgesamt stellt sich heraus, dass sich nach anfänglicher Zurückhaltung rasch funktionierende Communities of Practice bilden, die sich um gemeinsame Interessen gruppieren. Fehlen diese Interessen allerdings, bleiben auch virtuelle Kommunikationskanäle ungenutzt (Grotlüschen 2003). Als Konsequenz für die Personalwirtschaft ist daher festzuhalten, dass virtuelle Kommunikation erst dann gelingt, wenn die Beteiligten ein gemeinsames Interesse haben.

7 Assessment (Prüfungen, Tests, Feedback)

Zum Lernen gehört neben Inhalt und Kommunikation auch die Sicherstellung des Behaltens. Assessments aller Art, von simplen Abfragen über komplexe Übungen bis hin zu kooperativen, authentischen Projektarbeiten können in Blended Learning Szenarien eingesetzt werden.

Dabei werden zunächst offene und geschlossene Formen unterschieden. Geschlossene Testfragen dienen dazu, die Kenntnis eingegrenzter Sachverhalte zu prüfen. Verbreitet hat sich die Mehrfachauswahl (Multiple Choice) mit automatisierter Auswertung. Diese Verfahren sind für die prüfende Institution rational, nicht jedoch für den Prüfling, der häufig isoliertes Teilwissen abliefern muss. Deswegen haben sich diverse Täuschungsmechanismen etabliert und perfektioniert. Multiple Choice Tests sind daher eher als *Selbstüberprüfung* des Gelernten sinnvoll.

Offene Testfragen und Übungsteile werden dann verwendet, wenn die Antworten vielfältig und komplex ausfallen sollen. Sie haben den Vorteil, weniger reduzierend zu sein, sind jedoch kaum automatisch auszuwerten. Häufig wird deshalb zu Musterlösungen gegriffen. Von diesem Verfahren ist aus zwei Gründen abzuraten: Erstens neigen Lerner dazu, die Übung zu überspringen und direkt die Lösung zu lesen. Zweitens geht der motivationale Effekt informationshaltigen Feedbacks verloren. Eine offene Frage sollte insofern durch kompetentes Feedback begleitet sein.

7.1 Self-Assessment, Peer Reviews und tutorielle Kontrolle

Im Spannungsfeld von effizienter Durchführung, Kontroll- und Selektionsaufgabe sowie maximalem Feedback werden durch E-Learning derzeit neue Kombinationen entwickelt. Hierbei wird auf eigenständige Erfolgskontrolle (*Self-Assessment*), kollegiale Kontrolle (*Peer Review*) und Feedback der Dozenten zurückgegriffen. Während die Kontroll- und Selektionsaufgabe ausschließlich von der Lehrperson wahrgenommen wird, sind weite Teile der Feedbackfunktion von Tests kooperativ oder automatisiert lösbar.

Im Hinblick auf eine *Selbstüberprüfung* erfreuen sich automatisch ausgewertete Tests (Multiple Choice, Zuordnungsaufgaben etc.) bei den Lernenden einer gewissen Beliebtheit, wobei auch die Täuschungsversuche in den Hintergrund treten. Bezogen auf die Behaltensleistungen bei Lerninhalten, die ausschließlich per Multiple Choice geprüft werden, sind hier allerdings noch immer Zweifel anzumelden (Grotlüschen 2003).

Anders als im klassischen Kurs ist die virtuelle Lerngruppe durch Mailadressen miteinander verbunden und kann so in den direkten Austausch von Arbeitsergebnissen einbezogen werden. Bei komplexen Aufgaben bewährt sich ein zweistufiges Verfahren, das zunächst *gegenseitiges Review* erfordert und im zweiten Schritt ein *Dozentenfeedback* einbindet. Da sich Lerner ungern gegenseitig schlecht bewerten, ist ein Einbezug der Reviewqualität in die Gesamtbewertung sinnvoll (Wolf 2005).

7.2 Tracking und Lerntagebuch

Die Nachverfolgung von Lerneraktivitäten (*Tracking*) kann ebenfalls Prüfungsfunktionen erfüllen. Dabei sind jedoch die Freigaben durch die Lerner und den Betriebsrat einzuholen. Jegliche Form intransparenter Kontrolle führt zu Unbehagen, beeinträchtigt den Lernprozess und fördert Täuschungsaktivitäten. Das geschieht auch, wenn die Kontrolle überhaupt nicht stattfindet, sondern nur befürchtet wird (Grotlüschen 2003). Deshalb empfiehlt sich ein abgestimmtes, transparentes Vorgehen.

Insgesamt sind alle Assessment-Formen Schlüsselstellen hinsichtlich der Durchhaltefähigkeit der Lernenden. Abbruch oder Weitermachen entscheidet sich maßgeblich an der Informationshaltigkeit und Angemessenheit des Feedbacks. Die Kontroll- und Selektionsfunktion ist jedoch nicht delegierbar und nur in geringem Ausmaß automatisierbar. Automatisierte Tests können auf vielfältige Weise unterlaufen werden. Erstens kann kaum sichergestellt werden, dass sich die zu prüfende Person tatsächlich hinter der angegebenen User-ID verbirgt. Zweitens ist die Einschränkung zugelassener Hilfsmittel kaum realisierbar. Fernunterricht und E-Learning-Szenarien greifen daher in der Regel auf dezentrale, autorisierte Prüfungszentren zurück, die sowohl die Identität der Prüflinge als auch die Verwendung von Hilfsmitteln während der Prüfung kontrollieren.

8 Plattformen und Autorensysteme

Für die professionelle Verwaltung von Inhaltsentwicklung, Online-Kommunikation und Kooperation sowie Tests, Prüfungen und Feedback bieten sich vielfältigste Softwarelösungen an. *Lernplattformen* integrieren in verschiedenem Umfang Lern-Management-Systeme, Content-Management-Systeme sowie Autorenwerkzeuge. Anschlüsse an vorhandene Wissensmanagementsysteme, Bibliotheken, Ressourcen- und Teilnehmer-Verwaltungssoftware sind in unterschiedlichem Grad möglich. Bei der gegebenen Vielfalt von Werkzeugen ist die Entscheidung schwierig.

8.1 Open Source oder kommerziell?

Grundsätzlich ist zu unterscheiden zwischen kostenfreier, nicht-proprietärer Open-Source-Software und kommerziell vertriebenen Systemen. Aufgrund der hohen Investitionskosten großer Systeme wird gern zur günstigeren Variante gegriffen. Dabei ist jedoch zu berücksichtigen, dass der Status »Open Source« oft mit der Marktreife des Produkts beendet ist.

8.2 Kriteriengeleitete Auswahl

Die Auswahl von Systemen findet zumeist nach Kriterien statt, die zuvor gesammelt und priorisiert werden. Es kommt dabei immer wieder zu Rankings, die den Charakter eines Pferderennens haben – mit dem Ziel, einen Sieger zu krönen, der die berühmte Nasenlänge voraus ist. Somit wird zwar Marktkomplexität reduziert, jedoch ist unklar, ob die Kriterienzusammenstellung zum spezifischen Nachfrager passt. Hier sind die Untersuchungen von Baumgartner (2002) und Schulmeister (2003) einschlägig. Ob z. B. die *Skalierbarkeit*, die *Interoperabilität* oder die *Unterstützung selbstbestimmten Lernens* ein prioritäres Kriterium darstellen, muss jedoch der Nutzer selbst entscheiden. Die gesetzlich geforderte *Barrierefreiheit* von Webseiten ist derzeit in keiner der uns bekannten Plattformen realisiert.

Alle einschlägigen Handbücher enthalten Kriterienlisten, z. B. Schulmeister 2003, S. 81 ff., Arnold/Kilian/Thillosen/Zimmer 2004, S. 57 f., Hohenstein/Wilbers 2001. Bei öffentlichen Mitteln lohnt immer auch die Anfrage beim Projektförderer, der ggf. Übersichten bereithält. Die Plattformauswahl bleibt dennoch ein schwieriges Geschäft.

9 Zusammenspiel von Medium, Methode und Inhalt

Die Kernfrage des E-Learning: »Ist das sinnvoll?«, lässt sich heute differenzierter beantworten als zu Zeiten des E-Learning-Hype. Wir gewinnen nichts strukturell Neues, jedoch erleben wir einen erheblich beschleunigten und verbesserten Zugriff auf das, was wir kennen. Es ist alter Wein in neuen Schläuchen, aber die unglaubliche Masse und Diversifizierung neuer Schläuche verbessert den Weintransport, die Auswahl, Sortierung, Darbietung, Verkostung, Qualitätskontrolle – nur nicht den Geschmack. Insofern ist E-Learning als eine Methode unter anderen heute aus dem Geschäft nicht mehr wegzudenken. Die Zusammenstellung einer angemessenen Lernsequenz ist immer noch eine didaktische Entscheidung. Sie hat die Passung von Teilnehmenden, Inhalt und Qualifikationsziel zu berücksichtigen. Verschiedene Lernszenarien geben Anhaltspunkte. Mit Hilfe dreier didaktischer Kriterien, Form, Funktion und Methode, generiert Schulmeister (2003, S. 177) Skalen, aus denen vier Szenarien entstehen:
1. »Präsenzveranstaltungen begleitet durch Netzeinsatz mit dem Ziel der Instruktion
2. Gleichrangigkeit von Präsenz und Netzkomponente mit prozessbezogener Kommunikation
3. Integrierter Einsatz von Präsenz- und virtueller Komponente mit moderierten Arbeitsgruppen
4. Virtuelle Seminare, Lerngemeinschaften und Selbststudium mit kooperativen Zielen«.

Es bleibt daher den Trainern, Dozenten und Lehrenden, den Personalverantwortlichen und Bedarfsermittlern unbenommen, ihre didaktischen Leitvorstellungen selbst zu gestalten.

10 Über die Qualität entscheidet der Lerner

Ansätze der Qualitätskontrolle im E-Learning fokussieren inzwischen sehr stark auf den Lerner als Hauptperson des Geschehens und differenzieren nach Lernergruppen (Ehlers 2004, Ehlers/Schenkel 2005).

Aus bisherigen Erhebungen lässt sich der Schluss ziehen, dass E-Learning je nach Techologieaffinität und Bildungsstand mehr oder weniger stark abgelehnt wird (Grotlüschen 2003, Grotlüschen/Brauchle 2004). Das hat vor allem Gründe in verunglückten Einführungsphasen. Zugleich sind die eingesetzten Szenarien selten *selbstbestimmt* und noch viel weniger kostengünstig. Damit sind zwei Hauptargumente des E-Learning karikiert: wer sich linear von vorn nach hinten durch die Abschnitte clicken muss und anschließend einen Multiple-Choice-Test vorfindet, ist zumeist nicht begeistert von der modernen Lernkultur. Wer für archaische Lernarrangements teure Systeme installieren und lizensierten Content einkaufen muss, wird eher zurückhaltend reagieren. Unternehmen und Lerner sind sich insofern einig, dass E-Learning den Mehrwert der *Selbstbestimmung* und *Flexibilität* einlösen muss, wenn die Investitionskosten aufgebracht werden sollen. Sollte das nicht der Fall sein, werden die Akzeptanzdaten negativ ausfallen und die Beurteilungen der Lerner in Bildungsevaluationen abwehrend bleiben.

11 Service: Newsletter, Supportwebsites, Datenbanken

Einige Organisationen halten Newsletter zum Bereich E-Learning bereit, die sowohl neue Angebote als auch Neuentwicklungen bei der Supportsoftware berichten. Hierzu gehört der »Checkpoint E-Learning« und die Seiten des Portals »Global Learning«. Aus der Schweiz bedient das SCIL in St. Gallen die Unternehmenslandschaft. Für die deutsche Berufsbildung hat das BIBB die Datenbank ELDOC.info aufgebaut. Komplementär für die Hochschulen stellt »Studieren-im-Netz« die Möglichkeiten dar, flankiert durch einen Fachbuch-Markt, einen Newsletter und aktuelle Hinweise. Die Innovationen durch das BMB+F–Programm »Neue Medien in der Bildung« werden unter www.medien-bildung.net zusammengetragen. Auf Europäischer Ebene zentriert elearningeuropa.info das Geschehen. Das Rechtsportal findet sich unter http://ella.offis.de.

Literatur

Arnold 2003: Arnold, P.: Kooperatives Lernen im Internet: Qualitative Analyse einer Community of Practice im Fernstudium, Münster, New York, München u. a. 2003.

Arnold/Kilian/Thillosen/Zimmer 2004: Arnold, P., Kilian, L., Thillosen, A. und Zimmer, G.: E-Learning Handbuch für Hochschulen und Bildungszentren: Didaktik, Organisation, Qualität, Nürnberg 2004.

ASTD 2001: ASTD: »E-Learning: If we build it, will they come?«, in: http://www.masie.com/masie/researchreports/ ASTD_Exec_Summ.pdf vom 03.08.2005, Jahrgang 2001, S. 1–7.

Baumgartner 2002: Baumgartner, S.: »Heilen und Forschen am Beispiel der adaptiven Stottertherapie«, in: Die Sprachheilarbeit, Heft 01/2002, S. 18–26.

CEDEFOP 2002: Das Europäische Zentrum für die Förderung der Berufsbildung (Cedefop): eLearning und Ausbildung in Europa: Umfrage zum Einsatz von eLearning zur beruflichen Aus- und Weiterbildung in der Europäischen Union, Luxemburg 2002.

DG Education and Culture 2005: Directorate General for Education and Culture: E-Learning in Continuing Vocational Training, particularly at the workplace, with emphasis on Small and Medium Enterprises. o. O. 31.03.2005.

Ehlers 2004: Ehlers, U.-D.: Qualität im E-Learning aus Lernersicht: Grundlagen, Empirie und Modellkonzeption subjektiver Qualität, Wiesbaden 2004.

Ehlers/Schenkel 2005: Ehlers, U.-D. und Schenkel, P. (Herausgeber): Bidungscontrolling im E-Learning: Erfolgreiche Strategien und Erfahrungen jenseits des ROI, Berlin; Heidelberg 2005.

Gaiser 2002: Gaiser, B.: Die Gestaltung kooperativer telematischer Lernarrangements, Aachen 2002.

Grotlüschen 2003: Grotlüschen, A.: Widerständiges Lernen im Web – virtuell selbstbestimmt? Eine qualitative Studie über E-Learning in der beruflichen Erwachsenenbildung, Münster 2003.

Grotlüschen/Brauchle 2004: Grotlüschen, A. und Brauchle, B.: Bildung als Brücke für Benachteiligte: Hamburger Ansätze zur Überwindung der Digitalen Spaltung, Evaluation des Projekts ICC – Bridge to the Market, Münster 2004.

Haake/Schwabe/Wessner 2004: Haake, J., Schwabe, G. und Wessner, M. (Herausgeber): CSCL-Kompendium: Lehr- und Handbuch zum computerunterstützten kooperativen Lernen, München 2004.

Hohenstein/Wilbers 2001: Hohenstein, A. und Wilbers, K. (Herausgeber): Handbuch E-Learning: Expertenwissen aus Wissenschaft und Praxis, Köln 2001.

Keating 2002: Keating, M.: »Geschäftsmodelle für Bildungsportale – Einsichten in den US-amerikanischen Markt«, in: Bentlage, U., Glotz, P., Hamm, I. u. a. (Herausgeber): E-Learning: Märkte, Geschäftsmodelle, Perspektiven, Gütersloh 2002, S. 57–77.

Kerres 1998: Kerres, M.: Multimediale und telemediale Lernumgebungen: Konzeption und Entwicklung, München; Wien 1998.

Kerres 1999: Kerres, M.: »Konzeption multi- und telemedialer Lernumgebungen«, in: HMD – Praxis der Wirtschaftsinformatik, Heft 01/1999, S. 9–21.

Kleinmann u. a. 2005: Kleimann, B., Weber, S. und Willige, J.: »E-Learning aus Sicht der Studierenden«, in: http://www.his.de/Abt2/Hisbus/HISBUS_E-Learning 10. 02. 2005, pdf vom 03. 08. 2005, Heft 10/2005, S. 1–78.

Kuwan/Thebis 2004: Kuwan, H. und Thebis, F.: Berichtssystem Weiterbildung IX: Ergebnisse der Repräsentativbefragung zur Weiterbildungssituation in Deutschland. München 2004.

Merkt 2005: Merkt, M.: Die Gestaltung kooperativen Lernens in akademischen Online-Seminaren, Münster; New York; München u. a. 2005.

Mudra 2004: Mudra, P.: Personalentwicklung, München 2004.

Redecker 2005: Redeker, Giselher: Globale Bildungsmärkte in der Wissensgesellschaft. Bielefeld (Bertelsmann) 2005.

Sauter 2002: Sauter, E.: »Qualitätssicherung in der beruflichen Weiterbildung – Stand und Handlungsbedarf«, in: Sauter, E. (Herausgeber): Forum Bildung: Expertenberichte des Forum Bildung, Bonn 2002, S. 258–266.

Scardamalia/Bereiter 1994: Scardamalia, M. und Bereiter, C.: »Computer Support for Knowledge-Building Communities«, in: The Journal of the Learning Sciences, Heft 03/1994, S. 265–283.

Schulmeister 1997: Schulmeister, R.: Grundlagen hypermedialer Lernsysteme: Theorie – Didaktik – Design, 2. Auflage, München; Wien 1997.

Schulmeister 2003: Schulmeister, R.: Lernplattformen für das virtuelle Lernen: Evaluation und Didaktik, München; Wien 2003.

Seufert/Mayr 2002: Mayr, P. und Seufert, S.: Fachlexikon e-learning: Wegweiser durch das e-Vokabular, Bonn 2002.

Strittmatter/Niegemann 2000: Strittmatter, P. und Niegemann, W.: Lehren und Lernen mit Medien: Eine Einführung, Darmstadt 2000.

Weidenmann 1997: Weidenmann, B.: »Multicodierung und Multimodalität im Lernprozeß«, in: Issing, L. J. und Klimsa, P. (Herausgeber): Information und Lernen mit Multimedia, Weinheim 1997. S. 65–84.

Weidenmann 1997: Weidenmann, B.: »Abbilder in Multimedia-Anwendungen«, in: Issing, L. J. und Klimsa, P. (Herausgeber): Information und Lernen mit Multimedia, Weinheim 1997. S. 107–121.

Wolf 2005: Wolf, K. D.: »Teacher Education: Theory into Practice with E-Learning«, in: Szücs, A. und Bo, I. (Herausgeber): Lifelong E-Learning: Bringing E-Learning Close to Lifelong Learning and Working Life, a New Period of Uptake, Helsinki 2005, S. 330–335.

C.8 Selbstorganisiertes Lernen und lernende Organisation

*Michael Gessler**

1   Ansatz, Bedingungen und Relevanz

2   Die Lernende Organisation
    2.1   Lernen und Lernende Organisation
    2.2   Logische Lernebenen
    2.3   Die fünfte Disziplin

3   Rekursivität und Selbstorganisiertes Lernen

4   Beispiele Selbstorganisierten Lernens
    4.1   Minimale Leittexte und MikroArtikel
    4.2   Open Space Technology

Literatur

---

*   Prof. Dr. Michael Gessler, Dipl.-Betriebswirt und Dipl.-Pädagoge, ist Juniorprofessor für Berufliche Bildung und Berufliche Weiterbildung an der Universität Bremen. Er forscht und lehrt am Institut Technik und Bildung (ITB) sowie am Institut für Erwachsenen-Bildungsforschung (IfEB) und hat langjährige Praxis als Seminarleiter und Trainer. Er ist Mitglied des Councils der IPMA International Project Management Association und Projektleiter verschiedener nationaler (u. a. BMBF) und internationaler (u. a. Europäische Kommission) Forschungs- und Entwicklungsprojekte.

1 Ansatz, Bedingungen und Relevanz

Im Weißbuch »Lehren und Lernen: Auf dem Weg zur kognitiven Gesellschaft« betont die Europäische Kommission die wirtschaftliche und soziale Bedeutung von Lernen und Wissen zur Bewältigung des strukturellen Wandels. Erforderlich sei eine »learning society«, in der nicht eine kleine Minderheit, sondern prinzipiell alle Mitglieder fortlaufend lernen (Europäische Kommission 1995). Diesen Anspruch beinhaltet auch das Konzept der Lernenden Organisation.

Doch: *Können Organisationen lernen* oder handelt es sich nicht vielmehr um eine Metapher, eine rhetorische Figur, die der Verdichtung, Verdeutlichung, der Veranschaulichung einer Idee dient? Für das Personalmanagement ist dieser Gesichtspunkt von besonderer Relevanz, da es hierbei, als Pendant zum technologischen Fortschritt, der sich in Produktinnovationen niederschlägt, um einen sozialen Fortschritt handelt, der in Prozessinnovationen mündet. Verbunden hiermit sind weitreichende Veränderungen: Anweisung und Kontrolle als Formen einer zentralisierten Fremdsteuerung werden ergänzt um eher dezentralisierte Formen der Selbststeuerung und Selbstkontrolle. Die hierfür notwendigen Strukturen und Prozesse setzen allerdings einen Wandel voraus, der beginnend bei den persönlichen Überzeugungen und Einstellungen tradierte Normen und Werte in Frage stellt. Zu klären ist sodann der *Ansatz:* Wer oder was lernt eigentlich in einer Lernenden Organisation?

Zu klären sind zudem die notwendigen *Bedingungen* für die Initiierung selbstorganisierter Lernprozesse in einer Lernenden Organisation: Welche Bedingung fördern oder hemmen selbstorganisierte Lernprozesse in einer Lernenden Organisation?

Der dritte Gesichtspunkt betrifft die *Relevanz:* Kann die Relevanz selbstorganisierter Lernprozesse an Beispielen verdeutlicht werden?

Die drei Leitfragen gliedern den nachfolgenden Text.

2 Die Lernende Organisation

2.1 Lernen und Lernende Organisation

Lernen ist ein Prozess, der zu einer relativ stabilen Veränderung im Verhalten (beobachtbar) oder im Verhaltenspotenzial (nicht immer beobachtbar) führt. Lernen baut auf Erfahrungen (Voraussetzung) auf und bedingt veränderte Erfahrungen (Ergebnis). Keine Lernprozesse sind natürliche oder vorübergehende Zustandsänderungen (z. B. Reifung oder Performanzschwankungen). Lernen verändert Leistung, weshalb die Messung der veränderten Leistung Aufschluss darüber geben kann, ob gelernt wurde (Lefrancois 1994, S. 3 f., Zimbardo 1992, S. 227). Neben dieser allgemeinen Definition existieren verschiedene spezifische Lernbegriffe, die bestimmte Aspekte von Lernen betonen: Aus der Psychologie stammt der Begriff des selbstregulierten Lernens (self-regulated learning). Gemeint ist (1) die Anwendung kognitiver Lernstrategien sowie (2) die metakognitive Regulation des Lernprozesses und schließlich (3) die Wahl von Zielen und Ressourcen sowie deren Abschirmung gegenüber alternativen Möglichkeiten (Boekaerts 1999, S. 449). Aus der Pädagogik bzw. Erwachsenenbildung stammt wiederum der Begriff des selbstgesteuerten Lernens (self-directed learning), der die aktive Rolle des Lernenden bzw. die Selbststeuerung des Lernenden betont im Gegensatz zu einer rein konsumierenden Lernhaltung in einem lehrzentrierten Unterricht. »In its broadest meaning, ›self-directed learning‹ describes a process in which individuals take the initiative, with or without the help of others, in diagnosing their learning needs, formulating learning goals, identifying human and material resources for learning, choosing and implementing appropriate learning strategies, and evaluating learning outcomes. [...] self-directed learning usually lakes place in association with various kinds of helpers, such as teachers, tutors, mentors, resource people and peers.« (Knowles 1975, S. 18). Selbstgesteuertes Lernen ist kein Lernen in Isolation, sondern es wird »stets nur tendenziell zum Ausdruck gebracht, dass der Handelnde die wesentlichen Entscheidungen, ob, was, wann, wie und woraufhin er lernt, gravierend und folgenreich beeinflussen kann.« (Weinert 1982, S. 102)

Selbstorganisiertes Lernen sei in Abgrenzung hierzu bei vorgegebenen Zielen und Inhalten nur noch die Organisation des »Wie« (Dohmen 1998, S. 66). Für Mader ist selbstorganisiertes Lernen der umfassendere Begriff, während selbstgesteuertes Lernen die Umsetzung gegebener Ziele sei (Mader 1997, S. 131). Beide Abgrenzungen sind wenig hilfreich. Nachfolgend werden die Begriffe selbstgesteuertes und selbstorganisiertes Lernen einerseits synonym verwendet. Andererseits betonen sie die innere und die äußere Seite der Selbstlernform, indem selbstgesteuertes Lernen vom Lernenden ausgehend die Bedeutung des Kontexts und das selbstorganisierte Lernen vom Kontext ausgehend die Rolle des Lernenden betrachtet. Beide Perspektiven sind aufeinander verwiesen und bilden – bildlich gesprochen – zwei Seiten einer Medaille. Das Lernen kann sodann als mehr oder weniger selbstbestimmt erlebt werden. Entscheidend hierbei ist »der selbst wahrgenommene Handlungsgrund und der Grad der eigenen Kontrolle bei der Entscheidung.« (Faulstich 2002, S. 73) Bedeutsam ist dies, da selbstbestimmtes Lernen zu besseren und nachhaltigeren Lernleistungen führt (Deci/Ryan 1993).

Bevor dieses Lernverständnis auf eine Organisation übertragen werden kann, ist zu klären, was eine Organisation ausmacht. Nach Bornewasser (1997, S. 523) stellen Organisationen »von Personen gebildete, über Positionen, Aufgaben und zyklisch wiederkehrende Abläufe geordnete, stabile Einrichtungen dar, die auf Ziele hin orientiert und gegenüber externen Einflüssen offen sind.« Eine Organisation besteht demnach aus 1. geordneten und stabilen Elementen (»Positionen«, »Aufgaben«) sowie 2. Relationen (»zyklisch wiederkehrende Abläufe«), 3. Umwelten (»von Personen gebildet«, »gegenüber externen Einflüssen offen«) und 4. dienen nicht dem Selbstzweck, sondern sind auf »Ziele hin orientiert«. Zu ergänzen wäre 5. die Organisationskultur.

Wird die Definition von Lernen auf soziale Systeme übertragen, so ist das Lernen einer Organisation sodann ihr Prozess der Organisationsentwicklung. Dieser Prozess führt zu einer relativ stabilen Veränderung im *Verhalten der Organisation* oder im *Verhaltenspotenzial* (Ziele, Elemente, Relationen, Umwelten, Kultur). Organisationsentwicklung baut auf der *Kultur* einer Organisation auf (Voraussetzung) und bedingt eine veränderte Kultur (Ergebnis). Ausgeschlossen sind natürliche (z. B. Produktlebenszyklen, Ausscheiden bzw. Einstellung von Mitarbeitern) und vorübergehende Veränderungen (z. B. Leistungsschwankungen durch Prozessentwicklung). Das Lernen einer Organisation hat vielfältige Auswirkungen auf die Leistung der

Organisation (z. B. Qualitätsverbesserung, Kooperationsverbesserung, Umsatzentwicklung, Prozessverbesserung, Werteentwicklung), weshalb es oftmals schwierig ist, die Leistungsergebnisse auf konkrete Lernereignisse zurückzuführen. Dieser Übertrag des Lernbegriffs birgt eine Schwierigkeit: Kann einer Organisation Verhalten zugeschrieben werden?

Nach Helmut Willke kommunizieren in entwickelten sozialen Systemen immer nur Personen miteinander und keine Menschen. Was bedeutet das? Im klassischen Theater war »Persona« (griechisch Maske) die Maske der Schauspieler, durch deren Mundöffnung die Stimmen der Akteure hindurchtönten (per – sonare = lateinisch durch – tönen). In sozialen Systemen »klingt« gleichermaßen nur der »Teil« des Menschen an, der in einem bestimmten Kommunikationszusammenhang gerade angesprochen ist. Soziale Systeme sind in dieser Hinsicht immer weniger als die Summe der gegebenen Möglichkeiten der im System handelnden Menschen. Menschen sind immer vielschichtiger als die im System wirkenden Personen. »Wäre der Mensch tatsächlich ›mit Haut und Haaren‹ Teil des Sozialen Systems, dann handelte es sich im Wortsinne um ein ›totales System‹, etwa ein Hochsicherheitsgefängnis, ein Kloster, eine totalitäre oder autistische soziale Bewegung oder Ähnliches. Wird der Mensch als Person aus dem Sozialsystem herausgenommen, so schützt gerade dies seine Autonomie und Eigenständigkeit.« (Willke 1996 a, S. 157) Gleichzeitig ist ein Soziales System meist mehr als die Summe der Personenmerkmale (Emergenz).

Menschen konstituieren als Personen das Soziale System. Das System entwickelt seine Identität allerdings erst durch eine spezifische Kommunikation (= Relationen, Kultur), die unabhängig ist von den Personen (= Elemente). »Die Kommunikationsstrukturen lösen sich von den kommunizierenden Personen wie Satelliten von ihren Trägerraketen. Sie bilden ein freischwebendes Netz hoch über den Köpfen der einzelnen Personen. Weil wir Kommunikationsstrukturen, Sprachmuster und Sinnarchitekturen nicht ›sehen‹, sind wir immer geneigt, ihre Existenz anzuzweifeln und sie für Mummenschanz zu halten.« (Willke 1998, S. 53) Arbeitswissenschaftler der Universität Kassel kamen im Rahmen einer empirischen Studie zu dem Ergebnis, dass zwischen den Persönlichkeitsmerkmalen und den objektiven Verhaltensdaten in einer Teamsitzung keine Korrelationen bestehen (Frieling et al. 2000, S. 192). Wenn ein Mitarbeiter als Person und in seiner Funktion als Mitglied einer Organisation kommuniziert, so kann diese Handlung als Verhalten der Organisation gewertet werden. Dieser Begrenzung kann der Mensch entgehen, da er nicht Teil des Systems ist.

Es stellt sich die Frage, ab wann das *Lernen in einer Organisation* als ein *Lernen der Organisation* bezeichnet werden kann? Auf lokaler Ebene können Veränderungen stattfinden, Individuen lernen, Prozesse werden modifiziert und dennoch verändern diese Einzelaktionen oftmals nicht die Wahrnehmung des Verhaltens oder des Verhaltenspotenzials einer Organisation. Offensichtlich existiert ein Schwellenwert, ab welchem die Veränderung im Verhalten oder im Verhaltenspotenzial einer Organisation erst sichtbar wird. Aus der Organisationsentwicklung ist das Phänomen des »kritischen Wertes« bekannt. Ab einer kritischen Masse »kippt« der Zustand – das Verhalten und/oder das Potenzial der Organisation hat sich offensichtlich verändert. Die Veränderung betrifft nun die Organisation. Zweierlei wird deutlich: Jedes Lernen der Organisation beruht auf dem Lernen der Mitglieder der Organisation. Auch ist das Lernen der Mitglieder zwar ein notwendiger, allerdings kein hinreichender Grund, um von einer *Lernenden Organisation* sprechen zu können. Am Beispiel des Gruppen-Lernens kann dieser Zusammenhang verdeutlicht werden.

Den Gruppenentwicklungsprozess untergliedert Tuckmann in die Phasen »forming«, »storming«, »norming« und »performing« (Tuckmann 1965, S. 154). In der ersten Phase (forming) bildet sich die Gruppe. In der zweiten Phase (storming) setzen sich die Gruppenmitglieder einerseits mit ihren divergenten Vorstellungen auseinander und erkennen andererseits bestehende Gemeinsamkeiten. In der dritten Phase (norming) wird die Basis des gemeinsam Handelns und Verständnisses erweitert. Die Gruppe schafft Normen, Wertvorstellungen und bildet Rollen. In der vierten Phase (performing) kann die Gruppe mittels dieser Vorleistungen produktiv tätig werden. Während in der ersten und zweiten Phase (forming und storming) das Lernen des Individuums im Vordergrund steht, können die Ergebnisse der dritten und vierten Phase (norming und performing) nicht mehr einzelnen Mitgliedern der Gruppe zugerechnet werden. Dies zeigt sich insbesondere daran, dass diese Leistungen nicht ohne weiteres in andere Gruppen transferierbar sind. Gelernt hat der einzelne Mensch. Das gewonnene Wissen kann er jedoch nur in dieser spezifischen Gruppe bzw. in den sozialen Kontextstrukturen seiner Gruppe anwenden. Die Strukturen wiederum werden erst durch die gemeinschaftliche Leistung verschiedener Personen möglich. Als Ebene des Lernens kann deshalb in der dritten und vierten Phase (norming und performing) die Gruppe angegeben werden (»Lernende Gruppe«). Man könnte auch sagen, dass das Lernen eines Individuums seine *kognitiven Strukturen* verändert und das Lernen einer Gruppe die *sozialen Strukturen* modifiziert.

2.2 Logische Lernebenen

Gregory Bateson hat den Grundstein zur Identifikation einer Lernenden Organisation bereits 1964 gelegt und 1971 weiter konkretisiert (Bateson 1964/1971). Er unterscheidet die logischen Lerntypen (oder auch Lernebenen) Lernen 0, Lernen I und Lernen II. Bateson beschreibt zudem ein Lernen III, das jedoch sehr vage bleibt. Eine Grundlage des Ansatzes bildet die Identifizierung unterschiedlicher *logischer Typen*. In der Kreter-Paradoxie verschwimmen unterschiedliche logische Typen miteinander, was zu Widersprüchen führt. An dieser Paradoxien lässt sich die Bedeutung der Identifizierung unterschiedlicher logischer Typen illustrieren: Eubulides, der Kreter sagt, alle Kreter lügen. Das bedeutet nun: Wenn Eubulides die Wahrheit sagt, dann lügen alle Kreter. Wenn aber alle Kreter lügen und Eubulides ein Kreter ist, dann müsste auch Eubulides lügen. Da ein Lügner aber nicht wahr spricht, ist die Aussage, alle Kreter lügen, selbst wiederum eine Lüge ... Es entsteht ein Zirkelschluss mit widersprüchlichen Aussagen. Ausgelöst wird dieser, da verschiedene logische Typen gemischt werden. »Der Kreter« Eubulides ist ein Element der Klasse »die Kreter«. Der und die Kreter sind unterschiedliche logische Typen.

In gleicher Weise gilt es, unterschiedliche *logische Lerntypen* oder *Lernebenen* zu unterscheiden. Beim Lernen 0 bestehen fixe Handlungen und/oder Handlungspotenziale. Mittels des Lernens I wird Lernen 0 verändert: Einzelne oder viele Handlungen und/oder Handlungspotenziale verändern sich. Die Bedeutung der Handlungen und/oder Handlungspotenziale verändert sich beim Lernen I nicht. Der *Kontext* macht die Bedeutung. Das Lernen der Bedeutung wäre eine andere logische Lernebene. Beim Lernen I bilden die Regeln des Kontexts einen blinden Fleck. Beim Lernen II werden die Regeln des Kontexts gelernt, wodurch eine neue Lernerfahrung möglich wird: Kompetenzentwicklung kann sich am Umgang mit den Regeln des Kontextes orientieren. Kontexte können wahrgenommen und ggf. gestaltet werden. Lernen II verändert die Bedingungen des Lernens I (Bateson 1964/1971, S. 379).

Hierzu ein Beispiel: Bateson entdeckte die logischen Lernebenen vermutlich erstmals während einer Delphindressur. Ziel der Dressur war es, dass der Delphin neue Verhaltensweisen zeigen sollte. »Wie ich sah, erforderte das Geschehen ein Lernen von einem höheren logischen Typ als gewöhnlich, und auf meine Anregung wurde die Abfolge mit einem neuen Tier experimentell wiederholt und genauestens aufgezeichnet.« (Bateson 1993, S. 155) Es wurde eine Serie von Lernsequenzen geplant. Der Delphin sollte nicht für ein Verhalten belohnt werden, das bereits in der vorangegangenen Sequenz belohnt wurde. Der Delphin musste lernen, dass es sich diesmal um keine normale Dressur des Verhaltens handelte. Er musste lernen, dass sich die Regeln des Kontexts verändert hatten (Lernen II). Im Experiment wurde Bateson auf zwei Begleiterscheinungen von Lernen II aufmerksam: Die Experimentabfolge musste mehrmals durch ungeplante Belohnungen für falsches Verhalten durchbrochen werden, um die Beziehung zwischen Delphin und Dresseur aufrecht zu erhalten. Dies war eine Reaktion auf die Erkenntnis, dass »starker Schmerz und Fehlanpassung induziert werden können, wenn man ein Säugetier bezüglich seiner Regeln ins Unrecht setzt, in einer wichtigen Beziehung zu einem anderen Säugetier Sinn zu stiften.« (Bateson 1969, S. 361) und: »Anscheinend zeigte das Tier nur ›zufällig‹ eine andere Verhaltensweise. In der Pause zwischen der vierzehnten und fünfzehnten Sektion schien der Delphin sehr erregt zu sein, und als er zum fünfzehnten Mal auftrat, legte er eine hoch entwickelte Vorführung hin, in der acht auffällige Verhaltensweisen vorkamen, von denen vier völlig neu waren – etwas, das bei dieser Tierart noch nie beobachtet worden war.« (Bateson 1969, S. 361) Der Delphin hatte die Regeln des Kontexts gelernt.

Agyris und Schön greifen die Idee der logischen Lerntypen auf und übertragen sie auf Organisationen: Werden bestehende Strukturfehler korrigiert, findet ein sogenanntes single-loop-learning statt (Lernen I nach Bateson): »Qualitätskontrolleure zum Beispiel, die ein fehlerhaftes Produkt entdecken, können diese Information an Fertigungsingenieure weitergeben, die ihrerseits die Produktspezifikationen und -methoden ändern, um den Mangel zu beheben.« (Argyris/Schön 1999, S. 36) Die Korrektur verändert nur Strukturen bzw. Prozesse, nicht jedoch die Bedingungen des Kontexts. »Das Einschleifen-Lernen reicht dort aus, wo die Irrtumsberichtigung darin bestehen kann, Organisationsstrukturen und Annahmen innerhalb eines konstanten Rahmens von Leistungswerten und -normen zu ändern. Es ist instrumental und bezieht sich somit in erster Linie auf die Effektivität: wie man am besten die bestehenden Ziele erreichen und die Organisationsleistung in dem Bereich hält, der von den bestehenden Werten und Normen vorgegeben ist.« (Argyris/Schön 1999, S. 37) Das Ergebnis einer Handlung wird geprüft: Wenn das Ergebnis mit den Erwartungen übereinstimmt (match), werden weitere Handlungen initiiert. Wenn das Ergebnis mit den Erwartungen nicht übereinstimmt (mismatch), werden Strukturen und Prozesse so angepasst, dass im folgenden Zyklus eine Übereinstimmung von Ergebniserwartung und Handlungsergebnis wieder hergestellt wird (Abb. 1).

Abb. 1: Single-loop-learning

Wenn die Korrektur nicht die Symptome, sondern die Bedingungen selbst verändert, sprechen Argyris und Schön von *double-loop-learning* (Lernen II nach Bateson). »Unter Doppelschleifen-Lernen verstehen wir ein Lernen, das zu einem Wertewechsel sowohl der handlungsleitenden Theorien als auch der Strategien und Annahmen führt.« (Argyris/Schön 1999, S. 36) Dies kann notwendig werden, wenn trotz Anpassung der Strukturen und Prozesse (single-loop-learning) das Ergebnis nicht den Erwartungen entspricht (mismatch) und eine weitere Anpassung keinen Erfolg verspricht (Abb. 2).

Abb. 2: Double-loop-learning

Um die Bedingungen zu verstehen, die den Strukturen zu Grunde liegen, sind diese reflexiv zu hinterfragen. Diese Lernform kann scheitern, weshalb die Autoren auch das Abwehrverhalten von Organisationen untersuchen: Wann und warum lernen Organisationen nicht? Positive Beispiele für double-loop-learning sind: Eine Organisation könnte lernen, widersprüchliche Ziele zu identifizieren, mehrdeutige Handlungsanweisungen zu klären und widersprüchliche Abteilungsinteressen zu lösen (Argyris/Schön 1999, S. 102). Das *Lernabwehrverhalten* lässt sich nach Argyris und Schön anhand von vier Regeln beschreiben:

- »Gib Botschaften aus, die widersprüchlich sind.
- Handle so, als wären die Botschaften nicht widersprüchlich.
- Tabuisiere die Mehrdeutigkeit und den Widerspruch in der Botschaft.
- Tabuisiere auch die Tabuisierung des Tabuisierten.« (Argyris/Schön 1999, S. 111)

Diese Regeln verhindern, dass reflexiv nach den Bedingungen einer Handlungsstruktur gefragt werden kann. Ein Beispiel hierfür aus einer Firmenzeitschrift:
»Jeder Mitarbeiter weiß aufgrund der detaillierten Verfahrensanweisungen genau, wer was bis wann und mit welcher Güte zu erledigt, wer kontrolliert und wer (interner) Kunde und (interner) Lieferant ist. Hierbei ist uns wichtig, dass jeder Mitarbeiter selbstorganisiert arbeitet und seinen Handlungsspielraum ausgestaltet. Innovation und Risikofreudigkeit sind für uns zentrale Werte.«
Die Regeln des Kontext sind widersprüchlich: »Handle gemäß der vorgegebenen Struktur und handle selbstorganisiert sowie kreativ.« *Double-loop-learning* zielt auf eine Veränderung des Kontextes, auf eine Veränderung der Bedeutung, auf eine Veränderung der den Handlungen zu Grunde liegenden Motive, Normen und Werte (hier z. B. Kontrolle versus Zu- bzw. Vertrauen). Sind diese tabuisiert, fällt es schwer, die strukturbildenden Bedingungen einer Organisation zu verändern.

Wenn eine Organisation nunmehr nicht nur lernt, ihre Wertebasis zu verändern, sondern darüber hinaus lernt, das Single-loop-learning und/oder das Double-loop-learning zu verbessern, dann sprechen Argyris und Schön in Anlehnung an Bateson (1942) von einer dritten Lernart, dem Deutero-Lernen. Wenn eine Organisation z.B. lernt, ihre Lernabwehrroutinen zu verändern oder Widersprüchlichkeiten aufzulösen, um Single- und/oder Double-loop-learning zu ermöglichen, findet Deutero-Lernen statt. Die Organisation hat gelernt, wie sie lernt. Sie verändert ihr Lernsystem: »Eine ganz entscheidende Art des Doppelschleifen-Lernens bei Organisationen ist daher das Lernen zweiter Ordnung (OII), durch das die Mitglieder einer Organisation das Lernsystem entdecken und abändern können [...]« (Argyris/Schön 1999, S. 44). Beim Deutero-Lernen lernt eine Organisation, wie, wann und warum sie Strukturen anpasst oder nicht anpasst bzw. wie wann und warum sie ihre grundlegende Ausrichtung (u.a. Strategien, Ziele, Motive, Bewertungen, Werte, Normen) verändert oder nicht verändert (Abb. 3).

Lernen bedeutet Veränderung. Deutero-lernen bedeutet, das Lernen zu lernen, um Lernprozesse zu beschleunigen. Dieses Lernen wird entscheidend gestützt vom individuellen Lernen (Argyris/Schön 1999, S. 44). Die hohe Bedeutung des individuellen Lernens als Grundlage organisationaler Innovationskompetenz hat eine Fraunhofer Studie belegt: Das Fraunhofer-Institut für System- und Innovationsfor-

Abb. 3: Deutero-lernen (eigene Darstellung)

schung führt seit 1993 im Abstand von zwei Jahren Erhebungen in der Produktion durch. An der letzten Erhebungsrunde beteiligten sich 1.450 Betriebe der Metall- und Elektrogüterindustrie sowie der Chemischen und Kunststoff verarbeitenden Industrie Deutschlands. Die Auswertung ergab, dass lediglich 5 bis 7 Prozent der Betriebe über personenunabhängige Strukturen und Instrumente verfügen, auf die sich die betriebliche Innovationskompetenz in den betrachteten drei Innovationsfeldern Produktinnovation, Prozessinnovation sowie Reorganisation stützt. »In allen drei untersuchten Innovationsfeldern setzt die überwiegende Mehrheit der Betriebe auf individuelle Fähigkeiten einzelner oder weniger Mitarbeiter.« (Armbruster et al. 2007, S. 82)

2.3 Die fünfte Disziplin

»Wie ist es zu erklären, dass ein Team von engagierten Managern, die einen individuellen Intelligenzquotienten von über 120 haben, einen kollektiven IQ von 63 aufweisen?« (Senge 1996, S. 19) Die fünf Disziplinen und insbesondere die fünfte Disziplin (Systemdenken) sollen diese Reduktion verhindern. Das Konzept der Lernenden Organisation wurde durch den Senge-Ansatz populär. Die *fünf Disziplinen* sind:
- die Entwicklung einer *Personal Mastery* bzw. die Disziplin der Selbstführung und Persönlichkeitsentwicklung (vergleichbar dem Lernen II von Personen),
- die Veränderung der *mentalen Modelle*, da diese die Handlungen steuern (vergleichbar dem Lernen II von Personen),

- die Schaffung einer *gemeinsamen Vision*, um divergente Kräfte in einem Team auf einen gemeinsamen Zweck auszurichten (vergleichbar dem Lernen II eines Teams),
- die Förderung des *Team-Lernens*, um im Dialog neue Erkenntnisse und Fertigkeiten zu entwickeln. Dies schließt die Bildung teamförderlicher Strukturen mit ein (vergleichbar dem Lernen II eines Teams).
- Das *Systemdenken* als integrative Disziplin verbindet diese vier Disziplinen. Es verdeutlicht ihre Interdependenz und schafft das Bewusstsein, dass unterschiedliche Handlungen miteinander verbunden sind (vergleichbar dem Lernen II einer Organisation).

Die Systemarchitekturen, die durch das Systemdenken erschlossen werden, sind ein zentraler Bestandteil des Gesamtmodells. Sie beschreiben Strukturen, denen die Verhaltensweisen der Akteure – meist unbewusst – folgen (behavior follows structure). Eine Veränderung des Verhaltens erfordert deshalb eine vorgängige Veränderung der Strukturen. Exemplarisch stellen wir zwei dieser Archetypen vor.

Archetyp »*Gleichgewichtsprozess mit Verzögerung*«: Senge beschreibt diesen Archetyp wie folgt: »Eine Person, Gruppe oder Organisation unternimmt eine bestimmte Handlung, um ein Ziel zu erreichen, und passt ihr Verhalten einem verzögerten Feedback an. Wenn sie die Verzögerung nicht wahrnimmt, ergreift sie schließlich mehr korrektive Maßnahmen als nötig oder gibt (manchmal) einfach auf, weil sie keine Fortschritte erkennt.« (Senge 1996, S. 455)

Archetyp »*Grenzen des Wachstums*«: Dieser Prozess verstärkt sich selbst durch wachstumsfördernde Bedingungen. Das Wachstum kommt schließlich zum Stillstand, es erreicht eine Grenze. Die begrenzende Bedingung kehrt den Entwicklungsprozess um, was zum Zusammenbruch führen kann. Ein Beispiel hierfür ist die Kontrolle in Kooperationsbeziehungen. Der Arbeitsprozess kann durch den Einsatz von kontrollierenden Maßnahmen zunächst effektiver gestaltet werden. Kontrolle kann jedoch das Vertrauen aufheben, da es unter Kontrollbedingungen nicht erforderlich ist. Das Vertrauensvakuum, das so entsteht, kann den Wachstumsprozess schnell an seine formalistischen Grenzen führen und den Zusammenbruch der Kooperation bedingen.

Die Archetypen fördern oder verhindern den Prozess des Lernens und der Organisationsentwicklung. Beispielsweise können Managemententscheidungen aufgrund ihrer zeitlichen Verzögerungen und des fehlenden positiven Feedbacks (z. B. Reorganisationsprozesse) zu Überregulierungen führen oder die wiederholte Anwendung von Methoden, die sich als günstig erwiesen haben (z. B. Preisverhandlungen mit Zulieferanten), können sich in ihr Gegenteil verkehren. Die Strukturarchetypen gestalten Prozesse. Das Wissen um diese Strukturen kann dazu beitragen, die Strukturen und sodann die Handlungen zu verändern.

Zusammenfassend ist festzuhalten: Die Gestaltung einer Lernenden Organisation erfordert die Erkenntnis und die Gestaltung lernförderlicher Kontextbedingungen und die Erkenntnis sowie den Abbau lernhemmender Kontextbedingungen. Hierfür sind Double-Loop-Lernprozesse (Lernen II) erforderlich, die die Kontextregeln transformieren.

3 Rekursivität und Selbstorganisiertes Lernen

Selbstorganisation ist kein theoretisches Gedankenspiel. Es ist ein alltägliches Phänomen. Hierzu zwei Beispiele (vgl. Gerber/Gruner 1999, S. 3–5):

Ampel und Kreisverkehr
- Organisation: Eine Ampel steuert den Verkehrsfluss. Dies kann zu unnötigen Wartezeiten führen und – bei Ausfall der Ampel – zu gefährlichen Situationen.
- Selbstorganisation: Im Kreisverkehr tragen die Teilnehmer erhöhte Verantwortung und entscheiden nach einfachen Regeln selbst, wann sie in den Kreisverkehr einfahren und wann sie diesen verlassen.

Computer und Gehirn
- Organisation: Computer sind Meister organisierter Rechenleistung. Ihre Stärke, die Programmierung, bildet gleichzeitig ihre »kreative« Schwäche.
- Selbstorganisation: Das Gehirn ist ein hoch komplexes und insbesondere lernfähiges System. Es verarbeitet permanent Informationen und gleicht diese mit den bisherigen Erfahrungen ab.

Die Selbstorganisationsforschung beruht auf verschiedenen Konzepten (Klotz 2003). Die grundlegende Frage ist, wie Systeme selbstorganisiert Ordnung generieren. Urkonzepte entstammen insbesondere der Physik, Chemie, Biologie, Mathematik und Ökologie (kybernetische Ansätze: Wiener 1972; Theorie autopoietischer Systeme: Maturana/Varela 1987; Fraktale: Mandelbrot 1991; Theorie dissipativer Strukturen: Prigogine 1992; Theorie autokatalytischer Hyperzyklen: Eigen 1993; Synergetik: Haken 1995). Ein verbindendes Element ist das Prinzip der Rekursivität. Die Autoren verwenden hierfür allerdings unterschiedliche Bezeichnungen (Wiener: Feedback, Maturana/Varela: Selbstreferentialität, Madelbrot: Selbstähnlichkeit, Eigen: Zyklische Katalyse, Haken: Zyklische Kausalität). Auf die Vielfalt der Ansätze kann an dieser Stelle nicht eingegangen werden. Es soll vielmehr das Prinzip *Rekursivität* als Kern des Selbstorganisationsgedankens kurz vorgestellt werden (Schiemenz 2002, S. 43 f.).

Welcher Zusammenhang besteht zwischen diesem Prinzip und den Konzepten Selbstorganisiertes Lernen sowie Lernende Organisation? Die Gestaltung einer Lernenden Organisation erfordert die Erkenntnis und die Gestaltung lernförderlicher Kontextbedingungen und die Erkenntnis sowie den Abbau lernhemmender Kontextbedingungen. Es stellt sich die Frage, welche Bedingungen erforderlich sind, um selbstorganisierte Lernprozesse der Mitarbeiter zu initiieren. Die paradoxe Antwort lautet: Selbstorganisiertes Lernen erfordert einen Kontext der Selbstorganisation. Eine Organisation, die Regeln der Rekursivität und rekursive Regeln in ihre Strukturen und Prozesse implementiert, lernt als Organisation und etabliert sich gleichzeitig als Lernende Organisation, in dem sie notwendige Kontextregeln schafft, die selbstorganisierte Lernprozesse ermöglichen. »Damit eine lernende Organisation entsteht, die sich selbst ständig in Auseinandersetzung mit inneren Prozessen und ihrer Umgebung verändert, ist selbstorganisiertes Lernen auf allen Ebenen erforderlich.« (Greif 1996, S. 65)

Rekursivität: Die Ausgangsfrage ist, wie nicht-lineare und komplexe Systeme sich organisieren und wie sie organisiert sind. Lineare Systeme funktionieren nach einem Ursache-Wirkung-Prinzip. Ein bestimmter Input wird nach feststehenden

Prozeduren in einen gewünschten Output transformiert, Effizienz und Effektivität sind verbesserbar, Reaktionen vorhersehbar und Fehlfunktionen identifizierbar (Beispiel Ampel: Wenn grün, dann fahren). Nicht-lineare bzw. sich selbst organisierende Systeme sind durch die Rekursivität (lateinisch recurrere = zurücklaufen) ihrer Elemente gekennzeichnet. Sie schalten Sinnfragen zwischen die Operationen und fragen sich beispielsweise, was sie überhaupt machen, warum sie etwas machen und ob weitere Optionen möglich wären. Nach Maßgabe des Ergebnisses dieser Zustandsabfragen entwickeln und gestalten nicht-lineare Systeme ihre nächste Operation und schließlich ihren Output. Sie steuern sich (Prozesssteuerung) durch Rekursivität und Bewertung (Beispiel Kreisverkehr: Wenn ich Signal gebe, kann der andere, woraufhin ich ...). An diesen Punkt schließt die Frage des Strukturaufbaus an. Voraussetzung der Bewertung ist ein Wertesystem und dieses bildet sich durch rekursiven Strukturaufbau.

Durch rekursiven Strukturaufbau entsteht Vielschichtigkeit, Vernetzung und Folgelastigkeit (Willke 1996 b, S. 24). Vielschichtigkeit bezeichnet den Grad der funktionalen Differenzierung und die Anzahl bedeutsamer Referenzebenen (Sub-System, System, Makro-System). Vielschichtigkeit bedeutet immer auch Vernetzung. Vernetzung bezeichnet die Art und den Grad wechselseitiger Abhängigkeit zwischen Teilen sowie zwischen Teil und Ganzem. Vernetzung wiederum produziert Folgelastigkeit. Folgelastigkeit bezieht sich auf die Zahl und das Gewicht der durch eine Entscheidung in Gang gesetzten Folgeprozesse. Vielschichtigkeit, Vernetzung und Folgelastigkeit sind Anzeichen von Komplexität und Komplexität erfordert Selektion. Hierfür ist ein Maßstab, ein *Wertesystem*, erforderlich. Haken (1995) spricht hierbei von Attraktoren und Willke (1996 b) von Präferenzordnung·.

Werte »bilden für den einzelnen Beurteilungsmaßstäbe, um bei mehreren Handlungsalternativen Entscheidungen treffen zu können. Sie bestimmen damit bewusst oder auch unbewusst Handeln und Verhalten von Personen.« (Berkel/Herzog 1997, S. 13) Normen sind hingegen Verhaltensregeln in Form von Anweisungen, Geboten, Verboten und stillschweigenden Erwartungen. Ihnen eigen ist ein »Aufforderungscharakter« (Berkel/Herzog 1997, S. 14). Werte und Normen sind Bestandteile der *Organisationskultur*. Schein verortet Werte und Normen auf einer mittleren Ebene. Er unterscheidet drei Ebenen der Organisationskultur (Schein 1986, S. 14). Auf der fundamentalen Ebene lokalisiert er die Grundannahmen über die menschliche Natur und die sozialen Handlungen sowie die Beziehung des Menschen zur Umwelt, zum Raum und zur Zeit. Dieser unsichtbaren Haltung folgen auf der zweiten Ebene intersubjektiv gebildete Werte und Normen. Tatsächlich sichtbar sind erst die Artefakte der dritten Ebene, die oftmals codiert und schwer identifizierbar sind. Artefakte können Objekte (z. B. Kleidung, Internetauftritt, Firmenlogo), Sprache (z. B. Geschichten, Witze, Anekdoten, Fachsprachen), Verhalten und Handlungen (z. B. Gesten, Feiern, ritualisierte Handlungen) und Gefühle (z. B. Sachlichkeit, Risikobereitschaft, Freude) sein. Durch Rekursivität und rekursiven Strukturaufbau entsteht in nicht-linearen Systemen Komplexität und Komplexität erfordert Selektion mit Hilfe von Werten, die sich in der Kultur einer Organisation lokalisieren. »Aufgrund der Rekursivität der Systemstrukturen ist es möglich, auf allen Systemebenen dieselbe Denkweise, Detailstrukturierungsprinzipien, Methoden, Techniken, Programme usw. anzuwenden.« (Malik 1996, S. 102)

Selbstorganisiertes Lernen im Unternehmen wird aufgrund der Bedingungen des Kontexts selten eine vollkommene Selbststeuerung und Selbstbestimmung aufweisen. Es geht vielmehr um den Umgang mit Freiheitsgraden und die Gestaltung von Handlungsspielräumen. Die produktive Auseinandersetzung mit begrenzenden Kontextbedingungen kann wiederum Teil des Lernprozesses sein (Lernen II).

Selbstorganisiertes Lernen »ist im Grunde keine besondere Form des Lernens. Lernen ist grundsätzlich selbstorganisiert, weil die Lernenden immer ihre Vorerfahrung und Ordnungssysteme mitbringen und das, was wir ihnen vermitteln, für sich strukturieren und ordnen.« (Greif et al. 1993) Dennoch sind *Selbstorganisationsgrade* unterscheidbar. Diese beziehen sich darauf, inwiefern und in welchem Umfang die Lernenden folgende Bereiche selbstständig entscheiden können und dürfen (Greif/Kurtz 1996, S.27):

- »Lernaufgabe und Lernschritte
- Regeln der Aufgabenbearbeitung (Individuum und Gruppe)
- Lernmittel, Lernmethoden oder Lernwerkzeuge
- Zeitliche Investitionen und Wiederholungen bei der Bearbeitung von Aufgaben
- Form des Feedbacks und Expertenhilfe
- Soziale Unterstützung durch Kollegen und LernpartnerInnen.«

In Abb. 4 sind verschiedene *Formen von Lernprozessen* aufgeführt. Diese können entsprechend der gegebenen Kontextstrukturen unterschiedliche Freiheitsgrade hinsichtlich des Entscheidungs- und Gestaltungsspielraumes aufweisen.

Rekursion	Lernform	Problemstellung
Integration von Arbeiten und Lernen	Coaching durch Mitarbeiter oder Vorgesetzte, Communities of Practice	■ Lernen findet nicht bedarfsorientiert statt. ■ Erfahrungswissen wird nicht geteilt: »Wissen ist Macht«. ■ Es ist unklar, wer über welche Fähigkeiten verfügt. ■ »Gute Praktiken« sind unbekannt.
Integration arbeitsprozessbezogener Tätigkeiten	Einführung von Gruppenarbeit, Fertigungsinseln und Projektarbeit	■ Der Arbeitsprozess ist zergliedert. Die Begründung und Bedeutung der Anforderungen ist unbekannt. ■ Das lokale Wissen ist zur Lösung bestehender Probleme (z. B. Produktentwicklung) nicht ausreichend.
Rückkopplung von Handlungsergebnissen	Aufbau direkter Mitarbeiter-Kunden-Beziehungen	■ Der Kunde als dritte Person (von außerhalb) bewertet die Qualität der Leistung. ■ Der Mitarbeiter kennt diese Bewertung, die Bedeutung und den Effekt seiner Arbeit nicht.
Rückkopplung von Prozessen	■ Total Quality Management ■ Wissensmanagement ■ Netzwerkmanagement ■ Zukunftsmanagement	■ Schnittstellenprobleme in der Organisation sowie zwischen Organisation und Umwelt sind unbekannt. ■ Gegenwärtige und zukünftige Bedingungen der Umwelt (Politik, Gesellschaft, Markt) sind unbekannt. ■ Potenzielle Risiken sind unbekannt. ■ Entwicklungsprozesse sind zeitlich begrenzt und enden nach dem Erreichen eines Ziels. Die Nachhaltigkeit ist nicht gesichert.

Abb. 4: Formen von Lernprozessen

Das Berichtssystem Weiterbildung gibt Aufschluss darüber, wie verbreitet die aufgezeigten Lernformen und weitere Formen des informellen beruflichen Kenntniserwerbs sind (Abb. 5, Berichtssystem Weiterbildung 2005, S. 54).

	Anteilswerte in %		
Arten des informellen beruflichen Kenntniserwerbs	Bund	West	Ost
Lernen durch Beobachten und Ausprobieren am Arbeitsplatz	38	37	44
Lernen von berufsbezogener Fachliteratur am Arbeitsplatz	35	34	37
Unterweisung oder Anlernen am Arbeitsplatz durch Kollegen	25	24	26
Unterweisung oder Anlernen am Arbeitsplatz durch Vorgesetzte	22	21	26
Berufsbezogener Besuch von Fachmessen oder Kongressen	17	18	16
Unterweisung oder Anlernen am Arbeitsplatz durch außerbetriebliche Personen	13	13	13
Vom Betrieb organisierte Fachbesuche in anderen Abteilungen oder planmäßiger Arbeitseinsatz in unterschiedlichen Abteilungen zur gezielten Lernförderung	10	10	12
Lernen am Arbeitsplatz mit Hilfe von computerunterstützten Selbstlernprogrammen, berufsbezogenen Ton- und Videokassetten usw.	8	8	8
Qualitätszirkel, Werkstattzirkel, Lernstatt, Beteiligungsgruppe	8	9	7
Nutzung von Lernangeboten o.a. im Internet am Arbeitsplatz	7	7	7
Supervision am Arbeitsplatz oder Coaching	6	7	5
Systematischer Arbeitsplatzwechsel (z. B. Job Rotation)	4	3	4
Austauschprogramme mit anderen Firmen	3	2	5

Abb. 5: Verbreitung von Lernformen und weiteren Formen des informellen beruflichen Kenntniserwerbs

Diese Lernformen können bei entsprechenden Kontextstrukturen in selbstorganisierte Lernprozesse transformiert werden. Der Grundgedanke des selbstorganisierten Lernens ist, »dass wir eingefahrene Prozesse erst dann bewusst verändern können, wenn wir beginnen, die *Prozesse systematisch selbst zu beobachten*, fremd- und selbstbestimmte Aufgaben und Regeln und typische Reaktionsmuster erkennen und kritisch reflektieren, um sie zu verändern (Greif et al. 1993, S. 20).

4 Beispiele Selbstorganisierten Lernens

4.1 Minimale Leittexte und MikroArtikel

Kernelement des Konzepts Selbstorganisiertes Lernen mit minimalen Leittexten von Greif, Finger und Jerusel (1993) sind: Aufgaben, Regeln und Reflexion (Prinzip Rekursivität). Eine Aufgabe kann bestimmt werden durch einen *Ist-Zustand* als Ausgangspunkt, einen Soll-Zustand als *Ziel* und eine Abfolge verschiedener *Arbeitsschritte* zum Erreichen des gewünschten Ergebnisses. Ein *Problem* birgt Unschärfen in einem oder mehreren Bereichen: Der Ausgangspunkt, das Ziel oder die Arbeitsschritte sind unklar (Kapitel B.2 dieses Buches). *Regeln* geben Aufschluss darüber, wie eine Aufgabe bearbeitet werden soll. Regeln steuern eine Aufgabenbearbeitung durch Feinregulierung (Tuning), Standards (Qualitätskriterien) und Strategien (z. B. Problemlösestrategien, Verhaltens- oder Bewältigungsstrategien) (Greif 1996, S. 72). Das Konzept verwendet einen achtstufigen Problemlösekreis, dessen Einzelschritte durch »*minimale Leittexte*« initiiert werden, sodass selbstorganisiertes Arbeiten und Lernen ermöglicht wird. Minimale Leittexte sind (ähnlich einer Backanleitung) wie folgt aufgebaut (Finger/Schweppenhäußer 1996, S. 102):

- »Ziele (wozu dient der Leittext, Einordnung),
- Beschreibung der Schritte und Regeln,
- Ergebnisse (was folgt konkret nach der Anwendung) und
- Probleme (Schwierigkeiten, Voraussetzungen und Grenzen der Anwendbarkeit oder typische Fehler.«

Die Problemlöseschritte werden durch minimale Leittexte angeleitet (Abb. 6, Finger/Schweppenhäußer 1996, S. 104).

Schritte im Problemlösekreis (SoL-Konzept)	Zugeordnete Leittexte
1. Problemanalyse	Kartentechnik
2. Ziele definieren	Teilziele formulieren
3. Kreative Lösungen finden	Brainstorming (oder andere Kreativitätstechniken)
4. Bewertung der Lösungen	Beurteilungsmatrix
5. Planung und Durchführung	Projektplanungstechniken
6. Lösung und Plan präsentieren	Präsentationstechniken
7. Durchführung	Projektmanagementtechniken
8. (Abschluss-)Ergebnisse präsentieren	Präsentationstechniken

Abb. 6: Problemlöseschritte durch minimale Leittexte

MikroArtikel: Erstellung eines MikroArtikels
Thema, Problem
▪ Erfahrungen werden nur im direkten Kontakt zwischen Mitarbeitern weitergegeben. ▪ ...
Geschichte, Story Line
▪ Verschiedene Bedingungen verhindern den Transfer von Erfahrung. Gründe können u. a. sein: fehlende Zeit, fehlende Wertschätzung, fehlende Aufmerksamkeit ...
Einsichten (Lessons Learned)
▪ Die dokumentierte Erfahrung sollte zielgruppenspezifisch aufbereitet und für jeden nutzbar sein (Datenbank). Die jeweilige Zielgruppe sollte den Nutzen von MikroArtikeln bewerten können und die Bewertung sollte ausgewiesen werden (z. B. in Form eines Rankings – Google). ▪ ...
Folgerungen/Vorgehen/methodische Schritte
Ein MikroArtikel kann nach folgender Systematik aufgebaut sein: ▪ Thema/Problem ▪ Geschichte, Story Line, Kontext ▪ Einsichten (Lessons Learned) ▪ Erläuterung ▪ Anschlussfragen ▪ Ansprechpersonen, Links, Quellen
Erläuterung
Thema, Problem: ▪ In Stichworten, Fragen oder kurzen Statements ist das Problem prägnant zu charakterisieren. Dieser Punkt dient der Einordnung (Kontextualisierung) sowie der Indexierung des Artikels. Geschichte, Story Line: ▪ ...
Anschlussfragen
▪ Welche Anreize und Rahmenbedingungen sind erforderlich, damit die Dokumentation der Lernerfahrung normaler Bestandteil des Arbeitsprozesses wird? ▪ ...
Ansprechpersonen, Links, Quellen
▪ Willke, Helmut (1998). Systemisches Wissensmanagement. Stuttgart 1998. ▪ ...

Abb. 7: Erstellung von MikroArtikeln

Minimale Leittexte können zur Unterstützung im Arbeitsprozess eingesetzt werden. Eine Sammlung verschiedener minimaler Leittexte findet sich bei Greif et al. 1993. Ein Lerninstrument wird dieser Ansatz allerdings erst, wenn Ziele, Schritte, Regeln, Ergebnisse und Probleme reflektiert werden (Prinzip Rekursivität). Erst durch das Verständnis des Kontextbezugs (Lernen II) löst sich diese Methode von einem mechanistischen Lernverständnis (Lernen I). Minimale Leittexte können auch zur Weitergabe von Erfahrungen verwendet werden. Diese Idee verfolgt Helmut Willke mit den MikroArtikeln (Willke 1998, S. 100 f.). In den *MikroArtikeln* dokumentieren die Mitarbeiter ihre Lernerfahrung, reflektieren auf diese Weise ihre Erfahrung und können mit Hilfe der Artikel ihre Erfahrung anderen weitergeben. Der MikroArtikel in Abb. 7 erläutert exemplarisch die Erstellung von MikroArtikeln. Er ist Form und Inhalt zugleich.

Wie im Falle des minimalen Leittextes steuern die Regeln des Kontexts (z. B. Erlaubnis, Pflicht, Unterstützung, Belohnung, Anleitung) das selbstorganisierte Lernen der Mitarbeiter. Die Etablierung solcher lernförderlicher Regeln ist Ausdruck einer Lernenden Organisation.

4.2 Open Space Technology

Im Jahr 1983 bereitete Harrison Owen mit viel Mühe eine internationale Konferenz vor. Im Teilnehmerfeedback wurden als beliebteste und effektivste Parts der Konferenz die Lücken in der Ablauforganisation genannt: die Kaffeepausen.

Vor dem Hintergrund dieser Erfahrung entwickelt Harrison Owen die *Open Space Technology*: Er macht die Selbstorganisation zum Organisationsprinzip von Konferenzen. Hierfür ist es notwendig, einen Kontext zu schaffen, der diese Selbstorganisation ermöglicht. Den Kontext ermöglicht Owen, indem er vier Regeln festlegt, die selbstorganisierte Handlungen initiieren (Owen 2001, S. 25):

- *Wer immer kommt, es sind die richtigen Leute*: Es sind die richtigen Personen, weil sie die gleichen Interessen teilen. Nicht die Quantität der Personen entscheidet die Güte der Interaktion, sondern der Grad der »inneren Beteiligung«.
- *Was immer geschieht, ist das Einzige, was geschehen kann*: Diese Regel entlastet vom Erfolgsdruck und schafft Raum für Kreativität und Überraschungen.
- *Es fängt an, wenn die Zeit reif ist*: Diese Regel erfordert ein anderes Zeitverständnis. Gefragt ist nicht die chronologische Zeit, sondern die Zeit des persönlichen Erlebnisses.
- *Vorbei ist vorbei*: Diese Regel schafft die Erlaubnis, das Ende frei von äußerem Zwang zu wählen und schafft zudem Raum, um sich gegebenenfalls einem anderen Thema zuzuwenden. Ist die Interessen-Uhr abgelaufen, ist die Session zumindest für diese Person zu Ende.

Die vier Regeln unterliegen dem Gesetz der zwei Füße: »go with the flow« (Petri 2000, S. 151). Dieses Gesetz verbindet persönliche Freiheit mit der Verantwortung. Jede Person ist für ihren »*Flow*« selbst verantwortlich.

Was geschieht jedoch, wenn keine Vorgaben bestehen? Bei einer unerfahrenen Gruppe würde vermutlich zunächst wenig geschehen. Aus diesem Grund werden Open Space Konferenzen anmoderiert: Zunächst geht es um die Vermittlung der Regeln und des Gesetzes. Anschließend ruft der Moderator zur Themenfindung auf: Jeder Teilnehmer hat nun die Möglichkeit, ein Workshopthema vorzuschlagen sowie Ort und Zeit festzulegen. Nach dieser Phase wird der Marktplatz eröffnet und die restlichen Teilnehmer können sich, insofern sie möchten, den Workshops zuordnen. Danach gilt das Gesetz der zwei Füße. Zum Abschluss eines Workshops werden die Ergebnisse protokolliert und an einer Nachrichtenwand ausgehängt. Anschließend können die Ergebnisse bewertet werden: Welches sind die bedeutendsten Ergebnisse des Tages? Die so identifizierten Themen können nachbearbeitet werden (Aktionsplan).

Dieses Beispiel illustriert kompakt die *Kernelemente des selbstorganisierten Lernens in einer Lernenden Organisation:*

- Eine Lernende Organisation bietet einen *Kontext* für selbst organisierte Lernprozesse.
- Diesen Kontext muss eine Organisation zunächst aufbauen, indem sie als Organisation neue *Regeln* lernt.
- Hierfür sind *Lernbegleiter* erforderlich, die der Organisation helfen, ihren »kritische Wert« zu überschreiten.
- Die *Initiierung* selbstorganisierter Lernprozesse ist wesentlich von den Regeln des Kontexts abhängig.
- Das Paradox der Selbstorganisation lautet: *Selbstorganisation muss organisiert werden.*

Literatur

Argyris/Schön 1999: Argyris, C. und Schön, D. A.: Die Lernende Organisation: Grundlagen, Methoden, Praxis, Stuttgart 1999.
Armbruster et al. 2007: Armbruster, H., Kinkel, S. und Kirner, E.: »Innovationskompetenz auf wenigen Schultern: Wie abhängig sind Betriebe vom Wissen und den Fähigkeiten einzelner Mitarbeiter«, in: Gesellschaft für Arbeitswissenschaft (Herausgeber): Kompetenzentwicklung in realen und virtuellen Arbeitssystemen, Bericht zum 53. Kongress der Gesellschaft für Arbeitswissenschaft vom 28. Februar – 2. März 2007, Dortmund 2007, S. 81–84.
Bateson 1964/1971: Bateson, G.: »Die logischen Kategorien von Lernen und Kommunikation«, in: Bateson, G.: Ökologie des Geistes, 5. Auflage, Frankfurt am Main 1971, S. 362–399.
Bateson 1969: Bateson, G.: »Double Bind«, in: Bateson, G.: Ökologie des Geistes, 5. Auflage, Frankfurt am Main 1969, S. 353–361.
Bateson 1993: Bateson, G.: Geist und Natur: Eine notwendige Einheit, 3. Auflage, Frankfurt am Main 1993.
Bateson 1942: Bateson, G.: »Sozialplanung und der Begriff des Deutero-Lernens«, in: Bateson, G.: Ökologie des Geistes, 5. Auflage, Frankfurt a. M. 1942, S. 219–240.
Becker 2005: Becker, M.: Personalentwicklung, 4. Auflage, Stuttgart 2002.
Berichtssystem Weiterbildung IX 2005: BMBF (Herausgeber) Berichtssystem Weiterbildung IX, Ergebnisse der Repräsentativbefragung zur Weiterbildungssituation in Deutschland, Berlin 2005.
Berkel/Herzog 1997: Berkel, K. und Herzog, R.: Unternehmenskultur und Ethik, Heidelberg 1997.
Boekaerts 1999: Boekaerts, M.: »Self-regulated learning: where we are today«, in: International Journal of educational research, Heft 31/1999, S. 445–457.
Bornewasser 1997: Bornewasser, M.: »Kommentar: Die Rolle der Macht in der Beziehung von Person und Organisation«, in: Ortmann, G., Sydow, J. und Türk, K. (Herausgeber): Theorien der Organisation: Rückkehr der Gesellschaft, Wiesbaden 1997.
Deci/Ryan 1993: Deci, E. L. und Ryan, R. M.: »Die Selbstbestimmungstheorie der Motivation und ihre Bedeutung für die Pädagogik«, in: Zeitschrift für Pädagogik 1993, S. 223–238.
Dohmen 1998: Dohmen, G.: »Das ›selbstgesteuerte Lernen‹ und die Notwendigkeit seiner Förderung«, in: Derichs-Kunstmann, K., Faulstich, P., Wittpoth, J. und Tippelt, R. (Herausgeber): Selbstorganisiertes Lernen als Problem der Erwachsenenbildung: Dokumentation der Jahrestagung 1997 der Kommission Erwachsenenbildung der Deutschen Gesellschaft für Erziehungswissenschaft, Frankfurt am Main 1998, S. 64–69.
Eigen 1993: Eigen, M.: Stufen zum Leben: Die frühe Evolution im Visier der Molekularbiologie, 3. Auflage, München u. a. 1993.

Europäische Kommission 1995: Europäische Kommission: Weißbuch zur allgemeinen und beruflichen Bildung: Lehren und Lernen – auf dem Weg zur kognitiven Gesellschaft, in: http://europa.eu.int/comm/off/white/index_de.htm, zuletzt abgefragt am 11.10.05.

Faulstich 2002: Faulstich, P.: »Vom selbstorganisierten zum selbstbestimmten Lernen«, in: Faulstich, P., Gnahs, D. und Bayer, M. (Herausgeber): Praxishandbuch selbstbestimmtes Lernen – Konzepte, Perspektiven, Instrumente für die berufliche Aus- und Weiterbildung, Weinheim und München 2002, S. 61–98.

Finger/Schweppenhäuser 1996: »Leittextmethode und minimale Leittexte«, in Greif, S. und Kurtz, H.-J. (Herausgeber): Handbuch Selbstorganisiertes Lernen, S. 99–107.

Frieling et al. 2000: Frieling, E., Kauffeld, S., Grote, S. und Bernard, H.: Flexibilität und Kompetenz: Schaffen flexible Unternehmen kompetente und flexible Mitarbeiter? Edition QUEM, Band 12, Münster u. a. 2000.

Gerber/Gruner 1999: Geber, M. und Gruner, H.: FlowTeams: Selbstorganisation in Arbeitsgruppen, Ausgabe 108, Credit Suisse, Goldach 1999.

Greif 1996: Greif, S.: »Aufgaben, Regeln und Selbstreflexion«, in: Greif, S. und Kurtz, H.-J. (Herausgeber): Handbuch Selbstorganisiertes Lernen, S. 69–76.

Greif et al. 1993: Greif, S., Finger, A. und Jerusel, S.: Praxis des Selbstorganisierten Lernens: Einführung und Leittexte, Köln 1993.

Greif/Kurtz 1996: Greif, S. und Kurtz, H.-J.: »Selbstorganisation, Selbstbestimmung und Kultur«, in: Greif, S. und Kurtz, H.-J. (Herausgeber): Handbuch Selbstorganisiertes Lernen, S. 19–31.

Haken 1995: Haken, H.: Erfolgsgeheimnisse der Natur: Synergetik – Die Lehre vom Zusammenwirken, Reinbek bei Hamburg 1995.

Heyse 2002: Heyse, V.: Selbstorganisiertes Lernen, in: Rosenstiel, L. von, Regnet, E. und Domsch, M. E.: Führung von Mitarbeitern: Handbuch für erfolgreiches Personalmanagement. 5. Auflage, Stuttgart 2002, S. 573–592.

Klotz 2003: Klotz, A.: Selbstorganisation des Lernens: Ein adäquater anthropologischer Lernbegriff unter dem evolutiven Kontinuum der Selbstorganisation, Aachen 2003.

Knowles 1975: Knowles, M. S., Self directed learning, Chicago 1975.

Lefrancois 1994: Lefrancois, G. R.: Psychologie des Lernens. 3. Auflage, Berlin 1994.

Mader 1997: Mader, W.: »Differentielle Rahmenbedingungen und Forschungsperspektiven für selbstgesteuertes und lebenslanges Lernen«, in: Dohmen, G. (Herausgeber): Selbstgesteuertes lebenslanges Lernen? Ergebnisse der Fachtagnug des Bundesministeriums für Bildung, Wissenschaft, Forschung und Technologie vom 6. - 7.12.1996 im Gustav-Stresemann-Institut, Bonn 1997, S. 131–139.

Malik 1996: Malik, F.: Strategie des Managements komplexer Systeme, 5. Auflage, Bern; Stuttgart; Wien 1996.

Mandelbrot 1991: Mandelbrot, B. B.: Die fraktale Geometrie der Natur, Basel 1991.

Maturana/Varela 1987: Maturana, H. und Varela, F.: Der Baum der Erkenntnis: Die biologischen Wurzeln des menschlichen Erkennens, München 1987.

Mudra 2004: Mudra, P.: Personalentwicklung, München 2004.

Owen 2001: Owen, H.: Erweiterung des Möglichen: Die Entdeckung von Open Space, Stuttgart 2001.

Petri 2000: Petri, K.: »Open Space Technology«, in: Königswieser, R. und Keil, M. (Herausgeber): Das Feuer großer Gruppen, S. 146–163.

Prigogine 1992: Prigogine: Vom Sein zum Werden: Zeit und Komplexität in den Naturwissenschaften, 6. Auflage, München u. a. 1992.

Schein 1986: Schein, E. H.: Organizational Culture and Leadership, San Francisco; London 1986.

Schiemenz 2002: Schiemenz, B.: »Komplexitätsmanagement durch Rekursion«, in: Wilms, F. E. P. (Herausgeber): SEM|RADAR: Zeitschrift für Systemdenken und Entscheidungsfindung im Management, Heft 01/2001, Berlin; Dornbirn, S. 43–70.

Senge 1996: Senge, P.: Die fünfte Disziplin: Kunst und Praxis der lernenden Organisation, 3. Auflage, Stuttgart 1996.

Tuckmann 1965: Tuckmann, B. W.: »Development Sequences in Small Groups«, in: Psychological Bulletin, Vol. LXIII, Nr. 6.

Wiener 1972: Wiener, N.: Mensch und Menschmaschine: Kybernetik und Gesellschaft, Frankfurt am Main 1972.

Willke 1996 a: Willke, H.: Systemtheorie II: Interventionstheorie – Grundzüge einer Theorie der Intervention in komplexe Systeme, 2. Auflage, Stuttgart 1996.

Willke 1996 b: Willke, H.: Systemtheorie: Einführung in die Grundprobleme der Theorie sozialer Systeme, 5. Auflage, Stuttgart 1996.

Willke 1998: Willke, H.: Systemisches Wissensmanagement, Stuttgart 1998.

Zimbardo 1992: Zimbardo, P. G.: Psychologie, 5. Auflage, Berlin 1992.

C.9 Wissensmanagement als Teil der Personalentwicklung

*Jutta Rump**

1   Ausgangslage

2   Das Konzept des ganzheitlich-integrativen Wissensmanagements

3   Die strategische Ebene
    3.1   Wissensziele und Wissensmanagement-Ziele
    3.2   Wissensmanagement-Strategien
    3.3   Controlling von Wissen und Wissensmanagement

4   Die operativen Handlungsfelder
    4.1   Wissensidentifikation
    4.2   Wissensentwicklung
    4.3   Handlungsfeld: Wissenserwerb
    4.4   Wissenstransfer
    4.5   Wissensbewahrung

5   Rahmenbedingungen
    5.1   Wissenskultur als Teil der Unternehmenskultur
    5.2   Organisation
    5.3   Personalführung
    5.4   Anreizsystem

6   Die Implementierung von Wissensmanagement

7   Weniger ist Mehr

Literatur

---

*   Dr. Jutta Rump ist Professorin für Allgemeine Betriebswirtschaftslehre, Internationales Personalmanagement und Organisationsentwicklung an der Fachhochschule Ludwigshafen. Neben ihrer Tätigkeit als Vizepräsidentin leitet sie das Institut für Beschäftigung und Employability. Ihre Arbeits- und Forschungsschwerpunkte sind derzeit die Zukunft der Erwerbsarbeit, Employability und Employability Management, Unternehmens- und Personalpolitik im Zuge des demografischen Wandels, Electronic Mobility sowie Work-Life-Balance. Jutta Rump ist Vorstandsmitglied des gemeinnützigen Vereins »Wege zur Selbst GmbH«. Sie berät die Wirtschaftsministerkonferenz, ist Mitglied des Hochschulrats der Fachhochschule Gießen-Friedberg und gehört zum Kernteam der Arbeitsgemeinschaft »in eigener Sache« und »Jugend in eigener Sache«. Weitere Informationen sind unter www.fh-ludwigshafen.de/rump zu finden.

1 Ausgangslage

Die optimale Nutzung der Ressource Wissen ist mehr und mehr zu einem »Muss« für erfolgreiche Unternehmen geworden. Verantwortlich für diese Entwicklung sind u.a. die explosionsartige Vermehrung, die weitgehende Fragmentierung sowie die zunehmende Globalisierung von Wissen. Untersuchungen belegen, dass Wissen – je nach Branche – einen Anteil von 60 bis 100 Prozent an der *Wertschöpfung* der Unternehmen aufweist. Wissen ist somit zentraler Wettbewerbsfaktor. In diesem Zusammenhang wird das Managen von Wissen als effektive Strategie und effizientes Instrumentarium propagiert. Doch Wissensmanagement ist nicht neu. Informationspolitik, Personalentwicklung oder Personaleinsatzplanung sind wissensorientierte Aktivitäten. Neu ist hingegen die systematische, gezielte und reflexive Steuerung im Umgang mit Wissen (Weggemann 1999, S. 220).

Unter *Wissensmanagement* wird im Allgemeinen ein komplexes Führungskonzept verstanden, mit dem relevantes Wissen ganzheitlich, ziel- und zukunftsorientiert als wertsteigernde Ressource gestaltet und nutzbar gemacht wird. Die Wissensbasis wird bewusst und systematisch geschaffen, sodass sie zum Erreichen der Ziele beiträgt. Im Mittelpunkt von Wissensmanagement steht zum einen die Förderung von Informationsverarbeitungs- und Lernprozessen. Zum anderen schafft Wissensmanagement geeignete Rahmenbedingungen, damit die Wissensprozesse kontinuierlich und zielorientiert ablaufen (Rump/Lau-Villinger 2001, S. 14f., Felbert 1998, S. 122f., Krauter/Kreitmeier 2000, S. 72f., Weggemann 1999, S. 48).

Die Fähigkeit, schneller zu lernen als die Konkurrenz, ist heute nicht selten ein entscheidender Faktor für den Erfolg. Wenn Wissen den Wettbewerb wesentlich mitbestimmt, ist eine systematische Suche nach Wegen zum Managen von Wissen erforderlich.

Wissensmanagement sorgt dafür, dass
- erfolgskritisches Wissen nicht verloren geht,
- erfolgskritische Wissensbereiche identifiziert und relevante Wissensdefizite frühzeitig aufgedeckt werden,
- Wissensinhalte und -quellen transparent sind,
- der Zugriff auf Wissensquellen schneller erfolgt,
- Redundanzen vermieden werden und Wissen nicht immer wieder neu generiert wird,
- der Informations- und Wissensaustausch verbessert wird,
- Informations-Übertragungsfehler reduziert werden,
- die Qualität der Entscheidung steigt und der Prozess der Entscheidungsfindung schneller, kostengünstiger und wirksamer verläuft,
- Arbeitsabläufe kontinuierlicher und schneller vollzogen werden,
- Kommunikations- und Kooperationsbereitschaft sowie Teamfähigkeit ausgebildet werden,
- die Informationstechnologie effizienter genutzt wird,
- alle Wissensträger Anerkennung finden sowie deren Qualität und Quantität zunimmt usw.

Letztendlich führt Wissensmanagement zu Kosten- und Zeiteinsparung, Prozess- und Qualitätsverbesserung, Gewährleistung von Kundenorientierung und -zufriedenheit, Steigerung der Mitarbeiterqualifikation und -zufriedenheit. (Alex et. al. 2000, S. 49, Bullinger/Prieto 1998, S. 95f., Heisig 1999, S. 47, Herbst 2000, S. 27, 29, 187f., Krallmann et. al. 2000, S. 318, Tjiang 1999, S. 25).

2 Das Konzept des ganzheitlich-integrativen Wissensmanagements

Um der Bedeutung von Wissen als ein wesentlicher Faktor im Wettbewerb gerecht zu werden, werden derzeit in vielen Unternehmen einzelne Maßnahmen entwickelt und umgesetzt. Zu Aufbau, Pflege und Nutzung von Wissen reichen diese Einzelaktivitäten jedoch nicht aus. Stattdessen ist es erforderlich, dass die konsequente Nutzung und Pflege des Vermögens »Wissen« zu einer vordringlichen Managementaufgabe wird. Strategisches und operatives Handeln muss sich danach ausrichten, Transparenz über das im Unternehmen vorhandene Wissen zu haben, individuelle Kenntnisse effektiv und effizient einzusetzen, eine kollektive Wissensbasis zu schaffen sowie Wissen zu entwickeln und zu transferieren. Darüber hinaus sollte die *Motivation* bzw. Motivierung von Wissensarbeitern (aus Gründen der Lesefreundlichkeit und Vereinfachung wird im folgenden Text auf die weibliche Form verzichtet) im Blickpunkt stehen. Wissensarbeiter stellen deutlich höhere Anforderungen an die Qualität ihres Arbeitsumfeldes. Offene Führung, Handlungsspielräume, Entwicklungsmöglichkeiten, Sinnfindung im Rahmen der Organisation sind nur einige Stichwörter, die in diesem Zusammenhang zu nennen sind.

Wissensmanagement vollzieht sich auf mehreren Ebenen. Auf der strategischen Ebene umfasst es
- die Formulierung von Wissenszielen und Wissensmanagement-Zielen,
- die Entwicklung von Wissensmanagement-Strategien sowie
- die Gestaltung des Controllings von Wissen und Wissensmanagement (Probst et. al. 1998, S. 51).

Auf der Ebene der operativen Handlungsfelder hat es Folgendes im Fokus:
- die Identifikation von heutigem und zukünftigem erfolgskritischem Wissen,
- die Entwicklung und den Erwerb von Wissen,
- den Wissenstransfer sowie
- die Bewahrung von bewahrungswürdigem Wissen.

Auf der Ebene der Rahmenbedingungen erleichtert Wissensmanagement den Umgang mit erfolgskritischem Wissen. Als wissensmanagementfördernde Bedingungen gelten:
- die Wissenskultur als Teil der Unternehmenskultur,
- eine offene Organisation,
- delegative Führung sowie

- ein den Nutzen erlebbar machendes Anreizsystem (Rump/Lau-Villinger 2001, S. 18).

Die Abbildung 1 zeigt das ganzheitlich-integrative Wissensmanagement.

Abb. 1: Das ganzheitlich-integrative Wissensmanagement (eigene Darstellung)

3 Die strategische Ebene

3.1 Wissensziele und Wissensmanagement-Ziele

Wissensziele zeigen auf, welchen Beitrag die Ressource »Wissen« zum Unternehmenserfolg leisten soll und welches Wissen langfristig für das Unternehmen wichtig ist. Sie bestimmen den *Wissensbedarf*. Dies erlaubt eine frühzeitige Ausrichtung von wichtigen Prozessen, Strukturen und Managementsystemen (Armutat et al. 2002).

Wissensziele stehen nicht für sich allein. Ausgehend von dem Unternehmenszielsystem werden die Kernkompetenzen und die geschäftsrelevanten Wissensbereiche identifiziert. Die Leitfrage lautet: »Was benötigen wir an Wissen?« Wissensziele stellen eine bewusste Ergänzung herkömmlicher Planungsaktivitäten dar. Zielkategorien der strategischen oder finanziellen Planung, wie z.B. Marktanteilswachstum, Umsatzrentabilität, Eigenkapitalrendite, behalten weiterhin ihre Bedeutung. Die Tragweite von Wissen als kritischer Faktor des Unternehmenserfolges lässt jedoch die Einbeziehung von Wissenszielen in den Katalog von Unternehmenszielen sinnvoll erscheinen. Bei der Formulierung von Wissenszielen sind somit das Zusammenspiel und die Wechselwirkungen innerhalb des Zielsystems zu berücksichtigen. Es geht also nicht nur um die Überprüfung der Wissensziele auf ihre Kompatibilität zu anderen Zielen, sondern auch um Vereinbarkeit der anderen Ziele mit den Wissenszielen. Angesichts knapper Ressourcen ist die Abstimmung des Zielkataloges auch gekennzeichnet durch die Frage nach Zielprioritäten und der Suche nach Synergien (Herbst 2000, S. 67, Probst et al. 1998, S. 68, 86).

Wissensmanagement-Ziele geben den Aktivitäten des Wissensmanagements eine Richtung. Sie orientieren sich an den Wissenszielen (bzw. dem Wissensbedarf) und dem Unternehmenszielsystem und haben einen direkten Bezug zum operativen Geschäft (Abb. 2). Die Definition von Wissensmanagement-Zielen orientiert sich an vier Dimensionen. Diese sind Inhalt, Ausmaß, Richtung und Zeitpunkt.

- Der Inhalt legt fest, welcher Zustand angestrebt wird,
- das Ausmaß bestimmt, wie viel erreicht werden soll,
- die Richtung gibt an, ob etwas aufgebaut, gehalten oder reduziert wird,
- der Zeitpunkt gibt darüber Auskunft, wann etwas erreicht werden soll (Herbst 2000, S. 65 f.).

- In zwei Monaten soll das Projektteam X die Grundlagen des Themas »Wissensmanagement« erworben haben.
- In einem Monat soll der Zeitaufwand für die Suche nach Information B um ein Drittel reduziert werden.
- Damit wir ausschließlich High Potentials beschäftigen, rekrutieren wir in den nächsten zwei Jahren nur Top-Absolventen aus Elite-Schulen.

Abb. 2: Beispiele für Wissensmanagement-Ziele (Armutat et al. 2002)

3.2 Wissensmanagement-Strategien

Als *Wissensmanagement-Strategie* werden die systematischen Überlegungen zur Umsetzung der Wissensziele und der Wissensmanagement-Ziele im jeweiligen Unternehmenskontext bezeichnet. Man kann grundsätzlich zwei Schwerpunktsetzungen innerhalb der Wissensmanagement-Strategien eines Unternehmens unterscheiden (Armutat et al. 2002, S. 33, Hansen et. al. 2001, S. 86)

Im ersten Fall besteht die Strategie des Wissensmanagements darin, dass durch ein System der strukturierten Mitarbeitervernetzung ein Direktkontakt zwischen Wissensbedarfsnehmern und Wissensträgern hergestellt wird. Die Wissensträger tauschen ihr Wissen in direkter Interaktion aus. Diese Strategie wird im Folgenden als *People to People* (P2P) bezeichnet.

Im zweiten Fall wird versucht, Wissensmanagement durch Verfahren der DV-gestützten, strukturierten Speicherung von Informationen zu realisieren. Die Wissensträger des Unternehmens interagieren hier vorrangig mit einem technischen System, das spezifische Wissensinhalte dokumentiert und deren zielgerichtete Abfrage gewährleistet. Dieser Wissensmanagementschwerpunkt soll im Folgenden *People to System* (P2S) genannt werden.

Die Abbildung 3 zeigt Strategieansätze des Wisssensmanagements.

Wissensmanagement-Strategien

People to People Strategie

- Jedes Problem ist neu und anders, mit hoher Komplexität versehen
- Strukturierte Mitarbeitervernetzung durch Direktkontakt zwischen Wissensarbeitern
- Instrumente: Kommunikation statt Dokumentation
- Dokumentation nur zur Unterstützung

People to System Strategie

- Probleme werden mit standardisierten Lösungen angegangen
- Interaktion zwischen Wissensarbeitern mittels technischer Dokumentationssysteme
- Instrumente: Dokumente, Informationstechnologie
- Persönliche Kommunikation als Unterstützung

Abb. 3: Strategieansätze des Wissensmanagements (eigene Darstellung)

Ob es sinnvoll ist, einen Schwerpunkt im Sinne von »People to People« oder »People to System« zu setzen, hängt vor allem von den Produkten eines Unternehmens bzw. eines strategischen Geschäftsfeldes ab. Je wissensintensiver das Produkt, je individueller die Problemlösungen und je weniger standardisiert der Leistungserstellungsprozess ist, desto eher bietet es sich an, den Schwerpunkt bei »People to People« zu setzen. Je standardisierter das Produkt ist und je standardisierter der Leistungserstellungsprozess ist, desto eher bietet sich ein »People to System«-Vorgehen im Wissensmanagement an.

Weitere Hinweise auf die »richtige«, d.h. unternehmens- und geschäftsfeldadäquate Schwerpunktsetzung ergeben sich, wenn man szenarioartig die Folgen antizipiert. Darüber hinaus muss die Frage beantwortet werden, ob das Unternehmen bzw. strategische Geschäftsfeld zum antizipierten Zeitpunkt auf der Grundlage des momentanen Status quo in der Lage sein wird, die Konsequenzen des jeweiligen Ansatzes zu verarbeiten. Da sich sowohl bei »People to People« als auch bei »People to System« bedeutende Konsequenzen ergeben, ist es sinnvoll, eine derartige Reflexion anzustrengen, bevor man sich für die eine oder andere Strategie entscheidet, um so die unvorhersehbaren Folgen jeder Entscheidung zu minimieren (Armutat et al. 2002, S. 34).

3.3 Controlling von Wissen und Wissensmanagement

Die Betrachtung des Wissens als Kapital und Teil des immateriellen Vermögens, dem ein Wert zugewiesen werden kann, integriert das Wissensmanagement in die bestehende Logik des Managements finanzieller und physischer Ressourcen. Dieser Anspruch lässt sich jedoch derzeit nur begrenzt umsetzen. Messung und Bewertung von Wissen sind in der Praxis wenig verbreitet. Zum einen ist dies darauf zurückzuführen, dass viele Unternehmen nur über wenig Erfahrung mit dem *Controlling* nicht-monetärer Größen verfügen. Zum anderen können Wissensmanager nur bedingt auf ein erprobtes Instrumentarium von Messverfahren zurückgreifen. Dennoch hat die Bewertung von Wissen im Wissensmanagementprozess eine hohe Bedeutung für den Erfolg.

In der Diskussion sind derzeit eine Reihe von Ansätze, die sich in quantitativ und qualitativ gliedern lassen. Als quantitative *Steuerungsinstrumente* gelten (Rump/Schmidt 2004, S. 142 ff., Rump/Wilms 2007):

- die Bewertung des Unterschiedes zwischen Marktwert und Buchwert eines Unternehmens,
- der Return on Knowledge (ROK),
- Indikatorenmodelle,
- die Balanced Scorecard sowie
- die Wissensbilanz.

Zu den qualitativen Ansätzen zählen
- die Portfolio-Analyse und
- das Audit-Verfahren.

4 Die operativen Handlungsfelder

4.1 Wissensidentifikation

Die Identifikation von Wissen schafft Transparenz, die eine bessere Orientierung und einen schnelleren Zugriff auf das vorhandene Wissen ermöglicht. Das Aufdecken von fehlendem Wissen stellt einen wirksamen Auslöser für Lernprozesse dar und gibt den Aktivitäten der Wissensentwicklung, des Wissenserwerbs und des Wissenstransfers eine Richtung.

Wissenstransparenz kann darauf ausgerichtet sein, dass das gesamte im Unternehmen vorhandene Wissen lokalisiert und identifiziert wird. Dies ist jedoch mit erheblichem zeitlichem und finanziellem Aufwand verbunden. Darüber hinaus steht der Nutzen, der sich aus der Erfassung aller Wissensbestände ergibt, in keiner Relation zum Aufwand. Stattdessen empfiehlt es sich, Transparenz über das erfolgskritische Wissen zu schaffen. Als Bezugsrahmen dienen die Wissensziele (Bullinger/Prieto 1998, S. 98, Herbst 2000, S. 81, Probst et. al. 1998, S. 103f.).

Eine Möglichkeit zur Dokumentation der individuellen erfolgskritischen Wissensbestände stellen Wissenskarten dar. *Wissenskarten* sind Verzeichnisse von Wissenstträgern, Wissensbeständen, Wissensquellen, Wissensstrukturen oder Wissensanwendungen.

Es gibt unterschiedliche Arten von *Wissenskarten* (Felbert 1998, S. 128, Probst et. al. 1998, S. 107ff.):
- Wissenstopographien veranschaulichen, welche Wissensart in welcher Ausprägung bei welchem Wissensträger vorhanden ist,
- Wissensbestandskarten zeigen an, wo und wie bestimmte Wissensbestände gespeichert sind,
- Wissensquellenkarten geben Auskunft, welche Personen innerhalb eines Teams, eines Bereichs oder aus dem externen Umfeld wichtiges Wissen zu bestimmten Aufgaben beitragen können,
- die »Gelben Seiten« enthalten Informationen über Kernprozesse und typische Probleme im Unternehmen sowie die Namen und Kontaktdaten von potenziellen Problemlösern.

Wissenskarten sind meistens in Datenbanken integriert. Solche Datenbanken mit Informationen über Mitarbeiter hinsichtlich Qualifikationsstand, Bildungs- und Berufsweg sind laut Betriebsverfassungsgesetz mitbestimmungspflichtig. Sie unterliegen zudem den Tatbeständen der Datenschutzbestimmungen. Darüber hinaus dürfen Angaben zur Person, die nicht für das Arbeitsverhältnis relevant sind, nicht ohne Erlaubnis der einzelnen Mitarbeiter aufgenommen werden (Dilk 1999, S. 74).

Der Umgang mit kritischen kollektiven Fähigkeiten ist einer anderen Logik unterworfen als die Vorgehensweise bei der Identifizierung des individuellen kritischen Wissens. Durch die Verknüpfung von Wissen entsteht eine Wissensbasis auf der Metaebene, die keiner Person zuzuordnen ist und deren Qualität sich mit den Kombinationsmöglichkeiten ändert. Kollektives Wissen befindet sich in einem sehr instabilen Zustand, da es sehr elastisch auf Veränderungen seiner Bestimmungsgrößen und Einflussfaktoren reagiert. Instabilität und Komplexität erschweren die Offenlegung. Ein Versuch, die vorhandene kollektive Wissensbasis fassbar zu machen, stellt die Analyse von Beziehungsnetzen und die Bewertung der Ergebnisse von Gruppenhandlungen dar (Felbert 1998, S. 126, 128, Probst et. al. 1998, S. 116f., 125.).

4.2 Wissensentwicklung

Das Handlungsfeld *Wissensentwicklung* beschäftigt sich mit der unternehmensinternen Schaffung von neuem Wissen. Dabei muss es sich vor allem zwei Herausforderungen stellen (Rump/Lau-Villinger 2001, S. 51):
1. Die Ausrichtung der Lernprozesse sollte dem hohen Anspruch an die Qualität des Wissens gerecht werden.
2. Die Zeitverzögerung zwischen der Identifikation von Wissenslücken und deren Schließung sollte so gering wie möglich ausfallen. Wird der zeitliche Aspekt nicht hinreichend berücksichtigt, besteht die Gefahr, dass Wissen zwar geschaffen wird, sich die Anforderungen an das Wissen in der Zwischenzeit jedoch wieder geändert haben.

Wege zur Wissensentwicklung sind:
- Veränderung der Arbeitsinhalte (Job Enlargement, Job Enrichment, Job Rotation),
- explizite Lernorte (Think Tanks, Lernzentren, Lernarenen),
- Team- bzw. Projektarbeit,
- Coaching,
- die Vermittlung von Best Practice (z.B. in Form von Erfahrungsaustauschgruppen, Seminaren, Vorträgen, Konferenzen) sowie
- Großgruppeninterventionen (Open Space Meetings, Zukunftskonferenzen, Team Syntegrity).

4.3 Handlungsfeld: Wissenserwerb

Das für den Erfolg notwendige Wissen kann nicht immer vom Unternehmen selbst vollständig entwickelt werden. Teile des erfolgskritischen Wissens müssen erworben werden. Mit *Wissenserwerb* ist nicht gemeint, Wissen extern »einzukaufen«. Vielmehr steht die Integration von fremdem Wissen im Vordergrund.

Fremdes Wissen kann über verschiedene Kanäle eingebracht werden. Dazu zählen:
- die Integration externer Wissensträger (Mitarbeiterrekrutierung, Rekrutierung von Beratern, Bildung von strategischen Allianzen usw.),
- der Erwerb von Wissensprodukten (Patente, Bücher, CD-ROMs, Datenbanken usw.),
- die Nutzung von Stakeholder (Kunden-, Lieferantenwissen usw.),
- die Akquisition des Wissens anderer Unternehmen (durch Joint Ventures, Fusionen, Übernahmen usw.) (Rump/Lau-Villinger 2001, S. 55 ff.).

4.4 Wissenstransfer

Um Wissenssynergien zu nutzen, den organisationalen Lernprozess zu unterstützen sowie Wissen zur rechten Zeit am rechten Ort nutzen zu können, müssen Maßnahmen ergriffen und Bedingungen geschaffen werden, damit das Wissen geteilt bzw. verteilt werden kann. *Wissenstransfer* hat zum Ziel, isoliert vorhandenes Wissen für andere und das gesamte Unternehmen nutzbar zu machen. Die grundlegende Voraussetzung für die Wissens(ver-)teilung ist die Existenz von Wissen. Dieses ist intern entwickelt und extern erworben worden. Darüber hinaus spielen die Identifizierung und Lokalisierung von Wissen eine wichtige Rolle für den Wissenstransfer. Die Leitfrage des Handlungsfeldes »Wissenstransfer« lautet:

Wer sollte was in welchem Umfang wissen oder können, und wie lässt sich der Prozess der Wissens(ver-)teilung erleichtern?

Nicht alles muss von allen gewusst werden. Totaler Wissenstransfer ist nicht das Ziel. Stattdessen geht es darum, Individuen und Gruppen Zugang zu jenen Wissensbeständen zu ermöglichen, die für ihre heutige und zukünftige Aufgabenbewältigung notwendig sind bzw. sein werden. Die Wissens(management)-Ziele geben die Richtung des Transfers vor. Der Wissenstransfer vollzieht sich jedoch nicht nur in einem inhaltlichen Rahmen, der durch die Ziele bestimmt ist, sondern muss auch Grenzen und Barrieren berücksichtigen, die ihm auferlegt sind (Abb. 4). Solche Grenzen und Barrieren können personenorientiert, organisatorischen bzw. technischen Ursprungs und/oder kulturell bedingt sein (Augustin 2000, S. 160 f., Götz/Hilt 2000, S. 248, North 1999, S. 146, Pawlowsky 1998, S. 27, Probst et. al. 1998, S.255 ff., Rump/Lau-Villinger 2001, S. 58 f.).

Die Abbildung 4 zeigt die Barrieren im Rahmen von Wissenstransfer.

Individuelle und kulturelle Barrieren	Technische und organisatorische Barrieren
▪ Monopolisierung von Wissen/Angst durch Wissensteilung die eigene Stellung im Unternehmen zu gefährden ▪ Mentale Barrieren aufgrund sich rasch verändernder Umwelten ▪ Angst vor Veränderungen, Fehlern, Versagen und Blamage ▪ Eingeschränkte Fähigkeit zur Verbalisierung und Visualisierung ▪ Eingeschränkte Lernbereitschaft und -fähigkeit ▪ Eingeschränkte Fähigkeit und/oder Bewusstsein, sich sozial zu vernetzen ▪ Vergesslichkeit und/oder Unachtsamkeit beim Umgang mit Wissen	▪ Keine Vorbildfunktion der Führungskräfte ▪ Keine Verbindlichkeit und Verpflichtung des Top-Managements ▪ Kein Bezug zu den Unternehmenszielen ▪ Kaum Vernetzung zu anderen Bereichen ▪ Zeitknappheit ▪ Autoritär orientierte Führungsstile ▪ Nur wenig Handlungs- und Gestaltungsspielraum ▪ Kein ausreichendes Anreizsystem ▪ Ungeeignete IT-Struktur ▪ Unkenntnis über Wissensbedarf ▪ Fehlende Transparenz über Wissensbestand

Abb. 4: Barrieren im Rahmen von Wissenstransfer (eigene Darstellung)

Wissenstransfer kann durch eine Reihe von Instrumenten und Maßnahmen unterstützt werden. Dabei kann zwischen direkten Transferaktivitäten, die durch persönlichen Kontakt gekennzeichnet sind, und indirekten Transferaktivitäten, die Transfermedien ausnutzen, unterschieden werden. Direkte, auf persönlichen Kontakten beruhende Instrumente zum Wissenstransfer sind (Rump/Lau-Villinger 2001, S. 59 f.)
- Kommunikationsforen,
- formelle Foren: Zirkelarbeit sowie innerbetriebliche und unternehmensübergreifende Arbeitskreise zum Erfahrungsaustausch,
- informelle Foren: das gemeinsame Mittagessen, Flurgespräche, gemeinschaftliche Freizeitaktivitäten etc.,
- Mentoring,
- zeitliche Überlappung der Amtsdauer im Rahmen der Nachfolgeregelung,
- Vernetzung von Arbeitsplätzen (z.B. durch Stellvertretungssysteme oder Teamstrukturen),
- Job Rotation und
- Expertenrunden.

Als indirekte, mediengestützte Instrumente des Wissenstransfers gelten (Bergmann 1999 a, S. 37 f., Bullinger/Prieto 1998, S.101, Herbst 2000, S. 127 f., Probst et. al. 1998, S. 209 f., 244 f., Rump/Lau-Villinger 2001, S. 61.):
- die Dokumentation von Erfahrungen und Ergebnissen (Lessons learned) in Papierform, auf CD-ROM oder im Intranet,
- Datenbanken sowie
- Groupware.

In diesem Zusammenhang sei darauf hingewiesen, dass Wissenstransfer nicht nur die Übermittlung von Wissen, sondern auch deren Aufnahme seitens des Empfängers umfasst. Zugang zum Wissen stellt somit eine notwendige, jedoch keine hinreichende Bedingung dar. Damit der Empfänger bereit ist, neue Informationen zu Wissen zu verarbeiten, muss er oder sie von der Sinnhaftigkeit und dem Nutzen überzeugt sein. Darüber hinaus hängt die Aufnahme von Wissen von der *Akzeptanz* des Transferweges, der Tauglichkeit der Transfermedien und nicht zuletzt von der Unternehmenskultur ab (Davenport/Prusak 1998, S. 206 f.).

4.5 Wissensbewahrung

Wissensbewahrung ist darauf ausgerichtet,
- dem Vergessen von kritischem Wissen entgegenzuwirken,
- Know-how-Verluste zu vermeiden, wenn Beschäftigte das Unternehmen verlassen, sowie
- eine permanente Aktualität aufrechtzuerhalten.

In jedem Unternehmen werden täglich viele Erfahrungen gemacht, Wissen wird erworben und entwickelt. Die Herausforderung liegt darin, aus der Vielzahl von generierten Wissensbeständen die bewahrungswürdigen zu selektieren, diese in angemessener Form zu speichern und die permanente Aktualisierung sicherzustellen. Der Wissensbewahrung sollte die Entwicklung eines gemeinsamen Sprachverständnisses vorausgehen (Bullinger et. al. 1998, S. 31, Probst et. al. 1998, S. 289).

Die *Selektion* in bewahrungswürdiges und nicht bewahrungswürdiges Wissen basiert auf der Leitregel, dass nur das, was in Zukunft für den Erfolg des Unternehmens, des Bereichs, der Abteilung bzw. des Teams nutzbar sein könnte, es auch verdient, bewahrt zu werden. Diese vage Regel bedarf einer Konkretisierung, die jedes Unternehmen für sich vornehmen muss. Als Grundlage zur Formulierung von Selektionskriterien dienen die Unternehmensvision, die Strategien, das Unternehmenszielsystem sowie die Wissensziele.

Die Speicherung des bewahrungswürdigen Wissens kann individuell, kollektiv und elektronisch erfolgen. Die individuelle Bewahrung von Wissen zielt vor allem darauf ab, dem Verlust von personengebundenem Wissen entgegenzuwirken. Die wirkungsvollste Methode der individuellen Bewahrung stellt die Bindung der Wissensträger an das Unternehmen dar. Systeme von materiellen und immateriellen Anreizen sind dabei hilfreich. Fühlen sich Wissensträger in ihrem Arbeitsumfeld wohl, sind sie weniger daran interessiert den Arbeitgeber zu wechseln. Nicht immer ist es möglich, die Austrittsbarrieren zu erhöhen. Wenn absehbar ist, dass Mitarbeiter das Unternehmen verlassen, kann kritisches Wissen durch die zeitliche Überlappung der »Amtsdauer« und durch den gezielten Aufbau von Nachfolgern gesichert werden. Neben der Nachfolgeregelung als eine Maßnahme zur Bewahrung des kritischen Wissens von ausscheidenden Mitarbeitern bieten sich auch strukturierte Austrittsgespräche an, die der Vorgesetzte und Kollegen mit dem ausscheidenden Mitarbeiter führen. Dabei kann der Versuch unternommen werden, Teile des individuellen Wissens zu explizieren und zu dokumentieren. Haben Wissensträger bereits das Unternehmen verlassen, können Kooperationen mit diesen ehemaligen Mitarbeiter zur Bewahrung des personengebundenen kritischen Wissens beitragen. Möglichkeiten der Kooperation sind Einsätze als Trainer und Berater. Auf der kollektiven Ebene geht es um die Offenlegung von Wissen, über das Gruppen verfügen, und um deren Speicherung. Instrumente zur Speicherung von kollektivem Wissen sind beispielsweise Sitzungsprotokolle, Projektberichte, Lessons Learned und Geschichten über gemeinsame Erlebnisse. Externalisiertes individuelles und kollektives Wissen kann in digitalisierter Form gespeichert werden. Als elektronische Speichermedien dienen z.B. CD-ROMs, Datenbanken oder das umfassende Data Warehouse (Bergmann 1999 b, S. 36, 38, Bullinger/Prieto 1998, S. 114, Herbst 2000, S. 118, Probst et. al. 1998, S. 295 ff., Wuppertaler Kreis 2000, S. 91).

5 Rahmenbedingungen

5.1 Wissenskultur als Teil der Unternehmenskultur

Unternehmenskultur als die Summe aller gelebten, sich im Verhalten aktualisierenden Werte und Einstellungen sowie Gesamtheit des Miteinanderumgehens im Unternehmen bestimmt entscheidend die Denk- und Handlungsmuster von Beschäftigten. Denk- und Handlungsmuster ihrerseits gehören zu den zentralen Faktoren, die wesentlich den Umgang mit Wissen beeinflussen. Das Interesse und die Bereitschaft, Wissen zu teilen, zu entwickeln und zu nutzen, hat erst einmal wenig mit Werkzeugen zu tun. Selbst innovative Instrumente bewegen keinen Beschäftigten dazu, sich an Wissensgenerierung und -austausch zu beteiligen, wenn er nicht dazu bereit ist.

Die *Unternehmenskultur* ist in vielen Unternehmen durch die Distanzierung mittels Macht (Einstellung »Wissen ist Macht«), durch die Vermeidung von Unsicherheiten und Risiken (Einstellung »Nur keine Fehler machen«), durch ausgeprägten Individualismus (Einstellung »Meine Interessen stehen in jedem Fall im Vordergrund«) sowie durch die Separierung der Generationen (»Jung zu Jung, Alt zu Alt«) gekennzeichnet. Diese »Werte« sind nicht die »Werte« einer wissensmanagementförderlichen Unternehmenskultur (im Folgenden als Wissenskultur bezeichnet). Sie stehen der Bereitschaft zu teilen, einer offenen Kommunikation und intensiven Zusammenarbeit entgegen (Rump/Lau-Villinger 2001, S. 21).

Im Zentrum einer *Wissenskultur* stehen die Nutzbarmachung von bestehendem Wissen, das (Ver-)Teilen von Wissen und das Generieren von neuem Wissen. Sie zeigt sich vor allem darin, dass:

- Vertrauen und Offenheit das zentrale Leitbild und den wesentlichen Leitwert darstellen,
- die Mitarbeiter für sich selbst Verantwortung übernehmen,
- alle Beschäftigten eine positive Haltung zum Lernen haben,
- Fehler als Teil des Lernprozesses aufgefasst werden,
- Wissen nicht als wertvoller Besitz gilt, sondern die Einstellung vorherrscht, durch Wissenstransfer die individuelle und organisationale Wissensbasis zu erhöhen (Rump/Lau-Villinger 2001, S. 21 f.).

Zu den Variablen, die eine Wissenskultur ausmachen, zählen somit:
- Vertrauen,
- Offenheit,
- Eigenverantwortung,
- Lernbereitschaft und
- der konstruktive Umgang mit Macht (Armutat et. al. 2002).

5.2 Organisation

Damit sich die Vorteile von Wissensmanagement voll entfalten können, ist eine osmotische *Organisationsstruktur* von großem Nutzen. Eine solche Struktur fördert eine Kultur der Zusammenarbeit und des Austausches. Mitarbeitern und Führungskräften ist es möglich, über die Grenzen des eigenen Fachgebietes und der Abteilung hinaus tätig zu werden, wenn es im Interesse des Kunden und des Unternehmens als notwendig angesehen wird. Die informelle Struktur wird deshalb als ebenso wichtig eingestuft wie die formale. Eine osmotische, das Wissensmanagement unterstützende Organisationsstruktur ist darüber hinaus durch einen hohen Autonomiegrad und große Handlungsspielräume gekennzeichnet. Die Verantwortung für die Aufgabe und das Ergebnis wird auf den Mitarbeiter übertragen. Die Delegation von Entscheidungsbefugnis und Verantwortung bedingt eine Verflachung der Hierarchie. Ob die Verantwortung und Befugnisse von den Beschäftigten angenommen werden, hängt entscheidend vom Entwicklungsstand der Unternehmenskultur ab. In einer Atmosphäre, in der Mitarbeiter Angst haben, wegen Fehlern maßgeregelt zu werden, schöpfen sie den Handlungsspielraum nicht aus. Im Rahmen einer Kultur, in der Fehler als Chance zum Lernen und zur gesteuerten Verbesserung sowie als Ergebnis eines Kreativprozesses betrachtet werden, setzen sie hingegen ihr Wissen um und generieren neues Know-how. Als weitere Kriterien einer *osmotischen Organisation* gelten
- kurze, gut funktionierende Informations- und Entscheidungswege,
- die Reduktion der Schnittstellen auf das Wesentliche sowie
- Flexibilität, um auf Veränderungen schnell und angemessen reagieren zu können (Rosenstiel 2000, S. 156, Rump/Lau-Villinger 2001, S. 32, Weggemann 1999, S. 167 ff).

5.3 Personalführung

Grundsätzlich ist davon auszugehen, dass ein delegativer Führungsstil, der den Aufgabenträgern die Entscheidungsbefugnis und Verantwortlichkeit überträgt, Wissensmanagement fördert. Damit die Verantwortung wahrgenommen wird, muss sie jedoch deutlich verankert sein, sodass sich jeder Beschäftigte über seinen Teil der Verantwortung im Klaren ist. In einem solchen Kontext gehört es zu den Aufgaben des Vorgesetzten, für Ziele zu sorgen. Dabei ist zu berücksichtigen, dass die Ziele einerseits realistisch sind, andererseits jedoch ein hohes Anspruchsniveau aufweisen. Die hohen, aber realistischen Anforderungen sollen eine Herausforderung für den Aufgabenträger darstellen, deren Bewältigung einen Motivationsschub auslöst. Darüber hinaus sollte der Vorgesetzte den Mitarbeiter dabei unterstützen, die Verantwortung anzunehmen, in dem er dessen Selbstmanagement fördert. Nur Mitarbeiter, die die eigene Person selbst steuern, sich als Unternehmer in eigener Sache verstehen, sind letztendlich in der Lage, die delegierte Verantwortung und Entscheidungsbefugnis effizient umzusetzen.

In wissensintensiven Unternehmen gehört es ebenfalls zu den Aufgaben einer Führungskraft, die richtige Person für den richtigen Job zu finden. Dabei sollte der Vorgesetzte den Personaleinsatz nach dem Prinzip der Stärkenorientierung ausrichten. Er trifft Personalentscheidungen nicht, um Schwächen minimal zu halten, sondern um Stärken maximal zu verwerten. Wissen, Fähigkeiten und Talente werden erst dann optimal genutzt. Als Instrumente zur Evaluation der vorhanden Stärken und Potenziale bietet sich die Leistungs- und Potenzialbeurteilung an. Aus der Führungsaufgabe des stärkenorientierten Personaleinsatzes lassen sich weitere Aufgaben ableiten:

- die Suche nach den besten Mitarbeitern,
- die Bindung des besten Mitarbeiters an das Unternehmen,
- die Unterstützung bei der Qualifizierung.

Treten Probleme bei der Zusammenarbeit von Wissensarbeitern auf, sollte der Vorgesetzte Anstöße zur Reflexion geben. Dazu gehört es auch, die Mitarbeiter von der Sinnhaftigkeit des Wissensmanagements zu überzeugen und eine Atmosphäre des Vertrauens und der Offenheit zu gestalten. Die Führungskraft sollte zudem als Facilitor fungieren, der *Transparenz* schafft und die Aktivitäten im Hinblick auf die Unternehmensziele koordiniert (Antoni 1999, S. 13 f.).

Der delegative Führungsstil und die Führung durch anspruchsvolle Ziele bedingen, dass sich die Kontrollfunktion des Vorgesetzten auf das Ergebnis bzw. auf die Erreichung der Ziele beschränkt. Die Kontrolle der Ausführungen durch den Vorgesetzten wäre angesichts der Komplexität des Arbeitsprozesses und der hohen Reaktionsgeschwindigkeit, der wissensintensive Unternehmen in der Regel unterworfen sind, auch gar nicht möglich. Ein wesentlicher Teil der Kontrolle vollzieht somit als Selbststeuerung (Pfiffner/Stadelmann 1999, S. 315 ff., Rosenstiel 2000, S. 147 ff., Wunderer 1997, S. 203 ff.).

5.4 Anreizsystem

Die Motivation von Beschäftigten, im Rahmen des Wissensmanagements aktiv teilzunehmen, beruht vor allem auf zwei Faktoren,
- der Einsicht in den praktischen Nutzen für die eigene Arbeit und Person und
- der Anerkennung, die sie für ihre Beiträge erfahren.

Je unmittelbarer und spürbarer die Mitarbeiter bemerken, dass Wissensmanagement ihnen bei der Bewältigung der täglichen Aufgaben behilflich ist, desto eher sind sie zur Mitarbeit bereit. Die Überzeugung der Wissensträger in den Nutzen ist eine zentrale Voraussetzung für die Einführung von Wissensmanagement. Sie entwickelt sich zum einen aus den positiven Erfahrungen. Zum anderen gehört es zu den Aufgaben der Führungskräfte und insbesondere der Geschäftsleitung, diese Überzeugungsarbeit zu leisten.

Die Anerkennung tut ein Übriges zur Motivation. Wissensentwicklung, -transfer und -bewahrung müssen sich für den Einzelnen lohnen. Eine Reihe von *Incentives* kann dabei unterstützend wirken (Wuppertaler Kreis 2000, S. 45 f.):
- Beschäftigten, die erfolgskritisches Wissen beitragen, wird bevorzugt der Zugang zu Personalentwicklung eröffnet,
- aktive Beschäftigte erhalten mehr Freiheit in der Gestaltung des Arbeitsumfeldes und der Arbeitszeit,
- Verbesserungsvorschläge werden prämiert. Dies gilt vor allem für solche Vorschläge, die in Kooperation von Wissensträgern entwickelt worden sind,
- gute Ideen werden mit dem Namen des »Erfinders« veröffentlicht,
- die Leistungsbeurteilung wird um das Kriterium Wissensziele erweitert.

6 Die Implementierung von Wissensmanagement

Wissensmanagement lässt sich auf vielfältige Weise im Unternehmen implementieren. Ein mögliches Implementierungskonzept stellt das *APQC-Phasenmodell* dar. Dieser Ansatz umfasst fünf Schritte:
- Erster Schritt: Starten
- Zweiter Schritt: Experimentieren
- Dritter Schritt: Umsetzen in Pilotbereichen
- Vierter Schritt: Ausweiten
- Fünfter Schritt: Institutionalisieren

Jeder Schritt ist durch bestimmte Charakteristika und Aktivitäten gekennzeichnet (Armutat et al. 2002).

Erster Schritt: Starten
Das Top-Management des Unternehmens und/oder einige wichtige Mitarbeiter sind sich der Sinnhaftigkeit und des Nutzens von Wissensmanagement bewusst. Diese Phase ist gekennzeichnet durch:

- die Formulierung von Zielen,
- das Aufzeigen der Bedeutung von Wissensmanagement für das Unternehmen und die Mitarbeiter,
- das Identifizieren von »Gleichgesinnten« in der Organisation,
- das Auffinden von »starting points«.

Zweiter Schritt: Experimentieren
Die »Gleichgesinnten« bilden ein Netzwerk von *Promotoren* und Interessierten. Um weitere einflussreiche Führungskräfte und Mitarbeiter zu überzeugen, können zum Beispiel Erfolgsstories sowie Lernen aus eigener Erfahrung und Beobachtung zum Einsatz kommen. Lernen aus eigener Erfahrung und Beobachtung lässt sich durch Pilotvorhaben fördern. Im Unternehmen wird ein relativ autarker Bereich ausgewählt, in dem Wissensmanagement für eine bestimmte festgelegte Zeit umgesetzt werden soll. Hier werden Strategien und Aktivitäten ausprobiert. Aktivitäten in der Experimentierphase sind:
- das Kommunizieren von Erfolgsstories,
- die Auswahl von Pilotbereichen und -vorhaben,
- die Entwicklung einer Strategie für die Pilotbereiche und -vorhaben,
- die Bereitstellung von Ressourcen sowie
- die Installierung einer Task Force für die Pilotbereiche und -vorhaben.

Dritter Schritt: Umsetzen in den Pilotbereichen
Die Wissensmanagementstrategien und -aktivitäten in den *Pilotbereichen* und bei den Pilotvorhaben müssen evaluiert werden. Dies sollte bereits während der Umsetzung in Form einer Roll-over-Evaluation erfolgen. Darüber hinaus sollte spätestens in dieser Phase eine wissensmanagementspezifische Qualifizierung der Pilotmitarbeiter erfolgen. Die Ergebnisse der Evaluierung bieten für die Gestaltung von Qualifizierungskonzepten eine gute Informationsgrundlage. Die Komponente des Könnens stellt eine Seite der Medaille dar. Eine andere, nicht zu vernachlässigende Seite ist die Komponente des Wollens. Die Pilotmitarbeiter müssen motiviert sein, am Wissensmanagement teilzunehmen. Dies geschieht nicht zuletzt durch die Sichtbarmachung des persönlichen Nutzens. Die Ergebnisse der Evaluierung können somit auch als Grundlage für einen Motivierungsansatz und ein Anreizsystem dienen.

Vierter Schritt: Ausweiten
Wenn andere Unternehmensbereiche Interesse am Wissensmanagement signalisieren und im gesamten Unternehmen sich mehr und mehr ein Bewusstsein für Wissensmanagement entwickelt, steht ein Unternehmen an der Schwelle zum Vierten Schritt, der durch Folgendes gekennzeichnet ist:
- die Entwicklung einer Strategie zur Ausweitung der Wissensmanagement-Aktivitäten,
- die Umsetzung der Wissensmanagement-Aktivitäten in anderen Bereichen und Abteilungen,
- die Gestaltung einer unternehmensweiten Informations- und Kommunikationspolitik zum Thema Wissensmanagement sowie
- die Installierung einer unternehmensweiten Task-Force.

Fünfter Schritt: Institutionalisieren
Institutionalisierung bedeutet in diesem Zusammenhang die Entkoppelung von den Promotoren. Es erfolgt eine Verankerung in der Institution. Eine Institutionalisierung zeigt sich vor allen Dingen in:
- der Integration in der Unternehmenspolitik,
- der Berücksichtigung von Wissensmanagement in den Qualifizierungs- und Motivationskonzepten,
- der kontinuierlichen Evaluierung als Teil des Controllings,
- der organisatorischen Verankerung sowie
- der Pflege einer Wissenskultur als Teil der Unternehmenskultur.

Der vorgestellte Implementierungsansatz basiert u.a. auf Lernpartnerschaften. Zum einen setzt er die Bereitschaft einiger Promotoren voraus, gemeinsam zu lernen und Wissen auszutauschen. Zum anderen fördert er durch die Fünf-Stufen-Struktur den Auf- und Ausbau von Lernpartnerschaften.

7 Weniger ist Mehr

Bei Wissensmanagement kommt es nicht darauf an, so viele Maßnahmen und Instrumente wie möglich zur Anwendung zu bringen. Unternehmen sollten sich auf diejenigen beschränken, die zu ihrem Bedarf und ihrer Situation passen. Auch hier gilt der Grundsatz »Weniger ist Mehr!«. Wichtig ist, das ganze System der Handlungsfelder im Blick zu haben. Wissensmanagement steht und fällt mit einer *Kultur des Vertrauens* und der Offenheit, mit der Überzeugung vieler, dass damit persönlicher und betrieblicher Nutzen verbunden ist, mit organisatorischen und führungsspezifischen Rahmenbedingungen sowie mit der Übernahme von Verantwortlichkeiten und Zuständigkeiten durch die Geschäftsleitung.

Wissensmanagement ist also ein unternehmenspolitisches Thema und wird erst dann erfolgreich sein, wenn es Chefsache ist. Die Erfahrung der vergangenen Jahre in vielen Unternehmen hat gezeigt, dass Wissensmanagement Makulatur war und ist, sobald die Personalabteilung oder die IT-Abteilung die Hoheit hatte. Die Personalabteilung kann unterstützen und das Rüstzeug bereithalten, aber auch nicht allein: Führungskräfte und die technische Unterstützung sind ebenso wichtig. Wissensmanagement wird damit zur Querschnittsaufgabe.

Literatur

Alex et al. 2000: Alex, B., Becker, D. und Stratmann, J.: »Ganzheitliches Wissensmanagement und wertorientierte Unternehmensführung«, in: Götz, K. (Herausgeber): Wissensmanagement – zwischen Wissen und Nichtwissen, 2. Auflage, München 2000, S. 47–69.

Antoni 1999: Antoni, C.: »Wissensmanagement und Flexibilisierung«, in: Antoni, C. und Sommerlatte, T. (Herausgeber): Report Wissensmanagement, 2. Auflage, Düsseldorf 1999, S. 10–14.

Armutat et al. 2002: Armutat, S., Krause, H., Linde, F., Rump, J., Striening, W. und Weidmann, R.: Wissensmanagement erfolgreich einführen, Strategien – Instrumente – Praxisbeispiele, herausgegeben von der Deutschen Gesellschaft für Personalführung e.V., Frankfurt 2002.

Augustin 2000: Augustin, S.: »Der Stellenwert des Wissensmanagement im Unternehmen«, in: Mandl, H. und Reinmann-Rothmeier, G. (Herausgeber): Wissensmanagement, Informationszuwachs – Wissensschwund? Die strategische Bedeutung des Wissensmanagements, München 2000, S. 159–168.

Bergmann 1999 a: Bergmann, K.: »Die Bausteine des Wissensmanagements«, in: Antoni, C. und Sommerlatte, T. (Herausgeber): Report Wissensmanagement, 2. Auflage, Düsseldorf 1999, S. 34–38.

Bergmann 1999 b: Bergmann, Karin: Wissensziele festlegen, in: Antoni, Conny/Sommerlatte, Tom (Hrsg.): Report Wissensmanagement, 2. Auflage, Düsseldorf 1999, S. 39–41.

Bullinger/Prieto 1998: Bullinger, H.-J. und Prieto, J.: »Wissensmanagement: Paradigmen des intellektuellen Wachstums«, in: Pawlowsky, P. (Herausgeber): Wissensmanagement, Erfahrungen und Perspektiven, Wiesbaden 1998, S. 87–118.

Bullinger et al. 1998: Bullinger, H.-J., Wörner, K. und Prieto, J.: »Wissensmanagement – Modelle und Strategien für die Praxis«, in: Bürgel, H. D. (Herausgeber): Wissensmanagement, Schritte zum intelligenten Unternehmen, Berlin 1998, S. 21–39.

Bullinger et al. 2000: Bullinger H.-J., Wagner, K. und Ohlhausen, P.: »Intellektuelles Kapital als wesentlicher Bestandteil des Wissensmanagements«, in: Krallmann, H. (Herausgeber): Wettbewerbsvorteile durch Wissensmanagement, Stuttgart 2000, S. 73–90.

Davenport/Prusak 1998: Davenport, T. und Prusak, L.: Das Praxisbuch zum Wissensmanagement, Landberg am Lech 1998.

Dilk 1999: Dilk, A.: »Das wissende Unternehmen – der abgespeicherte Mitarbeiter?«, in: Antoni, C. und Sommerlatte, T. (Herausgeber): Report Wissensmanagement, 2. Auflage, Düsseldorf 1999, S. 73–76.

Felbert 1998: Felbert, D. von: »Wissensmanagement in der unternehmerischen Praxis«, in: Pawlowsky, P. (Herausgeber): Wissensmanagement, Erfahrungen und Perspektiven, Wiesbaden 1998, S. 119–141.

Götz/Hilt 2000: Götz, K. und Hilt, A.: »Wissensmanagement in der kaufmännischen Berufsausbildung«, in: Götz, K. (Herausgeber): Wissensmanagement – zwischen Wissen und Nichtwissen, 2. Auflage, München 2000, S. 215–267.

Heisig 1999: Heisig, P.: »Die ersten Schritte zum professionellen Wissensmanagement«, in: Antoni, C. und Sommerlatte, T. (Herausgeber): Report Wissensmanagement, 2. Auflage, Düsseldorf 1999, S. 42–50.

Herbst 2000: Herbst, D.: Erfolgsfaktor Wissensmanagement, Berlin 2000.

Klinger 1999: Klinger, H.: »Der Wissensmanager«, in: Antoni, C. und Sommerlatte, T. (Herausgeber): Report Wissensmanagement, 2. Auflage, Düsseldorf 1999, S. 51–54.

Krallmann et al. 2000: Krallmann, H., Boekhoff, H. und Schönherr, M.: »Einführung eines Wissensmanagement im Category Consulting eines Dienstleistungsunternehmens«, in: Krallmann, H. (Herausgeber): Wettbewerbsvorteile durch Wissensmanagement, Stuttgart 2000, S. 205–238.

Krauter/Kreitmeier 2000: Krauter, M. und Kreitmeier, I.: »Auf der Suche nach dem Weg zum wissenden Unternehmen«, in: Götz, K. (Herausgeber): Wissensmanagement – zwischen Wissen und Nichtwissen, 2. Auflage, München 2000, S. 71–81.

North 1999: North, K.: Wissensorientierte Unternehmensführung, Wertschöpfung durch Wissen, 2. Auflage, Wiesbaden 1999.

Pawlowsky 1998: Pawlowsky, P.: »Integratives Wissensmanagement«, in: Pawlowsky, P. (Herausgeber): Wissensmanagement, Erfahrungen und Perspektiven, Wiesbaden 1998, S. 9–45.

Pawlowsky 2000: Pawlowsky, P.: »Wozu Wissensmanagement«, in: Götz, K. (Herausgeber): Wissensmanagement – zwischen Wissen und Nichtwissen, 2. Auflage, München 2000, S. 113–129.

Pfiffner/Stadelmann 1999: Pfiffner, M. und Stadelmann P.: »Wissen wirksam machen, wie Kopfarbeiter produktiv werden«, 2. Auflage, Bern 1999.

Probst et al. 1998: Probst, G., Raub, S. und Romhardt, K.: Wissen managen, wie Unternehmen ihre wertvollste Ressource optimal nutzen, 2. Auflage, Frankfurt 1998.

Rosenstiel 2000: Rosenstiel, L. von: »Wissensmanagement in Führungsstil und Unternehmenskultur«, in: Mandl, H. und Reinmann-Rothmeier, G. (Herausgeber): Wissensmanagement, Informationszuwachs – Wissensschwund? Die strategische Bedeutung des Wissensmanagements, München 2000, S. 139–158.

Rump/Lau-Villinger 2001: Rump, J. und Lau-Villinger, D.: Management Tool Box Wissensmanagement, Köln 2001.

Rump/Schmidt 2004: Rump, J. und Schmidt, S.: Lernen durch Wandel – Wandel durch Lernen, Sternenfels 2004.

Rump/Wilms 2007: Rump, J. und Wilms, G.: Wissen ist Zukunft, Mainz 2007.

Tjiang 1999: Tjiang, T.: »Wissensmanagement und Innovation: Nichtwissen ist teuer«, in: Antoni, C. und Sommerlatte, T. (Herausgeber): Report Wissensmanagement, 2. Auflage, Düsseldorf 1999, S. 25–30.

Weggemann 1999: Weggemann, M.: Wissensmanagement, der richtige Umgang mit der wichtigsten Unternehmens-Ressource, Bonn 1999.

Wunderer 1997: Wunderer, R.: Führung und Zusammenarbeit, Beiträge zu einer unternehmerischen Führungslehre, 2. Auflage, Stuttgart 1997.

Wuppertaler Kreis 2000: Wuppertaler Kreis (Autorenkollektiv): Wissensmanagement in mittelständischen Unternehmen – ein Leitfaden, Bericht 54, Köln 2000.

C.10 Corporate University

*Sabine Seufert**

1 Modetrend oder Königsweg?

2 Das Konzept der Corporate University

3 Zentrale Fragestellungen der Gestaltung von Corporate Universities

4 Fallbeispiele aus der Praxis
 4.1 Klassifizierung von Corporate Universities
 4.2 Credit Suisse Business School
 4.3 Volkswagen AutoUni

5 Idealvorstellungen und Trends

Literatur

---

* Prof. Dr. Sabine Seufert ist seit 2003 Geschäftsführerin des von der Gebert Rüf Stiftung initiierten »Swiss Centre for Innovations in Learning (SCIL)« an der Universität St. Gallen. Sie studierte Wirtschaftspädagogik mit dem Schwerpunkt Wirtschaftsinformatik an der Friedrich-Alexander Universität Erlangen-Nürnberg mit dem Abschluss Diplom-Handelslehrerin und promovierte danach an der Westfälischen Wilhelms-Universität in Münster. Im Anschluss absolvierte sie ihr Referendariat an kaufmännischen berufsbildenden Schulen in Bayern. Von 1997 bis 1999 war sie als Mitbegründerin und Projektleiterin des Learning Center am Institut für Informationsmanagement an der Universität St. Gallen tätig und von 1999 bis 2002 MBA Studienleiterin unter der Leitung von Prof. Dr. Peter Glotz am Institut für Medien- und Kommunikationsmanagement der Universität St. Gallen. In 2006 hat sie ihre Habilitation zu »Innovationsvorteilen Bildungsmanagement« erfolgreich abgeschlossen und wurde an der Universität St. Gallen zur Assistenzprofessorin für Wirtschaftspädagogik ernannt.

1 Modetrend oder Königsweg?

Wahrlich einen Boom erlebte vor einigen Jahren das Bildungsmodell der »Corporate University«. Die Corporate University hatte sich in den letzten Jahren als einer der am schnellsten wachsenden Sektoren auf dem Bildungsmarkt entwickelt (Meister 1998, S. 1). Bei Corporate Universities handelt es sich um *unternehmenseigene Akademien*, die sich neben der Vermittlung von fachlichen Inhalten an den strategischen und kulturellen Herausforderungen des Unternehmens orientieren (Aubrey 1999, S. 35). Unter dem begrifflichen Markenzeichen einer »Firmenuniversität« sollte die betriebliche Weiterbildung und ihre Ausrichtung an strategische Unternehmensziele einen *höheren Stellenwert* erhalten. Mittlerweile ist es um das Thema etwas ruhiger geworden. Einerseits werden zahlreiche gegründete Corporate Universities wieder als Weiterbildungseinrichtungen in die Linie zurückgeführt. Andererseits investieren derzeit einige Unternehmen in den Aufbau einer Corporate University. Selbst McDonald's hat eine eigene Corporate University – die Hamburger University – eingerichtet. Merkwürdig ist es schon, wenn internationale Konzerne ihre betriebliche Weiterbildung mit dem Label »Universität« ausstatten, obwohl ihre Mitarbeiter unternehmensweit normalerweise keine akademische Ausbildung benötigen. Darüber hinaus zeigen die Beispiele, dass der Begriff »Universität« bzw. »University« offensichtlich zumindest im Amerikanischen nicht geschützt ist. Was verbirgt sich hinter dem Konzept der Corporate University? Ist es eher ein *Modetrend*, der vor einigen Jahren en vogue war und sich nun nur wenige Einrichtungen noch leisten können? Oder handelt es sich vielmehr um einen neuen *»Königsweg«*, die betriebliche Bildung als Investition eines Unternehmens ins rechte Licht zu rücken? Dieser Buchbeitrag soll Aufschlüsse über diese Fragen geben und konkrete Anhaltspunkte zur Gestaltung einer Corporate University liefern. Die im Anschluss dargestellten Fallstudien präsentieren danach sehr unterschiedliche Konzepte und zeigen die Spannbreite existierender Corporate Universities auf, um ein detailliertes Bild über den State of the Art abzugeben.

2 Das Konzept der Corporate University

Nach Brockhaus ist die Universität die älteste und traditionell ranghöchste Form der wissenschaftlichen Hochschule und heute Namensbestandteil fast aller wissenschaftlichen Hochschulen. Der Begriff »Universität« stammt aus dem Lateinischen »universitas« und bedeutet (gesellschaftliche) Gesamtheit, Kollegium, Verband (der Lehrenden und Lernenden). Als Hochschule ist sie Stätte für wissenschaftliche Forschung, Lehre und Erziehung mit der Aufgabe, die Gesamtheit (universitas) der Wissenschaften in Lehre und Forschung zu pflegen (Brockhaus/Emrich/Mei-Pochtler 2000). Sie entstanden im Mittelalter aus den Latein- und Domschulen. Die erste Universität wurde bereits 1119 in Bologna und die erste deutsche Universität 1348 in Prag gegründet. Die gesellschaftlichen Wandlungen im 19. und 20. Jahrhundert führten zum Ausbau der naturwissenschaftlichen und zur Einrichtung wirtschafts- und sozialwissenschaftlicher Fakultäten. Auch technische Hochschulen führen heute die Bezeichnung Universität. In Witten-Herdecke wurde 1982 die erste private

Hochschule in Deutschland gegründet. Ebenso eine Form der Hochschule sind die Fachhochschulen, die in der englischsprachigen Übersetzung als »University of Applied Sciences« firmieren. Der Besuch einer Hochschule ist an eine bestimmte Vorbildung – meist Reifezeugnis bzw. Matura – geknüpft. Das Studium wird durch akademische oder staatliche Prüfungen abgeschlossen.

Vergleicht man die »traditionelle« Universität in ihrer Ursprungsbedeutung mit den Ausprägungen einer Corporate University, (Abb. 1) werden die Unterschiede dabei offensichtlich (Glotz/Seufert 2002, S. 22):

Vergleichskriterien	»Traditionelle«, »reale« Universitäten	Corporate Universities »Firmenakademien«
Zulassung	Eingeschränkter Zugang, an Vorbildung, bestimmte Zugangsvoraussetzungen geknüpft	Eingeschränkter Zugang, an Firmenzugehörigkeit geknüpft, oder Zugang über freien Markt (z. B. Kunden, Lieferanten).
Ausrichtung	Wissenschaftliche Forschung, Lehre und Erziehung, Bildungsauftrag, Universität als Identitätsschmiede, Produktionsstätte von Werten, Ort kulturellen Widerstandes	Nicht wissenschaftlich orientiert, Ausrichtung an Unternehmenszielen und -strategien, »Kaderschmiede«, Instrument für eine lernende Organisation, unternehmenskultur- und -strategiegetriebene Akademie
Bildungsstufe	Grundausbildung, BA, MA, MBA, Weiterbildung, Doktorandenstudium	Konzentration auf die betriebliche Weiterbildung, Begegnungsstätte für Führungskräfte
Inhalte	Zahlreiche Einzeldisziplinen, Abdecken aller Wissensgebiete	Wissensgebiete, die für das Unternehmen relevant sind, unternehmensspezifisch zugeschnitten, generelle Management-Themen und Know-how
Akkreditierung	Staatlich anerkannte Prüfungen und Abschlüsse	Bislang i. d. R. keine staatliche Anerkennung, eher über die Kooperation mit einer »traditionellen« Universität, u. U. auch Akkreditierung der Institution (beispielsweise Volkswagen AutoUni).

Abb. 1: »Traditionelle« Universitäten versus »Corporate Universities«

Der Idealtypus der Corporate University ist eine firmeneigene Akademie, die fachliche Inhalte vermittelt und sich an den strategischen Zielen des Unternehmens orientiert (Deiser 1999, S. 23). Hinter der Gründung einer Corporate University steht oft der Wunsch, das Bildungsmanagement zu zentralisieren. Unternehmen wollen ihre Personalentwicklungskräfte bündeln und globale Standards in der Personalbildung sichern. Diese Funktionen könnte jedoch auch eine ganz »normale« Weiterbildungsabteilung erfüllen. Tatsächlich vergeben viele Unternehmen das Label Corporate University, obwohl ihre Corporate University »nur« die Funktionen einer

Weiterbildungsabteilung erfüllt. Doch im Unterschied zur normalen Personalentwicklung orientieren sich idealtypische Corporate Universities stark am Modell einer Hochschule. Sie vergeben zum Beispiel *Zertifikate*, die akademischen Abschlüssen entsprechen. Dabei arbeiten sie einerseits sehr praxisnah, treiben aber andererseits die Entwicklung der Curricula voran. Ein übergreifendes *Qualitätsmanagement* sowie die konsequente *strategische Ausrichtung* unter einem Dach stecken für eine Corporate University zentrale Eckpfeiler. Dieser Anspruch geht weit über den einer herkömmlichen Weiterbildungsabteilung hinaus.

3 Zentrale Fragestellungen der Gestaltung von Corporate Universities

Wie bereits zuvor beschrieben, sind Corporate Universities im Unterschied zu »herkömmlichen« Weiterbildungseinrichtungen stärker an den Strategien einer Organisation ausgerichtet. Hinsichtlich des strategischen Zielkonzepts von Bildungsprogrammen stehen folgende Fragen im Mittelpunkt: Wie kann die Anbindung der Bildungsprogramme an die Unternehmensstrategie erfolgen? Wie können relevante Ziele und Inhalte, die für die Erreichung strategischer Unternehmensziele notwendig sind, in Bildungsprogrammen abgebildet werden? Und wie können Bildungsmaßnahmen unmittelbar an die *Wertschöpfungsprozesse* des Unternehmens geknüpft werden? Die *strategische Ausrichtung* steht somit in engem Zusammenhang mit den anderen Merkmalen und führt zur grundlegenden Ausgestaltung einer Corporate University, wobei drei Ansätze unterschieden werden können:

- »*Reinforce and perpetuate (Evolution)*«: Die Corporate University unterstützt die Implementierung von Unternehmensstrategien und kann sich dabei auf ein oder mehrere Bereiche fokussieren:
Fachliche Weiterbildung und Qualifikation der Mitarbeiter,
Standardisierung, Sicherung der Qualität, Erzielung von Economies of Scale,
Vermarktung unternehmerischen Wissens in Form von Bildungsprodukten.
- »*Manage change*«: Hier geht es um die Umsetzung von Change Management-Prozessen im Unternehmen, Prozessbegleitung strategisch relevanter Initiativen und die Einbindung von Führungskräften in den Weiterbildungsprozess.
- »*Drive and shape (Vision)*«: Corporate University gilt auch als Motor für Veränderungen, für die unternehmerische Flexibilität sowie die Förderung von Innovations- und Anpassungsfähigkeiten im Sinne einer lernenden Organisation.

Ein weiteres Beschreibungsmerkmal bezieht sich auf die *strukturelle, insbesondere die organisatorische und finanzielle Einbettung* der Corporate University. Grundsätzlich sind drei unterschiedliche Varianten denkbar, wobei immer ein gewisser Bedarf an Unabhängigkeit innerhalb des Unternehmens möglich sein sollte.

- *Einbindung in existierende Strukturen*: Entweder wird die Corporate University in die etablierte Struktur der Personalentwicklung eingebettet oder die Verbindung mit einer existierenden Akademie gesucht. Diese organisatorische Lösung könnte jedoch das Problem mit sich bringen, dass es sehr schnell zu einem Verlust des

beabsichtigten und notwendigen Fokus auf die strategisch relevanten Inhalte kommt.
- Ausrichtung als *Profit-Center*: Die Corporate University kann dadurch eine (zumindest teilweise) Kostendeckung und eine (evtl. zu starke, das stellt die Gefahr dar) Orientierung an aktuellen, marktfähigen Themen erlangen.
- Möglich ist auch die Einrichtung einer Corporate University in einer organisatorisch *exponierten Positionierung*, wie z. B. in der direkten Anbindung an die Position des Vorstandsvorsitzenden. Damit würde gleichzeitig der Zusammenhang zwischen der Strategie des Unternehmens und der Corporate University deutlich erkennbar.

Markantes Merkmal einer Corporate University ist darüber hinaus, welche *Zielgruppen* mit dem Bildungsangebot angesprochen werden sollen. Mit der Neugründung von Corporate Universities geht häufig die Konzentration auf die betriebliche Weiterbildung interner Zielgruppen einher. Interne Zielgruppen schränken sich einerseits häufig auf das Top-Management ein (Corporate Universities als so genannte »Top Management Lessons«; viele Corporate Universities sind aus der Managemententwicklung entstanden und konzentrieren sich auf diese Klientel) oder sind für die Qualifikation aller internen Mitarbeiter offen. Sehr viele Unternehmen gehen neuerdings mit zunehmender Etablierung dazu über, ihre Bildungsprodukte auch auf dem externen Markt (beispielsweise auch entlang der Wertschöpfungskette für Kunden, Lieferanten) anzubieten.

4 Fallbeispiele aus der Praxis

4.1 Klassifizierung von Corporate Universities

In der Praxis ist mittlerweile eine große Bandbreite unterschiedlicher Typen von Corporate Universities vorzufinden. Kaum eine Corporate University gleicht der anderen, ist sie doch auch maßgeblich durch die vorherrschende Unternehmenskultur beeinflusst. Häufig steht ein charakteristisches Merkmal, wie beispielsweise die Konzentration auf eine bestimmte Zielgruppe, im Vordergrund, das richtungsweisend für die Ausgestaltung der Corporate University ist. Dies zeigt den Facettenreichtum auf, den das Konzept der Corporate University mit sich bringt. In der Literatur können bereits mehrere Typologien herangezogen werden, die versuchen, die breite Palette unterschiedlicher Corporate University-Konzepte in vorherrschende Corporate University-Modelle zu clustern. Die bekanntesten Klassifizierungen stammen von Aubrey (1999), Fresina (2000) und Deiser (1998). In Anlehnung an Fresina (2000) und basierend auf einem Vergleich der anderen Typologisierungen spiegelt eine Unterscheidung in fünf Corporate University-Typen am umfassendsten die große Spannbreite existierender Corporate Universities wider (Abb. 2).

Kriterium/Typ	Top-Management Lesson	Qualification Center	Standardization Engine	Learning Lab	Educational Vendor
Strategische Ziele	»Manage change«; »Drive and Shape« (Vision), Einbindung des Top-Managements in den Weiterbildungsprozess	»Reinforce and perpetuate« (Evolution), fachliche Weiterbildung	«Reinforce and perpetuate» (Evolution), Erzielung von Economies of Scale	»Drive and shape« (Vision), unternehmerische Flexibilität, Innovations- und Anpassungsfähigkeit stärken	Reinforce and perpetuate (Evolution), Vermarktung unternehmerischen Wissens
Zielgruppen	Interne Zielgruppe: Top-Management	Interne Zielgruppe: alle Mitarbeiter	Interne Zielgruppen: alle Mitarbeiter, evtl. auch externe Zielgruppen	Interne Zielgruppen: alle Mitarbeiter, Teams, Arbeitsgruppen	alle Mitarbeiter, Kunden, externe Zielgruppen (Lieferanten), andere Kunden.
Organisatorische Einbettung	Einbindung in die etablierte Organisationsstruktur oder exponierte Positionierung	Meist Einbindung in die etablierte Organisationsstruktur	Einbindung in die etablierte Organisationsstruktur oder Profit Center	Einbindung in die etablierte Organisationsstruktur oder exponierte Positionierung	Profit Center
Wissen/Inhalte/ Relevanz von Abschlusszertifikaten	Customized Executive Seminare an Top Business Schools, Generelle und aktuelle Management Themen, Zertifikate nicht relevant	Generelles und unternehmensspezifisches Wissen, Zertifikate für Mitarbeiter relevant	Transfer, Vermittlung von Arbeitspraktiken, Unternehmenswissen	Aktuelle Themen und problemorientiertes Wissen, Initiieren von Innovationen, Zertifikate sind nicht relevant	Generelles und unternehmensspezifisches Wissen, Wissenstransfer steht im Vordergrund Zertifikate evtl. relevant
Kooperationen	Einzelprogramme mit ausgewählten Elite-Universitäten	Mittel	Gering bis Mittel	Mittel bis hoch	Prinzipiell eher gering, bei Zertifizierung eher hoch (Brand!)
Methodik	Customized Seminare, Diskussionsforen, Einbringen eigener Erfahrungen	Methodenvielfalt, selbstorganisierendes Lernen,	Methodenvielfalt, Betonung von »On the Job-Training«	Direkte Kommunikationsformen, situiertes Lernen, integriert in Arbeitsalltag	Methodenvielfalt, Blended-Learning-Konzepte
Virtualität	Eher gering	Eher hoch, steigender Anteil	Eher hoch	Mittel	Eher hoch, Trend steigend
E-Learning: Einsatz Neuer Medien	Interaktive Diskussionsforen, »Community-Services« zur Unterstützung der Lernprozesse	Steigender Anteil an technologiebasierten Selbstlernprogrammen	Entwicklung von »Massenprodukten«, interaktive Lernsysteme und Online-Kurse für eine breite Zielgruppe	Work-out-Programme als Plattform für den Wissensaustausch, interaktive Lernprozesse	Medienmix, interaktive Lernprodukte, Online-Kurse, häufig Education Portals mit Added-Value-Services

Abb. 2: Corporate University-Typologien

4.2 Credit Suisse Business School

»A passion to learn and perform« ist der Leitsatz der Credit Suisse Business School, der ersten unternehmenseigenen Business School in der Schweiz. Diese hat den Auftrag, einen nachhaltigen Beitrag zur Steigerung des Unternehmenserfolgs zu leisten. Die Gründung der Corporate University Anfang 2004 mit ca. 150 Vollzeitstellen erfolgte mit der Absicht, einen weiteren Schritt in Richtung beschleunigte Innovation, Nachwuchsförderung und Verbesserung der Dienstleistungsqualität zu erreichen. Die Credit Suisse betrachtet Aus- und Weiterbildung als Investition in die Mitarbeitenden und das Unternehmen.

Der Aufbau der Credit Suisse Business School macht Mitarbeitern und Kunden deutlich, dass Lernen in der Credit Suisse einen sehr hohen Stellenwert hat – was sich auch darin zeigt, dass Urs Hofmann Mitglied der erweiterten Geschäftsleitung der Credit Suisse ist. Diese Organisationseinheit soll dabei einen nachhaltigen Beitrag zur Steigerung des Unternehmenserfolgs leisten, indem gezielt auf *Nachwuchsförderung* (auf allen Stufen) und auf die Verbesserung der Dienstleistungsqualität gesetzt wird. Dabei verfolgt die Business School die Philosophie des *»Continuous Learning«*, des lebenslangen Lernens, welche konkret mit vier Hauptstoßrichtungen verfolgt werden soll:
1. Die resultatorientierte Ausbildung von Mitarbeiterfähigkeiten und Kompetenzen,
2. das Verstärken von Strategie- und Werteverständnis sowie der Umsetzungsbereitschaft,
3. die konsequente Einbindung von Management und Experten in die Ausbildung und
4. die Einführung eines einheitlichen Ausbildungsqualitätsmanagements. Damit stellt ein umfassendes Qualitätsmanagement einen wichtiger Eckpfeiler der Corporate University dar.

Im Unterschied zur früheren Aus- und Weiterbildungsabteilungen werden nun unter dem Dach der Firmenuniversität zwei Bereiche zusammengeführt: die *Führungsausbildung* und die *fachliche Weiterbildung*. Im Gegensatz zu früher zeichnet damit eine einzige Stelle verantwortlich für die gesamte Aus- und Weiterbildung der Mitarbeiter. Dadurch sollen Vorteile erzielt werden, wie beispielsweise Doppelspurigkeiten abzubauen und Synergieeffekte zu erzielen, insbesondere auch die Schulungszentren besser auszulasten. Die frei werdenden Ressourcen werden in neue Angebote investiert, wie beispielsweise in die angebotene Ausbildung zum »Bachelor of Banking«, der in Zusammenarbeit mit der Zürcher Fachhochschule in Winterthur realisiert wird. Abb. 3 gibt einen Überblick über das breit gefächerte Aus- und Weiterbildungsangebot der Credit Suisse Business School.

Qualitätsmanagement wird bei der Credit Suisse Business School groß geschrieben. So hat sie erst dieses Jahr das anerkannte Gütesiegel der EFMD (European Foundation for Management Development), den CLIP-Award für Corporate Universities, zugesprochen bekommen. Dem Verfahren liegt ein Peer Review zugrunde. Es legt den Fokus auf eine kontinuierliche Qualitätsentwicklung. Das Motto des ständigen Lernens gilt somit auch für die Business School selbst. Diesem Ziel dienen im Übrigen auch

New Architecture

- Credit Suisse Business School
  - Leadership Training
    - Mgmt Development Programs
    - Leadershiop Development Programs
    - Change Facilitation & Tailor-made Programs
  - Specialist and Sales Training
    - Front Academy
    - Finance & Risk Mgmt Academy
    - Operations Mgmt Academy
    - IT Academy
    - Bachelor of Banking
  - Basic & Cross-Divisional Education
- Learning Management
  - Policy & Quality Mgmt.
  - External Partners & Relations
  - External Education and Advice
- Learning Services
  - Business Support
  - Learning Technology
  - Planning & Controlling
  - Information Management

Abb. 3: Bildungsangebote der Credit Suisse Business School

die Learning Communities, in welchen Frontmitarbeiter vertreten sind. Sie sorgen dafür, dass die Corporate University nicht in akademische Sphären abhebt, sondern, wie gefordert, kunden- und performanceorientiert bleibt. Somit positioniert sich die Credit Suisse Business School zwischen Qualification Center und Learning Lab.

4.3 Volkswagen AutoUni

Der Volkswagen-Konzern hat mit der Volkswagen AutoUni in 2003 eine neue Institution (»Corporate University«) zur Qualifizierung und Kompetenzentwicklung seiner Management- und Facheliten ins Leben gerufen. Die strategische Ausrichtung dieser Corporate University bezieht sich auf eine Strategie zur Schaffung einer neuen Lernkultur, um den Konzern auf dem Weg zu einer Lernenden Organisation zu unterstützen. Ursprünglich stand in der Gründungsphase eine Vermarktungsstrategie im Vordergrund, da diese Firmenuniversität auch für externe Zielgruppen geöffnet werden sollte (Seufert/Euler 2005). Die AutoUni der Volkswagen AG in Wolfsburg strebte somit selbst eine Akkreditierung an und wollte nach einer Aufbauphase auch externen Studierenden die Möglichkeit anbieten, Master-Abschlüsse zu erwerben.

Diese Strategie wurde jedoch mittlerweile revidiert. Anstelle eigene Masterstudiengänge aufzubauen, wird nunmehr im Rahmen einer Kooperationsstrategie verstärkt mit Universitäten zusammengearbeitet, um die rechtlich anerkannten Abschlüsse zu vergeben. Die Anpassung an das Credit-Point-Verfahren ist folglich immer noch eine massgebliche Orientierungsvorgabe für die Entwicklung von selbst gesteuerten Lerneinheiten sowie zur Anerkennung von Studienleistungen.

Der organisatorische Aufbau der Volkswagen AutoUni zeichnet sich durch eine flache Hierarchiestruktur aus. Die Angebotsstruktur der AutoUni ist Abb. 4 zu entnehmen. Sie verdeutlicht die neue strategische Ausrichtung: Neben Lehre und Forschung nimmt der Bereich der Hochschulkooperationen einen hohen Stellenwert ein.

AutoUni					
Lehre	Forschung	Hochschulkooperationen (Koordination)			
Angebote für Berufsfamilien	Doktorandenprogramm	Audi	Skoda	Volkswagen	...
Berufsfamilien übergreifende Angebote	Wissenschaftsprojekte	INI.TUM	Skoda Hochschule	NZF	
		INI.FAU	IPFM	VWIB	
Kooperative Studienmodule		IAF			
		AHI B			
Vortragsreihen		AHI G			
		ALMR			
		ALL			

Abb. 4: Angebotsstruktur der Volkswagen AutoUni (http://www.autouni.de/autouni_publish/master/de/die_autouni/angebotsstruktur.html)

Die unternehmensrelevanten strategischen Themen sorgen für eine übergreifende Ausrichtung der Bildungsprogramme. Insbesondere ist aus Sicht der AutoUni die Transdisziplinarität für eine umfassende Kompetenz- und Persönlichkeitsentwicklung notwendig. Die technischen und marktwirtschaftlichen Gesichtspunkte eines Themas müssen auch gesellschaftlich reflektiert werden, um nachhaltig zu sein. Für die erste Phase wurden die Themen Mobilität, Nachhaltigkeit, Führung, Dienstleistung und Gesundheit als unternehmensrelevant festgelegt. Die Themen sind so weit gefasst, dass die Aspekte auch über die Fragestellungen eines Automobilkonzerns hinausgehen und z.B. Mobilität als Dienstleistung verstanden wird oder das Thema der Nachhaltigkeit in all seinen Facetten, den ökonomischen, ökologischen und sozialen Bezügen behandelt werden soll.

Entlang der automobilen Wertschöpfungskette wurden mittlerweile verschiedene Berufsfamilien definiert. Die automobile Wertschöpfung erstreckt sich von der Produktidee bis zum Kunden. Sie beginnt bei Forschung und Entwicklung (F&E) und reicht über das Design und die Beschaffung bis hin zu Produktion, Logistik und den Bereichen Marketing und Vertrieb. Berufsfamilien, auch Job Families genannt (siehe Beitrag E.3 in diesem Buch) bestehen dann aus Mitarbeitenden, deren Tätigkeiten und Funktionen verwandte Fachkompetenzen erfordern (Abb. 5). Die Mitglieder einer Berufsfamilie arbeiten in bestimmten Abläufen – teilweise über Bereichsgrenzen hinweg – beziehungsweise in einer Organisationseinheit eng zusammen.

Abb. 5: Zielgruppen und »Berufsfamilien« als Bildungsangebote (http://www.autouni.de/autouni_publish/master/de/die_autouni/berufsfamilien.html)

Eines der ersten Qualifizierungsprogramme der Volkswagen AutoUni ist das Programm »Elektronik im Fahrzeug«. Nach Ansicht der Volkswagen AG wird die Zukunft des Automobils u.a. von der Weiterentwicklung der Elektronik und Software beeinflusst. Zukünftig fallen rund 90 Prozent der Innovationen in der Automobilbranche auf diesen Bereich. Der Wertanteil der Elektronik im Fahrzeug wird mit den nächsten Fahrzeuggenerationen von heute 25 Prozent auf über 40 Prozent ansteigen. Dieser Trend stellt die Automobilhersteller vor die große Herausforderung, das dafür notwendige, aber bisher in anderen Branchen entwickelte und vorgehaltene Know-how selbst aufzubauen, zu integrieren und als Kernkompetenz zu verankern.

Aus diesem Grund hat Volkswagen das Thema »Elektronik im Fahrzeug« als Qualifizierungsschwerpunkt ausgewählt und ein Programmkonzept erarbeitet, das im Rahmen des Job-Family-Developments ab Mitte 2003 umgesetzt wird. Unter dieser Berufsfamilie wird dabei die funktions- und hierarchieübergreifende Kompetenzgemeinschaft verstanden, die in ihrer Arbeit inhaltlich mit verwandten Themen- und Fragestellungen der Elektronik konfrontiert sind.

Mit dem Programm verfolgt Volkswagen zwei strategische Zielsetzungen: zum einen die Vermittlung und Generierung von dem für Volkswagen relevanten Knowhow im Bereich Fahrzeugelektronik, zum anderen die Vernetzung und den Erfahrungsaustausch zwischen den mit Elektronikthemen befassten Mitarbeiter/innen über gegebene Bereichs- und Hierarchiegrenzen hinweg. Die strategischen und didaktischen Zielsetzungen des Bildungsprogrammes folgen den Leitlinien der AutoUni-Lernstrategie:

- transdisziplinäre, wissenschaftsgestützte Weiterbildung,
- integriertes Didaktikkonzept, Blended-Learning-Ansatz,
- interaktive Begleitung aller Lernangebote,
- aktuelle Anwendungsfälle aus der Automobil-Welt (real cases),
- in der Praxis für die Praxis lernen,
- vernetztes Lernen im Team,
- Integration von Wissenstransfer, -austausch und -generierung sowie
- Nutzung regionaler Kompetenzschwerpunkte im Unternehmen.

Die Volkswagen AutoUni setzt in ihrem Job Family Development Programm prozessorientierte Lernformen ein, um insbesondere den angestrebten kulturellen Wandel zu fördern. So steht die Gestaltung von Lernphasen mit eCommunication und weniger die Entwicklung von eMedien im Vordergrund. Teamorientierte Methoden, wie z.B. die übergreifende Projektarbeit oder »Real Cases«, die aus dem Unternehmensalltag gewonnen werden, kommen dabei zum Einsatz. Der systematische Einsatz von moderierten Diskussionsforen zur Vor- und Nachbereitung von Präsenzveranstaltungen sowie der Einsatz eines virtuellen Klassenzimmers z.B. für die Teamarbeit in verteilten Gruppen sind darüber hinaus im Ausbau begriffen.

Zusammenfassend lässt sich die Volkswagen AutoUni einerseits zwischen Qualification Center und Learning Lab positionieren, um einerseits die internen Mitarbeiter und Führungskräfte auf allen Stufen zu qualifizieren und andererseits den kulturellen Wandel hin zu einer Lernenden Organisation zu unterstützen.

5 Idealvorstellungen und Trends

Die Idealvorstellung einer Corporate University sieht für Firmenuniversitäten weitgreifende Kernfunktionen vor, die zum Abschluss dieses Beitrages zusammengefasst werden sollen:

- Die Corporate University bildet ein *zentralisiertes, strategieorientiertes Dach* sowohl für die betriebliche Bildung und Entwicklung von Mitarbeitern als auch von weiteren Mitgliedern der Wertschöpfungskette (z.B. Kunden, Lieferanten, Händler, etc.). Sicherlich konzentriert sich dabei eine Corporate University auf Wissensinhalte, die für das Unternehmen relevant sind. Durch eine Zentralisierung wird häufig die Qualitätssicherung von Standards, wie beispielsweise die einheitliche Form der Vermittlung, koordinierte Inhalte sowie eine schnelle und konzentrierte

Durchführung von Bildungsmaßnahmen gewährleistet werden (Müller, 2001, S. 8).
- Die Corporate University gilt der *Förderung der Entwicklung von fachübergreifenden Handlungskompetenzen*, wie beispielsweise Leadership, Kreativitätstechniken, Problemlösungsstrategien. Die Aktivitäten werden somit weniger über die Vermittlung von Inhalten, sondern vielmehr über ihren Prozessbeitrag zur Lösung unternehmensrelevanter Problemstellungen definiert.
- Die Corporate University ist das *maßgebliche Vehikel für die Verbreitung einer Organisationskultur*, die sich als Lernende Organisation versteht. Eine Corporate University ist somit ein Instrument zur Kulturbildung im Unternehmen, um Werte und Handlungsrahmen des Unternehmens zu transportieren. Eine Corporate University hat dabei auch das Potenzial, als Motor für Veränderungen und für die Entwicklung neuer Ideen und Innovationen zu dienen.
- Die Corporate University bietet die *Implementierung bzw. koordinierte Begleitung strategischer Initiativen*. Durch eine Verbindung der Konzentration auf zentral wichtige Themen, die Kombination von Vermittlungstechniken und die Einbindung des Top-Managements kann eine Potenzierung der Wirkung im Vergleich mit den üblichen Seminarprogrammen erreicht werden.

Meist erfüllt eine Corporate University jedoch nicht alle idealtypischen Kernfunktionen, sondern fokussiert sich auf bestimmte Schwerpunktbereiche. Daher haben sich mittlerweile sehr unterschiedlich ausgestaltete Corporate-University-Typen entwickelt. Dennoch wird offensichtlich, dass das Konzept der Corporate University ein umfassenderes Aufgabenspektrum vorsieht als das einer »herkömmlichen« Weiterbildungsabteilung oder einem Human Resource Development Programm.

Corporate Universities vernetzen sich immer stärker, sowohl mit anderen Corporate Universities als auch mit öffentlichen oder privaten Hochschulen. Sie tauschen Erfahrungen aus und gründen Fach-Communities, zum Beispiel im Bankenbereich. Die Credit Suisse Business School hat beispielsweise einen Advisory Board gegründet, in dem zahlreiche Leiter großer deutscher Corporate Universities vertreten sind. Außerdem werden sich die Corporate Universities künftig noch stärker als professioneller Dienstleister oder als Business Partner positionieren. Zurzeit würden viele Corporate Universities vermutlich beide Rollen für sich in Anspruch nehmen. Sie wollen einerseits Dienstleister auf hohem Niveau sein, andererseits aber auch ein Business Partner, der vorausschauend und proaktiv agiert. Je größer der Anspruch der Corporate Universities an sich selbst ist, desto höher sind natürlich auch die Maßstäbe, an denen sie gemessen werden, denn wenn eine Corporate University propagiert, dass sie einen Wertschöpfungsbeitrag für das Unternehmen leisten will, steigt auch ihr *Legitimationsdruck*.

Die Corporate Universities bieten für die Personalentwicklung eines Unternehmens die Chance das Qualitätsniveau, auch durch Kooperationsverträge mit Hochschulen, zu steigern und Kompetenzen zu bündeln. Für den Fall dass hochschuläquivalente »Studienabschlüsse« an den Corporate Universities erreicht werden sollen, müssen diese im Interesse des mobilen Mitarbeiters, der vielleicht nicht ein Leben lang in ein und derselben Firma bleiben will, »staatlich« anerkannt sein. Die Corporate Universities müssen inhaltlich und personell eng in die Personalentwicklung bzw.

das Personalmanagement eines Unternehmens eingebunden sein, damit entfremdende Verselbstständigungen ausgeschlossen werden. Ob der Name »Universität« zielführend oder irreführend ist, wird sich zeigen. Adäquater wäre es von »Unternehmensakademien« zu sprechen.

Literatur

Aubrey 1999: Aubrey, B.: »Best Practices in Corporate Universities«, in: Neumann, R. und Vollath, J. (Herausgeber): Corporate University: Strategische Unternehmensentwicklung durch maßgeschneidertes Lernen, S. 33–55.

Brockhaus/Emrich/Mei-Pochtler 2000: Brockhaus, M., Emrich, M. und Mei-Pochtler, A.: »Hochschulentwicklung durch neue Medien – Best-Practice-Projekte im internationalen Vergleich«, in: Bertelsmann (Herausgeber): Online Studium, S. 137–158.

Deiser 1998: Deiser, R.: »Corporate Universities – Modeerscheinung oder Strategischer Erfolgsfaktor?«, in: Organisationsentwicklung, Heft 01/1998, S. 36–49.

Deiser 1999: Deiser, R.: »Globalisierung des Bildungsmarktes durch Neue Medien – eine strategische Herausforderung für Hochschulen«, in: Dokumentation des Bildungspolitischen Gesprächs der BLK vom 01. Oktober 1999, Heft 81, S. 21–29.

Fresina 2000: Fresina, A.: »The Three Prototypes of Corporate Universities«, In: http://www.ekw-hrd.com/3_Prototypes.pdf, 23.07.2000.

Glotz/Seufert 2002: Glotz, P. und Seufert, S.: Corporate Universities: Wie Unternehmen ihre Mitarbeiter mit E-Learning erfolgreich weiterbilden,. Frauenfeld 2002.

Meister 1998: Meister, J. C.: Corporate Universities: Lessons in Building a World-Class Work Force, New York et. al. 1998.

Müller 2001: Müller, M.: »E-Learning in the Fast Lane – How DaimlerChrysler spreads Knowledge worldwide«, in: Corporate Universities International: Research, Tools and Best Practices, Vol. 06/2001, pp. 1–11.

Seufert/Euler 2005: Seufert, S. und Euler, D. unter Mitarbeit von Albrecht, D. und Mentzel, B.: »Gestaltung e-Learning-gestützter Lernumgebungen in Hochschulen und Unternehmungen: Volkswagen Coaching GmbH«, in: SCIL-Arbeitsbericht 5, St. Gallen 2005.

C.11 Personalentwicklung und berufsbegleitende Masterstudien

*Peter Mudra**

1 Personalentwicklung als Promoter von zukunftsrelevanten Mitarbeiterqualifikationen

2 Duale Weiterbildung – ein innovatives und integratives Zukunftskonzept

3 Berufsbegleitendes Masterstudium
   3.1 Bildungspolitische Intentionen
   3.2 Formen
   3.3 Programme und Anbieter
   3.4 Entwicklungsrelevanz für die Teilnehmer

4 Verbindung von akademischer Weiterbildung und Personalentwicklung
   4.1 Anforderungen an die Personalentwicklung
   4.2 Aufwand und Risiken
   4.3 Chancen

5 Ein Angebot für entwicklungsoffene und entwicklungsbereite Beschäftigte

Literatur

---

* Prof Dr. Peter Mudra ist Professor an der Fachhochschule Ludwigshafen und leitet dort die personalwirtschaftlichen Studiengänge (Bachelor, Master, MBA) sowie das Institut für Beschäftigung und Employability (IBE). Seine Arbeitsschwerpunkte liegen neben dem breiten Themenfeld des allgemeinen Personalmanagements im Bereich der Personal- und Organisationsentwicklung, Berufspädagogik und Personalführung.

1 Personalentwicklung als Promoter von zukunftsrelevanten Mitarbeiterqualifikationen

Personalentwicklung soll Mitarbeiter in die Lage versetzen und motivieren, gegenwärtige und zukünftige berufliche Anforderungen zu erfüllen (Mudra 2004, S. 145). Im Kontext der Personalentwicklungsmaßnahmen ist nach Auffassung von Klimecki und Gmür (1998, S.201) wesentlich, dass sich »der Erwerb neuer Fähigkeiten und die Entwicklung von Engagement durch eine Veränderung der individuellen Deutungs-, Wert-, und Handlungsmuster in einem Lernprozess vollziehen«. Die Personalentwicklung sieht sich in den Unternehmen seit einigen Jahren immer deutlicher mit der Herausforderung konfrontiert, noch stärker ihre traditionelle Verortung als eine eher reaktiv agierende Funktion zu überwinden. Denn bei dieser »Entwicklungsstufe der Personalentwicklung« (Knöll 1997, S.96) werden vorrangig die bereits bestehenden »Qualifikationsdefizite« des Personals als auslösendes Moment für Personalentwicklungsmaßnahmen identifiziert. In einer Zeit, in der marktbezogene, strukturelle und technologische Schwankungen bzw. Wandlungsprozesse eine feste Größe auf der Tagesordnung vieler Unternehmen darstellen, stellt sich mehr denn je die Frage, inwiefern eine reaktiv ausgerichtete Personalentwicklung mit Blick auf die Gefahr einer chronischen Verspätung der Qualifikationsbereitstellung angemessen und vertretbar sein kann.

Eine Personalentwicklung, die pro-aktiv und innovationsorientiert ausgerichtet ist, könnte den besonderen Flexibilitätserfordernissen des Handlungs- und Qualifikationsspektrums in den Unternehmen in angemessener Weise Rechnung tragen. Da sich der innovationsorientierte Qualifikationsbedarf nicht aus einer deterministischen Kette »Technologie – Arbeitsinhalte – Arbeitsorganisation – strukturbezogene Qualifikationsanforderungen« ableiten lässt, entzieht sich der Aufbau von innovationsorientierten Qualifikationen einer exakten Planungs- und Kontrollgrundlage. Den für die Personalentwicklung in diesem Zusammenhang zentralen Erkenntniswert bringt Ortner (1988, S. 48) für die Unternehmen auf den Punkt: »Sie müssen auf Vorrat – und zum Teil auch 'auf Verdacht' – ausbilden und weiterbilden, auch wenn das Risiko besteht, dass der eigene Bildungsaufwand einem anderen Betrieb zugute kommt.« Für Sattelberger machen vor allem langfristig angelegte Personalentwicklungsmaßnahmen im Hinblick auf reale Lernprozesse und Veränderungen Sinn: »Personalentwicklung benötigt einen langen Atem (Sattelberger, zit. n. Becker 1993, S. 79).«

Will man diesen Überlegungen folgen und Personalentwicklung eine Ausrichtung auf

- berufliche – und nicht nur betriebliche – Anforderungen,
- individuelles Entwickeln von Fähigkeiten und Engagement in Lernprozessen sowie
- den Aufbau von innovationsorientierten und auf das mitarbeiter- und unternehmensbezogene Zukunftspotential ausgerichteten Qualifikationen

zugestehen, ist eine entsprechende Verknüpfung zu einer strategischen Personalentwicklung erforderlich.

Müller-Vorbrüggen (2008, S. 11) plädiert bei der Entwicklung einer unternehmensbezogenen Personalentwicklungsstrategie für eine breite Orientierung auf Ziele, Zeit/

Zukunft, Struktur, Kultur und Flexibilität innerhalb des Unternehmens und beschreibt damit einen wichtigen Schritt hin zu einem pro-aktiven Personalentwicklungshandeln. Strategische Personalentwicklung stellt in ihrem Grundverständnis auf die Erarbeitung multipler Handlungsmöglichkeiten unter Berücksichtigung des Erfordernisses nach Erschließung, Sicherung und Fortentwicklung personenbezogener Erfolgspotenziale im Unternehmen ab (Mudra 2004, S. 249).

Dass die systematische Nutzung der bei den Mitarbeitern angelegten Erfolgspotenziale einen wettbewerbsrelevanten Strategiebeitrag im Rahmen der Unternehmensentwicklung leisten kann, ist in Abb. 1 skizziert.

Relevanz der Personalentwicklung für den Unternehmenserfolg

Förderung/Entwicklung der personellen Ressourcen

führt idealtypisch zu:

WETTBEWERBSVORTEIL

im Sinne von einsetzbarem Know-how und Skills, über die die Mitbewerber nicht oder nur bedingt verfügen

geht üblicherweise einher mit: **Nachhaltigkeit**, d.h. einem nicht nur vorübergehendem Zustand des **Wettbewerbsvorsprungs**

Die Nachhaltigkeit lässt sich u.a. an der durch die Personalentwicklung bewirkten Spezifität (Knappheit, Nicht-Imitierbarkeit) sowie Nicht-Substituierbarkeit des gewonnenen Know-hows (und der Skills) festmachen.

Abb. 1: Wettbewerbsrelevanz der Personalentwicklung

Wenn die Frage nach den Mitarbeiterqualifikationen der Zukunft für die einzelnen Unternehmen nur bedingt beantwortet werden kann und sich der Aufbau von innovationsorientierten Qualifikationen – wie bereits angemerkt wurde – einer exakten Planungs- und Kontrollgrundlage entzieht, erscheint es von besonderer Bedeutung, dass auf der Basis von vorhandenen Mitarbeiterpotenzialen gerade jene Qualifikationsprozesse durch die Personalentwicklungsfunktion im Unternehmen gezielt und nachhaltig unterstützt werden, die einen potenziellen Unternehmenserfolg auch in der Zukunft generieren helfen. Die Personalentwicklung kann hierdurch in bemerkenswerter Weise die Rolle des Promoters von zukunftsrelevanten Mitarbeiterqualifikationen übernehmen.

Das Aktionsfeld für eine so ausgerichtete Personalentwicklung ist breit. In diesem Beitrag soll auf den Bereich der berufsbegleitenden Weiterbildung in der Form eines Hochschulstudiums eingegangen werden. Dieses Thema erfährt in Deutschland gerade nach der Umstellung der Hochschulangebote im Kontext des Bologna-Prozesses eine zunehmend größere Bedeutung. Personalverantwortliche werden in diesem Kontext immer häufiger mit konkreten Anfragen und Erwartungen von Mitarbeitern konfrontiert. Gleichermaßen wächst das Erfordernis, diese Form der Aufstiegsweiterbildung in das Personalentwicklungssystem des Unternehmens strukturell einzubinden. Auf diesen Aspekt soll nachfolgend eingegangen werden.

2 Duale Weiterbildung – ein innovatives und integratives Zukunftskonzept

In der betrieblichen Praxis werden Off-the-Job-Qualifizierungsaktivitäten, die ein hohes Maß an Transfer zwischen Lernfeld und Funktionsfeld generieren und damit eine belastbare Brücke zwischen Theorie und Praxis herzustellen imstande sind, als besonders wertvoll angesehen. Die Pädagogik misst diesem Lerntransfer eine zentrale Bedeutung im Rahmen der Evaluation des Lernerfolges bei. Ebenso betont sie auch das besondere Potenzial von Lernprozessen, die mit der Arbeitstätigkeit des Einzelnen in Verbindung stehen und bei denen oftmals auch ein beachtlicher Anteil an funktionalem Lernen zum Tragen kommt. Die duale Berufsausbildung wird nach überwiegender Einschätzung hinsichtlich ihrer Ausrichtung auf die Transferprozesse zwischen Theorie (Schule) und Praxis (Betrieb) als didaktisch überzeugend angesehen. Dass sich mit dieser integrativ ausgerichteten Bildungskonzeption in der Realität nicht unbedingt immer gute Kommunikations- und Kooperationsgegebenheiten verbinden, hat sicherlich eher etwas mit den Akteuren und weniger dem Grundkonzept zu tun.

Es stellt sich die Frage, inwieweit man im Kontext der Maximen des lebenslangen Lernens einerseits und der Entwicklung von Unternehmen zu lernenden Organisationen andererseits nicht die integrative Bildungskonzeption der Berufsausbildung für den Bereich der beruflichen Weiterbildung adaptieren könnte. Hierbei bietet sich das Konzept der dualen beruflichen Weiterbildung an, welches auf aufstiegsorientierte Bildungsaktivitäten abstellt, bei denen Mitarbeiter an einer Weiterbildungsmaßnahme teilnehmen, die in der Regel zu einem – gegenüber ihrem bisherigen Status – höheren beruflichen Abschluss führt, und bei denen sich der Arbeitgeber beteiligt, indem er eine Unterstützung in Form von flexiblen Freistellungsmöglichkeiten, finanzieller (Teil-)Förderung (ggf. im Nachgang) und/oder einer inhaltlichen Begleitung (mit praktischer Verzahnung) leistet. Letzteres ist insofern interessant, als seitens der Unternehmen wichtige Themenschwerpunkte benannt und im Rahmen flexibel ausgerichteter Module Curriculum wirksam werden können. Die Grundidee der dualen Weiterbildung ist dabei – analog zur dualen Ausbildung – die angestrebte Synchronisation von theoretischen und praktischen Sequenzen und der damit deutlich erhöhbare Lerntransfer.

In der Schweiz gibt es seit vielen Jahren Ansätze einer dualen Weiterbildung (vgl. z.B. www.dualstark.ch). Im Rahmen der »höheren Berufsbildung« – u.a. über zusätzliche Fachlehrgänge mit Zertifikat, Diplom- und Nachdiplom-Studiengänge der Hochschulen – wird der Versuch unternommen, systematisch die (staatlichen) Bildungseinrichtungen, die Unternehmen und die Bildungsteilnehmer (Mitarbeiter) zusammen zu bringen. Dualität wird hierbei über alternierende Arrangements hinsichtlich »schulischer« Weiterbildung und Praxistätigkeit (Dualität im weiteren Sinne) oder im Rahmen berufsbegleitender Weiterbildung mit starkem betrieblichen Bezug (Dualität im engeren Sinne) herbeigeführt.

Grundsätzlich wird eine enge Verzahnung von Gelerntem und der Praxistätigkeit angestrebt.

Die Dualität bezieht sich dabei ganz deutlich auch auf die Dozenten. Betriebspraktiker kommen in die Lehre, hauptamtlich Lehrende gehen in die Unternehmen.

Die besonderen Vorteile der dualen Weiterbildung sind wie folgt zu sehen (Beßler/Mudra 2006, S. 5):

Zusammenbringen derer, die hinsichtlich zukunftbezogener Qualifizierungsaktivitäten eine wichtige Rolle spielen:
- die Unternehmen,
- die Mitarbeiter und
- die Bildungseinrichtungen,
- Verzahnung von »Theorie« und »Praxis« auch im Weiterbildungsbereich,
- Orientierung auf die Belange bzw. Anforderungen der Wirtschaft führt zu zeitnaher Modifikation von Inhalten,
- Signal zur stärkeren Ausrichtung der Personalentwicklung in Richtung des Employability-Ansatzes (vgl. Rump/Eilers 2006, S. 13ff.),
- Möglichkeit der Aufteilung der Weiterbildungskosten,
- Verbesserung der Personalentwicklungsperformance des Unternehmens (insbesondere der strategischen Personalentwicklung).

Programme der aufstiegsbezogenen Weiterbildung bieten der Personalentwicklungsfunktion im Unternehmen die Chance, eine mittel- bis langfristig angelegte Potenzialförderung als Element einer strategischen Personalentwicklung einerseits und einen wichtigen Beitrag zur Bindung wichtiger Talente und Leistungsträger andererseits zu bewerkstelligen. Idealerweise sollten gerade die akademisch ausgerichteten Weiterbildungsangebote in das Gesamtspektrum der Personalentwicklung des Unternehmens eingebunden werden. So würde von den oben aufgeführten Vorteilen einer dualen Weiterbildung profitiert werden und ein deutlicher Akzent in Richtung einer proaktiven und innovationsorientierten Personalentwicklung gesetzt werden können.

3 Berufsbegleitendes Masterstudium

3.1 Bildungspolitische Intentionen

Das deutsche Hochschulensystem erfährt seit dem Start des sog. Bologna-Prozesses eine nachhaltige Veränderung, da es zu einer Ablösung der bislang einstufigen Studienprogramme (z.B. Diplomstudiengänge) zu Gunsten eines gestuften Studiensystems mit zwei Abschlüssen kommt. Mit dem Bologna-Prozess verbindet sich das gemeinsame politische Vorhaben zahlreicher europäischer Länder, im ersten Jahrzehnt des neuen Jahrhunderts einen einheitlichen europäischen Hochschulraum zu schaffen. Die entsprechende Erklärung wurde 1999 von 29 Bildungsministern im italienischen Bologna unterzeichnet. Seither fanden im Abstand von zwei Jahren Nachfolgekonferenzen zur Überprüfung der erreichten Ziele statt.

Die Umstellung der Studiengänge auf das zweistufige Bachelor-/Master-Studiensystem (BA/MA) mit der Intention, ein System leicht verständlicher und vergleichbarer akademischer Abschlüsse zu schaffen, ist in Deutschland das bekannteste Ergebnis der Bologna-Reform.

Weitere Zielsetzungen des Bologna-Prozesses sind:
- Etablierung eines Kreditpunktesystems, als welches sich inzwischen das European Credit Transfer System (ECTS) als das allein maßgebliche herauskristallisiert hat,
- Förderung der Mobilität (internationaler Studierenden- und Lehrendenaustausch; politisches Ziel ist es, dass mindestens 30 Prozent der Studierenden ein Semester ihres Studiums im Ausland verbringen),
- Förderung der europäischen Zusammenarbeit bei der Qualitätssicherung,
- Förderung der europäischen Dimension in der Hochschulbildung.

Bildungspolitische Intentionen des neuen Studiensystems sind auch die Verkürzung der Studienzeiten, die Erhöhung der Zahl der Studierenden bzw. Absolventen – und der damit verbundenen Akademikerquote – sowie die Reduktion der Abbrecherquoten.

Parallel zur Implementierung des Studiensystems wurde die bildungspolitische Diskussion hinsichtlich der Erleichterung des Hochschulzugangs für Berufspraktiker forciert. So fasste die Kultusministerkonferenz 2009 in Stralsund den weit reichenden Beschluss, dass Absolventen einer beruflichen Aufstiegsfortbildung (Meister oder Fachwirt) ein fachbezogenes Studium an einer Hochschule aufnehmen können (Hannemann 2009, o. S.).

Neuerungen, die mit der Implementierung einhergehen, sind die Stärkung der Verantwortung der Studierenden für ihre »Lernarbeit« (*Workload*), Erhöhung der Transparenz der Programme und studiengangsbezogenen Regelungen, konsequente Zusammenfassung von benachbarten Einzelfächern zu Modulen (*Modularisierung*) sowie die Vorgabe eines *Akkreditierungsverfahrens* für die Einrichtung und Fortführung von Studiengängen im Sinne einer systematischen Qualitätssicherung, bei der u.a. die Studierbarkeit des Programms im Blickpunkt steht. Bemerkenswert ist auch die Festlegung, dass die Bildungsabschlüsse der Fachhochschulen nicht mehr gekennzeichnet werden müssen, d.h. es erfolgt eine inhaltliche Gleichstellung mit den Universitätsabschlüssen bei Bachelor und Master.

Im Jahr 2003 wurde von den europäischen Bildungsministern in Ergänzung zur Bachelor- und Masterphase die »Promotionsphase« zum sog. »dritten Zyklus des Bologna-Prozesses« erklärt (BMBF 2010, o. S.). Studierenden, die ihr Bachelor- und Masterstudium erfolgreich beendet haben und über die obligatorischen 300 ECTS-Punkte aus Stufe 1 und 2 verfügen, steht grundsätzlich die Promotion offen. Der Abschluss eines Masterstudiums – unabhängig davon, ob dieser an einer Universität oder Fachhochschule erworben wurde – schließt somit die Promotionsmöglichkeit ein.

Abb. 2 zeigt die Studienwege und Qualifikationsprofile der neuen *Bologna-Systematik* auf.

Abb. 2: Studienwege und Qualifikationsprofile

Zum Wintersemester 2008/2009 waren 75 Prozent aller Studiengänge – d.h. 9.200 von insgesamt 12.300 Studiengängen – an deutschen Hochschulen auf die neue Studienstruktur Bachelor/Master umgestellt (BMBF 2010, o. S.).

Reformkritik: Ob am Ende der Hochschulreform wirklich ein nachhaltiger Beitrag für die »Hochschule der Zukunft« steht, wie sie beispielsweise Müller-Böling im Jahr 2000 (S. 32) in seiner Veröffentlichung »Die entfesselte Hochschule« als Vision beschrieben hat, bleibt abzuwarten. Es gibt allerdings auch grundlegende Vorbehalte gegen die Bologna-Reform, die sich vor allem gegen die Ökonomisierung der Bildung, die Verschulung der Studienprogramme und die hohe zeitliche Belastung sowie die Zugangshürden für die Master-Programme richten und immer wieder zu studentischen Protesten führten, bei denen die Kritik allerdings auch die finanzielle Unterversorgung der Hochschulen und die damit fehlenden Ressourcen einbezog.

Abb. 3 fasst die wesentlichen Merkmale des Bachelor- und Masterstudiums vergleichend zusammen.

Zweistufiges Studiensystem (Bologna-Prozess)		
Merkmale	Bachelor-Studiengänge	Masterstudiengänge
Charakteristikum	grundständiges berufsqualifizierendes Studium, das als akademischer Regelabschluss angesehen wird.	weiteres, auf dem Bachelorabschluss oder anderem Hochschulabschluss aufsetzendes berufsqualifizierendes Studium, das aufgrund seiner wissenschaftlichen Vertiefung zur Promotion berechtigt und meist einer Zulassungsbeschränkung (Numerus Clausus, Test-/Auswahlverfahren) unterliegt
Regelstudienzeit	mindestens 6 Semester (=180 ECTS), maximal 8 Semester (=240 ECTS)	2 Semester (=60 ECTS) bis 4 Semester (=120 ECTS)
Abschlussarbeit	Bachelor Thesis (Bearbeitungszeit i.d.R. zwischen 1-3 Monaten)	Master Thesis (Bearbeitungszeit i.d.R. zwischen 3-6 Monaten); mündliche Prüfung (Disputation) obligatorisch
	Mit der Abschlussarbeit wird die Fähigkeit nachgewiesen, innerhalb einer vorgegebenen Frist eine Aufgabe aus dem jeweiligen Fachgebiet selbstständig nach wissenschaftlichen Methoden zielgerichtet und ergebnisbezogen bearbeiten zu können.	
Abschlüsse (die am häufigsten verwendeten)	Bachelor of Arts (B.A.) Bachelor of Science (B.Sc) Bachelor of Engineering (B.Eng.) Bachelor of Laws (LL.B) Der Bachelorabschluss vermittelt Absolventen mit Fachhochschulzugangsberechtigung die der allgemeinen Hochschulreife entsprechende Hochschulzugangsberechtigung (KMK 2003, S. 5)	Master of Arts (M.A.) Master of Science (M.Sc.) Master of Engineering (M.Eng.) Master of Laws (LL.M) Master of Business Adminstration (MBA)

Abb. 3: Vergleichende Betrachtung von Merkmalen des Bachelor- und Masterstudiums

Anhand der Job-Trends-Studie 2009 von Staufenbiel (2009 b, S. 4) wird deutlich, dass die Bachelor- und Masterabschlüsse mittlerweile als etabliert bezeichnet werden können. So liegt die Akzeptanz für den Bachelorabschluss in den Unternehmen bei 81 Prozent, für den Masterabschluss bei 92 Prozent – und damit nahezu auf dem Level des »guten alten Diploms«.

3.2 Formen

Das *Masterstudium* lässt sich hinsichtlich seiner Ausrichtung in verschiedene Varianten differenzieren. Gemeinsam ist zunächst allen, dass es sich bei dem Masterstudium um ein Studium handelt, das zur wissenschaftlichen Arbeit und Methodik befähigen soll, theoretisch-analytische Fähigkeiten vermittelt und die Absolventen in die Lage versetzen soll, sich offen und kreativ auf neue Bedingungen im Berufsleben einzustellen.

Man unterscheidet nach ihrer grundlegenden Ausrichtung zwischen den Profiltypen *»stärker forschungsorientierte«* und *»stärker anwendungsorientierte« Masterstudiengänge*.

Auf der Masterstufe ist ein gewisses Maß an Forschungsorientierung bei den Programmen sachimmanent, da sich potenziell eine Promotion anschließen kann. (Schatz/Woschnack 2008, S. 62). Bei dem forschungsorientierten Typ handelt es sich um Studiengänge, deren Curricula gegenüber dem anwendungsorientierten Typ stärker auf mathematische, wissenschaftstheoretische und wissenschaftsmethodische Inhalte ausgerichtet sind und eine Vorbereitung auf forschungsorientierte Aufgaben intendieren. Dagegen sind die Curricula des anwendungsbezogenen Typs stärker auf wissenschaftliche Kompetenzen mit einer Anbindung zu Problemstellungen aus der Praxis und den Fokus des Wissens- und Kompetenztransfers ausgerichtet.

Die *Masterprogramme* lassen sich wie folgt *unterscheiden*:

- *Konsekutive Masterstudiengänge*: In der Praxis hat sich die Bezeichnung »konsekutiv« für zwei Gegebenheiten etabliert: Einerseits beschreibt sie den direkten Einstieg in ein Masterprogramm nach Beendigung des Bacherlorstudiums. Andererseits wird auf die inhaltliche Fortführung bzw. Vertiefung des Bachelorstudiengangs abgestellt. Letztere bauen inhaltlich nach Maßgabe der Studien- und Prüfungsordnung auf den Bachelorstudiengang auf, können den Bachelorstudiengang fachlich fortführen und vertiefen oder soweit der fachliche Zusammenhang gewährleistet bleibt, fachübergreifend erweitern, bewegen sich im zeitlichen Rahmen von 4 Semestern (bei 6 vorausgegangenen Bachelorsemestern), 2 Semestern (bei 8 vorausgegangenen Bachelorsemestern) oder 3 Semestern (bei 7 vorausgegangenen Bachelorsemestern); eine Gesamtstudienzeit von 5 Jahren darf nicht überschritten werden.
- *Nicht-konsekutive Masterstudiengänge*: Diese bauen inhaltlich nicht auf ein vorausgegangenes Bachelorprogramm auf, sondern setzen einen eigenen Schwerpunkt. Sie entsprechen in den Anforderungen den konsekutiven Masterstudiengängen und führen zum gleichen Qualifikationsniveau.
- *Weiterbildende Studiengänge*: Sie setzen neben einem qualifizierten Hochschulabschluss berufspraktische Erfahrungen von mindestens einem Jahr voraus, knüpfen inhaltlich in der Regel an berufliche Erfahrungen an und berücksichtigen diese bei der Ausgestaltung des Curriculums und der zum Einsatz kommenden Didaktik. Auch diese Studiengänge entsprechen in den Anforderungen den konsekutiven Masterstudiengängen und führen zum gleichen Qualifikationsniveau.

Es lassen sich bei den Weiterbildungsstudiengängen im Masterbereich weiterhin Vollzeitprogramme von Teilzeit- bzw. berufsbegleitenden Programmen unterscheiden.

- Bei den *Vollzeitprogrammen* findet in der Regel während des Studiums keine Berufstätigkeit statt, d.h. die Lernenden haben ausschließlich den Status von Studierenden. Eine Verzahnung mit konkreten und aktuellen Themenstellungen aus der eigenen Berufspraxis der Teilnehmer ist eher selten.
- Demgegenüber bauen *berufsbegleitende Programme (Teilzeitprogramme)* häufig auf die Einbindung von aktuellen beruflichen Themenstellungen, z.B. bei Projekten oder Case Studies. Es erfolgt eine Aufteilung der Studienanteile in Selbstlernphasen und ggf. Gruppenlernphasen sowie Präsenzphasen mit interaktiven Veranstaltungen. Bei den berufsbegleitenden Weiterbildungsprogrammen, die als Fernstudiengänge konzipiert sind, steht der Selbstlernansatz im Vordergrund. Präsenzzeiten, in denen sich ein direkter Austausch mit Dozenten und anderen Studierenden ergibt, sind in der Regel eher gering ausgeprägt.

Für Studienprogramme mit wissenschaftlicher Ausrichtung auf Managementthemen und meist explizit betriebswirtschaftlicher Akzentuierung können *MBA-Studiengänge* eingerichtet werden.

Ein MBA-Studium ist in der Regel sehr praxisnah und setzt stark auf den Erfahrungsaustausch zwischen den berufserfahrenen Teilnehmern. Eine internationale Ausrichtung ist obligatorisch, woraus sich die Festlegung von Sprachkompetenz der Teilnehmer als Zulassungsvoraussetzung sowie ein Anteil an englischsprachigen Veranstaltungen ableitet.

Auch bei den MBA-Programmen lässt sich eine Differenzierung zwischen berufsbegleitenden Teilzeit- und Fernstudienangeboten einerseits und Vollzeitprogrammen, für die sich Berufspraktiker meist eine befristete Auszeit nehmen, andererseits vornehmen. Während bei den Vollzeitprogrammen das Studium im Durchschnitt bei zwölf Monaten liegt, erstrecken sich die berufsbegleitenden Programme auf einen Zeitraum von i.d.R. 15 – 48 Monate (Staufenbiel 2009 a, S. 14). Für Manager mit langjähriger Berufs- und Führungserfahrung, die sich für funktionsübergreifende Managementaufgaben qualifizieren wollen, werden vor allem von Business Schools besondere *Executive MBA-Programme* – teilweise als EMBA bezeichnet – angeboten. Diese sind meist recht kostspielig.

Formale Gleichrangigkeit der Masterprogramme: Wenngleich sich in der Praxis hinsichtlich der Wertigkeit von unterschiedlichen Masterprogrammen eine Tendenz herausgebildet hat, den MBA höher als andere Formen von Masterstudiengängen einzuordnen und sich dies teilweise auch in der Bezahlung von Absolventen niederschlägt, ist zu betonen, dass alle zuvor vorgestellten Formen hinsichtlich ihrer wissenschaftlichen und bildungssystematischen Einordnung als gleichrangig anzusehen sind. Sie sind alle ausnahmslos der zweiten Stufe des Studiensystems zuzuordnen und berechtigen grundsätzlich zur Promotion.

3.3 Programme und Anbieter

Gemäß Hochschulkompass der Hochschulrektorenkonferenz wurden per Januar 2010 insgesamt *310 akkreditierte weiterbildende Masterprogramme* in Deutschland angeboten, davon 174 an Fachhochschulen (www.hochschulkompass.de).

Bezieht man die zahlreichen Business Schools mit ihren spezifischen MBA-Angeboten und einige weitere Masterangebote, die (noch) keine Akkreditierung erlangt haben, ein, so dürfte sich für den deutschen Bildungsmarkt die Anzahl der *Anbieter* von weiterbildenden Masterprogrammen derzeit auf *rund 300* belaufen.

Dauer: Bei den im Dezember 2009 in einer Stichprobe ermittelten weiterbildenden Masterstudiengängen, die im Hochschulkompass der Hochschulrektorenkonferenz aufgeführt sind, weist fast die Hälfte der Programme (48 Prozent) einen *viersemestrigen Zeitraum* aus, gefolgt von 5 Semestern mit 25 Prozent und drei Semestern mit 15 Prozent.

Kosten: Bei den Studiengebühren der im Hochschulkompass ausgewiesenen Programme ist eine Bandbreite von gebührenfrei bis zu 48.000 Euro für die gesamte Weiterbildungsmaßnahme feststellbar. Der *durchschnittlich für ein Semester* an Gebühren aufzubringende Betrag liegt bei *4.300 Euro*. Betrachtet man die Studiengebühren bei *MBA-Programmen* von »Business Schools« – Bildungseinrichtungen, die sich auf betriebswirtschaftliche Studiengänge spezialisiert haben – im deutschsprachigen Raum, wie sie im Programm-Kompendium eines der größten MBA-Führers von Staufenbiel (2009 a, S. 213 ff.) ausgewiesen sind, so belaufen sich diese auf *durchschnittlich 7.800 Euro pro Semester*.

Präsenzzeiten bei berufsbegleitenden Programmen: Die Zeiten, in denen die Studierenden beim Bildungsträger vor Ort Veranstaltungen zu besuchen haben, schwanken zwischen den einzelnen berufsbegleitenden Programmen erheblich. Während bei Fernstudienprogrammen die Präsenzzeit in der Regel zwischen 15 und 20 Prozent des für die Bewältigung des Programms insgesamt ausgewiesenen Arbeitsvolumens (Workload) liegt, ist bei den anderen Programmen eine Spanne *zwischen 20 und 30 Prozent des Workloads* am häufigsten anzutreffen.

Qualitätsindikatoren für Masterprogramme: Vielfach gelten die *Zulassungsvoraussetzungen* als ein Qualitätsindikator, da sich aus ihnen die Anforderungen und die Zusammensetzung bzw. das Profil der Teilnehmer ergeben. Aspekte wie Anforderungen an das erste Hochschulstudium sowie der Nachweis der englischen Sprachkompetenz und einschlägiger Berufspraxis stehen hierbei im Blickpunkt. Eines der wichtigsten Qualitätskriterien stellt die *erfolgreiche Akkreditierung* des Programms bzw. der Institution bei einer vom Deutschen Akkreditierungsrat zugelassenen Akkreditierungsagentur dar, da hierbei alle relevanten Qualitätsaspekte durch eine externe Begutachtung überprüft werden. Qualitätsbeeinflussende Parameter sind hierbei vor allem Studieninhalte und Programmstruktur, Internationalität, Lehrmethoden, Dozenten und Teilnehmer, Employability. Wenngleich *Hochschul-Rankings* als Indikator für die Auswahl von Bildungsangeboten regelmäßig herangezogen werden, so verbinden sich mit ihnen nicht per se verlässliche Einschätzungen zur Qualität von Programmen. Zu unterschiedlich und methodisch fragwürdig sind manchmal die ihnen zugrunde liegenden Datenaggregierungen.

3.4 Entwicklungsrelevanz für die Teilnehmer

Die Teilnahme an akademischen Weiterbildungsprogrammen trägt das beachtliche Potenzial einer Weiterentwicklung von Mitarbeitern zu einem Kompetenzlevel, welcher gerade für zukünftige Herausforderungen im Kontext von steigender Komplexität und Dynamik umfassende Handlungsfähigkeiten bereitstellen kann. Sie hat somit eine Bedeutung sowohl für das Unternehmen als auch den Mitarbeiter und seine individuelle Weiterentwicklungsoptionen. Eine Teilnahme des Mitarbeiters und deren Ermöglichung seitens des Unternehmens hat aber auch eine Relevanz im Hinblick auf die Entwicklungsbedürfnisse von Mitarbeitern und deren Beachtung. Motivationstheoretisch können durch ein erfolgreiches Studium die Bedürfnisse nach Selbstentfaltung und Selbstverwirklichung sowie nach Wertschätzung bzw. Anerkennung eine Berücksichtigung im Sinne des Mitarbeiters erfahren.

Die Entwicklungsaussichten, die sich für den Bereich der Aufgabenveränderungen bzw. Einkommensverbesserungen für den teilnehmenden Mitarbeiter perspektivisch ergeben können, haben erfahrungsgemäß einen hohen Stellenwert.

Dass sich der erfolgreiche Abschluss eines Masterstudiums im Sinne einer Verbesserung der Zukunftsoptionen der Mitarbeiter grundsätzlich lohne, wird immer wieder betont. So stellte der »Innovationsreport« vom 13.06.2006 fest: »Der Master-Titel beschleunigt Karriere und zahlt sich auch beim Gehalt aus.« Auch eine Untersuchung der FH Wien mit Personalverantwortlichen kam zu dem klaren Ergebnis, dass der Master-Titel Karrierechancen verbessere, da die Masterabsolventen in vielen Unternehmen als High-Potentials eingestuft und als engagiert, karriereorientiert außerordentlich fachkompetent gelten würden (FH Wien 2008, S. 1).

Aus einer Kienbaum-Studie aus dem Jahr 2008 ergibt sich, dass der MBA-Abschluss eine Gehaltssteigerung um bis zu 10.000 Euro pro Jahr bewirken kann (Schindlbeck 2008, o.S.).

4 Verbindung von akademischer Weiterbildung und Personalentwicklung

4.1 Anforderungen an die Personalentwicklung

Vor dem Hintergrund des Auftrags der Personalentwicklung, mitarbeiterbezogene Bildungs- und Förderungsprozesse zu unterstützen und zu forcieren, erscheint das Adaptieren von Bildungsangeboten, die ein hohes Maß an zukunftsrelevanten – und insbesondere strategischen – Kompetenzen vermitteln, außerordentlich sinnvoll.

Manche Unternehmen haben externe Bildungsaktivitäten im Hochschulbereich bereits als eine Art »Premium-Personalentwicklung« in ihr Personalentwicklungskonzept eingebunden, ohne dieses allerdings so zu bezeichnen.

»Akademische *Personalentwicklung*« bzw. Personalentwicklung mit akademischen Bausteinen lässt sich innerhalb der unternehmensbezogenen Personalentwicklungssystematik im Rahmen eines Talentmanagementansatzes integrieren. Dort erfolgen idealtypisch die systematische Identifikation von Potenzialträgern und die Ableitung von Entwicklungsaktivitäten. Während bei der üblichen Personalentwicklung Aktivitäten in der Regel aus dem Blickwinkel eines konkreten Bedarfs, der sich traditionell aus dem Abgleich zwischen Soll- und Ist-Kompetenz des Mitarbeiters ableitet, erfolgen, geht die Entwicklung von identifizierten Potenzialträgern einen anderen Weg. Sie integriert die betreffende Personengruppe in spezielle Förder- oder Nachwuchsgruppen (Talent Pools). Hierbei kann auch die Realisierung von individuellen Entwicklungsplänen ins Auge gefasst werden, ohne allerdings die Mitarbeiter zugleich aus der bisherigen Aufgabenstellung herausziehen zu müssen. Berufsbegleitende Masterprogramme scheinen bestens geeignet, der Personalentwicklung und Personalplanung den häufig wahrnehmbaren Druck zu nehmen, für die Aktivitäten im Rahmen einer Entwicklungsplanung das Erfordernis einer konkret darstellbaren Passung zwischen (Ziel-) Position und (Ziel-)Kompetenz für den einzelnen Mitarbeiter bereitstellen zu müssen.

Durch eine Personalentwicklung im Unternehmen, die zielgerichtet akademische Weiterbildung in ihr Gesamtkonzept integriert, kann gerade über die Teilnehmer von Masterprogrammen ein nutzbringender Wissens- und Erfahrungstransfer zwischen Wissenschaft (Hochschule) und Praxis (Unternehmen) sehr konkret stattfinden. Im Sinne des oben vorgestellten Ansatzes einer dualen Weiterbildung bieten sich Anknüpfungs- und Austauschmöglichkeiten über praxisbezogene Projektbearbeitungen durch die Studierenden bzw. Mitarbeiter bis hin zur Lösung von komplexeren betrieblichen Problemen auf der Grundlage wissenschaftlichen Know-hows und entsprechender Methoden (z.B. im Rahmen einer Master Thesis).

Manche Anbieter von Masterprogrammen sind bereit, sich hinsichtlich der Weiterentwicklung ihres Curriculums auch gezielt mit Unternehmen über deren Einschätzung zu aktuellen und zukünftigen beruflichen Anforderungen auszutauschen. Gerade für akademische Programme gilt die postulierte Forderung, dass Weiterbildung mehr als nur »weiter«, sondern auch »Bildung« sein müsse. Die Masterstudiengänge der Hochschulen nehmen für sich vermutlich zu Recht in Anspruch, mit ihren Programmen einen Bildungsauftrag zu erfüllen, der weit über die klassischen Learning-on-demand-Ansätze einer traditionellen Personalentwicklung hinausgeht.

Wenn Unternehmen die akademische Weiterbildung im Rahmen ihrer Personalarbeit direkt unterstützen oder zumindest eine Honorierung für Leistungen, die Mitarbeiter auf der Grundlage einer eigeninitiierten Teilnahme an Masterprogrammen erbracht haben, vornehmen, sollte die Ein- bzw. Anbindung zur betrieblichen Personalentwicklung transparent und offen kommuniziert werden. Die für die Personalentwicklung ihrer Mitarbeiter verantwortlichen Führungskräfte sollten idealerweise die wichtigsten Aspekte der akademischen Weiterbildungsprogramme kennen. In der Praxis hat sich die Bereitstellung von zusätzlichen Budgetmitteln für Entwicklungsaktivitäten im Kontext einer strategisch ausgerichteten Personalentwicklung insofern bewährt, als die Kosten für den Aufbau von für das Unternehmen wichtigen Potenzialträgern nicht bzw. nicht allein von den Abteilungsbudgets der aktuellen Stelle des Potenzialkandidaten getragen werden sollten. Es erscheint zum Beispiel wenig sinnvoll, wenn die Übernahme der Studiengebühren für einen Mitarbeiter, der an einem kostspieligen MBA-Programm teilnimmt, das Weiterbildungsbudget einer Abteilung derart reduziert, dass notwendige Bildungsaktivitäten für andere Mitarbeiter eingeschränkt werden müssen.

Rechtliche und formale Gegebenheiten: Bei Weiterbildungsstudiengängen gehen in den meisten Fällen nur die teilnehmenden Mitarbeiter ein vertragliches Verhältnis mit dem Anbieter von Masterprogrammen direkt ein, welches sie u.a. zur Zahlung der Teilnehmergebühren und Teilnahme an einem in der Regel genau bestimmten

Mindestumfang an Lehrveranstaltungen verpflichtet. Häufig werden seitens der Arbeitgeber sog. Goodwill-Erklärungen abgegeben, in denen sie zusagen, ihre Mitarbeiter für den Besuch der Veranstaltungen freizustellen. Die rechtliche Verbindlichkeit bzw. Belastbarkeit solcher Erklärungen ist allerdings umstritten. Da sich mit akademischen Weiterbildungsprogrammen ein formales Studium verbindet, werden die Teilnehmer i.d.R. eingeschriebene Studierende einer Hochschule und haben somit neben dem Arbeitnehmerstatus auch einen Studierendenstatus. Der erfolgreiche Abschluss des Programms ist an die Erbringung der vorgegebenen Studienleistungen geknüpft und somit kein Selbstläufer. Obgleich keine repräsentativen Daten über berufsbegleitende Masterprogramme vorliegen, belaufen sich Schätzungen hinsichtlich der Abbrecherquoten und erfolgloser Beendigung auf rund 20 Prozent einer Kohorte. Sofern das Masterprogramm Teil eines Firmen- oder Konsortialprogrammangebotes ist, d.h. eine über das Unternehmen selbst oder den Zusammenschluss des Unternehmens mit anderen Unternehmen bereitgestellte Maßnahme darstellt, erfolgt die Teilnahme auf der Grundlage des Arbeitsverhältnisses im Sinne des Besuchs einer betrieblichen bzw. betrieblich initiierten Personalentwicklungsmaßnahme. Die Teilnahme stellt hier für den Mitarbeiter eine arbeitsvertragliche Pflicht dar.

Bildungsberatungskompetenz: Mit Blick auf die steigende Zahl von berufsbegleitenden akademischen Bildungsangeboten kommt dem Wissen über Systematiken und Qualitätsanforderungen eine besondere Bedeutung zu. Dieses Know-how ist nicht allein für denjenigen, der sich individuell in ein Vertragsverhältnis mit einem Bildungsanbieter begibt, relevant, sondern stellt auch eine wichtige Basis für die Beratung von Mitarbeitern und Führungskräften seitens der Personalentwicklung dar. Aufgrund des großen materiellen und motivationalen Einsatzes sollte sich der Weiterbildungskandidat idealerweise auf gesicherte Informationen sowie die strukturierte Unterstützung bei der zu treffenden Entscheidung im Rahmen eines Beratungsprozesses stützen können. Von den für die Personalentwicklung zuständigen Personen wird somit ein gewisses Maß an Beratungskompetenz für den Bereich der akademischen Weiterbildung verlangt werden (dürfen).

4.2 Aufwand und Risiken

Der mit der Unterstützung von akademischer Weiterbildung durch das Unternehmen verbundene *Aufwand* kann sich auf zwei Bereiche beziehen:
- *Freistellungen*: Wenn der Arbeitgeber den Mitarbeiter für die Teilnahme an den Präsenzveranstaltungen oder anderen Aktivitäten eines berufsbegleitenden Masterprogramms von seiner Arbeitsleistung im Unternehmen unter Fortzahlung der Bezüge freistellt, stellen die entsprechenden zeitlichen Freiräume naturgemäß Kosten dar. Es muss entweder eine Vertretung eingesetzt werden oder die liegen gebliebene Arbeit wird ggf. unter Durchführung von Überstunden durch den betreffenden Mitarbeiter selbst erledigt. Nicht selten wird Letzteres allerdings ohne zusätzliche Kosten für das Unternehmen (Stichwort: »graue Überstunden«) bewerkstelligt. Die Berücksichtigung von einer in der Regel größeren Anzahl von starren Terminvorgaben durch ein Masterprogramm kann im Einzelfall die Flexibilität eines Arbeitsteams beeinträchtigen.

- *Teilnahmekosten*: Wenn die Kosten für ein Masterprogramm vollständig oder teilweise durch den Arbeitgeber übernommen werden, entsteht für diesen ein finanzieller Aufwand, der nicht selten im fünfstelligen Bereich liegt.

Um das *Risiko*, dass ein Mitarbeiter nach Abschluss des Studiums den Arbeitgeber wechselt und der Aufwand des Unternehmens verloren geht, ein Stück weit zu reduzieren, erfolgt in der Praxis häufig die Vereinbarung von Rückzahlungsverpflichtungen bei frühzeitigem Ausscheiden aufgrund Arbeitnehmerkündigung und/oder die Vereinbarung einer verlängerten Kündigungsfrist, die allerdings für Arbeitgeber und Arbeitnehmer nicht unterschiedlich sein darf. Die Rechtssprechung setzt für Rückzahlungsklauseln recht enge Maßstäbe (Bindungsfrist in der Regel maximal 3 Jahre; monatliche Minderung um 1/36 üblich).

Deutsche MBA-Studierende streben zu einem beachtlichen Teil einen Karrierewechsel an. Nach einer Studie von TheMBATour im Jahr 2008 (Schwertfeger 2008, o. S.) erhoffen sich 28 Prozent der Befragten eine berufliche Veränderung. Dagegen wollen 53 Prozent den eingeschlagenen Karriereweg fortsetzen.

Wenngleich es bislang kaum Erfahrungswerte in der Praxis gibt, kann die arbeitgeberseitige Unterstützung von Mitarbeitern bei ihrem Masterstudium Risiken hinsichtlich des Allgemeinen Gleichbehandlungsgesetz (AGG) bergen. In § 2 Abs. 1 Ziffer 1 ist der »berufliche Aufstieg« explizit als relevanter Bereich für mögliche Benachteiligungen angeführt.

4.3 Chancen

Berufsbegleitende Masterstudien der Mitarbeiter zu unterstützen, birgt für das Unternehmen neben den zuvor reflektierten Risiken auch bemerkenswerte Chancen.

Die strategischen Möglichkeiten, die sich aus einer konzeptionellen Einbindung der akademischen Weiterbildung in die Personalentwicklungssystematik des Unternehmens – ggf. im Sinne einer Ausrichtung auf den Ansatz der dualen Weiterbildung – ergeben können, wurden in diesem Beitrag mehrfach angesprochen. Ebenso erfolgte eine Fokussierung der sich ergebenden Chancen für ein breiter ausgerichtetes Talentmanagement.

Ein Vorteil der sich aus dem zielgruppenbezogenen Instrument der Entwicklungsplanung mit einer möglichen Ausrichtung auf akademische Weiterbildungsaktivitäten ergeben kann, ist ihr positiver Beitrag für die Personalbindung. Dieses kann vor dem Hintergrund des sich abzeichnenden Fachkräftebedarfs durchaus einen wichtigen strategischen Akzent setzen.

Qualifizierungsangebote, die neben den konkreten betrieblichen Notwendigkeiten auch die Interessen und individuellen Lebenssituationen der Mitarbeiter berücksichtigen, leisten auch einen wichtigen Beitrag für die Gewinnung von Fachkräften (vgl. Rump/Mudra 2008, S. 49).

5 Ein Angebot für entwicklungsoffene und entwicklungsbereite Beschäftigte

Die Veränderung der Arbeitswelt hat in den letzten Jahrzehnten naturgemäß auch die an die Arbeitsplätze gerichteten Anforderungen verändert. In vielen gestaltenden, aber auch ausführenden Bereichen ist vor dem Hintergrund der erhöhten Komplexität und Veränderungsgeschwindigkeit das Erfordernis nach einer höheren *Professionalisierung* wahrnehmbar. In diesem Zusammenhang kommt der Bereitstellung akademisch getragener Berufskompetenz eine immer größere Bedeutung zu. Viele Unternehmen suchen tendenziell mehr Mitarbeiter mit einem Studium im Hintergrund.

Für den betrieblichen Personalbereich zeigt eine Studie des Instituts für Beschäftigung und Employability an der FH Ludwigshafen aus dem Jahr 2009, dass in 81 Prozent der analysierten Stellenangebote für Personalreferenten-Positionen der Abschluss eines Hochschulstudiums als qualifikatorische Voraussetzung explizit genannt wird. Bei den ausgeschriebenen Personalleiterfunktionen sind es 88 Prozent. Eine Tendenz, die auch Winter (2009, S. 20) anlässlich einer Untersuchung von entsprechenden Stellenanzeigen in der Internet-Jobbörse Stepstone bekräftigt.

Lebenslanges Lernen steht heute nicht mehr vorrangig für einen auf die Individuen gerichteten Imperativ und einer sich daraus abgeleiteten Haltung im Arbeitsleben, sondern zunehmend auch für das Einfordern von Möglichkeiten durch Mitarbeiter und Bewerber, »immer weiter« und »immer mehr« lernen zu können. Die Lernbereitschaft und das entwicklungsbezogene Bedürfnis nach Lernen sowie eine hierbei gegebene Einflussnahme korreliert bei vielen Mitarbeitern auch mit dem konkreten Wunsch nach Anerkennung und ggf. nach Erhöhung des Status sowie der Möglichkeit nach Selbstverwirklichung.

Eine Befragung von mehr als 1.000 Studierenden im Hauptstudium zeigte, dass für 81 Prozent der Befragten das Angebot von Weiterbildungsmöglichkeiten bei der Auswahl ihres zukünftigen Arbeitgebers von besonderer Bedeutung ist (Werle 2005, o. S.).

Berufsbegleitende Masterstudien stellen für die Bedürfnisse solcher entwicklungsoffenen und entwicklungsbereiten – und im Idealfall auch entwicklungsfähigen – Mitarbeiter ein attraktives Personalentwicklungsangebot dar. Die Zweistufigkeit des Studiensystems bietet der betrieblichen Personalentwicklung eine hervorragende Möglichkeit, Potenzialträgern mit erstem Hochschulabschluss eine interessante Perspektive zu offerieren und dem Ansatz des lebenslangen Lernens mit der Ermöglichung eines weiteren akademischen Grades eine gewisse Verbindlichkeit zu geben.

Dass sich eine zunehmende Tendenz zu eigenverantwortlich getriebenen Weiterbildungsaktivitäten im Bereich der berufsbegleitenden Masterprogramme abzeichnet, lässt sich u.a. durch den Befund von Schwertfeger (2009, o. S.) belegen, die darauf hinweist, dass immer mehr Teilnehmer von nebenberuflichen Masterprogrammen ein Studium auch ohne die finanzielle Unterstützung des Arbeitgebers beginnen.

Da sich der Trend zur akademischen Weiterbildung verstärken dürfte, wäre es nicht nur wichtig, dass seitens der Personaler eine gewisse Beratungskompetenz aufgebaut wird. Es gilt vielmehr auch darüber nachzudenken, inwieweit Personalverantwortliche nicht auch selbst Erfahrungen sammeln könnten und durch die Teilnahme an

Masterprogrammen – zumindest ansatzweise – als Vorbilder für einen breiten Ansatz des lebenslangen Lernens und einer entsprechenden Kultur stehen würden.

Dass die Großunternehmen einer Forcierung von berufsbegleitenden Masterstudien positiv gegenüber stehen, zeigte beispielsweise eine Marktanalyse der Management Akademie Heidelberg vor dem Start des Studienprogramms MBA HRM an der FH Ludwigshafen im Jahr 2007. So wurden akademische Weiterbildungsangebote für die Zielgruppe der im Personalbereich tätigen Mitarbeiter von rund vier Fünftel der befragten Großunternehmen positiv eingeschätzt wurde. Der größte Teil der Unternehmen zeigte die Bereitschaft zur aktiven Unterstützung ihrer Mitarbeiter im Rahmen solcher Programme.

Als durchaus spannend kann die Frage angesehen werden, wann der Mittelstand in der Breite die ungeheuren Chancen entdeckt, die sich gerade für ihn durch die berufsbegleitenden Masterstudien ergeben können.

Literatur

Becker 1993: Becker, M.: Personalentwicklung: Die personalwirtschaftliche Herausforderung, Bad Homburg v. d.h. 1993.
Beßler/Mudra 2006: Beßler, K. und Mudra, P.: Duale Weiterbildung als innovatives und integratives Zukunftskonzept, Diskussionspapier, Heidelberg 2006.
BMBF 2010: Bundesministerium für Bildung und Forschung (BMBF, Hrsg.): Bologna-Prozess, in: http://www.bmbf.de/de/3336.php vom 12.01.2010.
FH Wien 2008: FH Wien (Hrsg.): Bachelor und Master in der Arbeitswelt: Umfrage der FHWien-Studiengänge der WKW in österreichischen Unternehmen zur Akzeptanz der neuen akademischen Titel, Wien – Presseinformation vom 04.09.2008.
Hannemann 2009: Hannemann, M.: Studieren ohne Abitur wird leichter: Kultusministerkonferenz in Stralsund, in: http://www.news.de/gesellschaft/7850443946/studieren-ohne-abitur-wird -leichter/1/ vom 02.12.2009.
KMK 2003: KMK – Kultusministerkonferenz: Ländergemeinsame Strukturvorgaben gemäß § 9 Abs. 2 HRG für die Akkreditierung von Bachelor- und Masterstudiengängen, Bonn 2003.
Hochschulrektorenkonferenz 2010: Hochschulrektorenkonferenz (Hrsg.): Hochschulkompass, in: http://www.hochschulkompass.de/studium/studienmoeglichkeiten-weiterfuehrend/weiterfuehrendes-studienangebot-suchen.html vom 14.01.2010.
Innovationsreport 2009: Innovationsreport (Autor unbekannt): Master-Titel beschleunigt Karriere und zahlt sich auch beim Gehalt aus, 13.02.2006, in: http://www.innovations-report.de/html/berichte/wirtschaft_finanzen/bericht-55169.html vom 18.12.2009.
Klimecki/Gmür 1998: Klimecki, R. G. und Gmür, M.: Personalmanagement: Funktionen, Strategien, Entwicklungsperspektiven, Stuttgart 1998.
Knöll 1997: Knöll, M. W.: Die Träger der betrieblichen Personalentwicklung (PE): Eine handlungsorientierte Betriebswirtschaftliche Analyse der Personalentwicklung unter besonderer Berücksichtigung von Trägeraspekten, Freiburg 1997.
Konferenz für Berufs- und höhere Fachprüfungen 2009: Konferenz für Berufs- und höhere Fachprüfungen (Autor unbekannt): Ohne Titel, in: http://www.dualstark.ch vom 19.11.2009.
Mudra 2004: Mudra, P.: Personalentwicklung: Integrative Gestaltung betrieblicher Lern- und Veränderungsprozesse, München 2004.
Müller-Böling 2000: Müller-Böling, D.: Die entfesselte Hochschule, Gütersloh 2000.
Müller-Vorbrüggen 2008: Müller-Vorbrüggen, M.: Struktur und Strategie der Personalentwicklung, in: Bröckermann, R. und Müller-Vorbrüggen, M. (Hrsg.): Handbuch Personalentwicklung: Die Praxis der Personalbildung, Personalförderung und Arbeitsstrukturierung, 2. Auflage, Stuttgart 2008, S. 3–20.
Ortner 1988: Ortner, G. E.: Zuviel Bildung gibt es nicht, in: Lernfeld Betrieb, Heft 09/1988, S. 47–48.

Rump/Eilers 2006: Rump, J. und Eilers, S.: Managing Employability, in: Rump, J., Sattelberger, T. und Fischer, H. (Hrsg.): Employability Management: Grundlagen, Konzepte, Perspektiven, Wiesbaden 2006, S. 13–73.

Rump/Mudra 2008: Rump, J. und Mudra, P.: Quo vadis Personalpolitik? Die Arbeitswelt im Umbruch, in: Mudra, P. und Lenz, A. (Hrsg.): Ist soziale Betriebsgestaltung ein Anachronismus? Heidelberg 2008, S. 30–60.

Schatz/Woschnack 2008: Schatz, W. und Woschnack, U.: Forschungsorientierte Ausbildung? Qualifikationsprofile in der Curriculumentwicklung von Masterstudiengängen, in: Zeitschrift für Hochschulentwicklung, Heft 03/2008, S. 58–70.

Schindlbeck 2008: Schindlbeck, C.: Einstiegsgehälter: Bachelor, Master und Diplom gleichen sich an, in: http://www.elekroniknet.de/homeberuf-und-karriere/arbeitswelt/d/einstiegsgehaelter-bachelor-master-und-diplom-gle vom 16.11.2009.

Schwertfeger 2008: Schwertfeger, B.: Trend: Employees pay their own way, in: http://www.mba-channel.com/channel/article/trend-employees-pay-their-own-way/ vom 17.11.2009.

Schwertfeger 2009: Schwertfeger, B.: Focus on Career, in: http://www.mba-channel.com/channel/article/career-change-karrierewechsel/ vom 17.11.2009

Staufenbiel 2009 a: Staufenbiel (Hrsg.): Das MBA-Studium: Das Handbuch zur Management-Weiterbildung, Köln 2009.

Staufenbiel 2009 b: Staufenbiel (Hrsg. Giesen, B.): Job-Trends-Studie 2009, Köln 2009.

Werle 2009: Werle, K.: Die junge Elite sitzt aufgepackten Koffern, in: http://www.manager-magazin.de/de/koepfe/karriere/0,2828,346667,000.html vom 16.11.2009.

Winter 2009: Winter, I.: Viele Wege führen zum Ziel, in: Personalmagazin, Heft 12/2009, S. 20–23.

Teil D
Instrumente der Personalförderung

D.1 Traineeprogramm

*Claudia Becker**

1 Das Traineeprogramm: eine effektive Form der Nachwuchssicherung

2 Darstellungen von Traineeprogrammen in der Literatur

3 Konzeption eines effektiven Traineeprogramms

4 Die Praxis: das Traineeprogramm der RWE Rhein-Ruhr-Gruppe

5 Schlüsselfaktoren für die Wirksamkeit von Traineeprogrammen
   5.1 Alles aus einer Hand
   5.2 Betroffene zu Beteiligten machen
   5.3 Informationen und Spielregeln offen kommunizieren – keine Spielchen
   5.4 Alles aus einem Guss
   5.5 Evolution statt Revolution

6 Die Komplexität von Traineeprogrammen ist nicht eindimensional

Literatur

---

* Claudia Becker ist Leiterin Coaching, Beratung und Förderung in der Organisationseinheit Berufsbildung/Personalentwicklung der RWE Rhein-Ruhr AG, Essen. Um Missverständnisse zu vermeiden, erklärt die Autorin ausdrücklich, dass die dargestellten Interpretationen und Meinungen ausschließlich ihre persönlichen Auffassungen wiedergeben.

1 Das Traineeprogramm: eine effektive Form der Nachwuchssicherung

Traineeprogramme sind in der Wirtschaft etablierte Instrumente zur Einführung von Hochschulabsolventen in die berufliche Praxis. Der *Nutzen* für ein Unternehmen liegt in einer *effektiven und systematischen Integration* der Hochschulabsolventen in die Organisation und ihrer gezielten Vorbereitung auf die kompetente Übernahme eines Aufgabengebiets.

Obwohl diese Art des Berufseinstiegs in der Praxis eine anerkannt effektive Form der Nachwuchssicherung ist, wird die Diskussion über Traineeprogramme in der Literatur und nicht selten auch durch Praktiker auf Fachtagungen und Kongressen auf sehr allgemeinem Niveau und mit praxisfernen Argumenten geführt.

In diesem Beitrag werden einige dieser Vereinfachungen der Strukturelemente von Traineeprogrammen und deren Umsetzung hinterfragt. Schlüsselfaktoren für den Erfolg von Traineeprogrammen werden anhand eines Praxisbeispiels veranschaulicht und daraus einige Umsetzungsempfehlungen abgeleitet.

2 Darstellungen von Traineeprogrammen in der Literatur

Bei der begrifflichen Bestimmung von »*Traineeprogramm*« in der Literatur steht vielfach der Aspekt der systematischen Einführung und *Einarbeitung* von *Hochschulabsolventen* in Unternehmen im Vordergrund (Hartwig 1991, S. 345, Mentzel 2005, S. 191, Thom/Friedli 2005, S. 15). Daneben heben einige Autoren auch den Aspekt der Förderung von (Führungs-) Nachwuchskräften hervor (Bröckermann 2003, S. 429, Jung 2005, S. 283, Mudra 2004, S. 216, Oechsler 2000, S. 260, Thom/Friedli 2005, S. 15). Dieselben Autoren nennen als Ziele von Traineeprogrammen

- die Versorgung des Unternehmens mit qualifizierten (Führungs-) Nachwuchskräften,
- die funktions- und unternehmensspezifische Qualifizierung von Trainees und
- die Imagebildung des Unternehmens nach außen.

Einige wenige Autoren verweisen zusätzlich auf die Sozialisation im Unternehmen (Maier/Spieß 1994, S. 254, Thom/Friedli 2005, S. 18).

Hinsichtlich des Aufbaus und der Strukturelemente von Traineeprogrammen findet sich in der Literatur als kleinster gemeinsamer Nenner der Zeitraum der Durchführung. Die meisten Autoren empfehlen einen Zeitraum zwischen sechs und maximal 24 Monaten. Auch herrscht weitgehend Einigkeit hinsichtlich der Notwendigkeit einer systematischen Planung und Organisation sowie einiger Elemente von Traineeprogrammen. Zu Letzteren zählen die meisten Autoren das *Praxistraining* (on the Job) im Rahmen systematischer Arbeitsplatzwechsel (*Job Rotation*) sowie ergänzende Bildungsmaßnahmen (off the Job) (Bröckermann 2003, S. 429, Jung 2005, S. 283, Mudra 2004, S. 216, Oechsler 2000, S. 589, Thom/Friedli 2005, S. 15 ff.). Einige Autoren machen zusätzlich darauf aufmerksam, dass die Arbeitsverträge von Trainees in der Regel befristet sind und die Traineezeit deshalb eine Art verlängerter

Probezeit ist. In diesem Kontext wird auch darauf hingewiesen, dass Beurteilungen während und am Ende der Traineezeit die Grundlage für die Entscheidung über die Übernahme in ein unbefristetes Arbeitsverhältnis bilden sollten (Bröckermann 2003, S. 429 f., Oechsler 2000, S. 589).

Was in der Literatur weitgehend fehlt, sind konkrete Hinweise zur Konzeption von Praxistraining, Job Rotation und Trainingsmaßnahmen off the Job, die zu einem stimmigen Gesamtprogramm führen, um die genannten Ziele effizient zu erreichen. Kritisch ist aus meiner Sicht auch, dass ein Instrument wie *Mentoring* nur sehr indirekt mit Traineeprogrammen in Zusammenhang gebracht wird. Mentoring wird in gänzlich anderen Kontexten aufgegriffen, und nur am Rande wird erwähnt, dass Mentorensysteme (Kapitel D.7 dieses Buches) Traineeprogramme effektiv ergänzen können.

3 Konzeption eines effektiven Traineeprogramms

Vor der Einführung eines Traineeprogramms in ein Unternehmen müssen eine Reihe von keineswegs trivialen Fragen geklärt werden. Die Antworten sind erfolgskritisch, um die einzelnen Elemente konkret auszugestalten und effektiv zusammenzuführen. Es handelt sich um Fragen wie z. B.:

- Kann ein Unternehmen es sich leisten, in einer Zeit steigenden *Kostendrucks* und abnehmender Mitarbeiterressourcen, Hochschulabsolventen einzustellen und erst während bzw. am Ende der Traineezeit zu prüfen, ob und in welcher Funktion sie später eingesetzt werden können? Oder gibt es dafür strategische Gründe?
- Ist es sinnvoll, Jungakademikern, die bislang noch keinen Leistungsnachweis erbracht haben, unter dem Label »Führungsnachwuchs« oder »High Potential« sofort den »Marschallstab in den Tornister zu packen«? Will man den dadurch erzielten *Kronprinzeneffekt*? Will man die Reaktanz bei erfahrenen Mitarbeitern in Kauf nehmen, die ihr Führungspotenzial bereits unter Beweis gestellt haben?
- Ist es tatsächlich notwendig, dass ein Trainee zunächst alle Abteilungen durchläuft? Oder sind dies, wie Becker (2005, S. 118) es nennt, doch nur »*Kurzbesuche*« in anderen Welten, die wenig zielführend sind?

Um das Ziel eines stimmigen Gesamtprogramms zu erreichen, müssen für die einzelnen Elemente Eckpunkte, Kriterien und Leitfragen festgelegt werden, die ihre optimale Nutzung gewährleisten. Für das Beispiel Job Rotation sind dies u. a. folgende Fragen:

- An welche Themen und Aufgaben muss der Trainee herangeführt werden, damit er seine zukünftigen Aufgaben nach Ablauf der Traineezeit eigenständig erfüllen kann?
- Kennt er seinen Haupteinsatzbereich schon gut genug, um neue Informationen aus weiteren Bereichen effektiv nutzen zu können?
- Kann der Trainee in einem zweiten oder dritten Einsatzbereich eine konkrete Aufgabe bearbeiten, die sinnvoll mit seiner Zielfunktion verknüpft ist?

- Ist die Verweildauer in diesem Einsatzbereich lang genug, um seine Leistungsfähigkeit und seine Stärken im Sinne fachlicher und überfachlicher Kompetenzen systematisch beurteilen zu können?

Vor dem Hintergrund dieser und weiterer Fragen, die hinsichtlich der *Effektivität* und der *Effizienz* eines Traineeprogramms eine erhebliche Rolle spielen, scheinen die Antworten für einige Autoren (Bröckermann 2003, S. 430, Jung 2005, S. 281, Rischar 2003, S. 41) von vornherein auf der Hand zu liegen und vermitteln dem Leser den Eindruck, als gäbe es keine Alternativen. So schreibt etwa Bröckermann (2003, S. 430) zu den Ausbildungsphasen: »Durchweg durchlaufen die Trainees drei Phasen der Ausbildung. In der Orientierungsphase lernen die Trainees über zwei bis drei Monate die zentralen Bereiche des Unternehmens kennen ... In der folgenden, etwa sechsmonatigen Vertiefungsphase widmen sich die Trainees den diversen Tätigkeitsfeldern, für die sie sich im Studium qualifiziert haben ... Entsprechend wird sie oder er in der abschließenden Einsatzphase auf diese Aufgabe spezifisch vorbereitet.«

Im Folgenden wird deutlich, dass Bröckermann mit der Feststellung, dies sei »durchweg« so, zu pauschal urteilt.

4 Die Praxis: das Traineeprogramm der RWE Rhein-Ruhr-Gruppe

Die mit dem Traineeprogramm der RWE Rhein-Ruhr-Gruppe verbundenen Ziele sind:
- mittel- und langfristig Kontinuität und *Anforderungsorientierung* bei der Nachwuchsrekrutierung und -förderung sicherzustellen,
- die Nachwuchskräfte schnell und effektiv für ihre *Zielfunktionen* zu qualifizieren und
- mit dem Traineeprogramm ein *Personalmarketinginstrument* bereit zu stellen, das die Attraktivität der RWE Rhein-Ruhr-Gruppe als Arbeitgeber zeigt.

Der fachlich versierte Leser weiß sicherlich, wie ein Traineeprogramm strukturiert ist. Er kann deshalb auf der nächsten Seite versucht sein, den Beitrag zur Seite zu legen. Dieses Risiko muss allerdings akzeptiert werden, weil es notwendig ist, das Programm in Kürze zu erläutern, um Schlüsselfaktoren für die Wirksamkeit von Traineeprogrammen beispielhaft darstellen zu können. Einen ersten Eindruck gewinnt der Leser mit der Übersicht in Abb. 1.

Das Traineeprogramm ist konsequent am konkreten *Nachwuchsbedarf* der einzelnen Organisationseinheiten orientiert. Jede Organisationseinheit, die diesen Nachwuchsbedarf hat, verfolgt natürlich das Ziel einer gründlichen spezialisierten Qualifizierung ihres Trainees. Daher ist diese Organisationseinheit der Kerneinsatzbereich. Hier beträgt die Einsatzdauer insgesamt mindestens zwölf Monate. Dadurch wird gewährleistet, dass der Trainee im Anschluss an die Traineezeit voll einsatzfähig ist. Neben dem Kerneinsatzbereich durchlaufen die Trainees für die Dauer von mindestens zwei Monaten zwei weitere Einsatzbereiche, so genannte Nebeneinsatzbereiche. Als

On the job		Off the job
Phase 1 6 Monate	4 Monate im Kerneinsatzbereich 2 Monate im Nebeneinsatzbereich Netzwerk-Veranstaltungen	**Trainee-Curriculum:** • Neu bei RWE Rhein-Ruhr • Die RWE Rhein-Ruhr im Wandel des Energiemarktes + weitere drei Qualifizierungstage nach individuellem Bedarf
Phase 2 6 Monate	Mindestens weitere 4 Monate im Kerneinsatzbereich ggf. Informationsphasen in anderen Unternehmensbereichen Netzwerk-Veranstaltungen	**Trainee-Curriculum:** • Orientierungsworkshop • Personal Skills I + weitere drei Qualifizierungstage nach individuellem Bedarf
Phase 3 6 Monate	Weitere 4 Monate im Kerneinsatzbereich 2 Monate im Nebeneinsatzbereich Netzwerk-Veranstaltungen	**Trainee-Curriculum:** • Entwicklungs-Center • Personal Skills II + weitere drei Qualifizierungstage nach individuellem Bedarf

(Zwischen Phasen: Projektmanagement-Qualifizierung; Begleitung durch Mentor und PE-Betreuer)

(© RWE Rhein-Ruhr AG 2003)

Abb. 1: Übersicht über das Traineeprogramm der RWE Rhein-Ruhr-Gruppe

Nebeneinsatzbereiche eignen sich Organisationseinheiten, die einen praktischen Bezug zur Tätigkeit im Kerneinsatzbereich haben bzw. in denen der Trainee Know-how erwirbt, dass ihm für seine Tätigkeit eine breitere Perspektive eröffnet. Zur sozialen *Integration* und zur fachlichen Orientierung ist vorgesehen, dass der Trainee mindestens die ersten zwei Monate in seinem Kerneinsatzbereich verbringt. Nach jeder Einsatzphase, die länger als sechs Wochen dauert, wird der Trainee beurteilt.

Jeder Trainee durchläuft in einer festen Gruppe von Traineekollegen das so genannte Trainee-Curriculum. Dieses besteht aus sechs Off the Job-Maßnahmen, die im Folgenden näher erläutert werden. Hier sei nur darauf verwiesen, dass die Maßnahmen des Trainee-Curriculums für alle Trainees obligatorisch sind. Neben der unternehmens- bzw. branchenspezifischen und persönlichen Qualifizierung des Trainees wird vor allem auch die Grundlage für seine Vernetzung im Unternehmen geschaffen. Zusätzlich zu den Maßnahmen des Trainee-Curriculums erhält jeder Trainee ein Kontingent von neun Qualifizierungstagen, während der er frei wählbare Qualifizierungsmaßnahmen besuchen kann. Wenn die Zielfunktion auch *Projektarbeit* beinhaltet, ist nach sechs Monaten darüber hinaus die Teilnahme an einer 15-tägigen zertifizierten Projektmanagementqualifizierung möglich. All diese Maßnahmen garantiert das Unternehmens seinen Trainees, d.h. die RWE Rhein-Ruhr verpflichtet sich, jeden Trainee in seiner beruflichen Startphase gezielt zu unterstützen.

Ein persönlicher Mentor im Fachbereich sowie ein Ansprechpartner in der Personalentwicklung stehen jedem Trainee für Informationen zum Programm und zur Orientierung im Unternehmen zur Verfügung.

Der bedarfsorientierte Aufbau des Programms sowie die Qualifizierungsgarantie wurden und werden gleichermaßen von Bewerbern und Absolventen des Traineeprogramms nach eigener Aussage als Schlüsselanreiz für den Eintritt in das Unternehmen genannt. Von den Führungskräften wird das Programm als Instrument zur effektiven, anforderungsorientierten Nachwuchsqualifizierung und -förderung geschätzt.

5 Schlüsselfaktoren für die Wirksamkeit von Traineeprogrammen

Wie ist es gelungen, mit dem Traineeprogramm der RWE Rhein-Ruhr-Gruppe die gesteckten Ziele und somit auch interne und externe Akzeptanz zu erreichen? Diese Frage wird durch eine Erläuterung der handlungsleitenden Maximen beantwortet.

5.1 Alles aus einer Hand

Dies bedeutet, dass Konzeption, Umsetzung und Steuerung in der Hand eines Verantwortlichen liegen. Nur so kann von Beginn an sichergestellt werden, dass es nicht zu Reibungsverlusten, Missverständnissen, Kompetenzgerangel oder Schuldzuweisungen kommt, weil die Konzepterstellung und die Realisierung getrennt sind. In jedem Unternehmen gibt es Schnittstellen, an denen solche Probleme auftreten. Ein typisches Beispiel ist die Zusammenarbeit zwischen Mitarbeitern eines Unternehmens und externen Beratern, wenn die Mitarbeiter fremde Konzepte umsetzen und dafür die Verantwortung übernehmen sollen.

Gleichzeitig ist es im Sinne der Kontinuität für alle Beteiligten (Kollegen im Personalmanagement, Führungskräfte, Trainees und Mentoren) von Vorteil, dass sie in allen Fragen bezüglich des Traineeprogramms einen festen Ansprechpartner haben.

5.2 Betroffene zu Beteiligten machen

Dieser Grundsatz wurde von Anfang an konsequent verfolgt und nie bereut. Vor etwa fünf Jahren – zu Beginn der Konzeptionsphase – sind zunächst zahlreiche Führungskräfte interviewt worden. Dabei ging es um die Frage, wie viel Zeit ein Trainee in einer Organisationseinheit verbringen muss, damit er nach Ablauf der insgesamt 18 Monate »fit« für den Einsatz in seiner Zielfunktion ist. Die Führungskräfte stimmten darin überein, dass die Verweildauer im Kerneinsatzbereich zwölf Monate auf keinen Fall unterschreiten dürfe. Da die Urlaubs- und Qualifizierungstage zu Lasten der Zeit im Kerneinsatzbereich gehen, reduzieren sich die zwölf auf faktische neun Monate. Einigkeit bestand auch dahingehend, dass zwei Nebeneinsatzbereiche von je mindestens zwei Monaten Dauer verpflichtend sein sollten. Die Auswahl dieser Einsatzbereiche wird zwischen Vorgesetztem, Trainee und Mentor besprochen, die endgültige Entscheidung liegt jedoch beim Vorgesetzten. Der Aufbau und die zeitliche Aufteilung hinsichtlich der Praxiseinsätze haben sich, den Empfehlungen der Führungskräfte entsprechend, bei der Umsetzung des Programms sehr bewährt.

Im nächsten Schritt erarbeitete ein Arbeitskreis aus Kolleginnen und Kollegen aus dem operativen und strategischen Personalmanagement und der Programmverantwortliche ein überfachliches *Anforderungsprofil* für Trainees. Dieses ist die Grundlage des Auswahlverfahrens und des Beurteilungssystems für die Trainees. Diese Kolleginnen und Kollegen sind auch Programmexperten und Koordinatoren vor Ort. Da die RWE Rhein-Ruhr-Gruppe eine Flächenorganisation mit weit auseinander liegenden Standorten ist, haben so die Führungskräfte und Trainees vor Ort einen persönlichen Ansprechpartner.

Auch die Festlegung der Mentorenfunktion erfolgte nicht »am grünen Tisch«. Vor einer näheren Erläuterung seien kurz die wichtigsten Kriterien für die Auswahl eines *Mentors* genannt:

- Der Vorgesetzte eines Trainees kann nicht sein Mentor sein.
- Der Mentor muss nicht in derselben Organisationseinheit wie der Trainee tätig sein, aber der übergeordnete fachliche Bereich sollte derselbe sein.
- Die Arbeitsplätze von Mentor und Trainee sollten sich am selben Standort befinden.
- Der Mentor soll die Funktion freiwillig übernehmen und bereit sein, etwas Zeit zu »opfern«.
- Er sollte Spaß am Umgang mit jungen Menschen haben, kommunikativ sein und einen Sachverhalt geduldig und verständlich erklären können.
- Er sollte über Lebens- und Unternehmenserfahrung verfügen und das Standing haben, sich als Anwalt des Trainees für die Einhaltung der Programmspielregeln einzusetzen.

Nach Auswahl der ersten Mentoren, wurden ihnen Ziele und Ideen des Programms vorgestellt. Auf dieser Grundlage wurden gemeinsam mit ihnen die Aufgaben eines Mentors und die Grenzen seiner Tätigkeit erarbeitet. Mentoren sind Kolleginnen und Kollegen, die sich zusätzlich zu ihren eigentlichen Aufgaben in dieser Funktion engagieren. Aus diesem Grund ist es wichtig, sie vor überzogenen und/oder unrealistischen Erwartungen von Seiten der weiteren Beteiligten zu schützen.

Die Definition der Mentorenaufgabe ist nicht statisch. In jedem Jahr findet im Rahmen einer Netzwerkveranstaltung ein *Mentorenworkshop* statt. Bei dieser Gelegenheit werden die Aufgaben des Mentors vor dem Hintergrund der praktischen Erfahrung des letzten Jahres einer Revision unterzogen und gegebenenfalls modifiziert. Gleichzeitig haben die – unterschiedlich erfahrenen – Mentoren die Möglichkeit, sich auszutauschen und konkrete Rückmeldungen zu allen Aspekten des Programms zu geben.

5.3 Informationen und Spielregeln offen kommunizieren – keine Spielchen

Trotz der Einbindung einiger Kolleginnen und Kollegen aus dem operativen Personalmanagement bei der Entwicklung des Programms, müssen die Informationen über das Programm kontinuierlich kommuniziert werden, um den reibungslosen

Ablauf des Programms zu ermöglichen. Jede Kollegin und jeder Kollege aus dem operativen Personalmanagement, der Aufgaben hinsichtlich der Einstellung und Betreuung der Trainees neu übernimmt, wird, wie auch jeder Mentor, zu einer ausführlichen Informationsveranstaltung eingeladen. Auch jeder neue Trainee wird kurz nach seinem Eintrittstermin gründlich über das Programm informiert. Wenn möglich, finden diese Veranstaltungen in Gruppen statt. Falls dies nicht möglich ist, erfolgt die Einführung in einem Einzelgespräch. In der Regel finden mindestens alle zwei Monate Veranstaltungen oder entsprechende Informationsgespräche für beide Zielgruppen statt.

Zur offenen *Kommunikation* zählt vor allem, Schwierigkeiten anzusprechen. Ein Thema, das z. B. heikel sein kann, ist die Freiwilligkeit der Übernahme einer Mentorenfunktion. Obwohl dieses Auswahlkriterium bekannt ist, ist nicht immer deutlich, ob es berücksichtigt wurde. Deshalb wird das Thema bei Mentoren und Trainees offen angesprochen und erläutert, wie das Problem gelöst werden kann, ohne Betroffene zu brüskieren oder bloß zu stellen. Überhaupt werden alle Beteiligten von Anfang an gebeten, zeitnah Rückmeldungen zu geben, wenn etwas nicht so funktioniert, wie es sollte. Dies ist eine notwendige Voraussetzung, um korrigierend eingreifen zu können.

5.4 Alles aus einem Guss

Ein Traineeprogramm ist *kein isoliertes System*, sondern mit anderen personalpolitischen Instrumenten verbunden. Im RWE Konzern existiert ein konzernweit gültiges *Kompetenzmodell*, das u. a. Grundlage für die Mitarbeitergespräche und das Potenzialeinschätzungsverfahren im RWE Konzern ist. Das Kompetenzmodell des Konzerns ist auch Basis für das bereits erwähnte überfachliche *Anforderungsprofil* für die Trainees der RWE Rhein-Ruhr-Gruppe. Das Auswahlverfahren und das Beurteilungssystem für die Trainees basieren auf dem überfachlichen Anforderungsprofil. Um das Interview mit Traineebewerbern innerhalb des Auswahlverfahrens zu optimieren, wurde ein Katalog von Leitfragen bezüglich des Anforderungsprofils entwickelt und in der Praxis getestet.

Hinsichtlich des Trainee-Curriculums bedeutet der bildliche Ausdruck »aus einem Guss« zweierlei. Die Ziele, die mit den einzelnen Modulen erreicht werden sollen, sind nicht zeitgleich zu erreichen, vielmehr folgen sie einer bestimmten Abfolgelogik. Die Ziele implizieren auch inhaltliche Zusammenhänge, die bei der Konzeption der Einzelmodule berücksichtigt werden mussten.

Priorität ist zunächst das Ziel, den Trainees möglichst zeitnah nach ihrem Eintritt die Orientierung im Unternehmen zu erleichtern und wichtige Aspekte des Energiemarktes kennen zu lernen. Deshalb wird in der ersten Veranstaltung mit dem Titel »Neu in der RWE Rhein-Ruhr-Gruppe« von den jeweiligen Verantwortlichen ein Überblick über Strategie, Struktur und Technik des Unternehmens vermittelt. In der dreitägigen Veranstaltung gibt ein Experte der RWE AG eine Übersicht des Gesamtkonzerns. Um den Trainees die Verarbeitung der umfangreichen und komplexen Informationen zu erleichtern, ist nach jedem inhaltlichen Block ausreichend Zeit für eine Nachbereitung der Beiträge nach didaktischem State of the Art vorgesehen.

In der zweiten Veranstaltung »Die RWE Rhein-Ruhr-Gruppe im Wandel des Energiemarktes« stehen die wirtschaftspolitischen Bedingungen und die Besonderheiten des Marktes im Mittelpunkt, die die Teilnehmer mit einem international anerkannten Experten erörtern können. Aus didaktischer Sicht ist hervorzuheben, dass die Teilnehmer vor der Veranstaltung in Kleingruppen zunächst eigene Thesen zur Entwicklung des Energiemarktes aufstellen. Interne Experten zeigen die Konsequenzen der Entwicklung der Rahmenbedingungen für das Unternehmen auf. Der Kreis schließt sich dadurch, dass die Trainees ihre Thesen auf Grundlage der neuen Informationen diskutieren und selbst bewerten.

Die nächste intensive Entwicklungsphase beinhaltet die Vermittlung und das Training von Sozialkompetenzen. Dahinter steht der Anspruch, den Trainees die Möglichkeit zu bieten, sich während des Programms auch persönlich zu entwickeln. Außerdem sollen bestimmte Fertigkeits- und Fähigkeitslücken geschlossen werden, die die meisten Hochschulausbildungen hinterlassen. Dazu zählen z. B. Kommunikationskompetenz und Konfliktkompetenz. Durch die beiden darauf bezogenen Module zum Thema »Personal Skills« wird Chancenfairness hinsichtlich der Nutzung und des Ausbaus eigener Stärken ermöglicht. Die Module bauen aufeinander auf. Neben den Themen Kommunikation und Konfliktmanagement stehen Selbstmanagement sowie eigen initiierte und eigen gesteuerte Entwicklungsplanung im Mittelpunkt.

Außer der Förderung der Soft Skills werden die Trainees hinsichtlich ihrer beruflichen Orientierung und Entwicklung unterstützt. Dazu setzen zwei weitere Module auf *Selbstreflexions-* und *Feedbackprozesse*. Die Selbstreflexion wird im Modul »Orientierungsworkshop« ermöglicht. Die Trainees erhalten das Angebot, mit dem von Edgar Schein entwickelten Fragebogen und Interviewleitfragen berufsbezogene Entwicklungsmotive, die von Schein so genannten »Karriereanker«, in Partnerarbeit zu entdecken. Feedback zu nehmen, ist für jeden Menschen schwer, dennoch für die Entwicklung eine nicht entbehrliche Kompetenz. Die Trainees werden diesbezüglich in drei Schritten trainiert. Die Anforderungen an die »Nehmerqualitäten« steigen dabei zunehmend. Der erste Schritt ist das Peerfeedback des Interviewpartners im Orientierungsworkshop. In einem der oben beschriebenen »Personal Skills«-Module erfolgt der zweite Schritt. Allerdings befinden sich die Trainees hier immer noch in einem Schutzraum, nämlich unter Kollegen mit einem externen Trainer. Das Modul »Entwicklungscenter« ist ein nicht selektives Assessment Center, in dem die Trainees Rückmeldungen von Führungskräften des Unternehmens, vom Moderator und von den Kollegen erhalten. Hier geht es ausschließlich um konstruktives, ressourcenorientiertes Feedback. Auch wenn es hier nicht um Selektion geht, ist dies eine schwierige Situation. Deshalb ist eine wichtige Voraussetzung für die Teilnahme am Entwicklungscenter, dass die Entscheidung über eine weitere Anstellung bereits getroffen wurde.

Das abschließende Modul innerhalb des Trainee-Curriculums ist das oben bereits erwähnte zweite Modul zum Thema »Personal Skills«. In dieser Veranstaltung stehen Feedbackverarbeitung und Selbstreflexion im Mittelpunkt. Die Trainees werden durch einen externen Experten dabei unterstützt und können im Sinne des Selbstmanagements und der eigen gesteuerten Entwicklung planen, was und wie sie nach ihrer Traineezeit systematisch und selbstverantwortlich etwas für ihre Entwicklung tun wollen.

5.5 Evolution statt Revolution

Wenn man alle Erfahrungen mit unserem Traineeprogramm in diesem Beitrag schildern wollte, würde dies die gesetzten Grenzen sprengen. Deshalb wird abschließend auf einen der wichtigsten Schlüsselfaktoren hingewiesen: *Man lernt nie aus.* Das Traineeprogramm lebt und viele kleine Modifikationen haben sich erst mit der Zeit und durch Erfahrung ergeben. Eine erstaunliche Erkenntnis war, dass Bürokratie manchmal sehr nützlich sein kann. Ein bislang bewährter Leitsatz der Autorin lautet: »Lieber pragmatisch als dogmatisch«, also beispielsweise lieber ein Einsatzplan, der formlos, aber inhaltlich programmkonform ist, als umgekehrt. Aus diesem Grund gab es in den ersten Jahren des Traineeprogramms kein Formular für die Einsatzplanung. Erst als die eine oder andere Führungskraft es mit der Planung der Einsatzbereiche nicht »so genau« nahm, was von den betroffenen Trainees zu Recht angemahnt wurde, reifte der Entschluss, die Einsatzplanung zu formalisieren. Seither gibt es kaum noch Probleme mit der Einsatzplanung und deren Einhaltung. Darüber hinaus hat es sich als vorteilhaft für die Steuerung der Beurteilungen erwiesen.

6 Die Komplexität von Traineeprogrammen ist nicht eindimensional

In der Literatur werden Ziele und Strukturelemente von Traineeprogrammen weitgehend übereinstimmend beschrieben. Viele Autoren belassen es jedoch bei knappen und allgemeinen Darstellungen, die für die Umsetzung in die Praxis wenig nützlich und handlungsleitend sind. Die damit suggerierte Einfachheit wird der Komplexität von Konzeption und Umsetzung nicht gerecht. Wie das Praxisbeispiel zeigt, ist die Komplexität nicht eindimensional. Zunächst gilt es, Zielklarheit hinsichtlich des Programms, aber auch bezüglich der einzelnen Elemente herzustellen. Weiterhin sind auch die Entscheidungen, was wie und mit wem realisiert wird, nicht trivial. Aber auch das Timing der Einzelelemente in Kombination mit der Steuerung aller damit verbundenen Prozesse und die Koordination aller Beteiligten trägt zur Gesamtkomplexität bei. Es existieren allerdings einige Schlüsselfaktoren, deren Beachtung beim Aufbau eines Traineeprogramms durchaus erfolgskritisch sind.

Literatur

Becker 2005: Becker, M.: Systematische Personalentwicklung: Planung, Steuerung und Kontrolle im Funktionszyklus, Stuttgart 2005.
Bröckermann 2003: Bröckermann, R.: Personalwirtschaft: Lehr- und Übungsbuch für Human Resource Management, 3. Auflage, Stuttgart 2003.
Hartwig 1991: Hartwig, G.: »Personalentwicklung im System ganzheitlicher Personal- und Unternehmenspolitik am Beispiel der Weidmüller Interface GmbH & Co. Detmold«, in: Hofmann, L. M. und Regenet, E. (Herausgeber): Innovative Weiterbildungskonzepte, Göttingen 1991, S. 335–347.
Jung 2005: Jung, H.: Personalwirtschaft, 6. Auflage, München 2005.

Maier/Spieß 1994: Maier, G. W. und Spieß, E.: »Einführung von Führungsnachwuchskräften in das Unternehmen, Formen der Unterstützung und Hilfestellung«, in: Rosenstiel, L. von, Lang, T. und Sigl, E. (Herausgeber): Fach- und Führungsnachwuchs finden und fördern, Stuttgart 1994, S. 113–134.

Mentzel 2005: Mentzel, W.: Personalentwicklung: Erfolgreich motivieren, fördern und weiterbilden, 2. Auflage, München 2005.

Mudra 2004: Mudra, P.: Personalentwicklung: Integrative Gestaltung betrieblicher Lern- und Veränderungsprozesse, München 2004.

Oechsler 2000: Oechsler, W. A.: Personal und Arbeit: Grundlagen des Human Resources Management und der Arbeitgeber-Arbeitnehmer-Beziehungen, 7. Auflage, München 2000.

Rischar 2003: Rischar, K.: Die praktische Verwirklichung der Personalentwicklung im Betrieb: Leistungspotenziale – Fördermaßnahmen – Evaluation, Renningen 2003.

Thom/Friedli 2005: Thom, N. und Friedli, V.: Hochschulabsolventen, gewinnen, fördern und erhalten, 3. Auflage, Bern 2005.

D.2 Mitarbeiterbefragung, Mitarbeiterzufriedenheitsanalyse

Jürgen Fischer*/Achim Stams**/Thomas Titzkus***

1 Mitarbeiterzufriedenheit messen und managen

2 Mitarbeiterzufriedenheit und Unternehmenserfolg

3 Ziele und Bedeutung der Mitarbeiterbefragung für die Personalentwicklung

4 Messung und Management der Mitarbeiterzufriedenheit
   4.1 Messung der Mitarbeiterzufriedenheit
      4.1.1 Planung und Vorbereitung
      4.1.2 Entwicklung des Befragungsinstruments
      4.1.3 Datenerhebung und -auswertung
   4.2 Management der Mitarbeiterzufriedenheit
      4.2.1 Ergebniskommunikation
      4.2.2 Maßnahmenumsetzung
      4.2.3 Controlling, Projektevaluation und Durchführungsfrequenz

5 Eine Mitarbeiterbefragung ist mehr als ein Instrument zur Zufriedenheitsanalyse

Literatur

---

* Dr. Jürgen Fischer ist geschäftsführender Gesellschafter der team steffenhagen GmbH.
** Dipl.-Psych. Achim Stams ist Director Human Resources bei E-Plus Deutschland Mobilfunk GmbH & Co. KG.
*** Dr. Thomas Titzkus ist Consultant bei der team steffenhagen GmbH.

1 Mitarbeiterzufriedenheit messen und managen

Die *Mitarbeiterbefragung* ist eigentlich kein Instrument der Personalentwicklung sondern der Unternehmensführung bzw. der Organisationsentwicklung. Allerdings ist Sie in Teilen sehr gut für die Personalentwicklung einsetzbar (Mudra 2004, S. 158, 193). Das Ziel dieses Beitrags besteht darin, eine umfassende Einführung in das Thema Messung und Management der Mitarbeiterzufriedenheit zu geben. Dabei werden die theoretischen und methodischen Grundlagen erörtert und am praktischen Beispiel einer *Mitarbeiterzufriedenheitsanalyse* bei der E-Plus Mobilfunk GmbH verdeutlicht.

2 Mitarbeiterzufriedenheit und Unternehmenserfolg

Zufriedene Mitarbeiter sind nicht nur ein aus Mitarbeiter- und Arbeitgebersicht per se wünschenswertes Ziel, sondern verkörpern auch eine wesentliche Grundlage des Unternehmenserfolgs. Dabei ist es entscheidend, dass es im Zuge eines Soll-Ist-Vergleichs zwischen den Erwartungen an die Arbeitssituation und den subjektiv wahrgenommenen Erfahrungen der Mitarbeiter zu einer positiven Beurteilung kommt und sich *Mitarbeiterzufriedenheit* einstellt (Holtz 1997, S. 28). Denn nur Mitarbeiter, die mit ihrer Arbeit und den Arbeitsbedingungen zufrieden sind, entfalten ihre volle Leistungsfähigkeit und setzen sich voll und ganz für ihr Unternehmen ein. Aussagen der Praxis und empirische Studien belegen, dass zufriedene Mitarbeiter
- motivierter sind und mit mehr Engagement arbeiten,
- wissbegieriger und lernbereiter sind,
- aktiv Hinweise auf mögliche Verbesserungen geben,
- eine höhere Leistungsbereitschaft und -qualität zeigen,
- geringe Fehlzeiten (Krankenstände) und Fluktuationsquoten aufweisen,
- sich mit ihrem Unternehmen stärker identifizieren und es aktiv weiterempfehlen und
- die Kundenzufriedenheit nachhaltig steigern.

Der positive Zusammenhang zwischen Mitarbeiterzufriedenheit und ökonomischem Erfolg ist evident. Zufriedene Mitarbeiter sind motivierter und bringen bessere Leistungen hervor. Als Bindeglied zu den Kunden beeinflussen sie mit ihrem täglichen Handeln maßgeblich die Kundenzufriedenheit und -loyalität, was letztlich ein höheres Unternehmensergebnis nach sich zieht (Ellenhuber et al. 2004, S. 285, Homburg/Stock 2001, S. 789 ff.). Diese Zusammenhänge waren auch bei E-Plus Ausgangspunkt für die Durchführung einer Zufriedenheitsanalyse, wobei das Ziel »hohe Mitarbeiterzufriedenheit« fest im Zielsystem von E-Plus verankert ist (Abb. 1).

Auf Grund der beschriebenen Wirkungsbeziehungen verwundert es wenig, dass Mitarbeiterzufriedenheit als unternehmerische Zielgröße inzwischen ein zentraler Bestandteil moderner *Managementansätze* ist (Bungard 2005, S. 165 f.). Vor dem Hintergrund der Philosophie des *Total Quality Management (TQM)* wurde beispielsweise das so genannte *European Foundation for Quality Management-Modell (EFQM)* entwickelt. Es basiert auf den drei fundamentalen Säulen des TQM und somit der

```
        Hohe Mitarbeiter-
           zufriedenheit

Ökonomischer                    Stark motivierte
Unternehmenserfolg                Mitarbeiter

    Hohe                        Exzellente Leistungen
Kundenloyalität                   der Mitarbeiter

              Hohe
        Kundenzufriedenheit
```

Abb. 1: Zusammenhang von Mitarbeiterzufriedenheit und Unternehmenserfolg

integrativen Betrachtung von Menschen (Führung), Prozessen und Ergebnissen. Bessere Ergebnisse lassen sich durch Einbindung aller Mitarbeiter in die kontinuierliche Verbesserung ihrer Prozesse erzielen. Das Modell beruht somit auf der Überlegung, dass Kundenzufriedenheit, Mitarbeiterzufriedenheit und positiver Einfluss auf die Gesellschaft durch ein Management erzielt werden, das seine Strategie und Planung mit hoher Mitarbeiterorientierung in ein entsprechendes Management von Ressourcen und Prozessen umsetzt. Dies führt letztlich zu exzellenten Geschäftsergebnissen (Becker 1997, S. 214 ff.).

Der EFQM-Ansatz stellt die besondere Bedeutung der Mitarbeiterzufriedenheit für den Unternehmenserfolg deutlich heraus. Eine veröffentlichte Untersuchung zeigt anhand des Beispiels der Entwicklung von mehr als 600 mit Qualitätspreisen ausgezeichneten Unternehmen über einen zeitlichen Horizont von fünf Jahren, dass die Anwendung des *Best Practice Managements* nach dem EFQM-Modell im Konkurrenzvergleich zu deutlich höheren Steigerungen bei Aktienkurs, Betriebsergebnis, Umsatz, Umsatzrendite und Vermögen geführt hat. Eine der zentralen Komponenten dieses Erfolgs ist die Mitarbeiterorientierung (Hendricks/Singhal 2000).

Der Stellenwert der Mitarbeiterzufriedenheit für den Unternehmenserfolg gelangt überdies auch im Konzept der *Balanced Scorecard* (BSC) zum Ausdruck, die nicht als ein neues Kennzahlensystem, sondern vielmehr als eigenständiger Managementansatz zu interpretieren ist (Horváth/Gaiser 2000, S. 17 f.). Eine BSC setzt sich in der Regel aus vier Perspektiven zusammen: Finanzen, Kunden, Prozesse und Potenziale. Der Grundgedanke besteht in der Annahme, dass zwischen den verschiedenen Ebenen Ursache-Wirkungsbeziehungen bestehen. Um die finanziellen Ziele zu erreichen, ist es unabdingbar, die Kundenerwartungen bzw. -anforderungen zu erfüllen. Dies wiederum erfordert gut funktionierende Prozesse und entsprechende Potenziale (Abb. 2). Die Potenzialperspektive, die auch als Lern- und Entwicklungsperspektive bezeichnet wird, stellt damit vor allem auch die Mitarbeiter in den Mittelpunkt und betont die Förderung einer lernenden und wachsenden Organisation (Kaplan/Norton 1997, S. 121). Ein *Mitarbeiterzufriedenheitsindex* ist deshalb als Key Performance Indicator (KPI) in den meisten Balanced Scorecards der unternehmerischen Praxis nahezu obligatorisch.

Abb. 2: Die vier Perspektiven der Balanced Scorecard

Auch das BSC-Konzept verdeutlicht die Relevanz der Mitarbeiterzufriedenheit für den Unternehmenserfolg, wie inzwischen zahlreiche Untersuchungen zeigen. Nach einer Wiederholungsbefragung von ca. 100 Unternehmen aus Deutschland, Österreich und der Schweiz ist beispielsweise der Großteil der mit der Balanced Scorecard arbeitenden Unternehmen der Meinung, dass sie ihre Wettbewerber in Bezug auf Umsatzwachstum und Jahresüberschuss übertreffen (Horváth & Partners 2003). Eine andere, von PriceWaterhouseCoopers durchgeführte Untersuchung belegt, dass nahezu die Hälfte der 200 umsatzstärksten Unternehmen die BSC verwenden (PriceWaterhouseCoopers 2001). Ein Baustein des Erfolgs ist die Zufriedenheit der Mitarbeiter.

Trotz dieser hier nur kurz skizzierten Befunde und der nachweislichen Zusammenhänge zwischen Mitarbeiterzufriedenheit und Unternehmenserfolg wird die Mitarbeiterzufriedenheit in vielen Unternehmen nicht kontinuierlich gemessen und optimiert. Das Unternehmen wird somit an der wichtigsten Schnittstelle zum Kunden sozusagen »im Blindflug« gesteuert. Die im Management teilweise vorhandene Skepsis gegenüber Mitarbeiterbefragungen hat vielfältige Ursachen: »Ich rede doch oft genug mit meinen Mitarbeitern, daher weiß ich ganz genau, wie zufrieden sie sind«, ist ein häufiges Argument gegen die Durchführung einer Mitarbeiterbefragung. Dies ist jedoch ein Irrglaube, denn selbst in kleinen Unternehmen und Abteilungen, in denen (angeblich) eine sehr offene Kommunikation gelebt wird, wird den Vorgesetzten keineswegs immer die vollständige Wahrheit mitgeteilt. Dies spiegelt sich auch darin wider, dass die Ergebnisse von Mitarbeiterbefragungen oftmals unerwartete und überraschende Ergebnisse mit sich bringen.

Eine weitere – jedoch häufig nicht offen kommunizierte – Befürchtung liegt in der Erwartung negativer Ergebnisse. Nahezu alle Mitarbeiterbefragungen decken organisatorische, prozessuale und personelle Schwächen auf. Insofern wird diese Erwartung meist bestätigt. Gleichermaßen zeigt sich die Notwendigkeit von Mitarbeiterbefragungen. Schließlich macht erst die Messung der Mitarbeiterzufriedenheit deutlich, wo die wirklichen Ursachen und Schwachstellen zu suchen und damit Potenziale und Chancen zur nachhaltigen Verbesserung der eigenen Performance zu finden sind. Ein Verzicht auf eine Mitarbeiterzufriedenheitsanalyse kann folglich mit einem Verzicht auf diesbezügliche Verbesserungen gleichgesetzt werden.

Als weiteres Argument gegen die Durchführung von Mitarbeiterzufriedenheitsstudien wird häufig auch ein als ungünstig empfundener Zeitpunkt angeführt. Selbstverständlich gibt es Einzelereignisse, wie bspw. ein struktureller Umbruch mit erheblichem Abbau personeller Ressourcen, die gegen eine parallele Durchführung einer Mitarbeiterbefragung sprechen. Allerdings ist es insbesondere in schwierigen Zeiten und Phasen der Veränderung wichtig, ein Bild davon zu erhalten, was die Mitarbeiter bewegt und wie ausgeprägt deren Zufriedenheit ist. Nicht nur vor diesem Hintergrund gibt es keinen idealen Zeitpunkt. Vielmehr lassen sich stets Argumente für und gegen die Realisierung einer Mitarbeiterbefragung finden (Borg 2003, S. 57 ff.).

3 Ziele und Bedeutung der Mitarbeiterbefragung für die Personalentwicklung

Ein gravierender Fehler bei der Durchführung von Mitarbeiterzufriedenheitsanalysen besteht darin, sich vorab nicht über die Ziele einer solchen Studie im Klaren zu sein. Daran ändert z. B. auch die im Rahmen der *DIN ISO 9000ff.* geforderte Durchführung einer Mitarbeiterbefragung häufig nichts. Schließlich ist das Normensystem noch lange kein Nachweis für Qualität, sondern lediglich ein Beleg dafür, dass ein Qualitätsmanagementsystem existiert und angewendet wird. Gerade den ISO-Projekten fehlen häufig die nötige Umsetzungsorientierung und das Bewusstsein dafür, dass eine Mitarbeiterbefragung neben der reinen Kennzahlenermittlung klare Optimierungsziele verfolgen sollte. Sie hat einen ausgewiesenen Stellenwert für die Personalentwicklung und muss demnach stets mehr sein als nur ein Mittel zur Zertifizierung.

Derartige Ziele können beispielsweise darin bestehen, das Fundament für die zukünftige Personalpolitik und -entwicklung zu legen, die Bedürfnisse, Einstellungen und Erwartungen von Mitarbeitern zu ermitteln, frühzeitig Fehlentwicklungen zu identifizieren und diesen wirkungsvoll zu entgegnen, die Umsetzung von Unternehmensstrategien und -maßnahmen auf den Prüfstand zu stellen oder *Benchmarks* zu anderen Unternehmen zu ziehen. Damit verkörpert eine Mitarbeiterbefragung nicht nur ein adäquates Instrument der Unternehmensführung. Sie lässt sich vielmehr auch gezielt zur Personalentwicklung nutzen, wenn aufbauend auf den Befragungsergebnissen gezielte Maßnahmen zur persönlichen Weiterentwicklung von Mitarbeitern und Führungskräften abgeleitet und ergriffen werden.

Zunächst ist eine Mitarbeiterbefragung ein zielführendes Diagnoseinstrument, um valide und umfassende Erkenntnisse über die Zufriedenheit der Mitarbeiter zu gewinnen, wobei neben der Zufriedenheit häufig auch das Commitment der Mitarbeiter oder andere Faktoren (z. B. Mitarbeiterbindung, Motivation, Leistungsbereitschaft) fester Bestandteil von Mitarbeiterbefragungen sind. Das *Commitment* spiegelt dabei das Ausmaß wider, mit dem sich der Mitarbeiter mit »seinem« Unternehmen identifiziert bzw. sich seinem Arbeitgeber verpflichtet fühlt. Hohes Commitment schlägt sich unter anderem in hoher Einsatzbereitschaft und Motivation nieder (Borg 2003, S. 114). Differenziert für verschiedene Hierarchieebenen und Unternehmenseinheiten ist es möglich, mittels einer Mitarbeiterzufriedenheitsanalyse Antworten auf folgende Fragen zu erhalten:

- Wie zufrieden sind die Mitarbeiter mit der Arbeit, dem Führungsstil, der internen Organisation, den Arbeitsbedingungen, den Kollegen, der Zusammenarbeit etc.?
- Wie eng fühlen sich die Mitarbeiter mit dem Unternehmen verbunden?
- Wie stark identifizieren sich die Mitarbeiter mit dem Unternehmen?
- Welche Defizite und Verbesserungspotenziale werden von den Mitarbeitern gesehen?
- Welche Faktoren sind für die Zufriedenheit der Mitarbeiter wichtig?
- Welche Leistungen setzen Mitarbeiter als selbstverständlich voraus?
- Worin liegen die Ursachen für eine ggf. identifizierte geringe Kundenzufriedenheit?

Die Antworten auf diese Fragen zeigen die zentralen Stellschrauben auf, mit denen Mitarbeiterzufriedenheit und -commitment wirkungsvoll gesteigert werden können. E-Plus hat bereits zum wiederholten Male in Kooperation mit der team steffenhagen GmbH eine Mitarbeiterbefragung durchgeführt und sich den Antworten auf derlei Fragen gestellt. Die zentralen Ziele bestanden darin, mit Hilfe der Zufriedenheitsmessung die Grundlage für die Steigerung von Mitarbeiterzufriedenheit und -commitment bzw. der Leistungsbereitschaft zu schaffen, wobei u. a. folgende Unterziele definiert wurden:

- Aufzeigen der bestehenden Mitarbeitermotivation, -einstellung und -erwartung an den Arbeitsplatz,
- Evaluation der Interaktion zwischen Führungskraft und Mitarbeiter zur systema-

tischen Förderung der Führungskräfte und der Führungskultur,
- Analyse und Förderung der Identifikation der Mitarbeiter mit dem Unternehmen,
- Analyse aktueller Stärken, Schwachstellen, Reibungsverluste und Optimierungspotenziale innerhalb von und zwischen Organisationseinheiten,
- Analyse der generellen Zufriedenheit/Identifikation mit dem Unternehmen (Corporate Identity).

Neben der Diagnosefunktion bietet eine Mitarbeiterbefragung auch eine geeignete Grundlage für die Einbeziehung der Mitarbeiter. Bei professioneller Begleitung und Durchführung gelingt es mit Hilfe von Mitarbeiterbefragungen oftmals, »Bewegung« im Unternehmen zu erzeugen und die Mitarbeiter zur aktiven Mitwirkung und Einflussnahme zu motivieren. Schließlich tragen die Mitarbeiter durch ihr eigenes Verhalten in erheblichem Maße zu ihrer eigenen Zufriedenheit bei. Dies erfordert auch, dass die bei manchen Mitarbeitern anzutreffende lethargische Konsumhaltung nach dem Motto: »Jetzt habe ich gesagt, womit ich unzufrieden bin, nun sollen die da oben auch dafür sorgen, dass ich zufriedener werde«, einer Einstellung mit erhöhter Eigenverantwortung weichen muss.

Mitarbeiterbefragungen sind als Anstoß für diese Einstellungsänderung sehr gut geeignet, da sie neben dem Erkenntnisgewinn die Möglichkeit bieten, mit geeigneten Mitteln und einer passenden kommunikativen Begleitung einen positiven Ruck in das Unternehmen zu bringen. Eine Mitarbeiterbefragung verfolgt im Regelfall nicht allein die Zielsetzung, die Zufriedenheit im Unternehmen zu messen, sondern auch Energie für Veränderungen freizusetzen und es im Sinne des *Change Managements* auch zielgerichtet zu verändern. Mitarbeiterbefragungen verkörpern ein adäquates Instrument, um Veränderungsprozesse zu initiieren und unterstützen (Doppler/Lauterburg 2002, S. 251, Domsch/Ladwig 1997, S. 74 ff.). So gibt es z. B. bei E-Plus im Anschluss an die Ergebnispräsentationen in den Fachbereichen Workshops mit den Mitarbeitern, in denen gezielt an der Verbesserung der identifizierten Schwachstellen gearbeitet wird.

4 Messung und Management der Mitarbeiterzufriedenheit

4.1 Messung der Mitarbeiterzufriedenheit

4.1.1 Planung und Vorbereitung

Der Vorbereitungsaufwand einer Mitarbeiterbefragung wird vielfach unterschätzt, obwohl gerade diese Phase von erfolgskritischer Bedeutung ist. Im Vorfeld der Befragung geht es unter anderem darum,
- die verschiedenen Interessensgruppen (z. B. Betriebsrat) frühzeitig einzubeziehen,
- bei Mitarbeitern und Führungskräften für das Projekt »Mitarbeiterzufriedenheitsmessung« Vertrauen zu schaffen,
- mögliche Gegner zu identifizieren und zu überzeugen,

- Vorteile und Nutzen des Instruments zu kommunizieren sowie
- im gesamten Unternehmen eine hohe Akzeptanz der Mitarbeiterbefragung zu schaffen.

Der *internen Kommunikation* im Vorfeld der Befragung kommt somit eine besondere Rolle zu. Mittels geeigneter interner Kommunikationsträger und -mittel (z. B. Broschüren, Plakate, Mitarbeiterzeitschrift, Intranet) ist eine umfassende und frühzeitige Information über mehrere Kommunikationskanäle sicherzustellen. Hierdurch erhöhen sich die Akzeptanz und Teilnahmequote signifikant. Die Mitarbeiter und Führungskräfte sollten verstehen, welche Ziele mit der Befragung angestrebt werden, welche Rolle sie dabei innehaben und welchen konkreten Nutzen die Mitwirkung für sie persönlich bringt. Auch der anonyme Umgang mit offenen und kritischen Antworten ist deutlich hervorzuheben. Wichtig ist es vor allem, bereits in den frühen Phasen des Projekts die Erwartungshaltung aller Beteiligten vor dem Hintergrund der geplanten Umsetzungsmaßnahmen mittels kommunikativer Maßnahmen gezielt zu steuern. Schließlich lässt sich Zufriedenheit im Sinne der eingangs vorgenommenen Definition nicht nur über die Erfahrungen, sondern auch über eine Beeinflussung des Anspruchslevels und damit der Erwartungen steuern. Insofern ist deutlich zu kommunizieren, dass es sich bei Messung und Management der Mitarbeiterzufriedenheit nicht um ein »Wunschkonzert« handeln kann, bei dem sämtliche Wünsche zur Zufriedenheit aller Beteiligten befriedigt werden (Borg 2003, S. 51).

4.1.2 Entwicklung des Befragungsinstruments

Anknüpfend an die Planung und Vorbereitung spielt die Entwicklung des Befragungsinstruments, d. h. des *Fragebogens*, eine erfolgskritische Rolle. Ergänzend zu den zufriedenheitsrelevanten Kriterien lassen sich in aller Regel auch weitere aus der Unternehmensperspektive relevante Fragestellungen mit Hilfe des Fragebogens eruieren. Zur Konzeption des Zufriedenheitsmodells als Grundlage für die Entwicklung des Fragebogens stehen alternative Vorgehensweisen zur Verfügung. Denkbar ist z. B., dass Geschäftsleitung und Human-Resource-Abteilung – gegebenenfalls unter externer Begleitung – einen Fragebogen am »grünen Tisch« konzipieren. Alternativ könnte auf eine Vielzahl der veröffentlichten wissenschaftlichen Publikationen oder bereits entwickelte Fragebögen derselben Branche zurückgegriffen werden. Bei all diesen Ansätzen ist es jedoch fraglich, inwieweit die aus Mitarbeitersicht wichtigen und zufriedenheitsrelevanten Kriterien tatsächlich eingefangen werden. Im Regelfall wird mit einem solchen Vorgehen die Gesamtzufriedenheit der Mitarbeiter nur unzureichend erklärt. Wesentlich zielführender ist es, die Mitarbeiter unmittelbar in die Entwicklung des Fragebogens einzubeziehen – schließlich wissen sie am besten, welche Faktoren für ihre Zufriedenheit von Relevanz sind.

Aus diesem Grund ist es ratsam, den Fragebogen auf der Grundlage einer sog. *explorativen Vorbefragung* zu entwickeln (Kepper 1996, S. 41 f.). Die Vorbefragung bei ausgewählten Mitarbeitern verschiedener Hierarchiestufen und Abteilungen dient dazu, die Kriterien und Leistungen freizulegen, die aus Sicht der Mitarbeiter tatsächlich für deren Zufriedenheit relevant sind und somit das vorhandene Befragungsinstrument auf die spezifischen Gegebenheiten des Unternehmens anzupassen. Im Rahmen der relativ frei geführten explorativen Interviews lassen sich Explorationstechniken und -methoden, wie z. B. Critical Incident Technique, Sequentielle Ereignismethode, Repertory Grid einsetzen, die sich seit langem in der empirischen Sozialwissenschaft und der qualitativen Marktforschung bewährt haben (Kepper 1996). Mit den leitfadengestützten Gesprächen wird meist eine Vielzahl verschiedener, für die Zufriedenheit der Mitarbeiter relevanter Leistungskriterien zutage gebracht. Diese Kriterien werden anschließend in einem Cluster- und Sortierungsprozess zu den Kriterien und Themenbereichen verdichtet, die nachfolgend Bestandteil des Fragebogens werden (Schmidt 1996, S. 146f.). Bei einem derartigen Vorgehen lässt sich im Anschluss an die Befragung beispielsweise mittels Regressionsanalyse überprüfen, ob und wie viel Prozent der Mitarbeiterzufriedenheit mit dem Fragebogen wirklich erfasst wird (Bortz 1993).

Die auf diesem Wege generierten Ober- und Unterkriterien bilden das Grundgerüst des Fragebogens. Modelltheoretisch wird unterstellt, dass die Zufriedenheit der Mitarbeiter von der Zufriedenheit mit verschiedenen Leistungsbestandteilen (Oberkriterien) abhängt. Die Zufriedenheit mit diesen Leistungsbestandteilen wird selbst wiederum von der Zufriedenheit mit tiefergehenden Unterkriterien beeinflusst. In Kombination mit möglichen weiteren Konstrukten verkörpert die nachfolgende Abb. 3 die skizzierte Struktur beispielhaft für die Mitarbeiterbefragung bei E-Plus.

Bei der Zufriedenheitsermittlung kommen die unterschiedlichsten Themenbereiche

Abb. 3: Grundmodell der Mitarbeiterzufriedenheit

in Betracht. Die gemeinsam mit der team steffenhagen GmbH durchgeführte E-Plus-Befragung beinhaltete Oberkriterien wie z. B. Zusammenarbeit in der Abteilung, Arbeitsbedingungen, Vertragliche Konditionen, Zusammenarbeit mit anderen Abteilungen, Information und Kommunikation, Führungsverhalten, Unternehmenskultur, Weiterbildung und Entwicklung sowie Ansehen von E-Plus in der Öffentlichkeit.

Alle Themenfelder werden schließlich anhand mehrerer Unterkriterien bzw. Items präzisiert. So ergaben sich bei der E-Plus-Befragung z. B. bezogen auf die Zusammenarbeit in der Abteilung folgende Unterkriterien:
- Freundlichkeit der Kollegen,
- Arbeitsklima in der Abteilung,
- Teamgeist und Zusammenhalt unter Kollegen in der Abteilung,
- Umgang mit Konflikten im direkten Arbeitsumfeld,
- Leistungs- und Einsatzbereitschaft der direkten Kollegen,
- Ergebnisqualität der direkten Kollegen,
- Einhaltung von Absprachen in der Abteilung.

Derartige mittels Exploration ermittelte Faktoren der Mitarbeiterzufriedenheit werden in das Befragungsinstrument aufgenommen und mit entsprechenden *Ratingskalen* zur Urteilsabgabe versehen. Hinsichtlich der *Anzahl der Skalenstufen* haben sich dabei fünfer, sechser oder siebener Zustimmungs- oder Zufriedenheitsskalen etabliert, um das Beurteilungsvermögen des Befragten weitestgehend auszuschöpfen, ohne das Differenzierungsvermögen zu überfordern. Eine höhere Anzahl von Skalenstufen ist weder der Reliabilität noch der Validität zuträglich. Bei lediglich drei Skalenstufen hingegen ist die Skalensensitivität in der Regel zu gering (Borg 2003, S. 125). Zudem sind auch die *Wichtigkeiten* der Themenfelder und/oder der zufriedenheitsrelevanten Kriterien zu erheben, um später entsprechende Priorisierungen bei der Maßnahmenumsetzung vornehmen zu können. Hierbei kann neben einer direkten Abfrage der Wichtigkeit über entsprechende Wichtigkeitsskalen auch auf die indirekte Ermittlung mit Hilfe von Regressions- oder Korrelationsanalysen zurückgegriffen werden (Bortz 1993).

Abschließend ist der Fragebogen einem *Pretest* zu unterziehen, um die Verständlichkeit und Eignung des Befragungsinstruments in Bezug auf Länge, Zeitbedarf, Funktionsfähigkeit der Skalen etc. vor der Befragung zu prüfen. Bei Bedarf erfolgt vor der Datenerhebung – basierend auf den Pretest-Ergebnissen – eine erneute Überarbeitung des Fragebogens.

4.1.3 Datenerhebung und -auswertung

Die *Datenerhebung* bei Mitarbeiterbefragungen kann entweder schriftlich, persönlich, telefonisch oder online im Intranet bzw. Internet erfolgen. Die *persönliche Befragung* scheidet in der unternehmerischen Praxis häufig aus Kostengründen aus. Bei einer *telefonischen Befragung* kann der Interviewte nicht selbst bestimmen, wann und wo er den Fragebogen beantwortet. Darüber hinaus sprechen ebenfalls Kostengesichtspunkte gegen diesen Befragungsweg. In den meisten Fällen werden quantitative Mitarbeiterbefragungen daher *schriftlich*, in zunehmendem Maße auch *online* durchgeführt. Allerdings ist eine Online-Befragung häufig aus Zugangsgründen nicht überall umsetzbar, da nicht immer alle Mitarbeiter einen Zugang zum Intranet bzw. Internet haben oder der Fragebogen aus Ruhe- oder Geheimhaltungsgründen lieber in den eigenen »vier Wänden« ausgefüllt wird (Liebig/Müller 2005, S. 209 ff.). Unabhängig davon, welcher

Befragungsweg gewählt wird, bietet sich vor Ablauf der Datenerhebungsphase vielfach eine *Nachfassaktion* an, um eine höhere Teilnahmequote zu erzielen. Durch einen so genannten »Reminder« werden zusätzliche Fragebogenrückläufe stimuliert und auf diese Weise die Repräsentativität der Befragung erhöht.

Bei der *Datenauswertung* kommt der Schnelligkeit eine besondere Bedeutung zu, um eine Aktualität der Ergebnisse zu gewährleisten und die im Unternehmen erzeugte Aufbruchstimmung positiv in Richtung Umsetzung von Maßnahmen zur Steigerung der Mitarbeiterzufriedenheit zu nutzen (Borg 2001, S. 386). Überspitzt formuliert, sind die Mitarbeiter dabei weniger an empirischer Sozialforschung als vielmehr an greifbaren und gehaltvollen Ergebnisdarstellungen interessiert. Gewinnbringend ist die Ableitung aussagekräftiger Handlungsempfehlungen sowie die Bereitstellung aller wichtigen Ergebnisse in kompakter und aussagekräftiger Form. Die Ergebnisse sollten detaillierte Hinweise darauf liefern, welche Leistungsverbesserungen mit welcher Priorität verfolgt werden sollten. Dadurch ist – als Grundlage für die nachfolgende Umsetzungsphase – eine klare und zielgerichtete Priorisierung von Handlungsfeldern möglich.

Meist ist es ausreichend, Häufigkeitsverteilungen auszuweisen und verschiedene Indizes zur Verfügung zu stellen, mit denen zukünftig die Steuerung der wichtigen Ziele Mitarbeiterzufriedenheit und Mitarbeitercommitment ermöglicht wird. Die Ergebnisse werden vielfach sowohl aggregiert über die gesamte Organisation als auch im Abteilungs- bzw. Hauptabteilungsvergleich sowie gegebenenfalls in der zeitlichen Entwicklung dargestellt. Zusätzlich lassen sich separate Berichte für einzelne Abteilungen des Unternehmens erstellen, die beispieswese einen anonymen Vergleich zur jeweils besten bzw. schlechtesten Abteilung sowie zum Gesamtdurchschnitt beinhalten.

Eine aussagekräftige Analyse bietet auch der vom team steffenhagen entwickelte und in der nachfolgenden Abb. 4 skizzierte *Ansatz MOSS^{Potential}* (Schmidt 1997, S. 12 ff.).

Die Methodik kombiniert die Aussagekraft zweier Wichtigkeitsmessungen: Zum einen die direkte Frage nach der Wichtigkeit eines Leistungsbereichs und zum anderen die indirekt mittels Regression ermittelte Bedeutung eines Bereichs. Damit legt sie auf der Ebene der Oberkriterien frei,

- welche Leistungen aus Sicht Ihrer Mitarbeiter unverzichtbar erfüllt sein müssen (*Basisfaktoren*),
- welche Leistungen zwar verzichtbar sind, aber dennoch die Zufriedenheit Ihrer Mitarbeiter stark prägen (*Begeisterungsfaktoren*),
- welche Leistungen für Ihre Mitarbeiter sowohl unverzichtbar sind als auch in hohem Maße für Zufriedenheit sorgen können (*Powerfaktoren*) und
- welche Leistungen aus Sicht Ihrer Mitarbeiter unwichtig sind (*Faktoren ohne Profilierungspotenzial*).

Die MOSS-Analyse liefert detaillierte Hinweise, welche Leistungsverbesserungen mit welcher Priorität verfolgt werden sollten. Somit ist – als Grundlage für das nachfolgende Management der Mitarbeiterzufriedenheit in der Umsetzungsphase – eine klare und zielgerichtete Priorisierung von Handlungsfeldern möglich.

Abb. 4: MOSS^Potential (fiktives Beispiel)

Matrix (Y-Achse: Faktor ist unverzichtbar?; X-Achse: Beitrag des Faktors zur Gesamtzufriedenheit):

- Basisfaktoren (oben links): Zusammenarbeit in der Abteilung; Arbeitsbedingungen
- Powerfaktoren (oben rechts): Führungsverhalten; Weiterbildung und Entwicklung
- Faktoren ohne Profilierungspotenzial (unten links): Zusammenarbeit mit anderen Abteilungen
- Begeisterungsfaktoren (unten rechts): Unternehmenskultur

Legende:
- Erhöhter Handlungsbedarf: Top Box-Werte kleiner als z.B. 60%
- Mäßiger Handlungsbedarf: Top Box-Werte z.B. zwischen z.B. 60% und 75%
- Geringer oder kein Handlungsbedarf: Top Box-Werte z.B. über 75%

Top Box: Anteil der Mitarbeiter, die die Werte 1 oder 2 auf einer 6-stufigen Skala angekreuzt haben

4.2 Management der Mitarbeiterzufriedenheit

4.2.1 Ergebniskommunikation

Der Nutzen einer Mitarbeiterbefragung resultiert wesentlich aus der im Anschluss an die Befragung einsetzenden Umsetzungsphase, die bereits mit der Kommunikation der Ergebnisse gegenüber Führungskräften und Mitarbeitern des Unternehmens beginnt. Dieser Rückmeldung über die Ergebnisse wird gemeinhin eine hohe Bedeutung attestiert, da sie darüber entscheidet, ob die Befragung von den Mitarbeitern als Partizipationsinstrument und Grundlage für Veränderungen und Verbesserungen anerkannt wird. Bei ausbleibendem oder unzureichendem Feedback besteht die Gefahr, dass die Befragung als »Alibi-Veranstaltung« gedeutet und das aufrichtige Interesse an der Meinung der Mitarbeiter in Zweifel gestellt wird. Dies kann zu irreparablen Vertrauensverlusten gegenüber dem Management führen und sich spätestens bei wiederholter Durchführung einer Mitarbeiterbefragung als äußerst nachteilig erweisen (Jöns 1997, S. 167).

Bei der Kommunikation der Ergebnisse ist äußerste Sorgfalt geboten. Es ist festzulegen, wer vor dem Hintergrund der Ziele in welcher Form und welchem

Detaillierungsgrad über welche Inhalte zu informieren ist. Darüber hinaus sind Feedbackmöglichkeiten und -wege zu definieren und kommunizieren. Insbesondere bei unternehmensweit durchgeführten Mitarbeiterzufriedenheitsanalysen werden in der Regel alle Befragten – vom Management bis zur operativen Mitarbeiterebene – über die Ergebnisse informiert (Jöns 1997, S. 171 f.). Es hat sich darüber hinaus als vorteilhaft erwiesen, bei der Präsentation und Diskussion der Ergebnisse auf neutrale Moderatoren zurückzugreifen, da diese – insbesondere bei heiklen Ergebnissen – weniger im Fokus der Kritik der Mitarbeiter stehen. Zudem hat es sich bewährt, nicht unmittelbar nach der Ergebnispräsentation mit der Maßnahmengenerierung und -umsetzung zu beginnen. Vielmehr sollten alle Beteiligten hinreichend Zeit zur Verfügung haben, um die Ergebnisse auf sich einwirken zu lassen und einem voreiligen, unreflektierten Maßnahmenaktionismus entgegenzuwirken.

Im Rahmen der Mitarbeiterzufriedenheitsanalyse bei E-Plus wurden für die Kommunikation der Befragungsergebnisse verschiedene Kommunikationskanäle genutzt. Neben den üblichen Präsentationen für das Top-Management erfolgte die Kommunikation über das Intranet und die E-Plus-Mitarbeiterzeitschrift. Darüber hinaus wurden die Befragungsergebnisse in allen Abteilungen persönlich präsentiert. Im Rahmen dieser Präsentationen wurden die quantitativen Ergebnisse durch eine Ursachenanalyse in den schwach bewerteten Bereichen untermauert, um so die nachfolgende Umsetzungsphase qualitativ einzuleiten.

4.2.2 Maßnahmenumsetzung

Eine Mitarbeiterbefragung ohne anschließende Maßnahmenumsetzung kann unmittelbar negative Auswirkungen auf die Mitarbeiterzufriedenheit haben, denn jede Zufriedenheitsbefragung löst bei den Befragten – insbesondere bei Unmutsbekundungen – eine Erwartungshaltung hinsichtlich Verbesserungen aus.

Im Rahmen der Maßnahmenumsetzung ist eine Differenzierung zwischen so genannten *Top-down-Maßnahmen*, die das gesamte Unternehmen betreffen und entsprechend von der obersten Hierarchieebene angestoßen werden müssen, sowie *Bottom-up-Maßnahmen* vorzunehmen. Auch bei E-Plus wurden zentrale, das Gesamtunternehmen betreffende Maßnahmen, von der Geschäftsführung angestoßen. Viele Ansätze zur Verbesserung betreffen aber einzelne Abteilungen und können folglich auch nur auf Abteilungsebene umgesetzt werden. In den abteilungsbezogenen Maßnahmenworkshops werden Abteilungsziele festgelegt, zielführende Maßnahmen abgeleitet und konkrete *Actionpläne* (»Wer macht was bis wann?«) erstellt. Dabei werden die Mitarbeiter unmittelbar einbezogen. Nur so lassen sich Betroffene zu Beteiligten machen und nur so lässt sich das Know-how derjenigen, die kontinuierlich mit den alltäglichen Problemen und Schwierigkeiten konfrontiert werden, nutzen. Durch die Einbindung der Mitarbeiter zeigt die Führung Vertrauen gegenüber den Mitarbeitern und signalisiert ihnen zudem eine hinreichende Wertschätzung. Im Zuge der E-Plus-Mitarbeiterzufriedenheitsmessung wurden in nahezu allen Abteilungen entsprechende Optimierungsworkshops durchgeführt.

Wie die E-Plus-Erfahrungen bestätigen, empfiehlt sich bei diesen Workshops oftmals eine neutrale Moderation. Dadurch kann einerseits die Effizienz und Zielorientierung bei der Maßnahmenableitung sichergestellt werden. Andererseits fördert ein neutraler Moderator einen offenen Meinungsaustausch unter den Mitarbeitern, und er kann als »Externer« unsachlich geführte Diskussionen leichter ausbremsen. Auch bei etwaigen Coachings bietet es sich an, auf einen neutrale bzw. externe Personen zurückzugreifen (Müller-Vorbrüggen/Boumans 2004, S. 68 ff.).

Allerdings schläft der im unmittelbaren Anschluss an die Befragung häufig anzutreffende Aktionismus mit fortschreitender Zeit vielfach wieder genauso schnell ein, wie er entstanden ist. Daher ist es zweckmäßig, den von einer Mitarbeiterbefragung ausgehenden Enthusiasmus und die damit einhergehende Motivation im Nachgang einer Mitarbeiterzufriedenheitsstudie zur Implementierung eines *kontinuierlichen Verbesserungsprozesses (KVP)* im Unternehmen zu nutzen. Ein solcher ist darauf ausgerichtet, Prozesse und Abläufe zu optimieren und dadurch Mitarbeiter- und Kundenzufriedenheit nachhaltig zu steigern. Ganz im Sinne der Kaizen-Philosophie ist es dabei leichter, viele kleine Verbesserungen zu realisieren, als den ganz »großen Wurf« in einem Schritt zu landen (Töpfer 1995, S. 14, Imai 1992, S. 21 ff.).

Im Rahmen der gesamten Umsetzung ist darauf zu achten, dass die Optimierung eng mit den übergeordneten Unternehmenszielen verknüpft wird. Mitarbeiterzufriedenheit ist kein Selbstzweck, sondern ein Mittel zur Erreichung übergeordneter Ziele. Ziel ist es letztlich, die Unternehmensperformance über den Stellhebel Mitarbeiterzufriedenheit und -commitment zu verbessern.

4.2.3 Controlling, Projektevaluation und Durchführungsfrequenz

Viele Unternehmen gehen den ersten Schritt der Umsetzung und führen z. B. Umsetzungsworkshops durch. Leider nimmt, wie oben skizziert, der anfängliche Enthusiasmus danach oft schnell wieder ab, und die Maßnahmen verlaufen mitunter im Sande. Werden die Mitarbeiter dann im Nachgang auf die Umsetzung von Verbesserungsmaßnahmen angesprochen, stößt man häufig auf Aussagen wie: »Ich habe keine Ahnung, was aus den Maßnahmen, die wir im Nachgang zur letzten Befragung in den Workhops definiert haben, geworden ist«, oder: »Irgendwie ist das Thema im Tagesgeschäft auf der Strecke geblieben.« Das wirkt nicht nur kontraproduktiv auf die Zufriedenheit, sondern zugleich wird eine Chance für nachhaltige Verbesserungen vertan. Anders ausgedrückt: Es wird lediglich ein Teil der Investitionen in das Thema Mitarbeiterzufriedenheit wirklich genutzt und eine ablehnende Haltung gegenüber späteren Projekten provoziert.

Gerade deshalb ist es erforderlich, für die Einhaltung des oben beschriebenen Maßnahmenplans einen Prozessverantwortlichen zu bestimmen und die Umsetzung der Maßnahmen mit konkreten Zeitplänen zu versehen und – ganz im Sinne des »what gets measured gets done« durch die Zuordnung von Verantwortlichkeiten zurechenbar und messbar zu machen. So gibt es auch bei E-Plus innerhalb des HR-Bereiches einen Hauptverantwortlichen, der die in den Fachbereichen stattfindenden Maßnahmen nachhält und für ein internes Steering Committee zusammenfasst. Darüber hinaus begleiten bei E-Plus die zuständigen Personalreferenten ihre jeweiligen Fachbereiche bei der weiteren Umsetzung von Verbesserungsmaßnahmen.

Letztlich ist es in der Praxis üblich, das Projekt »Messung und Management der Mitarbeiterzufriedenheit« mit einer Evaluation abzuschließen. Neben scheinbar »objektiven« betriebswirtschaftlichen Größen lassen sich für die Evaluierung die unterschiedlichsten Kriterien, wie z. B. die Erreichung der Projektziele, die Erfüllung der Nebenbedingungen (etwa Kosten, Qualität, Termine), die Einhaltung des Projektplans und aufgetretene Planabweichungen oder aber die Einhaltung der Rollen und Verantwortlichkeiten heranziehen (Borg 2003, S. 406 f.). Vor allem das Wissen, dass im Nachgang des Projekts eine *Evaluation* durchgeführt wird, hat häufig zur Folge, dass die Motivation zur sorgfältigen Planung und Umsetzung deutlich steigt und sich die Organisation letztlich in Richtung der anvisierten Ziele bewegt (Borg 2001, S. 393).

Eine Projektevaluation liefert letztlich auch Hinweise auf die Frequenz der Durchführung einer Mitarbeiterbefragung. Je nach Tiefe der Befragung und Intensität der einzuleitenden Verbesserungsmaßnahmen besteht die Gefahr, dass ein Ein-Jahres-Rhythmus zu kurz gewählt ist. Das Gefühl von Routine auf der einen Seite bzw. einer Überlappung von Umsetzungsmaßnahmen und erneuter Befragung auf der anderen Seite sind ein klares Indiz dafür. In solchen Fällen empfiehlt es sich, wie bei E-Plus geschehen, auf einen Zwei-Jahres-Rhythmus zu wechseln. Das spart nicht nur die Budgets, sondern hilft auch bei der Umsetzung von Maßnahmen, die u. U. mittelfristig angelegt sind.

5 Eine Mitarbeiterbefragung ist mehr als ein Instrument zur Zufriedenheitsanalyse

Zufriedene Mitarbeiter sind eine wesentliche Grundlage des ökonomischen Erfolgs, da diese in aller Regel eine höhere Motivation aufweisen und bessere Leistungen hervorbringen, was im Regelfall eine höhere Kundenzufriedenheit nach sich zieht. Ein zentrales Instrument der Messung und des Managements der Mitarbeiterzufriedenheit, das inzwischen ein zentraler Bestandteil moderner Managementansätze ist, verkörpert die Mitarbeiterbefragung. Eine solche wurde inzwischen wiederholt mit großem Erfolg bei der E-Plus Mobilfunk GmbH durchgeführt. Dabei wurde deutlich, dass im Rahmen der Messung der Mitarbeiterzufriedenheit neben der sorgfältigen Planung und Vorbereitung, die Entwicklung des Befragungsinstruments und die methodisch fundierte Datenerhebung und -auswertung eine entscheidende Rolle spielen. Eine Mitarbeiterbefragung muss jedoch stets mehr sein, als lediglich ein Instrument zur Zufriedenheitsanalyse. Dem Management der Mitarbeiterzufriedenheit ist im Nachgang der Befragung eine besondere Bedeutung beizumessen. Entscheidend sind dabei eine offene Kommunikation der Ergebnisse, eine konsequente Umsetzung von Verbesserungsmaßnahmen sowie ein kritisches Controlling in Verbindung mit einer abschließenden Projektevaluation.

Literatur

Becker 1997: Becker, G.: »Mitarbeiterzufriedenheit im TQM-Modell des europäischen Qualitätspreises der European Foundation for Quality Management (EFQM)«, in: Bungard, W. und Jöns, I. (Herausgeber): Mitarbeiterbefragung: Ein Instrument des Innovations- und Qualitätsmanagements, Weinheim 1997, S. 214–223.
Borg 2001: Borg, I.: »Mitarbeiterbefragungen«, in: Schuler, H. (Herausgeber): Lehrbuch der Personalpsychologie, Göttingen 2001, S. 373–396.
Borg 2003: Borg, I.: Führungsinstrument Mitarbeiterbefragung, 3. Auflage, Göttingen 2003.
Bortz 1993: Bortz, J.: Statistik für Sozialwissenschaftler, 4. Aufllage, Berlin 1993.
Bungard 2005: Bungard, W.: »Mitarbeiterbefragungen«, in: Jöns, I. und Bungard, W. (Herausgeber): Feedbackinstrumente im Unternehmen – Grundlagen, Gestaltungshinweise: Erfahrungsberichte, Wiesbaden 2005, S. 161–175.
Domsch/Ladwig 1997: Domsch, M. E. und Ladwig, D. H., in: Bungard, W. und Jöns, I. (Herausgeber): Mitarbeiterbefragung: Ein Instrument des Innovations- und Qualitätsmanagements, Weinheim 1997, S. 74–83.
Doppler/Lauterburg 2002: Doppler, K. und Lauterburg, C.: Change Management: Den Unternehmenswandel gestalten, Frankfurt a. M.; New York 2002.
Ellenhuber/Pechlaner/Matzler 2004: Ellenhuber, B., Pechlaner, H. und Matzler, K.: »Die Rolle und Bedeutung der Mitarbeiterzufriedenheit«, in: Hinterhuber, H. H. , Pechlaner, H., Kaiser, M.-O. und Matzler, K. (Herausgeber): Kundenmanagement als Erfolgsfaktor, Berlin 2004, S. 265–297.
Hendricks/Singhal 2000: Hendricks, K. B. and Singhal, V. R.: The Impact of Total Quality Management (TQM) on Financial Performance: Evidence from Quality Award Winners, Ontario/Atlanta 2001.
Holtz 1997: Holtz, R. Freiherr vom: Der Zusammenhang zwischen Mitarbeiterzufriedenheit und Kundenzufriedenheit, München 1997.
Homburg/Stock 2001: Homburg, C. und Stock, R.: »Der Zusammenhang zwischen Mitarbeiter- und Kundenzufriedenheit – Eine dyadische Analyse«, in: Zeitschrift für Betriebswirtschaft , Heft 07/2001, S. 789–806.
Horváth/Gaiser 2000: Horváth, P. und Gaiser, B.: »Implementierungserfahrungen mit der Balanced Scorecard im deutschen Sprachraum – Anstöße zur konzeptionellen Weiterentwicklung«, in: Betriebswirtschaftliche Forschung und Praxis, Heft 01/2000, S. 17–35.
Horváth & Partners 2003: Horváth, P. et. al.: »100 mal die Balanced Scorecard«, Stuttgart 2003.
Imai 1992: Imai, M.: Kaizen: Der Schlüssel zum Erfolg der Japaner im Wettbewerb, 5. Auflage, München 1992.
Jöns 1997: Jöns, I.: »Rückmeldung der Ergebnisse an Führungskräfte und Mitarbeiter«, in: Bungard, W. und Jöns, I. (Herausgeber): Mitarbeiterbefragung: Ein Instrument des Innovations- und Qualitätsmanagements, Weinheim 1997, S. 167–194.
Kaplan/Norton 1997: Kaplan, R. S. und Norton, D. P.: Balanced Scorecard: Strategien erfolgreich umsetzen, Stuttgart 1997.
Kepper 1996: Kepper, G.: Qualitative Marktforschung: Methoden, Einsatzmöglichkeiten und Beurteilungskriterien, 2. Auflage, Wiesbaden 1996.
Liebig/Müller 2005: Liebig, C. und Müller, K.: »Mitarbeiterbefragungen online oder offline? Chancen und Risiken von papierbasierten versus internetgestützten Befragungen«, in: Jöns, I. und Bungard, W. (Herausgeber): Feedbackinstrumente im Unternehmen – Grundlagen, Gestaltungshinweise: Erfahrungsberichte, Wiesbaden 2005, S. 208–219.
Mudra 2004: Mudra, Peter: Personalentwicklung, München 2004.
Müller-Vorbrüggen/Boumans 2004: Müller-Vorbrüggen, M. und Boumans, D.: »Moderator und Coach in einem (Mitarbeiterzufriedenheit konsequent managen – Eine modellhafte Verbindung zwischen Coaching und Moderation)«, in: Personalmagazin, H. 06/2004, S. 68–70.
PriceWaterhouseCoopers 2001: PriceWaterhouseCoopers: Die Balanced Scorecard im Praxistest: Wie zufrieden sind die Anwender?, Frankfurt am Main 2001.
Schmidt 1996: Schmidt, R.: Marktorientierte Konzeptfindung für langlebige Gebrauchsgüter: Messung und QFD-gestützte Umsetzung von Kundenanforderungen und Kundenurteilen, Wiesbaden 1996.
Schmidt 1997: Schmidt, R.: Basis-, Begeisterungs- und Leistungsfaktoren und deren Identifizierung bei einer direkten und indirekten Messung der Wichtigkeit von Zufriedenheitskriterien, Arbeitsbericht Nr. 97/2005 des Lehrstuhls für Unternehmenspolitik und Marketing der RWTH Aachen, Aachen 1997.
Töpfer 1995: Töpfer, A.: »Kunden-Zufriedenheit durch Mitarbeiter-Zufriedenheit«, in: Personalwirtschaft, Heft 08/1995, S. 10–15.

D.3 360°-Feedback

*Simone Brisach**

1 360°-Feedback – Philosophie oder Methode?

2 Abgrenzung und Definition: Was ist 360°-Feedback und was ist es nicht?

3 Einsatz und Zielkontext: Wann und warum oder wer und wie oft nutzt man ein 360°-Feedback?

4 Erfolgsfaktoren in der Anwendung: Wie funktioniert 360°-Feedback und worauf ist zu achten?
   4.1 Vor der Einführung
   4.2 Umgang mit den Ergebnissen
   4.3 Projektorganisation und Informationsmanagement
   4.4 Feedbackbericht und Nachbereitung
   4.5 Einbettung in das Personalentwicklungskonzept

5 Wegweiser im Anbieterdschungel: wer, wie und was?

6 Resümee: Philosophie oder Methode?

Literatur

---

* Simone Brisach studierte Wirtschaftspädagogik an der Universität Erlangen-Nürnberg und war danach als Personalentwicklerin in verschiedenen Banken tätig. Von 2000 bis 2007 arbeitete sie als Senior Manager Organization and Talent Development (Leiterin der Personalentwicklung) bei der ORACLE Deutschland GmbH. Daneben absolvierte sie den MBA-Studiengang »Systemische Organisationsentwicklung und Beratung« an der Universität Augsburg. Seit 2007 baut sie für Harman/Becker Automotive Systems ein europäisches Personalentwicklungskonzept mit Schwerpunkt Organisationsentwicklung auf.

1 360°-Feedback-Philosophie oder Methode?

Das 360°-Feedback kam Anfang der neunziger Jahre in Mode. Damals galten Unternehmen, die es nutzten, als »Vorreiter« einer neuen Zeit in der Personalentwicklung. Mittlerweile ist es in aller Munde und wird allseits angeboten. Wer sich als Personalentwickler, Trainer oder Berater noch nicht damit beschäftigt hat, scheint nicht »up to date« zu sein. Dennoch gibt kaum ein allgemein gültiges bzw. geteiltes Verständnis darüber, was ein 360°-Feedback ist, was es leisten kann und wie es einzusetzen ist. Auch in den bisher gängigen Nachschlagewerken zur Personalentwicklung (Becker 2005, Mudra 2004) ist es noch nicht explizit aufgeführt.

Dieser Buchbeitrag versucht, das 360°-Feedback von anderen Personalentwicklungsinstrumenten und Personalmanagementkonzepten abzugrenzen, liefert eine Definition und differenziert das 360°-Feedback zwischen Philosophie und (reiner) Methode.

Am Praxisbeispiels der ORACLE Deutschland GmbH wird verdeutlich, wie ein 360°-Feedback auf Managementebene eingesetzt werden kann, auf was bei der Einführung zu achten ist und wie ein Unternehmen den geeigneten externen Anbieter findet.

2 Abgrenzung und Definition: Was ist 360°-Feedback und was ist es nicht?

Ein *360° Feedback* ist deutlich von anderen Personalentwicklungsinstrumenten wie einer Aufwärtsbeurteilung, einer Vorgesetztenbeurteilung bzw. allgemeinen Personalmanagementkonzepten (z. B. einer Mitarbeiterbeurteilung) abzugrenzen (Abb. 1, Domsch 2000, S. 1 ff., Gerpott 2000, S. 203 ff.).

Ein *Feedback* in unserem Sinn ist eine Rückmeldung über die Wirkung von Verhaltensweisen, die die Leistungsfähigkeit bestimmen. In den ersten Managementtrainings lernen Führungskräfte, dass jeweils der Feedbackempfänger selbst entscheidet, was er von einem Feedback annimmt oder besser wie er damit umgehen will. So sollte im Voraus klar sein, dass es bei einem 360°-Feedback nicht um objektive Wahrheiten geht (wie es z. B. das Wort »Beurteilung« vorgaukelt), sondern bewusst um subjektive Wahrnehmungen einer Person im Umgang mit einer anderen Personen. Diese subjektive Wahrnehmung kann immer nur als Momentaufnahme und damit zeitlich befristet zu verstehen sein. Der Zusatz 360° beschreibt, dass es sich nicht nur um ein Feedback, sondern um mehrere Feedbacks aus unterschiedlichen Perspektiven handelt. 360 Grad machen dabei den »Rund-um«-Charakter deutlich. Die teilnehmende Person schätzt sich selbst ein und erhält zudem von Vorgesetzten, Kollegen und Mitarbeitern Rückmeldungen (Abb. 2). Das Einbeziehen der Kundenperspektive ist abhängig vom Ziel und Einsatz des 360°-Feedbacks (Gerpott 2000, S. 199). Wenn es – wie im Praxisbeispiel – um Führungsverhalten geht, hat ein Kunde wenig bis gar keinen Eindruck davon. In anschließenden Erläuterungen wird deshalb auf die Kundenperspektive verzichtet.

Verfahren	Kurzbeschreibung	Einsatzzweck
360°-Feedback	Erfassung und Diagnose von Einschätzungen bzgl. der Führungskompetenzen und des Führungsverhaltens aus der Umgebung der Zielperson. Ein Verfahren, dass auf der Basis von Fragebögen Rückmeldungen von Mitarbeiter, Kollegen, Vorgesetzten und weiteren dritten Personen bündelt und auswertet.	• Verhaltensrückmeldung • Kompetenzentwicklung • Persönlichkeitsentwicklung • Führungskräfteentwicklung • Organisationsentwicklung
Vorgesetzten- bzw. Aufwärtsbeurteilung; Vorgesetztenfeedback	Erfassung und Auswertung von Einschätzungen der Mitarbeiter bzgl. des Führungsverhaltens des direkten Vorgesetzten. Als Vorläufer des 360° Feedbacks auf der Basis von Fragebögen anonym durchgeführt.	• Rückmeldung über Führungsverhalten und Leistung • Kompetenzentwicklung • Teamentwicklung • Organisationsentwicklung
Personal- bzw. Leistungsbeurteilung	Erfassung und Auswertung von Beurteilungen durch den Vorgesetzten bzgl. der Zielerreichung und erbrachten Leistungen von Mitarbeitern. Oft in einem regelmäßigen Turnus im Unternehmen implementiert und auf der Basis von schriftlich fixierten Anforderungen oder Kompetenzen durchgeführt.	• Rückmeldung über Leistung • Entgeltfindung • Beförderung • Personalauswahl
Management – Audit	Systematische Erfassung der Managementleistung auf der Basis eines Kriterienkatalogs Ein Verfahren, dass meistens extern durchgeführt wird und verschiedene Methoden (Interviews, psychologische Tests, Fragebögen, etc.) miteinander vereint.	• Personalauswahl • Potenzialanalyse • Führungskräfteentwicklung • Organisationsentwicklung
Mitarbeiterzufriedenheitsanalyse	Erfassung und Auswertung von Einschätzungen der Mitarbeiter bzgl. der Zufriedenheit mit dem Unternehmen/der Arbeit Ein Verfahren, dass auf der Basis von Fragebögen intern durchgeführt wird und die Stimmung sowie Zufriedenheit im Unternehmen widerspiegelt.	• Rückmeldung über Zufriedenheit • Teamentwicklung • Organisationsentwicklung
Assessment-Center	Erfassung Erfolgswahrscheinlichkeit der Eignung von Mitarbeitern oder Bewerbern für bestimmte Tätigkeiten Ein multiples eignungsdiagnostisches Beurteilungsverfahren, dass sich durch Methodenvielfalt und Mehrfachbeurteilung auszeichnet.	• Personalauswahl • Potenzialanalyse • Führungskräfteentwicklung • Beförderungen

Abb. 1: Personalmanagementkonzepte

Das anschauliche Bild eines Kreises hat vermutlich dazu beigetragen, dass sich das 360°-Feedback in der Praxis mittlerweile als formalisierter Rückmeldungsprozess an Führungskräfte auf der Basis von subjektiven *Fremdeinschätzungen* aus dem Arbeitsalltag etabliert hat (Scherm/Sarges 2002, S. 4). Ziel ist es, dem Teilnehmer eines 360°-Feedbacks eine differenzierte Rückmeldung über die Wirkung seines Verhaltens zu geben, wobei die Ergebnisse aus den unterschiedlichen Perspektiven seiner *Selbsteinschätzung* gegenübergestellt werden. Das 360°-Feedback wird als persönliches Entwicklungsinstrument verstanden, durch das der Teilnehmer eigene Stärken und

360°-Feedback-Instrument

- Sicht des Vorgesetzten — personifiziert
- Eigene Sicht des teilnehmenden Managers — Selbsteinschätzung
- Sicht von 3–5 gleichgestellten Kollegen — anonym
- Sicht von 3–5 Mitarbeitern — anonym

Teilnehmender Manager

ORACLE

Abb. 2: Fremdeinschätzungen im 360° Feedback

Entwicklungsfelder erkennt und gemäß »Feedback is breakfast for Champions« dadurch gezielt an sich arbeiten kann, um letztendlich Auftritt und Leistung zu verbessern (Müller-Vorbrüggen/Brisach 2005, S. 71).

3 Einsatz und Zielkontext: Wann und warum oder wer und wie oft nutzt man ein 360°-Feedback?

Im unternehmerischen *Kontext* gibt es mehrere Gründe für den Einsatz eines 360°-Feedbacks. Darunter sind auch solche, die dem zu Beginn definierten Begriff nicht gerecht werden, wie z. B. der Einsatz zur Leistungsbeurteilung, Gehaltsfindung, als Management Audit oder Auswahlverfahren. Bei diesen Themen ist eine klare Top-down-Entscheidung gefragt und nicht ein multiperspektivisch erzeugter Konsens darüber. Solche Motive schaden der Entwicklungsausrichtung des 360°-Feedbacks erheblich und sie nähren die Zweifel an der Wirkweise des Instruments, die z. B. Oswald Neuberger in seinem Buch »Das 360°-Feedback« (2000) beschreibt (Totalkontrolle und Demotivation).

Folgende *Motive* werden dem Feedbackgedanken gerecht und tragen zur Persönlichkeitsentwicklung sowie der Organisationsentwicklung bei:

- der Einsatz als Verhaltensfeedback zur Messung der Unternehmenskultur und/oder deren Veränderung,
- der Einsatz als Feedback zur Unterstützung von Leitbildern oder
- zur passgenauen Empfehlung von Personalentwicklungsmaßnahmen.

Dabei kommt die entwicklungsoffene und auf Selbstbestimmung setzende Philosophie des 360°-Feedbacks im Gegensatz zu einem streng abgeschlossenen Beurteilungskonzept klar zur Geltung (Scherm/Sarges 2002, S. 4).

> Bei der ORACLE Deutschland GmbH ist das 360° Feedback ein Entwicklungsinstrument für alle Führungskräfte und wurde im Zusammenhang eines Unternehmensentwicklungsprozesses eingeführt. Kern der Unternehmensentwicklung sind die »Leadership Principles«, die Oracle Deutschland mit dem Zweck erarbeitet hat, eine klare Strategie der Mitarbeiterorientierung im Unternehmen zu implementieren. Dabei beschreiben die Principles Anforderungen an alle Führungskräfte: »Sei Vorbild« – »Schaffe ein starkes Team« – »Sei Coach« und »Handle unternehmerisch«. Ziel des 360° Feedbacks ist es, diesen Unternehmensentwicklungsprozess zu evaluieren und damit das Lernen in der Oracle Organisation abzubilden.
> Passgenau für diesen Prozess wurde gemeinsam einem externen Anbieter der 360° Fragebogen entwickelt. Er besteht aus 80 verhaltensbezogenen Fragen, die randomisiert alle Leadership Principles Beschreibungen abdecken. Die Durchführung der Befragung läuft einmal jährlich online über den externen Partner.
> Der Gesamtprozess sieht vor, die Unternehmensentwicklung gemäß der Leadership Principles zu evaluieren. Deshalb gibt es neben den individuellen Feedbackberichten auch einen GmbH Bericht und Gruppenberichte. In allen Gruppenauswertungen werden die Einzeldaten der verschiedenen Managementteams anonymisiert und entpersonifiziert zusammengefasst abgebildet. Diese Gruppenberichte werden von den Managementteams in Workshops reflektiert. Ziel ist es, Stärken und Defizite in Bezug auf die Leadership Principles zu identifizieren und gemeinsam im Managementteam Handlungsbedarf und Veränderungen daraus abzuleiten.
> Die ORACLE Deutschland GmbH setzt sich ambitionierte Ziele. Das erfordert eine Unternehmenskultur, die den wachsenden Erwartungen der Oracle Kunden gerecht wird. Die Basis dafür, wurde durch die präzise Formulierung der Leadership Principles und damit einer klaren Strategie der Mitarbeiterorientierung geschaffen. Die 360° Ergebnisse und deren Reflexion sind wichtigste Meilensteine in dieser Organisationsentwicklung, die dazu beitragen wird, den Unternehmenserfolg mittel- und langfristig zu sichern.

Abb. 3: Praxisbeispiel ORACLE Deutschland GmbH

Das 360°-Feedback ist in der Praxis gerade aus der *Führungskräfteentwicklung* nicht mehr weg zu denken. Es gewinnt im Besonderen auf der Top- und der mittleren Managementebene an Bedeutung (Kienbaum 2004). Zunehmend wird es auch in Change-Management-Programmen oder Total-Quality-Management-Programmen eingesetzt, wodurch das *Organisationslernen* unterstützt wird. Dabei steht beim Einsatz des 360°-Feedbacks aber nicht mehr nur der einzelne Teilnehmer, sondern die

Organisation als Ganzes im Fokus der Betrachtung. Dieses Motiv führte auch bei der ORACLE Deutschland GmbH zur Implementierung eines 360°-Feedbacks (Abb. 3).

Die Häufigkeit, wie oft jemand an einem 360°-Feedback teilnimmt, hängt davon ab, warum und wie ein Unternehmen ein solches Verfahren einsetzt. Wenn es darum geht Veränderungen zu messen (wie beim ORACLE-Beispiel), muss ein 360°-Feedback in gewissen zeitlichen Abständen mehrmals durchgeführt werden, um Ergebnisse zu vergleichen.

4 Erfolgsfaktoren in der Anwendung: Wie funktioniert 360°-Feedback und worauf ist zu achten?

4.1 Vor der Einführung

Vor der Einführung ist zu klären, warum ein 360°-Feedback eingeführt werden soll: Welches Ziel wird damit verfolgt? Wie passt das neue Instrument zusammen mit anderen bereits etablierten Personalmanagementkonzepten in ein Unternehmen? (Abb. 1).

Danach wird die Art und Weise der Einführung des 360°-Feedbacks (Projektorganisation) in das Unternehmen über Erfolg oder Misserfolg entscheiden. Diese Fragen können nicht nur aus der wissenschaftlichen Literatur beantwortet werden. In der Praxis hat man es mit unterschiedlichen Unternehmen in unterschiedlichen wirtschaftlichen Situationen zu tun. Deshalb ist es die Verantwortung des internen Projektleiters (meistens des Personalentwicklers), das unternehmensspezifische Ziel und den Zweck eindeutig zu beschreiben und den Teilnehmenden transparent zu machen. Mitarbeiter sind oft verunsichert, zu wenig informiert und nicht fähig, die verschiedenen Personalentwicklungsinstrumente voneinander abzugrenzen (Müller-Vorbrüggen/Brisach 2005, S. 70 ff.). Dabei sind die ersten Fragen aus Teilnehmersicht auch die wichtigsten:
- Welche Konsequenzen hat die Teilnahme an einem 360°-Feedback?
- Inwieweit ist das Instrument an die Leistungsbeurteilung gekoppelt?
- Wie vertraulich sind die Ergebnisse und wer sieht sie?

Neben der Projektorganisation sind es diese Grundsatzfragen, die vor der Einführung des 360°-Feedbacks geklärt sein müssen.

4.2 Umgang mit den Ergebnissen

Ausgehend von der genannten Definition des 360°-Feedbacks als ein persönliches Entwicklungsinstrument dürfen *keine unternehmerischen Konsequenzen* (z. B. Nicht-Beförderung) darauf basierend abgeleitet werden. Durch eine Verbindung mit der Leistungsbeurteilung käme automatisch ein kausaler Zusammenhang zur Lohn- und Gehaltsplanung zustande, was als Konsequenz unbedingt auszuschließen ist. Eine solche Kopplung würde es den Beteiligten erheblich erschweren, offen und ehrlich Feedback zu geben.

Um den Umgang mit den sehr persönlichen Ergebnissen erfolgversprechend zu lösen, ist es wichtig, die unternehmerische Realität einzuschätzen. Folgende Fragen können helfen, um unternehmensspezifisch zu entscheiden, ob die Ergebnisse neben dem Betroffenen weiteren Personen, wie z. B. dessen Vorgesetzten und/oder auch der Personalabteilung zugehen:

- Welche *Kommunikationskultur* hat ein Unternehmen?
- Was für ein *Führungsstil* zeichnet das Unternehmen aus?
- Wie viel *Vertrauen* genießt die Unternehmensleitung bzw. Personalabteilung?
- Gibt es entscheidende Merkmale der *Unternehmenskultur*, die zu berücksichtigen sind?
- Wer ist *verantwortlich* für die Entwicklung von Mitarbeitern?
- Wie macht man *Karriere* in einem Unternehmen?

Bei ORACLE kennen nur die Teilnehmer ihre Ergebnisse, und sie sind es auch, die darüber entscheiden, wie sie damit umgehen. Diese Vorgehensweise wurde gewählt, weil »*Selbstverantwortung*« ein wichtiges Kulturmerkmal ist und die Ergebnisse als Feedback bzw. persönliche Entwicklungsimpulse gesehen werden. Entscheidend für ORACLE war die Einbettung in ein Unternehmensentwicklungskonzept, da dadurch Ziel und Zweck eindeutig beschrieben waren. Bereits im Voraus stand fest, dass die Einzelfeedbacks von den Führungskräften eines Managementteams in Gruppenberichten abstrahiert wurden, um diese in gemeinsamen Reflexionsworkshops zu diskutieren. Dabei war auch ein Ziel sicherzustellen, dass jedes Managementteam aus den Gruppenergebnissen einen Handlungsbedarf und Maßnahmen der Veränderung ableitet, um dem Leitbild der »Leadership Principles« einen Schritt näher zu kommen.

Die Frage nach dem Umgang mit den Ergebnissen ist immer eine Gratwanderung zwischen Vertraulichkeit der Einzelergebnisse und Wissen über die Ergebnisse, um sie als Steuerungsgrößen bzw. Messgrößen einer Unternehmensentwicklung zu nutzen. Je öffentlicher die Ergebnisse, desto größer die Hemmschwelle der Teilnehmer und Feedbackgeber, das Instrument offen und ehrlich zu nutzen.

4.3 Projektorganisation und Informationsmanagement

Ein 360°-Feedback kann nur mittels einer klaren Projektorganisation in ein Unternehmen eingeführt werden. Dabei sind alle Projektphasen (Vorbereitung, Einführung, Durchführung und Nachbereitung) erfolgskritisch.

Neben den Grundsatzfragen, die in der Vorbereitung zu klären sind, unterlaufen gerade in der Umsetzung bzw. Durchführung immer wieder Fehler. Die wissenschaftliche Erhebung von Runde, Kirschbaum und Wübbelmann (2001), basierend auf Aussagen von Verantwortlichen 360°-Feedback-Projektleitern, erbrachte in diesem Zusammenhang drei entscheidende *Erfolgsfaktoren*:

- Information/Transparenz,
- Projektorganisation und
- Anonymität.

Es kommt also darauf an, Feedbacknehmer und -geber über das »Warum« und über das »Wie« zu informieren. Eine Projektorganisation muss eindeutige Projektschritte (inkl. Zeitachse) definieren und gewährleisten, damit den Fragen und Unsicherheiten aller Beteiligten durch regelmäßige transparente Kommunikation begegnet wird (Abb. 4).

Leadership Principles – 360°-Feedback

Communication/Implementation Strategy

- Web Cast
- Online Evaluation: 360° Feedback
- Webseminar Handling 360°
- Individual Feedback Reports: confidential – only for participant
- Individual Follow Up Process / 360° Coaching Talk
- Webseminar Review 360°
- Reflection Workshops based on – 360° Group Reports
- GmbH- Report – based on group reports
- Align Management Development – Curriculum
- Align all external Trainers

ORACLE

Abb. 4: Kommunikation im 360° Feedback

Insgesamt steht und fällt ein 360°-Feedback mit dem Informationsmanagement. Die Schulung aller Beteiligten im Umgang mit dem 360°-Instrument ist ein weiterer nicht zu vernachlässigender Aspekt. Wenn Beteiligte geschult werden, dann reduziert das die Beurteilungsfehler und erhöht die Aufmerksamkeit, Feedback nur aufgrund von eigenen Beobachtungen und nicht aus Vermutungen heraus zu geben. Die Intensität des Schulungsbedarfs ist abhängig von der Reife des Unternehmens. Wenn Mitarbeiter bereits »beobachten« gelernt haben und eventuell ihre Aufmerksamkeit z. B. durch Trainings im Bereich der Sozialkompetenzen geschärft haben, dann ist das Unternehmen einen Schritt weiter als andere und kann bei der Einführung von 360°-Feedback auf diesem Know-how aufbauen. Die Frage, ob ein Unternehmen reif ist für die Einführung eines 360°-Feedbacks, ist eine sehr entscheidende (Edwards/Ewen 2002, S. 90 ff.).

Die ORACLE Deutschland GmbH hat vor sieben Jahren ein breites Führungskräfteentwicklungskonzept eingeführt und Personalmanagementkonzepte wie Mitarbeiterbeurteilung und Mitarbeiterzufriedenheitsanalysen sind seit langem etabliert. Die

Einführung des 360°-Feedbacks wurde mittels einer Schulung aller Beteiligten durch *E-Learning* (Webseminar »Handling 360°«) unterstützt, indem klar dargestellt wurde, wie sich der Fragebogen aus dem Führungsleitbild abgeleitet hat und was von den Beteiligten in der Durchführung erwartet wird. Die teilnehmenden Führungskräfte wählten ihre Feedbackgeber selbst aus und waren auch dafür verantwortlich, diese zusätzlich, neben dem E-Learning, über Vertraulichkeit und Anonymität der Datenerhebung zu informieren.

Bei allen 360°-Feedbacks ist bei der Durchführung die *Anonymität* der Feedbackgeber erfolgsentscheidend, da dadurch ein offenes und ehrliches *Feedback* gewährleistet wird und dem Feedbackgeber so keine Repressalien drohen. Diese Anonymität und der vertrauliche Umgang mit den Ergebnissen kann nur durch einen externen Anbieter gewährleistet werden. Alle Verfahren, die intern durchgeführt werden, sind schon wegen des Verdachts der Manipulation oder des Missbrauchs zum Scheitern verurteilt.

Oft artikuliert gerade das Top-Management, dass die anonymisierte Form der offenen Feedbackkultur widerspricht, die angestrebt werden soll. Die Erfahrung hat aber gezeigt, dass selbst in einer vertrauensvollen Umgebung Feedback nicht immer direkt gegeben wird. Deshalb ist ein professionell gemanagter, anonymer 360°-Feedbackprozess nützlich und notwendig, um eine offene und ehrliche Feedbackkultur zu erreichen (Scherm/Sarges, S. 44).

4.4 Feedbackbericht und Nachbereitung

Zu einem erfolgreichen 360°-Feedback gehört die Aufbereitung der Ergebnisse in einem *Feedbackbericht* und eine klar strukturierte Nachbereitung, um die Wirkung zu erzielen, die sich ein Unternehmen bei der Einführung erhofft.

Dabei stehen die Präsentation der Ergebnisse, die Interpretation der Ergebnisse und die unterstützenden Maßnahmen beim Umgang mit den Feedbackergebnissen im Mittelpunkt. Unter Präsentation der Ergebnisse versteht man deren Aufbereitung, z. B. in schriftlicher Form, mittels Kurven, Durchschnittswerten, etc. Da von den Teilnehmern über den ganzen 360°-Feedback-Prozess hinweg sehr viel Zeit und Energie abverlangt wird, ist auf eine wertschätzende Aufbereitung der Daten zu achten. Es ist z. B. unbedingt zu vermeiden, dass 100 Fragen auf einer DIN A4 Seite mittels zwei Linien dargestellt werden. Eine wertschätzende Aufbereitung der Daten zeichnet sich dadurch aus, dass der Feedbacknehmer/Teilnehmer eine positive Aufwand-Nutzen-Relation in der Ergebnisdarstellung für sich erkennt. Stärken und Entwicklungsfelder sollten eindeutig aus dem Feedbackbericht hervorgehen. Die *Interpretation der Ergebnisse* ergibt sich aus der *Gegenüberstellung* zwischen *Selbst-* und den verschiedenen *Fremdeinschätzungen*. Dieser Schritt wird in der Praxis oft durch ein Feedback-Gespräch zwischen 360°-Teilnehmer und einer weiteren Person (einem externen Berater, einem Verantwortlichen der Human Resources oder einem Vorgesetzten) unterstützt, wobei auch hier entscheidend sein wird, welche Hypothesen der Teilnehmer selbst zu seinen Ergebnissen entwickelt. Diese Hypothesen sind es, die wiederum verdeutlichen, dass es um Feedback und nicht um Beurteilung geht. Deshalb kann ein Feedback-Gespräch nur so gut sein, wie der Berater sich als Impulsgeber versteht. Letztendlich wird immer der Teilnehmer/Feedbacknehmer derjenige sein, der den Entschluss fasst, etwas zu verändern und umzusetzen.

Die ORACLE Deutschland GmbH hat die Qualität des 360°-Feedbackberichts als ein Auswahlkriterium (neben anderen) für den externen Anbieter gewählt. Die Ergebnisse wurden unterschiedlich aufbereitet und dargestellt (Abb. 5).

Bausteine des Feedbackberichts

Einschätzung der Wichtigkeit	Einschätzung der Fähigkeiten	Ergebnisse Perspektiven	Höchste 20 Niedrigste 20	Schlüssel-Stärken
Vorgesetzter ↕ Selbstbild	Durch-schnittliches Fremdbild ↕ Selbstbild	Rückmeldung Vorgesetzter, MA und Kollegen ↕ Selbstbild	20 höchsten und 20 niedrigsten Fähigkeits-einschätzungen	und Entwicklungs-felder

on-the-job Entwicklungsempfehlungen

ORACLE

Abb. 5: Feedbackbericht

Der Feedbackbericht selbst war so konzipiert, dass er zur Interpretation der Ergebnisse anleitete. Neben dieser ersten Anleitung gab es bei ORACLE ein weiteres Webseminar »Review 360°«, das die Teilnehmer im Umgang mit den Ergebnissen unterstützte. Es bestand auch das Angebot an die Teilnehmer, auf geschulte Personen der Personalabteilung zuzugehen, um im Gespräch »360° Coaching Talk« Ergebnisse zu interpretieren und passende persönliche Entwicklungsmaßnahmen für sich abzuleiten (Abb. 4).

4.5 Einbettung in das Personalentwicklungskonzept

Aufgrund der fehlenden allgemeingültigen Definition eines 360°-Feedbacks und wegen der oft verunsicherten Mitarbeiter/Teilnehmer ist die unternehmensspezifische Einbettung und damit auch die Abgrenzung zu bereits existenten Personalmanagementkonzepten erfolgsentscheidend. Natürlich braucht es zur Implementierung eines 360°-Feedbacks nicht immer ein Gesamtkonzept einer Unternehmensentwicklung wie im ORACLE-Beispiel. Ein weiteres gängiges 360°-Feedbackkonzept ist die Integration in ein Führungskräfteentwicklungs- oder Nachwuchsförderungsprogramm. Die teilnehmenden Personen erhalten ein differenziertes Feedback zu ihrem Entwicklungsstand. Dadurch können weitere passgenaue Personalentwicklungsmaßnahmen für den Einzelnen abgeleitet werden. Doch auch bei individuellen Lösungen müssen die angesprochenen Grundsatzfragen beantwortet werden. Für die Teilnehmer wird entscheidend sein, wofür ein 360°-Feedback eingeführt wird und warum sie daran teilnehmen sollen.

5 Wegweiser im Anbieterdschungel: wer, wie und was?

Wer bietet 360°-Feedack an? Wie findet man den zum Unternehmen passenden Anbieter? Auf was ist bei dieser Auswahl zu achten? Die folgenden Ausführungen basieren auf den Erfahrungen der ORACLE Deutschland GmbH. Sie machen gleichzeitig deutlich, dass es eine nicht zu unterschätzende Aufgabe ist, den passenden Anbieter für ein 360°-Feedback zu finden.

Gibt man den Begriff »360°-Feedback« bei Google ein, werden allein auf deutschen Websites ca. 275.000 Treffer angezeigt. Traininginstitute, Unternehmensberatungen, Business Schools, Universitäten, einzelne Trainer und Berater bieten ein 360°-Feedback-Tool an. Näher hingeschaut, sind es zum Teil eigenst entwickelte Instrumente, die dann über Lizenzvergaben an Berater und Trainer weiterverkauft werden. Es gibt auch maßgeschneiderte Lösungen, d.h. es wird eine Software angeboten, die es dem Unternehmen ermöglicht, eigene Fragebögen zu entwickeln, die dann als 360°-Feedback Instrument genutzt werden. Diese Vielfalt an Möglichkeiten macht einen Qualitätscheck unerlässlich. Deshalb ist es für ein Unternehmen wichtig, sich darüber im Klaren zu sein, was es sich davon erhofft, einen externen Partner einzubinden. Für die ORACLE Deutschland GmbH war klar, sich mit dem Externen nicht nur die technischen Möglichkeiten einzukaufen, sondern auch das Berater-Know-how und das *Kompetenzmodell*, das das 360°-Feedback zu einem erfolgreichen Personalentwicklungsinstrument macht.

Bei einem *Qualitätscheck* ist also auf ein valides und reliables Feedbackinstrument zu achten. Es geht, einfach ausgedrückt, um folgende Fragen:
- Wird das gemessen, was gemessen werden soll (*Validität*)?
- Liefert das Instrument zuverlässig gleiche Ergebnisse (*Reliabilität*)?

Diese Gütekriterien sind klassische Standards in der psychologischen Test- und Fragebogenforschung und können durch wissenschaftliche Untersuchungen ermittelt werden (Kapitel D.4 dieses Buches). Von 360°-Feedback-Instrumenten, die solche Gütekriterien nicht aufweisen können, ist abzuraten. Demnach sind auch 360°-Feedback-Instrumente der »Marke Eigenbau« höchst zweifelhaft. Um einen 360°-Fragebogen zu entwerfen, braucht es psychologisches Know-how. Beispielsweise gilt es zu entscheiden, ob die einzelnen Fragen kompetenz-, persönlichkeits- oder verhaltensbezogen ausgerichtet werden (Scherm/Sarges 2002, S. 63).

Neben dem Qualitätscheck ist für die Auswahl auch entscheidend, wie viel Erfahrung der Anbieter mit dem 360°-Feedback hat und ob er Referenzen aufweisen kann. Für ORACLE war wichtig, dass der externe Berater schon auf eine lange Erfahrung beim Einsatz des 360°-Instrumentes zurückblicken kann und dass die Berater, die dann im Projekt eingesetzt werden, auch wirklich als 360°-Feedback-Experten mit Personalentwicklungs-Know-how gelten können. Neben dieser persönlichen Erfahrung ist auch das Selbstverständnis des Beraters ein entscheidendes Auswahlkriterium. Es gibt Beispiele, wo Berater sich mit dem 360°-Feedback im Unternehmen »unersetzlich« machen und das Unternehmen damit in ein Abhängigkeitsverhältnis bringen, was meistens mit einer Kostenexplosion einhergeht. Wenn beispielsweise nicht klar ist, wie sich ein 360°-Feedback-Bericht zusammenstellt und dieser Feedback-Bericht nur durch ein Feedbackgespräch mit dem externen Berater zu verstehen ist, dann sollte das Unternehmen diese Praxis hinterfragen (wobei es auch genügend Gründe gibt, den Feedbackbericht mit einem Gespräch zu verknüpfen). Für ORACLE war es entscheidend, dass der externe Partner die richtige Einstellung, nämlich als Berater »Hilfe zur Selbsthilfe« zu leisten, hatte. So wurden intern Kollegen trainiert, ein Feedbackgespräch auf der Basis der 360°-Ergebnisberichte zu führen.

Da es sich, je nach Umfang des 360°-Feedback-Implementierungsprojektes, auch um eine hohe Investition handelt, ist ein strukturiertes Auswahlverfahren bezüglich des externen Partners angemessen und hilfreich. Es ist letztendlich auch entscheidend, ob der externe Berater zum eigenen Unternehmen passt. Entscheidende Fragen lauten: Kann er die Unternehmenskultur schnell adaptieren? Würde er von den Mitarbeitern bzw. der Zielgruppe in diesem Prozess akzeptiert? Nicht zuletzt sind das auch Voraussetzungen, die die Projektleitung innerhalb des Unternehmens erfüllen muss, um ein 360°-Feedback erfolgreich zu implementieren. ORACLE bezeichnet das als »Cultural Fit«. Deshalb werden generell nur Berater ausgewählt, die Branchenerfahrung, Dynamik und ein hohes Maß an Flexibilität mitbringen. Bei der Auswahl des geeigneten 360°-Feedback-Tools, kam es zusätzlich darauf an, dass es »online«, individualisiert auf die ORACLE Inhalte und gleichzeitig in verschiedenen Sprachen durchführbar ist.

In der Vorbereitungsphase des 360°-Feedback Projekts ist es wichtig, eine angemessene Zeit für die Auswahl des externen Anbieters einzukalkulieren. Aus der Sicht der Praxis sind Gespräche mit verschiedenen Anbietern empfehlenswert, denn das schärft den Sachverstand des internen Projektleiters, worauf bei der Einführung eines 360°-Feedbacks zu achten ist. Es wird deutlich, in welchem Gespräch sich der der Projektleiter als Stellvertreter seines Unternehmens am »besten aufgehoben« fühlt.

6 Resümee: Philosophie oder Methode?

Trotz der langen Zeit, in der nun 360°-Feedbacks eingesetzt werden, sind letztendlich zu wenige wissenschaftliche Evaluationen vorhanden, die eindeutig belegen, welchen Nutzen ein 360°-Feedback stiftet (Runde/Kirschbaum/Wübbelmann 2001, S. 146 ff.). Da ein 360°-Feedback unterschiedlich eingesetzt werden kann – von einer Einzelmaßnahme innerhalb eines Führungskräfteentwicklungskonzept bis hin zu einem flächendeckenden Roll-out über alle Führungskräfte im Sinne einer Organisationsentwicklung (wie im ORACLE-Beispiel) – ist eine allgemeine Evaluation wahrscheinlich gar nicht möglich, da jeder den Nutzen innerhalb seines Kontextes bewerten würde. So wird es in Zukunft wichtiger, den Nutzen des 360°-Feedback Instrumentes innerhalb des Unternehmenskontextes von Zeit zu Zeit zu evaluieren.

Versteht man das 360°-Feedback als Methode (wie es z. B. die AC-Methode gibt), sind unterschiedliche Funktionen und somit Trends zu erkennen. Zunehmend wird 360°-Feedback in Verbindung mit Leistungsbeurteilungssystemen gebracht (Scherm/Sarges 2002, S. 82). Dies widerspricht der zu Beginn gegebenen Definition und wirft die Frage auf, ob »360°-Feedback« zukünftig nur noch als Methode (Rund-um-Beurteilung) zu verstehen ist oder ob mit dem »360°-Feedback« gleichzeitig eine entwicklungsorientierte Philosophie transportiert wird. Es bleibt abzuwarten, was sich durchsetzt:

- Ist es die Philosophie, die in erster Linie den »Feedback«-Gedanken in den Vordergrund stellt, oder
- ist es die Methode, die den 360°-Charakter als handlungsleitend sieht?

Externe Anbieter müssen zukünftig ein klares Selbstverständnis dazu erarbeiten, damit sie sich von Auftraggebern nicht »vor jeden Karren spannen« lassen. So wird sich auch der Anbietermarkt differenzieren. Letztendlich wird die Frage, ob 360°-Feedback als Philosophie oder Methode erfolgreich ist, vom Markt entschieden. Es ist mehr als wünschenswert, diese Entscheidung durch eine fundierte Diskussion zwischen Wissenschaft und Praxis zu beeinflussen. Diese Ausführungen sollen dazu einen Beitrag leisten.

Literatur

Becker 2002: Becker, M.: Personalentwicklung: Bildung, Förderung und Organisationsentwicklung in Theorie und Praxis, 3. Auflage, Stuttgart 2002.
Domsch 2000: Domsch, M.: »Mitarbeiterbefragungen – Stand und Entwicklungen«, in: Domsch, M. und Ladwig, D. (Herausgeber): Handbuch Mitarbeiterbefragung, Berlin 2000.
Gerpott 2000: Gerpott, T.: »360-Grad-Feedback-Verfahren als spezielle Variante der Mitarbeiterbefragung«, in: Domsch, M. und Ladwig, D. (Herausgeber): Handbuch Mitarbeiterbefragung, Berlin 2000.
Edwards/Ewen 2000: Edwards, M. R. und Ewen, A. J.: 360°-Beurteilung: Klareres Feedback, höhere Motivation und mehr Erfolg für Mitarbeiter, München 2000.
Kienbaum 2004: Kienbaum: »Neue Kienbaum-Studie: Verfahren zur Potenzialerkennung und Beurteilung in Unternehmen – erst Audit, dann Karriere«, in: http://www.kienbaum.de.
Mudra 2004: Mudra, P.: Personalentwicklung: Integrative Gestaltung betrieblicher Lern- und Veränderungsprozesse, München 2004.
Müller-Vorbrüggen/Brisach 2005: Müller-Vorbrüggen, M. und Brisach, S.: »Vom Einzelfeedback zum Gruppenbericht: Der Beitrag des 360°-Feedback zur Unternehmensentwicklung«, in: Personalmagazin, Heft 05/2005, S. 70–72.
Neuberger 2000: Neuberger, O.: Das 360°-Feedback: Alle fragen? Alles sehen? Alles sagen?, München 2000.
Runde/Kirschbaum/Wübbelmann 2001: Runde, B., Kirschbaum, D. und Wübbelmann, K.: »360°-Feedback – Hinweise für ein best-practice-Modell«, in: Zeitschrift für Arbeits- und Organisationspsychologie, Heft 03/2001, S. 146–157.
Scherm/Sarges 2002: Scherm, M. und Sarges, W.: 360°-Feedback, Göttingen 2002.

D.4 Assessment Center und psychologische Testverfahren

Thomas Randhofer[*]

1 Anlässe zur Testung

2 Verfahren
   2.1 Tests
   2.2 Assessment Center

3 Qualitätskriterien
   3.1 DIN 33430
   3.2 Qualitätskriterien für Tests
   3.3 Qualitätskriterien für Assessment Center

4 Rechtssprechung zu eignungsdiagnostischer Testung

5 Problematik von Eigenentwicklungen

6 Testung planen

7 Partnerschaftliche Begegnung

Literatur

---

[*] Dr. Thomas Randhofer ist Diplom-Psychologe und verantwortlich für die Personal- und Organisationsentwicklung bei den Mannstaedt-Werken GmbH & Co. KG in Troisdorf. Tätigkeitsschwerpunkte sind systemische Organisationsberatung und die Konzeption und Durchführung von Personalentwicklungsinstrumenten und -maßnahmen. Über sein »Steckenpferd« Assessment Center schrieb er seine Promotion. Seit 1994 berichtet er auf nationalen und internationalen Kongressen über seine Arbeit. Er ist Mitglied der EAWOP (European Association of Work and Organizational Psychology) und der IACCP (International Association of Cross Cultural Psychology). Ehrenamtlich engagiert er sich im Präsidium des Verbandes zur Förderung der Wirtschaftspsychologie.

1 Anlässe zur Testung

Personalauswahl und Personalentwicklung bieten Anlässe, die ein Unternehmen dazu veranlassen, (potenzielle) Mitarbeiter/innen zu testen (Becker 2002, S. 278 ff.) In beiden Fällen geht es darum herauszufinden, ob die Kandidaten die Potenziale haben, eine bestimmte Position erfolgreich zu bekleiden. Sollen wir diesen Kandidaten einstellen? Macht es Sinn, unserem Mitarbeiter Führungsverantwortung zu übertragen? (Kleinmann 2003, S. 1 f.) Das sind Beispiele von Fragestellungen, auf die die Ergebnisse von Testung Antwort geben sollen. Die Bedeutung ihrer Beantwortung wird deutlich, wenn man sich überlegt, welche Kosten eine Personalfluktuation in der Probezeit oder ein überforderter oder unterforderter Mitarbeiter, der das Unternehmen aller Voraussicht nach verlassen wird, verursachen.

Eine thematische Übersicht zu Testverfahren findet sich beispielsweise in der Testzentrale des Hogrefe-Verlags (http://www.hogrefe.de). Dort wird unterschieden zwischen berufbezogenen Verfahren, Entwicklungstests, Intelligenztests, klinischen Verfahren für Kinder und Erwachsene, Leistungstests, medizinpsychologischen Verfahren, neuropsychologischen Verfahren, Persönlichkeitstests und Schultests. Daneben gibt es noch eine Reihe anderer Verfahren, die den Anspruch erheben, Managementkompetenzen zu erfassen und den Berufserfolg vorherzusagen. Dazu gehören auch sogenannte Einstellungs-, Motivations- oder Interessentests, die vornehmlich zu Beratungszwecken eingesetzt werden sollen.

Es liegt auf der Hand, dass in der beruflichen Praxis am ehesten berufsbezogene Verfahren, Leistungs- und Intelligenztests zum Einsatz kommen. Von daher bietet sich eine andere Klassifizierung der Testverfahren an, die sich an den zwei grundlegenden Ansätze orientiert, nach denen die Testung vorgenommen wird: Eigenschaftsorientierung und Situationsorientierung (für eine umfangreiche Darstellung vgl. Schuler 2001 und Schuler/Höft 2004, S. 289 ff.).

Im Rahmen der *Eigenschaftsorientierung* geht man so vor, dass man überlegt, welche Eigenschaften der Person für die spätere Berufsaufgabe erforderlich sind, und wählt danach die Kandidaten aus. Ein derartiger Ansatz wird z. B. dann erforderlich sein, wenn es darum geht, im Rahmen beruflicher Rehabilitationsmaßnahmen eine ausführliche Leistungsdiagnostik vorzunehmen.

Bei der *Situationsorientierung* prüft man im Vorfeld, mit welchen Berufssituationen die Stelleninhaber/innen täglich konfrontiert werden, versucht, diese Situationen zu simulieren, und prüft, wie die Kandidaten mit diesen Berufssimulationen zurechtkommen.

Beide Ansätze unterscheiden sich in der Art der Erhebung der Ergebnisse: Die Eigenschaftsmessung greift auf Testverfahren zurück, die eine von den Auswertern unabhängige Aussage darüber zulassen, ob ein Kandidat »gut« ist oder nicht. Bei den situationsorientierten Verfahren ist diese Einschätzung von der Kompetenz der Auswerter abhängig.

2 Verfahren

2.1 Tests

Zu den eigenschaftsorientierten Verfahren zählt man jene psychologischen *Testverfahren*, mit denen Fähigkeits- und Leistungsmessungen vorgenommen werden, z. B. Belastbarkeit, Intelligenz, Konzentrationsfähigkeit, räumliche Wahrnehmung. Wohl kaum eine Disziplin hat sich mit der Messung und Vorhersage menschlicher Verhaltensweisen so intensiv beschäftigt hat wie die Psychologie. Dreh- und Angelpunkt ist dabei die wissenschaftlich fundierte Vorgehensweise bei der Konstruktion derartiger Verfahren sowie die Einbettung der zu messenden Eigenschaften in einen von überprüfbaren Theorien geleiteten Kontext (Kleinmann 2003, S. 53 ff.).

Unabhängig von der Art des Verfahrens ist immer zu prüfen, welches *Ziel* mit dem Einsatz eines derartigen Tests verbunden wird. Ist es beispielsweise wirklich erforderlich, zur Auswahl einer Sachbearbeiterfunktion einen Persönlichkeitstest vorzunehmen? Abgesehen davon, dass die Rechtssprechung hierzu eine eindeutige Aussage trifft (weiter unten wird darauf noch eingegangen), ist diese Frage aller Voraussicht nach mit »nein« zu beantworten. Dennoch: das Testen ist vielfach beliebt, weil es eine ökonomische Art der Selektion verspricht. Die leichte Vergleichbarkeit zwischen mehreren Teilnehmern ist gegeben; das Ziel der Bestenauslese kann leicht erreicht werden. Die Problematik bei psychologischen Tests besteht darin, dass die Ergebnisse für den Laien nicht leicht zu verstehen sind und von daher die Projektion der Ergebnisse auf die auszuübende Tätigkeit schwierig ist. Ohne das Wissen über die Konstruktion, den Aufbau und die Auswertungsgegebenheiten derartiger Tests ist eine seriöse Interpretation der Testergebnisse kaum möglich. Schon von daher empfiehlt es sich, Einsatz und Auswertung von fachkundigen Personen, in der Regel Psychologen, vornehmen zu lassen.

2.2 Assessment Center

Assessment Center (AC) gehören zu den situationsorientierten Verfahren. Die Besonderheit von einem AC ist, dass »mehrere Beobachter und mehrere Teilnehmer in mehreren unterschiedlichen Praxissimulationen über einen längeren Zeitraum auf der Basis verschiedener, möglichst eindeutig definierter Dimensionen beobachtet und beurteilt werden können.« (Geißler/Laske/Orthey 2002, S. 3) Wie die »Assessment Center Studie 2001« des Arbeitskreises Assessment Center (www.arbeitskreis-ac.de) zeigt, werden AC in Deutschland, insbesondere bei Großunternehmen, immer intensiver genutzt.

Der Begriff »Assessment Center« bedeutet »Beurteilungs- oder Einschätzungszentrum« und wird wie folgt definiert:

»Assessment Center ist ein Verfahren zur Rekrutierung externer und interner Bewerber und zur Sondierung der Möglichkeiten beruflicher Weiterentwicklung von Mitarbeitern eines Unternehmens. Dabei gilt es, notwendige Anforderungen zu klären, anforderungsorientierte Bausteine zu konzipieren und ein objektives Bewertungssystem zugrunde zu legen. Schulung der Beobachter, Betreuung der

Teilnehmer und Nachbearbeitung der Ergebnisse sind wesentliche Grundlagen für stellenbezogene Personalauswahl und mitarbeiterorientierte Personalentwicklung.« (Geißler/Laske/Orthey 2002, S. 9)

Es werden zwei Formen von AC unterschieden: Gruppen- und Einzel-AC. Beim *Gruppen-AC* werden mehrere Bewerber gleichzeitig für eine bestimmte berufliche Eignung überprüft. Beim *Einzel-AC* wird dagegen die Kompetenz eines einzigen Bewerbers eingeschätzt. Für beide Formen des AC gibt es zwei Einsatzzwecke. Einerseits kann es als Personalauswahlverfahren eingesetzt werden. Folglich wird dann mit diesem Verfahren nach geeigneten Auszubildenden, Fachkräften oder Führungskräften gesucht (Becker 2002, S. 279 f.). Andererseits kann ein AC für die Einschätzung der Möglichkeiten beruflicher Weiterentwicklung von Mitarbeitern eines Unternehmens genutzt werden. Man spricht dann von einem Entwicklungs- oder *Förder-AC*. Im Rahmen von Überlegungen zur Personalentwicklung gewinnen AC eine besondere Bedeutung, weil sie Aspekte einer Person abgreifen können, die in einem normalen Mitarbeiterbeurteilungsgespräch nicht berücksichtigt werden können. So kann ein Vorgesetzter z. B. vermuten, dass sein Mitarbeiter in der Lage ist, Projektleiteraufgaben wahrzunehmen. In einem *Entwicklungs-AC* kann wegen der berufsnahen Simulation von Arbeitsaufgaben eines Projektleiters eine konkrete Abschätzung darüber abgegeben werden, ob das Potenzial zu einem im Sinne des Unternehmens gewünschten Projektleiterverhalten wirklich vorhanden ist. Wegen der Möglichkeit der Anforderungsorientierung gibt es zum AC im Bereich der Personalentwicklung kaum eine Alternative.

Im Gegensatz zu anderen Beurteilungsverfahren ist bei einem AC die Ergebnisinterpretation leichter möglich als bei den psychologischen Testverfahren weil der Blickwinkel auf der Bewältigung von berufsnahen Arbeitssimulationen liegt und das Wissen über diese Berufssituationen in einem Unternehmen keinen besonderen Expertenstatus erfordert.

Ein AC besteht in der Regel aus folgenden *Bausteinen*: Anforderungsprofil, Beobachtungsinventar, Übungen, Beobachterkonferenzen und Rückmeldegespräch. Bei einem AC gelten standardisierte Bedingungen, die für alle AC-Teilnehmer gültig sind. Dadurch wird Vergleichbarkeit zwischen den Teilnehmern hergestellt. Die Einheitlichkeit der Urteilsfindung wird mit Verhaltenschecklisten und die zum Schluss durchgeführte Beobachterkonferenz gewährleistet (Randhofer 2005). Dabei ermöglicht das Zusammentragen der AC-Ergebnisse und die Diskussion der Beobachter, weitgehend differenzierte Einschätzungen über die Potenziale der Bewerber abzugeben. Damit wird auch ein mechanisch ermitteltes »Nicht-Erreichen« der geforderten Ausprägungen des Anforderungsprofils nicht notwendigerweise das Ausscheiden des Bewerbers aus dem Kreis der interessanten Kandidaten bedeuten. Die Beobachter geben eine Einschätzung darüber ab, ob der Teilnehmer in dem fraglichen Arbeitsumfeld durch gezielte Förderung seitens des Vorgesetzten die geforderten Verhaltensausprägungen erreichen oder sogar übertreffen kann. Die Diskussion der AC-Ergebnisse untereinander ist in diesem Zusammenhang auch mit einem Lerneffekt für die Beobachter verbunden, da sie lernen, in einem bestimmten Blickwinkel auf die AC-Teilnehmer zu schauen. Dieser Lerneffekt ist auch für zukünftige Mitarbeiterbeurteilungen nutzbar. Aber auch für die Teilnehmer gibt es Lerneffekte, und zwar spätestens dann, wenn sie über ihr Abschneiden im AC eine Rückmeldung bekommen.

3 Qualitätskriterien

3.1 DIN 33430

Nun ist nicht jeder Test ein Test, und nicht jedes AC liefert gute Vorhersagen für den späteren Berufserfolg. Da vielfach für den Anwender leicht deutbare Test-Eigenentwicklungen an Stelle von psychologischen Testverfahren eingesetzt werden, die den wissenschaftlichen Standards, nach denen Testverfahren entwickelt werden, bei weitem nicht genügen, gibt es ein Normenwerk, das dem Unternehmen helfen kann, die »Spreu vom Weizen« zu trennen. Dieses Normenwerk wurde im Juni 2002 erarbeitet und ist die *DIN 33430* (Deutsches Institut für Normung e. V. 2002). Sie beinhaltet Leitsätze zu den Anforderungen an Testverfahren und deren Einsatz bei berufsbezogenen Eignungsbeurteilungen. Diese Anforderungen sind allgemeiner Art, da sie für sämtliche Eignungsbeurteilungen gelten. Das Ziel der DIN 33430 ist, willkürliche Personalbeurteilungen zu vermeiden, seriöse Anbieter zu stärken und Teilnehmer vor einem unsachgemäßen Gebrauch der Eignungsbeurteilung zu schützen. Die DIN 33430 thematisiert die Qualitätskriterien und -standards für Verfahren zur Eignungsbeurteilung und für denjenigen, der die Eignungsbeurteilung vornimmt. Sie beinhaltet ferner Leitsätze für die Vorgehensweise bei der Eignungsbeurteilung.

Deutlich wird in dieser Norm, dass Auswertung, Interpretation und Urteilsbildung nach festgelegten Standards vorzunehmen sind und dass sämtliche Aussagen dokumentiert und somit belegt werden müssen (Nachvollziehbarkeit der Ergebnisse).

Darüber hinaus gibt es speziell für AC auch noch die Qualitätskriterien des Arbeitskreises Assessment Center e. V. aus dem Jahr 2004 und die Ethical Guidelines der International Task Force On Assessment Center aus dem Jahr 2000.

3.2 Qualitätskriterien für Tests

Sofern zur Berufslaufbahnplanung oder zur Personalauswahl Tests unterstützend herangezogen werden, unterliegen sie dem Anwendungsbereich der DIN 33430. Mit Einführung der DIN 33430 wurde keine allgemein verbindliche Regelung getroffen. Ihre Anwendung ist vielmehr freiwillig, denn sie besitzt keinen Rechtsnormcharakter. Die Gründe für die Unverbindlichkeit liegen zunächst in der Rechtsnatur der DIN-Normen. Das Deutsche Institut für Normung ist ein privater Verein, der auf Antrag Dritter tätig wird und dann den Normerstellungsprozess koordiniert. Ein privater Verein kann aber keine Rechtsnorm schaffen, die nach außen allgemein verpflichtend wirkt

Dennoch: in der DIN 33430 werden Aspekte aufgegriffen, die von hoher Bedeutsamkeit für diejenigen sind, die vor der Frage stehen, ob ein Testverfahren, dass sie erwerben wollen (oder sich selber erstellt haben) wirklich ein Test im weiteren Sinne ist oder nicht. Diese *Aspekte* sind im Einzelnen: Objektivität, Zuverlässigkeit, Gültigkeit und das Vorhandensein von Normwerten bzw. Referenzkennwerten.

Das eingesetzte Testverfahren muss bezüglich der Durchführung, der Auswertung und der Interpretation größtmögliche *Objektivität* haben. Das bedeutet, dass das Verfahren mit Instruktionen für die Durchführung und die Ergebnisbeurteilung versehen sind. Es muss sichergestellt sein, dass die Ergebnisse durch den Kandidaten nicht verfälscht werden können. Ein standardisiertes Vorgehen bei der Testung verhindert zudem, dass sogenannte Versuchsleitereffekte den Kandidaten beeinflussen. Man kann es vielleicht so ausdrücken: Möchte man wissen ob jemand das kleine Einmaleins beherrscht, kann man fragen: »Wie viel ist zwei plus zwei?« Man kann aber auch fragen: »Welche zwei gleich großen Zahlen ergeben aufaddiert 4?« Vor dem Hintergrund der Objektivität ist die zu stellende Frage im Vorfeld zu definieren – und ein Abweichen ist nicht zulässig. Nur unter dieser Voraussetzung kann der Ergebnisvergleich zwischen Testteilnehmern sichergestellt werden.

Zuverlässigkeit bedeutet, dass das Testverfahren, wenn man es zu einem späteren Zeitpunkt wieder durchführen würde, zu ähnlichen Testergebnissen führen würde. Ein Beispiel: angenommen, man würde Allgemeinwissen messen wollen, dann könnte eine Frage lauten: »Wie heißt unser Bundeskanzler?« Würde jetzt als Antwort »Konrad Adenauer« erwartet (angenommen, gemäß Test wäre das so vorgegeben), dann wäre das zum aktuellen Zeitpunkt mit Sicherheit falsch. Zu Lebzeiten Konrad Adenauers wäre diese Antwort jedoch vollkommen richtig gewesen. Für den Test bedeutet das jedoch, dass er nicht zuverlässig die Facette »Allgemeinwissen« misst und überarbeitet werden müsste.

Die *Gültigkeit* eines Test ist an Hand von vielfältigen empirischen Untersuchungen nachzuweisen. So ist zu prüfen, ob die Frage nach dem Bundeskanzler wirklich dazu geeignet ist, Allgemeinwissen zu messen (ein geeignetes Kriterium ist) und ob Allgemeinwissen wirklich zum Bereich der Intelligenz gehört (zu dem Konstrukt passt). Des Weiteren ist zu klären, ob diese eine Frage, wenn sie zusammen mit anderen Frage gestellt wird, wirklich Allgemeinwissen misst – oder ob die anderen Frage das nicht besser tun.

Nicht zuletzt muss man überlegen, ob die zu befragende Zielgruppe den Namen des Bundeskanzlers überhaupt benennen könnte. Würde man einen Kleinkindertest mit Vierjährigen machen, dann wäre es eher unwahrscheinlich, dass diese eine derartige Frage beantworten könnten. Wird ein Test unterschiedlichen Personengruppen vorgelegt, dann muss es auch für diese charakteristischen Personengruppen (Referenzgruppe) ihnen eigene Normwerte geben, denen die Testergebnisse eines Testteilnehmers zugeordnet werden können.

Wandeln sich die Charakteristika dieser Personengruppen, müssen die *Testnormen* angepasst werden. In der DIN 33430 wird aus diesem Grunde gefordert, wenn nicht spontan Aktualisierungsbedarf besteht, die Normwerte von Testverfahren spätestens alle acht Jahre zu überprüfen. Somit hätte, in unserem kleinen Beispiel oben, die Frage nach dem Bundeskanzler eine ganz andere Antwort erwarten lassen müssen als »Konrad Adenauer«, wenn der Test neu normiert worden wäre.

Auf einen weiteren Aspekt muss an dieser Stelle noch eingegangen werden: den Unterschied zwischen der Papier- und Bleistift-Version und der computerisierten Version eines Tests. Man könnte meinen, Test ist Test – egal, wie er dargeboten wird. Das ist jedoch nicht der Fall. Die Testergebnisse verändern sich in Abhängigkeit vom für die Testung benutzten Medium. Von daher ist ein und derselbe Test auch hinsichtlich des benutzen Mediums zu normieren.

3.3 Qualitätskriterien für Assessment Center

Die o. a. Qualitätskriterien lassen sich in dieser Form schwer auf AC übertragen. Das liegt daran, dass AC streng genommen keine wissenschaftlichen Verfahren sind, sondern Verfahren, in denen man mit wissenschaftlich kontrollierten Methoden arbeiten muss. Man mag nur an den o. a. Grundsatz der Objektivität denken: Ein und dasselbe AC, mit anderen Kandidaten, mit anderen Beobachtern, zu einem anderen Zeitpunkt durchgeführt, wird für einen Kandidaten, der an beiden AC teilnehmen würde, zu unterschiedlichen Ergebnisse führen (aufgrund strengerer oder milderer Beobachter, mehr oder weniger konkurrenter Teilnehmer etc.). Von daher gibt es auch einen größeren Freiraum für die Interpretation von AC-Ergebnissen.

Seit einigen Jahren schon gibt es die *Qualitätsstandards* des Arbeitskreises Assessment Center (www.arbeitskreis-ac.de). Die Qualitätsstandards dienen als Leitfaden und umfassen neun Aspekte. Zu jedem Aspekt werden Vorschläge zur Umsetzung in die Praxis in Form eines Leitfadens dargestellt, um somit ein anwendbares Regelwerk zur Durchführung eines AC zu haben.

Folgende Aspekte werden genannt:
- Ziele und Rahmenbedingungen zum Einsatz des ACs sind im Vorfeld zu klären,
- Arbeits- und Anforderungsanalyse sind als Grundlage für das Anforderungsprofil zu erstellen,
- Übungen müssen auf das Anforderungsprofil abgestimmt konstruiert werden,
- ein anforderungsbezogenes Beobachtungssystem ist zu konzipieren und aufgrund gezeigten Verhaltens während des AC müssen die Teilnehmer bewertet werden,
- geeignete Beobachter sind zu schulen,
- Bewerber müssen bereits vor dem AC systematisch ausgewählt und informiert werden,
- die Durchführung des AC ist sorgfältig zu planen, vorzubereiten und zu moderieren,
- es muss ein individuelles Feedback durchgeführt und evtl. Folgemaßnahmen besprochen werden,
- kontinuierliche Evaluation im Rahmen von Güteprüfungen und Qualitätskontrollen ist vorzunehmen, um eine ständige Verbesserung des AC zu erreichen.

Die *Ethical Guidelines* der International Task Force On Assessment Center aus dem Jahr 2000 stellen ebenfalls einen Leitfaden für die Konzeption und Implementierung eines AC dar. Darüber hinaus beinhalten sie ethische Komponenten bezüglich der AC Durchführung, die bei den Qualitätsstandards des Arbeitskreises Assessment Center nicht diskutiert werden. Genauso wie bei den Qualitätsstandards werden als notwendige Elemente die Arbeitsanalyse, die geschulten Beobachter, (vgl. abweichend dazu Randhofer 2005) die systematische Verhaltensbeobachtung sowie das Aufzeichnen des gezeigten Verhaltens dargestellt. Die Ethical Guidelines gehen noch detaillierter auf die Verfahrensanweisungen, Beobachtertrainings und Informationen an die Teilnehmer ein.

Die Ausgestaltung eines AC wird immer von dem Gedanken geleitet sein müssen, was der AC-Anwender messen möchte. Personalentwicklungsaspekte gibt es beim

Auswahl- und auch beim Entwicklungs-AC. Bei einem Auswahl-AC werden diese Aspekte auf eine konkrete Stelle projiziert: Welche stellenbezogenen Fähigkeiten und Fertigkeiten hat ein Kandidat und wie können Defizite kompensiert werden? Das kann auch bei einem Entwicklungs-AC der Fall sein: Trauen wir unserem Mitarbeiter diese konkrete Aufgabe zu? Jedoch wird hier eher die Frage interessieren, welche Fähigkeiten und Fertigkeiten Mitarbeiter generell haben und wie diese im Rahmen von Unternehmensentwicklungsprozessen genutzt werden können (strategische Personalentwicklung).

4 Rechtssprechung zu eignungsdiagnostischer Testung

Psychologische Tests sind mit *Zustimmung* der betroffenen Bewerber vom Grundsatz her zulässig. Eine rechtswirksame Einwilligung setzt aber voraus, dass sich der Kandidat über den Verlauf des Tests und die Folgen ein zutreffendes Bild machen kann. Die Aufklärung muss daher in den Grundzügen dem Bewerber zutreffende Kenntnis über die Tests, die Bedeutung der Ergebnisse und die Einhaltung der wissenschaftlichen Gütekriterien verschaffen.

Allerdings, das lässt sich kaum leugnen, gibt es eine Fülle von »Psychotests«, gegen die in vielen Fällen Bedenken wegen des Verstoßes gegen die o. a. wissenschaftlichen Testkriterien vorliegen (weiter unten wird noch auf die Problematik von Eigenentwicklungen eingegangen). Besondere Bedenken sind dann anzumelden, wenn die Tests darauf ausgerichtet sind, die Persönlichkeit eines Bewerbers und sein Privatleben zu durchleuchten. Keinesfalls zulässig ist es, dass sich ein Test auf die gesamte Persönlichkeit des Arbeitnehmers erstreckt. Er darf sich nur auf die geplante Arbeitstätigkeit und die dazu entsprechenden Anforderungen beschränken. Deshalb sind viele (auch psychologische Tests) in ihrer Tragweite problematisch oder unzulässig. Das *Persönlichkeitsrecht* des Bewerbers oder Arbeitnehmers als hohes individuelles Rechtsgut darf nicht durch unzulässige Eignungstests rechtswidrig verletzt werden.

Die Problematik der Tragweite wird an den zwei wichtigen methodischen Gruppen von psychologischen Tests deutlich: *psychometrische* und projektive *Tests*. Bei psychometrischen Tests werden bestimmte Eigenschaften oder Fähigkeiten eines Menschen mittels eines Messverfahrens ausgetestet. Dieser Test ist begrenzt, er erhebt keinen Anspruch auf Vollständigkeit und misst nur eine ganz spezielle Facette aus dem Gesamtspektrum möglicher menschlicher Eigenschaften. Der psychometrische Test hat nicht das Ziel, die Gesamtpersönlichkeit eines Kandidaten zu durchleuchten oder zu erfassen.

Der *projektive Test* ist da wesentlich weitreichender. Dem Bewerber werden beispielsweise Zeichnungen oder andere graphische Darstellungen, Symbole oder Texte, verbale Äußerungen etc. dargeboten. Der Kandidat soll diese verschiedenen Darstellungen deuten, umgestalten oder weiterentwickeln. Dazu gehört z. B., dass er seine Gedanken preisgibt und fortführt oder seine Einstellungen veröffentlicht.

Externe wie auch interne Bewerber sollen und dürfen sich gegen solche Tests wehren. Sie sind generell problematisch und unzulässig im Bewerbungsverfahren, da sie versuchen, die gesamte Persönlichkeit des Bewerbers zu erfassen. Wenn ein

Bewerber aufgrund eines solchen Tests abgelehnt wird, so kann er versuchen, durch eine Klage beim Arbeitsgericht Schadenersatz oder Schmerzensgeld vom Arbeitgeber zu bekommen.

Da psychologische Tests sehr in die Tiefe gehen können, müssen Arbeitgeber die Testteilnehmer exakt über den Zweck, die Methode, die Möglichkeiten und die Reichweite des von ihm veranstalteten Tests vor Beginn informieren. Tun sie das nicht und stimmen die Testteilnehmer nicht dem vorgenommenen Test zu, werden Persönlichkeitsrechte verletzt. Sie könnten eventuell Schmerzensgeldansprüche gegen den Arbeitgeber besitzen. Dieser Fall würde dann eintreten, wenn z. B. schriftliche Aufzeichnungen eines Testteilnehmers genutzt würden, um ohne seine Zustimmung ein graphologisches Gutachten zu erstellen – was zudem eignungsdiagnostisch ausgesprochen fragwürdig ist.

Unter besonderen Voraussetzungen können Kandidaten darauf beharren, dass das Testverfahren, dem sie sich unterzogen haben, den in der DIN 33430 formulierten Standards entsprechen muss. Verschiedene Ausbildungsverordnungen der Länder bestimmen nämlich, dass die Auswahlmethode unter Berücksichtigung der in Wissenschaft und Praxis sich fortentwickelnden Erkenntnisse über Personalauswahlverfahren erfolgen soll. Und gerade die DIN 33430 beschreibt am besten die in Wissenschaft und Praxis akzeptierten Erkenntnisse über Personalauslesverfahren. Ein abgelehnter Kandidat könnte daher die Auswahlentscheidung mit der Begründung anfechten, dass das Verfahren nicht entsprechend den Regelungen der DIN 33430 durchgeführt worden sei und deshalb nicht den Vorgaben der Ausbildungsverordnung entspreche.

Zu berücksichtigen ist, dass der Betriebsrat Mitbestimmungsrechte nach § 94 BetrVG hat. Dieses Recht soll verhindern, dass der Arbeitgeber in rechtsmissbräuchlicher Weise testet und ausfragt – und interessanter Weise erstreckt es sich auch auf Personen, die noch gar nicht Mitarbeiter des Unternehmens sind. Das *Mitbestimmungsrecht* dient der rechtlichen Prüfung, ob die zu erhebenden Daten zur Feststellung der Qualifikation erforderlich und geeignet sind. Es erstreckt sich nicht auf die Festlegung und Feststellung der Eignungsvoraussetzungen selbst. Ebenfalls besteht kein Mitbestimmungsrecht bei der Ausgestaltung der Übungsarten und Übungen im Einzelnen sowie bei Durchführung und Auswertung der Übungen. Mitbestimmungsrechte werden immer dann berührt, wenn Äußerungen eines Bewerbers schriftlich festgehalten werden (z. B. kann im Rahmen eines AC ein Mitbestimmungsrecht nach § 94 Abs. 1 BetrVG bestehen, wenn Bewerberaussagen protokolliert werden). Ein Mitbestimmungsrecht nach § 94 Abs. 2 BetrVG besteht, wenn Verhalten oder Leistung des Bewerbers nach einheitlichen Kriterien bewertet und beurteilt werden. Dabei ist gleichgültig, ob der Arbeitgeber selbst den Test durchführt oder ein betriebsfremder Psychologe.

Alle Testteilnehmer – eingestellt oder nicht – haben ein Recht auf Einsichtnahme in das Ergebnis ihrer Tests. Dies folgt schon aus dem Vertragsverhältnis zwischen Bewerber und Arbeitgeber. Dieses Einsichtsrecht ergibt sich auch daraus, dass der Möglichkeit des Missbrauchs durch den Arbeitgeber vorgebeugt wird; das Einsichtsrecht ist gerichtlich erzwingbar. Wird der Bewerber nicht eingestellt, so muss er es nicht dulden, dass der Arbeitgeber das *Testergebnis* weiter bei sich aufbewahrt, und kann die Herausgabe der Testergebnisse an ihn verlangen. Zumindest aber kann er von dem

Arbeitgeber die Vernichtung der Testergebnisse und den Nachweis der Vernichtung verlangen (hinsichtlich der rechtlichen Seite zum Einsatz von Testverfahren vgl. Gaul 1990 und Berufsverband Deutscher Psychologinnen und Psychologen e. V. 2002).

5 Problematik von Eigenentwicklungen

Die Ausführungen oben zeigen, dass es nicht so einfach ist, Tests durchzuführen – wenn man seriös arbeiten möchte. In Unkenntnis der o. a. Gegebenheiten gibt es jedoch viele Unternehmen, in denen »hausgemachte« Testverfahren zum Einsatz kommen. Da wird z. B. die Zeitung der letzten 5 Wochen gesichtet, um daraus Fragen zu Themengebieten zu stellen, für die sich nach Meinung des »Testkonstrukteurs« jemand mit durchschnittlicher Allgemeinbildung interessieren müsste. Da werden Rechenaufgaben gestellt, die, so glaubt der Testkonstrukteur, ein durchschnittlich guter Schüler rechnen können müsste. Die Geschichte von dem Abendessen, bei dem geprüft wird, ob ein Bewerber kultiviert mit Messer und Gabel umgehen kann, um von daher auf seine Eignung als zukünftiger Mitarbeiter zu schließen, ist hinreichend bekannt.

All diese Beispiele sind im Grunde keine Tests; streng genommen messen diese Verfahren nur den Maßstab des Testkonstrukteurs – also seine thematischen Interessen, seine Rechenfähigkeiten, seine Auffassung von guten Tischmanieren. Diese Art der Verfahren entbehren jeglichen Testgütekriterien, sie haben keine Verankerung in ein nach wissenschaftlichen Gesichtspunkten abgesichertes Theoriengebäude und sind hinsichtlich ihrer *Berufserfolgsprognose* als fragwürdig einzustufen. Auf die rechtlichen Bedenken gegenüber derartigen Verfahren wurde schon oben ausführlich hingewiesen.

6 Testung planen

Unabhängig davon, ob Personalauswahl oder Personalentwicklung betrieben werden soll: vor der eigentlichen Testung steht die Planung. Es muss im Vorfeld klar sein, welchen Typus von Mitarbeiter man haben möchte, in welcher Art und Weise sich Aufgaben und damit auch Anforderungen an den Stelleninhaber in den nächsten Jahren verändern werden und welche Entwicklungsnotwendigkeiten es für die Mitarbeiter des Unternehmens generell gibt. Von folgenden Gedanken sollte sich der leiten lassen, der auf der Suche nach Mitarbeiter/innen/potenzialen ist:

Gibt es für die zu besetzende Position eine Stellenbeschreibung/ Aufgabenbeschreibung? ❏

Welche Personeneigenschaften lassen sich daraus ableiten? ❏

In welchen Punkten muss diese Stellenbeschreibung geändert werden (zukünftig)? ❏

Welche Personeneigenschaften bringen erfolgreiche Stelleninhaber mit? ☐

Wie ist wahrscheinlich das Bewerberaufkommen (große Anzahl → schnelle Ergebnisse)? ☐

Muss eigenschafts- oder situationsorientiert getestet werden? ☐

Wenn eigenschaftsorientiert: welche Tests gibt es? ☐

Wenn situationsorientiert: welche Formen bieten sich an (AC, biograf. Fragebögen ...)? ☐

Was sind die vom Unternehmen gesetzten Erfolgskriterien (→ Anforderungsprofil)? ☐

Welche besonderen Arbeitserfordernisse gibt es (z. B. Kooperationserfordernisse)? ☐

Welches Gewicht hat das Testverfahren im Zusammenspiel mit anderen erhobenen Daten? ☐

Gibt es internes Know-how für die Durchführung? ☐

Gibt es ausreichendes Infomaterial für die Kandidaten? ☐

In welcher Form werden die Ergebnisse zurückgemeldet (schriftlich/mündlich)? ☐

7 Partnerschaftliche Begegnung

Eines ist klar: Bewerber, die eine Anstellung haben wollen, werden sich allen möglichen Verfahren unterziehen. Arbeitgeber wollen soviel wie möglich über den Bewerber erfahren. Arbeitnehmer wollen so wenig wie möglich von sich preisgeben, aber dem Arbeitgeber gefallen. In diesem Interessenkonflikt haben Arbeitgeber nun einmal die besseren Machtmittel auf ihrer Seite (Becker 2002, S. 287). Der Zeitgeist erfordert jedoch eine partnerschaftliche Begegnung zwischen diesen beiden Personengruppen. Es gibt kaum eine Führungskraft, die nicht den Grundsatz vertritt, dass Mitarbeiter das kostbarste Gut des Unternehmens sind. Wenn dem so ist, dann dürfen sie auch einen entsprechend professionellen, seriösen empfindsamen Umgang mit ihrer Person erwarten – unabhängig davon, ob es sich um interne oder um externe Bewerber handelt. Entscheider sollten wissen, dass Testverfahren (eigenschafts- oder situationsorientiert) nicht gleich Testverfahren sind, und die zu dieser Unterscheidung erforderlichen Kriterien kennen. Im Zweifelsfall sollten sie sich über einzusetzende Testverfahren beraten lassen – eine mögliche Anlaufstelle dazu ist z. B. der Verband zur Förderung der Wirtschaftspsychologie e. V. (http://www.wirtschaftspsychologie-ev.de).

Der Bewerber von heute ist der Mitarbeiter oder Kunde von morgen – und in erster Linie ist er ein Mensch, mit dem man gemeinsam überlegen möchte, wie er seinen Berufsweg am besten gestalten kann.

Literatur

Becker 2002: Becker, M.: Personalentwicklung, Stuttgart 2002.
Berufsverband Deutscher Psychologinnen und Psychologen e.V. 2002: Berufsverband Deutscher Psychologinnen und Psychologen e.V.: Merkblatt Psychologische Testverfahren, 2002.
Deutsches Institut für Normung e.V. 2002: Deutsches Institut für Normung e.V.: DIN 33430, Anforderungen an Verfahren und deren Einsatz bei berufsbezogenen Eignungsbeurteilungen, 2002.
Geißler/Laske/Orthey 2002: Geißler, K. A., Laske, S. und Orthey, A.: Handbuch Personalentwicklung, Konzepte, Methoden und Strategien; Beraten, Trainieren, Qualifizieren, 2. Auflage, Köln 2002.
Gaul 1990: Gaul, D.: Rechtsprobleme psychologischer Eignungsdiagnostik, Bonn 1990.
Kleinmann 2003: Kleinmann, M.: Assessment Center, Göttingen 2003.
Randhofer 2005: Randhofer, T.: Die Rolle von Beobachtererfahrung bei Beurteilungsprozessen im Assessment Center, Dissertation, Universität Frankfurt 2005.
Schuler 2001: Schuler, H.: Lehrbuch der Personalpsychologie, Göttingen 2001.
Schuler/Höft 2004: Schuler, H. und Höft, S.: »Diagnose beruflicher Eignung und Leistung«, in: Schuler, H. (Herausgeber): Lehrbuch Organisationspsychologie, 3. Auflage, Bern 2004.

D.5 Moderation und Fachberatung

*Karen Hartmann**

1 Im Wandel der Zeit

2 Moderation als Instrument der Personalförderung
   2.1 Definition Moderation
   2.2 Moderation in der heutigen Praxis
   2.3 Einsatzmöglichkeiten und Anwendungsfelder
   2.4 Voraussetzungen und Richtlinien für eine erfolgreiche Moderation
   2.5 Die Rolle des Moderators: Fördern
   2.6 Chancen der Moderation
   2.7 Grenzen der Moderation

3 Fachberatung als Instrument der Personalförderung
   3.1 Definition Fachberatung
   3.2 Fachberatung in der heutigen Praxis
   3.3 Einsatzmöglichkeiten und Anwendungsfelder
   3.4 Die Rolle des Beraters
   3.5 Nutzen der Fachberatung
   3.6 Risiken der Fachberatung

4 Moderation und Fachberatung als Instrument der Personalförderung am Beispiel der Automobilzulieferindustrie

5 Zukunftsweisende Personalförderung

Literatur

---

* Karen Hartmann, Dipl.-Kff., M.A., studierte Betriebspädagogik und Betriebswirtschaftslehre an der RWTH Aachen. Seit 2002 ist sie im Human Resource Management mit dem Schwerpunkt Personalentwicklung tätig. Sie arbeitete in der Automobil- und Kommunikationsbranche und ist seit 2006 freiberufliche Personalberaterin.

1 Im Wandel der Zeit

Wie jede Organisation unterliegt auch die der Arbeitswelt dem Wandel der Zeit. Vorgesetzte wandeln sich zu Coaches und Arbeitsgruppen zu Teams. Gesellschaftliche Veränderungen der immer komplexeren Zusammenhänge übertragen sich auf Organisationen und somit auch auf Unternehmen. Teamentwicklungsprozesse, Supervision und Coachings gewinnen an Bedeutung (Kapitel D.6 dieses Buches). Damit einher geht die Notwendigkeit der Moderationskompetenz. So wird es immer wichtiger, Gespräche souverän zu führen und effektiv zu moderieren. Die Anforderungen nicht nur an Vorgesetzte, sondern an jeden Mitarbeiter, haben sich gewandelt. Engagierte Menschen fordern Mitbestimmung. Sie sind bereit, Verantwortung zu übernehmen, und erwarten Beteiligung. Führen bedeutet hier vor allem fördern. Motivierte Mitarbeiter erwarten zum einen moderierende Coaches als Vorgesetzte und zum anderen, dass sie selbst die Chance haben, ihr Können unter Beweis zu stellen.

Moderieren kann als ein wesentliches Element des kooperativen und produktiven Führungsstils eingesetzt werden. So wird Moderationskompetenz inzwischen oft als eine der wichtigsten Führungsqualitäten angesehen, obwohl sich nach wie vor oftmals reine Fachexperten und Spezialisten in Führungspositionen wiederfinden. Mit den Ansprüchen wachsen auch die Anforderungen an die Personalförderung. Individuelle Fördermethoden müssen ausgerichtet an organisationalen Zielen Anwendung finden. Sowohl Moderation, als auch Fachberatung sind in ihrer Methodik nicht neu, sondern allgemein bekannt. Doch die Anwendung von Fachberatung oder Moderation als Instrument der Personalförderung zeigt einen ganz neuen Fokus auf, der in der Praxis noch kaum Anwendung findet. Im Folgenden wird betrachtet, welchen Beitrag Moderation und Fachberatung als Instrumente zur Personalförderung leisten und wo sie Anwendung finden.

2 Moderation als Instrument der Personalförderung

2.1 Definition Moderation

Die Methode der *Moderation* wurde Ende der 1960er-Jahre vom Quickborner Team, einer Unternehmensberatung, entwickelt. In der Phase der Demokratisierung gewann auch die Moderation an Bedeutung, begründet in dem Wunsch der Menschen nach Mitbestimmung und Gleichberechtigung (Schwiers/Kurzweg 2004, S. 95f.).

Sprachlich stammt das Wort Moderation vom lateinischen »moderare« ab, was so viel wie mäßigend einwirken bedeutet. Auf das heutige Verständnis des Moderierens angewandt, lässt sich sagen, dass der Moderator gemäßigt auftritt und die Gruppe im Vordergrund agieren lässt (Sperling/Wasseveld 1998, S. 13).

Decker versteht unter Moderation: »Fördern, Entwickeln, also Führen von Gleichgestellten, Kollegen, ohne Vorgesetzter zu sein, ohne alleiniges Entscheidungsrecht für sich zu beanspruchen.« (Decker 1988, S. 17)

Die zentralen Aufgaben der Moderation sind:
- die Gruppe bzw. das Team zu unterstützen,
- das Thema ins Zentrum zu stellen und
- die Zeit im Blick zu haben (Pink 2002, S. 120).

Moderation ermöglicht die freie Meinungs- und Willensbildung im Gruppenprozess auf dem Weg zu einem gemeinsamen Arbeitsergebnis. Unter Moderation ist daher auch die Strukturierung des Arbeitens einer Gruppe durch zielgerichtetes Fragen zu verstehen, wobei der Moderator die Methode, nicht aber die Inhalte festlegt (Müller/ Dachrodt 2001, S. 9 f.).

Moderation zielt darauf ab, Kommunikation zu fördern sowie Offenheit und Akzeptanz in Gruppen und Organisationen zu bringen. Dabei werden nicht nur Informationen abgegeben, sondern auch durch den Erfahrungsaustausch zusammengestellt. Entscheidungen werden in der Gruppe und somit gemeinsam getroffen. Themen, Probleme oder soziale Prozesse werden gemeinschaftlich erarbeitet. Der Moderation liegt eine Führungsphilosophie zugrunde, in der Hierarchien durch Partnerschaften ersetzt sind. Die Gruppenmitglieder kommunizieren direkt miteinander, ohne Einschränkung von Dienstwegen oder Vorgesetzten. Gruppen arbeiten selbstorganisiert bzw. teilautonom.

Der Grundgedanke der Moderation ist eine Optimierung der Zusammenarbeit unter Betrachtung sozialer Prozesse, verbunden mit dem Lernen in der Gruppe. Moderation spielt im Rahmen von Führungs- und Gesprächsstrukturen eine wichtige Rolle. Ziel ist es dabei, Gruppenmitglieder besser einzubinden. Genau hier setzt der Aspekt der Personalförderung an, der Mitarbeiter durch Moderation in ihrer Entfaltung, in ihrem Engagement, ihrer Kreativität, aber auch in ihren methodischen Fähigkeiten fördert, etwa hinsichtlich des Leitens einer Gruppe, des Führens eines Gesprächs, des Verhaltens im Team etc.

2.2 Moderation in der heutigen Praxis

Moderatorische Vorgehensweisen stammen im Wesentlichen aus Beratungssituationen und Trainings. Der Grundgedanke dabei ist die *Demokratisierung* der Führungsbeziehung durch Konzepte der Mitarbeiterbeteiligung. Parallel dazu ändert sich auch die Form der Kommunikation. Moderation hat sich als durchgängiger Trend in den verschiedenen Wirtschaftsbereichen der westlichen Industrieländer etabliert (Freimuth 2000, S. 81).

In der heutigen Zeit ist das Moderieren von Gruppen nicht nur eine Führungsaufgabe. Immer mehr Unternehmen streben nach einer Organisation mit geringen Hierarchien. Teamwork und gemeinsames Handeln prägen den Arbeitsstil. Man strebt nach Herausforderungen und beruflichem Erfolg durch Ansehen und *Akzeptanz*. Moderation gewährleistet kooperatives Handeln mit Mitarbeitern, Vorgesetzten und Kollegen auf gleicher Ebene, »statt puritanischer Tugend kommunikative Orientierung.« (Decker 1988, S. 54)

Moderation kann auch als ein Konzept zur Problem- und Konfliktlösung verstanden werden. Aus dieser Sicht gehört die Moderation als ein Verfahren der Gruppenkommunikation zur sozialen Infrastruktur moderner Unternehmen (Freimuth 2000, S. 40 f.).

Die Führungsbeziehung wurde in den letzten Jahren neu gestaltet. Ist eine Organisation weit entwickelt, finden sich moderierende und coachende Beziehungen wieder. Dabei nimmt der Vorgesetzte Abstand vom reinen Entscheiden, Delegieren und Beraten. Er regt eher an, er begleitet und unterstützt seine Mitarbeiter. So erhält der Mitarbeiter durch den gezielten Einsatz von Moderationen eine Chance, sich zu etablieren.

Die Moderation ist nicht nur eine *Technik*, sondern auch eine *Sozialform*. Mit Hilfe der Moderation werden Gruppenmitglieder gleichermaßen eingebunden. Sie partizipieren am Entscheidungsprozess, während sie ohne manipulierende Einflüsse die Meinungs- und Entwicklungsprozesse der Gruppe eigendynamisch entwickeln, ohne manipulierende Außeneinflüsse. So gesehen ist die Moderation nicht nur als ein Instrument der Personalförderung anzusehen, sondern sie geht sogar so weit, gleichberechtigte Ausgangssituationen für alle zu schaffen, wobei zurückhaltende Menschen hierdurch eine besondere Chance erhalten. Mitarbeiter, deren Meinungen in gewöhnlichen Sitzungen eine untergeordnete Rolle spielen, erhalten durch eine moderierte Zusammenkunft eine Möglichkeit, sich einzubringen, also eine ganz besondere Förderung.

2.3 Einsatzmöglichkeiten und Anwendungsfelder

Moderatorische Verfahren können wegen ihres partizipativen Ansatzes gut zur *Problembearbeitung* und -lösung eingesetzt werden. Dort, wo Kooperation und Kommunikation in arbeitsteiligen Strukturen vorherrschen, hat auch die Moderation ihren festen Platz. Moderierte Sitzungen bieten die Möglichkeit, bei knappen Ressourcen mit einer Zeitersparnis gemeinsame Ziele zu erreichen, vor allem dann, wenn unterschiedliche Interessen und Perspektiven in gemeinsamer Runde einfließen.

Die Moderation kann in einigen Phasen eines Seminars oder Trainings Anwendung finden. Dies ist vor allem dann angesagt, wenn *Kreativität* und freie *Gestaltungskompetenz* vorrangig sind und das Initiieren von Lernprozessen im Vordergrund steht. Die Moderation eignet sich in Seminaren beispielsweise bei einem Einstieg in ein neues Thema, wenn verschiedene Varianten oder Lösungsansätze erörtert werden oder wenn gemeinsame Vorgehensweisen, Ziele o. Ä. festgelegt werden (Schwiers/Kurzweg 2004, S. 17, 29 f.). Sinnvoll ist der Einsatz der Moderationsmethode besonders dann, wenn komplexe Fragestellungen oder Probleme behandelt werden sollen.

Im Rahmen von Coaching ist die Moderation ein fest verankerter Bestandteil (Kaptiel D.6 dieses Buches).

Für die Personalförderung bedeutet dies, moderierte Prozesse einzusetzen für engagierte, nach Eigenverantwortung strebende Mitarbeiter oder solche, deren Wissen und kreatives Potenzial oder Know-how gefördert werden sollen, moderierte Prozesse einzusetzen, sei es in Ideenfindungszirkeln, Problemlösungsgruppen, Team- bzw. Abteilungssitzungen oder anderen Formen der Zusammenarbeit von Gruppen.

2.4 Voraussetzungen und Richtlinien für eine erfolgreiche Moderation

Mitarbeiter in Organisationen können Gruppen nur dann mit Hilfe der Moderation führen, wenn die Organisation die Voraussetzungen geschaffen hat. Auf der menschlichen Ebene muss es möglich sein, miteinander zu sprechen und Hierarchieebenen ausblenden zu können. Weiterhin müssen organisationale Voraussetzungen für die Art der Zusammenarbeit geschaffen sein. *Offenheit* und Akzeptanz spielen auch hier keine nebensächliche Rolle. Statt Bürokratisierung und formaler Gestaltung von oben müssen Selbstorganisation, Selbstkontrolle, Selbsttätigkeit und Selbstständigkeit sowie eigene Motivation vorhanden sein. Teamorganisation und Arbeiten mit teilautonomen Gruppen (Kapitel E.5 dieses Buches) ermöglichen den Einsatz der Moderationsmethodik. Von entscheidender Bedeutung ist auch die Fähigkeit des Moderators.

2.5 Die Rolle des Moderators: Fördern

Ein Moderator leitet eine Gruppe aufgrund seiner pädagogisch-psychologischen Methodenkompetenz und nicht, weil er Fachmann für das zu bearbeitende Thema ist. Der Moderator muss bzw. sollte kein Spezialist des Themas sein, jedoch muss er sich mit der Grundterminologie auskennen, um die Gruppe nicht zu behindern. Ein Moderator ist ein Experte im Umgang mit Menschen; er fördert und begleitet *Gruppenprozesse* (Seifert 2002, S. 82 f., Decker 1988, S. 17). Der Moderator hält stets die Gesamtzielsetzung im Auge. Es ist auch seine Aufgabe, vorhandene Kenntnisse und Erfahrungen in der Gruppe in Bezug auf das Thema möglichst nutzbar zu machen. Ebenso sollte er den zeitlichen Rahmen abstecken und auf die Zusammenarbeit und Aufgabenteilung der Mitglieder achten. Interventionsmöglichkeiten hat ein Moderator, diese sind aber kritisch zu betrachten und mit dem Gruppenentwicklungsprozess abzuwägen. Eine Möglichkeit stellt das *Feedback* dar (Kapitel D.3 dieses Buches).

Ein Moderator hilft der Gruppe, sich auf ein Ziel vorzubereiten. Dabei unterstützt er bei der Erarbeitung von Lösungen, beispielsweise durch Visualisierung oder auch Formulierung. Er fördert und regt an. Von einem Moderator wird erwartet, dass er die Gabe hat, sich einzufühlen, die Gruppe zusammenzuhalten aber auch auf Individuen zu achten. Als Transformator begleitet er die Prozesse, unterstützt durch seine prozessuale Förderung, während er durch individuelle Beachtung die menschliche Entwicklung unterstützt, indem er auf persönliche Belange und Situationen eingeht. Darüber hinaus führt er auch auf eine dispositive Art, wenn er koordiniert, plant und organisiert. Es zählt zu seiner Aufgabe, die Energie unter den Gruppenmitgliedern bestmöglich für die Gruppe nutzbar zu machen. Er kann motivieren, unterstützen, überzeugen bzw. Mut geben (Haberzettl 2004, S. 14 ff.).

Gewisse Verhaltensweisen und Grundeinstellungen werden von einem Moderator erwartet. Er sollte Zeit investieren, sich in die Gruppe und die Aufgabe einzufinden. Er muss zu Beginn die Gruppe sowohl als Gruppe als auch ihre individuellen Mitglieder wahrnehmen, den Ist-Zustand annehmen und vor allem alles ernst nehmen. Während der ganzen Moderation sollte er empfindsam sein für Stimmungsschwankungen, kritische Situationen oder gewisse menschliche Verhaltensweisen. Ein Moderator sollte feinfühlig wahrnehmen, welche Entwicklung sich in der Gruppe bzw. in Untergruppen vollzieht und wer wann was äußert. Vor allem aber muss er offen sein für die Entwicklungen und nicht starr einen Ablaufplan fixieren. Der Moderator tritt mit seiner fragenden Haltung mit der Gruppe bzw. ihren einzelnen Mitgliedern in Beziehung. Wenn eine Gruppe effektiv arbeitet, ohne den Moderator bewusst wahrzunehmen, weist dies auf eine gelungene Moderation hin (Decker 1988, S. 22 f.).

Der einfühlsame, visualisierende Moderator versteht sich darauf, das Individuum mit der Gruppe zu verbinden, während er die Zeit, das Thema und den organisatorischen Ablauf sowie das Gesamtziel stets im Auge behält, so dass alle Einflussfaktoren miteinander harmonieren.

Somit bleibt festzuhalten, dass Moderation weitaus vielfältigere Kompetenzen verlangt als das Leiten einer Gruppe. Die Fähigkeit zu moderieren ist ein ständiger Lernprozess, der viel Übung und Erfahrung verlangt. Die Kunst des Moderators besteht darin, die unterschiedlichsten Kräfte einer Gruppe zugunsten des gemeinsamen Projekts zu nutzen. Der Moderator muss sowohl die Sachebene als auch die Kontakt- und Organisationsebene bei der Zusammenarbeit einer Gruppe beachten. Nur so kann er Zusammenhänge der Zusammenarbeit erkennen und die Ebenen in ein Gleichgewicht bringen. Die zentrale Fähigkeit des Moderators besteht somit darin, mit allen Einflussfaktoren so zu jonglieren, dass sie ausgewogen miteinander harmonieren.

2.6 Chancen der Moderation

Die Chancen, die mit der Moderationsmethode einhergehen, sind vielfältig. Die Moderation bietet Mitarbeitern die Möglichkeit, durch selbständiges Handeln ihr Wissen einzubringen. Vorgesetzte beispielsweise geben hier nichts vor, verbessern oder korrigieren nicht, so dass die Ideen aller Hierarchieebenen betrachtet werden. Somit werden alle Teilnehmer an der Aufgabenerarbeitung beteiligt. Dabei werden *Phantasie* und *Kreativität* gefördert.

Moderation als dynamischer Lernprozess, kombiniert mit interaktiven Szenarien, bietet den idealen Spielraum zur Entfaltung kreativer Gedankengänge. Mit Hilfe von moderatorischen Formen lassen sich viele Ziele erreichen, so u. a. die Aktivierung der am Lernprozess Beteiligten, da im Moderationsverfahren die sinnliche Wahrnehmungs- und Erlebnisfähigkeit hochgradig und vielfältig genutzt wird. Moderatorische Arbeitsformen haben eine aktivitätsfördernde Wirkung. Weiterhin werden Vorerfahrungen und die Kreativität aller Beteiligten zur Verbesserung des Lerntransfers nutzbar. Dies ist möglich, da der Transfer des Gelernten durch eigene Anschauung und eigenes Erleben eventuell sogar durch Erproben verbessert wird.

Die Form der Moderation bietet eine gute Möglichkeit, sich mit komplexen Problemsituationen auseinander zu setzen. Mögliche Lösungen für komplexe Zusammenhänge und Problemstellungen werden gemeinsam in der Gruppe erörtert. Die Moderation bietet Raum und Möglichkeit, sich komplexen Sachverhalten durch gemeinsames Lernen und Unterstützung zu nähern, und einen klaren Weg zum Ziel zu erreichen. Eine große Chance durch den Einsatz von Moderationsmethoden liegt in der Förderung der sozialen Lernprozesse und der *Konfliktfähigkeit* durch die *Interaktion* in verschiedenen Gruppenkonstellationen. Durch das gemeinsame Arbeiten an komplizierten Sachverhalten lernen die Beteiligten, ihre eigene Sichtweise in Frage zu stellen und die Meinungen anderer zu schätzen. Besonders zielorientiert ist eine moderierte Sitzung dann, wenn ein gemeinsames Ergebnis aus vielen individuellen Einzelideen gewonnen werden kann. Einigung zu erreichen und Kompromisse zu erzielen, steht dabei ebenso inmitten der Diskussion wie das Bewältigen von Konflikten. Verläuft eine Moderation ideal, kann aus dem Umgang mit Konfliktpotenzialen kreative Energie geschöpft werden. In diesem Zusammenhang kann sich auch die persönliche Kompetenz weiterentwickeln, so z. B. durch ein verändertes Selbstverständnis des eigenen Handelns, beeinflusst von der Komplexität und Dynamik des Umfeldes. Verlassen viele Individuen nach einer Moderation den Raum als Gruppe, bedeutet das meist, dass sie gemeinsam Verantwortung für das Erarbeitete übernehmen und Initiativen umsetzen werden (Freimuth 2000, S. 82 ff.).

Die Moderation trägt darüber hinaus zum Abflachen der Hierarchien bei und wirkt demokratisierend. Demokratisch herbeigeführte Entscheidungen erfreuen sich eines hohen Identifizierungsgrades. Flache Hierarchien ermöglichen eine kooperative Zusammenarbeit. Wissen und Fähigkeiten der Gruppe können in optimaler Weise genutzt werden (Schwiers/Kurzweg 2004, S. 16).

Mit Hilfe der Moderation können auch große Bandbreiten von Problemstellungen bearbeitet werden. Darüber hinaus verhilft die anschauliche Struktur, dass der rote Faden stets erhalten bleibt und eine Struktur der einzelnen Beiträge zu erkennen bleibt. Eine gute *Visualisierung* kann Mitgliedern einen Zugang zu bisher Unverstandenem bereiten, und im Rahmen der Gruppenarbeit können sie dann direkt ihre Fragen an die Gruppe richten, so dass in einer moderierten Sitzung Unklarheiten ausgeräumt werden können.

Es ist zu erkennen, dass die Chancen, die eine Moderation bietet, vielfältig sind. Vor allem aber wird deutlich, dass sie für die Personalförderung in vielerlei Hinsicht als Instrument einsetzbar ist. Moderation als Mittel der Effizienzsteigerung, bei der Methode, Mensch und Material möglichst effektiv genutzt werden, um eine optimale Lösung zu erzielen, ist als einfaches, aber sehr wirksames Instrument der Personalförderung einsetzbar.

2.7 Grenzen der Moderation

Auch der Moderation sind Grenzen gesetzt. Menschen, die in ihrem Leben bisher nur an klassische Top-down-Entscheidungen gewöhnt waren. Ihnen fällt es sicherlich schwer, sich in einer Moderation zu finden. Autoritäre Erziehungs-, Führungs- und Leistungsstile erschweren zudem das Arbeiten in einer moderierten Gruppe. Soche Mitarbeiter müssen erst einmal lernen, ohne eine Führungshierarchie und deren Anweisungen zu arbeiten sowie kreativ eigene Ideen und Lösungswege zu entwickeln (Schwiers/Kurzweg 2004, S. 90 f.).

Zu den persönlichen Grenzen für die Moderation kommen die organisationalen. Zu viele vorgegebene Strukturen und Definitionen machen eine Moderation unmöglich. Vorgesetztenverhalten und ausgelebte Hierarchien behindern die positiven Potenziale, die mit einer Moderation zu Tage kommen, bilden aber nur dann eine Grenze, wenn es nicht gelingt, sie für die moderierte Einheit auszublenden. Gelingt es nicht,

Abschied von hierarchischen Wissensmodellen zu nehmen, kann keine Moderation zum Erfolg führen, denn in diesem Umfeld sind kreative neue Gedankengänge nicht in der erforderlichen Form möglich. Beteiligte werden nicht frei argumentieren.

Darüber hinaus ist Moderation dann nicht sinnvoll, wenn die Aufgaben eindeutig vorgegeben sind und die einzelnen Arbeitsschritte bereits bekannt sind. Ist keine andere Meinung gefragt, kann man sich die Moderation ebenfalls sparen. Der Einsatz der Moderationstechnik macht auch keinen Sinn, wenn Einigkeit zu einem Thema besteht oder aber kein gemeinsamer Lösungsweg angestrebt werden soll.

Ist kein methodisch gewandter Moderator verfügbar, sollte keine Gruppensitzung als Moderation stattfinden, denn inhaltlich Betroffene können oftmals nur schwer in eine neutrale Rolle schlüpfen bzw. es sollte auch nicht auf deren Meinung verzichtet werden.

Der Einsatz der Moderation hat Grenzen. Jedoch ist eindeutig zu erkennen, dass viele Risiken durch entsprechende Vorsicht und Vorbereitung neutralisiert werden können. Die vielen Potenziale, die mit der Moderation genutzt werden können, sprechen eindeutig für ihren Einsatz als Instrument der Personalförderung, vorausgesetzt die Rahmenbedingungen werden geschaffen und Richtlinien eingehalten.

3 Fachberatung als Instrument der Personalförderung

3.1 Definition Fachberatung

Allgemein steht *Beratung* für einen Rat und eine Auskunftserteilung zu bestimmten Themen (Pink 2002, S. 26). Beraten heißt auch, mit Könnern und Verunsicherten oder Unwilligen umzugehen, wie zum Beispiel ein Meister, der Fachspezialisten berät, die ein Problem erkannt haben (Bischof 1995, S. 59).

Die Beratungsbeziehung ist durch ein freiwilliges Verhältnis zwischen einem professionellen Helfer und einem hilfsbedürftigen Klienten gekennzeichnet. Dabei wird die gemeinsame Lösung eines potentiellen Problems angestrebt. Beratungen sind zeitlich begrenzt. Ethische Verantwortung, Kommunikation und die Art der Beziehung zwischen den Beteiligten sind von entscheidender Bedeutung (Schwan/Seipel 2002, S. 10 f.). Im Rahmen einer *Fachberatung* können auch Fragen, Bedenken und Unsicherheiten zu einem spezifischen Thema diskutiert werden. Das Ziel ist die Verbesserung des Wissensstandes und das Ausräumen von Unsicherheiten. Der Beratende wird mit dem nötigen Kenntnisstand und Know-how aus dem Beratungsgespräch entlassen.

Im Rahmen der Personalförderung gilt es, die entscheidenden Wissensträger zu identifizieren und diese gezielt zu fördern. Die individuelle Entwicklung der Knowhow-Träger muss mit dem Nutzen für ihr Unternehmen im Einklang stehen. Oftmals ist es von Nöten, den Wissensträgern methodische Unterstützung im Umgang mit ihren Wissensressourcen anzubieten, damit eine Wissensteilung möglichst effektiv vonstatten geht.

3.2 Fachberatung in der heutigen Praxis

Teamwork, Arbeitsteilung und Spezialisierung sind in der Wirtschaft seit langem üblich. So gibt es für jeden Mitarbeiter einer Organisation ein oder mehrere Spezialgebiete, in denen er besonderes Wissen aufweist und für andere als Ansprechpartner gilt. Jedoch wird derzeit der Begriff »Fachberatung« nicht häufig verwendet. In der heutigen Praxis werden der Wissensaustausch und die Beratung von Mitarbeitern einer Organisation unter dem Schlagwort »*Wissensmanagement*« betrachtet. Wichtig für das Unternehmen ist, dass die Mitarbeiter voneinander lernen und dass vorhandenes Wissen in der Organisation genutzt wird. Finden sich Menschen in Gruppen zusammen, Lernen sie ständig voneinander, sei es durch den Austausch von Erfahrungen, interessante Gedankengänge, neue Ideen oder das Austragen und Lösen von Konflikten. Organisationen müssen hier ansetzen, d.h. Rahmenbedingungen schaffen, die Lernen und Wissensteilung ermöglichen. Je besser das interne Wissenskapital genutzt wird, desto seltener muss teures Know-how von extern bezogen werden, was Geld kostet und Mitarbeiter demotiviert. Doch bisher zeigt die Praxis, dass dies nur in Ausnahmeunternehmen optimal funktioniert. In den meisten Unternehmen der Automobilzulieferindustrie sind externe Berater dauerhafte Unterstützer.

Hinzu kommt, dass sich in der vergangenen Zeit viele Unternehmen von langjährigen, älteren Mitarbeitern getrennt haben, sei es durch Altersteilzeit oder andere Formen der Frührente bzw. des Personalabbaus. Viel zu oft wurde dabei unterschätzt, welches Wissen diese Menschen mit sich nehmen, das sich weder in dokumentierter Form im Unternehmen noch bei ihren jüngeren Kollegen verankert findet. Allzu oft wurden ehemalige Mitarbeiter wieder als Berater herangezogen oder teures Wissen wurde von externen Dienstleistern bezogen. Fachwissen hat einen hohen Stellenwert im Unternehmen. Daraus leitet sich die Aufgabe für die Personalförderung ab, den Rahmen zum Wissensaustausch zu schaffen und Mitarbeiter entsprechend ihrer Kenntnisse einzusetzen und zu fördern – auch abteilungsübergreifend. Ganz besonders wichtig ist es, Mitarbeiter entsprechend ihres Wissens und mit ihrem Weg, das Wissen für die Unternehmung nutzbar machen, zu respektieren.

3.3 Einsatzmöglichkeiten und Anwendungsfelder

Berater werden unabhängig von Alter, Größe oder Branche eines Unternehmens eingesetzt. Sowohl intern als auch extern wird im Unternehmen für Fachbereiche oder einzelne Personen beraten. Ganz wichtig ist, dass interne Know-how-Träger genutzt und zu unternehmens- bzw. personenspezifischen Beratungen eingesetzt werden. Die meist verbreitete Form ist nach wie vor die, dass der Vorgesetzte als Ansprechpartner dient. Durch seinen *Wissensvorsprung* tritt der Vorgesetzte daher als Berater auf.

Eine der häufigsten Gründe für eine *Konsultation* sind Krisen, seien es persönliche Krisen, wenn sich beispielsweise ein Mitarbeiter vor einem Problem steht, zu dessen Lösung ihm aus seiner Sicht die Mittel fehlen, oder aber Unternehmensbereiche, Abteilungen und ganze Firmen, die aufgrund zu geringer Gewinne, schwindender Marktchancen oder Ähnlichem nach Expertenrat suchen.

Auf der anderen Seite steht der Erfolg als Ursache von Beratung. Neue Erfolge, Wachstum, Aufstieg usw. verlangen oftmals nach einer Umorganisation, aber vor allem nach qualifizierter Beratung. Berater können ebenfalls eine strategische Neuausrichtung unterstützen oder für ganz spezielle Fälle zu Rate gezogen werden (Nebel 1996, S. 71 f.).

3.4 Die Rolle des Beraters

Berater zu sein heißt, Ansprechpartner für ein Fachgebiet zu sein. Die wichtigste Kompetenz liegt im Wissen: Die Qualifikation des Beraters bezieht sich auf den fachlichen Bereich. Neben der Erfahrung werden hohe sachliche, inhaltliche und persönliche Kompetenzen von ihm erwartet. Weiterhin sollte ein Berater über kommunikative Qualitäten verfügen.

Wichtig ist, dass der Berater neutral agiert und *Offenheit* symbolisiert. Ziel des Beraters ist es, Vertrauen zu schaffen, denn dies ist eine wesentliche Grundlage für seine Akzeptanz. Kontrolle spielt dabei eine untergeordnete Rolle, *Vertrauen* hingegen bildet die Basis (Bischof 1995, S. 59 f.).

Es ist Aufgabe beider Gesprächsparteien, ein Beratungsgespräch vorzubereiten. Das Ziel des Gesprächs soll zu Beginn definiert werden. Der Berater versucht im Laufe des Gesprächs die Kontrolle auf ein notwendiges Minimalmaß zurückzuschrauben und den Mitarbeiter Vorschläge machen zu lassen. Mehr als 50 Prozent des Redeanteils sollte der Ratsuchende haben. Der Berater sollte im Gespräch vor allem offen sein. Er nimmt eine unterstützende Funktion ein und gibt Sicherheit für die Aufgabe. Im Gesprächsverlauf finden alle Vorschläge Beachtung. Sie werden diskutiert und Auswirkungen bzw. Konsequenzen abgewogen (Bischof 1995, S. 61 f.).

»Berater agieren ähnlich wie Moderatoren. Sie beobachten, analysieren und begleiten Prozesse.« (Pink 2002, S. 27 f.) Im Vordergrund steht dabei, die Ratsuchenden zur *Selbstreflexion* anzuregen. Ziel der Beratungsleistung ist es, dass diese zur eigenen Problemlösung befähigt werden. Im Gegensatz zu Coachs, deren Aufgabe hier endet, (Kapitel D.6 Dieses Buches) geht die des Beraters darüber hinaus. Beraten heißt, im Unterschied zum Coaching, Ratschläge zu erteilen und bewusst Hilfestellung für den Ratsuchenden anzubieten.

Damit Berater systemgerecht und akzeptiert intervenieren können, müssen sie über Prozesskompetenz verfügen und ihr Können in der Praxis unter Beweis stellen. Ein guter Berater zeichnet sich dadurch aus, dass seine Vorschläge in der Praxis umsetzbar und praktikabel sowie darüber hinaus effizienzsteigernd sind.

3.5 Nutzen der Fachberatung

Es gibt vielerlei Gründe, eine Fachberatung in Anspruch zu nehmen. Nicht selten gelten Probleme und finanzieller wie zeitlicher Druck als Ursache. Aber auch wegen Überlastung, fehlendem Know-how oder mangelnder Lösungskompetenz werden Berater hinzugezogen. Die Suche nach einer unbefangenen Meinung, neue Ideen sowie Erwartungen von Veränderungen stellen ebenfalls Gründe für Beratungsleitungen dar.

Ein großer Nutzen liegt in der *Neutralität* des Beraters. In der Regel wird der Berater zu einem bestehenden Team, zu einem existierenden Thema oder bereits beschriebenen Problem hinzugerufen. Es ist von entscheidender Bedeutung, dass einem Fachberater diese Position erhalten bleibt. Nur so kann er die Vorteile nutzen, nicht in der Organisation und deren Hierarchien eingeordnet zu sein. Unbefangen und neutral kann er Vorschläge unterbreiten. Ein Berater kann durch seine Kompetenz Veränderungsprozesse bescheunigen und somit wertvolle Zeit und damit auch Geld sparen (Schwan/Seipel 2002, S. 7).

Ein Berater kann helfen, Komplexität zu reduzieren. Beispielsweise durch so genannte Lean-Techniken können Berater vor ihrem Erfahrungshintergrund Systeme in ihrer Komplexität reduzieren (Schwan/Seipel 2002, S. 155).

Für die Mitarbeiter eines Unternehmens bietet die Fachberatung eine Möglichkeit zur persönlichen Förderung. Hat das Unternehmen beispielsweise Karrieremöglichkeiten durch gezielte Fachlaufbahnförderungen aufgebaut, bietet es dem Mitarbeiter einen Rahmen an, in dem er sein Wissen unter Beweis stellen kann. Wird dies für die Unternehmung nutzbar bzw. eingesetzt, so erhält der Mitarbeiter berufliche Aufstiegsmöglichkeiten. Aber auch fach- und abteilungsübergreifende Wissensnutzung und -teilung kann eine Organisation honorieren. Intern angesehene Berater sind nicht nur wichtige Know-how-Träger, die ihr Wissen unmittelbar in ihren Arbeitsprozess einfließen lassen, sondern auch gefragte Ansprechpartner für Führungskräfte, Mentoren, Coaches und Prozessbegleiter.

3.6 Risiken der Fachberatung

Ein Risiko der Fachberatung liegt in der Qualität. Der Berater trägt die Verantwortung für die Einhaltung von Qualitätskriterien, wie z. B. die *Sorgfaltspflicht*. Fungiert der Berater nicht unabhängig und abseits des Machtgefüges einer Organisation, leidet die Qualität und damit die Güte des Ergebnisses. Erbringt ein Berater seine Leistung nur mangelhaft, bezeichnet dies das *Fehlerrisiko*. Darüber hinaus birgt eine Beratung noch das Risiko der Zeit, wenn es z. B. zu Verzögerungen kommt (Bischof 1995, S. 66, Schwan/Seipel 2002, S. 19 ff., 30 ff.).

Eine Schwierigkeit, die mit der Fachberatung einhergeht, ist die, Erkenntnisse zu vermitteln. Wissen zu besitzen ist das Eine, Information vermitteln das Andere. Es bedarf einer gewissen Technik, etwas zu lehren. Methodisch didaktische Grundkenntnisse sind unabdingbar. Grundvoraussetzung ist, dass der »Lernende« auch lernen möchte, d. h. das Wissen muss aufgenommen werden wollen. Darüber hinaus ist eine Wissensvermittlung nur dann erfolgreich, wenn der Empfänger die Botschaft versteht und in einen Kontext einordnen kann. Das funktioniert nur dann, wenn Berater und Beratender eine Sprache sprechen. Gerade hier können andere Instrumente der Personalförderung ansetzten, um nicht nur die Rahmenbedingungen, sondern auch die methodischen Voraussetzungen der jeweiligen Berater verfügbar zu haben.

Ein weiteres Risiko des Beratungsgesprächs besteht darin, dass der Berater das Gespräch zu sehr strukturiert und leitet, beispielsweise mit zu vielen »W-Fragen« Strukturen im Darstellen und Klären herbeiführen möchte, ohne auf die Belange des Informationssuchenden einzugehen. Wenn der Berater das Gespräch dominiert, kann das eigentliche Ziel eines Beratungsgespräches nicht erreicht werden. Bleibt die Suche nach einem Konsens aus, kann der Mitarbeiter sich unverstanden und überfahren fühlen.

Voraussetzung für eine Beratung ist, dass der Fachberater respektiert wird. Sein Know-how muss anerkannt sein, so dass die Menschen, die er berät, ihm auch Vertrauen entgegenbringen und seine Vorschläge eine Chance haben, umgesetzt zu werden.

Es ist zu erkennen, dass die Fachberatung einige Risiken beinhaltet. Aber auch hier gilt, dass wenn sie fachkundig eingesetzt wird, ihre Vorteile und der damit verbundene Nutzen eindeutig überwiegen. Gerade als Instrument der Personalförderung ist die Fachberatung eine mitarbeiterorientierte und hoch angesehene Methode, die sich mit relativ geringem Aufwand durch Schaffen notwendiger Rahmenbedingungen und methodische Unterstützung gut umsetzen lässt.

4 Moderation und Fachberatung als Instrument der Personalförderung am Beispiel der Automobilzulieferindustrie

Gerade der Markt der Automobilzulieferer ist schnelllebig. Er ist zum einem von Dynamik, zum anderen vom Druck der Automobilhersteller gekennzeichnet. Daher werden in diesem Bereich besondere Anforderungen gestellt, zum einen an die Mitarbeiter, auf Kundenwünsche flexibel zu reagieren, zum anderen an die Personalabteilung, die richtigen Mitarbeiter mit den richtigen Kenntnissen und Fähigkeiten zur rechten Zeit am richtigen Ort verfügbar zu haben. Mit dem Einsatz der Moderationsmethode lassen sich, wie erwähnt, viele Ansprüche abdecken. Doch die Nutzung ist noch ausbaufähig. Aus Zeitgründen wird oftmals delegiert und es werden Wege zur Problemlösung vorgegeben, statt den kreativeren und mitarbeiterfreundlicheren Weg einzuschlagen. Das Potenzial der Mitarbeiter könnte häufiger genutzt werden, würden stets moderationsgewandte Mitarbeiter in Gruppenprozessen eingesetzt. Zu selten ist auch die Schulung der Mitarbeiter hinsichtlich ihrer eigenen Moderationskompetenz, so dass auch in Kleingruppenarbeiten oder bei alltäglichen Teamsitzungen die Moderation ohne offizielle Leitung Anwendung findet. Im Automobilzuliefermarkt wird die Moderation vor allem in der Phase der Ideenfindung und Problemlösung eingesetzt. Erstere erfährt sogar in Zusammenarbeit mit Kunden und/oder Zulieferern Wirkung, wenn erste Schritte in gemeinsamen Treffen festgelegt werden. Moderierte Sitzungen zur Problemlösungen werden praktiziert, wenn z. B. bei Testverfahren oder im Prototypenbau Fehler aufgetreten sind.

Es ist keine Frage, dass das Know-how der Mitarbeiter auch in dieser Branche von großem Wert ist. Gerade dort, wo Unternehmen Kapital aus Ideen und Wissen schlagen, kommt es häufig vor, dass Unternehmen einen speziellen Karriereweg aufbauen. Dieser findet sich allem im Bereich Forschung und Entwicklung. Er ermöglicht Mitarbeitern, ihre Ideen weiterzuentwickeln und zu forschen. Sie müssen nicht zwingend Personalverantwortung übernehmen, um im Unternehmen aufsteigen zu können. Damit einhergehen auch interne abteilungsübergreifende Fachberatungen. In diesem Fall werden die Experten internen auf ihrem Spezialgebiet als Fachberater eingesetzt. Dies ist allerdings noch ausbaufähig. Fehlende Strukturen und mangelnde Kommunikation führen dazu, dass interne Experten oftmals nicht erkannt werden. Daher sind vermehrt externe Berater und Dienstleister für die Branche im Einsatz. Oft ist es ein bequemer, schneller Weg, sich Hilfe von außen zu holen, die in der Regel sofort greifbar ist. Hierarchien und die Überlastung der Mitarbeiter sind auch hier Gründe, weshalb noch viel zu selten das interne Beraterwesen in der Automobilzulieferindustrie eingesetzt wird.

Die Vorteile, die mit Fachberatung als Instrument der Personalförderung einhergehen, sind anerkannt. Doch die Umsetzung in der Praxis ist noch nicht so weit fortgeschritten, als dass die Fachberatung bereits als fester Bestandteil der Personalentwicklungsinstrumente verankert wäre.

5 Zukunftsweisende Personalförderung

Die Moderation hat sich als durchgängiger Trend in den verschiedenen Wirtschaftsbereichen der westlichen Industrieländer bereits etabliert. In der heutigen Zeit ist das Moderieren von Gruppen nicht nur eine Führungsaufgabe. Immer mehr Mitarbeiter streben nach einer Organisation mit geringen Hierarchien. Teamwork und gemeinsames Handeln prägen ihren Arbeitsstil. Sie streben nach Herausforderungen und beruflichem Erfolg durch Ansehen und Akzeptanz. Moderation bietet Gelegenheit für kooperatives Handeln mit Mitarbeitern, Vorgesetzten und Kollegen auf gleicher Ebene. Für den Personalbereich ist es wichtig, hier anzusetzen und die bereits etablierten Formen der Moderation zu nutzen, um sie auch gezielt als Instrument der Personalförderung verankern zu können. Weit weniger schwierig scheint es, die Fachberatung als Personalförderungsinstrument einzusetzen, denn das Know-how ist ein hoch angesehenes Gut der Mitarbeiter. Im Rahmen der Personalförderung ist es ein Muss, Wissen zu identifizieren und Menschen dahingehend zu unterstützen, ihre Kenntnisse einzusetzen und auch zu teilen.

Mit der Idee der selbstgesteuerten Organisation von Arbeitsprozessen, die sich in der Wirtschaft zunehmend verbreitet, steigt der Bedarf an zukunftsweisender Personalförderung. Vor allem im schnelllebigen Markt, z. B. dem des Automobilzuliefersektors, ist es wichtig, Mitarbeiterpotenziale bestmöglich zu nutzen und Zeit durch optimierte Arbeitsprozesse einzusparen. Die Moderation als Instrument angewandter Prozesskompetenz dient selbstgesteuerten Gruppen oder Arbeitsteams als Instrument, Arbeitsprozesse effektiv zu gestalten. Dabei ist das Know-how des Mitarbeiters von großer Bedeutung.

Moderation und Fachberatung sind daher als zukunftsweisende Instrumente der Personalförderung anzusehen, die es in der Zukunft effektiver zu nutzen gilt.

Literatur

Bergheim/Gessler 2003: Bergheim, D. und Gessler, M.: Moderation: Leitfaden und Arbeitsmaterialien zur Durchführung von Moderationstrainings, Aachen 2003.
Bischof 1995: Bischof, K.: Aktiv führen: Anweisen, überzeugen, beraten, delegieren, Planegg 1995.
Decker 1988: Decker, F.: Gruppen moderieren – eine Hexerei?: Die neue Team-Arbeit – Ein Leitfaden für Moderatoren zur Entwicklung und Förderung von Kleingruppen, München 1988.
Freimuth 2000: Freimuth, J.: Moderation in der Hochschule: Konzepte und Erfahrungen in der Hochschullehre und Hochschulentwicklung, Hamburg 2000.
Haberzettl/Birkhahn 2004: Haberzettl, M. und Birkhahn, T.: Moderation und Training: Ein praxisorientiertes Handbuch, München 2004.
Hartmann/Rieger/Pajonk 1997: Hartmann, M., Rieger, M. und Pajonk, B.: Zielgerichtet moderieren: Ein Handbuch für Führungskräfte, Berater und Trainer, Weinheim; Basel 1997.
Langmaack/Braune-Krickau 1987: Lnagmaack, B. und Braune-Krickau, M.: Wie die Gruppe laufen lernt: Anregungen zum Planen und Leiten von Gruppen, 2. Auflage, München 1987.
Müller/Dachrodt 2001: Müller, M. und Dachrodt, H.-G.: Moderation im Beruf: Besprechungen, Workshops, Sitzungen, Frankfurt am Main 2001.
Nebel et al. 1996: Nebel, K. P. et al.: Beratung in der Praxis: Zu Tode beraten oder Beratung als Chance, Essen 1996.
Pink 2002: Pink, R.: Souveräne Gesprächsführung und Moderation: Kritikgespräche, Mitarbeiter-Coaching, Konfliktlösungen, Meetings, Präsentationen, Frankfurt am Main 2002.
Reschke/Michel 1998: Reschke, D. F. und Michel, R. M.: Effizienz-Steigerung durch Moderation: Projektmanagement und Sanierungsprojekte professionell durchführen, Heidelberg 1998.
Saldern 1998: Saldern, M. von: Führen durch Gespräche, Hohengehren 1998.
Seifert 2002: Seifert, J. W.: Visualisierung, Präsentation, Moderation, 2. Auflage, Weinheim 2002.
Schwan/Seipel 2002: Schwan, K. und Seipel, K. G.: Erfolgreich beraten: Grundlage der Unternehmensberatung, 2. Auflage, München 2002.
Schwiers/Kurzweg 2004: Schwiers, J. und Kurzweg, V.: »Seminar Moderation: Aktivieren und Begleiten im Seminar – Ideen für Trainer und Trainerinnen«, in: Schrader, E.: Moderation in der Praxis, Band 8, Hamburg 2004.
Sperling/Wasseveld 1998: Sperling, J. B. und Wasseveld, J.: Führungsaufgabe Moderation: Besprechung, Teams, Projekte kompetent managen, 3. Auflage, Planegg 1998.

D.6 Coaching und Supervision

*Stefan Stenzel**

1 Ein Evergreen

2 Coaching als eine Weiterbildungsmaßnahme im Rahmen
   der Personalförderung

3 Was war bzw. ist Coaching? Die Historie und Definition des Coachingbegriffes

4 Worin besteht der Unterschied zwischen Coaching, Supervision
   und anderen Konzepten?

5 Was kann Coaching sein? Ein Klassifikationsmodell für die verschiedenen
   Coaching-Varianten

6 Was ist Coaching im Rahmen der Personalförderungsmaßnahmen?
   Verortung des Coachings

7 Welche strategische Bedeutung hat Coaching als Instrument
   der Personalförderung?

8 Wann wird Coaching eingesetzt? Ursachen oder Anlässe für Coaching

9 Wie läuft Coaching? Coaching als Prozess zwischen Coach und Coachee

10 Was kann Coaching bewirken? Der Nutzen von Coaching

11 Wie kann Coaching als Dienstleistungsangebot der Personalabteilung
   aussehen? Leitfaden für eine erfolgreiche Implementierung

---

* Stefan Stenzel studierte Arbeits- und Organisationspsychologie in Heidelberg und Mannheim. Nach einer freiberuflichen Tätigkeit als Trainer wurde er als Trainer und Consultant bei einer Unternehmensberatung tätig. Seit 2001 ist er bei der SAP University Germany als interner Coach und Senior Consultant für die Managemententwicklung und die Themenbereiche »Coaching« sowie »Manager als Coach« zuständig. Zudem veröffentlichte er Artikel zum Coaching und zur der Work-Life-Balance-Thematik im Rahmen der Führungskräfteentwicklung. Um Missverständnisse zu vermeiden, erklärt der Autor ausdrücklich, dass die dargestellten Interpretationen und Meinungen ausschließlich seine persönlichen Auffassungen wiedergeben.

12 Wie könnte die Zukunft des Coachings aussehen? Der unvermeidliche Blick in die Glaskugel

13 Vergangenheit, Gegenwart und Zukunft

Literatur

1 Ein Evergreen

Verfolgt man die Personalentwicklungs- bzw. Weiterbildungsszene der letzten 10 bis 20 Jahre anhand von wissenschaftlichen und populärwissenschaftlichen Publikationen, ist eines unübersehbar: Es gibt thematische Modetrends und echte Evergreens, die in schöner Regelmäßigkeit in der einen oder anderen Facette beleuchtet werden. Zu diesen Evergreens zählt in jedem Fall das Thema Coaching. So wurden gemäß einer Recherche von Böning-Consult (Böning/Fritschle 2005, S. 315) nach verhaltenen Jahren von 1980 bis 1989 ca. 20 Bücher zum Thema veröffentlicht. In den Folgejahren stieg die Anzahl der Veröffentlichungen zum Thema Coaching bis 2004 kontinuierlich auf 228 an. Im Kontrast dazu steht jedoch noch dessen Bedeutung in den Unternehmen. Hier rangiert Coaching je nach Studie (Böning/Fritschle 2005, S. 314) entweder im Mittelfeld oder sogar im unteren Drittel. Dass die kontinuierlich steigende Zahl an Veröffentlichungen als Indikator für einen positiven Trend gesehen werden muss bzw. Coaching sich auch in den Unternehmen weiter etablieren wird, dafür spricht auch die »Trendanalyse 2005« der Januar-Ausgabe der Zeitschrift Personalwirtschaft. Darin gehen Harss und Schnabel (2005, S. 37 f.) davon aus, dass »bei über der Hälfte der (...) Unternehmen (insbesondere große und mittlere) (...) Potenzialanalysen, Einzelcoaching und prozessbegleitende Maßnahmen in ihrer Bedeutung weiter wachsen werden.« Die Ursachen hierfür sehen sie in der sich in vielen kriselnden Unternehmen immer schärfer stellenden Frage, »ob das Management wirklich krisen- und führungstauglich ist.« (Harss/Schnabel 2005, S. 38) Angesichts der zunehmend verschärften Lage der Weltwirtschaft ist und bleibt Coaching aller Wahrscheinlichkeit nach ein Thema zeitgemäßer Personalarbeit.

Das anhaltende Interesse kann jedoch nicht darüber hinwegtäuschen, dass die »Szene« gerade erst damit beginnt, auf ein einheitliches Verständnis hinsichtlich des Konzeptes Coaching hinzuarbeiten. Gleiches gilt für die im Unternehmenskontext immer schon relevante, sich jedoch verstärkt zuspitzende Fragestellungen nach dem möglichst monetär messbaren Nutzen sowie den damit verbundenen Qualitätskriterien. Gerade bezogen auf eine Qualitätsdiskussion scheint z. B. auch die Supervision mit ihrer längeren Historie weiter zu sein – doch dazu später mehr. Fest steht, dass der Dschungel der Definitionen bzw. Abgrenzungsversuche nahezu undurchdringlich geworden ist und eine Verbandsgründung die andere jagt (Böning/Fritschle 2005, S. 24 f.). Der Wettstreit um Einfluss und damit Marktanteile oder akademischen Ruhm ist in vollem Gange!

2 Coaching als eine Weiterbildungsmaßnahme im Rahmen der Personalförderung

Vorausgeschickt sei, dass der vorliegende Beitrag weitgehend auf dem Buch von Böning und Fritschle (2005) basiert. Die Gründe hierfür sind:
- dessen Fundierung durch ältere und eine sehr aktuelle Studie zum Themenbereich, die ansonsten sehr dünn gesät sind,

- die Verbreitung speziell des Phasenmodells und die im Coaching-Würfel verdeutlichte Pragmatik der Konzepte,
- die zwanzigjährige praktische Erfahrung und das Renommee der beiden Autoren als Pioniere des Coaching in Deutschland,
- die Relativierung oder Ergänzung der persönlichen Sichtweise der Autoren, Uwe Böning und Brigitte Fritschle, durch die enge Verbindung zu anderen, deutschlandweit anerkannten Fachkollegen Eckard König, Christopher Rauen, Bernd Schmid, Gunther Schmidt und Astrid Schreyögg, um nur die publizistisch prominentesten Vertreter zu nennen, im Rahmen des Deutschen Bundesverband Coaching (DBVC e. V.), besonders im Hinblick auf die Basisdefinition.

Eine weitere, zentrale Quelle für den Artikel ist das Buch von Christopher Rauen (2003).

3   Was war bzw. ist Coaching? Die Historie und Definition des Coachingbegriffes

Auf der Suche nach den Wurzeln des *Coaching* (*Phase 1*) stößt man nach Böning/Fritschle (2005, S. 26 ff.) nicht etwa auf das oft bis heute noch damit assoziierte »*Couching*«, also auf die für viele immer noch dubiose Arbeit von Psychiatern und Psychologen oder gar Trainerheroen aus dem Sport, sondern auf den entwicklungsorientierten oder situativen Führungsstil nach Hersey und Blanchard (1969). Gemäß der Reife des Mitarbeiters wird dieser durch den Manager instruiert, trainiert, unterstützt oder delegiert. Ziel ist immer die systematische Erhöhung des aufgabenrelevanten Reifegrades des Mitarbeiters. Der Manager coacht demnach durch die mitarbeiterspezifische Auswahl seiner Entwicklungsmaßnahmen (Hamann/Huber 2001). Dass dies jedoch eine sehr vereinfachte Sicht von Coaching und hinsichtlich der Beziehung von Manager und Mitarbeiter eine sehr idealistische Sichtweise darstellt, soll nachfolgend in der Gegenüberstellung von Coaching, Manager als Coach und Mentoring herausgearbeitet werden.

In der *Phase 2* rückte die karrierebezogene, systematische Betreuung von Nachwuchsführungskräften stärker in den Fokus von Coachingaktivitäten. Da als Coaches hier eher hoch positionierte Manager aus meist dem Coachee fernen Unternehmensbereichen in die Rolle des Promotors schlüpften, handelt es sich nach Böning und Fritschle eher um *Mentoring* (Kapitel D.7 dieses Buches). Hier sei jedoch angemerkt, dass im angelsächsischen Raum auf die klare Trennung der beiden Konzepte zugunsten der Pragmatik und der Techniken bis heute offensichtlich kein großer Wert gelegt wird (Meggison/Clutterbeck, 2005, S. 5).

Die *Phase 3*, beginnend Mitte der 1980er-Jahre, ist nach den beiden Autoren als die eigentliche Pionierphase des Coaching in Deutschland zu sehen. Kennzeichen dieser Ära sind die Thematisierungen in Massenmedien (Looss 1986, Geissler/Günther 1986) sowie die Übertragung der Coach-Rolle an externe Spezialisten und die Fokussierung des Coaching auf das Topmanagement. Diese konzeptuelle Akzentverschiebung wirkte zurück ins Ursprungsland USA.

Ende der 1980er-Jahre beginnt durch die Integration des Coaching in die Führungskräfte- und Personalentwicklung die *Phase 4*. Mit dem Aufbau interner Kompetenzen der Personalentwicklungsabteilungen zu diesem Thema, wurden die externen Coaches plötzlich auf dem Weiterbildungsmarkt einzukaufende Spezialisten. Zwischen den Endkunden, dem Coachee, und den Coach trat ein Vermittler, der potenziell eine Integration der Maßnahme in die Gesamtlandschaft der Personalentwicklung bzw. einen breiteren Bezug zum Unternehmen schaffte. Die in dieser Zeit sehr populären Seminare zum Thema »Manager/Führungskraft als Coach« konnten derart zuweilen durch ein vor- oder nachgeschaltetes Coaching ergänzt werden. Was man selbst einmal erfahren hat ist im Nachhinein vielleicht auch leichter selbst anzuwenden. Dabei agierten die Personalentwickler für die unteren und mittleren Managementebenen gelegentlich auch selbst als interne Coaches.

Nach der Etablierung der Inhalte der Phase 4 kam es in *Phase 5* zu einer Ausdifferenzierung des Konzeptes. So fanden sich unter dem Begriff Konzepte wie Gruppen-, Team-, Projekt- oder gar EDV-Coaching. Wo immer es galt, die zwischenmenschlichen Erschwernisse oder Prozesse zu begleiten, wurde gecoacht. Auch die intensive Begleitung der Teilnehmer im Rahmen eines Seminars zur Selbsterfahrung galt schon als Coaching. Vereinzelt setzte man Coaching auch zum ersten Mal zur Unterstützung von Managern in umfangreicheren Change-Projekten ein.

Die Gefahr der Degenerierung des Konzeptes zu einem »Catch-All-Begriff«, die sich in der vorherigen Phase bereits andeutete, wurde Mitte bis Ende der 1990er-Jahre in der *Phase 6* des Populismus Wirklichkeit. Neben dem weiter reifenden Coaching des Topmanagements zu Vorstands-Coaching aus Phase 3 soll der Coaching-Appendix zu mehr Marktattraktivität und letztlich zu mehr Umsatz verhelfen. So wurde ein Training zur verbesserten Konfliktbewältigung bzw. sichererem Medienumgang oder selbst ein eher dialogischer Consulting-Ansatz mit dem attraktiven Coaching-Label veredelt. Dass dabei, wie auch bei Musik-, Dance-, Zen- oder Astrologie-Coaching, nicht immer das drin war, was der Name versprach, versteht sich von selbst. Die Exotik des Coaching-Dschungels zeigte und zeigt sich bis heute noch in ihrer zuweilen besorgniserregenden, zum Großteil jedoch eher erheiternden Farbigkeit.

Fast schon wie eine evolutionäre Notwendigkeit kommt es nach Böning und Fritschle (2005, S. 22 ff.) nach der Jahrtausendwende in der *Phase 7* zu einer vertieften Professionalisierung. Für die beiden Autoren bedeutet das eine differenziertere Anwendung hinsichtlich Zielgruppe und Methode, die Thematisierung und Erhöhung der Qualitätsanforderungen an Coaching, eine sich der zunehmenden Unübersichtlichkeit des Marktes entgegenstemmende Markttransparenz, Standardisierungsbestrebungen in Praxis und Ausbildung, Intensivierung der Forschung, regelmäßige Kongresse, Fachtagungen und Kontakte z. B. zu nicht-deutschen Coaching-Verbänden sowie die beginnende Stabübergabe der ersten Generation der Coaches an die Jüngeren.

Die angesprochenen Verbände haben dabei konzeptionell den positiven Nebeneffekt, dass sich hier eine Gruppe von gleichgesinnten Experten bereit findet, sich trotz ihrer verschiedenen Herkünfte auf Standards zu einigen. Ein Beispiel aus jüngster Zeit wäre hier der 2004 gegründete Deutsche Bundesverband Coaching (DBVC e. V.).

Konkretisiert hat sich dessen Wille im Oktober 2007 zu gemeinsamen Standards in der Verfassung eines Kompendiums. Dieses unter Coachingverbänden bislang einzigartige Dokument ist Ergebnis eines zweijährigen Arbeits- und Diskussionsprozesses und beinhaltet Vorschläge für Leitlinien zur Entwicklung der Profession Coaching. Zielsetzung dieser Standards ist »(1) für den DBVC e.V. fachliche und ethische Orientierungsvorgaben für Ausbildung, Anwendung und Erfolgsmessung des Beratungsformates Coaching zu formulieren, auf die sich die Mitglieder des DBVC e.V. verbindlich verpflichten, (2) einen Beitrag zu mehr Transparenz und Aufklärung im Coaching-Markt insgesamt zu leisten, (3) proaktiv an der Herausbildung und Entwicklung der Profession Coaching mitzuwirken sowie (4) Maßstäbe und Routinen für die Qualitätssicherung und Qualitätskontrolle zu setzen.« (DBVC e.V. 2007, S. 3). Die Leitlinien sollen drei Teile umfassen. Der bereits herunterladbare Teil 1 beinhaltet die Grundlagen des Coachings (Begriff, Anwendungsbereiche, Abgrenzung, Coaching-Leistungen, Kompetenzprofil des Coaches) sowie einen Ethik-Kodex. Teil 2 definiert unter der Überschrift »Anwendung« Professionsstandards (Geschäftsorganisation, Verhalten im Markt, Leistungsprozesse, Qualitätskontrolle und fachliche Entwicklung) für Coaches und Ausbildungsinstitute. Teil 3 zum Thema »Evaluation« beschreibt Maßnahmen zur Qualitätsentwicklung und –überprüfung. Im Anhang findet der Praktiker Checklisten für einen ordnungsgemäßen Geschäftsbetrieb sowie Musterverträge.

Zentraler Teil dieses Kompendiums des DBVC e.V. ist die *Definition* von Coaching. Es beantwortet die »Was-Frage« wie folgt: »Coaching ist die professionelle *Beratung*, Begleitung und Unterstützung von Personen mit Führungs-/Steuerungsfunktion und von Experten in Unternehmen/Organisationen. Zielsetzung von Coaching ist die Weiterentwicklung von individuellen oder kollektiven Lern- und Leistungsprozessen bzgl. primär beruflicher Anliegen.« (Boning/Fritschle 2005, S. 42) Die klare Kopplung an die Arbeitswelt ist hier unübersehbar. »Als ergebnis- und lösungsorientierte Beratungsform dient Coaching« – gemäß der Aussagen auf der Homepage des DBVC e.V. (2007) – »der Steigerung und dem Erhalt der Leistungsfähigkeit. Als ein auf individuelle Bedürfnisse abgestimmter Beratungsprozess unterstützt ein Coaching bei der Verbesserung der beruflichen Situation und dem Gestalten von Rollen unter anspruchsvollen Bedingungen. Durch die Optimierung der menschlichen Potenziale soll die wertschöpfende und zukunftgerichtete Entwicklung des Unternehmens/der Organisation gefördert werden.« Der Zweck von Coaching fokussiert demnach klar das Wohl des Individuums im Unternehmen für das Unternehmen. Psychopathologische Fragestellungen sind eindeutig nicht Gegenstand von Coaching. Zur Darstellung des »Wie?« von Coaching findet man die Aussagen: »Inhaltlich ist Coaching eine Kombination aus individueller Unterstützung zur Bewältigung verschiedener Anliegen und persönlicher Beratung. In einer solchen Beratung wird der Klient angeregt, eigene Lösungen zu entwickeln. Der Coach ermöglicht das Erkennen von Problemursachen und dient daher zur Identifikation und Lösung der zum Problem führenden Prozesse. Der Klient lernt so im Idealfall, seine Probleme eigenständig zu lösen, sein Verhalten/seine Einstellungen weiterzuentwickeln und effektive Ergebnisse zu erreichen. Ein grundsätzliches Merkmal des professionellen Coachings ist« – so der DBVC e.V. (2007) – »die Förderung der Selbstreflexion und -wahrnehmung und die selbstgesteuerte Erweiterung bzw. Verbesserung der Möglichkeiten des Klienten bzgl. Wahrnehmung, Erleben und Verhalten.«

4 Worin besteht der Unterschied zwischen Coaching, Supervision und anderen Konzepten?

Ist das eine typisch deutsche Frage? Schaut man in die angelsächsische Literatur, müsste diese Frage bejaht werden. Ohne auf die kulturellen oder gar psychologisch Ursachen eingehen zu wollen, soll hier die pragmatische Meinung vertreten werden, dass man es als seriöser Dienstleister – sei es als Coach oder Personalentwickler – seinem Kunden schuldig ist darüber zu informieren, was er bekommt bzw. nicht bekommt, wenn er Coaching einkauft, insbesondere wenn Coaching als Weiterbildungsangebot relativ neu ist. Mit leichtem Knurren muss beim heutigen Stand der konzeptionellen Diskussion leider wohl noch akzeptiert werden, dass sowohl das Verpackungsdesign als auch die Inhaltsbeschreibungen sich mehr oder weniger unterscheiden. Nicht akzeptabel dagegen wäre es, wenn das Produkt nicht halten kann, was der Packungstext verspricht. Abb. 1 gibt einige markante Unterscheidungsmerkmale der oft vermischten *Konzepte* Manager als Coach, Coaching und Mentoring (Kapitel D.7 dieses Buches) wieder.

Weitere Abgrenzungen aus DBVC-Sicht zu den Konzepten Psychotherapie, Beratung und Training finden sich bei Böning und Fritschle (2005, S. 42 f.). Eine alternative, zum Teil noch detailliertere Darstellung an Abgrenzungen bietet Rauen (2003, S. 65 ff.).

Eine weitere, immer wieder gerne und heiß diskutierte Unterscheidung, ist die zwischen Coaching und *Supervision*. Sie wirkt jedoch zuweilen eher wie eine Inszenierung und dient vermutlich eher dem Erhalt der identitätsstiftenden Bezugsgruppe und damit auch der Absicherung der eigenen Wirklichkeitskonstruktion sowie von Marktanteilen. Mehr Einigkeit findet sich hinsichtlich der Ähnlichkeit der im Coaching wie auch der Supervision eingesetzten Verfahren oder Methoden.

Buer (2005) führt dazu zunächst die fruchtbare Unterscheidung zwischen Formaten und Verfahren ein. Als Formate bezeichnet er immaterielle Dienstleistungen, welche in einem institutionalisierten Rahmen stattfinden und an denen sich Kunden, Anbieter und die interessierte Öffentlichkeit orientieren können. Neben Coaching und Supervision wären dies z. B. auch Psychotherapie, Organisationsberatung oder auch Training. Themenzentrierte Interaktion, neurolinguistisches Programmieren (NLP), Transaktionsanalyse, Gesprächstherapie, Systemaufstellung usw. nennt er Verfahren. Sie werden einzeln oder in Kombination in Formaten verwendet, um spezielle Lernprozesse nach bestimmten Modellen initiieren oder gar steuern zu können. Formate und Verfahren sind also aufeinander angewiesen. Die Formate liefern die Hüllen für die Verfahren hinter denen Instrumente, Werkzeuge, Tools, Methoden stehen. Dies hat nach Buer (2005, S. 2) den Vorteil, dass man z. B. systemisches Einzel-Coaching und systemische Einzelsupervision als nahezu identisch wahrnehmen würde. Im Falle von NLP-Coaching und psychoanalytischer Supervision würde man jedoch auf der Basis der verschiedenen Verfahren klare Unterschiede ausmachen können. Bei der Differenzierung der Hüllen führt dies jedoch noch nicht weiter! Sehr deutlich würde dies bei dem Versuch, einen Coach und einen Supervisor alleine durch Beobachtung bei ihrer konkreten Arbeit mit dem Klienten unterscheiden zu wollen. Die dazu notwendige Offenlegung, was in diesem geschützten Mikrokosmos geschieht, ist jedoch – zur Freude aller Scharlatane auf diesem Gebiet – nur mit großen Einschränkungen

	Manager als Coach	(Professionelles, externes) Einzel-Coaching	Mentoring
Unternehmensmitglied	Ja: Folge ist ein latenter Konflikt zwischen den Interessen des Managers/Unternehmens und dem Mitarbeiter; Vertrauensaufbau z. B. durch mangelnde Wahlmöglichkeit potenziell beeinträchtigt	Nein: Meist keine Konflikte zwischen den Zielen des Cochees und des Coaches; inwieweit der Coach das Wohl des Individuums im Unternehmen für das Unternehmen fördert, ist eine Frage des persönlichen Wertesystems	Ja: Jedoch selten Konflikte, da keine Personalverantwortung für den Mentee und die Team- oder Bereichsziele besteht; Vertrauensaufbau wird meist durch Wahlmöglichkeit begünstigt
Dauer des Kontaktes	Dauer richtet sich nach der Zugehörigkeit des Mitarbeiters/Managers zum Team seines Vorgesetzten	In der Regel 4–10 Sitzungen à 2–4 Std. über 2–5 Monate	In der Regel 1–2 Sitzungen/Monat, oft über ein Jahr, bis hin zu einer lebenslangen Freundschaft
Art der Beziehung	Vorgesetzten- Mitarbeiter-Beziehung mit hierarchischen Abhängigkeiten	Professionelle Partnerschaft auf Zeit ohne hierarchische Abhängigkeiten	Professionelle Partnerschaft bis hin zur (lebenslangen) Freundschaft ohne hierarchische Abhängigkeiten
Qualifikationshintergrund	Meist ein Seminar mit 1–5 Tagen	Eine meist über mehrere Jahre dauernde Ausbildung (> 150 Std.) mit Supervision	Meist keine spezielle Qualifikation
Zielgruppe	Jeder Mitarbeiter bzw. Manager im Rahmen der Mitarbeitergespräche bzw. parallel zur Arbeit	Meist nur Manager des mittleren und oberen Managements	Jeder Mitarbeiter bzw. Manager; bevorzugt High Potentials
Honorierung	Keine. Abgeltung im Rahmen des normalen Gehaltes	Ja. Gemäß der Qualifikation, der Erfahrung und des Marktwert des Coaches	Keine. Abgeltung im Rahmen des normalen Gehaltes

Abb 1: Unterscheidung von Coaching, Manager als Coach und Mentoring

möglich. Die mikrosoziologische Betrachtung führt hier also nur sehr bedingt zum Erfolg. Hilfreicher erweisen sich für Buer (2005, S. 4) die von ihm zur Differenzierung der Formate herangezogenen makrosoziologischen Kriterien »Entstehungskontext«, »Verwertungszusammenhang« und »Arbeitskultur« (Abb. 2).

Bei aller Holzschnittartigkeit des obigen tabellarischen Vergleiches wird jedoch vielleicht zwischen den Zeilen deutlich, dass die eigentlichen Unterschiede wesentlich subtiler, in menschlichen, allzumenschlichen Bereichen zu suchen sind.

	Supervision (»Zum Nachdenken Bringen«)	Coaching (»Fit-Machen«)
Entstehungs- kontext	Ursprünge in den vor über 100 Jahren aufkommenden Wohlfahrtsaktivitäten zur Stützung von Berufsanfängern und ehrenamtlichen Helfern in den USA und Europa; beginnender Boom in der Nachkriegszeit	Ursprünge im angelsächsischen Sport zur Steigerung der mentalen und motivationalen Fitness der Sportler bzw. Erhöhung von deren Siegchancen; beginnender Boom in der neoliberalen Phase der neunziger Jahre des letzten Jahrhunderts
Verwertungs- zusammenhang	Bearbeitung von Spannungen und Konflikten, Kompensation von Enttäuschungen oder Abmilderung von Burn-out-Prozessen im Non-Profit-Bereich	Steigerung der Effektivität und Effizienz von Führungskräften im Profit-Bereich
	Image eher kurativ und reflexiv	Image eher präventiv und handlungs- bzw. ergebnisorientiert
Arbeitskultur	Begrifflich wurzelt der Begriff Supervision in der alteuropäischen Tradition (»supervisio« bedeutet im Lateinischen Über- bzw. Aufsicht) und wird in der europäischen und angelsächsischen Variante verwendet.	Begrifflich nur angelsächsisch verwendet; geht etymologisch auf den Begriff »to coax« (schmeicheln, gut zureden oder jemanden mit viel Geduld zu etwas bringen) zurück; er wird nicht in der Übersetzung verwendet.
	Es gilt als erstrebenswert, Menschen bei der solidarischen Lösung von Problemen zu unterstützen.	Es gilt als erstrebenswert, Gewinnmaximierung als Folge einer hervorragenden Reputation durch zufriedene, d.h. letztlich leistungs- und damit wettbewerbsfähigere Manager/Kunden zu erzielen.
	Ausbildungshintergrund eher im Bereich Sozialarbeit, Erziehungswissenschaft oder Therapie zu suchen	Ausbildungshintergrund eher im Bereich der Psychologie zu suchen
	»Stallgeruch«/Habitus eher von Non-Profit-Organisationen	(Ggf. Anpassung an den) »Stallgeruch«/Habitus eher von Profit-Organisationen
	Die Honorarhöhe orientiert sich an den Gehaltstrukturen von Sozialbehörden.	Die Honorarhöhe richtet sich nach dem wahrgenommenen Erfolg/ »Output« des Coachings bzw. danach, welchen (Image-) Wert der Kunde/Markt der Dienstleistung des Coaches zuschreibt.
	Erste Verbandsgründungen in Deutschland (z.B. DGSv: 1986) Mitte der 1980er-Jahre	Erste Verbandsgründungen in Deutschland (z.B. DVCT – Deutscher Verband für Coaching und Training e.V.: 2003) Anfang des neuen Jahrtausends

Abb. 2: Unterscheidung von Coaching und Supervision (angelehnt an Buer, 2005)

5 Was kann Coaching sein? Ein Klassifikationsmodell für die verschiedenen Coaching-Varianten

Einen Modellvorschlag zur Klärung der verschiedenen *Coaching-Varianten* machen Böning und Fritschle (2005, S. 53 f.). Anhand der Dimensionen Zielgruppe, *Coaching-Arten* und Themen spannen die Autoren einen Würfel auf, der eine Verortung der verschiedenen Coachings (z. B. Vorstands-Coaching) im dreidimensionalen Raum erlaubt (Abb. 3). Böning und Fritschle verzichten jedoch auf einen neuen Klassifikationsbegriff für diese »Punkte« im Raum und damit potenziell auf mehr Eindeutigkeit. Wurde im vorhergehenden Absatz Coaching im Rekurs auf Buer (2005) als ein Format eingeführt, soll dies auch hier konsequent weitergeführt werden. Danach wären z. B. Vorstands-Coaching oder High-Potential-Coaching Varianten der Coaching-Art »Einzel-Coaching« im Rahmen des Formates »Coaching«.

Abb. 3: Coaching Würfel (Böning/Fritschle 2005, S. 54)

Zum besseren Verständnis der im Coaching-Würfel erwähnten Coaching-Arten wird in Abb. 4 eine Übersicht mit entsprechenden Kurzbeschreibungen dargestellt.

Eine ausführlichere Beschreibung der Varianten findet sich bei Böning und Fritschle (2005, S. 66 ff.) oder wiederum bei Rauen (2003, S. 48 ff.).

Dass Mentoring in Abb 3 und Abb. 4 einmal als ein von Coaching verschiedenes im anderen Falle als dazugehöriges Konzept gesehen wird, ist in unterschiedlichen Vorannahmen begründet; denn durchläuft ein Mentor eine umfangreichere Coa-

Coaching-Arten	Beschreibung
(Unternehmens-externes) Einzel-Coaching	Individual-Coaching für (Top-)Führungskräfte durch einen externen Berater, der als neutraler Außenstehender Rückmeldung gibt, Unterstützung/Anleitung zur Klärung von Situationen, Anforderungen und auch Belastungen bietet, sowie die Beratung zur besseren Bewältigung von Problemstellungen und dem Erreichen von spezifischen Zielen leistet.
Gruppen-Coaching	Hierbei wird im Rahmen eines Seminars ein Einzelner von einer Kleingruppe beraten.
Projekt-Coaching	Interner oder externer Prozessbegleiter, der je nach Situation auf der inhaltlichen oder sozioemotionalen Ebene das Projekt begleitet oder vorwärts treibt.
Vorgesetzten-Coaching	Coach ist hier der direkte Vorgesetzte. Coaching bedeutet deshalb dreierlei: 1. das Schaffen von Rahmenbedingungen, die es den Mitarbeitern ermöglichen, ihre Aufgaben selbständig, kompetent und effizient zu erfüllen, 2. im Rahmen der Personalentwicklung die Qualifizierungs- und Orientierungshilfe in der Karriereplanung für die Mitarbeiter, 3. ein entwicklungsorientiertes Führen von Mitarbeitern zu einem höheren Reifegrad. (Anmerkung des Autors: In Abb. 1 ist dies die Variante »Manager als Coach«)
Mentoring	Coaching als Mentorenschaft von etablierten Führungskräften für Nachwuchsführungskräfte; der Mentor ist nicht direkter Vorgesetzter der gecoachten Person.

Abb. 4: Coaching-Arten im Coaching-Würfel
(Böning 1997, Auszug aus einem unveröffentlichten Manuskript)

ching-Ausbildung und ist er dem Mentee von der Verortung im Organigramm bzw. den Berichtslinien möglichst fern, kann ein derartiges Mentoring sicher als internes Coaching gesehen werden, dies natürlich mit allen Vor- und Nachteilen, die internes Coaching mit sich bringt. Beispielsweise ist der Coach ein Teil des Systems und eher betriebsblind, und der Mentee kann sich gegebenenfalls an erfolgreichen Rollenmodellen von gestern orientieren.

6 Was ist Coaching im Rahmen der Personalförderungsmaßnahmen? Verortung des Coachings

Bei Zugrundelegung des in der Praxis sehr weit verbreiteten, jedoch nicht unkritisch zu sehenden Klassifikationsansatzes (Neuberger 1991, S. 61 f.) für Personalentwicklungsmaßnahmen von Conradi (1983, S. 22 und 25), der auch in diesem Handbuch näher dargestellt wird (Kapitel C.5), kann Coaching den Near the Job-Maßnahmen zugerechnet werden, da es in enger räumlicher, zeitlicher und inhaltlicher Nähe zur Tätigkeit stattfindet. Explizit erwähnt oder klassifiziert wird Coaching von Conradi

(1983) durch die in Abschnitt 1.1 seines Beitrags dargestellte Historie logischerweise nicht. Von ihm genannt werden nur die zu der damaligen Zeit aktuellen Ansätze »Lernstatt« und »Entwicklungsarbeitsplatz«. Durch die Individualität des Coaching-Settings und der Coaching-Themen stellt sich jedoch das Transferproblem im engeren Sinne nicht. Die angesprochene Problematik des Conradi-Modells zeigt sich aber darin, dass man Coaching in jedem Fall auch als Teil einer laufbahnbezogenen Personalentwicklung sowie der Personalentwicklung out of the Job, der Ruhestandsvorbereitung, sehen könnte. In diesem Zusammenhang stellt sich durch die fehlende Aktualität die Frage nach dem Wert des Conradi-Modells.

7 Welche strategische Bedeutung hat Coaching als Instrument der Personalförderung?

Fragt man nach der strategischen Bedeutung von Coaching als Instrument der Personalförderung, ist die Antwort abhängig von der Hierarchieebene, in der eine bestimmte Art von Coaching zum Einsatz kommt (z. B. Coaching durch den Manager versus Executive-Einzel-Coaching), von dem jeweiligen *Reifegrad* des Unternehmens (Greiner 1972) und seiner Personalabteilung, seiner Kultur und natürlich von der aus den Markt- und Unternehmensgegebenheiten abgeleiteten Strategie selbst. Da hinsichtlich der beiden letzten Aspekte nur sehr schwer generelle Aussagen zu treffen sind, soll Abb. 5 zumindest die strategische Bedeutung von Coaching hinsichtlich der obersten und untersten Managementebene kontrastierend verdeutlichen. Dabei ist klar, dass die Realität natürlich sehr viel subtilere Schattierungen und Übergänge bereithält.

Manager als Coach (eher Unterstützung der Strategieumsetzung)	(Executive) Einzel-Coaching (eher Unterstützung der Strategieentwicklung)
▪ strategieumsetzende Personalentwicklung vor Ort/durch den Manager im Rahmen von MbO bzw. Entwicklungsgesprächen ▪ strategieorientierte Weiterbildung für Mitarbeiter ▪ insbesondere in AG´s: Erhöhung des »Human Capital«, der »intangible Assets« ▪ durch erhöhte Selbststeuerungfähigkeit und Selbstverantwortung zu mehr Flexibilität und Schnelligkeit ▪ Performance Management ▪ Erhöhung der Retention ▪ Beitrag zur Personalpflege/Work-Life-Balance von Leistungsträgern	▪ bewusstes Erkennen der individuellen Wahrnehmungsmuster der Führungskraft, d. h. deren Welt- und Menschenbild, des Marktes und der Wettbewerber ▪ Umgang mit strategischen Dilemmata der Führung ▪ Bewusstmachung und Reflexion ethischer Grundsätze ▪ Entwicklung der Persönlichkeit, da ggf. unterstellte Experten nicht mehr über Expertise geführt werden können ▪ Beitrag zur Personalpflege/Work-Life-Balance von Leistungsträgern

Abb. 5: Die strategische Bedeutung von Coaching, abhängig von der Managementebene

Aus einer systemischen Perspektive bringt es Backhausen (2003, S. 195) mit folgenden Worten für das externe Coaching auf den Punkt: »Immer wenn ein Unternehmen in einer Welt agieren muss, die durch das interaktive Verhalten der beteiligten Stakeholder erst gebildet, sozusagen ›ins Leben gesetzt‹ wird, ist die Beachtung und Beeinflussung dieses ›Weltbildungsprozesses‹ eine unverzichtbare Aufgabe.« Für den Executive-Bereich wird Coaching damit nahezu unentbehrlich.

8 Wann wird Coaching eingesetzt? Ursachen oder Anlässe für Coaching

Die Beantwortung dieser Frage macht nach Böning und Fritschle (2005, S. 87 ff.) zweierlei deutlich. Erstens ist die eigentlich notwendige genauere begriffliche Differenzierung zwischen Anlässen, Zielen, Themen und Inhalten bis dato nur für eine akademische Annäherung interessant, führt bei der Befragung von Praktikern aber nur zu Verwirrung. Zweitens ist die Beantwortung davon abhängig, ob man Personalmanager, Coaches oder Coachees befragt.

Die aus dem ersten Punkt resultierende Unschärfe akzeptierend kommt die Coaching-Studie 2004 zu dem Schluss, dass aus Sicht der Personalmanager organisationale Veränderungsprozesse (46 Prozent), neue Aufgaben/Funktionen/Rolle/Positionen (43 Prozent) und die Führungskompetenzentwicklung (34 Prozent) die drei häufigsten Anlässe darstellen. Bei der Befragung der Coaches stehen jedoch die Bearbeitung persönlicher/beruflicher Probleme mit 52 Prozent auf Platz eins (bei den Personalfachleuten auf Platz 7 mit 24 Prozent), auf Platz zwei mit 50 Prozent die Karriereplanung/Neuorientierung/Weiterentwicklung (bei den Personalfachleuten auf Platz 8 mit 20 Prozent). Auf dem dritten Platz sehen die Coaches mit 44 Prozent die Persönlichkeits- und Potenzialentwicklung (im Falle der Personalfachleute auf Platz 5 mit 31 Prozent).

Bei einer Befragung von 64 Coachees in der Studie von Bachmann et al. (2003) sehen die Autoren – abhängig von der Hierarchieebene – die Anlässe Führung, berufliche Orientierung, berufliche Probleme und Weiterentwicklung als unterschiedlich dominant. So stehen im Topmanagement mit 42 Prozent konkrete berufliche Probleme, gefolgt von Führungsthematiken mit 33 Prozent, im Vordergrund. Im unteren und mittleren Management nimmt verständlicherweise die Weiterentwicklung (80 Prozent) die Spitzenposition ein, gefolgt von den Führungsthemen mit 42 Prozent.

Zu wünschen wäre hier sicherlich in den kommenden Jahren, dass im Zuge der weiteren Professionalisierung im Sinne der Coachees die Balance zwischen rein akademischer Spitzfindigkeit und allzu hemdsärmliger Pragmatik gefunden wird; denn eines steht fest: Nur wenn man sich hinsichtlich der oben angeführten Nomenklatur einigt, ist eine vergleichende Forschung und damit eine Qualitätssicherung möglich, die diesen Namen auch verdient.

9 Wie läuft Coaching?
Coaching als Prozess zwischen Coach und Coachee

Entsprechend der Überschrift wird Coaching als ein höchst dynamischer und individueller Interaktionsprozess zwischen Coach und Coachee gesehen. Ihn standardisiert darstellen zu wollen, hieße eigentlich, statt des kaum replizierbaren oder vorhersehbaren Strömungsverhaltens des Wassers eines Flusses ausschließlich seinen Uferverlauf zu beschreiben. Doch wäre damit das Wesen eines Flusses hinreichend beschrieben? Dennoch beeinflusst natürlich auch die Beschaffenheit und der Verlauf des Flussbettes die Dynamik des Wassers. So soll auch hier im Rekurs auf Rauen (2003, S. 162 ff.) der schematische »Flussverlauf« eines Einzel-Coachings durch einen Coach dargestellt werden.

Dabei sind entscheidende *Voraussetzungen* für ein sinnvolles Coaching nach Rauen (2003, S.163) die 1. Freiwilligkeit des Coaches zur Maßnahme, die 2. Diskretion zu der sich insbesondere der Coach verpflichtet sowie die Vertrauen schaffende 3. persönliche Akzeptanz im Sinne einer »Begegnung auf gleicher Augenhöhe«. Wird die Erfüllung dieser Rahmenbedingungen aus Sicht des Coachees und Coaches im Anfangsstadium und während der Zusammenarbeit immer wieder bejaht, kann es zu dem nachfolgenden in Abb. 6 illustrierten Coaching-Verlauf ohne frühzeitigen Ausstieg einer der beiden Partner kommen.

Verzichtet Rauen interessanterweise in seiner Ausführung komplett auf die Erläuterung der in seiner Abbildung 16 (2003, S. 162) genannten Phase »*Wahrnehmung des Bedarfes*«, soll diese fehlende Beschreibung des aus der Sicht des Autors sehr wichtigen Startpunktes hier ansatzweise nachgeholt werden. Warum, wann, wie und durch wen bei einer Führungskraft das Bedürfnis nach professioneller Hilfe angestoßen wird und diese damit letztlich auch bei der vermeintlichen Lösung »Coaching« landet, hat einen sicherlich nicht zu unterschätzenden Einfluss insbesondere auf die Anfangsphase des Coachings. Wollte man genauer hinsehen, muss man jedoch über Ursachen und Anlässe eines Coachings sprechen, und dies zudem noch aus verschiedenen Wahrnehmungsperspektiven. So könnte z. B. die durch neue Marktanforderungen geänderte Unternehmensstrategie dazu führen, dass ein unternehmensweit durchgeführtes 360° Feedback im Rahmen eines Führungsseminars in die explizite Empfehlung in ein Coaching mündet oder aber von der Führungskraft selbst so interpretiert wird. Ein andere Variante wäre, dass ein Personalentwickler auf der Basis gegebenenfalls schlechter Gruppenergebnisse unmittelbaren Handlungsbedarf sieht, wohingegen z. B. der Vorgesetzte der beurteilten Führungskraft erst dann zu Maßnahmen raten würde, wenn seine eigenen Ziele oder Quartalsergebnisse gefährdet sind. Ob die Methode der Wahl dabei letztlich wirklich »Coaching« heißen muss, hängt sicher davon ab, wie bekannt und verfügbar Coaching als Personalentwicklungsmaßnahme in diesem Unternehmen ist bzw. welches Image diese Maßnahme im Unternehmen und bei der Führungskraft hat. Weiterhin ist es vermutlich ein Unterschied, ob sich ein Coaching-Interessent durch einige Artikel, Bücher sowie Recherchen im Internet über das Coaching in Eigeninitiative informiert und dabei seinen Bedarf womöglich präzisiert oder gar verwirft, oder aber ein vom Unternehmen bestellter Coach nach dem ersten Rückmeldegespräch den Kalender zur Vereinbarung weiterer

```
┌─────────────────────────────────────────────┐
│         Wahrnehmung des Bedarfes            │
│  Das Bedürfnis nach professioneller Hilfe   │
│              wird offenbar                  │
└──────────────────┬──────────────────────────┘
                   ▼
┌─────────────────────────────────────────────┐
│              Kontaktaufnahme                │
│   Das Finden eines Coaches und das          │
│              Erstgespräch                   │
└──────────────────┬──────────────────────────┘
                   ▼
┌─────────────────────────────────────────────┐
│              Vertragsschluss                │
│    Formaler und psychologischer Vertrag     │
└──────────────────┬──────────────────────────┘
                   ▼
┌─────────────────────────────────────────────┐
│        Klärung der Ausgangssituation        │
│    Bestimmung von Ist- und Soll-Zustand     │
└──────────────────┬──────────────────────────┘
                   ▼
        ┌─────────────────────────────┐
        │       Zielbestimmung        │
        │ Ziele und Lösungswege       │
        │      werden erarbeitet      │
        └──────────┬──────────────────┘
                   ▼
        ┌─────────────────────────────┐
        │         Intervention        │
        │  Gespräche und andere       │
        │         Maßnahmen           │
        └──────────┬──────────────────┘
                   ▼
┌─────────────────────────────────────────────┐
│                 Evaluation                  │
│       Überprüfung der Zielerreichung        │
└──────────────────┬──────────────────────────┘
                   ▼
┌─────────────────────────────────────────────┐
│                  Abschluss                  │
│  Die Abschluss-Sitzung: das formale Ende    │
│              des Coaching                   │
└─────────────────────────────────────────────┘
```

Abb. 6: Der schematische Ablauf eines Coaching-Prozesses
(Rauen 2003, S. 162, leicht modifiziert; siehe Text)

Termine zückt. Schon durch diese ersten Gedanken wird vielleicht deutlich, dass die Wahrnehmung des Bedarfes beim Manager und Coaching als letzte Maßnahme zur Bedarfsdeckung bzw. der Zeitpunkt, ab dem die Maßnahme umgesetzt wird, für die Motivation, Richtung, Dauer und Intention des Coaching-Verlaufes entscheidend sein können. Diese Beobachtungen des Autors müssten jedoch mittels empirischer Untersuchen einer Prüfung unterzogen werden.

Die *Kontaktaufnahme*, also das bereits im vorherigen Abschnitt dieses Beitrags angesprochene gegebenenfalls eigenständige Finden des Coaches, wie auch das Erstgespräch bilden einen weiteren entscheidenden Schritt in der wichtigen Initialphase. Gegenseitige persönliche Kalibrierung, Sympathiefragen und die ungemein wichtige Vertrauensbildung sowie eine erste Erwartungsklärung stehen im Mittelpunkt dieser Phase. Im Erfolgsfall spricht man dann von einem geglückten *Rapport*. Im Falle von akuter emotionaler Belastung oder gar Leiden kann es sogar notwendig sein, dass der Coach diese durch gezielte Interventionen unmittelbar bearbeiten muss.

Haben beide zu der Lebensphasenpartnerschaft »ja« gesagt, sollte diese psychologische Affinität auch durch einen formalen *Vertrag* ergänzt werden. Dieser Dienstvertrag beinhaltet unter anderem die geschätzte Anzahl, Gesamtdauer bzw. Dauer der Einzeltermine. Darüber hinaus dokumentiert er neben den möglichen Orten des Coachings die Geheimhaltungspflicht des Coaches, die Höhe seines Honorars bzw. der Spesensätze, die Art und Zahlungsweise von Rechnungen sowie die Vereinbarung über Kostenerstattung für den Ausfall von Terminen und last but not least oft auch eine Erklärung zur Nichtmitgliedschaft in Sekten. Die Spanne der normalen Honorare bewegt sich dabei zwischen 100 bis 400 € pro Stunde. Was darüber hinausgeht, ist eher dem geschicktem Branding und Marketing eines Coaches zuzurechnen. Die Angaben hinsichtlich Dauer und Intervalle von Coachings schwankt zwischen einer Stunde und einem Tag. Die Intervalle der Sitzungen bewegen sich zwischen einem wöchentlichen bis monatlichen Rhythmus. Bis zu zehn Sitzungen für den gesamten Coaching-Prozess werden als normal angesehen. Fundierte Aussagen sind jedoch hier schwer zu machen bzw. gibt es bis dato nicht. Zu dem nicht schriftlich fixierten psychologischen Vertrag gehören Themen wie gegenseitige Wertschätzung und Achtung, eindeutige Rollenklärung des Arbeitsbündnisses sowie gewisse Spielregeln bezüglich Engagement, Pünktlichkeit, und auch Tabuzonen. Wie in jeder guten Partnerschaft, klärt sich vieles davon jedoch erst auf der gemeinsamen Wegstrecke.

Bei der *Klärung der Ausgangssituation* geht es in erster Linie um die gemeinsame Analyse von Ist- und Soll-Zustand, um die Identifikation von Stärken und Schwächen des Coachees relativ zu seinem aktuellen Arbeitsumfeld und sein Persönlichkeitsprofil. Dazu werden gelegentlich auch Persönlichkeitstests eingesetzt. Ferner geht es um die Reflexion bisheriger Lösungsansätze wie auch um die Besonderheit des im Abschnitt über die Wahrnehmung des Bedarfes angesprochenen Überweisungskontextes und dessen Zeitpunkt. Die erneute Klärung der Erwartungen und Modi der Zusammenarbeit schützt vor späteren Enttäuschungen. Es hat sich bewährt, spätestens die in dieser Phase getroffenen Ergebnisse und Vereinbarungen im Sinne eines Arbeitsplanes schriftlich zu dokumentieren.

In der ersten Hauptphase »Zielbestimmung« wird auf der Basis der Informationen der vorherigen Phase der angestrebte Endzustand des Coachings möglichst klar herausgearbeitet. Dieser oft durch die diffuse Problemlage beim Coachee zeitintensive Prozess erfordert beim Coach oft viel Geduld und Sorgfalt, da es sich bei den im ersten Moment vom Coachee beschriebenen Verhaltensweisen zunächst oft um Symptome handelt. Durch die gemeinsame Definition von Zielen für die Person des Coachees, dessen Rollen sowie die Organisation werden die Grundlagen einer abschließenden

Erfolgsevaluation gelegt. Dabei gilt stets das Primat der Ziele des Coachees bzw. die Herausarbeitung der potenziellen Zielkonflikte von Person, Rolle und Organisation. Bei Zielvielfalt erfolgt eine Priorisierung ebenfalls durch den Coachee. Whitmore (1994, S.61ff.) bietet hierzu die nützliche Unterscheidung der motivierenden End- von den eher zielführenden Leistungs-, d.h. Zwischenzielen an. Sie dienen immer wieder als Marksteine oder Wegweiser während des gesamten Folgeprozesses. Spätestens in dieser Phase bildet sich der Coach eine erste Leitidee, eine »Arbeitshypothese«, über die zu bearbeitenden Themen und der zur Zielerreichung passenden Maßnahmen.

In der zweiten mit »*Interventionen*« überschriebenen Hauptphase geht es darum, entlang der Leitidee durch Gespräche und andere Verfahren dem Ziel Schritt für Schritt näher zu kommen. Konkret geht es bei den Zielen immer um eine Modifikation des Könnens, Wissens oder Wollens der Führungskraft z.B. durch mentale oder physische Simulationen, das Lösen von Wahrnehmungsblockaden bzw. -verzerrungen oder aber einfach nur um systematisches *Feedback*. Meist lassen sich dabei die konkret angewendeten Verfahren auf Konzepte oder psychologische Schulen zurückführen. Als populär gelten dabei die Gesprächstherapie (GT), die Transaktionsanalyse (TA), die themenzentrierte Interaktion (TZI), das neurolinguistische Programmieren (NLP), die Gestalttherapie oder aber auch systemische Therapie. Von den meisten Coaches werden sie je nach Situation und Qualifikation in verschiedenen Kombinationen eingesetzt. Eine sehr umfangreiche Darstellung verschiedenster von Coaches eingesetzter Interventionstechniken liefert Rauen (2005) in seinem Buch »Coaching-Tools«, welches nun durch einen zweiten Band (Rauen 2007) ergänzt werden soll.

In der vorletzten Phase der *Evaluation* geht es schließlich um die Überprüfung der Zielerreichung. Obwohl überaus bedeutsam, kann diese Phase hier nur mit dem Hinweis auf die unvermeidliche Subjektivität der Bewertung, die Personen- und somit Perspektivenabhängigkeit sowie die generelle Schwierigkeit der Fremdbeobachtung durch die Diskretionszusage des Coach im Unternehmen hingewiesen werden. Der bei Rauen auf der rechten Seite eingezeichnete Rückkopplungspfeil weist wiederum bei unvollständiger Zielerreichung auf die Möglichkeit erneuter Interventionen hin. Die vom Autor vorgenommene Erweiterung der Rückkopplungsschleife schließt dabei auch die Neuformulierung der Zielbestimmung oder im Extremfall gar die erneute Klärung der Ausgangssituation mit ein.

Der *Abschluss* des Coachings wird auf der sachlichen Ebene bestimmt durch die systematische Sicherung des Transfers und die Nachhaltigkeit der erzielten Ergebnisse. Auf der emotionalen Ebene geht es um die schrittweise Ablösung von einem im besten Falle engen Vertrauten und von einer »kontrollierbaren« Quelle grundlegender menschlicher Akzeptanz, Aufmerksamkeit, Verständnis, Geduld bzw. Zeit – eine Unterstützung, die die Klarheit über die eigene Person und damit das individuelle Wachstum ermöglicht und fördert. Dies gelingt verständlicherweise nicht immer ohne Probleme.

10 Was kann Coaching bewirken? Der Nutzen von Coaching

Wollte man angesichts der Tragweite und Ernsthaftigkeit der Fragestellung seinen Humor nicht ganz verlieren, müsste die Antwort lauten: Ja, im Prinzip kann Coaching etwas bewirken, in welchem Ausmaß hängt jedoch davon ab, wen man fragt. Hatten wir immer schon den Verdacht, dass Begriffe wie Nutzen, Erfolg nur schwer objektivierbar sind, zeigt sich auch beim Coaching im Businesskontext, dass die Nutzenfrage nicht nur von einer Person beantwortet werden kann. Und welche Aussage dann letztlich warum welches finale Gewicht erhält, ist wahrscheinlich eher eine Machtfrage, die ihrerseits von vielfältigen Einflüssen bestimmt wird.

Lässt man sich von derlei Komplexität jedoch nicht entmutigen und fragt Personalmanager und Coaches pauschal nach dem Erfolg von Coaching, (Böning/Fritschle 2005, S. 270f.) berichten 72 Prozent der Personalmanager von einem hohen Erfolg, 21 Prozent von einem mittleren Erfolg für den Coachee bzw. 57 Prozent von hohem Erfolg für das Unternehmen und 34 Prozent von einem mittleren Erfolg. Keinen oder geringen Erfolg hatte Coaching nach ihren Angaben nie.

Subtrahiert man von den obigen 72 Prozent der Personalmanager 20 Prozent Selbstvertrauen der Coaches in die eigene Arbeit, liegen beide Gruppen hinsichtlich ihrer Erfolgsgewissheit wieder dicht beieinander. Dass die Personalmanager zurückhaltender werten, liegt aber vielleicht daran, dass sie die vielen kleinen »Erleuchtungsmomente« beim Coachee nicht direkt mitbekommen und die Ergriffenheit des Coaches über die eigene Professionalität nicht teilen können. Auch den Erfolg für das Unternehmen schätzen 72 Prozent der Coaches als hoch ein; 26 Prozent bewerten ihn als mittelmäßig. Damit stehen die Daten sicher für eine Tendenz – zur Konfirmation der Wirksamkeitshypothese taugen sie mit Sicherheit aber noch nicht! Eines jedoch wurde vielleicht deutlich: Zur Erfolgs-, Nutzen- oder Qualitätsdefinition gehören mindestens drei Personen – der Personalmanager als Unternehmensvertreter, der Coach und der Coachee. Ein erstes Indiz könnte hier wiederum die Studie von Böning und Fritschle (2005, S. 286) geben, die die Top fünf Erfolgsfaktoren »Offenheit und die Bereitschaft sich einzulassen beim Klienten« mit 44 Prozent, das »*Vertrauen* des Coachees zum Coach« mit 28 Prozent, »Partnerschaft und Sympathie zwischen Coach und Coachee« mit 20 Prozent, die Unterstützung durch das Unternehmen bzw. Umfeld mit 20 Prozent und die methodische Kompetenz bzw. Ausbildung des Coaches mit 18 Prozent beziffert. Wie auch bei klassischen Seminaren hängt deren Erfolg für alle Beteiligten eben nicht ausschließlich vom Trainer ab.

11 Wie kann Coaching als Dienstleistungsangebot der Personalabteilung aussehen?
Leitfaden für eine erfolgreiche Implementierung

Wie jede Implementierung von Neuem in Organisationen, erfordert auch die Etablierung der PE-Dienstleistung »Coaching« eine professionelle, projektmäßige Planung, Durchführung und Kontrolle der Maßnahme, dies umso stärker, je höher sie in der

Managementhierarchie beginnt; denn jeder PE- oder OE-Praktiker weiß: Es gibt nichts Besseres für die Durchführung und den Fortbestand von Projektergebnissen als eine intensive und nachhaltige Unterstützung im Top-Management. Als vornehmliche Zielgruppe und unmittelbare Nutzer dieser Dienstleistung muss Coaching letztlich mit einem *Mehrwert für das Business* konnotiert sein – und dies bereits beim Implementierungskonzept! Die Chance Coaching ein positives Image zu geben, hat man meist nur einmal. Sorgfalt und Umsicht bei der Projektierung sind daher unabdingbar. Als Teil eines Handbuches kann dieser Beitrag jedoch nur skizzenhaft auf die wichtigsten Aspekte eingehen.

Starten sollte dieses Projekt in der PE-Abteilung mit der grundlegenden, aber nicht trivialen Frage: Was ist Coaching für uns und wie grenzen wir es zu ggf. anderen, ähnlichen Konzepten bzw. Dienstleistungen ab, etwa gegen das Mentoring oder den Ansatz, dass die Führungskraft als Coach arbeitet. Herrscht darüber *Konsens* in der gesamten PE-Abteilung, geht es im zweiten Schritt um die inhaltlichen Fragen der unternehmensspezifischen Ausgestaltung der Dienstleistung »Coaching«.

Wurde in der Einleitung vom »Business-Mehrwert« des Coachings gesprochen, muss im folgenden, zweiten Schritt von der Notwendigkeit der *Strategiekopplung* gesprochen werden. Definiert man Strategie etwas vereinfachend und abstrakt als die Unternehmenserfolg versprechende Auswahl von Handlungen aus der unendlichen Vielfalt der Reaktionsmöglichkeiten auf die subjektiv und selektiv (!) wahrgenommenen Marktgegebenheiten, gilt es auch bei diesem PE-Projekt vor dem Hintergrund der Unternehmensstrategie Fragenkataloge unternehmensspezifisch vor dem Projektstart z.B. in Workshops mit möglichst hoch positionierten Führungskräften zu erarbeiten – oder besser – einen Vorschlag mit den Entscheidern zu diskutieren und erfolgreich zu verabschieden. Dazu wird es jedoch nur kommen, wenn hinsichtlich der erstellten Vorlage gilt: So detailliert wie notwendig, so offen wie möglich!

Die nachstehenden, eher inhaltlichen Leitfragen könnten dabei die *Projektdefinition* zur Erstellung eines solchen Vorschlages unterstützen.

- Warum soll überhaupt und warum soll gerade jetzt Coaching als Dienstleistung eingeführt werden? Welcher aktuelle Strategieaspekt des Unternehmens wird dadurch unterstützt bzw. welche (Unter-)*Ziele* erreicht? Ist ggf. eine Kopplung mit oder Ableitung aus den Führungsleitlinien möglich?
- Was sind die *Risiken* der (Nicht-)Einführung der PE-Dienstleistung Coaching?
- Wer sollen die Coaching-*Kunden* sein, unteres und/oder mittleres und/oder Top Management? Werden auch Projektmanager und Mitarbeiter gecoacht bzw. unter welchen Bedingungen? Mit welcher oder welchen Gruppen soll man beginnen?
- Wie soll die *Dienstleistung* Coaching geschnitten sein bzw. welche grundsätzlichen Arten von Coaching (internes und/oder externes Coaching; Einzel-, Gruppen-,Team oder Organisations-Coaching) sollen angeboten werden? Womit soll begonnen werden? Woher bekommen wir die Coaches? Welches Anforderungsprofil für Coaches definieren wir für welche Kundengruppe? Wie erfragen und ggf. dokumentieren wir sie? Welches »Lieferantenmanagement« hinsichtlich des Coachpools wollen und können wir betreiben?
- Soll im Sinne einer *Integration* des PE-Dienstleitungsportfolios Coaching nur als alleinstehende Maßnahme angeboten werden oder auch z.B. in Weiterbildungsangebote (etwa umfangreichere Curricula für Führungskräfte) integriert oder an

Personalinstrumente (z.B. ein 360° Feedback oder Entwicklungs-ACs) angekoppelt werden?
- Gibt es andere Abteilungen im Unternehmen, die bereits (eine Art) Coaching anbieten (z.B. Executive Development oder die Gesundheitsabteilung)? Muss hier eine *Abstimmung* stattfinden?
- Wie sieht der *Prozess* der Vermittlung von Coaches aus? Wann folgt er eher einem Push (z.B. durch ein Wertmarken-System) und/oder einem Pull-Prinzip (nur auf Anfrage)?
- Wie viele *Personen* in der PE-Abteilung sollen autorisiert sein Coaches zu vermitteln bzw. welche Rolle haben sie dabei und welche Qualifikation benötigen diese?
- Wer trägt letztlich die *Kosten* des individuellen Coachings? Zahlt die Line selbst für das Coaching oder gibt es dafür mehr oder minder zentrale Budgets in der PE-, Personal- oder einer Stabsabteilung?
- Wie soll das *Marketing* im Sinne der PR für die Dienstleistung »Coaching« aussehen? Wie (z.B. durch Informationsveranstaltungen mit Vorträgen namhafter Coaches und z.B. einem Life-Coaching oder durch den Einsatz von Medien wie einem Flyer, einem Podcast etc.) machen wir die neue Dienstleistung initial bekannt? Wie, womit und durch wen machen wir kulturverträglich (!) wann die Erfolge der Dienstleistung »Coaching« z.B. durch Präsentationen vor dem Vorstand, Geschäftsleitung oder anderen Schlüsselpersonen bekannt? Welche positiven Multiplikatoren müsste man wie (z.B. durch ein Probe- oder Mini-Coaching) und wann (z.B. während Veränderungsprozessen) für ein Coaching gewinnen? Welche Multiplikatoren aus dem Business würden an passender Stelle öffentlich über ihre Coaching-Erfahrungen berichten?
- Wie sieht das *Evaluationskonzept* hinsichtlich des Erfolges, d.h. des Nutzens und der Qualität (der ggf. verschiedenen Formen) des Coachings aus? Gibt es eine Prozess- und oder Endevaluation? Wer bewertet oder »misst« wie und wann? Wer erhält die Daten und was wird damit gemacht (Achtung Datenschutz!)?
- Wer sind zusätzlich vorab (ggf. zeitweise) in das Projekt einzubeziehende *Stakeholder* (z.B. Betriebsrat, potenzieller Kunden/Coachee, ein zukünftiger Lieferant/ erfahrener Coach)?

Einen Praxisbericht, welcher die praktische Umsetzung von einigen der oben genannten Punkte beschreibt, bietet Stenzel (2005). Eine sehr umfangreiche Zusammenstellung möglicher Anforderungskriterien bzw. eines Qualifikationsprofils für Coaches liefert im selben Buch beispielhaft Althauser (2005). Weiter Fallstudien finden sich zudem bei Backhausen und Thommen (2003, S. 239-366).

Bei der eher generischen *Projektplanung* bzw. Teilaspekten des klassischen Projektmanagements könnten folgende Fragen von Bedeutung sein:
- Wann ist das Projekt in den Augen der verschiedenen Stakeholder (s.o.) und Projektrollen (s.u.) erfolgreich? Welche prozess- und/oder zielbezogenen (s.o.) *Erfolgskennzahlen* gibt es?
- Wann steht wie viel *Budget* für die Projektdurchführung sowie die einmaligen Investitionskosten (und die Folgekosten wie die Individualkosten für das Coaching selbst) von wem zur Verfügung?
- Welche *Projektrollen* (Projektleiter und -mitarbeiter, Sponsor, Business Owner,

Soundingboard, Steeringkommitee) müssen mit wem besetzt werden, um die spätere Implementierung zu erleichtern?
- Welcher Unternehmensbereich soll ggf. als *Pilot* fungieren?

Die intensive Auseinandersetzung mit beiden Fragenkomplexen und deren letztlich unternehmensspezifische Beantwortung erhöht die Wahrscheinlichkeit einer erfolgreichen Einführung der PE-Dienstleistung Coaching in der Organisation. Bestätigt und in Teilen ergänzt werden die oben dargestellten, sehr operationalen Hinweise von einer 2005 durchgeführten, internationalen Studie von Frank Bresser (2006). Sie nennt als die 10 wichtigsten Erfolgsfaktoren die (1) Entwicklung eines unternehmensspezifischen Coaching-Ansatzes, die (2) Verfolgung eines systematischen Ansatzes, die (3) Wahl eines angemessenen Grades der Unternehmens-»Durchdringung« durch Coaching, die (4) Einbindung des Top-Managements, die (5) Schaffung des durchweg positiven Images von Coaching im Unternehmen, die (6) Gewährleistung von Win-Win-Situationen für alle Beteiligten, die (7) Erreichung optimaler Passung von konkreten Coaching-Maßnahmen und Unternehmensstrategie, die (8) Sicherstellung lückenloser Transparenz des Coaching-Konzeptes, die (9) Evaluierung der Coaching-Maßnahmen auf effektive und zugleich vorsichtige Weise sowie die (10) Gewährleistung hoher Qualität und Integrität auf allen Ebenen. Dabei unterscheidet er verschiedene Implementierungsgrade, die von Selbst- und Peer-Coaching auf der untersten Ebene bis hin zur Coaching-Unternehmenskultur. Er schließt den Artikel mit den Worten: »Den goldenen Weg gibt es bei der Coaching-Implementierung nicht, vielmehr eine Vielzahl vertretbarer Wege, die je nach Bedürfnissen und Möglichkeiten des Unternehmens auszuwählen sind. (...) Die Implementierung von Coaching ist als kontinuierlicher Lernprozess zu verstehen« (Bresser 2006, S.73). Dem ist uneingeschränkt zuzustimmen.

12 Wie könnte die Zukunft des Coachings aussehen? Der unvermeidliche Blick in die Glaskugel

Hat der Coaching-Zug nach Böning und Fritschle (2005, S.323) den Bahnhof verlassen und nimmt zusehends Fahrt auf, stellt sich natürlich besonders für die in Profit-Unternehmen tätigen Coaches die Frage, was getan werden kann, um diese Fahrt nicht infolge eines Maschinenschadens oder eines übersehenen Spurwechsels vorzeitig beenden zu müssen. Die Antwort ist ebenso einfach wie anspruchsvoll in der Umsetzung: Um in einem System mit dem Primat des monetären Nutzens nicht Spielball der Konjunktur bzw. von Bilanzen zu werden, ist das eigenständige und systematische Anschieben der positiven Rückkopplungsbeziehung zwischen Nutzen, deren Messung, der sich dadurch erhöhenden Qualität und der so wiederum stärker fundierten Nutzenargumentation unerlässlich. Berücksichtigt dieses »magische Dreieck« überdies die Interessen aller beteiligten Parteien, wird sich Coaching als Bestandteil der Personalförderung weiter etablieren.

Was die Zukunft der Supervision angesichts der wie Pilze aus dem Boden schießenden Coaching-Verbände anbelangt, wäre die von Buer (2005, S.8ff.) wiederholt geäußerten Hoffnungen auf eine kollaborative Annäherung an den Markt zwar wünschenswert. Sie ist faktisch jedoch eher unwahrscheinlich. Zu stark ist das Bedürfnis der jungen Verbände, sich zunächst einmal eine eigene Gruppenidentität zu erarbeiten und sich abzugrenzen. Ob es jedoch klug ist, auf die gemachten Erfahrungen der Supervisoren gänzlich verzichten zu wollen, wird dir Zukunft zeigen.

13 Vergangenheit, Gegenwart und Zukunft

Beginnend mit der nun schon zwanzigjährigen Historie und einer Definition des Coachings, versucht dieser Beitrag die vermeintlichen Unterschiede zwischen den Formaten Coaching und Supervision herauszuarbeiten. Da sich diese Unterscheidung eher psychologischer als konzeptioneller Natur herausstellt, fokussieren alle weiteren Ausführungen auf das Coaching. Beendet werden die begrifflichen Grundlagen mit einem Klassifikationsmodell für die verschiedenen Coaching-Varianten. Die Verortung des Coachings im Rahmen anderer Personalförderungsmaßnahmen sowie die Darstellung der strategischen Bedeutung leiten über zu der eher praxisorientierten Darstellung der Ursachen oder Anlässe für Coaching, zum Ablauf eines Coachings und dessen letztlichem Nutzen. Einige Praxistipps zur Implementierung und ein Blick in die mögliche Zukunft des Coachings beschließen dieses Kapitel.

Literatur

Althauser 2005: Althauser, U.: »Coaching nach Werten«, in: Böning, U. und Fritschle, B. (Herausgeber): Coaching fürs Business: Was Coaches, Personaler und Manager über Coaching wissen müssen, Bonn 2005, S. 262–266.
Bachmann et al. 2003: Bachmann, T., Jansen, A. und Mäthner, E.: Coaching aus der Perspektive von Coachs und Klienten: Ein Beitrag zur Wirkungsforschung und Qualitätssicherung im Coaching – Eine empirische Studie mit Coaches und Klienten: Vortrag am 07.11.2003 auf dem Coaching-Kongress in Wiesbaden, in: http://wwwartop.de/5000 Archiv/5000_PDF_und Material/Vortrag_CoachingKongress.pdf, Stand 11.10.2004.
Backhausen/Thommen 2003: Backhausen, W. und Thommen, J.-P.: Coaching: Durch systemisches Denken zu innovativer Personalentwicklung, Wiesbaden 2003.
Böning/Fritschle 2005: Böning, U. und Fritschle, B. (Herausgeber): Coaching fürs Business: Was Coaches, Personaler und Manager über Coaching wissen müssen, Bonn 2005.
Bresser 2006: Bresser, F.: »Coaching erfolgreich implementieren«, in managerSeminare, Heft 03/2006, S. 66–73.
Conradi 1983: Conradi, W.: Personalentwicklung, Stuttgart 1983.
DBVC 2007: DBVC e. V.: ohne Titel, in: http://www.dbvc.de, Stand 31.10.2007.
Greiner 1972: Greiner, L. E.: »Evolution and revolution as organizations grow: A company's past has clues for management that are critical to future success«, in: Harvard Business Review, July-August 1972, pp. 37–46.
Geissler/Günther 1986: Geissler, J. und Günther, J.: »Coaching: Psychologische Hilfe am wirksamsten Punkt«, in: Blick durch die Wirtschaft, Beilage der FAZ, 17.3.1986.
Harss/Schnabel 2005: Harrs, C. und Schnabel, S.: »Trendanalyse 2005«, in: Personalwirtschaft, Heft 01/2005, S. 36–38.
Hersey/Blanchard 1969: Hersey, P. and Blanchard, K.: Management of organizational behavior: Utilizing human resources, Prentice Hall, New Jersey 1969.

Hamann/Huber 2001: Hamann, A. und Huber, J. J.: Coaching: Der Vorgesetzte als Trainer, Darmstadt 2001.
Looss 1986: Looss, W.: »Coaching: Partner in dünner Luft«, in: Managermagazin, Heft 08/1986, S. 136–140.
Megginson/Clutterbeck 2005: Megginson, D. and Clutterbuck, D.: Techniques for Coaching and Mentoring, Oxford 2005.
Neuberger 1991: Neuberger, O.: Personalentwicklung, Stuttgart 1991.
Rauen 2003: Rauen, C.: Coaching: Innovative Konzepte im Vergleich, 3. Auflage, Göttingen 2003.
Rauen 2005: Rauen, C. (Herausgeber): Coaching-Tools: Erfolgreiche Coaches präsentieren 60 Interventionstechniken aus ihrer Coaching-Praxis, 2. Auflage, Bonn 2005.
Rauen 2007: Rauen, C. (Herausgeber): Coaching-Tools II, Erfolgreiche Coaches präsentieren 60 Interventionstechniken aus ihrer Coaching-Praxis, Bonn 2007.
Stenzel 2005: Stenzel, S.: »Coaching: Die Personalabteilung als Wegbereiter«, in: Böning, U. und Fritschle, B. (Herausgeber): Coaching fürs Business: Was Coaches, Personaler und Manager über Coaching wissen müssen, Bonn 2005, S. 195–197.
Whitmore 1994: Whitmore, J.: Coaching für die Praxis, Eine klare, prägnante und praktische Anleitung für Manager, Trainer, Eltern und Gruppenleiter, Frankfurt/M. 1994.

D.7 Mentoring und Patenschaft

*Beate Reichelt**

1   Vernetzung

2   Was ist Mentoring?
    2.1   Mentoring als Beziehung
    2.2   Überblick über Ziele und Inhalte
    2.3   Formen des Mentoring
          2.3.1   Informelles und formelles Mentoring
          2.3.2   Internes, externes und Cross-Mentoring
    2.4   Einsatz von Mentoring als Instrument der Personalförderung
    2.5   Abgrenzung zu anderen Instrumenten der Personalentwicklung

3   Mentor und Mentee: die Akteure im Mentoring

4   Erfolgreiches Mentoring in sieben Schritten
    4.1   Zielsetzung und Zielgruppe bestimmen
    4.2   Rahmenbedingungen festlegen
    4.3   Vorbereitung: Akquise und Auswahl der Beteiligten
    4.4   Einführung und Zielbestimmung
    4.5   Durchführung: die Mentoring-Beziehung
    4.6   Begleitung
    4.7   Bilanzierung und Controlling

5   Was bringt Mentoring dem Unternehmen?
    5.1   Vorteile des Mentoring
    5.2   Nachteile des Mentoring

---

*   Beate Reichelt studierte Betriebswirtschaftslehre an der TU Dresden mit dem Schwerpunkt Personalwirtschaft. Nach dem Abschluss nahm sie ein Traineeprogramm in der Stadtsparkasse Dresden auf, wo sie in der Folge als Referentin Personalentwicklung arbeitete. Heute ist sie in dieser Funktion in der Ostsächsischen Sparkasse Dresden tätig, und zwar mit den Tätigkeitsschwerpunkten Konzipierung und Betreuung von Programmen zur Nachwuchsförderung, Führungskräfteentwicklung, Entwicklung und Durchführung von Auswahlverfahren und Konzeption von Personalentwicklungsinstrumenten. Zudem ist sie selbst als Trainerin aktiv.

6   Patenschaften
    6.1   Keine Karrierefunktion
    6.2   Wie funktionieren Patenschaften?
    6.3   Chancen und Risiken von Patenschaften

7   Miteinander und voneinander lernen

Literatur

1 Vernetzung

Mentoring-Programme erfreuen sich in den letzten Jahren immer größerer Beliebtheit. Dieser Trend ist nicht verwunderlich, denn Mentoring greift den Grundgedanken wandelnder Strukturen in Wirtschaft und Gesellschaft gleichermaßen auf, nämlich den der Vernetzung als zentralen Fokus aller Beteiligten in und zwischen Organisationen.

In diesem Beitrag wird schwerpunktmäßig auf Mentoring eingegangen. Es wird aufgezeigt, was Mentoring ist, wann bzw. wobei es sinnvoll eingesetzt wird, wer am Mentoring beteiligt ist und wie ein Mentoring-Programm in ein Personalentwicklungskonzept eingeführt wird. Die Chancen und Risiken bzw. Vor- und Nachteile werden ausführlich dargestellt und bieten somit eine Entscheidungshilfe für Praktiker hinsichtlich der Einführung von Mentoring in ihr Unternehmen.

Patenschaften werden als eine dem Mentoring ähnliche Lernform der Vollständigkeit halber aufgeführt. Eine Begriffsklärung sowie die Abgrenzung zum Mentoring bieten einen schnellen Überblick über diese unkomplizierte und nahezu kostenneutrale Form der Personalentwicklung.

2 Was ist Mentoring?

2.1 Mentoring als Beziehung

Der Begriff des Mentors stammt aus der griechischen Sagenwelt. König Odysseus übertrug die Aufgabe der Erziehung seines Sohnes Telemachos an Mentor, seinen Vertrauten, als er in den trojanischen Krieg zog. In der Folgezeit war Mentor für Telemachos die Vaterfigur, der Vertraute, Lehrer und Berater. Ihre Beziehung war von gegenseitiger Achtung, *Vertrauen* und Zuneigung geprägt. Heute ist Mentoring in Anlehnung an die »sagenhafte« Beziehung zwischen Mentor und Telemachos eine Art des längerfristigen Lernens (Aspekt der Personalbildung) bzw. ein vielschichtiger Prozess zur individuellen Personen- und Persönlichkeitsförderung (Aspekt der Personalförderung).

Kernstück des Mentoring ist die direkte 1:1-*Beziehung* zwischen einer erfahrenen Person, dem Mentor, und einer jüngeren Person, dem Mentee. Der Mentor begleitet und unterstützt den Mentee eine Zeit lang in seiner Persönlichkeitsentwicklung – das ist die psychosoziale Funktion des Mentoring – und auf seinem beruflichen Weg – die Karrierefunktion. In mehreren Gesprächen gibt er Erfahrungen und Wissen weiter (Haasen 2001, S. 15). Mentoring-Beziehungen sind häufig neben berufsbezogenen und karrierefördernden Aspekten auch von einer persönlichen und emotionalen Komponente geprägt (Stegmüller 1995, S. 1511). Durch einen vertraulichen und geschützten Rahmen sind Experimentieren, Ausprobieren, Lernen und Fehlermachen erlaubt.

2.2 Überblick über Ziele und Inhalte

Mentoring-Programme können verschiedene *Ziele* verfolgen, etwa
- die Förderung oder Gleichstellung spezieller Personengruppen (z. B. Führungsnachwuchskräfte, berufstätige Frauen, Studentinnen und Studenten, Mitglieder von Gewerkschaften, Verbänden oder Parteien, arbeitslose Jungen und Mädchen, Existenzgründer, Minderheiten),
- den gezielten Wissens- und Erfahrungstransfer (z. B. Erfahrungs- und Insiderwissen, organisationsspezifisches Wissen, Produktwissen usw.),
- die Förderung des Selbstentwicklungspostulats der Mentees sowie des Primats der On the Job-Entwicklung (Eigenverantwortung der Mentees für ihre persönliche Entwicklung),
- die Unterstützung von beruflicher Entwicklung und Karriere sowie
- das Erreichen bzw. Ausschöpfen des vollen Leistungspotenzials der Mentees durch einen personengebundenen, interpersonalen Lernprozess.

Angesichts dieser Ziele stehen im Mittelpunkt von Mentoring-Gesprächen meist folgende *Inhalte* (Haasen 2001, S. 16, Regner/Gonser 2001, S. 78):
- die Beratung des Mentees in konkreten Situationen und zu aktuellen Fragen bzw. Projekten,
- das Feedback,
- die Karriereplanung und Besprechung möglicher Hindernisse,
- die Erarbeitung von beruflichen Strategien,
- die Einführung in Netzwerke und das Vermitteln von Kontakten,
- die Wiedergabe von Erfahrungen des Mentors und
- die Einführung in informelles Wissen über Aufbau- und Ablauforganisation in Unternehmen bzw. der Austausch über Firmen- und Brancheninformationen.

2.3 Formen des Mentoring

Man unterscheidet die in Abb. 1 aufgezeigten Formen des Mentoring.

Abb. 1: Formen des Mentoring

2.3.1 Informelles und formelles Mentoring

Informelles Mentoring entwickelt sich spontan und ohne äußeren Eingriff, auf eigene Initiative von Mentor oder Mentee. Mentor und Mentee steuern ihre Beziehung selbst. Nur in den wenigsten Fällen existieren konkrete Vereinbarungen über Dauer und Vorgehensweise. Diese informellen Kontakte werden innerhalb eines Unternehmens oft gar nicht von anderen wahrgenommen.

Beim *formellen Mentoring* wird der Kontakt durch Dritte vermittelt, z. B. durch die Personalentwicklung innerhalb von Unternehmen oder durch Verbände, Institutionen bzw. Organisationen. Man spricht deshalb auch von institutionalisierten Programmen. Formelle Mentoring-Beziehungen werden meist von Organisationsteams gebildet und durch Begleitprogramme unterstützt. Die Dauer der Beziehung sowie feste Programmpunkte sind vorgegeben.

2.3.2 Internes, externes und Cross-Mentoring

Interne Mentoring-Programme werden innerhalb einer Organisation durchgeführt, d. h. Mentor und Mentee kommen aus einem Unternehmen.

Im Unterschied hierzu resultieren *externe Mentoring-Projekte* aus der Initiative von Verbänden, Organisationen oder anderen Institutionen, die Mentoring-Paare aus unterschiedlichen Bereichen zusammen bringen. Externe Programme verfolgen das Ziel der Unterstützung bestimmter Personengruppen oder Minderheiten (Frauen, Arbeitslose, Existenzgründer usw.) und werden häufig öffentlich gefördert.

Cross-Mentoring ist eine Mischform. Verschiedene Unternehmen, Verwaltungen oder andere Institutionen schließen sich zusammen und führen gemeinsam im gegenseitigen Austausch von Mentoren und Mentees ein Mentoring-Programm durch.

Dieser Beitrag fokussiert auf Mentoring als Instrument der Personalentwicklung bzw. -förderung in Unternehmen. In diesem Zusammenhang ist die formelle Organisation eines transparenten internen oder Cross-Mentoring-Programmes zu empfehlen. Externe Programme werden deshalb nicht weiter betrachtet. Bei der Entscheidung für ein internes oder ein Cross-Mentoring-Programm sind deren Vor- und Nachteile sorgfältig abzuwägen.

Cross-Mentoring ist aufwändiger in der Konzeption wegen des Abstimmungsbedarfes zwischen den Unternehmen. Auch muss das Risiko der Abwerbung abgesichert werden. Für Cross-Mentoring spricht der »Blick über den Tellerrand«, für internes Mentoring hingegen das Wissensmanagement hinsichtlich unternehmensinterner Strukturen und Spielregeln und Brancheninterna. Im Cross-Mentoring ist ein Abhängigkeitsverhältnis zwischen Mentor und Mentee nicht vorhanden, sodass gegebenenfalls offener und vertrauensvoller zusammengearbeitet werden kann. Anderseits ist internes Mentoring effizienter, da beide Beteiligten die Besonderheiten des Unternehmens kennen und weniger Zeit für Erklärungen aufgebracht werden muss.

2.4 Einsatz von Mentoring als Instrument der Personalförderung

Mentoring empfiehlt sich als Personalentwicklungsmaßnahme für Leistungsträger bzw. Nachwuchskräfte, die auf anspruchsvolle Fach- oder Führungspositionen vorbereitet werden sollen. Viele Unternehmen konzentrieren sich vorrangig auf weibliche Nachwuchskräfte, um deren Anteil in gehobenen Positionen zu erhöhen. Soll zwar *Chancengleichheit* gefördert, aber Mentoring nicht ausschließlich für Frauen angeboten werden, hat sich als Schlüssel für die Vergabe von Mentoring-Plätzen die Umkehr des aktuellen Verhältnisses von Männern und Frauen in Fach- und Führungspositionen bewährt. Mentoring ist insbesondere dann geeignet, wenn zusätzlich zur *Wissensvermittlung* Wert auf den Erwerb von *Schlüsselkompetenzen* bzw. die Persönlichkeitsentwicklung der Nachwuchskraft gelegt wird. Mentoring bettet sich idealerweise in ein entsprechendes Förderprogramm ein und hat darin einen Platz neben anderen Instrumenten der Personalentwicklung (z. B. Training off the Job, Job Rotation, Training on the Project usw.).

Die folgenden Beispiele mögen die Einsatzformen verdeutlichen.

- *Informelles Mentoring*:
  Eine ambitionierte Nachwuchskraft lernt zufällig den Vater eines Kollegen kennen, der geschäftsführender Direktor eines großen Unternehmens ist und bemüht sich, diese Person als persönlichen Mentor zu gewinnen.
  Ein Manager entdeckt im Unternehmen einen jüngeren Mitarbeiter mit hohem Leistungspotenzial und unterstützt ihn in seiner Karriere.

- *Formelles Mentoring*:
  Cross-Mentoring der Lufthansa AG zur Erhöhung der »Sichtbarkeit des weiblichen Nachwuchspotenzials« (Rühl 2002, S. 19),
  Mentoring-Programm der Landesbank Kiel zur Vorbereitung von Führungsnachwuchs und Sicherung von Chancengleichheit (Grabbe/Möller 2003, S. 28),
  Reverse-Mentoring-Programm der Deutsche Lufthansa AG – Junge Mitarbeiter als Web-Mentoren für Manager (Spieker/Sellnick 2002, S. 24).

2.5 Abgrenzung zu anderen Instrumenten der Personalentwicklung

Lernprozesse können grundsätzlich in den Formen stattfinden, die in Abb. 2 aufgeführt werden.

Mentoring ist in die Kategorie des interpersonalen 1:1-Lernens einzuordnen. Als weitere interpersonale Formen von Personalbildung und -förderung werden in diesem Beitrag *Patenschaften* und *Coaching* (ausführlicher im Kapitel D.6 dieses Buches) thematisiert.

Beide Lernformen haben eine große Nähe zum Begriff des Mentoring. Deutlich wird die vermeintliche Verwandtschaft durch den häufig synonymen Gebrauch von Pate, Coach und Mentor. Gemeinsamkeiten sind keinesfalls zu leugnen. Der Hauptunterschied wird in der Qualität der 1:1-Beziehung gesehen. Der Mentor fühlt sich in besonderem Maße zuständig für seinen Mentee. »Diese persönliche Zuständigkeitserklärung unterscheidet die Unterstützung im Mentoring von vielen anderen professionellen Hilfestellungen im Berufsleben.« (Koch 2001, S. 26)

```
        Interpersonales                    Lernen in der
        Lernen                             Gruppe
        (one-on-one)
                      Persönliche
                      Entwicklung
                      & Lernen

                   Personales Lernen
                   (Modeling and Response)
```

Abb. 2: Formen von Lernen und persönlicher Entwicklung (Shea 1994, S. 25)

In Abb. 3 werden Mentoring und Coaching mit ihren Gemeinsamkeiten und Unterschieden gegenübergestellt. *Coaching* wird dabei verstanden als themenbezogene Beratung im beruflichen Bereich über einen bestimmten Zeitraum.

	(Internes) Mentoring	Coaching
Fokus des Unternehmens	▪ Förderung von Individuen in ihrer persönlichen und beruflichen Entwicklung, im Sinne einer Aufstiegsförderung, ▪ Bindung von Nachwuchskräften.	▪ Verbesserung der Leistungs- bzw. Erweiterung der Handlungsfähigkeit der Mitarbeiter, Erwerb von neuen Fähigkeiten, langfristige Sicherung hochwertiger Arbeitsergebnisse im Sinne einer Anpassungs- bzw. Erhaltungsqualifikation, ▪ Sicherung des strategischen Wettbewerbsfaktors Führung.
	▪ individuelle Personalentwicklungsmaßnahme für ratsuchende Organisationsmitglieder	
Fokus des Mentors oder Coaches (personenbezogen und inhaltlich)	▪ Mensch (Mentee), den man unterstützen will ohne Erwartung einer Gegenleistung, ▪ »...it focuses almost entirely on meeting the needs of the mentee« (Shea 1994, S. 28), ▪ Einführung des Mentees in Netzwerke.	▪ Kunde (Klient), dem man helfen will in Erwartung einer Bezahlung, ▪ konkrete vom Klienten vorgegebene Themen- bzw. Problemstellung (berufs- und/oder personenbezogen, z. B. konflikträchtige Arbeitsbeziehungen, Reflexion bei Entscheidungen, Überprüfung der beruflichen Situation, persönliche Belastungsphasen und Krisen), ▪ an objektivierbaren Größen orientiert (Blickle 2002, S. 66).
	▪ Beratung im Mentoring und Coaching fokussiert auch auf ähnliche Themen, z. B. Arbeitsaufgaben, Karriereberatung, Beziehungsgestaltung, Rollenklärung, ▪ Anregung zum Finden eigener Lösungen und zur Selbsterkenntnis, was jeweils gute Selbstmanagement- und Selbstreflexionsfähigkeiten sowie das Potenzial zur eigenständigen Problemlösung voraussetzt.	

	(Internes) Mentoring	Coaching
Trainingsform	Training near-the-job	
Qualität der Beratung (Kompetenz/Verhalten des Beraters)	▪ Mentor ist kein Profi in Sachen Persönlichkeitsentwicklung und Kommunikation. ▪ Mentor unterstützt eher inhaltlich, indem er fachliche Kompetenz, Wissen, Erfahrungen in die Beratung einbringt, ▪ Beratungsfreiraum ist auf die Schnittmenge zwischen Organisations- und Mitarbeiterinteressen beschränkt, da Mentor nicht neutral ist, sondern auch die Interessen der Organisation berücksichtigt.	▪ Coaching ist professionell, ▪ Coaches sind als Prozessberater qualifiziert, sie benötigen interdisziplinäre Qualifikation (wirtschaftswissenschaftliche Ausbildung, Erfahrung als Führungskraft und psychologisches Know how) (Bauer 1995, S. 202), ▪ Coach nutzt umfangreiches Methoden-Know-how sowie Interventionstechniken, um Klienten zu unterstützen, eigene Lösungen für ihre Probleme zu finden, ▪ Coach ist neutral und nicht interessengeleitet.
	▪ zuhörende, fragende und partnerschaftliche Gesprächshaltung ▪ Anwendung von Coaching-Fähigkeiten	
Teilnehmer & Art der Beziehung	▪ Mentoren sind i. d. R. ältere und erfahrenere, Mentees junge, ambitionierte Organisationsmitglieder, ▪ u. U. hierarchische Beziehung zwischen Mentor und Mentee mit einem Beziehungsgefälle	▪ Coaches sind organisationsinterne oder -externe Berater, gecoacht werden i. d. R. Personen mit Managementaufgaben, ▪ Beziehung ist neutral und ein Gefälle nicht erwünscht.
	▪ geschützte und vertrauensvolle Atmosphäre	
Zeitspanne	▪ längerfristig	▪ mittelfristig
Kosten	▪ nur organisationsinterne Kosten durch die Beratungszeit	▪ meist hohe Kosten bei Einsatz eines externen Coachs

Abb. 3: Gemeinsamkeiten und Unterschiede von Mentoring und Coaching

Patenschaften werden an anderer Stelle in diesem Beitrag ausführlicher behandelt. Dort wird auch die Abgrenzung zu Mentoring vorgenommen.

3 Mentor und Mentee: die Akteure im Mentoring

Als *Mentoren* sollten solche Manager gewonnen werden, die aufrichtiges Interesse an anderen Menschen haben, ihnen gut zuhören und sich in sie hineinversetzen wollen und können. Sie sollten sich durch Neugier, Geduld und einen fördernden Führungsstil auszeichnen. Neben dem Vorhandensein von Berufs- und Lebenserfahrung – sowohl positiver als auch negativer Art – ist ihre Bereitschaft wichtig, offen über die erlebten »ups and downs« zu reden und den Mentee daran teilhaben zu lassen. Natürlich sollte ein Mentor im Unternehmen als souveräne Persönlichkeit mit einem guten Image wahrgenommen werden sowie über gute *Kontakte* und entsprechenden Einfluss verfügen. Nicht zuletzt müssen Mentoren Zeit investieren wollen. (Arhen 1992, S. 17) Bell (1996, S. 11) und Hilb (1995, S. 28) fordern von Mentoren Bedingungslosigkeit sowohl in der Unterstützung des Lernprozesses als auch in der *Wertschätzung* des Mentees. Sie sollten sich großzügig und ohne Erwartung einer Gegenleistung für ihren Mentee einsetzen und eine Beziehung gestalten, die ungeahnte Entwicklungsmöglichkeiten bietet. Gerade die Bedingungslosigkeit des Mentors passt scheinbar nicht ganz in unsere Zeit. Sie verdeutlicht jedoch die notwendige Grundeinstellung eines Mentors. Ein persönlicher Gewinn für Mentoren ist damit trotzdem nicht ausgeschlossen. Mentoren berichten u. a. von folgenden positiven *Erfahrungen* (Arhen 1992):

- Erleben einer persönlichen, vertrauensvollen Bindung inklusive offenem Feedback, was mit eignen Mitarbeitern oft nicht erlebt wird,
- Stärkung der eigenen Beratungskompetenz,
- Imagegewinn im Unternehmen bzw. Stärkung der eigenen Position,
- Förderung eigener Innovationen durch die Austausch mit jungen Mitarbeitern,
- Selbstreflexion des eigenen Werdegangs und Führungsstils,
- Erhalten von informellen Informationen.

Mentees müssen aktive Menschen sein. Mentoring lebt maßgeblich vom Engagement des Mentees. Mentoring ist etwas für solche Nachwuchskräfte, die sich Ziele stecken und verfolgen, die ehrgeizig und erfolgsorientiert sind und vorankommen wollen, wobei sich das Vorankommen nicht zwingend auf die »große Karriere« innerhalb von Hierarchien, sondern auf das Erreichen beruflicher Ziele bezieht. Sie müssen bereit sein, in den Spiegel zu schauen und sich zu verändern, denn ein Mentor wird sich dann gern weiter engagieren, wenn seine Anregungen auf fruchtbaren Boden fallen. Allerdings sollten Mentees auch nicht alles, was Mentoren vorschlagen, tun, sondern sich ihre Eigenständigkeit bewahren.

Zur Charakterisierung der Mentoring-Beziehung werden Mentor und Mentee als *Mentoring-Tandem* bezeichnet. Diese Metapher verdeutlicht die unterschiedlichen Aufgaben beider Figuren. Der Mentor gibt Kraft, der Mentee die Richtung vor. Unabdingbar für eine erfolgreiche Mentoring-Beziehung sind gegenseitiges Wohlwollen und Respekt sowie Vertrauen und Vertraulichkeit. Auch angesichts der Forderung nach Bedingungslosigkeit und Großzügigkeit soll ein Mentor nicht der direkte Linienvorgesetzte des Mentees sein, sondern mindestens zwei Hierarchiestufen über dem Mentee in der Organisationsstruktur angesiedelt sein.

4 Erfolgreiches Mentoring in sieben Schritten

In der Verantwortung für einen erfolgreichen *Mentoring-Prozess* sind vorrangig die beiden Akteure, Mentor und Mentee. Einen wichtigen Beitrag leistet jedoch auch die Abteilung Personalentwicklung. In ihrer Funktion als Organisator und Berater initiiert sie Mentoring, schafft geeignete Rahmenbedingungen sowie ein Begleitprogramm, führt Mentoren und Mentees in Mentoring ein und evaluiert Mentoring-Erfolg.

4.1 Zielsetzung und Zielgruppe bestimmen

Im ersten Schritt sind folgende Fragen zu beantworten:
- Was soll mit Mentoring im Unternehmen erreicht werden?
- Wer soll mit Mentoring unterstützt werden?
- Warum ist Mentoring dafür gut geeignet?
- Welche Ergebnisse werden für die konkrete Zielgruppe erwartet?

Bevor weitere Schritte gemacht werden können, muss sich die Personalentwicklung für ihr Mentoring-Vorhaben Unterstützung von der Geschäftsleitung sichern.

4.2 Rahmenbedingungen festlegen

Wird Mentoring zum ersten Mal im Unternehmen eingeführt, empfiehlt sich die Durchführung eines Pilotprojektes – idealerweise mit Unterstützung externer Partner. Es sind Umfang und Dauer des Projektes zu bestimmen, Organisatoren und Berater zu benennen, das Konzept ist zu entwickeln bzw. die Einbindung von Mentoring in bestehende Förderprogramme, der Kostenrahmen ist zu definieren, und es sind Inhalte und Umfang des Rahmenprogrammes zur Begleitung von Mentoren und Mentees festzulegen (Haasen 2002, S. 104).

4.3 Vorbereitung: Akquise und Auswahl der Beteiligten

Im dritten Schritt gilt es, Mentoren und Mentees zu akquirieren. Die Zielgruppe muss durch das Festlegen von Bewerbungs- und Auswahlkriterien definiert, ausführlich informiert und persönlich angesprochen werden. Zudem muss man ihr Interesse an einer Beteiligung wecken. Gerade bei einem Pilotprojekt ist es von Vorteil, wenn als Mentoren wichtige und angesehene Führungskräfte engagiert werden können. Anschließend müssen sowohl sachlich als auch menschlich gut zusammen passende Tandems gebildet werden (Matching). In der Regel übernimmt das Organisationsteam der Personalentwicklung das *Matching* – idealerweise mit Wahlmöglichkeit für die Beteiligten.

4.4 Einführung und Zielbestimmung

Vor Beginn des eigentlichen Mentoring sind *Einführungsworkshops* – getrennt für Mentoren und Mentees – sinnvoll. Die Abbildung 4 zeigt die Ziele dieses Workshops.

Information	Ziele, Struktur, Ablauf des Mentoring-Programmes
Reflexion der Rollen und Aufgaben	Selbstverständnis, Aufgaben, Verantwortung, Methoden, Beziehung
Klärung von Erwartungen und Zielen	Entwicklungsziele der Mentees, Erwartungen an Mentoring allgemein
ggf. Kurztraining	z. B. Gesprächsführung im Mentoring

Abb. 4: Ziele der Einführungsworkshops im Mentoring

In einer gemeinsamen Auftaktveranstaltung präsentieren sich Mentoren und Mentees gegenseitig ihre in den Einführungsworkshops erarbeiteten Wünsche und Erwartungen. Sie lernen sich persönlich kennen und vereinbaren einen Termin für ihr erstes Treffen. Durch die Anwesenheit der Geschäftsleitung wird der Stellenwert von Mentoring zusätzlich betont.

4.5 Durchführung: die Mentoring-Beziehung

Im ersten gemeinsamen Vier-Augen-Gespräch wird Mentor und Mentee empfohlen, verbindliche Vereinbarungen über ihre Zusammenarbeit in Form eines Partnerschafts-Abkommens zu treffen. Mustervereinbarungen finden sich bei Koch (2001) und Haasen (2001). Dort sollten die Rahmenbedingungen, Ziele und Inhalte, die Aufgaben und Verantwortlichkeiten, die Spielregeln des Miteinanders sowie das Auflösen der Beziehung geregelt werden. Das schriftliche Festhalten der Vereinbarung erhöht die Verbindlichkeit und macht die Ziele für das Tandem und für die Personalentwicklung überprüfbar. Indem das Tandem diese Vereinbarung aufsetzt, macht es sich die Besonderheit der Beziehung und der daraus erwachsenden speziellen Handlungsprinzipien bereits zu Beginn des Prozesses bewusst (Koch 2001, S. 26).

Haasen (2001), Koch (2001) und Regner/Gonser (2001) nehmen ausführlich zu Aufgaben und Rollen von Mentees und Mentoren in der Mentoring-Beziehung Stellung. Als Methoden in der Zusammenarbeit bieten sich neben den Mentoring-Gesprächen (locker oder strukturiert, beratend oder coachend) auch die gegenseitige Begleitung (Shadowing) auf Netzwerktreffen, besondere Sitzungen oder im Arbeitsalltag an.

4.6 Begleitung

Als Begleitmaßnahmen sind regelmäßige Treffen (z. B. Stammtische) für Mentees und Mentoren zur Netzwerkbildung ebenso zweckmäßig wie Trainings für Mentoren (z. B. zur Beratungs- oder Coachingkompetenz), aber auch Supervisionen bzw. Erfahrungsaustausche zur Reflexion des Prozesses. Diese Veranstaltungen sind gleichzeitig auch »Kontrollstationen« für die Personalentwickler, die sich während des Mentoring-Prozesses als Informationen sammelnde und treibende Elemente verstehen sollten, mit dem Ziel erforderliche Verbesserungen sofort umzusetzen.

4.7 Bilanzierung und Controlling

Gemäß dem Motto: »Eine gute Sache sollte man immer zu einem guten Abschluss bringen«, wird das Mentoring-Programm mit einer gemeinsamen Abschlussveranstaltung beendet. Im Mittelpunkt dieser Veranstaltung, an der auch die Geschäftsleitung teilnehmen sollte, steht die Auswertung der Erfahrungen der Beteiligten, die Auszeichnung der Mentoren für ihr Engagement sowie das Ziehen von Schlussfolgerungen für zukünftige Mentoring-Programme.

5 Was bringt Mentoring dem Unternehmen?

5.1 Vorteile des Mentoring

Im Mentoring wird miteinander und voneinander aus Erfahrungen und Fehlern gelernt, womit Mentoring einen *Beitrag zur lernenden Organisation* leistet bzw. zum Aufbau notwendiger Problemlösungskompetenzen (Wengelowski/Nordmann 2004, S. 20). Die personenzentrierte Form des Lernens macht sehr *effektives Lernen* möglich. Mentoring macht die Nachwuchskräfte und ihre Leistungen im Unternehmen sichtbar, nicht nur »schnappschussartig«, sondern ganzheitlich, was eine wichtige Unterstützung für deren berufliche Karriere im Unternehmen ist – wenn auch keine Garantie. Nachwuchskräfte, die »es geschafft« haben, berichten, dass sie ohne diese Förderung nicht dort angekommen wären, wo sie heute sind. Im Vergleich zu üblichen Führungskräftetrainings hilft es den angehenden Managern oft mehr, wenn sie in schwierigen Situationen oder vor wichtigen Entscheidungen persönlich mit ihrem Mentor reden können.

Bei kaum einem anderen Instrument der Personalentwicklung besteht außerdem ein so unmittelbarer Kontakt zwischen den Beteiligten im Unternehmen. Der strategische Nutzen des Mentoring ist insbesondere in den positiven *Auswirkungen auf die Unternehmenskultur* zu sehen. Die individuellen, sozialen Lernkontakte zwischen Mentoren und Mentees bringen eine Förderungskultur im Unternehmen hervor. Die Unternehmenskultur wird offener und durchlässiger, kooperativer und partnerschaftlicher. »Mentoring has become a way to knit the organization together, to create a healthier, more prosperous business world.« (Shea 1994, S. 24)

Mentoring kostet – vor allem Zeit und Engagement der Beteiligten. Es kostet auch Geld, verursacht aber im Vergleich zu anderen Instrumenten der Personalentwicklung vergleichsweise geringe Kosten, denen ein hoher Nutzen gegenüber steht (Abb. 5).

5.2 Nachteile des Mentoring

Natürlich gilt es auch, Nachteile bzw. Risiken zu beachten und entsprechend entgegen zu steuern. Zu berücksichtigen ist das *Umfeld von Mentor und Mentee*. Mentoring rückt einzelne Mitarbeiter in den Mittelpunkt, was zu Neid bei den Mitarbeitern führen kann, die keinen Mentor haben. Zu Konflikten kann es kommen, wenn die Aufgaben

Anfallende Kosten für ...	Gegenüberstehender Nutzen
Rahmenveranstaltungen: Auftakt, Erfahrungsaustausch, Abschluss	Öffentlichkeitseffekte, Unternehmensmarketing, Netzwerkbildung
Trainingskosten für Mentoren	Qualifikationserwerb für die Mentorenaufgabe, Zugewinn an Schlüsselqualifikationen in eigener Führungsaufgabe
Ggf. externe Programmbegleitung	Innovationsschub durch gezielte Wirkung auf Unternehmenskultur und innerbetriebliches Normen- und Verhaltenssystem
Arbeitsausfall während der Mentoring-Sitzungen	Neue Berufserfahrungen und fachliche sowie persönliche Kompetenzen, größere Arbeitseffizienz, Erwerb von Führungskompetenz

Abb. 5: Kosten-Nutzen-Bilanz von Mentoring (Koch 2001, S. 21 ff.)

von Mentor und Vorgesetztem des Mentees nicht klar voneinander abgegrenzt sind bzw. wenn der Vorgesetzte in die Mentoring-Beziehung nicht involviert ist.

Risiken liegen auch in der *Mentoring-Beziehung* selbst. Wenn Ansprüche einseitig ausufern, die Chemie nicht stimmt oder Erwartungen enttäuscht werden, kann die Beziehung aus dem Ruder laufen. Erfolgskritisch ist also das Matching der Tandems, wofür sich die Unterstützung durch einen externen Partner anbietet. Darüber hinaus ist die Regel wichtig, dass jede Beziehung auch jederzeit kündbar ist. Mentoring-Beziehungen bergen ein potenzielles *Abhängigkeitsrisiko* in sich. Mentoren werden von Mentees oft idealisiert, besonders in selbstgewählten, informellen Mentoring-Beziehungen. Dies ist einer lernenden Unternehmenskultur abträglich. Ein kritisches Miteinander in beide Richtungen sowie das Beibehalten der persönlichen Eigenständigkeit des Mentees sollte immer gewährleistet sein. Teilweise fühlen sich Mentees ihren Mentoren gegenüber auch so verpflichtet, dass die keine anderen Beziehungen im Unternehmen suchen oder dass sie vergessen, an sich statt für den Mentor zu arbeiten.

Mentoring-Programme bergen darüber hinaus die Gefahr von *Cliquen- oder Vetternwirtschaft* bzw. können von anderen als eine Form der Begünstigung wahrgenommen werden. Wer allerdings weiß, dass er gefördert wird und eine Gegenleistung in Form von Engagement und Initiative zeigt, muss damit kein Problem haben. Dieses Argument spricht für formelle Mentoring-Programme, denen transparente Vereinbarungen und Spielregeln zu Grunde liegen.

Weitere Risiken eines Mentoring-Programmes liegen in *unvorhergesehenen Ereignissen*, insbesondere in beruflichen Krisen von Mentor und Mentee. Ein Auflösen der Beziehung ist dann nicht auszuschließen. Mentoren müssen sich nicht zuletzt von vornherein bewusst machen, dass sie von ihren Mentees in der Karriere auch überholt werden können.

Abschließend lässt sich sagen, dass der Erfolg von Mentoring weitestgehend von den Beteiligten selbst abhängt. Die Personalentwickler müssen muss sicherstellen, dass Mentor und Mentee alle Möglichkeiten des Mentoring genau kennen, um sie voll ausschöpfen zu können. »If both partners are growing, any concern about and who is mentoring and who is being mentored may be not important anymore.« (Shea 1994, S. 54)

6 Patenschaften

6.1 Keine Karrierefunktion

So wie die Personalentwicklung bei Mentoring auf ein »altbewährtes« gesellschaftliches Konzept zurückgreift, tut sie das auch bei *Patenschaften*. Der Pate wird allgemein als Sozialisationshelfer seiner Patenkinder verstanden. Er steht als (Werte-)Modell zur Verfügung, vermittelt die Spielregeln der Gemeinschaft, stellt Kontakte her und hält Informationen bereit (Bauer 1995, S. 204). Patenkinder sollen unter dem Schutz des Paten kräftig genug werden, eine wichtige, eigenständige Position im Netzwerk der Gemeinschaft einzunehmen und damit – der schützenden Hand nicht mehr bedürfend – aus seinem Schatten heraustreten.

Die Personalentwicklung bedient sich wesentlicher Aspekte des gesellschaftlich anerkannten Paten-Begriffs. Im engeren Sinne wird Patenschaft als eine interpersonale Lernform verstanden, in der ein »Schützling« in einer bestimmten, in seinem Interesse liegenden Angelegenheit von einem Paten unterstützt wird.

Patenschaften finden wie Mentoring in einer 1:1-Beziehung zwischen einer erfahrenen und einer weniger erfahrenen Person in der Regel über einen definierten Zeitraum statt, jedoch eher kürzer als im Mentoring. Sie werden in Unternehmen insbesondere im Rahmen des *Training into the Job* als Personalentwicklungsinstrument zur Einführung oder *Einarbeitung* bzw. Wiedereingliederung von Mitarbeitern eingesetzt. Paten sind Personen mit der Kompetenz, die dem einzuführenden Mitarbeiter noch fehlt und die in der Lage sind, diese Kenntnisse gut weiterzugeben.

Patenschaften verfolgen immer auch Ziele der *Personalbildung*, indem aufgabenspezifisches Wissen und Erfahrungen an den Schützling vermittelt werden. Inwiefern Patenschaften der *Personalförderung*, d. h. der Persönlichkeitsentwicklung des Schützlings, dienen, hängt maßgeblich von der sozialen Kompetenz und dem Engagement bzw. dem Interesse der Beteiligten ab.

Der größte Unterschied zum Mentoring besteht in der fehlenden Karrierefunktion. Patenschaften verfolgen nicht vorrangig das Ziel, dass Mitarbeiter in ihrer beruflichen Karriere vorankommen, sondern dass sie in ihrer aktuellen Aufgabe erfolgreich sowie motiviert sind und sich an das Unternehmen gebunden fühlen. Angesichts dieser Zielstellung müssen Paten in der Hierarchie nicht über ihrem Schützling stehen, sondern sind meistens gleichgestellte, erfahrene Kollegen.

6.2 Wie funktionieren Patenschaften?

Paten vermitteln nicht nur klassische Informationen, sondern auch solche über die gemeinsame Kultur, ungeschriebene Gesetze und Gepflogenheiten und machen Unternehmen, Teams und Sachaufgaben begreifbar und lebendig. Zusammengefasst übernehmen sie folgende Aufgaben:
- die Einführung des Schützlings in die Arbeitsgruppe bzw. den Kontakt mit wichtigen Kontaktpersonen,
- die fachliche und organisatorische Einarbeitung (z. B. Normen, Werte, geschriebene und ungeschriebene Gesetze),
- das Bereithalten als Ansprechpartner und Bezugsperson,
- das Loben und den Hinweis auf Fehler und die Unterstützung bei Problemen sowie
- die Anleitung zu selbstständigem Handeln.

Allgemein sind Patenschaften locker organisiert, die Gespräche zwischen Paten und Schützling laufen meistens unstrukturiert. Die Notwendigkeit eines Trainings für Paten, beispielsweise hinsichtlich ihrer pädagogischen Fähigkeiten, ist umstritten (Berthel/Becker 2003, S. 239 ff., Arhen 1992) und sollte von der Zielgruppe und Zielstellung abhängig gemacht werden.

Die folgenden Beispiele verdeutlichen die *Aufgaben* und *Ziele*.
- Paten erleichtern Rückkehrern nach dem Auslandseinsatz, der Elternzeit oder langer *Krankheit*, aber auch neuen Kolleginnen und Kollegen, den (Wieder-)Einstieg ins Berufsleben.
- Im Rahmen von Förderprogrammen ist es denkbar, dass ehemalige Mitglieder der Förderprogramme ihren Nachfolgern als Pate zur Verfügung stehen.
- Die Beziehung zwischen Auszubildenden und Ausbildern im Unternehmen kann als Patenschaft gestaltet werden. Der Ausbilder wird als Pate in der Regel so ausgewählt, dass er auch einen Beitrag zur persönlichen Förderung des Paten leisten kann. Gleichzeitig ist die Ausbilderfunktion für den Paten eine eigene Entwicklungsmöglichkeit.

6.3 Chancen und Risiken von Patenschaften

Der Nutzen von Patenschaften ist vorrangig im gezielten *Wissensmanagement* zu sehen. Experten- und Erfahrungswissen wird im Unternehmen sozusagen »on the Job« weitergegeben. Darüber hinaus wird Unternehmenskultur vermittelt. Die Arbeitsproduktivität wird in der Einarbeitungsphase zügig auf das geforderte Level gebracht. Motivationsverluste und gegebenenfalls Fluktuation durch Desorientierung werden vermieden. Beim Paten kann die Rolle zu insgesamt höherer *Motivation* führen. Paten erleben durch die Übertragung dieser Aufgabe Anerkennung und persönliche Wertschätzung und können – im Sinne des Job Enlargement oder Job Enrichment (Kapitel E.4 dieses Buches) – mehr Verantwortung übernehmen.

Als Risiko ist jedoch die Überforderung von Paten zu sehen, falls Patenaufgaben mit den Sachaufgaben der Paten kollidieren. Beim Betreuen können Irritationen durch die zusätzliche Bezugsperson entstehen. Im ungünstigsten Fall konzentriert sich aller Kontakt auf den Paten und nicht mehr auf den Vorgesetzten. Ein kritischer Erfolgsfaktor von Patenschaften liegt in der klaren Definition bzw. Abgrenzung seiner Aufgabe zu der des Vorgesetzten, denn Einarbeitung ist in erster Linie immer noch Führungsaufgabe.

7 Miteinander und voneinander lernen

Soll zur Entwicklung von Mitarbeitern auf unternehmensinterne Ressourcen und Kompetenzen zurückgegriffen werden, bieten sich sowohl Mentoring als auch Patenschaften als sinnvolle Personalentwicklungsinstrumente an. Welches der beiden Instrumente zum Einsatz kommt, ist von den Zielen und der Zielgruppe des Vorhabens abhängig. Dieser Beitrag bietet für diese Entscheidung eine Hilfestellung, indem die Einsatzgebiete und Vor- und Nachteile aufgezeigt werden.

Die konkrete Ausgestaltung des jeweiligen Programms stellt die Verantwortlichen immer noch vor viele Wahlmöglichkeiten, die eine über diesen Beitrag hinausgehende intensive Beschäftigung mit dem Thema erforderlich machen. Insbesondere bei der erstmaligen Einführung von Mentoring in die Personalentwicklungskonzeption müssen die Verantwortlichen angesichts eventuell auftretender Schwierigkeiten, beispielsweise enttäuschten Erwartungen von Mentoring-Tandems, Geduld haben. Eine Kultur des Miteinander-Voneinander-Lernens muss man sukzessive wachsen lassen.

Literatur

Arhén 1992: Arhén, G.: Mentoring im Unternehmen: Patenschaften zur erfolgreichen Weiterentwicklung, Landsberg/Lech 1992.
Bauer 1995: Bauer, R.: »Coaching«, in: Kieser, A., Reber, G. und Wunderer, R. (Herausgeber): Handwörterbuch der Führung, Stuttgart, S. 200–211.
Bell 1996: Bell, C. R.: Managers as Mentors: Building Partnership for Learning, 2. Auflage, San Francisco 1996.
Berthel/Becker 2003: Berthel, J. und Becker, F.: Personalmanagement, 7. Auflage, Stuttgart 2003.
Blicke 2002: Blicke, G.: »Mentoring als Karrierechance und Konzept der Personalentwicklung?«, in: Personalführung, Heft 09/2002, S. 66–72.
Grabbe/Möller 2003: Grabbe, M. und Möller, C.: »Mentoring bei der LB Kiel«, in: Personal, Heft 04/2003, S. 26–28.
Haasen 2001: Haasen, N.: Mentoring: Persönliche Karriereförderung als Erfolgskonzept, München 2001.
Haasen 2002: Haasen, N.: »Mentoring: Tandem für die Karriere«, managerseminare, Heft 01/2002, S. 100–106.
Hilb 1997: Hilb, M.: Management by Mentoring: Ein wiederentdecktes Konzept zur Personalentwicklung, Neuwied; Kriftel; Berlin 1997.
Koch 2001: Koch, C.: Mentoring: Ein Konzept zur Personalentwicklung in Unternehmen und Organisationen, Erfurt 2001.
Regner/Gonser 2001: Regner, P.-J. und Gonser, U.: StepUpNow – Personalentwicklung für den beruflichen Aufstieg von Frauen: Ein Projektbericht.
Rühl 2002: Rühl, M.: »Ausrichtung an den Besten«, in: management & training, Heft 09/2002, S. 18–21.
Shea 1994: Shea, G. F.: Mentoring: Helping Employees, Reach Their Full Potential, New York 1994.

Spieker/Sellnick 2002: Spieker, F. und Sellnick, O.: »Junge Mitarbeiter coachen Führungskräfte«, in: Personalwirtschaft, Heft 06/2002, S. 24–27.

Stegmüller 1995: Stegmüller, R.: »Mentoring«, in: Kieser, A., Reber, G. und Wunderer, R. (Herausgeber): Handwörterbuch der Führung, 2. Auflage, Stuttgart 1995, S. 1510–1518.

Wengelowski/Nordmann 2004: Wengelowski, P. und Nordmann, C.: »Im Tandem zum Erfolg«, in: Personal, Heft 05/2004, S. 20–23.

D.8 Outdoor Training, insbesondere Teambildung und Teamentwicklung

*Jochen Strasmann**

1   Outdoor Training ist kein exotisches Abenteuer

2   Charakteristika
    2.1   Erlebnisfeld freie Natur
    2.2   Lernen mit Kopf, Herz und Hand
    2.3   Aktion, Reflexion, Transfer
    2.4   Real-(Work-)Life-Situation
    2.5   Challenge by Choice

3   Ziele

4   Reflexivität

5   Aufgaben
    5.1   Spinnennetz
    5.2   Hillwalk

6   Gelerntes im Handeln umsetzen

Literatur

---

*   Dr. Jochen Strasmann ist nach einer Tätigkeit im Personalbereich eines mittelständischen Unternehmens, als wissenschaftlicher Mitarbeiter am Institut für Wirtschafts- und Sozialpsychologie der Universität zu Köln, als Personaltrainer und als Projektleiter seit 1993 Inhaber der T/O/P-Unternehmensberatung in Remscheid.

1 Outdoor Training ist kein exotisches Abenteuer

Welches Unternehmen wünscht sich nicht Führungskräfte, die
- mit neuen Herausforderungen kompetent umgehen,
- Menschen in ihrem Umfeld begeistern,
- Teams optimal führen,
- eine Kultur der Offenheit, der Toleranz und des gegenseitigen Vertrauens schaffen,
- eigene Denk- und Handlungsmuster selbstkritisch hinterfragen,
- über mentale Fitness verfügen und vieles mehr.

Bei der Erfüllung dieser Wünsche kann Outdoor Training eine wertvolle Hilfe sein, wie die Erfahrungen einer Vielzahl von Unternehmen und Fachleute nachhaltig belegen (Renner/Strasmann 2003a).

Outdoor Training ist kein exotisches Abenteuer und auch kein knallhartes Überlebenstraining, wie immer noch viele denken mögen. Davon ist diese Trainingsform weit entfernt. Outdoor Training ist vielmehr eine absolut seriöse Methode, die draußen in der freien Natur, also out-door stattfindet, aber immer wieder auch Indoor-Elemente und -Phasen integriert. Outdoor Seminare sind ganzheitliche, handlungs- und erlebnisorientierte Seminare, bei denen die Teilnehmer als Einzelne oder als Gruppe in der Natur bestimmte »Aufgaben mit Ernstcharakter« lösen: beispielsweise ein Floß bauen, um damit einen See oder einen Fluss zu befahren, oder eine Brücke über einen Fluss bauen, oder als Seilschaft über einen Bergrücken klettern. Durch solche oder ähnliche Aufgaben und durch das Reflektieren darüber sollen elementare Führungs- und Teamqualitäten weiter gefördert werden.

Ein wichtiger Garant für den Erfolg eines Outdoor Trainings ist die unmittelbare Nähe zu den zentralen *Faktoren des betrieblichen Alltags*:
- mit komplexen Herausforderungen umgehen,
- Visionen entwickeln, Ziele setzen und konsequent verfolgen,
- Lösungsstrategien im Team entwickeln,
- offene Dialoge führen,
- logistische Probleme lösen,
- Ressourcen gezielt einsetzen,
- auf veränderte Rahmenbedingungen flexibel reagieren,
- kalkulierbare Risiken eingehen,
- Konflikte bewältigen und als Chance nutzen und vieles mehr.

2 Charakteristika

Zentrale Charakteristika eines Outdoor Trainings werden im Folgenden dargestellt.

2.1 Erlebnisfeld freie Natur

Ein Training in der freien Natur, an einem fremden Ort, bietet ein einzigartiges Lernarrangement. Die Auseinandersetzung mit dem Neuen und Unbekannten ist hierbei eine ganz zentrale Lernerfahrung. Die gewohnte Ordnung gerät dabei in Un-Ordnung, bisher gültige Hierarchien, Rollen, Funktionen u. a. verlieren an Bedeutung. Die Einzelnen geben sichere und vertraute Wege auf, lassen sich auf Neues ein, akzeptieren dies als Herausforderung und Chance, suchen kreativ nach effektiveren Möglichkeiten und bessern Lösungen, testen diese, verändern eigene Sichtweisen, erweitern derart eigene Grenzen, und haben damit häufig Erfolg.

2.2 Lernen mit Kopf, Herz und Hand

»Erzähl' es mir, und ich werde es bald vergessen,
zeig' es mir, und ich werde darüber nachdenken,
erzähl' und zeig' es mir, und ich werde verstehen,
lass' es mich selber tun, und ich werde es dauerhaft tun.«

In einem Outdoor Training kommen alle drei eines »ganzheitlichen Lernens«, nämlich Kopf, Herz und Hand, gleichermaßen zum Einsatz. Während der typische Lernweg beim Indoor Training vom Denken, über die Einsicht zum Tun verläuft, ist der Outdoor Lernweg genau umgekehrt, also vom Tun zum darüber (Nach-)Denken zur *Einsicht*. Gelernt wird durch die unmittelbaren Konsequenzen des eigenen Handelns, die Überzeugung erfolgt erlebnis- und erfahrungsorientiert.

2.3 Aktion, Reflexion, Transfer

Die Vorgehensweise im Outdoor Training ist eine beständige Abfolge von *Aktion*, *Reflexion* und *Transfer*.

Es sind Aufgaben zu bearbeiten bzw. zu lösen, die in ihren Anforderungen denen des Arbeitsalltags ähnlich sind; dabei werden neue Handlungs- und Verhaltensweisen »spielerisch« erprobt, Fehler gemacht, Schwierigkeiten überwunden, das Ziel letztlich gemeinsam erreicht.

Nach erfolgter Aktion findet stets eine gemeinsame Reflexion statt; man spricht beispielsweise darüber, wie man mit der Aufgabe umgegangen ist, was gut und was weniger gut gelaufen ist, welche Stärken und Schwächen deutlich geworden sind, wie der Einzelne agiert und wie man sich als *Team* verhalten hat. Man gelangt so zu neuen Erkenntnissen und Erfahrungen und setzt diese in den Folgeübungen ein.

Im dritten Schritt, dem Transfer, wird dann danach gefragt, was das alles mit der eigenen Arbeitssituation zu tun hat, welche Parallelen vorhanden sind, welche Übertragungsmöglichkeiten es gibt.

2.4 Real-(Work-)Life-Situation

Aufgaben im Outdoor Training sind äußerst variabel gestalt- und kombinierbar, sie können im Grunde jede Anforderungssituation des Arbeitsalltags widerspiegeln. Indem das gesamte Programm sensibel auf das individuelle *Anforderungsprofil* der Gruppe zugeschnitten ist, können persönliche und teambezogene Fähigkeiten und Kompetenzen weiter entwickelt werden. In der Auseinandersetzung mit den einzelnen Aufgaben, die entsprechend »Arbeitsalltags-nah«, sprich »isomorph« gestaltet und zusammen gestellt sind, wird ein Lernprozess initiiert, der sich ohne weiteres auf die betrieblichen Abläufe übertragen lässt. Das Design und die Dramaturgie einer Outdoor Maßnahme werden bestimmt von der jeweiligen Zielsetzung und den dazu gehörigen Anforderungen. Das Outdoor Training schafft so die Möglichkeit zur arbeitsalltagsnahen Lernerfahrung und deren *Transfer* in die berufliche Situation.

2.5 Challenge by Choice

Niemand muss, wenn er nicht will. Jeder bestimmt selber, wie weit er mitmacht, wie viel er sich zutraut, wo seine individuelle Grenze ist. Keiner wird zu Dingen gezwungen, die er nicht will. Bestimme deine Herausforderung selber, bestimme selbst, wie weit du gehen willst, ist einer der wichtigsten Grundsätze im Outdoor Training. Dieser Grundsatz hat neben einem sicherheitstechnischen vor allem auch einen lernpsychologischen Aspekt. Denn der Teilnehmer befindet sich stets in einem »optimalen Lernzustand«. Weder überfordert noch unterfordert er sich, sondern er setzt sich seine Ziele und Grenzen selber entsprechend seinen persönlichen Fähigkeiten und seiner individuellen Bereitschaft (Abb.1).

Abb. 1: Dreieck der Über- und Unterforderung

3 Ziele

Outdoor Seminare sind ein innovatives und wirksames Instrument zur Erprobung und Entwicklung effektiver Kooperationsformen. Der Einsatz von Outdoor reicht von der Impulsveranstaltung für neue Visionen und Ideen, über die Initiierung gruppendynamischer Prozesse im Rahmen von *Teambuilding*, die Bearbeitung konkreter Kommunikations- und Motivationsprobleme, bis hin zur Erweiterung persönlicher Fähigkeiten und Einsichten. Outdoor bietet ein ideales Umfeld, um alte Sichtweisen in Frage zu stellen, für neue Sichtweisen zu sensibilisieren und diese zu erproben.

Outdoor bewirkt im Allgemeinen eine nachhaltige Verbesserung der Team- und *Kommunikationsfähigkeit*, eine deutliche Steigerung der Motivation, eine spürbar höhere Bereitschaft, neue Wege zu gehen und *Veränderungsprozesse* zu akzeptieren. Im Gegensatz zu den mittlerweile stark in Verruf geratenen Seminaren mit Feuerlauf, Tschaka-Tschaka-Rufen und Ähnlichem, deren Erfolge in aller Regel lediglich von kurzer Dauer sind, wird im Outdoor Seminar durch die vielen (kleinen und großen) Erfolgserlebnisse und positiven Erfahrungen Stück für Stück bzw. von Übung zu Übung eine konstruktive Sichtweise verinnerlicht.

Diese positiven Erfahrungen übertragen sich schnell auf die gesamte *Unternehmenskultur*. Sowohl Personen als auch Teams verlassen die Sicherheit bietende Komfortzone, gehen über lang bewährte Grenzen hinaus, erproben Neues und erfahren Veränderung. Dadurch, dass Outdoor den Einzelnen immer wieder vor die Wahl stellt, die ungewohnte Herausforderung anzunehmen oder nicht, lernt jeder eine Menge über sich selbst und über die Anderen.

4 Reflexivität

Die Fähigkeit zu reflektieren, ist eine entscheidende Grundlage für erfolgreiche Teamarbeit im Arbeitsalltag. *Reflexion* bedeutet hier auch, über die Frage: »Tun wir das, was wir tun, richtig?« hinaus zu gehen und sich grundlegend zu fragen: »Tun wir das Richtige?« In der Hektik des Arbeitsalltages ist oft nicht die Zeit, einen Schritt zur Seite zu machen und sich zu fragen, ob denn das, was man tut bzw. das Team tut, (noch) mit den ursprünglichen Zielen übereinstimmt oder ob die ursprünglich vereinbarten Ziele in sich wandelnden Kontexten noch die richtigen Ziele sind.

Reflexivität ist das Ausmaß, in dem Gruppenmitglieder offen über die Ziele, Strategien und Prozesse des Teams nachdenken und diese bei Bedarf anpassen (Dick/West 2005, S. 41). Neben der Frage: »Was ist gut gelaufen und warum?« steht auch immer die Frage: »Was ist schief gelaufen und warum?« Denn es gilt, zum einen das Gute und Erfolgreiche zu bewahren und auszubauen, und zum anderen »das Schiefe gerade zu rücken« bzw. sich zu überlegen, wie man das, was dieses Mal nicht so gut gelaufen ist, beim nächsten Mal besser machen kann.

Das *Lernen aus Fehlern* ist im Outdoor eine ganz zentrale Erfahrung. Denn die ungewohnten Situationen und Anforderungen lassen es geradezu notwendig werden, die Komfortzone zu verlassen und vieles von dem aufzugeben, was bislang Sicherheit geboten und sich bewährt hat. Es werden neue Wege erprobt, kreative Experimente gewagt, Risiken eingegangen, wobei Fehler an der Tagesordnung sind. Indem man anschließend über diese Fehler spricht und aus ihnen lernt, wie man es beim nächsten Mal besser machen kann, entsteht nach und nach eine positive *Fehlerkultur*: Fehler werden als wichtige Information geschätzt, sie werden offen kommuniziert, man wird ihnen gegenüber toleranter, denn sie eröffnen die Möglichkeit, besser zu werden: wer lernen will, macht Fehler; wer aber nicht lernen will, macht den größten Fehler.

In den einzelnen Reflexionsphasen im Outdoor Training wird nicht nur aufgabenbezogene sondern auch personenbezogene bzw. soziale Reflexivität praktiziert. Gelernt wird so unmittelbar von dem eigenen Tun bzw. aus den unmittelbaren Konsequenzen des eigenen Handelns. Dies wirkt sich zuvorderst auf gesteigerte Effektivität des Teams, aber auch auf soziale, nicht-aufgabenbezogene Bereiche aus. In den Diskussionen und Gesprächen während der Reflexionsphasen ist es insbesondere wichtig, stets sachlich zu bleiben und konstruktiv zu kritisieren, dem Anderen wirklich zuzuhören und ihn ausreden zu lassen, sich gemeinsam um Verbesserungen und Lösungen zu bemühen, ergeben sich Möglichkeiten zur Konfliktlösung im *Team*. Hieraus entwickeln sich Unterstützungsprozesse und Möglichkeiten zur Konfliktlösung, was sich positiv auf die Beziehungen im Team und langfristig auf Zufriedenheit und Wohlbefinden der Teammitglieder auswirkt.

Ein gutes Outdoor lebt von guten Reflexionsprozessen im Anschluss an die einzelnen Übungen bzw. zum Ende eines jeden Tages. Hier muss es gelingen, ein »Klima für Reflexivität und Kritik« zu schaffen, auf dem basierend bzw. aus dem resultierend es gelingt, die Einsichten und Erkenntnisse in den Arbeitsalltag zu übertragen und dort nutzbar zu machen.

5 Aufgaben

Die meisten Aufgaben im Outdoor sind äußerst variabel gestalt- und kombinierbar. Sie können im Grunde jede Anforderungssituation des beruflichen Alltags der Teilnehmer widerspiegeln. Das Programm wird im Wesentlichen bestimmt von der jeweiligen beruflichen Problemstellung bzw. von dem, was man erreichen will. Auf der Grundlage einer fundierten Bedarfsanalyse beim Auftraggeber vorab wird das Programm bzw. werden die einzelnen Aufgaben sensibel auf das *Anforderungsprofil* der Gruppe zugeschnitten. Dies gilt grundsätzlich sowohl in der Hinsicht, welche Aufgaben überhaupt ausgewählt werden, als auch, welchen Schwierigkeitsgrad man jeweils vorgibt. So ist es ohne weiteres möglich, Aufgaben einfacher oder schwerer zu machen, indem man beispielsweise mehr oder weniger Material zur Verfügung stellt oder mehr, oder weniger Zeit für die Bearbeitung vorgibt.

Im Folgenden werden zwei outdoor-typische Übungen vorgestellt: Spinnennetz und Hillwalk. Um den unmittelbaren Erlebnischarakter deutlich werden zu lassen, wird dabei teilweise auf Schilderungen von Personen zurückgegriffen, die diese Übung jeweils absolviert haben.

5.1 Spinnennetz

Die Teilnehmer haben die Aufgabe, durch die Löcher eines übergroßen »Spinnennetzes« von der einen Seite des Netzes komplett auf die andere Seite zu wechseln, wobei keine Berührung des Netzes stattfinden, jedes Loch nur ein Mal benutzt bzw. durchquert werden darf und die Aufgabe in insgesamt 40 Minuten geschafft sein muss.

Der Transfer ist offensichtlich, denn die Aufgabenstellung entspricht weitestgehend einem Projekt aus dem Arbeitsalltag: Es wird eine Ziel- und Aufgabenklärung gemacht, die einzelnen Arbeitsschritte werden vereinbart, Vorgehensweisen abgesprochen, Aufgaben verteilt, Ressourceneinsatz verabredet, Zeitmanagement durchgeführt, Controlling vereinbart und so weiter. Anschließend setzt die Gruppe ihren Plan um.

5.2 Hillwalk

Die Teilnehmer haben die Aufgabe, als Seilschaft in einer Granitschiefer-Felsformation gemeinsam über mehrere Berggrate zu gehen und ein Ziel zu erreichen. Die Reihenfolge in der Seilschaft wird von der Gruppe selber festgelegt.

Obwohl dem Einzelnen sehr schnell klar wird, dass beim Hillwalk eine sorgfältige Weitergabe relevanter Informationen von vorne nach hinten bzw. von oben nach unten – und umgekehrt – absolut notwendig ist, wird dies oft vergessen. Vielfach bleiben Informationen »auf halber Strecke« hängen. Die Auswirkungen solcher Versäumnisse sind teilweise unmittelbar zu spüren: Weiter hinten Gehende bekommen nicht mehr mit, was vorne geschieht bzw. gesprochen wird mit der Folge, dass sich die Gruppe, obwohl als Seilschaft zusammengebunden, sinnbildlich gesprochen, langsam auflöst. Das Tempo der Vorderen ist mitunter so hoch, dass die Hinteren kaum noch mitkommen; dies nach Vorne zu kommunizieren, ist in dieser Phase kaum noch möglich.

Der Transfer in den Arbeitsalltag ist offensichtlich: Wie muss sich der Mitarbeiter, der nicht »vorn« in der *Kommunikationskette* steht, fühlen, wenn Dinge passieren, die er nicht (mehr) versteht und die er auch nicht (mehr) beeinflussen kann? In der Reflexion wird daran gearbeitet, wie hierfür Abhilfe geschaffen werden kann bzw. wie eine solche Situation durch entsprechende Maßnahmen im Arbeitsalltag von Vorneherein vermieden werden kann.

6 Gelerntes im Handeln umsetzen

Die zukünftigen Entwicklungen werden (noch) unkalkulierbarer, die Welt von morgen (noch) komplexer, (noch) vielschichtiger, (noch) dynamischer und (noch) vernetzter. Stabilität, lange als Normalität angesehen, wird immer mehr zur Ausnahme, Wandel zur alltäglichen Selbstverständlichkeit. Die Marktdynamik erfordert neue Strategie- und Organisationskonzepte. Gefragt sind insbesondere sich selbst organisierende, schlagkräftige Teams, die anpassungsfähige Netzwerke gestalten, in dezentralen

Organisationsstrukturen arbeiten, hierarchiefrei miteinander kommunizieren und schnelle Informationsflüsse gestalten. Umstrukturierungsprozesse in ganz großem Stil bestimmen mehr und mehr den unternehmerischen Alltag.

Der Einzelkämpfer, das »*Big-Boss-Modell*«, ist Relikt einer vergangenen Epoche. Einer allein kann in turbulenten Zeiten nicht mehr den Über- und Weitblick haben, die adäquaten Handlungs- und Entscheidungsmuster kennen, die Fülle an Informationen, Anforderungen und Aufgaben bewältigen. Gefragt ist der moderne Mit-Arbeiter, der zugleich auch Mit-Denker, Mit-Wisser, Mit-Entscheider und Mit-Verantwortlicher ist, der als *Teamplayer* mit Anderen gemeinsam die Zukunft gestalten und gemeinsam Ziele erreichen will, der bereit ist, alte Standorte zu verlassen, neue Wege zu suchen und zu gehen. Das ist sicherlich kein risikoloses Unterfangen, denn neue Ziele bedeuten stets auch neue Herausforderungen, neue Herausforderungen bedeuten immer Konfrontation mit ungewohnten Situationen, und die Bewältigung ungewohnter Situationen bedeutet gemeinsame Suche neuer Möglichkeiten und Lösungen.

Angesichts all dieser Anforderungen ist eine Personalentwicklung notwendig, die sich als strategischer Partner von Unternehmensführung und -entwicklung versteht. Die Unternehmensstrategie ist maßgebend für die Strategien der Personalentwicklung. Diese muss ihrerseits aber stets bestrebt sein, die eigenen Überzeugungen in die Unternehmensstrategie zu integrieren, und nicht nur eine strategieerfüllende, sondern vermehrt auch eine strategiegenerierende Funktion zu übernehmen.

Zunehmend wird die Frage des Wertschöpfungsbeitrags der Personalentwicklung diskutiert, wie groß also der Beitrag bzw. der Einfluss der Personalentwicklung auf den Unternehmenserfolg ist. Personalentwicklung wird so zu einem »*Wertschöpfungs-Center*«, das vor einer Reihe offener Fragen steht wie:

- Welche Kompetenzen sind für die Handhabung von immer weniger vorhersagbaren und zunehmend komplexer werdenden Veränderungsprozessen notwendig?
- Wie kann bei Mitarbeitern, deren Unternehmensidentität immer schwächer ausgeprägt ist bzw. immer »fluider« wird, Loyalität und Identifikation geschaffen und ausgebaut werden?
- Wie können individuelle und kollektive Lernprozesse initiiert und gefördert werden?
- Wie können all die notwendigen Kompetenzen vermittelt werden und welche Lernarrangements bzw. Lernmedien bieten sich an? (Hauer/Schüller/Strasmann 2002).

Hierfür bieten Outdoor Seminare eine hervorragende Grundlage, denn Outdoor Training basiert auf den Erkenntnissen der *Erlebnispädagogik*, deren zentraler Leitgedanke ist, das eigene Handeln und Erleben zu nutzen, um die eigene Persönlichkeit und die eigenen Kompetenzen weiter zu entwickeln (Heckmair/Michl 1994). Demnach findet im Outdoor ein Lernen im Team und beim Einzelnen statt, das selbstgesteuert, ganzheitlich und produktiv ist.

Insbesondere der letzte Aspekt ist zentral. Das Moment des Produktivseins verweist auf ein Lernen in einer »Ernstsituation« bzw. während einer Tätigkeit, die am Anfang des Lernprozesses steht bzw. durch die der Lernprozess erst initiiert wird. Es findet somit ein Lernen im Handeln bzw. durch Handeln statt, wobei das Handeln des bzw. der Lernenden selbst – und nicht das der Lehrenden – zentrales pädagogisches Instrumentarium ist. Damit wird es möglich, anders als im Rahmen des reproduktiven Lehr-Lernmodells, auf der Grundlage eigenen Handelns und der dabei gemachten Erfahrungen zu lernen.

Die typische Gestaltung von Aufgaben bzw. Lernsituationen im Outdoor Training bringt es in der Regel mit sich, dass alle Teilnehmer in gleicher Weise vor völlig neuen Herausforderungen stehen, so dass bei ihnen allen gleichzeitig und gleichermaßen vergleichbare Lern- und Entwicklungsprozesse weitestgehend simultan initiiert werden. Da erlebnispädagogisch begründete Aktivitäten immer in Kooperation, aber auch in Auseinandersetzung mit dem sozialen Umfeld stattfinden, ist dieser Aspekt von besonderer lernfördernder Wirkung (Schwarzer/Koblitz 2004).

Die Frage, ob und wie Gelerntes im Handeln umgesetzt werden kann, stellt sich in erlebnispädagogisch gestalteten Lernwelten im Grunde nicht, denn Lernen findet im Handeln statt. Offen und im Einzelfall zu prüfen ist, ob und inwieweit die Lernergebnisse aus dem Lernfeld Outdoor transferiert und zu Verhaltensänderungen im Anwendungsfeld, also im betrieblichen Arbeitsprozess, führen. In dieser Hinsicht ist es wesentlich, dass die Probleme des Arbeitsalltags, die Anlass für das Training sind, in den einzelnen Übungen des Trainings abgebildet werden. Je mehr es im Training gelingt, eine Ähnlichkeit (*Isomorphie*) der erlebnispädagogischen Situation mit den Lebens- und Arbeitsweltstrukturen der Teilnehmer herzustellen, desto eher – so die Annahme – gelingt es dem Teilnehmer, zwischen den im Alltag gezeigten und den im Training gelernten Verhaltensweisen zu vergleichen. Die Aufgabe des Erlebnispädagogen besteht darin, vorab die Problemsituation zu erfahren bzw. zu erfassen, und dementsprechend Lernsituationen bzw. Übungen zu »konstruieren«, die in ihrer Struktur mit der alltäglichen (Problem-)Realität weitgehend übereinstimmen.

Die Erfahrungen von Unternehmen machen deutlich, dass Outdoor Training eine äußerst wert- und wirkungsvolle Hilfe bei der Bewältigung vieler Managementprobleme der heutigen Zeit sein kann (Renner/Strasmann 2003b).

Literatur

Dick/West 2005: Dick, R. van und West, M. A.: Teamwork, Teamdiagnose, Teamentwicklung, Göttingen u. a. 2005.
Hauer/Schüller/Strasmann 2002: Hauer, G., Schüller, A. und Strasmann, J.: Kompetentes Human Resources Management, Wiesbaden 2002.
Heckmair/Michl 1994: Heckmair, B. und Michl, W.: Erleben und Lernen: Einstieg in die Erlebnispädagogik, Neuwied 1994.
Renner/Strasmann 2003a: Renner, H.-G. und Strasmann, J. (Hrsg.): Das Outdoor-Seminar in der betrieblichen Praxis, 2. Auflage, Hamburg 2003.
Renner/Strasmann 2003b: Renner, H.-G. und Strasmann, J.: Mit Outdoor die Zukunft gestalten, in: Renner, H.-G. und Strasmann, J. (Hrsg.): Das Outdoor-Seminar in der betrieblichen Praxis, 2. Auflage, Hamburg 2003, S. 109–117.
Schwarzer/Koblitz 2004: Schwarzer, C. und Koblitz, J.: Lernen und Handeln in der Erlebnispädagogik, in: Bender, W., Groß, M. und Heglmeier, H. (Hrsg.): Lernen und Handeln: Eine Grundfrage der Erwachsenenbildung, Bamberg 2004, S. 171–182.

D.9 Verhaltenstrainings in der Personalentwicklung

*Nicola Meier**

1 Ausbau der Handlungskompetenz

2 Theorien zur Verhaltensmodifikation

3 Methoden zur Verhaltensmodifikation
   3.1 Gruppenübungen
   3.2 Rückmeldungsmethoden
   3.3 Körperliche Übungen
   3.4 Entspannungsmethoden
   3.5 Fallmethode und Planspiel

4 Erfolgsfaktoren für Verhaltenstrainings
   4.1 Evaluation, Lernen und Transfer
   4.2 Einflussnahme durch das Unternehmen, die Mitarbeiter und Trainer
   4.3 Modell der Wirkungskette von Transferfaktoren
   4.4 Lern- und Transfererfolg vor der Maßnahme fördern
   4.5 Lern- und Transfererfolg während des Trainings fördern
   4.6 Lern- und Transfererfolg nach dem Training fördern

5 Risiken

6 Trainingsübersicht

7 Verhalten mit geeigneten Methoden verändern

Literatur

---

* Nicola Meier M. A. schloss ihr Studium der Betriebspädagogik, Volkswirtschaftslehre und Psychologie an der RWTH Aachen mit Auszeichnung ab. Ihre Magisterarbeit mit dem Titel »Verhaltenstrainings in der Personalentwicklung« wurde in überarbeiteter Form als Buch veröffentlicht. Als Unternehmensberaterin berät sie insbesondere Trainer, vor allem bei der Konzeption von Trainings und Seminaren.

1 Ausbau der Handlungskompetenz

Verhaltenstrainings unterstützen Mitarbeiter bei der Modifizierung und Erweiterung ihres Verhaltensspektrums und somit dabei, ihre *Handlungskompetenz* auszubauen, damit diese im Sinne der Unternehmensziele eingesetzt werden kann (Meier 2007, S. 43). »Verhaltensbezogenes Training wird (...) als Teil der beruflichen Weiterbildung verstanden, die als systematisch und zweckgerichteter Prozess zur Vermittlung von Qualifikationen aufgefasst wird. Verhaltensbezogenes Training hat das Ziel, das Verhalten der Organisationsmitglieder mit Hilfe von Lernprozessen zu modifizieren, damit Organisationsmitglieder effektiv zur Erreichung von Organisationszielen beitragen können« (Scharpf 1999, S. 7).

Im Weiteren soll darauf eingegangen werden, welche Methoden zur Verfügung stehen, um Verhaltensweisen von Menschen zu verändern, und worauf dabei zu achten ist. Denn für Verhaltenstrainings wird in Unternehmen viel Geld investiert, und vieles, was den Erfolg solcher Trainings beeinflusst, wird nicht beachtet. Damit bleiben Potenziale ungenutzt. Wie sich das ändern lässt, wird im Folgenden erörtert. Trainings brauchen bestimmte Rahmenbedingungen, um wirken zu können. Dabei handelt es sich um ein sensibles Thema, wenn man bedenkt, dass man im ethisch vertretbaren Bereich bleiben und nicht in den Bereich der Manipulation von Menschen abrutschen darf. Mitarbeiter sollen ihr Verhalten freiwillig verändern bzw. ein breiteres Feld an Möglichkeiten sich zu verhalten erlernen. Es muss von Seiten der Unternehmen auch die Plattform für verändertes Verhalten bereitgestellt werden. Oft werden Mitarbeiter in Trainings geschickt und sollen dort neues Verhalten lernen, das sie in den alten, nicht angepassten Strukturen nicht zeigen können. Daher wird im Weiteren behandelt, welche Faktoren für den Trainingserfolg und den erfolgreichen Transfer des neu erlernten Verhaltens relevant sind. Dabei wird zum einen zwischen den Verantwortungen der beteiligten Parteien – dem Unternehmen bzw. stellvertretend der Personalverantwortlichen, dem Trainer und den am Training teilnehmenden Mitarbeitern – differenziert. Zum anderen wird unterteilt, welche Maßnahmen zur Erfolgssteigerung vor, während und nach dem Training ansetzen. Die folgenden Ausführungen werden mit einer Übersicht über Risiken abgerundet, die bei den Trainings bzw. bereits im Vorfeld bei der Planung berücksichtigt werden sollten. Abschließend wird ein Überblick über gängige Verhaltenstrainings gegeben.

2 Theorien zur Verhaltensmodifikation

Um neues Verhalten zu erlernen stehen einige erprobte Methoden vor allem aus der Psychologie (Verhaltenstherapie) und Pädagogik (Lerntheorien) zur Verfügung.

Zu den *Lerntheorien* gehören die behavioristischen Theorien: das klassische und operante *Konditionieren*. Bei dem Erstgenannten handelt es sich um die Kopplung von Reizen und Reaktionen, die meist auf physischer Ebene ablaufen. Für den genauen Verlauf dieses Lernprozesses sei auf entsprechende Fachliteratur verwiesen (z.B. Ehlers 2000, Pauli/Rau/Birbaumer 2000). Diese Lernform ist bei Verhaltenstrainings zu berücksichtigen, insbesondere damit schon vorhandene Kopplungen nicht verstärkt werden, z.B. Angst vor einer Gruppe zu sprechen und Höhenangst bei Outdoor-Trainings. Auf der anderen Seite bietet die klassische Konditionierung die Chance, durch positive Erlebnisse im Training solche blockierenden Kopplungen aufzulösen und entsprechend positive Verbindungen zu schaffen.

Operantes Konditionieren und operante Verfahren wirken mit »Belohnung« (Verstärkern) und »Bestrafung«, um die Auftretenswahrscheinlichkeit von Verhalten zu erhöhen oder zu reduzieren, und werden in jedem Verhaltenstraining genutzt (Meier 2007, S. 20 ff.).

Aus den kognitiven Theorien sind für Verhaltenstrainings beispielsweise Modelllernen, die Theorie kognitiver Dissonanzen und das kognitive Modellieren interessant. *Modelllernen*, d.h. lernen durch Beobachten von Verhalten der anderen, ist in den Trainings ein wesentlicher Aspekt. Vor allem der Trainer mit seiner Vorbildfunktion, aber auch die anderen Teilnehmer haben eine Wirkung auf das Verhalten des teilnehmenden Mitarbeiters und seine Lernerfolge.

In Verhaltenstrainings wirken verschiedenste Lerntheorien gemeinsam. Modelllernen tritt z.B. oft in Verbindung mit operanten Theorien auf, d.h. es ist von Bedeutung, welche sichtbaren Konsequenzen das Verhalten der anderen hat und wie es bewertet wird (wird es z.B. gelobt und findet es bei den anderen Anerkennung, so erhöht sich die Wahrscheinlichkeit, dass auch die anderen Teilnehmer dieses Verhalten zeigen) und wie es vom Einzelnen bewertet wird. Die anderen kognitiven Methoden arbeiten mit den Wirkungen von Gedanken, Bewertungen und dadurch ausgelösten Emotionen auf Verhaltensweisen (Meier 2007, S. 23 ff., Fliegel et al. 1998, S. 184 ff).

Handlungsorientierte Theorien basieren auf »*learning by doing*«. Die Teilnehmer werden zum selbstständigen Handeln angeregt, sodass möglichst viele Sinnesorgane beim Lernen einbezogen werden. Diese und weitere Grundsätze sind auch in der Theorie des Accelerated Learning von Dave Meier zu finden. Es werden eigene Erfahrungen und auch Fehler gemacht, aus denen gelernt wird. Die Konsequenzen des Handelns werden schneller und intensiver als bei anderen Lernformen zurückgemeldet und Verhalten auf diese Weise modelliert. Besonders bei Outdoor-Trainings wird diese Lernform eingesetzt (Heckmair/Michl 1998, S. 6 ff., Strasmann 2003, S. 23 f.).

Systemisch-konstruktivistische Theorien betonen, dass es beim Lernen wichtig ist, dass Umfeld (System) einzubeziehen. So sollte bei Verhaltenstrainings auch das Arbeitsumfeld, z.B. Vorgesetzte und Kollegen, einbezogen werden (Bundschuh 2003, S. 141 ff.). Der Einbezug des Systems hat besonders in der Zeit vor dem Training und beim Transfer nach dem Training Bedeutung, worauf im Folgenden noch eingegangen wird.

3 Methoden zur Verhaltensmodifikation

Im Folgenden werden eine Reihe von Methoden vorgestellt. Diese stammen vorwiegend aus der Verhaltenstherapie (Psychologie) und haben sich als geeignet für die Modifikation von Verhalten erwiesen. Viele der Methoden sind inzwischen in der Weiterbildung etabliert. Sie lassen sich meist gut kombinieren und variieren (Regnet 2002, S. 189 f.).

3.1 Gruppenübungen

Es gibt sehr unterschiedliche Arten von *Gruppenübungen*, die entsprechend unterschiedliche Zielsetzungen haben. Gruppenübungen werden häufig eingesetzt, da sie zahlreiche Vorteile gegenüber Einzelübungen besitzen (Wagner-Link 2001, S. 43 f., Malmendier 2003, S. 67 f., Mentzel 2005, S. 180):

- Sie ermöglichen Erlebnisse interpersonellen Umgangs.
- Methoden der Zusammenarbeit und Kooperation werden geübt.
- Durch erhöhte Selbstaufmerksamkeit wird Reflexion und Wahrnehmung gesteigert.
- Vorteilhaft sind die Kontrollmöglichkeit und die Beurteilung durch die Gruppe (Fremd- und Selbstwahrnehmung).
- Sie führen zu höherer Selbstdisziplin und
- sind kostengünstiger.
- Man pflegt den Austausch von Erfahrungen und
- das Modelllernen.
- Man gibt sich gegenseitig Impulse und regt einander an.
- Es entstehen Synergieeffekte des Wissens und der Erfahrungen der verschiedenen Teilnehmer.

In den Gruppenübungen spielen z.B. Entscheidungsprobleme eine Rolle, bei denen die Gruppe einen Handlungsspielraum mit begrenzten Ressourcen zur Verfügung bekommt. Hier gibt es einen gewissen Grad der Überschaubarkeit der Situation, aber keine eindeutige Lösung. Die Aufgabe kann entweder eine *Simulation* oder eine metaphorische Inszenierung sein und sollte vergleichbare Aspekte zum Berufsalltag aufweisen. So kann in der Nachbesprechung über Verhaltensweisen reflektiert werden, die im Arbeitsalltag anzuwenden sind. Erst durch diese Reflexion und Bearbeitung des Erlebten bekommen die Übungen in Verhaltenstrainings ihre Berechtigung. Andere Gruppenübungen haben vorgegebene Regeln im Ablauf. Für einzelne Personen ist *Coaching* eine angebrachte Maßnahme zur Verhaltensänderung (Meier 2006, S. 29 f.).

3.2 Rückmeldungsmethoden

Rückmeldung über das Verhalten ist ein zentraler Bestandteil eines jeden Verhaltenstrainings. Da Selbst- und Fremdbild oft nicht übereinstimmen und es den Bereich des »blinden Fleckes« gibt, ist methodisch eingesetzte Rückmeldung, auch *Feedback* genannt, ein geeignetes Mittel Verhalten zu modifizieren. Selbst- und Fremdbild können reflektiert werden und Verhalten entsprechend bewertet und ggf. verändert werden. So wird der blinde Fleck, also der Bereich, der dem Individuum selbst unbekannt ist, verkleinert (Abb. 1). Es kann beispielsweise eine Führungskraft erst durch ein Feedback verstehen, dass die Umgangsform »keine Strafe ist schon Lob genug« bei den Mitarbeitern als ständige Unzufriedenheit des Chefs wahrgenommen wird.

	mir selbst bekannt	mir selbst unbekannt
anderen bekannt	Das offene Selbst	← Feedback holen → blinder Fleck
anderen nicht bekannt	→ Informationen geben ↓ Bereich des Verbergens und Vermeidens	Unbekanntes

Abb. 1: Johari-Fenster (Rosenstiel 1996, S. 51, Birker 2000, S. 154)

Damit dies gelingt, ist eine Reihe von Regeln zu beachten.

Der Feedbacknehmer soll sich der Rückmeldung öffnen und diese an- und aufnehmen, sich Notizen machen und sich nicht rechtfertigen. Dem Feedbackgeber sollte man vorher sagen, auf welche Kriterien er sich beziehen soll. Er sollte seine Wahrnehmung zu diesen Kriterien nennen. Dazu sollte er zunächst seine Sichtweise und dann die Wirkung auf ihn und seine Gefühle beschreiben. Abschließend sollte er nach Möglichkeit eine Handlungsempfehlung abgeben. Dies entspricht dem WWW-Prinzip: Wahrnehmung – Wirkung – Wunsch.

Zusätzlich zum sprachlichen Feedback gibt es noch eine Reihe anderer Feedbackmethoden: modulatives Feedback, z.B. Videoaufzeichnungen, schauspielerische Intervention, z.B. Imitieren des Verhaltens durch andere, direkte Rückmeldungen, z.B. in *Outdoor Trainings*, wenn man ins Wasser oder ins Sicherungsseil fällt.

Diese Methoden sind vor allem deshalb wirksam, weil in kurzer Zeit viel Feedback gegeben werden kann. Die Feedbacknehmer beobachten ihr eigenes Verhalten verstärkt (z.B. beim Videofeedback und durch erhöhte Selbstaufmerksamkeit) und können ihr Verhalten in veränderter Form im direkten Anschluss an das Feedback einüben (Malmendier 2003, S. 138 und 177 ff.).

3.3 Körperliche Übungen

Zu den körperlichen Übungen gehören alle Einzel- sowie Gruppenübungen, bei denen physische Aktivität im Vordergrund steht. Ziele dieser Übungen variieren ebenso wie die Übungen selbst, die vor allem in Outdoor-Trainings zu finden sind. Die Erfahrung oder Überschreitung der eigenen Grenzen mit Unterstützung der Gruppe oder die Einsicht, dass manche Probleme nur mit Hilfe von Koordination und Nutzung der Ressourcen aller Gruppenmitglieder zu bewältigen sind, können solche Zielsetzungen sein (Malmendier 2003, S. 160 ff., Hieronimus/Scholtes 2001, S. 36). »Diese Übungen sollen auf das Verhalten Einfluss nehmen, da sie Teilnehmern Erfolgsgefühle vermitteln, wenn die Aufgabenstellung so gestaltet wurde, dass Ängste und Hemmnisse überschaubar und somit gestalt- und überwindbar sind« (Meier 2007, S. 35). Um längerfristige Wirkung zu haben, sollte sich auf jeden Fall eine Reflexion und das Herausarbeiten von transferierbaren Elementen auf den Berufsalltag anschließen (Renner 2003, S. 40 ff.).

3.4 Entspannungsmethoden

Diese Methoden haben das Ziel einen Zustand herzustellen, der als angenehm empfunden wird und einen verringerten biologischen Energieumsatz hat. Zu den bekannteren Verfahren zählen:
1. *Progressive Muskelrelaxation*: Abwechselndes An- und Entspannen bestimmter Muskeln und Muskelgruppen führt zu einer Absenkung des Muskeltonus und daher zu einem Entspannungsgefühl. So lernen Teilnehmer Kontrolle über diesen Zustand zu erreichen. Nach einer Anleitung ist viel Übung nötig, um die Methode sicher anwenden zu können (Fliegel et al. 1998, S. 127 f.).
2. *Autogenes Training*: »Ziel dieser Methode ist das Erreichen eines Entspannungszustandes über intensive Konzentration und Hinwendung zu einem Bewusstseinsinhalt ohne das Erleben von Anstrengung« (Meier 2007, S. 38).
3. *Meditation und Yoga*: »Meditation wird beschrieben als ein Sich-Versenken, ein nachdenkliches Eindringen, das durch Schweigen, Entspannung und inneres Lauschen gekennzeichnet ist« (Maercker 2000, S. 401).

Alle Entspannungstechniken sind geeignet Spannungsgefühle abzubauen und lassen sich gut mit Selbstbeobachtung kombinieren (Maercker 2000, S. 397 ff.). Sie sind hilfreich, um Stressgefühle zu reduzieren, was z.B. in Konflikt- und Sozialkompetenztrainings passend ist (Meier 2007, S. 38).

3.5 Fallmethode und Planspiel

Bei diesen Methoden handelt es sich um eine *Simulation* der Realität anhand eines Beispiels. Häufig sind die Übungen computergestützt. Gespielt werden z.B. Problemlösungs- oder Entscheidungssituationen, die entweder in einer Gruppe als Team oder in konkurrierenden Mannschaften ausgetragen werden. Der Vorteil dieser Methoden liegt darin, dass realitätsnahe Situationen geübt werden können, ohne dass es zu realen negativen Konsequenzen kommt. Meist verlaufen die Übungen in Phasen, so dass die Teilnehmer nach einer Phase per Computerdaten eine Rückmeldung erhalten, welche Konsequenzen ihr Verhalten und ihre Entscheidungen verursacht haben. Auf dieser Grundlage wird die nächste Phase gespielt. Es ist zu beachten, dass Simulationen nicht vollkommen die Realität wiedergeben und dass auch die Gefahr besteht, dass die Teilnehmer sich in der Situation nicht so verhalten, wie sie es in der Realität machen würden, sondern beispielsweise risikoreicher entscheiden (Mentzel 2005, S. 211 f., Sonntag/Stegmaier 2001, S. 290). Aber auch wenn die Situation simuliert ist, sind die durchlebten Emotionen der Teilnehmer echt und bieten eine Grundlage zur weiteren Reflexion und Anpassung des Verhaltens. Sehr positive Erfahrungen hat Dörner, einer der Pioniere von computergestützten Verhaltenssimulationen, mit dieser Methode in der Verhaltensmodifikation gemacht (Dörner 2000). Von ihm werden seit einigen Jahren Teams trainiert, die beruflich mit Krisenmanagement zu tun haben. Im Training sollen sie z.B. ein Kreuzfahrtschiff managen, auf dem sich einige unvorhersehbare Katastrophen ereignen, bevor das Schiff untergeht. Ziel ist es, die Krisen zu bewältigen und möglichst viele Passagiere zu retten. Nach dem ersten Durchlauf des Spiels folgt eine Reflexionsphase. Die Teilnehmer erhalten in einer zweiten Spielrunde die Möglichkeit, ihr Verhalten anzupassen und in veränderter Form einzuüben, und bekommen ein erneutes Feedback über ihr Verhalten. So können sie aus ihren Fehlern lernen und ihr Verhalten in Krisensituationen verbessern (Muzur 2005, S. 48 ff.).

Neben den vorgestellten Methoden zur Verhaltensmodifikation gibt es eine ganze Reihe weiterer Möglichkeiten, auf die hier nicht weiter eingegangen werden kann. Ausführliche Informationen finden sich z.B. bei Fliegel et al. 1998.

4 Erfolgsfaktoren für Verhaltenstrainings

Nachdem bereits einige theoretische Grundlagen für die Veränderung von Verhalten dargestellt und wirksame Methoden für Trainings vorgestellt wurden, geht es hier darum, was erfolgreiche Trainings für ein Unternehmen ausmachen. Der Fokus liegt auf Maßnahmen, durch die Trainings erfolgreicher in der Personalentwicklung eingesetzt werden können.

4.1 Evaluation, Lernen und Transfer

Um den Erfolg eines Trainings zu messen, muss dieses evaluiert werden. Kirkpatrick unterscheidet vier Ebenen der Evaluation (nach Gülpen 1996, S. 30, Meier 2007, S. 65):
1. *Zufriedenheit und Reaktion der Teilnehmer*: Diese Ebene wird üblicherweise im direkten Anschluss an ein Training erhoben. Allerdings kann das Ergebnis über eine Legitimation des Trainings nicht hinausgehen.

2. *Lernerfolg* (Voraussetzung für die Anwendung): Eine Kontrolle des Gelernten anhand vorher gesetzter Lernziele ist durch Tests, Beobachtung oder Rollenspiele messbar.
3. *Transfer und Verhalten*: Die Übertragung des Gelernten in den Arbeitsalltag ist beispielsweise durch Beobachtung und Befragungen zu messen. Dabei ist zu beachten, dass der Teilnehmer den Transfer höher einschätzen wird als Außenstehende und diese Differenz mit zunehmendem zeitlichem Abstand zum Training abnimmt.
4. *Unternehmenserfolg*: Ein Beitrag des Trainings zum Unternehmenserfolg ist Ziel der Trainingsmaßnahme aus Sicht der Personalentwicklung. Er ist an Kennzahlen ablesbar, z.B. Kosten, Fehlzeiten, Fehlern, Verkaufserfolge.

Unter Lernen wird der erfahrungsbedingte und relativ dauerhafte Aufbau bzw. die Veränderung des Verhaltens durch Beobachtung oder Übung verstanden (Mudra 2004, S. 341 ff.). »Unter Transfer als Ergebnis versteht man den Unterschied zwischen den Resultaten der Tätigkeit A vor der Bildungsmaßnahme und nach der Bildungsmaßnahme (Tätigkeit A´) andererseits« (Mudra 2004, S. 397). Um die Trainingsinhalte in den beruflichen Alltag transferieren zu können und somit Auswirkungen auf den Unternehmenserfolg zu erhalten, muss man sie in der Tat im Training gelernt haben. Kein Zusammenhang konnte hingegen zwischen Teilnehmerzufriedenheit und Lernerfolg nachgewiesen werden (Gülpen 1996, S. 264). Teilnehmerzufriedenheit ist also sicherlich wünschenswert, sollte aber in Unternehmen keine herausragende Rolle spielen. Sie wird in ca. 80 Prozent der Unternehmen nach dem Training gemessen. Von Evaluationen, die über die Teilnehmerzufriedenheit hinausgehen, wird meist abgesehen (China 2003, S. 47).

Da Verhaltenstrainings Kosten verursachen, ist es sinnvoll sie auch auf ihre Wirkung hin zu evaluieren. Dazu sollten die Ebenen des Lern- und Transfererfolges gemessen werden. Es ist meist zu aufwändig, die Erhebung von Unternehmenserfolg einzubeziehen. Über den Umfang der Messungen gehen die Meinungen in der Fachliteratur auseinander. In jedem Fall stehen eine Reihe von Methoden mit unterschiedlichem Umfang zur Verfügung (Meier 2007, S.66 ff.). Jedes Unternehmen sollte individuell abwiegen, welche Daten für ausreichend erachtet werden.

Im Weiteren soll der Schwerpunkt darauf gelegt werden, was getan werden kann, um den Transfer zu erhöhen. »Transfersicherungsmechanismen scheinen bisher kaum in Unternehmen implementiert zu sein. Gerade 15 Prozent der Befragten berichteten von Follow-up-Veranstaltungen, nur erschreckende 7,5 Prozent von einem Reviewgespräch mit Vorgesetzen. 60 Prozent haben in ihrem Unternehmen keinerlei Transfermaßnahmen erlebt« (Kitzing/Schnitzler 1998, zitiert nach Regnet 2002, S. 192).

4.2 Einflussnahme durch das Unternehmen, die Mitarbeiter und Trainer

Das Unternehmen, meist die Personalentwicklungsabteilung, wählt als Auftraggeber das Training, den Trainer und die Mitarbeiter aus und setzt damit den Rahmen für das Verhaltenstraining. Außerdem wird hier entschieden, in welchem Umfang eine

Transferevaluation durchgeführt wird und inwieweit die Ergebnisse Konsequenzen haben. Auch Maßnahmen zur Erhöhung des Transfers werden hier verantwortet (Meier 2007, S.69 ff.). Hilfreich bei der Auswahl für Unternehmen: Ein guter Trainer geht schon im Vorgespräch auf Transfermaßnahmen ein, da sie ein fester Bestandteil seines Trainingsselbstverständnisses sein sollten.

Die teilnehmenden Mitarbeiter stehen im Mittelpunkt des Trainings und seiner Wirkung auf das Unternehmen. Ihre Bereitschaft und Motivation sind Voraussetzung für die Veränderung ihres Verhaltens (Wagner 2002, S. 101 f., Nolting/Paulus 2004, S. 138 ff.). Gülpen nennt als wichtige Faktoren auf Teilnehmerseite: Lernbereitschaft, persönliche und fachliche Eignung, wahrgenommene Aktualität des Themas und den Trainingsnutzen. Dementsprechend sollten die Teilnehmer ausgewählt werden (Gülpen 1996, S. 12 und 262 ff.).

»Der *Trainingserfolg* wird signifikant durch den Trainer beeinflusst« (Gülpen 1996, S. 259). Er ist ein Vorbild und sollte daher methodische, didaktische, soziale und fachliche Kompetenzen aufweisen. Wichtig ist ein individuell auf das Unternehmen zugeschnittenes Trainingskonzept, wozu entsprechende Kenntnisse und Absprachen d.h. bereits im Vorfeld eine gute Kooperation nötig ist (Beck/Schwarz 2004, S. 225 ff.).

Hinsichtlich der Verteilung der Verantwortung gilt: Der Auftrag wird vom Unternehmen bzw. der Personalabteilung gegeben. Die Verantwortung liegt demnach bei den entsprechenden Personen. Das beinhaltet eine Bedarfsanalyse und die Auswahl der Mitarbeiter, die am Training teilnehmen werden. Ein Austausch über den Trainingsbedarf ist sowohl mit den Teilnehmern als auch mit dem Trainer notwendig. Zwischen Mitarbeitern und Personalentwicklung sollten Gespräche über die Entwicklungsziele geführt werden. Auch der Trainer muss die Ziele kennen, welche der Mitarbeiter eigenverantwortlich im Training verfolgt und im Unternehmen verwirklichen sollte. Sicherlich ist er hier auch auf Unterstützung angewiesen (Wagner 2002, S.95 ff.). »Der Trainer trägt die Verantwortung für die Gestaltung des Entwicklungsprozesses anhand der Zielsetzungen und Vereinbarungen und muss Möglichkeiten zur Weiterentwicklung ermöglichen« (Meier 2007, S. 71).

4.3 Modell der Wirkungskette von Transferfaktoren

Dieses Modell stellt Einflussfaktoren und Voraussetzungen für den Transfer neu erlernter Verhaltensweisen dar (Abb. 2). Im mittleren Kasten sind Faktoren oder Ebenen aufgezeigt, die in der angegebenen Reihenfolge (Pfeilrichtung) einander beeinflussen (fördern) bzw. Voraussetzung für die nächste Stufe sind und somit letztendlich auf den Transfer Einfluss nehmen. An den einzelnen Faktoren können nun Maßnahmen ansetzen, um den Transfer zu erhöhen. Methoden, die im Training verwendet werden, können an allen Ebenen wirken. Das Modell ist auch geeignet um zu überprüfen, welche Maßnahmen oder Hemmnisse im Unternehmen für den Transfer vorliegen (Meier 2007, S. 72 f.). Auf einige Maßnahmen wird im Folgenden genauer eingegangen.

Abb. 2: Wirkungskette der Transferfaktoren (Meier 2007, S. 72)

4.4 Lern- und Transfererfolg vor der Maßnahme fördern

Zunächst ist eine *Bedarfsanalyse* angezeigt. Erforderliche Fähigkeiten werden von der Personalentwicklung erhoben und mit den vorhandenen Kompetenzen verglichen (Soll-Ist-Vergleich). »Geschieht keine Bedarfsermittlung bzw. besteht kein Bedarf, so kann, selbst wenn der Mitarbeiter etwas gelernt hat, kein Transfer stattfinden, da es keinen Raum im Arbeitsfeld gibt, bei dem er die neuen Fähigkeiten anwenden kann« (Meier 2007, S. 76).

Allen beteiligten Parteien sollten die *Ziele* des Trainings klar sein. Außerdem sollten sie beispielsweise »smart« – spezifisch, messbar, akzeptabel, realistisch und terminiert sein (China 2003, S. 45 f.). Der Trainer muss das Trainingskonzept an den Zielen ausrichten. Diese bilden ebenfalls die Grundlage für die spätere Transferevaluation.

Für Bedarfsanalyse und Zielsetzung ist eine *Kooperation* aller Beteiligten sinnvoll. Teilnehmer und direkte Vorgesetzte sollten in die Entscheidung einbezogen und die Gesprächsergebnisse mit dem Trainer besprochen werden (Meier 2007, S. 77 f.). Wird dabei bereits die Relevanz des Trainings hervorgehoben und eine Zielvereinbarung festgeschrieben, so ist ein weiterer Schritt zur Transferförderung erreicht (Gülpen 1996, S. 273). In die Vorbereitung sollte auch das Umfeld einbezogen werden, z.B. indem Kollegen informiert und auf Veränderungen vorbereitet werden (Burger 2005, S. 328 f.).

Es gibt bei der Planung eine Reihe von *Aspekten*, die zu beachten sind, wenn das Training erfolgreich sein soll:

- Die maximale Teilnehmerzahl pro Trainer sollte zwölf nicht überschreiten (Mudra 2004, S. 380). Zeitlich verteilte Trainingseinheiten z.B. mehrstufige Trainings sind einmaligen Kompaktseminaren vorzuziehen (Becker 2002, S. 223). In diesem Zusammenhang geht der Trend momentan zu Blended Learning, einer Mischung aus Präsenzseminaren und E-Learning. In der Praxis sind einmalige Verhaltenstrainings als Blockveranstaltung allerdings die Regel (Meier 2007, S. 105 ff.). Trainings, die in mehreren Lernblöcken stattfinden, haben den Vorteil, dass die Teilnehmer sich das Erlernte in kleinen Lernschritten aneignen und direkt in der Praxis anwenden können. Mit diesen Erfahrungen können sie in die nächste Lerneinheit gehen und weiter an ihrem Verhalten arbeiten sowie Schwierigkeiten besprechen. Dies wird dem Prozesshaften von Verhaltensveränderungen gerechter (Beck/Schwarz 2004, S. 227 ff., Rosenstiel 1996, S. 55).
- Der Zeitpunkt sollte nicht in stressige Arbeitsphasen des Mitarbeiters fallen, da er ansonsten nicht genug Ressourcen für eine Verhaltensveränderung frei hat. Es sollte möglichst so liegen, dass das neue Verhalten zeitnah nach dem Training im Berufsalltag angewandt werden kann. Beides erhöht die Transferwahrscheinlichkeit (Meier 2007, S. 78). Es sollte eine in Bezug auf Lernziele, Bildungsniveau und Vorkenntnisse möglichst homogene Lerngruppe zusammengestellt werden (Mentzel 2005, S. 232 ff., Regnet 2002, S. 202).

4.5 Lern- und Transfererfolg während des Trainings fördern

Welche Aspekte sollten im Training beachtet werden, um den Transfer nach dem Training zu erhöhen? Dazu gibt es in der Literatur eine Reihe von allgemeinen Empfehlungen, die vor allem darauf abzielen, das Training so zu gestalten, dass es dem menschlichen Lernen mit seiner begrenzten Aufnahmefähigkeit gerechter wird. Dazu zählen beispielsweise konkret zu beginnen und erst im weiteren Verlauf zu abstrahieren, Wiederholungen, Visualisieren und schriftliches Festhalten, Struktur, Übersicht, praktisches Üben bzw. Anwenden und die Teilnehmer aktiv einzubeziehen (Nolting/Paulus 2004, S. 127 ff., Mietzel 2003, S. 119 ff.).

Die weiteren Aspekte greifen das Modell der Wirkungskette von *Transferfaktoren* auf (Abb. 2).

Methoden sollten abhängig von den Zielen, Rahmenbedingungen und der Gruppengröße gewählt werden. Durch Variation bleibt zum einen die Neugier und Aufmerksamkeit der Teilnehmer erhalten, zum anderen werden verschiedene Lerntypen einbezogen (Bundschuh 2003, S. 183). Besonders geeignet sind Methoden, die Reflexion beinhalten, dem Teilnehmer *Feedback* über sein Verhalten geben, Transfer thematisieren sowie Handlungspläne und Hausaufgaben zur Anwendung beinhalten (Meier 2007, S. 79 f.).

Die vom Teilnehmer subjektiv wahrgenommene Ähnlichkeit zwischen Situationen im Training und Berufsalltag hängen positiv mit dem Transfer zusammen. Daher sollte das Training auf die Ziele und den *Arbeitsalltag* im Unternehmen ausgerichtet werden (Bergmann 2003, S. 270 ff.). Wenn der Trainer bereits während des Trainings die Aktualität und den Nutzen der Übungen thematisiert, wird die Relevanz des Trainings für die Teilnehmer gefördert (Gülpen 1996, S. 260). In der Literatur herrscht Einigkeit darüber, dass die vom Teilnehmer wahrgenommene persönliche Relevanz des Trainings für den Lernerfolg elementar ist. Diese kann durch Praxisbezug, Nachvollziehbarkeit, Wichtigkeit bzw. Nutzen des Themas sowie Struktur und Übungen im Training gefördert werden. Dies ist gelungen, wenn die Teilnehmer sich und ihre Probleme im Training wiederfinden. (Mudra 2004, S. 350, Gülpen 1996, S. 282, China 2003, S. 45). Um dem gerecht zu werden, sollte der Trainer zu Beginn die Erwartungen und Situationen der Teilnehmer abfragen, mit ihnen gemeinsam Ziele festschreiben und den Transfer thematisieren bzw. Möglichkeiten für den Transfer und die Transfersicherung mit ihnen erarbeiten (Kießling-Sonntag 2003, S. 391). Eine gute Methode dafür ist auch der »Brief an sich selbst«, den die Teilnehmer am Ende eines Trainings schreiben und der ihnen nach einigem zeitlichen Abstand zum Training vom Trainer zugeschickt wird.

Neben dem positiven Bezug, der hier aufgebaut wird und die *Akzeptanz* fördert, ist es wichtig, dass auch der vom Teilnehmer zu erbringende Aufwand klargestellt wird. Veränderungen benötigen Einsatz und Mühe dessen, der sich verändern möchte. Die alleinige Teilnahme am Training reicht nicht aus, um Veränderung und Nutzen zu erzielen (China 2003, S. 45).

Regeln im Umgang miteinander und eine Atmosphäre, in der jeder angstfrei sein Verhalten ausprobieren kann, sind ebenfalls Grundlagen für die Akzeptanz beim Teilnehmer (Wagner-Link 2001, S. 42 ff.).

Emotion und *Motivation* sind eng miteinander verknüpft. Die Teilnehmer sollten möglichst angenehme Emotionen im Training haben, da beispielsweise Angst das Lernen behindern kann. Die vorher genannten Aspekte haben bereits einen erheblichen Einfluss auf die Emotionen im Training. Diese können weiter durch den Trainer gefördert werden, indem dieser operante Verfahren einsetzt, z.B. positive Rückmeldungen gibt. Außerdem erfährt der Teilnehmer so, ob er auf dem richtigen Weg ist. Die Rückmeldung sollte sich am konkreten Verhalten und der individuellen Weiterentwicklung des Teilnehmers orientieren, damit keine Konkurrenz in der Gruppe geschürt wird. Auch Zielsetzungen, die während des Trainings erreicht werden, erhöhen positive Emotionen und wirken sich auf die Motivation der Teilnehmer aus.

Neben den bereits genannten Faktoren wirkt es sich positiv auf das Lernen aus, wenn die Teilnehmer durch Informationen, viel anwendungsbezogenes Üben und Reflexion, Spaß am Lernen sowie Raum zum Experimentieren intensiv beteiligt werden. Zudem sind Pausen nach spätestens 90 Minuten empfehlenswert (Meier 2007, S. 82 ff.).

Direkt auf den Transfer wirken sich die folgenden Aspekte aus: Widerstände bei der Umsetzung sollten thematisiert werden, damit die Teilnehmer darauf gefasst sind. Gleiches gilt für Rückschläge, d.h. den Rückfall in alte Verhaltensmuster. Für beide Fälle sollten Situationen durchgesprochen und Umgangsweisen sowie Notfallpläne erarbeitet werden. Hilfreich sind auch konkrete Veränderungspläne und Patenschaften. Die Teilnehmer sollten die Grenzen des Transfers kennen, um im Berufsalltag keine Enttäuschung zu erleben. Außerdem erhöht *Metakognition* die Transferwahrscheinlichkeit. Dazu zählt z.B. das Anwenden des Gelernten auf verschiedene Beispiele und Situationen (Meier 2007, S. 84 ff.).

4.6 Lern- und Transfererfolg nach dem Training fördern

»Insgesamt hat alles einen positiven Effekt, was an das Training erinnert und den Prozess der Verhaltensänderung aufrechterhält« (Meier 2007, S. 88). »Der Phantasie jener, die das Training zu verantworten haben, aber auch der Phantasie der Trainierten selbst sind kaum Grenzen gesetzt, wenn Maßnahmen erdacht werden sollen, die den Lerntransfer sichern« (Rosenstiel 1996, S. 54). Es folgt eine Auswahl von Faktoren, die den Transfer nach Beendigung des Trainings fördern (Meier 2007, S. 88 ff.):

- Zielvereinbarungen,
- Reflexion (Ist-Soll-Vergleiche),
- Unternehmensumfeld und -kultur,
- Gespräche,
- Lernpatenschaften,
- Lernkultur im Unternehmen,
- Erfahrungsaustausch,
- Raum und Bedarf für neues Verhalten,
- Rückhalt, Feedback und Vorbild durch den Vorgesetzten,
- Führungsstil,
- Coaching,
- Unterstützung durch Personen im Umfeld,
- Abbau von Hemmfaktoren im Unternehmen,
- Follow-up-Veranstaltungen (nach ca. acht Wochen),
- Interviews,
- Teilnehmernetzwerke und Plattformen,
- Erreichbarkeit des Trainers über das Training hinaus (im Fall von Problemen, Fragen) sowie
- Unterstützungsmöglichkeiten für die Mitarbeiter.

Wenn die Teilnehmer in den Prozess eingebunden werden, können sie sich selbst Maßnahmen überlegen, die am besten zu ihnen passen. Der Trainer kann entsprechende Impulse und Anleitung geben. Außerdem können Absprachen mit der Personalabteilung bzw. den Vorgesetzten und gegebenenfalls weiteren Personen getroffen werden.

5 Risiken

Im Bereich von Verhaltenstrainings gibt es wenige rechtliche Vorgaben (Malmendier 2003, S. 13). Da es bei Verhaltenstrainings darum geht, Entscheidungen und Verhalten von Menschen zu beeinflussen und immer auch *Werte* zu vermitteln, ist es von großer Bedeutung, sich der Verantwortung und auch der Risiken bewusst zu sein. In jedem Fall sollte der Teilnehmer aus einer freien Entscheidung heraus an dem Training teilnehmen und sein Verhalten verändern wollen. Dazu benötigt er ausreichende Informationen, die möglichst realistisch die Möglichkeiten, den Aufwand und die Probleme darlegen (Meier 2007, S. 92 f.). Da in diesem Feld viel Geld zu verdienen ist, finden sich auch hier unseriöse Anbieter und sektenähnliche Strukturen (Schwertfeger 1998). Das Training sollte ohne Methoden der *Manipulation* und ohne den Einsatz von Gruppendruck gestaltet sein. Außerdem ist ausreichend Zeit einzuplanen, um auf die Bedürfnisse der Teilnehmer und ihre Emotionen einzugehen. In der Planung des Trainings ist daher die richtige Mischung zwischen Struktur und Flexibilität zu berücksichtigen. Der Trainer sollte seine Position nicht ausnutzen, um das Verhalten von Teilnehmern nach seiner Vorstellung zu formen (Meier 2007, S. 93 ff.). Weitere Einschätzungen zu den Risiken von Trainings finden sich im Beitrag zum Training off the Job in diesem Buch.

6 Trainingsübersicht

Da im Rahmen dieses Buches nicht detailliert auf einzelne Trainings eingegangen werden kann, soll die Abbildung 3 einen Überblick geben und als Orientierung dienen, welche Trainings in den Bereich der Verhaltenstrainings einzuordnen sind, welche Ziele sie verfolgen und wann sie üblicherweise eingesetzt werden. Beispielhaft werden Themenfelder genannt, die in den Trainings behandelt werden sowie die theoretischen Grundlagen, auf deren Basis das Verhalten in den entsprechenden Bereichen verändert werden soll. Auch geeignete und bewährte Methoden, (die entsprechend häufig eingesetzt werden), finden sich in der Abbildung 3. Das Thema Outdoor-Training wird ausführlich in einem anderen Beitrag dieses Buches behandelt.

Training	Ziele	Themen	Theoretische Grundlagen	Methoden	Einsatz
Kommunikationstraining	Sprecher- und Zuhörerfähigkeiten verbessern	Gesprächsregeln, Gesprächsfehler, Kontakte, Selbstdarstellung, aktives Zuhören, Ich-Botschaften, Feedback	Transaktionsanalyse (Berne), Theorien nach Schulz von Thun, Themenzentrierte Interaktion (Cohn), Johari-Fenster (Luft/Ingham)	Stegreifübungen, Rollenspiele, Videoanalysen, Reflexionsanleitung	Zur Verbesserung der Kommunikationsfähigkeit und des Sozialverhaltens, Grundlagentraining für andere Trainings, insbesondere für Führungskräfte, Teamarbeit und Vertrieb

Training	Ziele	Themen	Theoretische Grundlagen	Methoden	Einsatz
Konflikttraining	Effizienzverbesserung im menschlichen Miteinander im Berufsalltag	Problemwahrnehmung, Reaktionsmöglichkeiten, Umgangsformen und Vorgehensweisen bei Konflikten, Konfliktentstehung, Gruppenprozesse	Stufen des Konfliktverlaufes (Glasl), Moderation, Mediation	Theorievermittlung, Rollenspiele, Arbeit mit Beispielen und Erfahrungsaustausch	Bei Konflikten, kontinuierliches Trainingsangebot sinnvoll um Konfliktkultur im Unternehmen zu etablieren und so Effizienz zu erhöhen
Persönlichkeitstraining (vgl. auch Training off the Job)	Spezielle Verhaltensweisen bzw. -gewohnheiten verändern	Verhaltensweisen und -veränderung, Rahmenbedingungen, Stress, Zielsetzungen, Handlungspläne	Stimuluskontrolle, Selbstaufmerksamkeit, kognitive Theorien	Tagebuch schreiben, Verhaltens-, Verstärkeranalysen, Feedback, Theorievermittlung	Wunsch des Mitarbeiters nach Verhaltensänderung, Unterstützung
Training sozialer Kompetenzen	Aktive, bedürfnisgerechte und zielführende Interaktion	Selbstbehauptung, Durchsetzungsfähigkeit, Selbstsicherheit, Beziehungen und Kontakte, Vermeidungsverhalten	Typen sozialer Kompetenz, Gruppentraining sozialer Kompetenzen (Hintsch/Pfingsten)	Erklärungsmodelle, Rollenspiele, Videofeedback, Hausaufgaben, Entspannungsübungen, Diskriminationsaufgaben	Kontinuierliches Angebot ist sinnvoll um das Betriebsklima und Miteinander der Mitarbeiter zu verbessern
Selbstmanagement (vgl. auch Training off the Job)	Befähigt werden, sich selbst weiterzuentwickeln und mit Problemen umzugehen, sich selbst steuern, Work-Life-Balance verbessern	Selbstbeobachtung und -bewertung, Konsequenzen, Planung	Selbstregulation und -steuerung, kognitive und operante Theorien, Bedürfnispyramide (Maslow)	Selbstbeobachtung, Protokolle, Stimuluskontrolle, soziale Kontrakte, Lernpatenschaften	Mitarbeiter ist motiviert sich zu verändern, Konflikte mit dem eigenen Verhalten, Unzufriedenheit
Outdoor Training (vgl. auch Outdoor Training)	Gemeinschaftserleben, Verhalten sozialisieren, Herausforderungen bewältigen, Grenzen erfahren bzw. überschreiten, Selbstvertrauen erhöhen, Reflektionskultur verbessern	Motivation, Emotionen, Gruppenmoral, Gruppenstrukturen und -abläufe, Ziele, Vertrauen, Umgang mit Fehlern	Kompfortzone und Muster verlassen, Grenzerfahrungen, Erlebnispädagogik, Lernen an eigenen Erfahrungen und unmittelbarer Rückmeldung und Konsequenzen	Meist hohe physische Aktivität bei den Übungen, anschließende Reflexion und Transfersicherung	Teamentwicklung, Konflikte, Führungskräfteentwicklung, Veränderungsprozesse

Training	Ziele	Themen	Theoretische Grundlagen	Methoden	Einsatz
Teamentwicklung	Team entwickeln, Vertrauensaufbau, Vorgehensweisen analysieren, sowie Stärken und Schwächen, Zielklärung, Prozessanalyse, Rollenklärung	Kommunikation, Konflikte, Feedback, Reflexion, Verantwortung, Empathie, Zielsetzung, Prozesse, Gruppendynamik	Phasen der Teambildung (Tuckmann, vgl. auch Kommunikations-, Konflikttraining sowie Training sozialer Kompetenz)	Gruppenarbeit und Videofeedback (vgl. Kommunikations-, Konflikttraining, sowie Training sozialer Kompetenz und Outdoor Training)	Vor, bzw. während der Teamarbeit/ Projekten
Führungskräftetraining	Verbesserte Selbstreflektion, Konfliktfähigkeit und Kommunikation	Feedback, Stärken- und Schwächenanaylse, Wertesystem, Kooperation	Reifegradmodell (Hersey/ Blanchard), Stresstheorie (Selye), Mangerial Grid (Blake/Mouton) (vgl. auch Kommunikations- und Konflikttraining)	Informationsvermittlung, Gruppenarbeiten, Workshops, Austausch und Diskussionen	Nachwuchsentwicklung, Führungskräfteentwicklung, Führungskräfteweiterentwicklung

Abb. 3: Übersicht Verhaltenstrainings (eigene Darstellung)

7 Verhalten mit geeigneten Methoden verändern

Es wurde herausgearbeitet, dass geeignete Methoden aus Psychologie und Pädagogik zur Verfügung stehen, Verhalten von Menschen zu verändern, wenn diese von sich aus dazu gewillt sind. Die Verantwortung für den erfolgreichen Einsatz eines Verhaltenstrainings im Kontext der Personalentwicklung tragen die Personalentwicklungsabteilung, der Trainer der Maßnahme und die teilnehmenden Mitarbeiter. Auch das System bzw. das direkte Umfeld des Mitarbeiters beeinflusst die Übertragung des Gelernten in das berufliche Umfeld. Da Kosten durch Trainingsmaßnahmen zumeist auf Seiten des Unternehmens entstehen, ist es sinnvoll, die Wirkung, d.h. sowohl den Lern- als auch den Transfererfolg, zu messen. Es sollte eine entsprechende Evaluation durchgeführt und eine Reihe von Maßnahmen im Unternehmen implementiert werden, welche die Transferwahrscheinlichkeit erhöhen. Dazu wurden Maßnahmen dazu vorgestellt, die vor, während oder nach dem Training ansetzen. Ebenfalls sollten bereits bei der Planung die Risiken solcher Trainingsmaßnahmen berücksichtigt werden.

Literatur

Beck/Schwarz 2004: Beck, R. und Schwarz, V.: Personalentwicklung: Führen, Fördern, Fordern, 2. Auflage, Augsburg 2004.
Becker 2002: Becker, M.: Personalentwicklung, 3. Auflage, Stuttgart 2002.
Bergmann 2003: Bergmann, G.: »Bildungscontrolling – Transfer – Evaluation«, in: Hoffmann, L. M. und Regnet, E. (Herausgeber): Innovative Weiterbildungskonzepte: Trends, Inhalte und Methoden der Personalentwicklung in Unternehmen, 3. Auflage, Göttingen, Bern, Toronto, Seattle 2003, S. 267–279.
Birker 2000: Birker, K.: Betriebliche Kommunikation, 2. Auflage, Berlin 2000.
Bundschuh 2003: Bundschuh, K.: Emotionalität, Lernen und Verhalten: Ein heilpädagogisches Lehrbuch, Bad Heilbrunn/Obb 2003.
Burger 2005: Burger, B.: Lernen um anzuwenden: Zur Förderung des Praxistransfers sozialkommunikativer Kompetenzen, Paderborn 2005.
China 2003: China, R.: »Wie Trainingsinvestitionen bessere Zinsen bringen«, in: Personalwirtschaft, Heft 10/2003, S. 44–48.
Dörner 2000: Dörner, D.: Die Logik des Misslingens: Strategisches Denken in komplexen Situationen. 13. Auflage, Reinbek bei Hamburg 2000.
Ehlers 2000: Ehlers, A.: »Psychologische Grundlagen der Verhaltenstherapie«, in: Margraf, J. (Herausgeber): Lehrbuch der Verhaltenstherapie, Band 1: Grundlagen, Diagnostik, Verfahren, Rahmenbedingungen, 2. Auflage, Berlin, Heidelberg, New York 2000.
Fiegel et al. 1998: Fliegel, S. et al.: Verhaltenstherapeutische Standardmethoden, 4. Auflage, Weinheim 1998.
Gülpen 1996: Gülpen, B.: Evaluation betrieblicher Verhaltenstrainings unter besonderer Berücksichtigung des Nutzens, München, Mering 1996.
Heckmair/Michl 1998: Heckmair, B. und Michl, W.: Erleben und Lernen: Einstieg in die Erlebnispädagogik. 3. Auflage, Neuwied, Kriftel, Berlin 1998.
Hieronimus/Scholtes 2001: Hieronimos, S. und Scholtes, T.: »Bitburger im Hochseilgarten«, in: Management und Training 2001, Heft 08/2001, S. 34–37.
Kießling-Sonntag 2003: Kießling-Sonntag, J.: Handbuch Trainings- und Seminarpraxis, Berlin 2003.
Maercker 2000: Maercker, A.: »Entspannungsverfahren«, in: Margraf, J. (Herausgeber): Lehrbuch der Verhaltenstherapie, Band 1: Grundlagen, Diagnostik, Verfahren, Rahmenbedingungen, 2. Auflage, Berlin, Heidelberg, New York 2000, S. 397–416.
Malmendier 2003: Malmendier, M.: Kommunikations- und Verhaltenstrainings in Orgnisationen: Zur Interventionspraxis in der Personalentwicklung, Frankfurt, New York 2003.
Meier 2007: Meier, N.: Verhaltenstrainings in der Personalentwicklung: Erfolgskriterien und Transfersicherung, München, Mering 2007.
Mentzel 2005: Mentzel, W.: Personalentwicklung: Erfolgreich motivieren, fördern und weiterbilden, 2. Auflage, München 2005.
Mietzel 2003: Mietzel, G.: Pädagogische Psychologie der Lernens und Lehrens, 7. Auflage, Göttingen, Bern, Toronto, Seattle 2003.
Mudra 2004: Mudra, P.: Personalentwicklung: Integrative Gestaltung betrieblicher Lern- und Veränderungsprozesse, München 2004.
Muzur 2005: Muzur, L.: »Krisenmanagement auf dem Kreuzfahrtschiff«, in: Psychologie Heute, Heft 10/2005, S. 48–53.
Nolting/Paulus 2004: Nolting, H.-P. und Paulus, P.: Pädagogische Psychologie, 3. Auflage, Stuttgart 2004.
Pauli/Rau/Birbaumer 2000: Pauli, P., Rau, H. und Birbaumer, N.: Biologische Grundlagen der Verhaltenstherapie, in: Margraf, J. (Herausgeber): Lehrbuch der Verhaltenstherapie, Band 1: Grundlagen, Diagnostik, Verfahren, Rahmenbedingungen, 2. Auflage, Berlin, Heidelberg, New York 2000.
Regnet 2002: Regnet, E.: »Neue Methoden in der Weiterbildung«, in: Becker, M. und Schwertner, A. (Herausgeber): Personalentwicklung als Kompetenzentwicklung, München, Mering 2002, S. 187–204.
Renner 2003: Renner, H.-G.: »Die Transfersicherung«, in: Renner, H.-G. und Strasmann, J. (Herausgeber): Das Outdoor-Seminar in der betrieblichen Praxis, 2. Auflage, Hamburg 2003, S. 27–43.
Rosenstiel 1996: Rosenstiel von, L.: »Führungsverhalten: Feststellung – Wirkung – Veränderung«, in: Voß, B. (Herausgeber): Kommunikations- und Verhaltenstrainings, 2. Auflage, Göttingen 1996, S. 36–56.
Scharpf 1999: Scharpf, R.: Training und Transfer: Lernen, Anwenden und die Bedeutung fähigkeitsbezogener Kognitionen, München, Mering 1999.

Sonntag/Stegmaier 2001: Sonntag, K. und Stegmaier, R.: »Verhaltensorientierte Verfahren in der Personalentwicklung«, in: Schuler, H. (Herausgeber): Lehrbuch der Personalpsychologie, Göttingen, Bern, Toronto, Seattle 2001, S. 281–304.

Strasmann 2003: Strasmann, J.: »Die zehn Outdoor Erfolgsfaktoren«, in: Renner, H.-G. und Strasmann, J. (Herausgeber): Das Outdoor-Seminar in der betrieblichen Praxis, 2. Auflage, Hamburg 2003, S. 20–26.

Wagner 2002: Wagner, M.: »Transfer 1: Wer hat den Affen auf der Schulter sitzen? – Die Verantwortung für den Transfer«, in: Schad, N. und Michl, W. (Herausgeber): Outdoor-Training: Personal- und Organisationsentwicklung zwischen Flipchart und Bergseil, Neuwied, Kriftel 2002, S. 94–103.

Wagner-Link 2001: Wagner-Link, A.: Kommunikation als Verhaltenstraining: Arbeitsbuch für Therapeuten, Trainer und zum Selbsttraining. 2. Auflage, Stuttgart 2001.

D.10 Förderkreis, Talent- und Karrieremanagement
– am Beispiel der Bosch-Gruppe

Joachim Nickut */Martin Sach***

1 Personalentwicklung bei Bosch
    1.1 Ziele und Grundsätze der Personalentwicklung
    1.2 Instrumente der Personalentwicklung
        1.2.1 Mitarbeitergespräch
        1.2.2 Mitarbeiterentwicklungsgespräch
        1.2.3 Mitarbeiterentwicklungsdurchsprache

2 Förderkreis
    2.1 Kompetenzmodell
    2.2 Struktur des Förderkreises
    2.3 Potenzial-Validierungs-Meeting
    2.4 Fördergespräch
    2.5 Mitarbeiterentwicklungsseminar
        2.5.1 Organisation und Ablauf
        2.5.2 Beobachterkonferenz und Feedback

3 Fördermaßnahmen
    3.1 Coaching-Module
        3.1.1 Coaching-Modul 1: Persönlichkeitstest SELF-BF in TESYS-online/ TESYS-360
        3.1.2 Coaching-Modul 2: Reflexion und Training

---

* Joachim Nickut studierte Berufs- und Betriebspädagogik an der Hochschule der Bundeswehr in Hamburg und war als Offizier tätig. Danach trat er als Personalreferent in die Bosch-Gruppe ein und avancierte schließlich zum Leiter Personalwesen der Robert Bosch GmbH, Werk Blaichach. Seinen derzeitigen Arbeitsschwerpunkt bildet die Konzeption, Planung und Durchführung von Personalauswahl- und Mitarbeiterentwicklungsverfahren für Führungskräftenachwuchs im Geschäftsbereich Chassis Systems Control in Europa.

** Martin Sach studierte nach einer Ausbildung zum Industriekaufmann evangelische Theologie in Reutlingen und Tübingen. Er arbeitete im Einkauf bei Hewlett-Packard in Böblingen und als Pfarrer in Langenau (bei Ulm). Nach der Teilnahme am Studiengang Personalbetreuung und -entwicklung wurde er zunächst Personalreferent bei der Robert Bosch GmbH und dann stellvertretender Personalleiter im Werk Blaichach.

Aus Gründen der besseren Lesbarkeit wird die männliche Formulierungsvariante für beide Geschlechter verwendet.

3.1.3 Coaching-Modul 3: Abschlussgespräch über den Entwicklungsstand und Perspektiven
3.2 Entwicklungsmaßnahmen am Arbeitsplatz
3.3 Entwicklungsmaßnahmen im Förderkreis

4 Ein Regelkreis im weltweiten Wettbewerb

Literatur

1 Personalentwicklung bei Bosch

1.1 Ziele und Grundsätze der Personalentwicklung

Die Bosch-Gruppe ist ein international führendes Technologie- und Dienstleistungsunternehmen. Sie ist Anbieter von Kraftfahrzeug- und Industrietechnik sowie Gebrauchsgütern und Gebäudetechnik. Anfang 2009 beschäftigte die Bosch-Gruppe weltweit mehr als 280.000 Mitarbeiter. Sie umfasst die Robert Bosch GmbH und ihre rund 300 Tochter- und Regionalgesellschaften in über 60 Ländern. Das Unternehmen wurde 1886 als »Werkstätte für Feinmechanik und Elektrotechnik« von Robert Bosch in Stuttgart gegründet. Es steht heute für einige wesentliche Innovationen in der Automobiltechnik – die Hochdruck-Dieseleinspritzung, das Antiblockiersystem ABS oder das Elektronische Stabilitätsprogramm ESP, um nur einige Beispiele zu nennen.

Die Bosch-Gruppe ist auf weltweites Wachstum ausgerichtet. Dies lässt sich nur mit motivierten und qualifizierten Mitarbeitern sowie breit ausgebildeten Führungskräften mit internationaler Erfahrung bewältigen. Daraus ergeben sich die Schwerpunkte der Personalstrategie: ein weltweit tätiges Personalmarketing, innovative Personalentwicklungskonzepte, die früh mit der Förderung beginnen und unternehmerisches Denken auf allen Ebenen unterstützen, sowie moderne betriebliche Rahmenbedingungen, mit denen die Mitarbeiter private Lebensplanung und *Karrierewünsche* in Einklang bringen können.

Bosch versteht Mitarbeiterentwicklung als einen ständigen Prozess der Erhaltung und Weiterentwicklung der Qualifikationen, die alle Mitarbeiter zur Bewältigung gegenwärtiger und zukünftiger Aufgaben benötigen. Für Mitarbeiter mit Aufstiegspotenzial bedeutet dies die zielgerichtete Förderung zur Übernahme einer höherwertigen Aufgabe. Ebenso wichtig wie die Förderung des Aufstiegs ist die Weiterentwicklung der eigenen Leistungsfähigkeit im gegenwärtigen Aufgabengebiet oder in einer gleichwertigen internationalen Aufgabe. Initiative ist auf allen Seiten gefragt, auch wenn Mitarbeiterentwicklung in erster Linie eine Führungsaufgabe ist. Der Mitarbeiter selbst ist aber genauso aufgefordert, seine berufliche Entwicklung aktiv voranzutreiben, z.B. durch die Bereitschaft zur Übernahme anderer Aufgaben und durch Teilnahme an geeigneten Qualifizierungsmaßnahmen – auch außerhalb der Arbeitszeit. Die Personalabteilungen unterstützen hierbei die Vorgesetzten und Mitarbeiter durch Bereitstellen geeigneter Instrumente und begleiten den Prozess durch aktive Beratung und Mitwirkung bei der Umsetzung der Maßnahmen. Im folgenden Abschnitt werden zunächst die Bausteine der Mitarbeiterentwicklung dargestellt.

1.2 Instrumente der Personalentwicklung

Die Personalentwicklung bei Bosch wird durch strukturierte Gespräche eingeleitet, begleitet und vorangetrieben. In einem strukturierten Prozess greifen berufliche Weiterentwicklung über Stellenwechsel, begleitende Maßnahmen am Arbeitsplatz, ein umfangreiches Programm an Weiterbildungen und andere Maßnahmen wie z.B. Beratungsangebote ineinander. Abb. 1 zeigt das Personalentwicklungskonzept der Bosch-Gruppe mit seinen einzelnen Bausteinen.

Mitarbeitergespräch (MAG)	
Mit jedem Mitarbeiter 1-mal jährlich zwischen Mitarbeitern und Vorgesetzten	**Inhalte** ▪ Zielerreichung im vergangenen Jahr ▪ Zielvereinbarung für das folgende Jahr ▪ Rückmeldung über Leistungsverhalten ▪ Maßnahmen zur Erhaltung/Steigerung der Leistungsfähigkeit

⬇

Mitarbeiterentwicklungsgespräch (MEG)	
Auf Wunsch von Mitarbeiter, Vorgesetztem oder Personalabteilung	**Inhalte** ▪ persönliche Entwicklungsziele des Mitarbeiters im 3- bis 5-Jahreszeitraum ▪ Stärken und Steigerungsmöglichkeiten ▪ Entwicklungsmaßnahmen

⬇

Mitarbeiterentwicklungsdurchsprache (MED)	
Über alle Mitarbeiter 1-mal jährlich zwischen Vorgesetzten und Personalabteilung	**Inhalte** ▪ Potenzialeinschätzung ▪ Ergänzende Entwicklungsmaßnahmen ▪ Personalplanung

⬇

Potenzial-Validierungs-Meeting	
Über Förderkreiskandidaten Vor Aufnahme in den Förderkreis mit Vorgesetzten unterschiedlicher Funktionsbereiche	**Inhalte** ▪ Kompetenzeinschätzung ▪ Potenzialeinschätzung ▪ Entscheidung zur Förderkreisaufnahme

⬇

Fördergespräch	
Nur mit Mitarbeitern im Förderkreis Nach Aufnahme in den Förderkreis	**Inhalte** ▪ Abstimmung des Förderziels und der Fördermaßnahmen im Zeitraum von bis zu 4 Jahren

⬇

Mitarbeiterentwicklungsseminar (MES)	
Neue Mitarbeiter im Förderkreis (nur Tarif- und SL1- Mitarbeiter)	**Inhalte** ▪ Potenzialanalyse ▪ Hinweise zu Stärken und Steigerungsmöglichkeiten ▪ Vorschläge für Entwicklungs- und Fördermaßnahmen

⬇

Coaching-Module 1-3	
Neue Mitarbeiter im Förderkreis (nur Tarifmitarbeiter)	**Inhalte** ▪ Persönlichkeitstest ▪ Reflexion der MES-Ergebnisse und Training von Verbesserungspotenzialen ▪ Gespräch über Entwicklungsperspektiven

Abb.1: Instrumente der Personalentwicklung im Überblick

1.2.1 Mitarbeitergespräch

Einmal jährlich ziehen Vorgesetzter und Mitarbeiter im offenen Dialog eine Bilanz über den Stand der Zielerreichung bei Aufgaben und Projekten des vergangenen Jahres und stellen die Weichen für das kommende Jahr. Themen sind u. a. die fachlichen und persönlichen Entwicklungsmöglichkeiten des Mitarbeiters. Hier ist auch Initiative und Engagement vom Mitarbeiter gefragt. In der Zielvereinbarung, die einen wichtigen Teil des *Mitarbeitergespräches* (MAG) darstellt, verständigen sich beide Seiten auf Ziele für das kommende Jahr und legen Maßnahmen zur Unterstützung des Mitarbeiters zur Zielerreichung und Leistungssteigerung fest. Diese Vereinbarung entspricht einem kooperativen Führungsverständnis und trägt dazu bei, dass Vorgesetzte Verantwortung auf ihre Mitarbeiter übertragen. Verändern sich die Ziele vor Ablauf des Jahres, kann ein solches Gespräch auch mehrmals im Jahr geführt werden.

1.2.2 Mitarbeiterentwicklungsgespräch

Auf Wunsch des Mitarbeiters, des Vorgesetzten oder der Personalabteilung kann im Abstand von zwei bis drei Jahren ein gesondertes *Mitarbeiterentwicklungsgespräch* (MEG) stattfinden. Es dient der ausführlichen Erörterung der beruflichen Entwicklungsziele des Mitarbeiters. Er äußert seine Vorstellungen über berufliche Ziele in den kommenden drei bis fünf Jahren und diskutiert mit den Beteiligten mögliche Perspektiven und Realisierungsmöglichkeiten. Das Ziel des Gesprächs ist, eine möglichst hohe Übereinstimmung zwischen der Selbsteinschätzung des Mitarbeiters und der Beurteilung durch den Vorgesetzten und der Personalabteilung zu erreichen. Aus dieser Betrachtung von Zielvorstellungen, Stärken und Steigerungsmöglichkeiten ergeben sich realistische Entwicklungsperspektiven, die zusammen mit Entwicklungsmaßnahmen als Ergebnis festgehalten werden. Das kann zum Beispiel ein Wechsel des Funktionsbereichs sein, die Übernahme einer neuen Aufgabe, das Erreichen einer bestimmten Position oder die langfristige Weiterentwicklung im bisherigen Aufgabengebiet.

1.2.3 Mitarbeiterentwicklungsdurchsprache

Teilnehmer der *Mitarbeiterentwicklungsdurchsprache* (MED), die weltweit einmal jährlich stattfindet, sind die jeweiligen Vorgesetzten sowie die betreuende Personalabteilung. Schwerpunkte der Mitarbeiterentwicklungsdurchsprache sind die Einschätzung des persönlichen und fachlichen Entwicklungspotenzials im Quervergleich, die Abstimmung über Entwicklungsziele und -maßnahmen der einzelnen Mitarbeiter sowie Vorschläge für die Aufnahme in den Förderkreis. Die Ergebnisse der Gespräche zwischen Vorgesetzten und Mitarbeitern im Rahmen des Mitarbeitergesprächs und des Mitarbeiterentwicklungsgesprächs bilden hierbei die Grundlage. Die Potenzialermittlung zur Förderung der Mitarbeiter auf höherwertige Positionen soll dafür sorgen, dass die Bedarfsdeckung an qualifizierten Führungskräften überwiegend aus den eigenen Reihen erfolgt.

Mitarbeiterentwicklung und Personalplanung gehen so Hand in Hand. Die Geschäftsführung und die Geschäftsleitungen der einzelnen Geschäftsbereiche erhalten regelmäßig einen Überblick über den Mitarbeiterbedarf und das vorhandene Potenzial. Dadurch sind sie in der Lage, wichtige unternehmerische Entscheidungen in einem Zeitraum von etwa fünf Jahren rechtzeitig personell abzusichern und Stellenbesetzungen zu planen.

2 Förderkreis

2.1 Kompetenzmodell

Durch ständige Veränderungen der strategischen Rahmenbedingungen unterliegen auch die Personalpolitik und ihre Instrumente einem fortlaufenden Veränderungsprozess. Der hohe Bedarf an Nachwuchsführungskräften zur mittel- und langfristigen Besetzung nationaler und internationaler Führungspositionen führt dazu, dass Kompetenz und Managementqualifikationen zunehmend an Bedeutung gewinnen. Kompetenz erweitern, heißt Erfahrungen sammeln und lernen: in den täglichen Aufgaben, in der Zusammenarbeit mit Kunden, Mitarbeitern, Vorgesetzten und Kollegen sowie in Weiterbildungsmaßnahmen, die auf spezifische Anforderungen und Bedürfnisse ausgerichtet sind. Richtschnur des Handelns sind dabei Vision und Werte des Unternehmens sowie das Leitbild »BeQIK«. Darin hat Bosch selbst den Anspruch, sich

Abb. 2: Bosch-Kompetenzmodell

Kompetenzfelder	Kompetenzen	Merkmale, Indikatoren
Unternehmerkompetenz	Ergebnisorientierung	Ziel-/Ertragsorientierung, Kostenbewusstsein, Konsequenz, effiziente Umsetzung, Ressourcenmanagement, Prozesssteuerung
	Zukunftsorientierung	Strategisches Denken/Handeln, Markt-/Kundenorientierung, Innovation, Initiative, Risikobereitschaft, Veränderungsmanagement
Führungskompetenz	Führungsstärke (»Führen durch Persönlichkeit«)	Führungsanspruch, Überzeugungskraft, Durchsetzung, Entscheidungskraft, Motivations-/Begeisterungsfähigkeit, Energie, Mut, Optimismus, Stabilität, Ausstrahlung, Integrität
	Anwendung der Führungsinstrumente (»Führerschein zum Führen«)	Zielentfaltung, Delegation, Leistung beurteilen, Feedback geben, MA entwickeln, Talente erkennen und fördern, Mentoring/Coaching
Sozialkompetenz	Kooperation	Zusammenarbeit, Netzwerke schaffen und nutzen, Offenheit, Glaubwürdigkeit, Zuverlässigkeit, Wissen und Informationen teilen, Teamfähigkeit
	Kommunikation	Formulieren, kommunizieren, präsentieren, moderieren, Kontaktfähigkeit, Verhandlungsgeschick, interkulturelle Fähigkeiten, Umgang mit Konflikten
Fach-/Methodenkompetenz	Erfahrungsbreite (»Generalist«)	Überblick, funktionsübergreifende/internationale Erfahrung, interdisziplinäres Denken, Flexibilität, Projektmanagement
	Tiefe (»Spezialist«)	Analytische/intellektuelle Fähigkeiten, Spezialwissen, anerkanntes Expertentum, Kreativität, kontinuierliches Lernen

Abb. 3: Kompetenzfelder, Kompetenzen und ihre Merkmale

mit Qualität (Q) und Innovation (I) an den Kunden (K) zu orientieren. In seinem Wertekanon definiert das Unternehmen, was bei allen Veränderungen bleiben soll: Offenheit und Fairness, kulturelle Vielfalt und Vertrauen – aber auch Zukunfts- und Ertragsorientierung. Im Zusammenhang mit der Formulierung der Bosch-Werte wurde ein Kompetenzmodell erarbeitet, das für alle Führungskräfte weltweit Gültigkeit hat und die Grundlage für die Leistungs- und Potenzialeinschätzung bildet (Abb. 2).

Die vier Kompetenzfelder (Unternehmerkompetenz, Führungskompetenz, Fach- und Methodenkompetenz sowie Sozialkompetenz) sind in jeweils zwei Einzelkompetenzen untergliedert, denen zur Erläuterung eine Reihe von Merkmalen und Indikatoren zugeordnet wurden. Diese sind nicht als abschließende Definitionen zu verstehen, sondern stellen beispielhaft dar, was unter den Kompetenzen zu verstehen ist (Abb. 3).

2.2 Struktur des Förderkreises

Als innovatives Unternehmen braucht Bosch Mitarbeiter mit Potenzial für zukünftige Herausforderungen. Der weltweite *Förderkreis* bietet hierbei Mitarbeitern eine Chance, ihre beruflichen Ziele zu verwirklichen und dem Unternehmen langfristig exzellente Fach- und Führungskräfte auf allen Hierarchieebenen zu sichern. Eines der Hauptkriterien für die Förderkreisaufnahme ist die positive Einschätzung des persönlichen Entwicklungspotenzials, d.h. der Mitarbeiter zeigt erkennbares Potenzial zur Bewältigung höherwertiger Aufgaben und kann eine Position auf der nächsthöheren Ebene innerhalb von längstens vier Jahren erreichen. Überzeugt er weiterhin durch Persönlichkeit, ist er bereit, neue Aufgaben und größere Verantwortung zu übernehmen und zeigt er darüber hinaus *Mobilität* und Bereitschaft zum *Auslandseinsatz*, dann hat er gute Voraussetzungen für die Aufnahme in den Förderkreis. Förderkreiskandidaten werden im Rahmen der jährlich weltweit stattfindenden Mitarbeiterentwicklungsdurchsprache vorgeschlagen. Die Förderkreiszugehörigkeit dauert bis zu vier Jahren. Das Erreichen des Förderziels in der Führungslaufbahn ist grundsätzlich mit einem Wechsel in eine neue Aufgabe im In- oder häufig auch im Ausland verbunden, auf die sich der Mitarbeiter durch entsprechende Entwicklungs- und Fördermaßnahmen vorbereitet hat. Die Zugehörigkeit zu einer Förderkreisgruppe bezieht sich auf die derzeitige Eingruppierung (Abb. 4).

Die Rahmenbedingungen für die Förderkreisaufnahme sowie für die Durchführung des Mitarbeiterentwicklungsseminars sind in allen Standorten der Bosch-Gruppe gleich. Unterschiede treten bei der Organisation sowie den verwendeten Übungen und Zusatzmethoden auf. Im Folgenden beschreiben wir das Verfahren, wie es am Standort Immenstadt durchgeführt und weiterentwickelt wird.

Förderkreisgruppe	Struktur des Förderkreises	
	Der Förderkreis gliedert sich in fünf Gruppen	
	Förderziel	
	Einkommensgruppe	Vertragsebene
Tarif-Förderkreis	SL1	Gruppenleiter Projektleiter Fachreferent
SL1-Förderkreis (Erste außertarifliche Stufe)	SL2	Abteilungsleiter Projektleiter Referent
SL2-Förderkreis	SL3	Abteilungs- und Projektleiter (mit größerer Verantwortung) Hauptreferent
SL3-Förderkreis	SL4	Leitung (z.B. Werk, Entwicklungs-, Produktbereich Leiter Projekt
SL4-Förderkreis	SL5	Mitglied des Bereichsvorstandes Leiter Zentralbereich

Abb. 4: Struktur des Förderkreises

2.3 Potenzial-Validierungs-Meeting

Nach der Identifizierung von Förderkreiskandidaten in der Mitarbeiterentwicklungsdurchsprache findet in sogenannten Potenzial-Validierungs-Meetings (PVM) die eigentliche Einschätzung des persönlichen Entwicklungspotenzials statt. Der Vorgesetzte sowie ausgewählte Führungskräfte auch anderer Funktionsbereiche beschreiben unter Moderation eines Personalreferenten in einem *ersten Schritt* die aus ihrer Sicht beobachteten Kompetenzen des Mitarbeiters bezogen auf die aktuelle Tätigkeit und auf Basis des Bosch Kompetenzmodells (Abb.3). Dazu werden im Potenzial-

Validierungs-Meeting für jede der acht Kompetenzen sogenannte *Verhaltensdreiecke*, welche eine konkrete Arbeitssituation, das Verhalten und das dadurch erzielte Ergebnis in geeigneter Weise beschreiben, konstruiert und diskutiert (Abb. 5). Diese Phase im Potenzial-Validierungs-Meeting nimmt nicht nur die meiste Zeit in Anspruch, sondern sie bietet den Teilnehmern in besonderer Weise die Gelegenheit, die eigene Urteilskraft zu schärfen und einen gemeinsamen Maßstab zu finden.

Kommunikation					
Formulieren, kommunizieren, präsentieren, moderieren, Kontaktfähigkeit, Verhandlungsgeschick, interkulturelle Fähigkeiten, Umgang mit Konflikten					
ist gewinnend im persönlichen Kontakt, sicher im Umgang mit Menschen unterschiedlicher Ebenen; ist stilsicher und gewandt im schriftlichen und mündlichen Ausdruck; verfügt über breite kommunikative Möglichkeiten und setzt diese situationsgerecht ein					
Nr.	Situation	Verhalten	Ergebnis	Bewertung	
				Kompetenz	Potenzial
1	In monatlicher Projektbesprechung werden Informationen über den Stand des Projekts weitergegeben.	Herr Müller beschreibt den Sachverhalt zu detailliert und umständlich.	Die Teilnehmer der Projektbesprechung verlieren schnell das Interesse und langweilen sich.	2	
2	Im quartalsweisen Lieferantengespräch werden Lieferprozesse abgestimmt.	Herr Müller ist immer sehr gut vorbereitet und beschreibt Sachverhalte sehr präzise und klar.	Schwachstellen im Prozess sind von Anfang allen Beteiligten klar, durch schnelle Reaktionen ist die Prozesssicherheit gestiegen.	3	
			gesamt	3	2

Abb. 5: Liste Verhaltensdreiecke, Beispiel Kommunikation

Unter Berücksichtigung der Arbeitssituation und erzielten Ergebnisse wird dieses Verhalten dann auf einer Skala von 1 bis 5 bewertet. Der niedrigste Wert weist darauf hin, dass die Kompetenz am gegenwärtigen Arbeitsplatz nach Einschätzung der Teilnehmer am Potenzial-Validierungs-Meeting in zu geringem Ausmaß vorhanden ist bzw. zu wenig beobachtet wurde. Der höchste Wert steht für eine besonders stark ausgeprägte Kompetenz. Ein mittlerer Wert zeigt an, dass die beobachtete Kompetenz in vollem Umgang den Erwartungen entspricht. Sind alle Kompetenzen des Kompetenzmodells unter zur Hilfenahme von Verhaltensdreiecken ausreichend beschrieben und bewertet, wird die Gesamtheit der Ergebnisse mittels einer sogenannten *Kompetenzspinne* visualisiert und abschließend interpretiert (Abb. 6).

Abb. 6: Kompetenzspinne

Während die Einschätzung der Kompetenz wie oben erwähnt vor dem Hintergrund der aktuell ausgeübten Tätigkeit vorgenommen wird, erfolgt in einem *zweiten Schritt* die Beurteilung des Potenzials in der Vorausschau auf eine zukünftige Zielposition. Grundlage für dieses Vorgehen ist die Annahme, dass das in der Vergangenheit und Gegenwart gezeigte Verhalten tendenziell in Analogie zum Verhalten in der Zukunft steht. Die Frage an dieser Stelle ist also, wie stark oder schwach ausgeprägt nach Einschätzung der beurteilenden Führungskräfte die Kompetenz bei Ausübung der Zielposition sein wird. Vor der Potenzialeinschätzung muss allerdings geklärt werden, welche Zielposition die Teilnehmer am Potenzial-Validierungs-Meeting im Blick haben, denn die Diskussion darüber trägt wesentlich dazu bei, sowohl die unterschiedlichen Vorstellungen der Beurteiler über die Anforderungen an die Zielposition als auch ihre Erwartungen an die zukünftige Führungskraft gewissermaßen in Einklang zu bringen. Sind eventuell sogar mehrere Stellen vorstellbar? In welchen Funktionsbereichen (Einkauf, Controlling, Fertigung, Entwicklung etc.) sind sie zu finden? Handelt es sich um Führungs-, Fach- oder Projektaufgaben?

Es liegt auf der Hand, dass die Einschätzung des Potenzials schwieriger ist als die der Kompetenzen. Wie oben beschrieben, können tatsächliche Beobachtungen im vorhandenen Arbeitsumfeld zu relativ sicheren Bewertungen im Kompetenzbereich führen. Bei der Einschätzung des Potenzials dagegen ist eine Vorausschau auf zukünftiges Verhalten in einem nur vage umrissenen Arbeitsumfeld vonnöten. Ausgehend von den im ersten Schritt eingehend diskutierten und bewerteten Verhaltensweisen sowie unter Berücksichtigung der in der jüngeren Vergangenheit beobachteten Kompetenzfortschritten und Verhaltensänderungen des Förderkreiskandidaten beurteilen die Teilnehmer am Potenzial-Validierungs-Meeting die Ausprägung des Potenzials zusammenfassend für jede Kompetenz des Bosch-Kompetenzmodells.

Am Ende des Potenzial-Validierungs-Meetings, wenn Kompetenz- und Potenzialeinschätzung auf eine solide Basis gestellt sind, findet die Abschlussberatung über die Aufnahme in den Förderkreis statt. Was sich im Laufe des Gesprächs bereits ansatzweise herausgebildet hat, wird nun abschließend thematisiert: Soll die Aufnahme in den Förderkreis erfolgen, wenn ja, zu welchem Zeitpunkt und für welche der drei Laufbahnen: Führungs-, Fach- oder Projektlaufbahn? Abschließend sei darauf hingewiesen, dass die Dokumentation der Inhalte des Potenzial-Validierungs-Meetings eine gute Basis für das anschließende Gespräch zwischen dem Vorgesetzten und dem Mitarbeiter über die Ablehnung oder Zustimmung zur Aufnahme in den Förderkreis bietet.

2.4 Fördergespräch

Mit allen Mitgliedern des Förderkreises wird zu Beginn der Förderkreiszeit ein *Fördergespräch* geführt, das auf Wunsch der Vorgesetzten oder des Mitarbeiters jährlich wiederholt werden kann. Außer dem Mitarbeiter nehmen der direkte und der nächsthöhere Vorgesetzte sowie ein Vertreter der zuständigen Personalabteilung teil. In den Fördergesprächen werden Entwicklungsziele und Fördermaßnahmen festgelegt bzw. an veränderte Rahmenbedingungen angepasst. Dies geschieht unter Berücksichtigung des u. a. im Potenzial-Validierungs-Meeting erstellten Kompetenz- und Potenzialprofils. Die Gestaltung von Fördermaßnahmen am Arbeitsplatz nimmt dabei einen besonderen Stellenwert ein. Vereinbart werden Projektaufgaben, Auslandseinsätze oder andere herausfordernde Maßnahmen, welche Gelegenheit bieten, Erfahrungen zu sammeln und sich weiterzuentwickeln. Die aktive Mitarbeit und Eigeninitiative des Mitarbeiters sind hier besonders gefragt. Die Förderkreismitglieder halten die Durchführung und die Ergebnisse der vereinbarten Fördermaßnahmen jährlich in einem Förder- und Entwicklungsplan fest, der die Gesprächsgrundlage für Folgegespräche bildet.

2.5 Mitarbeiterentwicklungsseminar

Um den Feedback-Prozess zwischen Vorgesetzten und Mitarbeitern zu unterstützen, wurde bei Bosch das Mitarbeiterentwicklungsseminar (MES) eingeführt. Dies ist ein Entwicklungsinstrument, mit dem Förderkreismitglieder auf die Herausforderungen der unteren bzw. mittleren Managementebene vorbereitet werden. Auf Basis einer Analyse von Stärken und Verbesserungspotenzialen erhält der Mitarbeiter Empfehlungen für individuelle Trainings- und Entwicklungsmaßnahmen. Diese werden dann im Rahmen des Fördergesprächs mit dem Vorgesetzten besprochen. Das Mitarbeiterentwicklungsseminar ist für Mitglieder des SL1-Förderkreises, die eine Tätigkeit als Abteilungsleiter anstreben, weltweit standardisiert.

2.5.1 Organisation und Ablauf

Das Mitarbeiterentwicklungsseminar orientiert sich in seinem Aufbau an einem *Assessment-Center*, in dem vier Teilnehmer von vier bis sechs internen und externen Führungskräften beobachtet, bewertet und beurteilt werden. Als interne Beobachter agieren Führungskräfte aus dem Unternehmen, Vertreter der Personalabteilung und ein externer Eignungsdiagnostiker als Moderator und Berater. Die externen Führungskräfte kommen in der Regel aus anderen, branchenfremden Unternehmen und liefern wesentliche Inputs zum Verfahren und zur Einordnung der Leistung der Teilnehmer in Bezug auf ihre eigenen Führungskräfte. Damit soll u. a. erreicht werden, dass der Bewertungsmaßstab durch einseitige hausinterne Beurteilungen über einen längeren Zeitraum nicht verschärft oder was in diesem Fall größere Folgen hätte, gegenüber anderen Unternehmen absinken würde. Gleichzeitig ergeben sich für die beobachtenden Führungskräfte viele Möglichkeiten, sich mit anderen Sichtweisen auseinanderzusetzen und über den Tellerrand zu schauen. Diese Transparenz und Offenheit hat dem gesamten Verfahren bei allen Betroffenen zu einer bis dahin noch nicht gekannten Akzeptanz verholfen. Der Ablauf der Veranstaltung ist so organisiert, dass jeder Beobachter jeden Teilnehmer in allen Übungen sieht. Das Verfahren selbst gliedert sich in mehrere Hauptabschnitte:

- eine eintägige Beobachterschulung für alle Teilnehmer,
- eine halb- bis ganztägige Beobachterschulung für die beobachtenden Führungskräfte (abhängig von der Beobachtungserfahrung der Vorgesetzten),
- ein eintägiges Mitarbeiterentwicklungsseminar,
- eine ca. halbtägige Beobachterkonferenz (abhängig von der Teilnehmeranzahl) sowie
- ein rund zweistündiges Feedbackgespräch des externen Beraters und eines Personalentwicklers mit jedem Teilnehmer.

Die internen Führungskräfte übernehmen im Anschluss an das Seminar die Rolle als Begleiter im Entwicklungsprozess. Auf der Grundlage des Kompetenzmodells mit seinen Merkmalen entstand ein Übungskatalog mit sechs unterschiedlichen Bausteinen. Neben einer Führungs- und einer Fachpräsentation müssen die Teilnehmer ein Konflikt-, ein Motivationsgespräch sowie eine mehrstufige Teamübung absolvieren. Die Aufgabenstellungen für die jeweils rund 20-minütigen Präsentationen und Mitarbeitergespräche werden den Teilnehmern im Rahmen einer Einführungsveranstaltung eine Woche vor dem eigentlichen Seminarbeginn bekannt gegeben. Alle Übungen stammen aus dem Arbeitsalltag und gehören zu den Schwerpunktaufgaben von Führungskräften. Dadurch soll gewährleistet werden, dass die Übungen eine möglichst reale Situation widerspiegeln, in denen spontanes Handeln und Improvisationsfähigkeiten nicht den Hauptausschlag geben und alle anderen Kriterien dadurch in den Hintergrund drängen.

2.5.2 Beobachterkonferenz und Feedback

In einer abschließenden Beobachterkonferenz wird das Gesamtergebnis für jeden einzelnen Teilnehmer des Mitarbeiterentwicklungsseminars gebildet und in einem schriftlichen Bericht fixiert. Hierzu diskutieren die Beobachter gemeinsam ihre Beobachtungen und Eindrücke über Leistung und Potenzial der Teilnehmer. Die Besprechung wird geleitet durch den Projektverantwortlichen bzw. den externen Berater. Bei der Beurteilung geht es nicht darum, Mehrheitsentscheidungen zu treffen. Die Beiträge aller Beobachter werden stattdessen besprochen und zu einem für alle Beobachter zu vertretenden, einheitlichen Ergebnis zusammengeführt. Nur wenn alle beobachteten Verhaltensweisen unter den Beobachtern ausdiskutiert werden, kann ein möglichst umfassendes und konkretes Gesamtbild der einzelnen Teilnehmer entstehen. Dieses Gesamturteil wird in einem persönlichen und schriftlichen *Feedbackbericht* zusammengefasst. Er enthält die beobachteten individuellen Stärken und Schwächen; Letztere werden mit Vorschlägen für Verbesserungsmaßnahmen versehen. Darüber hinaus erhält der Bericht eine Prognose der weiteren Entwicklungsmöglichkeiten des Mitarbeiters sowie Empfehlungen zur weiteren Förderung.

Alle Förderkreismitglieder, die am Mitarbeiterentwicklungsseminar teilgenommen haben, werden nach der Auswertung der Ergebnisse und der Erstellung der Feedbackberichte zu einem persönlichen, rund zweistündigen Feedbackgespräch eingeladen, das mit dem externen Berater und einem Personalentwickler der Personalabteilung geführt wird. Der direkte und der nächst höhere Vorgesetzte werden hierzu nur auf Wunsch des Mitarbeiters eingeladen. In diesem Gespräch wird dem Teilnehmer eine Rückmeldung über das gezeigte Verhalten im Mitarbeiterentwicklungsseminar gegeben. Wesentlich ist, dass die Fremdeinschätzung mit der Eigeneinschätzung möglichst übereinstimmt. Bei Differenzen wird anhand von Beispielen auf die unterschiedlichen Auffassungen eingegangen.

3 Fördermaßnahmen

3.1 Coaching-Module

Das beste Mitarbeiterentwicklungsseminar ist wertlos, wenn die dort erzielten Erkenntnisse den Teilnehmern nicht klar vermittelt werden und nicht zu nachhaltigen Verhaltensänderungen führen. Deshalb ist eine über das Mitarbeiterentwicklungsseminar mit seinem abschließenden Feedbackgespräch hinausgehende Reflexion über Verhaltensweisen und deren zu Grunde liegenden motivationalen Ursachen nötig. Zudem ist die Einbindung der direkten Vorgesetzten in der Erarbeitung von Entwicklungsmaßnahmen und bei der Begleitung des Mitarbeiters unbedingt erforderlich, weil Mitarbeiterentwicklung bekanntermaßen vor allem am Arbeitsplatz stattfindet. Schließlich brauchen angehende Führungskräfte in besonderer Weise eine Rückmeldung über Ihren Entwicklungsstand und über in naher Zukunft erreichbare Zielstellen. Aus diesen Gründen werden nach dem Mitarbeiterentwicklungsseminar in einem Zeitraum von insgesamt zwei Jahren sogenannte *Coaching*-Module (CM) durchgeführt, deren Teilnahme für Förderkreismitarbeiter verpflichtend ist. Die Funktion eines Coachs übernimmt aus Gründen der Neutralität grundsätzlich ein mit der Kultur und Struktur des Unternehmens vertrauter externer Berater. Lediglich im Coaching-Modul 3 übernimmt ein Vertreter der Personalabteilung die Moderation.

3.1.1 Coaching-Modul 1: Persönlichkeitstest SELF-BF in TESYS-online/ TESYS-360

Den Start individueller Entwicklungsprozesse können am sinnvollsten Ansätze bilden, die Selbstreflexion fördern – zumindest wenn die Nachhaltigkeit vorgesehener Maßnahmen im Vordergrund steht. Einen Beitrag hierzu können insbesondere Verfahren leisten, die aus der eignungsdiagnostischen Forschung stammen und sich an wissenschaftlich fundierten Kriterien orientieren. So werden aus der jeweiligen Selbsteinschätzung der Förderkreismitglieder Ergebnisse abgeleitet, die eine Beschreibung wichtiger Persönlichkeitsfaktoren zulassen. Hieraus können dann in der Folge gemeinsam mit den einzelnen Förderkreismitgliedern interessante Ansätze zur persönlichen Weiterentwicklung abgeleitet werden. Für einen eher introvertierten Menschen kann es z.B. eine wichtige Botschaft sein, sich über seine Wirkung auf andere im Kontext von Teamsitzungen bewusst zu werden, um darauf aufbauend im Rahmen der persönlichen Weiterentwicklung mit Hilfe von Trainings und/oder Coaches diverse Verhaltensmodifikationen zu erproben. Der Einsatz solcher *Testverfahren* zur Objektivierung der eigenen Selbstwahrnehmung ist als Einzeltest oder auch im Zuge von *360°-Feedbacks* möglich. Im ersten Fall wird das Förderkreismitglied nur um seine Selbsteinschätzung gebeten, im zweiten Fall werden auch die Fremdeinschätzungen wichtiger Dritter mit einbezogen (je nach Wunsch z.B. Mitarbeiter, Kollegen, Vorgesetzte, Kunden, Lieferanten, Familie, Freunde usw.).

Der Persönlichkeitstest SELF-BF (Sarges/Roos 2008, S. 215 ff.) hat sich zur Evokation der oben skizzierten Grundlageninformationen zur Selbstreflexion in diversen Einsatzbereichen bewährt. Als 360°-Feedback-Variante ist das Verfahren auch schon im Zuge von Entwicklungsmaßnahmen hochrangiger Führungskräfte (im sogenannten Führungsdialog) zum Einsatz gekommen. Der SELF-BF schätzt auf Basis einer recht umfangreichen Eigenschaftswörterliste wichtige Persönlichkeitsdimensionen ein. Dieses Frageformat ist aus diversen anerkannten Testverfahren bekannt, der Auswertung liegt ein von Sarges und Roos (2008, S. 215 ff.) in den letzten acht Jahren neu entwickelter Auswertungsansatz zugrunde, der sich von hergebrachten Auswertungsmethoden unterscheidet und die Unverfälschbarkeit der Ergebnisse signifikant erhöht. Als Ergebnis des Tests erhält jedes Förderkreismitglied eine persönliche Einschätzung über die Ausprägung seiner Persönlichkeit auf den Dimensionen Extraversion, Gestaltungswille, Stressresistenz, Gewissenhaftigkeit und Offenheit. Die Gestaltung des Ergebnisberichtes folgt den Anforderungen der betrieblichen Praxis, so dass auch Personen, die über keine gesonderte Methodenausbildung verfügen, die Ergebnisse verstehen und für die weitere Arbeit nutzen können. Die Administration der Tests sowie der späteren Ergebnisse erfolgt über die Testplattformen TESYS-online (Einzeltests) bzw. TESYS-360 (360°-Feedback) und kann vom jeweiligen Personalentwickler nach einmaliger Freischaltung eigenverantwortlich geleistet werden.

3.1.2 Coaching-Modul 2: Reflexion und Training

Das Coaching-Modul 2 findet etwa ein Jahr nach dem Mitarbeiterentwicklungsseminar, also sechs Monate nach Coaching-Modul 1 statt. Hier geht es im Wesentlichen darum, die Erkenntnisse aus dem Mitarbeiterentwicklungsseminar in Erinnerung zu bringen, sie mit Selbst- oder Fremdbeobachtungen im Arbeitsumfeld in Einklang zu bringen sowie die vom im Mitarbeiterentwicklungsseminar erstellten Stärken-Schwächen-Profil abgeleiteten Entwicklungsmaßnahmen kritisch zu hinterleuchten. Die Gruppe der Teilnehmer, die sich bereits im Mitarbeiterentwicklungsseminar kennengelernt hat, versucht auf dem Wege von Präsentationen sowohl der eigenen Ergebnisse aus dem Mitarbeiterentwicklungsseminar als auch der nach Selbstbeobachtung gezeichneten Verhaltensdreiecke die Frage zu klären, ob das im Mitarbeiterentwicklungsseminar erhaltene Feedback in Übereinstimmung mit dem üblichen Arbeitsverhalten steht. Dabei fließen die im Coaching-Modul 1 gewonnenen Erkenntnisse in die Betrachtungen mit ein. Auch die Wirksamkeit eingeleiteter Entwicklungsmaßnahmen wird an dieser Stelle kritisch hinterfragt. Drängende Fragen zur eigenen Karriere können hier in einem geschützten Raum offen gestellt werden. Ein weiterer Baustein des Coaching-Modul 2 ist das Training. Die sich aus der Präsentation der Ergebnisse des Mitarbeiterentwicklungsseminars ergebenden Verbesserungspotenziale werden in Absprache mit dem betroffenen Mitarbeiter gezielt ausgewählt und exemplarisch trainiert. Der Schwerpunkt liegt dabei auf Übungen zur Stärkung der Fähigkeit im Bereich Präsentation und Gesprächsführung.

3.1.3 Coaching-Modul 3: Abschlussgespräch über den Entwicklungsstand und Perspektiven

Das Abschlussgespräch bildet gewissermaßen den Schlussstein der Coaching-Reihe und findet etwa zwei Jahre nach dem Mitarbeiterentwicklungsseminar statt. Ziel dieses Moduls ist es, Selbst- und Fremdeinschätzung über den Entwicklungsstand des Förderkreismitarbeiters zu harmonisieren und eine Rückmeldung darüber zu geben, ob die Übernahme einer konkreten Zielposition in absehbarer Zeit denkbar ist. Dieses Gespräch findet zwischen dem Mitarbeiter, seinem direkten und nächst höheren Vorgesetzen sowie einem Vertreter der Personalabteilung statt. Es dauert etwa eine Stunde. Die wesentlichen Inhalte des Gesprächs sind:
- Erwartungen des Mitarbeiters an die angestrebte Zielposition,
- Selbst- und Fremdeinschätzung der eigenen Kompetenz auf Basis des Kompetenzmodells,
- bisheriger Werdegang des Mitarbeiters; durchgeführte Maßnahmen seit Aufnahme in den Förderkreis,
- Vereinbarung weiterer verbindlicher Entwicklungsmaßnahmen sowie
- Informationen der Vorgesetzten und der Personalabteilung über mögliche Zielstellen.

3.2 Entwicklungsmaßnahmen am Arbeitsplatz

Entwicklungsmaßnahmen am Arbeitsplatz leisten den wesentlichen Beitrag zur Mitarbeiterentwicklung und bieten der Führungskraft ideale Möglichkeiten, den Mitarbeiter auf seinem Entwicklungsweg zu unterstützen. Das Lernen am Arbeitsplatz ist effektiv und effizient und kann durch weitere gezielte Bildungsmaßnahmen begleitet werden. Als arbeitsplatzbezogene *Maßnahmen* haben sich insbesondere bewährt:

- Projektarbeit: Erweiterung der Aufgabe durch Projekt- und Sonderaufgaben,
- Job Enlargement: das bisherige Arbeitsgebiet wird um ähnliche Aufgaben ergänzt bzw. erweitert,
- Job Enrichment: das bisherige Aufgabengebiet und die dazugehörigen Vollmachten werden um vor- oder nachgelagerte Aufgaben und zusätzliche Verantwortlichkeiten ergänzt,
- Job Rotation: gezielter Arbeitsplatzwechsel, meist auf gleicher Ebene, z.B. Wechsel zwischen Innen- und Außendienst oder Stabs- und Linienfunktion sowie
- Auslandseinsätze (auch Kurzeinsätze und Abordnungen).

Wesentlich für die Qualifikation und Förderung sind auch eigene Beiträge der Mitarbeiter, z.B. die Bereitschaft zur Übernahme anderer Aufgaben und die Teilnahme an Weiterbildungsveranstaltungen während der Arbeitszeit und in der Freizeit.

3.3 Entwicklungsmaßnahmen im Förderkreis

Neben den Entwicklungsmaßnahmen am Arbeitsplatz nehmen Mitglieder des Förderkreises an speziellen Seminaren, Förder- und Weiterbildungsveranstaltungen teil, die auf ihr jeweiliges Förderziel ausgerichtet sind. Zu den Pflichtveranstaltungen gehört das zentral durchgeführte Bosch Manager Development Program, das in deutscher oder englischer Sprache stattfindet. Einen Überblick über die Fördermaßnahmen vermittelt Abb. 7.

Obligatorische Fördermaßnahmen im Überblick		
Teilnehmer/Förderkreis	Fördermaßnahmen	Schlüsselthemen
Mitarbeiter im oberen Tarifbereich/Tarif-Förderkreis	Standort-/Geschäftsbereichs-Fördertag (1-2 Tage) Mitarbeiterentwicklungsseminar (MES) Programm »LeaD« (Führungslaufbahn) Programm »SPEED« (Fachlaufbahn)	- Standort- bzw. Geschäftsbereichs-spezifische Themen - Empfehlungen für individuelle Trainings- und Entwicklungsmaßnahmen - Erste Führungsrolle bzw. Rolle als Wissensunternehmer - Basiswissen über Personalinstrumente - Kommunikation - Interviewtechnik - Mitarbeitergespräche führen
SL1-Mitarbeiter/ SL1-Förderkreis (Gruppenleiter)	Manager Development Program 1 (Dauer: 7 Tage) SL1-Mitarbeiterentwicklungsseminar (SL1-MES)	- Persönlichkeit und Führung - Kultur und Führung - Mitarbeiterentwicklung und Auslandsentsendung

Obligatorische Fördermaßnahmen im Überblick		
Teilnehmer/Förderkreis	Fördermaßnahmen	Schlüsselthemen
SL2-Mitarbeiter/ SL2-Förderkreis (Abteilungsleiter)	Manager Development Program 2 (Dauer: 11 Tage)	▪ Führung ▪ Projektmanagement ▪ Change Management ▪ Kooperation in regionen-, bereichs- und funktionsübergreifenden Teams ▪ Abschlusspräsentation der Projektergebnisse
SL3-Mitarbeiter/ SL3-Förderkreis (Hauptabteilungsleiter)	Manager Development Program 3 (Dauer: 5,5 Tage) + 2 Tage Coaching +1 Tag Executive Dialogue	▪ Learning on the Campus ▪ Executive Dialogue ▪ Beobachter im SL1-MES
SL4-Förderkreis	Manager Development Program 4 (Dauer: 11 Tage) + 1 Tag Transfer	Global Leadership mit Schwerpunkt »Rethinking Mature Markets« »Leading Change & Innovation in Emerging Markets« »Discussion with Members of the Board on Takeaways and Generated Ideas«

Abb. 7: Obligatorische Fördermaßnahmen im Überblick

Die Standorte, Geschäftsbereiche und Regionalgesellschaften führen sog. Standort- bzw. Geschäftsbereichs-Fördertage für Förderkreismitglieder im oberen Tarifbereich durch und organisieren im Einzelfall weitere Treffen im Ausland. Mit den verschiedenen Programmen fördert das Unternehmen das unternehmerische Denken und Handeln der Fach- und Führungskräfte und unterstützt sie bei der Entwicklung der Führungspersönlichkeit. Die Teilnehmer haben außerdem Gelegenheit, mit anderen Förderkreismitgliedern ein regionen- und bereichsübergreifendes Netzwerk auszubauen. Mitglieder der Geschäftsführung und des oberen Führungskreises aus den Geschäftsbereichen und Zentralabteilungen halten Vorträge und diskutieren mit Nachwuchskräften Themen von strategischer Bedeutung.

Um angehende Führungskräfte zu unterstützen und eine hohe Qualität der Mitarbeiterführung sicherzustellen, wurde das Programm »LeaD« (Leadership Development Program) entwickelt. Es vermittelt Wissen über die erste Führungsrolle, Personalinstrumente sowie über Kommunikation, Interviewtechnik, Projektmanagement und Mitarbeitergespräche. Anhand der Bosch-Werte und Bosch-Leitlinien zur Führung wird die Unternehmens- und Führungskultur bei Bosch thematisiert. Gleichzeitig bekommen die Teilnehmer die Möglichkeit, sich mit ihrer neuen Rolle als Führungskraft auseinanderzusetzen. Daneben lernen sie Grundlagen und Instrumente der Kommunikation für Führungskräfte kennen. Das Programm ist für angehende Führungskräfte verpflichtend und sollte so rasch wie möglich, spätestens aber 18 Monate nach Übernahme einer Führungsaufgabe, abgeschlossen werden. Den Grundbaustein »Erste Führungsrolle« absolvieren die angehenden Führungskräfte in der Regel drei Monate bevor sie ihre neue Aufgabe übernehmen. Außertarifliche Mitarbeiter in der Führungslaufbahn, die Potenzial für die nächsthöhere Managementebene mitbringen, werden grundsätzlich nur nach Absolvierung des Leadership Development Program in den SL1-Förderkreis aufgenommen. Das Programm ist international ausgerichtet und wird weltweit durchgeführt.

Seit 2007 wird das Programm »SPEED« (Specialist Education and Development Program) angeboten, das Fachkräfte auf ihre Rolle als »Wissensunternehmer« vorbereitet. Es richtet sich an angehende Fachreferenten und soll die fachlichen und persönlichen Fähigkeiten ausbauen. Kern der Schulungsmaßnahmen für Förderkreismitglieder ist das vierstufige Bosch Manager Development Program. Dieses soll das unternehmerische Denken und Handeln der Führungskräfte sowie das aktive Steuern von Veränderungsprozessen fördern und die Entwicklung der Führungspersönlichkeit unterstützen. In Gruppenarbeiten, Rollenspielen und Fallstudien werden theoretische Kenntnisse vermittelt, Lern- und Aktionsfelder abgeleitet und das erworbene Wissen in die Praxis umgesetzt. Jede Stufe bereitet die Mitarbeiter systematisch auf die nächste Managementebene vor. Das zentrale Bosch Manager Development Program (MDP) ist modular aufgebaut, sodass das Lernen in stabilen Netzwerkgruppen über einen längeren Zeitraum hinweg stattfindet. Im Fokus steht die Bearbeitung von Themen und Aufgabenstellungen, die von persönlichen Lernprojekten (MDP 1) über Geschäftsbereichs- und Unternehmensprojekte (MDP 2) bis hin zu strategischen Fragestellungen (MDP 3) und globalen Fragestellungen (MDP 4) reichen.

Das MDP 1 besteht aus den Modulen Persönlichkeit und Führung sowie Kultur und Führung. Auf Basis eines Persönlichkeitstests lernen die Teilnehmer, sich selbst besser einzuschätzen und ihre individuellen Stärken in der Führung gezielt zu nutzen. Das zweite Modul dient der Entwicklung interkultureller Führungsfähigkeiten. Die Teilnehmer lernen, internationale Besonderheiten in einer globalisierten Geschäftswelt zu erkennen und zu berücksichtigen. Ein wesentlicher Schwerpunkt ist das Thema Firmenkultur. Im Rahmen dieses Moduls besuchen die Teilnehmer einen Bosch-Standort und lernen dessen aktuelle Themen im Rahmen einer Fallstudienarbeit kennen. Zentraler Bestandteil des MDP 2 ist die Arbeit an komplexen und interdisziplinären Unternehmensprojekten. In drei Seminarmodulen arbeiten die Teilnehmer in Kleingruppen über einen fünfmonatigen Zeitraum an ihren Projekten. Parallel wenden die Teilnehmer die vermittelten Kenntnisse zu Themen wie Projektmanagement und Change Management direkt auf ihre Projekte an. Im abschließenden Modul werden die Lösungsansätze einem Teilnehmerkreis bestehend aus Projektauftraggebern, Mitgliedern der Geschäftsführung, Personalleitern und Vorgesetzen vorgestellt. Das MDP 3 wird in Kooperation mit der Business School IMD (International Institute for Management Development) auf dem Campus in Lausanne (Schweiz) durchgeführt. Im Fokus stehen zum einen strategische Aspekte und zum anderen die Vermittlung aktueller Managementthemen. Den Blick für effektive Zusammenarbeit in und mit Teams zu schärfen sowie den eigenen Führungsstil und die persönliche Weiterentwicklung zu reflektieren, sind darüber hinaus weitere Ziele. Abgerundet wird dieses Programm durch einen intensiven Austausch mit der Geschäftsführung, den Executive Dialog, der von den Teilnehmern selbst gestaltet wird. Begleitend können die Teilnehmer im Rahmen des innovativen Moduls Blickwechsel fünf Tage in einer sozialen Einrichtung arbeiten. Im MDP 4 stehen die Themen internationales Management von großen Einheiten (Strategieentwicklung und -umsetzung, Ausrichtung eines Geschäftsbereiches auf neue Wachstumsregionen, Festigung und Sicherung von traditionellen Märkten), die Beurteilungskompetenz für zukünftige Techniken und Technologien (Organisationsstruktur, Interaktion von Fachleuten, Evaluations- und Entscheidungsfindungsprozesse, langfristige Absicherung von Technologien) sowie die Reflektion des eigenen Führungsstils und der Selbststeuerungsmechanismen im Mittelpunkt.

Parallel zu diesen Maßnahmen bilden sich Förderkreismitglieder individuell weiter. Hierfür bietet Bosch ein breit gefächertes Qualifizierungsangebot für alle Funktionsbereiche und Hierarchieebenen an. Abgestimmt auf die Anforderungen an Fach- und Führungskräfte stehen Seminare und Beratung zu den Themen Unternehmerkompetenz, Führungs- und Sozialkompetenz sowie Fach- und Methodenwissen zur Verfügung. Des Weiteren bietet das Unternehmen jeder Führungskraft die Möglichkeit, sich professionell coachen zu lassen. Das vertrauliche Gespräch ermöglicht bei beruflichen Veränderungen und Herausforderungen einen klaren, unabhängigen Blick von außen und liefert oft gute Ansätze, Aufgaben noch erfolgreicher zu absolvieren.

4 Ein Regelkreis im weltweiten Wettbewerb

Im weltweiten Wettbewerb kann heute nur noch derjenige mithalten, der bezüglich Qualität, Kundenservice, Zeit und Kosten überlegene Leistungen erbringt. Dies gelingt, wenn der Schwerpunkt aller unternehmerischen Aktivitäten konsequent auf den Kunden gelegt wird. Grundlage für eine optimale Betreuung der Kunden sind die eigenen qualifizierten, motivierten und international ausgerichteten Mitarbeiter. Einen wesentlichen Beitrag zum Erfolg kann hier die Personal- und Führungskräfteentwicklung liefern. Um die teure und risikoreiche Suche auf dem Arbeitsmarkt zu minimieren und »High Potentials« möglichst langfristig an das eigene Unternehmen zu binden, ist es notwendig, wichtige Führungspositionen vorwiegend mit eigenen Nachwuchskräften zu besetzen. Die dafür notwendige zielgerichtete und effiziente Entwicklung der förderungsfähigen und -willigen Mitarbeiter erfordert eine genaue Analyse der individuellen Stärken und Verbesserungspotenziale dieser Nachwuchskräfte sowie eine konsequente individuelle Weiterbildung.

Personalentwicklungskonzepte unterliegen daher einer ständigen Überprüfung ihrer Instrumente und Inhalte, da sich die Aufgaben und deren Rahmenbedingungen für Mitarbeiter und Führungskräfte fortwährend verändern. Dies beinhaltet eine große Herausforderung für den Personalbereich, der sich mit neuen Kompetenzmodellen und den sich daraus resultierenden Umsetzungen und Weiterbildungskonzepten auseinandersetzen muss. Hier hat Bosch in den letzten Jahren einen Regelkreis geschaffen

(Abb. 8), der von allen Mitarbeitern im Unternehmen sehr positiv angenommen wurde und heute weltweite Akzeptanz genießt. An dieser Stelle muss noch einmal betont werden, dass die einzelnen Instrumente eines Personalentwicklungskonzeptes nicht zur selben Zeit in einem Unternehmen eingeführt werden sollten. Vielmehr ist es von entscheidender Bedeutung, entsprechende Modelle »von oben nach unten« klar zu vertreten und in den Köpfen der Führungskräfte und Mitarbeiter zu verankern. Werden dann einzelne Elemente im Unternehmen gelebt und erste Erfolge sichtbar, kann man daran denken, weitere Komponenten zu implementieren und bestehende Instrumente zu verbessern.

Abb. 8: Einbindung der Bosch-Kernkompetenzen in das Personalentwicklungssystem

Literatur

Sarges/Roos 2008: Sarges, W. und Roos, C.: »SELF-BF – ein indirektes Verfahren zur Erfassung der Big Five«, in: Sarges, W. und Scheffer, D. (Herausgeber): Innovative Ansätze für die Eignungsdiagnostik, Göttingen 2008, S. 215 – 227.

D.11 Juniorfirma

*Natalie Leyhausen**

1   Die Juniorfirma als Element der Personalentwicklung

2   Pilotprojekt Inizio: Erfahrungsbericht einer ehemaligen Auszubildenden
    2.1   Anlass
    2.2   Schauplatz und Beteiligte
    2.3   Umsetzung
    2.4   Erwartungen und Erfolge
    2.5   Chancen und Risiken
    2.6   Resonanz
    2.7   Anwendungsfelder
    2.8   Ein cleveres Konzept, bei dem die Rechnung aufgeht

Literatur

---

*   Natalie Leyhausen absolvierte nach dem Gymnasium eine Ausbildung zur Hotelfachfrau im Resort Hotel Sonnenalp in Ofterschwang (Allgäu), wo sie danach als Demi-chef de bar/de rang tätig wurde. Zurzeit arbeitet sie als Sales Coordinatorin im LEGOLAND Deutschland.

1 Die Juniorfirma als Element der Personalentwicklung

Die *Juniorfirma* ist ein traditionelles Element der Berufsausbildung. Dabei übernehmen die Auszubildenden alle für den Ablauf und die Funktion des Unternehmens oder der Unternehmenseinheit wichtigen Funktionen und die Verantwortung im Funktionsgeschehen, jedoch in aller Regel nicht die unternehmerische Verantwortung. Das Lernziel ist, sich möglichst ohne Vorgaben, ohne Erfahrungsträger und ohne Einschränkungen mit den bisher erworbenen Kompetenzen in die Juniorfirma einzubringen und dadurch möglichst viele eigene Erfahrungen zu gewinnen. Dabei spielt die Entwicklung eigener Ideen und die Realisierung eigener Vorstellungen eine wesentliche Rolle. Die Erfahrungsinhalte werden nicht vorgegeben oder geplant. Die Teilnehmenden werden in ihrer Entwicklung gefördert. Damit ist die Juniorfirma ein Raum selbstgesteuerten Lernens und stärkt die *Selbstlernfähigkeit* der Teilnehmenden (Mudra 2004, S. 352 f.).

In einigen Unternehmen wird die Juniorfirma auch außerhalb der *Berufsausbildung* mit Erfolg eingesetzt. Denkbar wäre der Einsatz etwa in *Traineeprogrammen* und für Berufseinsteiger.

In der Hochschulausbildung, aber auch in der Praxis, finden sich zunehmend *Unternehmensplanspiele*. Die Rahmenbedingungen sind ähnlich. Allerdings wird in diesem Rahmen die Wirklichkeit lediglich simuliert.

In die Personalentwicklung der High Potentials aus dem mittleren Management wird zuweilen das »*Junior Executive Board*« integriert. Rund ein Dutzend junger Manager arbeitet für mindestens sechs Monate im Vorstand einer Kapitalgesellschaft mit. Sie können dort Empfehlungen an den amtierenden Vorstand abgeben (Scholz 2000, S. 515).

2 Pilotprojekt Inizio: Erfahrungsbericht einer ehemaligen Auszubildenden

2.1 Anlass

Der Anlass für das Pilotprojekt der Juniorfirma Restaurant »Inizio« im Hotel Sonnenalp, einem Fünf-Sterne-Hotel im Allgäu mit ca. 550 Beschäftigten, war ein leer stehendes Gasthaus, das bereits im Besitz und unmittelbarer Nähe des Hotels war. Die Gemeinde äußerte den Wunsch, wieder Gastronomie im Ort anzusiedeln. Nachdem ursprünglich vergeblich nach einem neuen Pächter gesucht wurde, kam im Kreis der Mitarbeiter des Hotels Sonnenalp der Gedanke auf, hier den Auszubildenden eine besondere Herausforderung zu bieten.

Das Projekt entstand also durch einige unglückliche und glückliche Zufälle sowie aufgrund des Vertrauens in die Nachwuchskräfte und in die Kreativität in der Führungsetage des Hotels.

2.2 Schauplatz und Beteiligte

Das »Inizio« ist ein italienisches à la carte Restaurant mit rund 80 Sitzplätzen im Innenbereich und 40 Sitzplätzen im Außenbereich, das von einem Auszubildendenteam des Hotels Sonnenalp für je sechs Monate eigenverantwortlich geführt wird. Zur fachgerechten Unterstützung stehen im Hotel zwei *Paten* in beratender Position zur Verfügung.

Das erste Mal öffneten sich die Türen im Juni 2003 mit einer Besetzung von zwei Hotelfachleuten, einer Restaurantfachfrau und einem Koch. Qualifizieren können sich jeweils vier bis fünf Auszubildende des Hotels im dritten Ausbildungsjahr, indem sie ihre Lehrzeit mit großem Ehrgeiz, Motivation und Ernsthaftigkeit verfolgen. Hier sind also die Chefs eigentlich noch in der Ausbildung.

2.3 Umsetzung

Schon die *Vorbereitungsarbeiten* sind für die Teams eine wahrlich große Herausforderung. So musste das erste Team nicht nur wie jedes nachfolgende entscheiden,
- welche Speisen und Getränke,
- welche Dekoration,
- welches Budget und
- welche Erfolgskriterien für die jeweiligen Episoden eingesetzt werden sollten,

sondern auch an viele Dinge der Erstausstattung in der Aufbauphase denken, etwa
- ob sich nun ein Pub oder ein Restaurant mehr lohnt,
- ob sich gar eine deutsche Hausmannskost besser verkauft als italienische Pasta oder
- wie die optische Gestaltung des Restaurants am effektivsten zu nutzen ist und
- wie das beste Preis-Leistungsverhältnis erreicht wird.

Die Auszubildenden wurden bereits bei den Vorbereitungsarbeiten stark gefordert, um all ihre Ideen realisieren zu können. Hier war Organisationstalent äußerst hilfreich.

Nach vielen harten Tagen und Wochen der Vorbereitungsphase folgte *die Umsetzung*. Der Druck, noch zwei Tage vor der Eröffnung auf einer Baustelle zu stehen, immer wieder mit dem ergebnislosen Versuch, Ordnung in das Chaos zu bringen, die Angst und zugleich die Vorfreude auf den ersten Gast – »Stress« war wohl das einzig treffende Wort für diese Zeit, psychischer und physischer Stress!

Das »Inizio« wurde komplett saniert, renoviert und umgestaltet, ganz nach den Wünschen des ersten Teams. Das war natürlich erst der Anfang, jedoch – was man an dieser Stelle nicht vergessen darf – ein Anfang, den Azubis im Alter von zwanzig Jahren erleben durften, ein Anfang, den viele andere ihr Leben lang nicht erfahren dürfen.

Ein äußerst entscheidender Part an diesem Projekt war und ist die *Teambildung*. Hier kam ein bunt zusammengewürfeltes Team aus völlig unterschiedlichen Bereichen und Abteilungen mit ebenfalls völlig abweichenden Vorstellungen zusammen.

Eine eindeutige Strukturierung und Einteilung des Teams war einzuhalten. Die Qualifikation und Handlungskompetenz dienten als Grundlage der Einteilung. Zugleich wurden sie bei gegebenem Entwicklungsverlauf angepasst. Auch dies lag im eigenen Ermessen.

2.4 Erwartungen und Erfolge

Zur offiziellen Eröffnung des Restaurants »Inizo« im Juni 2003 prägte die Geschäftsleitung des Hotel Sonnenalp den Satz: »Echte Dienstleistung lernt man nur in der Praxis, nicht in der Theorie.« Die Erwartungen und Erfolgskriterien des Projektes lagen bzw. liegen in der Tat definitiv in der Personalentwicklung mit all ihren Instrumenten, der Personalförderung, der Personalbildung und der Arbeitsstrukturierung, aber auch in der Personalbindung.

Das Projekt steigert die *Motivation*, schwächt den Konkurrenzdruck und unterstützt die qualitative *Berufsausbildung* und Weiterbildung. Doch eines der wohl prägnantesten Lernziele ist das *Verhaltenstraining* in der Gruppendynamik. Die *Kommunikation* ist oberstes Gebot, um Konflikten vorzubeugen. Die eigenen Grenzen der Belastbarkeit werden erforscht und überschritten; man wächst über sich selbst hinaus. Die eigene Teamfähigkeit wird analysiert. Aus dem Resultat entwickelt sich systematisch das »Alphatier«, also die Persönlichkeit in einem Team, die sich eine bestimmende Führungsposition aneignet, bewusst, aber auch unbewusst, was nicht bedeutet, dass diese Persönlichkeit die menschlich oder etwa fachlich korrekteste ist. Das war bislang in jedem Team der Fall. Offenbar findet eine Persönlichkeitsentwicklung statt, die unmittelbar auf die Personalentwicklung einwirkt.

Eine Lernphase des eigenen Führungsverhaltens wird provoziert. Auch durch das »Alphatier« wird der eigene Führungsstil geformt und gefördert. Viele äußere und innere Faktoren beeinflussen diese Lernphase, beispielsweise die Teamkollegen, der anspruchsvolle Praxisbezug, die eigene Zielstrebigkeit und der eigene Ehrgeiz, das am Ergebnis orientierte Handeln, die Erfahrungswerte, die Entscheidungsfreiheit und die Kooperation mit Kollegen wie auch Gästen.

Der direkte Praxisbezug schult die Feinmotorik für die Branche. Diese Erfahrung ist gerade in der Ausbildung etwas Außergewöhnliches. Jedoch ist es genau das, was gesucht und beansprucht wird: Junges engagiertes Personal mit möglichst viel praktischen, fachlich korrekten und auf hohem Niveau erworbenen Fachkenntnissen. Nicht nur die Quantität, sondern vor allem die Qualität zählt.

Mit diesen Referenzen der Ausbildungserweiterung sind die Teams beinahe unnahbar auf dem jungen Bewerbermarkt. Der Konkurrenzdruck sinkt damit auf ein Minimum.

Eine Entwicklung der Qualifikation und Kompetenz war nach einer sechsmonatigen Projektphase zweifellos gegeben. Durch die große Motivation und die qualitativ hochwertige Ausbildung werden auch psychologische, pädagogische und besonders gesellschaftliche Aspekte geschult, gesteigert und ausgereift. Die Personalentwicklung wird in Ihren Instrumenten unterstützt, z. B. durch die Einarbeitung in das Projekt, die Integration in die Gruppe, das selbstgesteuerte Lernen und die realitätsnahe Ausbildung.

Gefördert wird das Team natürlich am meisten durch die Zielsetzung des Projektes selbst, die *Selbstständigkeit*. Selbstständigkeit bedeutet, Kosten und Nutzen auszugleichen, in heiklen Situationen selbst die Initiative zu ergreifen, nicht zu fragen und handeln zu lassen, mit Resultaten bzw. Tatsachen umgehen zu können und eventuellen Krisen entgegenzuwirken bzw. vorzubeugen, zu kalkulieren, zu motivieren, zu investieren und mitzudenken, Umsatz und Gewinn zu steigern, Kosten zu senken, Neukundengewinnung und Kundenbindung zu betreiben, Verhalten zu trainieren, Konflikte zu lösen und in der Gruppe zu kommunizieren.

Von einer Arbeitstrukturierung ist in einem Betrieb nicht abzusehen. Ein Team und die innerbetrieblich anfallenden Arbeiten müssen strukturiert werden, um die Effektivität des Ablaufes garantieren zu können.

Die *Personalbindung* ist bei solch betrieblichen Fördermaßnahmen ein weiteres Ziel der Firmen. Damit die erworbenen Fachkenntnisse im Haus bleiben, muss auch an Beförderungen und gewünschte Versetzungen gedacht werden.

In der Gruppe wird der Ehrgeiz bis zum Unermesslichen gereizt. Die gegenseitige Motivation und der gesamte Projektverlauf entwickelt eine Eigendynamik. Das Engagement der Auszubildenden bricht sämtliche Erwartungen.

Eine qualitative und zeitliche Planung, Fördergespräche und eine Zielvereinbarung sind von großer Wichtigkeit für die Ergebnissicherung des Projektes. Ohne reelle Planung ist keine Erfolgsgarantie gegeben.

Durch den direkten Praxisbezug verstehen und begreifen die Auszubildenden Sach- und Fachbegriffe besser. Sie eignen sich ausführliches betriebliches Hintergrundwissen an. In der Folge entwickeln sie ein prägnantes Interesse an den Gewinnen, der Produktivität und Gewissenhaftigkeit.

Aus dem Projekt kann ein Talent- und *Karrieremanagement* hervorgehen, das für die Personal- und Organisationsentwicklung weitere unabweisbare Vorteile verspricht.

Eine besondere Veränderung oder Verbesserung durch das Projekt entstand bei der Gründung. Dadurch dass das Hotel Auszubildende für das Projekt freistellte, war es notwendig, das Hotelpersonal um ca. fünf weitere Auszubildende zu ergänzen. Somit wurden weitere Arbeits- bzw. Ausbildungsstellen geschaffen. Außerdem wurde das Hotel durch das Projekt wesentlich attraktiver auf dem Lehrstellenmarkt.

2.5 Chancen und Risiken

Man investiert in die Berufsausbildung – doch wo liegen dabei die Chancen und wo die Risiken?

Die *Chancen* sind offenkundig. Für das Personal sind es Erfahrungswerte, die Persönlichkeitsentwicklung und die beeindruckende Referenz, für die Geschäftsleitung die Personalbindung und die zusätzlichen Einnahmen ohne große Personalkosten, die reizen. Die Medien und das positive Marketing spielen ebenfalls eine Rolle.

Die *Risiken* sind für das Personal irrelevant und nicht von großer Bedeutung, da bei einer etwaigen Insolvenz, und hier liegen die Risiken für das Hotel, die Geschäftsleitung die volle Verantwortung trägt. Die Kalkulation war jedoch nahezu optimal. Da die Ware über das Hotel zu besten Konditionen bezogen werden konnte und die Personalkosten gering waren, war eine reale Chance von Anfang an gegeben.

2.6 Resonanz

Das Instrument Juniorfirma bewirkt eine Steigerung der Produktivität, Persönlichkeitsentwicklung und Teambildung, der Entwicklung des Führungsstils, der Personalförderung, -bildung und -bindung sowie eine große Präsenz in der Öffentlichkeit, also bestes Marketing.

Im Vordergrund steht die Personalentwicklung. Man erhält auf höchstem Niveau ausgebildetes und geschultes Personal, mithin selbstständige, individuelle, flexible Mitarbeiter – der Traum eines jeden Arbeitgebers. Die Juniorfirma ist eine Investition in die Zukunft, die sich auszahlt.

2.7 Anwendungsfelder

Aus den genannten Gründen ist ein solches oder ähnliches Projekt empfehlenswert. Wenn, besonders in größeren Unternehmen, der finanzielle Rückhalt besteht, sollte man vor einer Juniorfirma nicht zurückschrecken, denn schließlich geht es um den *Branchennachwuchs*, und der liegt ganz im eigenen Interesse.

Die *Gästeresonanz* ist nach wie vor beeindruckend. Die Kunden befürworten und unterstützen das Konzept. So wurde das »Inizio« innerhalb kürzester Zeit aufgrund des ausgeglichenen Preis-Leistungsverhältnisses von der Baustelle zum »In-Lokal«. Viele renommierte italienische Restaurants in unmittelbarer Nähe mussten schließen, weil die Kunden ausblieben.

Das Controlling der Personalentwicklung – also die Erfolgskriterien und Erwartungen, die Kosten und Erfolge sowie die Rentabilität – stets im Auge behaltend, konnten die Auszubildenden bereits nach wenigen Monaten schwarze Zahlen vorweisen. Der Kundenstamm weitet sich teilweise auf einen Umkreis von bis zu 250 Kilometern aus. Nur zu wenige Sitzplätze gibt es, das war die einzige negative Gästeresonanz.

Das in dieser Form in Deutschland bislang einzigartige Pilotprojekt »Inizio« ist die perfekte qualitative Ergänzung der Ausbildung, die ideale Vorbereitung auf die Abschlussprüfung und die optimale Einleitung ins »richtige« Berufsleben.

2.8 Ein cleveres Konzept, bei dem die Rechnung aufgeht

Es handelt sich um ein cleveres Konzept, bei dem die Rechnung aufgeht. Jedes Team entwickelt erneut großen Ehrgeiz und eifert, ganz im Sinne des Erfinders, um noch mehr Umsatz und Gewinn wie das Vorteam.

Die Autorin dieses Beitrags selbst hatte das große Glück, dem ersten Team anzugehören und an diesem Experiment teilnehmen zu dürfen. Sie hat in dieser Zeit unzählige Erfahrungen gesammelt, wurde geformt und entwickelte ihren eigenen Stil. Es war und ist für sie eine einzige, riesige Lernphase. Kein Tag verging ohne ein weiteres tiefschürfendes Erlebnis.

Besonders ihr Team stieß in der Tat oft an die eigenen Grenzen. Diese Grenzen wurden Tag für Tag, Woche für Woche aufs Neue ausgereizt, heraufbeschworen und überschritten. Schon in den ersten Wochen gab es Momente des Glücks, aber ebenso viele Momente der Verzweiflung. An das Aufgeben hat das Team jedoch nie gedacht. Die Beteiligten waren auf der Überholspur, und den Vorsprung, den sie gewannen, werden sie nie verlieren. Diese Erfahrung möchten sie niemals missen.

Bereits acht Monate später gewann die Autorin im bedeutendsten Wettbewerb der deutschen Hotellerie den »Junior Hotelier 2004«. Sie ist davon überzeugt, dass sie ohne das »Inizio« bereits in der Vorrunde ausgeschieden wäre.

Literatur

Mudra 2004: Mudra, P.: Personalentwicklung: Integrative Gestaltung betrieblicher Lern- und Veränderungsprozesse, München 2004.
Scholz 2000: Scholz. C.: Personalmanagement, 5. Auflage, München 2000.

Teil E
Instrumente
der Arbeitsstrukturierung

E.1 Remote Working, Telearbeit und Home Office

Simon Seebass*/Burkhardt Friedrich Eduard Wallenstein**

1 Kontakte mit elektronischen Medien pflegen

2 Gründe für diese Arbeitsformen

3 Unternehmerische Notwendigkeit

4 Formen des Remote Working

5 Anforderungen an die Personalentwicklung
  5.1 Wie arbeite ich remote?
  5.2 Wie manage ich Remote Worker?
  5.3 Wie mache ich die Angebote der Personalentwicklung für Remote Worker verfügbar?

6 Ansätze der Personalentwicklung
  6.1 Virtuelle Klassenzimmer
  6.2 Beurteilungsverfahren für virtuelle Organisationen
  6.3 Unabhängig vom Standort voneinander lernen

---

* Simon Seebass studierte Psychologie, Soziologie und BWL und machte seinen Abschluss als Diplom-Psychologe an der Universität Hamburg. Von 2000 bis 2003 absolvierte er ein berufsbegleitendes Aufbaustudium in Personalmanagement an der Business School GSBA in Zürich. Nach dem Studium war er Verkäufer und Gruppenleiter im Verkaufsaußendienst, anschließend Personalberater und von 1998 bis 2004 bei Ericsson in verschiedenen Positionen im Personalmanagement, unter anderem als HR Manager Compensation & Benefits und HR Manager für den Standort Nürnberg. Seit Mai 2004 ist er für Hewlett-Packard als HR Transition & Transformation Manager im Outsourcing von IT Dienstleistungen in der Region »Europe, Mittle-East, Africa« tätig.

** Burkhardt Friedrich Eduard Wallenstein studierte Maschinenbau, Philosophie, Entwicklungszusammenarbeit und Politik an der RWTH Aachen mit den Abschlüssen Diplom-Ingenieur und Magister Artium. Er war fünf Jahre bei Unilever als Projektingenieur und TPM-Manager, vier Jahre als Berater und Projektleiter bei der Unternehmensberatung The Boston Consulting Group und zwei Jahren bei Volkswagen in der Gestaltung der Unternehmenskultur tätig. Seit 2004 arbeitet er als selbständiger Berater der LangeWallensteinConsulting, einer Spezialberatung für Strategieimplementierung. Seither unterstützt er Unternehmen in Situationen wie Führungswechsel, strategische Neuausrichtung, Post-Merger-Integration und Internationalisierung. Seine Arbeitsschwerpunkte sind die konsequente Ausrichtung der HR-Systeme, Neugestaltung der Aufbau- und Ablaufstruktur sowie die Optimierung der Berichtslinien und Verantwortungsbereiche, immer bezogen auf Strategie und langfristige Ziele des Unternehmens.

1 Kontakte mit elektronischen Medien pflegen

Joachims Team trifft sich jeden Montag am späten Nachmittag, vor allem um aktuelle Themen zu besprechen und Erfahrung aus den einzelnen Projekten auszutauschen. Da die Kollegen über Europa verstreut sind, treffen sie sich nicht physisch. Das wäre viel zu teuer und zeitraubend. Aber ohne den Erfahrungsaustausch und die Diskussion über Themen, die alle betreffen, wären sie versprengte Einzelkämpfer. Sie arbeiten als HR Experten im Geschäftsbereich IT-Outsourcing bei Hewlett-Packard (HP). Es geht um Kundenprojekte, die je nach Standort des Kunden überall in der Region EMEA (Europe, Middle East, Africa) stattfinden können. Dafür gibt es dieses Team mit erfahrenen Personalern, die von zu Hause, einem HP-Büro oder häufig auch im Projektbüro beim Kunden arbeiten. Der Vorgesetzte sitzt in Frankreich und lädt sein Team einmal im Jahr zu einem physischen Team-Meeting ein. Dazwischen reichen Telefonkonferenzen mit Internetunterstützung wie Netmeeting oder Sametime (um Dokumente gemeinsam zu sehen und zu bearbeiten), und manchmal bieten die vielfältigen Dienstreisen der Teammitglieder überraschend die Gelegenheit, einmal wie »normale« Kollegen zusammen einen Kaffee zu trinken oder Essen zu gehen.

Inge war im Erziehungsurlaub und wegen des zweiten Kindes auf null Stunden, als ihr Arbeitgeber einen Standort schließen musste. Mehrere Hundert Kollegen erwarteten dringend ein Zeugnis, um sich bewerben zu können. Dafür waren weder die normalen Prozesse ausgelegt, noch war die personelle Ausstattung der Abteilung geeignet. Für Inge bot sich eine Gelegenheit, wieder ins aktive Berufsleben zurückzukehren, da Sie die Arbeit von zu Hause erledigen konnte und nicht an feste Zeiten gebunden war. Für den HR-Manager war das eine große Erleichterung. Im Gegensatz zu einer Zeitarbeitskraft konnte Inge ohne lange Einarbeitung und ohne Beaufsichtigung sofort loslegen. Sie kannte das Unternehmen gut genug, um ihre Arbeit selbst zu koordinieren, und sie verstand die Aufgabengebiete der betroffenen Kollegen so weitgehend, dass Sie die Vorgesetzten bei der Formulierung auch fachlicher Aspekte viel besser unterstützen konnte als ein Externer.

Susan arbeitet in der Unternehmenszentrale von Nokia im HR Management im Bereich Recruitment. Aber wie viele Ihrer Kollegen sieht sie das Headoffice im Raum Helsinki nur alle paar Wochen. Aus familiären Gründen wohnt sie in Düsseldorf und ist damit bei dem finnischen Konzern kein Einzelfall. Viele Manager mit internationalen Aufgaben haben ihren Wohnsitz irgendwo auf der Welt – mit gutem Flughafenanschluss – und arbeiten teils von zu Hause und teils aus einem lokalen Nokia-Büro, wenn sie nicht auf Reisen sind. Für Susan ist es wichtig, mit den Recruitment-Verantwortlichen in den einzelnen Ländern einen engen Kontakt zu pflegen, aber das gelingt dank elektronischer Medien auch ohne viel zu Reisen.

2 Gründe für diese Arbeitsformen

Mit *Remote Working* meinen wir unterschiedliche Arbeitsformen, die eins gemeinsam haben: Die *Leistungserbringung* ist nicht an ein festes Büro gebunden. Dazu gehören beispielsweise Mitarbeiter mit vertrieblichen Aufgaben, Unternehmensberater und ähnliche, beratende Experten, die üblicherweise in Kundenprojekten arbeiten, Manager mit regionaler Verantwortung, die aufgrund der Aufgabe meist unterwegs sind, aber auch Mitarbeiter die aus privaten Gründen von zu Hause oder in einem anderen Büro als ihr Chef und/oder ihr Team arbeiten.

Dabei sind die Gründe vielfältig und können sowohl im privaten Bereich, als auch in der Unternehmensorganisation oder in der Aufgabe liegen. Beispielsweise werden hoch qualifizierte Experten oft dort eingesetzt, wo sie intern oder in Kundenprojekten gebraucht werden. Am deutlichsten wird dies durch Inhouse-Consulting-Abteilungen, wie sie viele Grossunternehmen aufgebaut haben. Aber auch ohne den Titel des Beraters arbeiten viele Experten in einer solchen Funktion.

Lokale Geschäftsbereiche werden zu Regionen zusammengefasst, ohne dass es sinnvoll und wirtschaftlich vertretbar wäre, dass alle, die eine Verantwortung in dieser Region tragen, am selben Standort zusammengefasst werden. So hat HP beispielsweise sein EMEA Headoffice in Genf, aber nur ein kleiner Teil der Mitarbeiter, die in diese Organisation gehören, arbeitet in Genf. Die meisten haben ihr Büro noch heute dort, wo sie einmal bei HP angefangen haben, unbehelligt von organisatorischen Änderungen oder Positionswechseln.

Für viele Menschen sind es *private Gründe*, die dazu führen, dass sie nach einer Zeit der Arbeit mit festem Standort remote arbeiten, vor allem durch Erziehungszeiten und durch die Berufstätigkeit des Partners, die an einen anderen Standort gebunden ist. Aber es gibt auch Fälle, in denen eine Organisation eine bestimmt Person für eine Aufgabe gewinnen möchte, diese Person allerdings nicht bereit ist, dafür den Lebensmittelpunkt zu verlagern. Dadurch kommt es schon bei der Einstellung zu einer Vereinbarung, die ein Remote Working vorsieht. Prominentestes Beispiel ist hier sicher der ehemalige Bundestrainer Jürgen Klinsmann.

3 Unternehmerische Notwendigkeit

Es gibt eine Reihe von Entwicklungen in Unternehmen, die die Ausbreitung von Remote Working begünstigen: Durch die vertiefte Integration der EU werden Geschäftsbereiche in den letzten Jahren zunehmend regional geführt, und entsprechend betreffen Reorganisationen immer häufiger nicht nur einen Standort oder ein Land, sondern eine ganze Region. Schon die mit Organisationsänderungen verbundenen Umzüge in einem Gebäudekomplex sind sehr aufwändig, aber sobald es um standortübergreifende Organisationsänderungen geht, ist es nicht praktikabel, Mitarbeiter regelmäßig umziehen zu lassen.

Von Seiten der Beschäftigten ist die *Mobilität* ebenfalls häufig eingeschränkt: Auch bei hoch qualifizierten und engagierten Mitarbeitern ist Mobilität oft nicht gegeben, am häufigsten, weil beide Partner berufstätig sind. Immer mehr Unternehmen realisieren, dass es praktikabler ist, selbst *Flexibilität* in Bezug auf den Standort des Mitarbeiters zu zeigen, als von den Leistungsträgern örtliche Flexibilität zu verlangen.

Ein weiterer Aspekt ist, dass hoch qualifizierte Experten nicht für alle relevanten Bereiche an allen Standorten vorgehalten werden können, sondern standortübergreifend eingesetzt werden müssen. In solchen Fällen gibt es zwar in der Regel eine

Zuordnung zu einem Büro, aber die Leistung wird an unterschiedlichen Standorten und von zu Hause erbracht.

Darüber hinaus bietet der lokale Arbeitsmarkt nicht immer die besten Kandidaten, oder der Unternehmensstandort ist nicht an einem so beliebten Standort, dass sich alle Positionen vor Ort besetzen lassen. Aus diesem Grund lassen sich Unternehmen teilweise schon bei der Einstellung auf eine Remote-Lösung ein.

Hintergrund für diese Entwicklung ist aber auch die entsprechende *Infrastruktur*: Die Kosten der Telekommunikation sind in den vergangenen Jahren dramatisch gefallen, und Breitbandanschlüsse sind fast überall verfügbar. In Verbindung mit leistungsfähigen Rechnern und Anwendungen, die die Zusammenarbeit von virtuellen Teams erleichtern, ist Teamwork über große Entfernungen heute durchaus effizient.

Da die Voraussetzungen sehr IT-lastig sind, ist es nicht verwunderlich, dass IT-Unternehmen als erste damit begonnen haben, die Anwesenheit im Büro nicht mehr als Vorraussetzung zur Leistungserbringung anzusehen. So hat beispielsweise IBM in der Schweiz schon vor zehn Jahren Softwareentwickler »zum Arbeiten nach Hause geschickt« – unter anderem mit dem Ziel, Kosten für Büroarbeitsplätze zu senken.

4 Formen des Remote Working

Bevor wir in die konkreten Anforderungen an die Personalentwicklung einsteigen, möchten wir eine Struktur vorschlagen, welche die unterschiedlichen Dimensionen verdeutlicht, die beim Remote Working auftreten. Während für Arbeitsrechtler sicher die Frage im Vordergrund steht, an welchem Ort die Leistung erbracht wird (im festen Büro oder zu Hause oder nach der freien Wahl des Mitarbeiters), so ist es für unseren Zweck viel wichtiger, wie die *Integration des Mitarbeiters* aussieht: Sind die anderen Teammitglieder am selben Standort und sind der Fachvorgesetzte sowie der disziplinarische Vorgesetzte vor Ort? Eine Reihe von Herausforderungen entsteht nämlich auch für den Mitarbeiter, der zwar täglich in sein Büro geht, dessen Interaktionspartner aber in anderen Büros oder von zu Hause arbeiten (Abb. 1).

Virtuelles Team: Bei dieser Arbeitsorganisation werden Experten des Teams je nach Aufgabe zusammengestellt, ohne an einem Ort versammelt zu werden. Dies führt dazu, dass einige Teammitglieder am gleichen Standort wie der Vorgesetzte sind, während andere keinen direkten Kontakt zu ihrem Vorgesetzten haben. Dieses Ungleichgewicht an Informationszugang, aber auch an Aufmerksamkeit und Kontrolle, beeinflusst die Teamdynamik und verlangt eine besondere Aufmerksamkeit und Disziplin des Vorgesetzten.

Home Office und Remote Office: Hier lassen sich die eingangs genannten Beispiele von Inge und Susan zuordnen, die ihre Arbeitsleistung erbringen, ohne an einem festgelegten Standort zu sein. Auch Teilzeitlösungen gehören dazu, in denen die Mitarbeiter einen Teil der Zeit im Betrieb arbeiten und zum Teil von zu Hause, um Großraumbüros zu entlasten und den Mitarbeiter mehr Zeit zu Hause zu ermöglichen.

Unternehmensberater: Diese Variante ist am besten von den Teams der klassischen Beratungsfirmen bekannt, die für die Dauer eines Auftrages als Team zusammenge-

	Vorgesetzter am selben Standort	Vorgesetzter nicht am selben Standort
Team nicht am selben Standort	**Virtuelles Team** Der Vorgesetzte ist am selben Standort, aber Teammitglieder arbeiten remote.	**Home Office und Remote Office** Mitarbeiter gehört zu einem virtuellen Team oder arbeitet dauerhaft von einem anderen Standort als der Vorgesetzte und das Team.
Team am selben Standort	**Klassische Arbeitsorganisation** Das Team einschließlich des Vorgesetzten arbeitet am selben Ort.	**Unternehmensberater** Das Team arbeitet ohne Vorgesetzten am selben Standort.

Abb. 1: Remote Working

stellt werden und dann zu einem großen Teil ihrer Zeit beim Kunden vor Ort arbeiten. Die Vorteile, Fachwissen räumlich völlig flexibel zusammenstellen und einsetzen zu können, machen sich immer mehr auch klassische Unternehmen zu nutze. Bei dieser Form des Arbeitens ist der Fachvorgesetzte, der die Arbeitseinteilung vornimmt, entweder nicht der disziplinarische Vorgesetzte – auf Grund der Kurzfristigkeit der Teams –, oder aber der Einzelne bzw. das Team übernimmt auch die Arbeitseinteilung und berichtet nur periodisch seine Ergebnisse an den Fachvorgesetzten. In beiden Fällen, ist der disziplinarische Vorgesetzte für die Beurteilung und Entwicklung seiner Mitarbeiter auf das Urteil anderer Führungskräfte und Kollegen angewiesen.

5 Anforderungen an die Personalentwicklung

Die Anforderungen an die Personalentwicklung stellen sich in drei Bereichen:
- wie arbeite ich remote,
- wie manage ich remote und
- wie strukturiere ich Angebote der Personalentwicklung so, dass auch Remote Worker diese Angebote nutzen können?

5.1 Wie arbeite ich remote?

Die Arbeit vom Home Office, in virtuellen Teams oder mit einem Vorgesetzten, den man selten physisch trifft, stellt hohe Anforderungen an die *Arbeitstechnik* und *Selbststeuerung*.

Ein wichtiger Aspekt, der leider in vielen Unternehmen nur mit Führungskräften trainiert wird, ist das Vereinbaren von Zielen. Mangelnde Klarheit über die Ziele der eigenen Arbeit führt nicht nur zu schlechten Ergebnissen, sondern auch zu Demotivation. Hier müssen Mitarbeiter lernen, Verantwortung für die Vereinbarung von klaren und realistischen Zielen zu übernehmen und darüber hinaus diese Zielvereinbarungen zu pflegen, das heißt regelmäßig zu überprüfen und gegebenenfalls anzupassen.

Neben der Zielvereinbarung ist die Arbeitsplanung im Team von großer Relevanz, also die tägliche Abstimmung: Wer macht wann was, wer erwartet Input von mir, auf wessen Zuarbeit bin ich angewiesen? Dies hängt eng zusammen mit dem Aspekt der *Selbstorganisation* (Kapitel C.8 und E.3 dieses Buches).

Für viele, die erstmalig in einer Remote-Situation arbeiten, ist die Pflege von Beziehungen über die Entfernung eine große Herausforderung. Hier sind Trainingsangebote notwendig, die Techniken vermitteln, wie man beispielsweise Vertrauen aufbauen kann, ohne die Möglichkeit, einfach einmal zusammen in die Kantine zu gehen oder nach dem Meeting ein bisschen Smalltalk zu machen. Aber auch die Frage, wie man eine feste Zusage bekommt, ohne jemandem in die Augen zu schauen, ist eine schwierige Aufgabe.

Viele Unternehmen stellen mittlerweile elektronische Hilfsmittel bereit, die für Remote Worker sehr hilfreich sind. Damit diese *Kollaborationstools* auch effizient genutzt werden, ist die Personalentwicklung gefordert. Nicht nur die Remote Worker müssen sich damit vertraut machen, sondern auch diejenigen, mit denen sie zusammenarbeiten.

5.2 Wie manage ich Remote Worker?

In der Managementliteratur kann man seit einigen Jahren über Führung von virtuellen Teams lesen. In ihrer Serie »Summer Business School« schreibt z. B. die Financial Times in ihrer Ausgabe vom 26. August 2005 über die soziale Kompetenz, die in virtuellen Unternehmen gefordert ist: Dadurch dass immer mehr Unternehmen Teile des Geschäftes global managen, haben immer mehr Manager Remote Worker zu führen. Aus Sicht der Autoren erfordert dies in besonderem Maße, Prozesse zu gestalten, Ziele zu setzen und zu vereinbaren sowie Arbeitsergebnisse zu beurteilen. Darüber hinaus müssen sie lernen zu beurteilen, in welcher Situation welche *Kommunikationsmittel* angemessen sind. Mit SMS, E-Mail, Telefonkonferenzen usw. gibt es eine große Auswahl von Möglichkeiten, unabhängig vom Ort zu kommunizieren. Aber dennoch sollten für ein Projekt-Kick-Off-Meeting noch möglichst alle Teilnehmer zusammenkommen, weil dadurch Beziehungen besser entwickelt werden und *Vertrauen* gestärkt wird.

Neben diesen Aspekten müssen Führungskräfte lernen, *Mitarbeiter auszuwählen*, die remote arbeiten sollen. Dies gilt sowohl bei der Einstellung als auch bei der

Beförderung. *Telearbeit* und andere Formen des Remote Working stellen besondere Anforderungen an Mitarbeiter, während Vorgesetzte sich bei der Auswahl häufig mehr auf den fachlichen Teil der Aufgabe beschränken. Aber selbstständige *Arbeitseinteilung*, gute *Selbstkontrolle* und eine solide *Eigenmotivation* sowie die Fähigkeit, aktiv am Telefon oder über andere Medien Beziehungen herzustellen, sind für den Erfolg entscheidender als die Fachkompetenz.

Wenn nur Einzelne in der Gruppe remote arbeiten, müssen Vorgesetzte darauf vorbereitet sein, dass es *Neid* auf die freie Zeiteinteilung gibt und die Befürchtung, dass die jeweils andere Gruppe bessere Karrierechancen hat. Durch die verkürzten Präsenzphasen wird der Umgang mit den Remote Workern funktionaler, und Vorgesetzte müssen aktiv dafür sorgen, dass die Einbindung ins Team nicht leidet. Diese Erfahrung, aber auch die notwendige Umstrukturierung der Arbeitsabläufe, kann von Teams genutzt werden, um die Arbeit insgesamt effizienter zu gestalten.

Führungskräfte müssen auch sehr viel sorgfältiger mit Zielvereinbarungen arbeiten. Wenn die räumliche Nähe und damit die häufigen informellen Kontakte fehlen, wird es wichtiger, Ziele klar zu vereinbaren, und zwar in allen Dimensionen (Quantität, Qualität, Zeit, Schnittstellen). Die Betonung liegt auf dem Wort »vereinbaren«, da der Mitarbeiter in viel höherem Masse aus eigenem Antrieb seine Leistung erbringen muss.

Die Kompetenz und den Unterstützungsbedarf des Mitarbeiters richtig einzuschätzen, ist eine weitere Herausforderung. Der Vorgesetzte bekommt nicht mehr beiläufig mit, dass ein Mitarbeiter mit einer Aufgabe Schwierigkeiten hat oder in seiner sozialen Kompetenz Entwicklungsbedarf hat. Hier müssen Vorgesetzte lernen, sich aktiv und systematisch ein Bild darüber zu machen, was sie von einem Mitarbeiter erwarten können und wo Unterstützung notwendig ist.

Die Vorbereitung der Vorgesetzten auf die regelmäßige *Leistungsbeurteilung* muss auch auf die Besonderheiten von Remote Working abgestimmt werden. Für die Beurteilung von Mitarbeitern, die »außerhalb der Sichtweite« des Vorgesetzten arbeiten, gibt es unterschiedliche Modelle mit entsprechenden Herausforderungen, die von der Personalentwicklung berücksichtigt werden müssen.

- In virtuellen Organisationen findet man am häufigsten die Vorgehensweise, dass ein disziplinarischer Vorgesetzter die Beurteilung vornimmt, aber auf die Rückmeldungen aus anderen Quellen zugreift, wie Beurteilungen durch Projektleiter, Kollegen, andere Vorgesetzte, Kunden und Mitarbeiter. Hier müssen Vorgesetzte lernen, *Feedback* systematisch einzuholen und zu bewerten.
- Vor allem in Beratungsunternehmen ist die Vorgehensweise verbreitet, dass mehrere Projektleiter eigenständige, fachliche Beurteilung erstellen und mit dem Mitarbeiter besprechen. Diese Beurteilungen werden dann zu festen Terminen von dem *Career Advisor* zu einer disziplinarischen Beurteilung mit Entwicklungschancen und Entwicklungsnotwendigkeiten zusammengefasst und ebenfalls mit dem Mitarbeiter besprochen. Dies erfordert eine starke Standardisierung der Beurteilungsverfahren aber auch eine intensive Schulung der Projektleiter, um eine konsistente Anwendung der Verfahren zu gewährleisten.

Mit der Beurteilung ist auch die weitere Entwicklung eng verbunden. Hier besteht die Gefahr, dass die Remote Worker bei der Karriereentwicklung aus dem Blickfeld geraten und nicht adäquat berücksichtigt werden. Dies unterstreicht die Notwendigkeit, Vorgesetzte darin zu schulen, Remote Worker angemessen zu beurteilen und deren Potenzial einzuschätzen.

5.3 Wie mache ich die Angebote der Personalentwicklung für Remote Worker verfügbar?

Angebote der Personalentwicklung sind üblicherweise auf Mitarbeiter mit festem Arbeitsplatz zugeschnitten. Können Remote Worker diese auch nutzen? Zumindest in Unternehmen, in denen fast alle Mitarbeiter an einem vernetzten Arbeitsplatz sitzen, sind Trainings im Seminarraum heute nur noch bei verhaltensbezogenen Inhalten wie Führungstrainings klar im Vorteil gegenüber *E-Learning*, oder wenn das *Networking* gefördert werden soll. E-Learning bietet große Kostenvorteile, aber es lassen sich auch kleine Module effizient anbieten und es können in sehr kurzer Zeit sehr viele Mitarbeiter unabhängig vom Standort erreicht werden (Kapitel C.7 dieses Buches).

Unternehmen, die bereits weitgehend auf E-Learning setzten, beantworten die Frage nach der Nutzbarkeit Ihrer Angebote für Remote Worker meist ganz klar mit »Ja«. Allerdings wird hier auch manchmal vergessen, dass die Angebote nicht nur im unternehmensinternen Netzwerk (LAN) funktionieren müssen, sondern auch für den Zugriff durch Einwahl getestet werden müssen. Wenn diese Voraussetzung erfüllt ist, können Remote Worker das Trainingsangebot genauso effektiv nutzen, wie ihre Kollegen im festen Büro.

Die größten Schwierigkeiten treten für Remote Worker in der Regel auf, wenn es um *Entwicklungsmöglichkeiten* geht. Neben sachlichen Einschränkungen spielen auch Unternehmenskultur und persönliche Ansichten des Vorgesetzten eine Rolle, wenn es darum geht, jemandem, der vom Home Office arbeitet, eine neue Aufgabe zu übertragen. Hier spielt die Personalentwicklung indirekt eine Rolle, indem sie durch die oben genannten Maßnahmen dazu beiträgt, dass beispielsweise elektronische Kollaborationstools effektiv genutzt werden und Vorgesetzte dadurch die Erfahrung machen, dass Mitarbeiter in vielen Funktionen auch ohne Anwesenheit im Büro einen sehr guten Job machen können.

6 Ansätze der Personalentwicklung

Abschließend wollen wir in zwei Praxisbeispielen zeigen, wie Personalentwicklung die Herausforderungen des Remote Working annehmen kann. Das erste Beispiel greift den Aspekt auf, wie Personalentwicklungsmaßnahmen unabhängig vom Standort des Mitarbeiters verfügbar gemacht werden. Das zweite Beispiel schildert, wie ein Personalbeurteilungssystem der Arbeit in einer virtuellen Organisation gerecht werden kann.

6.1 Virtuelle Klassenzimmer

Bei HP arbeiten viele Mitarbeiter remote, und entsprechend werden Möglichkeiten des E-Learning intensiv genutzt. Dabei haben die verschiedenen Formen des E-Learning die Seminarraumveranstaltungen weitgehend verdrängt. Das Angebot ist weit umfangreicher und die Mitarbeiter nutzten mehr Angebote, als es bei physischer Anwesenheit möglich wäre.

Dazu ein Beispiel aus dem Personalbereich: Das oben geschilderte Team von HR-Experten arbeitet Europa weit an Outsourcing-Projekten. Wenn es zu Betriebsübergängen kommt, arbeiten sie eng mit den Personalern in den jeweiligen Ländern zusammen. Um den Kollegen in den einzelnen Ländern die notwendigen Kompetenzen zu vermitteln, hat das EMEA-Team (Europe, Mittle-East, Africa) in virtueller Teamarbeit eine Trainingsreihe aus sechs Modulen entwickelt. Diese zweistündigen Einheiten werden im virtuellen Klassenzimmer angeboten, das heißt die Personalkollegen aus den Ländern wählen sich telefonisch ein und sehen die Präsentation im Internet. Dort sind sie auch namentlich registriert, sodass alle Anwesenden wissen, wer gerade da ist.

Im Internet können auch schriftliche Fragen abgegeben werden, und der Trainer kann Themen zur Abstimmung stellen. Da viele im Großraumbüro oder von zu Hause arbeiten, sind während des Trainings die Leitungen der Teilnehmer stumm geschaltet, um Störungen zu vermeiden. Sie können aber jederzeit durch einen Mausklick die Hand heben, und nach jedem Abschnitt werden die Leitungen frei geschaltet, um auch verbale Fragen und Diskussionen zu ermöglichen.

Die komplette Trainingsreihe wird dreimal wiederholt, damit alle die Möglichkeit haben, vollständig daran teilzunehmen. Darüber hinaus wird jedes Modul einmal aufgezeichnet und ist danach im globalen Trainingskatalog verfügbar. Wenn beispielsweise ein neuer Personaler in einem Land eingestellt wird, oder jemand erst in einem Jahr erstmals in einem Outsourcing-Projekt mitarbeiten muss, kann er jederzeit die aufgezeichnete Version im Internet aufrufen und das Training einschließlich aller Teilnehmerfragen und Kommentare abspielen.

Neben diesen Life-Trainings und aufgezeichneten Modulen gibt es auch viele reine E-Learning-Programme, die sowohl selbst entwickelt werden, als auch von externen Anbietern eingekauft werden. Damit das Unternehmen einen Überblick behält, wie das Angebot genutzt wird, und die Vorgesetzten steuern können, wer an welchem Training teilnimmt, muss sich der Mitarbeiter im Online-Trainingskatalog zunächst zu einem Kursangebot anmelden, woraufhin der Vorgesetzte elektronisch informiert wird und sein Okay geben muss. Dann ist der Mitarbeiter für einige Wochen registriert und kann in dem Zeitraum jederzeit und von jedem Ort mit Internetzugang in das Modul einsteigen oder Trainings fortsetzen, die er zuvor unterbrechen musste.

Nach Abschluss eines Trainings muss der Mitarbeiter bestätigen, dass er das Modul abgeschlossen hat, woraufhin er eine Teilnahmebescheinigung ausdrucken kann und die Teilnahme elektronisch registriert wird. Auf diese Weise kann der Mitarbeiter selber im Web nachsehen, was er in seiner Zeit bei HP an Trainings gemacht hat. Aber auch der Vorgesetzte kann sich jederzeit ein Bild verschaffen. Damit dieses Bild vollständig ist, werden auch nicht-elektronische Trainings in das System eingepflegt.

Dies ist insbesondere beim Wechsel von Vorgesetzten wertvoll. Alle diese Funktionen sind in das Mitarbeiterportal von HP integriert.

Die technische Plattform für das virtuelle Klassenzimmer wird nicht nur für Trainings verwendet. Sie bietet sich auch für Meetings an, bei denen nicht alle Teilnehmer anwesend sein können. Die europäische Personalchefin bringt beispielsweise einmal im Quartal aller HR-Mitarbeiter in der Region zusammen und nutzt dafür ein solches virtuelles Klassenzimmer, so dass jeder ohne Reisekosten und unabhängig vom Standort daran teilnehmen kann. Wo es möglich ist, kommen die Kollegen dennoch gerne physisch zusammen und treffen sich beispielsweise in einem Meetingraum in Böblingen, der deutschen Zentrale, um gemeinsam an dem virtuellen Meeting teilzunehmen.

6.2 Beurteilungsverfahren für virtuelle Organisationen

Beurteilungsverfahren sind aus Sicht der Personalentwicklung in drei Aspekten von besonderer Bedeutung:
1. Die Führungskräfte müssen dahin entwickelt werden, dass sie in der Lage und willens sind, die im Unternehmen implementierte Beurteilungssystematik anzuwenden.
2. Die Beurteilungen müssen so ausgerichtet und detailliert sein, dass sich daraus der Entwicklungsbedarf und das Entwicklungspotenzial des Beurteilten ableiten lassen.
3. Sind die Beurteilungen zudem noch kalibriert und entsprechend dokumentiert, lässt sich auch der Personalentwicklungsbedarf des Unternehmens aus dem Beurteilungsprozess ableiten.

Unter dem Druck der besonderen Anforderungen des Remote Working sind Systeme entwickelt worden, die in allen drei Aspekten Vorteile bieten und von denen auch klassische Arbeitsorganisationen profitieren können.

In vielen Beratungsunternehmen sind die fachliche und die disziplinarische Beurteilung getrennt. Die fachliche Beurteilung gibt der jeweilige Projektleiter zu jedem Quartalsende oder nach Abschluss des Projektes. Diese schriftliche Beurteilung benennt die Stärken und Schwächen des Mitarbeiters und wird mit diesem besprochen. Durch die oft gegenüber den Quartalen verschobenen Projektlaufzeiten, durch Projekte, die kürzer als drei Monate sind oder bei denen der Mitarbeiter als Experte nur kürzer mitgearbeitet hat, kommen in einem Beurteilungszeitraum meist mehrere Beurteilungen zusammen. Diese werden dann von einem *Career Advisor* (einem Topmanager, der diese Aufgabe für eine begrenzte Zeit übernimmt) zu einer Rückmeldung über die weitere Entwicklung des Mitarbeiters zusammengefasst. In einem kurzen, persönlichen Gespräch (ca. 15 bis 30 Minuten) erhält der Mitarbeiter sein disziplinarisches *Feedback*.

Dieses System verlangt eine sehr starke Standardisierung der fachlichen Beurteilung, führt aber schon allein durch die Anzahl zu erstellenden Beurteilungen zu einer hohen Professionalität aller Beteiligten. Da außerdem der Career Advisor auf die Unterlagen der Projektleiter zum Quartalsende angewiesen ist, sind auch die tatsächliche Durchführung und eine Qualitätskontrolle implizit sichergestellt. Das Eigeninteresse der Projektleiter, das System zu verstehen und richtig anzuwenden, ist entsprechend groß, was die Schulung deutlich erleichtert.

Der Career Advisor ist für alle Mitarbeiter einer Senioritätsstufe verantwortlich (ca. 50 bis 100) und gibt ihnen Feedback. Das Feedback bezieht sich auf ihre Leistung, auf ihre Stellung im Vergleich zum Durchschnitt der anderen Mitarbeiter der gleichen Senioritätsstufe, auf ihren sich daraus ergebenden Beförderungszeitpunkt bei gleich bleibender Leistung und auf die ungefähre Höhe des zu erwartenden Bonus am Jahresende. Er bespricht auch die für eine schnellere Beförderung notwendigen Entwicklungsschritte und bietet Entwicklungsunterstützung an.

Der Vergleich mit dem Durchschnitt der anderen Mitarbeiter verhindert, dass jedem der Eindruck vermittelt wird, der Beste zu sein. Die Konzentration der Feedbacks bei einer Person erleichtert eine einheitliche, sehr hohe Qualität der Feedbacks und der Entwicklungsgespräche. Der Career Advisor bewertet zusätzlich zu den Leistungen der Mitarbeiter auch die Qualität der Beurteilungen der Projektleiter. Diese Beurteilung wiederum fließt in die Beurteilung der Projektleiter ein. Dadurch werden die Qualität und Ausgewogenheit der fachlichen Beurteilungen gesteigert.

Die Konzentration der Beurteilungsgespräche auf den Career Advisors ermöglicht es, einen Überblick über den Entwicklungsstand aller Mitarbeiter einer Senioritätsstufe zu gewinnen. So kann das Trainingsangebot darauf ausgerichtet werden. Der Career Advisors weiß, welche Kompetenzen zurzeit im Unternehmen unterrepräsentiert sind und gezielt aufgebaut oder eingekauft werden müssen.

Durch die Standardisierung wird den an verschiedenen Orten und mit ständig wechselnden Vorgesetzen arbeitenden Mitarbeitern trotzdem eine gewisse Verlässlichkeit und Sicherheit geboten. Durch die Zusammenführung aller Beurteilungen bei einem Career Advisor wird eine Einheitlichkeit in der virtuellen Gruppe der Projektleiter geschaffen und das Wissen über den Entwicklungsstand der Mitarbeiter wieder ins Unternehmen geholt, obwohl auch die Projektleiter ständig beim Kunden, also remote sind.

Sicher lässt sich dieses sehr spezielle System nicht direkt übertragen. Dennoch lassen sich einige Aspekte – ähnlich wie beim Führen durch Zielvereinbarungen – auch außerhalb der Beratungsbranche anwenden.

6.3 Unabhängig vom Standort voneinander lernen

Diese Beispiele veranschaulichen, dass Personalentwicklung nicht nur die Kompetenzen fördern kann, die Manager und Mitarbeiter beim Remote Working benötigen, sondern auch Angebote so entwickeln und bereitstellen kann, dass die Kollegen unabhängig vom Standort voneinander lernen können. Zwar sind nicht alle Mitarbeiter und Führungskräfte gleichermaßen für diese Arbeitsformen geeignet, aber mit der richtigen Unterstützung arbeiten schon heute viele Remote Worker sehr produktiv und finden Möglichkeiten, Beruf und Privatleben in ein besseres Verhältnis zu bringen. Damit kann die Personalentwicklung Remote Working planmäßig in der Absicht und dem Bewusstsein einsetzen, das dies der persönlichen Entwicklung sowie der Unternehmensentwicklung dient. Die Personalentwicklung kann entscheidend dazu beitragen, dass Remote Worker effizient arbeiten und voll integriert sind und dass diese Arbeitsformen selbstverständliche Bestandteile der Arbeitsorganisation im Unternehmen werden.

E.2 Job Rotation

Yvonne Fricke[*]

1 Historie

2 Begriffsverständnis

3 Kritische Diskussion der Methode
   3.1 Argumente aus Unternehmenssicht
   3.2 Argumente aus Mitarbeitersicht

4 Heutige Anwendungsgebiete und ausbaufähige Anwendungsfelder

Literatur

---

[*] Diplom Kauffrau Yvonne Fricke studierte Betriebswirtschaftslehre an der Universität Osnabrück mit der Spezialisierung auf Arbeits- und Organisationspsychologie. Nach Studienabschluss begann sie bei ProSiebenSat.1 Media AG, wo sie seit 2003 als Personalreferentin tätig ist. Berufsbegleitend absolvierte sie von 2005 bis 2007 den postgraduate MBA der systemischen Organisationsentwicklung und Beratung an der Universität Augsburg.

1 Historie

Heute ist bekannt, dass Mitarbeiter motivierter und zufriedener bei der Arbeitserfüllung sind, wenn die ihnen übertragenen Aufgaben eine hohe Vielfalt und gewisse Komplexität aufzeigen. Einseitige Belastungen und Monotonie werden insbesondere dann vermieden, wenn der Mitarbeiter nicht über Jahre auf derselben Position tätig ist. Mehrfachqualifikationen bilden sich durch *Arbeitsplatzwechsel* heraus (Holtbrügge 2007, S. 142).

Drei Entwicklungsstufen auf dem Weg zum Ansatz des *Job Rotation* werden im Folgenden dargestellt.

Frederik Taylors (1856–1915) Grundsätze von wissenschaftlicher Betriebsführung forderten u.a. die Trennung von Kopf- und Handarbeit sowie die Zergliederung der Arbeitsaufgaben in einzelne Arbeitselemente. Gute Bezahlung für qualitative und zügige Arbeitserfüllung war nach Ansicht Taylors der entscheidende Faktor für die Arbeitsleistung des Mitarbeiters. Klar abgesteckte Arbeitsschritte wurden von den Arbeitern in den Fabriken nach genauen Vorgaben durchgeführt.

Ab 1924 wurden in den Hawthorne-Werken der Western Electronic Company, USA eine Reihe von Felduntersuchungen über Probleme mit Produktionszahlen und Kündigungsraten durchgeführt. Bekannt sind insbesondere die Experimente zur Helligkeit der Beleuchtung am Arbeitsplatz und deren Wirkung auf die Arbeitsergebnisse. Der »Hawthorne-Effekt« besagte, dass durch bessere menschliche Beziehungen sowohl höhere Arbeitszufriedenheit und -motivation als auch bessere Arbeitsleistung zu erreichen sei. Erst in den 1970er-Jahren ergaben Recherchen, dass diese Interpretationen von Elton Mayo, Professor der Harvard University einseitig ausgelegt waren und wichtige Aspekte von ihm nicht berücksichtigt wurden.

Ende der 1950er-Jahre veröffentlichten Douglas Mc Gregor (1906–1964), Abraham Maslow (1908–1970), Frederick Herzberg (1923–2000) und Chris Argyris (geboren 1923) jeweils ihre Untersuchungsergebnisse, die sich auf die Bedeutung von *Selbstverwirklichung* und *Autonomie* bezogen. Herzberg entwickelte den Ansatz des Job Enrichment, um diesen Motiven Rechnung zu tragen. Die Berücksichtigung der Arbeitsstrukturierung ermöglicht eine Ausweitung des Handlungsraumes für die Mitarbeiter auf den drei Achsen: Entscheidungs-, Interaktions- und Tätigkeitsraum.

Der Begriff Job Rotation ist eng mit dem Begriff Job Enrichment verbunden (siehe Beitrag E.4 in diesem Buch). Ob die Methode direkt im Zusammenhang mit Job Enrichment entwickelt wurde oder ob sie ursprünglich aus Japan stammt, ist nicht eindeutig festzustellen. Bekannt ist allerdings, dass die Methode in Japan häufig angewendet wird und dort eine größere Verbreitung aufweist als in Europa.

2 Begriffsverständnis

Job Rotation ist ein systematischer Aufgaben- und Arbeitsplatzwechsel. Ursprünglich steht die Entwicklung des einzelnen Mitarbeiters im Fokus der Betrachtung. Es geht darum, dem Mitarbeiter die Möglichkeit zu bieten, verschiedene Tätigkeiten kennen zu lernen. Bei starker *Routine* in der Arbeit fehlen dem Mitarbeiter Herausforderungen, und Langeweile kann entstehen (Weinert 1998, S. 184). Die Rotation findet, ausgehend vom eigentlichen Arbeitsplatz, auf andere Positionen innerhalb der Organisation in systematisch geplanter Weise statt. Das Ziel ist dabei, durch das Erleben anderer Aufgabenstellungen das eigene Fähigkeitsspektrum zu erweitern und zu vertiefen. Der Mitarbeiter wird so befähigt, über den Tellerrand zu schauen, und seine Einsetzbarkeit und Flexibilität steigt. Er wird in die Lage versetzt, Problemstellungen aus verschiedenen Blickwinkeln zu betrachten und stärkt das Verständnis für unterschiedliche Sicht- und Herangehensweisen. Der Handlungsraum, mit dem der Mitarbeiter vertraut ist, wächst und ermöglicht ihm vielfältigere Einsatzmöglichkeiten. Die neuen Aufgaben weichen von den bisherigen ab und erfordern neue Fähigkeiten und Kenntnisse für die erfolgreiche Bewältigung. Auf jeder Position wird der Mitarbeiter sich in anderen *Interaktionen* mit internen und externen Ansprechpartnern wiederfinden. Insbesondere bei Rotationen auf höhere Hierarchieebenen weitet sich der Entscheidungs- und Verantwortungsrahmen aus.

Es gibt unterschiedliche Dimensionen des Aufgabenwechsels. Unterschieden werden dabei:
- horizontale (innerhalb einer Hierarchieebene) und vertikale (Hierarchieebenen übergreifend) Rotationen,
- funktionsgebundene und funktionsübergreifende Rotationen sowie
- standortbezogene und standortübergreifende Rotationen.

Die Rotationen können sich dabei entlang dem Arbeitsprozess bewegen. So wird das Verständnis für ineinander greifende Prozesse und Abläufe besonders gefördert. Rotationen können sich aber auch über Unternehmensbereiche hinwegbewegen.

Die Art der Rotationen ist eng mir der Entscheidung verbunden, welche Ziele das Unternehmen sowie Geschäftsbereiche mit dem Rotationsprinzip verfolgen. Als Kontrollinstanz ist es sinnvoll, ein Gremium zu installieren, das die Rotationen begleitet und durch strukturierte Evaluationsmaßnahmen Anpassungen in den bestehenden Prozess zurückspiegelt.

Bezüglich der *Rotationsdauer* werden unterschiedliche Aussagen gemacht. Es gibt zum einen Argumente dafür, dass eine Rotation zwei bis drei Monate andauern sollte, da der Mitarbeiter dann bereits einen guten Einblick in die Position und die damit verbundenen Tätigkeiten erhalten habe und es bei einem längeren Aufenthalt bereits zu Langeweile kommen könne. Auf der anderen Seite werden in der Praxis auch Rotationen von einem Jahr und mehr durchgeführt, damit der Mitarbeiter vollumfänglich mit der Position vertraut ist (Gerster/Sternheimer 1999, S. 60 ff.). In diesem Fall kann davon ausgegangen werden, dass der Mitarbeiter das Tätigkeitsspektrum ähnlich gut beherrscht, wie es beim eigentlichen Stelleninhaber der Fall wäre.

3 Kritische Diskussion der Methode

3.1 Argumente aus Unternehmenssicht

Aus interner Unternehmenssicht ist als erstes zu entscheiden, welchem Zweck das Programm dienen soll. Damit einher geht die Entscheidung, an wen sich das Angebot der Job Rotation wendet. So kann das Programm z.B. auf *High Potentials* ausgelegt sein, die sich durch diese Form der Weiterentwicklung für Führungsaufgaben qualifizieren. Es kann sich aber auch an Führungskräfte richten, die bereits auf unterster Ebene Führungsverantwortung tragen, die sich für umfangreichere und anspruchsvollere Führungsaufgaben qualifizieren wollen und dabei nicht im »Kaminaufstieg« gradlinig die einzelnen Stufen der *Karriereleiter* emporsteigen sollen. In diesem Fall kann es sich um ein verbindliches Qualifizierungsinstrument zur Führungskräfteentwicklung handeln, dass neben der Personalentwicklung, der Ausbildung und Förderung sozialer *Kompetenz*, auch die Entwicklung der Organisation beabsichtigt (Gerster/Sternheimer 1999, S. 60 ff.). Es kann sich schließlich um ein Angebot handeln, dass sich an alle Mitarbeiter richtet, die sich unternehmensintern weiterentwickeln wollen, um den engagierten Mitarbeitern des Unternehmens eine Perspektive zu bieten.

Für die Einführung eines Job-Rotation-Programms sprechen gute Argumente. So kann ein Unternehmen durch ein strukturiertes Programm der Mitarbeiterrotation den Bereichsegoismus bremsen und durch den Austausch von Mitarbeitern unterschiedlicher Abteilungen sowohl zur Verständigung der Abteilungen beitragen als auch das Verständnis für die Belange des Anderen fördern. Das Denken und Handeln des Kollegen wird selbst erlebt. Durch die bereichsfremden Kollegen, die sozusagen einen externen Blick auf die Abteilungsgeschehnisse mitbringen, werden eingetretene Pfade überdacht. So können völlig neue Ideen zur Verbesserung von Abläufen entwickelt werden. Bei einem vorhandenen internen *Ideenmanagement* liegt durch Anzahl und Qualität der eingereichten Ideen ein messbares Erfolgskriterium für die Maßnahme vor.

Da sich die rotierenden Mitarbeiter immer wieder neu zurechtfinden müssen, ist es erforderlich, einen Einarbeitungsplan zur Verfügung zu stellen. Daher hat das Personalmanagement den Auftrag, ein Tool zur Verfügung zu stellen, das als Basis für Einarbeitungsphasen in den neuen Abteilungen dient. So werden *Realitätsschocks* eher vermieden, und die Motivation des Rotierenden bleibt auf einem hohen Niveau. Die Effizienz auf der Position sinkt während der Einarbeitungsphase. Sowohl für den Rotierenden als auch die Abteilung ist dies eine kritische Phase: Der Mitarbeiter ist nicht in der Lage, die Aufgaben eigenständig zu bearbeiten und benötigt Unterstützung und fachlichen Rat von der Führungskraft und den Kollegen. Für die Abteilung bedeutet dies Rücksichtnahme, Verständnis und die Notwendigkeit, das eigene Wissen zu teilen. Wenn Job Rotation im Unternehmen angewendet wird, ist diese Zeitspanne aus betriebswirtschaftlicher Sicht kritisch einzustufen.

Die Aufgaben der neuen Position fordern den Mitarbeiter. Häufig sind mangelnde Herausforderungen im Arbeitsalltag oder mangelnde Wertschätzung des Unternehmens ein Grund für Mitarbeiterkündigungen. Durch diese umfangreiche unternehmensweite Maßnahme der Job Rotation signalisiert das Unternehmen ein Interesse am Mitarbeiter und steigert die *Identifikation* der Mitarbeiter mit dem

Unternehmen. Durch regelmäßig stattfindende Mitarbeiterbefragungen kann das aktuelle Stimmungsbild der Belegschaft erfasst werden und der Einfluss der Job Rotation explizit erfragt werden. So werden auch Handlungserfordernisse sichtbar und können direkt angepasst werden.

Vorteilhaft ist es ferner, dass es nicht erforderlich ist, das sich die Mitarbeiter auf externen Seminaren und Workshops mit den Themen theoretisch vertraut machen. Hier lernen sie direkt vom Kollegen die praktische Umsetzung und Lösung der Fragestellungen und nehmen dieses Wissen mit in ihre eigene Abteilung. So wird die Vernetzung innerhalb des Unternehmens verdichtet und gestärkt.

Kritiker der Job Rotation geben zu bedenken, dass der Mitarbeiter auf seinem eigentlichen Arbeitsplatz unverzichtbar und unabkömmlich ist. Insbesondere auf die Leistungsträger der Abteilungen kann im enormen Leistungs- und Erfolgsdruck des Alltags nicht für Tage, Wochen oder sogar Monate verzichtet werden. Gleichzeitig sei es den Abteilungen nicht möglich, dem »Gast«-Kollegen die notwendige *Einarbeitung* zu gewährleisten um sicherzustellen, dass er schnell und reibungsarm die neuen Aufgaben übernehmen kann. Hier ist nicht nur ein besonderes Gespür für die Bereiche und ihre individuellen Situationen zu entwickeln, sondern auch ein Beurteilungsrahmen festzulegen, der mit objektiven Kriterien über die Teilname oder Nichtteilnahme eines Bereichs entscheidet. Durch ein Lenkungsgremium können diese Bereiche bewusst in die Gestaltung der Rotationspläne einbezogen werden, um so eine breite Akzeptanz zu erfahren.

3.2 Argumente aus Mitarbeitersicht

Die Mitarbeiter, die sich für die Rotation entscheiden, steigern dadurch ihre *Flexibilität* und Mobilität. Sie nehmen die Herausforderung an und bekommen im Gegenzug tiefe Einblicke in interessante Themen. Das macht sich sowohl bei internen Umstrukturierungen *(Change Management)* als auch bei Beförderungen bemerkbar. Die Kompetenzen und Fähigkeiten der Mitarbeiter entwickeln sich sowohl auf fachlicher als auch auf sozialer und persönlicher Ebene. Daher kann damit gerechnet werden, dass sich die Aufstiegschancen verbessern und eine unternehmensinterne Karriere wahrscheinlicher wird.

Der Mitarbeiter hat zudem durch die Rotationen die Chance, in Bereichen tätig zu werden, die ihn persönlich interessieren, unabhängig davon, ob er in dem Bereich selbst langfristig beschäftigt sein möchte oder ob er einmal etwas ganz anderes machen wollte. Mit diesem besonders hohen Engagement wird fehlendes fachliches Know-how ausgeglichen.

Die rotierenden Mitarbeiter können unterschiedliche Beweggründe verfolgen:
- die Befriedigung von Neugier und Interesse an anderen Unternehmensbereichen und Aufgabenstellungen,
- das Vermeiden von Langeweile und Routine,
- das Ausweiten des eigenen Kompetenzportfolios zur Förderung der eigenen Karriere und
- die Entscheidungsfindung zum dauerhaften Wechsel einer Abteilung (Rotation als *Probezeit*).

Bei Programmen, die eine Rotation zur Erreichung einer bestimmten Hierarchieebene fordern, wird die geradlinige Karriere sinnvoll entschleunigt, was angesichts verbreiteter Frühkarrieren besonders wichtig ist. Der Mitarbeiter wird dazu bewegt sich auch mit anderen Themen- und Fragestellungen zu befassen. Hier ist es besonders wichtig, dass es sich um ein transparentes Verfahren handelt, dass als fair beurteilt wird.

4 Heutige Anwendungsgebiete und ausbaufähige Anwendungsfelder

Bei Auszubildenden im dualen System sind Rotationen fester Bestandteil. Die Stationen werden zu Beginn der Ausbildung festgelegt. Neben den Auszubildenden im engeren Sinne gibt es in Unternehmen häufig für Absolventen Einstiegspositionen als Trainees. Hier rotiert der beruflich noch unerfahrene Mitarbeiter ebenfalls in verschiedene Unternehmensbereiche.

Diese Form der Rotation ist allerdings nicht im eigentlichen Sinne als Job Rotation zu sehen. Die Personen rotieren nicht auf vorhandene Stellen, die normalerweise von Kollegen besetzt sind, sondern nehmen durch Aufgabenumverteilungen innerhalb der Abteilungen Aufgaben war, die speziell für sie in der Form zusammengestellt wurden. Somit erhalten die Auszubildenden einen Einblick in Abläufe der Abteilung und nehmen auch eigene Aufgaben war. Allerdings erleben sie nicht eine vorhandene Position mit allen Facetten, sondern werden zusätzlich ins Team aufgenommen.

Eine Job Rotation im Sinne eines *Arbeitsplatztausches* ist hingegen in der Praxis nur sehr selten anzutreffen. Hier würde es eine Kettenreaktion aus rotierenden Mitarbeitern geben oder einen direkten Austausch von zwei Beteiligten. Dies ist ein sehr aufwendiges Verfahren, da es zeitgleich zu einer ringförmigen Rotation zu kommen hat, damit jede Stelle in dem Rotationsprozess besetzt bleibt. Jeder Mitarbeiter wechselt dabei auf die Position eines Kollegen.

In der Praxis sind Kurzrotationen anzutreffen, bei denen ein Mitarbeiter für einige Stunden oder Tage einen Kollegen bei der Erfüllung seiner Aufgaben begleitet. Bei dem Vorgehen handelt es sich um eine Art Kollegenbesuch, der das Verständnis für den anderen stärkt.

Job Rotation wird in der Fertigung angewendet. Beispielsweise arbeitet ein Automobilhersteller bewusst mit den Rotationen, um Ermüdungserscheinungen und Langeweile zu vermeiden. Bei der Montage der Innenverkleidungen mit anschließender Qualitätskontrolle rotieren die Mitarbeiter in regelmäßigen Zeitspannen, um bei den standardisierten Bewegungen nicht an Konzentration und Aufmerksamkeit zu verlieren.

Job Rotation ist für Unternehmen eine Methode, um Wissen im Unternehmen zu sichern. Insbesondere Unternehmen mit hoher Fluktuation oder viel impliziten Wissen können hier profitieren. Aber auch Unternehmen mit hohem Innovationsgrad können durch Impulse aus unterschiedlichen Bereichen zu neuen kreativen Lösungen kommen.

Abschließend ist festzuhalten, dass sich erst aus den Unternehmenszielen ableiten lässt, wie ein Rotationsprogramm zu gestalten ist, damit die Methode zu den Zielen passt.

Literatur

Gerster/Sternheimer 1999: Gerster, C. und Sternheimer, J.: »Job Rotation als zentrales Element der Führungskräfteentwicklung«, in: Personalführung, Heft 04/1999, S. 60–65.
Holtbrügge 2007: Holtbrügge, D.: Personalmanagement, 3. Auflage, Berlin, Heidelberg, New York 2007.
Weinert 1998: Weinert, A.: Organisationspsychologie, 4. Auflage, Weinheim, Basel 1998.

E.3 Job Families
Das Job-Family-Konzept – eine neue prozessorientierte Perspektive für Job Rotationen

Jutta von der Ruhr*/Niels Bosse**

1   Ein prozessorientierter Ansatz

2   Job Rotation: Definition, Gestaltungsformen und Ziele

3   Job Rotation im Job Familiy Cluster
    3.1   Job Families
    3.2   Job Familiy Cluster
    3.3   Mitwirkung von Vertretern der Job Familiy Cluster an der Konzeptentwicklung
    3.4   Neue Dimension der Job Rotation – die kompetenz- und prozessorientierte Perspektive
    3.5   Systematischer Aufbau von Kompetenzen entlang von Prozessketten

4   Erfolgsfaktoren von Job Rotationen im Job Familiy Cluster
    4.1   Identifikation und Commitment als Basis für die Bereitschaft zum Austausch von Mitarbeitern
    4.2   Vertrauen als Voraussetzung für die Bereitschaft zum Austausch von Mitarbeitern
    4.3   Multikulturelle Identitätspolitik im Job Familiy Cluster
    4.4   Kommunikation und Information über das Job-Family-Konzept

5   Ableiten von Empfehlungen aus den Erfahrungen bei der Volkswagen AG

Literatur

---

*   Dipl.-Kffr. techn. Jutta von der Ruhr ist Personalberaterin bei der Kienbaum Executive Consultants GmbH und Doktorandin der Sozialpsychologie. Vor ihrem Wechsel zur Kienbaum Executive Consultants GmbH war sie im Personalwesen Management der Volkswagen AG an der Weiterentwicklung des Job-Family-Konzepts beteiligt.
**   Dr. rer. Pol. Dipl.-Wirtschaftsjur. (FH) Niels Bosse leitet das Personalwesen Stab/Grundsätze der Volkswagen Financial Services AG. Vor dem Wechsel war er im Personalwesen Management der Volkswagen AG u.a. als Projektleiter für das Job-Family-Konzept zuständig und hat am Lehrstuhl für Entscheidung und Organisation der Universität Lüneburg promoviert.

1 Ein prozessorientierter Ansatz

In der vorliegenden Arbeit wird ein neuer, prozessorientierter Ansatz für Job Rotationen dargestellt. Den Rahmen für den gezielten Aufbau von Netzwerk- und Prozesskompetenzen mit Hilfe von Job Rotationen bilden dabei die so genannten Job Familiy Cluster.

Nach der allgemeinen Begriffsdefinition und der Darstellung der Ziele und Gestaltungsformen von Job Rotationen im 2. Abschnitt in diesem Beitrag gehen die Autoren im 3. Abschnitt auf eine neue Perspektive für Job Rotationen ein: Prozessorientierung und gezielter Kompetenzaufbau stehen im Fokus des Job-Family-Ansatzes. Im 4. Abschnitt in diesem Beitrag werden die Erfolgsfaktoren für Job Rotationen in Job Familiy Clustern als Netzwerke dargestellt. Den Schwerpunkt bilden dabei die Identifikation der Mitarbeiter mit »ihrem« Job Familiy Cluster und das Vertrauen der in einem Cluster zusammenarbeitenden Mitarbeiter.

2 Job Rotation: Definition, Gestaltungsformen und Ziele

Job Rotation wird als systematisch geplanter Stellenwechsel mit zeitlichem Horizont zur zielführenden fachlichen und persönlichen Weiterentwicklung des Mitarbeiters definiert (Gerster/Sternheimer 1999, S. 61, Mudra 2004, S. 217, 337). Das Instrument der Job Rotation wird auch als Bildungsmethode verstanden, die den Mitarbeitern die Möglichkeit bietet, durch einen fortlaufenden *Arbeitsplatzwechsel* verschiedene Aufgaben zu übernehmen und auf diese Weise ihre Fachkenntnisse und Erfahrungen zu erweitern (Jung 2004, S. 901). Primär wird Job Rotation als Instrument der Führungskräfteentwicklung gesehen.

Mögliche *Gestaltungsformen* von Job Rotationen können sich auf folgenden Ebenen bewegen:
- regional – überregional bzw. national – international,
- horizontal (auf derselben Hierarchieebene) – vertikal (hierarchieübergreifend),
- Übernahme einer Vollzeitstelle als Laufbahnstation – Projektteilnahme als Job Rotation,
- funktionsübergreifend (Rotation über verschiedene Fachbereiche hinweg) – funktionsintern (Rotation innerhalb eines Fachbereichs) (Hilb 2002, S. 138 f).

Abgeleitet aus der Definition können mit Job Rotation folgende *Ziele* verfolgt werden: Personalentwicklung, Entfaltung kreativer Kräfte, Minderung persönlicher Abhängigkeit, Heranbildung von Führungskräften, Optimierung der Organisation, Erweiterung des Einsatzbereichs von Mitarbeitern, Flexibilitätssteigerung und Erleichterung der Stellvertretung, Begrenzung des Schadens von Fehlbesetzung, Leistungssteigerung und -erhaltung sowie Förderung der Zusammenarbeit und Horizonterweiterung (Jörger 1987, S. 263).

3 Job Rotation im Job Familiy Cluster

3.1 Job Families

Eine *Job Family* oder Kompetenz Familie (ergänzend zum Begriff Job Family wird auch der Begriff Kompetenz Familie angewandt; beide Begriffe sind inhaltlich identisch) fasst diejenigen Mitarbeiter aus verschiedenen Regionen und Bereichen zusammen, die als fachliche und überfachliche *Kompetenzgemeinschaft* an ähnlichen, gemeinsamen Aufgaben arbeiten.

Bei der Konfiguration von Job Families werden zwei Formen von Nähebeziehungen berücksichtigt. Dies sind zum einen inhaltliche Nähebeziehungen, zum anderen solche, die sich an den Kompetenzen orientieren, die zur Aufgabenerfüllung in verschiedenen Organisationseinheiten erforderlich sind.

Inhaltliche Nähe bedeutet, dass die Aufgaben innerhalb einer Job Family identisch oder verwandt sind. Alle Mitarbeiter beispielsweise, die damit beschäftigt sind, Aggregate zu entwickeln, gehen inhaltlich zumindest ähnlichen Aufgaben nach und bilden daher eine Job Family.

Die rein strukturorganisatorische Betrachtungsweise wurde dabei ergänzt um den Schwerpunkt der *Arbeitsinhalte*. Dies geschieht aus der Erkenntnis heraus, dass in verschiedenen Produktionsstätten, Ländern oder Marken unterschiedliche Bezeichnungen für Abteilungen oder Bereichen existieren, obwohl diese inhaltlich Identisches oder Ähnliches tun.

Die Vorteile dieser Art der Bündelung von Aufgaben bestehen vor allem darin, dass die Rückschlüsse auf die Aufgabenschwerpunkte eines Mitarbeiters nicht mehr nur aus der Zuordnung in der Struktur folgen, sondern der Arbeitsinhalt in den Fokus der Betrachtung rückt. Aus der inhaltlichen Nähe der Mitglieder einer Job Family lässt sich folgern, dass deren Mitglieder für die Aufgabenerfüllung ähnliche Kompetenzen benötigen. Durch die Bündelung dieser Mitarbeitergruppen mit ähnlichen Kompetenzen entstehen Kompetenzgemeinschaften, die sich als neue Form des Managements von Kompetenzen heraus kristallisieren können.

Dadurch, dass die Mitglieder in einer Job Family an inhaltlich ähnlich gelagerten Aufgaben arbeiten, verfügt die einzelne Job Family über ein gemeinsames Handlungsvermögen zur Bewältigung und Gestaltung der aktuellen und zukünftigen beruflichen Herausforderungen als Voraussetzung für nachhaltigen Erfolg.

Im Rahmen des vorliegenden Beitrags wird die folgende Definition des Begriffs der Job Families verwendet: Job Families sind Kompetenzgemeinschaften, die konzernweit und hierarchieübergreifend an ähnlichen Aufgaben arbeiten und deren Mitarbeiter ähnliche Kompetenzen aufweisen (Abb. 1).

3.2 Job Familiy Cluster

Job Familiy Cluster bilden die Nähebeziehungen der Job Families ab und sind bereichsübergreifende Kompetenzgemeinschaften, die in den Kerngeschäftsprozessen zusammenarbeiten.

Vertrieb u. Marketing	Finanzielle Gesamtsteuerung	Finanzdienstleistungen	Integrationsmanagement
Vertrieb Telefonie und stationärer Vertrieb Außendienst	Rechnungswesen ...	Kredite Leasing Anlageprodukte Versicherung ...	Prozessgestaltung und Strukturentwicklung ...
Kommunikation		**Human Resources**	**Services**
Presse und Öffentlichkeit ...	General Management	Personalkonzepte ...	Facility Management ...
Recht	Projektmanagement ...		

Abb. 1: Job Families der Volkswagen Financial Services AG
(Volkswagen Financial Services AG)

Die Job Familiy Cluster sind aus der Erkenntnis heraus entstanden, dass zusätzlich zu den Nähebeziehungen zwischen Organisationseinheiten, die auf inhaltlichen Verwandtschaften und Ähnlichkeiten in Bezug auf *Kompetenzen* beruhen, auch Nähebeziehungen bzw. Verwandtschaften zwischen einzelnen Job Families existieren. Bei dieser Art der Verwandtschaft kommt zu den inhaltlichen und den daraus folgenden kompetenzorientierten Nähebeziehungen die Nähebeziehung der Job Families im Prozess hinzu.

Diese Verwandtschaft bezieht sich auf die Nachbarn der Job Families im Hinblick auf einen spezifischen Teil der Kerngeschäftsprozesse. Auf diese Weise entstehen Ketten oder Verbindungen zwischen Job Families, bestehend aus den im jeweiligen Prozess vor- und nachgelagerten Job Families.

Bei der Volkswagen Financial Services wurden fünf Job Familiy Cluster identifiziert. Hierzu gehören exemplarisch die Job Family Cluster Finanzdienstleistungen, Integrationsmanagement oder Marketing und Vertrieb.

Am Beispiel des Job Familiy Clusters Marketing und Vertrieb wird deutlich, dass dieses sich aus Job Families verschiedener Prozessabschnitte und Unternehmensbereiche zusammensetzt. Dadurch wird die Prozessorientierung des Job-Family-Konzepts ersichtlich (Abb. 2).

Abb. 2: Job Family Cluster Marketing und Vertrieb (Volkswagen Financial Services AG)

3.3 Mitwirkung von Vertretern der Job Familiy Cluster an der Konzeptentwicklung

Grundsätzlich kann ein positiver Zusammenhang zwischen der Mitwirkung an der Gestaltung eines Konzepts durch die Beteiligten und deren *Identifikation* mit diesem angenommen werden.

Eine gegenseitige Abstimmung der Job Families in einem Job Familiy Cluster über die Kooperation in Fragen der Job Rotation ist wichtig, um einen Zusammenhalt als Job Familiy Cluster zu schaffen und die Zusammenarbeit in Richtung der gemeinsamen Ziele, die mit dem Austausch der Mitarbeiter verfolgt werden, zu stärken.

Dabei ist ein Einbezug sowohl der Verantwortlichen, die die Mitarbeiter entsenden und aufnehmen, als auch der betroffenen Mitarbeiter selbst, die mittels Job Rotationen ihre persönliche Entwicklung gestalten, notwendig (Payer 2002).

Nur diese Integration der Betroffenen in die Konzepterstellung garantiert, dass alle Bedürfnisse und Probleme berücksichtigt werden und das Konzept in der Realität funktionieren kann. Dies ist die Voraussetzung dafür, dass sowohl Vorgesetzte als auch Mitarbeiter die Job Rotation nach dem Job-Family-Ansatz leben.

Es ist wichtig, Partner zu finden, die als Multiplikatoren das Job-Family-Konzept sowie die Werte der Job Familiy Cluster in die einzelnen Job Families hineintragen. Sie können außerdem für Informationen über die jeweils anderen Job Families sorgen und dadurch Kooperationsbarrieren zwischen diesen verringern (Jansen 2000).

So wurden in Workshops mit Vertretern der Job Familiy Cluster die fachlichen und überfachlichen Kompetenzen (3.5. in diesem Beitrag) ihres Job Familiy Clusters definiert und Karrierepfade entwickelt.

3.4 Neue Dimension der Job Rotation – die kompetenz- und prozessorientierte Perspektive

Die in Workshops entwickelten Karrierepfade innerhalb von Job Familiy Clustern geben Hinweise auf *Schlüsselpositionen*, die auf dem Weg zu einer bestimmten Position unbedingt durchlaufen werden sollten, weil sie für die Aufgabenerfüllung der Zielfunktion unverzichtbare Kompetenzen vermitteln (Berthel/Koch 1985, S. 142).

Des Weiteren liefern *Karrierepfade* Anhaltspunkte auf Ausweich- oder Alternativpositionen, die ähnliche Zwecke für bestimmte Endpositionen erfüllen (Berthel/Koch 1985, S. 142).

Karrierepfade geben darüber hinaus Informationen über die Machtstrukturen sowie horizontale und vertikale Durchlässigkeiten des Karrieresystems. Insbesondere werden Beziehungen zwischen Karrierepfaden im Sinne von Pfad-Netzwerken deutlich. Dies tritt bei den Karrierepfaden des Job-Family-Konzepts vor allem dann in Erscheinung, wenn eine Job Family, die zu unterschiedlichen Job Familiy Clustern gehört, auch als Station für unterschiedliche Zielfunktionen verschiedener Job Familiy Cluster ausgewählt wurde.

In der Karriereplanung des Job-Family-Konzepts wurden anstelle einzelner Schlüsselpositionen aufgrund einer höheren *Flexibilität* und besserer Planungsmöglichkeit bestimmte Job Families festgelegt, die zur Erreichung der Zielfunktion durchlaufen werden sollten.

Somit bildet nicht mehr das Stellengefüge den Bewegungsraum von Karrieren, sondern die Job Families eines Job Familiy Clusters. So wurden in jedem Job Familiy Cluster im ersten Schritt *Zielfunktionen* bestimmt, für die in weiteren Schritten Ideal-Karrierepfade ermittelt wurden. Verschiedene Job Families eines Clusters bilden dabei die Stationen, in denen ein Mitarbeiter auf dem Weg zur Erreichung einer Zielfunktion tätig gewesen sein sollte.

In Abb. 3 ist exemplarisch der Karrierepfad für die Zielfunktion »Leiter Systementwicklung« dargestellt. Dabei handelt es sich um eine Zielfunktion in dem Job Familiy Cluster Integrationsmanagement.

Im vorliegenden Beispiel stuften die Experten und Manager die Job Families »IT Projektmanagement« und »Anwendungsentwicklung/Anwendungsmanagement« als dringende Empfehlung für die Erreichung der im Zentrum der Ellipse stehenden Zielfunktion an.

Darüber hinaus wurden Job Families bestimmt, die der Erfüllung der späteren Funktion zwar zuträglich, aber nicht als zwingend erforderlich erachtet wurden (»Kann-Empfehlung«). Diese Stationen »IT Governance« sowie »Prozessgestaltung und Strukturentwicklung« ergänzen den Weg zu einer Zielfunktion. Schließlich wurden für jede Zielfunktion diejenigen Stationen definiert, aus denen zwar *Wissen* vorhanden sein muss, sich der Mitarbeiter dieses aber nicht im Rahmen einer Tätigkeit in dieser Job Family aneignen muss. In den Job Families »Infrastrukturmanagement und IT-Operations«, »Finanzdienstleistung«, »Vertrieb und Marketing« sowie »Finanzielle Gesamtsteuerung« kann das erforderliche Wissen zur Ausübung der Zielfunktion über einen kurzen Informationsdurchlauf oder über Instrumente des Wissensmanagements (z.B. Wissensdatenbanken) erworben werden. Im Vordergrund

Abb. 3: Karrierepfad zur Zielfunktion »Leiter Systementwicklung« (Volkswagen Financial Services AG)

steht bei diesen Stationen das Wissen um die Tätigkeitsfelder und die Einordnung in den Gesamtprozess im Kontext der angestrebten Zielfunktion.

Ein zentraler Grundsatz der *Karriereplanung* mit Hilfe des Job-Family-Konzepts ist, dass das Durchlaufen der vorgeschlagenen Job Families zwar die Wahrscheinlichkeit für den Mitarbeiter erhöht, die gewollte Funktion auch tatsächlich auszufüllen, das Unternehmen sich aber nicht in die Verpflichtung begibt, den Mitarbeiter auch tatsächlich auf diese Funktion zu versetzen. Die Entscheidung, wer eine bestimmte *Zielfunktion* tatsächlich bekleidet, hängt von weit mehr Faktoren ab als von den durchlaufenen Job Families und den dort wahrgenommen Tätigkeiten. Eine wichtige Rolle spielt beispielsweise zudem, wie der Mitarbeiter den jeweiligen Job ausgeführt hat, d.h. wie seine Leistung von ihm, von seinen Vorgesetzten, Mitarbeitern, Kunden und Kollegen beurteilt worden ist.

Die Abfolge der Rotation ist bei den Karrierepfaden im Rahmen des Job-Family-Konzepts nicht vorgegeben. Im Vordergrund steht nicht, in welcher Reihenfolge die einzelnen Stationen durchlaufen werden, und auch nicht, dass alle Stationen kumulativ »abgearbeitet« werden. Charakteristisch für das Konzept ist der Menü- und Vorschlagscharakter. Dies bedeutet, dass die jeweils nächste Karrierestation aus mehreren Alternativen jeweils in Abhängigkeit von der eigenen Situation ausgewählt werden kann. Eine realistische Umsetzung der Karrierepfade kann nur unter der Voraussetzung der Angabe von Prioritäten und Alternativen für den nächsten Rotationsschritt seitens der Mitarbeiter und unter Mitwirkung des Vorgesetzten sichergestellt werden. Das Konzept geht von dem Gedanken aus, dass die Verantwortung für die Rotation bzw. für die Planung der Karriere beim Mitarbeiter selbst liegt.

Es gibt Job Families, die Bestandteil mehrerer Job Familiy Cluster sind. Diese Job Families wiederum kommen wegen ihrer Verteilungshäufigkeit in verschiedenen Job Familiy Clustern als Karrierestation für mehrere Zielfunktionen in Betracht.

Für den Mitarbeiter, der seine Karriere plant, bedeutet dies, dass er sich durch eine Tätigkeit in einer Job Family, die in mehreren Job Familiy Clustern als *Karrierestation* empfohlen wurde, Optionen für ein Bündel von Zielfunktionen offen hält. Indem die Planung jährlich den aktuellen Bedürfnissen und Bedarfen angepasst werden kann, bleibt das System flexibel und aktuell.

Der primäre Nutzen des Einsatzes der Job Familiy Cluster als *Karrieremenüs* liegt in der systematischen Förderung bereichsübergreifender Karrieren und damit einhergehend dem gezielten Aufbau von Prozesskompetenz. Durch den Einsatz der Karriereplanung entstehen Pools von Mitarbeitern, die als potenzielle Nachfolger für eine bestimmte Zielfunktion in Betracht kommen. Das Unternehmen hat zudem die Möglichkeit, die für eine Zielfunktion empfohlenen Karrierestationen mit den Job Families zu matchen, die bereits von den Mitarbeitern durchlaufen wurden. Auf diese Weise entstehen neue Dimensionen der Personalsuche und des Personaleinsatzes.

Aus personalplanerischer Sicht können zudem Nachwuchskräfte, die mittel- bis langfristig das Potenzial für die Übernahme einer bestimmten Zielfunktion aufweisen, gezielt eine Tätigkeit in einer Job Family auf dem Karrierepfad übernehmen, so dass sie die Erfahrungen für die Übernahme dieser Zielfunktion gezielt und systematisch aufbauen können.

Darüber hinaus fundieren Karrierepfade flankierende Entwicklungsmaßnahmen; Qualifizierungsmaßnahmen werden durch den gezielten Einsatz von Rotationen ergänzt, und der Mitarbeiter entwickelt sich on the Job weiter. So erfolgt eine Verknüpfung des Kompetenzerwerbs on und off the Job.

3.5 Systematischer Aufbau von Kompetenzen entlang von Prozessketten

Mit der Nutzung der Job Familiy Cluster als Menü für Job Rotationen einher geht der gezielte *Kompetenzaufbau* in den einzelnen Stationen auf dem Weg zu einer Zielfunktion. Hierfür wurden *Kompetenzprofile* fachlicher und überfachlicher Art für jedes der zwölf Job Familiy Cluster erarbeitet. Diese Kompetenzprofile beschreiben, welche Erwartungen das Unternehmen an einen (zukünftigen) Manager hat, was der Manager also können, wissen und leisten muss. Diese Kompetenzprofile dienen im Rahmen des jährlich stattfindenden Mitarbeitergesprächs dazu, die Stärken und Entwicklungsbedarfe des Mitarbeiters herauszuarbeiten und auf dieser Grundlage Qualifizierungsmaßnahmen gezielt einzusetzen. Job Rotationen innerhalb der Job Familiy Cluster sind demnach nicht isoliert zu sehen, sondern sie werden ergänzt durch ein an den Kerngeschäftsprozessen ausgerichtetes Kompetenzmanagement. Zusätzlich können sich Mitarbeiter eines Job Familiy Clusters in Bezug auf für ihr Cluster relevante Kompetenzen bezüglich Märkten, Techniken und Prozessen in speziellen Qualifizierungsprogrammen weiterbilden. Derzeit werden solche Programme bereits für unterschiedliche Job Familiy Cluster angeboten. Neben dem Erlernen der zukünftig erfolgskritischen fachlichen Kompetenzen dienen Qualifizierungsprogramme auch der Netzwerkbildung und flankieren auf diese Weise die Entscheidung für die nächste Job Rotation innerhalb des Clusters.

Der Schlüssel zu jeder *Vernetzung* zwischen organisationalen Einheiten, wie beispielsweise den Job Families im Job Familiy Cluster, sind die Mitarbeiter und Führungskräfte, die die Bereitschaft und Kompetenz mitbringen und vermitteln müssen, sich mit Kollegen anderer Bereiche zu vernetzen und zu kooperieren.

Neben den erhobenen Kompetenzprofilen fachlicher und überfachlicher Art bilden die *Netzwerkkompetenzen*, die durch die Zusammenarbeit in den Job Familiy Clustern und den Besuch der Qualifizierungsprogramme aufgebaut werden sollen, eine *Metakompetenz*. Zu dieser Metakompetenz zählen das Verstehen der Bedeutung und des Prinzips der Reziprozität, Kommunikationskompetenz, Kompetenz zum Selbstmanagement und zu eigenständigem Arbeiten sowie die Fähigkeit, sich Informationen zu beschaffen und Kontakte herzustellen (Payer 2002).

Nur wenn diese Kompetenzen in Qualifizierungsprogramme für Job Familiy Clustern integriert werden, kann die Vernetzungsfähigkeit der Mitarbeiter geschult und gestärkt werden. Darüber hinaus sollten weitere Kompetenzen identifiziert werden, die für die Umsetzung des Job-Family-Konzepts relevant sind. Diese Kompetenzen sollten bei der Konzeption von Qualifizierungsmaßnahmen ebenfalls berücksichtigt werden. Auf diese Weise erfolgt eine umfassende netzwerkorientierte Sozialisation der Mitarbeiter eines Job Familiy Clusters.

4 Erfolgsfaktoren von Job Rotationen im Job Familiy Cluster

4.1 Identifikation und Commitment als Basis für die Bereitschaft zum Austausch von Mitarbeitern

Durch die Einführung von Job Families und Job Familiy Clustern wurden neue Organisationseinheiten geschaffen, mit denen sich Mitarbeiter identifizieren können.

Unter *Identifikation* wird dabei eine emotionale Bindung des Mitarbeiters an seine Job Family bzw. sein Job Familiy Cluster verstanden, bei der dessen Motive über das Engagement aus finanziellen Gründen hinausgehen.

Identifiziert sich ein Mensch mit seiner Job Family oder seinem Job Familiy Cluster, heißt das, dass er dessen Normen und Wertvorstellungen akzeptiert und als eigene annimmt und sie ohne den Einsatz externer Stimuli selbstbestimmend vertritt (Weller 2001).

Identifikation wird dabei gleichgesetzt mit affektivem *Commitment*. Commitment bedeutet »Bindung« oder »Verpflichtung«. Damit sind eine freiwillige Bindung und Verpflichtung im Sinne von Selbstverpflichtung gemeint (Karst/Segler/Gruber 2000). Diese Verbindung nimmt mit der Anzahl an erfolgreichen Interaktionen zu. Die Entstehung von Commitment bei Mitarbeitern vollzieht sich durch die Bewertung der verschiedenen Facetten des Unternehmens. Zu diesen zählen die Organisationsstruktur im Sinne von Entscheidungs-, Verteilungs- und Wissensstrukturen ebenso wie *Unternehmenskultur* und Führungsstil und die unternehmensinterne Kommunikation (Karst/Segler/Gruber 2000). Über positive Gefühle, die im Kontext mit dem

Unternehmen erlebt werden, entsteht mit der Zeit eine Verbundenheit mit diesem, die den Kern des affektiven oder emotionalen Commitment darstellt.

Mit einer Identifikation bzw. einem Commitment der Mitarbeiter mit dem Unternehmen oder Teilelementen des Unternehmens wird in der Regel Zielkonformität und *Loyalität* auf Seiten der Mitarbeiter angestrebt (Köppel 1994, S. 41).

In dieser Arbeit geht es um die Themenstellung, wie Job Rotationen anhand von Job Familiy Clustern prozessorientiert gestaltet werden können. Hier steht deshalb die Identifikation der Mitarbeiter mit ihrem Job Familiy Cluster im Mittelpunkt. Nur wenn diese vorhanden ist, werden die Mitarbeiter die Instrumente des Job-Family-Konzepts nutzen und die Partner aus anderen Job Families im Job Familiy Cluster akzeptieren und einen Job-Family-übergreifenden Wissens- und Mitarbeiteraustausch realisieren.

Für die Durchführung von Job Rotationen wird vermutet, dass Vorgesetzte umso mehr dazu bereit sind, auch gute Mitarbeiter gehen zu lassen, je mehr sie sich mit ihrem Job Familiy Cluster und dessen Instrumenten und Zielen identifizieren. Zu diesen Zielen gehört in Zusammenhang mit der Job Rotation ein ausgewogener Austausch von Mitarbeitern zwischen den einzelnen Job Families in einem Job Familiy Cluster. Dieser soll zur weitreichenden Vernetzung von Wissen und zur systematischen bereichsübergreifenden Entwicklung der Mitarbeiter im Job Familiy Cluster führen.

Nur wenn die Verantwortlichen die Notwendigkeit einsehen, Mitarbeiter gehen zu lassen, in die sie investiert haben, und neue Mitarbeiter aus anderen Job Families aufzunehmen, deren Einarbeitung eine erneutes Investment bedeutet, kann das System der Job Rotationen im Job-Family-Cluster funktionieren. Nur dann führt es zu einem großen Pool an Job Familiy Cluster-spezifisch entwickelten Potenzialträgern für offene Stellen, der für die Nachfolgeplanung genutzt werden kann.

Basis für diese Einsicht und Bereitschaft auf Seiten der Verantwortlichen ist die bereits erwähnte Identifikation mit dem Job Familiy Cluster und seinen Zielen.

Ein weiterer wichtiger Aspekt in diesem Zusammenhang ist die Bereitschaft der Mitarbeiter selbst, *Laufbahnstationen* in anderen Job Families im Job Familiy Cluster anzunehmen. Die Identifikation mit dem Job Familiy Cluster und die Erkenntnis, dass dieses mit seinen Job Families eine zusammengehörende Gemeinschaft darstellt, der man angehört, ist dabei wesentlich. Um diese Identifikation zu erreichen, ist es wichtig, die thematischen Gemeinsamkeiten und die gemeinsamen Ziele der einzelnen Job Families im Job Familiy Cluster hervorzuheben.

4.2 Vertrauen als Voraussetzung für die Bereitschaft zum Austausch von Mitarbeitern

Ein Netzwerk funktioniert dann, wenn es einen Gewinn im Sinn von Nutzen erzielt und alle Netzwerkpartner an diesem Gewinn oder Nutzen teilhaben können. Die Basis für eine derartige nutzenbringende Partnerschaft ist wechselseitiges Vertrauen in die Leistungsfähigkeit und Verlässlichkeit der Netzwerkteilnehmer (Weyer 2000 a).

Mit Vertrauen ist die Erwartung gemeint, dass ein Partner sowohl willens als auch in der Lage ist, eine an ihn gerichtete positive Erwartung zu erfüllen (Kahle 1999).

Dadurch ist man bereit, eine Vorleistung zu erbringen, ohne vertraglich Sicherungs- und Kontrollmaßnahmen zu vereinbaren, in dem Glauben, dass der Partner sich trotz dieser fehlenden Maßnahmen nicht opportunistisch verhalten wird (Gebert/Rosenstiel 2002).

Auf diese Weise überbrückt Vertrauen die Zeitspanne zwischen einer Entscheidung und dem aus dieser Entscheidung resultierenden Erfolg oder Misserfolg. Wichtig ist, dass die einzelnen Akteure von den anderen Netzwerkteilnehmern als zuverlässige Partner eingeschätzt und als solche im Netzwerk weiterempfohlen werden. Nur so kann sich eine Kultur der *Offenheit* und des gegenseitigen *Vertrauens* stabil etablieren (Payer 2002).

Vertrauen verstärkt die Bereitschaft zur Kooperation und verbessert so die Qualität der Beziehungen im Netzwerk und die Problemlösungsfähigkeit (Stüdlein 1997, S. 355).

Ein Nutzen für Mitglieder von Job Families, sich mit anderen Job Families im Job Familiy Cluster zu vernetzen, beruht auf dem Tausch von Leistungen, Kapazitäten oder Informationen. Dieser Austausch sollte auf Gegenseitigkeit beruhen, wobei Leistung und Gegenleistung zeitlich differieren können. Der wechselseitige Austausch muss auch nicht zwingend bilateral sein. Es besteht auch die Möglichkeit eines kollektiven Austauschverhältnisses innerhalb des Netzwerks an Job Families im Job Familiy Cluster im Sinne eines Ringtauschs (Schäffter 2001).

Für Job Rotationen im Job Familiy Clustern und hier vor allem für die Bereitschaft, Mitarbeiter auszutauschen, ist das Vertrauen in das Job Familiy Cluster eine wesentliche Voraussetzung. Nur wenn die Verantwortlichen darauf vertrauen, dass Vorgesetzte aus anderen Job Families bereit und in der Lage sind, ihre guten Mitarbeiter zu entsenden und anderen Job Families zur Verfügung zu stellen, werden sie selbst ebenfalls gute Mitarbeiter gehen lassen. Dabei kann es sich auch um das Vertrauen in eine Gegenleistung zu einem späteren Zeitpunkt handeln. Besteht dieses Vertrauen nicht, kommt die Gefahr auf, dass Mitarbeiter für einen neuen Karriereschritt in einer anderen Job Family freigegeben werden, deren Potenzial und/oder deren Leistung gering sind oder die in der eigenen Job Family im Moment nicht benötigt werden.

Auch auf Seiten des Mitarbeiters, der einen neuen Karriereschritt in einer anderen Job Family seines Job Familiy Clusters plant, ist Vertrauen notwendig.

Er muss bereit sein, seine Job Family zu wechseln. Eine Voraussetzung dafür ist das Vertrauen in das Expertenwissen der anderen Job Families. Anders ausgedrückt muss der Mitarbeiter das Vertrauen in das Job Familiy Cluster besitzen, dass er durch einen Wechsel der Job Family von einem Zuwachs an Wissen und Kompetenzen profitieren kann. Vorgeschaltet ist das Vertrauen, dass die thematische Zusammensetzung der Job Families im Job Familiy Cluster sinnvoll ist und so für die Entwicklung der Mitarbeiter im Job Familiy Cluster einen Gewinn bringt.

Ein Faktor zur Sicherstellung des systematischen und zielführenden Austauschs von Mitarbeitern im Job Familiy Cluster sind Kontrollmechanismen, die für gerechte Verteilung und Kooperation zwischen den Job Families sorgen.

Als *Kontrollmechanismus* ist ein Steuerungsgremium denkbar, das über die Qualifikation und das Potenzial der ausgetauschten Mitarbeiter ebenso wacht, wie über die Ausgewogenheit und Gerechtigkeit der Abgabe und Annahme von Mitarbeitern in den einzelnen Job Families.

Gerechter Austausch von Mitarbeitern muss in diesem Zusammenhang nicht zwingend zahlenmäßig ausgewogen sein. Es kann durchaus sein, dass in verschiedenen Job Families unterschiedliche Rahmenbedingungen vorherrschen, die die Aufnahme und Abgabe von Mitarbeitern unterschiedlich beeinflussen.

Durch ein Steuerungsgremium kann sichergestellt werden, dass alle Job Families im Job Family Cluster zu irgendeinem Zeitpunkt als Laufbahnstationen fungieren und dass die Job Rotation nicht dazu genutzt wird, Kapazitäten abzustoßen, die man derzeit nicht benötigt, oder Wissen und Kapazitäten aus anderen Job Families aufzunehmen, ohne eine Gegenleistung zu bieten.

Für die Akzeptanz dieses Steuerungsgremiums ist wichtig, dass alle Job Families im Job Familiy Cluster vertreten sind sowie, dass ein oder mehrere neutrale Experten Mitglieder sind. Auf diese Weise wird die Arbeit im Gremium objektiv gestaltet und keiner Job Family von Vorneherein einen Vorteil eingeräumt.

4.3 Multikulturelle Identitätspolitik im Job Familiy Cluster

Job Familiy Cluster beherbergen Mitarbeiter unterschiedlicher Job Families, unterschiedlicher Marken sowie unterschiedlicher Standorte und Nationen, die alle eine eigene Kultur besitzen. Sie sind daher vergleichbar mit multikulturellen Gesellschaften.

Die einzelnen Subkulturen müssen im Einklang zueinander stehen, damit die Kooperationsbereitschaft und der Wille zum Austausch von Mitarbeitern in den einzelnen Job Families entstehen können.

Mittels einer *multikulturellen* Identitätspolitik soll die wechselseitige Anerkennung der einzelnen Job Families innerhalb eines Job Familiy Clusters erreicht werden. Die eigene Job Family und ihre Identität soll anerkannt werden, ohne sich von den anderen Job Families abzuspalten (Lohauß 1999, S. 68).

Um stabile Beziehungen zwischen den einzelnen Job Families im Job Family Cluster zu schaffen, die die Grundlage für Kooperationen bezüglich des Austauschs von Mitarbeitern sein können, ist eine Kultur im Job Family Cluster notwendig, die durch Offenheit, Kooperationsbereitschaft und Vertrauen geprägt ist (Brumlik 1999, S. 57).

In den einzelnen Job Families sollten gemeinsame oder ähnliche Wertvorstellungen die Herausbildung eines kollektiven Interesses unterstützen. Um zu gemeinsamen Wertvorstellungen zu gelangen, ist es hilfreich, diese im Diskurs mit Vertretern der einzelnen Job Families abzustimmen (Reese-Schäfer 1999 a). Dasselbe gilt für die Abstimmung gemeinsamer Ziele, die ebenfalls ein wesentliches Element einer multikulturellen Identitätspolitik sind.

Gemeinsame Ziele verschiedener Gruppen sind die Voraussetzung dafür, dass diese mit ihrer Kooperation in die gleiche Richtung streben, da eine solche Einstellung zielführend ist (Brown 1990, S. 408 f.). Die Mitglieder der Gruppen müssen die Erfahrung machen, dass man nur gemeinsam ein als wichtig geltendes Ziel erreichen kann. Gleichzeitig steigen dadurch Gruppenmoral, Kohäsion und Verständigung in der eigenen Gruppe, da deren Mitglieder dieselben Ziele und den gemeinsamen Erfolg verfolgen (Daneva 2000, S. 49).

Im Job Familiy Cluster sollten daher zwischen den einzelnen Job Families gemeinsame Ziele existieren, auch bezogen auf Job Rotationen im Cluster. Diese sollten aus den Konzernzielen abgeleitet werden und den individuellen Charakter des Job Familiy Clusters sowie dessen spezielle Rahmenbedingungen technischer und prozessualer Natur berücksichtigen und Job-Familiy-Cluster-weit kommuniziert werden.

4.4 Kommunikation und Information über das Job-Family-Konzept

Kommunikation ist die Basis der Entstehung und des Fortbestands eines Netzwerks und somit auch eines Job Familiy Clusters. Wesentliche Voraussetzung dafür, dass Mitglieder in Netzwerken zur Kooperation bereit sind, ist das Wissen, dass die Kooperation einen Nutzen bringt sowie gegenseitiges Vertrauen in die Partner.

Kommunikation ist daher zur Verbreitung der charakteristischen Faktoren und Themen eines Job Familiy Clusters und zur Darstellung der Vorteile einer Kooperation zwischen den Job Families zwingend erforderlich.

Da wahrgenommene Ähnlichkeiten und Gemeinsamkeiten zur Ausbildung eines Zusammengehörigkeitsgefühls wesentlich beitragen, sollten sie ein zentrales Element der Kommunikation im Job Familiy Cluster darstellen. Das Wissen um gemeinsame Ziele, Werte, Themen und auch eine gemeinsame Historie beeinflussen die Bereitschaft zur Kooperation positiv.

Nur über Kommunikation lernen sich die Akteure kennen, und die Kompetenzen und Möglichkeiten des Partners werden transparent. Über Kommunikation können die Job Families ihre Stärken sichtbar machen und so das Vernetzungspotenzial steigern. Es entstehen so Verständnis für den Partner und Vertrauensbeziehungen, und diese Beziehungen können bei Bedarf rasch genutzt und koordiniert werden (Achterholt 1991, S. 21 f.).

Neben formellen Informationstreffen können auch informelle Treffen eine Plattform für Kommunikation und Kennenlernen darstellen. Anlässe können beispielsweise Jubiläen, Berufungen ins Management oder ähnliche Gegebenheiten sein, aber auch die Begrüßung eines neuen Mitarbeiters in einer Job Family, die seine aktuelle Karrierestation darstellt.

Um den organisatorischen Aufwand und die Größe der Gruppe, die sich trifft, begrenzt zu halten, sind verschiedene Modelle denkbar, die die Tatsache berücksichtigen, dass wahrgenommene Ähnlichkeiten die Entstehung eines Zusammengehörigkeitsgefühls begünstigen.

Es könnten informelle Treffen zwischen den Mitgliedern ähnlicher Hierarchiebenen der verschiedenen Job Families eines Job Familiy Clusters desselben Standorts arrangiert werden. Dabei werden entweder alle betroffenen Mitarbeiter eingeladen oder lediglich wenige Vertreter pro Job Family, die dann als Multiplikatoren in ihren eigenen Job Families dienen. In diesem Zusammenhang bietet es sich auch an, die Teilnehmer von Treffen zu Treffen auszutauschen. Auf diese Weise fungieren immer mehr Mitarbeiter als Multiplikatoren. Allerdings ist anzunehmen, dass die Intensität der Beziehungen zwischen den Mitgliedern verschiedener Job Families steigt, wenn sich diese häufiger sehen, wenn also die Treffen zunächst immer im gleichen Teilnehmerkreis stattfinden. Diese Treffen zwischen Mitgliedern verschiedener Job Families können auch standort- und sogar länderübergreifend organisiert werden, wodurch sowohl Aufwand als auch Anzahl potenzieller Teilnehmer steigt. Auf der anderen Seite ergibt sich so die Möglichkeit, mit anderen Landeskulturen vertraut zu werden.

5 Ableiten von Empfehlungen aus den Erfahrungen bei der Volkswagen AG

Job Families und Job Familiy Cluster stellen eine neue prozessorientierte Perspektive und Basis für bereichsübergreifende Job Rotationen dar.

Aus den Erfahrungen bei der Gestaltung von Karrierepfaden entlang der Job Families in einem Job Familiy Cluster können jedoch auch Empfehlungen abgeleitet werden für Unternehmen, die Job Rotationen auf Basis der traditionellen Organisationsformen realisieren wollen (Berthel/Becker 2003, S. 317). Auch hier besitzen die genannten Erfolgsfaktoren Relevanz.

Der Einbezug in die Planung und Konzepterstellung sowohl der Verantwortlichen, die die Mitarbeiter entsenden und aufnehmen, als auch der betroffenen Mitarbeiter selbst, die mittels Job Rotationen ihre persönliche Entwicklung gestalten, ist von Bedeutung, unabhängig davon, ob Job Families, Bereiche oder konkrete Stellen den Ansatzpunkt für die Karriere- oder Laufbahnstationen bilden.

Nur die Integration der Betroffenen in die Konzepterstellung garantiert das Funktionieren sowie die Akzeptanz und das Vertrauen in das Instrument.

Eine umfassende Kommunikation und Information ist eine weitere wichtige Voraussetzung für die flächendeckende Akzeptanz und Realisierung von Job Rotationen.

Bei der Gestaltung von Job Rotationen im Job-Family-Konzept wird eine hohe Flexibilität unter anderem dadurch realisiert, dass anstelle einzelner Schlüsselpositionen bestimmte Job Families als Karrierestationen festgelegt werden. In Anlehnung daran können Organisationen, in denen bisher das Stellengefüge die Basis für Karriereentwicklungen gebildet hat, übergeordnete Organisationseinheiten, wie beispielsweise Abteilungen oder Bereiche, als Karrierestationen definieren.

Ein Übergang von fest vorgegebenen Karrierepfaden zu reinen Empfehlungen kann ein weiterer Ansatzpunkt sein, um Job Rotationen zielgerichteter auf die Erfordernisse bestimmter Situationen anzupassen und an den individuellen Bedürfnissen und Potenzialen der einzelnen Mitarbeiter auszurichten.

Literatur

Achterholt 1991: Achterholt, G.: Corporate Identity: In zehn Arbeitsschritten die eigene Identität finden und umsetzen, 2. Auflage, Wiesbaden 1991.
Berthel/Becker 2003: Berthel, J. und Becker, F. G.: Personalmanagement, 7. Auflage, Stuttgart 2003.
Berthel/Koch 1985: Berthel, J. und Koch, H.-E.: Karriereplanung und Mitarbeiterförderung, Stuttgart, 1985.
Brown 1990: Brown, R.: »Beziehungen zwischen Gruppen«; in: Stroebe, W., Hewstone, M., Codol, J.-P. und Stephenson, G. M. (Herausgeber): Sozialpsychologie: Eine Einführung, Heidelberg, New York, London, Paris, Tokyo, Hong Kong 1990, S. 400–428.

Brumlik 1999: Brumlik, M.: »Selbstachtung und nationale Kultur. Zur politischen Ethik multikultureller Gesellschaften«; in: Reese-Schäfer, W. (Herausgeber): Identität und Interesse: Der Diskurs der Identitätsforschung, Opladen 1999.

Daneva 2000: Daneva, Z.: Beziehungen zwischen Gruppen, o. O. 2000.

Gebert/Rosenstiel 2002: Gebert, D. und Rosenstiel, L. von: Organisationspsychologie: Person und Organisation, 5. Auflage, Stuttgart 2002

Gerster/Sternheimer 1999: Gerster, C. und Sternheimer, J.: »Job Rotation als zentrales Instrument der Führungskräfteentwicklung«, in: Personalführung, Heft 04/1999, S. 60–65.

Jansen 2000: Jansen, D.: »Netzwerke und soziales Kapital: Methoden zur Analyse struktureller Einbettung«, in: Weyer, J. (Herausgeber): Soziale Netzwerke: Konzepte und Methoden der sozialwissenschaftlichen Netzwerkforschung, München; Wien 2000.

Jörger 1987: Jörger, G.: »Job Rotation: Oft propagiert, selten praktiziert«, in Verwaltung, Organisation, Personal, Heft 06/1987, S. 262–267.

Jung 2004: Jung, H.: Allgemeine Betriebswirtschaftslehre, 9. Auflage, München; Wien 2004.

Kahle 1999: Kahle, E.: Vertrauen als Voraussetzung für bestimmte Formen organisatorischen Wandels: Arbeitsbericht 01/1999 der Forschungsgruppe Kybernetische Unternehmensstrategie FOKUS 1999.

Karst/Segler/Gruber 2000: Karst, K., Segler, T. und Gruber, K. F.: Unternehmensstrategien erfolgreich umsetzen durch Commitment Management, Berlin; Heidelberg; New York; Barcelona; Hongkong; London; Mailand; Paris;, Singapur;, Tokio 2000.

Köppel 1994: Köppel, M.: Unternehmenskultur und individuenorientierte Managementmethoden: Eine kritische Betrachtung aus soziologischer Sicht, Bamberg 1994.

Mudra 2004: Mudra, P.: Personalentwicklung, München 2004.

Lohauß 1999: Lohauß: »Widersprüche der Identitätspolitik in der demokratischen Gesellschaft«, in: Reese-Schäfer, W. (Herausgeber): Identität und Interesse: Der Diskurs der Identitätsforschung, Opladen 1999.

Payer 2002: Payer, H.: »Wie viel Organisation braucht das Netzwerk? Entwicklung und Steuerung von Organisationsnetzwerken mit Fallstudien aus der Cluster- und Regionalentwicklung, Dissertation an der Universität Klagenfurt, Fakultät für Kulturwissenschaften, Doktoratsstudium Organisationsentwicklung 2002.

Reese-Schäfer 1999 a: Reese-Schäfer, W.: »Identität und Interesse«, in: Reese-Schäfer, W. (Herausgeber): Identität und Interesse: Der Diskurs der Identitätsforschung, Opladen 1999.

Reese-Schäfer 1999 b: Reese-Schäfer, W. (Herausgeber): Identität und Interesse: Der Diskurs der Identitätsforschung, Opladen 1999.

Schäffter 2001: Schäffter, O.: »In den Netzen der lernenden Organisation: Ein einführender Gesamtüberblick«, in: Dokumentation der KBE-Fachtagung Vernetzung auf allen Ebenen, o. O. 2001.

Stroebe/Hewstone/Codol/Stephenson 1990: Stroebe, W., Hewstone, M., Codol, J.-P. und Stephenson, G. M. (Herausgeber): Sozialpsychologie: Eine Einführung, Heidelberg, New York, London, Paris, Tokyo, Hong Kong 1990.

Stüdlein 1997: Stüdlein, Y.: Management von Kulturunterschieden: Phasenkonzept für internationale strategische Allianzen, Wiesbaden 1997.

Weller 1999: Weller, C.: »Kollektive Identitäten in der internationalen Politik«, Reese-Schäfer, W. (Herausgeber): Identität und Interesse: Der Diskurs der Identitätsforschung, Opladen 1999.

Weyer 2000 a: Weyer, J.: »Soziale Netzwerke als Mikro-Makro-Scharnier: Fragen an die soziologische Theorie«, in: Weyer, J. (Herausgeber): Soziale Netzwerke: Konzepte und Methoden der sozialwissenschaftlichen Netzwerkforschung, München; Wien 2000, S. 237–254.

Weyer 2000 b: Weyer, J. (Herausgeber): Soziale Netzwerke: Konzepte und Methoden der sozialwissenschaftlichen Netzwerkforschung, München; Wien 2000.

E.4 Job Enlargement und Job Enrichment

*Wolfgang J. Wilms**

1 Erweiterung des Aufgabengebietes und Verantwortungsbereiches
    1.1 Job Enlargement: horizontale Erweiterung des Aufgabengebietes
    1.2 Job Enrichment: vertikale Erweiterung des Aufgabengebietes und Verantwortungsbereiches

2 Notwendigkeit und Bedeutung für die Anpassung der Arbeitsorganisation aus unternehmenspolitischer und betrieblicher Sicht
    2.1 Anforderungen durch globalen Wettbewerb, Preis- und Kostendruck und Profitabilität
    2.2 Umstrukturierung und Personalabbau
    2.3 Lean Organisation
    2.4 Zukunftssicherung und -investition

3 Erwartungen, Chancen und Befürchtungen aus Sicht der Mitarbeiter
    3.1 Kompetenzerweiterung zur Verbesserung der Entlohnung und für den nächsten Karriereschritt
    3.2 Höhere Zufriedenheit durch interessantere, abwechslungsreichere Gestaltung der Arbeit
    3.3 Sicherung des Arbeitsplatzes
    3.4 Arbeitsverdichtung und mehr Leistung

4 Gezielter Einsatz in der Personalentwicklung
    4.1 Job Enlargement und Job Enrichment als Instrumente strategisch orientierter Personalentwicklung
        4.1.1 Bedürfnisbefriedigung
        4.1.2 Instrumente der Kompetenzsteigerung durch Fortbildung
        4.1.3 Bestandteile der betrieblichen Fördermaßnahmen
    4.2 Konkrete Beispiele in der betrieblichen Praxis eines Industrieunternehmens
        4.2.1 In der Produktion
        4.2.2 Im kaufmännischen Bereich

5 Flexible Maßnahmen im beiderseitigen Interesse

Literatur

---

* Wolfgang J. Wilms ist Rechtsanwalt und Fachanwalt für Arbeitsrecht und seit mehr als 15 Jahren in leitenden Personalfunktionen internationaler Großunternehmen tätig, u. a. bei der Siemens Enterprise Communications, der Metro Cash & Carry International und bei Nexans (zuvor Alcatel Kabel).

1 Erweiterung des Aufgabengebietes und Verantwortungsbereiches

1.1 Job Enlargement: horizontale Erweiterung des Aufgabengebietes

Beim *Job Enlargement* handelt es sich um eine Form der horizontalen *Aufgabenerweiterung*. Der Arbeitsplatz des Stelleninhabers wird so umstrukturiert, dass der bisherige *Arbeitsinhalt* des einzelnen Mitarbeiters durch zusätzliche, qualitativ gleiche oder ähnlich wertige Aufgaben ausgeweitet wird. Diese gleichartigen oder ähnlich wertigen Aufgabenelemente werden dem Stelleninhaber zusätzlich übertragen (Hentze/Kammel 2001, S. 453, ähnlich Foidl-Dreißer/Breme/Grobosch, S. 220, 294).

Anders als bei der Job Rotation erfolgt aber kein geplanter, mehr oder weniger regelmäßiger, systematischer Arbeitsplatzwechsel zwischen den Arbeitsplätzen des gleichen oder ähnlichen Beanspruchungsniveaus (Foidl-Dreißer/Breme/Grobosch 2004, S. 221). Vielmehr werden mehrere strukturell gleichartige oder ähnlich wertige Arbeitsplätze mit vergleichbarem Beanspruchungsniveau an einem Arbeitsplatz gebündelt. Dieser wird schließlich nach wenig schwieriger Erlernphase von einer Person beherrscht (Hentze/Kammel 2001, S. 453, Foidl-Dreißer/Breme/Grobosch 2004, S. 220, 294).

1.2 Job Enrichment: vertikale Erweiterung des Aufgabengebietes und Verantwortungsbereiches

Beim *Job Enrichment* handelt es sich um eine Form der vertikalen Aufgaben- und *Verantwortungserweiterung*. Der Arbeitsplatz des Stelleninhabers wird so umstrukturiert, dass der bisherige *Arbeitsinhalt* des einzelnen Mitarbeiters durch verschieden schwierige, anspruchsvollere, komplexere, aber gleichwohl zusammenhängende Aufgabengebiete bereichert wird. Das *Anforderungsniveau* steigt durch die zusätzliche Übernahme von Vorbereitungs-, Planungs- und/oder Kontrollfunktionen neben der Ausführungsaufgabe. Damit erhöht sich auch der Grad der Selbständigkeit und Eigenverantwortung; der Arbeitszyklus nimmt zu (Hentze/Kammel 2001, S. 453, 454, Foidl-Dreißer/Breme/Grobosch 2004, S. 221).

2 Notwendigkeit und Bedeutung für die Anpassung der Arbeitsorganisation aus unternehmenspolitischer und betrieblicher Sicht

2.1 Anforderungen durch globalen Wettbewerb, Preis- und Kostendruck und Profitabilität

Durch die Liberalisierung und Globalisierung der Märkte ist der Wettbewerbs- und Leistungsdruck für die Unternehmen und deren Manager gestiegen. Aufgrund der zunehmenden weltweiten Konkurrenz ergibt sich bei lediglich gleichwertiger Leistung schon ohne Kostenvorteil der Konkurrenz ein Preisdruck. Anleger und Analysten fordern für ihr eingesetztes Kapital, das sie global auch anderweitig investieren könnten, eine zumindest marktgerechte Rendite. Aufgrund der bei Kapitalgesellschaften vorhandenen Abhängigkeit von einer Kapitalzufuhr von außen erhöht sich der Druck auf Profitabilität und Wachstum, der nur durch Erhöhung der Einnahmenseite und/ oder Reduzierung der Kostenseite kompensiert werden kann. Erwartet wird seitens des Shareholders, dass das Unternehmen profitabel ist und der *Unternehmenswert* wächst (Economic Value Added = EVA und Shareholder nach dem Value Return-Gedankenansatz, vgl. Scholz/Stein/Bechtel 2004, S. 15 ff., insbesondere S. 171 ff., Jetter 2004, S. 4, jeweils mit weiteren Nachweisen).

Verschärfter und beschleunigter Wettbewerbs- und Leistungsdruck sowie der Zwang zur Effizienzsteigerung stellen die Überlebungschancen vieler Unternehmen in Frage und bedrohen schließlich die berufliche Existenz der einzelnen Arbeitnehmer. Scholz, Stein und Bechtel (2004, S. 17) sprechen in diesem Zusammenhang von der »Arbeitswelt ohne Stammplatzgarantie«.

2.2 Umstrukturierung und Personalabbau

Zum Erreichen der Profitabilität werden verstärkt Kostensenkungsmaßnahmen eingeleitet. Gerade in den letzten Jahren ist auch der Personalkostensektor nicht verschont worden. Reduzierung der Personalkosten bedeutet Senkung der Entgelte und/oder der Entgeltnebenkosten – sei es pauschal oder in Einzelfällen – und/oder Reduzierung der Entgeltempfänger, also der Mitarbeiter. Personalabbau führt zur Verkleinerung (»Verschlankung«) der Organisationseinheiten. Dann ist der Leiter einer Organisationseinheit gefordert, mit der reduzierten Mitarbeiterstärke die Unternehmensziele zu erreichen oder gar zu übertreffen.

Der Ausfall von Kollegen, die vergleichbare oder ähnliche Aufgaben auf der gleichen Hierarchieebene erfüllt haben, muss mitunter ebenso kompensiert werden wie der Wegfall von ganzen Hierarchieebenen. Dies kann nur gelingen, wenn die verbleibende Mannschaft optimal aufgestellt, motiviert und geführt wird und flankierende Personalinstrumente wie Job Enlargement und Job Enrichment eingesetzt werden.

Durch *Job Enlargement* nehmen Mitarbeiter Aufgaben des ausgeschiedenen Kollegen mit wahr, sei es unmittelbar oder mittelbar durch eine multifunktionalere Einsatzmöglichkeit, die schließlich eine optimale Ausnutzung bei der Personaleinsatzplanung zur Folge hat.

Durch *Job Enrichment* werden bislang insbesondere von einer ausgeschiedenen Führungskraft wahrgenommene Planungs-, Überwachungs- und Kontrollaufgaben von den ihm bislang zugeordneten Mitarbeitern mit wahrgenommen.

Auch Umstrukturierungen, die sich durch Zusammenlegung oder Zukauf von Unternehmen oder Unternehmenseinheiten (Merger & Acquisitions) ergeben, führen regelmäßig zu Anpassungen der Qualifikation der Mitarbeiter und zur Wahrnehmung zusätzlicher Aufgabenfelder, die durch Job Enlargement und Job Enrichment erreicht werden können, da *Synergieeffekte* genutzt werden sollen.

2.3 Lean Organisation

Neben der Notwendigkeit, die aus dem Personalabbau und der damit verbundenen Umstrukturierung resultiert, ergibt sich der Handlungsbedarf zum Job Enlargement und Job Enrichment aus Unternehmenssicht auch aufgrund des Wandels in den Organisationsstrukturen und -kulturen.

Die im frühen vorigen Jahrhundert vorherrschende Massenfertigung tayloristischer Prägung, die besonders in den USA – dort zunächst bei Ford – und in Westeuropa lange Zeit als optimale Organisations- und Managementstruktur galt, ist durch den Erfolg der in Japan – zunächst bei Toyota – vorherrschenden Form der »Lean Organisation/Lean Production« zugunsten letzterer gewichen. Nicht mehr standardisierte Massenfertigung am Fließband mit strenger Arbeitsteilung, starren, präzisen und kurzen Vorgaben hierarchisch »top down«, sondern die Konzentration auf wertschöpfende Prozesse mit Variantenvielfalt, Flexibilität, Teamarbeit, Qualitäts-, Prozess- und Kundenorientierung (siehe »Six Sigma«, »Total Quality«, »Just-in-Time«, »Kanban« etc.) werden heute als eine besonders erfolgsversprechende, weil effektivitäts- und effizienzsteigernde Organisationsform und -kultur angesehen (Foidl-Dreißer/Breme/Grobosch 2004, S. 41 ff.). Auch aus diesem Grunde haben Job Enlargement und Job Enrichment an Bedeutung gewonnen.

2.4 Zukunftssicherung und -investition

Die Sicherung der Zukunft sowohl des Unternehmens und des Betriebs als auch der Arbeitsplätze muss im Fokus jeder Unternehmenspolitik stehen.

Für den Arbeitgeber ist zur *Risikominimierung* wichtig, dass möglichst viele Mitarbeiter in der Lage sind, auch Aufgaben von Kollegen abzudecken. Ebenso hat der Arbeitgeber ein Interesse, dass die Mitarbeiter einen hohen Zufriedenheitsgrad erreichen, d. h. motiviert sind, einen umfassenden Überblick über Unternehmensgeschehnisse und -zusammenhänge (einschließlich der wirtschaftlichen Lage, der Erwartungen der Kunden, Gesellschafter, Vorgesetzten und der Belegschaft) erhalten und daran Teilhabe erlangen. Es liegt im Unternehmensinteresse, dass soziale Verantwortung, Interaktion und Kommunikation gesteigert werden. Durch die Steigerung der Kompetenzen – horizontal wie vertikal – wächst auch die *Sicherung der Arbeitsplätze*. Unternehmen und Betriebe werden durch Job Enlargement und Job Enrichment somit auch ihrer sozialen Verantwortung gerecht. Da gerade das Job Enrichment ein dynamischer Prozess ist, der durch kontinuierliche Ausdehnung des Handlungsspielraums und des Anspruchniveaus geprägt ist (Hentze/Kammel 2001, S. 454), wird schließlich die Bindung des Mitarbeiters zum Unternehmen erhöht. Auch durch die Bindung engagierter, höher qualifizierter Mitarbeiter wird die Zukunft des Unternehmens gesichert.

Für Job Enlargement und Job Enrichment muss allerdings der Arbeitgeber zunächst in die Fortbildung seiner Mitarbeiter investieren. Kosten entstehen auch für die Anpassung der Kommunikations- und Informationssysteme im Unternehmen bzw. im Betrieb (Hentze/Kammel 2001, S. 454).

3 Erwartungen, Chancen und Befürchtungen aus Sicht der Mitarbeiter

3.1 Kompetenzerweiterung zur Verbesserung der Entlohnung und für den nächsten Karriereschritt

Wie oben dargestellt, führen Job Enlargement und Job Enrichment zur *Kompetenzerweiterung* des Arbeitnehmers, sei es horizontal oder vertikal. Der weiter- und höherqualifizierte Mitarbeiter steigert hierdurch seinen Marktwert und wird nicht verkennen, dass – je nach zugrunde liegendem Vergütungssystem, insbesondere im Falle von Tarifgruppenbildungen – hierdurch eine höhere Entlohnung in Betracht zu ziehen ist. Er wird auch einen nächsten Karriereschritt anstreben können, wenn sich nicht alle Kollegen auf vergleichbarer Ebene in gleichem Maße über Job Enlargement bzw. im Besonderen über Job Enrichment weiterentwickelt haben.

3.2 Höhere Zufriedenheit durch interessantere, abwechslungsreichere Gestaltung der Arbeit

Job Enlargement führt nach entsprechender Anpassungsfortbildung zu einer interessanteren, abwechslungsreicheren Arbeit. Der Mitarbeiter lernt, vergleichbare, weitere Aufgaben zu bewältigen. *Selbstwertgefühl* und *Verantwortungsbewusstsein* werden schrittweise gesteigert und führen zu höherer Zufriedenheit.

Job Enrichment führt nach einer entsprechenden eher aufstiegsorientierten Fortbildung darüber hinaus zu einer Höherqualifizierung, die regelmäßig eine Steigerung der *Persönlichkeitsentfaltung* und der *Selbstverwirklichung* zur Folge hat.

3.3 Sicherung des Arbeitsplatzes

Vor dem Hintergrund einer hohen Arbeitslosigkeit spielt die Sicherung des Arbeitsplatzes eine ganz entscheidende Rolle in der *Lebensplanung* eines Mitarbeiters. Durch für Job Enlargement und Job Enrichment erforderliche Weiter- und/oder Höherqualifizierung eröffnet sich dem Mitarbeiter ein Kompetenzvorsprung gegenüber Mitarbeitern, die sich nicht fortgebildet haben und das Kompetenzniveau nicht vorweisen können. Arbeitgeber werden sich regelmäßig weniger von weiter- und höherqualifizierten Mitarbeitern trennen wollen, deren Qualifizierungskosten sie schließlich auch getragen haben. Sollte der Arbeitgeber dennoch Kündigungen nicht vermeiden können, ist die Gefahr vor Arbeitslosigkeit aufgrund des gesteigerten Marktwertes durch Qualifizierung reduziert.

3.4 Arbeitsverdichtung und mehr Leistung

Ungeachtet der angeführten Vorteile für Arbeitnehmer darf nicht darüber hinweg getäuscht werden, dass der Arbeitnehmer mehr gefordert wird. Es wird schlichtweg eine *Zusatzleistung* von ihm verlangt. Er muss zusätzliche Aufgabenfelder der Arbeitsplätze von Kollegen beherrschen und schließlich mit abdecken. Aufgrund der einhergehenden Personalreduzierung unter Beibehaltung oder gar Steigerung der Arbeitsergebnisse und Erlöse bedeutet der Wegfall von Stellen – ob horizontal oder vertikal – im Ergebnis eine Verdichtung der Arbeitsleistung. Kurz: Der Arbeitnehmer muss die Arbeit des früheren Kollegen oder Vorgesetzten zumindest teilweise zusätzlich mit übernehmen. Der Arbeitgeber hat Überzeugungsarbeit zu leisten und die Chancen und Vorteile aufzuzeigen, um diesen Befürchtungen entgegenzuwirken.

4 Gezielter Einsatz in der Personalentwicklung

Vor dem oben aufgezeigten Hintergrund muss sich das Management, insbesondere das Human Resource Management eines Unternehmens, mit den Instrumenten und Möglichkeiten des Job Enlargement und des Job Enrichment intensiv befassen. Es empfiehlt sich, diese gezielt im Rahmen von Personalentwicklungsmaßnahmen einzusetzen.

4.1 Job Enlargement und Job Enrichment als Instrumente strategisch orientierter Personalentwicklung

4.1.1 Bedürfnisbefriedigung

Neben der Erforderlichkeit, die sich aus dem wirtschaftlichen Wandel mit einhergehenden Umstrukturierungen sowie Organisations- und Personalanpassungen ergeben, spielen Job Enlargement und Job Enrichment eine wichtige Rolle bei der systematischen Karriere- und Laufbahn- bzw. der *Nachfolgeplanung*, um *Schlüsselpositionen* abzusichern und Mitarbeiter auf weiterführende Aufgaben vorzubereiten. Ferner machen auch Fragen der *Arbeitszufriedenheit* und die damit verbundene Arbeitsmotivation sowie schließlich auch Aspekte der Weiterbildung und Qualifizierung der Mitarbeiter eine Berücksichtigung von Job Enlargement und Job Enrichment als Instrumente strategisch orientierter Personalentwicklung notwendig.

Job Enlargement und insbesondere Job Enrichment führen zu einer Bedürfnisbefriedigung, und zwar direkt. Durch das Hinzukommen von neuen Aufgaben steigen das Interesse und die Freude an der nunmehr abwechslungsreicher gewordenen Arbeit. Die intrinsische *Motivation* wird erhöht. Nach der Theorie von Maslow, dass sich alle menschlichen Bedürfnisse fünf Bedürfnisklassen zuordnen lassen, die jeder Mensch zu seiner Befriedigung Schritt für Schritt zu befriedigen begehrt, wird die Managementmethode »Job Enrichment« immerhin zur Erreichung der Bedürfnisklasse »Wertschätzung« führen (Maslow 1954). Die sich durch Job Enlargement und Job Enrichment ergebenden Effekte stellen – im Sinne der Zwei-Faktoren-Theorie nach Herzberg – nicht bloß so genannte »Hygienefaktoren« dar. Vielmehr sind interessantere, herausfordernde Arbeitsaufgaben ein Mehr an Verantwortungsübertragung sowie erweiterte Entfaltungsmöglichkeiten, die gerade das Job Enrichment bietet, echte Motivatoren (»Satisfiers«), die für höhere Arbeitszufriedenheit sorgen (Foidl-Dreißer/Breme/Grobosch 2004, S. 331).

Die Bedeutung von Job Enlargement und Job Enrichment als Instrumente der Kompetenzsteigerung durch Fortbildung und Bestandteile der betrieblichen Fördermaßnahmen wird im Folgenden ersichtlich.

4.1.2 Instrumente der Kompetenzsteigerung durch Fortbildung

Unter beruflicher Fortbildung – im Sprachgebrauch der Unternehmen und Mitarbeiter auch als »Weiterbildung« bezeichnet – werden Maßnahmen und Tätigkeiten verstanden, die bereits für einen Beruf oder Arbeitsplatz vorhandenes Wissen vertiefen (Hentze/Kammel 2001, S. 366, Foidl-Dreißer/Breme/Grobosch 2004, S. 257). Nach § 1 Absatz 3 Berufsbildungsgesetz soll die berufliche Fortbildung es ermöglichen, die beruflichen Kenntnisse und Fertigkeiten zu erhalten, zu erweitern, der technischen Entwicklung anzupassen oder beruflich aufzusteigen. Die so genannte »*Anpassungsfortbildung*« zielt also auf die Erhaltung, Erweiterung und Anpassung der bereits vorhandenen beruflichen Fähigkeiten und Kenntnisse ab und dient dem Erhalt der horizontalen Mobilität, während die so genannte »*Aufstiegsfortbildung*« den Erwerb einer anderen, anspruchsvolleren und höherwertigen Berufstätigkeit zum Ziel hat und somit der vertikalen Mobilität dient. Das Job Enlargement stellt somit eine Anpassungsfortbildung, das Job Enrichment eine Aufstiegsfortbildung dar. Der Aufstieg kann sich bei den heute immer flacher werdenden Hierarchien statt auf hierarchischer Ebene auch in einer Höherwertigkeit der Position zeigen, weil die Aufgaben komplexer, vielschichtiger, verantwortungsvoller und selbständiger werden. Dies kann sich z. B. in der Übernahme einer Projektmanagementaufgabe widerspiegeln.

In beiden Fällen werden Kompetenzen durch Fortbildung gesteigert.

4.1.3 Bestandteile der betrieblichen Fördermaßnahmen

Zur Sicherstellung von auch in Zukunft wettbewerbsfähigem, effizientem Personal im Unternehmen einerseits und zur Förderung der im Unternehmen beschäftigten Mitarbeiter andererseits sind die persönlichen Entwicklungs- und *Karriereziele* der einzelnen Beschäftigten mit den betriebswirtschaftlich ausgerichteten Unternehmenszielen soweit wie möglich in Einklang zu bringen (Mentzel 1997, S. 25, Foidl-Dreißer/Breme/Grobosch 2004, S. 348). Neben der Qualifizierung für eine spezifische Aufgabe ist es unternehmensstrategisch wichtig, dass Fördermaßnahmen ergriffen werden, die zu einem flexibleren Personaleinsatz führen und die innerbetriebliche *Mobilität* und *Multifunktionalität* steigern, während der einzelne Mitarbeiter daran interessiert sein müsste, dass die durch die Fördermaßnahmen gesteigerte Kompetenz auch zu einer Erhöhung seines Marktwertes führt.

Da durch Job Enlargement die innerbetriebliche Mobilität gesteigert wird, da der Mitarbeiter verschiedene weitere, gleichwertigere Aufgaben erfüllen kann und in die Lage versetzt wird, andere gleich- oder ähnlichartige Aufgaben ebenso zu erfüllen, gehört Job Enlargement zu einer strategisch wichtigen Fördermaßnahme, die auch im Interesse des einzelnen Mitarbeiters liegen müsste.

Für Mitarbeiter mit höherem Entwicklungspotenzial – die allerdings erst sorgfältig entdeckt und sich als solche erwiesen haben müssen – stellt das Job Enrichment eine wesentliche Fördermaßnahme dar, da hierdurch der einzelne Mitarbeiter befähigt wird, anspruchsvollere, höherwertige und komplexere Aufgaben mit mehr Verantwortung wahrzunehmen. Im Interesse des Mitarbeiters wird sein Marktwert gesteigert, das Unternehmen profitiert vom höheren Qualifikationsniveau aus eigenen Mitarbeiterreihen und kann durch gezielten Einsatz von Job Enrichment als Förderungsmaßnahme effizient und effektiv mehrere Funktionen unterschiedlicher Positionsebenen mit abdecken.

4.2 Konkrete Beispiele in der betrieblichen Praxis eines Industrieunternehmens

Im Folgenden wird anhand einiger Beispiele dargestellt, wie Job Enlargement und Job Enrichment bei Nexans Deutschland Industries GmbH & Co. KG, einem deutschen Teilkonzern der Metall- und Elektroindustrie mit mehreren Tausend Mitarbeitern in verschiedenen Werken, erfolgreich praktiziert werden. Der Nexans Konzern produziert und vertreibt als Weltmarktführer Kabel für den Energie-, Telekom-, Infrastruktur- und Bausektor und erzielt mit rund 20.000 Mitarbeitern 5 Milliarden Euro Umsatz in den Werken im In- und Ausland.

4.2.1 In der Produktion

Job Enlargement
Im Werk Vacha (Thüringen) existiert seit mehreren Jahren nach Restrukturierungs- und Investitionsmaßnahmen und der damit verbundenen »Lean Production« ein auditiertes Qualifizierungsprogramm zur Mehrmaschinenbedienung. Qualifizierte Mitarbeiter bedienen entweder gleichzeitig zwei Maschinen, oder sie können im Rahmen der flexiblen Personaleinsatzplanung an unterschiedlichen Anlagen eingesetzt werden. Die flexible Personaleinsatzplanung lässt einen planmäßigen Arbeitsplatzwechsel in einem bestimmten Turnus (Job Rotation) wie auch einen situativen (z. B. im außerplanmäßigen Vertretungsfalle) zu.

Im Werk Vacha waren Ende 2005 in der Fertigung 153 Mitarbeiter beschäftigt. Die Qualifikationstiefe stellt Abb. 1 dar.

Werkleiter, Personalleiter und Betriebsrat dieses Werkes haben festgestellt, dass das Qualifizierungsprogramm zur *Mehrmaschinenbedienung* zu einer Produktivitätssteigerung geführt hat und dass bei den Mitarbeitern – nach einer kritischen Anfangseinstellung – die Arbeitszufriedenheit und Motivation spürbar gestiegen sind. Umsetzungen und Doppelbedienungen von Maschinen sind heute ohne Schwierigkeiten schnell, kurzfristig und ohne Reibungsverluste möglich. Die Mitarbeiter wissen um ihre erweiterte Qualifikation und dass hierdurch indirekt gleichzeitig eine Arbeitsplatzsicherungsmaßnahme getroffen worden ist.

Job Enrichment
In verschieden Werken werden – nach einem sorgfältigen Auswahlverfahren – einige wenige gewerblich-technische Mitarbeiter in der Produktion durch Job Enrichment

Abb. 1: Qualifikationstiefe der Mitarbeiter in der Fertigung im Werk Vacha
(eigene Darstellung)

sukzessive höher qualifiziert und übernehmen nach und nach höhere Verantwortung mit mehr Selbständigkeit: Maschinenhelfer haben sich sowohl zum Maschinenführer, Maschinenführer zum Schichtführer, Vorarbeiter oder Teamleiter zum Meister bzw. Ingenieure vom Dienst und diese bis hin zum Produktionsleiter bzw. stellvertretenden Produktionsleiter entwickeln können.

Die Qualifizierungsprogramme sehen je nach Funktionsebene und Werk unterschiedlich aus, haben aber stets gemeinsam, dass komplexere Aufgabenstellungen und Verantwortungsbereiche sukzessive übertragen werden. Das wird mit zahlreichen internen und/oder externen Schulungsmaßnahmen flankiert, bis den ausgewählten, geförderten Mitarbeitern schließlich eine verantwortungsvollere Position übertragen wird. Soweit externe Trainingsmaßnahmen das Job Enrichment berufsbegleitend unterstützen, wird Wert auf einen extern anerkannten Abschluss gelegt, z. B. als IHK geprüfter Industriemeister. Das Unternehmen unterstützt die Fördermaßnahmen in unterschiedlicher Form, z. B. durch Berücksichtigung der zeitlichen Beanspruchung (Gewährung von bezahlten und/oder unbezahlten Freistellungsphasen), zum Teil durch finanzielle Übernahme der Freistellung für interne Qualifizierungsmaßnahmen und der internen Trainingskosten, zum Teil auch durch finanzielle Kostenbeteiligung an anerkannten externen Schulungs- und Prüfungskosten.

Die Werkspersonalleiter, Werkleiter, Betriebsrat und betroffenen qualifizierten Mitarbeiter bestätigten jeweils, dass sich diese Qualifizierungsmaßnahme Job Enrichment, begleitet durch interne und externe Schulungsmaßnahmen, gut bewährt haben. Mit bewährten, höher qualifizierten Mitarbeitern können so höhere Anforderungen des Wettbewerbs erfüllt, Personaleinsparungen kompensiert, Nachfolgeplanungen vorgenommen und vakante Stellen besetzt werden. Mitarbeiter können im Unternehmen *Karriere* machen.

Zu beachten ist, dass die durchschnittliche Betriebszugehörigkeit in den Nexans Deutschland Betrieben im Jahr 2005 bei 17 Jahren lag. Die Motivation und Mitarbeiterzufriedenheit gerade bei den durch Job Enrichment geförderten Mitarbeitern sind sehr hoch, die Fluktuation ist sehr gering. Im gesamten deutschen Teilkonzern mit mehreren Tausend Mitarbeitern haben im letzten Jahr weniger als zehn Mitarbeiter das Unternehmen auf eigene Initiative verlassen.

4.2.2 Im kaufmännischen Bereich

Job Enlargement

Im Werk Vacha werden – wie zum Teil auch in anderen Nexans Werken – einige ausgewählte Mitarbeiter in kaufmännischen Funktionen, vorwiegend Sachbearbeiter, über Abteilungsgrenzen hinaus planmäßig quer qualifiziert. So übernimmt beispielsweise heute eine Vertriebsinnendienstmitarbeiterin neben ihrer bisherigen Aufgabe stundenweise die Auftragseingabe in der Abteilung Feinsteuerung. Eine Lohnrechnerin übernimmt zeitweise in der Woche oder phasenweise – wie z. B. bei Engpässen oder im Vertretungsfall – Aufgaben in der Arbeitswirtschaft oder im Rechnungsdruck. Mehrere Mitarbeiter und Mitarbeiterinnen können die Ausgangspost vollständig erledigen. Die entsprechenden Qualifizierungsmaßnahmen gehen von dreitägigen Einarbeitungsschulungen bis hin zu halbjährigen Programmen, jeweils mit zahlreichen theoretischen und praktischen Trainingsphasen neben der Wahrnehmung der bisherigen Aufgaben. Die betroffenen Mitarbeiter haben eine erhöhte Flexibilität und die Fähigkeit bewiesen, sich in neue Aufgaben einzuarbeiten. Zugleich konnten sie Rationalisierungszwänge überwinden, ihre weitere Beschäftigung im Betrieb sichern und durch zusätzlich gewonnene Kompetenzen ihren eigenen Marktwert absichern. Von allen Beteiligten wird Job Enlargement als gezielte Personalentwicklungsmaßnahme anerkannt und begrüßt.

Job Enrichment

Der gezielte Einsatz von Job Enrichment erfolgt auch im kaufmännischen Bereich. Neben einigen ausgewählten Sachbearbeitern, Assistenten und Referenten werden gerade Nachwuchsmanager (so genannte High-Potentials, Corporate High-Potentials oder Key-People) über Job Enrichment höher qualifiziert und übernehmen Aufgaben mit höherer Verantwortung, sei es Sach-, regelmäßig aber auch Personalverantwortung, und werden berufsübergreifend tätig. Nicht immer aber handelt es sich hier um detailliert ausgearbeitete, gezielte Personalentwicklungsprogramme. Mitunter werden diesen Potenzialträgern Zusatzaufgaben mit mehr Verantwortung übertragen, weil eine Managementebene entfällt oder weil höherwertige, regelmäßige Managementaufgaben, z. B. aufgrund von Organisationsveränderungen, Unternehmenszukäufen oder einer vorzeitigen Auslandsentsendung, – zumindest übergangsweise – in Personalunion wahrzunehmen sind. Gleichwohl wird Job Enrichment auch ganz gezielt als organisierte detaillierte Personalentwicklungsmaßnahme mit Erfolg eingesetzt. So haben sich so genannte Studenten im Praxisverbund, Produktionsassistenten, Controllingassistenten und Vertriebsmanager als High-Potentials durch gezielte Übertragung zusätzlicher, höherwertiger Aufgaben, durch Commitments von »three-way-agreements« (dreiseitigen Vereinbarungen zwischen Linienmanagement, Personalmanagement und Mitarbeitern) und dem Absolvieren zahlreicher, für die Wahrnehmung der erweiterten Aufgaben zugeschnittener, begleitender Trainingsmaßnahmen bis hin zum Werkleiter, Vertriebsleiter oder Leiter eines Zentral- oder Geschäftsbereiches, Geschäftsführer einer Tochtergesellschaft oder zu einem Manager im Mutterkonzern entwickelt. Die hohe Betriebszugehörigkeit und Mitarbeiterzufriedenheit und damit verbundene niedrige Fluktuation spiegeln sich auch hier wider.

5 Flexible Maßnahmen im beiderseitigen Interesse

Beide Instrumente sind für die Personalentwicklung in der betrieblichen Praxis sehr wertvoll, da sie sowohl für das Unternehmen als auch den einzelnen Mitarbeiter interessant sind und sehr flexibel als Fördermaßnahmen eingesetzt werden können. Sowohl Job Enlargement als auch Job Enrichment können im Hinblick auf Umfang (das Ausmaß der zusätzlich kennen zu lernenden und beherrschenden Aufgaben), Schwierigkeitsgrad und Zeitrahmen verhältnismäßig einfach und sukzessiv angepasst werden.

Wie bei jeder Personalentwicklungsmaßnahme ist der Kreis der zu entwickelnden Mitarbeiter sorgfältig auszuwählen und zu betreuen. Ebenso müssen auch diese beiden Personalentwicklungsmaßnahmen systematisch und kontinuierlich evaluiert werden, sich also in Kosten-, Erfolgs- und Rentabilitätskontrollen beweisen.

Werden Job Enlargement und Job Enrichment sorgfältig eingesetzt, führen diese als Methoden der Arbeitsgestaltung und zugleich Instrumente der Personalentwicklung das Unternehmen und die Mitarbeiter zum Erfolg.

Literatur

Foidl-Dreißer/Breme/Grobosch 2004: Foidl-Dreißer, S., Breme, A. und Grobosch, P.: Personalwirtschaft, Lehr- und Arbeitsbuch für die Fort- und Weiterbildung, 3. Auflage, Berlin 2004.
Hentze/Kammel 2001: Hentze, J. und Kammel, A.: Personalwirtschaftslehre 1, 7. Auflage, Bern; Stuttgart; Wien 2001.
Jetter 2004: Jetter, W.: Performance Management: Strategien umsetzen, Ziele realisieren, Mitarbeiter fördern, 2. Auflage, 2004.
Maslow 1954: Maslow, A. H.: Motivation and Personality, New York 1954.
Mentzel 1997: Mentzel, W.: Unternehmenssicherung durch Personalentwicklung: Mitarbeiter motivieren, fördern und weiterbilden, 7. Auflage, Freiburg i. Br. 1997.
Scholz/Stein/Bechtel 2004: Scholz, C., Stein, V. und Bechtel, R.: Human Capital Management: Wege aus der Unverbindlichkeit, München/Unterschleißheim 2004.

E.5 Teilautonome Arbeitsgruppe und Fertigungsinsel

*Conny Herbert Antoni**

1   Flexibilisierung durch Gruppenarbeit

2   Teilautonome Arbeitsgruppen und Fertigungsinseln

3   Abgrenzung teilautonomer Arbeitsgruppen von Fertigungsteams

4   Auswirkungen teilautonomer Arbeitsgruppen

5   Konsequenzen für die Einführung und Gestaltung teilautonomer Arbeitsgruppen
   5.1   Heuristisches, partizipatives Vorgehen
   5.2   Frühzeitige Information und Qualifizierung aller Betroffenen
   5.3   Schaffung struktureller Voraussetzungen
   5.4   Entwicklung günstiger Rahmenbedingungen

Literatur

---

[*]   Prof. Dr. Conny Herbert Antoni beendete sein Studium 1984 als Diplom-Psychologe. 1989 promovierte er zum Dr. phil., 1996 folgt die Habilitation. Seit 1997 ist er als Professor für Arbeits-, Betriebs- und Organisationspsychologie an der Universität Trier tätig mit den Arbeitsschwerpunkten Gruppenarbeit, Führung und Organisationsentwicklung. Zu seinen Buchveröffentlichungen zählen: Qualitätszirkel als Modell partizipativer Gruppenarbeit (1990), Gruppenarbeit in Unternehmen (1994), Teilautonome Arbeitsgruppen (1996), Das flexible Unternehmen – Arbeitszeit, Gruppenarbeit, Entgeltsysteme (1996, gemeinsam mit Eyer und Kutscher) und Teamarbeit gestalten (2000).

1 Flexibilisierung durch Gruppenarbeit

Spätestens seit der Diskussion über »Lean Production« wird *Gruppenarbeit* von vielen als einer der entscheidenden Erfolgsfaktoren für die Konkurrenzfähigkeit eines Unternehmens angesehen, der auch zu motivierteren Mitarbeitern und zu einer menschengerechteren Arbeitsgestaltung beitragen soll. Als strukturelle Ursachen für die Suche nach neuen Management-Konzepten können in erster Linie die Veränderung der Märkte, d. h. der Wandel von Verkäufer- zu Käufermärkten und damit die Verschärfung der Wettbewerbssituation angesehen werden (Berggren 1991, Womack/Jones/Roos 1991). Die vom Käufer geforderte *Flexibilität* in Hinblick auf Produktvarianten und Lieferzeit bzw. Lieferbereitschaft führt zu einer steigenden Variantenzahl, sinkenden Losgrößen und meist auch kürzeren Produktlebenszyklen. Angesichts des verschärften Wettbewerbs stehen die anbietenden Unternehmen gleichzeitig unter zunehmendem Kostendruck bei wachsenden Qualitätsansprüchen. Die Kostenvorteile der standardisierten Massenfertigung nehmen jedoch mit sinkenden Losgrößen, steigenden Variantenzahlen und kürzeren Produktlebenszyklen ab. Gleichzeitig steigen jedoch die Anpassungs- bzw. Transferkosten an die sich immer schneller wandelnden Marktanforderungen. Diese bürokratische Organisationsform erweist sich als zu starr und kann auf Kundenwünsche nicht mehr flexibel reagieren. Gruppenarbeit bietet dagegen die Chance, die die Flexibilitäts- und Produktivitätsanforderungen der Unternehmen zu erfüllen und zugleich den veränderten Einstellungen der Mitarbeiter nach sinnvollen und befriedigenden Tätigkeiten gerecht zu werden.

In der betrieblichen Praxis finden sich heute neben teilautonomen Arbeitsgruppen und Fertigungsinseln, die Bestandteil der regulären Arbeitsorganisation sind und eine kontinuierliche Mitarbeit voraussetzen, auch diskontinuierliche Formen der Gruppenarbeit parallel zur traditionellen Organisationsstruktur, wie Qualitätszirkel und Lernstatt-Gruppen (Kapitel E.6 dieses Buches) sowie Projektgruppen und Task Forces (Kapitel E.7). Diesen verschieden Formen der Gruppenarbeit sind folgende *Merkmale* gemeinsam: (Antoni 2000).

- Mehrere Personen bearbeiten über eine gewisse Zeit, nach gewissen Regeln und Normen, eine aus mehreren Teilaufgaben bestehende Arbeitsaufgabe, um gemeinsame Ziele zu erreichen.
- Sie arbeiten dabei unmittelbar zusammen und fühlen sich als Gruppe.
- Rein organisatorische Zusammenfassungen von Mitarbeitern oder so genannte Rotationsgruppen, bei denen sich Mitarbeiter lediglich an unterschiedlichen Arbeitsplätzen abwechseln, sind gemäß dieses Verständnisses keine Formen der Gruppenarbeit, solange kein gemeinsames Ziel und Aufgabenverständnis und keine unmittelbare Zusammmenarbeit bei der Aufgabenerfüllung vorliegen.
- Für Kommunikations- und Abstimmungsprozesse wären Gruppen mit 5 bis 6 Mitarbeitern am besten geeignet.
- Bei der Bildung von Arbeitsgruppen sind jedoch auch technische und räumliche Gegebenheiten, Prozessabläufe und insbesondere die Aufgabenstellung zu berücksichtigen, die den Charakter der Gruppenarbeit wesentlich durch Art und Umfang der Arbeitsaufträge bestimmt. Der Arbeitsauftrag kann sich beispielsweise auf die

arbeitsteilige Montage eines Motors oder auf die Feinsteuerung der Fertigung oder auf die Verbesserung der Arbeitsabläufe beziehen.
- Wichtig ist ferner, inwieweit die Aufgabenbearbeitung und Zielerreichung eine gemeinsame Abstimmung und Kooperation erfordern.
- Koperationsanforderungen können Primäraufgaben stellen, für die die Gruppe geschaffen wurde (z. B. Montageaufgaben) und Sekundäraufgaben bzw. indirekte Aufgaben zur Systemerhaltung (z. B. Wartung), Systemregulation (z. B. Qualitätssicherung) und Systemoptimierung bzw. -weiterentwicklung (z. B. Rationalisierung), die in die Gruppe integriert wurden, wie dies bei teilautonomen Arbeitsgruppen der Fall ist.

2 Teilautonome Arbeitsgruppen und Fertigungsinseln

Unter *teilautonomen Arbeitsgruppen (TAG)* versteht man eine kleine Gruppen von ca. drei bis zehn Mitarbeitern, die konstant zusammenarbeiten und funktionale Einheiten der regulären Organisationsstruktur darstellen, denen die Erstellung eines kompletten (Teil-) Produktes oder eine Dienstleistung mehr oder weniger verantwortlich übertragen wurde. Die Ausführungstätigkeiten werden dabei möglichst so gewählt, dass eine ganzheitliche Aufgabe oder ein Produkt komplett von einer Gruppe bearbeitet werden kann. Die Gruppe trägt somit die Verantwortung für den gesamten (Teil-)Fertigungsprozess. Zielsetzung dieser Form der Arbeitsorganisation ist es, Organisationseinheiten zu schaffen, die sich innerhalb definierter Grenzen selbst regulieren können. Teilautonome Gruppen werden daher auch als selbstregulierende Gruppen bezeichnet. Mithilfe der Selbststeuerung sollen einerseits eine effizientere und flexiblere Aufgabenbearbeitung und andererseits motivierende Arbeitsinhalte und Arbeitsbedingungen geschaffen werden. Eine Möglichkeit zur gemeinsamen Planung bieten Gruppensitzungen, die regelmäßig oder bei Bedarf abgehalten und von Gruppensprechern moderiert werden (Antoni 2000).

Das Konzept teilautonomer Arbeitsgruppen verknüpft hierbei die Gedanken der Arbeitserweiterung (Job Enlargment), der Arbeitsbereicherung (Job Enrichment) und des Arbeitswechsels (Job Rotation) und überträgt sie auf eine Gruppensituation. Innerhalb der Gruppen kann der einzelne Mitarbeiter zwischen den verschiedenen Arbeitsplätzen wechseln. Der Arbeitsumfang an den verschiedenen Arbeitsplätzen kann sich vergrößern. Es wird jedoch nicht nur eine quantitative Arbeitserweiterung sondern auch eine qualitative Arbeitsbereicherung angestrebt, um damit Industriearbeit wieder zu einer qualifizierten Berufstätigkeit zu entwickeln (*Reprofessionalisierung*). Dies kann durch die Integration índirekter Tätigkeiten, wie z. B. Qualitätskontrolle, kleinere Wartungs- und Reparatur- oder Reinigungs- und Transportarbeiten, die interne Arbeitsverteilung, die Disposition von Material oder die Feinsteuerung von Fertigungsaufträgen erreicht werden (Abb. 1).

Das Konzept der teilautonomen Arbeitsgruppe ist eng mit dem soziotechnischen *Systemansatz* verknüpft, der Unternehmen als komplexe offene soziale und technische Systeme versteht. Als offene Systeme unterliegen sie nicht nur internen Schwankungen, sondern werden auch von Veränderungen in ihrer Umwelt beeinflusst. Um

Abb 1: Aufgabenintegration in teilautonome Arbeitsgruppen (Antoni 1994)

```
                    Führung              Fertigungs-
                                         steuerung
                                                              Arbeits-
                  ▪ Zielvereinbarung                          vorbereitung
Personalwesen     ▪ Feedback           ▪ Programmplanung
                  ▪ Koordination                              ▪ Ablaufplanung
▪ Personal-       ▪ Beurteilen                                ▪ Rationalisierung
  einstellungen                                               ▪ Zeitwirtschaft
  versetzungen
                  ▪ Arbeitseinteilung  ▪ Feinplanung
                  ▪ Urlaubsplanung
                                                              ▪ kontinuierlicher
▪ Mitsprache bei                                                Verbesserungs-
  Gruppen-                                                      prozess
  mitgliedern          Teilautonome Arbeitsgruppe

▪ kleine Reparaturen                                          ▪ Beteiligung bei
▪ Wartung                                                       Veränderungen
                  ▪ Materialumschlag  ▪ Fertigungs-
▪ Instandhaltung  ▪ Transport           kontrolle
▪ Zentralwerkstatt                    ▪ SPC
                                                              ▪ Vorplanung
                  ▪ Disposition       ▪ Audit                 ▪ Neuplanung
                  ▪ Lager             ▪ Prüfplanung           ▪ Serienplanung
Instandhaltung    ▪ Logistikplanung   ▪ Wareneingangs-
                                        kontrolle             Planung
                    Logistik           Qualitätssicherung
```

Abb 1: Aufgabenintegration in teilautonome Arbeitsgruppen (Antoni 1994)

sich internen und externen Veränderungen möglichst schnell und gut anpassen zu können, sollten ihre Organisationseinheiten und somit auch die Gruppen so gestaltet sein, dass sie sich möglichst weitgehend selbst regulieren können. Hierzu müssen das technische und soziale System gemeinsam optimiert werden, indem die Gruppen sowohl technisch als auch die arbeitsorganisatorisch unabhängig sind und ihnen ein ganzheitlicher Aufgabenbereich mit Planungs-, Steuerungs- und Kontrollaufgaben übertragen wird, für den die Gruppenmitglieder kollektiv die Verantwortung übernehmen und für den sie über die notwendigen Entscheidungskompetenzen verfügen. Der Umfang der Möglichkeiten zur *Selbststeuerung* sollte den potenziellen Systemschwankungen entsprechen, um diese auch effektiv regulieren zu können. In der Praxis zeigt sich, dass den Gruppen vorwiegend arbeits- und arbeitsplatzbezogene Entscheidungen und Aufgaben übertragen werden. Zumeist handelt es sich um Fragen der Arbeitsaufteilung und der Arbeitsverteilung, der zeitlichen Arbeitsplanung, der Qualitätssicherung und der Instandhaltung. Um diese Ziele erreichen zu können, werden für die Gestaltung der Organisationsstruktur drei Empfehlungen ausgesprochen (Ulich 2001):

- Die Organisationseinheiten sollten voneinander relativ unabhängig sein.
- Die in einer Organisationseinheit zusammengefaßten Aufgaben sollten inhaltlich zusammenhängen.
- Die Organisationseinheiten sollten möglichst um ein Produkt gebildet werden.

Entsprechend diesen Überlegungen erfordert die wirkungsvolle Einführung teilautonomer Arbeitsgruppen nicht nur die Schaffung von Arbeitsgruppen, sondern auch eine gleichzeitige Anpassung des technischen Systems. Eine Musterbeispiel hierfür sind Fertigungsinseln.

Fertigungsinseln integrieren die für die komplette Bearbeitung eines (Teil-)Produktes oder einer Teilefamilie notwendigen Maschinen und Mitarbeiter. Dieses Fertigungsprinzip wird auch als *Gruppentechnologie* oder *Gruppenfertigung* bezeichnet, im Unterschied zur verrichtungsorientierten oder Werkstatt-Fertigung (Brödner 1985). Mit dieser produktorientierten Anordnung der Fertigungsmittel wird eine technische Teilautonomie der einzelnen Produktionsbereiche angestrebt. Sie soll die notwendige Fertigungsflexibilität gewährleisten. Analog wird in Montagebereichen unter *Montageinseln* die Montage eines kompletten Teilproduktes verstanden, wie z. B. eines Kabelsatzes, eines Armaturenbrettes oder einer Seitentür.

Je mehr indirekte Aufgaben in die teilautonomen Arbeitsgruppen integriert werden, desto stärker verändert sich die horizontale und vertikale Funktions- und Arbeitsteilung im Unternehmen. Dies betrifft nicht nur Aufgaben und Strukturen indirekter Abteilungen, wie Qualitätssicherung oder Arbeitsvorbereitung, sondern auch die Führungsaufgaben und Führungsstruktur. In erster Linie sind hiervon die Meister und Vorarbeiter betroffen, da sie bislang mit der Einteilung und Überwachung der Mitarbeiter beauftragt waren – Aufgaben die sie nun jedoch an die Gruppe delegieren. Während die Aufgaben von Vorarbeitern entfallen, ist es Aufgabe der Meister, mehrere teilautonome Arbeitsgruppen zielorientiert zu führen, zu unterstützen, zu entwickeln und zu koordinieren, Arbeitsbedingungen und -prozesse zu verbessern, sowie bei der Einführung von Neuerungen mitzuarbeiten.

3 Abgrenzung teilautonomer Arbeitsgruppen von Fertigungsteams

Im Unterschied zu Qualitätszirkeln und Projektgruppen stellen *Fertigungsteams* ähnlich wie teilautonome Arbeitsgruppen dauerhafte, funktionale Einheiten der regulären Organisationsstruktur dar. Bei Fertigungsteams japanischer Prägung bleiben jedoch die tayloristisch-fordistische Arbeitsteilung, Arbeitsstandardisierung und Fließbandfertigung mit den sie kennzeichnenden Merkmalen hoch repetitiver, kurzzyklischer und monotoner Arbeit erhalten (Berggren 1991; Jürgens/Malsch/Dohse 1989). Deutliche Unterschiede finden sich auch im Hinblick auf die *Autonomie* der Gruppen und die betriebliche Führungsstruktur.

Bereits die Beibehaltung des Fließbandes impliziert eine starke technisch bedingte sequentielle Abhängigkeit sowohl der einzelnen Arbeitsplätze in den Gruppen als auch der Gruppen untereinander. Diese Abhängigkeit wird durch das logistische »Just In Time«-Prinzip verschärft. Es beinhaltet, nur die Arbeiten durchzuführen und Teile anzuliefern, die für den nächsten Produktionsschritt auch tatsächlich unmittelbar benötigt werden, und Material- und Produktpuffer zu beseitigen. Anstelle der Material- und Produktpuffer finden sich bei japanischen Unternehmen Zeitpuffer zwischen den Schichten, die sicherstellen, dass das tägliche Produktionsziel, notfalls durch längeres Arbeiten aller Mitarbeiter erreicht wird. Im Gegensatz zu teilautonomen Arbeitsgruppen steuern die Meister die Arbeitsprozesse und den Arbeitseinsatz in den Fertigungsteams.

Gemeinsamkeiten zwischen dem Konzept der teilautonomen Arbeitsgruppe und der Fertigungsteams finden sich hingegen im Hinblick auf die bei beiden Konzepten vorgesehene *polyvalente Qualifikation* (»multi-skilling«) und den damit verbundenen Arbeitswechsel der Mitarbeiter, die zumindest partielle Integration indirekter Tätigkeiten (Qualitätssicherung, Instandhaltung) in die Gruppe und deren Selbstregulation im Hinblick auf diesbezügliche Kennwerte (Qualitätskennzahlen, Störungsmeldungen). Die in Fertigungsteams angestrebte polyvalente Qualifikation bezieht sich allerdings auf das Beherrschen mehrerer kurzzyklischer Tätigkeiten. Das Konzept der *Selbstregulation* ist eng mit dem Prinzip des »Kaizen«, des kontinuierlichen Verbesserungsprozesses verbunden (Imai 1986). Durch die konsequente Minimierung von Puffern (Menschen, Material, Zeit) sollen Störungen und Schwächen im Ablauf schneller sichtbar und dann von den jeweils Betroffenen selbst im Rahmen des kontinuierlichen Verbesserungsprozesses beseitigt werden. Die kontinuierliche Systemoptimierung wird heute auch als wesentliche Aufgabe der teilautonomen Arbeitsgruppen angesehen. In diesem Zusammenhang sind auch die Möglichkeiten zu sehen, die sich aus dem (komplementären) Einsatz von Qualitätszirkeln oder KVP-Gruppen ergeben.

4   Auswirkungen teilautonomer Arbeitsgruppen

Betrachtet man die in der MIT-Studie veröffentlichten ökonomischen Effizienzindikatoren, (Womack et al. 1991) so sprechen diese auf den ersten Blick deutlich für die Überlegenheit der japanischen Fertigungsteams sowohl gegenüber dem tayloristisch-fordistischen Fertigungsparadigma als auch dem Konzept teilautonomer Gruppenarbeit, wie es beispielsweise bei Volvo praktiziert wurde. Sowohl die Produktivitätsindikatoren (Arbeitsstunden pro Kfz) als auch die Qualitätskennzahlen liegen deutlich besser. Die genauere Analyse zeigt jedoch schnell, dass an keiner Stelle der Einfluß der Gruppenarbeit auf diese Effizienzindikatoren nachgewiesen wird. Wesentliche Ursachen können angesichts der Bedeutung fertigungsgerechter Konstruktion für Produktivität und Qualität auch in der effizienteren Entwicklungsarbeit und der stärkeren Integration der Zulieferer in den Entwicklungsprozess bei schlanken Unternehmen liegen. Weitgehend offen bleiben auch die Auswirkungen japanischer Fertigungsteams auf Kriterien humaner Arbeit, da in der MIT-Studie lediglich von motivierten und zufriedenen Arbeitern gesprochen wird. Daran wird insbesondere von industriesoziologischer Seite (Berggren 1991, Jürgens et al. 1989) gezweifelt und auf die weiterhin repetitive, monotone Arbeit unter hohem Zeit- und Leistungsdruck hingewiesen (»Management by Stress«).

Soziologische Analysen der schwedischen Erfahrungen mit teilautonomen Arbeitsgruppen (Berggren 1991) berichten zwar positive Auswirkungen teilautonomer Arbeitsgruppen auf Kriterien humaner Arbeit wie physische und psychosomatische Beschwerdesymptome, Anforderungsvielfalt, Eigenverantwortlichkeit und persönliche

Entwicklungsmöglichkeiten, doch zeigen sie auch, wie verschärfte Leistungsanforderungen diese positiven Effekte teilautonomer Arbeitsgruppen mindern und zu Zeitdruck und erlebter *Fremdbestimmung* führen können. Begrenzungen des technischen Systems im Sinne fehlender Flexibilität und Unabhängigkeit der Gruppen führten bei steigendem Produktionsdruck sogar zu einer faktischen Rücknahme teilautonomer Gruppenarbeit.

Die von Berggren (1991) berichteten Erfahrungen mit der Einführung teilautonomer Arbeitsgruppen im Montagebereich unterstreichen die Bedeutung der technologischen Rahmenbedingungen für die Gestaltung der Arbeitsorganisation. Eine günstige technologische Voraussetzung für Gruppenarbeit im Bereich der Teilefertigung bieten daher Fertigungsinseln. Eine Reihe von Pilotprojekten berichten positive Auswirkungen teilautonomer Fertigungsinseln sowohl auf ökonomische Indikatoren als auch auf Kriterien humaner Arbeit (Antoni 1994, Antoni/Eyer/Kutscher 1996). Beispielsweise konnten im Bereich der Kunststoff-Fertigung eines Automobilzulieferers sehr positive Auswirkungen von teilautonomen Fertigungsinseln auf ökonomische und soziale Effizienzindikatoren festgestellt werden. Die Mitarbeiter in Fertigungsinseln bewerteten ihre Tätigkeit deutlich höher in Bezug auf ihren Entscheidungsspielraum, die Transparenz ihrer Aufgaben, ihre Qualifikationsanforderungen und -chancen, sowie die Einsatzmöglichkeiten vorhandener Qualifikationen, als die Mitarbeiter in der herkömmlichen arbeitsteiligen Produktion. Ferner kann das Unternehmen auf eine beeindruckende ökonomische Bilanz verweisen (Antoni 1997, Antoni/Eyer 1993).

Angesichts dieser positiven Ergebnisse erscheint eine vorschnelle Abqualifizierung des Konzeptes teilautonomer Gruppen ungerechtfertigt, vielmehr könnten sie sich langfristig erfolgreicher erweisen als Kopien japanischer Fertigungsteams. Dies dürfte insbesondere dann der Fall sein, wenn man die Chancen zur Entwicklung bzw. Weiterentwicklung eigener betriebsspezifischer Gruppenarbeitsmodelle nutzt.

5 Konsequenzen für die Einführung und Gestaltung teilautonomer Arbeitsgruppen

Die Erfahrungen lehren, dass Konzepte, die ohne nähere Reflexion und Anpassung an die spezifischen betrieblichen Rahmenbedingungen implementiert werden, fast zwangsläufig zum Scheitern verurteilt sind. Am Widerstand des unteren und insbesondere des mittleren Managements und der fehlenden Akzeptanz in indirekten Bereichen sind bereits viele Versuche, Gruppenarbeit einzuführen, gescheitert. Unternehmen kann daher nur geraten werden, vor der Implementierung von Gruppenarbeit die gestellten Anforderungen gründlich zu analysieren und die angestrebten Ziele klar zu definieren. Nicht in jeder Situation stellt Gruppenarbeit eine günstigere Alternative zu Einzelarbeit dar oder sind teilautonome Arbeitsgruppen besser als Fertigungsteams. Bei der Anforderungsanalyse gilt es technische, mitarbeiterbezogene und umwelt- bzw. marktbezogene Aspekte zu beachten (Cummings/Blumberg 1987). Gruppenarbeit bietet sich insbeondere dann an, wenn die Arbeitsplätze technisch verbunden und voneinander abhängig sind und die Mitarbeiter gerne zusammenarbeiten. Die Einführung teilautonomer Arbeitsgruppen empfiehlt sich insbesondere

1. in dynamischen Käufermärkten, wenn Kunden viel Flexibilität fordern, sei es bezüglich Produktvarianten oder Lieferbereitschaft,
2. bei Mitarbeitern, die Wert auf Zusammenarbeit, Beteiligung an Entscheidungen und auf persönliche Weiterentwicklung legen,
3. bei flexiblen (computer-integrierten) Fertigungssystemen, deren effiziente Nutzung i. d. R. kooperative Zusammenarbeit, aktive Informationsverarbeitung und selbständige Entscheidungsfindung der betreffenden Mitarbeiter erfordert.

Entscheidet man sich für die Einführung von Gruppenarbeit, sollten in Pilotprojekten betriebsspezifische Ausprägungsformen und Einführungsstrategien entwickelt und erprobt werden. Diese müssen in ein von Management und Betriebsrat gemeinsam getragenes Personal- und Organisationsentwicklungskonzept eingebettet sein. Nur auf diese Weise kann ein auf die spezifischen betrieblichen Anforderungen hin zugeschnittenes und breit akzeptiertes Gruuppenarbeitsmodell entwickelt werden, auf das die Betroffenen auch angemessen vorbereitet sind. Die Einführung von Gruppenarbeit erfordert somit, sich auf einen weitgehend offen gemeinsamen Entwicklungs- und Lernprozess einzulassen, für den sich folgende vier Aspekte als förderlich erwiesen haben (Antoni 2000; Frei et al. 1993).

5.1 Heuristisches, partizipatives Vorgehen

Einzelne Führungskräfte oder Fachabteilungen, sind erfahrungsgemäß nicht in der Lage, alle möglichen Konsequenzen der Einführung von Gruppenarbeit vorherzusehen und entsprechende Maßnahmen zu planen. Dafür sind die Zusammenhänge oft zu komplex und erfordern außerdem jeweils Detailkenntnisse vor Ort. Entsprechend des Prinzips der *Organisationsentwicklung*, »Betroffene zu Beteiligten« zu machen, entwickeln daher Mitarbeiter und Führungskräfte in einem heuristischen und partizipativen Vorgehen gemeinsam ein auf die betrieblichen Anforderungen abgestimmtes Konzept. Eine gemeinsame Diagnose der Ausgangssituation, etwa anhand einer sozio-technischen Systemanalyse, (Ulich 2001) liefert hierzu die Grundlagen. Das Top-Management legt lediglich die Rahmenbedingungen der Gruppenarbeit fest, die Ausgestaltung und die konkreten Schritte zur Einführung der Gruppenarbeit in einem Bereich erarbeiten die jeweligen Bereichsführungskräfte unter sukzessiver Einbeziehung der betroffenen Mitarbeiter (Top-down Ansatz). Deren Vorschläge werden dann wiederum dem Management zur Entscheidung vorgelegt (bottom-up). Durch dieses partizipative Vorgehen können viele Ängste in der Belegschaft vor den Veränderungen frühzeitig reduziert und zugleich das Gruppenarbeitsmodell den spezifischen Bedingungen vor Ort angepasst werden. Diese Vorgehensweise setzt die Bereitschaft von Management, Betriebsrat und Mitarbeitern voraus, sich auf einen gemeinsamen Lernprozess einzulassen. Betriebsvereinbarung, die in dieser Phase lediglich die Rahmenbedingungen und Spielregeln für das Vorgehen festhalten, eröffnen den Spielraum, die erarbeiteten Vorstellungen zu erproben und gegebenenfalls zu modifizieren.

5.2 Frühzeitige Information und Qualifizierung aller Betroffenen

Um dieses partizipative Vorgehen zu ermöglichen, gilt es Führungskräfte und Mitarbeiter frühzeitig über die geplante Einführung der Gruppenarbeit zu informieren und in Hinblick auf die neuen fachlichen, methodischen und sozialen Anforderungen zu qualifizieren. Hierfür bietet sich ein projektbegleitendes und von den Betroffenen *selbstorganisiertes Lernen* vor Ort am Arbeitsplatz oder in einer Pilotstation an, das durch entsprechend geschulte Moderatoren und Experten unterstützt wird (vgl. Kapitel C 8). Dieses selbstorganisierte Lernen vor Ort kann dann durch weitere Qualifizierungsangebote, wie z. B. fachliche Schulungen, Job Rotation, Gruppensprecher- und Teamentwicklungstrainings ergänzt werden.

Am Erfolg versprechendsten sind Teamentwicklungskonzepte dann, wenn die späteren Teammitglieder gemeinsam in einer Gruppe trainiert werden, die Trainingsaufgaben möglichst ähnlich zu den tatsächlichen Tätigkeiten sind und die Trainingsmaßnahmen nicht nur auf einen Zeitpunkt konzentriert sind, sondern kontinuierlich parallel zur Arbeit durchgeführt werden, um entsprechende *Feedbackschleifen* in den Trainingsprozess aufnehmen zu können. Im Übrigen muss die Zusammenarbeit in Gruppen aufgrund jahrelanger Erfahrungen im konkreten Arbeitsalltag gelernt werden.

Eine zentrale Rolle übernimmt dabei der Vorgesetzte einer Gruppe, der diesen alltäglichen Lernprozess als *Coach* fördern muss. Er muss vom Erfolg der Gruppenarbeit und der Teamentwicklungsmaßnahmen überzeugt sein und dies glaubwürdig vertreten. Als Prozessverantwortlicher muss er sich um die vereinbarten Maßnahmen kümmern. Die Auswahl und das Training dieser Führungskräfte als strategischer Hebel zur Einführung der Gruppenarbeit ist deshalb aufgrund des *Multiplikatoreffekts* von entscheidender Bedeutung. Vor allem gilt es die Kompetenz der Führungskräfte zur Mitgestaltung des Einführungsprozesses und zur Entwicklung und Unterstützung der Gruppen zu entwickeln. Ferner müssen auch indirekte Bereiche eingebunden werden, da die Gruppen auf die Unterstützung ihrer Führungskräfte und indirekter Bereiche angewiesen sind.

Diese Qualifizierung sollte nicht mit der Einführung der Gruppenarbeit abgeschlossen sein, sondern sollte vielmehr als Beginn eines kontinuierlichen Qualifizierungsprozesses angesehen werden. Da zahlreiche Interessens-, Macht- und Einflusssphären durch die Einführung der Gruppenarbeit berührt werden, ist es ratsam, den Einführungsprozess durch ein Team interner und externer Berater zu unterstützen, die frühzeitig latente Konflikte aufdecken und bearbeiten. Hierzu können geeignete Führungskräfte und Mitarbeiter prozessbegleitend als interne Berater bzw. *Prozessbegleiter* entwickelt werden.

Eine ausreichende Qualifkation und Bereitschaft von Mitarbeitern und Führungskräften für Gruppenarbeit kann auch durch deren geeignete Auswahl unterstützt werden. Für die Auswahl der Gruppenmitglieder werden in der Regel keine systematischen Auswahlverfahren eingesetzt, vielmehr werden Mitarbeiter aufgrund ihrer fachlicher Qualifikationen und der Einschätzungen von Vorgesetzten sowie gegebenenfalls auf Basis eines Vorstellungsgespräches ausgewählt. Assessment Center wären aufgrund ihres gruppen- und simulationsorientierten Konzepts sicherlich eine geeignete Methode, um teamfähige Mitglieder innerhalb des vorhandenen Personals oder bei

Neueinstellungen auszuwählen (Schuler 1998). Zur Erhöhung der »Trefferquote« sollten dabei verstärkt Gruppensituationen zugrunde gelegt werden, die möglichst große Ähnlichkeit mit den späteren Aufgabenbereichen haben.

5.3 Schaffung struktureller Voraussetzungen

Die Steuerung des Einführungsprozesses erfordert eine *Projektstruktur* und ein -management mit einem Lenkungsteam, einem Projektteam und einem Projektleiter. Aufgabe des Projektteams ist es, die Rahmenbedingungen für die Einführung der Gruppenarbeit zu erarbeiten und die partizipative Entwicklung und Umsetzung des Gruppenarbeitskonzeptes zu steuern. Es empfiehlt sich, den Betriebsrat an allen diesen Gremien zu beteiligen und zur aktiven Mitgestaltung zu ermutigen. Ferner sollten die jeweiligen betrieblichen Vorgesetzten und Vertreter der Mitarbeiter sowie der tangierten indirekten Funktionen in dem Projektteam bzw. entsprechenden Subteams mitarbeiten. Die Projektteams wie auch die späteren Arbeitsgruppen benötigen für ihre Arbeit hinreichende personelle, materielle, finanzielle, zeitliche und räumliche Ressourcen. Bei dieser »Gretchenfrage« entscheidet sich häufig, wie ernst es der Unternehmensleitung mit der Einführung von Gruppenarbeit ist.

In Hinblick auf die Einführung von TAG wurden weitere arbeitsstrukturelle Voraussetzungen, wie die Schaffung möglichst unabhängiger, produkt- bzw. prozessorientierter Gruppen mit einem inneren Aufgabenzusammenhang, bereits angesprochen. Für die effiziente Selbstregulation von TAG sind darüber hinaus auch gruppengerechte Steuerungs-, Arbeitszeit- und Entgeltsysteme erforderlich. TAG benötigen Informations-, Planungs- und Steuerungssysteme, die gruppenbezogene Informationen möglichst verständlich darbieten und einfach zu handhaben sind. Arbeitszeitsysteme müssen den Gruppen, etwa durch Jahresarbeitszeitbudgets, eine flexible Anpassung ihrer Arbeitszeit entsprechend interner und externer Kundenanforderungen und den Bedürfnissen ihrer Mitglieder erlauben. Gruppengerechte Entgeltsysteme sollten effiziente Selbstregulationsprozesse fördern, in dem sie etwa fachliche, zeitliche und räumliche Flexibilität der Gruppenmitglieder im Grundentgelt und die Gruppenleistung durch eine Gruppenprämie belohnen (Antoni/Eyer/Kutscher 1996). Diese Aspekte verweisen bereits auf die Bedeutung günstiger Rahmenbedingungen für den Erfolg von Gruppenarbeit.

5.4 Entwicklung günstiger Rahmenbedingungen

Die Einführung von Gruppenarbeit in der Produktion kann nicht losgelöst vom gesamten Betrieb gesehen werden. Gruppenarbeit impliziert die Delegation von Verantwortung und Kompetenzen und die Selbstregulation der Gruppe innerhalb des übertragenen Verantwortungsbereiches. Diese Prinzipien können nur dann ihre volle Wirksamkeit entfalten, wenn sie nicht im Widerspruch zu den Prinzipien stehen, nach denen die übrigen Bereiche bzw. das Unternehmen aufgebaut ist. Gruppenarbeit setzt somit letztlich eine partizipative *Unternehmenskultur* voraus. Eine solche Unternehmenskultur ist in der Regel leichter mit einer flachen Führungspyramide mit wenigen Hierarchieebenen zu realisieren. Dies muss nicht zwangsläufig auf ein Reduzieren der Führungskräfte hinauslaufen, wenn die Führungsspanne nach Bedarf verkleinert wird, um eine intensive Betreuung der jeweiligen Verantwortungsbereiche und eine zielorientierte und kooperative Führung der Arbeitsgruppen zu gewährleisten (Bungard/Kohnke 2002). Die Bedeutung des Zusammenspiels der verschiedenen angesprochen Faktoren für den Unternehmenserfolg scheint zunehmend erkannt zu werden, zumindest könnte die zur Zeit zu beobachtende Tendenz, die verschiedenen Ansätze und Methoden in firmenspezifische Produktions- bzw. Managementsysteme zu integrieren, ein Indikator dafür sein.

Die Überlegungen Gruppenarbeit einzuführen, sollten sich im Sinne einer systemischen Betrachtungsweise nicht nur auf den Produktionsbereich beschränken. Es liegt auf der Hand, dass Reibungsverluste im Unternehmen verringert werden können, wenn die Unternehmenseinheiten nach ähnlichen Prinzipien aufgebaut sind und von einer gemeinsamen Philosophie getragen werden. So bietet es sich an, auch in »Nicht-Produktionsbereichen« die Einführung von Gruppenarbeit zu prüfen. Beispielsweise können Verwaltungsinseln oder Kundenteams, in denen z. B. Mitarbeiter aus Vertrieb, technischer Konstruktion, Planung, Kalkulation und Disposition zusammenarbeiten, die Abwicklung von Kundenaufträgen entscheidend beschleunigen und teilautonome Arbeitsgruppen in der Produktion ergänzen. Umfassendere Produktionsprozesse bei komplexeren Produkten, an denen mehrere teilautonome Arbeitsgruppen beteiligt sind, können in Fertigungssegmenten zusammengefasst werden. Auch der zur Zeit in vielen Unternehmen zu beobachtende Trend in Richtung von Cost- bzw. Profit-Centern entspricht sicherlich dem Gedanken der Dezentralisierung und Selbstregulation und fördert aufgrund der Kostentransparenz die Motivation zur ständigen Verbesserung.

Literatur

Antoni 1994: Antoni, C. H.: Gruppenarbeit. Konzepte, Erfahrungen, Perspektiven, Weinheim 1994.
Antoni 1997: Antoni, C. H.: »Soziale und ökonomische Effekte der Einführung teilautonomer Arbeitsgruppen: Eine quasi-experimentelle Längsschnittsstudie«, in: Zeitschrift für Arbeits- und Organisationspsychologie, Heft 41/1997, S. 131–142.
Antoni 2000: Antoni, C. H.: Teamarbeit gestalten: Grundlagen, Analysen, Lösungen, Weinheim 2000.
Antoni/Eyer 1993: Antoni, C. H. und Eyer, E.: »Fertigungsinseln und Entgelt – Gestaltung, Erfahrungen, Perspektiven«, in Personal: Heft 03/1993, S. 108–114.
Antoni/Eyer/Kutscher 1996: Antoni, C. H., Eyer, E. und Kutscher, J.: Das flexible Unternehmen. Arbeitszeit, Gruppenarbeit, Entgeltsysteme, Wiesbaden 1996.
Berggren 1991: Berggren, C.: Von Ford zu Volvo: Automobilherstellung in Schweden, Berlin 1991.
Brödner 1985: Brödner, P.: Alternative Entwicklungspfade in die Fabrik der Zukunft, Berlin 1985.
Bungard/Kohnke 2002: Bungard, W. und Kohnke, O.: Zielvereinbarungen erfolgreich einführen, 2. Auflage, Wiesbaden 2002.
Cummings/Blumberg 1987: Cummings, T. and Blumberg, M.: «Advanced manufactoring technology and work design", in: Wall, T. D., Clegg, C. W. and Kemp, N. J. (Eds.) The human side of advanced manufactoring technology (37–60), Chichester 1987.
Frei et al. 1993: Frei, F. et al.: Die kompetente Organisation: Qualifizierende Arbeitsgestaltung – die europäische Alternative, Stuttgart 1993.
Imai 1986: Imai, M.: Kaizen: The key to Japans competitive success, New York 1986.
Jürgens/Malsch/Dohse 1989: Jürgens, U., Malsch, T. und Dohse, K.: Moderne Zeiten in der Automobilfabrik, Berlin 1989.

Schuler 1998: Schuler, H.: Psychologische Personalauswahl, Göttingen 1998.
Ulich 2001: Ulich, E.: Arbeitspsychologie, Stuttgart 2001.
Womack/Jones/Roos 1991: Womack, J. P., Jones, D. T. und Roos, D.: Die zweite Revolution in der Automobilindustrie, Frankfurt 1991.

E.6 Qualitätszirkel und Lernstatt

Jochen Strasmann[*]

1 Bezeichnungen und Schwerpunkte jenseits der Euphorie
   1.1 Qualitätszirkel
   1.2 Lernstatt

2 Zielvorstellungen

3 Organisatorischer Aufbau

4 Organisatorischer Ablauf

5 Rahmenbedingungen
   5.1 Akzeptanz des Konzepts
   5.2 Freiwilligkeit
   5.3 Gruppengröße
   5.4 Häufigkeit und Regelmäßigkeit
   5.5 Verhalten des Moderators

6 Ergebnisse

7 Organisationales Lernen

Literatur

---

[*] Dr. Jochen Strasmann war im Personalbereich eines mittelständischen Unternehmens, als wissenschaftlicher Mitarbeiter am Institut für Wirtschafts- und Sozialpsychologie der Universität zu Köln, als Personaltrainer sowie als Projektleiter tätig. Seit 1993 ist er Inhaber der T/O/P-Unternehmensberatung in Remscheid.

1 Bezeichnungen und Schwerpunkte jenseits der Euphorie

Qualitätszirkel gibt es heutzutage nahezu überall: in der Industrie, in der Automobilproduktion, in öffentlichen Verwaltungen, im Management von Banken und Versicherungen, in sozialen Einrichtungen, in Krankenhäusern, in Schulen, im Sport usw. Man kann eine regelrechte »Qualitätszirkel-Euphorie« konstatieren. Dabei muss man berücksichtigen, dass viele Gruppen nicht unter der Bezeichnung Qualitätszirkel sondern unter anderen Namen in der Praxis agieren. Dies erklärt sich damit, dass die meisten Unternehmen aus Gründen einer besseren Identifikation dem gesamten Qualitätszirkel-Programm bzw. den einzelnen Qualitätszirkel unternehmensspezifische Bezeichnungen geben oder es ihnen sogar selbst überlassen, wie sie sich nennen möchten. So entstand ein heilloses Begriffschaos, bei dem mitunter Gleiches mit unterschiedlichen Namen bzw. Unterschiedliches mit nahezu gleich lautenden Begriffen bezeichnet wird.

Ein ganz zentraler Schwerpunkt der Qualitätszirkel liegt sicherlich nach wie vor im industriellen Bereich, wo es eine große Vielzahl ganz unterschiedlicher Typen gibt, die weder auf eine Organisationsform oder einen Industriezweig, noch auf einen speziellen Unternehmensbereich oder eine Hierarchieebene speziell begrenzt sind. Hintergrund für diese Vielfalt von Gruppen im industriellen Bereich ist sicherlich die aktuelle Entwicklung der Unternehmen, die aufgrund steigender Komplexität und Dynamik zuvorderst gekennzeichnet ist durch eine zunehmende Selbststeuerung in den operativen Einheiten. Neue Managementkonzepte wie etwa Total-Quality-Management, Business Reengineering, Lean Production, Lernende Organisation, modulare, fraktale, vitale oder atmende Fabrik u.a. fordern einen (Paradigmen-)Wechsel von der bürokratischen, funktionalen zur flexiblen, teamorientierten Organisation, wobei vier Aspekte zentral sind:

- Einführung bzw. verstärkter Einsatz von Teams,
- Dezentralisierung durch Schaffung kleiner und flexibler Organisationseinheiten, die näher am Markt bzw. am Kunden agieren,
- Hierarchieabflachung durch Reduzierung von Führungsebenen vor allem im Bereich des mittleren Management,
- stärkere Einbindung und Nutzung des Know-how aller Mitarbeiter.

1.1 Qualitätszirkel

Im Zuge der »Japan-Hysterie« begannen in Deutschland Anfang der 1980er-Jahre große Unternehmen wie Siemens, Ford und BASF mit der Erprobung einer neuen Form von Gruppenarbeit, mit dem *Qualitätszirkel*. Diese Gruppenarbeit wurden aus Japan adaptiert, wo ihr konsequenter Einsatz seit Beginn der 1960er-Jahre entscheidenden Anteil daran hatte, dass die Qualitätsstandards und Qualitätsimages japanischer Produkte deutlich besser wurden und die japanische Wirtschaft eine starke und gefestigte Position im internationalen Konkurrenzkampf erreichte. Grundlegend hierbei war die verstärkte Einbeziehung der Mitarbeiter der ausführenden Ebene in betriebliche Problemlösungsprozesse, da man davon ausging, dass Probleme und Schwachstellen am ehesten dort erkannt und beseitigt werden können, wo sie auftreten.

Allein in der deutschsprachigen Fachliteratur gibt es eine große Vielzahl unterschiedlicher *Definitionen* des Begriffs Qualitätszirkel. Dies belegt Deppe (1986) nachhaltig, indem er siebenunddreißig mehr oder weniger unterschiedliche Qualitätszirkel-Definitionen zusammenstellt und miteinander vergleicht. Dabei kommt er zu dem Ergebnis, dass es (noch) keine allgemein anerkannte, sozusagen »Legal«-Definition des Begriffs Qualitätszirkel gibt. Stattdessen entwickelt er eine Arbeitsdefinition, indem er aus der Gegenüberstellung der unterschiedlichen Qualitätszirkel-Definitionen vierzehn so genannte »Basiselemente« ableitet. Demnach sind Qualitätszirkel

- auf Dauer angelegte Gesprächsgruppen,
- in denen sich eine begrenzte Anzahl an Mitarbeitern
- eines Arbeitsbereichs
- der unteren Hierarchieebene
- in regelmäßigen Abständen
- während oder außerhalb der bezahlten Arbeitszeit
- auf freiwilliger Basis treffen, um
- selbst gewählte Probleme des eigenen Arbeitsbereichs zu diskutieren und
- unter Anleitung eines geschulten Moderators
- mit Hilfe spezieller Problemlösungstechniken
- Lösungsvorschläge zu erarbeiten und
- die Umsetzung der Verbesserungsvorschläge – soweit möglich – selbstständig zu initiieren und kontrollieren.

Ähnlich bezeichnet Antoni (2000, S. 27) Qualitätszirkel als »kleine moderierte Gruppen von Mitarbeitern der unteren Hierarchieebene, die sich regelmäßig auf freiwilliger Grundlage treffen, um selbst gewählte Probleme aus dem eigenen Arbeitsbereich zu bearbeiten.«

Eine weitere Eingrenzung zur Beschreibung der Qualitätszirkel nimmt Strasmann (1995) vor. Er unterscheidet zwischen Gruppen, die ein integraler Bestandteil der (primären) Arbeitsorganisation sind, und solchen, die parallel zur gegebenen Arbeitsorganisation existieren – also quasi eine Sekundärorganisation bilden. Hier geht es, anders formuliert, um die Frage, inwieweit eine kontinuierliche Zusammenarbeit im Rahmen der täglichen Arbeit erforderlich ist oder ob die Gruppenmitglieder nur von Zeit zu Zeit parallel zur bestehenden Arbeitsorganisation zusammenarbeiten.

1.2 Lernstatt

Die *Lernstatt*, deren Begriff sich aus den beiden Worten »Lernen« und »Werkstatt« zusammensetzt, wurde in den 1970er-Jahren bei BMW mit der Absicht initiiert, ausländischen Mitarbeitern das Erlernen der deutschen Sprache begleitend zum Arbeitsprozess zu ermöglichen. Dafür wurden eigens betriebliche Vorgesetzte ausgebildet, die die im Alltag benötigten fach- und umgangssprachlichen Kenntnisse problemorientiert vor Ort vermittelten. Dadurch erwarben die Teilnehmer zugleich Fachkenntnisse und Verständnis für betriebliche Zusammenhänge. Die Werkstatt wurde so zu einem Ort des Lernens, zur Lernstatt. Die Lernstatt ist somit ein originär deutsches Modell.

Im Laufe der Zeit erweiterte sich das Einsatzspektrum und die Lernstatt wurde zu einer Einrichtung, durch die alle Mitarbeiter an betrieblichen Lern- und Problemlösungsprozessen beteiligt wurden. Durch
- die Erweiterung des Grundwissens über betriebliche Zusammenhänge,
- den Austausch und die Vertiefung betrieblicher Erfahrungen,
- die Förderung von Kommunikation und Kooperation im Betrieb,
- die Stärkung der Verbundenheit mit der eigenen Arbeit und
- das Wecken von Eigeninitiative
- wurden sie dazu zu befähigt, mit- und eigenverantwortlich zu handeln. (Kirchhoff/Gutzan 1982).

Mit der *Weiterentwicklung* der Lernstattidee ging auch eine Ausweitung der Zielsetzung einher (Morjan 1984): »Lernstatt ist die Auseinandersetzung mit den Problemen des Betriebsalltags, mit persönlichen Problemen, die in oder in die die betrieblichen Probleme eingebettet sind, mit Sachzwängen, persönlichen Eigenarten von Vorgesetzten und so weiter. Lernstatt ... möchte Mitarbeiter im Betrieb dazu befähigen, dass sie in Gruppenarbeit den Umgang mit diesen Problemen lernen und dort, wo es möglich ist, Lösungen suchen. Durch die gemeinsame Beschäftigung mit Problemen des Arbeitsumfeldes wird in aller Regel die Identifikation mit der Arbeit und mit dem Betrieb gefördert, das Mitdenken führt zum Mitverantworten, und ein gesteigertes Qualitätsbewusstsein führt zu verbesserter Qualität.«

Das Gruppenmodell der Qualitätszirkel und das der Lernstatt liegen in der grundlegenden Intention, im organisatorischen Aufbau und Ablauf, in der Funktionsweise, in den notwendigen Rahmenbedingungen usw. sehr nah beieinander. Bei beiden Modellen handelt es sich um Instrumente einer basisorientierten Organisationsentwicklung; beide haben nahezu identische Zielsetzungen; bei beiden erfolgt nicht nur eine organisatorische Veränderung, sondern auch eine Aktivierung und partizipative Einbeziehung der Mitarbeiter der unteren Ebene im Unternehmen. Sowohl im Qualitätszirkel als auch in der Lernstatt sollen die Teilnehmer im Rahmen der Problembearbeitung Probleme identifizieren und analysieren, Lösungsvorschläge entwickeln sowie genehmigte Problemlösungen möglichst auch selbst umsetzen und deren Erfolg kontrollieren. Aufgrund dieser großen Ähnlichkeit wird im Weiteren – quasi stellvertretend für beide – nur das Modell der Qualitätszirkel vertiefend dargestellt.

2 Zielvorstellungen

Es gibt eine Vielzahl unterschiedlicher Auflistungen der wesentlichen Ziele, die man mit der Arbeit von Qualitätszirkeln realisieren will. Mohr/Mohr (1983) begründen dies wie folgt: »Each organization determines its own objectives for its QC programm; there is no one ›right‹ set of predetermined goals that must adhered to.«

Im Allgemeinen dominieren in diesen Zielkatalogen zwei übergeordnete Kategorien, zum einen eine unternehmensbezogene und zum anderen eine mitarbeiter-

bezogene, so dass man ohne weiteres von einer »*dualen Zielsetzung*« sprechen kann.
- Unternehmensbezogene Ziele sind
    - Aufrechterhaltung bzw. Vergrößerung der Wettbewerbsfähigkeit,
    - Verbesserung der Kundenzufriedenheit,
    - Erhöhung der Arbeits- und Produktqualität,
    - Kosteneinsparungen,
    - Produktivitätssteigerung,
    - ...
- Mitarbeiterbezogene Ziele sind
    - Beseitigung von unnötigen Beeinträchtigungen bei der Arbeit,
    - Erhöhung der Mitarbeiterzufriedenheit,
    - Verstärkte Identifikation der Mitarbeiter mit seiner Arbeit, dem Produkt und der Firma,
    - Erweiterungen der Einsichten, Kenntnisse und Fähigkeiten der Mitarbeiter.

Der Stellenwert bzw. die relative Bedeutung der beiden übergeordneten Zielkategorien im Verhältnis zueinander wird zum Teil recht unterschiedlich beurteilt. Während überwiegend zwar eine grundsätzliche Gleichrangigkeit behauptet wird, ist realiter davon auszugehen, dass in der Praxis eine Zweck-Mittel-Beziehung besteht und die wirtschaftlichen Ziele des Unternehmens dominieren.

3 Organisatorischer Aufbau

Bei der Darstellung des organisatorischen Aufbaus wird zwischen Qualitätszirkeln im engeren Sinne und Qualitätszirkeln im weiteren Sinne unterschieden. Mit dem ersten Begriff wird dabei die »*Qualitätszirkel-Gruppe*« an sich und mit dem zweiten das übergeordnete System im Sinne der »Qualitätszirkel-Organisation« bezeichnet.

Der Aufbau der *Qualitätszirkel-Organisation* ist jeweils unternehmensspezifisch und wird im Wesentlichen von der Unternehmens- und Programmgröße bestimmt. Gleichwohl besteht weitgehende Übereinstimmung über die grundsätzlich notwendigen Organe (Abb. 1)

In Abb. 2 wird zum einen die Herkunft der einzelnen *Qualitätszirkel-Organe* und zum anderen die Parallelität der Qualitätszirkel-Organisation zu der Unternehmensorganisation transparent.

Steuerungskomitee

Das Steuerungskomitee besteht aus Vertretern der Unternehmensleitung, hochrangigen Mitgliedern der »Schlüsselabteilungen« wie beispielsweise Produktion, Personal, Qualität, dem (Haupt-)Koordinator des Programms sowie Vertretern des Betriebsrats. Es ist das oberste Lenkungsorgan der gesamten Qualitätszirkel-Organisation; seine Hauptaufgabe ist die Programmadministration, das heißt Planung, Durchführung, Steuerung und Überwachung aller strategisch bedeutsamen Aspekte:

```
                    ┌─────────────────────┐
                    │  Steuerungskomitee  │
                    └──────────┬──────────┘
                               │
                               ▼
                    ┌─────────────────────┐
                    │    Koordinatoren    │
                    └──────────┬──────────┘
                               │
   ┌─────────────────┐         │         ┌─────────────────┐
   │ interne Experten│────▶    │    ◀────│ externe Experten│
   └─────────────────┘         │         └─────────────────┘
                               │
   ┌─────────────────────┐     │     ┌─────────────────────┐
   │unmittelbare Vorgesetzte│──▶│ ◀──│ Arbeitnehmervertretung│
   └─────────────────────┘     │     └─────────────────────┘
                               │
        ┌──────────────────────┼──────────────────────┐
        ▼                      ▼                      ▼
┌─────────────────┐  ┌─────────────────┐  ┌─────────────────┐
│Qualitätszirkel 1│  │Qualitätszirkel 2│  │Qualitätszirkel 3│
│                 │  │                 │  │                 │
│ Moderator(en)   │  │ Moderator(en)   │  │ Moderator(en)   │
│ Mitglieder      │  │ Mitglieder      │  │ Mitglieder      │
└─────────────────┘  └─────────────────┘  └─────────────────┘
```

Abb. 1: Aufbau der Qualitätszirkelorganisation

- in der Vorbereitungs- und Einführungsphase
  - Erarbeiten einer Einführungsstrategie mit Ziel- und Zeitvorgaben,
  - Auswahl eines oder mehrerer Koordinatoren,
  - Festlegung von Pilotbereichen,
  - Festlegung der Trainingsprogramme,
  - Information aller über Sinn und Zweck des Qualitätszirkel-Programms,
- in der Durchführungsphase
  - nachhaltige Unterstützung des Qualitätszirkel-Programms,
  - fortwährende Überprüfung des Entwicklungsstands des Programms und gegebenenfalls Korrektur.

Koordinator

Der Koordinator ist verantwortlich für das eigentliche Programmmanagement. Er ist zum einen das Bindeglied zwischen dem Steuerungskomitee und den Qualitätszirkel-Gruppen bzw. deren Leitern sowie zum anderen eine Art »Mädchen für alles«, das

Abb. 2: Unternehmens- und Qualitätszirkelorganisation

bzw. der für einen reibungslosen Programmablauf sorgt. In diesem Zusammenhang hat er folgende Aufgaben zu erfüllen:
- Berichterstattung gegenüber dem Steuerungskomitee,
- Umsetzen der Beschlüsse des Steuerungskomitees,
- umfassende Information über Vorbereitung und Verlauf des Qualitätszirkel-Programms an alle Mitarbeiter,
- Auswahl der Moderatoren,
- Betreuung, Beratung, Unterstützung und Training der Moderatoren,

- permanente Verlaufs- und Erfolgskontrolle,
- Förderung des Erfahrungsaustausches.

Die Schlüsselrolle, die der Koordinator für den Erfolg des Programms innehat, bedingt eine sorgfältige Auswahl. Er sollte auf allen Unternehmensebenen akzeptiert sein und sich bei allen Beteiligten verständlich machen können. Neben guten Kenntnissen über das Unternehmen und die einzelnen Arbeitsbereiche sollten ihn Organisationstalent sowie Einfühlungs- und Durchsetzungsvermögen auszeichnen. Im Allgemeinen kommt der Koordinator aus dem mittleren Management und übt seine Funktion, abhängig von der Programmgröße, als Haupt- oder Nebentätigkeit aus. Dabei können ihn weitere Koordinatoren unterstützen.

Moderator
Eine Qualitätszirkel-Gruppe wird von einem Moderator geleitet, der im Allgemeinen der direkte Linienvorgesetzte ist. Es besteht auch die Möglichkeit, dass ein Mitarbeiter die Moderatorenfunktion ausübt, wenn er über die notwendigen Fähigkeiten verfügt. Der Aufgabenbereich umfasst:
- Information über die geplante Qualitätszirkel-Einführung an alle Mitarbeiter des Bereichs,
- Zusammenstellung der Gruppe,
- Planung, Leitung und Nachverfolgung der Gruppentreffen,
- ständige Information und Feedback an die Gruppenmitglieder,
- Vertretung der Gruppe nach außen,
- Teilnahme an Erfahrungsaustauschtreffen mit Kollegen,
- Aufrechterhaltung der Verbindung zum Koordinator.

Wichtig ist, dass die Gruppe ihren Moderator in seiner Funktion akzeptiert und unterstützt. Der Moderator seinerseits muss vor allem in der Lage sein, mit der Gruppe partnerschaftlich zu arbeiten, die Einzelnen aktiv einzubinden und den Meinungs- und Willensbildungsprozess strukturieren.

Qualitätszirkel-Mitglied
Qualitätszirkel-Mitglieder sind in der Regel die Mitarbeiter eines Arbeitsbereichs, die gemeinsam mit den Kollegen Probleme, die bei der täglichen Arbeit anfallen, diskutieren, analysieren und lösen wollen. Die Teilnehmer haben folgende Aufgaben:
- Identifikation von Problemen und Schwachstellen im eigenen Arbeitsbereich,
- Ermittlung und Analyse der Problemursachen,
- Generierung von Lösungsideen,
- Auswahl und Konkretisierung der favorisierten Lösung,
- Realisierung der Lösung und Nachverfolgung.

Die Mitglieder haben durch das Engagement in einem Qualitätszirkel eine Vielzahl von *Vorteilen*:
- Sie erhalten neue Informationen.
- Sie können ihr Wissen und ihre Erfahrung einbringen.
- Sie können bei der Gestaltung ihrer Arbeit bzw. ihres Arbeitsbereichs mitwirken.

- Sie können gemeinsam Probleme aus dem Weg räumen und Verbesserungen erreichen.

4 Organisatorischer Ablauf

Die grundsätzliche Arbeitsweise in einem Qualitätszirkel bzw. der prinzipielle Ablauf des Problembearbeitungsprozesses lässt sich im Allgemeinen in sechs Schritten zusammenfassen (Abb. 3).

Ausgangspunkt ist die Sammlung von Themen bzw. Problemen aus dem unmittelbaren Arbeitsbereich des Qualitätszirkels, auf die die Gruppe einen möglichst unmittelbaren Einfluss hat. Die Probleme werden aufgelistet und anhand bestimmter Bewertungskriterien (Lösungswahrscheinlichkeit, Lösungsdringlichkeit, Kosten des Problems u.a.) nach Meinung der Gruppe in eine Rangfolge gebracht, die zugleich die Reihenfolge der weiteren Bearbeitung darstellt. Das jeweils ausgewählte Problem wird exakt beschrieben und hinsichtlich der möglichen Ursachen analysiert. Im nächsten Schritt werden für die vermuteten Ursachen Lösungsvorschläge entwickelt, die, wenn sie über den Kompetenz- oder Zuständigkeitsbereich der Gruppe hinausgehen, dem Koordinator zur weiteren Entscheidung vorgelegt werden. Bei all den anderen Fällen führt die Gruppe allein oder mit Hilfe Anderer die beschlossene Maßnahme durch und überprüft laufend deren Erfolg. Wird dieser nicht im erwarteten Umfang erreicht, kann der Qualitätszirkel das Problem nochmals aufgreifen und hinsichtlich weiterer Verbesserungsmöglichkeiten bearbeiten.

5 Rahmenbedingungen

Wie erfolgreich Qualitätszirkel arbeiten, hängt von einer Vielzahl unterschiedlicher Rahmenbedingungen ab, die zum Großteil miteinander vernetzt sind und sich wechselseitig beeinflussen. Einige dieser Bedingungen werden nachfolgend vorgestellt.

5.1 Akzeptanz des Konzepts

Eine entscheidende Voraussetzung für eine erfolgreiche Qualitätszirkel-Arbeit ist die grundsätzliche Akzeptanz des Konzeptes sowohl auf allen Managementebenen als auch bei den Qualitätszirkel-Teilnehmern. Eine solche *Akzeptanz* kann nicht angeordnet oder durch Überredungskünste erreicht werden, sondern kann nur durch Überzeugung entstehen, was insbesondere in der Startphase wesentlich ist.

Für eine grundlegende Akzeptanz der Teilnehmer ist es besonders wichtig, dass alle Managementebenen immer wieder ihre Bereitschaft und ihr Interesse bekunden, die Qualitätszirkel in allen Belangen zu unterstützen und ihnen genügend Zeit zur Entfaltung zu lassen. Ist dies nicht der Fall bzw. erfolgt die Unterstützung nur halbherzig oder wird sogar relativ frühzeitig ein hoher Erwartungs- und starker Erfolgsdruck

Angewendete Problemlösungstechniken	Ablauf einer Problemlösung:
	Problemsammlung
Pareto-Analyse Datensammlung	Problemauswahl
Brainstorming Ishikawa-Diagramm Beweisführung Erfahrungswerte Pareto-Analyse Verteilungsdiagramm Balkendiagramm Histogramm	Problemanalyse
Brainstorming Erfahrungswerte Kreativdenken Bewertungsverfahren	Lösungsvorschläge
Vortrag Darstellung Terminplan	Präsentation
Erfolgsdiagramm Pareto-Analyse Datensammlung Balkendiagramm Kreisdiagramm Kurvenbilder Histogramme	Erfolgskontrolle

Abb. 3: Ablauf des Problembearbeitungsprozesses im Qualitätszirkel

zwecks schneller Erreichung positiver Ergebnisse ausgeübt, lassen Akzeptanz und Engagement in den Gruppen schnell nach, der Glauben an und das Vertrauen in die gemeinsame Sache Qualitätszirkel gehen verloren. Diejenigen, die Qualitätszirkel schon immer als eine weitere Spielart der Ausbeutungsstrategie des Managements gesehen haben, fühlen sich bestätigt und äußern sich dementsprechend.

5.2 Freiwilligkeit

Qualitätszirkel können nicht als »fertiges Programm« auf Kommando eingeführt werden, sondern sie müssen sich im Laufe der Zeit entsprechend den jeweiligen speziellen Bedingungen und Besonderheiten entwickeln. Hierzu leisten alle Zirkelmitglieder – und auch Nicht-Mitglieder – einen ganz entscheidenden Beitrag. Wenn dieser Entwicklungsprozess erfolgreich sein soll, müssen Skepsis, Ängste und Misstrauen möglichst schnell überwunden sowie die Bereitschaft und das Engagement geweckt werden, die neue Idee grundsätzlich zu akzeptieren und sich (vorbehaltlos) darauf einzulassen.

Diese Notwendigkeit ist wohl am ehesten durch das Prinzip der *Freiwilligkeit* entsprechend dem Gedanken, Freiwilligkeit überzeugt, zu realisieren. Hierzu zählt nicht nur die freiwillige Teilnahme sondern auch die freie Themenwahl. Die Qualitätszirkel müssen ihre Themen, die sie bearbeiten wollen, selbständig auswählen können bzw., umgekehrt formuliert, sie dürfen keine Themen von Außen vorgegeben bekommen. Denn mit einer solchen »Auftragssituation« können sich die Gruppenmitglieder nur schwerlich identifizieren. Selbstgewählte Themen haben in der Regel eine starke Eigenmotivation und erhöhen so die Wahrscheinlichkeit, dass die Arbeit in den Qualitätszirkeln erfolgreich verläuft.

5.3 Gruppengröße

Der Zusammenhang zwischen Effektivität und *Gruppengröße* verläuft in etwa kurvilinear, was bedeutet, dass es ein kritische Gruppengröße gibt, ab der durch Aufnahme weiterer Mitglieder sowohl die Effektivität der Zirkelarbeit als auch die Zufriedenheit der Teilnehmer abnimmt. Dies kann ohne weiteres damit erklärt werden, dass mit wachsender Größe die Organisation des Zirkels schwieriger wird und die Aktivitäten zunehmend strukturierter und zentrierter ablaufen. Bei einer optimalen Gruppengröße von sechs bis sieben Teilnehmern haben in der Regel alle die Möglichkeit, sich an der Diskussion zu beteiligen und ihre Meinungen zu äußern. Jedes Mitglied kann seine Themen einbringen und es ist meistens genügend Zeit, um intensiv darauf einzugehen und darüber zu diskutieren.

In größeren Zirkeln dagegen findet im Rahmen der üblichen Sitzungsdauer von einer bis maximal zwei Stunden immer weniger Diskussion statt. Der Moderator strukturiert notgedrungen den Verlauf stärker, die Teilnehmer kommen immer weniger miteinander ins Gespräch und diskutieren über ihre Probleme. Der Qualitätszirkel kann sich unter diesen Bedingungen kaum zu einer harmonischen Gruppe mit einem entsprechend hohen Problembearbeitungs- und -lösungspotenzial entwickeln. Das Ganze reduziert sich stattdessen weitgehend auf eine Informationsübermittlung, was von den Einzelnen im Allgemeinen als wenig befriedigend empfunden wird.

5.4 Häufigkeit und Regelmäßigkeit

Damit der Gruppenfindungs- und -bildungsprozess in Ruhe erfolgen und die interne sozio-emotionale Beziehungsaufgabe adäquat bewältigt werden kann, sollten sich Qualitätszirkel in der Anfangsphase mindestens alle zwei Wochen für eine Stunde zusammen setzen. Erst danach sind die Gruppen in der Lage, ihre Potenziale im Sinne des Qualitätszirkel-Gedankens zur Entfaltung zu bringen, und der Zeitraum zwischen den einzelnen Treffen kann ausgedehnt werden.

Regelmäßige Sitzungen sind in motivationaler Hinsicht wichtig, um die *Glaubwürdigkeit* und Ernsthaftigkeit des gesamten Qualitätszirkel-Programms zu garantieren und so das Engagement der Moderatoren und der Mitglieder aufrecht zu erhalten. Fallen geplante Treffen öfters aus, weil der eigentliche Arbeitsprozess (vermeintlich) keinen Freiraum lässt, wird der relativ geringe Stellenwert offenbar, der den Qualitätszirkeln beigemessen wird. Typische Reaktionen von Betroffenen sind: »Was soll das Ganze denn bringen, wenn geplante Sitzungen zwischendurch ausfallen und wir uns nur alle drei Monate treffen? Uns bestimmt nichts, höchstens denen da oben ...« (Strasmann 1986, S. 108).

5.5 Verhalten des Moderators

Wichtig für eine erfolgreiche Qualitätszirkel-Arbeit ist die Art und Weise, wie der Moderator den Zirkel leitet. Er tut dies zum einen auf einer funktionalen Ebene, indem er die für einen Moderator üblichen Aufgaben durchführt, und zum anderen auf einer motivationalen Ebene, indem er das Interesse und die Bereitschaft seiner Mitarbeiter weckt und aufrecht erhält, sich in den Qualitätszirkel einzubringen und zu engagieren. Dies gelingt ihm um so eher und umso besser, je überzeugter er selbst von der neuen Idee ist. Im Sinne einer »sich selbst erfüllenden Prophezeiung« wird sich seine positive Grundhaltung, sein partnerschaftliches Vorgehen und seine Einsatzbereitschaft auf die Teilnehmer übertragen, die dann ihrerseits engagiert die gebotenen Möglichkeiten nutzen und aktiv bei der Sache sind. Ist im Gegensatz der Moderator von der Sinn- und Ernsthaftigkeit nicht überzeugt, wird sich diese negative Einstellung ebenso bei den Mitarbeitern zeigen.

6 Ergebnisse

Über die Wirksamkeit und Erfolge von Qualitätszirkeln gibt es eine Vielzahl unternehmerischer *Erfolgsberichte*, zum Teil mit kaum glaublichen Ergebnissen:
- Return on Investment (ROI) zwischen 6:1 und 10:1,
- Produktivitätssteigerungen von bis zu 20 Prozent,
- Jährliche Einsparungen von bis zu 600.000 Dollar.

So beeindruckend diese Erfolgszahlen auf den ersten Blick auch sein mögen, kann man im Allgemeinen nicht viel damit anfangen, denn zum einen sind es Einzelfälle bzw. die absoluten Ausnahmen, zum anderen bleibt es häufig unklar, welche Kosten und welcher Nutzen konkret gemeint und wie diese genau ermittelt worden sind. Mitunter handelt es sich hierbei lediglich um Hochrechnungen oder Schätzungen.

Überwiegend wird in der Literatur von folgenden *positiven Ergebnissen* berichtet, wobei ökonomisch-technische Aspekte gegenüber sozial-humanen Aspekten überwiegen (Strasmann 1995):
- rationellere Arbeitsabläufe,
- Verbesserung der Arbeitsbedingungen und -arbeitssicherheit,
- Senkung der Ausschussquote,
- Reduzierung der (statistischen) Qualitätskontrolle,
- Erhöhung der Produktqualität,
- Verbesserung der Gesamtproduktivität,
- verbessertes Verhältnis von Mitarbeitern und Vorgesetzten,
- größere Kooperationsbereitschaft,
- bessere Problemerkennung und -lösung,
- höhere Eigeninitiative,
- größere Verantwortungsbereitschaft,
- breiteres Wissen sowie
- höhere Arbeitszufriedenheit.

Es kann nicht überraschen, dass die Darstellung negativer Ergebnisse kaum erfolgt, denn es liegt in der Natur der Sache, dass Praktiker äußerst ungern über Misserfolge berichten, die zudem mitunter durch eigene Fehler entstanden sind. Und bleibt der Erfolg aus, so kann man grundsätzlich davon ausgehen, dass das gesamte Qualitätszirkel-Programm umgehend gestoppt wird.

7 Organisationales Lernen

Unternehmen, die angesichts aktueller und zukünftiger Entwicklungen weiter am Markt bestehen wollen, müssen individuelles und organisationales Lernen fördern. Was Organisationen lernen und wie gut bzw. wie schnell sie dies tun, wird im wesentlichen bestimmt von der Lerninteressen ihrer Mitglieder und deren Bereitschaft, das Wissen und die Erfahrungen mitzuteilen bzw. mit Anderen zu teilen. Organisationsmitglieder geben ihr Wissen aber nur dann preis und stellen es allgemein zur Verfügung, wenn die Bedingungen sie dazu »auffordern« und animieren bzw. die organisationalen Strukturen »lernfreundlich« und »belohnend« sind.

Diese Umsetzung kann in einem funktionierenden Qualitätszirkel-System, das im Grunde als eine Art von Sekundärorganisation parallel zur originären Linienstruktur bzw. Primärorganisation eingerichtet ist (vgl. Abb. 2), hervorragend gelingen. In den einzelnen Qualitätszirkeln finden permanent individuelle und organisationale Lernprozesse statt; aufgrund der Parallelorganisation können sich ungestört als auch selbst wenig störend Ideen entwickeln und neue Ansätze erprobt werden, die dann nach Bedarf in die primäre Linienorganisation eingespeist werden.

Fortdauerndes Lernen und eine ausgeprägte Lernkultur werden mehr und mehr zu einer strategischen Ressource. Nur Organisationen, die lernen bzw. die Lernen lernen, sind in der Lage, innovative Strukturen und Handlungsweisen zu generieren, die auch bei extremen Wandel ein Überleben ermöglichen. De Geus, ehemaliger Leiter der Planungsabteilung der Shell-Gruppe, sieht in der Fähigkeit eines Unternehmens, schneller zu lernen als die Konkurrenz, den einzig langfristigen Wettbewerbsvorteil: »The ability to learn faster than your competitors may be the only sustainable competitive advantage« (De Geus 1988).

Literatur

Antoni 2000: Antoni, C. H.: Teamarbeit gestalten, Weinheim; Basel 2000.
De Geus 1988: De Geus, A.: »Planning as Learning«, in: Harvard Business Review, Vol. 66, No. 2, March/April 1988.
Deppe 1986: Deppe, J.: Qualitätszirkel – Ideenmanagement durch Gruppenarbeit, Bern; Frankfurt; New York 1986.
Kirchhoff/Gutzan 1982: Kirchhoff, B. und Gutzan, P.: Die Lernstatt, Grafenau 1982.
Mohr/Mohr 1983: Mohr, W. L. and Mohr, H.: Quality Circles, Reading et al. 1983.
Morjan 1984: Morjan, H.: »Lernstatt in der Hannen-Brauerei«, in: Stromach, M. (Herausgeber): Qualitätszirkel und Kleingruppenarbeit als praktische Organisationsentwicklung, Frankfurt 1984, S. 87–112.
Strasmann 1986: Strasmann, J.: »Gruppendynamische Aspekte der Qualitätszirkel – Erfahrungen mit Qualitätszirkeln in der Praxis«, in: Bungard, W. und Wiendieck, G. (Herausgeber): Qualitätszirkel als Instrument zeitgemäßer Betriebsführung, Landsberg 1986, S. 101–113.
Strasmann 1995: Strasmann, J.: Entwicklungen von und in Organisationen und deren Bedeutung für eine Humanisierung der Arbeit durch Qualitätszirkel, Frankfurt 1995.

E.7 Projektgruppe und Task Force Group

*Beate Erkelenz**

1 Arbeitsgruppen zur effizienten Erledigung einer Aufgabe

2 Projektgruppe und Task Force Group im Kontext der Personalentwicklung
   2.1 Beitrag zur lernenden Organisation
   2.2 Entwicklungsziele
   2.3 Aufwand und Nutzen
   2.4 Der Gegenstand des Personalentwicklungsprojekts

3 Voraussetzungen für Projektgruppe und Task Force Group
   als Personalentwicklungsinstrument
   3.1 Voraussetzungen für den Erfolg von Projektgruppen
   3.2 Voraussetzungen für den Erfolg von Task Force Groups

4 Einsatzmöglichkeiten von Projektgruppen und Task Force Groups
   als Personalentwicklungsinstrumente
   4.1 Qualifizierung von Zielgruppen
   4.2 Arbeitsmethoden, Systeme und Geschäftsprozesse

5 Anwendungsbeispiel: Förderung von Potenzialträgern
   in einem IT-Unternehmen
   5.1 Ausgangssituation und Zielsetzung
   5.2 Das Programm im Überblick
   5.3 Überlegungen zum Programm-Konzept und Nachbetrachtung

6 Wirkungsvolle Lernräume

Literatur

---

* Diplom-Psychologin Beate Erkelenz studierte Psychologie und Verwaltungswissenschaften in Konstanz. Danach war sie als Seminarleiterin für McDonald´s Deutschland Inc. sowie als Referentin und Leiterin Personalentwicklung für die Softlab GmbH tätig. Seit 2002 arbeitet sie als freie Unternehmensberaterin und Trainerin mit den Arbeitsschwerpunkten Prozessbegleitung und Coaching im Projektmanagement, Moderation von Teamentwicklungen, Trainings zur Sozialkompetenz sowie Konzeption und Durchführung von Personalentwicklungsmaßnahmen. Sie veröffentlichte Fachbeiträge zu den Themen »Wandel der Führungskultur« und »Abteilungsleiter als Architekten ihrer eigenen Führungsarbeit«.

1 Arbeitsgruppen zur effizienten Erledigung einer Aufgabe

In diesem Kapitel wird auf die Projektgruppe und die Task Force Group eingegangen und ihre gezielten Einsatzmöglichkeiten als Personalentwicklungsinstrumente im Sinne der Arbeitsstrukturierung herausgestellt.

Es ist üblich, den Stellenwert spezieller Aufgaben und Sonderprojekte in Unternehmen auch durch angemessene Titulierung zu unterstreichen. So fanden Fisch et al. über 20 Benennungen für Arbeitsgruppen mit speziellen Aufgaben allein in der öffentlichen Verwaltung (Fisch et al. 2001, S. 7). Nachfolgend werden die beiden ausgewählten Formen von Arbeitsgruppen in Unternehmen deutlicher voneinander abgegrenzt.

Eine *Projektgruppe* ist eine Gruppe von internen und/oder externen Mitarbeitern, die

- eine gemeinsame Zielvorgabe hat,
- an einem in der Regel einmaligen Vorhaben (Projekt) arbeitet, das sich wesentlich von anderen Vorhaben unterscheidet,
- zeitlichen, finanziellen, personellen und anderen Begrenzungen unterliegt und
- Teil einer Projektorganisation ist (Englich/Fisch, 1998, S. 9).

Die Projektgruppe wird meist von einem Projektleiter (zugunsten besserer Lesbarkeit werden die Begriffe »Projektleiter«, »Projektmanager«, »Mitarbeiter« etc. für beide Geschlechter verwendet) oder Projektmanager geführt und arbeitet nach der sog. »Projektmanagement-Methode«. Dafür gibt es neben den standardisierten Modellen der Deutschen Gesellschaft für Projektmanagement GPM (Schelle et al. 2004) und dem Project Management Institute (PM-BoK Guide 2004) auch zahlreiche unternehmensspezifische Variationen.

Eine Projektgruppe wird für die Dauer eines Projektes etabliert und existiert in der Regel von mehreren Wochen bis hin zu einigen Jahren.

Eine *Task Force Group* ist eine Gruppe von Mitarbeitern, die unter der Leitung einer erfahrenen Führungskraft dringende Sonderaufgaben abteilungs- und bereichsübergreifend löst und außerhalb der Regelorganisation operiert. Der Begriff Task Force stammt ursprünglich aus dem militärischen Sprachgebrauch.

Die Gruppe hat ein klar definiertes Ziel und muss innerhalb einer sehr kurzen Zeit konkrete Ergebnisse erreichen, die für den Unternehmenserfolg bedeutsam sind. Dabei ist die Aufgabenstellung so angelegt, dass sie verschiedene Organisationsbereiche (z. B. Abteilungen) betrifft. Im Unterschied zu Projektgruppen beschränkt man sich nicht nur auf die Projektmanagement-Methode. Eine Task Force Group wird für die Dauer der Bearbeitung einer zeitkritischen Sonderaufgabe zusammengestellt und existiert entsprechend von einigen Tagen bis max. zu einigen Monaten.

Für beide Formen von Arbeitsgruppen gilt, dass die effiziente Erledigung einer Aufgabe im Vordergrund steht und damit für das Unternehmen ein nachweisbarer betriebswirtschaftlicher Nutzen erreicht werden soll.

Beide haben gemeinsam, dass sich die Zusammensetzung der Gruppe an den zu erledigenden Aufgaben und zu erreichenden Zielen orientiert. Die Gruppe setzt sich somit meist aus Mitarbeitern unterschiedlicher Organisationsbereiche zusammen.

Die Zusammenarbeit, das Wertesystem und die Kommunikation in der Gruppe ist vor allem zu Beginn der Aufgabe noch nicht etabliert und unterliegt gruppendynamischen Prozessen. Verschiedene Faktoren, z. B. die Entstehung einer Rangordnung, die Identifikation mit dem Gruppenleiter oder der Umgang mit Konflikten in der sog. »Stroming-Phase« (Lewin 1935) oder der »Zwang zur Selbstdarstellung« (Hug 1999, S. 350), um nur einige zu nennen, haben dabei Einfluss auf die Produktivität in der Gruppe. Die erfolgreiche Aufgabenbewältigung hängt also in hohem Maße von der Gruppe selbst und deren Führung ab (Fisch et al. 2001, S. 7 ff.).

Neben Projektgruppen und Task Force Groups gibt es weitere Formen von Arbeitsgruppen in Unternehmen, (Mudra 2003, S. 216 ff.) die sich mit Hilfe der in Abb. 1 dargestellten Kriterien von einander abgrenzen lassen, wobei das Pluszeichen dafür steht, dass dieses Kriterium zutrifft, das Minuszeichen dafür, dass das Kriterium nicht zutrifft, die Klammer, dass das Kriterium nur bedingt zutrifft.

Arbeitsform	Vorgegebene Aufgabe	Komplexität Neuartigkeit der Aufgabe	Zeitliche Befristung	Teil der Regelorganisation	Freiwillige Teilnahme	Freistellung	Hierarchie übergreifend
Projektteam	+	+	+	+	(–)	+/–	+
Qualitätszirkel	–	+/–	–	–	+	?	–
Lernstatt	(–)	–	+	–	(+)	+	–
Task Force Group	+	+	+	–	–	+	+

Abb. 1: Abgrenzung verschiedener Formen von Arbeitsgruppen
(in Anlehnung an Englich/Fisch 1998 S.12)

2 Projektgruppe und Task Force Group im Kontext der Personalentwicklung

Die Personalentwicklung gewinnt als Wettbewerbsfaktor in Unternehmen zunehmend Bedeutung und erfordert strategische Überlegungen, um durch den Einsatz der Instrumente den größtmöglichen Nutzen für das Unternehmen und den einzelnen Mitarbeiter zu erzielen (Mudra 2003, S. 256 ff.)

2.1 Beitrag zur lernenden Organisation

Die Arbeit in Gruppen nimmt in Organisationen immer mehr zu, weil komplexe Aufgaben durch Gruppen besser zu bewältigen sind und durch *Synergieeffekte* qualitativ bessere Ergebnisse erreicht werden können. Entwickelt sich die Veränderung von Organisationen im bisherigen Maße weiter, wird projekthaftes Vorgehen immer häufiger für die Bearbeitung der Aufgaben herangezogen (Mudra 2003, S. 431 ff.). Deshalb bietet diese Arbeitsform auch die Grundlage für verschiedene Personalentwicklungsansätze. Besonders in solchen Organisationen, die in dynamischen Geschäftsfeldern agieren, wird Projektmanagement als Fähigkeit der Mitarbeiter zu einer Kernkompetenz.

Betrachtet man Arbeitsgruppen als komplexe Lernfelder, dann haben sie auch Einfluss auf das Sozialverhalten ihrer Mitglieder, z. B. auf die Bereitschaft, Informationen weiter zu geben oder die Kooperationsbereitschaft (Mudra 2003, S. 457 ff., Mentzel 2001, S. 199 und 209 ff.). Ob und wie diese Personalentwicklungsinstrumente in der gewünschten Weise das Sozialverhalten beeinflussen, hängt von vielen Faktoren ab, z. B. von der Motivation der Beteiligten, den gelebten Unternehmenswerten, der Unternehmenskultur etc. In jedem Fall sind Projektgruppen und Task Force Groups Personalentwicklungsinstrumente mit vielfältigen Einsatzmöglichkeiten, die über eine Qualifizierung des einzelnen Mitarbeiters weit hinausgehen. »Der einzelne kann unter Umständen unentwegt lernen, ohne dass das Unternehmen etwas lernt. Aber wenn Teams lernen, werden sie zu einem Mikrokosmos für das Lernen in der ganzen Organisation. Gewonnene Einsichten werden in die Tat umgesetzt. Entwickelte Fertigkeiten können an andere Einzelpersonen oder Teams weitergegeben werden (auch wenn es keine Garantie dafür gibt, dass sie angenommen werden). Die Leistungen des Teams können zum Vorbild und zum Maßstab für das gemeinsame Lernen in der Gesamtorganisation werden.« (Senge, 1998, S. 287)

2.2 Entwicklungsziele

Entwicklung wird in diesem Kontext verstanden, als zielgerichtete Veränderung der persönlichen, sozialen und fachlichen Kompetenzen eines Mitarbeiters auf ein höheres Kompetenzniveau. Dabei geht es um Qualifizierung und Förderung mit dem Fokus auf dem beruflichen Umfeld des Mitarbeiters, z. B. der Arbeitsqualität oder der Kommunikation mit Kunden und Kollegen. Entwicklungsziele sind überwiegend qualitative Ziele, wie z. B. Führungskompetenz, Entscheidungsfähigkeit oder Durchsetzungsstärke, und machen eine »Übersetzung« der Kompetenzen in sichtbares Verhalten notwendig, um Veränderungen messen zu können.

Es ist sinnvoll, vor dem Einsatz der Personalentwicklungsinstrumente die Entwicklungsziele festzulegen. Dies kann z. B. im Rahmen des jährlichen Mitarbeitergespräches geschehen. Dabei wird auch vereinbart, wie das Erreichen dieser Entwicklungsziele für den einzelnen Mitarbeiter gemessen werden kann und mit Hilfe welcher Kriterien. Für die Entwicklungsziele von Projektgruppen und Task Force Groups gilt das gleichermaßen.

Beispiele für Entwicklungsziele und dazugehörigen Messkriterien sind folgende:
- Die Anzahl der Beschwerden in einem Call-Center hat sich gehäuft. Deshalb soll die Zufriedenheit der Kunden erhöht und die Anzahl der Beschwerden um einen definierten Prozentsatz reduziert werden.

- Bei der Einführung eines Computersystems z. B. für die Buchhaltung stellt sich heraus, dass die verantwortlichen Mitarbeiter beim Testen sehr viele Fehler übersehen hatten und für das Testen deutlich mehr Zeit benötigten als vorgesehen. Das vorgegebene Standardverfahren zum Testen wurde nicht eingesetzt. Als Entwicklungsziel wurde definiert, die Akzeptanz für das Testverfahren zu erhöhen, und als Messkriterien sowohl die Fehlerreduktion als auch das Senken des zeitlichen Aufwandes für das Testen.

2.3 Aufwand und Nutzen

Projektgruppen und Task Force Groups sind als Instrumente der Personalentwicklung ressourcenintensiv und komplex. Die Unternehmensleitung und die Organisationseinheit Personalenwicklung müssen berücksichtigen, dass der Einsatz dieser Form der Arbeitsgruppe als Personalentwicklungsinstrument hohe Anforderungen an alle Beteiligten stellt. Es kommt z. B. im Verlauf von Projekten häufig vor, dass die ursprüngliche Zielsetzung immer wieder an neue Rahmenbedingungen angepasst werden muss. Dadurch ändern sich Zeitplan und Ressourceneinsatz. Es wird deutlich, dass der Verlauf eines Projektes stetigem *Wandel* unterliegt und einen hohen Steuerungsaufwand für die Projektleitung fordert.

Der Einsatz der Projektgruppe und Task Force Group als Personalentwicklungsinstrumente bedarf deshalb vor allem zu Beginn einer möglichst detaillierten Klärung der inhaltlichen sowie der Entwicklungsziele und einer kontinuierlichen Zielüberprüfung. Im Vorfeld ist deshalb eine genaue Aufwandschätzung erforderlich, um den Nutzen der Personalentwicklungsinstrumente und die dafür notwendigen Investitionen realistisch bewerten zu können.

2.4 Der Gegenstand des Personalentwicklungsprojekts

Neben den besagten Überlegungen ist der Projektgegenstand selbst ein wichtiger Aspekt. In einigen Unternehmen werden Kundenprojekte als so genannte Personalentwicklungsprojekte definiert, weil die Unternehmensleitung häufig den betriebswirtschaftlich erwarteten Nutzen des Projektziels im Vordergrund sieht und ergänzend dazu einen positiven Lerneffekt für die Mitarbeiter und die Gruppe erwartet. Die Personalentwicklung findet quasi nebenbei statt. Bei der Festlegung des Projektgegenstandes als Personalentwicklungsprojekt sollten Entwicklungsziele und das inhaltliche Projektziel gleichwertig nebeneinander stehen.

3 Voraussetzungen für Projektgruppe und Task Force Group als Personalentwicklungsinstrument

Beide Arbeitsgruppen sind an bestimmte Bedingungen gebunden, damit sie als Personalentwicklungsinstrumente wirksam werden können. Eine Voraussetzung ist, dass eine Definition und Messung qualitativer Entwicklungsziele stattfindet. Im anderen Fall haben die Instrumente bestenfalls unspezifische positive Nebenwirkungen in Bezug auf Personalentwicklung, die vom einzelnen Mitarbeiter erlebt werden und schnell verpuffen. Deshalb ist eine Begleitung der Instrumente im Sinne einer *Prozessbegleitung* und Supervision notwendig. Diese Form der Begleitung schafft einen Rahmen für Reflexion und Feedback und betrachtet sowohl den gesamte Prozess als auch die Entwicklung der einzelnen Mitarbeiter. Beispielsweise können Abweichungen von den geplanten Projektergebnissen mit allen Beteiligten aus einer anderen Perspektive heraus analysiert werden. Dafür sind Kenntnisse und Erfahrungen in Gruppendynamik außerordentlich hilfreich.

Eine weitere Voraussetzung ist, dass für die Mitarbeiter ein konkreter Nutzen aus der Teilnahme entsteht. Nur wenn im Vorfeld geklärt ist, was »danach« z. B. mit den Ergebnissen passiert und das aus Sicht der Mitarbeiter motivierend ist, werden sie sich für die Arbeitsgruppe engagieren. Dabei trägt es sehr zum erfolgreichen Einsatz der beiden Personalentwicklungsinstrumente bei, wenn die Steuerung von jemandem übernommen wird, der mit gruppendynamischen Prozessen und Verhaltensweisen vertraut ist.

3.1 Voraussetzungen für den Erfolg von Projektgruppen

Für den Erfolg von Projektgruppen als Personalentwicklungsinstrument gelten dieselben *Erfolgskriterien*, wie für Projektgruppen allgemein.

Das Personalentwicklungsprojekt ist für die Organisation wichtig und wurde von der Unternehmenszielsetzung abgeleitet.

Das Personalentwicklungsprojekt ist in einer bestehenden Projektorganisation verankert, die (temporär) Teil der Regelorganisation ist. Eine Projektorganisation, die neben der Regelorganisation aufgebaut wird, existiert meist nicht sehr lange, da ihr die Akzeptanz und Anbindung an die Regelorganisation fehlt. So sind in diesen Fällen z. B. die Berichtswege unklar und die Projektergebnisse werden nicht in die Regelorganisation überführt. Es besteht das Risiko, dass solche Projektergebnisse »für die Schublade« produziert werden.

Es ist bereits eine Projektmanagement-Methode im Unternehmen etabliert und damit zu einer gelebten und akzeptierten Unternehmensrealität geworden. Die Mitarbeiter aller Bereiche und Hierarchie-Ebenen sind mit der Methode vertraut, bzw. sie arbeiten damit.

Die unternehmensspezifischen Projektmanagement-Prozesse, Standards und Werkzeuge sind für den spezifischen Einsatz in einem Personalentwicklungsprojekt geeignet. Beispielsweise können in dem Projektplan neben den inhaltlichen Projektzielen auch die Entwicklungsziele aufgenommen werden.

Der zeitliche und finanzielle Aufwand für das Personalentwicklungsprojekt ist geplant und genehmigt, d. h. die Unternehmensleitung ist bereit, in diese Form der Personalenwicklung zu investieren.

Der Projektleiter ist mit der Projektmanagement-Methode vertraut und in der Lage, die Besonderheiten eines Personalentwicklungsprojektes zu berücksichtigen. Damit ist die Fähigkeit zum Meta-Projektmanagement gemeint, also die Fähigkeit, sowohl Projektsteuerung als auch Prozessbegleitung durchzuführen. Alternativ ist auch ein Modell mit zwei Projektleitern denkbar, wobei der eine für die inhaltlichen Projektziele verantwortlich ist und der andere für die Prozessbegleitung.

Die Anforderungen an einen Projektleiter sind an anderer Stelle ausführlich beschrieben, zum Beispiel von Versteegen et al. (2005, S. 16) und Kupper (1991, S. 236 f.). Deshalb sei hier neben der hohen Sozialkompetenz nur eine weitere Eigenschaft genannt: Der Projektleiter für ein Personalentwicklungsprojekt braucht überdurchschnittlich große Akzeptanz im Unternehmen, d. h. gleichermaßen bei der Unternehmensleitung wie bei den Mitarbeitern. Vor diesem Hintergrund ist auch zu entscheiden, ob der Projektleiter für ein Personalentwicklungsprojekt aus der eigenen Organisation kommen kann oder von außerhalb der Organisation geholt werden soll.

Ein weiteres Kriterium ist der Stellenwert von Personalentwicklungsprojekten innerhalb der Organisation. In der Regel werden Personalentwicklungsprojekte als so genannte interne Projekte, also nur mit indirekter Wirkung zum Kunden bzw. Markt initiiert, z. B. die Definition eines neuen Vertriebsprozesses oder die Entwicklung interner Kommunikationsrichtlinien. Wenn interne Vorläuferprojekte ein schlechtes Image im Unternehmen hatten, wird das interne Marketing für ein weiteres internes Projekt deutlich schwieriger.

3.2 Voraussetzungen für den Erfolg von Task Force Groups

Die Task Force Group wird von einer erfahrenen und akzeptierten Führungskraft geleitet, die den Entwicklungsaspekt der Arbeitsgruppe gleichermaßen als Zielsetzung sieht, wie die Bewältigung der Sonderaufgaben.

Die Dauer und Arbeitsbelastung der Task Force Group lässt sinnvolle Entwicklungsziele zu, die in der Kürze der Laufzeit einer Task Force Group tatsächlich erreichbar sind.

Die Mitglieder der Task Force Group wurden in die Definition der inhaltlichen Ziele und der Entwicklungsziele eingebunden.

Es ist ein Vorgehen definiert und abgestimmt, wie die Ergebnisse der Task Force Group in die Organisation überführt werden sollen.

4 Einsatzmöglichkeiten von Projektgruppen und Task Force Groups als Personalentwicklungsinstrumente

4.1 Qualifizierung von Zielgruppen

Für bestimmte Zielgruppen in Unternehmen ist es besonders wichtig, die unternehmensspezifischen Prozesse, Vorgehensmodelle, Standards etc. innerhalb der Organisation zu kennen und zu erfahren.

Zukünftige Projektleiter können auf diese Art erste Erfahrungen mit Projektmanagement machen. Sie lernen die internen Prozesse und Vorgehensweisen und erleben, wie die Organisation z. B. in Sachen informelle Informationswege funktioniert.

Führungskräfte könnten aus den Reihen der eigenen Mitarbeiter heraus entwickelt werden und aufbauend auf ihrer Kenntnis der Organisation in ihre neue Rolle hineinwachsen.

4.2 Arbeitsmethoden, Systeme und Geschäftsprozesse

Ein weiteres Lernfeld ist die Einführung neuer Arbeitsmethoden, Systeme oder Geschäftsprozesse, z. B. die Einführung eines neuen Zeiterfassungssystems oder neuer Qualitätsrichtlinien bei der Produktherstellung. Eine Task Force Group entwickelt eine Einführungsstrategie und trägt sie als Multiplikatoren in die Organisation.

Ein weiteres Beispiel für den Einsatz einer Task Force Group ist die Einführung eines neuen Vertriebsinformationssystems. Dafür ist es notwendig, das bereichsübergreifendem Handeln stärker zu fördern, weil noch zu häufig gleiche Themen parallel in den verschiedenen Organisationseinheiten bearbeitet werden.

5 Anwendungsbeispiel: Förderung von Potenzialträgern in einem IT-Unternehmen

5.1 Ausgangssituation und Zielsetzung

Im folgenden *Beispiel* wurde Projektarbeit als Personalentwicklungsinstrument eingesetzt, um in einem IT-Unternehmen mit ca. 60 Mitarbeitern potenzielle Führungskräfte auf der Ebene der Teamleiter zu qualifizieren. Ein weiteres Ziel war es, die Zukunftsorientierung der Mitarbeiter zu fördern, um auch künftig den Erfolg des Unternehmens zu sichern. Daraus entstand ein Programm für so genannten Potenzialträger.

5.2 Das Programm im Überblick

Die Projektgruppe war Teil eines Programms mit mehreren Elementen (Abb. 2).

Abb. 2: Programm für Potenzialträger

I. Potenzialanalyse und Auswahl der Mitarbeiter
Die *Potenzialanalyse* wurde mit Hilfe des bestehenden Mitarbeiter-Beurteilungssystems und gemeinsam in einem Team von Führungskräften, Vertretern von Personal und Personalentwicklung anhand abgestimmter Kriterien durchgeführt. So wurde unter anderem die Kompetenz »Wirtschaftlichkeitsdenken« beurteilt, d. h. die Fähigkeit des einzelnen Mitarbeiters, Projekte nach ihrer strategischen Bedeutung für das Unternehmen zu bewerten und entsprechend abzuwickeln. Die Potenzialanalyse wurde jeweils zu Beginn und zum Abschluss des Programms durchgeführt. Zu Beginn wurde die Eignung und Teilnahme am Programm beurteilt, individuelle Entwicklungsziele wurden mit den entsprechenden Messkriterien gemeinsam besprochen und festgelegt. Zum Abschluss wurde der individuelle Entwicklungsstand erneut bewertet und die Erreichung der Entwicklungsziele überprüft. Ein Entwicklungsziel eines Mitarbeiters lautete z. B. Stärken der Vertriebsorientierung. Dazu wurde vereinbart, dass der Mitarbeiter im Rahmen des Personalentwicklungsprojektes bei definierten Bestandskunden mögliche Einsatzfelder für das neue Portfolio-Element ermittelt. Darüber hinaus wurde die Durchführung einer Anzahl von Kundenbesuchen zu diesem Thema vereinbart.

II. Meetings der Programmsteuerungsgruppe
Die Programmsteuerungsgruppe setzte sich zusammen aus dem Auftraggeber für das Programm und das Personalentwicklungsprojekt (einer Führungskraft auf Be-

reichsleitungsebene), dem *Mentor* (einer Führungskraft auf Abteilungsleiterebene) sowie den Vertretern von Personal und Personalenwicklung.

Der Mentor war Ansprechpartner für die Teilnehmer zu allen Fragen bezüglich des Programms. Bei der Besetzung der Mentorenrolle wurde berücksichtigt, dass die direkten Mitarbeiter der Mentoren nicht am selben Programm teilnahmen wie der Mentor. Damit sollte der Mentor als neutrale Vertrauensperson das Bindeglied zwischen den Mitarbeitern und dem Auftraggeber bilden.

In den regelmäßigen *Meetings* wurden zum einen der Fortschritt des gesamten Programms besprochen und im Verlauf notwendige Anpassungen an der Zielsetzung vorgenommen. Zum anderen wurde die individuelle Entwicklung der Mitarbeiter betrachtet.

III. Qualifizierung der Mitarbeiter

In einem Trainingsprogramm, bestehend aus mehreren zweitägigen Seminarmodulen, wurde die Gruppe der Programmteilnehmer gemeinsam zu ausgewählten Themen aus dem Bereich der *Sozialkompetenzen* durch externe Spezialisten geschult. Ein Seminarthema war z. B. »Konfliktmanagement in Projekten«, das den Teilnehmern die Möglichkeit gab, theoretische Modelle der Konfliktanalyse und -bewältigung kennen zu lernen, ihre eigenen Erfahrungen und Best Practice-Strategien der Konfliktlösung auszutauschen und zu optimieren. Im Rahmen dieser Seminare wurde die Teamentwicklung der Gruppe gezielt gefördert, u. a. durch regelmäßige *Feedbackrunden* zum wahrgenommenen Status der Teamentwicklung.

IV. Planung und Durchführung eines gemeinsamen Personalentwicklungsprojektes für die Programmteilnehmer

Das Personalentwicklungsprojekt »Entwicklung eines ergänzenden Portfolio-Elements zur bestehenden Dienstleistungspalette« wurde von der Programmsteuerungsgruppe definiert und vom Auftraggeber gemäß den Projektmanagement-Standards beauftragt. Im Unterschied zu konventionellen Projekten wurde aber kein Projektleiter festgelegt. Vielmehr wurde die gesamte Gruppe mit der Projektsteuerung beauftragt. Dabei wurde darauf geachtet, dass jeder Mitarbeiter klar abgegrenzte und messbare Ziele bekam, um die Projekterfolge eindeutig zuordnen zu können.

Da die Mitarbeiter mit *Projektmanagement* bestens vertraut waren, wurde für das gemeinsame Personalentwicklungsprojekt ein Thema ausgewählt, das zukunftsorientiert zur Entwicklung des Geschäfts beitrug und über den Arbeitsbereich der einzelnen Mitarbeiter hinausreichte. Das Thema enthielt qualitative Ziele, die mit messbaren Kriterien hinterlegt werden konnten.

V. Begleitung der Projektgruppe durch einen Mentor

Die Rolle des *Mentors* bestand vor allem in der Betreuung des Gesamtprogramms. Dabei war er Ansprechpartner für die Teilnehmer in inhaltlichen und organisatorischen Fragen, die die Projektgruppe hatte. Er organisierte die regelmäßigen Projektgruppen-Meetings und bildete die Schnittstelle zwischen den Teilnehmern und der Programmsteuerungsgruppe. Außerdem leitete er die regelmäßigen Status-Meetings des Projektes.

5.3 Überlegungen zum Programm-Konzept und Nachbetrachtung

Der Programmaufbau zeigt, dass neben dem eigentlichen Personalentwicklungsprojekt eine ganze Reihe von Begleitmaßnahmen konzipiert und umgesetzt wurde. Dabei war eine Überlegung, die verschiedenen Programm-Elemente so zu gestalten, dass sie so wenig zusätzlichen Aufwand wie möglich für die Beteiligten bedeuteten. Folglich wurden z. B. die Meetings der Programmsteuerungsgruppe in das bereits bestehende Management Meeting integriert. Der zusätzliche zeitliche Aufwand vor allem für die Mitarbeiter und den Mentor wurde kalkuliert und geplant. Dabei wurde berücksichtigt, dass die Gruppe Zeit und Unterstützung für ihre Teamentwicklung braucht. Eine wesentliche Erkenntnis aus dem Programm war, dass es einen höheren Zeitaufwand erforderte als erwartet: Es waren mehrere halbtägige Meetings nötig, um die inhaltlichen Projektziele mit den qualitativen Entwicklungszielen zu verbinden und so zu definieren, dass daraus konkrete Erfolgsmesskriterien abgeleitet werden konnten. Die Beteiligten hatten zwar Erfahrung in der Definition von quantitativen Projektzielen. Die qualitativen Entwicklungsziele erforderten jedoch eine andere Herangehensweise. Auch der geschätzte zeitliche Aufwand für den Mentor, der zeitweilig wegen anderer Kundenprojekte nicht verfügbar war, erwies sich als zu niedrig angesetzt.

Eine weitere Überlegung bestand darin, für die Auswahl der Potenzialträger kein zusätzliches Beurteilungssystem einzuführen, sondern das bestehende kompetenzbasierte Beurteilungssystem zu nutzen und bei Bedarf um zusätzliche Kompetenzen zu erweitern. Es stellte sich heraus, dass es nicht notwendig war, weitere Kompetenzen zu definieren. Es war aber notwendig, ein gemeinsames Verständnis dafür zu erarbeiten, durch welche konkreten Verhaltensweisen die definierten Kompetenzen sichtbar werden und dadurch beurteilt werden können.

Bereits bei der Konzeption wurde außerdem mit dem Auftraggeber geklärt, wie es nach dem Programm für die Mitarbeiter weitergehen sollte. Dabei wurden gemeinsam mit der Organisationseinheit Personal konkrete Entwicklungswege im Sinne von Karrierepfaden definiert. Aus der Gruppe von acht Potenzialträgern wurden drei sofort nach Abschluss des Programms in eine Teamleiter-Funktion befördert. Zwei entschieden sich für die Übernahme einer Spezialistenfunktion in der Organisation, die nicht mit disziplinarischen Führungsaufgaben verbunden war.

Ebenfalls wurde bereits bei der Konzeption überlegt, wie das Programm innerhalb der Organisation so kommuniziert werden könnte, dass die Information alle Mitarbeiter erreicht und das Programm hohe Akzeptanz bekommt. Es wurde entschieden, die Auswahlkriterien für eine Teilnahme zu erläutern und interessierten Mitarbeitern die Möglichkeit zu geben, sich für eine Teilnahme am Potenzialträgerprogramm zu bewerben. Dies geschah bei einer regulären Mitarbeiterversammlung, zu der die Geschäftsleitung einlud und in der sie das Programm vorstellte. Im Verlauf des Programms wurden alle Mitarbeiter regelmäßig über den Status des Programms informiert und die erreichten Projektzwischenergebnisse vorgestellt. Dabei wurde von den Mitarbeitern sehr positiv wahrgenommen, dass die Ergebnisse von der Projektgruppe selbst vorgestellt und dabei auch z. B. die nicht erreichten Zwischenergebnisse offen gelegt wurden.

Eine besondere Herausforderung aus konzeptioneller Sicht bestand darin, dass die Gruppe keinen definierten Projektleiter hatte. Somit war offen, wie die Gruppe ihre *Selbststeuerung* organisieren würde und wie sich das auf den Programmverlauf auswirken könnte. Würde sich die Gruppe formal einen Projektleiter wählen oder das Projekt »basisdemokratisch« gemeinsam steuern? Es zeigte sich vor allem zu Beginn, dass der Mentor häufig zu Fragen der Projektsteuerung in Anspruch genommen wurde und dass es schwierig war, nicht aktiv in die Projektsteuerung einzugreifen. Die Notwendigkeit für die Programmteilnehmer, sich in der Gruppe über Entscheidungen abzustimmen, die ein Projektleiter üblicherweise allein trifft, war für die Gruppe ungewohnt.

Insgesamt wurde das Programm von allen Beteiligten als erfolgreich bewertet, obwohl das inhaltliche Ziel des Projektes »Entwicklung eines ergänzenden Portfolioelements zur bestehenden Dienstleistungspalette« nur teilweise erreicht wurde. Im Verlauf des Programms gelang es den Teilnehmern, einige zusätzliche Ergebnisse zu erreichen, die sich kurzfristig ergaben. Beispielsweise wurde ein Projekt zu einer ähnlichen Dienstleistung akquiriert, das ein wesentlich höheres Volumen hatte als ursprünglich kalkuliert. Die hohe Flexibilität des Auftraggebers und der übrigen Programmsteuerungsgruppe bei der kurzfristigen Anpassung der inhaltlichen Ziele erwies sich dabei als hilfreich. Trotzdem zeigte es sich, dass das Personalentwicklungsprojekt immer wieder in die Gefahr geriet, vom Tagesgeschäft verdrängt zu werden.

6 Wirkungsvolle Lernräume

Aus den Ausführungen wird deutlich, dass es beim Einsatz von Projektgruppen und Task Force Groups als Personalentwicklungsinstrumente einige notwendige Voraussetzungen zu schaffen gilt (Mentzel 2001, S. 199 ff.). Dabei ist es hilfreich den Reifegrad der eigenen Organisation richtig sowie die Fähigkeit und Bereitschaft der Beteiligten einzuschätzen, Verantwortung für ihre jeweilige Rolle und Aufgabe zu übernehmen, (Becker 2002, S. 50 ff.) denn auch bei sorgfältiger Planung und einer detaillierten Analyse der Chancen und Risiken entwickeln die Prozesse in Arbeitsgruppen ihre eigene Dynamik.

Erfahrungsgemäß wirkt sich die Teilnahme an einer Projektgruppe oder Task Force Group sehr positiv auf die Motivation aller Beteiligten aus, wenn daraus auch ein Nutzen für den Einzelnen entsteht. Und es braucht besonders die Akzeptanz der Unternehmensleitung für diese gezielten Personalentwicklungsinstrumente. Wenn dort der Nutzen einer solchen Maßnahme gesehen und entsprechend in die Organisation kommuniziert wird, sind Projektgruppen und Task Force Groups wirkungsvolle Lernräume.

Literatur

Becker 2002: Becker, M.: Personalentwicklung, Stuttgart 2002.
Englich/Fisch 1998: Englich, B. und Fisch, R.: Projektgruppen in der öffentlichen Verwaltung: Aktuelle Verbreitung, Chancen, Modernisierungsaspekte, Speyer 1998.
Fisch et al. 2001: Fisch, R., Beck, D. und Englich, B.: Projektgruppen in Organisationen: Praktische Erfahrungen und Erträge der Forschung, Göttingen 2001.
Hug 1999: Hug, B.: »Die Gestaltung der Arbeit in und mit Gruppen«, in: Steiger, T. und Lippmann, E. (Herausgeber): Handbuch angewandte Psychologie für Führungskräfte, Berlin 1999.
Kupper 1991: Kupper, H.: Zur Kunst der Projektsteuerung: Qualifikation und Aufgaben eines Projektleiters – aufgezeigt am Beispiel von DV-Projekten, 6. Auflage, München 1991.
Lewin 1935: Lewin, K.: A dynamic theory of personality, New York 1935.
Mentzel 2001: Mentzel, W.: Personalentwicklung, München 2001.
Mudra 2003: Mudra, P.: Personalentwicklung, München 2003.
PM-BoK Guide: PM-BoK: A Guide to the Project Management Body of Knowledge, 3rd Edition, Project Management Institut 2004.
Rischar 2003: Rischar, K.: Die praktische Verwirklichung der Personalentwicklung im Betrieb: Leistungspotenziale – Fördermaßnahmen – Evaluation, Renningen 2003.
Schelle et al. 2004: Schelle, H., Reschke, H., Schnopp, R. und Schub, A. (Herausgeber): Projekte erfolgreich managen (in Zusammenarbeit mit der GPM Deutsche Gesellschaft für Projektmanagement e. V.): Grundwerk, TÜV Rheinland 2004.
Senge 1998: Senge, P. M.: Die fünfte Disziplin: Kunst und Praxis der lernenden Organisation, 5. Auflage, New York 1998.
Versteegen 2005: Versteegen, G. (Herausgeber): Prozessübergreifendes Projektmanagement: Grundlagen erfolgreicher Projekte, Berlin 2005.

E.8 Stellvertretung

*Thomas Stelzer-Rothe**

1   Chancen und Gefahren einer Stellvertretung

2   Grundlegung des Entwicklungsprozesses: Phase 1

3   Individuelle und bedarfsorientierte Qualifizierung: Phase 2

4   Reflexion und Entscheidung über das weitere Vorgehen: Phase 3

5   Reale Situationen

Literatur

---

*   Prof. Dr. rer. pol. Thomas Stelzer-Rothe hat einen Lehrstuhl für Betriebswirtschaftslehre mit dem Schwerpunkt Personalmanagement an der FH-SWF, Hochschule für Technik und Wirtschaft, Abt. Hagen, ist seit langen Jahren als Coach von Führungskräften tätig und Direktor des Instituts für Management-Zertifizierung (IMZ) in Mettmann.

1 Chancen und Gefahren einer Stellvertretung

Das Thema *Stellvertretung* einer Führungskraft wird in der Praxis häufig vernachlässigt, weil es vermeintlich zweitrangig ist. Führungskräfte selbst hingegen werden mit unter in aufwändigen mehrtägigen Assessment Centern einer intensiven Prüfung unterzogen, um dann eine Führungsfunktion ausfüllen zu dürfen. Nun werden umfangreiche Auswahlverfahren von Führungskräften nicht ohne Grund durchgeführt, weil die mit Führung verbundene Verantwortung beträchtlich ist; und wer Führungskraft wird, sucht sich in der Regel einen Stellvertreter und lässt die Dinge anschließend häufig auf sich zukommen. Der Erfolg einer derartigen Vorgehensweise stellt sich entsprechend nur zufällig ein.

Was dabei als Erfolg zu werten ist, sollte allerdings auch hinterfragt werden. Vereinfacht gesagt könnte ein Stellvertreter dann erfolgreich sein, wenn die Mitarbeiter gar nicht bemerkt haben, »dass der Chef im Urlaub war«. Das kann schwer fallen, weil er im Tagesgeschäft nicht alle Funktionen einer Führungskraft ausüben wird. Er sitzt häufig wie ein Ersatztorwart auf der Bank und wartet darauf, dass sich »die Nummer Eins verletzt«. Mit dem Fußball verglichen erscheint die Situation besonders knifflig, wenn das Spiel sehr hektisch ist. In ein solches Spiel einzusteigen, womöglich noch unzureichend gewärmt, kann schnell zum Fiasko führen.

Nicht alles auf einen Schlag zu bewerkstelligen, sondern mit der notwendigen Begleitung durch die qualifizierte Führungskraft selbst oder professionelle interne beziehungsweise externe Unterstützung, könnte ein Erfolgsrezept für derartige Prozesse sein. So wird der Gedanke, der Stellvertreter einer Führungskraft sein zu können, interessant und es stellt sich die Frage, was in der Praxis zu tun ist, damit eine sinnvolle Ausgestaltung der Rolle erfolgen kann.

Die folgenden Ausführungen werden das Thema Stellvertretung als Personalentwicklungsprozess aufgreifen. Kern der folgenden Ausführungen ist ein Entwicklungsmodell, (Abb. 1) das die planmäßige inhaltliche, methodische und zeitliche Förderung eines Stellvertreters beinhaltet. Im günstigen Fall erübrigt sich bei einer sinnvollen Umsetzung des Konzeptes ein weiterer teurer Auswahlprozess. Dieser Hinweis ist wichtig, weil die im Anschluss genannten Maßnahmen durchaus einige Kosten verursachen.

2 Grundlegung des Entwicklungsprozesses: Phase 1

Damit die Entwicklung eines Stellvertreters, der in absehbarer Zeit Führungsfunktionen übernehmen soll, mit Aussicht auf Erfolg abläuft, ist eine planmäßige, wohlüberlegte, und auf den Bedarf des Stellvertreters abgestimmte *Vorgehensweise* notwendig. Ausgangspunkt einer gezielten Entwicklungsmaßnahme ist ein grundsätzlicher Klärungsprozess, bei dem es darauf ankommt, ob ein ins Auge gefasster Mitarbeiter die angestrebte Stellvertretung überhaupt wahrnehmen will und aus welchen Gründen dies für ihn gegebenenfalls in Frage kommt. Da es sich bei der Stellvertretung bereits um partielle Führungsverantwortung handelt, ist es genau wie bei der Übernahme der umfassenden Führungsaufgabe (Stelzer-Rothe/Hohmeister 2001, S. 126 ff.) wenig

Entwicklungsplanung für einen Stellvertreter:

Phase 1: Grundlegung des Entwicklungsprozesses

Klärung:	Bildungsbedarfsanalyse:	Zielvereinbarungsgespräch:	Transparenz:
▪ Motivation ▪ grundsätzliche Eignung ▪ Akzeptanz	▪ Analyse des genauen Entwicklungsbedarfes	▪ Entwicklungsziele ▪ Rahmenbedingungen ▪ Zeitplanung	▪ Offizielle Bekanntgabe in der Organisation

Ausführliche Dokumentation des gesamten Prozesses

Phase 2: Individuelle und bedarfsorientierte Qualifizierung

Entwicklungszeitraum:
▪ 1 bis 2 Jahre

Qualifizierung on the job:
▪ partielle Übernahme von Führungsverantwortung
▪ Übernahme von Sonderaufgaben (Projektleitung)

Qualifizierung off the job:
▪ Seminarbesuch
▪ Selbstlernphasen

Qualifizierung near the job:
▪ Mentoring
▪ Coaching

Entwicklungs- und Fördergespräche:
▪ halbjährlich und
▪ nach Bedarf

bei Bedarf Fortführung des Prozesses

Phase 3: Reflexion und Entscheidung über die weitere Verwendung

Abgleich:	Feststellung:	Entscheidung:
▪ Ziele und Verhalten	▪ Führungskompetenz ▪ Prognose	▪ weitere Qualifizierung ▪ Übernahme einer Führungsfunktion ▪ andere Verwendung

Abb. 1: Stellvertretung als Entwicklungsprozess

sinnvoll und kann sogar für alle Beteiligten sehr schädlich sein, wenn ein Mitarbeiter in die Rolle hineingedrängt wird. Am stärksten wirken hier wie auch in vielen anderen Fällen intrinsische Beweggründe, (Sprenger 1999, Heckhausen 1998) also die Freude an der Erbringung von Leistungen (Spitzer 2002, S. 177 ff.). Gehaltliche Anreize sind sicher nicht völlig aus dem Blick zu verlieren. Sie sind jedoch als Hygienefaktor (Herzberg 1972) nur ein Punkt, der nicht zur Unzufriedenheit führen sollte.

Die Frage, die sich deshalb mit besonderem Nachdruck stellt, ist, wie man intrinsischen *Beweggründen* auf die Spur kommt. Dies ist sicher möglich, wenn die Chance im Vorfeld der Besetzung bestanden hat, den Mitarbeiter langfristiger zu beobachten. Sollte dies nicht oder nicht ausreichend der Fall sein, ist daran zu denken, weitere Diagnoseinstrumente anzuwenden. Denkbar ist der Einsatz von psychologischen *Tests*, die gut vorbereitet, sorgfältig durchgeführt und professionell ausgewertet, wichtige Erkenntnisse liefern können. Solche Tests stehen in vielfältiger Form zur Verfügung. An dieser Stelle sind einige Beispiele zu nennen, die in Abb. 2 dargestellt sind. Interessant ist auch, einzelne Tests parallel durchzuführen, was die Kosten zwar erhöht, die Zuverlässigkeit der Aussagen jedoch verstärkt. Einige der Verfahren werden beim Institut für Management-Zertifizierung in Mettmann im Zusammenhang mit der Zertifizierung von Trainern und Führungskräften eingesetzt und haben sich gut bewährt. In der Praxis stoßen die Tests häufig auf Ablehnung, weil den Testkandidaten nicht genau klar gemacht wird, welche Ziele der Test hat und wie mit der Auswertung der Daten umgegangen wird.

Testmerkmal	Testname	Testautoren	Testschwerpunkt
Persönlichkeit	16 Persönlichkeits-Faktoren-Test- Revidierte Fassung (16PF – R)	Schneewind und Graf (1998)	16 Dimensionen der Persönlichkeit u. daraus abgeleitete Faktoren der Erwachsenpersönlichkeit
	Bochumer Inventar zur berufsbezogenen Persönlichkeitserfassung (BIP)	Hossiep und Paschen (1998)	14 berufsrelevante Dimensionen
Motivation	Leistungsmotivationsinventar (LMI)	Schuler und Prochaska (2000)	Erfassung wichtiger Facetten berufsbezogener Leistungsmotivation:
Selbstsicherheit	Fragebogen zur Erfassung der dispositionalen Selbstaufmerksamkeit (SAM)	Filipp und Freudenberg (1989)	Private und öffentliche Selbstaufmerksamkeit einer Person

Abb. 2: Denkbare psychologische Tests in der Findungsphase eines Stellvertreters (modifiziert nach Stangel-Meseke/Hohoff 2002, vgl. auch die dort angegebenen Quellen)

Sollte sich eine Organisation dazu entschließen, psychologische Tests einzusetzen, wozu bei sorgfältigem Umgang durchaus zu raten ist, muss der Betriebsrat eingeschaltet werden und es ist die Zustimmung des Beteiligten erforderlich. Die Vorbereitung, Durchführung, Auswertung und Rückmeldung selbst sind in die Hände von Fachleuten (Diplom-Psychologen) zu legen.

Neben der Persönlichkeitsstruktur als Faktor der grundsätzlichen *Eignung* sind weitere Voraussetzungen des zukünftigen Stellvertreters zu analysieren. Auf die umfassende Problematik, welche Palette an Funktionen Führungskräfte heutzutage abdecken müssen, können hilfsweise die Rollen herangezogen werden, die heute i. d. R. jeweils situativ wahrnehmen müssen. Als Beurteilungsgrundlage könnten dazu die aus den vergangenen Beurteilungen vorliegenden Beobachtungen und Bewertungen dienen. Die Rollen sind in Abb. 3 pointiert dargestellt.

Die *Rollen* eignen sich sowohl dazu, den Entwicklungsbedarf des Stellvertreters mit Blick auf die Führungskompetenz zu analysieren als auch am Ende der Entwicklung den Gesamterfolg zu messen. Unter der Voraussetzung, dass je nach Situation alle Rollen in mehr oder weniger großem Umfang wahrgenommen werden müssen, ist zu klären, was der Mitarbeiter bereits besonders gut oder noch nicht so gut wahrnehmen kann. Entsprechend ergibt sich ein Bedarf, der durch geeignete Maßnahmen in der zweiten Phase des Entwicklungsmodells ausgeglichen werden kann.

Benennung der Rolle	Pointierte Beschreibung
Der Experte/die Expertin	Der Experte/die Expertin ist fachlich versiert und wird von seinen Mitarbeitern in fachlichen Fragen zu Rate gezogen.
Der Vertraute/die Vertraute	Zu ihm/ihr kann man mit allen Problemen kommen. Das betrifft berufliche und gelegentlich auch private Fragen.
Der Partner/die Partnerin	Geht mit seinen Leuten durch Dick und Dünn. Er/sie versteht sich überwiegend als Interessenvertretung der Mitarbeiter und Mitarbeiterinnen.
Der Chef/die Chefin	Der Chef/die Chefin sagt, wo es langgeht. Im Zweifel »haut er/sie den Knoten durch« und die Arbeit geht weiter.
Der Kontrollierende/die Kontrollierende	Der Kontrollierende/die Kontrollierende weiß über alles Bescheid und beschafft sich aktiv alle notwendigen Informationen – im Zweifel auch unangekündigt.
Der Vertrauensvolle/die Vertrauensvolle	Den Mitarbeitern/Mitarbeiterinnen wird von der Führungskraft klar vermittelt, dass sie nachhaltiges Vertrauen in alle Arbeitskräfte hat.
Der Berater/die Beraterin (Coach)	Diese Führungskräfte halten sich mit Anweisungen zurück. Der Grundsatz lautet, dass Mitarbeiter und Mitarbeiterinnen auf ihrem Gebiet in aller Regel die meisten Kenntnisse haben.
Der Koordinator/die Koordinatorin	Er/sie koordiniert die verschiedenen Aktivitäten der Mitarbeiter und Mitarbeiterinnen, stellt Verbindungen her, organisiert Besprechungen und moderiert Entscheidungsprozesse, ohne selbst zu bestimmen und zu entscheiden.

Abb. 3: Checkliste für angehende Führungskräfte auf der Grundlage typischer Führungsrollen (modifiziert nach Stelzer-Rothe/Hohmeister 2001, S. 124 ff.)

Ein nicht unwesentlicher Faktor bei der Übernahme von Führungsverantwortung ist die *Akzeptanz* der Geführten. Anders als früher, wo vielleicht der neue Chef oder der Stellvertreter »vorgesetzt« wurde, was sich trefflich in dem Begriff »Vorgesetzter« wiederfindet, ist in aktuellen Unternehmenskulturen normalerweise zu prüfen, ob die »Chemie« zwischen den Mitarbeitern und Führungskraft/Stellvertreter stimmen könnte. Auch hier ist ein hoher Grad an Sensibilität gefordert und im Vorfeld zu klären, wie der eine oder andere Mitarbeiter als Stellvertreter ankommen könnte.

Das ist ein Hinweis darauf, dass auch die Führungskraft selbst, die die bisher dargestellten Entscheidungen trifft, in den Blick genommen werden muss, wenn der Entwicklungsprozess gelingen soll. Sie selbst sollte einen hohen Grad an *Führungskompetenz* mitbringen. Voraussetzung für einen erfolgreichen Entwicklungsprozess des Stellvertreters ist, dass die Führungskraft die Rollen, die oben dargestellt wurden, im Wesentlichen selbst angemessen ausfüllen kann. Keinesfalls ist damit gemeint, dass jede Führungskraft in allen Belangen perfekt sein muss. Jeder hat Stärken und Schwächen. Wer in einer Rolle Schwächen hat, kann sie bis zu einem gewissen Grad durch Stärken in anderen Feldern ausgleichen.

Von entscheidender Bedeutung dürfte die Fähigkeit sein, dass die Beteiligten, also die Führungskraft, der Stellvertreter und eventuell weitere externe Beteiligte des Prozesses (zum Beispiel ein Coach), ein hohes Maß an Feedbackkompetenz bzw. Gesprächskompetenz (Brinkmann 1998, S. 163 ff.) besitzen. Die einschlägigen Regeln, (Stelzer-Rothe 2000, S. 131 ff.) damit *Feedback* und darauf gegebenenfalls aufbauende Verhaltensänderungen überhaupt gelingen können, müssen von den Beteiligten akzeptiert sein und auch tatsächlich angewendet werden.

Sind der Entwicklungsbedarf und die darauf basierenden Maßnahmen im Detail geklärt, sollte im Sinne eines planmäßigen Prozesses ein *Zielvereinbarungsgespräch* durchgeführt werden, in dem die Ziele des Entwicklungsprozesses geklärt und erläutert sowie schriftlich festgehalten werden. Die schriftliche Vereinbarung sollte analog zu einem MbO-Prozess (Führen mit Zielen, vgl. dazu zum Beispiel Stroebe 2003) möglichst operationalisierbare also messbare Ziele enthalten, damit die Zielerreichung später tatsächlich überprüft werden kann. Die genaue Dokumentation des gesamten Prozesses ist wichtiger Bestandteil des Modells, da die Erfahrung lehrt, dass andernfalls ein Abgleiten in Unverbindlichkeit droht.

Zu den allgemeinen Rahmenbedingungen gehört auch die Vereinbarung von *Handlungsvollmachten* des Stellvertreters, der sofort oder nach einer gewissen Zeit bestimmte Entscheidungen treffen können muss. Dies ist nicht nur während der Zeit einer Abwesenheit der Führungskraft aus praktischen Gründen unumgänglich, sondern ist auch Ausdruck eines nach außen getragenen Gewichts einer Stellvertreterposition.

Letztlich sollte ein realistischer *zeitlicher Rahmen* für den Entwicklungsprozess gesteckt werden. Dieser ist genau in den Blick zu nehmen. Im Allgemeinen wird die Entwicklung weniger oder gar nicht in Richtung einer fachlichen Qualifizierung erfolgen, sondern Verhaltenskompetenzen betreffen. Aus diesem Grund ist der Gesamtprozess wohl kaum in weniger als ein bis zwei Jahren zu bewältigen. Der Zeitraum ist sicher sehr individuell, da die Voraussetzungen, die ein Stellvertreter mitbringt, weit auseinander liegen können. Schwer vorstellbar ist, dass der Prozess in wenigen Monaten bereits abgeschlossen werden kann, weil bei erwachsenen und ausgereiften Persönlichkeiten das Verhalten nicht kurzfristig veränderbar ist.

Zu einem guten Prozess gehört *Transparenz*. Deshalb ist die Funktion des Stellvertreters in der Organisation angemessen bekannt zu geben. Dies kann in einer Hauszeitung organisationsübergreifend geschehen und wird in der eigenen Abteilung normalerweise bei einem separaten Treffen den Kollegen des Stellvertreters bekannt gegeben, um das Gewicht der Entscheidung zu signalisieren.

3 Individuelle und bedarfsorientierte Qualifizierung: Phase 2

Für die auf der *Bildungsbedarfsanalyse* aufbauenden tatsächlichen Entwicklungsprozesse stehen grundsätzlich drei Wege zur Verfügung, nämlich Qualifizierung on the Job, Qualifizierung off the Job und Qualifizierung near the Job.

In der Praxis zeigt sich, dass keiner der Wege alleine ausreicht, um den komplexen Anforderungen, die heute an Führungskräfte gestellt werden, gerecht werden zu können. Allgemeine Aussagen zur Mischung der drei Elemente sind naturgemäß nicht möglich, da die individuellen Voraussetzungen zu unterschiedlich sind. Die Präferenzen des Lernenden sollten dabei nicht außer acht bleiben. Der Erfolg von Entwicklungsmaßnahmen hängt sehr davon ab, ob es gelingt, ein auf den Lernenden abgestimmtes *Verfahren* zu gestalten. Wer also gewisse Lernvorlieben hat, zum Beispiel lieber in der Gruppe lernt, sollte auch die Gelegenheit erhalten, wenigstens einen Teil der Ziele in Seminarform zu erarbeiten (Stelzer-Rothe 2005a, S. 10). Der Grundsatz, den die Lernforschung mittlerweile sicher herausgearbeitet hat, lautet, dass nicht alle in der gleichen Zeit mit den gleichen Methoden das Gleiche lernen. Lernen ist ein individueller Prozess. Wer in Bildungsmaßnahmen investiert, sollte dies bedenken, wenn er die Lernforschung ernst nimmt (Stelzer-Rothe 2005b).

In vielen Fällen bietet es sich an, ein planmäßiges Führungskräfteentwicklungsprogramm als begleitendes Maßnahmenbündel zu besuchen. Hier ergibt sich die Möglichkeit, in geschützter Umgebung außerhalb des eigenen Unternehmens die Grundlagen zu erarbeiten, die für die zukünftigen Anforderungen an Führungskräfte wichtig sind. Als Beispiel eines derartigen Seminarangebotes sind im Folgenden einzelne Module aus einem tatsächlichen Angebot genannt und beschrieben, die eine angehende Führungskraft durchlaufen könnte, um die realen Erfahrungen am Arbeitsplatz zu begleiten (Abb. 4).

Seminar	Inhalte
Kommunikation und Kooperation	Gesetzmäßigkeiten von Kommunikation und deren Anwendung; Intention, Verhalten und Wirkung; Gruppenprozesse verstehen und steuern; Dynamik und Rollen im Team; Gesetzmäßigkeiten von Konflikten und der Anwendung; Umgang mit Sympathie und Antipathie; Feedback geben und nehmen; Beobachtung und Wahrnehmung; Selbstreflexion und Persönlichkeitsprofil (die vier Temperamente).
Persönlichkeit und Führung	Rolle als Führungskraft; Ziele vereinbaren; Verantwortung und Kompetenzen delegieren; Ergebnis- und partnerorientiert kontrollieren; Erkennen unterschiedlicher Persönlichkeitsmerkmale und deren Bedeutung für Führungsverhalten; Einflussfaktoren des eigenen Führungsverhaltens (Werte und Einstellungen); Analyse und Reflexion des individuellen Verhaltens und Führungsstils.
Führen mit Zielen	Unternehmensstrategie mittels Zielvereinbarung umsetzen; effiziente Steuerung des Zielvereinbarungsprozesses; Ziele vereinbaren im Zweier- und Gruppengespräch; Zielvereinbarungen im Zusammenhang mit anderen Führungsinstrumenten nutzen.

Seminar	Inhalte
Konflikt und Widerstand – Risiken und Chancen	Konfrontationen und Provokationen in der Gruppe; Konfliktpartner (Kollegen, Führungskräfte, privater Bereich); Formen des Konfliktverhaltens und deren Wirkung; Lösung von Konflikten und Muster von Vertrauen und Kontakt; Stellenwert von Konflikten im Arbeitsumfeld.
Mitarbeitergespräche lösungsorientiert führen	Wechselwirkung zwischen Kommunikation, Motivation und Leistung; typische Fehler im Mitarbeitergespräch vermeiden; Umgang mit Emotionen; »Leitfäden« für die verschiedenen Anlässe (gute Leistungen anerkennen und halten, schlechte Leistungen verbessern); konkretes Fehlverhalten ansprechen; das Gehaltsgespräch; Krankheit als Gesprächsanlass.
Betriebswirtschaftliche Grundlagen	Ziele von Unternehmen; Budgetierung und Planung; externes und internes Rechnungswesen; Interpretation von Bilanz und Gewinn- und Verlustrechnung.

Abb. 4: Beispiele für Seminarangebote der individuellen und bedarfsorientierten Qualifizierung off the Job (modifiziert o.V. 2005)

Wichtig ist, dass in dem nicht geregelten Markt von Anbietern externer Bildungsmaßnahmen sinnvolle *Qualitätsmaßstäbe* angesetzt werden. Als Indiz für die Qualität der Maßnahmen können grob folgende Kernkriterien genannt werden (Abb. 5).

Bei der Auswahl eines externen *Anbieters* sollten alle Fragen mit ja beantwortet werden können, um auszuschließen, die beträchtlichen *Kosten*, die die Weiterbildungsmaßnahmen heute verursachen, zu vergeuden. Außer mit dem Ertragsausfall, der durch die Teilnahme an einem Seminar bewirkt wird und häufig vergessen wird, ist mit durchschnittlich 500 bis 1000 Euro Kosten für einen qualifizierten Seminartag zu rechnen. Nach oben sind keine Grenzen gesetzt. Je höher die Kosten, umso kritischer sollte der Blick auf das Seminar ausfallen. Spezialwissen kann sehr teuer sein. Für Standardthemen fünfstellige Seminarkosten zu investieren ist ganz sicher unnötig. Tages-»Seminare«, bei denen die Teilnehmer bei ansehnlichen Teilnahmegebühren mit überladenen Bildschirm-Shows acht Stunden »bombardiert« werden, sind aus lerntheoretischer Sicht fast (!) überflüssig.

Besondere Vorsicht sollte in den Fällen geübt werden, in denen Seminaranbieter mit zweifelhaftem oder unklarem Hintergrund tätig werden. Das gilt zum Beispiel für alle Seminare, die etwas mit der sogenannten Scientology-»Kirche« oder ähnlichem zu tun haben. Sehr aufschlussreich sind in diesem Zusammenhang die Ausführungen von Schwertfeger (1998, siehe die dort genannten Hinweise auf einzelne Anbieter), die deutlich machen, dass der Markt für Seminare durchaus Tücken aufweisen kann. Im Zweifel ist eine Referenzliste anzufordern und der Qualität der Maßnahmen durch gezieltes Nachfragen bei Teilnehmern auf den Grund zu gehen.

Kriterium	Erläuterung
Seminarleitung	- Verfügt die Seminarleitung über eine angemessene Ausbildung/ein einschlägiges Studium/eine kontinuierliche Weiterbildung?
Transparenz	- Werden insbesondere die eingesetzten Methoden vor dem Training transparent? - Darf man Dritten von den Methoden des Seminars berichten?
Seminarmethoden	- Werden Teilnehmer lerntheoretisch fundiert und aktiv in das Lehr-Lerngeschehen einbezogen?
Seminarunterlagen	- Werden aussagekräftige und fachlich zutreffende Unterlagen angeboten, die nach dem Seminar als Lernhilfe dienen können? - Sind die Unterlagen anschaulich und angemessen umfangreich? - Werden Ansprechpartner für weiterführende Fragen genannt?
Lernerfolgskontrollen	- Sind Lernzielkontrollen in das Seminargeschehen eingebaut? - Passt die Art der Lernerfolgskontrolle zum angestrebten Lernziel?
Transfersicherung	- Werden Teilnehmer angehalten, selbstständig oder mit Anleitung einer Führungskraft für einen angemessenen und verbindlichen Transfer der Seminarinhalte in die Praxis zu sorgen?
Hintergrund des Anbieters	Bestehen keine (!) Verbindungen zu zweifelhaften Gruppierungen der Seminarszene (zum Beispiel zur Scientology-»Kirche«)?

Abb. 5: Checkliste der Kernkriterien zur Beurteilung externer Bildungsanbieter

Die Qualifizierung on the Job wird am Arbeitsplatz selbst durchgeführt. Wichtig ist, dass der Stellvertreter zunächst in kleinerem Maße und dann in größerem Umfang Führungsaufgaben bewältigen muss. Dabei ist grundsätzlich an alle Facetten der Führung zu denken. Am Anfang stehen hier zunächst die einfachen und weniger komplexen Aufgaben. Das kann zunächst die Vorbereitung und Aufstellung einer Urlaubsplanung für die Abteilung sein, die wohlüberlegt und sensibel mit den Mitarbeitern besprochen werden sollte. Anspruchsvollere Aufgaben wie etwa die Durchführung von Beurteilungsgesprächen sollen im ersten Schritt als Hospitant beobachtet werden, dann zusammen mit der Führungskraft durchgeführt werden und schließlich in die eigenständige Durchführung münden.

Begleitet wird der Prozess durch ein qualifiziertes *Feedback* der Führungskraft an seinen Stellvertreter. Mindestens halbjährlich sollten Entwicklungs- und Fördergespräche durchgeführt werden, in denen Ziele und bereits Erreichtes verglichen werden können. Aus besonderem Anlass sollten weitere Gespräche die Entwicklung unterstützen. Das könnte der Fall sein, wenn ein aktuelles Geschehen in der Abteilung dazu einlädt, die Dinge etwas genauer in den Blick zu nehmen. Das wäre zum Beispiel ein Konflikt innerhalb der Abteilung, der mit dem Stellvertreter besprochen wird, um anschließend alternative Vorgehensweisen gegeneinander abzuwägen. Die Begleitung, die hier von der Führungskraft geleistet wird, geht dabei gleitend in einen *Mentoring-Prozess* über. Darunter ist im weitesten Sinne die Betreuung eines Mitarbeiters durch einen ranghöheren Mitarbeiter zu verstehen, der nicht unbedingt der eigene Vorgesetzte sein muss (Becker 2003, S. 351 f.). Voraussetzung eines geglückten Mentoring-Prozesses ist die Qualität der jeweiligen Führungsperson, was bedeutet, dass nicht jede Führungskraft dafür in Frage kommt.

Ergänzt oder ersetzt werden kann ein Mentoring durch ein gezieltes externes *Coaching* (Loos 1997, Donnert 1998). Kurz gesagt wird dem Stellvertreter hier ein Ansprechpartner zur Seite gestellt, der ihm als Sparringspartner zur Verfügung steht. Im Vordergrund der Beratung stehen beim Coaching (Qualifizierung near the Job) häufig Wahrnehmungsblockaden, die Initiierung der Selbstorganisation oder eben Führungsfragen am Arbeitsplatz. Typisch für den Coach ist, dass er Fragen stellt und der »Coachee« im günstigen Fall selbst Lösungen findet.

Sollte ein externer Coach in das Geschehen miteinbezogen werden, ist darüber hinaus zu prüfen, ob die Vorstellungen des Coach und die des Unternehmens zusammenpassen. Wichtig ist, dass in Maßen ein Abgleich von Leitbildern erfolgt. Nicht selten wird ein abgehobenes Coaching außerhalb des in dem jeweiligen Unternehmen Machbaren praktiziert. Der Coachee wundert sich dann, warum die guten Ideen des Coach oder die, die er selbst entwickelt hat, gar nicht funktionieren oder sogar zu verstärkten Konflikten führen. Hier sind am Anfang des Prozesses, jenseits durchaus gewünschter neuer innovativer Impulse durch das Coaching, Abstimmungsgespräche über Inhalte und Werte nötig. Darüber hinaus gilt auch hier, dass Coach und Coachee zusammenpassen müssen. Ein Coachee sollte sich den Coach selbst wählen dürfen. Andere Modelle führen nicht selten zu unnötigen Konflikten.

4 Reflexion und Entscheidung über das weitere Vorgehen: Phase 3

Eine für beide Seiten besonders sensible Phase wird am Ende des geplanten Entwicklungsprozesses erreicht. Hier geht es darum, zuverlässig, objektiv (also unabhängig vom Beurteiler) und messgenau die Frage zu entscheiden, ob der Stellvertreter die gesteckten Ziele erreicht hat und in Zukunft eine gute Führungskraft sein wird. Theoretisch ist das Problem leicht zu lösen. Wenn die Bildungsbedarfsanalyse zutreffend war, die der Analyse zu Grunde liegenden Annahmen über die zu erreichenden Ziele stimmen und ausreichend Beobachtungen zum Verhalten vorliegen, kann eine *Entscheidung* zielgenau erfolgen. Voraussetzung dafür ist, dass die betreuende Führungskraft die Beobachtungen exakt dokumentiert hat und diese den einzelnen Kompetenzbereichen einer Führungskraft zuordnen kann. Die Führungskraft wird also alle Informationen aus den einzelnen Qualifizierungselementen zusammenführen und auswerten. Falls Informationen und Beurteilungen von verschiedenen Personen gesammelt werden sollen, die an dem Prozess beteiligt waren, ist zu empfehlen, sich zunächst unabhängig voneinander ein Urteil zu bilden, um sich nicht gegenseitig zu beeinflussen. Die ablaufenden Prozesse ähneln denen, die bei »üblichen« Beurteilungen erfolgen und stellen insofern keine wirklich neuen Anforderungen an die durchführende Führungskraft (vgl. zum Beurteilungvorgang Stelzer-Rothe/Hohmeister 2001, S. 131 ff.).

Im Zusammenhang mit der prognostischen Dimension des Entwicklungsmodells sind neuere Forschungen zur Veränderung der Lernfähigkeit durch Personalentwicklungsmaßnahmen interessant (Stangel-Meseke 2005, S. 325 ff.). Gegenstand einer gesonderten Betrachtung könnte demnach die Lernfähigkeit des Stellvertreters sein. Dabei spielt die grundsätzliche Ausprägung und die Veränderung im Zeitablauf eine wichtige Rolle. Dabei ist daran zu denken, dass auch in Zukunft häufig Veränderungen auf Führungskräfte zukommen werden und ein stetiges Hinzulernen gegeben sein muss, wenn die zukünftigen Anforderungen erfüllt werden sollen. Die aktuellen Hinweise aus der Forschung sprechen vorsichtig dafür, dass die konkrete und realistische Situation, in der sich der Stellvertreter häufig befindet, aus diagnostischer Sicht ein hochinteressantes und förderliches Element des Prozesses ist (Stangel-Meseke 2005, S. 74).

Auch die im Modell beabsichtigte regelmäßige *Feedback-Situation* scheint günstig, um eine Veränderungsbereitschaft und Veränderungsfähigkeit zu testen. Vom Ablauf her gesehen ist es förderlich, am Ende des Gesamtprozesses zunächst eine eigene Bewertung durch den Stellvertreter vornehmen zu lassen und diese mit der der Führungskraft abzugleichen. Daran anschließend erfolgt eine abschließende Beurteilung mit der Entscheidung über weitere Verwendungen im Unternehmen. Dabei sind zusätzliche Entwicklungsmaßnahmen ohne weiteres denkbar. Ebenfalls nicht abwegig ist, eine weitere Stellvertreterstelle einzunehmen oder die Stellvertreterzeit zu verlängern. Sicher ist der Gesamtzeitraum, den ein Unternehmen für die Entwicklung des Führungskräftenachwuchses vorsieht, aus wirtschaftlichen Gründen begrenzt. Insgesamt scheint es in der Praxis kaum denkbar, den gesamten Zeitraum auf mehr als drei Jahre auszudehnen.

Schwierig kann es sein, wenn die langfristige Führungsfähigkeit nicht festgestellt wird. Die Unternehmen sind in diesen Fällen gut beraten, sich um eine angemessene weitere Verwendung verdienter und an sich leistungsfähiger Mitarbeiter zu kümmern. Leider wird dies in der Praxis nicht selten vernachlässigt, und die innere und später auch tatsächliche Kündigung dieser Mitarbeiter ist die Folge.

5 Reale Situationen

In der ersten Phase der Entwicklung eines Stellvertreters ist vor allem auf eine exakte Analyse der bereits vorhandenen (Führungs-)Voraussetzungen, auf eine fundierte Bildungsbedarfsanalyse mit klar formulierten Entwicklungszielen und auf einen hohen Grad an Transparenz und Verbindlichkeit der Maßnahmen für alle Beteiligten zu achten.

Bei der Durchführung von individuellen und bedarfsorientierten Qualifizierungsmaßnahmen kommt es vor allem auf zwei Dinge an: Auf die lerner- und zielorientierte Mischung der Maßnahmen und auf die Qualität derjenigen, die intern oder extern in den Qualifizierungsprozess eingeschaltet werden.

Ein auf einer zutreffenden Analyse beruhender Entwicklungsprozess mit einer sorgfältig durchgeführten Beobachtung des Stellvertreters mündet in der abschließenden Phase in eine fundierte und gut begründbare Entscheidung über die weitere

Verwendung des Mitarbeiters. Sie erspart normalerweise weitere aufwändige Auswahlprozesse, die, wie zum Beispiel das Assessment Center, eher künstliche Situationen herstellen, um etwas nachzustellen, was beim Entwicklungsmodell des Stellvertreters naturgemäß eingebaut ist.

Literatur

Becker 2002: Becker, F.J.: Lexikon des Personalmanagements, 2. Auflage, München 2002.
Brinkmann 1998: Brinkmann, R. D.: Vorgesetzten-Feedback, Rückmeldung zum Führungsverhalten, Heidelberg 1998.
Donnert 1998: Donnert, R.: Coaching die neue Form der Mitarbeiterführung, Würzburg 1998.
Heckhausen 1989: Heckhausen, H.: Motivation und Handeln, 2. Auflage, Berlin 1989.
Herzberg 1972: Herzberg, F. H.: Work and the Nature of Man, 3. Auflage, London 1972.
Loos 1997: Loos, W.: Unter vier Augen: Coaching für Manager. 4. Auflage 1997, Landsberg/L. 1997.
Spitzer 2002: Spitzer, M.: Lernen, Berlin 2002.
Stangel-Meseke 2005: Stangel-Meseke, M.: Veränderung der Lernfähigkeit durch innovative Konzepte der Personalentwicklung: Das Beispiel Lernpotential-Assessment-Center, Wiesbaden 2005.
Stangel-Meseke/Hohoff 2002: Stangel-Meseke, M. und Hohoff, U.: »Psychologische Grundlagen der Personalarbeit«, in: Stelzer-Rothe, T. (Hrsg.): Personalmanagement für den Mittelstand, Heidelberg 2002, S. 40–78.
Stelzer-Rothe 2000: Stelzer-Rothe, T.: Vortragen und Präsentieren im Wirtschaftsstudium: Professionell auftreten in Seminar und Praxis, Berlin 2000.
Stelzer-Rothe 2005 a: Stelzer-Rothe, T.: »Lernen im Jahre 2020«, in: Wirtschaft und Berufserziehung, Heft 07/2005, S. 8–12.
Stelzer-Rothe 2005 b: Stelzer-Rothe, T.: »Befunde der Lernforschung als Grundlage des Hochschullehrens und -lernens«, in: Stelzer-Rothe, T. (Hrsg.): Kompetenzen in der Hochschullehre: Rüstzeug für gutes Lehren und Lernen an Hochschulen, Rinteln, im Druck.
Stelzer-Rothe/Hohmeister 2001: Stelzer-Rothe, T. und Hohmeister, F.: Personalwirtschaft, Stuttgart u. a. 2001.
Stelzer-Rothe/Kaneko 2002: Stelzer-Rothe, T. und Kaneko, H.: »Grundlagen der Führung«, in: Stelzer-Rothe, T. (Hrsg.): Personal-Management für den Mittelstand, Heidelberg 2002, S. 147–188.
Stroebe 2003: Stroebe, R. W. 2003: Führungsstile: Management by objectives und situatives Führen. 7. Auflage, Heidelberg 2003.
Schwertfeger 1998: Schwertfeger, B.: Der Griff nach der Psyche, 3. Auflage, Frankfurt/M.; New York 1998.
O. V. 2005: WestLB Akademie Schloss Krickenbeck: Die Seminare 2005, o. O. 2005.

E.9 Versetzung und Beförderung

Hans-Georg Dahl[*]

1   Klassische Instrumente

2   Schnittstelle zwischen Personalentwicklung und -planung

3   Versetzung und Beförderung – Personalplanung oder Zufallsgenerator?
    3.1   Fragen und Gefahren
    3.2   Personalplanung als strategische Aufgabe
    3.3   Vakanzenplanung
    3.4   Planvolle Auswahl und Entwicklung von Mitarbeitern auf Vakanzen
    3.5   Ungeplante Besetzung durch Versetzung und Beförderung

4   Umstrukturierungen und planvolle Versetzungs- und Beförderungspolitik
    4.1   Phantasie ist gefragt
    4.2   Auswirkung von Übernahmen und Fusionen auf den Beförderungs- und Besetzungsprozess
    4.3   Interne Umstrukturierungen und Personalabbau

5   Verschlankung der Hierarchien – Versetzung ersetzt Beförderung

6   Job Enlargement, Job Enrichment und Job Rotation contra hierarchischer Aufstieg

7   Herausforderung an die Personalentwicklung durch Versetzung und Beförderung

---

[*] Hans-Georg Dahl ist seit 2008 Leiter der Hauptabteilung Personal und Organisation der ESWE Versorgungs AG (Stadtwerke) der Landeshauptstadt Wiesbaden. Nach Jura-Studium, Referendarzeit und Tätigkeit in der Arbeitsverwaltung trat er 1988 in den Dresdner-Bank-Konzern ein. 1990 und 1991 begleitete er die arbeits- und sozialrechtliche Integration eines Teils der Staatsbank der DDR in den Konzern. Danach lag der Schwerpunkt seiner Tätigkeit im Betriebsverfassungsrecht sowie in der arbeits- und sozialrechtlichen Betreuung. Ab 1999 war er als Personalleiter der Dresdner-Bank-Immobiliengruppe tätig, von 2002 bis 2003 in derselben Funktion für die Allianz-Dresdner Immobiliengruppe. Von 2003 bis 2007 war er im Konzern der Gothaer Versicherungsgruppe als Personalleiter für mehrere Unternehmen tätig, darüber hinaus zunächst für die Hauptverwaltung Köln zuständig und anschließend als Leiter des Bereichs HR-Grundsatzfragen, Arbeitsrecht und Soziales für den Gesamtkonzern. Er ist als Rechtsanwalt zugelassen und seit 1997 ehrenamtlicher Richter bei verschiedenen Arbeits- und Sozialgerichten. Seit 2004 hat er den Vorsitz eines kirchlichen arbeitsrechtlichen Vermittlungsausschusses im Bistum Limburg inne. Er kann auf Veröffentlichungen sowie Vorträge und Seminare zu personalwirtschaftlichen und arbeitsrechtlichen Themen und seinen Lehrauftrag an der Hochschule Pforzheim verweisen.

8 Nutzen von Versetzung und Beförderung für den Mitarbeiter

9 Versetzung und Beförderung verbunden mit finanzieller Verbesserung des Mitarbeiters

10 Nach wie vor wichtig

Literatur

1 Klassische Instrumente

Die *Versetzung* und *Beförderung* von Mitarbeitern gelten als klassische Instrumente der Personalentwicklung. Doch diese Instrumente können nur nutzvoll eingesetzt werden, wenn der Bedarf des Unternehmens, zu einem bestimmten Zeitpunkt eine vakante Stelle mit einem geeigneten Mitarbeiter zu besetzen, mit den Fähigkeiten und persönlichen Vorstellungen des Kandidaten möglichst zeitgenau weitgehend übereinstimmen. Dies bedeutet, dass im optimalen Fall eine freie Stelle vorhanden ist, auf die der Mitarbeiter über einen längeren Zeitraum durch begleitende Maßnahmen gezielt hin entwickelt wurde und auf die er dann bei entsprechendem betrieblichen Bedarf versetzt bzw. befördert werden kann. Damit erreicht das Unternehmen einen betriebswirtschaftlich optimalen Einsatz des Mitarbeiters und für diesen ergibt sich eine logische Weiterentwicklung in seiner Karriere.

2 Schnittstelle zwischen Personalentwicklung und -planung

Die Personalverantwortlichen im Unternehmen sollten eine möglichst hohe Übereinstimmung zwischen dem prognostizierten mittel- und langfristigen Personalbedarf einerseits sowie der gezielten und geplanten Entwicklung und Förderung von Mitarbeitern zur zeitnahen Besetzung der jeweils entstehenden vakanten Positionen andererseits anstreben.

Die Personalentwicklung über Versetzungen und Beförderungen ist dabei ein Mittel, mit dem dieses erreicht werden kann. Als *Vorteile* einer solchen Bedarfsdeckung durch interne Personalentwicklung sind anzusehen
- die gezielte Beobachtung und Auswahl des für eine solche Position geeigneten Mitarbeiters über einen längeren Zeitraum,
- die Mitarbeiterbindung und -motivation durch aufgezeigte Entwicklungsperspektiven,
- ersparte externe Recruitingkosten und
- eine geringe Zahl zeitweise unbesetzter Stellen durch Beachtung der Kündigungsfristen von vom Markt rekrutierten Mitarbeitern.

Als *Nachteil* ist in erster Linie zu nennen
- die Gefahr der »Betriebsblindheit« der neuen Stelleninhaber aufgrund längerer Tätigkeit im Unternehmen.

So wünschenswert es ist, geeignete Mitarbeiter durch die Zusage oder Aussicht der Entwicklung an das Unternehmen zu binden, so negativ kann sich dies auswirken, wenn es die einzige Methode der Besetzung freier Stellen im Unternehmen ist. Diese Gefahr wird allerdings dadurch relativiert, dass es wohl kaum einem Unternehmen gelingen dürfte, alle erkannten Potenzialträger über einen längeren Zeitraum bis zur beiderseitigen Wunschbesetzung zu entwickeln. Als Regularium tritt in erster Linie der Markt ein, durch den solche entwicklungsfähigen Mitarbeiter z. B. abgeworben werden. Darüber hinaus ist es nahezu unmöglich, dass immer der geeignete Mitarbeiter zur Verfügung steht, wenn die Vakanz eintritt. Mitarbeiter, die eine entsprechende Förderung im Unternehmen erfahren, werden entsprechend oft von Konkurrenten und Personalberatern umworben, da sie in der Regel zu den Leistungsträgern zählen.

Der Begriff »Personalentwicklungsplanung« zeigt die Verbindung zwischen der Personalentwicklung geeigneter Mitarbeiter und der Personalplanung des Unternehmens auf. Dabei ist die Personalplanung als gedankliche Vorwegnahme des zukünftigen Personalgeschehens im Unternehmen zu verstehen, die einen mittel- bis langfristigen Horizont umfasst und u.a. den optimalen Einsatz der Mitarbeiter in der Zukunft durch Kenntnis der Stellenanforderung und Mitarbeiterqualifikation betrachtet (Olfert 2005, S. 61 ff., Kapitel F.1 dieses Buches). Die Personalentwicklung wird als ein Weg der innerbetrieblichen Personalbeschaffung betrachtet, mit dem ein künftiger Bedarf an qualifizierten Arbeitnehmern gedeckt werden kann (Olfert 2005, S. 109). Ziel ist es also, aus dem Gesamtpool der Mitarbeiter eines Unternehmens systematisch Mitarbeiter zu identifizieren und zu entwickeln, damit sie unter Verbesserung der Fach und Persönlichkeitskompetenz durch interne Versetzung und Beförderung die angestrebte Position ausfüllen werden können.

3 Versetzung und Beförderung – Personalplanung oder Zufallsgenerator?

3.1 Fragen und Gefahren

Lassen Entwicklungen wie die Globalisierung mit ihren immer schnelleren Informations-, Geld- und Warenströmen noch eine Personalentwicklung unter Berücksichtigung von planvollen Versetzungen und Beförderungen zu? Können Unternehmen noch eine gezielte und für die Mitarbeiter motivierende Entwicklung betreiben, die beiden Parteien ein vertretbares Maß an Sicherheit gibt? Oder besteht in Zeiten kurzfristig durchgeführter Fusionen und Übernahmen, Liquidationen und Arbeitsplatzverlagerungen ins Ausland überhaupt nicht mehr die Möglichkeit, planvoll und zielgerichtet Mitarbeiter entsprechend zu entwickeln? Kann eine im Sinne ernsthafter Personalplanung durchgeführte Beförderung in Zeiten hektischen Strategiewechsels statt »nach oben« in die Sackgasse führen?

Die Fragen zeigen die *Gefahr* auf, dass Versetzungen und Beförderungen nicht mehr das Produkt einer strategischen, am Interesse des Unternehmens ausgerichteten Personalentwicklung sind, sondern vielmehr dem Zufallsgenerator entspringen. Derjenige, der z.B. zufällig aus dem übernehmenden Unternehmen stammt, wird auf die neue Führungsposition, entstanden aus den beiden Fachbereichen der fusionierten Unternehmen, befördert. Derjenige, der seine Karriere mit privater Lebensplanung verbunden und seinen Lebensmittelpunkt im Vertrauen auf eine langfristige Personalplanung auf den Standort seines Arbeitgebers regional abgestimmt hat, sieht sich auf einmal im Dilemma, seine Immobilie zu verkaufen oder eine Wochenendbeziehung zu pflegen. Ist er hierzu nicht bereit, so wird die Personalplanung an ihm vorbeigehen. Andere werden statt seiner versetzt oder befördert werden.

Nicht mehr der geeigneteste, über mehrere Stufen entwickelte Mitarbeiter wird den Platz einnehmen, sondern derjenige, der zum richtigen Zeitpunkt mit dem »richtigen Stallgeruch« an der richtigen Stelle ist (Dahl 2003, S. 34 ff.).

Für Mitarbeiter, die Karriereziele verfolgen, besteht damit die Anforderung, in zunehmendem Maße flexibel zu sein. Die Anschaffung eines Hauses will gut überlegt sein; die Bindung an ein Unternehmen, mit der eine kontinuierliche persönliche Entwicklung verbunden sein sollte, kann sich als Hemmnis für die persönliche Weiterentwicklung herausstellen.

3.2 Personalplanung als strategische Aufgabe

Tatsächlich ist es so, dass Personalplanung – und hier vor allem die Aspekte von Beförderung und Versetzung – in der Praxis in den letzten Jahren immer schwerer geworden sind. So wurden z. B. im Finanzdienstleistungssektor manche Karrieren, die in einem Unternehmen steil nach oben führten und kontinuierlich durch folgerichtige Beförderungen entwickelt wurden, jäh im Strudel einer Unternehmensübernahme beendet. Nicht mehr die »alte« *Personalentwicklungsplanung* entschied über die weitere Karriere, sondern der *neue Eigentümer*, der eine andere Kultur ins Unternehmen tragen oder ganz einfach bestehende Netzwerke (u. a. die Folge einer gezielten Personalentwicklung durch Versetzung und Beförderung) zerschlagen wollte.

Doch dies entspricht nicht dem Auftrag, die Personalplanung weiterhin als strategische Aufgabe im Unternehmen zu sehen und eine gezielte Beförderungs- und Versetzungspolitik zu betreiben, denn eine Alternative hierzu erscheint schwer vorstellbar. Schließlich bedarf es gerade in den unsicheren, durch schnelle Entwicklungen geprägten Zeiten, motivierter und ehrgeiziger Mitarbeiter, um ein Unternehmen zu tragen. Dieses ist vorteilhaft nicht nur für die Shareholder sondern für alle am Unternehmen beteiligten Gruppen – die Stakeholder. Voraussetzung hierfür ist eine zumindest mittelfristige Unternehmensstrategie, die es den Personalverantwortlichen ermöglicht, Mitarbeiter in wichtige Positionen zu entwickeln bzw. eine solche Entwicklung zu planen und den entsprechenden Kandidaten auch die notwendige Sicherheit für ihren weiteren Weg zu geben. Dabei sollten die sich schnell ändernden unternehmerischen Rahmenbedingungen nicht als Entschuldigung herhalten, eine an Unternehmenszielen ausgerichtete Personalplanung nicht zu betreiben, denn ein strategieloses Unternehmen wird kurzfristigen Trends immer hinterherlaufen, es wird keine Selektion und Konzentration der Geschäftsfelder vornehmen und somit seine Identität verlieren. Wenn dies für die Produkte oder Dienstleistungen gilt, so ist dies auch für die Personalentwicklung richtig. Nur in einem Unternehmen mit Strategie und Visionen werden aufgrund des Wissens, »wohin es gehen soll«, Mitarbeiter auf die Positionen entwickelt, die das Unternehmen nach vorne tragen. Dabei soll aber nicht ignoriert werden, dass in Umbruchzeiten, wie sie die deutsche Wirtschaft seit einiger Zeit durchlebt, Unternehmensziele von Führungskräften und Mitarbeitern oft schwer zu vermitteln sind bzw. – so vorhanden – von der Geschäftsleitung nicht klar genug vermittelt werden. Vielmehr steht häufig in der Kommunikation die Reduktion von Verwaltungs-, Produktions- und sonstigen Kosten im Vordergrund. Wohin das Unternehmen will, wird oft nicht dargelegt – nur, dass bilanzielle Kennzahlen durch Aufwandsreduktionen verbessert werden sollen. Tatsächlich ist es in solcher Situation schwierig eine verantwortungsvolle Personalentwicklung zu betreiben (Abb. 1).

Die »klassische« Personalentwicklung im unternehmerischen Gesamtkonzept

→ aus der Gesamtstrategie leiten sich die einzelnen Unternehmensziele ab

→ aus den Unternehmenszielen ergibt sich die Personalbedarfsermittlung

→ aus der Personalbedarfsermittlung ergeben sich die Personalanentwicklungsmaßnahmen

Vision/ Unternehmensstrategie mittelfristig

Unternehmensziele 1–2 Jahre
1 2 3

Personalbedarfsermittlung
1 3

Personalentwicklungsmaßnahmen
1a 1b 1c 1d

Abb. 1: Unternehmensstrategie und Personalentwicklung

3.3 Vakanzenplanung

Die *Vakanzenplanung* ist Voraussetzung und Spiegelbild einer Personalentwicklung mit Hilfe von Versetzung und Beförderung. Nur wenn eine möglichst genaue Vorstellung davon besteht, welche Positionen in einem Zeitraum von ca. zwei Jahren zur Verfügung stehen, kann ein Unternehmen die identifizierten Potenzialträger entsprechend entwickeln. Auch hier stellt sich das Problem zunehmender Veränderungsgeschwindigkeit und -richtung. Bis in die neunziger Jahre des vorigen Jahrhunderts konnte noch gezielt mittelfristig auf die Neubesetzung von Positionen geplant werden, die durch den Altersabgang der ersten Nachkriegsgeneration in einem stabilen Umfeld der »Deutschland AG« langfristig vorhersehbar war. Im Zuge der weltweiten Vernetzung fallen seit Beginn des neuen Jahrtausends auch im Dienstleistungsgewerbe zunehmend Arbeitsplätze fort. Dies bezieht sich auch auf Positionen im mittleren Management – dem traditionellen Gebiet einer Personalplanung durch Versetzung und Beförderung. Damit steigen auch die Anforderungen an die verantwortlichen Personalplaner. Sie sind nicht mehr länger Verwalter bestehender (Arbeitsplatz)ressourcen, sondern müssen *Entwicklungen und kurzfristige Trends* antizipieren und erkennen, ob aus dem Portfolio der im Unternehmen vorhandenen entwicklungsfähigen Mitarbeiter der Bedarf entwickelt werden kann oder ob Besetzungen vom Markt vorgenommen werden müssen. Dies hat in enger permanenter Abstimmung mit der Geschäftsleitung und den für die Unternehmensplanung zuständigen strategischen Abteilungen (Controlling, Organisation) zu erfolgen. Dabei ist stets die Möglichkeit kurzfristiger unterjähriger Personalbedarfsanpassung zu sehen (Abb. 2).

Die ordentliche Personalbedarfsermittlung im Budgetjahr

- Unternehmensstrategie
- finanzielle Ressourcen
- Markterfordernisse
- kurzfristige Schwerpunkte
- Umsetzung der unternehmerischen Entscheidung

Investitionsplanung / Budgetentscheidung / Stellenbesetzung gem. Budget

- Gesamt-Finanzplanung
- zukünftige Markterfordernisse
- mittelfristiger Korrekturbedarf
- kurzfristige Korrektur
- Feststellung Mehr-/Minderbedarf

Abb. 2: Personalplanung und Personalanpassung im Laufe eines Jahres

Damit steigen die Anforderungen an die Personalplanung. Die hiermit Beschäftigten müssen den Markt – und nicht nur den Personalmarkt – aktuell beobachten. Sie müssen Trends frühzeitig erkennen und in Abstimmung mit den Fachabteilungen ihre Planung kurzfristig ändern können.

Bei der Vakanzenplanung sind die *Nachfolgeplanung* und die Planung für neuzuschaffende Stellen zu unterscheiden (Kapitel F.1 dieses Buches).

Die Nachfolgeplanung erfolgt durch die Veränderungsermittlung. Hier werden bekannte Austritte, Versetzungen, Beförderungen und Pensionierungen erfasst. In der nachfolgenden Alternativenermittlung werden dann die zur Verfügung stehenden Kandidaten nach den Kriterien Ausbildung, Erfahrung, Persönlichkeit und Beurteilung betrachtet. Sie mündet zuletzt in die Besetzungsentscheidung (Olfert 2005, S. 94) bzw. in eine Rekrutierung vom Arbeitsmarkt.

Diese eher traditionelle Planungsvariante geht vom Bild deutscher Unternehmen in der zweiten Hälfte des vorigen Jahrhunderts aus, geprägt durch stetiges Wachstum, hohe Mitarbeiterbindung und relativ statische Organisationseinheiten. Sie wird deshalb zunehmend an Bedeutung verlieren. Stattdessen tritt die Planung für kurzfristig neuzuschaffende Stellen mehr in den Vordergrund. Dies bedingt jedoch, den Focus in der Personalentwicklung mehr auf *Mitarbeiter* zu legen, die neben Fachwissen über ein möglich *breites Basiswissen* verfügen. Nicht mehr der absolute Fachmann wird überwiegend für Führungspositionen gebraucht, sondern derjenige mit breitem Fachwissen sowie ausgeprägten sozialen – und Führungsqualitäten. Damit stellen sich zunehmen auch neue Anforderungen an die zu fördernden Mitarbeiter. Sie müssen sich nicht nur in fachlichen Fragen weiterbilden. Auch die Sozialkompetenz, Methodenkompetenz und Persönlichkeitskompetenz (inklusive emotionale Intelligenz) muss weiter ausgebildet werden, soll eine interne Besetzung durch Beförderung oder Versetzung auf Dauer erfolgreich sein.

3.4 Planvolle Auswahl und Entwicklung von Mitarbeitern auf Vakanzen

Wie sieht unter den geänderten Bedingungen eine Personalentwicklung durch Versetzung und Beförderung aus?

Wenn der Personalentwickler nicht weiß, welche Qualifikationen mittelfristig im Unternehmen benötigt werden und welche Beförderungsstellen hierfür zur Verfügung stehen, so muss er bei der Auswahl und Entwicklung von Mitarbeitern neben einer soliden fachlichen Ausbildung zunehmend auf das bereits angesprochene breite *Kompetenzprofil* achten. Ein Blick auf die entsprechenden Homepages der Unternehmen zeigt denn auch, dass die Anforderungsprofile sehr allgemein gehalten sind. Die fachlichen Anforderungen verlieren zugunsten allgemeiner Erfordernisse wie »Durchdringung von Gesamtzusammenhängen der Prozeßinhalte, Verbesserung der internen Kommunikation und Zusammenarbeit und Erhöhung der Kundenzufriedenheit« (www.wincor-nixdorf.com) an der dominierenden Bedeutung. Damit soll nicht gesagt werden, dass Fachwissen gar nicht mehr im Focus steht. Dieses wird vielmehr als selbstverständlich vorausgesetzt; Versetzungen und Beförderungen werden aber zunehmend nur die Mitarbeiter erfahren, die zusätzlich die oben genannten Fähigkeiten besitzen.

Vor dem Hintergrund der demographischen Entwicklung in Deutschland wird es immer schwerer werden, geeignete Nachwuchskräfte zu finden, an das Unternehmen zu binden und eine kontinuierliche individuelle Entwicklung darzustellen. Längst wurde der so genannte »*War of Talents*« ausgerufen (Jäger/Jäger 2004, S. 11 ff.). Mit ausgefeilten Methoden wird versucht, die »High-Performer« unter den Jung-Akademikern zu rekrutieren, sie in das Unternehmen zu bringen und ihnen dort Karrierewege aufzuzeigen (Werle 2004).

Doch das Angebot ist beschränkt und heiß umkämpft. Schon immer haben Unternehmen versucht, die »Besten der Besten« für sich zu gewinnen. Diese (*vermeintliche*) *Elite* ist aber möglicherweise gar nicht die Klientel, die durch Versetzungen und Beförderungen kontinuierlich auf eine bestimmte Position entwickelt werden können, denn sie ist es gewohnt, umworben zu werden, mit entsprechend hohen Gehältern und sonstigen Leistungen in ein Unternehmen einzusteigen und dies bei der ersten besser dotierten Gelegenheit wieder zu verlassen. Die »*Ochsentour*« durch das Unternehmen ist ihnen fremd. Doch in Zeiten, in denen Produkte immer austauschbarer werden und die Fertigungstiefe praktisch in vielen Unternehmen nicht mehr vorhanden ist, werden es zunehmend die Menschen sein, die diesem Unternehmen eine auch nach außen erkennbare Identität geben. Damit sind Mitarbeiter gefragt, die davon überzeugt sind, aufgrund ihrer Fähigkeiten und ihres Lebensentwurfs zumindest mittelfristig beim richtigen Arbeitgeber zu sein.

Aus diesem Grund ist auch die traditionelle Personalentwicklung durch Versetzung und Beförderung nicht tot. Sie hat sich nur geändert: Da die Unternehmensleitung eben nicht mehr mit Sicherheit weiß, welches Profil sie wann auf welcher Stelle benötigt, sind die Personalentwickler und Vorgesetzten aufgefordert, nicht nur auf die fachlichen Fähigkeiten eines Mitarbeiters zu achten, sondern schon frühzeitig und permanent dafür zu sorgen, dass Potenzialträger mit großer geistiger Flexibilität und breitem Wissen und Können gefördert werden. In diesem Zusammenhang sollten sie auch der lange vernachlässigten *Allgemeinbildung* als Indikator für die geforderte Flexibilität einen hohen Stellenwert zukommen lassen. Und die Unternehmen sehen auch wieder mehr nach innen, denn es kann nach den Gesetzen der Wahrscheinlichkeit nicht sein, dass in einem großen Betrieb keine Talente mit diesen *Schlüsselkompetenzen* vorhanden sind. Sie müssen nur durch Veränderung des Blickwinkels weg vom reinen Fachmann als zu fördernden Mitarbeiter mehr hin zum *Generalisten* mit fachlichem Grundwissen erkannt und gefördert werden. Diese Mitarbeiter bieten die Chance, im Rahmen einer kontinuierlichen Entwicklung, die auch über mehrere Stufen und Jahre im Unternehmen verläuft, zur Identität des Unternehmens wesentlich beizutragen. So werben namhafte Unternehmen für eine Personalentwicklung in Abstimmung mit der Vakanzenplanung (www.boeringer-ingelheim.de). Damit setzen sie bewusst auf Mitarbeiter, die bereit sind, sich im Unternehmen zu entwickeln – eben nicht die »Job-Hopper«, die nur kurz im Unternehmen verbleiben und die erste Position als Sprungbrett für den nächsten persönlichen Karriereschritt auf dem Markt ansehen.

Auch auf die Personalentwicklung *älterer Mitarbeiter* sollte ein Augenmerk gelegt werden. Aufgrund der bereits genannten Bevölkerungsentwicklung »kommt es darauf an, dass die Unternehmen ... bei Qualifizierungsangeboten, Entwicklungsmöglichkeiten sowie bei der Bildung altersgemischter Teams neue Möglichkeitsräume eröffnen.« (Bundesvereinigung der Deutschen Arbeitgeberverbände 2005) Dabei darf es aber nicht – wie in der Vergangenheit häufig geschehen – zu einem »Ersitzen« von Beförderung und Versetzung durch lange Betriebszugehörigkeit kommen. Ein reines »Erdienen« aufgrund langer Betriebszugehörigkeit ist genauso falsch, wie der reine Glaube, nur junge Mitarbeiter seien einer Beförderung wert. Es muss im Rahmen der Personalentwicklung Abschied von der Vorstellung genommen werden, dass die Karriere mit Vollendung des 40. oder 45. Lebensjahres zu Ende ist und ein Fünfzigjähriger kein Entwicklungspotenzial mehr besitzt. Dieses falsche Denken hat bereits in den letzten Jahren zu einem schmerzhaften *Ausbluten* der Unternehmen an Wissen und Erfahrung geführt. Gefragt ist also auch hier der »gemischte« Pool für die möglichst optimale Besetzung einer vakanten Stelle. Wenn sich die Unternehmen hierzu bekennen, wird auch der Kreis der älteren Mitarbeiter sich nicht mehr als »Rentner auf Abruf« verstehen, der sich gedanklich schon aus dem Wertschöpfungsprozess verabschiedet hat. Vielmehr kann die jahrzehntelange *Erfahrung* dieser Mitarbeiter – wenn ihnen noch eine Entwicklungsmöglichkeit aufgezeigt wird – in einem entsprechenden Umfeld zur Gesamtunternehmensentwicklung wesentlich beitragen.

3.5 Ungeplante Besetzung durch Versetzung und Beförderung

Auch die *ungeplante Besetzung* von aktuell entstehenden Vakanzen ist im Rahmen der Personalentwicklung so weit als möglich zu betrachten. Eine solche Besetzung kann durch das unerwartete Ausscheiden des bisherigen Stelleninhabers hervorgerufen werden. Hier ist zunächst zu überlegen, ob eine für später ohnehin geplante Versetzung oder Beförderung kurzfristig vorgezogen werden kann, um die Lücke zu schließen. Dabei besteht aber die Möglichkeit, dass der ins Auge gefasste Kandidat für die Position noch nicht über das nötige Rüstzeug verfügt. Es fehlt ihm u. U. noch an den für eine Führungsposition erforderlichen Instrumenten oder es sind noch Fachlehrgänge für eine entsprechende Spezialistenaufgabe zu absolvieren. So stellt sich die Frage, ob der Mitarbeiter sich in einem überschaubaren Zeitraum das notwendige *Wissen* aneignen kann, ob ihm übergangsweise ein erfahrener Kollege zur Unterstützung zur Seite gestellt wird oder ob auf die vorgezogene Besetzung mit dem geplanten Kandidaten verzichtet und eine Besetzung vom Markt vorgenommen wird. Der Mitarbeiter selbst fühlt sich in einer solchen Situation u. U. in einer Zwickmühle: Einerseits kann er das Angebot kaum ablehnen, ohne einen Einbruch in seinem geplanten Karriereweg befürchten zu müssen. Andererseits fühlt er sich aber gegebenenfalls noch nicht in der Lage die Position zu übernehmen und befürchtet deshalb zu versagen.

Möglicherweise muss eine neu entstehende Stelle kurzfristig besetzt werden. Diese Situation, die z. B. bei einer neuen strategischen Ausrichtung des Unternehmens, bei Umstrukturierungen bzw. Übernahmen oder Fusionen entstehen kann, stellt den Personalentwickler vor die Aufgabe, mit einem Blick in sein »Entwicklungsportfolio« schnell entscheiden zu müssen, ob entsprechende Kräfte für eine solche Aufgabe vorhanden sind. Dies zeigt wiederum, dass in einem solchen Portfolio neben reinen Fachkräften auch Kandidaten mit einem generalistischen Ansatz vorhanden sein müssen, die in der Lage sind, neben der fachlichen Grundausstattung schnell die erforderlichen Sozial- und Methodenkompetenzen abzudecken.

Insgesamt scheint es so zu sein, dass viele Unternehmen auch solche Situationen mit eigenen Kräften meistern wollen. Nur so können Äußerungen großer Unternehmen verstanden werden wie: »Denken Sie daran: Wir besetzen Fach- und Führungspositionen möglichst aus den eigenen Reihen«, (www.hochtief.de) oder: »Anspruchsvolle Positionen werden bei Südzucker überwiegend aus den eigenen Reihen besetzt.« (www.suedzucker.de).

4 Umstrukturierungen und planvolle Versetzungs- und Beförderungspolitik

4.1 Phantasie ist gefragt

Auf die besonderen Anforderungen aus der derzeitigen Umbruchsituation in der deutschen Wirtschaft für eine sinnvolle Personalentwicklungsplanung wurde bereits hingewiesen. Neben Einflüssen auf das Unternehmen von außen, wie z. B. jederzeit mögliche Unternehmensübernahmen und -zusammenschlüsse, nimmt auch die Geschwindigkeit der internen Veränderungen selbst mittelständischer und kleinerer Unternehmen ständig zu. Die Umstrukturierungen führen dazu, dass eine gezielte Personalplanung und – entwicklung oft erschwert wird. Hier ist Phantasie gefragt, sollen Potenzialträger trotzdem im Haus gehalten werden.

4.2 Auswirkung von Übernahmen und Fusionen auf den Beförderungs- und Besetzungsprozess

Übernahmen und *Fusionen* spielen in diesem Zusammenhang eine besondere Rolle, denn hier findet nicht nur eine Umstrukturierung in einem Unternehmen statt, sondern (mindestens) ein weiteres Unternehmen nimmt auf die Personalpolitik und damit -entwicklung Einfluss. Für die Personalentwicklung aus der dominierenden Einheit ergibt sich in der Regel die Möglichkeit, weit mehr als bisher geplant Mitarbeiter in entsprechende Positionen beim beeinflussten Unternehmen zu versetzen bzw. zu befördern. Immer noch wird mit dem Austausch des Managements auf allen Führungsebenen versucht, die eigene *Unternehmenskultur* gleichsam dem hinzugekommenen Teil überzustülpen, eine Strategie, die – wenn sie ohne Analyse des bei diesem vorhandenen Mitarbeiterportfolios erfolgt –, gefährlich ist und zum breitflächigen Verlust von Know-how-Trägern im übernommenen Unternehmen führt, abgesehen von einem breiten Motivationsverlust in der verbleibenden Belegschaft. Für die Personalentwicklung des kleineren Partners bedeutet dies spiegelverkehrt, dass plötzlich geplante Entwicklungsschritte aus dem eigenen Mitarbeiterportfolio nicht mehr möglich sind. Entsprechende Entwicklungspositionen werden plötzlich von außerhalb besetzt: ehemals motivierte Potenzialträger verlassen mehr oder minder freiwillig das Unternehmen, da für sie keine Perspektive der Personalentwicklung mehr besteht. Leider wird dieser Kardinalfehler im Zuge von Fusionen und Übernahmen immer wieder gemacht. Aus eigenem Interesse des stärkeren Partners werden im übernommenen bzw. dominierten Unternehmen Mitarbeiter in Schlüssel- und Führungspositionen gebracht, ohne die Übereinstimmung von Qualifikation und Stelle genau zu prüfen. Viel effektiver wäre es auch im Sinne einer planvollen Personalentwicklung, wenn im Rahmen einer Due-Diligence beider Personalportfolios ein gemeinsamer Pool der entwicklungsfähigsten Mitarbeiter beider Unternehmen gebildet, dieser von den Entwicklern gemeinsam analysiert würde und unabhängig von der Unternehmensherkunft die am besten geeignete Person durch Versetzung und Beförderung entwickelt werden könnte (Hesse 2003, S. 124 ff.). Für die Mitarbeiter übernommener Unternehmen beginnt eine Zeit der Verunsicherung – und die attraktivsten verlassen schon bald das unsichere Schiff.

4.3 Interne Umstrukturierungen und Personalabbau

Interne *Umstrukturierungen* bringen für die Personalentwicklung durch Versetzung und Beförderung ebenfalls Probleme. Infolge organisatorischer Veränderungen werden bisherige Führungspositionen, deren Besetzung geplant war, nicht mehr wieder besetzt. Durch die Konzentration auf das Kerngeschäft entfallen aus Sicht der Entwickler interessante Möglichkeiten, innerhalb des Unternehmens fachübergreifende Tätigkeiten zur Ausbildung allgemeiner Managementfähigkeiten anzubieten. Neben der Gefahr, dass entwicklungsfähige Mitarbeiter das Unternehmen verlassen, besteht auch die Möglichkeit, dass im Rahmen einer durchzuführenden Sozialauswahl eben diesen meist jüngeren Mitarbeitern gekündigt werden muss. Damit erweisen sich nicht nur bisherige Investitionen in diese Mitarbeiter aus Unternehmenssicht als nutzlos, sondern der Pool der zukünftigen Unternehmensstabilisatoren wird darüber hinaus geschwächt.

Damit ergibt sich für das Personalwesen in einer solchen Situation die Herausforderung, möglichst schnell attraktive Alternativen für die Personalentwicklung im Unternehmen darzustellen. Hier ist u. a. im Rahmen der Entwicklungsplanung an zeitlich befristete Versetzungen und Beförderungen auf verbleibende Positionen zu denken, auch wenn diese in der ursprünglichen Planung als für die Entwicklung der Fähigkeiten und Erfahrungen des Mitarbeiters nicht unbedingt notwendig angesehen wurden. Damit kann den Potenzialträgern im Unternehmen eine *Entwicklungsalternative* geboten werden. Nach Ablauf der Befristung (ein Jahr bis drei Jahre) können sie dann im Idealfall im Rahmen der natürlichen Fluktuation mit einem erweiterten Blick auf die Zusammenhänge im Unternehmen Positionen im ursprünglichen Fachgebiet übernehmen.

5 Verschlankung der Hierarchien – Versetzung ersetzt Beförderung

Doch auch ohne intern oder extern bedingte größere Veränderungen in der Unternehmensstrategie ergeben sich durch die permanente Verschlankung der Hierarchien neue Herausforderungen für die Personalentwicklung. Gerade Positionen im Mittelmanagement, die zunehmend fortfallen, waren die geeigneten Stellen für eine Personalentwicklung durch Beförderung. So sahen klassische Wege z. B. im Anschluss an *Traineeprogramme* nach einer relativ kurzen »Bewährungszeit« auf Sachbearbeiterebene von ein bis zwei Jahren oft den Aufstieg in eine erste Führungsaufgabe im unteren bzw. mittleren Management vor. Auf dieser Position konnte der Mitarbeiter seine Fähigkeiten in der Mitarbeiterführung entwickeln und nachweisen und sich somit für die nächsthöhere Position empfehlen. Nunmehr müssen Personalentwickler aufgrund der knapperen Ressource »*Beförderungsstelle*« bereits in einem sehr frühen Zeitpunkt entscheiden, welcher Kandidat für eine entwicklungsfähige Führungsposition infrage kommt. Solche Arbeitnehmer können auf die weniger gewordenen Positionen befördert werden. Die Alternative für Mitarbeiter mit guten fachlichen Fähigkeiten aber wenig ausgeprägten Führungsqualitäten besteht in einer Entwicklung, die sich eher horizontal durch Versetzung darstellen lässt. Allerdings dürfte gerade in kleineren und mittleren Unternehmen die gehaltliche Entwicklung nach wie vor an die betriebliche Hierarchieebene geknüpft sein, so dass die Möglichkeit besteht, dass gute Fachkräfte früher oder später zu einem Unternehmen wechseln, dass ihnen eine Führungsposition und damit ein attraktiveres Gehalt anbietet.

6 Job Enlargement, Job Enrichment und Job Rotation contra hierarchischer Aufstieg

Eine Alternative zur hierarchischen Entwicklung besteht in einer veränderten Gestaltung des Arbeitsinhaltes. Hier kommen z. B. Versetzungen im Rahmen der Job Rotation in Frage. Damit soll eine Erhöhung der fachlichen Breite erreicht werden, aber auch eine Aufwertung in der Stellung des Mitarbeiters im Betrieb (Jung 2001, S. 207, Kapitel E.2 dieses Buches).

Job Enlargement und Job Enrichment können mit einer Versetzung verbunden sein, müssen dies aber nicht notwendigerweise. Bei diesen Formen der Personalentwicklung werden die *Arbeitsinhalte* ebenfalls horizontal verändert. Während beim Job Enlargement strukturell ähnliche Aufgaben zum bisherigen Aufgabengebiet hinzukommen, wird beim Job Enrichment der individuelle Entscheidungs- und Kontrollspielraum vergrößert (Jung 2001, S. 207, Kapitel E.4 dieses Buches). Damit ist Personalentwicklung auch auf horizontaler Ebene möglich. Dem Mitarbeiter kann insbesondere die Möglichkeit des Job Enrichments als individueller Entwicklungsschritt dargestellt werden.

7 Herausforderung an die Personalentwicklung durch Versetzung und Beförderung

Aus dem zuvor Gesagten ergibt sich, dass sich die Personalentwicklung mit Versetzung und Beförderung in Zeiten wirtschaftlicher Dynamik anders ausrichten muss als dies in früheren Zeiten der Fall war. Insbesondere die Unsicherheit über die weitere Zukunft des Unternehmens und die hieraus abzuleitende Personalstrategie stellt die für die Personalentwicklung zuständigen Führungskräfte vor neue Herausforderungen. Waren noch in 1990er-Jahren z. B. traditionelle Traineeprogramme mit einem festgelegten – für alle Trainees verbindlichen – Durchlaufplan der Einstieg zur Personalentwicklung von akademischen Führungskräften, so sind diese inzwischen mehr individuellen Planungen gewichen. Es ist im Kreditgewerbe z. B. nicht mehr sinnvoll, ein fünfzehnmonatiges Programm mit einer breit angelegten Übersicht über alle Bereiche des operativen Bankgeschäfts anzubieten. So wünschenswert ein breites Verstehen der betrieblichen Zusammenhänge im Unternehmen ist – für eine gezielte Personalentwicklung ist ein solcher Zeitraum zu lang, denn es ist nicht mehr sicher, dass am Ende dieses Zeitraums auch eine Position vorhanden ist, auf die der nunmehr ausgebildete Mitarbeiter versetzt und dann kontinuierlich weiterentwickelt werden kann. Die Personalentwicklung steht damit vor dem Problem, einerseits *absehbare Vakanzen* aufgrund natürlicher Fluktuation durch gezielte Versetzungs- und Beförderungsmaßnahmen abzufedern, andererseits aber auch auf *kurzfristige Veränderungen* in der Unternehmensstruktur und -strategie reagieren zu müssen.

8 Nutzen von Versetzung und Beförderung für den Mitarbeiter

Für Mitarbeiter, für die individuelle Entwicklungspläne erarbeitet wurden oder die sich in einem Förderprogramm des Unternehmens befinden, ist diese Tatsache keine Garantie mehr, dass die geplanten Entwicklungsschritte auch vollzogen werden. Eine Aussage über die zu erreichende Position ist vielmehr eine Feststellung des Status Quo. Sie drückt die Wertschätzung des Unternehmens gegenüber dem Mitarbeiter und das Vorhaben aus, ihn auf eine bestimmte Position zu versetzen, wenn sich die Rahmenbedingungen bis zum geplanten Zeitpunkt nicht verändern. Der *Entwicklungsweg* bietet dem Mitarbeiter aber unabhängig von der konkreten Erreichung des geplanten Ziels die Möglichkeit, die individuellen Kenntnisse und Managementfähigkeiten zu verbessern. Dies wiederum führt zur Erhöhung des Marktwertes – auch außerhalb des Unternehmens. Der mündige Mitarbeiter aber ist aufgerufen, seinen innerbetrieblichen Entwicklungsprozess permanent zu überprüfen. Er kann sich nicht mehr auf eine kontinuierliche Entwicklungsplanung durch andere verlassen, sondern muss selbst entscheiden, ob und gegebenenfalls wann für ihn der richtige Zeitpunkt ist, sich selbst weiterzuentwickeln – möglicherweise auch außerhalb des Unternehmens. Versetzung und Beförderung sind damit auch Instrumente zur Sicherung der Marktfähigkeit (»Employability«) des Mitarbeiters.

9 Versetzung und Beförderung verbunden mit finanzieller Verbesserung des Mitarbeiters

Schließlich stellt sich die Frage, inwieweit finanzielle Verbesserungen des Mitarbeiters bei Versetzungen und Beförderungen als Mittel der Personalentwicklung angesehen werden können. Bereits Ende der fünfziger Jahre des vorigen Jahrhunderts wurde konstatiert, dass eine vom Mitarbeiter als adäquat empfundene Bezahlung nicht zu dessen *Motivation* beiträgt, sondern als so genannter »Hygienefaktor« lediglich die Unzufriedenheit mit der Arbeitsaufgabe verhindern kann (Jung 2001, S. 328 ff.). Dies bedeutet, dass eine »gerechte« Bezahlung vom Mitarbeiter nicht als zusätzlicher Anreiz zur Leistungsentfaltung verstanden wird. Für die Personalentwicklung ergibt sich hieraus, dass bei einer Versetzung oder Beförderung auf ein dem neuen Arbeitsumfeld entsprechendes Gehalt geachtet werden muss. Einem Mitarbeiter, der auf eine bestimmte Stelle entwickelt wird, muss auch die gehaltliche Entwicklung klar sein. Eine nebulöse Ankündigung, ihm etwa »nach Einarbeitung« auf das Gehaltsniveau der neuen Stelle anzuheben, wird früher oder später zur Frustration führen. Andererseits wird ein überhöhtes Gehalt aber nicht mehr Leistung generieren. Das Gehalt sollte somit unmittelbar im Zusammenhang mit der Versetzung oder Beförderung angepasst werden. Für den Mitarbeiter gilt es zu überlegen, dass ein überhöhtes Gehalt, das er möglicherweise in einer Zwangssituation beim Arbeitgeber erreicht hat, seine weitere interne und externe Entwicklung hemmen kann. Er sollte immer darauf achten, dass er sich mit seinem Gehalt nicht zu hoch bzw. zu niedrig bewegt – eben »im Markt ist«.

10 Nach wie vor wichtig

Versetzungen und Beförderungen bilden auch heute noch einen wichtigen Bestandteil der Personalentwicklung. Allerdings führen interne und externe Einflüsse wie z. B. Umstrukturierungen oder Unternehmensübernahmen dazu, dass die Verwirklichung geplanter Positionsveränderungen sich nicht mehr mit der gleichen Wahrscheinlichkeit wie in der Vergangenheit verwirklichen lassen. Die Personalentwickler sind aufgefordert im Rahmen kreativer Planung *Alternativen für Potenzialträger* bereit zu halten. Und die Arbeitnehmer sind aufgefordert ihre eigene Personalentwicklung aktiv mitzugestalten.

Literatur

Dahl 2003: Dahl, H.-G.: »Das Problem der konsequenten Führung«, in: Personal 2003, S. 34 ff.
Jäger/Jäger 2004: Jäger, W. und Jäger, M.: »Talente finden und binden«, in: Personal 2004, S. 11 ff.
Jung 2001: Jung, H.: Personalwirtschaft, 4. Auflage, München 2001.
Hesse 2003: Hesse, J.: »Anforderungen und Selbstverständnis – Chancen proaktiver Rollen des Personalmanagements im Fusionsprozeß«, in: Schwaab, Frey und Hesse (Herausgeber): Fusionen: Herausforderungen für das Personalmanagement, Heidelberg 2003, S. 108–128.
Olfert 2005: Olfert, K.: Personalwirtschaft, 11. Auflage, Ludwigshafen 2005.
o.V. 2005: Bundesvereinigung der Deutschen Arbeitgeberverbände Demographiesensible Personalentwicklung, in: http://www.bda-online.de.
Werle 2004: Werle, K.: »Fighting for the Pole Position«, in: Manager Magazin, Heft 09/2004.

E.10 Entsendung und Auslandseinsatz

*Christine Wegerich**

1 Neue Anforderungen durch internationale Themenstellungen

2 Entsendung und Auslandseinsatz von Expatriates

3 Ziele der Auslandsentsendung
   3.1 Unternehmensziele
   3.2 Mitarbeiterziele

4 Rahmenbedingungen für Auslandseinsätze von Mitarbeitern
   4.1 Rechtliche Aspekte
      4.1.1 Arbeitsrechtliche Fragestellungen
      4.1.2 Sozialversicherungsrechtliche Fragestellungen
      4.1.3 Steuerliche Fragestellungen
   4.2 Vergütungsmodelle
   4.3 Kritische Faktoren einer Auslandsentsendung

5 Phasen der Umsetzung einer Auslandsentsendung
   5.1 Ermittlung des Personalbedarfs
   5.2 Mitarbeiterauswahl
      5.2.1 Auswahlkriterien
      5.2.2 Auswahlinstrumente
   5.3 Vorbereitungsphase für den Auslandseinsatz
      5.3.1 Checkliste zur Vorbereitung auf einen Auslandseinsatz
      5.3.2 Personalentwicklungsmaßnahmen zur Vorbereitung des Auslandseinsatzes
      5.3.3 Auslandseinsätze als Bestandteil strategischer Personalentwicklungskonzepte

---

* Prof. Dr.-Ing. Christine Wegerich hat einen Lehrstuhl für Personalmanagement und Personalentwicklung an der Fachhochschule Würzburg-Schweinfurt. Vor ihrer Tätigkeit an der Hochschule war sie fast sieben Jahre als Beraterin für Personal- und Organisationsentwicklung bei der Heidelberger Druckmaschinen AG tätig. Christine Wegerich ist Beiratsmitglied des Instituts für Beschäftigung und Employability (IBE) der Fachhochschule Ludwigshafen, Mitglied der Selbst-GmbH e.V. sowie Fachbeiratsmitglied des berufsbegleitenden Masterstudiengangs „Berufs- und organisationsbezogene Beratungswissenschaft" im Institut für Bildungswissenschaft der Ruprecht-Karls-Universität Universität Heidelberg. Zu den Themen des strategischen Personalmanagements veröffentlicht Christine Wegerich regelmäßig Buch- und Zeitschriftenbeiträge.

5.4 Auslandseinsatzphase
5.5 Wiedereingliederungs- und Reintegrationsphase

6 Möglichkeiten der Erfolgskontrolle
 6.1 Reflexion über die Ergebnisse des Auslandseinsatzes
 6.2 Transfer der Ergebnisse des Auslandseinsatzes
  6.2.1 Fragestellungen für Transferfeedback nach dem Auslandseinsatz
  6.2.2 Erfahrungsaustausch zwischen Expatriates
 6.3 Erfassung von Kennzahlen

7 Zufriedenheit und Erfolge

Literatur

1 Neue Anforderungen durch internationale Themenstellungen

Standortverlagerungen, internationale Allianzen oder die Suche nach neuen Absatzmärkten konfrontieren Unternehmen mit internationalen Themenstellungen. Daraus ergeben sich für die Personalentwicklung neue Anforderungen: Mitarbeiter (auch wenn im Folgenden die männliche Form verwandt wird, sollen Frauen gleichberechtigt mit angesprochen sein) benötigen ein interkulturelles Verständnis für ihren beruflichen Einsatz außerhalb des Heimatlandes und müssen dazu befähigt werden, mit unterschiedlichen Kulturen erfolgreich umzugehen.

Dafür sind Personalentwicklungskonzepte notwendig, die die globale Zusammenarbeit und ein gemeinsames Verständnis bei Mitarbeitern und Unternehmen schaffen. Die Auslandsentsendung ist ein geeignetes Instrument, um das Erreichen der Unternehmensziele zu unterstützen. Umso erstaunlicher ist es, dass in der Praxis Personalauswahlentscheidungen unter großem Zeitdruck getroffen werden (Wunderer/Dick 2002, S. 105) oder die Vorbereitung auf den Auslandseinsatz (Becker 2002, S. 261) nur unzureichend umgesetzt wird. Daher ist die Zielsetzung dieses Beitrags, die Instrumente der Auslandsentsendung im Fokus der Personal(entwicklungs)arbeit zu beleuchten und darzustellen, wie unterschiedliche Personalentwicklungsinstrumente gezielt eingesetzt werden können, um einen Auslandsaufenthalt erfolgreich zu gestalten. Rechtliche Rahmenbedingungen oder Vergütungsmodelle werden nur kurz angerissen und mit einem Verweis auf weitergehende Quellen dargestellt.

2 Entsendung und Auslandseinsatz von Expatriates

Unter *Entsendung* ist ein im Voraus zeitlich begrenzter, beschäftigungsbedingter Ortswechsel eines Mitarbeiters von einem Staat in einen anderen zu verstehen (Eser 2003, S. 38). Als Sammelbegriff bezeichnet *Auslandseinsatz* alle Formen der Arbeitstätigkeit eines Mitarbeiters außerhalb des Landes, in dem er seinen Heimatwohnsitz hat (Kühlmann 2004, S. 4 f.). Dieser Begriff betont die Perspektive des Stammhauses bzw. der Muttergesellschaft (Kammel/Teichelmann 1994, S. 63). Den Begrifflichkeiten unterliegt keine Festlegung auf eine bestimmte Zielgruppe von Mitarbeitern. Aufgrund der weitergehenden internationalen Ausrichtung von großen – aber auch kleinen und mittleren Unternehmen – betrifft die Auslandstätigkeit heute nicht mehr nur Spezialisten, sondern auch zunehmend Mitarbeiter aus allen Aufgabenbereichen und Hierarchieebenen (Stahl/Mayrhofer/Kühlmann 2005, S. 9). Auch werden Formen der Entsendung lokaler Mitarbeiter von Auslandsgesellschaften in das Stammhaus in der Unternehmenspraxis häufiger umgesetzt.

Unterscheidungsmerkmale liegen bei Auslandseinsätzen in der jeweiligen Dauer, der arbeitsvertraglichen Gestaltung und der Bindung des Mitarbeiters an die beteiligten Gesellschaften. Dabei werden befristet im Ausland eingesetzte Mitarbeiter in der Praxis meist als *Expatriates* bezeichnet. Abb. 1 gibt einen Überblick über die Besonderheiten einzelner Einsatzformen.

Bezeichnung	Dauer	Wohnsitz/ Weisungsrecht	Arbeitsvertrag
Projektorientierter Einsatz (z.B. Traineeprogramm)	6 Wochen bis drei Monate	Inland/ Stammhaus	Arbeitsvertrag mit Stammhaus bleibt unverändert bestehen.
Dienst- bzw. Geschäftsreise	Mehrere Tage bis drei Monate	Inland/ Stammhaus	Arbeitsvertrag mit Stammhaus bleibt unverändert bestehen. Ab einem Monat Auslandsaufenthalt schriftlicher Nachweis. (NachwG.)
(kurz- bis mittelfristige) Entsendung	3 Monate bis 3 Jahre	Ausland/ Stammhaus	Arbeitsvertrag mit Stammhaus. Entsendungsvertrag mit Stammhaus regelt den Auslandseinsatz.
(mittel- bis langfristige) Versetzung	2 bis 5 Jahre	Ausland/ aufnehmende Gesellschaft. Ggf. Rückrufrecht des Stammhauses	Arbeitsvertrag mit dem Stammhaus ruht. Ggf. schriftliche Nebenabrede über Rückkehr (z.B. Wiedereinstellungszusage) ins Stammhaus. Lokaler Anstellungsvertrag mit aufnehmender Gesellschaft.
(mittel- bis langfristige) Versetzung	2 bis 5 Jahre	Ausland/ aufnehmende Gesellschaft. Ggf. Rückrufrecht des Stammhauses	Arbeitsvertrag mit Stammhaus ruht. Konzernarbeitsvertrag regelt Ruhen des Arbeitsvertrages mit dem Stammhaus sowie den Einsatz und die Rechte und Pflichten der Gesellschaften. Vertragsparteien: Stammhaus, aufnehmende Gesellschaft und Mitarbeiter.
Übertritt	unbefristet	Ausland	Beendigung des Beschäftigungsverhältnisses mit dem Stammhaus. Neuer Anstellungsvertrag mit aufnehmender Gesellschaft.

Abb. 1: Vertragliche Besonderheiten des Auslandseinsatzes nach unterschiedlicher Dauer (Mastmann/Stark 2005, S. 1850)

Aus dem *Entsendungsvertrag* sollte sich klar und deutlich ergeben, welchem Stammhausmitarbeiter der Expatriate disziplinarisch unterstellt wird und wie die hierarchischen Berichtswege ausgestaltet sind.

3 Ziele der Auslandsentsendung

3.1 Unternehmensziele

Aus Sicht des Unternehmens spricht eine Reihe von Gründen für eine Auslandsentsendung. *Konkrete Anlässe* – etwa der Aufbau einer Tochtergesellschaft außerhalb des Heimatbereiches, die Mitarbeit im Rahmen einer internationalen Kooperation oder die Besetzung einer vakanten Position in einer Tochtergesellschaft – können einen Transfer bedingen, im umgekehrten Fall aber auch die Gewinnung ausländischer Mitarbeiter für Stammhauspositionen notwendig machen. Daneben können Auslandseinsätze als *Personalentwicklungsinstrumente* zur Förderung internationaler Managementfähigkeiten des Entsandten genutzt werden – etwa als Karriere-, Nachfolgeplanung oder Entwicklungsförderung des Mitarbeiters. Auch kann die *Weiterentwicklung der gesamten Organisation* angestrebt werden (Scholz 2000, S. 600). Unternehmen können eine einheitliche Unternehmenskultur sicherstellen, in dem sie Führungskräfte an anderen lokalen Standorten einsetzen, die die zentralen Grundwerte durch Kommunikation und Handeln fördern (Kammel/Teichelmann 1994, S. 66). Durch die Bildung eines internationalen Informationsnetzwerkes zum Managertransfer wird Technologie- und Managementwissen ausgetauscht, zugleich aber auch die Zusammenarbeit von Mitarbeitern unterschiedlicher Kulturen gefördert.

3.2 Mitarbeiterziele

Die Erhöhung der *Sprachkompetenz* oder eine persönliche Mobilitätsneigung können zwei Gründe aus Mitarbeitersicht für einen Auslandseinsatz sein. Daneben sehen Mitarbeiter durch einen Auslandseinsatz oft die Möglichkeit, größere Verantwortung zu übernehmen oder einen Einkommens- und Statusgewinn zu realisieren (Kammel/Teichelmann 1994, S. 66).

Im Rahmen von strategischen Personalentwicklungskonzepten nutzen Mitarbeiter Auslandseinsätze, um ihre berufliche *Karriere* auszubauen. Die Einsätze erweitern die Kompetenzen und Kenntnisse, Fähigkeiten und fachliches Wissen auf internationalem Niveau. Die Bildung von internationalen Netzwerken fördert zudem aus Mitarbeitersicht die innerbetriebliche Vernetzung zur Realisierung eigener Projekte.

4 Rahmenbedingungen für Auslandseinsätze von Mitarbeitern

4.1 Rechtliche Aspekte

4.1.1 Arbeitsrechtliche Fragestellungen

Mit Blick auf die Rahmenbedingungen bei Auslandseinsätzen ist es aus vertragsrechtlicher Sicht ein großer Unterschied, ob es sich um eine Führungskraft oder um einen hierarchisch niedriger angesiedelten Mitarbeiter handelt. In jedem Fall sollte der Arbeitsvertrag insbesondere Entsendungsdauer, organisatorische Zuordnung, Kündigungsregelungen sowie Urlaubs- und Heimfahrtenregelung enthalten (Pulte 2004, Heuser/Heidenreich/Förster 2003, S. 3 ff.). Auch sind Fragen der Fürsorgepflicht des Arbeitsgebers zu berücksichtigen, die im Einzelfall von Art, Dauer und Ziel des Auslandseinsatzes abhängen (Schliemann 2001, S. 1304 ff.).

Als Nebenabrede zum Arbeitsvertrag kann eine *Wiedereinstellungszusage* vereinbart werden. Mit diesem Instrument kann das Beschäftigungsverhältnis nach Ende des Auslandsaufenthalts bereits zum Zeitpunkt der Entsendung klar geregelt werden. Möglich sind folgende Formen:
- Rückkehr zu den Bedingungen der bisherigen Position,
- Rückkehrklausel unter Berücksichtigung der Erfahrungen des Auslandseinsatzes und
- Rückkehrklausel mit konkreter Positionszusage.

Bei der Umsetzung der genannten Optionen können jedoch Schwierigkeiten entstehen, wenn etwa die definierte Übernahmeposition im Stammhaus zum geplanten Rückkehrzeitpunkt nicht vakant ist. Andererseits hat bei einer allgemein gehaltenen Wiedereinstellungszusage der rückkehrende Mitarbeiter häufig so hohe Erwartungen an seine zukünftige Position im Stammhaus, dass diese von Seiten des Unternehmens häufig nicht erfüllt werden können.

4.1.2 Sozialversicherungsrechtliche Fragestellungen

Im Rahmen des Sozialversicherungsrechts gilt das *Territorialprinzip*. Danach sind alle Gesetzesvorschriften zu beachten »hinsichtlich der Versicherungspflicht und der Versicherungsberechtigung für sämtliche Arbeitnehmer, die im Inland beschäftigt werden, ungeachtet der Tatsache, ob es sich um Ausländer oder Inländer handelt.« (Eser 2003, S. 146, Heuser/Heidenreich/Förster 2003, S. 73 ff.)

4.1.3 Steuerliche Fragestellungen

Bei der Besteuerung des Arbeitsentgelts geht es um die Frage, welchem Staat das Besteuerungsrecht zusteht. Das können in Einzelfall der Tätigkeitsstaat, der Wohnsitzstaat oder beide Staaten sein. Hierbei steht aus Sicht des entsandten Mitarbeiters die Vermeidung einer *Doppelbesteuerung* im Vordergrund (Eser 2003, S. 123 ff., Heuser/Heidenreich/Förster 2003, S. 149 ff.).

4.2 Vergütungsmodelle

Die Entlohnung schließt das Basisgehalt sowie die Nebenleistungen und Vergünstigungen, etwa ein Dienstfahrzeug, mit ein (Speer 1998, S. 175 ff.). Die Zulagen umfassen Geld- und Sachleistungen, die neben dem Grundgehalt zur Sicherung und Verbesserung der Lebensqualität beim Auslandseinsatz einmalig oder wiederholt bezahlt werden (Kammel/Teichelmann 1994, S. 91 ff.).

Auslandszulagen sind beispielsweise:
- *Auslandsprämie* in Abhängigkeit vom Zielland,
- *Lebensunterhaltskostenpauschale* zum Ausgleich einer geringeren Kaufkraft und zum Erhalt eines vergleichbaren Lebensstandards wie im Heimatland (Welge/Holtbrügge 2003, S. 218 ff.),
- *Unterkunftskostenpauschale*, um eine Unterkunft auf vergleichbarem Niveau wie im Heimatland sicher zu stellen,
- *Länderzulage* als Ausgleich für immaterielle Erschwernisse, etwa durch politisch instabile Rahmenbedingungen im ausländischen Tätigkeitsstaat,
- *Erstattung von Sonderkosten* einmalige Kosten – etwa Flug-, Umzugskosten oder Gebühren für Einreisevisa.

4.3 Kritische Faktoren einer Auslandsentsendung

Aus Unternehmenssicht sind *Auslandsentsendungen teuer* und können sich bei einer gescheiterten Entsendung des jeweiligen Mitarbeiters auf ein zwei- bis vierfaches Jahresgehalt des Betreffenden beziffern (Wunderer/Dick 2002, S. 105). Daraus ergibt sich für das entsendende Unternehmen ein erhebliches wirtschaftliches Risiko. Es ist daher eine frühzeitige Bestimmung des qualitativen und quantitativen Personalbedarfs sowie eine gezielte Vorbereitung notwendig, aber auch eine aktive Begleitung während des Einsatzes und der Wiedereingliederungsphase des Mitarbeiters.

Zur Vorbereitung des Mitarbeiters haben sich in der Praxis *Kurzreisen*, so genannte »Look-and-see-Trips«, mit dem Partner an den geplanten ausländischen Arbeitsort als nützlich erwiesen. Dieser Informationsaufenthalt vor Ort kann die Gefahr eines vorzeitigen Abbruchs aus familiären Gründen zumindest teilweise reduzieren. Der erste Besuch im Zielland der geplanten Entsendung sollte nach einer sorgfältigen Vorbereitung und Abstimmung mit möglichen Kontaktpersonen im Ausland zwischen zwei und sechs Wochen dauern. Es besteht so die Möglichkeit, sowohl die beruflichen als auch die privaten Veränderungen am Einsatzort zu erleben. Der Mitarbeiter lernt die örtlichen, wirtschaftlichen sowie rechtlichen Rahmenbedingungen kennen und kann hilfreiche erste Kontakte in der Organisation der Tochtergesellschaft zu dem zukünftigen Vorgesetzten und zu Kollegen knüpfen.

Die Ungewissheit der *Karriereentwicklung* nach der Rückkehr in das Stammhaus ist aus Mitarbeitersicht einer der besonders kritischen Punkte. In der Praxis zeigt sich häufig, dass die erwarteten Karriereschritte nicht umgesetzt werden können, da der Entsandte zu weit weg von den entscheidenden Beziehungsnetzen im Unternehmen gewesen ist (Kammel/Teichelmann 1994, S. 68). Um dem entgegen zu wirken, lässt sich das Personalentwicklungsinstrument einer organisierten Mentorenschaft erfolgreich einsetzen (Punkt 5.3.3 dieses Beitrags, Kapitel D.7 dieses Buchs).

Zusammenfassend lässt sich sagen, dass für die Planung eines Auslandsaufenthalts insbesondere die *Dauer* und der *Einsatzort* die entscheidenden Punkte für den Erfolg oder Misserfolg der Entsendung sind. Dabei hat sich gezeigt, dass sich in einem Zeitrahmen von drei bis vier Jahren eine Reintegration relativ problemlos umsetzen lässt. In der Praxis besteht heute ein Trend zu Kurzzeitentsendungen oder internationaler Projektarbeit, da Unternehmen oft das finanzielle Risiko von Auslandseinsätzen scheuen und Mitarbeiter heute eine zunehmend geringe Bereitschaft zur Auslandsentsendung zeigen (Kühlmann 2004, S. 10).

5 Phasen der Umsetzung einer Auslandsentsendung

5.1 Ermittlung des Personalbedarfs

Die Basis einer geplanten Auslandsentsendung ist die mittel- bis langfristige Personalplanung des entsendenden Unternehmens, denn daraus lässt sich ein zukünftiger *Personalbedarf* beschreiben, der entweder durch einen Auslandseinsatz gedeckt werden kann oder aber im Rahmen einer strategischen Personalentwicklung erfolgt. Die Realität zeigt jedoch, wie schwierig dieser strategische Planungsansatz in der Praxis anzuwenden ist (Becker 2005, S. 50).

5.2 Mitarbeiterauswahl

Durch die Personalauswahl soll das *Eignungspotenzial* von Mitarbeitern ermittelt werden, die die Anforderungen für die Auslandsentsendung bestmöglich erfüllen. Die Probleme liegen dabei in der Definition von Erfolgs- und Auswahlkriterien. Erfolgskriterien legen fest, was in einer bestimmten Organisation unter erfolgreicher Auslandstätigkeit verstanden wird. Diese Erfolgskriterien legen aber ebenso die Merkmale der Personalbeurteilung fest. Es existieren jedoch in Wissenschaft und Praxis kaum geprüfte Kriterien zur Messung erfolgreicher Auslandstätigkeiten; für die Auswahlkriterien gilt dies entsprechend (Wunderer/Dick 2002, S. 100).

5.2.1 Auswahlkriterien

Entscheidend für den Erfolg einer Auslandsentsendung ist, dass die Auswahl des Mitarbeiters auf die zuvor definierte Planstelle im Ausland bestmöglich erfüllt wird oder die Inhalte der Auslandstätigkeit im Rahmen einer strategischen Mitarbeiterentwicklung die notwendigen Kompetenzen für eine bestimmte Zielposition unterstützen (»*Kompetenz-Mapping*« nach Simon/Gathen 2002, S. 50 ff.).

Drei Kompetenzbereiche sind dabei zu unterscheiden:
- *Persönliche Voraussetzungen:* Unerlässlich wichtig sind in der Person des Mitarbeiters Anpassungsfähigkeiten an die künftige geografische und soziokulturelle Umwelt und eine verständnisvolle Toleranz gegenüber fremden Verhaltensmustern am ausländischen Einsatzort. Voraussetzung ist daher ein ausgeprägtes Interesse an der fremden Umwelt sowie die Fähigkeit, in ungewohnten Situationen zu improvisieren und unerwartete Umwelteinflüsse zu berücksichtigen. Neben einer hohen Kommunikationsfähigkeit ist es notwendig, dass der Mitarbeiter gut mit Stress, Entfremdung und Isolation umgehen kann sowie eine Offenheit und Risikobereitschaft mitbringt.

- *Fachbezogene Kriterien:* Je nach Position ist es entscheidend, dass der Mitarbeiter in der Lage ist, das Produktprogramm des Unternehmens zu vertreten oder Prozesse weiter zu entwickeln. Um aus Unternehmenssicht den Einsatz wertschöpfend zu gestalten, werden in der Praxis Mitarbeiter entsandt, die schon länger im Unternehmen sind und die Produkte sowie die Unternehmenskultur gut kennen.
- Zusätzlich benötigen Führungskräfte eine spezielle Form der *Führungskompetenz*, denn Führungskräfte, die in einer Tochtergesellschaft im Ausland Personalverantwortung übernehmen, müssen eine ausgeprägte Entscheidungsfähigkeit im Umgang mit fremden Kulturen haben. Das Delegieren von Aufgaben ist ein besonders sensibler Bereich, der Fingerspitzengefühl sowie die Bereitschaft verlangt, Kompromisse einzugehen und beständig zu lernen.

Die genannten Aspekte sollen zur Auswahl der Mitarbeiter vor der Entsendung von Seiten des Stammhauses zum einen durch die Fachabteilung und gleichermaßen durch die Personalabteilung ermittelt und überprüft werden. Ein Personalexperte für Auslandstransfers begleitet den gesamten Prozess aus organisatorischer Sicht und ist in der Praxis eine wichtige Kontaktperson zum Stammhaus.

5.2.2 Auswahlinstrumente

Um die Motivation, die Kompetenzen und Ziele des Mitarbeiters für eine Auslandsentsendung herauszufinden, lassen sich eine Reihe von *Instrumente* einsetzen. Abb. 2 stellt die in der Unternehmenspraxis gängigen Instrumente im Überblick dar.

Gespräch
- Teilstrukturiertes Interview
- Situatives Interview
- Tiefenanalyse
- Stressinterview

Feedback
- Mitarbeiterbeurteilung
- Kundenzufriedenheit
- 360° Feedback

Fragebogen
- Persönlichkeitsfragebogen
- Intelligenztests
- Leistungstests

Arbeitsanalyse
- Projekte
- Arbeitsproben

Fallstudien
- Assessment Center
- Einzelassessment
- Unternehmensplanspiel

Abb. 2: Personalbeurteilungsinstrumente im Überblick
(in Anlehnung an Hummel/Jochmann 1998, S.147)

Fallstudien innerhalb eines Assessment Centers oder eine Arbeitsanalyse der Tätigkeit des Mitarbeiters können dessen Kompetenzen beleuchten und auf die Übereinstimmung mit der definierten Zielposition hin überprüfen. Entscheidend sind hier die Vorgehensweise eines Mitarbeiters bei der Problemanalyse, die Lösungssuche und Entscheidungsfindung in seinem konkreten Arbeitsalltag. Ergänzend können auch Fragebogen genutzt werden, um die Entscheidung über eine Entsendung aus Unternehmenssicht auf eine fundierte Grundlage zu stellen.

Zur Betrachtung der gesamten Persönlichkeit des zu Entsendenden empfiehlt es sich in jedem Fall, persönliche Gespräche von Seiten der Fach- und Personalabteilung zu führen. Mitarbeiter aus der Personalabteilung und Experten aus den Fachabteilungen können so die persönliche Motivation, das Interesse sowie die persönlichen und fachlichen Ziele des Mitarbeiters, der im Ausland arbeiten möchte, analysieren. Die Zusammenschau der geschilderten Maßnahmen führt zu einer sicheren Entscheidungsgrundlage für das entsendende Unternehmen.

5.3 Vorbereitungsphase für den Auslandseinsatz

5.3.1 Checkliste zur Vorbereitung auf einen Auslandseinsatz

Die Zusammenstellung in Abb. 3 gibt eine Übersicht über die relevanten Themenbereiche für die Vorbereitung des Auslandseinsatzes. Vertragliche Aspekte müssen separat und auf den Einzelfall bezogen geprüft werden (Punkt 4 dieses Beitrags).

5.3.2 Personalentwicklungsmaßnahmen zur Vorbereitung des Auslandseinsatzes

Mitarbeiter, die im Ausland arbeiten, sind erheblichen neuen Anforderungen ausgesetzt. Sie werden mit fremden Kulturen konfrontiert und müssen sich daher ihrer eigenen Wertvorstellungen bewusst werden. Die Betroffenen müssen ihr Tagesgeschäft im Unternehmen weiterhin abwickeln, zugleich aber auch den Umzug planen und sich auf die neue Aufgabe in kultureller, sprachlicher und fachlicher Sicht einstellen. Dafür ist eine bedarfsorientierte *Vorbereitung* des Mitarbeiters zwingend erforderlich.

Die Basis hierfür ist eine klare Zielvereinbarung zwischen dem Vorgesetzten und dem Mitarbeiter mit messbaren Kriterien, die mit dem Vorgesetzten im Stammhaus im Vorfeld definiert werden müssen. Dazu können beispielhaft folgende Fragestellungen sinnvoll sein:

- Welche Herausforderungen kommen auf den Mitarbeiter im Rahmen des Auslandseinsatzes zu?
- Welche fachlichen und persönlichen Ziele hat der Mitarbeiter im Rahmen dieses Einsatzes?
- Welchen Beitrag wird der Mitarbeiter zur Erreichung der Bereichs- und Unternehmensziele im Rahmen seiner Auslandstätigkeit leisten? Wie kann das gemessen werden?
- Welcher Bedarf an individueller Personalentwicklung zur Erreichung der beschriebenen Ziele ist notwendig?

Ausreise
☐ Ausweispapiere (z. B. Reisepass, internationaler Führerschein)
☐ Visum, Arbeits-/Aufenthaltserlaubnis, Sozialversicherung, Impfpass, Gesundheitszeugnisse
☐ Gültigkeit der bestehenden Versicherungen im Ausland

Medizinische Vorsorge
☐ Tropenuntersuchung, Impfplan
☐ Erforderliche Arztbesuche
☐ Reise- bzw. Hausapotheke zusammenstellen

Wohnung
☐ Mietvertrag kündigen, Haus/Wohnung im Inland verkaufen/vermieten
☐ Versorgungsunternehmen informieren
☐ Umzugsliste erstellen und Umzugswert errechnen
☐ Einlagerung von Möbeln/Hausrat prüfen
☐ Importbeschränkungen, Zölle ermitteln

Banken und Versicherungen
☐ Eröffnung eines Auslandskontos
☐ Einzugsermächtigungen, Daueraufträge, Sparverträge und Darlehen ändern/kündigen
☐ Gültigkeit der bestehenden Versicherungen im Ausland klären und ggf. Versicherungsschutz erweitern

Kraftfahrzeug
☐ Internationalen Führerschein beantragen (wenn notwendig)
☐ Auto ab- bzw. ummelden
☐ Schadensfreiheitsrabatt durch die Versicherung bestätigen lassen
☐ Importbeschränkungen ermitteln

Private Vorbereitung
☐ Prüfen der persönlichen steuerlichen Situation (Stichwort: Vermeidung der Doppelbesteuerung)
☐ Postnachsendeantrag
☐ Behördliche Abmeldung im Heimatland
☐ Infrastruktur im Entsendestaat/Zielland (Schulen für Kinder, Wohnung)
☐ Arbeitsmöglichkeiten für den (Ehe-)Partner
☐ Sicherheitsaspekte im Ausland klären
☐ Mitgliedschaften in Vereinen oder Verbänden während der Entsendung kündigen oder ruhen lassen
☐ Zeitschriften/Zeitungen ab- oder ummelden

Abb. 3: Checkliste »Vorbereitung Auslandseinsatz«

- Welche weiteren beruflichen Schritte strebt der Mitarbeiter nach Beendigung der Entsendung an? Stehen diese beruflichen Ziele im Einklang mit den Unternehmenszielen?

Bei einem längeren Auslandsaufenthalt sollte auch der neue Vorgesetzte im Zielland in die Planungen einbezogen werden. Die Zielvereinbarung für den Auslandseinsatz kann als Grundlage für die Gespräche am neuen Standort genutzt werden. Entscheidend ist in jedem Fall ein Feedbackgespräch zwischen dem Vorgesetzten und dem Expatriate nach dessen Rückkehr über den Stand der Zielerreichung. Neben diesen individuellen Zielen gibt es folgende Punkte, durch die Mitarbeiter anhand von Personalentwicklungsmaßnahmen auf den Auslandseinsatz vorbereitet werden können.

Informationsorientierte Vorbereitung
Mitarbeiter sollten sich in einem Selbststudium, über Fachbücher oder das Internet, ausführlich mit dem Zielland beschäftigen. Neben diesen Fachinformationen sind auch Gespräche mit ehemaligen Expatriates sehr hilfreich und weiterführend.

Kommunikative Kompetenz
Der Einsatz im Zielland stellt besondere Herausforderungen an die Kommunikationsfähigkeiten im internationalen Kontext für den entsandten Mitarbeiter: Dabei geht es inhaltlich um einen *Wissenstransfer*, aber auch um Verhandlungs- oder Personalführung. Dazu sind erweiterte Kenntnisse in der Landessprache erforderlich, die im Vorfeld trainiert werden sollten. Vor Ort kann ein begleitendes Sprachtraining vertiefend eingesetzt werden. Bei einer größeren Zahl von Auslandsentsandten können für die Familienmitglieder Treffen organisiert werden, bei denen neben einem Sprachtraining der Erfahrungsaustausch möglich ist, um die Eingliederung zu erleichtern und so ein stabiles privates Umfeld für den Entsandten sicher zu stellen.

Interkulturelle Kompetenz
Mitarbeiter, die erfolgreich im Ausland arbeiten wollen, benötigen die Bereitschaft, offen interkulturellen Kontakten zu begegnen (Bröckermann 2007, S. 182). Wichtig ist die Fähigkeit des Perspektivenwechsels, um mögliche Wirkungen des eigenen Verhaltens auf Gesprächspartner, Kollegen und Kunden mit anderem kulturellen Hintergrund einschätzen zu können (Hofstede 2003) und sich zu vergegenwärtigen, dass das eigene Verhalten unter Umständen in einem fremden Kulturkreis missverstanden werden kann. Mitarbeiter benötigen daher ein Grundwissen über Gepflogenheiten im Zielland. Hierzu zählen: Führungsstile, Kommunikationsformen, Tabuthemen – die ganz erheblich abweichen können von denen in der Heimatgesellschaft – oder Verhandlungsstile (Hentze/Kammel 2001, S. 502 f.).

Vor diesem Anforderungshintergrund können entweder interne oder externe Personalentwicklungsmaßnahmen in Form von Trainings oder Seminaren genutzt werden. Entscheidend ist hier der Abgleich
- der konkreten Zielsetzung der Veranstaltung im Zusammenhang mit
- den persönlichen Lernfeldern des Teilnehmers.

Diese Einzelmaßnahmen können jedoch immer nur einen begrenzten Lern- und Vorbereitungswert für die Teilnehmer haben. Insgesamt lässt sich sagen, dass eine solche interne oder externe Personalentwicklung nur erfolgreich sein kann, wenn die Teilnehmer selbst Fragestellungen zu ihrer persönlichen Situation einbringen und bearbeiten können (Wirth 1998, S. 157).

5.3.3 Auslandseinsätze als Bestandteil strategischer Personalentwicklungskonzepte

Im Vorfeld eines Auslandseinsatzes sollten individuelle Ziele der Entsendung aus Unternehmens- und Mitarbeitersicht festgelegt werden. Diese qualitativen Überlegungen zu einer Zielsetzung beziehen sich auf den Wertschöpfungsbeitrag, den der Mitarbeiter durch die Kompetenzerweiterung im Rahmen des Auslandseinsatzes für das Unternehmen leisten kann. Dieser Beitrag ist wiederum abhängig von der Unternehmensgröße, -struktur und den -zielen (Wunderer/Jaritz 2002, S. 181 f.).

Generell steht für das Unternehmen eine Erhöhung der Arbeits- und Einsatzfähigkeit der Mitarbeiter im Vordergrund. Je nach Bedarf können qualifizierte Mitarbeiter in unterschiedlichen Positionen im Unternehmen eingesetzt werden. Gleichzeitig kann durch eine strategische Personalplanung leistungsfähiges und qualifiziertes Personal für das Unternehmen gewonnen werden. Um geeignete Kandidaten für die Besetzung von *Schlüsselfunktionen* zu identifizieren und zu fördern, werden in der Praxis Personalentwicklungsprogramme genutzt, bei denen ein Mitarbeiter für einen befristeten Einsatz ein definiertes Projekt in einer ausländischen Tochtergesellschaft umsetzt.

Laufbahn-/Karriereplanung
Bezogen auf die Entwicklung innerhalb eines Unternehmens werden durch eine Laufbahn- oder Karriereplanung einzelne individuelle Entwicklungsmöglichkeiten für Mitarbeiter aufgezeigt und geplant. Diese individuelle Planung stellt für Mitarbeiter einen persönlichen Anreiz dar, um insbesondere auch im *Interesse* der persönlichen beruflichen Entwicklung umfassende und verantwortungsvollere Aufgaben innerhalb des Unternehmens zu übernehmen.

Diesen Zusammenhang verdeutlicht ein Beispiel aus der Praxis: Im Rahmen eines Konzeptes für eine internationale Karriereentwicklung können Verkäufer mit mindestens fünf Jahren Berufserfahrung aus unterschiedlichen Standorten für jeweils zwei Jahre am Hauptstandort des Unternehmens eingesetzt werden. Dort können diese Mitarbeiter gezielt die Führungen von Kundengruppen aus den jeweiligen Ländern übernehmen. Diese Mitarbeiter können so ein persönliches Netzwerk im Stammhaus aufbauen, ihre Sprachkompetenz ausbauen, interkulturelle Fähigkeiten lernen und zugleich Kunden in ihrer Landessprache über Produkte des Unternehmens informieren. Das Unternehmen profitiert unmittelbar von dieser Wechselbeziehung.

Wird dieses Konzept von Unternehmensseite weiter geführt, kann die gezielte Förderung von Mitarbeitern mit einem Nachfolgekonzept für Schlüsselpositionen im Unternehmen kombiniert werden. Damit kann den Anforderungen strategischer Personalentwicklung konkret Rechnung getragen werden.

Personalentwicklungsprogramme
Entwicklungsprogramme für Mitarbeiter, die persönliches Entwicklungspotenzial mitbringen, so genannte Potenzialträger, bieten Unternehmen die Möglichkeit einer strategisch ausgerichteten Personalentwicklungsarbeit. Ziel ist es, Mitarbeiter so für die Übernahme von verschiedenen Positionen zu qualifizieren; eine bestimmte Position innerhalb des Unternehmens sollte nicht im Fokus stehen. Entsprechende Konzepte für die Zielgruppe der Nachwuchskräfte sind Traineeprogramme, Programme für die erste Führungsebene (als Nachfolgeplanung) oder die Förderung von Fach- und Führungskräften, um diesen Kandidatenkreis auf Aufgaben mit größerer Verantwortung innerhalb des Unternehmens vorzubereiten. Wesentlicher Bestandteil, auf den in der Praxis fast alle strategisch ausgerichteten Entwicklungsprogramme aufgebaut sind, ist die *Projektarbeit* an wichtigen, übergreifenden Unternehmensfragen oder an abteilungsübergreifenden Problemstellungen zur Erhöhung der Kompetenzen

des einzelnen Mitarbeiters (Ulrich/Zenger/Smallwood 2000, S. 284). Diese Projekte können – je nach Entwicklungsziel – durch Auslandseinsätze in Form von »Job Rotation« für einen festgelegten Zeitrahmen umgesetzt werden.

Der Einsatz von strategischen Personalentwicklungskonzepten hat in der Praxis den Vorteil, dass Unternehmen eine Auswahl von möglichen Kandidaten haben und gleichzeitig die Mitarbeiter durch eine langfristige Planung stärker an das Unternehmen binden. Dabei hat sich der Einsatz von so genannten *Mentoren* als hilfreich erwiesen. Darunter versteht man den Einsatz von Managern aus dem Unternehmen, die mit der Erfahrung ihrer langjährigen Unternehmenszugehörigkeit den Entsandten als Experten beratend zur Seite stehen und insbesondere auch in der Wiedereingliederungsphase im Stammhaus Kontakte knüpfen können. Eine entscheidende Rolle können hier auch Personalleiter des Stammhauses als Berater für die Potenzialträger im Unternehmen übernehmen, die somit einen Auslandseinsatz aktiv begleiten (Wegerich 2007).

5.4 Auslandseinsatzphase

Die strategische Bedeutung von Auslandseinsätzen verlangt nach einem durchgängigen und klaren Konzept für die Betreuung des Mitarbeiters, um den Prozess optimal zu gestalten und die persönliche Entwicklung des Expatriates zu *begleiten*. Auch während des Einsatzes können die Entsandten durch den Vorgesetzten im Stammhaus oder den Mentor begleitet werden. Aber auch der Personalentwickler oder der Experte für Entsendungen aus der Personalabteilung kann eine aktive Rolle übernehmen. Sinnvoll ist es, im Vorfeld zeitlich fixierte Regeltermine für gemeinsame Gespräche zu vereinbaren. Diese Termine können sowohl zum Informationsaustausch als auch zur frühzeitigen Planung der Wiedereingliederung des Mitarbeiters genutzt werden.

Daneben kann der Vorgesetzte der aufnehmenden Gesellschaft einen Integrationsplan erstellen, der dem Entsandten die Einarbeitungszeit im Zielland erleichtert. Wesentlich sind dafür organisierte Gespräche mit wichtigen Kontaktpersonen, wie etwa Kollegen oder Managern aus dem Unternehmen und Kunden sowie ein Integrationsgespräch, bei dem der Vorgesetzte der ausländischen Gesellschaft über die Besonderheiten am Standort informiert.

5.5 Wiedereingliederungs- und Reintegrationsphase

Die Rückkehr eines Entsandten sollte mindestens ein Jahr im Voraus geplant werden. Hierbei kommt der Personalabteilung, die die internationalen Transfers betreut, die entscheidende Rolle für das Gelingen des Prozesses zu. Von dort aus können Fachabteilungen im Unternehmen kontaktiert und es kann nach offenen internen Stellen für den rückkehrenden Mitarbeiter gesucht werden.

Wenn sich die aufgezeigten Perspektiven nicht oder nur zeitlich verzögert realisieren lassen, treten Enttäuschung und Demotivation bei dem betroffenen Mitarbeiter auf. Dabei können Gründe dafür, dass die angestrebte Position im Unternehmen nicht erreicht wird, sowohl in der Person als auch im organisatorischen Bereich liegen.

Werden Positionen im Unternehmen über eine innerbetriebliche Stellenausschreibung veröffentlicht, steht der Bewerber in Konkurrenz mit anderen internen Mitarbeitern. Durch die gezielte Laufbahn- oder Karriereplanung und begleitende Personalentwicklungsmaßnahmen ist der Mitarbeiter im internen Bewerbervergleich sehr gut vorbereitet. Bei einer Ablehnung ist dann jedoch auch die Frustration umso größer, da die Erwartungen nicht zuletzt durch die Tätigkeit im Ausland selbst gestiegen sind (Kammel/Teichelmann 1994, S. 100).

Auch bei der *Wiedereingliederung* kann der Mentor als Ansprechpartner daher für den entsandten Mitarbeiter eine wichtige Funktion übernehmen. So ist es erforderlich, dass der Mentor oder die Fachabteilung des geplanten Rückkehrbereichs den Entsandten regelmäßig über Vorgänge und Entwicklungen im Heimatunternehmen informiert. So kann der Entsandte ein realistisches Bild von den Veränderungen bekommen. Häufig haben Unternehmen auch ein firmenübergreifendes »Job-Portal« im Intranet, über das sich alle Mitarbeiter weltweit über offene Positionen im Unternehmen informieren können. Unabhängig davon werden Mitarbeiter durch eine aktive Informationsweitergabe stärker an das Unternehmen gebunden.

Eine aktive Betreuung bei der *Reintegration* des Mitarbeiters ist wichtig, da Entsandte bei ihrer Rückkehr im Unternehmen in der Regel andere Umfeldbedingungen vorfinden als bei ihrer Abreise. Untersuchungen zeigen, dass die Fluktuationsrate von Rückkehrern gering gehalten werden kann, wenn den im Ausland erworbenen Kenntnissen im neuen Aufgabenbereich im Stammhaus nach Rückkehr Rechnung getragen wird (Kühlmann 2004, S. 91 f.).

6 Möglichkeiten der Erfolgskontrolle

6.1 Reflexion über die Ergebnisse des Auslandseinsatzes

In der Wissenschaft und Praxis existieren kaum geprüfte Kriterien zur Erfolgsmessung von Auslandstätigkeiten (Wunderer/Dick 2002, S. 100). Jedoch können die zuvor dargestellten Methoden zur Personalbeurteilung eingesetzt werden. Dabei hat sich in der Unternehmenspraxis gezeigt, dass insbesondere dem persönlichen Mitarbeitergespräch mit dem Vorgesetzten eine entscheidende Rolle zukommt, um die für das Unternehmen maßgebliche Wertschöpfung des Mitarbeiters, sein Leistungsverhalten und seine Arbeitsergebnisse zu messen (Wunderer/Jaritz 2002, S. 132).

Ist der Vorgesetzte nach Ablauf der Entsendung nicht dieselbe Person, da sich Unternehmensstrukturen geändert haben oder sich aus anderen Gründen Stellenbesetzungen verändert haben, kann auch der zukünftige Vorgesetze in einem Gespräch die vor der Entsendung vereinbarten Ziele aufgreifen und diese als Anlass für ein erstes gemeinsames Mitarbeitergespräch mit dem Rückkehrer nutzen. Aber auch ein Austausch mit der Personalabteilung oder dem Mentor innerhalb des Unternehmens bieten einen Rahmen für eine *Reflexion* des Entsandten.

6.2 Transfer der Ergebnisse des Auslandseinsatzes

6.2.1 Fragestellungen für Transferfeedback nach dem Auslandseinsatz

Neben der Reflexion des Auslandseinsatzes ist auch ein *Transfer*, also ein bewusster Einsatz der gewonnenen Kompetenzen und Fähigkeiten des Mitarbeiters, für die Nutzung der Erfahrungen aus dem Auslandseinsatz von besonderer Bedeutung. Dieser Transfer kann durch einen Austausch mit dem Vorgesetzten im Stammhaus nach der Rückkehr wie folgt gestaltet sein:

- Welche Fähigkeiten und Kompetenzen konnten durch den Auslandsaufenthalt gewonnen werden?
- Was waren rückblickend die größten Herausforderungen im Ausland? Wie war der Umgang des Mitarbeiters damit?
- Wie setzt der Betroffene diese Ressourcen in seiner jetzigen Aufgabe im Unternehmen ein?

6.2.2 Erfahrungsaustausch zwischen Expatriates

Unternehmen können zusätzlich zu den geschilderten Maßnahmen einen Erfahrungsaustausch zwischen Mitarbeitern koordinieren, die Auslandseinsätze absolviert haben. So können etwa Mitarbeiter, die vor ihrer Entsendung ins Ausland stehen, konkret auf erfahrene Kollegen zugehen und im persönlichen Gespräch ihre Fragen klären und sich über Besonderheiten im Hinblick auf die bevorstehende Aufgabe im Ausland austauschen. Diese individuelle Vorbereitung kann auch auf die betroffenen Familien ausgeweitet werden, die sich privat austauschen und treffen können. Wichtig ist hier, als Unternehmen eine *Transparenz* zu schaffen und interessierten Mitarbeitern Kontakte zu vermitteln.

6.3 Erfassung von Kennzahlen

Der Erfolg von Auslandseinsätzen kann über qualitative Faktoren – etwa Zufriedenheit des Rückkehrers oder der von ihm betreuten Kunden, Verhandlungsabschlüsse oder verbesserte Kommunikation – beschrieben werden. Mit Hilfe von Kennzahlen und Kostenstrukturanalysen (Jung 2003, S. 936) kann zudem der Versuch unternommen werden, Auslandseinsätze quantitativ einzuschätzen und Korrekturmaßnahmen über den zeitlichen Verlauf vorzunehmen.

Beispiele sind:

- Erfassung der dem Unternehmen entstandenen Entsendungskosten,
- Anteil der Fortbildungskosten an der Auslandsentsendung,
- Anzahl der Mitarbeiter, die nach dem Auslandseinsatz im Stammhaus tätig sind,
- Erfolgreiche Besetzung von Nachfolgepositionen im Unternehmen sowie
- Veränderung der Position/Karriereentwicklung der Expatriates im entsendenden Unternehmen.

Die Kennzahl der *Rückkehrquote* (Kammel/Teichelmann 1994, S. 106) kann in Bezug auf die Effizienz und in Soll-Ist-Vergleichen herangezogen werden.

$$\text{Rückkehrquote in \% = } \frac{\text{Anzahl der vorzeitig aus dem Ausland zurückgekehrten Mitarbeiter x 100}}{\text{Gesamtzahl der ins Ausland entsandten Mitarbeiter}}$$

7 Zufriedenheit und Erfolge

Empirische Untersuchungen (Becker 2002, S. 261) zeigen, dass Führungskräfte in der Praxis nur unzureichend auf internationale Herausforderungen im jeweiligen Zielland vorbereitet werden. Die vorstehend genannten Maßnahmen können vor diesem Hintergrund eine sehr gute Basis für eine hohe *Mitarbeiterzufriedenheit* und den Erfolg des Auslandseinsatzes für das Unternehmen bilden.

Zusammenfassend lässt sich sagen, dass ein Auslandseinsatz erfolgreich gestaltet werden kann, wenn Mitarbeiter eine umfassende Vorbereitung mit Blick auf das Entsendungsland und dessen kulturellen Besonderheiten bekommen. Dabei sollte die Familie des entsendenden Mitarbeiters sowohl bei der Entscheidungsfindung und bei der Umsetzung mit eingebunden sein. Neben dieser kulturellen Vorbereitung hat sich in der Praxis gezeigt, dass nur durch einen gezielten Einsatz von verschiedenen Personalentwicklungsinstrumenten die Auslandsentsendung eines Mitarbeiters positiv begleitet werden kann und ein Erfolg sowohl für das Unternehmen als auch für den Mitarbeiter möglich ist. Abb. 4 zeigt abschließend die Instrumente, die in den unterschiedlichen Phasen des Auslandseinsatzes eingesetzt werden können.

Abb. 4: Personalentwicklungsinstrumente zur gezielten Steuerung eines Auslandseinsatzes

Sinnvoll ist es, begleitend zu den genannten Instrumenten, durch einen Personalleiter oder einen *Mentor* innerhalb des Unternehmens aktiv den Kontakt zum Entsandten zu halten. Diese Kontaktperson hat dabei auch die Aufgabe, sich für den Entsandten um mögliche Positionen nach dessen Auslandsaufenthalt im Stammhaus zu kümmern. Dazu ist ein vereinbarter regelmäßiger Austausch zu empfehlen.

Der in der Praxis wichtige unternehmensinterne *Netzwerkaufbau* durch den entsandten Mitarbeiter kann seitens der Personalabteilung durch zusätzliche Maßnahmen (etwa einen organisierten Austausch von ehemaligen Entsandten zu interessierten Kandidaten oder auch im Rahmen von Personalentwicklungsprogrammen) gefördert werden, um so den Austausch von zukünftigen Mitarbeitern und Rückkehrern zu organisieren. Ausschlaggebend für den Erfolg einer Auslandsentsendung aus Sicht des Unternehmens und des Mitarbeiters ist, dass die zuvor geschilderten Instrumente der Personalentwicklung und -betreuung als Maßnahmenpaket in den verschiedenen Phasen des Auslandeinsatzes jeweils zutreffen und konsequent eingesetzt werden.

Literatur

Becker 2002: Becker, M.: Gestaltung der Personal- und Führungskräfteentwicklung, München 2002.
Becker 2005: Becker, M.: Systematische Personalentwicklung, Stuttgart 2005.
Bröckermann 2007: Bröckermann, R.: Personalwirtschaft, 4. Aufl., Stuttgart 2007.
Doppler/Lauterburg 2002: Doppler K. und Lauterburg, C.: Change Management, 10. Auflage, Frankfurt/Main 2002.
Eser 2003: Eser, G.: Das Arbeitsverhältnis im Multinationalen Unternehmen, 2. Auflage, Heidelberg 2003.
Hentze/Kammel 2001: Hentze, J. und Kammel, A.: Personalwirtschaftslehre, 7. Auflage, Bern 2001.
Heuser/Heidenreich/Förster 2003: Heuser, A., Heidenreich, J. und Förster, H.: Auslandsentsendung und Beschäftigung ausländischer Arbeitnehmer, 2. Auflage, München 2003.
Hofstede 2003: Hofstede, G.: Culture's Consequences, 2. Auflage, Beverly Hills 2003.
Hummel/Jochmann 1998: Hummel, T. und Jochmann, W.: »Beurteilungs- und Erfolgskriterien des Personaleinsatzes im internationalen Management«, in Kumar, B. und Wagner, D. (Herausgeber): Handbuch des internationalen Personalmanagements, München 1998.
Jung 2003: Jung, H.: Personalwirtschaft, München 2003.
Kammel/Teichelmann 1994: Kammel, A. und Teichelmann, D.: Internationaler Personaleinsatz, München 1994.
Kühlmann 2004: Kühlmann, T. M.: Auslandseinsatz von Mitarbeitern, Göttingen 2004.
Mastmann/Stark 2005: Mastmann, G. und Stark, J.: »Vertragsgestaltung bei Personalentsendungen ins Ausland«, in: Betriebs-Berater, Heft 09/2005, S. 1849–1856.
Müller-Stewens/Lechner 2005: Müller-Stewens, G. und Lechner, C.: Strategisches Management, 3. Auflage, Stuttgart 2005.
Pulte 2004: Pulte, P.: Arbeitsverträge bei Auslandseinsatz, 3. Auflage, Heidelberg 2004.
Scherm 1995: Scherm, E.: Internationales Personalmanagement, München 1995.
Schliemann 2001: Schliemann, H.: »Fürsorgepflicht und Haftung des Arbeitgebers beim Einsatz von Arbeitnehmern im Ausland«, in: Betriebs-Berater, Heft 06/2001, S. 1302–1308.
Scholz 2000: Scholz, C.: Personalmanagement, 5. Auflage, München 2000.
Simon/Gathen 2002: Simon, H. und von der Gathen, A.: Das große Handbuch der Strategieinstrumente, Frankfurt 2002.
Speer 1998: Speer, H.: »Bestandteile und Formen der Auslandsvergütung«, in Kumar, B. und Wagner, D. (Herausgeber): Handbuch des internationalen Personalmanagements, München 1998.
Stahl/Mayrhofer/Kühlmann 2005: Stahl, G., Mayrhofer, W. und Kühlmann, T. (Herausgeber): Internationales Personalmanagement, Mering 2005.

Ulrich 1996: Ulrich, D.: Human Resource Champions, Boston/Massachusetts 1996.
Ulrich/Zenger/Smallwood 2000: Ulrich, D., Zenger, J. und Smallwood, N.: Ergebnisorientierte Unternehmensführung, Frankfurt 2000.
Wegerich 2007: Strategische Personalentwicklung in der Praxis, Weinheim 2007.
Welge/Holtbrügge 2003: Welge, M. K. und Holtbrügge, D.: Internationales Management, 3. Auflage, Stuttgart 2003.
Wirth 1998: Wirth, E.: »Vorbereitung auf internationale Einsätze«, in Kumar, B. und Wagner, D. (Herausgeber): Handbuch des internationalen Personalmanagements, München 1998.
Wunderer/Dick 2002: Wunderer, R. und Dick, P.: Personalmanagement – Quo vadis? Analysen und Prognosen bis 2010, 3. Auflage, Neuwied 2002.
Wunderer/Jaritz 2002: Wunderer, R. und Jaritz, A.: Unternehmerisches Personalcontrolling, 2. Auflage, Neuwied 2002.

Teil F
Planung und Ergebnissicherung der Personalentwicklung

F.1 Kollektiv- und Individualplanung der Personalentwicklung

*Reiner Bröckermann**

1 Aufgaben und Prinzipien der Personalentwicklungsplanung

2 Personalbstandsanalyse und quantitativer Personalbedarf

3 Qualitative Personalbedarfsermittlung
   3.1 Anforderungsprofil
   3.2 Eignungsprofil
   3.3 Motivation
   3.4 Profilabgleich
   3.5 Partizipative Bildungsbedarfsanalyse

4 Zeitliche Personalentwicklungsplanung

5 Dokumentation und Visualisierung

6 Maßnahmenplanung der Personalentwicklung
   6.1 Kollektive, individuelle und Standard-Pläne
   6.2 Ziele
   6.3 Inhalte
   6.4 Methodik
   6.5 Terminierung
   6.6 Finanzierung

Literatur

---

* Prof. Dr. Reiner Bröckermann war nach seiner Promotion einige Jahre Personalbeauftragter eines internationalen Unternehmens und Personalleiter im Mittelstand. Es folgten Berufungen zum Gründungsdekan des Fachbereichs Wirtschaft der FH Schmalkalden und zum Professor für Personalwirtschaft an die Hochschule Niederrhein. Er ist als Berater, Coach und Trainer tätig sowie als Autor und Herausgeber einer Vielzahl von Publikationen.

1 Aufgaben und Prinzipien der Personalentwicklungsplanung

Mit der Kollektiv- und Individualplanung ermittelt man den für die Personalentwicklung relevanten Personenkreis, die geforderten und gebotenen Qualifikationen sowie Kompetenzen, die dokumentiert und visualisiert werden, und schließlich eruiert man die zeitlichen und die auf die Maßnahmen bezogenen Modalitäten (Abb. 1).

```
                    Personalbestandsplanung
           aktuell und zukünftig relevanter Personenkreis
                              ↓
                    Quantitative Personalplanung
     für die Erledigung der Arbeitsaufgaben notwendiger Personenkreis
                              ↓
                    Qualitative Personalplanung
```

Anforderungsprofil = Bedarf des Unternehmens Eignungsprofil = Befähigung der Beschäftigten Motivation = Bedarf der Beschäftigten Profilabgleich	partizipative Personalbedarfsanalyse

```
                    Zeitliche Personalplanung
                      Stichtag und Arbeitszeiten
                              ↓
                  Dokumentation und Visualisierung
                              ↓
               Maßnahmenplanung der Personalentwicklung
```

kollektive Pläne	individuelle Pläne	Standard-Pläne

mit den Elementen

Ziele	Inhalte	Methodik	Terminierung	Finanzierung
▪ potenzial-orientiert ▪ positions-orientiert ▪ Berufsvorbereitung ▪ Berufsbegleitung ▪ Berufsveränderung	▪ Qualifikationen ▪ Kompetenzen	▪ aktiv ▪ passiv ▪ Einzelne ▪ Gruppen ▪ intern ▪ extern	▪ Arbeitszeit ▪ Freizeit ▪ geteilt	▪ Unternehmen ▪ Teilnehmer ▪ geteilt ▪ Rückzahlung ▪ Bildungsurlaub

Abb. 1: Kollektiv- und Individualplanung der Personalentwicklung (Bröckermann 2009, S. 319)

Die Vielschichtigkeit verdeutlicht, dass man zumindest in mitarbeiterstarken Unternehmen auf die Planungsunterstützung durch geeignete *Software* angewiesen ist. Zudem ist während des gesamten Planungsprozesses ein rechtzeitiger, umfassender *Informationsfluss* zwischen dem Arbeitgeber, dem Wirtschaftsausschuss und den Arbeitnehmervertretungen gesetzlich vorgeschrieben und unabdingbar, worauf im Kapitel B.3 dieses Handbuchs eingegangen wird.

Angesichts der (im Vorwort dieses Handbuchs aufgezeigten) strategischen Herausforderungen der Personalentwicklung stehen im Mittelpunkt der Personalentwicklungsplanung zunächst die *finanziellen Grenzen*.

- Maßgeblich sind das Arbeitsmarktprinzip und das ökonomische Prinzip, das heißt im Vordergrund steht die Deckung des personellen Bedarfs durch den bestmöglichen Einsatz der Beschäftigten (Mentzel 2001, S. 10 f.).
- Personalentwicklung ist aber nur gerechtfertigt, wenn sichergestellt ist, dass die vermittelten Qualifikationen und Kompetenzen auch von den Betroffenen gefragt sind. Ansonsten verkommt die Personalentwicklung zum lästigen Übel. Folglich zahlt es sich aus, auf die berechtigten Interessen und Neigungen der Beschäftigten, auf ihre Motivation, einzugehen, also das soziale Prinzip der Personalwirtschaft zu beachten (Bröckermann 2009, S. 315 f.).

Von strategisch überragender Bedeutung sind insbesondere die aus vielen Gründen unabänderlichen Qualifikations- und Kompetenzengpässe und der aus Konkurrenzgründen notwendige Ausbau eben dieser Qualifikationen und Kompetenzen.

- Jedes Unternehmen muss in der Lage sein, die Aktivitäten auf alle, auch zukünftige Marktgegebenheiten abzustellen. Das lässt sich bewältigen, wenn sich in der Belegschaft recht viele Bevölkerungsgruppen in einem angemessenen Verhältnis finden und verwirklichen können. Folglich muss das Repräsentanz- oder *Diversity-Prinzip* beachtet werden, also eine Heterogenität der Belegschaft hergestellt und durch Personalbildung, Personalförderung und Arbeitsstrukturierung gepflegt werden (Finke 2006, S. 7 ff., 65 f., Stuber 2002, S. 48 ff.).
- Wenn man die Innovationspotenziale beider Geschlechter ansprechen und aktivieren, auf umkämpften Arbeitsmärkten qualifiziertes Personal gewinnen und halten und zugleich die Qualität von Produkten durch geschlechterspezifische Passgenauigkeit erhöhen will, weist das so genannte *Gender Mainstreaming* den Weg. Man macht die aufgrund ihrer Geschlechterrollen (Gender) unterschiedlichen Interessen und Lebenssituationen von Frauen und Männern zum zentralen Bestandteil (Mainstreaming) bei allen Entscheidungen und Prozessen, auch und gerade bei der Personalentwicklung (Bundesministerium für Familien, Senioren, Frauen und Jugend 2005, ohne Seite, Krell/Mückenberger/Tondorf 2008, S. 98 ff.).

2 Personalbestandsanalyse und quantitativer Personalbedarf

Wer Personalentwicklung betreiben will, muss wissen, wie viele Personen an dem Stichtag, den man ins Auge fasst, zum Personalbestand zählen und, besser noch, um wen es sich handelt. Zudem braucht man Informationen, wie viele Personen man an diesem Stichtag eigentlich zur Bewältigung der anstehenden Aufgaben braucht (Bröckermann 2009, S. 34 ff., 319).

Der *Stellenbesetzungsplan* führt die bislang benötigten und genehmigten Stellen auf, gegliedert nach Unternehmensbereichen oder Abteilungen, und darüber hinaus für jede Stelle den Namen des derzeitigen Stelleninhabers. Da man nur selten umgehend aktiv werden kann, ist eher ein zukünftiger Personalbestand von Interesse, den man berechnet, indem man die absehbaren Personalzugänge und -abgänge einkalkuliert.

Für die Erfassung des *Einsatzbedarfs* steht eine Vielzahl von Verfahren zur Verfügung. Überall einsetzbar ist die so genannte Stellenplan- oder Stellenmethode: Man fragt in den Abteilungen die absehbaren Veränderungen im Stellengefüge ab und zeichnet sie stichtagsbezogen auf. Da Arbeitskräfte erkranken, Urlaub nehmen oder sind aus anderen Gründen nicht anwesend sind, muss man überdies einen *Reservebedarf* einplanen. Er wird in den Stellenbesetzungsplan eingearbeitet. Der *Bruttopersonalbedarf* errechnet sich aus der Addition des Einsatz- und Reservebedarfs. Zieht man nun stichtagsbezogen den Personalbestand vom Bruttopersonalbedarf ab, ergibt sich der exakt bezifferte *quantitative Personalbedarf*.

3 Qualitative Personalbedarfsermittlung

3.1 Anforderungsprofil

Für die Personalentwicklungsplanung mindestens ebenso wichtig wie die vorgehaltene und die benötigte Personenzahl ist das Wissen um die aktuellen und zukünftigen *Anforderungen*, also darum, welche Faktoren und Verhaltensweisen bei der Aufgabenerfüllung erfolgswirksam sind (Bröckermann 2009, S. 39 ff., 428, Mudra 2004, S. 167 ff.).

Die Anforderungsanalyse wird in der Regel vom Personalwesen in Zusammenarbeit mit den Fachvorgesetzten durchgeführt. Ehemalige oder derzeitige Stelleninhaber, der Kollegenkreis und die Führungskräfte, gegebenenfalls auch Kunden und Lieferanten, mit denen der Stelleninhaber Kontakt halten muss, werden mündlich oder schriftlich befragt. Aufgrund der Befragungsergebnisse definiert man Anforderungskriterien (die auch als Anforderungsarten bezeichnet werden). Danach wird jedes Anforderungskriterium durch oft drei bis sechs Merkmale zu charakterisiert. So entsteht ein so genannter Anforderungskatalog, der

- die Stelle identifiziert, beispielsweise durch Stellennummer, Stellenbezeichnung, Abteilung, Kostenstelle und Vergütungsgruppe,
- allgemeine Anforderungskriterien wie Alter und Geschlecht nennt, falls das unumgänglich, rechtlich zulässig und verantwortbar ist, ferner
- körperliche Anforderungskriterien, etwa hinsichtlich der Muskelbelastung, Körperhaltung und Motorik sowie der Umgebungseinflüsse auf die Sinne und Nerven, zudem
- Qualifikationskriterien, zum Beispiel die notwendige Ausbildung in der Schule, im Beruf und in der Hochschule, die erforderliche Fortbildung, Berufs-, Branchen- und Firmenerfahrung sowie die gewünschten fachlichen Qualifikationen.

- Schließlich müssen förderliche Kompetenzen ermittelt werden. Im Kapitel B.2 dieses Handbuchs wird dies ausführlich erläutert.

Anschließend legt man mit einer Gewichtung der Anforderungsmerkmale fest, in welcher Ausprägung das jeweilige Anforderungsmerkmal vorhanden sein sollte. Die Ausprägung eines Merkmals sollte dem Durchschnitt in der jeweiligen Berufsgruppe und Funktion entsprechen und mit den spezifischen Erfahrungswerten des Unternehmens abgeglichen werden. Sie wird entweder in Form einer Notenskala, in abgestuften Verbalinformationen oder in Plus- und Minuszeichen festgehalten. So entsteht ein *Anforderungsprofil* (Abb. 2, Becker 2005a, S. 304 ff., Hartmann 2002, S. 41 ff., Weuster 2004, S. 32 ff.).

Anforderungsprofil					
Stellenbenennung	Personalentwicklungsreferent/in				
Stellennummer	1234				
Abteilung	Personal				
Qualifikation durch Ausbildung	wirtschafts- oder sozialwissenschaftliches Hochschulstudium bzw. gleichwertiges Niveau				
Qualifikation durch Fortbildung	Ausbildereignung gem. § 2 AEVO				
Qualifikation durch Berufserfahrung	im Anschluss an das Studium mindestens 2 Jahre im Personalwesen				
		−	±	+	++
Qualifikation durch Zeugnisse	Personalentwicklung				+
	Organisationsentwicklung				+
	Planung und Organisation				+
Fachliche Kompetenzen	Gestaltungswille				+
	Wissensorientierung			+	
	Ausführungsbereitschaft				+
Methodische Kompetenzen	Analytische Fähigkeit				+
	Konzeptionsstärke				+
	Organisationsfähigkeit				+
Soziale Kompetenzen	Kooperationsfähigkeit				+
	Kommunikationsfähigkeit				+
	Konfliktlösungsfähigkeit				+
Personale Kompetenzen	Schöpferische Fähigkeit				+
	Selbstmanagement				+
	Lernbereitschaft				++

Abb. 2: Anforderungsprofil mit der Skala: −, +, +, ++
 (Bröckermann 2009, S. 47, nach Mentzel 2001, S. 53)

3.2 Eignungsprofil

Eignungsprofile sind im Aufbau identisch mit den Anforderungsprofilen (Abb. 2). Sie dokumentieren, was Beschäftigte können und über welche Potenziale sie verfügen. Für die Personalentwicklungsplanung sind sie von höchster Bedeutung, denn via Personalentwicklung will man ja gerade Eignungsdefizite tilgen und Potenziale ausbauen (Bröckermann 2009, S. 319 ff.).

Ein *Eignungsprofil* ist zunächst das Ergebnis der Personalbeschaffung. Es wird jedoch im Laufe der Betriebszugehörigkeit ergänzt und aktualisiert (Abb. 3, Mentzel 2001, S. 59 ff., Rosenstiel 2000, S. 4 f.).

Datenrecherche	Personalbeurteilung	Mitarbeitergespräch	Entwicklungsgespräch	Vorgesetztenbefragung
Ermittlung der Eignungsprofile				
Mitarbeiterbefragung	Testverfahren	situative Verfahren	Assessment Center	Eignungsuntersuchung

Abb. 3: Instrumente zur Ermittlung der Eignungsprofile (Bröckermann 2009, S. 320)

Ohne allzu großen Aufwand ermöglicht die *Datenrecherche*, also die Analyse der Personalakten und -dateien, Rückschlüsse auf die Eignungsprofile der Beschäftigten.

Anhand von *Leistungsbeurteilungen* kann man feststellen, wie gut die Beschäftigten ihre Aufgabenstellung auf ihrem derzeitigen Arbeitsplatz erfüllen. Die *Potenzialbeurteilungen*, ermöglichen Aussagen darüber, ob Beschäftigte dazu in der Lage sind, in absehbarer Zeit weitergehende Aufgabenstellungen zu übernehmen, und welche Personalentwicklungsmaßnahmen gegebenenfalls erforderlich sind (Kiefer/Knebel 2004, S. 153 ff.).

Das der Beurteilung folgende Beurteilungsgespräch kann, wie jedes *Mitarbeitergespräch*, ebenfalls interessante Informationen liefern.

Möglich sind aber nicht nur Gespräche mit den Betroffenen, sondern auch Gespräche über die Betroffenen. So können sich Vorgesetzte regelmäßig zu *Entwicklungsgesprächen* treffen und dort die Eignung ihrer Mitarbeiterinnen und Mitarbeiter diskutieren.

Zur Vorbereitung der Entwicklungsgespräche empfehlen sich schriftliche Befragungen der Vorgesetzten. Mit der Einladung zum Entwicklungsgespräch erhalten sie Listen mit Daten aus der Personalakte, versehen mit Fragen zur Eignung. Derartige Befragungen sind auch losgelöst von Entwicklungsgesprächen in Form von *Potenzialerhebungen* denkbar. Die Vorgesetzten werden aufgefordert, diejenigen Beschäftigten zu nennen, die sie zum Zeitpunkt der Befragung für besonders leistungsfähig und talentiert halten (Mentzel 2001, S. 96 f.).

Die *Beschäftigten* können gleichfalls schriftlich zur Eignung für ihre aktuellen Aufgaben *befragt* werden. Das betriebliche Vorschlagswesen und innerbetriebliche Stellenausschreibungen kommen solchen Befragungen im Ergebnis recht nahe, denn die Interessenten geben Hinweise auf ihre bisher nicht genutzten Qualifikationen und Kompetenzen.

Testverfahren, situative Verfahren (*Simulationen*, also standardisierte Arbeitsproben) und *Assessment Center* (Auswahlseminare) können ebenfalls für die Ermittlung des Eignungsprofils herhalten. Gerade Assessment Center gehören in vielen Unternehmen zum Standard, wenn die Eignung von Beschäftigten für eine Führungslaufbahn festgestellt wird (Fisseni/Preusser 2007, S. 30, Kalb/Ulrich 2000, S. 40 ff., Paschen 2003, S. 25 ff., Kapitel D.4 dieses Handbuchs).

Je nach Tätigkeitsfeld macht es durchaus Sinn, durch eine ärztliche *Eignungsuntersuchung* zu überprüfen, ob und inwieweit die Beschäftigten den Belastungen ihrer Aufgaben noch gewachsen sind. Man denke etwa an die laufenden Untersuchungen von Piloten. Ärztliche Eignungsuntersuchungen sind außerdem angebracht, wenn höhere Anforderungen auf Beschäftigte zukommen. Das ist in der Praxis nur in Ausnahmefällen gebräuchlich, beispielsweise bei einem geplanten Auslandseinsatz.

3.3 Motivation

Wenn das Personalentwicklungsangebot nicht den Interessen und Neigungen der Beschäftigten entspricht, ist keine freiwillige Teilnahme zu erwarten. Eine erzwungene Teilnahme bewirkt eher eine schwindende Einsatzbereitschaft. Aus diesem Grund kann man Personalentwicklung nur betreiben, wenn man den Personalentwicklungsbedarf der Beschäftigten kennt, also ihre Interessen und Neigungen oder, kurz gesagt, ihre *Motivation* (Rosenstiel 2000, S. 6 f.).

Für die Erkundung der Motivation eignen sich mit wenigen Ausnahmen alle *Instrumente*, die zur Ermittlung der Eignungsprofile eingesetzt werden (Abb. 3, Bröckermann 2009, S. 321 ff.) und die Mitarbeiterzufriedenheitsanalyse (Kapitel D.2 dieses Handbuchs).

Selbst die Datenrecherche kann Erkenntnisse vermitteln. In Personalakten und -dateien findet sich mancher Fingerzeig auf Hobbys und Aktivitäten, der Interessen offen legt.

Vor allem Gespräche bieten Beschäftigten die Möglichkeit, ihre individuelle Motivation zu verdeutlichen. Von allen möglichen Gesprächen bietet das Beurteilungsgespräch noch die geringsten Möglichkeiten, da die Beurteilten hier in erster Linie ihre Stellungnahme zur Beurteilung abgeben sollen. Besser geeignet sind alle vertraulichen Gespräche zwischen Vorgesetzten und Beschäftigten. Eigens zum Zweck der Ermittlung des Personalentwicklungsbedarfs der Beschäftigten dient das Beratungs- und Fördergespräch. Da es den Beschäftigten in der Regel schwer fällt, ihren Personalentwicklungsbedarf zu artikulieren, sollten sie so rechtzeitig eingeladen werden, dass ihnen noch genügend Zeit für eine möglichst schriftliche Vorbereitung bleibt.

Schriftliche oder internetbasierte Mitarbeiterbefragungen zum Personalentwicklungsbedarf sind den Beratungs- und Fördergesprächen nahezu ebenbürtig. Außerdem machen Beschäftigte durch ihre Anregungen im Rahmen des betrieblichen Vorschlagswesens und durch ihre Bewerbungen auf innerbetriebliche Stellenausschreibungen auch auf ihre Interessen und Neigungen aufmerksam.

Und schließlich sollte die Motivation dem unmittelbaren, für die Arbeitseinteilung zuständigen Vorgesetzten aufgrund der Zusammenarbeit und des persönlichen Kontaktes ohnehin bekannt sein.

3.4 Profilabgleich

Der *Profilabgleich* gilt der Feststellung, inwieweit sich aktuelle oder zukünftige Anforderungsprofile (Abb. 2) mit den Eignungsprofilen der Beschäftigten decken und welcher Entwicklungsbedarf sich aus eventuellen Unterschieden ergibt.

Gefordert ist demnach eine präzise Gegenüberstellung der Anforderungskriterien und -merkmale eines Arbeitsplatzes mit den unterschiedlichen Qualitäten der Betreffenden (Abb. 4), es sei denn man setzt auf eine potenzialorientierte Personalentwicklung, von der später die Rede sein wird.

\multicolumn{6}{c}{Profilabgleich}					
Stelle	Personalentwicklungsreferent/in				
Bewerber/in	Susi Schmitz				
Qualifikation durch Ausbildung	*wirtschafts-/sozialwissenschaftliches Studium*	Master in Business Administration			
Qualifikation durch Fortbildung	*Ausbildereignung*	vorhanden			
Qualifikation durch Berufserfahrung	*2 Jahre im Personalwesen*	erfüllt			
		–	±	+	++
Qualifikation durch Zeugnisse	Personalentwicklung				
	Organisationsentwicklung				
	Planung und Organisation				
Fachliche Kompetenzen	Gestaltungswille				
	Wissensorientierung				
	Ausführungsbereitschaft				
Methodische Kompetenzen	Analytische Fähigkeit				
	Konzeptionsstärke				
	Organisationsfähigkeit				
Soziale Kompetenzen	Kooperationsfähigkeit				
	Kommunikationsfähigkeit				
	Konfliktlösungsfähigkeit				
Personale Kompetenzen	Schöpferische Fähigkeit				
	Selbstmanagement				
	Lernbereitschaft				
Motivation	Sie hat im Sommer mit Begeisterung eine Urlaubsvertretung für die Stelle übernommen.				

Abb. 4: Profilabgleich: ... Anforderungen – Eignung
(nach Bröckermann 2009, S. 113 und Mentzel 2001, S. 57)

3.5 Partizipative Bildungsbedarfsanalyse

Die partizipative Bildungsbedarfsanalyse ist eine Alternative zum beschriebenen Verfahren, die die zuweilen vernachlässigte Ermittlung des Personalentwicklungsbedarfs der Beschäftigten sicherstellt (Bröckermann 2009, S. 323 f.).

Die Analyse beginnt mit Befragungen der Beschäftigten zu ihrem Personalentwicklungsbedarf und Befragungen der Entscheidungsträger zum Personalentwicklungsbedarf durch technische und organisatorische Änderungen sowie Investitionen.

Danach werden die strukturierten Befragungsergebnisse als Untersuchungsgegenstand für mehrere Gruppeninterviews vorgegeben. Die Gruppen setzen sich aus Beschäftigten aller Hierarchieebenen zusammen. Dabei hat ein Interviewer die Aufgabe, Erkenntnisse darüber zu sammeln, was die Interviewten im Zusammenhang mit den Befragungsergebnissen gemeinsam bewegt.

Die Befragungsergebnisse und die Ergebnisse der Gruppeninterviews sind die Grundlagen für den abschließenden Diagnose-Workshop, der wiederum mit Beschäftigten aller Hierarchieebenen besetzt ist. Hier benennen die Beteiligten Schwierigkeiten, die ihnen in der täglichen Arbeit begegnen, aber auch solche, die durch künftige Entwicklungen entstehen können. In einer Diskussion wird ein gemeinsames Zielverständnis erarbeitet.

4 Zeitliche Personalentwicklungsplanung

Bei der zeitlichen Personalentwicklungsplanung geht es, anders als bei der Terminierung etwaiger Maßnahmen, um *Stichtage* und das *Arbeitszeitmanagement* (Bröckermann 2009, S. 46 f., 319).

Ohne einen Planungsstichtag sind die Personalbestandsanalyse und die quantitative Planung Makulatur. Häufig wählt man den Jahresbeginn als Stichtag, insbesondere für strategische Planungen. Andererseits können die Anschaffung neuer Geräte, die Erschließung eines neuen Marktes oder ein Personalabbau es erforderlich machen, einen anderen Stichtag zu wählen.

Veränderte Arbeitszeiten modifizieren zugleich den Personalentwicklungsbedarf. Man denke etwa an das Job Sharing. Wo zuvor nur für einen Beschäftigten Personalentwicklung anstand, sind es dann zwei Personen, die man berücksichtigen muss.

5 Dokumentation und Visualisierung

Die Ergebnisse der besagten Planungen werden in der Regel vom Personalwesen in eine *Personalentwicklungsdatei* oder, wenn es nur Nachwuchskräfte geht, eine *Nachwuchsdatei* übertragen, die Folgendes erfasst:
- alle Stellen mit
  den Stellenbeschreibungen und

Anforderungsprofilen,
der aktuellen Stellenbesetzung und
absehbaren Veränderungen,
- sämtliche Beschäftigte, für die ein Personalentwicklungsbedarf festgestellt wurde, aber auch die Beschäftigten, die selbst einen Personalentwicklungsbedarf angemeldet haben, mit Angaben zur Person, also
Name,
Personalnummer und
Eintrittsdatum sowie
- mit der ermittelten Eignung und der Motivation. Dazu listet man Daten
zur Schulbildung und zum Studium,
zur Berufsausbildung,
zur beruflichen Entwicklung,
zum Werdegang nach dem Eintritt in das Unternehmen,
zur aktuellen Stelle und zu geplanten Aufgabenfeldern,
zur Teilnahme an der Bildungsarbeit und Förderung,
zum Eignungsprofil,
zu Interessen und Neigungen,
zu vorgesehenen Personalentwicklungsmaßnahmen sowie
zu geplanten Aufgabenfeldern (Mentzel 2001, S. 60 ff.).

Alle Daten werden regelmäßig erfasst, ergänzt und aktualisiert. Bei ihrer Erfassung, Speicherung und Analyse sind die Bestimmungen des Bundesdatenschutzgesetzes zu beachten.

Die *Personalentwicklungsdatei* vermittelt einen umfassenden Überblick über den Personalentwicklungsbedarf. Damit bildet sie die Entscheidungsgrundlage für die Festlegung der Maßnahmen. Aufgrund der Daten kann man erkennen, ob eine Zusammenfassung ähnlicher Vorhaben möglich ist. Sie dient folglich der Koordination der Maßnahmen. Über die jeweils aktuellen Eintragungen kann sowohl ein Controlling der Durchführung als auch der Lern- und Anwendungserfolge erfolgen.

Ein Dokumentations- und Visualisierungsinstrument mit dem gleichen Zweck ist das Human Resource oder, prägnanter, *Personal-Portfolio*. Die bekannteste Form stellte Odiorne 1985 (S. 65 ff.) vor (Abb. 5). Um zu veranschaulichen, bei welchen Beschäftigten sich Personalentwicklungsmaßnahmen empfehlen, wird das gegenwärtige Leistungsverhalten der Betreffenden, die so genannte Performance, mit dem ermittelten Potenzial in eine Vier-Felder-Matrix zusammengeführt.

- Dead Wood sind Niedrigleister ohne Potenzial und somit die Problemfälle. Man könnte sie auf eine anspruchslose Position versetzen oder sich von ihnen trennen.
- Work Horses sind Mitarbeiter mit hoher Leistung, aber geringem Potenzial. Sie werden gleichfalls kaum in die Personalentwicklung einbezogen. Man sollte sie durch abwechslungsreiche Aufgaben auf ihrem Eignungsniveau halten.
- Wild Cats bringen zwar genügend Potenzial mit, zeigen aber eher bescheidene Leistungen. Für sie sind alle Personalentwicklungsmaßnahmen geeignet, die zu einer Verbesserung des Leistungsverhaltens führen.

	niedrig	Potenzial	hoch
hoch	Work Horses		Stars
niedrig	Dead Wood		Wild Cats

Abb. 5: Personal-Portfolio (Bröckermann 2009, S. 325 nach Bühner 2005, S. 107)

- Stars sind aufgrund ihrer herausragenden Leistung und Potenziale die Garanten für den Unternehmenserfolg und gelten deswegen als höchst entwicklungs- und förderungswürdig.

Freilich ist eine korrekte Zuordnung der Beschäftigten zu den Feldern kaum möglich, da es dafür bislang keine ausgereiften Ansätze gibt. Zudem sind die Bezeichnungen für die Betroffenen, vorsichtig ausgedrückt, problematisch, wenn nicht sogar menschenverachtend (Oechsler 2000, S. 131).
Weniger gebräuchlich sind folgende Instrumente:
- *Forced Ranking* ist ein Ansatz, die Beschäftigten nach der Ermittlung der Eignungsprofile in eine vergleichenden Rangfolge zu bringen (Kahabka 2004, S. 97 f.).
- Mit dem *Management Audit* werden die Eignungsprofile der Manager ermittelt, vorgestellt und verglichen (Jochmann 2003, S. 30 ff.).
- Die *Personalwertanalyse* stellt das Potenzial der Beschäftigten als Aktivum dar und weist Personalaufwendungen als zukunftsbezogene Investitionen aus (Kahabka 2004, S. 98).
- Die *Data Envelopment Analysis* wird vereinzelt eingesetzt, um die Führungseffizienz, ausgedrückt als Quotient aus dem erzielten Output und dem benötigten Input, zu bestimmen (Kahabka 2004, S. 98 f.).

6 Maßnahmenplanung der Personalentwicklung

6.1 Kollektive, individuelle und Standard-Pläne

Die *kollektive Maßnahmenplanung* hat sowohl generelle wie spezielle, auf einen bestimmten Zweck bezogene Entwicklungsziele des Unternehmens zum Inhalt, aber auch die Auswahlkriterien für die Teilnahme und die Instrumente. Darüber hinaus legt sie Leitlinien für die inhaltliche Gestaltung, die Terminierung und Finanzierung von Maßnahmen fest.

Eine spezielle kollektive Personalentwicklungsplanung ist die *Nachfolgeplanung*. Sie dient der Vorsorge. Den geeigneten und interessierten Beschäftigten, die im Rahmen der Personalplanung ausfindig gemacht werden, wird die Möglichkeit geboten, sich gezielt für die Übernahme einer bestimmten Stelle zu qualifizieren. Dann kann bei Vakanzen sofort auf Kandidaten zurückgegriffen werden. Denen wird mit der Chance eines planmäßigen, nach allgemein gültigen Kriterien vollzogenen Aufstiegs ein Anreiz zum Verbleib und zum Engagement im Unternehmen geboten (Mentzel 2001, S. 148 ff.).

Auf der Grundlage der kollektiven Maßnahmenplanung wird bei Bedarf und Interesse jeweils aktuell für die jeweiligen Mitarbeiterinnen und Mitarbeiter eine *individuelle Maßnahmenplanung* erstellt. Dabei sollten die Betreffenden selbstverständlich aktiv beteiligt werden.

Das Pendant zur kollektiven Nachfolgeplanung ist die individuelle *Laufbahnplanung*. Anders als bei der Nachfolgeplanung geht es bei der Laufbahnplanung nicht unmittelbar um eine Stellenbesetzung, sondern um die berufliche Entwicklung einzelner Beschäftigter im Unternehmen. Damit sind natürlich indirekt auch wieder Stellen angesprochen, die die Betreffenden im Laufe ihrer Entwicklung einnehmen können, wenn sie sich entsprechend qualifizieren (Mentzel 2001, S. 139 ff.).

Wenn einige Beschäftigte ähnliche Voraussetzungen und Interessen haben und für ähnliche Maßnahmen vorgesehen sind, ist es rationeller, statt jeweils individueller Maßnahmenpläne *Standard-Maßnahmenpläne* auszuarbeiten.

6.2 Ziele

Vorweg müssen die Ziele definiert werden, die mit der Personalentwicklung realisiert werden sollen (Bröckermann 2009, S. 327 ff.).

Die *potenzialorientierte Personalentwicklung* hat die Pflege und den Ausbau vorhandener Eignungen und Potenziale sowie der Neigungen und Interessen der Beschäftigten zum Ziel, ohne dass über die Verwendung der erweiterten Qualifikationen und Kompetenzen definitiv entschieden ist.

Die *positionsorientierte Personalentwicklung* bezweckt eine gezielte Vermittlung von Qualifikationen und Kompetenzen für eine bestimmte Stelle oder eine Abfolge von Stellen. Sie knüpft nicht selten an die potenzialorientierte Personalentwicklung an.

Die *berufsvorbereitende Personalentwicklung* ist auf den erstmaligen Einsatz in einer beruflichen Tätigkeit ausgerichtet, wie beispielsweise die Erstausbildung.

Die *berufsbegleitende Personalentwicklung* spricht Beschäftigte an, die bereits im Berufsleben stehen und über Berufserfahrung verfügen. Sie sollen die beruflichen Qualifikationen und Kompetenzen erhalten, ergänzen, der technischen Entwicklung anpassen oder einen Aufstieg ermöglichen (Oechsler 2000, S. 589 ff.).

Die *berufsverändernde Personalentwicklung* setzt dort an, wo Beschäftigte ihre bisherige Tätigkeit oder gar ihren bisherigen Beruf nicht mehr ausüben können (Oechsler 2000, S. 591).

6.3 Inhalte

Personalentwicklung dient der Vermittlung von anforderungs- und neigungsgerechten Qualifikationen und Kompetenzen. Es geht also um jene Inhalte, die im Kapitel B.2 dieses Handbuchs angesprochen werden.

Die *Qualifikation* eines Menschen ist die Gesamtheit der Fähigkeiten, über die er, als Voraussetzung für die Ausübung einer beruflichen Tätigkeit, verfügt oder verfügen muss (Heyse/Erpenbeck 2004, S. XVI).

Kompetenzen sind die Fähigkeiten, die Menschen in die Lage versetzen, sich in offenen und unüberschaubaren, komplexen und dynamischen Situationen eigenständig zurechtzufinden (Heyse/Erpenbeck 2004, S. XIII ff.).

Qualifikationen und Kompetenzen sind durchweg so eng miteinander verflochten, dass sie bei vielen Personalentwicklungsmaßnahmen gemeinsam angeschnitten werden (Mentzel 2001, S. 175 ff.).

6.4 Methodik

Die Methodik wird je nach dem konkreten Entwicklungsziel, den Inhalten und dem möglichen Teilnehmerkreis ausgewählt. Entscheidend sind darüber hinaus die vorhandenen fachlichen, personellen und finanziellen Voraussetzungen (Berthel/Becker 2003, S. 344 ff., Mentzel 2001, S. 179 ff., 221 ff.).

Bei *passiven Methoden* sind die Teilnehmerinnen und Teilnehmer ausschließlich Zuhörer, wie beispielsweise beim Lehrvortrag. Sie eignen sich für eine komprimierte, zeitsparende Vermittlung von Wissen, wirken aber schnell ermüdend. Bei *aktiven Methoden* werden die Teilnehmer dagegen, etwa in einem Lehrgespräch, in die Vermittlung der Inhalte einbezogen. Ebenfalls zu den aktiven Methoden zählt man Ansätze, bei denen die notwendigen Erfahrungen durch eine Konfrontation mit praktischen Problemen vermittelt werden, zum Beispiel durch Job Rotation. Diese Methoden sind zeitaufwendiger, jedoch auch fesselnder.

Einzelmaßnahmen haben den Vorteil, dass die Inhalte und das Lerntempo an die Qualifikationen, Kompetenzen und Interessen einer einzelnen Person angepasst werden können. Freilich fehlt hier der Ansporn durch den Vergleich mit anderen, den *Gruppenmaßnahmen* bieten, die obendrein in der Regel kostengünstiger sind. Außerdem fördert das gemeinsame Lernen die Kooperation. Deshalb sind Gruppenmaßnahmen unverzichtbar, wenn man Verhaltensänderungen bezweckt.

Die Verantwortung für die Zielsetzung, Planung und Durchführung *externer Personalentwicklungsmaßnahmen* liegt beim Anbieter, einem externen Träger, der damit die ansonsten zuständigen Abteilungen des nachfragenden Unternehmens entlastet. Die Anbieter verstehen sich obendrein darauf, unternehmens- oder branchenunabhängiges Funktions- oder Spezialwissen zu vermitteln. Sie verfügen über die notwendige fachliche und didaktische Erfahrung und über ein zeitgemäßes methodisches und medientechnisches Wissen. Die Teilnehmerinnen und Teilnehmer können sich frei von betrieblichen Zwängen und Hierarchien bewegen. Und sie nehmen vom Veranstalter, aber auch von den anderen Teilnehmern, neue Ideen und Anregungen auf, die helfen können, die eigene Betriebsblindheit zu überwinden. Freilich müssen sie sich notwendigerweise an einen heterogenen Teilnehmerkreis mit unterschiedlichen Vorkenntnissen und Interessen anpassen. Die Auswahl externer Träger fällt den meist schwer, da es bis heute an der notwendigen Markttransparenz fehlt. Eine Hilfestellung können einschlägige Fragenkataloge wie der in Abb. 6 geben.

Wer ist Anbieter der externen Personalentwicklungsmaßnahme, die ins Auge gefasst wird?
▪ Welche Erfahrungen gibt es mit dem Anbieter?
▪ Über welche Räumlichkeiten und Einrichtungen verfügt er?
▪ Welche Kapazitäten hat er?
▪ Welche Referenzen kann er vorweisen?
Welche Lernziele werden mit den angebotenen Personalentwicklungsmaßnahmen verfolgt?
▪ Existieren eindeutige Lernziele?
▪ Ermöglichen die vermittelten Qualifikationen und Kompetenzen eine Lösung der anstehenden Probleme?
Welche Zielgruppe wird angesprochen, mit welchem Teilnehmerkreis muss man rechnen?
▪ Welche Vorbildung und Berufserfahrung wird vorausgesetzt?
▪ Wie setzt sich der Teilnehmerkreis zusammen?
▪ Welche Teilnehmerzahl ist geplant?
Kommt der Anbieter zu einem Kontaktbesuch, um sich Betriebskenntnisse zu verschaffen?
Wann findet die Veranstaltung statt und wie lange dauert sie?
▪ Ist der Termin vertretbar?
▪ Ist die Dauer stimmig?
Was kann von den eingesetzten Referentinnen oder Referenten erwartet werden?
▪ Wer sind die Referentinnen oder Referenten?
▪ Verfügen sie über praktische Berufserfahrung?
▪ Verfügen sie über Branchenkenntnisse?
▪ Verfügen sie über genügend Einfühlungsvermögen?
▪ Verfügen sie über ausreichende pädagogische Erfahrung?
Welche Lehrmethoden und Medien werden eingesetzt?
Welche Kontrollmaßnahmen sind vorgesehen?
▪ Wird überprüft, ob die Teilnehmer/innen die Lernziele erreichen?
▪ Ist eine Dozentenbeurteilung vorgesehen?
Kann ein Repräsentant des Unternehmens probeweise teilnehmen?
Welche Kosten entstehen, das heißt
▪ welche Gebühren und Honorare?
▪ Werden die wichtigsten Modalitäten schriftlich festgelegt?
▪ Welche Kosten entstehen über die Gebühren und Honorare hinaus?
▪ Wie verhalten sich die Kosten zum erwarteten Nutzen?
▪ Gibt es Alternativen?
Welche zusätzlichen betrieblichen Leistungen sind über die Kosten hinaus erforderlich:
▪ Informationen aus dem Betrieb,
▪ betriebliche Betreuer oder Hilfsreferent/inn/en,
▪ Organisationsaufwand,
▪ Sachleistungen?
Welche Möglichkeiten zu einer Fortsetzung bestehen?
▪ Gibt es Folgeveranstaltungen?
▪ Ist ein Erfahrungsaustausch vorgesehen?

Abb. 6: Fragenkatalog zur Auswahl externer Träger (Bröckermann 2009, S. 330, nach Mentzel 2001, S. 246 f.)

Externen Trägern fehlen häufig die vertraulichen Einblicke in die konkreten Probleme vor Ort. Und manchmal entsteht ein Personalentwicklungsbedarf spontan. Immer dann sind *interne Personalentwicklungsmaßnahmen* unumgänglich, bei deren Planung (Abb. 7) es von Vorteil ist, wenn man den Teilnehmerkreis homogen halten und bereits in die Zielsetzung und Planung der Maßnahmen einbinden kann, denn damit unterstützt man den Transfer der Qualifikationen und Kompetenzen in die Arbeit. Allerdings verzichtet man mit internen Maßnahmen weitgehend auf aufschlussreiche Einsichten, Erfahrungen und Problemlösungsansätze Dritter. Überdies müssen hier alle vorgesehenen Teilnehmerinnen und Teilnehmer gleichzeitig oder in größeren Gruppen abkömmlich sein. Das ist oft kaum vertretbar. Sollte es im Einzelfall doch möglich sein, ergeben sich indes Kostenvorteile, da beispielsweise das Honorar für Referenten unabhängig von der Teilnehmerzahl anfällt (Bröckermann 2009, S. 333).

6.5 Terminierung

Viele Maßnahmen konzentrieren sich auf die Arbeitszeit, zum Beispiel unternehmensinterne Schulungen. Andere finden zum Leidwesen der Beteiligten ausschließlich in der Freizeit statt, etwa ein Fernstudium. Manche Personalentwicklungsmaßnahmen beinhalten Arbeits- und Freizeit, beispielsweise Seminare, die das Wochenende einschließen (Bröckermann 2009, S. 330).

Die *Terminierung* der Maßnahmen, die während der Arbeitszeit stattfinden, ist in der Praxis immer wieder ein großes Problem. Vorgesetzte pochen häufig darauf, dass die Beschäftigten unabkömmlich sind. Deshalb muss man die Terminierung frühzeitig mit den Betroffenen und ihren Vorgesetzten abstimmen. Zudem muss man die Maßnahmen danach auswählen, ob sie sich in einem vertretbaren Zeitrahmen bewegen.

6.6 Finanzierung

Schließlich muss die *Finanzierung* der Personalentwicklungsmaßnahmen festgelegt werden (Bröckermann 2009, S. 330 ff.).

Manche Unternehmen machen die finanzielle Förderung davon abhängig, ob die gewünschte Maßnahme der beruflichen Fortbildung dient oder ob die erworbenen Qualifikationen und Kompetenzen am Arbeitsplatz auch tatsächlich eingesetzt werden können.

Bei einer vollständigen oder überwiegenden Finanzierung durch das Unternehmen kommt der Gedanke an *Rückzahlungsklauseln* auf, mit denen die Betroffenen sich verpflichten, die aufgewandten Kosten zu erstatten, falls sie aus einem in ihrer Person liegenden Grund vor Ablauf einer bestimmten Frist aus dem Unternehmen ausscheiden. Sie sind zulässig, wenn eine Maßnahme überwiegend im Interesse der Beschäftigten liegt und das Verhältnis von Bindungsdauer und Höhe der entstandenen Fortbildungskosten angemessen ist (Rischar 2002, S. 2550 ff.).

Formulierung der Lernziele
über Bestimmung des **Endverhaltens**, seiner **Bedingungen** und seines **Beurteilungsmaßstabs**, z. B. Schreibmaschine mit 200 Anschlägen/Minute bei 15 Minuten Einsatz mit einer Fehlerquote von 1 %

Inhalt	Genauigkeit
kognitive Lernziele: Wissen	Richtlernziele: allgemeine Bildungsziele
psychomotorische Lernziele: motorische Fertigkeiten	Groblernziele: Inhalte
affektive Lernziele: Interesse, Einstellung, Verhalten	Feinlernziele: präzise Einzelheiten
Kompetenzlernziele: sich selbst organisieren	

Abgrenzung der Lerngruppen
Teilnehmerzahl und **Homogenität**

Programm- und Zeitplanung
Zeitpunkt / **Zeitvolumen** mit **zeitlicher Untergliederung** / **Stoffprogramm**

Bestimmung der Lehrmethoden	
planmäßige Unterweisung: etwa die Vierstufenmethode mit Vorbereiten, Vorführen, Nachmachen, Üben	**Fallmethode**: Simulation der Wirklichkeit anhand eines Falls aus Praxis, wobei ein Problem im Team gelöst wird
programmierte Unterweisung: der Lernprozess ist als Regelkreises strukturiert, die in Lerneinheiten zerlegten Inhalte werden im Selbststudium in programmierter Folge von Information, Frage, Antwort, Kontrolle aufgearbeitet	**Rollenspiel**: Teilnehmer/innen übernehmen aufgrund einer vorher geschilderten Situation die anfallenden Rollen
	Planspiel: Simulation komplexer, realer Unternehmensprozesse innerhalb derer die Teilnehmer/inne/n in verantwortlichen Rollen Lösungen erarbeiten
Lehrvortrag: die Teilnehmer/innen sind ausschließlich Zuhörer	
Lehrgespräch: Teilnehmer/innen werden nach der Einleitung und Schaffung einer Gesprächsgrundlage in einer Diskussion aktiv in die Erarbeitung der Inhalte einbezogen	**gruppendynamisches Training**: eine Gruppe wird durch Trainer mit der Bewältigung einer unstrukturierten Situation konfrontiert, in der keine bestimmten Themenkreise und Verfahrensregeln vorgegeben sind

Auswahl der Medien und Raumwahl
visuelle Medien: Tafel, Pinwand, Flip Chart, Lehrbuch, Arbeitsblatt, Modell, Karte, Projektor
akustische Medien: CD, Kassette, Tonband, Mikrofon, Radio
audio-visuelle Medien: Tonbildschau, Film, Video, Fernsehen
betrieblicher/ externer **Raum**

Nominierung der Referent/inn/en oder Betreuer/innen
analoge Anwendung des **Fragenkatalogs** zur Auswahl externer Bildungsträger

Abb. 7: Planungsschritte für interne Personalentwicklungsmaßnahmen (Bröckermann 2009, S. 331, nach Becker 2005b, S. 95 ff. und Mentzel 2001, S. 226 ff.)

Soweit den Beschäftigten ein Anspruch auf *Bildungsurlaub* zusteht, auf bezahlte Freistellung und Kostenübernahme für Personalentwicklungsmaßnahmen, sollte geprüft werden, inwieweit dieser in die Personalentwicklung einbezogen werden kann.

Darüber hinaus bestehen aufgrund diverser Gesetze und Tarifverträge analoge Regelungen für den öffentlichen Dienst und für bestimmte Beschäftigte, etwa Betriebs- oder Personalräte, Jugendvertretungen, Betriebsärztinnen und -ärzte, Fachkräfte für Arbeitssicherheit sowie Vertrauenspersonen für schwerbehinderte Menschen. Diese Maßnahmen können gegebenenfalls auch in die Personalentwicklung integriert werden.

Literatur

Alewell 1998: Alewell, D.: »Rückzahlungsklauseln für Fort- und Weiterbildungsmaßnahmen«, in: Zeitschrift für Betriebswirtschaft, Heft 10/1998, S. 1121–1142.

Becker 2005a: Becker, M.: Personalentwicklung: Bildung, Förderung und Organisationsentwicklung in Theorie und Praxis, 4. Auflage, Stuttgart 2005.

Becker 2005b: Becker, M.: Systematische Personalentwicklung: Planung, Steuerung und Kontrolle im Funktionszyklus, Stuttgart 2005.

Berthel/Becker 2003: Berthel, J. und Becker, F. G.: Personal-Management: Grundzüge für Konzeptionen betrieblicher Personalarbeit, 7. Auflage, Stuttgart 2003.

Bröckermann 2009: Bröckermann, R.: Personalwirtschaft: Lehr- und Übungsbuch für Human Resource Management, 5. Auflage, Stuttgart 2009.

Bühner 2005: Bühner, R.: Personalmanagement, 3. Auflage, München, Wien 2005.

Bundesministerium für Familien, Senioren, Frauen und Jugend 2005: Bundesministerium für Familien, Senioren, Frauen und Jugend: »Gender Mainstreaming«, in: http://www.gender-mainstreaming.net vom 03.05.2005.

Finke 2006: Finke, M., Diversity Management – Förderung und Nutzung personeller Vielfalt in Unternehmen, 2. Auflage, München; Mehring 2006.

Fisseni/Preusser 2007: Fisseni, H.-J. und Preusser, I., Assessment-Center: Eine Einführung in Theorie und Praxis, Göttingen, Bern, Wien, Toronto, Seattle Oxford, Prag 2007.

Hartmann 2002: Hartmann, G. : »Forschungsbericht: Personalbedarfsanalyse«, in: Bröckermann, R. und Pepels, W. (Herausgeber): Handbuch Recruitment, Berlin 2002, S. 30–54.

Jochmann 2003: Jochmann, W.: »Leistungsbilanz des Management Audits«, in Personalmagazin, Heft 05/2003, S. 30–34.

Kahabka 2004: Kahabka, G.: »Potenzialbewertung und Potenzialentwicklung der Mitarbeiter«, in: Bröckermann, R. und Pepels, W. (Hrsg.), Personalbindung: Wettbewerbsvorteile durch strategisches Human Resource Management, Berlin 2004, S. 83–100.

Kalb/Ulrich 2000: Kalb, J. und Ulrich, B.: »Das AC als Verfahren zur Potenzialeinschätzung«, in: Personalführung, Heft 03/2000, S. 40–44.

Kiefer/Knebel 2004: Kiefer, B.-U. und Knebel, H., Taschenbuch Personalbeurteilung: Feedback in Organisationen, 11. Auflage, Heidelberg 2004.

Krell/Mückenberger/Tondorf 2008: Krell, G., Mückenberger U. und Tondorf, K.: »Gender Mainstreaming: Chancengleichheit (nicht nur) für Politik und Verwaltung«, in: Krell, G. (Herausgeber): Chancengleichheit durch Personalpolitik, 5. Auflage, Wiesbaden 2008, S. 97–114.

Krell 2001: Krell, G.: Chancengleichheit durch Personalpolitik, 3. Auflage, Göttingen 2001.

Mentzel 2001: Mentzel, W.: Personalentwicklung: Erfolgreich motivieren, fördern und weiterbilden, 1. Auflage, München 2001.

Mudra 2004: Mudra, P.: Personalentwicklung: Integrative Gestaltung betrieblicher Lern- und Veränderungsprozesse, München 2004.

Odiorne 1985: Odiorne, G. S.: Strategic Management of Human Resources, San Francisco 1985.

Oechsler 2000: Oechsler, W. A.: Personal und Arbeit: Grundlagen des Human Resource Management und der Arbeitgeber-Arbeitnehmer-Beziehungen, 7. Auflage, München; Wien 2000.

Paschen 2003: Paschen, M.: »Einsicht ohne Verlierer«, in: management & training, Heft 10/2003, S. 26–29.

Rischar 2002: Rischar, A.: »Arbeitsrechtliche Klauseln zur Rückzahlung von Fortbildungskosten«, in: Betriebs-Berater, Heft 49/2002, S. 2550–2552.

Rosenstiel 2000: Rosenstiel, L. von: »Potentialanalyse und Potentialentwicklung«, in: Rosenstiel, L. von und Lang–von Wins, T. (Herausgeber), Perspektiven der Potentialbeurteilung, Göttingen; Bern; Toronto; Seattle 2000, S. 3–25.

Stuber 2002: Stuber, M.: »Diversity Mainstreaming«, in: Personal, Heft 03/2002, S. 48–53.

Weuster 2004: Weuster, A.: Personalauswahl: Anforderungsprofil, Bewerbersuche, Vorauswahl und Vorstellungsgespräch, 1. Auflage, Wiesbaden 2004.

F.2 Zielvereinbarungen und Mitarbeitergespräche

*Tobias Büser/Barbara Gülpen**

1 Bedeutung von Mitarbeitergesprächen und Zielvereinbarungen für die Praxis

2 Grundlegende Aspekte von Mitarbeitergesprächen
    2.1 Mit wem sollen Mitarbeitergespräche geführt werden?
    2.2 Wer führt das Mitarbeitergespräch?
    2.3 Prämien- und Informationsgespräch gemeinsam oder getrennt?
    2.4 Wer übernimmt die Initiative und die Gesprächsführung?
    2.5 Was ist zu tun bei Konflikten?

3 Aufbau des Gesprächsbogens

4 Dokumentation und Weiterleitung: Was geschieht mit den Gesprächsbögen?

5 Ablauf und Erfolgsfaktoren für eine erfolgreiche Durchführung

6 Parameter für erfolgreiche Zielvereinbarungen
    6.1 Was ist bei der Zielvereinbarung allgemein zu beachten?
    6.2 Welche Ziele gibt es?
    6.3 Wie sollte ein Ziel formuliert werden?
    6.4 Welche Fehler unterlaufen bei Zielvereinbarungen am häufigsten?

7 Professionalität als Erfolgsfaktor

Literatur

---

* Dr. Tobias Büser und Dr. Barbara Gülpen sind geschäftsführende Gesellschafter von new. management concept (www.new-mc.com). New. management concept ist ein Anbieter für Personalentwicklung und bietet für Klein- und mittelständischen Unternehmen neben Trainings und Personalentwicklungstools auch komplette outgesourcte Personalentwicklung an. Darüber hinaus ist new. management concept spezialisiert auf Entwicklungsprogramme für ausgesuchte Zielgruppen in Unternehmen wie Potenzialträger, Führungskräfte, Vertriebsteams, Projektteams und Spezialisten.

1 Bedeutung von Mitarbeitergesprächen und Zielvereinbarungen für die Praxis

Die Erfahrung in der Praxis zeigt: Werden *Mitarbeitergespräche* in Unternehmen neu eingeführt, so wird die Personalabteilung zunächst häufig mit einer reservierten Haltung der Führungskräfte konfrontiert. Die typische Frage lautet: Was sollen Mitarbeitergespräche bringen? Schließlich unterhält man sich als Führungskraft fast täglich mit seinen Mitarbeitern. Und die dafür vorgesehene Zeit hat eigentlich auch niemand, also wieder eine Pflichtübung für die Akten usw.

Die Sorge wegen dieser Widerstände ist in der Regel unbegründet, denn die Erfahrung zeigt, dass sich die Meinung der Führungskräfte regelmäßig auf breiter Front ändert, wenn geplante und strukturierte Mitarbeitergespräche erstmals erfolgreich durchgeführt wurden. Viele Führungskräfte stellen dann im Nachhinein fest, dass sie viele Informationen erhalten haben, die sie im alltäglichen Austausch nie bekommen hätten. Missverständnisse wurden ausgeräumt, das Verhältnis zwischen Führungskraft und Mitarbeiter geklärt, Leistungen der Mitarbeiter kritisch hinterfragt und beurteilt, Arbeitsprozesse durchgesprochen, das Verhältnis zu anderen Abteilungen und/oder Kunden diskutiert und die weitere Entwicklung von Mitarbeitern geplant. Wenn Mitarbeitergespräche professionell vorbereitet und durchgeführt wurden, dann wurden für all diese Themenbereiche eindeutige Ziele diskutiert und vereinbart.

Ziele sind seit Einführung von *Management by Objectives* (MbO) von P. Drucker (1998) vor einem halben Jahrhundert der Dreh- und Angelpunkt zur Steuerung und Motivation der Mitarbeiter in Unternehmen. Führungskräfte haben die Aufgabe, die Ziele des Unternehmens auf den eigenen Arbeitsbereich und schließlich auf die konkreten Aufgaben des Mitarbeiters herunterzubrechen. Auf der soliden Basis von vereinbarten Zielen arbeiten Mitarbeiter effektiver, und die Führungskraft profitiert von der besseren Leistung des eigenen Bereichs. Führungskräfte werden durch Mitarbeitergespräche gezwungen, dafür zu sorgen, dass überhaupt Ziele vorhanden sind. Auch werden sie angehalten, Ziele für jeden Mitarbeiter individuell zu vereinbaren und sich nicht auf die Wirkung pauschal verkündeter Ziele für Gruppen oder Abteilungen zu verlassen, die von den einzelnen Mitarbeitern unterschiedlich interpretiert werden und so ihre Wirkung verlieren. Ziele passend für die Mitarbeiter zu erarbeiten, ist zeitaufwendig für die Führungskraft, gehört jedoch zu den Kerntätigkeiten, die nicht ersetzbar oder delegierbar sind (Malik 2005, S. 174 ff.).

Die eindeutig vereinbarten Ziele sind die Voraussetzung, erfolgreich variable Prämiensysteme neben einem festen Grundgehalt zu installieren. Variable Prämien haben insbesondere für die Steuerung von außertariflich entlohnten Mitarbeitern eine große Bedeutung (Wildenmann 2002, S. 68 ff.). Professionell aufgesetzte Prämiensysteme haben eine positive Wirkung auf die Verhaltenssteuerung und priorisieren die strategische, operative und persönliche Entwicklung von Unternehmen und Mitabeitern.

Mitarbeitergespräche und *Zielvereinbarungen* sind zudem ein wichtiges Instrument der Personalentwicklung. Von zentraler Bedeutung für die Qualität im Personalmanagement insgesamt ist, inwieweit die strategischen Ziele von Unternehmen mit der Planung und Umsetzung von Personalmaßnahmen abgestimmt sind (Müller-Vorbrüggen 2007, S. 7 ff.). Im Mitarbeitergespräch erfolgt die Übersetzung von Unternehmenszielen bis zu den konkreten Anforderungen für einzelne Mitarbeiter. Zugleich wird ermittelt, inwieweit der Mitarbeiter bereits über die notwendigen Qualifikationen und Fähigkeiten verfügt, um den aktuellen und kommenden Anforderungen gerecht werden zu können, oder ob Entwicklungsmaßnahmen eingeleitet werden müssen. Führungskräfte ermitteln somit den Entwicklungsbedarf ihrer Mitarbeiter. Die Summe der Bedarfe aus den Mitarbeitergesprächen liefert der Personalentwicklung eine wichtige Information für die strategiegerechte Planung der individuellen und kollektiven Entwicklungsmaßnahmen der Mitarbeiter (siehe Beitrag F.1 in diesem Buch).

Führungskräfte sind durch die festgestellten *Entwicklungsbedarfe* im Mitarbeitergespräch als Voraussetzung der Zielerreichung ihres Bereiches an der Entwicklung ihrer Mitarbeiter interessiert. Für die Personalentwicklung ergibt sich daher die Chance, Führungskräfte als dezentrale Personalentwickler oder zumindest als aktive Unterstützer zu gewinnen. Dies fängt etwa dabei an, den Mitarbeiter bereitwillig zu Veranstaltungen gehen zu lassen oder nach Trainings zusammen mit dem Mitarbeiter zu erörtern, inwieweit die neu erworbenen Kenntnisse am Arbeitsplatz eingesetzt werden können. Weitere Stufen sind die aktive Mitarbeit der Führungskraft an der Entwicklung des Mitarbeiters durch Maßnahmen wie Job Rotation, Job Enlargement, Coaching durch die Führungskraft, Karriereentwicklungsgespräche oder Mentoring. Die Liste der Fördermöglichkeiten durch die Führungskraft kann sicher noch fortgesetzt werden. Besonders herauszustreichen ist jedoch, dass die Führungskraft mit der für die Personalentwicklung zuständigen Organisationseinheit regelmäßig kommuniziert und hinsichtlich konkreter Maßnahmen kooperiert. Neben der Förderung der Mitarbeiter hat auch die Führungskraft viele Möglichkeiten, sich weiterzuentwickeln, indem sie sich permanent mit dem Thema auseinandersetzt.

2 Grundlegende Aspekte von Mitarbeitergesprächen

2.1 Mit wem sollen Mitarbeitergespräche geführt werden?

Mitarbeitergespräche sollten mit allen Mitarbeitern geführt werden. Eine Frage ist jedoch die Relation vom Aufwand, die Mitarbeitergespräche zu führen, zum Nutzen für das Unternehmen. Sollen in Mitarbeitergesprächen grundsätzlich die gegenseitige *Information* und die *Zusammenarbeit* einerseits und die prämienabhängige *Leistungsbeurteilung* andererseits vorgenommen werden, dann können sich Unternehmen gegebenenfalls dafür entscheiden, Mitarbeitergespräche lediglich mit außertariflichen Mitarbeitern mit variablen Gehaltsanteilen (Prämien) durchzuführen. Pauschal kann dies jedoch nicht beantwortet werden. Es hängt maßgeblich von der bestehenden Unternehmenskultur ab, ob alle Mitarbeiter oder nur ein Teil der Mitarbeiter Mitarbeitergespräche führen sollten. Gegebenenfalls können einzelne Gruppen ausgenommen werden, z.B. wenn sie nicht dauerhaft dem Mitarbeiterstamm zugehören wie Aushilfen, Leiharbeiter, Werkstudenten, Diplomanden und Praktikanten.

2.2 Wer führt das Mitarbeitergespräch?

Das Mitarbeitergespräch wird geführt zwischen einem Mitarbeiter eines Teams, einer Abteilung oder einer Schicht und dem direkten Vorgesetzten. Unterscheiden sich disziplinarischer Vorgesetzter und Fachvorgesetzter, so führt in der Regel besser der Fachvorgesetzte das Gespräch, da dieser im Arbeitsalltag den engeren Kontakt zum Mitarbeiter hat und dessen Verhalten besser einschätzen kann. Bei Themen, die vornehmlich den disziplinarischen Vorgesetzten betreffen, kann ein weiteres Gespräch angesetzt werden. Ungünstig ist es jedoch, das Mitarbeitergespräch gleichzeitig mit dem disziplinarischen und dem fachlichen Vorgesetzten zu führen, da der Mitarbeiter dadurch leicht in eine defensive Position gedrängt werden kann.

2.3 Prämien- und Informationsgespräch gemeinsam oder getrennt?

Das Mitarbeitergespräch kann grundsätzlich zwei Themenbereiche umfassen: Einerseits geht es um Informationsaustausch, *Feedback*, Zusammenarbeit sowie Abstimmung zwischen der Führungskraft und den Mitarbeitern, den Mitarbeitern untereinander, weiterer Personen in anderen Abteilungen und Kunden, der Organisation, den Arbeitsprozessen usw. Andererseits geht es um Leistungsbeurteilung und Prämien, zumindest wenn ein Teil des Einkommens variabel von der Zielerreichung abhängt (Becker 2002, S. 326 ff.).

Grundsätzlich muss entschieden werden, ob der Themenkreis Leistungsbeurteilung, Gehalt und Prämien einerseits sowie Informationsaustausch und Zusammenarbeit andererseits in einem oder in zwei getrennten Gesprächen stattfinden soll. Der Vorteil eines gemeinsamen Gesprächs liegt darin, dass der Zeitaufwand für die Führungskraft nur einmal anfällt, der Vorteil von zwei Mitarbeitergesprächen darin, dass das Mitarbeitergespräch über Informationsaustausch und Zusammenarbeit nicht taktisch geführt wird. Es können Schwierigkeiten und Fehler diskutiert werden, ohne dass der Mitarbeiter befürchten muss, unmittelbare finanzielle Nachteile durch Prämieneinbußen zu erfahren. Auch ist es möglich, nochmals die Ziele und die Wege der Zielerreichung zu diskutieren, damit der Mitarbeiter seine Prämie erreichen kann.

Das Mitarbeitergespräch wird somit ein- bis zweimal jährlich geführt. Außerordentliche Anlässe sind ebenso möglich, wie z.B. die Übernahme eines neuen Arbeitsgebietes durch den Mitarbeiter, Abteilungswechsel, Ende der Probezeit, die Anforderung eines Zwischenzeugnisses durch den Mitarbeiter, Disziplinargespräch, Fehlzeitenreduzierung, Rückkehrgespräch oder das Abgangsgespräch nach einer Kündigung (Mentzel 2007, S. 79 ff.).

2.4 Wer übernimmt die Initiative und die Gesprächsführung?

Die Initiative bzw. die Einladung zum Mitarbeitergespräch geht vom Vorgesetzten aus, oder die Personalabteilung legt die Termine fest. Besser ist es, wenn der Anstoß vom Vorgesetzten kommt, da dies ein klares Signal für die Wichtigkeit des Gesprächs und die Wertschätzung des Mitarbeiters darstellt. Die *Gesprächsführung* im Gespräch

selbst liegt bei beiden Gesprächspartnern, das heißt, auch der Mitarbeiter sollte sich verantwortlich dafür fühlen, dass
- das Gespräch produktiv und konstruktiv verläuft,
- alle wichtigen Punkte angesprochen werden und
- das Gespräch daher insgesamt erfolgreich abläuft.

2.5 Was ist zu tun bei Konflikten?

Bei *Konflikten* sollten zunächst beide Gesprächspartner versuchen, sich zu einigen, indem sie die jeweils hinter den Forderungen bzw. Positionen liegenden Interessen berücksichtigen und mehrere Lösungsmöglichkeiten finden. Sollte eine Einigung dennoch nicht möglich sein,
- werden geeignete Personen einbezogen, die generell für die Schlichtung von Konflikten in Mitarbeitergesprächen im Unternehmen benannt werden oder
- die Beteiligten einigen sich gemeinsam auf eine neutrale dritte Person, die sie bei der Konfliktlösung unterstützt.

3 Aufbau des Gesprächsbogens

Der Mitarbeiter-*Gesprächsbogen* hilft der Führungskraft und dem Mitarbeiter, das Gespräch vollständig hinsichtlich der wichtigsten Themen und ergebnisorientiert hinsichtlich der wichtigsten Ziele zu führen. Der Aufbau und die Inhalte des Gesprächsbogens sind je nach Unternehmen verständlicherweise verschieden. In Abb. 1 sind die Inhalte wiedergegeben, die sich für jeden Gesprächsbogen empfehlen.

Überblick und Zusammenfassung
- Datum und Jahr
- Namen der Führungskraft und des Mitarbeiters
- Kurze Zusammenfassung des Gesprächsergebnisses aus Sicht der Führungskraft sowie ggf. Stellungnahme des Mitarbeiters
- Unterschriften der Führungskraft und des Mitarbeiters

Reflexion der Zusammenarbeit zwischen
- Mitarbeiter und Führungskraft (gegenseitiges Feedback)
- Mitarbeiter und Team/Abteilung
- Mitarbeiter und anderen Abteilungen sowie Kunden

Reflexion der Arbeitsaufgaben des Mitarbeiters bezüglich
- Klarheit (Aufgaben, Zuständigkeiten, zu erreichende Ziele)
- Feedback über Leistung (was gut lief, was verbessert werden soll) – keine Gehalts- und Prämienvereinbarungen!
- Mögliche Verbesserungen im Arbeitsablauf
- Überprüfung der Arbeitsvoraussetzungen (technische Ausstattung, Arbeitsmittel)
- Überprüfung der Arbeitsorganisation

> **Zielvereinbarung**
> - Zielformulierung
> - Zeitraum bis zur Zielerreichung
> - Maßnahmen zur Zielerreichung
> - Erfolgskriterien für die Zielerreichung
> - Datum der Zielerreichung
>
> **Berufliche Entwicklung des Mitarbeiters**
> - Arbeitszufriedenheit
> - Ergebnisse/Praxistransfer bisheriger Entwicklungsmaßnahmen
> - Stärken und Entwicklungsfelder des Mitarbeiters
> - Berufliche Ziele des Mitarbeiters
> - Planung/Zusammenfassung konkreter Entwicklungsmaßnahmen

Abb. 1: Inhalte eines Gesprächsbogens (in Anlehnung an Mentzel 2005, S. 128 und Mentzel 2007, S. 46 ff.)

4 Dokumentation und Weiterleitung: Was geschieht mit den Gesprächsbögen?

Die Ergebnisse des Mitarbeitergesprächs werden auf dem dafür vorgesehenen Gesprächsbogen in aussagekräftigen Stichpunkten notiert. Der Bogen sollte jedes Mal vollständig ausgefüllt werden, das heißt, wenn ein Punkt auf dem Gesprächsbogen nicht relevant für das Mitarbeitergespräch ist, sollte »kein Thema« eingetragen werden. Damit wird gezeigt, dass der Punkt nicht ignoriert wurde und/oder auch, dass zu diesem Thema keine »geheimen« Absprachen getroffen wurden.

Nach Abschluss des Gesprächs sollen Mitarbeiter und Führungskraft den Bogen als Zeichen der Kenntnisnahme unterschreiben. Danach stellt sich die Frage nach dem Verbleib des Gesprächsbogens. Folgendes Vorgehen ist denkbar:
1. Der Mitarbeiter erhält eine Kopie des Bogens.
2. Die Führungskraft erhält eine Kopie.
3. Das Original des Bogens geht an die Personalabteilung und/oder
4. an die Geschäftsführung bzw. den nächsten Vorgesetzten.

Die Weitergabe der Gesprächsbögen an die Personalabteilung und an die Geschäftsführung sollte nur mit Zustimmung der Führungskraft und der Mitarbeiter erfolgen. Die Gesprächsbögen erlauben auf jeden Fall interessante und differenzierte Rückschlüsse auf die Situation im Unternehmen. Die Personalabteilung kann auf die Lage der Mitarbeiter hinsichtlich Motivation, Konflikte, Führungsstile und -qualität, Fähigkeiten und Zusammenarbeit schließen und gegebenenfalls die Personalinstrumente wie Prämiensysteme anpassen. Die Geschäftsführung erfährt, ob die Strategie und die Ziele im Unternehmen bekannt und akzeptiert sind.

5 Ablauf und Erfolgsfaktoren für eine erfolgreiche Durchführung

Der Ablauf des Mitarbeitergesprächs kann wie folgt strukturiert werden (Mentzel 2007, S. 47 ff., Mentzel 2005, S. 135):
1. Begrüßung/Small Talk/positive Atmosphäre schaffen
2. Einleitung
   a. Zielsetzung des Mitarbeitergesprächs erläutern
   b. Zeitrahmen nennen
   c. Erwartungen an das Gespräch äußern
3. Erwartungen des Mitarbeiters erfragen
4. Besprechen der Leitfragen des Gesprächsbogens, Sichtweise des Mitarbeiters und eigene Sichtweise abgleichen:
   a. Reflexion der Zusammenarbeit
   b. Reflexion der Arbeitsaufgaben des Mitarbeiters
   c. Zielvereinbarung
   d. Berufliche Entwicklung des Mitarbeiters
   Jeweils wichtig: Feedback durch die Führungskraft und klare Äußerung der Erwartungen seitens der Führungskraft an den Mitarbeiter.
5. Positiver Abschluss/Unterschriften.

Während des Gesprächs ist die Atmosphäre ein wichtiger Erfolgsfaktor für das Mitarbeitergespräch (Neuberger 2001, S. 17 ff., Mentzel 2007, S. 20 f.). Die Atmosphäre kann durch einige einfache Maßnahmen positiv beeinflusst werden durch:
- Erfrischungen anbieten,
- Telefon umstellen und Handy ausschalten,
- einen positiven Einstieg wählen, nicht gleich kritisieren,
- in ein Besprechungszimmer gehen, in dem mindestens ein separater Tisch (nicht der Schreibtisch) zur Verfügung steht,
- gleiche Stühle bzw. Stuhlhöhe wählen und keine leeren Stühle dazwischen lassen,
- ein aufgeräumtes Büro (mit einem leeren Besprechungstisch),
- eine günstige Sitzordnung wählen (über Eck ist besser als gegenüber),
- eine positive Körpersprache (Blickkontakt halten, offen zuwenden, ähnliche Körperhaltung einnehmen) sowie
- selbst entspannt sein.

6 Parameter für erfolgreiche Zielvereinbarungen

Wie bereits erwähnt, sind die *Zielvereinbarungen* von besonderer Bedeutung für die Wirksamkeit des Gesprächs für die Praxis. Daher sind einige Hinweise zur Zielvereinbarung sinnvoll (Wildenmann 2002).

6.1 Was ist bei der Zielvereinbarung allgemein zu beachten?

Zielvereinbarungen schaffen für alle einen einheitlichen, gültigen Handlungsrahmen und helfen, sich auf die wesentlichen Aufgaben zu konzentrieren. Ein an Zielen orientiertes Handeln ist wesentlich effektiver und führt schneller zum Erfolg.

Ziele beschreiben einen angestrebten Zustand, nicht die Wege, Tätigkeiten, Verfahren und Methoden der Zielerreichung. Ein Ziel ist damit das Ergebnis einer Aufgabe, nicht die Aufgabe selbst.

Zielvereinbarungen sind immer auch mit Blick auf die Machbarkeit (Ist es in der betrachteten Zeit zu leisten?) und Vernetzung mit anderen Bereichen und Zielen vorzunehmen (Ergeben sich Abhängigkeiten, Widersprüche?). Auch die Rahmenbedingungen, unter denen die Arbeit geleistet wird, müssen beachtet werden (Lassen die Rahmenbedingungen die vereinbarten Ziele zu?).

Während des Jahres sollten mehrfach kürzere Gespräche geführt werden, um den Fortgang hinsichtlich der Erreichung der vereinbarten Ziele zu prüfen. Ein Gespräch pro Jahr ist dafür zu wenig, auch wenn offiziell nur ein Mitarbeitergespräch im Jahr angesetzt ist.

6.2 Welche Ziele gibt es?

Die mit Mitarbeitern vereinbarten Ziele sollten von den Unternehmenszielen abgeleitet werden, das heißt, aus den Unternehmenszielen ergeben sich die Bereichs-/Abteilungsziele, aus diesen die Projekt- bzw. Teamziele und aus diesen wiederum werden die individuellen Mitarbeiterziele abgeleitet. Ziele können auch im Gegenstromverfahren festgelegt werden, indem sie zunächst die individuellen Ziele der Mitarbeiter aufnehmen und diese dann mit den übergeordneten Zielen abgleichen (Becker 2002, S. 325).

Grundsätzlich kann zwischen quantitativen Zielen (z.B. Steigerung eines Kundenzufriedenheitsindexes, Erhöhung des Umsatzes) und qualitativen Zielen (z.B. Lösung eines Konfliktes zwischen Mitarbeiter A und B) unterschieden werden (Mentzel 2005, S. 85 ff.). Diese Unterscheidung ist insbesondere hinsichtlich der Definition und Berechnung der Erfolgskriterien wichtig. Da qualitative Ziele nicht unmittelbar an Zahlen gemessen werden können, müssen sie durch adäquate Ersatzkriterien überprüfbar gemacht werden. Hilfreich sind hierbei folgende Fragen: Was soll erreicht werden, wie viel und in welcher Qualität, in welchem Zeitraum?

Innerhalb der Ziele können außerdem unterschieden werden:
- *Standardziele:* Sie beziehen sich auf das Sichern und Erhalten des Erreichten.
- *Leistungsziele:* Sie zielen auf eine Verbesserung der Effizienz.
- *Innovationsziele:* Sie werden vereinbart, um kreative Lösungen für Veränderungen zu schaffen.
- *Führungsziele:* Sie beziehen sich auf Verhalten, Leistung, Qualifizierung, Planen und Sichern von Abläufen sowie die Produktivität z.B. einer Abteilung.

Ziele sollen in der Regel jedoch nur dort formuliert werden, wo zwischen der heutigen Ist-Situation und dem zukünftigen Soll-Zustand eine Abweichung besteht.

Dabei können sich Ziele auf die »normale« und bekannte Tätigkeit des Mitarbeiters beziehen oder auf Sonderaufgaben und Projekte, die für diesen Mitarbeiter eher ungewohnte Aufgaben beinhalten.

6.3 Wie sollte ein Ziel formuliert werden?

Ziele haben die größte positive Wirkung im Führungsprozess, wenn Sie »*SMART*« formuliert sind (Wildenmann 2002, S. 79 ff.). Dies bedeutet konkret:
- *Spezifisch, präzise und eindeutig*: Damit das Ziel nicht falsch interpretiert werden kann, sollte es eindeutig formuliert sein.
- *Messbar, überprüfbar und kontrollierbar*: Quantitative Ziele können durch Kenn- und Messzahlen bewertet werden. Qualitative Ziele werden über adäquate, beschreibende Kriterien (z.B. Einhaltung von Terminen, Rückmeldungen von Kunden oder Mitarbeitern) bewertet. Für alle Beteiligten sollte klar sein, anhand welcher Kriterien die Zielerreichung später überprüft wird.
- *Attraktiv, anspruchsvoll und herausfordernd*: Das Ziel sollte anspruchsvoll und attraktiv/reizvoll für den Mitarbeiter sein. Er soll sich bei der Zielerreichung weiter entwickeln und lernen können.
- *Realistisch und überschaubar*: Die Menge an zu erreichenden Zielen sollte überschaubar sein, damit sich der Mitarbeiter nicht verzettelt. Das jeweils einzelne Ziel sollte realistisch erreichbar sein.
- *Terminiert*: Für das Ziel sollte ein fester Termin vereinbart werden, bis zu dem das Ziel erreicht werden soll.

Außerdem sollte das Ziel positiv und in der Gegenwart formuliert sein.

6.4 Welche Fehler unterlaufen bei Zielvereinbarungen am häufigsten?

Die am häufigsten begangenen Fehler, an denen Zielvereinbarungen scheitern können, sind Folgende.
1. Es werden keine Ziele vereinbart, sondern konkrete Tätigkeiten und Maßnahmen. Zielvereinbarungen werden mit operativen Planungsschritten verwechselt.
2. Die übergeordneten Unternehmensziele werden nicht als Ausgangspunkt genutzt, sondern jeder Bereich vereinbart Ziele nur für sich selbst, ohne die Auswirkungen auf andere Bereiche/Abteilungen oder seine Funktion für das gesamte Unternehmen zu berücksichtigen.
3. Zielvereinbarungen können nur dann erfolgreich sein, wenn der Mitarbeiter über einen gewissen Handlungsspielraum, über Fähigkeiten und Mittel verfügt, den Weg und die Maßnahmen der Zielerreichung entsprechend zu planen und zu steuern.
4. Der Prozess der Zielbearbeitung und -erreichung wird nicht regelmäßig kontrolliert, so dass im Nachhinein nicht festgestellt werden kann, warum Ziele nicht mit dem geplanten Erfolg erreicht werden konnten.

7 Professionalität als Erfolgsfaktor

Mitarbeitergespräch und Zielvereinbarung gehören untrennbar zusammen. Mitarbeitergespräche sind eine große Chance für Unternehmen, wenn sie gut geplant, professionell aufgesetzt und engagiert mit positiver Absicht geführt werden. Mitarbeitergespräche brauchen die Rückendeckung von der Geschäftsleitung. Die Themen auf den Gesprächsbögen müssen neben den genannten Inhalten auch speziell auf die Unternehmen abgestimmt sein. Die Organisation (Bögen vorhanden, Räume verfügbar usw.) muss stimmen, und für den Konfliktfall muss den Beteiligten ein kompetenter Ansprechpartner zur Verfügung stehen. Der sensible Umgang mit den Ergebnissen versteht sich von selbst. Schnell ist das Mitarbeitergespräch verbrannt, wenn durch handwerkliche Fehler Reibungsverluste entstehen.

Die Einführung von Mitarbeitergesprächen sollte in mehreren Schritten vorgenommen werden (Wildenmann 2002, S. 150). Zunächst müssen die Führungskräfte und die Mitarbeiter informiert werden, und eine Abstimmung mit der Unternehmensleitung und gegebenenfalls dem Betriebsrat muss stattfinden. Unverzichtbar ist es, Führungskräfte auf Mitarbeitergespräche vorzubereiten. Es ist wenig Erfolg versprechend, wenn Führungskräfte lediglich einen Gesprächsbogen ausgehändigt bekommen mit der Aufforderung, Mitabeitergespräche zu führen. Ein vorbereitendes Training nimmt den Führungskräften die Unsicherheiten und hilft ganz nebenbei auch für die Gesprächsführung in anderen Führungssituationen. Wichtige Voraussetzung ist weiterhin, dass in Unternehmen ein schlüssiges *Zielsystem* besteht, das heißt, dass die Unternehmensstrategie und die Abteilungsziele klar formuliert und bekannt sind und die Prämiensysteme sinnvoll darauf abgestimmt werden können.

Literatur

Becker 2002: Becker, M.: Personalentwicklung: Bildung, Förderung und Organisationsentwicklung in Theorie und Praxis, 3. Auflage, Stuttgart 2002.
Drucker 1998: Drucker P. F.: Die Praxis des Managements, Düsseldorf 1998.
Malik 2005: Malik, F.: Führen, Leisten, Leben, 10. Auflage, München 2005.
Mentzel 2005: Mentzel, W.: Personalentwicklung: Erfolgreich motivieren, fördern und weiterbilden, 2. Auflage, München 2005.
Mentzel 2007: Mentzel, W.: Mitarbeitergespräche, 4. Auflage, Freiburg 2007.
Müller-Vorbrüggen 2007: Müller-Vorbrüggen, M.: »Qualität und Personalmanagement«, in: Bröckermann, R., Müller-Vorbrüggen, M. und Witten, E. (Herausgeber): Qualitätskonzepte im Personalmanagement, Stuttgart 2007.
Neuberger 2004: Neuberger, O.: Das Mitarbeitergespräch, 5. Auflage, Leonberg 2004.
Weisbach 2003: Weisbach, C.-R.: Professionelle Gesprächsführung, 6. Auflage, München 2003.
Wildenmann 2002: Wildenmann, B.: Die Faszination des Ziels – wie Sie die Performance Ihrer Mitarbeiter nachhaltig steigern, 2. Auflage, Neuwied/Kriftel 2002.

F.3 Personalentwicklung und Qualitätssysteme

Edeltraud Vomberg*/Karen Hartmann** (für das Praxisbeispiel)

1   Ein doppelter Beitrag für die Personalentwicklung

2   Qualitätssysteme auch in der Personalentwicklung
    2.1   Qualitätssicherungs- und Qualitätsmanagementsysteme
        bei Weiterbildungsanbietern
    2.2   Qualität und Qualitätssysteme – welches System leistet was?
        2.2.1   Die Norm DIN EN ISO 9000 ff.
        2.2.2   Das EFQM-Modell
        2.2.3   Das LQW-Modell
    2.3   Europäische Ansätze der Qualitätsentwicklung in der beruflichen Bildung
        2.3.1   Europäische Anforderungen an Qualität in der beruflichen Bildung
            und der »Gemeinsame Bezugsrahmen für die Qualitätssicherung«
            für die berufliche Bildung in Europa (CQAF – Common Quality
            Assurance Framework)
        2.3.2   EQR und Europäisches Kreditpunktesystem
        2.3.3   Europass
        2.3.4   Folgerungen für die Qualitätsentwicklung in der beruflichen
            (Weiter-)Bildung – Zusammengefasste Ziele der QS
    2.4   Veränderte Rahmenbedingungen durch die Hartz-Gesetze
    2.5   Hilfestellung für eine souveräne Bildungsentscheidung

3   Ziel des Einsatzes von Qualitätssystemen in der Personalentwicklung

4   Kritische Betrachtung des Einsatzes von Qualitätssystemen
    aus Verbrauchersicht

---

*   Prof. Dr. Edeltraud Vomberg ist am Fachbereich Sozialwesen der Hochschule Niederrhein für das Fachgebiet Qualitäts-, Projekt- und Kommunikationsmanagement zuständig. Ihre Forschungsschwerpunkte liegen im Bereich Qualitätsmanagement, Arbeits- und Beschäftigungspolitik und Erwerbsbiografien. Sie hat umfangreiche Erfahrung in der Führung und Beratung von Weiterbildungs- und Sozialen Einrichtungen und ist Zertifizierungsauditorin für QM-Systeme nach DIN EN ISO 9001, Assessorin und Validatorin für QM-Systeme nach EFQM und Gutachterin nach LQW.
** Karen Hartmann, Dipl.-Kff., M. A., studierte Betriebspädagogik und Betriebswirtschaftslehre an der RWTH Aachen. Seit 2002 ist sie im Human Resource Management mit dem Schwerpunkt Personalentwicklung tätig. Sie arbeitete in der Automobil- und Kommunikationsbranche und ist seit 2006 freiberufliche Personalberaterin.

5 Praxisbeispiel: Qualitätssysteme in der Personalentwicklung der Automobilzulieferindustrie

Anhang: Qualitätsmanagementsysteme

Literatur

1 Ein doppelter Beitrag für die Personalentwicklung

Personalentwicklung ist in allen anerkannten *Qualitätsmanagementsystemen* ein integraler Bestandteil der Qualitätsaktivitäten. Die besondere Bedeutung erhält sie aufgrund der Notwendigkeiten zum lebenslangen Lernen für Unternehmen und Beschäftigte aber auch im Sinne der Erhaltung der Beschäftigungsfähigkeit. Im Sinne des *Employability* Management (Rump/Sattelberger/Fischer 2006, Vomberg 2007) gehört die Entwicklung der personellen Ressourcen nicht nur für Erwerbstätige zu den zentralen Aufgaben der Erhaltung ihrer Beschäftigungsfähigkeit, sondern auch für Unternehmen, um im demografischen Wandel langfristig für Erwerbstätige attraktiv zu bleiben. Die betriebliche sowie die außerbetriebliche und private Weiterbildung spielen dabei eine zentrale Rolle. Auswahl und Steuerung der Weiterbildungsprozesse sind erfolgskritische Größen innerhalb der Personalentwicklung. Neben der betrieblich organisierten und beauftragten Weiterbildung spielt aber ach die privat finanzierte und durchgeführte Weiterbildung angesichts immer bunterer Erwerbsbiografien eine bedeutende Rolle. Sowohl für Unternehmen als auch für Einzelpersonen stellt die Auswahl der »richtigen« Weiterbildung eine Schwierigkeit dar. Eine Vielzahl von Weiterbildungsangeboten muss vor dem Hintergrund einer je individuellen Erwerbsbiografie, einer persönlichen Lerngeschichte, einem einzigartigen *Kompetenzprofil* und sehr unterschiedlichen beruflichen Zielen ausgewählt werden. Betriebliche Interessen spielen in diese Entscheidung ebenso hinein, wie persönliche Aspekte des Lernwilligen. Dem gegenüber steht eine Vielzahl von Anbietern mit unterschiedlichsten Konzepten, didaktischen und methodischen Ansätzen und Lernanforderungen. Für die Auswahl ist es deshalb erforderlich, dass die Lernenden oder die Unternehmen Informationen über Vorraussetzungen der Teilnahme, Ausbildungsinhalte, didaktische Aspekte, arbeitsmarktliche Relevanz etc. erhalten. Um Scheitern und Abbruch von Bildungsmaßnahmen zu vermeiden, ist folglich eine passgenaue Auswahl notwendig, die aber immer mit der Schwierigkeit zu kämpfen hat, dass Lernende Individuen sind, die sich in den Lehr-Lernprozess mit ihrer Individualität einbringen.

Qualitätsmanagementsysteme in der Weiterbildung leisten einen Beitrag dazu, diese genannten Aspekte in die Gestaltung und Planung von Weiterbildung einzubringen. Sie helfen, die Qualität von Angeboten sicherzustellen, bei der Anbahnung von Weiterbildung den Bedarf des Lernenden zu ermitteln und eine systematische Umsetzung von Weiterbildungsangeboten zu unterstützen. Auf dem Markt der Weiterbildung existiert mittlerweile eine Fülle von QM-Modellen und -Konzepten. Sie sind in Teilen von Anbietern oder Verbünden selbst entwickelt, von Einrichtungen erarbeitet oder aus internationalen, meist industrieorientierten Qualitätsmanagementsystemen entliehen. Diese bunte Sammlung lässt sich im Wesentlichen in fünf Arten von Verfahren untergliedern:

- *Zertifizierungen* (z.B. DIN EN ISO 9001:2008, QM-Stufen-Modell PAS 1037, Zertifizierungen nach AZWV – im Rahmen der beruflichen Weiterbildung nach SGB III),
- *Selbstbewertungsverfahren* mit Wettbewerb z.B. um einen Qualitätspreis (European Foundation for Quality Management-EFQM),
- *Mischformen aus Selbst- und Fremdbewertung* bzw. -evaluation (lernerorientierte Qualitätstestierung in der Weiterbildung – LQW, EFQM mit verschiedenen Levels of Excellence),

- *Gütesiegelverbünde* (Bremer Modell) und
- verschiedene *Selbstevaluationssysteme*.

2 Qualitätssysteme auch in der Personalentwicklung

2.1 Qualitätssicherungs- und Qualitätsmanagementsysteme bei Weiterbildungsanbietern

Im Jahr 2001 führte das Bundesinstitut für Berufsbildung (BIBB 2001) im Auftrag des Bundesministeriums für Bildung und Forschung eine Studie zur Anwendung von Qualitätssicherungs- und Qualitätsmanagementsystemen bei Weiterbildungsanbietern durch. Ziel der Studie war es, einen Überblick über Stand und Perspektiven der Anwendung von Verfahren und Instrumenten der Qualitätsentwicklung in der Weiterbildung zu gewinnen. Unter anderem wurden in der Studie die Bedeutung, die Zukunftsfähigkeit und die spezifischen Stärken und Schwächen der Systeme aus Sicht der Weiterbildungseinrichtungen im Rahmen einer Repräsentativbefragung von Expertinnen und Experten aus den Einrichtungen erhoben.

Die Ergebnisse zeigten, dass etwa drei von vier Einrichtungen den Selbstevaluationsansatz verfolgen. Hierbei handelte es sich aber offenbar um sehr unterschiedliche Ansätze mit sehr unterschiedlicher Aussagekraft über die tatsächliche Qualität entwickelnde Wirkung. Die Ergebnisse der Studie sind sicher heute aufgrund wesentlicher Veränderungen in Rahmenbedingungen der Weiterbildung und der Weiterentwicklung von Qualitätsmanagementansätzen und -modellen nicht mehr zutreffend. Es kann nur vermutet werden, dass sich heute die Gewichte zwischen der Nutzung der Grundformen von Selbstbewertungs- und Evaluationsmodellen, Zertifizierungen und Gütesiegelverbünden sowie von Mischformen nur geringfügig verschoben haben wird. Aufgrund gesetzlicher Vorgaben bei beruflicher Weiterbildung nach dem SGB III (Arbeitsförderung) wird der Pegel vermutlich in Richtung zertifizierter Systeme ausgeschlagen sein. Eine empirische Erhebung neueren Datums liegt dazu nicht vor.

2.2 Qualität und Qualitätssysteme – welches System leistet was?

In diesem Beitrag soll auf drei der in Deutschland weit verbreiteten QM-Modelle eingegangen werden, die in der Weiterbildung und in der Wirtschaft eine hohe Bedeutung haben. Eine Gesamtdarstellung aller auf dem Markt befindlichen Systeme würde den Rahmen sprengen. Um dennoch einen Überblick zu geben, wird im Anhang eine Übersichtstabelle in gekürzter Form dargestellt, die Herr Alfred Töpper von der Stiftung Warentest freundlicherweise zur Verfügung gestellt hat. Sie fasst das Ergebnis einer bei der Stiftung Warentest durchgeführten Untersuchung über QM-Systeme in der Weiterbildung zusammen.

2.2.1 Die Norm DIN EN ISO 9000 ff.

Entstehung und Geschichte

Die Normenfamilie der DIN EN ISO 9000 ff., die als internationale Norm für die Darlegung eines Qualitätsmanagementsystems wohl am besten bekannt ist, wurde erstmals 1987 in Kraft gesetzt. Anfangs war sie überwiegend auf den Bereich materieller Produktion ausgerichtet. Zwischenzeitlich ist die Norm – insbesondere durch die Reformen, die zur Version DIN EN ISO 9000:2008 ff. führten – deutlich breiter angewendet. Die Norm selber stellt kein Qualitätsmanagementsystem dar, sondern liefert lediglich international geltende Standards zur Gestaltung und Darlegung von Qualitätsmanagementsystemen. Damit leistet sie auch keine Qualitätssicherung für konkrete Produkte oder Dienstleistungen, sondern bietet einen Rahmen, um die *Qualitätsfähigkeit* eines Unternehmens nach internationalen Standards darzulegen (Zollondz 2002, S. 246). Mit dem Nachweis dieser Qualitätsfähigkeit soll erreicht werden, dass nahezu alle Produkte und Dienstleistungen im globalen Handel austauschbar werden und die Qualitätsprüfungen der Unternehmen bei ihren Lieferanten überflüssig werden.

Übertragen auf den Bereich von Weiterbildung und Personalentwicklung bedeutet dies, dass ein Unternehmen, das sich auf die DIN EN ISO 9000:2008 ff. beruft, ein Managementsystem von Bildungsdienst- oder Personalentwicklungsleistungen aufgebaut hat, dass hinsichtlich der Bestimmungsfaktoren der Norm die Fähigkeit besitzt, qualitätvolle Leistungen zu erbringen. Die Norm bestimmt jedoch weder, wie dies im Einzelnen auszusehen hat, noch wie die konkret erbrachten Leistungen sich darstellen. »Es gibt keine genormten Qualitätsmanagementsysteme. Es gibt Normen zum Qualitätsmanagement, auf deren Grundlage dann ein je spezifisches QM-System der Organisation aufzubauen ist, das mit der Qualitätspolitik des Unternehmens umgesetzt wird« (Zollondz 2002, S. 245).

Die Normfamilie DIN EN ISO 9000:2005 ff. besteht aus mehreren Normen, die folgende Funktionen erfüllen:

- Die *Norm 9000* erfüllt die Aufgabe, die für Qualitätsmanagementsysteme relevanten Grundlagen und Begriffe zu erläutern (DIN EN ISO 9000:2005) und zu definieren.
- Die *Norm 9001* legt die Anforderungen an ein Qualitätsmanagementsystem dar und stellt damit die für externe Zertifizierungen notwendige Referenz her. Sie wird auch als die »Nachweisnorm« bezeichnet.
- Die Normfamilie wird mit der *Norm 9004* abgerundet, die sich mit dem Aspekt der Leistungsverbesserung als kontinuierlichem Prozess befasst.

Qualitätsphilosophie

Die DIN EN ISO 9000:2005 basiert auf acht Grundsätzen, die sowohl den Gedanken der ständigen Verbesserung als auch die Ausrichtung auf den Nutzen aller beteiligten Parteien deutlich machen. Diese Grundsätze können in Stichworten wie folgt zusammengefasst werden: Kundenorientierung, Führung, Einbeziehung der Personen, prozessorientierter Ansatz, systemorientierter Managementansatz, ständige Verbesserung, sachbezogener Ansatz und Lieferantenbeziehungen zum gegenseitigen Nutzen (Zollondz 2002, S. 259). Im Gegensatz zu früheren Versionen fokussiert die 2000 neu in Kraft gesetzte Normfamilie damit sehr stark auf das systemische Wechselspiel der Qualitätsdimensionen von Struktur-, Prozess- und Ergebnisqualität und verfolgt damit ein Verständnis von Qualitätsmanagement wie es den Modellen des Total Quality Management als umfassenden Ansätzen zu eigen ist. Spätere Revisionen aus 2005 und 2008 untermauern dies.

Aufbau und Struktur des Modells

Den Kern des Qualitätsmanagementmodells der DIN EN ISO 9000:2005 ff. stellt das so genannte *Prozessmodell* dar (Abb. 1).

Abb. 1: Das Prozessmodell der DIN EN ISO 9000:2005 ff. (Nachbildung)

Wesentliches Bestimmungsmerkmal für die Ausgestaltung eines Qualitätsmanagementsystems ist danach, die zentralen *Wertschöpfungsprozesse* einer Organisation ins Zentrum von Verbesserungsmaßnahmen zu rücken. Anhand von fünf Forderungsgruppen wird das Managementsystem gestaltet und soll auf diese Weise dazu beitragen, qualitätvolle Produkte oder Dienstleistungen zu generieren. Die fünf Forderungsgruppen beziehen sich auf die im Prozessmodell dargestellten Bereiche: Verantwortung der Leitung, Management von Ressourcen, Produktrealisierung, Messung, Analyse und Verbesserung sowie den Aufbau, die Pflege und die Darlegung des Qualitätsmanagementsystems. Wesentlicher Kernaspekt für die kontinuierliche *Qualitätsentwicklung* ist dabei die strikte Ausrichtung aller Prozesse und Aktivitäten an den Anforderungen der Kunden, um diese zufrieden zu stellen bzw. deren Anforderungen zu erfüllen.

Zertifizierung und/oder externe Evaluation

QM-Systeme können nach DIN EN ISO 9001:2008 von unabhängigen Zertifizierungsstellen, die wiederum selber einer externen Überwachung unterliegen, geprüft werden. In der DIN EN ISO 9000:2005 wird der Begriff des *Audits* als »systematischer, unabhängiger und dokumentierter Prozess zur Erlangung von Auditnachweisen und zu deren objektiver Auswertung, um zu ermitteln, inwieweit Auditkriterien erfüllt sind« definiert (DIN EN ISO 9000:2005, Kap. 3.9.1). Externe Audits dienen dazu, das gesamte Qualitätsmanagementsystem hinsichtlich seiner Fähigkeiten zu bewerten, qualitätsvolle Dienstleistungen und Produkte zu ermöglichen. Einem externen Audit folgt die Zertifizierung, mit der die Organisation ihre Qualitätsfähigkeit nach außen darstellen kann. Die regelmäßige Wiederholung (alle drei Jahre umfangreich, jedes Jahr in Stichproben) sorgt dafür, dass die Organisation aus festgestellten Verbesserungsbedarfen Weiterentwicklungsmaßnahmen ableitet und Defizite behebt. Ein zertifiziertes Unternehmen hat somit seine Qualitätsfähigkeit nachgewiesen und erfüllt die Mindeststandards, die die Norm vorgibt. Das einzelne Produkt oder die einzelne Dienstleistung ist damit aber nicht auf seine Qualität geprüft.

Lernen als Anliegen des Modells
Allen am Qualitätsmanagement-Markt gängigen Modellen liegt zirkuläres und an Lernen ausgerichtetes Denken zugrunde. Das Modell von Deming, der so genannte *PDCA-Zyklus* (Plan – planen aufgrund systematischer Analyse der IST-Situation, Do – Verbesserungsmaßnahmen umsetzen, Check – prüfen ob die Zielsetzungen der Planphase erreicht wurden, Act – falls Soll und Ist übereinstimmen, sollte Ergebnis standardisiert werden, falls sie voneinander abweichen, sollten Verbesserungen installiert werden) bildet auch die lernorientierte Basis eines Qualitätsmanagement nach DIN EN ISO 9001:2005.

Die Beurteilung der Qualität von Bildungsdienstleistungen, das Lernen der Mitarbeiter und eine systematische Personalentwicklung sind in der Norm an verschiedenen Stellen als Forderungen in unterschiedlicher Deutlichkeit formuliert. Im Normkapitel 7 (Produktrealisierung) sind beispielsweise Forderungen hinsichtlich des Beschaffungswesens formuliert (DIN EN ISO 9001:2008, Kap. 7.4), die die Bewertung von Lieferanten als wichtige Forderung an die Praxis nach sich ziehen. Von Unternehmen eingekaufte Bildungsdienstleistungen sollten demzufolge in eine systematische Lieferantenbewertung eingegliedert werden.

Ebenso finden sich im Kapitel 6 der Norm (Management von Ressourcen) Bezüge zur Entwicklung personeller Ressourcen (DIN EN ISO 9001:2008, Kap. 6.2). Neben der allgemein formulierten Forderung, dass das Personal für seine Tätigkeiten über »angemessene Ausbildung, Schulung, Fertigkeiten und Erfahrungen« (DIN EN ISO 9001:2008, Kap 6.2.1) verfügen muss, findet man hier konkrete personalentwicklerische Forderungen. Die Organisation muss
a) die notwendige Kompetenzen des Personals, dessen Tätigkeiten die Erfüllung der Produktanforderungen beeinflussen, ermitteln,
b) wo zutreffend, für Schulung sorgen oder andere Maßnahmen ergreifen, um die notwendige Kompetenz zu erreichen,
c) die Wirksamkeit der ergriffenen Maßnahmen beurteilen,
d) sicherstellen, dass ihr Personal sich der Bedeutung und Wichtigkeit seiner Tätigkeit bewusst ist und weiß, wie es zur Erreichung der Qualitätsziele beiträgt, und
e) geeignete Aufzeichnungen zu Ausbildung, Schulung, Fertigkeiten und Erfahrung führen (DIN EN ISO 9001:2008, Kap. 6.2.2).

Ein QM-System nach dieser Norm muss folglich den Aspekt der Personalentwicklung mit in den Blick nehmen. In der DIN 9004 gehen die Forderungen über diese weit hinaus, indem hinsichtlich der Entwicklung des Personals betont wird, dass die Einbeziehung und Förderung des Personals bis in strategisch wichtige Unternehmensprozesse (Zielentwicklung und -Vereinbarung, Führungskräfteförderung, Gruppenarbeit usw.) im Hinblick auf eine nachhaltige Unternehmenssicherung und -entwicklung erfolgen soll.

Die DIN EN ISO 9001 und 9004 thematisieren aber nicht nur das personale Lernen und die Personalentwicklung, sondern ebenso das organisationale Lernen, indem zu Erfüllung unterschiedlicher Normforderungen Instrumente dafür entwickelt und eingesetzt werden müssen. Zwei wesentliche Beispiele dafür sind folgende:
1. die Forderung nach den sechs mindestens zu dokumentierenden Verfahren (Prozessen): interne Audits, Korrekturmaßnahmen, Vorbeugemaßnahmen, Fehlerkorrektur, Lenkung von Dokumenten und Lenkung von Aufzeichnungen, die der kontinuierlichen Selbstkontrolle dienen und
2. die Forderung nach einem Management-Review.

In der Normforderung 5.6 (Managementbewertung) heißt es entsprechend: »Die oberste Leitung muss das Qualitätsmanagementsystem der Organisation in geplanten Abständen bewerten, um dessen fortdauernde Eignung, Angemessenheit und Wirksamkeit sicherzustellen. Diese Bewertung muss die Bewertung von Möglichkeiten für Verbesserungen des und den Änderungsbedarf für das Qualitätsmanagementsystem einschließlich der Qualitätspolitik und der Qualitätsziele enthalten.« (DIN EN ISO 9001:2008, Kap 5.6.1) Als Informationsquellen für die Bewertung und Impulsgeber für organisationale Lernprozesse werden u.a. genannt: Ergebnisse von Audits, Rückmeldungen von Kunden, Prozessleistungen und Produktkonformität, Status von Vorbeuge- und Korrekturmaßnahmen, Folgemaßnahmen vorangegangener Managementbewertungen (DIN EN ISO 9001:2008, Kap. 5.6.2). Die Auswertung dieser Quellen mündet schließlich in die Ergebnisse der Managementbewertung, die in Kap. 5.6.3 beschrieben wird. Hier wird eingefordert, dass Verbesserungen der Wirksamkeit des QMS und der Prozesse, Produktverbesserungen und Bereitstellung von Ressourcen zur Verbesserung die Folge sein sollen (DIN EN ISO 9001:2008, Kap 5.6.3).

Letztlich tragen auch die Forderungen des Normkapitels 8 (Messung, Analyse, Verbesserung) dazu bei, dass ein QMS nach dieser Norm lern- und entwicklungsorientiert ausgerichtet sein müsste. Maßnahmen wie Messungen der Kundenzufriedenheit, der Prozessergebnisse, interne Audits sowie des systematischen Fehlermanagements sollen zur kontinuierlichen Verbesserung und zu Lernprozessen in der Organisation beitragen.

Aussagekraft für die Beurteilung eines Bildungsdienstleisters oder einer Bildungsdienstleistung
Führt ein Dienstleister des Bildungsbereiches ein zertifiziertes QM-System nach DIN EN ISO 9001, so sind die oben genannten lernorientierten Managementprozesse inklusive der systematischen Prüfung, Beurteilung und Förderung des Personals in den Bildungsdienstleistungen Bestandteil der organisationalen Entwicklungsprozesse. Neben dem Zertifikat sind die entscheidenden Grundlagen für die Bewertung eines

Bildungsdienstleisters die im externen Teil der Qualitätsmanagementdokumentation beschriebenen Leitbilder, Qualitätspolitik und Qualitätsziele. Anhand dieser lässt sich die Qualitätsphilosophie und -haltung des Unternehmens ablesen. Ebenso können Bewertungen durch Kunden wichtigen Aufschluss über die Leistungen geben, die abgefragt oder vom Bildungsanbieter veröffentlicht werden sollten. Das Zertifikat nach DIN EN ISO 9001:2008 sagt nichts über die Gestaltung einzelner Lernangebote aus, wenngleich es aber bescheinigt, dass das Management der Prozesse den Normforderungen entspricht. Einzelne Maßnahmen des Bildungsangebotes werden allerdings nicht geprüft. Auf die Einbindung von eingekauften Bildungsangeboten in die Lieferantenbewertung eines Unternehmens wurde bereits weiter oben hingewiesen.

Ansatzpunkte für die Förderung der Qualität in der Personalentwicklung
Weiter oben wurden Ansatzpunkte in den Normen 9001 und 9004 aufgezeigt, die Auswirkungen auf die Personalentwicklung haben, wenn ein Unternehmen ein QM-System nach diesen Normen führt. Am oben beschriebenen Prozessmodell ausgerichtet, bedeutet dies für die Personalentwicklung, ihre Prozesse zu definieren, zu beschreiben, in den Wechselwirkungen mit anderen Prozessen zu gestalten und Personalentwicklung zu einem Teil des gesamten Managementsystems zu entwickeln. Je stärker ein Unternehmen lern- und innovationsorientiert aufgestellt ist, umso eher wird dabei Personalentwicklung zu einem Kernprozess, dem besondere Aufmerksamkeit zukommen muss.

2.2.2 Das EFQM-Modell

Entstehung und Geschichte
Die EFQM (European Foundation for Quality Management) wurde 1988 von 14 namhaften europäischen Unternehmen als Stiftung gegründet. Gründungsmitglieder der EFQM waren: Robert Bosch GmbH, BT, Bull S.A., Ciba-Geigy AG, Das-sault Aviation, AB Electrolux, Fiat Auto S.p.A., KLM-Royal Dutch Airlines, Nestlé AG, Ing. C. Olivetti & C. S.p.A., Philips Electronics N.V., Renault, Gebrüder Sulzer AG und Volkswagen AG. (EFQM 2007 a). Sie hat gemeinsam mit der EG-Kommission und der European Organisation for Quality (EOQ) ein Referenzmodell für Qualitätsmanagement entwickelt, nach dem 1992 erstmals der Europäische Qualitätspreis (European Quality Award (EQA)) vergeben wurde. Mit diesem Preis werden Unternehmen ausgezeichnet, die nachweisen können, »dass ihr Vorgehen zur Verwirklichung von TQM über eine Reihe von Jahren einen beträchtlichen Beitrag zur Erfüllung der Erwartungen von Kunden, Mitarbeitern und anderen geleistet hat« (Radtke/Wilmes 1997, S. 6). Seit 1992 werden Qualitätspreise jährlich an herausragende Organisationen vergeben, um damit die Idee der Qualität in der Unternehmensführung in Europa zu verbreiten. Seit 1995 werden neben den Preisen für Wirtschaftsunternehmen auch Preise an Not-for-Profit-Organisationen und Einrichtungen des öffentlichen Sektors vergeben, seit 1996 ebenso Preise für Kleine und Mittlere Unternehmen (KMU) und Preise an operationelle Einheiten von Unternehmen. Ebenfalls gibt es seit einigen Jahren in europäischen Staaten nationale Qualitätspreise, die jährlich vergeben werden. In Deutschland ist dies der Ludwig-Erhard-Preis.

Die EFQM ist um eine ständige Weiterentwicklung ihres Modells bemüht, was u.a. im Jahr 2000 zu einer Revision des Modells für den sozialen Bereich geführt hat (EFQM 1999 a). Bei dieser Revision wurden größere Veränderungen, wie z.B. die Umbenennung einzelner Hauptkriterien für die Qualitätsbewertung vorgenommen. Im Jahr 2003 erfolgte eine erneute Revision, die hauptsächlich bei der Reformulierung der »Grundkonzepte der Excellence« und bei der verständlicheren Fassung der Kriterien der Qualitätsbewertung ansetzte (EFQM 1999 bis 2003). 2009 erfolgen weitere grundlegende Veränderungen. Die EFQM schreibt dazu im »Transition Guide« für die Modellversion 2010:

»In line with the 3 dimensional character of the EFQM Model, this chapter explains the changes in each of these dimensions, being:
- The Fundamental Concepts
  - The Set of eight concepts was kept as such, but all have a renewed and more dynamic title while the content for each was enriched and is now presented in a more structured way.
- The Model itself with the 9 boxes or criteria
  - Also here the 4 result and 5 enabler criteria boxes were kept as such, but have now a better naming, more consistency inside, less overlap and were brought up to date in content. Also the weighting is now simpler and more balanced.
- The RADAR elements for Results and Enablers
  - Here a big change was made for the scope attributes used to assess the performance of the results or footprint of an organisation. The set of attributes for assessing approaches in the enabler criteria were refined with aspects like efficiency, creativity and timelineless being integrated into the well known triplet of approach, deployment and assessment and review (EFQM 2009a, S. 6)«.

Heute hat die EFQM bereits 618 Mitglieder, viele davon sind größere Unternehmen, nicht mehr nur in Europa.

Qualitätsphilosophie
Mit dem EFQM-Modell für Excellence sind *Grundkonzepte der Excellence* verbunden, die sich als grundlegende Orientierung für das Management in allen Teilen des Modells widerspiegeln. Diese Grundkonzepte sind in der Revision 2003 neu formuliert und deutlich präziser gefasst worden, als in Vorgängerversionen. Sie werden in der Abbildung 2 beschrieben.

Anhand dieser Grundkonzepte wird deutlich, dass Qualitätsmanagement als umfassender Ansatz des Total Quality Management verstanden wird. Das EFQM-Modell für Excellence differenziert diese Grundsätze in einzelne Teilaspekte, die im folgenden Abschnitt in ihrer systematischen Grundstruktur dargestellt werden.

Grundkonzepte der Excellence Modell 2010	Main shift of content
Achieving Balanced Results	Focus is now on developing the key set of results required to monitor progress against the **vision**, mission an d strategy, enabling leaders to make effective and **timely decisions.**
Adding Value for Customers	Focus is now on clearly defining and communicating the **value proposition** and actively **engaging** customers in the product and service **design** processes.
Leading with Vision, Inspiration & Integrity	The concept ist now more **dynamic**, focusing on the ability of leaders to adapt, react and **gain the commitment** of all stakeholders to ensure the ongoing success of the organisation.
Managing by Processes	The focus is now on how the processes are designed **to deliver the strategy,** with end to end management **beyond the "classic" boundaries** of organisation.
Succeeding through People	The focus is now on creating a **balance** between the strategic needs of the organisation and the **personal expectations and aspirations** of the people to gain their commitment and engagement.
Nurturing Creativity & Innovation	The concept now recognises the need to develop and engage with **networks** and engaging all stakeholders as potential **sources of creativity** and innovation.
Building Partnerships	The concept has been extended to include partnerships **beyond the supply chain** and recognises that these should be based on **sustainable mutual benefits** to succeed.
Taking Responsibility for a Sustainable Future	The concept now focuses on **actively taking responsibility** for the organisations conduct and activities and managing its **impact on the wider community.**

Abb. 2: Overview table 1 – Fundamental Concepts (EFQM 2009a, S. 7f. – Auszug)

Aufbau und Struktur des Modells

Das EFQM-Modell für Excellence setzt sich aus insgesamt neun Kriterien für die Qualitätsbewertung zusammen, die in zwei Bereiche aufgegliedert sind: die Befähiger und die Ergebnis-Kriterien (Abb. 3). Insgesamt sind diese neun Kriterien in 32 Teilkriterien untergliedert, die es ermöglichen, eine Organisation in ihren wesentlichen Aspekten zu beschreiben (EFQM 2009a). Das EFQM-Modell ist im Wesentlichen ein Selbstbewertungsmodell, das nur im Falle einer Bewerbung um eine Auszeichnung durch die EFQM als Modell der Fremdbewertung genutzt wird.

Abb. 3: Das EFQM-Modell für Excellence (EFQM 2009a – das EFQM-Modell ist gesetzlich geschützt)

Die Befähiger-Kriterien beschäftigen sich mit den Aspekten der Organisation, die die Arbeitsweise, Verhaltensweisen und Verfahrensweisen betreffen. Durch die Beschreibung der Einzelkriterien wird der Blick darauf gelenkt, *wie* eine Organisation sich selber in die Lage versetzt, Ergebnisse zu erzeugen. In den fünf Einzelkriterien: Führung (Kriterium 1), Strategie (Kriterium 2), Mitarbeiter (Kriterium 3), Partnerschaften und Ressourcen (Kriterium 4) und Prozesse, Produkte und Dienstleistungen (Kriterium 5) geht es um die Frage, *wie* eine Organisation dafür sorgt bzw. sich selber befähigt, exzellente Ergebnisse im jeweilgen Bereich und in der Gesamtorganisation zu erlangen.

Anders ist dies im Bereich der Ergebnis-Kriterien. Hierzu gehören die Kriterien: kundenbezogene Ergebnisse (Kriterium 6), mitarbeiterbezogene Ergebnisse (Kriterium 7), gesellschaftsbezogenen Ergebnisse (Kriterium 8) und die Schlüsselergebnisse (Kriterium 9). Hier wird danach gefragt, *was* auf der Basis der mit den Befähiger-Kriterien beschriebenen Aspekte an Ergebnissen erzielt wird. Bei der Frage danach, *was* erreicht wird, sind konkrete Messkriterien erforderlich, die die Organisation entwickeln soll, um hierüber Aussagen treffen zu können.

Die einzelnen Kriterien 1 bis 9 sind so aufgebaut, dass jeweils das Kriterium allgemein beschrieben wird und dann in mehrere Teilkriterien differenziert wird. Um dies zu veranschaulichen, wird ein Beispiel aus dem Leitfaden für den öffentlichen Dienst und soziale Einrichtungen angeführt. Dort heißt es im Kriterium 3: Mitarbeiter:

»Excellent organisations value their people and create a culture that allows the mutually beneficial achievement of organisational and personal goals. They develop the capabilities of their people and promote fairness and equality. They care for, communicate, reward and recognise, in a way that motivates people, builds commitment and enables them to use their skills and knowledge for the benefit of the organisation.

3a. People plans support the organisation's strategy
3b. People's knowledge and capabilities are developed
3c. People are aligned, involved and empowered
3d. People communicate effectively throughout the organisation
3e. People are rewarded, recognised and cared for« (EFQM 2009b).

Jedes der Teilkriterien ist dann im Leitfaden in verschiedene Ansatzpunkte ausdifferenziert, die aufzeigen, welche Möglichkeiten ein Unternehmen hat, diese Anforderungen zu erfüllen. Als Beispiel sei hier das Kriterium 3a des Modells von 2003 angeführt, in dem es heißt:

»Dies kann Folgendes umfassen:
- die Personalpolitik, -strategien und Pläne entwickeln,
- Mitarbeiter und deren Vertretungen an der Entwicklung der Personalpolitik, -strategien und -pläne beteiligen,
- die Personalplanung mit der Politik und Strategie, der Aufbauorganisation und dem Netzwerk der Schlüsselprozesse verzahnen,
- die Personalbeschaffung, die Karriereentwicklung und Nachfolgeplanung managen,
- bei allen Aspekten der Beschäftigung Fairness fördern und sicherstellen, einschließlich Vorgehensweisen, Strategien und Plänen zur Chancengleichheit,
- Mitarbeiterumfragen und andere Formen von Mitarbeiterrückmeldungen zur Verbesserung von Personalpolitik, -strategie und -planung nutzen,
- innovative Organisationsmethoden zur Verbesserung der Arbeitsweise verwenden, z.B. Restrukturierung der Lieferkette.« (EFQM 1999 bis 2003, S. 16).

Die Ansatzpunkte im Bereich der ersten fünf EFQM-Kriterien (Befähiger-Kriterien) dienen als Orientierung dafür, unter welchen Aspekten im jeweiligen Teilkriterium systematische Verfahren entwickelt werden sollen. Für die Selbstbewertung werden damit Anhaltspunkte gesetzt, unter denen das entwickelte Qualitätsmanagementsystem bewertet werden kann. Bei den letzten vier EFQM-Kriterien (Ergebnis-Kriterien) werden die Aspekte genannt, zu denen Verfahren zur Ermittlung von Messergebnissen entwickelt werden sollen. Darüber hinaus spielt natürlich die konkrete Erhebung von Messergebnissen ebenfalls eine zentrale Rolle. Insgesamt gliedern sich die Befähiger-Kriterien jeweils in vier oder fünf Teilkriterien. Die Ergebnis-Kriterien gliedern sich jeweils nur in zwei Teilkriterien. Diese systematische Grundstruktur ist in Abb. 4 dargestellt.

Abb. 4: Systematik der EFQM-Kriterien (eigene Darstellung)

Zertifizierung und/oder externe Evaluation
Qualitätsmanagement nach dem EFQM-Modell für Excellence arbeitet mit dem Prinzip der Selbstbewertung, nicht wie bei der DIN EN ISO 9000ff. mit einem Zertifizierungsverfahren. Es ist vorgesehen, dass im Verfahren der Selbstbewertung möglichst alle 32 Teilkriterien untersucht werden. »Das EFQM-Modell stellt keine Liste von Forderungen dar, sondern betrachtet die Organisation ganzheitlich. Wichtig ist die kontinuierliche Weiterentwicklung hin zu Excellence, dem wachsenden *Reifegrad der Organisation*. Für die Bewertung des Reifegrades anhand des EFQM-Modells hat die EFQM die RADAR-Bewertungsmethodik entwickelt. Dies bedeutet, dass der Reifegrad der Organisation gemessen wird an Ergebnissen (Results), den dazu führenden Vorgehensweisen (Approach), dem Grad der Umsetzung (Deployment) sowie an Bewertung und Überprüfung (Assessment and Review). Dabei können die Einzelbewertungen der 32 Teilkriterien zu einer Gesamtbewertung zusammengefasst werden, die zwischen 0 und 1000 Punkten liegt.« (EFQM 2007 b) Die neun Kriterien des EFQM-Modells für Excellence sind im Modell unterschiedlich gewichtet, was ihre Bedeutung für das Gesamtbild der Excellence betrifft. Die Gewichtung ist von Seiten der EFQM in der RADAR-Bewertungsmatrix festgelegt. Mit der Neufassung im Modell 2010 wurden die Gewichte verändert. Alle Befähigerkriterien haben jetzt 10%, ebenso die Ergebnisse, mit Ausnahme von kundenbezogenen Ergebnissen und Schlüsselergebnissen, die mit 15% einfließen. Eine im Sinne der beschriebenen Selbstbewertung erfolgende Bewertung oder Zertifizierung von außen gibt es vergleichbar der Zertifizierung bei Anwendung der DIN EN ISO 9001:2008 nicht. Seit 2001 bietet die EFQM ein gestuftes Anerkennungsverfahren, das die Vergabe des europäischen oder nationalen Qualitätspreises als höchste Anerkennungsstufe vorsieht. Diese ist unterteilt in die Award Winner, die Prize Winner und die Finalisten. Dies ist aber nur jeweils den besten Bewerbern eines Jahrgangs um die Preise möglich.

Darunter wurden zwei weitere Stufen der externen Anerkennung eingerichtet: die Stufe »Recognized for Excellence« (für Unternehmen, die bei einer externen Begutachtung mindestens 300 der 1000 Punkte der RADAR-Bewertungsmatrix erhalten. Innerhalb der Stufe recognized for Excellence wird noch einmal nach drei, vier oder fünf Sternen unterschieden, je nachdem, ob eine Organisation mit 300 bis 399, 400 bis 499 oder mit mehr als 500 Punkten abgeschlossen hat) und die Stufe »Committed to Excellence« (für Unternehmen, die nach einer Selbstbewertung mindestens drei Verbesserungsprojekte erfolgreich durchgeführt haben und dadurch den Qualitätsentwicklungsprozess so angelegt haben, dass er nachhaltig weitergeführt zu werden verspricht, EFQM 2007 a).

Lernen als Anliegen des Modells
Die Qualitätsentwicklung mit dem EFQM-Modell basiert im Wesentlichen auf der beschriebenen Selbstbewertung. Im Selbstbewertungsworkshop beginnt die eigentliche Arbeit der kontinuierlichen Verbesserung und des Lernens in der Organisation. Im Gegensatz zur Arbeit mit der DIN EN ISO 9001:2008 ist das Ziel jedoch nicht die Erfüllung von Mindeststandards, um eine Zertifizierung erreichen zu können, sondern das Streben nach »Excellence«, d.h. nach den im Modell formulierten höchsten Maßstäben. Auf der Basis der Selbstbewertung werden Verbesserungsbedarfe diagnostiziert, die anschließend in Form von Verbesserungsprojekten verfolgt werden sollten. Nur wenn solche Projekte in größerer Zahl realisiert sind, ist es sinnvoll eine wiederholte Selbstbewertung vorzunehmen, um zu betrachten, wie sich diese auf die Qualitätssituation ausgewirkt haben. Sofern dieser Prozess ernsthaft vollzogen wird, erhält der oben genannte Qualitätsmanagementkreis Bewegung. Die Organisation befindet sich auf dem Weg zu Business-Excellence – zu geschäftlichen Spitzenleistungen.

Das Vorgehen, in Selbstbewertungsverfahren Verbesserungspotenziale zu ermitteln und diese durch Projektgruppen realisieren zu lassen, ermöglicht der Organisation, Mitarbeiter genauso wie Führungskräfte und Eigentümer (Träger) in die Qualitätsentwicklung aktiv einzubeziehen. Diese diagnostizieren die zu verbessernden Bereiche, wirken an der Umsetzung von Veränderungsmaßnahmen mit und können so als Agenten für Entwicklung von Qualität gewonnen werden. Die Organisation entwickelt sich durch das stetige Durchlaufen des PDCA-Zyklus zu einer *lernenden Organisation*.

Die Ergebnisse der Selbstbewertungen dienen einerseits dazu, Benchmarking-Projekte zwischen verschiedenen Organisationen durchzuführen und so von anderen zu lernen und sich weiterzuentwickeln. Andererseits sind die Vergleichsergebnisse aus Benchmarks Teil der Selbstbewertung.

Aussagekraft für die Beurteilung eines Bildungsdienstleisters oder einer Bildungsdienstleistung
Da das EFQM-Modell ebenso wie die DIN EN ISO 9000:2008 ff. branchenneutral gestaltet ist, sind im Modell selber keine direkten Bezüge zu Bildungsdienstleistungen enthalten. Eine Bildungsinstitution, die die Stufe Committed to Excellence erreicht hat und von der EFQM dafür ausgezeichnet ist, hat zumindest den Beweis erbracht, dass sie sich selber nach den Kriterien des Modells bewertet und reflektiert und daraus Verbesserungsmaßnahmen abgeleitet und umgesetzt hat, die für die Kernaufgaben

des Unternehmens von Bedeutung sind. Ob sich diese Qualität entwickelnden Maßnahmen allerdings direkt oder nur indirekt mit Bildungsprozessen oder -dienstleistungen befassten, ist nach außen nicht sichtbar. Kann eine Bildungsorganisation aber auf eine Anerkennung der Stufe Recognized for Excellence verweisen, so ist davon auszugehen, dass ein umfassender Qualitätsentwicklungsprozess stattgefunden hat, der insbesondere die Kernleistungen einschließt. Die Bewertung der Prozesse (als Befähiger-Kriterien) und die Bewertung der kundenbezogenen Ergebnisse (als Ergebnis-Kriterium) machen zusammen 25 Prozent der Punkte aus.

Ansatzpunkte für die Förderung der Qualität in der Personalentwicklung
Das EFQM-Modell bietet Ansatzpunkte für die Förderung der Qualität in der Personalentwicklung

- sowohl durch die vielfältigen Möglichkeiten, Mitarbeiter an der Qualitätsentwicklung im Unternehmen zu beteiligen, als auch
- durch eine differenzierte Analyse der Mitarbeitersituation als Befähiger und als Ergebnis-Kriterien im Modell.

Die Beteiligung von Mitarbeitern bei der Analyse der Qualitätssituation des Unternehmens, bei der Selbstbewertung sowie bei der Umsetzung und Gestaltung von Verbesserungsmaßnahmen kann ein wesentlicher Teil personalentwicklerischer Aktivitäten sein. Andererseits sind in den Kriterien Mitarbeiter und mitarbeiterbezogene Ergebnisse zahlreiche Anhaltspunkte formuliert, die zu Personalentwicklungsmaßnahmen und deren Bewertung auf Wirksamkeit auffordern (wie oben bereits dargestellt). Aber auch in anderen Kriterien und Teilkriterien des Modells finden sich Bezüge zur Personalentwicklung. An dieser Stelle seien nur einige Beispiele nach dem Modell von 2003 dafür aufgelistet, da die deutsche Übersetzung bei Abgabe des Manuskriptes noch nicht vorlag: Kriterium 1 (Führung) d: Führungskräfteengagement für Mitarbeiter, Kriterium 2 (Politik und Strategie) a: Mitarbeiterbedüfnisse und Erwartungen einbringen, Kriterium 2 c: Bedürfnisse und Erwartungen ausgleichen, Kriterium 7a: Wahrnehmung der Organisation durch die Mitarbeiter usw. (EFQM 1999 bis 2003, S. 26).

Aktivitäten der Personalentwicklung werden in diesem Modell als zentraler Teil der Qualitätsentwicklung verstanden, da den Mitarbeitern eine große Bedeutung als zentraler Ressource des Unternehmens zugeschrieben wird. Sie ist deutlich mehr akzentuiert, als in der DIN EN ISO 9000:2008 ff.

2.2.3 Das LQW-Modell

Entstehung und Geschichte
Das Modell der lernerorientierten Qualitätstestierung in der Weiterbildung (LQW) wurde im Rahmen eines Modellversuchsprogramms *Lebenslanges Lernen* der Bund-Länder-Kommission in der Zeit von Oktober 2000 bis September 2002 entwickelt. Kern der Entwicklung waren das ArtSet Institut in Hannover sowie der Landesverband der Volkshochschulen Niedersachsens e.V. und das Deutsche Institut für Erwachsenenbildung (DIE) neben zahlreichen anderen Akteuren der Weiterbildungslandschaft. Seit Juni 2001 besteht die Möglichkeit, dass Weiterbildungsinstitutionen sich nach

diesem Modell testieren lassen. Seit Mai 2002 wurde über die Pilotphase hinaus in einer Kooperation von ArtSet Institut und DIE die Arbeit mit und an dem Modell ausgedehnt (Ehses/Zech 2002, S. 3).

Qualitätsphilosophie
Basis des Modells der lernerorientierten Qualitätstestierung in der Weiterbildung ist es, den Lernenden zum Ausgangspunkt für die Qualitätsentwicklung zu machen. Während die Modelle EFQM und DIN EN ISO 9000:2000ff. aus dem Bereich der produzierenden Wirtschaft kommen, konzentriert sich das LQW-Modell direkt auf die »ko-produktiven« Prozesse von Bildung. Zech macht in seinem Buch zum Modell (Zech 2006 b, S. 24ff.) den Unterschied zwischen »Qualität von Bildung« und der »Qualität der Organisation von Bedingungen von Bildung« deutlich. In diesem Sinne wird Bildung im Modell als Prozess mit drei Zielrichtungen verstanden: als Persönlichkeitsentwicklung, als sozialer Integrationsprozess und als fachlicher Qualifizierungsprozess. Als Prämissen des Modells werden die Kunden- bzw. Verbraucherorientierung, die Qualitätsentwicklung der Einrichtung und der Charakter als übergreifendes Modell für kleine und große Bildungseinrichtungen benannt (Zech 2004, S. 8). Die spezielle Verbaucherorientierung wird durch das Konzept des »gelungen Lernens« ins Modell eingebracht, das eine zentrale qualitätsentwicklerische Funktion einnimmt. Im Kontext der Entwicklung eines Leitbildes als Selbstbeschreibung der Organisation muss für die Testierungsfähigkeit eine Definition gelungenen Lernens entwickelt werden. »Die Erarbeitung der Definition gelungenen Lernens setzt nun einen Perspektivwechsel auf den Standpunkt der Lernenden voraus. Gleich zu Anfang des Qualitätsprozesses erarbeitet jede Organisation ihre spezifische Definition dessen, was im denkbar besten Fall durch die angebotene Bildungsarbeit für die Lernenden erreicht werden kann. Zu beachten ist, dass es sich bei der Definition um eine Idealvorstellung handeln soll, an der die Organisation ihre eigene Praxis ausrichtet. Die Definition gelungenen Lernens dient damit auch als »roter Faden« der gesamten Qualitätsentwicklung« (Zech 2006 a, S. 29).

Aufbau und Struktur des Modells
Qualitätsentwicklung und Qualitätstestierung nach dem LQW-Modell bestehen im Wesentlichen aus drei Hauptphasen (Abb. 5).

Die erste Phase ist die der Einführung, der Entwicklung des Leitbildes und der einrichtungsspezifischen Definition gelungenen Lernens sowie der Bearbeitung der Qualitätsbereiche des Modells. Sind diese bearbeitet und in einem Selbstreport dargelegt, wird dieser extern begutachtet. Die zweite Phase beginnt mit der Visitation, bei der die Auflagen des Gutachtens zum Selbstreport besprochen und geprüft werden sowie der Prozess der Qualitätsentwicklung reflektiert werden. In der dritten Phase schließlich werden in einem Abschlussworkshop zusammen mit dem/der Gutachter/in strategische Entwicklungsziele für die nächsten vier Jahre bis zur Retestierung vereinbart. Erst mit der Unterzeichnung durch Einrichtung und die Testierungsstelle bei ArtSet ist das Verfahren abgeschlossen.

```
┌─────────────────────────────────────────────────────────────┐
│  ┌──────────────────────────────────────┐  ┌───┐  ┌───────┐ │
│  │  ┌──────┐  2. Bedarfserschließung    │  │   │  │  11.  │ │
│  │  │  1.  │                             │  │   │  │Strate-│ │
│  │  │Leit- │  3. Schlüsselprozesse      │  │   │  │gische │ │
│  │  │bild  │                             │  │   │  │Entwick│ │
│  │  │ und  │  4. Lehr-Lern-Prozess      │  │   │  │lungs- │ │
│  │  │Defi- │                             │  │   │  │ziele  │ │
│  │  │nition│  5. Evaluation der          │  │   │  │       │ │
│  │  │gelun-│     Bildungsprozesse        │  │   │  │       │ │
│  │  │genen │                             │  │   │  │       │ │
│  │  │Ler-  │  6. Infrastruktur          │  │   │  │       │ │
│  │  │nens  │                             │  │   │  │       │ │
│  │  └──────┘  7. Führung                │  │   │  │       │ │
│  │                                        │  │   │  │       │ │
│  │            8. Personal                 │  │   │  │       │ │
│  │                                        │  │   │  │       │ │
│  │            9. Controlling              │  │   │  │       │ │
│  │                                        │  │   │  │       │ │
│  │           10. Kundenkommunikation      │  │   │  │       │ │
│  │                                        │  │   │  │       │ │
│  │        Ggf. optionaler Qualitätsbereich│  │   │  │       │ │
│  │                                        │  │Vis│  │Abschl.│ │
│  │            Selbstreport                │  │it.│  │Works. │ │
│  └──────────────────────────────────────┘  └───┘  └───────┘ │
└─────────────────────────────────────────────────────────────┘
```

Abb. 5: Die Hauptphasen der Qualitätstestierung nach LQW (Zech 2006 a, S. 13)

Zertifizierung und/oder externe Evaluation

Qualitätsentwicklung nach dem *LQW-Modell* beinhaltet sowohl Elemente der Selbstevaluation und -bewertung wie auch der Fremdbewertung, in einem sogenannten Testierungsverfahren. Durch die Erstellung des Selbstreportes entlang der im LQW-Leitfaden ausgewiesenen Qualitätsbereiche erarbeitet sich die Organisation ein systematisches und kritisches Bild ihrer Selbst. Dabei steht der Rückbezug zum Leitbild und der eigenen Definition gelungenen Lernens immer im Mittelpunkt. Durch die Begutachtung durch zwei unabhängige externe Fachleute erfährt die Organisation aber auch ein differenziertes Feedback zum eigenen Qualitätsprozess. Die Gutachten haben die Aufgabe einerseits Mindeststandards des Leitfadens zu prüfen (darüber wird im jeweiligen Prüfteil des Gutachtens berichtet) und andererseits in einem Kommentarteil Anregungen zur Weiterentwicklung zu geben sowie die Wahrnehmung der Gutachterinnen über die Qualitätsentwicklung zu spiegeln. Die Gutachten haben somit Prüf- und Beratungscharakter und sind von einer hohen Wertschätzung gegenüber den Bemühungen der Organisationen geprägt. Die Tatsache, dass das Testat erst nach Abschluss der Vereinbarung der strategischen Entwicklungsziele vergeben wird, hat die Funktion den Entwicklungsprozess in Gang zu halten. Diese vereinbarten Ziele sind zugleich prüfbarer Qualitätsbereich der nächsten Testierung nach vier Jahren. Es wird deutlich, dass auch hier, wie bei allen bisher geschilderten Modellen der PDCA-Zyklus Basis des gesamten Vorgehens ist.

Lernen als Anliegen des Modells

Wie aus den bis hierhin gemachten Ausführung schon deutlich geworden ist, ist Lernen das Kernanliegen des LQW-Modells. Nicht nur, dass es sich als systemisches Modell der lernenden Organisation versteht, entsprechende Lernschleifen auf der Organisationsebene konstruiert und die Definition gelungenen Lernens ins Zentrum stellt, sind Indizien dafür. In vielen der Qualitätsbereiche sind Anforderungen formuliert, die das Lernen der Bildungsteilnehmer, des Personals oder der Organisation ansprechen. An dieser Stelle können nur einige exemplarisch genannt werden. In der Bedarfserschließung beispielsweise ist verankert, dass aus Analysen auch Konsequenzen hinsichtlich Veränderungen gezogen werden müssen. Im Qualitätsbereich Lehr-Lern-Prozess ist festgeschrieben, dass Arbeitsformen und Methoden zur Förderung individueller Lernprozesse ebenso beschrieben sein müssen wie die Indikatoren, an denen die Organisation gelungenes Lernen feststellen kann. Insgesamt bietet das LQW-Modell vielfältige Hilfen, einen Lernprozess in der Organisation in Gang zu bringen und dabei immer die Lernenden im Fokus zu haben.

Aussagekraft für die Beurteilung eines Bildungsdienstleisters oder einer Bildungsdienstleistung

Ein Testat nach dem LQW-Modell bestätigt, dass in der Einrichtung die Grundlagen für organisationales Lernen ebenso gelegt sind wie eine Selbstverständigung über gelungenes Lernen von Bildungsteilnehmern. Im Rahmen des LQW-Modells werden jedoch genau wie bei den anderen beschriebenen Modellen keine einzelnen Bildungsangebote geprüft. Allerdings bietet die Testierungsstelle von ArtSet neben der LQW-Testierung noch eine Testierung von Bildungsangeboten an, die über ein Schwesterprodukt, die lernerorientierte Qualitätstestierung für Bildungsveranstaltungen, realisiert werden kann. Dies beinhaltet aber ein separates Verfahren für jedes Bildungsangebot und ist nicht im LQW-Testat eingeschlossen.

Ansatzpunkte für die Förderung der Qualität in der Personalentwicklung

Personalentwicklung ist Gegenstand des LQW-Modells in Bezug auf das Bildungspersonal des Trägers von Weiterbildung. Ansatzpunkte für die Qualität in der Personalentwicklung innerhalb von Wirtschafts- oder Non-Profit-Unternehmen außerhalb der Bildungsbranche bietet das Modell nicht, da es als Branchenmodell für die Weiterbildung konzipiert ist. Es wäre jedoch durchaus denkbar, wenn Personalentwicklung als Bildungsprozess innerhalb oder für ein Unternehmen verstanden wird, die Personalentwicklung eines Unternehmens nach diesem Modell zu entwickeln und zu testieren.

2.3 Europäische Ansätze der Qualitätsentwicklung in der beruflichen Bildung

2.3.1 Europäische Anforderungen an Qualität in der beruflichen Bildung und der »Gemeinsame Bezugsrahmen für die Qualitätssicherung« für die berufliche Bildung in Europa (CQAF – Common Quality Assurance Framework)

Den Ausgangspunkt für die Entwicklung einer europaweiten Debatte über die Qualität der beruflichen Bildung bildet die Lissabon-Strategie von 2000 mit dem Ziel, bis 2010 die EU »zum wettbewerbsfähigsten und dynamischsten wissensbasierten Wirtschaftsraum der Welt zu machen – einem Wirtschaftsraum, der fähig ist, ein dauerhaftes Wirtschaftswachstum mit mehr und besseren Arbeitsplätzen und einem größeren sozialen Zusammenhalt« zu schaffen (Europäische Kommission 2003). In einer Folgekonferenz im März 2001 legte der Europäische Rat zentrale Ziele für die Systeme der allgemeinen und beruflichen Bildung fest. Sie lauteten: »Qualität, Zugänglichkeit und Öffnung gegenüber der Welt« (SCADplus 2007 a). Unter anderem wurden dabei Ziele für europäische Grundsätze zur Anerkennung von Kompetenzen vereinbart. Dem folgte der Kopenhagen-Prozess (2002), in dem vereinbart wurde, die europäische Zusammenarbeit in der beruflichen Bildung zu verstärken. Prioritäten dabei sind:

- Stärkung der europäischen Dimension der beruflichen Bildung,
- Verbesserung der Information, Transparenz und Beratung,
- Anerkennung von Kompetenzen und Qualifikationen und die
- Qualitätssicherung (Refernet 2007).

Die für die Personalentwicklung relevanten Aspekte hierbei sind vor allem die Bereiche europäischer Anerkennungssysteme in der beruflichen Bildung sowie die Qualitätsentwicklung. Andere Aspekte werden im Folgenden vernachlässigt.

So enthält die 2001 veröffentlichte Mitteilung der Komission über die Schaffung eines europäischen Raumes des lebenslangen Lernens (Europäische Kommission 2001) unter anderem Forderungen zur Schaffung von Mechanismen für Bewertung und Qualitätskontrolle sowie für die Entwicklung von Bewertungssystemen des Lernens und Anerkennungsverfahren formalen und nicht-formalen Lernens (SCADplus 2007 b). Zur Umsetzung des Kopenhagen-Prozesses wurden Arbeitsgruppen, unter anderem zum Thema Qualitätsssicherung eingesetzt.

Laut dem Zwischenbericht »Allgemeine und berufliche Bildung 2010« (Europäische Kommission 2002) und der Folgekonferenz zum Kopenhagen-Prozess 2004 in Maastricht wurden Schwerpunkte für Reformen festgelegt. Ein Ergebnis ist das daraus entstandene Papier der Facharbeitsgruppe »Qualität in der Berufsausbildung: Grundlagen eines ›Gemeinsamen Bezugsrahmens für die Qualitätsssicherung‹ für die berufliche Bildung der EU Kommission von 2004 (CQAF) (Common Quality Assurance Framework)« (Europäische Kommission 2005). Der vereinbarte gemeinsame Rahmen greift auf die Logik des EFQM-Modells zurück, das den Zyklus von Vorgehen, Umsetzung und Bewertung und Überprüfung als Basis für die Erreichung excellenter Ergebnisse ansieht (Abb. 6).

Die RADAR-Systematik des EFQM-Modells

- mit Informationen planen (**Results > Approach**)
- Planungen umsetzen (**Deployment**)
- Informationen sammeln/aufbereiten (**Assess**)
- Informationen auswerten/nutzen (**Review**)

Abb. 6: Die RADAR-Systematik des EFQM-Modells als Basis für die Diskussion um Qualität in der beruflichen Bildung in der EU (Europäische Kommission 2005, CQAF)

In der europäischen Perspektive muss die Qualitätsentwicklung auf der Systemebene verbunden werden mit Selbstbewertungen und externen Evaluationen, die zugleich ein Überwachungssystem darstellen. Diese Verfahren müssen auf Makro-, Meso- und Mikroebene installiert werden, damit ein konsistentes Gesamt-Qualitätssystem entsteht (Abb. 7).

Die Grundlagen des gemeinsamen Bezugsrahmens geben dabei zu jedem Bereich Schlüsselfragen und Qualitätskriterien auf der System- und auf der Anbieterseite an. Da dieses System sich an bestehenden QM-Modellen orientiert, ist es für die Berufsbildungspraxis mit etablierten Modellen kompatibel. In Ergänzung zu gängigen Modellen tritt das Merkmal Methodik hinzu, um über diesen Weg die Herangehensweise an die Qualitätsentwicklung nicht festzulegen aber zugleich deutlich zu machen, dass es systematisches methodisches Vorgehen braucht. Zu europapolitschen Zielen des Lissabon-Prozesses werden die Bezüge durch die Formulierung von Indikatoren hergestellt. So zielen diese auf die Aspekte Beschäftigungsfähigkeit, Zugang zu Berufsbildung und Abstimmung von Angebot und Nachfrage ab. Mit diesen Indikatoren werden europaweite Vergleichsmaßstäbe definiert. Dabei fällt auf, dass diese Indikatoren ausschließlich an groben quantitativ statistisch erfassbaren Aspekten ausgerichtet sind. Qualitative und feiner operationalisierte Faktoren in Bezug auf die Zielgrößen werden bei den Qualitätsindikatoren nicht einbezogen. Es fällt auf, dass der Lehr-Lernprozess wenig in den Blick genommen wird. Mit dem Kommuniqué von Helsinki (vom Dezember 2006) werden diese Qualitäts-Impulse verstärkt und weitergehende Vereinbarungen zur Entwicklung der europäischen Angleichung in der Berufsbildung vereinbart (Europäische Kommission 2006).

Abb. 7: Ebenen und Abläufe der Qualitätsentwicklung in der beruflichen Bildung nach EU-Vorgaben (eigener Entwurf anhand des Papiers: Europäische Kommission, 2005)

2.3.2 EQR und Europäisches Kreditpunktesystem

Mit dem Helsinki-Kommuniqué wurden gleichzeitig auch wichtige Schritte bei der Schaffung von gemeinsamen Instrumenten für die Anerkennung von beruflichen Bildungsergebnissen gemacht. Dazu gehören die folgenden Instrumente:
- ein Europäisches Leistungspunktesystem für die berufliche Bildung (ECVET),
- die Nutzung des europäischen Netzes für die Qualitätssicherung in der beruflichen Bildung (ENQA-VET),
- die Entwicklung und Erprobung eines Europäischen Qualifikationsrahmens (EQR),
- der Entwicklung und Einordnung nationaler Qualifikationssysteme oder nationaler Qualifikationsrahmen (NQR) in den Europäischen Qualifikationsrahmen (EQR) sowie
- der Weiterentwicklung des *Europapass*.

Mit dem System der Leistungspunkte wird ein Instrument entwickelt, dass – vergleichbar dem System der ETCS-Punkte im Hochschulwesen – für die berufliche Bildung als wechselseitiger Anerkennungsrahmen fungieren soll. Mit dem EQR sollen auf der Grundlage von Lernergebnissen ein ausgewogenes Verhältnis und bessere Verknüpfungen zwischen den Bereichen der beruflichen Bildung und der Hochschulbildung entstehen und somit Übergänge erleichtert werden. Aktuell findet in den Einzelstaaten der Abstimmungsprozesse statt, um eine Weiterführung des

Europäischen Rahmens in einen nationalen Qualifikationsrahmen zu gestalten. Mit dieser Entwicklung soll der Trend gestärkt werden, die beruflichen Qualifikationen in Form von Kompetenznachweisen transparent und dokumentierbar und innerhalb Europas international anerkennungsfähig zu machen.

2.3.3 Europass

Dazu trägt auch der so genannte Europass bei. Mit diesem Instrument können im In- und Ausland gemachte Erfahrungen dokumentiert und dargestellt werden. Dabei vermittelt er ein umfassendes Bild der Qualifikationen und Kompetenzen einer Person und erleichtert die Vergleichbarkeit innerhalb Europas. Der Europass besteht aus folgenden Komponenten: dem Europass Lebenslauf, dem Europass Sprachenpass, dem Europass Mobilität, dem Europass Diplomzusatz und dem Europass Zeugniserläuterung.

2.3.4 Folgerungen für die Qualitätsentwicklung in der beruflichen (Weiter-)Bildung – Zusammengefasste Ziele der QS

Die aufgezeigten Entwicklungen führen auf nationaler Ebene zu einer höheren Rechenschaftspflicht und zu Verbesserungen in den Bildungs- und Berufsbildungssystemen, zu mehr Effizienz und Transparenz der Angebote auf allen Ebenen und sie tragen dazu bei, die Transparenz und Konsistenz bei den Qualitätssicherungsansätzen zu steigern. Dies ist dadurch möglich, dass europaweit die Qualitätssicherungsgrundsätze in Verbindung mit dem EQR weiterentwickelt werden. Diese Grundsätze lassen sich wie folgt zusammenfassen:

- Qualitätssicherung ist nationale Angelegenheit,
- Zuständig für die Qualitätssicherung sind immer die Bildungs- und Berufsbildungsanbieter,
- Qualitätssicherung muss auf allen Ebenen der Bildungs- und Berufsbildungssysteme geschehen,
- Qualitätssicherung ist integrierter Bestandteil der internen Verwaltung von Bildungs- und Berufsbildungseinrichtungen,
- regelmäßige Evaluierung von Einrichtungen und Programmen durch externe Prüforgane oder -stellen werden verbindlich,
- Qualitätssicherung umfasst die Dimensionen Kontext, Input, Prozess und Output, mit dem Schwerpunkt auf Output- und Lernergebnissen,
- die Koordinierung von Qualitätssicherungsinitiativen auf internationaler, nationaler und regionaler Ebene vollzieht sich als kooperativer Prozess.

Qualitätsgesicherte Systeme die sich am CQAF ausrichten, in den EQR eingegliedert sind und mit dem Europass dokumentiert sind, sollten demnach zukünftig folgende Elemente enthalten:

- klare und messbare Ziele und Standards,
- Leitlinien für die Umsetzung unter Beteiligung der Akteure,
- geeignete Ressourcen,

- konsistente Evaluierungsmethoden, die Selbstbewertung und externe Prüfung umfassen,
- Feedbackmechanismen und Verfahren zur Verbesserung,
- leicht zugängliche Evaluierungsergebnisse.

2.4 Veränderte Rahmenbedingungen durch die Hartz-Gesetze

Entstehung und Geschichte

Mit den Reformen am Arbeitsmarkt durch die so genannten *Hartz-Reform* in den Jahren 2002 bis 2005 wurden auch Rahmenbedingungen für den Bereich der beruflichen Weiterbildung insofern verändert, als die durch die Agentur für Arbeit nach dem SGB III grundsätzlich förderfähigen Maßnahmen der beruflichen Weiterbildung mit neuen Regelungen zur Qualitätssicherung und zum Zugang von Menschen in diese Maßnahmen überzogen wurden. Diese gelten seit den zum 01.01.2003 in Kraft getretenen SGB III-Änderungen. Sowohl durch die Festlegung von Anspruchsgrundlagen für Leistungsempfänger als auch durch die Definition von Rahmenbedingungen für die Leistungserbringung werden politisch die Bedingungen der Qualitätssicherung umrissen.

Nach § 77 Abs. 1 SGB III kann berufliche Weiterbildung für Arbeitnehmer durch die Bundesagentur für Arbeit gefördert werden, »wenn 1. die Weiterbildung notwendig ist, um sie bei Arbeitslosigkeit beruflich einzugliedern, eine ihnen drohende Arbeitslosigkeit abzuwenden oder weil bei ihnen wegen fehlenden Berufsabschlusses die Notwendigkeit der Weiterbildung anerkannt ist, 2. vor Beginn der Teilnahme eine Beratung durch die Agentur für Arbeit erfolgt ist und 3. die Maßnahme und der Träger der Maßnahme für die Förderung zugelassen sind« (§ 77 Abs. 1 SGB III). In Abs. 4 wird dann die Vergabe von *Bildungsgutscheinen* geregelt: »Dem Arbeitnehmer wird das Vorliegen der Voraussetzungen für eine Förderung bescheinigt (Bildungsgutschein). Der Bildungsgutschein kann zeitlich befristet sowie regional und auf bestimmte Bildungsziele beschränkt werden. Der vom Arbeitnehmer ausgewählte Träger hat der Agentur für Arbeit den Bildungsgutschein vor Beginn der Maßnahme vorzulegen« (§ 77 Abs. 4 SGB III). Mit diesem Instrument wird der Leistungsempfänger auf dem Markt der Bildungsanbieter zu einem in Teilen souverän entscheidenden Kunden und sucht sich seine Weiterbildung selber aus. Vorgegeben sind jedoch Ziel und Dauer der Maßnahmen sowie der regionale Bereich für den der Gutschein gültig ist.

Auf der Seite der Anbieter beruflicher Bildung führte dieses neue Verfahren dazu, dass keine Maßnahmeplanungen mehr zwischen örtlicher Arbeitsverwaltung und Bildungsträger stattfindet, sondern im Rahmen einer von der Agentur für Arbeit vor Ort erstellten Gesamtbildungsplanung unterschiedliche Anbieter mit Angeboten auf den Markt gehen können und um Teilnehmer konkurrieren müssen. Jedoch kann nicht jeder Weiterbildungsanbieter auf diesen Markt. Zuvor muss er die Vorgaben der §§ 84–86 SGB III sowie der damit verbundenen Rechtsverordnung AZWV erfüllen, die im Folgenden erläutert werden.

Qualitätsphilosophie

Das SGB III in der neuen Fassung enthält bezüglich der Förderung beruflicher Weiterbildung im § 84 unter der Überschrift »Anforderungen an Träger« die Formulierung: »Zugelassen für die Förderung sind Träger, bei denen eine fachkundige Stelle festgestellt hat, dass« [...] (Abs. 4) »der Träger ein System zur Sicherung der Qualität anwendet.« Weiter wird in § 85 ausgeführt, unter welchen Aspekten nicht nur die Träger von Maßnahmen durch eine fachkundige Stelle zu begutachten sind, sondern auch die einzelne Maßnahme beurteilt werden soll. Hiernach sollen sowohl Inhalte als auch Methoden und Materialien der Maßnahmen, die Teilnahmebedingungen und das zu erzielende Zeugnis begutachtet werden. Darüber hinaus soll diese fachkundige Stelle die arbeitsmarktpolitische Zweckmäßigkeit, die Wirtschaftlichkeit, Sparsamkeit und die Angemessenheit der Dauer und der Kosten der Maßnahmen beurteilen.

So wird im aktuellen SGB III von Qualitätsprüfung und -sicherung, nicht von -entwicklung, gesprochen. Genauso wie in der alten Fassung des SGB III gibt es im § 86 der Neufassung die Hinweise, dass die Bundesagentur für Arbeit nicht nur die Ergebnisse von Maßnahmen überwacht (§ 86 Abs. 3) und in den *Eingliederungsbilanzen* abbildet, sondern dass jeweils mit dem Träger von Maßnahmen nach deren Abschluss eine gemeinsame Bilanz zu erstellen ist. Lediglich im § 86 Abs. 1 Satz 2 wird auf den Aspekt der Qualitätsprüfung im Verlaufe der Maßnahmen durch die Agentur für Arbeit hingewiesen. Die Ergebnisse dieser Prüfungen müssen den Zertifizierungsgesellschaften zugänglich gemacht werden und diese sind frei, mit den Trägern Vereinbarungen über die Überprüfung während laufender Maßnahmen zu machen. In diesen Regelungen steckt das Potenzial für eine ernsthafte Beobachtung auch der Prozessqualität, ohne jedoch hierfür Maßstäbe festzulegen.

In der Begründung des § 84 SGB III in der Entwurfsfassung des Gesetzes vom 05.11.2002 wurde dargelegt, dass man mit der Neuregelung der Zulassung von Trägern und Maßnahmen durch eine fachkundige Stelle den Wettbewerb unter den Anbietern verstärken will, indem jeder Bildungsträger seine Maßnahmen von diesen unabhängigen Stellen zertifizieren lassen kann.

Das Gesetz ließ offen, wer die externe Testierung vornehmen soll und verlagerte diese Entscheidung auf eine Rechtsverordnung, die seit dem 01.07.2004 in Kraft ist. In dieser heißt es, dass ein System zur Sicherung der Qualität vorliegt, »wenn ein den anerkannten Regeln der Technik entsprechendes systematisches Instrument zur Qualitätssicherung und Qualitätsentwicklung dokumentiert, wirksam angewendet und dessen Wirksamkeit ständig verbessert wird.« (BMWA 2004: § 8 Abs. 4) Neben der Prüfung des Qualitätsmanagementsystems werden Referenzmaßnahmen geprüft, um so eine Einzelprüfung jeder Maßnahme zu vermeiden. In dieser Verordnung werden Kriterien dargelegt, nach denen die Qualität der Träger und ihrer Maßnahmen zu prüfen ist. Ein Anerkennungsbeirat hat diese Kriterien durch Empfehlungen inzwischen konkretisiert. Neben den schon im Gesetz genannten Aspekten werden in der Verordnung insbesondere Aspekte konkretisiert, die die arbeitsmarktpolitische Einbindung des Trägers und diesbezügliche Erfolgsaussichten der Maßnahmen betonen. Eine inhaltliche Konkretisierung erfährt die Verordnung fortlaufend durch die vom *Anerkennungsbeirat* (der bei der Bundesagentur für Arbeit in Nürnberg angesiedelt ist) ausgesprochenen Empfehlungen und Feststellungen, die – wie die AZWV – ebenfalls Verbindlichkeitscharakter besitzen. Die so entstehenden Modifizierungen der rechtlichen oder normativen Grundlagen – insbesondere der AZWV und der Empfehlungen des Anerkennungsbeirats – können dazu führen, dass sich die Anforderungen an die fachkundigen Stellen beziehungsweise Bildungsträger und -maßnahmen ändern. Diese sind verpflichtet, diese Änderungen zu beachten und schnellstmöglich umzusetzen (Bundesagentur für Arbeit 2007).

Aufbau und Struktur des Modells
Eine eigene Modellstruktur für die Prüfung und Sicherung der Qualität der Weiterbildung liegt dem AZWV-Ansatz nicht zugrunde, da jedes auf dem Markt befindliche Modell grundsätzlich anwendbar bleibt und die Qualität zertifizierbar ist, sofern der Bildungsträger die Anforderungen des Gesetzes, der Rechtsverordnung und der Empfehlungen erfüllt.

Zertifizierung und/oder externe Evaluation
Die Bundesagentur für Arbeit mit ihrer Zentrale in Nürnberg trägt die Anerkennungsstelle, die die Zertifizierungsstellen als »fachkundige Stellen« bezeichnet- zulässt. Bildungsträger werden nicht auf ein bestimmtes Qualitätsmanagementsystem nach einem der oben beschriebenen Modelle festgelegt. Dies spiegelt sich auch in den bisher veröffentlichten Empfehlungen wider (Bundesagentur für Arbeit, Anerkennungsbeirat 2007). Betrachtet man allerdings die Liste der bisher zugelassenen fachkundigen Stellen, so wird schnell deutlich, dass hier insbesondere Zertifizierer mit einer deutlichen Ausrichtung an der DIN EN ISO 9000:2008 tätig sind. Diese Entwicklung wird dadurch gestärkt, dass die fachkundigen Stellen Zertifizierungsauditoren vorhalten müssen, die die Anforderungen an Auditoren nach der DIN 19011 erfüllen und damit in der Regel zumindest selber im Bereich DIN EN ISO 9000:2005 ausgebildet sind (Bundesagentur für Arbeit, Fachkundige Stellen 2007).

Lernen als Anliegen des Modells
Sowohl in der gesetzlichen Grundlage der Zertifizierungsvorgaben der §§ 84 – 86 SGB III als auch in der Rechtsverordnung AZWV finden sich Regelungen zur Qualitätsprüfung von einzelnen Bildungsmaßnahmen. Diese im § 9 der AZWV ausgeführten Bestimmungen im Einzelnen hier zu referieren, würde den Rahmen sprengen. In der Summe lässt sich jedoch feststellen, dass struktur- und ergebnisbezogene Aspekte der Qualität im Fokus stehen. Auf ein Verständnis von Lehr-Lern-Prozessen und deren Gestaltung wird kein Bezug genommen. In den Empfehlungen hingegen werden einige Punkte in dieser Hinsicht konkretisiert. So werden z.B. Dokumentationen über das Konzept der Lernerfolgskontrolle sowie über das methodisch-didaktische Konzept gefordert. Festlegungen über die Art- und Weise der Ausgestaltung dieser Vorgabe finden sich aber auch hier nicht.

Aussagekraft für die Beurteilung eines Bildungsdienstleisters oder einer Bildungsdienstleistung
Aufgrund der Zertifizierung durch die von der Bundesagentur zugelassenen fachkundigen Stellen, kann davon ausgegangen werden, dass die Bildungsanbieter zumindest ein schlüssiges Konzept der Arbeitsmarktrelevanz ihrer Bildungsmaßnahmen nachgewiesen haben, über ein – meist an den Vorgaben der DIN EN ISO 9001:2008

orientiertes – Qualitätsmanagementsystem verfügen und schlüssige Dokumentationsvorgänge zur Unterrichtsgestaltung sowie zu Praktika nachgewiesen haben. Aspekte der personalen Entwicklung der Bildungsteilnehmer sind dabei nicht im Blick.

Ansatzpunkte für die Förderung der Qualität in der Personalentwicklung
Für den Bereich der Personalentwicklung dürfte es im Wesentlichen bei der Neueinstellung von Mitarbeitern eine Rolle spielen, Qualitätsaspekte nach der AZWV bewerten zu können. Inwiefern Personen nach SGB III-Bildungsmaßnahmen den spezifischen betrieblichen Anforderungen gerecht werden, kann nur bei genauer inhaltlicher Analyse der durchlaufenen Lehrgänge ermittelt werden. Gleiches gilt, sollten im Rahmen von Umstrukturierungen AZWV-geprüfte Maßnahmen individuell zur Vermeidung von Arbeitslosigkeit in Frage kommen. Eine Zertifizierng betrieblicher Bildungsmaßnahmen scheint nach der AZWV wenig sinnvoll, es sei denn, eine Bildungsabteilung eines Unternehmens will zugleich als Bildungsanbieter auf dem SGB III-Markt auftreten.

2.5 Hilfestellung für eine souveräne Bildungsentscheidung

Angesichts der unterschiedlichen Systeme zur Sicherung, Entwicklung und zum Management von Qualität in der Weiterbildung kommt einer Einordnung und Einschätzung existierender Qualitätsmanagementsysteme der Weiterbildungseinrichtungen eine erhebliche Bedeutung zu und damit der Frage, in welchem Umfang die unterschiedlichen Ansätze eine Hilfestellung für eine souveräne *Bildungsentscheidung* des Verbrauchers bzw. für die Personalentwicklung geben können. Da der Einsatz eines Qualitätssicherungssystems allein die Produktqualität der Angebote aus Nachfragersicht nicht zwingend garantieren kann, ist zu fragen, wie stark das jeweilige Qualitätssicherungssystem das Ziel verfolgt, die Anforderungen des Lernenden ins Zentrum der Qualitätsbemühungen zu stellen. Aus Unternehmenssicht stellt sich die Frage, welches Qualitätsmanagementsystem welchen Beitrag für eine sinnvolle Personalentwicklung leistet. Bei der Betrachtung des Marktes »Qualitätsmanagementsysteme« sind sicher an erster Stelle die aus dem Bereich der ISO-Norm stammenden und das Qualitätsmanagement entsprechend dem Konzept der European Foundation for Quality Management (EFQM) zu nennen. Auch das im Rahmen eines Bund-Länder-Projektes entwickelte Modell zur lernerorientierten Qualitätstestierung, das LQW, ist als bundesweit relevantes System im Weiterbildungsmarkt von hoher Bedeutung. Letztliche Gewissheit über die Qualität einer Weiterbildung ist über die Qualitätsmanagementmodelle und deren Zertifizierung oder Ähnliches weder für die Personalentwicklung noch für den einzelnen Verbraucher im Vorhinein zu ermitteln. Als personenbezogene Dienstleistung hängt die Qualität immer auch von der Ko-Produktion mit dem Lernenden ab. Ansätze wie der Weiterbildungstest von Stiftung Warentest oder Rankings auf der Basis von Teilnehmenden-Befragungen, wie sie im Hochschulbereich oder bei Sprachschulen im internationalen Bereich inzwischen üblich sind, geben weitere Hinweise.

3 Ziel des Einsatzes von Qualitätssystemen in der Personalentwicklung

Qualitätssysteme in der Weiterbildung und Qualitätssysteme in der Personalentwicklung lassen sich hinsichtlich der Beurteilung ihres Nutzens nicht unmittelbar vergleichen. Ein QM-System in der Personalentwicklung sollte immer eng mit dem QM-System des Unternehmens als Ganzem verbunden sein. Würde es isoliert entwickelt werden, so wäre es vermutlich an vielen Stellen nicht zu den Schnittstellen zum sonstigen Unternehmensaufbau und -ablauf kompatibel. Personalentwicklung ist so eng mit strategischen Entscheidungen des Gesamtunternehmens verbunden, dass hier ein besonderes Augenmerk auf eine ganzheitliche Systemsteuerung gelegt werden sollte. Sowohl in der DIN EN ISO 9001:2008 sind wichtige Qualitätsaspekte hinsichtlich der Personalentwicklung angesprochen, wenn es um das Management der personellen Ressourcen geht, als auch im Modell der EFQM, wo den Mitarbeitern ein eigenständiges Qualitätskriterium auf der Befähiger-Seite und den mitarbeiterbezogenen Ergebnissen auf der Ergebnisse-Seite gewidmet ist. Bei einer Qualitätsarbeit mit diesen beiden Ansätzen muss die Personalentwicklung integraler Bestandteil der Systeme sein. Eine Insellösung für die Personalentwicklung müsste an den Grenzen und Schnittstellen zum restlichen Unternehmen scheitern, wenn diese kein Qualitätssystem oder ein grundlegend anderes Qualitätssystem führen, als die Personalentwicklung. Lediglich beim Modell LQW stellt sich die Situation anders dar. Als speziell auf die Weiterbildung ausgerichtetes Modell, lässt sich dieses unabhängig vom restlichen Unternehmen in der Personalentwicklung etablieren.

4 Kritische Betrachtung des Einsatzes von Qualitätssystemen aus Verbrauchersicht

Eines der wesentlichen Anliegen der Personalentwicklung und der Verbraucher ist die Transparenz hinsichtlich der Qualität beim Einkauf von Weiterbildungsdienstleistungen. Aus Sicht des Anbieters von Weiterbildung betrachtet, dienen Qualitätssysteme als Entscheidungshilfe. Das Individuum nutzt die Aussagekraft der Qualitätssysteme, um eine qualitätsorientierte Weiterbildung zu wählen. Somit könnte der Nutzen in der Orientierungshilfe bei der Suche nach dem entsprechenden Weiterbildungsanbieter bzw. Weiterbildungsangebot liegen. Neben dieser Orientierungshilfe für Entscheidungen, sollen Qualitätssysteme auch für mehr Transparenz auf dem Weiterbildungsmarkt sorgen. Es bleibt die Frage zu klären, inwiefern die Anwendung von Qualitätsmanagementsystemen den Nachfragern nach Weiterbildung hilft, eine souveräne und abgesicherte Auswahlentscheidung zu treffen.

In der Regel verfügt kein individueller Nachfrager über ausgedehnte Kenntnisse bezüglich der Qualitätssysteme. Ein hoher Wissensstand wird diesbezüglich notwendig, wie die Darstellung der oben genannten QM-Ansätze deutlich gemacht hat. Für einen einzelnen Verbraucher ist dieser Markt zu undurchsichtig, als dass eine Information über das verwendete QM-System ihm bei der Wahl seines Weiterbildungsanbieters bzw. Weiterbildungsangebotes sinnvoll nutzen könnte. Die persönlichen Ziele, die individuellen Lernvoraussetzungen und vorhandenen Kompetenzen lassen sich aufgrund von Aussagen über ein QM-System nicht mit einem Angebot abgleichen.

Das Vorhandensein eines anerkannten oder zertifizierten QM-Systems kann dem Bildungsinteressenten und der Personalentwicklung aber wichtige Hinweise darauf geben, ob die Lehr-Lernangebote unter gesicherten konstanten Bedingungen stattfinden. Die prognostische Wirkung eines solchen QM-Systems hinsichtlich der Tatsache, dass gemachte Positiverfahrungen sich wiederholen könnten, kann dann als gegeben betrachtet werden.

Durch die Buntheit des Marktes der QM-Systeme kann insgesamt – weder gegenüber dem einzelnen Verbraucher noch gegenüber der Personalentwicklung – von Kundenfreundlichkeit im Gesamtsystem gesprochen werden. Zu viele Qualitätssysteme, die Anwendung finden, machen es selbst Experten nicht einfach, die gewünschten Informationen über den Aussagegehalt z.B. eines Zertifikates zu erhalten. Die notwendigen Recherchen sind zeitintensiv und aufwendig. Eine Vereinheitlichung ist aber nicht in Sicht, da auch in diesem Sektor der Wettbewerb der Modellanbieter den Markt steuert.

5 Praxisbeispiel: Qualitätssysteme in der Personalentwicklung der Automobilzulieferindustrie

Zahlreiche Qualitätssysteme finden in der Personalentwicklung Anwendung. Gerade in den letzten Jahren hat der Einsatz von Instrumenten der Qualitätsmessung stark zugenommen. Damit ist oftmals der Wunsch verbunden, Kriterien der Personalentwicklung messbar zu machen. Die Instrumente können durchaus die so genannten weichen Faktoren in Zahlen ausdrücken. Doch was genau sagen uns dann diese Werte und welchen Nutzen haben sie? (Ruschel 1995, S. 297 ff.)

Schauen wir uns einmal den Fall einer Personalentwicklung aus der Automobilzulieferindustrie an. Entsprechend den Vorgaben von Seiten der Kunden, kam die Anforderung, die Personalentwicklung an der DIN ISO 16949 auszurichten. Das bedeutete zum einen, die Struktur entsprechend der Vorgaben zu definieren und Teilarbeitsschritte festzulegen. Zahlreiche Dokumente mussten aufgestellt und auf dem aktuellen Stand gehalten werden, was die Mitarbeiter und ihre Aktivitäten hinsichtlich ihrer Entwicklung anbelangt. Regelmäßige Auditierungen sorgen für die Sicherung des Qualitätsstandards, der damit verbunden sein soll.

In der Regel sind Automobilzulieferer nicht nur für einen Automobilhersteller tätig. Daraus leitet sich der Bedarf ab, auf den Kunden zugeschnittene Lösungen zu liefern. Für die Personalentwicklung bedeutet dies, die Dokumentationsstruktur je nach Anforderungen des einzelnen Kunden und dessen Qualitätssystem ausführen zu müssen. Für die Mitarbeiter eines Unternehmens kann dann nicht etwa die gleiche Erfassung ihrer Entwicklungsaktivitäten herangezogen werden. Je nachdem für welches Kundenprojekt sich die Mitarbeiter im Einsatz befinden, muss ihre Personalakte im Bereich ihrer Weiterbildung und Entwicklung aufbereitet sein. Es kommt natürlich auch vor, dass der einzelne in verschiedenen Projekten unterschiedlicher Hersteller involviert ist, sodass seine Unterlagen demnach in mehreren Fassungen vorliegen müssen. Mit welchem Zusatzaufwand dies einhergeht, scheint ersichtlich. Dazu kommt, dass die Software im Bereich Personalentwicklung, insofern vorhanden, auf die innerbetrieblichen Bedürfnisse ausgerichtet ist. So müssen nicht selten die von der ISO Norm abverlangten Daten manuell gepflegt werden. Steht dieser extreme Aufwand noch in einem gesunden Verhältnis zu dem Nutzen, der daraus hervorgeht?

Selbstverständlich sind mit der Einführung von Qualitätssystemen in der Personalentwicklung Vorteile verbunden. So muss z.B. eine übersichtliche Struktur dargestellt und eingehalten werden. Die Dokumentationsform ist an der Struktur ausgerichtet und übersichtlich. Darüber hinaus sind die mitarbeiterbezogenen Daten auf dem neusten Stand und ständig verfügbar. Doch die Frage, die sich an dieser Stelle stellt, ist die, ob das nicht auch ohne Einführung eines Qualitätssystems geht.

Diese Frage muss immer fallbezogen beantwortet werden. Hat eine Personalentwicklung ein durchgängiges Konzept, das durch eine Software unterstützt und auf dem aktuellen Stand gehalten wird, ist die Einführung und Anwendung von Qualitätssystemen oft nur formaler Mehraufwand, der betrieben wird, um den Kunden zufriedenzustellen. Doch zusätzlicher Nutzen lässt sich oftmals nicht daraus ableiten, vor allem dann nicht, wenn die nach Vorschrift erforderlichen Dokumente nur für die Auditierung erstellt und danach nicht weiter genutzt werden.

Qualitätssysteme sind formale Werkzeuge. Sollen sie in der Personalentwicklung Anwendung finden, sollte unbedingt darauf geachtet werden, dass sie an das bestehende Konzept angelehnt und entsprechend existierender Dokumentations- und Berichtsformen ausgerichtet werden, denn nur dann, wenn sie keinen extremen Mehraufwand verursachen und ihre Kosten zu dem stiftenden Nutzen in einem gesundem Verhältnis stehen, kann davon ausgegangen werden, dass sie auch gelebt werden. Nur Instrumente, die in der Praxis gelebt werden (können) sind auch von Dauer. Noch ist unklar, welche Qualitätssysteme sich in der Personalentwicklung selbst durchsetzen können. Zur Auswahl von externen Anbietern einzelner Bildungs- und Förderungsinstrumente sind Qualitätsmerkmale jedenfalls unverzichtbar.

Anhang: Qualitätsmanagementsysteme

Bezeichnung des QM-Systems	Bremer Modell	DVWO-Qualitätsmodell	ISO/IEC 19796-1	Qualitätsentwicklungssystem QESplus	Qualitätsstandard BQM	QM-Stufen-Modell nach PAS 1037	QVB (Qualitätsentwicklung im Verbund von Bildungseinrichtungen)	ZFU (Staatliche Zentralstelle für Fernunterricht)
Inhaber/Anbieter/Entwickler	Senator für Bildung und Wissenschaft Bremen	DVWO Dachverband der Weiterbildungsorganisationen e.V.	International Organization for Standardization (ISO), Genf	QuiBB e.V., LIWF e.V.	Bundesverband der Träger beruflicher Bildung e.V.	RKW Berlin GmbH	Bundesarbeitskreis Arbeit und Leben (BAK AuL), Deutsche Evangelische Arbeitsgemeinschaft für Erwachsenenbildung (DEAE)	Staatliche Zentralstelle für Fernunterricht im Auftrag der Länder zur Durchführung eines Bundesgesetzes
URL	www.bildung.bremen.de	www.dvwo.de www.dvwo-qualitaetsmodell.de	http://www.iso.org oder alternativ: http://www.iso.org/jtc1/sc36	www.qes-plus.de	www.bildungsverband-online.de	www.rkwbb.de	www.arbeitundleben.de www.deae.de	www.zfu.de
Status des Regelwerkes	Landesweiterbildungsgesetz; Landesnorm	Von den Mitgliedsverbänden ausgearbeitetes Modell; 2. Auflage des Modells zur didacta 2007	Finale, stabile Version, öffentlich publiziert im Oktober 2005	Weiterbildungsbereichsübergreifend erprobtes Qualitätssicherungs- und -verbesserungssystem ohne Normcharakter	Regelwerk ohne öffentliche Anerkennung	Von DIN als Norm anerkannt	Eigenentwicklung von Organisationen, keine öffentliche Norm	Gesetz zum Schutz der Teilnehmer am Fernunterricht (Fernunterrichtsschutzgesetz – Fern USG)
Zielorganisationen/Zielgruppen	Weiterbildungseinrichtungen mit Sitz im Land Bremen	Ausbildungsinstitute für Traineraus- und weiterbildung, Trainer, Weiterbildungseinrichtungen;	Organisationen der Aus- und Weiterbildung, besonders mit E-Learning	Weiterbildungseinrichtungen	Bildungsorganisationen mit Schwerpunkt berufliche Weiterbildung	Organisationen der wirtschaftsorientierten Aus- und Weiterbildung	Allg. Weiterbildung, insbesondere wertegebundene und verbundorientierte Einrichtungen	Entgeltliche Fernunterrichtsangebote im Sinne des Fern USG

Qualitätskonzept Kurzbeschreibung/Leitbild/Qualitätsverständnis in Stichworten	Einbezug von Aspekten wie: finanzielle Leistungsfähigkeit, Potenzial, Prozess- u. Ergebnisqualität, Dokumentation; Überschneidung mit AZWV, kompatibel mit DIN EN ISO und EFQM	Systemzertifizierung, streng nach DIN EN ISO ausgerichtet; Referenzmodell für Ausbildung, gleichzeitige Zertifizierung nach DIN EN ISO und DVWO, Personalzertifizierung möglich	Standard: Modellierung von allen Bildungsprozessen in der gesamten Aus- und Weiterbildung, speziell e-learning	Nach DIN EN ISO ausgerichtet, konkretisiert für OE bei Bildungsträgern und deren Dienstleistungen, ganzheitlicher Ansatz	Nach DIN EN ISO ausgerichtet, konkretisiert für Bildungsträger, Verbindung mit AZWV-Forderungen, Betonung auf durchgesetzter Qualitätspolitik	Speziell für wirtschaftsorientierte Aus- und Weiterbildung, Aufnahme branchenspezifischer Marktanforderungen und Kundenanforderungen, greift Forderungen von DIN EN ISO und EFQM auf.	In 3 Stufen aufgebautes Modell, das zur Zertifizierung nach DIN EN ISO führen kann	System aus einer formalen und einer inhaltlichen Prüfung von Fernunterrichts-Angeboten nach Gesetz zum Schutz der Teilnehmer am Fernunterricht (FernUSG)
Geprüfte Qualitätsbereiche	Prüfung der allgemeinen, rechtlichen, wirtschaftlichen, räumlichen und sachlichen, fachspezifischen, teilnehmerorientierten Rahmenbedingungen Entwicklung neuer, Vorbereitung, Durchführung, Auswertung des Weiterbildungsangebotes Qualitätsprüfung der Prozesse	Forderungen der DIN EN ISO 9001	sieben Prozesskategorien: 1. Anforderungsermittlung 2. Rahmenbedingungen 3. Konzeption 4. Produktion 5. Einführung 6. Durchführung 7. Evaluation mit insges. 38 Prozessen,	Qualitätsverständnis/Leitbild, Organisation, Personal, Teilnehmende/Auftraggeber, Kommunikation, Rahmenbedingungen, Evaluation	Qualitätspolitik, Prozessdarstellung und -beschreibung des QMS und seine Dokumentation, Teilnehmer-Prozesse, Kurs-Prozesse, Prozesse der Marktbeobachtung und -orientierung, Selbstevaluation	1. Bildungsorganisation führen und entwickeln 2. Mitarbeiter/innen, Lehrende, Lerninfrastruktur bereitstellen und entwickeln 3. Bildungsangebote konzipieren, durchführen und evaluieren 4. Bildungsprozesse messen, analysieren und verbessern	Qualitätsverständnis, Leistung, Evaluation, Organisation, Personal, Kommunikation, Marktbezug, Kooperation/Vernetzung	Eignung des Lehrganges zum Erreichen des angegebenen Lehrgangszieles; Vertragsformulare Informationsmaterialien
Gültigkeit des Zertifikats	drei Jahre	drei Jahre; jährliche Überwachungsaudits		drei Jahre; jährliche interne Audits	drei Jahre	drei Jahre; jährliche Überwachungsaudits	drei Jahre (bei Stufe A und B jährliche Überprüfungen, bei Stufe C jährliche externe Überwachungsaudits)	ZFU-Zulassung gilt unbefristet, alle drei Jahre erfolgt eine Überprüfung des Fortbestandes der Zulassungsvoraussetzungen

Quelle: Unveröffentlichte und gekürzte Übersicht von Alfred Töpper, Stiftung Warentest, September 2007

Literatur

BMWA 2004: BMWA (Bundesminister für Wirtschaft und Arbeit): »Verordnung über das Verfahren zur Anerkennung von fachkundigen Stellen sowie zur Zulassung von Trägern und Maßnahmen der beruflichen Weiterbildung nach dem Dritten Buch Sozialgesetzbuch (Anerkennungs- und Zulassungsverordnung – Weiterbildung – AZWV)«, Berlin 16. Juni 2004, bekannt gegeben in: Bundesgesetzblatt Jahrgang 2004 Teil I Nr. 28, ausgegeben zu Bonn am 22. Juni 2004, S. 1100ff.

Bundesagentur für Arbeit 2007: Bundesagentur für Arbeit: »Neues Anerkennungs- und Zulassungsverfahren«, in: http//www.arbeitsagentur.de, Abruf: 14.8.2007.

Bundesagentur für Arbeit, Anerkennungsbeitrag 2007: Bundesagentur für Arbeit: »Aktuell gültige Empfehlungen des Anerkennungsbeirats«, in: http://www.Arbeitsagentur.de, Abruf: 14.08.2007.

Bundesagentur für Arbeit, Fachkundige Stellen 2007: Bundesagentur für Arbeit: »Verzeichnis der fachkundigen Stellen«, in: http://www.kursnet.arbeitsagentur.de, Abruf: 14.08.2007.

EFQM 1999–2003: European Foundation for Quality Management: Das EFQM-Modell für Excellence. Version für Öffentlichen Dienst und soziale Einrichtungen, Brüssel 1999–2003.

EFQM 1999 a: European Foundation for Quality Management: Das EFQM-Modell für Excellence: Öffentlicher Dienst und soziale Einrichtungen, Brüssel 1999.

EFQM 1999 b: European Foundation for Quality Management: Excellence bewerten. Eine praktische Anleitung zur Selbstbewertung, Brüssel 1999.

EFQM 2007 a: European Foundation for Quality Management: ohne Titel, in: http://www.efqm.org/Default.aspx?tabid=86

EFQM 2007 b: European Foundation for Quality Management: ohne Titel, in: http://www.deutsche-efqm.de

EFQM 2009a: European Foundation for Quality Management: EFQM Transition Guide. How to upgrade the EFQM Excellence Model, Brüssel 2010.

EFQM 2009b: European Foundation for Quality Management: Introducing the EFQM Excellence Model 2010, in: http://www.efqm.org/en/pdf Ressources/EFQM Model_Presentation.pdf

Ehses/Zech 2002: Ehses, C. und Zech, R.: Projekt Lernerorientierte Qualitätstestierung in Weiterbildungsnetzwerken im Rahmen des BLK-Modellversuchsprogramms »Lebenslanges Lernen«, Hannover 2002.

Europäische Kommission 2001: Europäische Kommission: Mitteilung der Kommission vom 21.November 2002 über die Schaffung eines europäischen Raums des lebenslangen Lernens, nicht im Amtsblatt veröffentlicht.

Europäische Kommission 2002: Europäische Kommission: Allgemeine und berufliche Bildung in Europa: Unterschiedliche Systeme, gemeinsame Ziele für 2010, Arbeitsprogramm zur Umsetzung der Ziele der Systeme der allgemeinen und beruflichen Bildung, Brüssel 2002.

Europäische Kommission 2003: Europäische Kommission: »Beschäftigungspolitik der Gemeinschaft: Einleitung«, in: http://www.europa.eu.int/scadplus/leg/de/cha/c00002.htm, Abruf: 24.08.2007.

Europäische Kommission 2005: Europäische Kommission: »Fundamentals of a common quality assurance framework (CQAF) for VET in Europe, updated version 29.09.2005« in: http://ec.europa.eu/education/policies/2010/doc/qualitynet/cqaf.pdf, Abruf: 27.05.2007.

Europäische Kommission 2006: Europäische Kommission und Generaldirektion Bildung und Kultur: »Kommuniqué von Helsinki über die verstärkte europäische Zusammenarbeit in der Berufsbildung. Kommuniqué der für Berufsbildung zuständigen europäischen Minister, der europäischen Sozialpartner und der Europäischen Kommission – Überprüfung der Prioritäten und Strategien des Kopenhagen-Prozesses in Helsinki am 5. Dezember 2006«in: http://www.refernet.de/de/10.htm, Stand: 23.05.2007.

Radtke/Wilmes 1997: Radtke, P. und Wilmes, D.: European Quality Award: Die Kriterien des EQA umsetzen, Praktische Tips zur Anwendung des EFQM-Modells, München, Wien 1997.

Refernet 2007: Refernet (Herausgeber): »Europäische Zusammenarbeit in der beruflichen Bildung (Kopenhagen-Prozess) vom 18.5.2007«, in: http://www.refernet.de/de/10.htm, Stand: 23.5.2007.

Rump/Sattelberger/Fischer 2006: Rump, J., Sattelberger, T. und Fischer, H. (Herausgeber): Employability Management: Grundlagen, Konzepte, Perspektiven, Wiesbaden 2006.

Ruschel 1995: Ruschel, A.: »Die Transferproblematik bei der Erfolgskontrolle betrieblicher Weiterbildung«, in: Landsberg, G. und Weiss, R. (Herausgeber): Bildungscontrolling, 2. Auflage, Stuttgart 1995.

SCADplus 2007a: SCADplus: »Die Dringlichkeit von Reformen für den Erfolg der Lissabon-Strategie«, in: 0http://europa.eu/scadplus/leg/de/cha/c11071.htm, Abruf: 27.05.2007.

SCADplus 2007 b: SCADplus: »Europäischer Raum für lebenslanges Lernen«, in: http://europa.eu/scadplus/leg/de/cha/c11054.htm, Abruf: 27.5.2007.

Vomberg 2007: Vomberg, E. (Herausgeber): Chancen »bunter Lebensläufe« für KMU und soziale Einrichtungen: Diskontinuität als Potenzial erkennen – nutzen – fördern, Bielefeld 2007.

Zech 2004: Zech, R.: Lernerorientierte Qualitätstestierung in der Weiterbildung: LQW 2, Das Handbuch, Hannover 2004.

Zech 2006 a: Zech, R.: Lernerorientierte Qualitätstestierung in der Weiterbildung: Leitfaden für die Praxis, Modellversion 3, Hannover 2006.

Zech 2006 b: Zech, R.: Lernerorientierte Qualitätstestierng in der Weiterbildung (LQW):Grundlegung – Anwendung – Wirkung, Bielefeld 2006.

Zollondz 2002: Zollondz, H.-D.: Grundlagen Qualitätsmanagement, München, Wien 2002.

F.4 Evaluation der Personalentwicklung

*Erika Regnet**

1. Ziele einer Evaluation der Personalentwicklung

2. Defizite in der Unternehmenspraxis

3. Modelle zur Evaluation
   3.1 Prozessevaluation
   3.2 Zufriedenheitsmessungen
   3.3 Messung des Lernerfolgs
   3.4 Messung des Transfererfolges
   3.5 Messung der Results
   3.6 Return on Investment
   3.7 Benchmarking

4. Geeignete Untersuchungsdesigns

5. Ausblick: Value of Investment

6. Personalentwicklung unter Rechtfertigungsdruck

Literatur

---

* Prof. Dr. Erika Regnet studierte Psychologie und promovierte in Betriebswirtschaftslehre. Sie war 10 Jahre in leitenden Funktionen in der Wirtschaft tätig, u.a. als Projektleiterin und Dozentin am USW, Schloss Gracht, und Leiterin der Personalentwicklung bei der KfW. Seit 1997 ist sie Professorin für Personalmanagement und ABWL an der FH Würzburg-Schweinfurt. Ihre Arbeitsschwerpunkte sind Lehre, Forschung, Beratung und Trainingstätigkeit zu den Themen Personalentwicklung, Rekrutierung, Führungsverhalten, Demographische Entwicklung, Neue Fortbildungsmethoden, Weibliche Fach- und Führungskräfte/Chancengleichheit.

1 Ziele einer Evaluation der Personalentwicklung

Die Evaluation von Personalentwicklungsmaßnahmen ist ein zentraler Bestandteil des umfassenderen Bildungscontrollings. Becker (2005, S. 48) bezeichnet eine Evaluation als »Conditio sine qua non einer professionellen Personalarbeit«. In Anbetracht der hohen Aufwendungen für Personalentwicklung ist dies nur nachvollziehbar. Nach der dritten europäischen Erhebung »Berufliche Weiterbildung in Unternehmen 2005« (Schmidt 2007, S. 709) belaufen sich allein die Kosten für die Teilnahme an Weiterbildungsveranstaltungen auf 1.697 Euro pro Teilnehmer und durchschnittlich 651 Euro pro Mitarbeiter. In Deutschland investieren die Arbeitgeber also schätzungsweise 22 Milliarden Euro jährlich in die Qualifikation ihrer Mitarbeitenden. Hinzu kommen noch die Ausgaben für die unternehmensinternen Entwicklungsmaßnahmen von der Einarbeitung über das Talent Management bis zur Nachfolgeplanung.

Von daher ist es verständlich, dass das Management Aussagen von den Personalentwicklungsverantwortlichen zu *Effizienz* und *Effektivität* der durchgeführten Programme erwartet. Qualifizierte und loyale Mitarbeiter stellen einen entscheidenden Wettbewerbsfaktor dar, doch dies entbindet die Personalentwicklung nicht davon, dass Kosteneffizienz und Nachhaltigkeit von ihren Maßnahmen erwartet werden. Personalentwicklung wird vielmehr als Investition in die Kompetenzen der Mitarbeitenden gesehen.

Welche Ziele werden mit der Evaluation verfolgt? Die vielfältigen Funktionen einer Evaluation lassen sich in folgende zentrale Aspekte gruppieren:

1. Die Evaluation hat zunächst eine *Kontrollfunktion*. Sie soll den Erfolg einer bestimmten Personalentwicklungsmaßnahme bestimmen. Darüber hinaus dient sie der *Dokumentation*.
2. Die Evaluation hat eine *selektive Funktion*. Die Ergebnisse dienen zur Steuerung und zur Entscheidung, welche Maßnahmen zukünftig (nicht mehr) durchgeführt werden sollen. Sie erhöht damit die Qualität der angebotenen Programme.
3. Des Weiteren lassen sich Hinweise zur *inhaltlichen Feinabstimmung* gewinnen, also beispielsweise welche Faktoren erfolgsrelevant sind, welche methodischen Ansätze für welche Zielgruppe am besten geeignet sind, wo die Akzeptanz noch fehlt etc.
4. Die Evaluation stellt zudem eine *Intervention* dar – bereits durch das Wissen über bestehende Transferkontrollen können sich Engagement und Commitment der Teilnehmer und Trainer positiv verändern. Dies kann auch zur Selbstkontrolle der Teilnehmer beitragen.
5. Last but not least dient Evaluation der *Legitimation* der Personalentwicklungsmaßnahme. In Zeiten knapper Mittel sind *kostenbewusstes Vorgehen* sowie der *unternehmensbezogene Nutzen* immer wieder neu zu beweisen.
6. Fortbildungsinstitute und Trainer nutzen Evaluationsergebnisse zudem als *Referenz* und als Argumentation, falls es zu Kundenbeschwerden kommen sollte.

Für Personalverantwortliche in den Unternehmen sowie speziell für Fortbildungsinstitute sind fundierte Evaluationen genauso wie Bedarfsanalysen zudem ein Frühwarnsystem zur Steuerung: Was wird erwartet? Womit waren die Teilnehmer besonders zufrieden/unzufrieden? Was sind neue Herausforderungen und Themen? etc.

Um dies zu erreichen, müssen
- die Effekte der Maßnahme beschrieben und bewertet,
- der Grad der Zielerreichung kontrolliert,
- die Einschätzungen der Betroffenen ausgewertet,
- die entstandenen Kosten erfasst und zugeordnet sowie
- der darauf zurückzuführende Nutzen identifiziert und bewertet werden.

2 Defizite in der Unternehmenspraxis

Betrachten wir die Unternehmenspraxis, so zeigt sich nach wie vor ein anderes Bild: Zwar versuchen die meisten Unternehmen, zumindest die Zufriedenheit mit den von ihnen angebotenen Trainingskursen regelmäßig und systematisch zu erheben (Phillips/Schirmer 2005, S. 6). Doch den Return on Investment (siehe Abschnitt 3.6) von Trainings messen gerade einmal 11 bis 15 Prozent der US-amerikanischen Unternehmen, bei Entwicklungsmaßnahmen sind es sogar nur noch 2 Prozent der befragten 278 Firmen (Phillips/Schirmer 2005, S. 6, Kellner 2005, S. 25). Für den bundesdeutschen Bereich kam Gülpen (1996, S. 88) in einer Befragung von 91 Personalmanagern zu ähnlichen Ergebnissen: Demnach messen 95 Prozent der Unternehmen regelmäßig die Zufriedenheit mit einem Seminar, der Lernerfolg wird von 50 Prozent zumindest partiell erhoben, dagegen untersuchen lediglich 15 Prozent wenigstens gelegentlich die Auswirkungen auf den Unternehmenserfolg. Zudem warnt Wakenhut (1996, S. 8) davor, solche Zahlen überzubewerten. Er vermutet, dass »möglicherweise auch Selbstdarstellung der befragten Unternehmen eingeflossen« ist.

Als hauptsächliche Gründe für die Nicht-Durchführung systematischer, quantitativer Analysen wurden genannt (Gülpen 1996, S. 91):
- fehlendes Know-how zur Evaluation (59,6 Prozent),
- zu hohe Kosten (58,3 Prozent),
- interne Widerstände (50 Prozent) sowie
- technische Schwierigkeiten (40,8 Prozent).

Im Rahmen einer Diplomarbeit an der FH Würzburg (Kitzing 1998) befragten wir Fach- und Führungskräfte aus verschiedenen Unternehmen mehrere Monate, nachdem sie ein zweiwöchiges und damit relativ kostenintensives Training bei einem externen Seminaranbieter besucht hatten. Zwar geben inzwischen die meisten (insbesondere der größeren) Unternehmen an, sie hätten ein systematisches Bildungscontrolling installiert. Doch die Betroffenen scheinen dies nicht wahrzunehmen. Für 60 Prozent der Befragten gab es nach der Rückkehr vom Training keinerlei Transfersicherungsmaßnahmen oder Evaluationsbemühungen von Seiten des Unternehmens, des Personalbereichs oder des direkten Vorgesetzten. Gerade einmal 10 Prozent wurden von jemandem aus dem HR-Management nach ihren Eindrücken befragt, 7,5 Prozent sprachen mit ihrem direkten Vorgesetzten über das Training und bei ca. 15 Prozent gab es spezielle Follow-up-Maßnahmen. In allen anderen Fällen kehrten die Teilnehmer mehr oder weniger unbeachtet an ihren Arbeitsplatz zurück – es erfolgte

Abb. 1: Transfersicherungsmaßnahmen im Unternehmen nach der Rückkehr aus einem zweiwöchigen Managementseminar (Kitzing 1998, S. 123)

weder eine systematische Evaluation, noch eine Unterstützung beim Transfer von Lernergebnissen (Abb. 1).

Man kann bisher auch nicht davon ausgehen, dass durchgehend eine klare *Verbindung von Lernzielen* der einzelnen Persoalentwicklungsprogramme und den *Unternehmenszielen* besteht. Kellner (2006, S. 43) betont zu Recht, dass jede Weiterbildungsstrategie nahezu wertlos ist, »wenn sie die Unternehmensstrategie nicht voll unterstützt und aus ihr abgeleitet ist«. Zudem gibt es in vielen Unternehmen weder vor noch nach den Programmen systematische Gespräche zur Zielvereinbarung zwischen dem Mitarbeiter und seiner Führungskraft.

Betrachten wir im Folgenden praktikable Evaluationsansätze.

3 Modelle zur Evaluation

Kirkpatrick (1998), der als Pionier der Evaluationsforschung im Trainingsbereich gilt, unterscheidet vier Ebenen der Erfolgsmessung:
1. *Reaction* – subjektive Reaktionen und Zufriedenheit der Teilnehmer,
2. *Learning* – Lernergebnisse aufgrund des Trainings,
3. *Behaviour* – das Verhalten, der Transfer am Arbeitsplatz,
4. *Results* – Analyse »harter Unternehmensdaten«.

Phillips ergänzt das Kirkpatrick-Modell durch eine 5. Stufe, den *Return on Investment* (Phillips/Schirmer 2005). Hier geht es nicht nur um den Nutzen einer Personalentwicklungsmaßnahme, sondern um den betriebswirtschaftlichen Vergleich mit dem dafür notwendigen Aufwand. Denn es kann durchaus sein, dass es zwar zu positiven Veränderungen kommt – z.B. wird eine größere Mitarbeiterbindung und geringere Fluktuation aufgrund eines Talentförderprogramms zur Nachfolgeplanung erreicht. Doch möglicherweise übersteigen die Kosten den kalkulatorischen Nutzen (siehe Beitrag F.5 in diesem Buch).

Andere Autoren wie Galvin (1983), Bushnell (1990) oder Becker (2005) plädieren für eine prozessorientierte Analyse, bei der neben dem Output zusätzlich der Kontext, der Input sowie der Prozess der Maßnahmendurchführung reflektiert werden. Im Gegensatz zu den oben genannten Vertretern werden dabei explizit auch die Bedarfsanalyse, das Konzept der Maßnahme und deren Durchführung bewertet.

Bei dem Ansatz von Kirkpatrick wird die geeignete Zielformulierung und Bedarfsanalyse vorausgesetzt und keiner eigenen Analyse unterzogen. Fragen zur Durchführung lassen sich zumindest partiell in die Stufe 1 der individuellen Zufriedenheitsreaktionen integrieren. Es handelt sich bei der Prozessanalyse also nicht um einen gänzlich neuen Ansatz, sondern vielmehr um die Verdeutlichung, dass die Evaluation nicht nur die Betrachtung der Ergebnisse, sondern den gesamten Prozess im Fokus der Aufmerksamkeit haben muss.

3.1 Prozessevaluation

Was kann eine Prozessevaluation umfassen? Die Abbildung 2 veranschaulicht die Inhalte bezogen auf den zeitlichen Ablauf.

Abb. 2: Ansatzpunkte einer prozessorientierten Evaluation (eigene Darstellung)

Am Beginn muss eine fundierte *Bedarfsanalyse* stehen, aus deren Ergebnissen geeignete Personalentwicklungsprogramme abgeleitet werden. Hierzu gehört die Festlegung der Zielgruppe ebenso wie die verbindliche Definition von Zielsetzungen.

Einen besonderen Schwerpunkt nimmt die *Programmanalyse* ein. Die Entwicklung und das Konzept müssen dem State of the Art entsprechen. Hier sind vor allem die Fragen zu beantworten,
- inwieweit das Programm auf einem wissenschaftlich und/oder praktisch fundiertem Konzept beruht.

- ob lernpsychologische Gesetzmäßigkeiten beachtet werden und
- ob gewählte Methoden und der angesetzte Zeitbedarf adäquat erscheinen.

Aus der Lernpsychologie ist bekannt, dass höhere Lernerfolge (gemessen in Behaltensleistungen, aber auch im Transfer, d.h. der konkreten Umsetzung) zu erreichen sind durch
- verteiltem statt massiertem Lernen, also einem Aufteilen der Lerninhalte in unterschiedliche »Lernblöcke«,
- Wiederholungen, damit die Inhalte gefestigt werden können,
- Erfahrungsaustausch unter den Programmteilnehmern,
- Behandlung von Widerständen bzw. auftretenden Problemen in der Umsetzungsphase,
- Möglichkeiten zu einem aktiven Tun und direktem Üben und
- Möglichkeit zu einem schnellen Feedback.

Des Weiteren ist auf die Akzeptanz bei der Zielgruppe zu achten, was sowohl entscheidend ist für die Methodenauswahl, als auch für die Kommunikation und Implementation in der Organisation.

Der *Ablauf der Maßnahme* hat nach professionellen Standards zu erfolgen – dies wird in hohem Maße von der Qualität und Erfahrung des ausgewählten Trainers bzw. Beraters abhängen. Nicht zu vergessen ist die Zielvereinbarung mit den Betroffenen, sie müssen wissen, warum sie für eine Entwicklungsmaßnahme ausgewählt wurden und welche Ziele damit erreicht werden sollen. Allerdings bleibt kritisch anzumerken, dass allein solche Zielvereinbarungsgespräche vor einem Training in der Praxis offensichtlich kaum stattfinden (Boiger/Lüdemann 2003, S. 5).

Die *Anwendung* im Funktionsfeld bezieht sich auf die nachhaltige Umsetzung des Gelernten am Arbeitsplatz. Dies wird in den Abschnitten 3.4 und 3.5 thematisiert.

3.2 Zufriedenheitsmessungen

Kaum ein Unternehmen verzichtet – wie oben dargestellt – auf die Beurteilung durch die teilnehmenden Mitarbeiter. Dies liegt auch daran, dass die Akzeptanz für solche Befragungen hoch ist und sich die Zufriedenheit der Einzelnen mit der Fortbildungsveranstaltung sowie die Einschätzung zu ihrer Qualität und Effektivität leicht, nämlich zumeist bereits am Ende des Seminars selbst, erheben lassen.

Verwendet werden vorwiegend Fragebogen, die folgende Themen zum Inhalt haben:
- Beurteilung der Veranstaltung insgesamt,
- Beurteilungen bei einer Weiterbildungsveranstaltung zum Trainer, seinen pädagogischen und fachlichen Kompetenzen, der eingesetzten Didaktik,
- Beurteilung des Lernerfolges, sinnvollerweise auch der Erwartungen und des bereits vorher vorhandenen Wissens zum Vergleich,
- Einschätzung der Gruppendynamik,
- Weiterempfehlung der Maßnahme und wenn ja, für wen, wenn nein, weshalb,
- Konsequenzen für die weitere Arbeit, plant man, etwas anders zu machen,

- organisatorische Aspekte, Zusammenarbeit mit der HR-Abteilung, Information und Betreuung beispielsweise bei Auslandseinsätzen oder Karriereprogrammen,
- Empfehlungen zur Beibehaltung bzw. Änderungen (Frage: Was hat Ihnen besonders gefallen bzw. missfallen oder was war besonders wichtig für Sie?).

Auch bei den Zufriedenheitsmessungen wird man sich also nicht auf subjektives Wohlbefinden allein beschränken, sondern bereits hier versuchen, zusätzlich Angaben zum Prozess sowie zum Output – wenn auch ausschließlich in Selbstaussagen – zu erhalten.

Zu berücksichtigen bleibt aber, dass subjektive Eindrücke
- zum einen deutlich variieren können – beispielsweise in Abhängigkeit von den Erwartungen oder den Vorerfahrungen der Befragten,
- von Randfaktoren beeinflusst sein können – eine zu große Heterogenität der Gruppe, schlechte Zimmer und schlechtes Essen im Hotel führen zu Unzufriedenheit, während bzw. umgekehrt ein hoher Unterhaltungswert des Referenten zu positiven Aussagen beiträgt, obwohl die Lernziele möglicherweise nicht erreicht wurden –,
- nicht stabil sein müssen – so kann sich die erste Euphorie nach einer gelungenen Veranstaltung mit zeitlicher Distanz deutlich abschwächen.

Deshalb ist es empfehlenswert,
- weitere Befragungen mit einem zeitlichen Abstand von einigen Wochen bis Monaten vorzusehen (siehe Abschnitt 4),
- Antwortmöglichkeiten mit möglichst konkreten Aussagen zu verknüpfen (also: »Ich habe das Seminar als herausfordernd, anstrengend, innovativ ....« erlebt, statt: »Das Seminar hat mir sehr gut/schlecht gefallen«), und offene Fragen einzusetzen,
- den individuellen Hintergrund mit auszuleuchten, um die jeweiligen Antworten richtig interpretieren zu können (also nicht: »Wurden Ihre Erwartungen nicht erfüllt bzw. übertroffen?«, sondern: »Mit welchen Erwartungen kamen Sie zu dem Seminar?« und: »Inwieweit wurden diese Erwartungen nicht erfüllt bzw. übertroffen?« oder: »Inwieweit haben Sie Ihr Fortbildungsziel erreicht?«).

Weiter oben wurde bereits darauf hingewiesen, dass solche Zufriedenheitsbeurteilungen von Fortbildungsinstituten zur Legitimation eingesetzt werden. Bei Reklamationen lässt sich z.B. dokumentieren, wie die Gesamtheit der Teilnehmer eine Veranstaltung bewertet hat oder was mögliche Gründe für eine Unzufriedenheit sind (z.B. falsche Voraussetzungen im Wissensniveau). Einige Veranstalter werben sogar damit, dass man bei Unzufriedenheit am ersten Tag eine Veranstaltung wieder verlassen darf, ohne dafür Kosten in Rechnung gestellt zu bekommen.

3.3 Messung des Lernerfolgs

Ohne Lernerfolg wird es wohl kaum zu einer Erhöhung der Handlungskompetenz und einer Anwendung im Praxisfeld kommen. Von daher liegt es nahe, die Ziele einer Maßnahme mit Hilfe eines standardisierten Lerntests oder einer Verhaltensbeobachtung zu überprüfen.

Eingesetzt wird dies durchgängig bei Maßnahmen, die mit einem anerkannten Zertifikat schließen (z.B. MBA-Programm oder TOEFL-Test für den Nachweis der Englischkenntnisse). Generell kann man sich bei Sprach- und IT-Kursen am leichtesten vorstellen, dass der nachgewiesene Lerneffekt sich direkt im Agieren in der Praxissituation niederschlagen wird.

Anders verhält es sich bei verhaltens- oder persönlichkeitsorientierten Maßnahmen. Wissenstests zum Führungsverhalten und zur interkulturellen Situationen werden nur eingeschränkten Bezug zu späterem Verhalten haben. Gegen Lerntests ist deshalb anzuführen:

- Sie werden komplexen Lernprozessen nicht gerecht, können diese nicht angemessen widerspiegeln.
- Sie sind bei den Betroffenen nicht beliebt, d.h. werden nur unter Zwang akzeptiert, da die meisten Menschen negative Assoziationen an Prüfungssituationen haben.
- Sie verändern das Lernverhalten – bei im Anschluss geforderten Tests fragen selbst gestandene Manager: »Ist das prüfungsrelevant?« und nicht: »Was hilft mir dies, um meine Arbeit besser zu erfüllen?«
- Sie sagen speziell bei verhaltensorientierten Themen nur wenig über den späteren Transfererfolg aus.

Verfahren zur Lernkontrolle werden in der Praxis deshalb nur zurückhaltend eingesetzt.

3.4 Messung des Transfererfolges

Verhaltensänderungen können über Beobachtungen in Verbindung mit einem *Vorher-nachher-Vergleich* oder über Befragungen der Kontaktpersonen erhoben werden, d.h. vor der Schulung werden im Rahmen einer Bedarfsanalyse Verhaltensdaten gesammelt – z.B. mit Hilfe einer 360° Beurteilung, einem Kundenfeedback oder einer Einschätzung durch die Führungskraft. Diese Ergebnisse werden mit dem wahrgenommenen Verhalten nach dem Training verglichen. Eine Verbesserung sollte natürlich das Ziel sein. Einschränkend ist allerdings zu berücksichtigen, dass Verhalten in der konkreten Situation nicht nur von den eigenen Fertigkeiten und der Motivation, sondern auch von Umgebungsvariablen abhängt. Dies bedeutet, dass ein Training durchaus erfolgreich und gut gewesen sein kann. Dass der Einzelne aber beispielsweise nicht besser moderiert, liegt möglicherweise nicht an seinem mangelnden Schulungserfolg, sondern daran, dass der Vorgesetzte diese Aufgabe weiterhin immer selbst wahrnimmt. Der Geschulte hat aufgrund der Situation gar keine Möglichkeit, sein Verhalten zu verändern. Also auch bei der Beobachtung von Verhalten wird es schwer sein, die Einflussfaktoren richtig zu interpretieren. Zudem sind Verhaltensbeobachtungen besonders aufwändig und werden deshalb nur gelegentlich systematisch realisiert.

Üblich sind sie dort, wo sich Beobachtungen durch fingierte Kunden durchführen lassen. In Call Centern hören die Gruppenleiter ihren Agenten regelmäßig bei

Gesprächen zu, um Verbesserungspotenziale aufzudecken und Umsetzung von Anweisungen oder Gelerntem zu prüfen. Gerade im Vertrieb kennen wir den Einsatz von Testkunden. Auch die Sicherheitskontrollen im Flughafen werden immer wieder einem (gestellten) Praxistest unterworfen, wenn es darum geht, versteckte Waffen herauszufinden. Doch nicht überall werden sich solche Beobachtungen sinnvoll umsetzen lassen. Zudem ist noch nicht die Frage beantwortet, ob der nach Lehrbuch vorgehende Call-Center-Agent tatsächlich mehr Abschlüsse tätig. Dies bringt uns zu der bei Kirkpatrick letzten Stufe der Evaluation, der Messung der tatsächlich erzielten Ergebnisse.

3.5 Messung der Results

Auf den ersten Blick erscheint ein solcher Ansatz besonders geeignet, setzt man doch bei dem eigentlichen Ziel, der Verbesserung des Outputs, der Nachfolgeplanung, der Arbeitsoptimierung bzw. der Unternehmenseffizienz an. Man kann dazu »harte Daten«, d.h. objektiv messbare und vergleichbare Kriterien erheben.

In Abbildung 3 sind – ohne den Anspruch auf Vollständigkeit – einige Beispiele für geeignete Kennzahlen angeführt.

Development Maßnahme	Geeignete Kennzahlen zur Evaluation
Managementtraining	▪ Veränderung der Beurteilung der Vorgesetzten in Vorgesetztenbeurteilungen, 360° Einschätzungen oder Mitarbeiterbefragungen ▪ Veränderung der Fluktuationsquote ▪ Beurteilung der Manager durch ihre Vorgesetzten, werden die Lernziele umgesetzt?
Mentorenprogramm für Nachwuchskräfte	▪ Werden diejenigen, die teilgenommen haben, schneller und häufiger befördert als andere? ▪ Wie ist ihre Gehaltsentwicklung? ▪ Wie hat sich ihre Fluktuationsrate entwickelt? (Thema Mitarbeiterbindung)
Auslandseinsatz	▪ Analyse der Gesamtkosten (Entgelt und Zusatzkosten) ▪ Beurteilungen des Expats im Ausland ▪ Anzahl vorzeitiger Abbrüche ▪ Auf welche Position kehrt der Entsandte wieder zurück und wie ist seine Gehaltsentwicklung? ▪ Fluktuationsrate bei Expats und Rückkehrern
Telearbeit	▪ Nutzung der Telearbeitsplätze (Analyse z.B. nach Geschlecht, Alter, Hierarchie) ▪ Veränderung der Beurteilung der Mitarbeiter in Telearbeit ▪ Kostenanalyse ▪ Analyse von realisierten Einsparungen ▪ Auswirkungen auf die Mitarbeiterbindung bzw. Fluktuationsrate

Abb. 3: Übersicht über mögliche quantifizierbare Kenzahlen (eigene Darstellung)

Doch genauso wie bei dem oben angeführten Kriterium des Verhaltens am Arbeitsplatz gilt auch für solche harten Daten, dass sie von einer Reihe von Faktoren mitbestimmt sind, die sich im Laufe der Maßnahme und in der Zeit danach gleichfalls gewandelt haben können, d.h. es lässt sich zwar eindeutig feststellen, inwieweit sich die einzelnen Variablen geändert haben, doch die Interpretation und Ursachenzuweisung sind häufig nicht eindeutig.

3.6 Return on Investment

Das Return-on-Investment-Konzept ergänzt die zuvor geschilderten Evaluationsstufen um die quantitative Betrachtung. Den Ergebnissen einer Maßnahme wird nun der dafür benötigte Aufwand gegenübergestellt. Ziel ist es, den Erfolg einer Maßnahme zu bewerten und zu messen sowie daraus Konsequenzen wie bei jeder sonstigen betrieblichen Investitionsentscheidung abzuleiten. Dies spiegelt auch die gestiegene unternehmerische Verantwortung der Personalentwickler sowie die Anforderungen durch das Management wider (Phillips/Schirmer 2005, S. 14).

Erforderlich ist zunächst eine ergebnisorientierte Betrachtung: Man muss wissen, welche Effekte und Resultate eine Personalmaßnahme (nicht) gebracht hat. Diese Effekte sind zu quantifizieren, damit in einem Ergebnisvergleich dem monetären Wert der Resultate die Programmkosten gegenübergestellt werden können (Phillips/Schirmer 2005, S. 27). Der ROI berechnet sich:

$$\text{ROI (in \%)} = \frac{\text{Netto-Programmnutzen}}{\text{Programmkosten}} \times 100$$

Netto-Programmnutzen ist dabei als Programmnutzen minus Programmkosten definiert (Phillips/Schirmer 2005, S. 160).

Relativ einfach stellt sich eine solche Berechnung bei Verkaufstrainings dar: Man betrachtet beispielsweise die durchschnittliche Abschlussquote, den Umsatz und die Rendite eines Außendienstmitarbeiters pro Monat. Dies wird verglichen mit den Ergebnissen vor dem Training sowie möglichst einer repräsentativen Kontrollgruppe (siehe im Folgenden 3.7), um valide, aussagefähige Daten zu erhalten. Dieser Trainingsnutzen kann dann in Relation zu den Programmkosten gesetzt werden. So kann man sehen, welchen Return das eingesetzte Kapital gebracht hat.

Speziell im Verkaufstraining lässt sich in der Folge bereits eine gewisse variable Honorierung der Trainer beobachten: Statt fixer Tagessätze wird durchaus ein niedrigerer Honorarsatz vereinbart, kombiniert mit der Chance, an Umsatzsteigerungen nach dem Training anteilig zu partizipieren.

Die Voraussetzung dafür ist, dass Ergebnisse wie Programmkosten monetär erfasst und bewertet werden.

Bereits die Feststellung der Kosten ist im konkreten Fall ein aufwändiger und häufig schwieriger Prozess: Die direkten Kosten – wie Reisekosten, Beraterkosten etc. – lassen sich leicht erfassen. Hierunter fallen auch zuordenbare Personalkosten (wie die der Mitarbeiter der Personalabteilung). Bei den indirekten Kosten sieht dies anders aus: Geht ein Busfahrer zu einem Sicherheitstraining, so braucht man für ihn einen Ersatz und hat entsprechend höhere Personalkosten. Wie sieht es dagegen aus, wenn ein Manager als Mentor oder Teilnehmer zwei Arbeitstage ausfällt – entstehen hier Opportunitätskosten? Oder wird er sein Pensum durch Vor- und Nacharbeit erledigen? Auch die Zuordnung von Overhead-Kosten ist immer fehleranfällig.

Schwieriger als bei einem Verkaufstraining stellt sich zudem die Ergebnisbewertung von komplexeren Maßnahmen dar, beispielsweise von einer 360°-Beurteilung oder einem Managementnachwuchsprogramm. Schlägt sich ein besseres Betriebsklima, das aufgrund der Änderungen nach einer 360°-Beurteilung möglicherweise erreicht wurde, in messbaren Ergebnissen nieder? Sind mögliche Veränderungen auf die Intervention zurückzuführen oder Konsequenz anderer Entwicklungen? Macht es Sinn, den Kosten eines Managementnachwuchsprogramms die Kosten für eine externe Besetzung gegenüberzustellen?

Eine direkte Ergebnisabschätzung wird daher umso schwieriger,
- je mehr es sich um Veränderungen von Verhaltensweisen handelt,
- je zeitlich langfristiger die Veränderungen greifen,
- je mehr Variablen hineinspielen können (z.B.: Werden die Umsatzsteigerungen nach einem Verkaufstraining aufgrund des hohen Lernerfolges oder wegen der neuen Preispolitik oder der Qualitäts-/Lieferprobleme des wichtigsten Wettbewerbers realisiert?).

Die genannten Probleme sollen nicht als Einwand gegen eine ROI-Betrachtung verstanden werden. Die Personalentwicklung ist zunehmend gefordert, die Ergebnisse ihrer Arbeit auch monetär zu beziffern. Zudem stellt der Kosten-Nutzen-Vergleich ein wichtiges Steuerungsinstrument dar, um sich zwischen einer Vielzahl von möglichen Angeboten und Anbietern zu entscheiden.

Gewarnt sei allerdings davor, sich einen solchen Prozess einfach vorzustellen oder auf oberflächliche Ergebnis- und Kostenbewertungen zu vertrauen.

3.7 Benchmarking

Des Weiteren bietet sich auch die Methode des *Benchmarking* an, um Informationen zum Stand der eigenen Personalentwicklung zu erhalten. Dabei kann man z. B. die im Folgenden aufgeführten Informationen vergleichen mit dem Durchschnitt, den Besten, der Branche oder auch international, um Ansatzpunkte zur Verbesserung der eigenen Personalstrategie zu erhalten:
- die Kosten für Weiterbildung pro FTE (Full time employee),
- die Trainingskosten in Relation zur Gesamtgehaltssumme,
- die Trainingstage pro FTE,
- die externen Trainingstage pro FTE,
- die Zeitdauer je Veranstaltung,
- die Teilnahmequoten,
- die Teilnahmequoten aufgesplittert nach Alter, Hierarchie, Geschlecht, Nationalität,
- das Angebot an einzelnen Maßnahmen, Kostenanteil einzelner Personalentwicklungsmaßnahmen,

- die Anzahl an Kursen pro FTE, die in Eigenverantwortung durchgeführt werden,
- die Fluktuations- und Fehlzeitenrate,
- die Anzahl an weiblichen Fach- und Führungskräften,
- die externe Rekrutierungsrate,
- die Kosten pro externer Einstellung,
- die Kündigungen durch den Arbeitgeber bei Trainees etc.

4 Geeignete Untersuchungsdesigns

Betrachtet man die existierende Literatur, so fällt auf, dass geeigneten Untersuchungsdesigns kaum Aufmerksamkeit geschenkt wird. Dabei steht und fällt mit ihnen die Aussagekraft der Ergebnisse. Wenig geeignet sind die Vorgehensweisen, die Abbildung 4 zeigt.

```
1) Trainingsgruppe [Maßnahme] → [Nachuntersuchung]

2) Trainingsgruppe [Maßnahme] → [Nachuntersuchung]
   Kontrollgruppe                [Nachuntersuchung]
```

Abb. 4: Wenig aussagefähige Untersuchungspläne (eigene Darstellung)

Im ersten Vorgehen – das bei der Zufriedenheitsmessung von Trainings üblicherweise angewandt wird – wird eine Gruppe einer Personalentwicklungsmaßnahme unterzogen und danach befragt, beobachtet oder gemessen. Was nicht bekannt ist, ist der Vergleichswert zum Verhalten vor der Maßnahme. Hat ein Unternehmen z.B. gut bewertete Führungskräfte, so kann man nicht sagen, ob das Nachwuchsprogramm oder das durchgeführte Coaching erfolgreich war. Vielleicht war die Maßnahme ja aufgrund der guten Rekrutierung gar nicht vonnöten? Diese Frage ist insbesondere nicht von der Hand zu weisen, wenn es sich um Trainingsmaßnahmen handelt, zu denen die Mitarbeitenden sich selbst anmelden können. Interessiert sich wirklich jeder dafür, wo er die größten Defizite hat oder dafür, was mehr Spaß macht?

Im zweiten Vorgehen wird zwar eine Kontrollgruppe zum Vergleich herangezogen – ein wichtiger Qualitätsaspekt in der Evaluationsforschung. Doch auch hier ist die Ausgangslage nicht bekannt. Möglichweise hatten die beiden Gruppen, die verglichen wurden, gar nicht dasselbe Niveau, dieselben Voraussetzungen, dasselbe Engagement.

Es ist eine häufige Erfahrung in der Praxis, dass positive Effekte bei Pilotgruppen nicht einfach auf die Gesamtbelegschaft hochgerechnet werden können.

Im dritten Vorgehen (Abb. 5) hat man eine Vorher-Nachher-Messung, jedoch keine Kontrollgruppe zum Vergleich. Wenn man feststellt, dass die Fehlzeitenrate zurückgegangen ist, kann dies am besseren Führungsverhalten liegen, aber auch daran, dass aufgrund eines milden Winters weniger Erkältungskrankheiten auftreten oder dass die Beschäftigten bei einer schlechten Arbeitsmarktlage lieber nicht als uninteressiert oder Problemfall erscheinen wollen und sich krank ins Büro schleppen. Zusätzliche Einflussfaktoren lassen sich also nicht kontrollieren. Warum ist es trotzdem u.U. eine geeignete Evaluationsstrategie? Man kann dieses Design wählen, wenn man mit relativ großer Sicherheit davon ausgehen kann, dass zusätzliche beeinflussende Faktoren eine geringe Rolle spielen, z.B. bei Sprachenschulungen oder IT-Trainings. Hier wird es ausreichend sein, den Lernerfolg zu messen, um etwas über die Qualität der Maßnahme aussagen zu können.

```
3)
Trainingsgruppe  [Voruntersuchung] → [Maßnahme]   → [Nachuntersuchung]

4)
Trainingsgruppe  [Voruntersuchung] → [Maßnahme]   → [Nachuntersuchung]
Kontrollgruppe   [Voruntersuchung] ────────────── → [Nachuntersuchung]

5)
Trainingsgruppe  [Voruntersuchung] → [Maßnahme x] → [Nachuntersuchung]
Kontrollgruppe   [Voruntersuchung] → [Maßnahme y] → [Nachuntersuchung]
```

Abb. 5: Geeignete Untersuchungspläne zur Evaluation (eigene Darstellung)

Die Strategien 4 und 5 sind am aufwändigsten, jedoch auch am aussagefähigsten. Sie umfassen jeweils eine vorher/nachher Untersuchung sowie den Vergleich mit einer Kontrollgruppe, die an der Maßnahme nicht teilnahm. Der Unterschied ist, dass im Vorgehen 5 zwei verschiedene Maßnahmen einander gegenübergestellt werden, beispielsweise E-Learning und Präsenztraining.

Strategie 5 ist für die Unternehmenspraxis empfehlenswert, da man schwerlich die Fachabteilungen zur Teilnahme an einer Evaluationsstudie gewinnen wird, wenn deren Mitarbeiter von einer Maßnahme gar nicht betroffen sind.

Wünschenswert wäre zudem, wenn nicht nur direkt nach der durchgeführten Personalentwicklungsmaßnahme eine Evaluation erfolgt, sondern eine weitere Nachprüfung mit einem *zeitlichen Abstand von sechs bis zwölf Monaten* erfolgt. Nur so kann die *nachhaltige Wirkung* einer Maßnahme im Praxistest festgestellt werden. Dies gilt für Trainingsprogramme, wo durchaus bekannt ist, dass sich Lerneffekte über die Zeit wieder verringern (Regnet 2003, S. 286), ebenso wie für Maßnahmen im Rahmen eines Talentmanagements Desgleichen sollten Nachwuchsprogramme, Job Rotationen und Auslandseinsätze auf ihre langfristigen Effekte hin überprüft werden.

Der Aspekt der Nachhaltigkeit ist nicht zu vernachlässigen. Fatal wäre es, wenn, wie in der Abbildung 6 veranschaulicht, Lerneffekte oder Verhaltensänderungen nur von kurzer Dauer sind und man mehr oder weniger schnell in altes Verhalten zurückfällt (Ist-Verlauf).

Abb. 6: Problem der Transferlücke bei Personalentwicklungsmaßnahmen (nach Wilkening 1997, S. 259)

Allerdings wird man vor der Schwierigkeit stehen, dass bei einer längeren zeitlichen Betrachtung die Vielfalt der äußeren Einflüsse nicht mehr kontrollierbar wird. Dies erfordert den Einsatz von Kontrollgruppen. Aus praktischen Erwägungen wird man nicht jedes Personalentwicklungsprogramm einer solch zeit- und kostenaufwändigen Evaluation unterziehen. Zudem muss nicht jede Personalentwicklungsmaßnahme jedes Jahr evaluiert werden. Phillips und Schirmer (2005, S. 227 f.) empfehlen, kontinuierlich 10 bis 30 Prozent der durchgeführten Maßnahmen einer intensiven Überprüfung zu unterziehen. Man wird dabei kostenintensive sowie erstmalig eingesetzte Maßnahmen mit einer besonderen Priorität versehen.

5 Ausblick: Value of Investment

In Ergänzung zum ROI-Ansatz, den er als zu eng empfindet, brachte Kellner (2006) den Value of Investment in die Diskussion ein. Er fordert damit die zusätzliche Betrachtung von nicht-monetären und qualitativen Faktoren, den so genannten Soft

Facts (Kellner 2006, S. 40) – so schwer sie auch im Einzelfall zu messen sein mögen. Beispielhaft genannt werden (Kellner 2006, S. 129, 139):
- nicht-imitierbare Wettbewerbsvorteile,
- positive Unternehmenskultur,
- weniger Intrigen,
- reibungslosere Veränderungsprozesse,
- Implementierung einer Optimierungskultur,
- erhöhte Lernbereitschaft sowie vermehrte Selbstlernprozesse,
- Steigerung der Mitarbeitermotivation u.a.m.

In der Kosten-Nutzen-Analyse legt Kellner einen Schwerpunkt auf die Betrachtung des Nutzens, d.h. die mittel- und langfristigen qualitativen Effekte einer Personalentwicklungsmaßnahme und die dadurch erreichte Wertschöpfung. Dies umfasst
- eine genaue Zielbeschreibung und Bedarfsermittlung für die jeweilige Personalentwicklungsmaßnahme,
- eine Programmanalyse (dies entspricht weitgehend der weiter oben unter 3.1 dargestellten Prozessanalyse) und ergänzend einen Vergleich mit definierten Qualitätsstandards,
- die Konkretisierung des angestrebten Nutzens, des Wertes, zusammen mit den Beteiligten. Hierzu gehört auch die Frage, ob die Lernziele mit den Unternehmenszielen verbunden sind (Kellner 2006, S. 63) oder ob es sich lediglich um nice-to-have-Veranstaltungen handelt.
- Dieser erwünschte Nutzen für den Unternehmenserfolg wird dann, soweit möglich, mit monetären Kennzahlen verknüpft. Wenn eine klare Erfassung in Zahlen nicht gelingt, soll der Nutzen qualitativ beschrieben werden. Als Messgröße wird zudem das anschließende Verhalten der Mitarbeiter in der Praxis (Transferanalyse) empfohlen.

Das Ziel ist letztendlich ein Qualitätssicherungskonzept für die Personalentwicklung (Kellner, 2005, S. 25), also ein ganzheitlicher Ansatz, der über eine reine Kostenbetrachtung hinausgeht. Auch Kellner empfiehlt – wie bereits oben beim ROI-Ansatz ausgeführt – nur ca. 10 Prozent und hierbei die besonders wichtigen Personalentwicklungsmaßnahmen einer VOI-Analyse zu unterziehen (Kellner, 2005, S. 25). Interessant ist die Fokussierung auf den Nutzen, die eine rein zahlenmäßige Betrachtung ergänzt. Die meisten Elemente sind jedoch nicht neu, sondern basieren auf dem von Kirkpatrick vorgelegten und von Phillips ergänzten Evaluationsmodell. Zudem sprechen auch Phillips und Schirmer (2005, S. 127 f.) von der Bedeutsamkeit »immaterieller Daten« wie Kundenzufriedenheit, Stress, Führung, Arbeitsklima, die nicht in »monetäre Werte konvertiert« werden sollen.

6 Personalentwicklung unter Rechtfertigungsdruck

Die Personalentwicklung steht im Management zunehmend unter Rechtfertigungsdruck. Sie muss klar machen können, wie ihr eigener Beitrag zur Sicherstellung der

Wettbewerbsfähigkeit des Unternehmens ist. Nur dann wird sie als Gestalter und Business Partner Akzeptanz finden (Regnet 2007, S. 82 ff.).

Eine qualitativ hochwertige Planung und Durchführung der Personalentwicklungsmaßnahmen sind dafür notwendige, aber nicht hinreichende Vorgehensschritte. Ergänzt werden muss die betriebswirtschaftliche Sicht, die Kostenanalyse. Allen Personalentwicklern ist anzuraten, geeignete Kennzahlen zu entwickeln, sich mit anderen Unternehmen zu vergleichen und Programme, die einen Wertbeitrag für das Unternehmen leisten sollen, zumindest gelegentlich einer quantitativen wie qualitativen Betrachtung zu unterziehen.

Literatur

Becker 2005: Becker, F.: »Den Return on Development messen: Möglichkeiten und Grenzen der Evaluation«, in: Personalführung, Heft 04/2005, S. 48–53.
Boiger/Lüdemann 2003: Boiger, A. und Lüdemann, I.: »Transfergespräche – damit sich der Seminarbesuch lohnt«, in: Redlich, A. (Herausgeber): Materialien: Fachbereich Psychologie der Universität Hamburg, Hamburg. 2003.
Bushnell 1990: Bushnell, D.: »Input, process, output: a model for evaluating training«, in: Training and Development, Heft 44/1990, S. 41–43.
Galvin 1983: Galvin, J. C.: »What can trainers learn from educators about evaluating management training?«, in: Training and Development, Heft 37/1983, S. 52–57.
Gülpen 1996: Gülpen, B.: Evaluation betrieblicher Verhaltenstrainings unter besonderer Berücksichtigung des Nutzens, München u.a. 1996.
Kellner 2005: Kellner, H. J.: »Nutzen verdeutlichen mit dem ›Value of Investment‹«, in: Wirtschaft & Weiterbildung, Heft Juli/August 2005, S. 24–27.
Kellner 2006: Kellner, H. J.: Value of Investment, Offenbach 2006.
Kirkpatrick 1998: Kirkpatrick, D.: Evaluating training programs – the four levels, 2. Auflage, San Francisco 1998.
Kitzing 1998: Kitzing, S.: Evaluation von Outdoor-Trainings, unveröffentlichte Diplomarbeit an der FH Würzburg, Würzburg 1998.
Phillips/Schirmer 2005: Phillips, J. J. und Schirmer, F. C.: Return on Investment in der Personalentwicklung: Der 5-Stufen-Evaluationsprozess, Berlin, Heidelberg 2005.
Regnet 2003: Regnet, E.: »Teambuilding durch Outdoor-Training«, in: Hofmann, L. M. und Regnet, E. (Herausgeber): Innovative Weiterbildungskonzepte, 3. Auflage, Göttingen u.a. 2003, S. 281–289.
Regnet 2007: Regnet, E.: »Qualität der Personalpolitik«, in: Bröckermann, R., Müller-Vorbrüggen, M. und Witten, E. (Herausgeber): Qualitätskonzepte im Personalmanagement, Stuttgart 2007, S. 71–85.
Schmidt 2007: Schmidt, D.: »Berufliche Weiterbildung in Unternehmen 2005«, in: Statistisches Bundesamt, Wirtschaft und Statistik, Heft 07/2007, S. 699–711.
Wakenhut 1996: Wakenhut, R.: »Bildungscontrolling im Führungskräftetraining«, in Rank, B. und Wakenhut, R. (Herausgeber): Bildungscontrolling: Erfolg in der Führungskräfteentwicklung, München, Mering 1996.
Wilkening 1997: Wilkening, O. S.: »Bildungs-Controlling – Erfolgssteuerungssystem für Personalentwicklungsinvestitionen?«, in Riekhof, H.-C. (Herausgeber): Strategien der Personalentwicklung, Wiesbaden 1997, S. 253–278.

F.5 Controlling der Personal(vermögens)entwicklung

*Elmar Witten**

1 Einordnung des Controllings der Personalentwicklung

2 Betrieblicher Stellenwert des Personalentwicklungs- bzw. Bildungscontrollings

3 Bewirtschaftung von Personalvermögen, nicht von Personal

4 Personalvermögen statt Humankapital

5 Strategische Personalvermögensentwicklung

6 Effektivität und Effizienz als ökonomische Erfolgskriterien

7 Verknüpfung von Ökonomie und Pädagogik

8 Vorschlag für ein pragmatisches Vorgehen

9 Handlungsempfehlung

Literatur

---

* Diplom-Volkswirt Dr. Elmar Witten war nach seinem Studium in Münster zunächst Projektleiter für Management-Konferenzen beim Institute for International Research in Frankfurt. Anschließend hat er als Leiter der Managerakademie aus Frankfurt das Konferenz- und Seminargeschäft des Wirtschaftsverlages Carl Ueberreuter in Deutschland aufgebaut und etabliert. Von 1999 bis 2005 hat er das Seminargeschäft der TÜV-Akademie Rheinland geleitet. Seit Oktober 2005 ist er als Zentraler Innovationsprozessmanager konzernweit für den Innovationsprozess der TÜV Rheinland Group verantwortlich. Er hat zudem Lehraufträge für Bildungsmanagement an der RWTH Aachen übernommen und berufsbegleitend an der FernUniversität in Hagen am personalwirtschaftlichen Lehrstuhl von Univ.-Prof. Dr. Dr. Gerhard E. Ortner promoviert.

In den folgenden Ausführungen soll die Handlungsempfehlung an die für Personalwirtschaft Verantwortlichen hergeleitet und begründet werden, endlich der ständig geäußerten Forderung nach der Einführung eines betrieblichen Controllings der Personalentwicklung bzw. Bildung nachzukommen. Der gerne angeführte Grund der Nichteinführung, Best Practice-Beispiele gebe es nicht, wird durch das betriebliche Management nicht mehr lange ohne Konsequenzen (z. B. Budgetkürzungen) akzeptiert werden. Es wird für die konzeptionell fundierte und erprobte Herangehensweise entsprechend *Personalvermögenskonzept* plädiert.

1   Einordnung des Controllings der Personalentwicklung

Personalwirtschaft bedingt die betrieb(swirtschaft)lich zwingend erforderliche ökonomische Betrachtung der personalen Arbeit im Unternehmen. Ein allgemein anerkanntes Theoriegebäude ist für die Personalwirtschaft – anders als für die meisten übrigen betrieblichen Funktionen bzw. Aufgaben – immer noch nicht entwickelt worden bzw. hat sich noch nicht durchgesetzt. Trotzdem sind sich Theoretiker und Praktiker weitestgehend einig, dass sich die personalwirtschaftlichen Handlungsfelder z. B. entlang des Verbleibs von Mitarbeitern im Unternehmen darstellen lassen:

- Im ersten Schritt geht es um alle Handlungen rund um das *Beschaffen von Personal*, also um die Personalbestandsplanung, die Bedarfsplanung, die Auswahl und die Einstellung bzw. Eingliederung.
- Im zweiten Schritt geht es um die Maßnahmen zum *Halten und zur Pflege des beschafften Personals*. Neben der in diesem Handbuch fokussierten Personalentwicklung sind dies insbesondere Fragen der Arbeits-, Arbeitszeit- und Arbeitsplatzgestaltung, der Entlohnung sowie der Personalführung (die Personalführung wird im hier vertretenen Konzept allerdings als eine neben der Personalmanagement-Aufgabe »Personalwirtschaft« eigene, separat zu sehende Personalmanagement-Aufgabe gesehen).
- Im letzten Schritt geht es um alle erforderlichen Handlungen rund um die *Trennung von Personal* bzw. das Ausscheiden von Mitarbeitern aus dem Leistungserstellungsprozess.

Nach gängigem Verständnis umfasst das *Personalcontrolling* übergreifend über jeden dieser drei Schritte die Planung, Steuerung und Kontrolle sämtlicher (personalwirtschaftlicher) Aktivitäten. In keinem Fall beschränkt sich Controlling auf die Funktion des Kontrollierens nach einem Schritt (ex post), sondern meint immer auch die ex ante ansetzende Planung und Steuerung.

Auch das personalwirtschaftliche Handlungsfeld Personalentwicklung lässt sich z. B. grob in folgende aufeinander aufbauende Schritte gliedern:
- die Situations- und Bedarfsanalyse,
- die Maßnahmendurchführung und
- die Erfolgskontrolle und Transfersicherung.

Das Controlling der Personalentwicklung plant, steuert und kontrolliert jeden einzelnen dieser Schritte bzw. über alle Schritte den gesamten Prozess.

Wenn mit Personalentwicklung instrumentenübergreifend Maßnahmen zur Erhöhung des *Wissens* und Könnens der Mitarbeiter (= *Qualifikation*) und zur Entwicklung von deren Bereitschaft, diese Qualifikationen dem Unternehmen zur Verfügung zu stellen (= *Motivation*), gemeint sind, kann synonym auch der Begriff Bildung verwendet werden und für Personalentwicklungscontrolling auch der zur Zeit mal wieder aktuelle Begriff (betriebliches) *Bildungscontrolling*.

2 Betrieblicher Stellenwert des Personalentwicklungs- bzw. Bildungscontrollings

Der aktuell in Unternehmen und auch in der personalwirtschaftlichen Literatur immer häufiger geäußerten Forderung nach dem Controlling betrieblicher (Weiter-)Bildung stehen die Ergebnisse aktueller empirischer Befragungen von Geschäftsführern und Personalleitern zum Stellenwert von Bildungscontrolling gegenüber (Godau 2005):

- Fast ausnahmslos wird die *Notwendigkeit* eines Bildungscontrollings bestätigt, gleichzeitig stockt aber die Umsetzung entsprechender Konzepte.
- Über den gesamten Bildungsprozess steht die durchzuführende *Bildungsbedarfsanalyse* in den meisten Unternehmen im Fokus. Diese beschränkt sich methodisch aber häufig auf jährlich durchgeführte Mitarbeitergespräche ohne Herstellung eines Bezugs zum betrieblichen Zielsystem.
- Die Steuerung und Kontrolle des *Bildungserfolgs* ist ein weiteres wichtiges Thema für die Unternehmen, spiegelt sich jedoch häufig nur in Zufriedenheitsmessungen wider. An Konzepten zur *Transfermessung* wird gearbeitet. Hier kristallisieren sich aber klar erkennbare Unterschiede derart heraus, dass einige Unternehmen bereits konkrete Maßnahmen etablieren, andere sich der Entwicklung geeigneter Maßnahmen aber noch gar nicht bzw. nicht im ausreichenden Maße gewidmet haben.
- Fast durchgängig stimmen Unternehmen der Aussage zu, dass trotz der derzeitigen Schwerpunktsetzung auf Effizienz- bzw. Wirtschaftlichkeitsbetrachtungen die Frage der Effektivität bzw. *Zielerreichung* von Bildungsmaßnahmen oberste Priorität hat. Eine professionelle Umsetzung ist aber (noch) nicht erkennbar.

Das Bildungscontrolling-Verständnis insbesondere der nicht ökonomisch ausgebildeten Personalentwickler in Unternehmen ist das einseitig monetäre Kontrollieren der betrieblichen Bildungsaktivitäten nach Maßnahmendurchführung. Dies ist auch einer der Gründe dafür, Bildungscontrolling-Konzepte und -Tools immer noch eher zurückhaltend in Unternehmen anzuwenden (Witten 2005a). Zur Forcierung weiterer Controllingaktivitäten ist die weitere Ökonomisierung des per se pädagogischen Weiterbildungsprozesses unterlässlich. Falsch verstanden wäre dies aber die Forderung nach zwingend mehr Ökonomen in Personalabteilungen. Richtig verstanden ist dies die Forderung nach mehr ökonomischer Fundierung der zu steuernden personalwirtschaftlichen Prozesse. Weitere Hauptgründe für die fehlende Umsetzung sind der Widerspruch zwischen der Forderung nach einem konzeptionell gesamtheitlichen Ansatz und dem Anspruch an schnelle und vor allem wirtschaftliche Umsetzung sowie die festzustellende fehlende Ziel- und Strategieorientierung betrieblicher (Bildungs-)Maßnahmen.

Fehlende betriebliche Bildungscontrolling-Konzepte sind eine Ursache des in Deutschland festzustellenden betrieblichen (Weiter-)Bildungsdefizits quantitativer und qualitativer Art: Quantitativ wird auch deswegen in Unternehmen weniger in Bildung investiert als es zur (betriebswirtschaftlich optimalen) Erreichung der betrieblichen Ziele nötig wäre, weil die fehlende absolute Bewertbarkeit von Maßnahmen eher zur Zurückhaltung führt. Qualitativ wird unter anderem häufig wegen der fehlenden relativen Bewertbarkeit von Maßnahmen (neben z. B. der Intransparenz des Weiterbildungsmarktes) nicht in die richtigen im Sinne von bestmöglichen Maßnahmen investiert.

Die immer noch fehlende Erfolgsbewertung von Bildung in der Praxis ist demnach erklärbar und gleichzeitig (Mit-)Verursacher eines feststellbaren (Weiter-)Bildungsdefizits.

3 Bewirtschaftung von Personalvermögen, nicht von Personal

Das sich in Unternehmen immer mehr durchsetzende *Personalvermögenskonzept nach Ortner* (siehe beispielhaft Ortner 2004 und Ortner/Thielmann 2002) unterscheidet sich von allen zur Zeit diskutierten (längst aber nicht etablierten) personalwirtschaftlichen Sichtweisen grundlegend dadurch, dass das betrieblich beschäftigte Personal selber weder als Teil des Betriebsvermögens gesehen wird noch als Teil des *Humankapitals*. Nach dem Personalvermögenskonzept sind Menschen keine Vermögensbestandteile und auch kein Kapital, sondern der personale Produktionsfaktor ist etwas, über das die qua Arbeitsvertrag an ein Unternehmen gebundenen Mitarbeiter verfügen.

Das dem Personalvermögenskonzept zugrundeliegende betriebs- bzw. speziell personalwirtschaftliche Verständnis geht davon aus, dass betrieblich nicht Personen bewirtschaftet werden können. Die Unternehmen besitzen nicht Individuen (das ginge nur in einer Sklavenwirtschaft), sie können aber das ihnen bereitgestellte individuelle Personalvermögen bewirtschaften. Das individuelle Personalvermögen setzt sich zusammen aus der *Qualifikation* des Menschen, verstanden als sein Wissen und Können, verbunden mit der jeweiligen *Motivation*, diese Qualifikation dem Unternehmen auch zur Verfügung zu stellen. Ansatzpunkte für die Steuerung der betrieblichen Personalvermögensentwicklung sind demnach sowohl die Qualifikationen als auch insbesondere die häufig konzeptionell und betrieblich vernachlässigten Motivationen.

Qualifikationen sind das, was in Unternehmen und in der Literatur häufig als (Handlungs-)*Kompetenz* bzw. deren einzelne Bausteine beschrieben wird, z. B. Fach-, Methoden-, Sozial- und persönliche Kompetenz. Auf die an dieser Stelle als überflüssig gesehene und an anderer Stelle zu führende Diskussion der Differenzierung von Qualifikation und Kompetenz wird zugunsten der Verwendung des Begriffes

Qualifikation verzichtet (Witten 2004, S. 177 f.). Mit Kompetenzen werden betrieblich häufig die unternehmerischen Zuständigkeiten bzw. Ermöglichungen bezeichnet, also das, was die Individuen dürfen. Motivationen bleiben nicht abstrakt, sondern meinen den betriebswirtschaftlich entscheidenden Erfolgsfaktor der Bereitschaft, das individuelle Wissen und Können dem Unternehmen auch (mindestens entsprechend der arbeitsvertraglichen Regelungen) zu geben.

Die Höhe des *betrieblichen Personalvermögens*, als Summe aller dem Unternehmen zur Verfügung gestellten *individuellen Personalvermögen*, wird natürlich nicht nur durch Qualifikationen und Motivationen, sondern auch und nicht unwesentlich durch die betrieblich festgelegten Kompetenzen, also das Dürfen beeinflusst. Dieses ergibt sich aus der Unternehmenskultur und -organisation, lässt sich aber insbesondere durch die Führung der Menschen beeinflussen. Letztlich und im Verständnis des Personalvermögenskonzeptes ist dies dann aber eben keine Personal(vermögens)entwicklungsaufgabe, sondern Management- bzw. Führungsaufgabe.

4 Personalvermögen statt Humankapital

Anders als die Personen selber ist das Personalvermögen ein Teil des gesamten auf der Sollseite der Bilanz abgebildeten Betriebsvermögens. Irritierender Weise wird in Deutschland im Rahmen von Bildungscontrollingdebatten und insbesondere auch -publikationen immer wieder und immer noch von der Steuerung des Humankapitals gesprochen. Das ist erklärbar aus der Übersetzung des im anglistischen Sprachraum üblichen Begriffs *human capital*, der den personalen Faktor aber üblicherweise auch als Vermögens- und nicht als Kapitalbestandteil interpretiert. Aus betriebswirtschaftlicher Sicht wird mit Kapital in Vermögen investiert, was im Rahmen von »richtig« verstandenem Controlling (Planung, Steuerung und Kontrolle) der personellen Qualifikationen und Motivationen eigentlich nur einen Vermögens- und nicht den Kapitalbegriff zulässt. Die (im Personalvermögenskonzept bereits vor Jahren gefällte) Entscheidung für dieses Verständnis vom personalen Faktor als Vermögen ist also unabhängig von der auf anderer Ebene aktuell geführten Diskussion um die Entscheidung der Aktion »Unwort des Jahres« für den Begriff *Humankapital* (siehe dazu beispielhaft Hasebrook 2005, S. 1 f.).

Die Betrachtung des Personalvermögens schafft demnach die betriebswirtschaftliche Basis für den immer wieder gerne (eventuell aus Imagegründen) geäußerten Vorschlag, dass Unternehmen Mitarbeiter als Partner sehen und behandeln wollen. Nach dem Personalvermögenskonzept ist das Personal tatsächlich Wirtschaftspartner, was dem Unternehmen gegen das im Arbeitsvertrag geregelten Entgelt ein Vermögen liefert, das dieses dringend zur Erreichung der betrieblichen Ziele benötigt. Mit derart verstandenen Lieferanten geht man üblicherweise so sorgsam und partnerschaftlich um wie mit wichtigen Kunden. Das macht emotionale bzw. primär werbetechnische Beschwörungen der »betrieblichen Bedeutung des Personals« überflüssig.

5 Strategische Personalvermögensentwicklung

Der betriebliche Ansatz der *strategischen Personalvermögensentwicklung* (siehe beispielhaft Witten/Godau 2004 und Witten 2005 b) meint umfassender als andere Bildungscontrollingansätze die konsequent an Unternehmenszielen auszurichtende Planung, Steuerung und Kontrolle des Personalvermögens der Mitarbeiter.

Der Personalvermögensansatz setzt bei allen oben skizzierten personalwirtschaftlichen Handlungsfeldern entlang der Prozesskette des Verbleibs von Mitarbeitern im Unternehmen an. Dabei unterscheidet sich die Sichtweise aber grundlegend dadurch, dass Personalvermögen und nicht Personal hinsichtlich Beschaffung, Halten bzw. Pflege und Trennung bewirtschaftet und »controlled« wird.

Die strategische Personalvermögensentwicklung ist also der Teil des personalwirtschaftlichen Ansatzes Personalvermögenskonzept, der sich mit der betriebswirtschaftlich optimalen Entwicklung des Personalvermögens befasst.

Entsprechend seiner unternehmerischen Bedeutung wird vorgeschlagen, analog zu den anderen betrieblichen Funktionen wie z. B. Absatz, Produktion oder Finanzierung auch für die Bewirtschaftung des Personalvermögens eine aus dem obersten betrieblichen Zielsystem abgeleitete Strategie abzuleiten bzw. zu entwickeln. Für die Praxis des Unternehmensmanagements bedeutet das,
- dass das gesamte Management und insbesondere das Topmanagement die Bedeutung erkennen und ernst nehmen und in allen Managementprozessen verankern müssen,
- dass eine Integration in die Unternehmensstrategie erfolgen muss,
- dass das Personalvermögen Eingang in die existierenden internen Managementinformations- und Controllingsysteme finden muss und
- dass das Management ebenso wie über die finanziellen Ressourcen im Rahmen der externen Berichterstattung Rechenschaft ablegen muss (Schütte 2005, S. 18 ff.).

Aus dieser *Personalvermögensstrategie* sind dann Ansätze zur Bildung von Personalvermögen ebenso abzuleiten wie zu dessen Sicherung oder Disposition. Als Maßnahme zur Personalvermögensbildung eignet sich z. B. grundsätzlich die (externe) Personalvermögensakquisition (»Personalbeschaffung«) aber auch die Personalvermögensentwicklung.

In der Literatur und der betrieblichen Praxis nicht feststellbare konstitutive Merkmale von Personalentwicklung (es gibt hunderte unterschiedlicher Definitionen!) sind entsprechend Personalvermögenskonzept eindeutig fixierbar. Personalvermögensentwicklung definiert sich durch das Zusammenspiel der *Komponenten*
- Erweiterung von Qualifikationen,
- Beeinflussung von Motivationen,
- Ansatz beim Individuum,
- konsequente Orientierung am betrieblichen Ziel- und Strategiesystem sowie
- Einsatz methodenübergreifender Maßnahmen (siehe dazu die Kapitel C und D dieses Handbuches).

6 Effektivität und Effizienz als ökonomische Erfolgskriterien

Ein falsches im Sinne von lediglich eindimensional gesehenes Verständnis von Controlling ist die reine Betrachtung der Wirtschaftlichkeit der Personalvermögensentwicklung. Wirtschaftlich sind Maßnahmen dann, wenn der Output (z. B. die gesamten in Euro gemessenen positiven Wirkungen) den in gleicher Maßeinheit bewerteten Input (z. B. die Kosten) übersteigt. Dieses Verhältnis von Input und Output stellt ökonomisch die Effizienz dar, die wie oben erwähnt häufig als einziger Ansatzpunkt für Bildungscontrolling gesehen wird.

Von der *Effizienz* unbedingt zu unterscheiden ist die *Effektivität* genannte Wirksamkeit von Maßnahmen. Effektiv ist Bildung bzw. Personalvermögensentwicklung, wenn das mit der Maßnahme intendierte Ziel erreicht wird. Hier wird also die Relation des Outputs zu einem vorher gesteckten Ziel(bündel) betrachtet.

Effektivität und Effizienz sind die beiden zu betrachtenden und zu verknüpfenden Ebenen, wenn der Gesamterfolg von Bildungsmaßnahmen bewertet werden soll. Die notwendigerweise vorgeschaltete und eher strategische Sicht auf die Wirksamkeit prüft, ob alternative Maßnahmen überhaupt in der Lage sind, vorher gesteckte Ziele zu erreichen. Hier wird die Frage beantwortet, ob die richtigen, im Sinne von zielerreichenden, Dinge getan werden. Nur effektive Maßnahmen müssen anschließend zur Auswahl der bestmöglichen Alternative hinsichtlich ihrer Effizienz untersucht werden. Hier wird die eher operative Frage, ob die (ausgewählten) Dinge auch richtig getan werden, beantwortet. Eine gesamtheitliche Sicht auf den Erfolg von Bildung muss klären, ob die grundsätzlich richtigen Dinge bzw. Maßnahmen auch richtig gemacht werden.

Dieser die Effektivitäts- und Effizienzbetrachtung einbeziehende Ansatz genügt auch den aktuellen Anforderungen internationaler Experten für Bildungscontrolling an eine über das Messen des sog. ROI (*Return on Investment*) hinausgehende Bewertung des so genannten VOI (*Value of Investment*), der insbesondere die nichtmonetären Nutzeneffekte von Bildung erfassbar machen will (Kellner 2005, S. 24 ff.). Eine ausschließliche Betrachtung monetärer Aspekte z. B. bei der Berechnung des ROI genügt keinesfalls den skizzierten Anforderungen an eine gesamtheitliche Sicht auf die auch qualitativen Wirkungen der betrieblichen Maßnahmen.

Im Sinne des Vorantreibens einer pragmatischen Vorgehensweise zur Bewertung von Bildung werden hier alle Ansätze eines Versuchs, über Formeln bzw. Kennzahlen alle Wirkungen erfassen zu können als eindeutig förderlich gesehen (siehe exemplarisch Scholz et al. 2004, S. 232). Sie versuchen, die unterschiedlichsten Effekte in eine Dimension zu transformieren, und helfen, die Argumentation des Personalers hinsichtlich seiner Investitionsentscheidungen zu fundieren. Bei aller Kritik an der »Richtigkeit« der in solchen Formeln erfassten und erfassbaren Wirkungen ist der Einsatz einer wenn auch nicht zu 100 Prozent als »richtig« akzeptierten Formel eindeutig besser für das Gespräch mit dem Management als die Wirkungen überhaupt nicht quantitativ bewertet zu haben.

7 Verknüpfung von Ökonomie und Pädagogik

Eine optimale, im Sinne von bestmögliche, Bildungsmaßnahme ist grundsätzlich entsprechend einer der beiden Varianten des sogenannten ökonomischen Prinzips auszuwählen. Entweder ist nach dem Maximumprinzip mit gegebenen Mitteln der größtmögliche Erfolg anzupeilen, oder es soll nach dem Minimumprinzip ein gewünschter Erfolg mit minimalem Einsatz (z. B. Kosten) erreicht werden. Häufig wird (insbesondere von Nichtökonomen) gefordert, mit minimalen Mitteln ein Maximum zu erreichen. Das ist nicht nur unökonomisch, sondern schlichtweg unmöglich, da nicht operational handhabbar.

Die in der Praxis der Personalentwicklungsabteilungen meist in Frage kommende Ausprägung des ökonomischen Prinzips ist die des Maximumprinzips. Mit einem vorgegebenen und oft in der Höhe nicht zu beeinflussendem Bildungsbudget soll »das Beste« erreicht werden. Zur Optimierung muss dann dieses »Beste« aber zwecks Bewertbarkeit zunächst operationalisiert werden. Das setzt aber keinesfalls eine zwangsweise Monetarisierung der Wirkungen der Bildung voraus. Vielmehr werden Instrumente benötigt, um auch nicht-monetäre Zielsysteme bewertbar machen zu können.

Ganz wesentlich hängen die positiven Wirkungen von Bildung auch vom Prozess des individuellen Lernens ab. Das mittlerweile seit Jahrzehnten in Unternehmen vorherrschende vierstufige Modell zur Erfolgsbewertung nach Kirkpatrick macht diesen Einflussfaktor explizit deutlich: Als Schritt zwischen der ersten Stufe *Zufriedenheitserfolg* des Maßnahmenteilnehmers und dem Transfer- und dem *Unternehmenserfolg* (Stufe drei und vier) ist der Lernerfolg (Stufe zwei) mitverantwortlich dafür, dass Gelehrtes auch zu individueller Handlung und letztlich zur Veränderung der betrieblichen Ergebnisse führt. Der Lernerfolg wird determiniert zum einen durch das individuelle Lernvermögen, zum anderen durch das Gelingen des vollständigen Lernens. Größtmöglicher *Umsetzungserfolg* ist dann gewährleistet, wenn das Gelehrte vollständig über den Lernprozess in Erlerntes umgesetzt wird. Dieses vollständige Lernen wird beeinflusst dadurch, ob der Lernende grundsätzlich lernen kann und ob und in welchem Maße er das auch will (Qualifikation und Motivation sind also auch hier die Determinanten; auch der Lernprozess selber muss effektiv und effizient sein).

Allerdings wird z. B. bei Führungstrainings der Lernaspekt weniger eine Rolle spielen (oder sogar gar keine) als bei der Vermittlung von Wissen und Fakten. Im Modell Kirkpatricks und bei stufenweisem Vorgehen kann dann der Lernerfolg übersprungen werden.

Wenn der ROI als Erweiterung und fünfte Stufe des ursprünglichen Modells von Kirkpatrick gesehen wird, (Phillips/Schirmer 2005, S. 27 ff.) lässt sich der VOI als sechste Stufe interpretieren und der hier vorgestellte Ansatz als alle sechs Stufen beinhaltend.

8 Vorschlag für ein pragmatisches Vorgehen

Entscheidend für die erfolgreiche Erfolgsbewertung insbesondere unter dem Aspekt der Wirtschaftlichkeit der Bildungscontrolling-Instrumente ist der effektive und effiziente Einsatz betriebsindividuell vorhandener Controlling-Tools auch für die Bewertung von Bildungsmaßnahmen.

So sollten etwa die betrieblich generell angewendeten Systematiken zur Kostenbewertung auch auf die Bewertung des Inputs bzw. der negativen Wirkungen von Bildung übertragen werden. Die unternehmensspezifische Kostenrechnung kann so zur Klärung folgender Fragen genutzt werden:

- Welche Kosten sind angefallen?
- An welcher betrieblichen Stelle (Bereich/Abteilung) sind sie angefallen?
- Durch welche Maßnahmen sind sie verursacht worden?

Ein weiteres »Killerargument« gegen die Einführung eines Bildungscontrollings ist die Vermutung, Kosten könnten relativ einfach »objektiv« bewertet werden, Nutzen und Erträge dagegen insbesondere wegen der komplexen Ursache-Wirkungszusammenhänge überhaupt nicht sinnvoll. Dazu ist zu sagen, dass auch die betriebliche Kostenbewertung immer (auch) subjektiv ist. So ist z. B. die Einbeziehung von *Opportunitätskosten* (beispielsweise Ausfallzeiten des Produktionsmitarbeiters für die Zeit während der Weiterbildungsmaßnahme) in das betriebliche Kostenkalkül nicht zwingend vorzunehmen, sondern wird betriebsindividuell gemacht oder eben nicht. Auch Kosten sind keinesfalls objektiv, aber (immer bzw. meist) intersubjektiv nachvollziehbar.

Wieso sollten also nicht auch ähnliche Schemata auf die Bewertung von Nutzen und Erträgen angewandt werden?

Die Frage der monetären Bewertung positiver Bildungswirkungen wie beispielsweise im Rahmen vorgeschlagener Formeln zur Nutzen- (bzw. besser: Ertrags-)Bewertung ist insbesondere bei der Effizienzbetrachtung wichtig. Wie beschrieben ist allerdings als strategische und vorgeschaltete Frage die der Effektivität zu klären. Hier bietet sich die Bewertung der Zielerreichung von Bildung durch das Instrument *Nutzwertanalyse* (NWA) an. Die NWA ist ein bislang und seit über 25 Jahren vor allem in produzierenden Betrieben eingesetztes Tool z. B. für die Entscheidungsfindung zur Auswahl alternativer Produktionsmaschinen. Auch hier sind wie bei der Investition in Bildung zukünftige Erträge schwer bewertbar. Die NWA eignet sich vor allem wegen der einfachen Handhabbarkeit und wegen der intersubjektiv (auch und insb. von betrieblichen Controllern) nachvollziehbaren Bewertung.

Bei der NWA wird zunächst ein so genannter Zielbaum erstellt. Ausgehend von dem mit der Bildungsmaßnahme zu erreichenden Bildungsziel, das aus dem obersten betrieblichen Zielsystem abgeleitet wird, wird eine Zielhierarchie aufgestellt. So kann im Fall eines produzierenden Unternehmens beispielsweise das Bildungsziel Steigerung der Produktivität einerseits über das Unterziel Schulung der Vorfertigungsstufe in der Produktion, andererseits über das Unterziel Schulung der Endfertigungsstufe in der Produktion erreicht werden. Für diese beiden exemplarischen »Nutzenstellen« (in Analogie der betrieblichen Kostenstellen) sind weitere Subziele ausschlaggebend, z. B. die Erhöhung der Kompetenzen fachlicher, sozialer, methodischer und personaler Art aber auch der Motivationen.

Die einzelnen Ziele werden gewichtet, einer Bewertung unterzogen und ergeben je Maßnahme über die Addition der Teilnutzwerte einer Zielhierarchiestufe einen Gesamtnutzwert. Dieser sagt nichts über die absolute Vorteilhaftigkeit einer Bildungsmaßnahme aus, ermöglicht aber eine intersubjektiv nachvollziehbare relative Bewertung und Entscheidungsvorbereitung für die Auswahl von Bildungsalternativen.

Die Gewichtung der einzelnen Ziele und Unterziele kann bei der betrieblichen Umsetzung gemeinsam von allen betrieblich Beteiligten vorgenommen werden. So können z. B. der für Personal(vermögens)entwicklung Verantwortliche, der Betriebsrat, der Fach- bzw. Disziplinarvorgesetzte der zu Qualifizierenden und der Controller als »Bewertungsteam« gemeinsam die Entscheidung konzeptionell vorbereiten.

9 Handlungsempfehlung

Die immer wieder und immer noch zu beobachtende Suche nach neuen »innovativen« Bildungscontrolling-Instrumenten zur eindeutigen Klärung des Ursache-Wirkungs-Zusammenhangs bei Bildung erscheint ebenso wenig Erfolg versprechend wie zweckmäßig. Vorrangig wichtig erscheint dagegen die Bearbeitung der Frage der Effektivität von Bildung zu sein, die mit existierenden Tools ebenso wie alle anderen Fragen der Prozesskette der Bildung zu klären ist.

Wesentlich nicht nur für einen gesamtheitlichen Bildungscontrolling-Ansatz, sondern auch für das betriebsinterne Marketing des Personalentwicklers ist die Einbeziehung auch der Sprache und der Sichtweise der betrieblichen Entscheider, die vor allem ökonomisch fundiert sind (Witten 2005 c).

Zusammenfassend wird also der praxisorientierte Vorschlag gemacht, mit theoretischer Fundierung des Personalvermögenskonzeptes ein ziel- und strategieorientiertes Vorgehen zur Planung, Steuerung und Kontrolle von betrieblicher Bildung systematisch aufzubauen und dafür die im Unternehmen vorhandenen Instrumente anzuwenden bzw. entsprechend anzupassen.

Literatur

Godau 2005: Godau, S.: Der Stellenwert von Bildungsmanagement und -controlling in mittelständischen Unternehmen, in: Gust, M. und Weiß, R. (Herausgeber): Praxishandbuch Bildungscontrolling für exzellente Personalarbeit, München 2007.

Hasebrook 2005: Hasebrook, J.: »Editorial – Nichts ist interessanter als der Mensch ...«, in: Personalführung, Heft 03/2005, S. 1–2.

Kellner 2005: Kellner, H. J.: »Nutzen verdeutlichen mit dem ‚Value of Investment'«, in: Wirtschaft & Weiterbildung, Heft 07/08/2005, S. 24–27.

Ortner 2004: Ortner, G. E.: »Personalvermögen – Was Menschen können und wollen«, in: leadership forum, Heft 07/2004, S. 1–3.

Ortner/Thielmann-Holzmayer 2002: Ortner, G. E. und Thielmann-Holzmayer, C.: »Was ist (uns) unser Personal wert?«, in: Klinkhammer, H. (Herausgeber): Personalstrategie – Personalmanagement als Business Partner, Neuwied; Kriftel, S. 220–244.

Phillips/Schirmer 2005: Phillips, J. J. und Schirmer F. C.: Return on Investment in der Personalentwicklung – Der 5-Stufen-Evaluationsprozess, Berlin; Heidelberg 2005.

Scholz et al. 2004: Scholz, Christian; Stein, Volker; Bechtel, Roman: Human Capital Management – Wege aus der Unverbindlichkeit, München 2004.

Schütte 2005: Schütte, M.: »Humankapital messen und bewerten: Sisyphusarbeit oder Gebot der Stunde?«, in: Personalführung, Heft 04/2005, S. 18–28.

Witten 2004: Witten, E.: Ansätze zur Optimierung der betrieblichen Personalvermögensbildung, Münster 2004.

Witten 2005 a: Witten, E.: »Weiterbildungsabschlüsse als Bestandteil strategischer Personal(vermögens)entwicklung?!«, in: Das Personalvermögen, 2005 (in Vorbreitung).

Witten 2005 b: Witten, E.: »Strategische Personalvermögensentwicklung: Ein 2-Ebenen-Bildungscontrolling-Ansatz«, in: Gust, M. und Weiß, R. (Herausgeber): Praxishandbuch Bildungscontrolling für exzellente Personalarbeit, München 2007.

Witten 2005 c: Witten, E.: »13 Tipps, wie Sie sich als Personalbereich effektiv vermarkten«, in: Deutscher Vertriebs- und Verkaufsanzeiger, Heft 06/2005.

Witten/Godau 2004: Witten, E. und Godau, S.: »Strategische Personalvermögensentwicklung – Ein praktisches Beispiel der Anwendung des Personalvermögenskonzeptes«, in: Das Personalvermögen, Heft 03/2004.

Teil G
Management der Personalentwicklung

G. Management der Personalentwicklung

*Michael Müller-Vorbrüggen**

1 Ziele und Aufgaben der Personalentwicklung

2 Organisation der Personalentwicklung

3 Anforderungen an den Personalentwickler

4 Kompetenzen des Personalentwicklers

5 Ausbildungen zum Personalentwickler

6 Weiterbildungen für den Personalentwickler

7 Ethische Grundhaltung des Personalentwicklers

Literatur

---

* Prof. Dr. Michael Müller-Vorbrüggen ist Diplom Theologe, studierte zusätzlich Wirtschaftspädagogik sowie Psychologie und promovierte an der RWTH Aachen. Viele Jahre war er als Personalleiter im Kirchlichen Dienst und in der Bankgesellschaft Berlin AG tätig. Er spezialisierte sich auf die Felder Personalmanagement, Personalentwicklung und Coaching, in denen er auch als freiberuflicher Berater arbeitet. Seit 2000 ist er Lehrbeauftragter für Personal- und Organisationsentwicklung an der RWTH Aachen und seit 2002 Professor für Personalmanagement insbesondere Personalentwicklung am Fachbereich Wirtschaftswissenschaften der Hochschule Niederrhein. Er ist Autor einer Vielzahl von Veröffentlichungen und seit 2006 geschäftsführender Direktor des – IPM –, Institut für Personalführung und Management der Hochschule Niederrhein (ipm.hs-niederrhein.de)

1 Ziele und Aufgaben der Personalentwicklung

Die zentrale Aufgabe der Personalentwicklung ist es, die *Handlungsfähigkeit* der Mitarbeiter eines Unternehmens sicherzustellen. Dies geschieht durch die *Kompetenzentwicklung* der Mitarbeiter (Mudra 2004 S. 362 ff., Kapitel B.2 in diesem Buch). Dazu setzt man zielbewusst und planmäßig die verschiedenen Instrumente der Bereiche *Bildung, Förderung* und *Arbeitsstrukturierung* ein. Man begreift die Mitarbeiter als wichtigen Motor von Fortschritt und Erneuerung. Personalentwicklung setzt die Lernfähigkeit der Mitarbeiter voraus und sichert die Kompetenzbasis des lernenden Unternehmens. Einerseits werden die Leistungen den vorgesetzten Funktionsträgern und andererseits direkt einzelnen Mitarbeitern angeboten. Damit hat die Personalentwicklung eine doppelte *Zielausrichtung*: das *Unternehmen* und den einzelnen *Mitarbeiter*. In der konkreten Arbeit sind diese Ziele nicht immer ganz in Einklang zu bringen. Man muss versuchen, hier einen vertretbaren Weg zu finden.

Der *wichtigste Personalentwickler* seiner Mitarbeiter ist der jeweilige *Vorgesetzte*. Die Personalentwicklung aus der Personalabteilung heraus kann und soll diese Aufgabe weder ersetzten noch schmälern, sondern muss sie unterstützen und ergänzen. Als spezialisierte Funktionseinheit eines Unternehmens ist es die Aufgabe einer Personalabteilung, kompetente Serviceleistungen zu allen Fragen, die das Personal betreffen, anzubieten. Das Selbstverständnis der *Personalabteilung* ist das einer internen *Serviceeinheit*, die Dienstleistungen mit einer klaren Ausrichtung auf die internen Kunden und deren Wünsche und Bedürfnisse erbringt (Becker 2009, S. 675, Nerdinger 2003, S. 1 ff.). Dieses Selbstverständnis bedeutet nicht, dass die Personalabteilung es unterlassen könnte, unliebsame oder schwer verständliche Maßnahmen und Ansichten zu vertreten oder durchzusetzen. Vielmehr meint es die innere Grundhaltung, die sich z. B. in der freundlichen, zuvorkommenden und vorausdenkenden Art des Umgangs mit den entsprechenden Adressaten zeigt. *Adressaten* dieser Serviceleistung sind die Unternehmensleitung, die Führungskräfte, die Mitarbeiter und unter Umständen auch der Betriebsrat.

Das »Serviceangebot« der Personalentwicklung besteht in der Planung, Bereitstellung, Durchführung und Evaluation der in diesem Handbuch genannten Personalentwicklungsinstrumente. Daneben gehört ebenfalls zum Serviceangebot: Beratung zu allen Personalentwicklungsfragen, Erstellung von Informationsmaterialien zur Personalentwicklung, Information und Schulung zur Unternehmensspezifischen Personalentwicklungssystematik, das Wissensmanagement und die Organisationsentwicklung (Kapitel A in diesem Buch).

Bezüglich des *Zeithorizonts* ihrer Arbeitsorganisation hat die Personalentwicklung die operative (kurzfristig), die taktische (mittelfristig) und die strategische (langfristig) Ebene zu berücksichtigen (Scholz 2000, S. 88 ff.). Während die operative und die taktische Ebene relativ selbstverständlich Berücksichtigung finden, scheint der strategische Handlungshorizont der Personalentwicklung häufig nicht sehr ausgeprägt zu sein (Weber/Schmelter 2003, S. 122).

An dieser Stelle kann nur eine Grundorientierung für die besagten drei Zeitebenen genannt werden, wobei zur strategischen Ebene auf das Kapitel A in diesem Buch verwiesen wird. Für taktische und operative Grundorientierung ist die von Wolfgang

Mentzel entwickelte Ablaufstruktur dienlich, die hier in abgewandelter Form wiedergegeben wird (Mentzel 2001, S. 1.).

```
┌─────────────────────┐  ┌─────────────────────┐  ┌─────────────────────┐
│  Kompetenzbedarf    │  │  Kompetenzeignung   │  │ Entwicklungsbedürf- │
│  der Unternehmung   │  │  der Mitarbeiter    │  │     nisse der       │
│                     │  │                     │  │     Mitarbeiter     │
└─────────────────────┘  └─────────────────────┘  └─────────────────────┘
            ↓                      ↓                        ↓
              ┌──────────────────────────────────────┐
              │   Vergleich von Kompetenzbedarf,     │
              │   Kompetenzeignung und               │
              │   Entwicklungsbedürfnissen           │
              │                                      │
              │            ⇨  Strategie-             │
              │               konzept                │
              └──────────────────────────────────────┘
                                 ↓
              ┌──────────────────────────────────────┐
              │           Fördergespräch             │
              └──────────────────────────────────────┘
                                 ↓
┌─────────────────────┐  ┌─────────────────────┐  ┌─────────────────────┐
│  Bildungsmaßnahmen  │  │   Fördermaßnahmen   │  │   Maßnahmen der     │
│                     │  │                     │  │ Arbeitsstrukturierung│
└─────────────────────┘  └─────────────────────┘  └─────────────────────┘
            ↓                      ↓                        ↓
              ┌──────────────────────────────────────┐
              │          Bewährung am                │
              │      Arbeitsplatz/Evaluation         │
              └──────────────────────────────────────┘
```

Abb. 1: Funktionsablauf der Personalentwicklung
(eigene Darstellung in Anlehnung an Mentzel 2001, S. 1 ff.)

Die Darstellung verdeutlicht die Prozesshaftigkeit der Personalentwicklung. Man unterscheidet drei Eingangsgrößen: Der *Kompetenzbedarf* des Unternehmens, die objektivierte *Kompetenzeignung* der Mitarbeiter und den subjektiven *Entwicklungsbedürfnissen* der Mitarbeiter.

Der *Kompetenzbedarf* eines Unternehmens wird durch vielfältige Planungsmaßnahmen ermittelt, die heute selbstverständlich weitgehend EDV-gestützt sind (Kapitel F.1 und B.4 in diesem Buch).

Die *Kompetenzeignung* der Mitarbeiter wird in der Mitarbeiterbeurteilung benannt und in der Regel durch den Vorgesetzten vorgenommen. Diese Beurteilung wird, insbesondere bei Führungskräften, durch verschiedene psychologische Verfahren ergänzt (Kapitel D.4 in diesem Buch). Neuere Verfahren, wie Mitarbeiterzufriedenheitsanalysen und das 360° Feedback, die stark Feedback orientiert sind, spielen eine zunehmende Rolle (Kapitel D.2 und D.3 in diesem Buch). Darüber hinaus können natürlich direkt oder indirekt alle in diesem Buch genannten Instrumente Anhaltspunkte zur Eignung der Mitarbeiter erbringen. Voraussetzung dafür ist natürlich, dass sie angewandt und evaluiert wurden.

Schwieriger ist das mit den *Entwicklungsbedürfnissen* der Mitarbeiter. Diese sind notwendigerweise subjektiv. Die entscheidende Frage ist, in wie weit das *Selbstbild* und das *Fremdbild* des Mitarbeiters voneinander abweichen. Im Idealfall kann der Mitarbeiter sich selbst gut einschätzen und er hat es mit Hilfe der objektivierenden Verfahren gelernt. In der Praxis ist das aber durchaus nicht immer der Fall. Der Wunsch, mehr zu verdienen und mehr Geltung zu haben, ist oft zu verführerisch. Konflikte sind vorprogrammiert und müssen ausgetragen werden. Dabei ist der Weg zur *Deckungsgleichheit* von Fremd- und Selbstbild häufig ein schwieriger und sollte als ein für das Unternehmen wesentlicher Lernprozess der Mitarbeiter begriffen werden. Davon abgesehen können Entwicklungsbedürfnisse so gelagert sein, dass sie zwar im Unternehmen nicht realisiert werden können, aber dennoch der Selbsteinschätzung entsprechen. In diesem Fall wird der Mitarbeiter vermutlich das Unternehmen verlassen. Die überaus hohe Wertigkeit der Personalentwicklungsbedürfnisse der Mitarbeiter ergibt sich aus der Masslowschen Motivationstheorie. Falls eine Reihe von anderen Bedürfnissen befriedigt worden ist, hat hier die Selbstverwirklichung Vorrang.

Der Vorgesetzte steht, unterstützt von der Personalabteilung, vor der schwierigen Aufgabe, Bedarf, Eignung und Bedürfnisse der Mitarbeiter miteinander zu vergleichen und daraus ein (vorläufiges!) Strategiekonzept abzuleiten. Wenn dieses Strategiekonzept vorliegt, kann das Fördergespräch mit dem Mitarbeiter erfolgen.

In manchen Unternehmen wird dieses *Fördergespräch* mit einem Beurteilungsgespräch zusammengelegt. Vermutlich will man damit eine vermeintlich aufwendige »Inflation« der Gespräche vermeiden. Dies sollte aber unbedingt vermieden werden. Vielmehr sollte die Beurteilung mindestens vier Wochen vor dem Fördergespräch erfolgen. Der Mitarbeiter braucht einfach Zeit, um die Beurteilung, egal wie sie ausfällt, zu verarbeiten und zu einer eigenen »Option« zu finden. Beide Gespräche miteinander zu verbinden, stellt eine psychologische Überforderung für beide Seiten dar. Auch der Vorgesetzte dürfte bei einer solchen Verbindung in seiner Gesprächskunst überfordert werden. Vermutlich wird im Endeffekt durch eine Zusammenlegung beider Gespräche keine Zeit eingespart.

Im Fördergespräch oder als Folge daraus wird eine Entscheidung getroffen, ob der entsprechende Mitarbeiter eine Personalentwicklungsmaßnahme erfährt oder nicht. Der Vorgesetzte entscheidet dann gemeinsam mit den Funktionsträgern der Personalentwicklung, wann welche *Personalentwicklungsmaßnahme* aus dem Bereich der Personalbildung, Personalförderung oder der Arbeitsstrukturierung stattfindet.

Selbstverständlich werden solche Maßnahmen heute evaluiert (Kapitel F.3 und F.5 in diesem Buch). Dazu gehört auch die Frage, ob sich der Mitarbeiter schlussendlich an seinem Arbeitsplatz bewährt bzw. ob die Maßnahme zu einer *Kompetenzerweiterung* geführt hat. An dieser Stelle wird eine erneute *Kompetenzmessung* erforderlich, womit der Funktionskreislauf geschlossen wäre (Bröckermann/Müller-Vorbrüggen/Witten 2007).

Nicht selten gewinnen innovative Manager ihr Wissen aus einschlägigen Fachzeitschriften, in denen oft genug neuere Instrumente der Personalentwicklung thematisiert werden. Da sie den Eindruck haben, in ihrem Unternehmen tut sich in diesem Bereich wenig oder nichts, stellen sie den Personalentwicklern die Aufgabe, entsprechende Instrumente einzuführen. Aufgeschreckt von immer neuen Impulsen und Anforderungen, beginnen die Personalentwickler, diesen Impulsen hinterher zu hecheln bis sie völlig »außer Atem« sind. Eine Personalentwicklung, die auf solche Impulse wartet, verfehlt nicht nur ihre Zielsetzung, sondern höchstwahrscheinlich auch den Erfolg in der Umsetzung der einzelnen Instrumente. Es ist erforderlich, zu einer proaktiven, innovativen und strategischen Gestaltung zu finden, (Mudra 2004, S. 291 ff.) deren Ergebnisse dann der Unternehmensführung präsentiert werden können. Auf diese Weise wird dem Manager, der meint, seine Personalentwicklungsabteilung mit Ideen füttern zu müssen, der Wind aus den Segeln genommen. Er kann lernen, seiner Personalentwicklungsabteilung etwas zu zutrauen und ihr zu vertrauen (Mudra 2004, S. 288 f., Götz 2006).

Für eine zeitgemäße Personalentwicklung muss der Personalentwickler wissen, in welchem *Entwicklungsstadium* sich das eigene Unternehmen bzw. die eigene *Unternehmenskultur* befindet. Mit diesem Wissen kann er aufzeigen, warum und wann welche Instrumente der Personalentwicklung zum eigenen Unternehmen passen oder eben noch nicht. Der Personalentwickler sollte eine entsprechende Personalentwicklungsstrategie entwerfen, die sich selbstverständlich an den Unternehmenszielen orientiert (Kapitel A in diesem Buch).

2 Organisation der Personalentwicklung

Aufgrund der überaus vielfältigen und unterschiedlichen Aufgabenstellungen einer Personalabteilung, von der Personalauswahl über die Entgeltabrechnung, die Personalentwicklung bis zur Freisetzung, ist in mittleren und größeren Unternehmen eine Spezialisierung kompetenter Mitarbeiter auf bestimmte Bereiche unabdingbar. Aus diesem Grund wurde dort oft eine eigene *Personalentwicklungsabteilung* gebildet. Wenn auch für deren Aufgabenverteilung mehrere Organisationsmodelle existieren, (Becker 2009, S. 711 ff.) sollte die Personalentwicklung organisatorisch unbedingt ein Teil der Personalabteilung bleiben. Nur so können notwendige Schnittstellen zu den anderen Bereichen der Personalabteilung gewährleistet werden. Zur Wahl stehen unterschiedliche Organisationsformen.

- *Funktionale Organisation*: Verschiedene Personalentwickler sind für verschiedene Aufgaben zuständig, z. B. auch für die genannten Funktionsbereiche: Bildung, Förderung und Arbeitsstrukturierung.
- *Divisionale Organisation*: Alle Personalentwicklungsaufgaben für eine bestimmte Gruppe von Mitarbeitern werden von einem Personalentwickler übernommen.
- *Matrixorganisation*: Es handelt sich um eine Mischform. Für spezielle Gruppe von Mitarbeitern sind allgemeine Ansprechpartner wie auch Spezialisten zuständig.
- *Center Organisation*: Man kann die Personalentwicklung als Cost Center, Service Center oder Profit Center organisieren.
- *Fremdvergabe der Personalentwicklung*: Die Aufgaben der Personalentwicklung werden gegen ein entsprechendes Honorar von einem externen Anbieter übernommen, was eventuell für kleine Unternehmen interessant ist.
- *Projektorganisation*: Die Aufgaben werden in Projektgruppen erledigt.

Welche Organisationsform von einem Unternehmen gewählt wird, hängt von den individuellen Gegebenheiten ab. Die letzten drei genannten Organisationsformen sollten nur in Ausnahmefällen gewählt werden. Die Fremdvergabe scheint nach ersten Erfahrungen hinsichtlich der Akzeptanz bei den betroffenen Mitarbeitern, der Vertraulichkeit sowie der nicht geringeren Kosten kaum empfehlenswert zu sein (Becker 2009, S. 728). Für kleinere Unternehmen, die sich keine eigene Personalentwicklung leisten können, kann es hilfreich sein, wenn diese sich zusammenschließen und gemeinsam eine Personalentwicklungseinheit finanzieren.

3 Anforderungen an den Personalentwickler

Der Personalentwickler steht sehr oft, wie viele Funktionsträger der Personalwirtschaft, im *Spannungsfeld* zwischen Unternehmensleitung, Fachbereichsinteressen, Mitarbeitern und nicht selten auch den Interessen des Betriebsrates. Verschreibt er sich allein einer dieser Gruppierungen, verliert er weitgehend seine Handlungsfähigkeit. Er braucht das *Vertrauen* möglichst aller genannten Gruppierungen. Aus diesem Grund ist eine der wichtigsten Anforderung an den Personalentwickler, dass er über genügend innere *Standfestigkeit* verfügt, aus der heraus er seine Aufgabe gestaltet. Opportunisten, die versuchen ihr Fähnlein nach dem Wind auszurichten, sind hier genauso fehl am Platze wie Hardliner. Personalentwickler müssen die Spannung durch die verschiedenen Erwartungshaltungen aushalten können, ja sie müssen in der Lage sein, aus ihr heraus positive Gestaltungskraft zu entwickeln.

Entsprechend der in diesem Buch gewählten Gliederung der Personalentwicklung, lässt sich die praktische Arbeit des Personalentwicklers funktional ebenfalls in die Grundbereiche Bildung, Förderung und Arbeitsstrukturierung gliedern (Kapitel A in diesem Buch). Eine solche funktionale Gliederung findet ihren Niederschlag in der Kommunikation der zur Verfügung stehenden Instrumente in das jeweilige Unternehmen. Die Dreierstrukturierung kann zu einem »besseren Verstehen« beitragen.

Sie kann der Spezialisierung einzelner Personalentwickler dienen und eine Hilfe bei der Planung sowie Auswahl der Instrumente sein.

Der Personalentwickler hat die Aufgabe, alle dazu gehörenden *Maßnahmen* des Unternehmens, von der Vorbereitung über die Durchführung bis zur Nachbereitung, zu *steuern*, unabhängig davon, ob er diese selbst durchführt oder andere mit diesen Maßnahmen betraut. Die zu diesen Grundbereichen gehörenden Personalentwicklungsinstrumente werden vom Personalentwickler, je nach Bedarf und Strategie, eingesetzt.

Ein Blick in die in diesem Buch aufgezeigten Instrumente der Personalentwicklung macht deutlich, wie hoch die *fachlichen Anforderungen* an den Personalentwickler sein müssen, damit er mit den Instrumenten umgehen kann. An dieser Stelle kann hierauf nicht im Einzelnen eingegangen werden. Stattdessen lassen sich aus den Instrumenten vier grundsätzliche *Aufgabenfelder des Personalentwicklers* ableiten (Becker 2009, S. 680f., Mudra 2004, S. 284):

a) Der Personalentwickler als *Lehrer* in der Personalbildung
Der Personalentwickler muss die Bildungsinhalte mit den passenden Methoden, die im Unternehmen zu vermitteln sind, kennen und evaluieren können. Dementsprechend muss er über ein qualifiziertes betriebspädagogisches und didaktisches Wissen verfügen.

b) Der Personalentwickler als *Förderer* in der Personalförderung
Der Personalentwickler muss über die Anwendung und Auswirkungen von Fördermaßnahmen wissen, die im Unternehmen eingesetzt werden sollen, so z.B. die Analyse, Diagnose und Interventionsmethoden. Dies kann er nur dann, wenn er über ein qualifiziertes psychologisches Grundwissen verfügt.

c) Der Personalentwickler als *Gestalter* in der Arbeitsstrukturierung
Der Personalentwickler nutzt für seine Aufgabe gezielt die Möglichkeiten der Arbeitsstrukturierung. Dementsprechend muss er über ein entsprechendes pädagogisches Wissen verfügen und über die Strukturierung sowie Organisation der Tätigkeiten in einem Unternehmen informiert sein. Weiter muss er deren Auswirkungen auf die Persönlichkeitsentwicklung der Mitarbeiter kennen.

d) Der Personalentwickler als *Organisationsberater* in der »Organisationsentwicklung«
Der Personalentwickler ist durch seine Arbeit immer im besonderen Maß an der Entwicklung der Organisation beteiligt. Er richtet die Personalentwicklung auf die strategischen Organisationsbedürfnisse aus. Auf der Grundlage seiner spezifischen Kenntnisse der Unternehmensorganisation und Unternehmenskultur fungiert er als interner Berater für die Unternehmensführung. Dazu muss er fundierte Kenntnisse über Organisationsentwicklung und Change-Managementprozesse, Gruppendynamik, Wissensmanagement und Kommunikationsprozesse haben. Sollte im Unternehmen ein expliziter Organisationsentwicklungsprozess existieren, so ist der Personalentwickler selbstverständlich, gemeinsam mit der ganzen Personalabteilung, daran zu beteiligen.

Neben den objektivierbaren Aufgaben der Personalentwicklung auf der einen Seite stehen auf der anderen Seite vielfältige subjektive *Rollenerwartungen*, die an den Personalentwickler herangetragen werden: Helfer, Schlichter, Förderer, Methodenspezialist, Entertainer, Therapeut, Visionär, Berater, Planer, Informant, Organisator, Koordinator,

Beschützer, Karrierehelfer, Diagnostiker, Bewerter, Lehrer, Berater, Trainer, Ökonom, Supervisor und Vertrauensperson (Becker 2009, S. 682, Mudra 2004 S. 287).

Diese Rollenerwartungen können und sollen nicht alle erfüllt werden. So wäre es zum Beispiel verfehlt, wenn der Personalentwickler therapeutisch oder supervisorisch tätig werden würde. Dennoch zeigt diese Aufstellung die ungeheuer große Palette, der an den Personalentwickler herangetragenen Rollenerwartungen. Sie macht somit erneut das Spannungsfeld deutlich, in dem er nicht selten zu arbeiten hat. Die Rollenkonflikte, die sich daraus ergeben, können in der Gegenüberstellung von *Nähe* und *Distanz* beschreiben werden: Nähe und Vertrauen sind für die Arbeit unabdingbar, weil sich sonst kein Verständnis entwickelt und keine Kommunikation entsteht. Zu große Nähe macht hingegen befangen und handlungsunfähig.

4 Kompetenzen des Personalentwicklers

Das in Abb. 2 entworfene *Kompetenzprofil* für einen Personalentwickler versucht, die wichtigsten Kompetenzen exemplarisch zu beschreiben. Zunächst werden die gängigen vier Kompetenzfelder aufgeführt. Diese werden in jeweils vier Kompetenzen unterteilt, womit deren herausragende Stellung deutlich wird. Zu diesen Kompetenzen werden dann die dazu gehörenden Merkmale, Indikatoren und Elemente aufgeführt. In der betrieblichen Praxis muss ein solches allgemeines Kompetenzprofil den jeweiligen Anforderungen angepasst werden. Aus dem Kompetenzprofil lässt sich dann unschwer ein Anforderungsprofil für einen Personalentwickler ableiten (Heyse 2004, S. IX ff., Mudra 2004, S. 284 ff., Becker 2009, S. 686, Kromrei 2006, S. 24 ff.).

5 Ausbildungen zum Personalentwickler

Die vielfältigen Aufgaben des Personalentwicklers können nur dann erfolgreich umgesetzt werden, wenn er selbst über eine entsprechende *Handlungskompetenz* verfügt. Vermutlich ist der geringe Professionalisierungsgrad der Personalverantwortlichen der Grund für Defizite in diesem Bereich (Weber/Schmelter 2003, S. 122). Unternehmen, die nach dem Motto verfahren: »Personalentwicklung kann jeder«, und demzufolge »unbrauchbare« Mitarbeiter in die Personalabteilungen versetzten, können wohl kaum qualitätsvolle Personalentwicklungsarbeit erwarten.

Für den Beruf des Personalmanagers existiert, im Unterschied zu vielen anderen Berufen, nicht die eine und einzige Grundausbildung. Verschiedene Grundausbildungen ermöglichen den Weg in diese Tätigkeit. Betrachtet man die Grundausbildung der Personalmanager in Deutschland, stellt man fest, dass sie recht unterschiedlich ausgebildet sind. Dies hat sowohl mit der noch jungen Entwicklung dieses »Faches« zu tun als auch mit der fatalen Meinung, jeder könne ein Personalmanager werden.

Die heutigen Anforderungen an einen Personalentwickler erfordern, dass er über ein *Studium* verfügt. Ein Qualifizierungsweg über diverse Weiterbildungen, der früher vielleicht noch ausgereicht hat, reicht heute nicht mehr und ist nicht zu verantworten.

Kompetenzfelder	Kompetenzen	Merkmale/Indikatoren
Fachkompetenz	Erfahrungskompetenz	PE Erfahrungsart: Länge, Breite, Tiefe
	Wissenskompetenz	Pädagogik und/oder Psychologie mit Spezialisierung auf Personalmanagement, Berufsausbildung, Personalentwicklung, Organisationsentwicklung, Arbeitsrecht, Arbeitsstruktur
	Strategiekompetenz	Strategieverständnis, strategisches Denken, Kostenbewusstsein, Diagnostik
	Ausführungskompetenz	Ergebnisorientiertes Arbeiten, Präzision, Verlässlichkeit, Anpassungsfähigkeit, Prozesssteuerung
Methodenkompetenz	Präsentationskompetenz	Didaktik, Moderation, Power Point, Rhetorik, Workshop, Statistik, Zeitmanagement
	Verhandlungskompetenz	mit Kollegen und Vorgesetzten, Verhandlungsgeschick
	Organisationskompetenz	Prozesssteuerung, Projektmanagement
	Systemkompetenz	Umgang mit Personalinformationssystemen, Informationsmanagement, Wissensmanagement, Softwareanwendungen, Gruppenprozesse
Sozialkompetenz	Motivationskompetenz	Motivationswirkung, Motivationssteigerung
	Kooperationskompetenz	Zusammenarbeit, Netzwerke schaffen und nutzen, Teamfähigkeit
	Kommunikationskompetenz	Formulieren, kommunizieren, Kontaktfähigkeit, Fremdsprachenkenntnisse, interkulturelle Fähigkeiten
	Konfliktkompetenz	Umgang mit Konflikten: lösen, steuern
Persönlichkeitskompetenz	Führungskompetenz	Mitarbeiterführung, Führung in Stabsfunktion, Selbstmanagement, Selbstbewusstsein, Reflexionsfähigkeit, Entscheidungsfähigkeit, analytisches Denken, Berater
	Ethikkompetenz	Verantwortungsbewusstsein, Werteorientierung
	Selbstlernkompetenz	Analytische/intellektuelle Fähigkeiten, Fähigkeit eigenes Lernen zu steuern, kontinuierliches Lernen
	Innovationskompetenz	Kreativität, Flexibilität

Abb. 2: Kompetenzprofil eines Personalentwicklers (eigene Darstellung)

Man bildet ja auch keine Sprechstundenhilfe zur Ärztin weiter. Nur auf der Grundlage eines Studiums, in dem ein breiteres Basiswissen vermittelt wird, inklusive der Fähigkeit, wissenschaftlich, das heißt z. B. selbstreflektiert und erkenntniskritisch zu arbeiten, lässt sich die Aufgabenvielfalt in der sich schnell verändernden Unternehmenssituation bewältigen. Fachkompetenz lässt sich auch nicht zu jedem Thema einkaufen. Das Thema muss ja erst einmal erkannt werden, und der Personalentwickler muss die Qualität der einzukaufenden Kompetenz beurteilen können.

Das Fach Personalentwicklung ist Gegenstand verschiedener wissenschaftlicher Disziplinen, was seiner inhaltlichen Vielschichtigkeit entspricht (Mudra 2004, S. 102, 282 ff., Kapitel A in diesem Buch). In der Bundesrepublik existieren derzeit zirka vier wesentliche konsekutive Studienrichtungen mit einer Spezialisierungsmöglichkeit auf das Fach Personalmanagement:
- Personalwirtschaft im Fach *Betriebswirtschaftslehre*, an Universitäten und Fachhochschulen,
- Arbeits-, Betriebs und Organisationspsychologie im Fach *Psychologie*, an Universitäten,
- Wirtschafts-, Betriebs-, und Organisationspädagogik im Fach *Pädagogik*, an Universitäten, sowie
- Wirtschafts- und Arbeitsrecht im Fach *Rechtswissenschaften*, an Universitäten und neuerdings, besonders auf Wirtschaft spezialisiert, an Fachhochschulen.

Vergleicht man diese Spezialisierungen inhaltlich miteinander und mit dem Kompetenzprofil sowie mit den Aufgabenfeldern für Personalentwickler, so ergibt sich eine eindeutige Präferenz für die Spezialisierungen in der Pädagogik. In der Personalentwicklung geht es in erster Linie um Lern- und Lehrprozesse. Allerdings sollte die Interdisziplinarität des Fachs im Studium wie auch in der Praxis weiter gewahrt werden.

Es ist davon auszugehen, dass die in Folge des Bolonga-Prozesses erfolgte Umstellung der Studienabschlüsse auf das *Bachelor- und Mastersystem* hierin eine erhebliche Veränderung nach sich ziehen wird. Eine ausreichende Spezialisierung, wie es sie in den genannten Fächern bisher gab, ist für den Bachelor-Abschluss aufgrund der kurzen Studiendauer unrealistisch. Der Bachelor-Abschluss alleine wird den Anforderungen der Praxis der Personalentwicklung nicht gerecht und kann allenfalls als eine erste Voraussetzung für den Einstieg in diese Arbeit angesehen werden.

Zukünftig wird eine *Spezialisierung* auf Personalmanagement und insbesondere auf Personalentwicklung wohl im *Masterstudium* erfolgen. Schon jetzt existieren einige Masterstudiengänge, die speziell für Personalentwickler konzipiert sind. Dabei werden Bachelor-Absolventen aus allen vier genannten Disziplinen sowie aus ganz anderen Fachrichtungen, z. B. der Ingenieurwissenschaft, für das spezialisierte Masterstudium »Personalmanagement« oder »Personalentwicklung« in Frage kommen. Diese Entwicklung würde dem multidisziplinären Ansatz des Faches gut tun und zugleich den Weg für eine noch höher spezialisiertere Ausbildung eröffnen.

6 Weiterbildungen für den Personalentwickler

Immer schwerer lassen sich Aus- und Weiterbildung voneinander abgrenzen, was durch die oben genannte Umstellung auf das *Bachelor- und Mastersystem* vermutlich noch weiter verstärkt wird. Es ist davon auszugehen, dass viele Studenten direkt nach einem konsekutiven Bachelorstudium in die Unternehmen gehen, weil z. B. die Studiengebühren ihnen keine andere Wahl lassen. Mitarbeiter mit dem Wunsch nach einer fundierteren und spezialisierteren Ausbildung werden vermutlich nach dem Berufseinstieg nach berufsbegleitenden Zusatzstudien mit Masterabschluss Ausschau halten. Sie erwarten, damit ihre Aufgaben im Unternehmen noch kompetenter gestalten zu können und sich aufgrund des höherwertigen Studienabschlusses für Führungspositionen zu qualifizieren. Für die Unternehmen eröffnet sich, viel stärker als bisher, die Möglichkeit, die Mitarbeiter mit Hilfe von *Masterstudiengängen* weiter zu qualifizieren. Damit würde das berufsbegleitende Masterstudium zu einer *betrieblichen Weiterbildung*. Gleichzeitig würden die Unternehmen vermutlich auch einem immer stärker werdenden Kosten- und Qualitätsbewusstsein Rechnung tragen können. Schon jetzt schließen viele Unternehmen zu diesem Zweck Kooperationsvereinbarungen mit Hochschulen ab und sie gründen Corporate Universities. Für die Hochschulen eröffnen sich dadurch neue Herausforderungen in der praxisnahen Gestaltung der berufsbegleitenden Masterstudiengänge und zugleich interessante neue Märkte (Becker 2009, S. 691 ff.).

Die Motivation, *Weiterbildungsangebote* zu nutzen, kann aus zwei Richtungen erwachsen: Erstens um die bisherige *Kompetenz abzurunden*, mit dem Ziel, für möglichst viele Aufgaben des Personalmanagements qualifiziert zu sein, zweitens um für eine *spezielle Aufgabenstellung* der Personalarbeit gerüstet zu sein. Wenn man diese beiden Ausrichtungen ernst nimmt, lässt sich das riesige Feld der Weiterbildungsangebote einschränken. An dieser Stelle kann das Angebot an speziellen Maßnahmen auf dem Bildungsmarkt weder dargestellt noch bewertet werden. Für die Auswahl des Weiterbildungsanbieters gelten dieselben Kriterien wie sie in der Checkliste im Kapitel F.1 dieses Buchs aufgeführt sind. Die infrage kommenden Themen können z. B. aus dem Kompetenzprofil in Abb. 2 abgeleitet werden (Müller-Vorbrüggen 2004, S. 16 ff.).

Wer sich als Personalmanager weiterbilden will, sollte zunächst eine *persönliche Kompetenzbiographie* entwerfen (Erpenbeck 1999). Dies bedeutet eben nicht, mal schnell und »chaotisch« zu überlegen, was gut wäre, sondern prozessual und arbeitsbiographisch (bis zum Ruhestand) zu denken. Bei solchen Planungen sollten die Betroffenen weniger die finanzielle Entwicklung und die ganz konkreten Möglichkeiten im Unternehmen berücksichtigen. Beides lässt sich in der Regel schnell anpassen. Im *Zentrum* sollte eine Betrachtung der Wünsche und Vorstellungen zur Entwicklung der eigenen Person stehen, also der *Selbstverwirklichung im Berufsleben*. Notwendig sind hierzu eine realistische Einschätzung der eigenen Möglichkeiten, der Abgleich mit den privaten Lebensentwürfen, aber auch das Setzen von hohen präzisen Zielen, die eine echte Herausforderung darstellen und leistungsfördernd sind (Müller-Vorbrüggen 2001, S. 102 ff., Wittwer 2003, S. 115 ff.).

Die Instrumente der Personalentwicklung leben von der Verbindung zwischen *Theorie und Praxis*. Ohne Theorie verliert die Praxis innere Konsistenz, Innovationsfähigkeit und Zielausrichtung. Ohne Praxis bleibt die Theorie unanwendbar und weitgehend nutzlos. Ein Ausspielen dieser beiden Determinanten gegeneinander muss dumm und ignorant genannt werden. Es gibt eine Tendenz, Weiterbildungen an ganz konkreten Praxisfällen aufzuhängen, die dann mit theoretischen Inputs versehen und mit rollenspielartigen Übungen exemplifiziert werden. Erfahrungsgemäß haben diese Weiterbildungsformen den Vorteil, die Teilnehmenden in spielerischer Weise anzusprechen und gleichzeitig einen sehr hohen Lernerfolg zu erzielen. Die Steuerung solcher Lernprozesse stellt allerdings hohe Anforderungen an die Durchführenden.

7 Ethische Grundhaltung des Personalentwicklers

In den letzten Jahren sind die ethischen Fragestellungen unternehmerischen Handelns immer brisanter geworden.

Dürfen Unternehmen alles tun was sie tun könnten? (Scholz 2000, S. 160, Noll 2002, S. 2f.)

Zunächst stand diese Frage in Bereichen im Raum, in denen neue Technologien z. B. in der Genetik zur Verfügung standen. Später musste man sich fragen, ob der Kauf und Verkauf von Unternehmen sowie deren Zerschlagung verantwortbar ist. Heute ist die Frage zu beantworten, ob ein Unternehmen, z. B. lediglich um mehr Profit zu erwirtschaften, beliebig viele Mitarbeiter freisetzen bzw. beliebig viele Unternehmensteile ins Ausland verlagern darf. Ohne Zweifel werden diese Fragen in den nächsten Jahren von entscheidender Bedeutung sein; sie schreien nach einer gesellschaftlichen Beantwortung.

Der Markt hat nur wenige ethische Rahmenbedingungen, die meistens durch rechtliche Festlegungen geklärt sind. Angefangen bei Art. 1 des Grundgesetzes: »Die Würde des Menschen ist unantastbar«, über das Betriebsverfassungsgesetz, die Antikorruptionsfestlegungen bis zum Kartellgesetz. Auf der globalen Ebene ist das noch schwieriger, denn die Würde des Menschen ist durchaus nicht überall in der gleichen Weise geschützt, etwa in China. Manchmal hat es den Anschein, als sei der Markt heute ein Moralvernichter. Es bleibt eine Herausforderung aufzuweisen, dass der Markt auf *stabile Moralstandards* angewiesen ist und gegebenenfalls ethische Richtlinien Priorität haben müssen (Nass 2003, S. 291 ff., Noll 2002, S. 50 f.).

In den meisten dieser Fragen, abgesehen vom Personalabbau, haben die Personalverantwortlichen kaum oder keinen Einfluss. Dennoch stehen sie in sehr vielen Fragestellungen implizit oder explizit vor ethischen Entscheidungen. Zu nennen sind zunächst die Grundbereiche:
- Unternehmensethik,
- Führungsethik,
- Arbeitsethik und
- Informationsethik (Scholz 2000, S. 164 ff.).

Konkret sind es z. B. das Menschenbild, das vertreten wird, wie mit Mitarbeitern umgegangen wird, ob die Würde tatsächlich geachtet wird, ob allen die gleichen

Rechte gewährt werden, welche Methoden zur Zielerreichung eingesetzt werden und ob Eigenarten geachtet werden (Forster 2005, S. 512 ff.).

Dementsprechend sollte im Kompetenzprofil für die Personalentwickler die ethische Orientierung ihren Platz in den *Personalkompetenzen* haben (Scholz 2000 S. 171). Die ethische Kompetenz steht in den allermeisten Fällen nicht im Gegensatz zu den unternehmerischen Interessen oder den Interessen der eigenen Person, wie vorschnell vermutet werden könnte. Ethisches Handeln erweist sich im Gegenteil weitgehend als durchaus nützlich. Sehr viele Unternehmen haben Ethikrichtlinien, mit denen Sie sich auf dem Markt zu positionieren versuchen, und Führungsrichtlinien, bei denen fast immer auch ethische Gesichtspunkte eine Rolle spielen. In Bezug auf die Mitarbeiter wirkt ethisches Verhalten zusätzlich motivierend (Müller-Vorbrüggen/Nass 2003, S. 34). Unethisches Verhalten hingegen führt zu zerstörerischem »Kannibalismus« und z. B. zu Mobbing. Nichtsdestotrotz kann es einen kaum zu überbrückenden Widerspruch zwischen ethischem Anspruch und Unternehmensrealität geben. In dieser Situation kann jeder Betroffene nur seinem eigenen *Gewissen* folgen. Dabei darf das Ziel, den Menschen nicht nur als Rad im Getriebe des Unternehmens, sondern als Person in den Mittelpunkt zu stellen, nicht vernachlässigt werden.

Der Personalentwickler hat eine *Vorbildfunktion* und er setzt aus dieser heraus Maßstäbe. Seine Aufgabenstellung, Menschen in ihrer Entwicklung zu fördern und zu begleiten, ist ohne eine *humanistische Grundhaltung* undenkbar. Die alleinige Ausrichtung auf das Konzept des Homo Ökonomicus reicht bei ihm nicht aus, weil sie seiner Arbeitsrealität im Umgang mit Menschen nicht entspricht. Andere geistige Grundkonzeptionen sind für ihn äußerst empfehlenswert, so zum Beispiel der Entwurf Norretranders in seinem Buch mit dem Titel »Homo Generosus«. Dort wird das Konzept des Homo Ökonomicus aus genetischer Sicht gehörig relativiert (Norretranders 2004, S. 1 ff.).

Wen will der Personalentwickler denn entwickeln, wenn er selbst nicht ethisch entwickelt ist? In seiner konkreten Tätigkeit ist es seine Aufgabe, in den drei Funktionsbereichen die *Maßnahmen* inhaltlich zu überprüfen, ob sie zu dem von ihm vertretenen *Menschenbild* passen bzw. die Anbieter solcher Maßnahmen diesem Menschenbild entsprechen. Er wird in der Praxis nicht umhin kommen, z. B. einen Bildungsanbieter nach dem von ihm vertretenen Menschenbild zu fragen. Im Extremfall muss er verhindern, dass »sein« Unternehmen ideologisch unterwandert wird (Mudra 2004, S. 238 f., Müller-Vorbrüggen/Nass 2003, S. 23 ff.).

Literatur

Becker 2009: Becker, M.: Personalentwicklung, Bildung, Förderung und Organisationsentwicklung in Theorie und Praxis, 4. Auflage, Stuttgart 2009.

Bröckermann/Müller-Vorbrüggen/Witten 2007: Bröckermann, R./Müller-Vorbrüggen, M. und Witten E.: Qualitätskonzepte im Personalmanagement, Stuttgart 2007.

Erpenbeck 1999: Erpenbeck, J.: Die Kompetenzbiographie, Münster 1999.

Forster 2005: Forster, N.: Maximum Performance: A practical guide to leading and managing people at work, Cheltenham UK 2005.

Heyse/Erpenbeck 2004: Heyse, V. und Erpenbeck, J.: Kompetenztraining, Stuttgart 2004.

Kromrei 2006: Kromrei, S.: Zur Bedeutung und Praxis von Kompetenzmodellen für Unternehmen, München 2006.

Mentzel 2001: Mentzel, W.: Personalentwicklung: Erfolgreich motivieren, fördern und weiterbilden, München 2001.

Mudra 2004: Mudra, P.: Personalentwicklung, Innovative Gestaltung betrieblicher Lern- und Veränderungsprozesse, München 2004.

Müller-Vorbrüggen 2001: Müller-Vorbrüggen, M.: Handlungsfähigkeit durch gelungene Kompetenz-Performanz-Beziehungen als Gegenstand moderner Personal- und Organisationsentwicklung, Aachen 2001.

Müller-Vorbrüggen 2004: Müller-Vorbrüggen, M.: »Navigationshilfe für Personalmanager«, in: Personal, Heft 05/2004, S. 16–19.

Müller-Vorbrüggen/Nass 2003: Müller-Vorbrüggen, M. und Nass, E.: »Personalführung und Menschenbild: Ethische Orientierungsmerkmale für Unternehmen«, in: Personal, Heft 05/2003, S. 22–26.

Nass 2003: Nass, E.: Der Mensch als Ziel der Wirtschaftsethik, Paderborn 2003.

Nerdinger 2003: Nerdinger, F.: Kundenorientierung, Göttingen 2003.

Noll 2002: Noll, B.: Wirtschafts- und Unternehmensethik in der Marktwirtschaft, Göttingen 2002.

Norretranders 2004: Norretranders, T.: Homo Generosus, Hamburg 2004.

Scholz 2000: Scholz, C.: Personalmanagement, München 2000.

Weber/Schmelter 2003: Weber, W. und Schmelter, A.: »Die Rolle des Personalmanagements: Gestalter oder Verwalter des Wandels«, in: Becker, M. und Rother, G. (Herausgeber): Personalwirtschaft in der Unternehmenstransformation, München 2003, S. 111–124.

Wittwer 2003: Wittwer, Wolfgang: »Kompetenzbiographie als Referenzsystem für selbstgesteuertes Lernen«, in: Witthaus, U., Wittwer, W. und Espe, C. (Herausgeber): Sebstgesteuertes Lernen, Bielefeld 2003, S. 115–127.

Stichwortverzeichnis

A

Abfindung 202
Abhängigkeitsrisiko 449
Abwesenheit 187
Action Learning 223
Actionpläne 364
Akademie 305
Akkreditierung 328
Akkreditierungsverfahren 323
Aktion 458
Akzeptanz 94, 294, 400, 426, 477, 590, 616
Allgemeinbildung 633
Anerkennungsbeirat 719
Anforderungsanalyse 667
Anforderungskatalog 667
Anforderungskriterien 667
Anforderungsniveau 557
Anforderungsorientierung 343
Anforderungsprofil 86, 147, 160, 182, 184, 346, 347, 387, 390, 459, 461, 668, 769
Anforderungsvielfalt 573
Angebotsorientierung 232
Anonymität 378
Anpassungsfortbildung 562
Anreize 26
Arbeitsalltag 477
Arbeitsantritt 161
Arbeitseinteilung 524
Arbeitsgericht 71
Arbeitsgruppen 569, 600
– teilautonome 570
Arbeitsinhalt 542, 557, 637
Arbeitsplatztausch 537
Arbeitsplatzwechsel 533, 541
Arbeitsstrukturierung 8, 515, 599, 766
Arbeitstechnik 523
Arbeitsverdichtung 560
Arbeitszeitmanagement 672
Arbeitszufriedenheit 133, 561
Assessment-Center 386, 670
Assimilation 102
Audit 700
Aufgabenerweiterung 557

Aufmerksamkeit 235
Aufstiegsfortbildung 562
Ausbilder 71
Ausbildungsabbruch 152
Ausbildungsbegleitung 151
Ausbildungsbetrieb 144
Ausbildungscoaching 152
Ausbildungsmarketing 148
Ausbildungsordnung 146
Ausbildungsqualität
– unternehmenseigene 143
Ausbildungszeit 148
Auslandsaufenthalt 154, 181
Auslandseinsatz 451, 492, 643
Aus- und Weiterbildung
– Vermittlung von Ehtik- und Sinnkompetenz 126
Auswahl der Anbieter 237
Auswahlrichtlinien 73
Automobilzulieferindustrie 409
Autonomie 34, 533, 572
Autoring on the Fly 251

B

Bachelor/Master 323
Balanced Scorecard 108, 290, 354
BASF AG 223
Bedarfsanalyse 475, 734
Bedürfnis 26, 418
Beförderung 627
Befristung 67
Belohnung 33
Benachteiligung 73
Benchmark 357, 740
Berater 407
Beratung 405, 418, 440
Beratungsrecht 76
Berufsausbildung 141, 143, 509, 511
– duale 321
– Zusatzqualifikation 153
Berufsbildung 68, 70
Berufsbildungsgesetz (BBiG) 145
Berufsbildungsmaßnahmen 74

Berufserfolgsprognose 393
Berufsschule 144
Beschäftigungsförderung 75
Beschäftigungssicherung 75
Besichtigungsrundgang 166
Best Practice 354
Betriebsänderung 75
Betriebsblindheit 627
Betriebsklima 209
Betriebsrat 68
Betriebstilllegung 201
Beurteilung 109
Beurteilungsgrundsätze 73
Big-Boss-Modell 463
Bildung 48
Bildungsanbieter 620
Bildungsbedarfsanalyse 617, 621, 672, 750
Bildungsberatungskompetenz 331
Bildungscontrolling 731, 750
Bildungsentscheidung 721
Bildungserfolg 750
Bildungsgüter 253
Bildungsgutschein 718
Bildungskennzahl 89
Bildungsurlaub 66, 680
Bindung 445
Bindungsklausel 67
Blended Learning 91, 250
Blog 92, 256
Bologna-Prozess 323
Bosch 487
Bottom-up-Maßnahme 364
Bridging 104
Bruttopersonalbedarf 667
Business Driven Action Learning 223
Business Schools 328

C

Career Advisor 524, 527
Chancengleichheit 442
Change Management 131, 307, 358, 503, 536
Charta der Vielfalt 106
Coaching 107, 416, 421, 469, 419
– als Prozess 426
– Arten 422
– Instrument der Personalförderung 424
– -Module 498
Code of Conduct 119
Commitment 115, 357, 548
Compliance-Management 115

Computer Aided Assessment 251
Computer Based Training 249
Computer Supported Cooperative Learning 256
Computerunterstützung 93
Content Delivery 253
Continuous Learning 310
Controlling 89, 290
Cooperative Learning 251
Corporate Governance 115
Corporate-Social-Responsibility 115
Corporate University 305
– -Konzept 308
– -Typologie 309
Couching 416
Creators 104
Credit Suisse 310
Cross-Mentoring 441

D

Data Envelopment Analysis 674
Datenauswertung 362
Datenerhebung 361
Datenqualität 93
Demokratisierung 399, 400
Destroyers 104
Deutsche Apotheker- und Ärztebank 164
Didaktik 240, 735
DIN 33430 388
Diskretion 426
Diskriminierung 99
Diversity 99, 666
– -Kompetenz 107
– Management 15
Double-loop-learning 270, 271
Duale Ausbildung 144
Dualer Studiengang 152

E

Ebenen der Erfolgsmessung 733
Effektivität 32, 343, 731, 754
Effizienz 343, 731, 754
Eigeninitiative 585, 594
Eigenmotivation 524
Eigenschaftsorientierung 385
Eigenständigkeit 445
Eigenverantwortlichkeit 217, 222, 573
Eigenverantwortung 440
Eignung 615, 765
Eignungsprofil 669

Eignungsuntersuchung 670
Einarbeitung 160, 341, 450, 536
Einarbeitungsplan 162
Einfühlungsvermögen 126
Einführungsgespräch 162
Einführungsveranstaltung 164
Einführungsworkshop 446
Eingebundenheit 34
Eingliederungsbilanz 719
Einigungsstellenverfahren 71
Einsicht 458
Einstellungstest 150
Einzel-AC 387
Einzelarbeit 240
Einzel-Coaching 423
Einzelmaßnahmen 676
E-Learning 91, 249, 378, 525
Elternzeit 181, 451
Employability 322, 35
Entscheidungen in Gruppen 242
Entsendung 643
Entspannen 471
Entwicklungs-AC 387
Entwicklungsbedarf 686
Entwicklungsbedürfnis 765
Entwicklungsgespräch 669
Entwicklungsmaßnahme
– am Arbeitsplatz 500
– im Förderkreis 501
E-Plus 353
Equalizers 104
Erfahrung 589, 633
Erinnerung 235
Erlebnispädagogik 463
Erstattungspflicht 67
Erstausbildung 143, 181
Ethical Guidelines 390
Ethik 115
– Personalmanagement 120
Ethikkompetenz 126, 127
Europass 717
Evaluation 89, 366, 429, 472, 731
Evaluationsansätze 733
Excellence 704
Expatriates 643

F
Fachberatung 405
Fachhochschule 306

Fachkräftemangel 143
Fachtraining 194
Faultlines 100
Feedback 163, 166, 170, 348, 371, 378, 390, 402, 440, 445, 469, 477, 524, 527, 576, 603, 607, 617, 620, 622, 687
Feedbackbericht 378
Fehlerkultur 461
Fehlerrisiko 408
Fernunterricht 254
Fertigungsinsel 572
Fertigungsteam 572
Finanzierung 678
Fitness 457
Flexibilität 101, 520, 536, 545, 569
Flexibilitätsorientierung 11
Flow 280
Forced Ranking 674
Förder-AC 387
Fördergespräch 496, 765
Förderkreis 492
– Talentmanagement 485
Fortbildungsvertrag 67
Fragebogen 359
Freiwilligkeit 426, 592
Fremdbestimmung 574
Fremdbild 765
Fremdeinschätzung 372
Frontalunterricht 240
Führungsethik 128
Führungsgrundsatz 119
Führungskräfteentwicklung 374
Führungsstil 376
Führungsziel 691
Fürsorgepflicht 65
Fusion 182, 201, 635

G
Gender Mainstreaming 666
Generationenschema 232
Gesprächsbogen 688
Gesprächsführung 687
Gestaltungskompetenz 401
Glass Cliff 109
Glaubwürdigkeit 593
Gleichbehandlungsgrundsatz 65
Gleichstellung 70, 440
Gruppe 569
Gruppen-AC 387
Gruppenarbeit 569

Gruppen-Coaching 423
Gruppenfertigung 572
Gruppengröße 592
Gruppenmaßnahme 676
Gruppenprozess 402
Gruppentechnologie 572
Gruppenübung 469
Gruppenunterricht 240
Gute Arbeit 133
Gütesiegel 698

H

Handlungsempfehlungen 237
Handlungsfähigkeit 763
Handlungskompetenz 9, 147, 184, 467, 511, 769
Hartz-Reform 718
Hewlett-Packard 519
Hidden-Profiles 243
High Potential 535
Hochschulabsolvent 341
Hochschule 305
– -Rankings 328
Home Office 521
Hotel Sonnenalp 509
Humankapital 751, 752
Human Relations Management 120
Human Resource Management 6

I

Ideenmanagement 535
Identifikation 463, 535, 544, 586
Identitätsgruppe 99
Identitätskrise 211
Identitätspolitik
– multikulturelle 551
Image 101
Information 686
Informationsaufnahme 241
Informationssystem 83
Informationstechnologie 83
Informationsverarbeitung 243
Infrastruktur 521
Initiative 512
Innovationsziel 691
Inplacement 199
Instant Messaging 256
Institut für Management-Zertifizierung 614
Instrument 7

Integrating 105
Integration 103, 160, 344
Integrität 129
Interaktion 403, 534
Interesse 29
Interessentheorie 29
Interessentransfer 30
Intervention 429
Isomorphie 464

J

Job Enlargement 557
Job Enrichment 34, 557
Job Familiy Cluster 542
Job Family 542
Job-Hunting 207
Job-Man-Fit-Konzeption 180
Job Rotation 341, 533, 541
Junior Executive Board 509
Juniorfirma 509

K

Karriere 487, 535, 645
Karriereanker 348
Karriereentwicklung 647
Karrieremanagement 485, 512
Karrieremenüs 547
Karrierepfad 545
Karriereplanung 440, 546, 653
Karrierestation 547
Karriereziel 562
Kennzahlen 738
Kennzahlenermittlung 356
Know-how 406
Kohäsion 100
Kollaborationstools 523
Kollaborative Lernsysteme 251
Kollegialität 129
Kommunikation 108, 132, 347, 460, 462, 502, 511, 552, 585, 600, 618
Kommunikationskultur 376
Kommunikationsmittel 523
Kommunikationssystem 83
Kompetenz 34, 37, 46, 48, 84, 535, 543, 676, 697, 751
– ethische 122
– interkulturelle 652
Kompetenzatlas 55
Kompetenzaufbau 547
Kompetenzauswahl 45

Kompetenzbedarf 765
Kompetenzbilanz 45
Kompetenzeignung 765
Kompetenzentwicklung 10, 45, 47, 763
Kompetenzerweiterung 560, 766
Kompetenzevaluation 45
Kompetenzgemeinschaft 542
Kompetenzkatalog 84
Kompetenzmanagement 124
Kompetenz-Mapping 648
Kompetenzmessung 60, 766
Kompetenzmodell 43, 45, 54, 183, 192, 347, 380, 490
– handlungsbasiertes 58
– unternehmensspezifisches 56
Kompetenzniveau 601
Kompetenznorm 45
Kompetenzprofil 547, 632, 769
Kompetenzspinne 494
Komplexitätsevolution 232
Konditionieren 467
Konflikt 688
Konfliktfähigkeit 403
Konformitätsdruck 127
Konsultation 406
Kontakt 445
Kontext 269, 373
Kooperation 476, 570, 585
Kosten-Nutzen-Vergleich 740
Kostenvergleich 89
Krankheit 181, 451
Kreativität 101, 401, 403
Kronprinzeneffekt 342

L

Laufbahnplanung 675
Laufbahnstation 549
Learning by Doing 218, 468
Learning Communities 311
Lebensplanung 560
Lebensweisheit 237
Legitimationsdruck 315
Leistungsbeurteilung 185, 375, 524, 669, 686
Leistungsziel 691
Leitbild 119
Leittext
– minimaler 278
Lernabwehrverhalten 271
Lernebene 268

Lernen 234, 265, 473
– aus Fehlern 460
– lebenslanges 217, 333, 710
– selbstorganisiertes 576
Lernende Organisation 268, 448, 600
Lernerfolg 89, 235, 735, 736
Lernintention 219
Lernkontrolle 737
Lernplattform 258
Lernprozess 31
– Formen 276
Lernstatt 584
Lerntagebuch 257
Lerntest 90, 737
Lerntheorie 467
Lerntransfer 321
Lerntyp 268
Lernumgebung 221
Lernzielorientierung 31
Loyalität 129, 463, 549

M

Management Audit 373, 674
Management by Objectives 685
Manipulation 242, 479
Mapping 104
Maßnahmenplanung 674
Masterprogramme 326
– akkreditierte weiterbildende 327
– Qualitätsindikatoren 328
Masterstudiengänge
– berufsbegleitende 317, 323, 333
– konsekutive 326
– nicht-konsekutive 326
– Varianten 326
Matching 446
MBA-Studiengänge 327
Media Literacy 95
Mehrmaschinenbedienung 563
Menschenbild 238
Mentor 346, 607, 654
Mentorenworkshop 346
Mentoring 342, 416, 423, 439, 419
– formelles 442
– informelles 442
– -Prozess 445
– systeme 251
– -Tandem 445
Metakognition 478
Metakompetenz 548

Methoden
- aktive 676
- kompetenz 632
- passive 676
- vielfalt 240
MikroArtikel 280
Mission 118
Mitarbeiterbefragung 353, 670
Mitarbeiterbeurteilung 90
Mitarbeiterentwicklungsdurchsprache 489
Mitarbeiterentwicklungsgespräch 489
Mitarbeiterentwicklungsseminar 496
Mitarbeiterethik 128
Mitarbeitergespräch 489, 685
Mitarbeiterportal 88
Mitarbeiterqualifikation 319
Mitarbeiterzufriedenheit 353, 586, 657
Mitarbeiterzufriedenheitsanalyse 353
Mitarbeiterzufriedenheitsindex 355
Mitarbeiterzufriedenheitsmessung 358
Mitbestimmung 132
Mitbestimmungsrecht 392
Mitläufertum 129
Mobile Learning 251
Mobilität 492, 520, 562
Modellanwendung 59
Modelldistribution 59
Modelldiversifikation 59
Modellentwicklung 59
Modelllernen 468
Modellrevision 59
Modellüberprüfung 59
Moderation 399
Moderator 588, 589
Modularisierung 323
Montageinsel 572
Moralbewusstsein 126
Moralität 118, 125
Moralstandards 773
Motiv 26
Motivation 26, 286, 451, 477, 511, 561, 601, 619, 638, 649, 670, 750, 751
Motivationsbarriere 39
Motivationskerne
- für die Personalentwicklung 37
Motivationspotenzial 31
- der Arbeit 133
Motivationsqualität 36
Motivationstheorie 26
Multifunktionalität 562

Multimedialer Lerninhalt 254
Multiplikatoreffekt 576
Mündigkeit 242

N

Nachfolgeplanung 90, 561, 565, 631, 645, 675
Nachfrageorientierung 232
Nachhaltigkeit 743
Nachwuchsbedarf 343
Nachwuchsdatei 672
Nachwuchsförderung 182, 310
Neid 448, 524
Networking 525
Netzwerk 440
Netzwerkkompetenzen 548
Neueinstellung 161
Neueintritt 161
Neuorientierung
- berufliche 199
Neutralität 408
Newplacement 199
Nexans Deutschland Industries GmbH & Co. KG 563
Nutzwertanalyse 756

O

Öffentlichkeitstest
- ethischer 129
Offenheit 402, 407, 457, 550
Online-Assessment 91
Online-Kommunikation 253, 256
Open Space Technology 280
Opportunitätskosten 756
ORACLE Deutschland GmbH 371
Organisation
- lernende 709
- Reifegrad 708
Organisationsentwicklung 12, 232, 266, 373, 575
Organisationskultur 275
Organisationslernen 374
Organisationsstruktur 296
Outdoor-Training 457, 470
Outplacement 199
- -Berater 201
- -Beratung 204
- -Prozess 204

P

Pädagogik 25

Pate 163
Patenschaft 163, 450
PDCA-Zyklus 701
Peer Review 251, 257
Penetration Rate 212
Performanz 52
Personalauswahl 125
Personalbedarf 648, 667
Personalbestandsanalyse 666
Personalbeurteilung 73, 648
Personalbildung 8, 88, 450, 766
– Instrumente 139
Personalbindung 332, 512
Personalcontrolling 749
Personalentwickler
– Anforderung an den 767
– Aufgabenfelder 768
– Ausbildung zum 769
– ethische Grundhaltung 773
– Weiterbildung für den 772
Personalentwicklung
– akademische 329
– Aufgaben 121
– berufsbegleitende 675
– berufsverändernde 675
– berufsvorbereitende 675
– Bosch 487
– drei Säulen der 9
– Funktionsablauf 764
– historische Entwicklung 5
– Instrumente 487
– Organisation 766
– potenzialorientierte 675
– rechtliche Rahmenbedingungen 63
– Strategie 3
– strategische 122
– Struktur 3
– Wettbewerbsrelevanz 320
– Zeitebenen 12
Personalentwicklungsbedarf 673
Personalentwicklungsdatei 672
Personalentwicklungsmaßnahmen
– externe 676
– interne 678
Personalentwicklungsplanung 629, 665
Personalentwicklungsstrategie 11, 319
Personalförderung 8, 90, 337, 399, 405, 415, 439, 450, 511, 766
Personalmanagement 6
Personalmarketing 343

Personalplanung 70
Personal-Portfolio 673
Personalvermögen 752
Personalvermögensentwicklung 753
Personalvermögenskonzept 751
Personalvermögensstrategie 753
Personalwertanalyse 674
Personalwirtschaft 6
Persönlichkeit 236
Persönlichkeitsentfaltung 560
Persönlichkeitsentwicklung 16
Persönlichkeitskompetenz 632
Persönlichkeitspsychologie 236
Persönlichkeitsrecht 391
Persönlichkeitstest 499
Persönlichkeitstraining 235
Persönlichkeitsveränderung 238
Pilotbereich 299
PISA-Studie 144
Placement 199
Podcast 92
Podcasting 255
Potenzialanalyse 91, 606
Potenzialeinschätzung 185
Potenzialerhebung 669
Potenzialförderung 322
Potenzial-Validierungs-Meeting 493
Praxistraining 341
Primat des Inhalts 242, 244
Probezeit 168, 342, 536
Problembearbeitung 401
Pro-Contra-Sitzung 208
Profilabgleich 671
Profilvergleich 88
Profit-Center 308
Programmanalyse 734
Projektarbeit 344, 501, 653
Projekt-Coaching 423
Projektgruppe 599
Projektmanagement-Methode 599
Promotor 299
Prozessbegleiter 239, 576, 603
Prozessberatung 232
Prozessevaluation 734
Prozessmodell 700
Psychologie 25

Q

Qualifikation 46, 74, 84, 676, 750, 751
– polyvalente 573

Qualifikationsdefizit 74
Qualifikationsprofile 324
Qualifizierung 47
Qualifizierungsbedarf 74
Qualitätscheck 380
Qualitätsentwicklung 700
Qualitätsfähigkeit 699
Qualitätskriterien für AC 390
Qualitätskriterien für Tests 388
Qualitätsmanagement 307, 310
– system 697
Qualitätssicherungskonzept 744
Qualitätszirkel 583
– -Gruppe 586
– -Organe 586
– -Organisation 586

R
Rapid Learning 251, 255
Rapport 428
Realitätsschock 535
Recherche 206
Rechtfertigungsdruck 744
Reflexion 458, 460, 499, 603, 618, 621, 655
Reflexionskompetenz 126
Reflexivität 460
Reifegrad 15, 424
Reintegration 181, 186, 189, 655
Rekrutierung 125
Rekursivität 274
Reliabilität 380
Relocation 190
Remote Office 521
Remote Working 519
Reprofessionalisierung 570
Reputation 122
Reservebedarf 667
Return on Investment 739, 754
Return on Knowledge 290
Reusable Learning Object 254
Revidierbarkeit
– ethische 129
Rotationsdauer 534
Routine 533
Rückkehr 188
Rückzahlung 67
Rückzahlungsklausel 332, 678
Rundstedt & Partner GmbH 197
RWE Rhein-Ruhr AG 229, 343

S
Sabbatical 181
Schlüsselfunktion 653
Schlüsselkompetenz 442, 633
Schlüsselposition 545, 561
Schlüsselqualifikation 47
SecondLife 92
Selbstbestimmungstheorie 34
Selbstbewertung 86
Selbstbewertungsverfahren 697
Selbstbild 765
Selbstdarstellung 206
Selbsteinschätzung 372, 499
Selbstevaluation 698
Selbstkontrolle 524
– ethische 129
Selbstlernfähigkeit 509
Selbstorganisation 11, 274, 523
Selbstreflexion 348, 407, 418, 445
Selbstregulation 573
Selbstständigkeit 512
Selbststeuerung 523, 571, 609
Selbststudium 193
Selbstüberprüfung 257
Selbstverantwortung 376
Selbstverwirklichung 533, 560
Selbstwertgefühl 560
Selektion 294
Self-Assessment 257
Self-Marketing 200
Self-Service 94
Seminarverwaltung 88
Shared Content 254
Sicherung der Arbeitsplätze 559
Simulation 469, 471
Situationsorientierung 385
Social Software 92
Sorgfaltspflicht 408
Sozialkompetenz 125, 604, 632
Sozialplan 75
Sparkasse Krefeld 191
Sprachkompetenz 645
Standardziel 691
Stellenbeschreibung 170, 184
Stellenbesetzungsplan 667
Stellvertretung 541, 613
Stereotype Threat 100
Stereotypisierung 102
Strategie 7
Strategieentwicklung 225

Struktur- und Kulturorientierung 11
Studiengänge
– weiterbildende 326
Studienweg 324
Studium 306
Supervision 419, 421, 603
Synergieeffekt 558
Systemdenken 272

T
Tacit Knowledge 219
Talentmanagement 124, 125
Task Force Group 599
Team 457, 458, 461
Teamarbeit 460
Teambildung 510
Teambuilding 460
Teamentwicklungs-Workshop 194
Teamplayer 463
team steffenhagen GmbH 357
Telearbeit 524
Teleteaching 249
Teletutoring 249
Terminierung 672, 678
Test 386, 614
– projektiver 391
– psychometrischer 391
– ergebnis 392
– normen 389
– verfahren 386, 670
Theorie der gelernten Bedürfnisse 33
Toleranz 457, 648
Top-down-Maßnahme 364
T/O/P-Unternehmensberatung 455, 581
Tracking 257
Traineeprogramm 181, 341, 509, 636
Trainerlandschaft 239
Training into the Job 179, 450
Training near the Job 219, 223
Training off the Job 232
Training on the Job 219
Trainingserfolg 240, 474
Trainingskatalog 88
Trainingsmethode 218
Transfer 217, 429, 440, 458, 459, 473, 656
Transfererfolg 737
Transferfaktor 475
Transfermessung 750
Transferorientierung 220
Transfersicherungsmechanismus 473

Transfersozialplan 75
Transfer-Workshop 194
Transparenz 86, 286, 297, 376, 574, 617, 622, 656
Trennungsgespräch 204
Trennungsprozess 203
TÜV Rheinland Group 747

U
Überlastung 169
Übernahme 635
Umschulung 65
Umsetzungserfolg 755
Umstrukturierung 182, 635
Universität 305
Unterforderung 169
Unternehmen
– lernendes 14
Unternehmenserfolg 755
Unternehmensethik 119
Unternehmenskultur 15, 106, 118, 122, 295, 448, 460, 525, 548, 577, 601, 635, 766
Unternehmensleitbild 119
Unternehmensplanspiel 509
Unternehmensreife 15
Unternehmensstrategie 307
Unternehmenswert 558
Unternehmensziel 307
Unterweisungspflicht 65

V
Vakanzenplanung 630
Validität 380
Value of Investment 743, 754
Veränderungsprozess 460
Verantwortung
– ethische 238
Verantwortungsbewusstsein 560
Verantwortungserweiterung 557
Vergütungssystem 130
Verhaltensbeobachtung 737
Verhaltensdreieck 494
Verhaltenstraining 467
Verkaufstraining 193
Vermittlung von Fachwissen 234
Verschlüsselungskonzept 94
Versetzung 72, 627
Vertrauen 108, 300, 376, 407, 430, 439, 523, 550, 767
Videokonferenz 256

Vielfalt 99
Vigilanz 235
Virtuelles Klassenzimmer 526
Virtuelles Team 521
Vision 119, 307
Visualisierung 404
Vorbefragung 359
Vorgesetzen-Coaching 423
Vorschlagsrecht 76
Vorstellungsrunde 163
Vortrag 240

W

Web 2.0 92
Web Based Training 249
Weblog 92, 256
Weiterbeschäftigung 75
Weiterbeschäftigungsgarantie 190
Weiterbildung
– akademische 329, 330
– berufsbegleitende 322
– duale 321, 322
Weiterbildungsstudiengang 326
Werte 479
Wertesystem 275
Wertschätzung 445
Wertschöpfung 285, 700, 744
Wertschöpfungsbeitrag 32
Wertschöpfungs-Center 463
Wertschöpfungskette 253
Wertschöpfungsprozess 307
Whistleblowing 119
Wiedereingliederung 655
Wiedereinstellungsklausel 67
Wiedereinstellungszusage 646
Wiki 92
Wirtschaftsethik 117
Wirtschaftskrise 124, 130
Wissen 589, 594, 632, 634, 750

Wissensaustausch 406
Wissensbedarf 287
Wissensbewahrung 294
Wissensentwicklung 291
Wissenserwerb 292
Wissensgesellschaft 5
Wissenskarte 290
Wissenskultur 295
Wissensmanagement 16, 251, 285, 406, 451
– -Strategie 288
Wissensteilung 406
Wissenstest 737
Wissenstransfer 292, 652
Wissenstransparenz 290
Wissensvermittlung 442
Wissensvorsprung 406
Wissensziel 287
Workflow 90
Work-Life Balance 16
Workload 323

Z

Zertifikat 307
Zertifizierung 697
Ziel 691
Zielfunktion 546
Zielposition 180
Zielsetzungstheorie 30
Zielsystem 693
Zielvereinbarung 167, 685, 690, 735
Zufriedenheit 242, 735
Zufriedenheitserfolg 755
Zufriedenheitsmessung 736, 741
Zuhören 241
Zusammenarbeit 686
Zusatzqualifikation 153

360° Beurteilung 90
360° Feedback 371